BOUQUINS

Collection fondée par Guy Schoeller
et dirigée par Jean-Luc Barré

À DÉCOUVRIR AUSSI
DANS LA MÊME COLLECTION

Raymond Aron, *Mémoires* (édition intégrale), préfaces de Nicolas Baverez et de Tzvetan Todorov

Jacques Attali, *Verbatim*, 2 vol. ; *Les Penseurs du monde. Pascal, Marx, Gândhî*

Ferdinand Buisson, *Dictionnaire de pédagogie et d'instruction primaire*, édition établie par Patrick Dubois, préface de Pierre Nora, de l'Académie française, avant-propos de Philippe Meirieu

Jean Delumeau, *De la peur à l'espérance*, édition établie par Pascal Ory

Lucien Febvre, *Vivre l'Histoire*, édition établie par Brigitte Mazon, préface de Bertrand Müller

Marc Fumaroli, *La Grandeur et la Grâce* ; *Le Livre des métaphores. Essai sur la mémoire de la langue française*

François Furet, *Penser le XX*e *siècle*, préface de Pierre Hassner

Charles de Gaulle, *Lettres, notes et carnets*, présentés par l'amiral Philippe de Gaulle et préfacés par Jean-Luc Barré, 3 vol.

Le Goulag, édition établie et présentée par Luba Jurgenson et Nicolas Werth

Ernesto Che Guevara, *Combats d'un révolutionnaire*, préface de Jacobo Machover

François Mauriac, *Journal. Mémoires politiques*, édition établie et présentée par Jean-Luc Barré

Ernst Nolte, *Fascisme et totalitarisme*, édition établie et présentée par Stéphane Courtois

Charles Péguy, *Mystique et politique*, édition établie et annotée par Alexandre de Vitry, préface d'Antoine Compagnon

Victor Serge, *Mémoires d'un révolutionnaire et autres écrits politiques*, édition établie par Jean Rière et Jil Silberstein

Albert Thibaudet, *Réflexions sur la politique*, édition établie et présentée par Antoine Compagnon

Tzvetan Todorov, *Le Siècle des totalitarismes*

Michel Winock, *La France républicaine. Histoire politique XIX*e*-XXI*e *siècle*

JACQUES

JULLIARD

L'ESPRIT DU PEUPLE

ROBERT LAFFONT

ISBN : 978-2-221-20263-0
Dépôt légal : octobre 2017 – N° d'éditeur : 56217/01

Ce volume contient :

À Suzanne
À Claire, Jean-François,
David, Marianne, mes enfants
À Anne-Claire, Pierre, Lucie,
Emmanuelle, François-René,
Camille, Gabrielle, Béatrice, Héloïse,
Juliette, mes petits-enfants

AVANT-PROPOS

DE SAINT-SIMON À PÉGUY : MA CONTRADICTION

par Jacques Julliard

Toute ma vie, je me suis posé la même question : à quelles conditions la démocratie est-elle possible ? L'équation insoluble des Temps modernes, depuis la Révolution française, tient en effet dans ce paradoxe : il n'est plus désormais d'autre régime politique imaginable que celui-là, mais tout le monde s'accorde pour convenir qu'il n'est nulle part en vigueur, et qu'il n'y sera sans doute jamais. La démocratie est très exactement ce que Kant appelait une « idée régulatrice », celle qui est l'objet même du jeu, mais dont le jeu rend la réalisation impossible. Ainsi, dans la partie de tennis idéale, chaque balle est frappée de manière à ne pas pouvoir être rattrapée par l'adversaire, tandis que celui-ci s'efforce d'être en situation de les rattraper toutes. Il n'y a de jeu possible que grâce à l'impossibilité pour chaque joueur d'atteindre à la perfection qu'il recherche. De la même manière, la vie politique moderne n'est rien d'autre que l'écart infranchissable qui sépare la démocratie idéale de la démocratie réelle.

Je suis né à la vie politique avec la IVe République (1947-1958), un moment privilégié pour mesurer cet écart, tant les espérances grandioses suscitées par la victoire sur le nazisme et l'euphorie de la Libération furent rapidement et cruellement déçues. On ne peut s'empêcher ici de penser aux débuts de la Restauration, aux lendemains de l'épopée napoléonienne, telle que l'évoque Gérard de Nerval dans les premières pages de *Sylvie* :

> Nous vivions alors dans une époque étrange, comme celles qui d'ordinaire succèdent aux révolutions ou aux abaissements des grands règnes. Ce n'était

> plus la galanterie héroïque comme sous la Fronde, le vice élégant et paré comme sous la Régence, le scepticisme et les folles orgies du Directoire ; c'était un mélange d'activité, d'hésitation et de paresse, d'utopies brillantes, d'aspirations philosophiques ou religieuses, d'enthousiasmes vagues, mêlés de certains instincts de renaissance ; d'ennui des discordes passées, d'espoirs incertains – quelque chose comme l'époque de Pérégrinus et d'Apulée.

La plupart de ceux qui eurent vingt ans sous la IVe République ont éprouvé au plus profond d'eux-mêmes ce double sentiment d'impuissance politique et d'abaissement national qui ont tout fait pour rendre possible, naturel même, le retour du général de Gaulle au pouvoir. Deux questions nous obsédaient alors que le système paraissait incapable de résoudre : la question communiste – on ne pouvait rien faire sans « le Parti », on ne pouvait rien faire avec lui –, et la question coloniale, à travers la guerre d'Algérie : impossible de perdre militairement, impossible de gagner politiquement.

La conséquence, c'était une profonde crise de confiance dans les institutions de la démocratie représentative, telles que nous les avait léguées le XIXe siècle : suffrage universel, partis politiques, Parlement : le suffrage universel était dévoyé, les partis politiques déconsidérés, le Parlement impuissant. Tout cela annonçait la crise que nous connaissons aujourd'hui, et la parenthèse gaulliste, loin d'avoir porté le coup fatal au système représentatif comme on l'en accuse régulièrement, pourrait bien, à la lumière de la suite, lui avoir au contraire offert un sursis inespéré.

Face à ce désarroi, une double réponse se dessina. Ce fut, d'une part, le recours au général de Gaulle, qui s'imposa d'un coup quand il devint clair que la IVe République était incapable de proposer une solution : la crise algérienne de la République française précipita ce retour comme une évidence à laquelle ni la classe politique, ni l'opinion ne songeaient quelques semaines auparavant.

Cette solution providentielle fut plébiscitée par 80 % des électeurs lors du référendum qui approuva la nouvelle Constitution. En quatre ans (1958-1962), de Gaulle liquida les deux problèmes qui, nous l'avons dit, empoisonnaient la vie politique française depuis la Libération : l'hypothèque communiste et la guerre d'Algérie. Ce fut un immense exploit, comparable seulement à celui de Bonaparte, quand, au lendemain de Brumaire, il mit un terme au combat sans merci qui opposait depuis dix ans l'Ancien Régime et la Révolution.

La gauche sortait de cette épreuve déconsidérée, amoindrie, laminée. C'est pourtant de la gauche, mais non de ses partis, que surgit l'autre composante de la solution : l'élévation de la société civile au rang d'acteur politique à part entière. Jusqu'alors, celle-ci avait été regardée avec condescendance par la société politique, comme une personne en situation de minorité permanente, à l'exemple des femmes ou des peuples colonisés. Tandis que le PCF et la SFIO entamaient une longue descente aux enfers, définitive pour le premier, provisoire pour le second, de nouveaux acteurs se réclamant eux aussi de la gauche surgissaient : les syndicats, les clubs tâchaient d'imaginer une autre façon de faire de la politique. En termes saint-simoniens, à la phase critique dont la guerre d'Algérie avait été le symptôme succédait une nouvelle période organique.

La France a connu depuis la Révolution française deux grandes périodes saint-simoniennes. La première correspond à peu près au Second Empire (1852-1870). L'autre à ce que l'on pourrait nommer le second gaullisme, du retour du Général au pouvoir (1958) jusqu'à son départ (1969), prolongée par le quinquennat de Georges Pompidou (1969-1974). Sans elles, la France serait demeurée ce pays de petits paysans parcellaires, de boutiquiers et de fonctionnaires, conforme à l'idéal de 1789, mais aussi de 1793. Un pays sans histoires, aux péripéties lentes et prévisibles, mais aussi sans histoire au singulier, c'est-à-dire proprement sortie de ce passé grandiose et tumultueux dont le siècle de Louis XIV reste le symbole.

L'avouerai-je ? Le républicain que je n'ai jamais cessé d'être ne s'est jamais consolé que République en France rimât avec médiocrité. Et le démocrate que je ne suis pas moins ne s'est jamais satisfait d'un système parlementaire animé par les classes moyennes, pour le grand profit des classes supérieures et au détriment des classes populaires.

D'où la sympathie que je n'ai jamais cherché à dissimuler pour les règnes personnels, où un homme investi de la confiance du peuple et respectueux de nos libertés, ainsi que de notre goût pour la délibération permanente, imprime sa marque à la période, et grâce à quelques mesures audacieuses infléchit le cours naturel de l'Histoire dans le sens de notre culture nationale. J'ai bien conscience de la contradiction ; mais qu'y puis-je ? elle est au cœur de la démocratie moderne, qui prône, conformément à la description qu'en fait Max Weber, l'impersonnalité du pouvoir, mais qui penche irrésistiblement dès qu'on la laisse faire seule dans le sens de sa personnalisation. À ma décharge, j'invoquerai les plus grandes figures de notre République, qui de Léon Gambetta à Jules Ferry, et d'André Tardieu à Léon Blum ont plaidé pour une forte individualisation de l'exécutif. C'est ainsi que Pierre Mendès France, ennemi du pouvoir personnel jusqu'à un entêtement buté contre de Gaulle, a donné naissance, à son corps défendant, à un culte de la personnalité qui précédait de quelques années seulement le règne personnel de Charles de Gaulle

Et ne faut-il pas invoquer Saint-Simon lui-même, qui se défiait des personnalités charismatiques, quand elles n'étaient que le fruit de l'institution, mais dont toute la carrière, toute la pensée intime aussi, plaident pour le rôle des personnalités exceptionnelles dans le cours de l'Histoire naturelle ?

Qu'est-ce que le saint-simonisme ? Réduit à l'essentiel, il combine un pouvoir politique aussi peu politique que possible, à l'image du gaullisme que je viens d'évoquer, avec l'affirmation comme acteurs essentiels des représentants de la société civile dans le domaine de la production, de la consommation, de la prévoyance sociale, mais aussi de la culture. Les hauts fonctionnaires y prennent le pas sur les hommes politiques ; les syndicats sur les partis ; les détenteurs du savoir et de la technique sur les idéologues. Aux grands débats succèdent les grands travaux, la philosophie du progrès se substitue aux humanités classiques ; l'École, de lieu de refuge de la culture ancienne, devient le foyer de diffusion de la culture moderne ; les intellectuels organiques imposent leur problématique aux intellectuels critiques ; le Plan se surimpose au marché, qui reste pourtant la règle de base. Une société aussi mobile, aussi détachée du passé, aussi maîtresse d'elle-même, n'a de chance de s'imposer qu'à la faveur d'une phase d'expansion économique : en période de récession, le saint-simonisme se dégrade en technocratie ; en période d'expansion, il devient la formule même de la libération de l'homme et de la société par rapport aux contraintes du passé.

Il est étrange que lorsqu'ils s'efforcèrent de situer le gaullisme par rapport aux régimes antérieurs, ses critiques, du Parti communiste à René Rémond, citèrent à juste titre le Second Empire, mais en se trompant sur les similitudes : ils invoquèrent les conditions historiques de sa naissance, l'autoritarisme, le pouvoir personnel, et passèrent sous silence l'essentiel, c'est-à-dire la nature proprement saint-simonienne des deux régimes.

Cette erreur des milieux politiques n'empêcha pas, pendant dix ans, la partie la plus active de la société représentée par ce qu'on appelait alors les « forces vives » du pays de se reconnaître, toutes opinions confondues, sinon dans la politique gaulliste, du moins dans le projet social que dessinait alors le général de Gaulle.

Au niveau proprement politicien, le « système » de la Quatrième avait bien pu se prolonger sous de Gaulle avec d'un côté le RPR, de l'autre l'ensemble des partis du Cartel des non, tel qu'il s'était constitué pour s'opposer au principe de l'élection du président de la République au suffrage universel, les esprits clairvoyants – un Serge Mallet par exemple – avaient compris que l'essentiel se passait ailleurs. Le théâtre d'ombres parlementaire et politicien se déroulait selon les règles habituelles, l'instabilité ministérielle en moins, tandis que la vraie vie se concentrait, d'une part sur le dialogue direct que le général-président entretenait avec le peuple, d'autre part sur le débat entre l'État représenté par des hauts fonctionnaires d'exception, les syndicats – notamment la CFTC devenue CFDT en 1964 – et le patronat. Ce n'est pas l'un des moindres mérites du Plan – à défaut de planifier l'économie française – que d'avoir offert ce cadre institutionnel au dialogue social. Une part notable de la croissance française, et surtout de l'optimisme partagé par la plupart des acteurs sociaux, tient à ce dispositif. Où est passé le temps où le leader le plus prestigieux dont la droite ait jamais disposé ne songeait pas à se faire le thuriféraire du marché, mais parlait du Plan comme d'une « ardente obligation » ?

Pour moi, grâce à mes fréquentations à la revue *Esprit* et à la CFDT, cette expérience dans laquelle je n'ai joué qu'un rôle modeste a été décisive dans la construction de mon univers politique. Il m'a permis notamment de comprendre ce qu'est une société : non pas la juxtaposition de divers milieux sociaux, mais leur interférence.

Les hasards de mon existence m'ont donc amené à suivre le conseil de mon père : tâcher de fréquenter le plus grand nombre possible de milieux sociaux sans m'arrêter à aucun. Par ma jeunesse, j'ai connu la petite paysannerie indépendante du Bugey, c'est-à-dire du Jura : j'aurais pu plus mal tomber. J'ai même, de par la profession de mon père, approché le milieu du petit commerce. J'ai ensuite fréquenté l'Université et le monde enseignant ; puis celui du journalisme, qui m'avait toujours fasciné. Par le journalisme, j'ai côtoyé, sans insister, le monde politique. C'est le seul que je n'ai ni estimé ni aimé. Grâce à quelques amis choisis, j'ai eu quelques relations dans le milieu de la bourgeoisie, voire de l'aristocratie. Par la CFDT, j'ai vécu des années au contact du monde ouvrier, ou plutôt de ce qui était alors une espèce d'aristocratie ouvrière. C'est celui que j'ai préféré, à cause de ses qualités morales et d'une certaine conception héroïque de l'existence. C'est là-bas que j'ai laissé mon cœur.

Si j'ai, dans cette bioanthologie, privilégié cette expérience, il ne s'ensuit nullement qu'elle corresponde à une pente personnelle, loin de là. L'administration des choses n'a jamais été mon fort. Quant au gouvernement des hommes, quelque chose en moi s'y est toujours refusé. Par incapacité naturelle, ou par quelque obscur besoin de sauver mon âme, je ne sais. Je crois, en tout cas, à la lecture de la Bible, ou avec Ricœur et Simone Weil, que la tentation du pouvoir sur autrui est la forme sociale du mal radical, qui se décline dans le domaine des relations familiales, du sexe, dans l'ordre économique bien entendu, et dans l'univers politique, évidemment.

Pour dire les choses autrement, je ne suis pas sûr que mon saint-simonisme intellectuel soit compatible avec mon péguysme viscéral. Mais quoi ! Vieillir, c'est peut-être d'abord se résigner à ses contradictions. Je ne suis même pas sûr que je serais très à l'aise dans la société que je préconise, mais je ne serais pas, de Maurras à Lénine, le premier dans ce cas-là. Après tout, que serait la pensée si elle n'était pas capable de prendre des distances avec le tempérament ? Rousseau, par exemple, qui a abandonné ses cinq enfants, n'en demeure pas moins l'un des fondateurs de la pédagogie. Je crois, si nous voulons éviter la guerre civile qui est, selon Pascal, le plus grand des maux, qu'il incombe à chacun de donner en son for intérieur sa chance à la démocratie, c'est-à-dire à la délibération collective par rapport à l'affirmation individuelle du moi. C'est le sens des deux premières parties de ce livre, qui expriment mon moi social. Elles disent clairement ma préférence pour le saint-simonisme par rapport au parlementarisme. L'avenir de l'humanité ne peut être que de ce côté-là. Il faut donc privilégier la démocratie gouvernante sur la démocratie gouvernée, pour parler comme le faisait Georges Burdeau.

Quant à mon moi profond, il s'exprime, avec l'aide des « miens », dans la troisième partie de ce livre. Ce qu'on y lira en filigrane, c'est mon aversion pour les formes modernes du social, pour ce « gros animal » dont a parlé Platon, et après lui, Simone Weil. La société est « sociale », si on me permet cette tautologie ; mais l'humanité est cette forme supérieure du vivant qui privilégie l'individuel par rapport au sériel et au collectif. Chaque fois que je me suis trouvé majoritaire quelque part, je me suis demandé quelle bêtise j'étais en train de dire, quelle faute j'étais en train de commettre. L'exemple sublime de Jésus-Christ, c'est celui d'un individu, d'un seul qui se sacrifie pour tous, et qui sauve l'humanité entière. Que l'on voie là une fable philosophique ou une vérité importe peu, car dans les deux cas c'est l'essentiel qui est dit. « L'Histoire sourira, écrit Julien Benda à la fin de *La Trahison des clercs*, que Socrate et Jésus-Christ soient morts pour cette espèce. » Il y a là, je le reconnais, une contradiction fondamentale entre notre moi social et notre moi profond, mais elle est fondatrice de l'espèce. Il faut vivre et composer avec elle. Pour moi, j'ai toujours préféré me contredire plutôt que de me renier.

C'est en 2012 qu'a paru mon livre, *Les Gauches françaises*, qui sert d'épine dorsale à une partie des études composant le présent volume. Avec un recul de cinq années, l'unité de celui-ci apparaît mieux. Sans abuser du mot « tournant », dont il faut se servir en Histoire avec parcimonie, nous sommes depuis cette date, et plus encore depuis les élections présidentielles et législatives du printemps 2017, en présence d'une mutation fondamentale. À l'issue de ces élections, le divorce entre le peuple et la gauche s'est trouvé consommé, conférant par contrecoup une cohésion fondamentale à toute la période qui précède.

La gauche survivra-t-elle au désastre du printemps 2017 ?

Au sens géopolitique du terme, évidemment. Aussi longtemps que la représentation nationale s'inscrira dans un hémicycle, il se trouvera toujours des gens pour occuper la place à la gauche du président de l'assemblée.

Mais au sens historique du terme, le doute est permis. Telle qu'elle est définie tout au long de ce livre, sous la forme d'une alliance du progrès scientifique et de la justice sociale, tout porte à croire qu'elle a perdu sa spécificité. Elle court le risque d'éclater entre un gaucho-populisme qui fait bon marché du progrès scientifique et une social-technocratie qui a cessé de faire de la justice sociale sa priorité.

C'est cet éclatement que s'efforce de décrire, avec le risque inhérent à l'histoire immédiate, la longue conclusion donnée à la fin de ce livre.

Quant à son corps même, il comprend trois parties, dont l'ordre chronologique reproduit l'évolution des priorités que l'auteur a données à son travail intellectuel au cours de son existence.

La première, centrée sur le mouvement ouvrier, et notamment sur le syndicalisme d'action directe avant 1914, relève principalement de l'histoire sociale et organisationnelle de ce mouvement.

La deuxième, qui embrasse la trajectoire des gauches depuis la Révolution française jusqu'à nos jours, se présente comme une contribution à l'histoire politique et culturelle des familles qui la composent.

La troisième revêt un caractère plus personnel, en rapport avec les inclinations propres de l'auteur. Sur la suggestion de Pierre Nora, j'appelle « les miens » ces hommes et ces femmes qui, à l'intérieur d'une histoire culturelle générale des gauches, occupent une place particulière, le plus souvent minoritaire, mais décisive dans les moments de crise. Il y sera notamment question de Pascal (mais oui !), de Proudhon, de Péguy, de Bernanos et de Simone Weil.

En donnant à ce livre le titre *L'Esprit du peuple*, j'ai voulu signifier qu'il s'inscrit tout entier en faux contre la tendance commune à l'intelligentsia de gauche, aux apparatchicks du socialisme, comme, bien entendu, aux théoriciens du capitalisme, qui est de faire du peuple une masse de manœuvre inerte, entièrement déterminée par sa place dans la production.

Le peuple a sa propre intelligence de l'Histoire et sa propre conscience morale.

C'est aussi pour moi une façon de rendre hommage à tous ceux qui, de Proudhon et Pelloutier jusqu'à George Orwell et Jean-Claude Michéa, ont lutté pour une « société d'hommes fiers et libres ».

J. J.

Merci à Anne-Rita Crestani pour son précieux concours dans l'établissement du texte, et à Bernadette Cristini pour la fabrication de l'ouvrage.

D'OÙ JE VIENS

BRÉNOD

La famille Julliard

Brénod est un village du Haut Bugey, situé à 850 mètres d'altitude, dans la partie jurassienne du département de l'Ain, sur un plateau dominé de tous les côtés par un bourrelet de sapins. Il a fallu que je dépasse l'âge de dix ans pour découvrir qu'il existe en France des plaines déboisées et d'autres fromages que le comté. Mais je ne laisserai jamais dire à personne que le comté n'est qu'un fromage parmi d'autres.

Quand j'y suis né, en 1933, des mains de la sage-femme du village, Brénod comptait 802 habitants. C'est peu, mais assez pour en avoir fait, depuis la Révolution, le chef-lieu d'un canton qui fut pendant deux siècles la terre d'élection de mes ancêtres.

Depuis le haut Moyen Âge, le village était tributaire des moines de l'abbaye de Meyriat. Dans les plus anciens papiers de famille, je retrouve des traces nombreuses des conflits acharnés et récurrents qui ont opposé les villageois aux moines pour les redevances, en argent et en nature, notamment en bois pour la construction et le chauffage. Depuis cette époque, les terres et les forêts indivises n'appartenaient pas à la commune en tant que personnalité morale, mais à la communauté des habitants qui disposaient d'un droit d'affouage (*ad focum*) : le produit de ces « communaux » était jusqu'à une date récente distribué chaque année aux habitants, à proportion de l'importance des familles. Je vois à toutes les époques la famille Julliard engagée à fond dans la défense des habitants contre le pouvoir clérical. C'est sans doute de ce côté que gît la solution d'une énigme qui m'a toujours intrigué. Pendant des siècles, cette paroisse, puis cette commune de droite, a porté à sa tête une famille, la mienne, qui n'a cessé d'être « de gauche », en tout cas anticléricale. C'est ainsi – je parle ici sur la foi de mon père, car je n'ai jamais retrouvé ce papier – que mon ancêtre sous la Révolution s'est rendu en tant que syndic à Nantua, la ville voisine, afin d'y livrer un ci-devant, promis à la guillotine…

Je dois pourtant confesser quelque opportunisme chez certains de ces ardents militants progressistes. Je vois que mon ancêtre François-Marie a été maire du village sous la Restauration. Autrement dit, nommé par le pouvoir politique. Il a dû donner des gages à la branche aînée des Bourbons, puisque après la Révolution de 1830, le nouveau pouvoir, celui de la branche cadette, lui retire sa magistrature.

Qu'à cela ne tienne ! Un mémoire émanant de François-Marie, mais sans doute rédigé par un écrivain public, atteste, avec une emphase incroyable, devant Dieu, la monarchie et la vertu, de son loyalisme : à y regarder de plus près, suggère-t-il, n'y a-t-il pas quelque choix pré-orléaniste dans la façon dont il a dirigé la commune sous la Restauration ? Tant d'éloquence ne reste pas sans effet puisque, dès 1837, François-Marie retrouve son fauteuil de maire de Brénod.

Mais c'est évidemment avec la IIIe République que s'affirme avec le plus d'ampleur la vocation municipale de mes ancêtres. Jean-François y est maire pendant les années 1880-1890. C'est lui qui a fait construire l'actuelle maison familiale, comme en témoigne l'inscription datant de 1877 sur la cheminée.

Ils appartiennent sans conteste à cette « couche sociale nouvelle » célébrée par Gambetta dans son discours de Grenoble (1872), c'est-à-dire à ces notables ruraux qui ont fait la République.

Marius, mon grand-père, décédé quelques mois avant ma naissance, est l'illustration presque parfaite de ce type social. Plutôt petit, mais le port ferme et assuré, la moustache gauloise, avec des traits vaguement kalmouk qui le font ressembler à son modèle, Georges Clemenceau, il a succédé le plus naturellement du monde à son père à la mairie de Brénod, et au siège de conseiller général. Non sans au moins une interruption, due aux aléas de la politique locale, au jeu des allégeances et des trahisons. Ses fonctions municipales ne l'empêchent pas de développer une impressionnante activité professionnelle. Sa carte commerciale, qui doit dater des années 1920, indique les spécialités suivantes : vins en gros, vins fins, spiritueux, fourrages, farines, son, tourteaux, sel, arpentage, plans et expertises, assurances. Encore la carte est-elle muette sur son activité principale, qui reste l'agriculture, notamment l'élevage et l'exploitation des parcelles de forêt familiales. Ajoutons que Marius a exercé longtemps les fonctions de juge de paix, de sorte qu'au dire des anciens, une bonne partie des structures familiales du canton, notamment la répartition ou le remembrement des parcelles à l'occasion des testaments, portent sa marque. Il n'est pas jusqu'aux prénoms pratiqués dans la famille depuis le sien propre, jusqu'à Marcien, celui de son fils aîné, en passant par celui d'Andréane qui vient d'une aïeule, ou Mélina, celui de sa première épouse pour laquelle il déclare sa passion jusque sur les inscriptions du caveau familial, qui n'aient créé des traditions dans l'ensemble du canton. Avec cela, autoritaire, emporté : ses colères étaient terribles, spectaculaires, et faisaient trembler son entourage. Mais cet homme tout d'une pièce savait aussi se faire aimer.

Marius était fermement républicain, radical bien entendu, et non moins fermement anticlérical. Ses polémiques avec l'abbé Jouvent, curé de la paroisse, retentissent régulièrement dans la presse locale. Le 7 novembre 1908, au cours d'une « belle journée républicaine » (les journaux) où le ministre de l'Agriculture, M. Ruau, visite Brénod et s'y arrête pour déjeuner, Marius, à l'issue du banquet républicain servi en l'honneur du ministre à l'hôtel Menon, consacre l'essentiel de son discours à la défense de l'école laïque, victime des attaques de la réaction, et, contre le péril d'une division de la jeunesse, réclame comme « une mesure de salut national » l'institution du monopole de l'enseignement. Pas moins !

Nous sommes en 1905, Aristide Briand, symbole de tolérance et d'apaisement dans la question laïque depuis le vote de la loi de Séparation de 1905, est alors président du Conseil. On n'attend pas d'un notable radical une telle radicalité laïque.

C'est pourtant le même Marius qui, à l'arrivée d'Andrée Berthet, fervente catholique que vient d'épouser Marcien, son fils adoré, fait atteler les chevaux pour franchir les 150 mètres qui séparent sa maison de l'église, et tient à conduire lui-même la mariée jusqu'au prie-dieu gravé à son nom qu'il a fait installer pour elle. Dans le village, la sensation est profonde. Marius, qui n'a jamais mis les pieds dans une église, sauf un jour où il avait décidé d'en faire réparer le toit, et qui n'y retournera jamais, sauf le jour de son enterrement, était, on l'a compris, un seigneur.

À travers cet exemple, j'ai mieux appréhendé la profonde originalité de la IIIe République : c'est la revanche de la province sur Paris !

J'ai retrouvé une lettre datant du début des années 1930, adressée par Paul Painlevé, illustre mathématicien et président du Conseil à plusieurs reprises, et élu depuis 1928 de l'arrondissement de Nantua, à mon grand-père. Celui-ci fait partie de ces notables qui ont favorisé son élection. Les deux hommes ont eu des relations cordiales et presque amicales. Apprenant le projet de Marius de se rendre à Paris, il lui fait savoir qu'il n'est pas question pour ce dernier de descendre à l'hôtel : ses chevaux l'attendront à la gare pour l'amener chez lui, Painlevé, où une chambre l'attend. La IIIe République est donc ce moment où l'insolente domination de Paris sur la province, si bien décrite par Balzac, est en train de prendre fin, et où la France profonde aura politiquement dominé Paris, ville écervelée et changeante, accessible à toutes les aventures.

Je n'ai pas connu Marius, mort, je l'ai dit, peu de temps avant ma naissance, mais il m'a beaucoup influencé.

Moins cependant que son fils, mon père Marcien.

Trois événements avaient profondément marqué sa sensibilité : la mort de sa mère, la fameuse Mélina, décédée en couches, alors qu'il était âgé de quatre ans, et dont il était interdit de parler au risque de le bouleverser ; la Grande Guerre, qu'il fit comme lieutenant d'artillerie à Verdun, alors qu'il était âgé de vingt ans et dont il revint résolument antipétainiste (toute sa vie, il se défia des militaires de haut rang, au point de nourrir plus tard à l'égard de De Gaulle des préventions républicaines que je m'efforçais de dissiper) ; enfin la mort à l'antique de Marius, qui fit venir l'un après l'autre ses enfants, ses filles Marie-Louise et Julienne, en terminant par l'aîné, son fils Marcien, pour leur faire ses adieux. Pourquoi meurt-on aujourd'hui à l'hôpital dans l'entourage glacial d'une chambre anonyme, déjà retranché du monde des vivants ? Murer le mourant dans un tel *in pace*, loin de son univers familier, de ses livres et de ses proches, comme un condamné à l'époque médiévale, c'est s'en débarrasser sous prétexte de le soigner. Quelles exigences thérapeutiques, quelle terreur de la mort vécue peuvent justifier l'indignité d'un tel éloignement ?

À la différence de Marius, Marcien était un homme sensible et un rêveur. Le métier de négociant en vins, qu'il avait hérité de son père, lui allait comme un tablier à une vache. Il l'exerçait distraitement, par l'intermédiaire du fidèle Auguste Recordon, le commis de la cave. Sa passion, c'était l'action municipale. Il a modernisé son village, y a tracé des routes, et défendu les communes forestières, dont il était l'un des responsables nationaux. Il était naturellement républicain, radical socialiste bien entendu, et conquis par le mendésisme dès 1953, mais sans la passion batailleuse et parfois ravageuse de son père. D'un agnosticisme tranquille, sans la moindre agressivité, il a toujours été pour moi le symbole des vertus évangéliques.

Ma mère partageait les mêmes idées politiques, mais il est probable que sans lui elle eût été conservatrice. Naturellement croyante, elle avait une foi inébranlable, sans aucune ostentation. Elle formait avec son mari un couple uni, non par les conventions mais par l'amour. Pourtant, leurs caractères auraient dû les opposer : autant mon père, affecté d'une santé fragile, était rêveur, et même nonchalant, autant ma mère était vive et primesautière. Dotée d'une grande habileté manuelle, doublée de beaucoup d'impatience, elle était sans cesse animée par la hâte d'achever à toute allure ce qu'elle avait entrepris ; c'était chez elle devenu un jeu. Où qu'elle fût, elle aimait être au centre et y parvenait avec beaucoup de naturel. La vie quotidienne, les cérémonies familiales, la conversation, tout cela s'organisait autour d'elle. Contrairement à lui, elle était gaie, moqueuse, très douée pour des imitations qui mettaient son entourage en joie, mais alors que l'égalité de caractère de son mari était constante, elle était capable de sautes d'humeur, de moments de cafard et de bouderie. De duretés inattendues aussi : par exemple, sans son désintéressement personnel, son sens paysan de l'économie eût pu tourner à l'avarice. Je n'ai jamais rencontré quelqu'un chez qui voisinât avec une telle intensité Éros, l'instinct de vie, avec Thanatos, l'instinct de mort.

Sa passion pour la littérature qui lui faisait dire qu'aucun destin n'était plus glorieux que celui de grand écrivain (et qui m'avait valu d'entrer en hypokhâgne contre les souhaits de mon père) se marquait, sans qu'elle en eût conscience, dans ses dons d'épistolière. Conservatrice des expressions anciennes dont elle usait avec malice et auxquelles elle joignait ses propres cocasseries, elle savait faire de chaque lettre, très naturellement, un plaisir pour le lecteur. Son goût pour les lettres n'avait d'égal que celui qu'elle montrait pour le jardinage, goût qui amusait souvent son entourage car elle entretenait avec ses plantes une relation personnelle ; elle savait qu'à deux ou trois mètres près, une plante peut dépérir de chagrin ou printaner de bien-être. Ainsi il y avait chez elle un côté Sévigné paysan et surtout un côté Sido : par plus d'un point elle ressemblait à la mère de Colette, capable comme elle de tous les sacrifices et de tous les courages pour l'amour des siens.

Mon père, démis de toutes ses fonctions par le gouvernement de Vichy, abandonné par la plupart de ses fidèles qui, à quelques exceptions près, basculèrent brutalement dans le maréchalisme pour se reconvertir dans la Résistance et l'aide au maquis trois ans plus tard, fut dénoncé aux Allemands par un voisin, chef de la droite locale, et tout naturellement chef de la Légion. Je fus alors témoin de deux scènes qui n'ont jamais quitté mon esprit depuis lors – j'avais un peu plus de dix ans – et qui m'ont tenu lieu de scènes fondatrices :

Lorsque, à la suite de la dénonciation que j'ai dite, les Allemands se présentèrent à la maison pour réclamer Marcien Julliard, Auguste, qui avait refusé d'entrer dans la cachette ménagée dans le fenil parce qu'il toussait et craignait de faire prendre mon père, déclara sans hésitation : « Marcien Julliard ? c'est moi. » Par chance, il fut reconnu dans la ville voisine de La Cluse, et les Allemands le relâchèrent à titre d'ancien prisonnier de guerre.

Auguste, qui avait, durant sa jeunesse, rompu avec sa famille, est enterré dans le caveau familial. C'est lui qui m'a appris à lire, à conduire et même à labourer. Pour moi comme pour ma sœur Andréane, il a été un second père. C'était un cœur pur.

Quant au deuxième épisode, il eut lieu quelques mois plus tard, lors de la libération du village. Le premier geste des maquisards fut d'arrêter le dénonciateur et de l'enfermer à la gendarmerie. Je vois encore mon père s'y rendre et en ressortir une heure plus tard. Ma mère, bonne chrétienne, qui était passée par toutes les phases de l'angoisse au cours de ces derniers mois, explosa littéralement : « Je parie que tu l'as fait libérer ! » Et Auguste de surenchérir. Et mon père, l'agnostique : « Vois-tu, Andrée, il faut toujours pardonner. » Et d'ajouter : « Et puis, il faut bien que maintenant le village continue. »

Ces deux traits, romains ou chrétiens, comme on voudra, m'ont marqué pour la vie. Si je ne pense pas avoir, dans mon existence, commis de vilénie majeure, c'est parce que je ne pouvais imaginer avoir, dans ce monde ou dans un autre, à en rendre compte à mon père. Freud s'est donné beaucoup de mal pour faire comprendre que le père est l'image même de Dieu. Je n'ai jamais eu besoin de Freud pour le penser ; il va sans dire qu'à aucun moment je n'ai non plus ajouté foi à ce conte à dormir debout que l'on appelle « le complexe d'Œdipe ». J'ajoute que je n'ai jamais eu besoin des curés pour penser que Jésus-Christ, dans sa divinité, est la plus haute image que l'humanité ait jamais produite, et que le sermon sur la montagne demeure jusqu'à la fin des temps la plus haute expression de la grandeur humaine et de la magnificence divine.

NANTUA
Le collège Bichat

Les scènes que je viens de rapporter avaient eu pour prologue tragique la grande rafle des Allemands dans la ville voisine de Nantua. J'étais depuis quelques semaines élève de sixième et pensionnaire au collège Bichat, quand, le 14 décembre 1943, les Allemands firent irruption à l'heure de la récréation de dix heures, refoulant tous les élèves, une centaine environ, dans la cour et les alignant le long du mur du bâtiment principal, les mains en l'air, tandis qu'une demi-douzaine de soldats installaient posément leurs fusils-mitrailleurs pointés vers nous. Étrangement, je n'eus pas peur, pas plus que mes camarades. Nous étions trop occupés à tenter de dissimuler derrière nous les plus grands d'entre nous que l'officier allemand appelait vers lui selon le seul critère de la taille. Dix-huit élèves et professeurs furent déportés, mais plusieurs purent s'échapper en sciant les barreaux du wagon avec la scie que M. Boilin, ardent maréchaliste, avait dissimulée dans un lot de couvertures qu'il leur avait fait passer. Mais l'aumônier du collège, l'abbé Gay, refusa de sortir du train tant qu'une seule de ses ouailles se trouverait à l'intérieur du wagon. Il mourut en Allemagne. La journée se passa dans l'angoisse, au gré des informations qui nous parvenaient de la ville où des dizaines d'hommes furent déportés. Cela n'empêcha pas l'inspecteur général Crouzet, auteur de célèbres manuels d'apprentissage du latin, d'exiger de notre professeur, dès deux heures de l'après-midi, un cours en bonne et due forme, afin de n'avoir pas fait en vain le déplacement jusqu'à cette lointaine sous-préfecture de montagne.

Je ne repense pourtant jamais sans nostalgie aux sept années (1943-1950) que j'ai passées au collège Bichat. Dans cet ancien couvent désaffecté et sommairement transformé en collège laïque, les conditions matérielles tenaient beaucoup plus du XIXe siècle que des années qui allaient suivre. Mon principal souvenir, c'est le froid. Pas de chauffage central, sauf dans les dortoirs, où il ne marchait pas, et où un grand bassin de tôle, muni de becs espacés le long d'un tuyau, tenait lieu de lavabo. Le matin, dans cette région du Jura où les hivers sont rigoureux, il fallait souvent casser la glace pour se laver. Une douche sommaire une fois par semaine. Une nourriture que dix-huit années d'internat, si j'y compte mes deux années de service militaire durant la guerre d'Algérie, me permettent de qualifier de détestable. Pas de distractions. Pas de musique. Une bibliothèque dépenaillée comportant moins de cent volumes. Pas de radio. Les journaux interdits, afin de préserver la stricte neutralité du lieu. La promenade, le dimanche après-midi, autour du lac.

Au total quelque cent cinquante jeunes garçons, en majorité internes, auxquels s'ajoutèrent à partir de la seconde une poignée de filles, dont certaines turbulentes, auxquelles le surveillant général, un jour d'exaspération, avait rappelé que le collège était pour elles « un lieu de tolérance ». Cela suffit à nous distraire pendant plusieurs semaines.

Eh bien ! nous y avons été heureux, très heureux même. De pareilles conditions d'hygiène et de confort, impensables aujourd'hui, et qui même dans le tiers-monde vaudraient à l'établissement des reportages indignés, ne nous ont jamais choqués. Nous ne savions même pas que nous étions mal lotis. Au contraire. Le vent d'hiver qui faisait vibrer les cloisons, le merveilleux cache-misère des blouses grises, les parties de foot avec une boîte de conserve cabossée pour ballon, l'élevage d'adorables petites souris grises qui partageaient notre condition au dortoir, la partie de tarot du samedi avec une bouteille de rhum pour trois, les spéculations sur le souterrain qui unissait, nous en étions sûrs, notre collège au cours complémentaire des filles à deux cents mètres de là, les amours de notre charmante prof de français, c'était certain, avec le sous-préfet, tout cela composait un univers à la Giraudoux, laissant une grande place à la rêverie et à l'imaginaire.

L'ennui était là, bien sûr, mais nous ne le savions pas. Le ministre ne nous l'avait pas encore suggéré. Tout de même, de nos propres initiatives, et de nos propres mains, nous montâmes à partir de la seconde, pour tromper la monotonie, un foyer des élèves, dans une vieille pièce désaffectée, un groupe théâtral qui au printemps essaimait dans les environs, un journal de bahut ronéoté que nous allions vendre à la criée le samedi soir dans les rues de la ville (plus de mille exemplaires dans une ville de 2 500 habitants tout de même). J'en étais, bien sûr, le rédacteur en chef, aidé de Marie-Louise, le grand amour de mon adolescence. Je viens de relire nos articles : consternants !

Et puis, il y avait les profs. Est-ce la nostalgie qui rehausse à ce point l'optique des souvenirs ? Le fait est que je les ai tous aimés, qu'ils étaient tous épatants, depuis Verpilleux, catholique fervent qui idolâtrait Lamartine et Chateaubriand, en passant par Renout qui nous fit aimer la poésie épique du Moyen Âge, jusqu'à Dépierre, communiste militant, qui rendait justice à Louis XIV et à Napoléon, et que nous appelions « César ».

Il en va de ce colloque singulier d'un professeur avec ses disciples comme de celui qui s'institue entre le médecin et son patient : il demande de la discrétion, et même un peu de mystère. Une des grandes calamités du système actuel d'enseignement, ce sont les parents d'élèves, qui se mêlent de tout, qui fourrent leur nez partout, alors qu'une des plus grandes preuves d'amour qu'un père ou qu'une mère peuvent donner à leur enfant, c'est de lui ficher la paix, c'est-à-dire lui faire confiance et respecter sa personnalité. Je n'ai jamais aimé que l'univers familial, l'univers scolaire, l'univers affectif soient ouverts à tous les courants d'air, à toutes les promiscuités. On ne fait pas l'amour en public, on n'enseigne pas en public. Les psycho-pédagogues sont le plus souvent de mauvais pédagogues, mais comme psychologues ils sont encore pires, incapables de comprendre que l'acte d'enseigner, pour servir à quelque chose, ne saurait être qu'un acte d'amour.

Telles sont les leçons que j'ai retirées des sept années passées au collège de Nantua. Comme ouverture sur le monde et même sur la culture, on pouvait évidemment faire mieux. Parce que j'étais un peu frotté de Gide, de Malraux et de Bernanos, et que je connaissais par cœur quelques strophes d'Apollinaire, je passais pour un intellectuel. Il n'en était rien, j'allais bientôt m'en apercevoir. J'ai adoré mon année de philosophie où, sous la direction de M. Blanc, un remarquable éveilleur, j'ai lu quelques auteurs qui m'ont accompagné toute ma vie : Nietzsche, malgré mes réserves ; Alain, malgré mes déceptions ; et surtout Pascal, qui a joué un rôle à tous les moments de mon existence, un rôle multiforme, contradictoire même, mais décisif. Je dus bientôt me rendre à cette évidence : je n'étais pas Nathanaël et ce n'est pas Gide qui m'a appris la ferveur.

LYON

La khâgne : mes profs

Je suis entré en hypokhâgne par le plus grand des hasards. Je me trouvai en juin 1950, au sortir de ma terminale au collège de Nantua, nanti d'un bac philo et dépourvu de tout projet d'avenir. Mon père plaidait pour que je prépare HEC, tandis que ma mère faisait valoir avec raison que l'épicerie ne paraissait pas être mon fort. Elle-même, bien qu'elle eût de son plein gré arrêté ses études à la fin de la troisième, après le brevet élémentaire, avait, je l'ai dit, une passion pour la littérature.

La première fois qu'elle vint me voir, plus tard, à Bourg-la-Reine, dont André Theuriet, romancier académique de l'entre-deux-guerres

(1833-1907), avait été le maire, elle me dit dès son arrivée : « Je pense que la bibliothèque municipale de la ville doit posséder les œuvres complètes d'André Theuriet. Je voudrais que tu y empruntes *La Chanoinesse* que j'ai lue jadis à Brénod, grâce à une bibliothèque ambulante. Malheureusement, il manquait les trois dernières pages, et voilà vingt ans que je me demande comment tout cela finit. » Ce que je fis, et ma mère put enfin satisfaire la curiosité qui la rongeait.

C'est alors que je reçus la visite de Jacky Pommatau, fils de l'instituteur du village voisin, Champdor, dont Aragon a fait Champdargent dans *Les Voyageurs de l'impériale*. « Je prépare, me dit-il, le concours d'entrée en hypokhâgne, au lycée du Parc, à Lyon. — L'hypokhâgne, qu'est-ce que c'est ? lui demandai-je. — Oh ! c'est une classe qui prépare à Normale sup, d'où sont sortis notamment Léon Blum et Édouard Herriot. Il n'y a que des matières littéraires, à l'exclusion des maths et de la physique. »

À l'évocation d'une préparation littéraire, ma mère s'épanouit. Aux noms d'Herriot et de Blum, mon père s'illumina. À la mention de l'absence de mathématiques, j'avoue, à ma honte, que je vis un chemin de roses s'ouvrir sous mes pas. La chose fut décidée dans le quart d'heure : je tenterais, avec mon ami Jacky, le petit concours d'entrée à la khâgne du lycée du Parc.

Victor-Henry Debidour

« Au terme de huit pages de banalités, le sujet reste inédit. » Voilà ce qu'écrivait Victor-Henry Debidour en tête de la copie de l'épreuve de français comptant pour mon admission. Le sujet était la fameuse phrase de Péguy qui définit la révolution comme l'appel d'une tradition dégradée à une tradition plus haute. Dans sa magnanimité, Debidour m'avait quand même mis 8, et je fus finalement admis.

Personne, à l'époque, ne songeait à se scandaliser de la joyeuse férocité qui saisit parfois le correcteur quand il rencontre la nullité avérée, et qu'il décide de ne lui faire aucun quartier. Personne pour évoquer, comme on le fait aujourd'hui, les traumatismes irréparables que pareil traitement ne manquerait pas d'infliger à ma frémissante sensibilité d'adolescent. J'étais nul, voilà tout, et sous prétexte que je connaissais par cœur une cinquantaine de vers d'Apollinaire, j'étais jusque-là loin de m'en douter. Il fallait que cela fût dit, et cela le fut. C'est ce jour-là, comme dit Voltaire, que « Colin sentit son néant et pleura ». Ou plutôt non : Colin jura de faire changer d'avis Victor-Henry Debidour.

Trois années plus tard, je me trouvais à l'hôpital de l'Antiquaille, près de Fourvière, pour une banale opération d'appendicite qui me tenait éloigné pour quelques jours du lycée du Parc. Debidour avait tenu à m'apporter lui-même ma copie. J'étais premier de la khâgne avec 15,5 sur un sujet tiré du *Rire* de Bergson. J'écris cela sans aucune modestie, parce que, de ma vie universitaire comme étudiant, puis comme professeur, de l'entrée à l'École normale jusqu'à l'agrégation d'histoire et l'École des hautes études, aucun succès ne m'a apporté le quart de la fierté que me procura ce jour-là la visite de Victor-Henry Debidour. J'ai gardé cette copie, et il m'arrive de la relire, non, bien sûr, pour ce que j'y avais écrit, mais pour les appréciations de mon maître, presque aussi abondantes que mon propre texte.

Voilà ce que c'était alors qu'un grand professeur de khâgne : un homme qui marque à vie votre goût, votre sensibilité et vos choix. Victor-Henry Debidour appartenait à une grande famille républicaine, qui s'était illustrée dans les plus hautes fonctions de l'Éducation nationale. Lui-même avait fait un autre choix. Normalien, il était devenu royaliste, d'un royalisme non maurrassien, qui se réclamait plutôt de Bernanos, et qui affichait à l'égard de la politique une espèce de fureur permanente, combinant une vision chevaleresque de l'Ancien Régime avec une mystique chrétienne qui devait beaucoup à Pascal, à Péguy et à Simone Weil. Il m'écrivit un jour – à l'époque il arrivait à un prof de khâgne d'échanger avec ses disciples de longues lettres adolescentes – combien il avait été heureux de me voir le rejoindre dans une certaine vision de la littérature. Ajoutant : « Il n'y a qu'en politique que nous divergeons. Il faudra que nous en parlions longuement… », pour conclure : « Et puis, non, n'en parlons pas. Est-ce que la politique mérite vraiment que nous nous écharpions à son sujet ? »

On a compris que Debidour était un être passionné, tout d'une pièce, qui allait à la littérature française, comme à ses chers calvaires bretons, à la manière dont Platon veut que l'on aille à la vérité : « avec toute son âme ».

Mince, d'allure juvénile, le visage « fait à manche de rasoir » comme Rabelais le dit du nez de Panurge, la raie sur le côté, à l'ancienne, il portait un manteau noir près du corps et un chapeau à bord étroit qui lui donnait un air italien ; c'était un homme frémissant qui donnait à tout texte qu'il expliquait l'air d'avoir été écrit de la veille. Je me souviens encore des deux heures qu'il consacra à la déclaration d'amour de Phèdre à Hippolyte (acte II, scène V) dont nous sortîmes tous, les trente-cinq de la khâgne, les yeux un peu rougis. Entier dans ses jugements – il adorait Baudelaire et détestait George Sand –, son sens de la justice se nichait dans les détails du texte, dont il faisait surgir le sens et la portée avec un art incomparable. Si toute ma vie j'ai idolâtré la littérature française, si je n'ai pas, je crois, passé un seul jour sans en lire ou relire au moins une page, je le dois à Victor-Henry Debidour. J'avais décidé, à l'occasion de son cours thématique hebdomadaire, de lire au moins un volume et parfois bien davantage de l'auteur choisi cette semaine-là. Au bout de trois ans, j'avais acquis un fond de culture littéraire, qui a resurgi à l'occasion de toutes les lectures postérieures. Debidour m'a fait comprendre que la littérature française n'est pas qu'un monument artistique exceptionnel ; c'est une éthique commune à tous ceux qui ont été jugés dignes d'entrer dans le panthéon, que ce soit Ronsard ou Pascal, Chateaubriand ou Stendhal, Proust ou Aragon ; c'est lui encore qui m'a fait sentir que dans le corps à corps avec le texte, le plus humble d'entre nous n'a plus rien au-dessus de lui, aucune institution, aucune autorité, aucun ordre préétabli. La fréquentation des grands textes instaure entre tous ses pratiquants une espèce de démocratie à la fois libertaire et égalitaire, qui est comme une revanche contre toutes les petitesses de la vie. Notre littérature à nous Français, c'est notre liberté. C'est pourquoi je n'ai que mépris pour ces esprits niveleurs, pour ces faux-monnayeurs du fait littéraire qui sont en train, au cœur même de notre École, de couper le cordon ombilical entre un peuple et ses grands écrivains. Quand il fit ses adieux à la khâgne du lycée du Parc – je n'avais pu hélas être là – notre maître Debidour fit un discours sur le thème du serviteur inutile de l'Évangile, en latin, votre serviteur inutile, votre Debidour. Il avait encore une fois raison, rien n'est utile dans la littérature française, rien n'est monnayable, c'est pourquoi elle est notre bien le plus précieux, notre citadelle inexpugnable contre les imbéciles et les salauds.

Joseph Hours

Le père Hours était une tout autre affaire. De taille modeste, avec un petit ventre rond, la raie sur le côté comme Debidour, la moustache grisonnante en croc, il portait volontiers une veste noire et un pantalon rayé, qui donnaient à son quotidien un air de cérémonie, mais avachi ; il ressemblait à l'un de ces messieurs d'Action française qu'il avait été dans sa jeunesse ; il se rappelait une conversation qu'il avait eue avec Charles Maurras lui-même, front contre front, pour permettre au maître, dont la surdité était légendaire, d'entendre un peu son interlocuteur. Mais bien vite, le Lyonnais invétéré avait bifurqué du côté de la démocratie chrétienne, et alors ce n'est pas à Maurras qu'il était tenté de ressembler, mais à Marc Sangnier. Durant la guerre, il entra dans la Résistance et devint à Lyon une personnalité morale respectée.

Joseph Hours était l'historien comme Victor-Henry Debidour était le littéraire. Sa vision de l'Histoire, sa manière d'enseigner faisaient l'objet, parmi les khâgneux, de controverses passionnées. Ceux qui étaient quelque peu avertis de l'École des Annales lui reprochaient son goût prononcé pour l'anecdote et une méthode d'exposition un peu capricieuse, en rhizome comme diraient les logiciens, chaque événement, chaque personnage, chaque débat parlementaire engendrant le suivant dans un ordre inattendu.

La vérité était plus complexe. Grand connaisseur de la Restauration, il aimait déduire les grandes tendances de la période de petits faits vrais, qu'il décrivait avec talent. L'anecdote était toujours chez lui au service d'une vérité plus large et plus profonde qui lui donnait sa signification. En langage d'historien contemporain, on dirait qu'il faisait de la microhistoire, chaque microcosme étant un aspect particulier mais éclairant du macrocosme lui-même. Les khâgneux guettaient particulièrement la sortie en mer des fameux « bateaux du père Hours », ces vérités générales, le plus souvent d'ordre psychologique, dont il émaillait ses récits. « Si vous ne savez pas ce que vous voulez, vous ne l'aurez sûrement pas » ; « ce qui est exagéré ne compte pas » ; « on ne détruit que ce qu'on remplace », étaient quelques-uns de ses mots préférés.

À travers toute son existence il était resté un historien du fait national ; pour lui, la nation demeurait sinon un principe d'explication universel, du moins l'antécédent le moins substituable quand il s'agissait de l'histoire de France.

Chrétien convaincu, Joseph Hours est mort pendant les funérailles de sa femme. Le prêtre interrompit alors sa messe et annonça à l'assistance qu'il allait la recommencer à l'intention des deux époux.

Jean Lacroix

An sein de l'autonomisme lyonnais, sourdement mais systématiquement hostile à la capitale, Jean Lacroix, le philosophe, représentait l'ouverture vers l'extérieur : il avait des relations à Paris !

Il faut se représenter ce qu'était Lyon au début des années 1950 : la dernière ville de France refusant de capituler devant l'impérialisme parisien. Édouard Herriot, son maire inamovible, menhir planté dans la vallée de la Saône et du Rhône, véritable monadnock d'un radicalisme vieillissant, en était le symbole. Lyon n'était pas seulement la deuxième ou la troisième ville de France – éternel sujet de controverse avec Marseille –, c'était, comme l'a dit Thibaudet, la capitale de la province. Dans le domaine intellectuel notamment, il y avait une école lyonnaise avec André Latreille en histoire, Pierre Lachièze-Rey, et bien sûr Jean Lacroix, en philosophie, et surtout peut-être les jésuites de Fourvière avec à leur tête le père de Lubac, grande figure d'une théologie catholique ouverte, et à ce titre victime de Pie XII, remarquable historien des idées politiques et sociales avec ses travaux sur Proudhon et Joachim de Flore.

Jean Lacroix avait conservé de la période de la guerre – toujours la démocratie chrétienne et la Résistance ! – des liens profonds avec les fondateurs du *Monde*, à commencer par son charismatique et atrabilaire directeur, Hubert Beuve-Méry. Ici ce sont plutôt les dominicains, le père Chenu, le père Congar, qui dominaient. Jean Lacroix avait hérité une tribune enviable : le rez-de-chaussée philosophique du *Monde*, où, quinzaine après quinzaine, il commentait l'actualité.

Mais surtout, il avait figuré parmi les premiers compagnons d'Emmanuel Mounier, et à ce titre était considéré comme l'un des fondateurs de la revue *Esprit*. Au lendemain de la guerre, chacun des grands courants philosophiques qui se partageaient les faveurs des intellectuels avait sa revue : le marxisme avec *La Nouvelle Critique* de Jean Kanapa ; l'existentialisme avec *Les Temps modernes* de Jean-Paul Sartre ; le personnalisme avec *Esprit* d'Emmanuel Mounier.

Marxisme, existentialisme, personnalisme, c'était justement le titre d'un ouvrage de Jean Lacroix qui, autant que Mounier lui-même, pouvait prétendre au titre de pape du personnalisme. À ce titre, on le voyait ferrailler amicalement avec les communistes à la tribune de la Mutualité, dans un débat annuel organisé par le Centre catholique des intellectuels français (CCIF) où René Rémond n'allait pas tarder à occuper une place prépondérante.

Mais qu'est-ce que le personnalisme ? Il est de bon ton aujourd'hui d'en parler avec un brin de condescendance, alors que parmi les grands courants philosophiques de l'après-guerre ce sont ses idées, sinon le mouvement lui-même, qui ont le mieux résisté à l'épreuve du temps. Le personnalisme se présentait en effet comme une synthèse entre l'individualisme moderne – Mounier était l'auteur d'une grande synthèse sur l'anarchisme – et le socialisme – entendons par là le besoin de communauté entre les hommes. Qui, aujourd'hui, quatre-vingt-cinq ans après la fondation de la revue *Esprit* (1972), n'y reconnaîtrait la question dominante de nos sociétés ? À la différence du marxisme, qui se réclamait d'une inspiration unique, aujourd'hui fort défraîchie, le personnalisme représentait une sorte d'éclectisme philosophique, à base d'humanisme. Mais, après tout, n'était-ce pas aussi le cas de l'existentialisme de Sartre ? Toutes ces doctrines ambitieuses et même un peu fanfaronnes ont aujourd'hui vieilli. On peut pourtant se demander si le mouvement de scepticisme qui se dessine à chaque évocation de ces grandes machines conceptuelles n'est pas surtout le symptôme de notre propre renoncement.

Jean Lacroix a marqué des générations de khâgneux. Grand, le crâne presque chauve, la silhouette ovoïde, il se dandinait sur l'estrade en lisant intrépidement des notes un peu jaunies sur le devoir d'être contemporain de sa propre pensée… Louis Althusser, alors catholique, et même prince tala de la khâgne, a toujours reconnu la place importante que Lacroix a occupée dans sa formation intellectuelle.

Jean Lacroix prononçait à l'anglaise les mots se terminant par « ble ». De « probable » il faisait « probabeul » et ainsi de suite. Il est donc devenu pour l'éternité « le Beuhl » et l'adjectif « beuhlique » – comme du reste « bidourique » et « ursique » – était d'usage courant dans la khâgne de Lyon et même au-delà.

Le Beuhl avait une particularité : son système de notation. En hypokhâgne, il notait de 5 à 9,5 sur 20. Il utilisait volontiers les quarts de points, avec un mélange de sérieux et de dérision qui faisait notre joie. Normalement on n'accédait à la moyenne qu'en cube, en troisième année. Le jour où cela m'arriva, je me regardai pendant quelques heures comme l'égal de Spinoza. Je n'ai pas le souvenir que l'un d'entre nous ait jamais dépassé la note de 12.

C'était surtout un remarquable historien de la philosophie. C'est là une discipline, illustrée par des hommes comme Ferdinand Alquié (Descartes), Henri Gouhier (Auguste Comte), Henri de Lubac (le socialisme), qui exige beaucoup de science et un certain oubli de soi. Certes Jean Lacroix n'était pas homme à se sous-estimer exagérément. Mais il professait, selon le mot célèbre, que « Les génies ont des droits sur nous », et à ce titre il savait se faire idéaliste avec Platon, éthique avec Kant et positiviste avec Auguste Comte. Il admirait ce dernier : alors que sa pensée le portait spontanément vers une philosophie du progrès, telle que celle de Marx, il soulignait que la doctrine comtienne, avec ses sources traditionalistes et son ambition de réconcilier ce progrès avec l'ordre, constituait une philosophie politique quasi indépassable. La seule façon de comprendre un grand philosophe et d'en tirer profit, c'est de se placer délibérément de son propre point de vue, avec ses propres présupposés, et de parcourir humblement et systématiquement les étapes qui l'ont conduit à ses propres conclusions. Rien de plus ridicule que le jeune grimaud de collège (ou de lycée ou de fac) qui ne craint pas de vous asséner : « Monsieur, Kant a pensé comme ceci, mais moi je pense comme cela. » Il y a là une forme de superficialité du savoir qui est pire que l'ignorance, car elle vous enferme à double tour dans votre médiocrité.

Lacroix était un grand historien de la pensée, et à ce titre éveilleur de vocations, les plus diverses, parfois les plus opposées. Il m'a fait comprendre qu'il y a beaucoup de niaiserie à cultiver ses propres idées comme une sorte de trésor secret et chéri. Les idées, les rues en sont pleines ; il n'y a qu'à se baisser pour les ramasser. La véritable pensée ne commence qu'avec leur mise en perspective.

Jean Pillard

Le quatrième personnage du quatuor était le latiniste. Jean Pillard était respecté de toute la tribu des langues anciennes pour ses éminentes qualités professionnelles, auxquelles s'ajoutaient une grande modestie et un dévouement exemplaire à ses khâgneux. Auteur d'une thèse restée inachevée sur le poète Stace, il a formé des générations de latinistes de premier plan, comme mon ami René Martin. Tout à son enseignement fait de précision et d'élégance, il était la démonstration vivante de tout ce que les humanités doivent à la langue latine, en termes de syntaxe et de probité intellectuelle. À la différence des précédents, il n'ambitionnait pas d'exercer une influence directe sur nous ; mais il était respecté de tous, car son enseignement était la démonstration vivante de ce que la discipline intellectuelle pouvait apporter à de jeunes esprits.

On l'aura compris. Toute la vie des khâgneux était dominée par le rapport aux profs. Charia et Achille, les deux anglicistes successifs, Ackermann, germaniste fin et bon vivant, complétaient l'équipe. C'est à l'échelle de ces hommes – à l'époque, la khâgne n'était mixte ni chez les professeurs, ni chez les élèves – que chacun de nous s'étalonnait. Les internes constituaient la majeure partie des élèves. Il régnait au Parc une atmosphère particulière faite de liberté et de surchauffe intellectuelle. Je me souviens encore de l'année où, à la suite d'un cours de Lacroix sur *Les Fondements de la métaphysique des mœurs*, nous avons presque tous en même temps découvert Kant : non seulement sa morale, mais sa théorie de la connaissance. Nous passions nos soirées, entre deux parties de tarot, à disserter sur les catégories pures de la sensibilité et les jugements synthétiques *a priori*. Cuistrerie de blancs-becs, tout gonflés de leurs découvertes récentes ? Assurément, mais la vie intellectuelle, dans ce qu'elle a de collectif, ne peut se développer que dans un climat de ferveur.

C'est pourquoi je n'ai jamais pu penser à la khâgne, à ma khâgne, sans évoquer la page de Giraudoux qui la définit comme le lieu par excellence de proximité immédiate avec les grands génies de l'humanité. Proximité, je l'ai déjà dit, ne signifie pas familiarité. On peut côtoyer les grands hommes sans leur taper sur le ventre. Mais au moins n'y a-t-il pas de formalité d'entrée. Pour avoir le droit de vivre dans la compagnie d'un grand politique ou d'un grand comédien, il y faut des mois, voire des années d'approche ou un certain don pour l'obséquiosité. Avec Platon ou Spinoza, Shakespeare ou Victor Hugo, Alexandre ou Napoléon, pas de ticket d'entrée. Il suffit de se mettre dans la disposition d'esprit convenable, et c'est justement l'atmosphère recueillie de la khâgne qui vous la procure. Le reste vous sera donné par surcroît. Pour moi, comme pour mes camarades, le cloître du lycée du Parc renfermait en lui tout ce que je n'ai plus jamais retrouvé ailleurs : la connaissance par le haut. C'est le seul moment de ma vie où j'ai pu avoir l'impression, au fond justifiée, que Kant avait écrit la *Critique de la raison pure* pour moi, et Balzac *La Comédie humaine*. Que la connaissance directe, sans avoir recours à des entremetteurs marrons comme les critiques, était pour moi un droit inaliénable, et une sorte d'obligation morale que j'avais contractée avec Kant ou Balzac. Cette aristocratie de l'esprit – car c'est une aristocratie – n'implique aucune distinction, aucun privilège, aucun *numerus clausus*. Il s'agit seulement de faire vœu de pauvreté en matière de divertissement, de donner son congé au monde extérieur et de faire la paix en soi-même.

J'entends souvent dire de tel metteur en scène à la mode qu'il a « dépoussiéré » Marivaux ou Tchekhov… Imbéciles. Sombres crétins. Comme si la poussière était ailleurs que dans leurs écrits à eux, et les toiles d'araignées ailleurs que dans leurs cerveaux ! Transposer Beaumarchais en Duchmol ou, comme dit Péguy, mettre du Molière en Larroumet, c'est succomber à la contrainte illusoire de l'actualité. La modernité d'Hölderlin ! la modernité de Racine ! Quelle sottise ! Comme si la grandeur de ces poètes tenait seulement aux échos qu'ils peuvent susciter dans des cerveaux embrumés par la télévision. En vérité, il n'y a de culture qu'inactuelle, il n'y a de génie qu'intemporel, c'est-à-dire capable de résister aux circonstances. Pour le comprendre, il faut pouvoir échapper à celles-ci. Tel est le privilège des études à plein temps en un milieu protégé. La khâgne est par excellence un tel milieu et cette mise à l'abri ne se rencontre ensuite que de façon exceptionnelle, parce que la vie est là, qui réclame son dû et qui exige la préférence. « Il faut bien vivre avec son temps », dit la paresse populaire. Et pourquoi donc ? C'est une morale de mollusques attachés à leur rocher. Les hommes qui ont marqué l'Histoire n'étaient pas de leur temps, soit qu'ils lui aient résisté, soit qu'ils aient anticipé sur le futur. Le « présentisme » de notre époque, c'est-à-dire le culte de l'instantané, pourrait bien signifier que le temps des grandes révolutions mentales est provisoirement interrompu.

Du portrait que j'ai esquissé des grands professeurs de la khâgne de Lyon dans les années 1950 et 1960, on déduira aisément qu'elle était profondément marquée par le catholicisme. La foi mystique de Debidour, le personnalisme de Lacroix, l'humanisme de Joseph Hours composaient un tableau varié, mais cohérent, enraciné dans la lecture de l'Histoire où la Révélation avait sa part. Il y fallait ajouter la marque profonde imprimée sur les esprits par l'aumônier jésuite de la khâgne, le père Lucien Fraisse. Ancien résistant qui avait joué un rôle important dans les maquis de la Drôme, frère d'un psychologue professeur à la Sorbonne, proche des pères de Lubac, Ganne et Varillon, trois grandes références théologiques, Lucien Fraisse jouait au sein de la khâgne un rôle de professeur *in partibus*, tant son influence débordait le cadre du service proprement religieux. Pudique et volontiers secret, laissant entendre plus qu'il n'affirmait, et pourtant d'une fermeté de roc dans ses positions, il avait été lui aussi victime de la répression intégriste qui s'était abattue sur la catholicité à la fin du pontificat de Pie XII. C'était un laïque décidé, c'est pourquoi très vite je sentis une véritable complicité s'installer entre lui et moi, à l'abri du monde clérical et de ses institutions. Comme tous les grands jésuites, de Molina au pape François, son problème majeur était celui des conditions de la présence du christianisme à l'intérieur d'une société et d'institutions en voie de sécularisation. C'est pourquoi il était vraiment hostile aux deux déviations majeures du moment, l'intégrisme d'une part, le progressisme de l'autre, qui, toutes deux, entendent faire les affaires de Dieu à la place de Dieu lui-même, faute d'une réflexion suffisante sur les rapports de l'immanence et de la transcendance. C'est grâce à lui que j'ai lu Maurice Blondel et Laberthonnière, le cardinal Newman et Chesterton, sans parler de Péguy, évidemment. Convaincu du double devoir d'obéissance et de résistance à l'autorité, il dispensait sa propre méditation qui, avec le recul, me paraît avoir été plus chrétienne que catholique, malgré son attachement à l'institution, et surtout plus christique que chrétienne. Il y avait, sous la forme discrète qu'il donnait à toutes choses, du Pascal et du Clavel chez le père Fraisse.

Une fois par an, la khâgne de Lyon se transportait en corps constitué à la Trappe des Dombes pour une retraite de deux jours à laquelle participaient volontiers les autres, les agnostiques, les anticléricaux, et même les communistes, alors au nombre de trois. Il régnait sur la khâgne lyonnaise une sorte de catholicisme culturel qui faisait une place à toutes les particularités, y compris l'incroyance, comme celle qu'a décrite Lucien Febvre dans son grand livre sur le problème de l'incroyance au temps de Rabelais.

Les souvenirs que j'égrène sont ceux de la Baderne de la khâgne de Lyon en l'an de grâce 1953-1954.

Pour ceux qui l'ignorent, la Baderne, dite « suavissime », était le nom canularesque, tout entier empreint de dérision, qui était donné au chef de la classe auprès des profs et de l'administration. Dans le langage khâgnal courant, la dérision s'effaçait entièrement. C'est la seule fois de ma vie où j'ai exercé non un pouvoir, mais une influence directe sur d'autres êtres humains, car, par provignement, une espèce de responsabilité morale de la Baderne s'étendait de façon diffuse sur la communauté khâgnale tout entière, au point qu'elle était consultée sur nombre de problèmes individuels de ses membres, y compris parfois leurs peines de cœur, sans parler des délibérations avec les profs pour les passages litigieux de tel ou tel à l'année d'après ; sa désignation même, envisagée à la fin d'une année scolaire pour la suivante, relevait de la coutume tribale beaucoup plus que de la démocratie. Les plus anciens se concertaient discrètement, de façon informelle, jusqu'à ce que l'un d'eux fasse savoir à l'intéressé que son badernat avait toutes chances d'être bien accueilli par la communauté. Il ne restait plus à l'impétrant qu'à se déclarer : « c'est moi qui suis la Baderne », pour que l'ensemble de ses futurs administrés aille répétant : « c'est lui qui est la Baderne ». Cette expérience unique m'a convaincu pour le reste de mon existence que la seule démocratie véritable est celle qui se vit plus qu'elle ne se décrète ; que, comme l'ont pensé les Grecs, elle n'est viable qu'à l'intérieur d'ensembles limités où tous les individus se connaissent ; et qu'enfin elle est conforme à l'intuition profonde de Rousseau, pour qui la formation de la volonté générale reste un acte mystérieux, dont le suffrage universel ne peut être qu'une approximation imparfaite et infidèle. La tendance actuelle à la constitution, à travers le monde, de grands ensembles régionaux me paraît relever davantage, malgré le vocabulaire et le cérémonial, de la forme « empire » que de la forme « démocratie ». C'est pourquoi l'avenir de cette dernière est loin d'être assuré dans le monde moderne ; elle pourrait bien devoir se réfugier dans les petites communautés, reliées entre elles par un lien politique extérieur.

Revenons à la khâgne. Il est en train de se dessiner, au fil des ans et des prétendues réformes de l'éducation, une rupture sans précédent entre la culture classique, telle qu'elle ressortait de l'enseignement des humanités, des langues anciennes et surtout de la littérature française, et les programmes, tels qu'ils sont aujourd'hui proposés dans le primaire et dans le secondaire. La volonté de faire texte de toutes choses, d'un arrêté municipal, d'une notice pharmaceutique, d'un article de journal local, sans parler des écrits des élèves eux-mêmes, s'exerce au détriment des modèles consacrés, comme si était en train de disparaître la notion de niveau d'écriture, comme disparaît, du fait de l'avachissement de l'audiovisuel, celui de niveau de langage. C'est la négation de toute espèce d'exemplarité et d'excellence au profit d'une sorte d'étiage de la pensée et de l'expression. Tout cela au nom d'une démocratie vulgaire, où la médiocrité tient lieu de norme. À quoi bon « enseigner » ce qui se pratique chaque jour un peu partout spontanément ? Un peuple que l'on courtise au moyen de ce qu'il recèle en lui de plus bas est bientôt menacé de dégénérescence. On le persuade qu'il lui suffit d'être ce qu'il est pour être ce qu'il doit être. Ne nous y trompons pas : c'est au nom de l'égalité qu'ont été conduites toutes les entreprises de l'asservissement. L'excellence sans l'égalité conduit à l'injustice, l'égalité sans l'excellence à la servitude.

Ces tentations existent à l'intérieur même de l'École ; très souvent, le prétexte pédagogique cache un véritable mépris des contenus et la haine de l'excellence. Ce n'est pas pour rien que les prépas aux grandes écoles concentrent sur elles l'animosité des milieux pédagogistes, et que les efforts pour les mettre au pas se multiplient. De ce point de vue, la khâgne est un conservatoire de ce que la France véhicule de meilleur en fait de liberté : sa littérature et sa culture. Il existe des conservatoires où se perpétue l'enseignement des disciplines musicales, de la danse, de l'art dramatique. Pourquoi pas de la littérature ? Dans un article célèbre[1] datant des années 1950, Hannah Arendt, qui n'avait rien d'un esprit conventionnel, ne craignait pas d'écrire que « le conservatisme, pris au sens de conservation, est l'essence même de l'éducation ». Il y a dans le concept de tradition l'idée d'un dépôt qu'il est essentiel de transmettre à la génération suivante. Sans cette transmission, c'est la civilisation elle-même, faite de progrès accumulés, qui est menacée. La fonction essentielle de la khâgne est de récapituler l'héritage culturel, et à chaque moment de l'Histoire, de lui rendre son actualité. Si la khâgne de Lyon a été le premier et sans doute le plus déterminant de mes lieux de mémoire, c'est que dans mon existence individuelle, elle n'a cessé d'incarner pour moi la confrontation avec l'histoire intellectuelle de l'humanité.

1. « La crise de l'éducation », dans *La Crise de la culture*, Gallimard, 1972.

PARIS
Esprit

De la khâgne de Lyon à la revue *Esprit*, la transition était naturelle. Je venais à peine d'entrer à l'École normale, à l'automne 1954, que je fus un jour avisé par le concierge qu'un visiteur m'attendait dans l'aquarium. C'est le nom que l'on donne à l'école au hall vitré de l'entrée.

Jean-Marie Domenach, le rédacteur en chef de la revue, avait fait un saut depuis la rue Jacob, sans même me prévenir. « C'est Jean Lacroix qui m'a donné votre nom. Il dit que vous vous intéressez à la revue. La prochaine réunion du groupe politique aura lieu la semaine prochaine. Je vous y invite, ainsi que votre ami Antoine Prost, dont le Beuhl m'a aussi parlé. »

J'ai oublié ce que fut notre conversation. Mais je n'ai pas oublié Jean-Marie, mort en 1997, l'un des hommes les plus attachants qu'il m'ait été donné de rencontrer. Son large front chaussé de grosses lunettes d'écaille lui donnait le profil typique de l'intellectuel des années 1960. Son abord était un mélange de brusquerie et de timidité ; d'emblée sa conversation, qui ne s'attardait pas aux politesses de la porte, était passionnée. Il y avait dans ses propos un élan de vérité que j'aurais bien du mal à définir, mais qui subjuguait. Totalement étranger aux détails du quotidien, à l'argent, au calcul intéressé, il savait à l'occasion jouer avec une feinte ingénuité de son éloignement des choses matérielles. Je le revois au comité de lecture du Seuil, présentant sa dernière trouvaille : « Voilà un livre tout à fait nouveau, puissant, original (se tournant vers Paul Flamand), à mon avis, c'est beaucoup trop fort pour le public. Tu n'en vendras pas cent exemplaires. À publier sans hésitation. »

Paul Flamand se résignait, parce que c'était Domenach, et que le plus souvent il avait raison. Il arrivait d'ailleurs assez fréquemment que le public, contrairement aux sombres prédictions de Jean-Marie, fût au rendez-vous.

La grande affaire de sa vie avait été la Résistance et le maquis du Vercors. C'est là qu'il avait contracté cette conception héroïque de l'existence qui l'a accompagné toute sa vie. Un amour passionné de la France, qui retrouvait parfois les accents de Barrès auquel il avait consacré un joli livre, un mépris absolu des petitesses politiciennes ; c'était un gaulliste né, gaulliste de gauche, bien entendu. C'est au maquis qu'il avait rencontré Nicole, qui allait devenir sa femme. Vive, jolie, intelligente, raffinée : « C'était notre princesse », dira sur son cercueil son fils Nicolas, brillant journaliste politique que j'ai fréquenté à *Marianne*, et dont je suis devenu l'ami, comme, du reste de son autre fils Jean-Luc, l'un des plus remarquables sinologues de l'école française, aux côtés d'autres grands savants comme Lucien Bianco et Marie-Claire Bergère.

Jean-Marie était un écrivain de race. Il attachait à l'expression écrite et orale une importance capitale. Et si j'ai fait à cette époque quelques progrès dans l'écriture, c'est à lui que je le dois. Mon premier article, destiné au célèbre « Journal à plusieurs voix » de la revue, il me le fit refaire deux fois, s'étonnant de ma bonne volonté, peu conforme à l'image qu'il se faisait d'un normalien. « Après tout, lui dis-je, c'est votre intérêt, mais aussi le mien. »

C'était un orateur inspiré. Le jour où de Gaulle avait parlé de la « chaise vide » de la France dans le concert européen, Jean-Marie participait à un meeting. « Si la chaise reste vide, c'est que la France sera demeurée debout ! » s'écria-t-il. La Mutualité se leva d'un seul mouvement et acclama Domenach.

Ce disciple de Mounier ne voyait pas sans une tristesse croissante l'évolution de la société contemporaine. En 1961, à mon retour de la guerre d'Algérie, qui m'avait quelque peu déconnecté de la France, il tint à m'expliquer comment il voyait les tendances profondes d'une société de plus en plus en proie à la tyrannie du bonheur matériel. C'est lui le premier qui a forgé l'expression « société de consommation » ; il avait deviné que les grands engagements politiques et spirituels des lendemains de la guerre étaient en train de céder le pas à l'appétit des jouissances, et que le communisme pas plus que le gaullisme n'y résisteraient. Le « retour du tragique » – c'est le titre de son livre le plus connu et le plus abouti – ne suffirait pas à faire barrage à l'invasion de l'insignifiance.

Nous n'en étions pas encore là en 1954. En dépit de la guerre d'Algérie, qui pointait à l'horizon, la France s'apprêtait à connaître les années les plus prospères et les plus heureuses de son histoire.

À ma première visite rue Jacob, tandis que je l'attendais dans une petite antichambre et qu'il recevait un visiteur dans le bureau d'à côté, un homme vint s'asseoir à côté de moi. C'était Albert Béguin, qui avait succédé à Emmanuel Mounier, mort brutalement en 1950, à la direction de la revue. Nous ne nous connaissions pas ; je le reconnus à son regard de myope derrière des lunettes rondes et cet air de grande douceur qui ne le quittait jamais. Sans présentation, « pour vous faire attendre », dit-il, il se mit à me commenter le papier qu'il tenait dans les mains. C'était un inédit de Bernanos, dont il était l'exécuteur testamentaire. Puis il se mit à égrener des souvenirs sur l'auteur des *Grands Cimetières*, ce voyage en automobile de Paris à Bruxelles où ce dernier, en proie à une colère noire, finit par s'apaiser en récitant sans discontinuer tout au long du parcours des poèmes de Victor Hugo, notamment de *La Légende des siècles*. C'est ainsi, je crois, que Georges Bernanos fit vraiment irruption dans mon existence.

La désignation d'Albert Béguin pour succéder à Mounier avait été une surprise. La revue était alors tiraillée entre ses éléments les plus « progressistes », tentés par l'alliance avec les communistes, comme mon maître Jean Lacroix, et Paul Fraisse, le frère de l'aumônier de khâgne du lycée du Parc, dont j'ai déjà parlé, et la recherche de voies plus nouvelles. À un philosophe « engagé », comme on disait alors, succédait un critique littéraire de très grand talent qui m'a provisoirement réconcilié avec cette critique, en attendant la traversée du désert structuraliste. Je n'aime la critique que lorsqu'elle est création, et même recréation. Je m'enchante à lire Thibaudet, parce qu'il me fait vivre avec mes écrivains préférés. Barthes m'ennuie parce qu'il passe son temps à leur tordre le bras jusqu'à leur faire avouer ce qu'ils n'ont pas dit et pas fait. Mais quiconque a lu *L'Âme romantique et le rêve* d'Albert Béguin en demeure profondément marqué, parce qu'à travers l'œuvre des écrivains romantiques allemands, de Novalis jusqu'à E. T. A. Hoffmann, c'est en effet l'un des archétypes de l'âme humaine qui se trouve dévoilé. Il est vrai que j'ai toujours été plus fasciné par Jung que par Freud…

À son tour, Béguin mourut prématurément en 1957 ; je ne l'ai donc connu que de façon fugitive, mais assez pour me convaincre de la vérité d'un mot qui est de Mounier lui-même : que le politique peut bien être urgent, il est toujours subordonné.

Ce groupe politique de la revue *Esprit* était à l'époque bien plus que l'un des rouages d'une revue à l'apogée de son influence, dans une France qui vivait encore à l'heure des revues, avant l'irruption des magazines tapageurs, des blogs tous azimuts et du n'importe quoi propre à Internet.

Parmi les fidèles du groupe se détachait Georges Suffert, visage rond, gros cœur et grande gueule, qui avait animé dans sa jeunesse une petite revue d'étudiants catho de gauche, *Les Mal-Pensants*, avec en exergue le célèbre incipit de *La Grande Peur des bien-pensants* : « J'ai juré de vous émouvoir – d'amitié ou de colère, qu'importe ? – je vous donne un livre vivant. » Depuis lors, il écrivait dans *Témoignage chrétien* des articles qui lui ressemblaient et qui reflétaient le poids pris dans la société nouvelle par les militants issus de l'Action catholique, comme Michel Debatisse, produit de la Jeunesse agricole chrétienne, Eugène Descamps, de l'Action catholique ouvrière, devenu en 1961 secrétaire général de la CFTC, ou encore un jeune animateur de *Vie nouvelle* et de sa succursale politique *Citoyens 60* : Jacques Delors. Visage lisse et regard sourcilleux, il avait déjà cette clarté d'expression et cet esprit de synthèse, cette inventivité sociale et cette pusillanimité politique qui feront de lui plus tard un pilier de la deuxième gauche et un fleuron du mitterrandisme, l'âme obstinée de l'Europe communautaire et l'espoir déçu de la gauche unie.

Vers la fin de l'année 1962, Georges Suffert fut victime d'un bref enlèvement opéré par un groupe de droite partisan de l'Algérie française. « C'est notre ravi de Noël », s'écria Domenach.

Non loin de lui, on rencontrait la figure plus grave et plus réservée d'Olivier Chevrillon, qui signait dans la revue « Charles Brindillac ». Il avait notamment écrit dans la revue un article intitulé « France, terre de commandement », qui avait beaucoup inspiré l'un des sociologues qui gravitaient autour de la revue, Michel Crozier, l'auteur d'une théorie devenue classique du système bureaucratique français. Brillante époque intellectuelle en vérité, où se croisaient au seul titre de la sociologie des esprits aussi remarquables que Bourdieu et Boudon, Crozier et Touraine, autre sociologue proche d'*Esprit*. Sous les grands arbres, l'ombre portée rend la repousse difficile : après une cohorte aussi puissante, les suivants, tout en s'essayant au non-conformisme, devaient nécessairement être plus effacés.

Chevrillon, qui plus tard allait être l'un des fondateurs du *Point* en compagnie de Claude Imbert et de Suffert lui-même, parlait d'une voix mesurée et même quelque peu précieuse. Peu soucieux de se faire entendre, il n'en était que plus écouté.

Le groupe, du temps que je l'ai connu, a été dirigé successivement par deux hommes. Le premier dont j'ai déjà parlé, Paul Fraisse, figure reconnue de la psychologie à la Sorbonne, était un homme énergique, au tempérament un peu quinteux. Adepte convaincu de la gauche à l'ancienne, nostalgique du Front populaire, en décalage par rapport à l'opinion moyenne de la revue, il combattit de toute son énergie l'évolution de Domenach vers le gaullisme.

L'homme qui lui succéda, Jean Ripert, était d'une tout autre espèce. Haut fonctionnaire au Commissariat au Plan, il allait faire une grande carrière internationale jusqu'au poste de directeur général du développement et de la coopération économique internationale de l'ONU, en 1982.

Il formait avec sa femme Aline un couple brillant et chaleureux. La taille élevée, une voix de baryton, le regard bienveillant, il avait dans le débat une autorité naturelle qui stimulait la discussion sans l'entraver. Et surtout, par Jean Ripert, c'est tout le Commissariat au Plan qui, à intervalles réguliers, faisait rue Jacob ses devoirs à la maison. On y croisait souvent François Bloch-Lainé, qui incarnait plus que quiconque une vision moderne de la planification, ouverte au dialogue social et partisane résolue de la réforme de l'entreprise, selon le titre de son livre à succès, ou encore Claude Gruson qui œuvrait dans la même voie.

On ne dira jamais assez ce que la République moderne, celle des Trente Glorieuses, des succès économiques et d'avancées sociales sans précédent, doit, sous les auspices du gaullisme, au christianisme social. Certes, à l'image de la revue *Esprit* elle-même, la plupart des gens que je viens d'évoquer étaient dans leurs activités parfaitement laïques. *Rerum novarum* n'était qu'un lointain souvenir. Mais ces hommes et ces femmes – ces dernières bien rares à l'époque, parmi lesquelles Ménie Grégoire qui allait connaître la célébrité sur les ondes de Radio Luxembourg, radio qui ne se cachait pas encore derrière un sigle – n'imaginaient pas un instant de séparer leurs activités professionnelles et politiques d'un noyau dur de convictions mûries à l'ombre de leur foi chrétienne, présente ou passée. La laïcité n'a jamais exigé des individus qu'ils renoncent à leurs convictions comme moteur de leur action ; mais seulement que l'articulation entre les deux soit une affaire personnelle, dont il ne saurait être question de faire une règle générale, s'imposant à tous.

Soit la planification à la française : la démocratie chrétienne pouvait en faire une conséquence de l'idée thomiste de bien commun, tandis que des gaullistes préféraient voir en elle une exigence de l'intérêt national et les socialistes une forme moderne de l'impératif de justice. L'essentiel était qu'avec des motivations différentes, ils coopèrent au même objectif. En vérité, sous des formulations différentes prévalait alors dans la plupart des tendances intellectuelles de la France le primat du collectif sur l'individuel. La religion libérale du primat de l'initiative individuelle, comme source à la fois de l'enrichissement personnel et de la prospérité collective, conformément à la doctrine de Mandeville et d'Adam Smith, ne l'avait pas encore emporté.

Au fond, s'il y eut jamais alors un miracle gaulliste, ce fut d'avoir traduit dans le langage commun de l'intérêt national les aspirations et les solutions de toutes les familles spirituelles de la France.

Pourquoi alors cette prépondérance intellectuelle du christianisme social dans les élites intellectuelles qui ont fait les Trente Glorieuses ? D'abord parce que le christianisme, sous sa dimension catholique, bien entendu, mais aussi protestante, était sorti politiquement renforcé de la guerre. Certes, une partie majoritaire de l'Église s'était compromise avec Pétain, mais quelle famille était sortie totalement innocente de la guerre ? En revanche, la participation des catholiques à la Résistance – symbolisée par la personne de Georges Bidault comme successeur de Jean Moulin à la tête du Conseil national de la Résistance – avait mis fin à ce bannissement des catholiques dans la République qui durait depuis la fin du XIXe siècle. Il y avait dans cet écart une part d'ostracisme subi et une part de sécession volontaire, mais le fait était là : Charles de Gaulle ne fut-il pas, à partir de 1945, le premier chef d'État catholique que la France ait connu depuis un siècle ?

Longtemps, du reste, les catholiques avaient regardé la politique comme une activité douteuse et compromettante. Les plus éminents d'entre eux lui avaient préféré l'action sociale. C'est pourquoi, à la Libération, l'affirmation des catholiques sociaux dans la cité sonnait comme une première, et même si les rapports de De Gaulle avec la démocratie chrétienne n'ont jamais été simples, il faut remarquer que leur regard critique à l'égard de la politique politicienne était le même, de sorte que leur irruption simultanée sur la scène nationale n'a rien d'une coïncidence fortuite. Ainsi les Trente Glorieuses peuvent être interprétées comme l'avènement politique de tous les politico-sceptiques de gauche comme de droite.

Loin de moi l'idée de faire d'*Esprit* l'expression intellectuelle de la démocratie chrétienne : les polémiques de la revue avec le MRP, principalement sur la question coloniale, mais aussi sur la laïcité, sont capitales dans l'histoire de la revue. Mais à un niveau plus général, l'inspiration chrétienne, telle que je viens de la définir, n'est pas moins décisive.

Il était donc naturel que l'idéologie de la planification à la française, qui marque une revanche des experts sur les politiques, des mouvements sociaux sur les partis, ait trouvé dans la revue de Mounier un terrain naturel pour s'épanouir.

On a parfois souligné, notamment dans la mouvance de Pierre Bourdieu, les ambiguïtés de cette idéologie, porteuse de collaboration de classe et de soumission aux impératifs technocratiques. La critique n'est pas injustifiée, loin de là. Mais elle oublie que les rapports de classe ne sont pas faits que d'affrontement ; que lorsque les deux parties trouvent chacune leur intérêt à collaborer, cette collaboration ne signifie nullement trahison, mais défense d'intérêts bien compris. Tel était justement le cas au cours des Trente Glorieuses : jamais la classe ouvrière et l'ensemble des salariés n'ont autant bénéficié de l'innovation et de la croissance propre au système capitaliste « rhénan » (Michel Albert), c'est-à-dire à l'économie sociale de marché, orchestrée en France par la planification à la française, que durant cette période. Les principaux acteurs, l'État, les syndicats, sinon les chefs d'entreprise eux-mêmes, en ont conservé la nostalgie. Le vocabulaire restait à gauche celui du marxisme orthodoxe et de la lutte des classes, parce qu'il existe en France une résilience idéologique exceptionnelle, qui résiste à tous les démentis du réel ; mais la pratique était bel et bien celle de la démocratie sociale.

Nulle part aussi bien qu'à *Esprit* ne se mesurait le rôle essentiel de la haute fonction publique dans ces années heureuses de la France contemporaine, qui vont du bref passage de Pierre Mendès France (1954-1955) à Matignon, jusqu'au début, vingt ans plus tard, de la grande dépression du milieu des années 1970 : des années où, sous l'égide du gaullisme, les partis politiques furent largement privés de la réalité du pouvoir, au profit de ce que l'on nommait « les forces vives » de la nation : haute fonction publique, syndicats, clubs, associations. Avec le recul de l'Histoire, on mesure aujourd'hui combien des courants de pensée, qui se nommaient gaullisme, mendésisme, christianisme social, avaient en commun une même vision de l'État, une même appréhension de l'économie, une même conception de l'intérêt général. Le club Jean-Moulin, dans lequel le général de Gaulle voyait un moyen de faire faire gratuitement des heures supplémentaires aux hauts fonctionnaires, est un bon symbole de la période ; mais elle fut précédée par *Esprit*, revue à laquelle la liait une véritable consanguinité.

Il n'est pas surprenant que dans les années suivantes, la « deuxième gauche » de Rocard ait été l'héritière de cette tentative pour dépasser les clivages partisans traditionnels et pour faire de la politique autrement. Cette deuxième gauche fut une tentative pour transposer les apports de la société civile et de l'intelligentsia de progrès au sein de l'univers politique. C'est là que les politiciens, dont Mitterrand incarna la revanche après un quart de siècle d'humiliations, les attendaient. Certes, ils durent consentir un certain nombre de concessions formelles – au lendemain de 1968, le Parti socialiste n'alla-t-il pas jusqu'à se convertir du bout des lèvres à l'autogestion ? Ajoutez qu'en termes de programmes, la vieille gauche, dont la stérilité était déjà avérée, fit beaucoup d'emprunts à l'esprit du temps. Mais toutes les expériences historiques le démontrent : un parti n'exerce vraiment le pouvoir que lorsque ses hommes et non pas seulement ses idées sont aux affaires. Et là, François Mitterrand et son entourage veillaient au grain. Idéologiquement majoritaire, la deuxième gauche n'occupa jamais qu'une place des plus modestes dans les appareils du pouvoir après 1968 : Michel Rocard allait être un otage plutôt qu'un héritier.

Lesté des acquis économiques du gaullisme et des apports intellectuels de la deuxième gauche, François Mitterrand put créer pendant quelques années l'illusion du renouveau. Mais aujourd'hui, avec le recul, il est devenu clair que le mitterrandisme triomphant vint clore une phase historique beaucoup plus qu'il ne prépara la suite ; et la décadence actuelle de Parti socialiste a commencé dans le moment même où il paraissait se renouveler.

Ce n'est donc pas par hasard que le règne des revues et des mouvements de pensée, qui avait connu son apogée en 1968, commença à décliner en 1981. Le Plan, déjà en perte de vitesse sous Giscard, fut alors attribué sous forme d'un ministère à Michel Rocard. C'était symboliquement et ironiquement signifier le peu de cas qu'on en faisait.

L'autre grande affaire de la période, et d'abord à *Esprit*, ce fut la guerre d'Algérie.

DE L'ÉCOLE NORMALE À LA GUERRE D'ALGÉRIE

Après les années d'intense formation intellectuelle de ma chère khâgne lyonnaise (1950-1956), mes années normaliennes m'apparaissent rétrospectivement comme une aimable récréation. Pendant quatre années, je n'avais fréquenté, en dehors de mes camarades dont j'ai gardé un vif souvenir, que les grands génies de l'humanité. Quelques-uns d'entre eux en tout cas. S'il y eut jamais un cloître dans ma vie, ce fut le lycée du Parc à Lyon, non la rue d'Ulm à Paris.

En arrivant à l'École normale, je changeai d'orientation. J'avais acquis à Lyon quelques certificats d'une licence d'allemand, à laquelle je me destinais sans grande conviction. Ma vraie passion était la philosophie. Consulté, le directeur de l'École, l'illustre Jean

Hyppolite, grand hégélien devant l'Éternel, ne m'avait ni encouragé ni découragé. « Songez pourtant, me dit-il en me quittant, qu'il n'y a actuellement que dix places chaque année à l'agrégation de philosophie, et qu'il arrive même aux normaliens de s'y faire recaler. Vous allez devoir travailler dur. »

« Alors, fais comme moi, me dit mon ami Antoine Prost sur lequel je tombai à ma sortie de l'entretien, fais de l'Histoire ! » À l'époque je préférais les idées aux hommes et même aux femmes. L'Histoire me ramènerait à la réalité. Elle comporte tellement d'entrées qu'elle permet d'assouvir les passions intellectuelles les plus diverses.

Au sortir d'une longue khâgne, les différentes épreuves initiatiques que nous proposait l'institution sorbonicole étaient de simples formalités. La licence, le diplôme, l'agrégation, je les avalai distraitement en pensant à autre chose. Je me souviens qu'à huit jours de l'examen pour le certificat du Moyen Âge, mon ami Antoine, qui me servait un peu de conscience morale, me fit toucher du doigt que je ne connaissais rigoureusement rien au programme. Il m'enferma donc pendant huit jours. J'ingurgitai le tiers de celui-ci ; c'est cette partie qui tomba miraculeusement à l'écrit. Je me souviens encore qu'il s'agissait de l'Angleterre des Plantagenêt. Antoine déclara que j'avais eu une chance insensée et totalement imméritée, mais que, tous comptes faits, cette injustice manifeste avait évité un scandale plus grand encore, qui eût été de déshonorer l'École normale par l'étalage de mon ignorance.

Alors, à défaut de travailler, que faisais-je à l'École ? J'ai passé beaucoup de temps à me promener dans les rayons de sa magnifique bibliothèque, j'ai passé des demi-journées entières avec des auteurs dont le matin même je connaissais à peine le nom. C'est en flânant dans le fonds Bouglé, du nom de l'ancien directeur, que j'ai appris la plus grande part de ce que je sais de sociologie… Mais surtout, je sortais, je découvrais Paris. Après seize années d'internat, sortir et rentrer à mes heures, de nuit comme de jour, disposer de la totalité de mon temps à ma guise, sans souci matériel, me paraissait relever d'une licence extravagante, à la limite de la dépravation. Je rattrapais au cinéma un retard considérable, je courais les théâtres et les musées, passais beaucoup de temps avec mes amies sévriennes du boulevard Jourdan. Un jour de 1955, dans une soirée chez mon ami Paul Bounin, j'entendis une voix féminine dans la pièce d'à côté. Je déclarai alors à mon voisin : « Je veux épouser cette voix. » C'était celle de Suzanne Agié que je n'avais encore jamais vue. Le mariage eut lieu deux années plus tard, en 1957. Il dure toujours.

Je passais beaucoup de temps au 15 de la rue Soufflot, au siège de l'UNEF, où je représentais le cartel des Écoles normales supérieures, et dont j'avais été élu vice-président en 1955. L'UNEF n'était pas alors cette organisation groupusculaire et politicienne qu'elle est devenue depuis. Sur environ deux cent mille étudiants que comptait alors la France, la moitié avait sa carte du syndicat. Son activité corporative (restaurants étudiants, logement, organisation de la vie universitaire, photocopies, etc.) en faisait une organisation vraiment représentative, écoutée dans les universités, les ministères, les confédérations ouvrières et les partis politiques.

La guerre d'Algérie allait même en faire pour quelques années un des acteurs majeurs de la vie politique du pays. J'avais été désigné pour m'occuper de « l'outre-mer », c'est-à-dire, dans le langage politique de l'époque, « des questions coloniales », à l'intérieur d'un bureau d'union entre « majoritaires » de droite et « minoritaires » de gauche.

Depuis la Toussaint 1954, c'est-à-dire les massacres d'Européens qui donnèrent le signal de l'insurrection, l'Algérie était devenue la question principale pour la France, et notamment pour la jeunesse. Les étudiants, qui pour la plupart bénéficiaient d'un sursis à leur service militaire, furent rappelés. La question algérienne divisa profondément le syndicat étudiant, et tourna dès 1956 en faveur de la gauche « mino », avec l'élection de Michel de la Fournière à sa présidence. Jean-Marie Le Pen et Jean-Maurice Demarquet participaient aux débats en tenue de parachutistes, faisant régner sur les instances du syndicat un climat de surenchère et d'intimidation.

Dès l'année précédente, j'avais représenté l'UNEF au congrès de fondation de l'Union générale des étudiants musulmans algériens (UGMA), qui ne faisait pas mystère de ses liens avec le FLN. C'est sous un drapeau algérien que je pris la parole, épisode que le chef de corps ne manquait jamais de me rappeler chaque fois que je changeais d'unité pendant ma guerre d'Algérie (1959-1961) : « Alors, lieutenant, vous soutenez toujours les fellaghas ? »

Qu'est-ce qu'une génération ? C'est une classe d'âge organisée autour d'un événement majeur. Pour la génération qui a eu vingt ans entre 1954 et 1962, l'événement majeur, ce fut la guerre d'Algérie. Le service militaire obligatoire durait alors vingt-huit mois. À l'époque, ce prélèvement social sur la vie individuelle paraissait normal ; aujourd'hui, où l'on s'est déshabitué de l'idée que le citoyen a des obligations envers la collectivité, il apparaît scandaleux. Le service militaire pour les jeunes hommes, surtout en temps de guerre, était non seulement un énorme obstacle dans le cours de la vie et des projets de jeunesse ; c'était le biais par lequel le politique, au sens le plus profond du terme, faisait irruption dans l'existence de chacun. Je ne le regrette pas ; il est de fait qu'on ne l'a pas remplacé. D'où l'énorme déficit de socialisation dont souffrent aujourd'hui les nouvelles générations.

Je venais à peine de prendre mon service depuis quelques jours au lycée Augustin-Thierry de Blois, à l'automne 1959, qu'une estafette en uniforme fit irruption dans mon cours d'histoire pour me remettre en mains propres une convocation de l'autorité militaire. Je devais rejoindre mon poste en Algérie dans les huit jours. Je laissai Suzanne à la clinique où elle venait de mettre au monde notre fils Jean-François. Nous étions quelques jours après le fameux discours du général de Gaulle sur l'autodétermination en Algérie (16 septembre 1959). Je ne serai donc, lui dis-je, pas trop longtemps absent, ajoutant, avec beaucoup de tact, que de toute façon, j'étais heureux de lui laisser un fils.

Je ne serai pas long sur ce qui suit, ayant toujours pensé que l'expérience de la guerre, en dépit de tant de chefs-d'œuvre littéraires, est une expérience incommunicable. Le spectacle d'une guerre féroce et absurde, les atrocités des fellaghas, les « ratissages » et les tortures de l'armée française, tout cela a changé définitivement mon regard sur la vie. Au soir de mon arrivée à mon poste de Grande Kabylie, au pied de l'échelle qui conduisait à l'appentis qui me servait de chambre, je trébuchai sur le cadavre d'une vieille femme que j'avais vue vivante quelques heures plus tôt. Elle était morte sous la torture et les coups. Le hérisson mort que je trouvai dans mon lit en me couchant n'était dans l'esprit des auteurs du joyeux bizutage qui m'avait accueilli qu'une blague supplémentaire pour égayer la vie monotone dans la solitude du bled. Ce soir-là, je me fis à moi-même un serment que je n'ai jamais transgressé : ne prêter la main en aucun cas à une politique telle que celle qui nous avait conduits là. De Gaulle était au pouvoir depuis un an, mais c'est le Parti socialiste, parce qu'il était celui dont malgré tout je me sentais le plus proche, que je visais. En capitulant le 6 février 1956 sous une pluie de tomates, Guy Mollet restait pour moi, avec Robert Lacoste, le père de la torture socialiste. Je crois bien n'avoir jamais pardonné au PS, persuadé que plongé de nouveau dans des circonstances comparables, son indigence spirituelle ne lui laisserait d'autre choix que de recommencer. À deux reprises au moins, l'occasion me fut offerte, comme on dit, « d'entrer en politique » : je m'y suis toujours refusé. Raisonnement que l'on peut trouver absurde ; la déchéance morale de la politique aurait pu au contraire m'inciter à entreprendre de la transformer de l'intérieur. Mais à chacun son tempérament. Imagine-t-on Péguy, auquel je me garderais de me comparer, acceptant au lendemain de l'affaire Dreyfus un poste de ministre pour empêcher les radicaux et socialistes de dégrader la mystique en politique ? Certes, j'ai toujours eu la passion de l'action publique. Mais j'en ai dit assez, je crois, pour expliquer pourquoi, à mon retour d'Algérie, je choisis pour sacrifier à cette double passion, le syndicalisme, puis le journalisme, plutôt que la politique.

PREMIÈRE PARTIE

LE SOCIAL

LE CONTEXTE BIOGRAPHIQUE

DE *RECONSTRUCTION* AU *MOUVEMENT SOCIAL*

C'est donc l'UNEF et la guerre d'Algérie qui m'ont conduit à la CFTC, devenue CFDT en 1964. Au sortir de ma vice-présidence de l'UNEF, je participai, en compagnie de François Borella, de l'Association générale des étudiants de Nancy, et d'Olivier Burgelin, de la FGEL (Fédération générale des étudiants de Paris en lettres), à l'organisation de la Conférence nationale étudiante pour une solution du problème algérien, qui se tint à Paris les 21 et 22 juillet 1956, à la salle des Sociétés savantes de la rue Serpente, avec la participation officielle des étudiants algériens, et celle, évidemment occulte, du FLN, représenté notamment par Mostefa Lacheraf, proche de Ben Bella, dont il était en quelque sorte le ministre de la Culture. La résolution finale se prononçait pour le droit à l'indépendance de l'Algérie, sur la base de négociations avec les représentants du peuple algérien : procédure qui anticipait de cinq ans sur ce qui allait devenir les accords d'Évian de mars 1962. La brochure issue de cette conférence fut largement diffusée dans les milieux nationalistes algériens, sa détention valant même, en 1959, aux yeux de la police, Michel Debré étant Premier ministre, présomption d'intelligence avec le FLN. Des extraits des documents préparatoires à cette conférence qui nous avaient été dérobés furent lus à la tribune de l'Assemblée nationale par un député d'extrême droite, des poursuites furent entreprises. Elles se concentrèrent sur François Borella, tête pensante et cheville ouvrière de la conférence. Traduit en justice et défendu par le bâtonnier Thorp, dont le prestige était grand, il bénéficia du non-lieu nécessaire à l'exercice de sa future profession d'avocat.

Depuis cette époque, François Borella, devenu plus tard doyen de la faculté de droit de Nancy, est resté, avec son épouse Marie-Claire, l'un de mes amis les plus chers. La clarté de son intelligence, l'éclat de son éloquence, la noblesse de son cœur en font un homme d'exception. Il vient de mourir (mai 2017) : je veux saluer ici un des hommes les plus purs qu'il m'ait été donné de rencontrer.

Il nous fallut bien réaliser à cette occasion que notre engagement en faveur de l'indépendance de l'Algérie nous laissait bien isolés dans le monde politique français de l'époque, y compris de la gauche. C'est alors que, pour briser cet isolement, nous nous tournâmes vers des personnalités susceptibles de nous aider. Je rencontrai ainsi pour la première fois Michel Rocard, représentant des Étudiants socialistes, puis Paul Vignaux, secrétaire général du Syndicat général de l'Éducation nationale (SGEN) affilié à la CFTC.

Ce furent deux rencontres décisives, la seconde surtout. Paul Vignaux, ancien normalien, vit en moi le moyen de lancer une tête de pont vers l'École normale supérieure, où, à sa grande frustration, il n'avait jamais pu implanter son syndicat, et surtout d'apporter du sang neuf à la CFTC et au groupe Reconstruction, qui en était l'aile gauche. D'emblée, un courant de sympathie et de connivence s'installa entre nous. En 1959, avant même mon départ pour l'Algérie, il me fit entrer au comité directeur de Reconstruction et m'avisa qu'il aurait besoin de moi à mon retour pour devenir secrétaire général du second degré de son syndicat.

Celui que dans la minorité nous appelions, à l'américaine, le « boss » était un personnage singulier, qui trouvait son équilibre dans une polyvalence fascinante. Quand, au syndicat, il était à la manœuvre – et Dieu sait s'il adorait la manœuvre –, il ne laissait pas transparaître grand-chose de l'universitaire, disciple préféré du grand médiéviste Étienne Gilson, et lui-même devenu spécialiste de philosophie médiévale au sortir de la rue d'Ulm : j'ai suivi un temps, par sympathie, et en quelque sorte par capillarité, à la Ve Section de l'École pratique des hautes études (sciences religieuses) dont il fut le président de 1962 à 1971, ses séminaires sur Duns Scot et Ruysbroeck l'Admirable. Revenu rue d'Hauteville, au siège du Syndicat général de l'Éducation nationale (CFTC puis CFDT), il se replongeait avec délices dans la rédaction de motions, à la fois solennelles et filandreuses, dont il était bientôt le seul à se souvenir, pour en devenir l'interprète exclusif : il savait les ressortir à point nommé pour river son clou à un contradicteur ou mettre fin à la discussion. En bon médiéviste, il s'était fait le chartiste de ses propres motions, dont l'édifice, patiemment élevé, s'ordonnait autour d'une seule et même préoccupation : la construction d'un syndicalisme libre, profondément laïque, et largement ouvert aux influences du christianisme social et de la pensée républicaine.

Il y avait en somme du Marc Sangnier en lui, mais un Marc Sangnier convaincu que la foi doit rester du domaine de l'individuel et même de l'intime, et que l'action publique devait être consacrée à la partie de ses convictions entièrement partageable avec les non-croyants. Ce catholique du silence, à la foi inébranlable, était fasciné par la laïcité républicaine, dont il avait fini par faire une sorte de spiritualité, et dont René Billères, pyrénéen comme lui, catholique comme lui, devenu ministre radical de l'Éducation nationale de 1956 à 1958, était l'exemple achevé.

Cette double fidélité était soutenue et alimentée par son épouse, Georgette, brillante intellectuelle à l'allure distinguée, spécialiste du théologien américain Reinhold Niebuhr, un protestant libéral proche des idées pacifistes et socialistes. Il l'avait rencontrée à Sainte-Marie de Neuilly, où elle était alors élève et où ce jeune normalien donnait des cours. Quand il annonça à Mme Daniélou qu'il allait épouser son élève, la maîtresse femme qui dirigeait l'institution avec énergie et élégance s'exclama : « Tiens ! je n'y avais jamais pensé ! »

Paul Vignaux a passé aux États-Unis une grande partie de la guerre, de 1941 à 1945. Réfugié à Toulouse en 1940, où il fréquente les milieux de la Résistance naissante, il cherche à gagner les États-Unis, moins pour y enseigner la philosophie médiévale que pour tenter de mobiliser les militants syndicalistes américains en faveur de la lutte contre le nazisme. C'est pourtant, après une tentative infructueuse, en qualité de professeur de philosophie à l'université catholique Notre-Dame (Indiana) qu'il réussit à être admis aux États-Unis. Dès son arrivée à New York, il prend contact avec le Jewish Labor Commitee pour créer un organe d'information sur la résistance intérieure en France. Surtout, avec son ami métallo Joseph Botton, il s'occupe de lever des fonds auprès des syndicats américains, et fréquente Sidney Hillman, conseiller social de Roosevelt, et Walter Reuther, animateur du syndicat de l'automobile et leader charismatique du CIO (Congress of Industrial Organisations), jusqu'à la réunification de 1955 avec l'AFL (American Federation of Labor). À l'intérieur de la petite communauté des réfugiés français d'Amérique, parmi lesquels André Breton, Marcel Duchamp, Darius Milhaud, Marc Chagall, Jules Romains, Jean Perrin, Jacques Maritain, Claude Lévi-Strauss, Georges Gurvitch, Paul Vignaux n'a pas tardé à occuper une place à part. Longtemps réticente à l'égard du gaullisme, à l'image de l'administration Roosevelt elle-même, la petite communauté des exilés français a fini par se rallier. Pas Vignaux, qui a toujours manifesté un antigaullisme viscéral, dans lequel entre la réticence républicaine à l'égard d'un militaire et surtout l'hostilité au nationalisme. Et cela malgré les instances de sa camarade d'École normale supérieure Simone Weil. Dès son arrivée à New York, il a d'ailleurs pris contact avec Alexis Léger, l'ancien secrétaire général du Quai d'Orsay, que Pétain a déchu de la nationalité française et qui ne cesse d'intriguer contre de Gaulle auprès de l'administration américaine et de F. D. Roosevelt lui-même. On l'accuse d'être giraudiste, mais Léger a caressé l'idée de prendre lui-même la direction de la Résistance française… Autant dire que ces hommes, d'Alexis Léger à Jacques Maritain, en passant par Paul Vignaux, ne seront pas, en dépit de leur antinazisme insoupçonnable, en odeur de sainteté à la Libération… Paul Vignaux a d'ailleurs poussé très loin la collaboration avec les États-Unis, devenant, à partir de mars 1942, salarié de l'OSS (Office of Strategic Services) chargé de la collecte d'informations et de fonds en faveur de la résistance ouvrière en Europe. Ces liens continueront après la guerre. « Jusqu'en 1952, la CIO finance l'aile gauche de la CFTC par l'intermédiaire de la Mutual Security Agency, pendant que l'AFL tente en vain de prendre le contrôle de la CGT-FO avec l'aide du Département d'État[1]. »

1. Laurent Jeanpierre, « Paul Vignaux, inspirateur de la "Deuxième Gauche" ; récits d'un exil français aux États-Unis pendant la Seconde Guerre mondiale »,

Vignaux était un homme d'avant les médias. Son style oratoire un peu ampoulé s'accommodait mal de la fausse familiarité qui prévaut dans le discours oral d'aujourd'hui. L'influence profonde qu'il a exercée sur le syndicalisme et même la vie politique française n'a jamais dépassé les frontières des institutions dans lesquelles il était actif. Il compensait cette sobriété médiatique par un comportement autoritaire, emporté, et même jaloux. Ses colères étaient célèbres. Son visage alors se crispait en une pâleur quasi cadavérique. C'est la figure de Paul Vignaux qui m'a fait comprendre comment un intellectuel de haute volée doublé d'un ami charmant peut en un instant se muer en un tyran aveugle et déraisonnable, dès que les enjeux de pouvoir, si modestes soient-ils, se font jour.

Je retrouverai plus tard le même type de personnalité, séductrice et autoritaire, en la personne de Jean Daniel au *Nouvel Observateur*. J'en reparlerai.

Très vite Paul Vignaux devint mon ami. Peu d'hommes ont exercé sur moi une telle influence intellectuelle. C'est à la lecture d'un immense article, publié en 1956 dans *Reconstruction*, sur le cinquantenaire de la charte d'Amiens (1906), que je décidai d'abandonner les travaux d'approche que j'avais entrepris autour de Loisy et du modernisme catholique pour une thèse de doctorat, et de me consacrer au syndicalisme révolutionnaire, appelé parfois « anarcho-syndicalisme ». Un des plus grands mérites de Vignaux est d'avoir compris que l'abandon, à partir de 1921, par les courants révolutionnaires de la CGT, de la tradition d'autonomisme ouvrier au profit d'une subordination acceptée et même voulue au parti communiste laissait le champ libre à la reprise de cette tradition par un autre courant syndical. D'où la greffe risquée, mais finalement réussie, des traditions libertaires et autonomistes de la vieille CGT sur une CFTC (Confédération française des travailleurs chrétiens) qui avait refusé, à la Libération, la tutelle du MRP et qui dès lors cherchait sa voie. Vignaux, qui était beaucoup plus social-démocrate que démocrate-chrétien, fit à cette CFTC un cadeau rare et précieux : il enrichit

---

Matériaux pour une histoire de notre temps, 2000, vol. 60, p. 48-56. Article très bien informé auquel j'emprunte beaucoup de détails sur le séjour américain de Vignaux.

la galerie de ses ancêtres. Tout cela devait déboucher en 1968 sur l'affirmation d'une CFDT à l'avant-garde du mouvement, bousculant les ayants droit de la Révolution et donnant un nouveau visage à la vieille idée proudhonienne d'autogestion. À ce moment-là, comme il arrive parfois en pareil cas, Paul Vignaux ne voulut pas reconnaître son enfant, parce qu'il n'avait pas réalisé qu'il en était le père.

Aux marges de la « puissante » (terme consacré) Fédération de l'Éducation nationale, le SGEN était le seul organisme regroupant des professions intellectuelles qui fût rattaché à une centrale ouvrière. Sur cette base fragile mais originale, Vignaux, qui en était le secrétaire général, poursuivait ce qui avait été la grande idée de sa vie : la collaboration organique des travailleurs manuels et des travailleurs intellectuels. Mesurons bien cet enjeu : l'industrialisme moderne, qui a multiplié dans des proportions jusqu'alors inconnues la capacité productive des sociétés, est fondé sur le machinisme, qui repose lui-même sur la division technique du travail. Mais cette parcellisation des tâches a fait de l'ouvrier le serviteur de la machine, quand l'artisan du passé demeurait le maître de son outil. La division technique a engendré la division sociale du travail, qui fait de l'ouvrier manuel tout à la fois le subordonné de son patron et le serviteur de sa machine. Par conséquent, c'est la société tout entière qui a été marquée par cette division, laquelle se traduit par l'existence de classes séparées et opposées. D'où cette lutte des classes qui a d'abord été imposée au prolétariat, avant que, selon Marx, il s'en saisisse volontairement pour en faire l'instrument de son émancipation.

Ainsi, pour Marx, ce n'est pas l'industrialisme, c'est-à-dire la division technique, qui est en cause. Il est un partisan résolu de la grande industrie. C'est la division sociale, c'est-à-dire la domination de classe, qui est à abolir. Mais comment ? La faiblesse intrinsèque du marxisme tient à l'inconsistance de sa réponse à cette question fondamentale : il faut et il suffit d'abolir la propriété privée des instruments de production ! Réponse purement juridique, et, à proprement parler, idéaliste à un problème qui plonge ses racines dans la nature matérielle du travail industriel.

C'est ce qu'a souligné Simone Weil, qui, forte de son expérience, affirme qu'aussi longtemps que l'on ne s'attaquera pas à la nature de ce travail, toutes les modifications juridiques du statut de l'entreprise n'y changeront rien : l'histoire de la classe ouvrière en Union soviétique en témoigne.

Or le marxisme a non seulement ignoré ce problème, mais a même tenté de donner à la grande industrie une dignité socialiste. Il a, par voie de conséquence, renforcé la structure de classe de la société industrielle. Il a fait des intellectuels et des technocrates une nouvelle classe dominante, séparée et privilégiée. À l'intérieur des sociétés bourgeoises, la situation n'est guère différente. Les intellectuels, quand bien même ils prennent parti pour le prolétariat, demeurent, de par leur situation personnelle, leurs revenus et leur genre de vie, des parasites des classes bourgeoises.

D'où l'importance de l'expérience menée par Vignaux. Il a conçu, à l'intérieur de la CFTC de l'après-guerre, un mouvement de pensée et une revue, *Reconstruction*, qu'il qualifiait de « bureau d'études », fondés sur la collaboration organique d'un certain nombre d'intellectuels (professeurs, instituteurs, chercheurs, philosophes, économistes) avec des dirigeants syndicaux. C'était renouer avec la tradition du syndicalisme d'action directe à la française, et notamment avec la pratique de Fernand Pelloutier, le fondateur des Bourses du travail et d'une revue, *L'Ouvrier des deux mondes*, ainsi que de son continuateur, Pierre Monatte, à *La Vie ouvrière*, puis à la *Révolution prolétarienne*. Mais la CGTU ne reprit jamais à son compte cette tradition, puisque, dans la division léniniste du travail, les tâches de conception incombent à la direction de Parti, les ouvriers, et notamment les syndicalistes, étant surtout chargés de faire masse et de fournir des troupes militantes et disciplinées à l'idée révolutionnaire. Quant à la CGT de Léon Jouhaux, qui fut, lors des scissions de 1919 et 1948, l'équivalent syndical de Léon Blum, avec pour tâche principale le souci de garder la vieille maison, elle demeurait naturellement méfiante à l'égard du travail intellectuel, quitte à verser parfois dans l'ouvriérisme.

C'est dire, sur cette toile de fond bien terne, l'originalité de *Reconstruction*. Lorsqu'en 1959 Paul Vignaux m'introduisit au comité de rédaction, fort restreint, de la revue, le jeune prof d'histoire que j'étais se trouva d'emblée côtoyer quelques-unes de ces figures de la « minorité » de gauche, qui militaient pour la « déconfessionalisation » de la CFTC et qui se réclamaient du « socialisme démocratique ».

Aux côtés de Vignaux, incarnant cette parité ouvriers-intellectuels qui est la marque propre de *Reconstruction* et le secret de son rayonnement, se trouvait Albert Détraz. « Bébert », comme nous l'appelions, était une forte personnalité, qui incarnait tout à la fois la respectabilité de la classe ouvrière et son irréductible indépendance. Plutôt petit, soigné, toujours impeccablement coiffé et cravaté, ce Lyonnais d'origine a de l'ouvrier parisien traditionnel la gouaille, la générosité et ce fond d'anarchisme bon enfant qui le rend réfractaire à l'emphase, mais non au panache. À la fin mai 68, alors que le mouvement reflue, un de mes camarades l'aperçoit sur l'une de ces barricades résiduelles comme il s'en rencontre alors dans certains quartiers. « Que fais-tu là, Albert ? – Écoute, lui répond-il, on va parler de ces barricades pendant un demi-siècle. Il ne sera pas dit qu'Albert Détraz en aura été absent. » Et de fait, c'est lui qui tiendra la plume d'un communiqué historique du bureau confédéral de la CFDT, déclarant : « À la monarchie industrielle et administrative, il faut substituer des structures démocratiques à base d'autogestion » (16 mai 1968).

Fils d'un traminot lyonnais, formé aux Faucons rouges, mouvement de jeunesse socialiste, venu à Paris comme apprenti menuisier, réfractaire au STO, Détraz n'a rien de la trajectoire jociste d'un Eugène Descamps. C'est sur la base d'une démarche personnelle qu'il s'ouvre à la foi chrétienne et qu'il devient permanent, puis secrétaire général de la fédération CFTC du bois et de la construction (1952). Très vite, il est remarqué par Paul Vignaux et tous deux constituent un tandem qui fait l'admiration du jeune Jacques Delors : « Je considère comme géniale cette association […] l'alliance d'une forte capacité théorique et d'une très grande intelligence propre à cette culture ouvrière qu'on aimerait rencontrer plus souvent dans les partis qui se réclament de la classe ouvrière[1]. »

1. Cité par Hervé Hamon et Patrick Rotman, *La Deuxième Gauche, histoire intellectuelle et politique de la CFDT*, Ramsay, 1982, p. 23 (entretien avec les auteurs).

Bien dit ! on ne soulignera jamais assez combien les appareils bureaucratiques ont, depuis le XIXe siècle, déformé, amoindri, paralysé ce que Proudhon appelait « la capacité politique des classes ouvrières » : Détraz n'a jamais pensé autrement. De la tradition socialiste, il a conservé la nécessité pour le mouvement ouvrier de marcher sur ses deux jambes, le syndicalisme et la politique ; et de l'anarcho-syndicalisme l'attachement inconditionnel à l'autonomie ouvrière, exprimée dans la charte d'Amiens.

L'amalgame réussi entre les idées de la minorité Reconstruction et celles de la Confédération tout entière, marquée par son passé et son ancrage social, est, pour une part considérable, l'œuvre de Détraz. Sa fréquentation, son amitié, m'ont permis de toucher du doigt et de m'imprégner pour la vie de la différence entre les idées intellectuelles et les idées sociales, ou mieux encore, de l'inévitable changement de nature d'une idée intellectuelle, produit d'un individu ou d'un groupe restreint, quand elle tend à devenir une idée sociale, propre à être partagée par le plus grand nombre. La première vise souvent à l'originalité, au brio, au non-conformisme. La seconde exige la patience, le respect de l'autre et surtout l'authenticité.

L'intellectualisme pur consiste à prétendre transformer la réalité en lui appliquant un raisonnement juste, quand le réalisme sait que seules des idées incarnées dans des hommes et des actions collectives sont capables de transformer le réel. L'illusion des intellectuels est de croire que l'on peut de l'extérieur transformer une société en y injectant des idées, tandis que les praticiens de l'action collective ont compris que les mutations dans les mentalités sont une œuvre en profondeur, en quelque sorte géologique, qui exige un cheminement commun de l'apporteur et du receveur. L'appropriation collective d'une idée nouvelle est un travail de longue haleine, un parcours mystérieux d'imprégnation dont aucune prouesse cérébrale ne peut faire l'économie, sauf à employer la force : d'où l'obscure préférence de la plupart des intellectuels pour les dictatures plutôt que pour la démocratie, comme en témoigne leur comportement au XXe siècle. À l'exception de quelques illustres exemples, comme Albert Camus, François Mauriac ou Raymond Aron, la plupart d'entre eux ont été tentés, ou même séduits, par l'une ou l'autre des deux grandes idéologies totalitaires : le nazisme ou le communisme.

La chance historique de la CFTC de l'après-guerre est d'avoir été le lieu de rencontre d'ouvriers intellectuels d'une exceptionnelle qualité, et d'avoir disposé en Paul Vignaux d'un homme capable de les repérer et de les mettre en scène.

Albert Détraz n'a jamais prétendu être à proprement parler un intellectuel ; il était difficile en revanche à Marcel Gonin de prétendre le contraire. Les deux hommes ont eu des parcours différents et des relations parfois difficiles, mais, en marge des chefs populaires comme Descamps et Declercq, ils ont constitué, au sein de la minorité, puis de l'appareil confédéral, le couple qui a permis cette mutation des idées intellectuelles en idées sociales, dont j'ai parlé.

Rien, au départ, ne paraissait prédisposer Marcel Gonin à être cet ouvrier intellectuel qu'il est devenu dans la CFTC, puis dans la CFDT. Son père, ouvrier tourneur, bénéficie du statut relativement privilégié de professionnel d'État à la MAS, la célèbre Manufacture nationale d'armes de Saint-Étienne. C'est un socialiste violemment anticlérical, militant à la CGT, où il mène la lutte contre les méthodes musclées de la CGTU procommuniste. La mère est au contraire une catholique pieuse et pratiquante, qui obtiendra que son fils reçoive une instruction religieuse jusqu'à sa première communion. Marcel ne rejettera rien de l'héritage familial. Toute sa vie, il sera un militant ouvrier ardent, convaincu des vertus propres de la classe ouvrière, et à ce titre opposant résolu au stalinisme. Quant à sa foi religieuse, mise entre parenthèses durant son adolescence sous l'influence de son père, il renouera avec elle lors du long séjour qu'il fera en Allemagne de 1942 à 1944, au titre du STO (Service du travail obligatoire). À son retour en France, le tourneur sur métaux qu'il est à la MAS fait le choix de la CFTC, nullement pour raison confessionnelle, mais par refus du « totalitarisme » de la CGT. Beaucoup de ceux qui vont devenir les cadres de *Reconstruction* ont suivi le même itinéraire. Quant au mot « totalitarisme », d'un usage courant dès l'avant-guerre chez Jacques Maritain, il fait, sous l'influence de Paul Vignaux, partie du vocabulaire de la minorité de l'après-guerre, bien avant de s'imposer dans le langage politique courant des années 1970. Telle sera toujours, par rapport à tous les courants de la gauche non communiste d'alors, tiraillée et oscillante entre la solidarité de gauche et le refus du communisme, la marque propre de cette aile gauche de la CFTC : ne jamais, sous prétexte de solidarité ouvrière, rendre les armes au communisme stalinien ; ne jamais, par anticommunisme, renoncer à l'unité d'action avec la CGT.

Gravissant rapidement les échelons de la hiérarchie syndicale, remarqué par Paul Vignaux qui lui ouvre les portes de *Reconstruction*, Gonin, devenu secrétaire général de la fédération Air-Guerre, a joué un rôle essentiel dans l'accession d'un minoritaire, Eugène Descamps, au secrétariat de la CFTC en 1961.

Mais très vite une véritable incompatibilité surgit entre les deux hommes. Gonin n'aime pas le ton sentimental, un rien populiste, et surtout la personnalisation du pouvoir qui s'installent square Montholon avec Descamps. Du jour au lendemain, il démissionne de ses fonctions électives à la fédération Air-Guerre pour devenir secrétaire confédéral, c'est-à-dire fonctionnaire appointé de l'organisation, sans droit de vote dans les instances confédérales. C'est apparemment une régression, et c'est pourtant à partir de cette posture discrète que Marcel Gonin accède à ce statut unique et original d'intellectuel organique de la CFDT et de représentant-placier de ses idées auprès d'institutions comme le club Jean-Moulin. Il est de tous les conciliabules, de tous les comités, de tous les colloques d'une gauche non communiste qui cherche sa voie entre le communisme et le gaullisme, à une époque où le Parti socialiste mal considéré laisse l'initiative aux clubs, associations de la société civile, et surtout au syndicalisme. Ses critiques – ils sont nombreux à la Confédération – lui reprochent alors de privilégier le politique par rapport au syndicalisme, au risque de compromettre la CFDT dans des combinaisons d'appareil. Certes, le risque n'était pas nul. L'idée d'une stratégie commune aux partis et aux syndicats avait séduit une partie de l'organisation, y compris Edmond Maire, devenu secrétaire général en 1971, mais c'est en syndicalistes que ces hommes parlaient et agissaient. Le « recentrage » de la CFDT, officialisé au congrès de Brest en mai 1979, correspondait à la vérité de l'organisation. Maire, Gonin et Jacques Moreau étaient trop syndicalistes pour ne pas en convenir. Véritable père Joseph d'Edmond Maire, Gonin a joué avec intelligence le rôle d'interface de la CFDT avec le monde intellectuel et souvent d'introducteur d'idées nouvelles venues de l'avant-garde de la pensée française, de Touraine à Castoriadis. Décidément, une grande politique ou sociale ne va pas sans la conjonction de trajectoires individuelles d'exception.

Comment, parmi celles-ci, ne pas faire une place à Eugène Descamps ? On ne le voyait que rarement aux réunions de *Reconstruction*, dont il n'a jamais officiellement fait partie. Il entretenait d'autre part d'excellentes relations avec les membres de la majorité, tels que Boudaloux ou Jeanson. Cette situation centrale et même centriste fera de lui la figure idéale, trois ans avant le congrès dit de « déconfessionalisation », d'une transition entre l'ancienne majorité confédérale et celle qui parvenait à la direction de l'organisation.

Metallo « chti » venu de l'Action catholique ouvrière (ACO), « Eugène » était une personnalité charismatique : physique puissant, conviction communicative, éloquence de tribun, avec à certains moments, dans la voix, des *pianissimi* qui n'étaient pas sans faire penser à ceux de François Mitterrand. Politiquement, c'était un modéré, admirateur du général de Gaulle, et moins hostile à la démocratie chrétienne, représentée par le MRP, que beaucoup de ses camarades. Syndicalement, il incarnait à merveille la CFDT dans toutes ses composantes : un mélange de romantisme ouvrier et de réformisme les pieds sur terre. En 1968, s'il fut en retrait par rapport à la vision utopiste, sentimentale et généreuse du mouvement, incarnée par Fredo Krumnow, mort trop tôt, il sut très bien représenter la dimension sociale de ce grand mouvement, défendant des revendications qualitatives en termes de pouvoir ouvrier, à l'encontre de la CGT qui chercha – et trouva – un terrain d'entente avec le gouvernement Pompidou et avec le patronat sur le terrain salarial. Cela ne l'empêcha pas d'entretenir avec Georges Séguy une véritable complicité fondée sur un attachement commun à la geste prolétarienne. C'est la dernière fois dans l'histoire de notre pays que les représentants syndicaux surent incarner la classe ouvrière dans sa réalité la plus forte et dans ses ambitions les plus pures à l'intérieur de la nation. À la fin de sa vie, Eugène Descamps, qui entretenait des relations personnelles avec François Mitterrand, avait rêvé de s'investir dans la rénovation du Parti socialiste, comme il l'avait fait pour la CFDT. La mort l'en a empêché, mais pour sa mémoire, c'est sans doute mieux ainsi. Je n'ai jamais eu de complicité avec lui, mais je l'admirais.

S'il y eut jamais, en revanche, un leader ouvrier selon mon cœur, ce fut bien Gilbert Declercq. À mon retour de la guerre d'Algérie, Paul Vignaux, qui m'avait demandé, outre ma participation à *Reconstruction*, de devenir le secrétaire général du SGEN pour le second degré, m'avait envoyé à Nantes, au cœur des Pays de la Loire, pour y passer quelques jours chez Gilbert et auprès de Gilbert, officiellement pour y faire une conférence sur Fernand Pelloutier (1867-1901), originaire de Saint-Nazaire, cheville ouvrière de la fédération des Bourses du travail et père fondateur du syndicalisme révolutionnaire. J'ai dit ailleurs, en écrivant sa biographie, la place éminente, tant du point de vue intellectuel que moral, quasi christique – il est mort à un peu plus de trente-trois ans – tenue par un homme qui rêvait d'une « société d'hommes fiers et libres ».

Gilbert me fit faire en un jour ou deux le tour des hauts lieux de ces Pays de la Loire qui sont restés pour moi quelque chose comme une sorte d'aristocratie prolétaire. Je me souviens de Rousselet, l'homologue cégétiste de Declercq, et plus encore d'Alexandre Hébert, flamboyant leader de FO, qui se réclamait, à contre-courant de toute sa centrale, de l'anarcho-syndicalisme. Pour mon plaisir, Declercq et Hébert feignirent d'improviser un numéro bien rodé, pour savoir lequel des deux était le plus fidèle à la grande tradition libertaire et révolutionnaire des Pays de la Loire.

Le soir, après dîner, Gilbert et sa femme Jacqueline égrenaient leurs souvenirs des ouvriers des chantiers de Saint-Nazaire, têtus, souvent profondément chrétiens, « qui pendraient les patrons au nom du Christ-Roi ». Les grèves de 1953-1955 pour la troisième semaine de congés payés étaient un grand morceau du répertoire. Grèves à l'ancienne, dures, violentes, sans concession. Et pourtant, ajoutait Gilbert, ces patrons n'étaient pas de mauvais bougres. Beaucoup étaient empreints de la doctrine sociale chrétienne et rêvaient d'un compromis avec les travailleurs qui n'eût pas été une arnaque. Plus d'une fois, disait-il, nous avons été tentés dans les négociations de succomber à ce que nous avions en commun. Nous avons résisté à cette tentation sentimentale ; nous avons tenu dans un climat qui devait plus à la lutte des classes qu'à l'encyclique *Rerum novarum*. Ce fut pour nous tous une véritable épreuve morale, autant que matérielle. Oui, mais ajouta-t-il à propos de ces patrons, à la fin de cet affrontement « ils étaient devenus meilleurs, et nous aussi ».

Je n'ai jamais oublié ce récit et cette conclusion. Cette interprétation chrétienne de la lutte des classes m'a toujours paru côtoyer le sublime.

Gilbert avait volontiers la verve épique. Ai-je dit qu'à la tribune il était beau comme un dieu, et qu'il dégageait un courant d'adhésion et de sympathie qui nous faisait oublier que ce chantre de la solidarité ouvrière – « tous ensemble ! » était son slogan favori – ne résistait pas toujours aux tentations d'un ego aussi flamboyant que le reste du personnage ?

Je revins de Nantes, on l'aura compris, encore plus acquis à la grandeur intellectuelle et morale de l'anarcho-syndicalisme que je ne l'étais en y partant. Il m'est arrivé de dire que dans mon conseil d'administration intérieur, si la social-démocratie est constamment majoritaire à 52 %, le reste se partage entre l'esprit réactionnaire (pas conservateur, surtout pas, mais réactionnaire) à 24 %, et l'anarcho-syndicalisme (pas le communisme ou le socialisme, surtout pas !) à 24 %. Cette minorité de blocage au service des idées libertaires, c'est à Proudhon, à Pelloutier, à Sorel, à Péguy, à Simone Weil que je la dois intellectuellement ; existentiellement, c'est à Gilbert Declercq, qui, pour cela, me pardonnait beaucoup de choses, à commencer par ma complicité avec Edmond Maire.

Dans ma galerie syndicale, le successeur de Descamps à la tête de la CFDT, Edmond Maire, est un cas à part, et c'est bien ainsi qu'il a toujours été perçu, y compris dans la Confédération. Il n'est pas l'enfant de la JOC (Jeunesse ouvrière chrétienne) à la manière d'Eugène Descamps ou de Gilbert Declercq, il n'est pas non plus un intellectuel à l'état pur, comme Paul Vignaux ou, à sa façon, Marcel Gonin. Il n'incarne pas davantage cette image type de l'ouvrier français, ou mieux encore, parisien, que j'ai reconnue chez Albert Détraz. Je crois bien qu'Edmond – comme Descamps, consécration suprême, il a fini par être désigné par son seul prénom – est fils de ses propres œuvres.

Certes, comme tout le monde, il a une biographie, une carrière, des racines. Mais le fait est qu'il ne leur ressemble pas tout à fait.

Il est le deuxième enfant, né en 1931, d'une famille catholique pratiquante qui en compte sept. Son père est cheminot à la gare du Nord, et sa mère l'a été aussi. Il a poursuivi, sans ardeur excessive, des études secondaires à Jacques-Decour, jusqu'à la première partie du baccalauréat. Entré chez Valentine, l'entreprise de peinture bien connue, il sera donc chimiste. C'est ensuite chez Pechiney, à Aubervilliers, qu'il adhère à la CFDT et immédiatement au groupe parisien de *Reconstruction*, qui fait son éducation syndicale. À la différence de tous ceux que je viens de nommer, qui arrivent tous avec une expérience propre, Edmond Maire est d'emblée le produit de ce qui se veut un « bureau d'études ». Son ascension dans la fédération de la Chimie, jusqu'à en devenir le secrétaire général, est donc parallèle à sa formation syndicale dans la mouvance minoritaire.

Son accession au secrétariat général de la CFDT de 1971, à la suite d'une soudaine défaillance de santé d'Eugène Descamps, n'allait pas de soi. À un métallurgiste chaleureux, très populaire et un rien populiste va succéder un chimiste froid, cérébral et quelque peu distant. La métallurgie, c'est la fusion, la chimie, c'est la corrosion… « Un chef syndicaliste "normal", écrivent Hervé Hamon et Patrick Rotman dans leur classique *Deuxième Gauche*, parle haut, retrousse ses manches, porte des bretelles, monte sur le tonneau pour "s'adresser aux gars", entonne *L'Internationale* au moment opportun, partage la gamelle et paie la tournée, toutes opérations dont l'Edmond est à peu près incapable. » Avec, selon les auteurs, son humour au troisième degré, son penchant pour les contre-emplois, son horreur pour la « communication », Edmond Maire a été un secrétaire général résolument dérangeant plutôt que consensuel. Loin d'être l'homme de la synthèse, le centriste que se doit d'être le chef d'une organisation, c'était un chef franc-tireur, qui n'hésitait pas à créer le désordre quand l'organisation n'avait qu'une envie : ronronner en rond. Avec Jacques Chérèque, forte carrure de métallo lorrain, moustache épaisse et impérieuse, mais esprit délié, et Jacques Moreau, chimiste épris de rationalité et cœur généreux, nous avons formé à un moment donné un trio de maîtres Jacques qui, au bureau national, a plus d'une fois résisté aux coups de boutoir de Maire contre sa propre majorité. Edmond était un passionné de bridge et un joueur enragé. Lors d'un voyage que je fis avec lui et quelques autres en Chine au temps de la « bande des quatre », je me rendis compte que son bridge s'apparentait de près au poker, avec une prise de risque inhabituelle dans un jeu où triomphe d'ordinaire l'anticipation rationnelle.

Enfin, dominant le tout, une structure morale exigeante qui l'éloignait des vanités du pouvoir et de la griserie de la popularité, qu'il détestait : arrivé au faîte de la responsabilité, il mettait le même soin aux petites affaires qu'aux grandes et accordait la même attention aux remarques d'un obscur militant qu'aux entretiens avec les grands personnages qu'il était amené à rencontrer. D'une extrême pudeur, allergique à tout le folklore débraillé du monde ouvrier, secret quant à ses sentiments intimes, jaloux de son quant à soi, d'une grande modestie, en dépit de sa réussite personnelle, il était en réalité intraitable quand il s'agissait des militants qu'il représentait. Un jour qu'à la tête d'une délégation confédérale il dut attendre de longues minutes le premier secrétaire du Parti socialiste François Mitterrand, en retard comme à son habitude, il prit la parole le premier et sans aménité le prévint qu'à l'avenir on ne ferait pas attendre une deuxième fois les représentants d'une organisation de près d'un million de travailleurs. Peu habitué à ce langage et même interloqué, Mitterrand balbutia et se confondit en excuses.

Dans un pays qui n'a jamais connu la social-démocratie, entendue comme la coopération sur un pied d'égalité d'un parti socialiste et d'un syndicat, Edmond Maire a été sans doute l'un des très rares dirigeants de la gauche française qui eût pu légitimement s'en réclamer. Il était acquis à la fois à cette coopération sur la base d'un plan d'action négocié entre les partis de gauche et les syndicats – c'est le « contreplan » qui avait aussi les faveurs du PSU de Michel Rocard –, mais, contrairement aux soupçons de ses adversaires, il demeurait fortement attaché à l'indépendance syndicale, comme en témoigne le virage dit du « recentrage » opéré au congrès de Brest (1979). Il ne s'agit ni plus ni moins que de constater la carence des éventuels partenaires politiques, soit parce que, dans la tradition socialiste bourgeoise, ils ignorent les syndicats, soit que, dans la tradition communiste stalinienne, ils ne songent qu'à se les subordonner.

Mais Edmond Maire n'est pas un social-démocrate classique. Son adhésion à la philosophie réformiste – la seule qui ait jamais apporté aux classes laborieuses une amélioration de leur condition – n'est, si l'on peut dire, que le premier étage d'une fusée qui se prolonge par l'ambition de s'attaquer à toutes les formes d'inégalités sociales. Cette ambition est celle de la « deuxième gauche ». Il faut rappeler ici que le livre d'Hervé Hamon et Patrick Rotman, qui a donné son nom à cette figure politique nouvelle, n'est pas consacré au rocardisme, mais bel et bien, et en totalité, à la CFDT. S'il y eut jamais en France un mouvement politique qui soit parvenu à déplacer les lignes de la société, c'est bien ce syndicat. L'extension du domaine de la lutte aux « exclus », femmes, chômeurs, immigrés, est largement son œuvre. Car les « laissés-pour-compte » étaient d'abord ceux que le prolétariat organisé avait abandonnés. La priorité donnée à la défense du travailleur concret, au lieu du travail abstrait, dans le sillage du marxisme, c'est elle qui l'a mise en œuvre. Le marxisme, en effet, limité à l'exploitation du travailleur, à l'exclusion des autres formes d'infériorité, notamment l'aliénation, était devenu la forme d'économisme propre à la classe ouvrière. C'est cette logique, purement quantitative et même marchande, que la CFDT d'Edmond Maire a, la première, renversée.

Que s'était-il donc passé ? À force de placer son action à l'intérieur du monde industriel pour essayer d'en atténuer la rigueur, le monde ouvrier avait fini par faire sien cet environnement hostile. C'est l'équivalent du « complexe de Stockholm » qui voit l'individu pris en otage s'identifier avec les intérêts de ses ravisseurs. Aujourd'hui encore, à l'heure où j'écris (2016), c'est l'extrême gauche soi-disant prolétarienne qui, devant les balbutiements de l'« uberisation », se dresse en défenseur de cette condition salariale dont l'abolition était, à la fin du XIXe siècle, l'objet même du programme ouvrier. Du reste, Marx lui-même était un industrialiste forcené, qui ne songeait à reprocher au capitalisme que les entraves qu'il met à son développement. La logique écologique lui était étrangère, qui ne se confond pas uniquement avec la préservation de l'environnement, mais qui implique un nouveau rapport de l'homme au travail, une remise en cause du productivisme effréné de la société moderne. C'est ici que le syndicalisme rêvé par la CFDT d'Edmond Maire, à l'apogée de sa fécondité sociale, se situe à la fois en deçà et au-delà de l'action politique : en deçà dans l'action revendicative quotidienne, au-delà parce qu'il en appelle à un nouveau modèle de civilisation. Toutes choses dont les partis de gauche sont incapables, les plus radicaux par attachement fétichiste à un marxisme jamais remis à jour depuis sa formulation ; les plus modérés par appartenance à un radicalisme petit-bourgeois sans aucune sensibilité populaire.

Tels sont quelques-uns des hommes que j'ai fréquentés pendant mes années de militance syndicale, depuis mon retour d'Algérie en 1961 jusqu'au congrès d'Annecy de la CFDT, en mai 1976. Soit quinze années de ma vie, passionnantes, mais parfois, je l'avoue, suroccupées, puisque ces activités syndicales étaient menées de concert avec mon enseignement à la Sorbonne (Censier), puis à l'université de Vincennes, mon travail d'éditeur à partir de 1966 aux Éditions du Seuil, ma collaboration au *Nouvel Observateur*, sans compter l'écriture de quelques livres, dont en 1971 mon *Fernand Pelloutier*, c'est-à-dire beaucoup de temps passé à la Bibliothèque nationale et aux Archives.

En traçant ces portraits qui, au-delà de leur teneur individuelle, sont autant de matériaux pour l'élaboration de la figure du militant syndical dans les années gaulliennes et postgaulliennes de notre Histoire, j'ai conscience de mon injustice : tant d'autres, des amis parfois, qui mériteraient d'y figurer, tels Claude Pinoteau, Michel Mousel au SGEN, Antoine Prost, devenu le grand historien de l'enseignement que l'on connaît ; Jean Monier, qui eût pu devenir secrétaire général de la Confédération, s'il avait consenti à quitter pour quelque temps sa bonne ville d'Angers, et qui finalement préféra en devenir le maire, un maire de haute figure ; Pierre Héritier, le Stéphanois, à la tête remarquablement bien faite, qui fut longtemps quelque chose comme le chef de l'opposition de gauche à sa majesté Edmond ; ou encore Fredo Krumnow, dont je n'ai dit qu'un mot mais pour lequel j'avais ressenti une immédiate sympathie dans les journées de Mai 68, quand je l'aidai à écrire son discours de Charléty.

Et puis ces dizaines, ou plutôt ces centaines d'hommes et de femmes que j'ai quelque répugnance à qualifier de « syndicalistes », car le mot a quelque chose de sec et d'ennuyeux ; mieux donc de « camarades », et pour lesquels j'étais simplement le camarade Julliard, ou même amis, car je ne connais guère, à l'échelle humaine, d'entreprise digne d'être vécue qui ne soit aussi une grande amitié, comme Michelet le disait de la République tout entière.

J'ai déjà dit comment, c'est un article de Paul Vignaux sur la charte d'Amiens, publié dans *Reconstruction*, qui me convainquit de réorienter mes études scientifiques, du modernisme de Loisy au syndicalisme de Pelloutier et de Griffuelhes. C'est Ernest Labrousse qui accueillit avec chaleur – malgré un naturel distant et un peu raide – mon projet de thèse sur le syndicalisme révolutionnaire. Ernest Labrousse n'a jamais connu la reconnaissance publique qui fut celle de Fernand Braudel à la fin de sa vie, avec le succès de ses derniers livres, qui n'étaient pas les plus importants, et son élection à l'Académie française. Pourtant, les historiens ont toujours placé Braudel et Labrousse sur un pied d'égalité ; l'un pour sa *Méditerranée et le monde méditérranéen à l'époque de Philippe II* et sa théorie du temps long, de l'Histoire « immobile à grands pas », comme eût dit Valéry ; le second comme rénovateur de l'histoire économique, à travers notamment le mouvement des prix, et grand connaisseur de l'histoire du mouvement ouvrier.

La vie des candidats à l'enseignement supérieur et à la recherche durant les Trente Glorieuses était beaucoup plus facile que celle d'aujourd'hui. La concurrence était bien moindre et la population étudiante, forte de moins de trois cent mille personnes, en pleine expansion. Quand j'allai voir Fernand Braudel pour lui parler de mes projets, il commença par faire la grimace : l'histoire du mouvement ouvrier n'était guère sa tasse de thé, à la différence de son illustre compagnon à la tête des Annales, Lucien Febvre, qui s'y était intéressé dans sa jeunesse. Mais il eut la bonté de me conserver son intérêt et, faute de pouvoir m'accueillir dans l'immédiat à l'École des hautes études en sciences sociales, dont il était le fondateur et le président, il me conseilla, afin de bien entrer dans mon travail, d'être candidat au CNRS dès la rentrée suivante comme attaché de recherche. « Mais Monsieur, lui fis-je observer, les candidatures sont closes depuis plusieurs semaines… » Braudel fit alors un geste d'une royale désinvolture. « Voyons, vous me dites que Labrousse et Renouvin vous connaissent bien ? Je les appelle. Et devant moi, il recueillit leur avis, assurément favorable. Vous voilà donc au CNRS, conclut-il en raccrochant. N'oubliez pas tout de même de déposer un dossier rapidement. Le reste me regarde. »

Je restai interloqué et ravi. Heureuse époque où l'omniprésence administrative et la bureaucratie déguisée en exigence égalitaire n'avaient pas encore aboli les relations personnelles dans l'université. Aujourd'hui, comme le remarquait un jour Raymond Aron à propos de celle-ci, on passe beaucoup plus de temps et l'on dépense de plus en plus d'argent pour faire des choses infiniment moins intéressantes…

C'est ainsi que je pus réaliser ce qui d'emblée avait été mon dessein : faire tenir dans un seul objet mon travail universitaire et mon activité militante. Cet objet c'était le mouvement social et ouvrier, dans le prolongement de mon engagement à la CFTC-CFDT.

J'y fus grandement aidé par l'équipe du *Mouvement social* justement, qui m'accueillit à bras ouverts. L'histoire de cette vaillante revue qui avait commencé sous le nom de *Miroir de l'Histoire* s'identifie depuis plus de soixante-dix ans à l'historiographie du mouvement ouvrier, dont elle a accompagné les étapes, depuis sa forme héroïque et un peu hagiographique, dans le style qui fut celui d'Édouard Dolléans, l'incontestable pionnier, jusqu'à la maturité incarnée par Ernest Labrousse et celles que j'avais baptisées ses « drôles de dames ». À une époque, les années 1960, où la place des femmes dans les milieux professionnels, y compris à l'université, n'était pas aussi reconnue qu'aujourd'hui, c'est ce groupe contrasté et détonant qui animait la remuante revue. Celles que nous avions appelées par jeu « les quatre filles du docteur Marx » étaient en réalité cinq : Annie Kriegel, Madeleine Rebérioux, Colette Chambelland, Michelle Perrot, Rolande Trempé.

Parmi elles et au premier plan, Annie Kriegel, pétulante et pénétrante historienne du Parti communiste français. Elle-même avait été passionnément communiste dans sa jeunesse, au sortir de la Résistance où elle s'était engagée à l'intérieur d'un mouvement juif, le MOI. Maurice Thorez avait fondé de grands espoirs sur elle, et même après sa rupture avec le communisme, elle lui avait conservé une étonnante tendresse. Annie était naturellement passionnée, avec parfois dans la voix une véhémence qui rappelait l'oratrice de réunions de cellule et de meetings qu'elle avait été. Mais sa passion n'a jamais fait obstacle à son intelligence, qui était vive. J'ai été au Seuil, l'éditeur de son grand livre sur *Les Communistes*, modèle inégalé d'ethnographie historique. De son passage par la Résistance et le communisme, avant sa redécouverte du judaïsme, elle avait conservé une conception héroïque de l'existence qui m'a toujours ému. Au-delà de la mort, je suis resté fidèle à son amitié.

Les relations n'étaient jamais faciles avec l'autre grande figure du *Mouvement social* de l'époque, Madeleine Rebérioux, pour laquelle j'eus d'emblée un vrai élan de sympathie et de complicité, qui ne m'a jamais quitté. Elle aussi avait engagé avec ses idées une relation passionnelle et définitive. Au fond, Annie et Madeleine avaient entre elles trop de points communs pour ne pas se détester. Acquises l'une et l'autre au communisme ; mais tandis qu'Annie l'avait abjuré avec fracas, Madeleine lui était restée fidèle, tout au moins à son esprit, par-delà une rupture progressive, qui lui avait été imposée, beaucoup plus qu'elle ne s'était décidée à la faire elle-même. Sa grande aventure fut dès lors l'anticolonialisme et la lutte contre le racisme qu'elle a menée pendant des années comme présidente de la Ligue des droits de l'homme. Férue d'égalité, Madeleine ne supportait pas, dans une institution, d'autre place que la première. D'où des heurts nombreux. D'une extrême fidélité en amitié, elle était animée d'un militantisme qui avait fini par dévorer sa vie affective mais s'enracinait dans un fondement moral qui la faisait ressembler à une chrétienne laïcisée. Marxiste qui n'avait pas oublié les lectures proudhoniennes de sa jeunesse, elle avait dans sa vie comme dans son œuvre un héros, qu'elle connaissait mieux que personne : Jaurès. Encore une grande romantique.

Non moins romantique sans doute, mais plus réservée, était Colette Chambelland. Le lyrisme intellectuel d'Annie et de Madeleine l'agaçait, sans doute aussi leur tendance à accaparer les premiers rôles. Colette avait fait l'ensemble de sa carrière comme bibliothécaire du Musée social, où elle a joué pour des générations de chercheurs un rôle essentiel d'initiatrice au mouvement ouvrier, dans la ligne ouverte jadis à l'École normale supérieure par Lucien Herr. D'une grande exigence intellectuelle et morale, elle avait fait du « refus de parvenir » d'Albert Thierry, éducateur proche du syndicalisme révolutionnaire, le fond même de son éthique. Son Jaurès à elle était Pierre Monatte, grande figure venue de l'anarchisme et passée au syndicalisme. Je conserve précieusement la collection de *La Vie ouvrière*, dont m'a fait cadeau Colette. Monatte concevait sa *VO* comme Péguy ses *Cahiers de la quinzaine* : une aventure personnelle, celle de toute une vie, au service d'une idée, soutenue par un réseau d'amitiés et de complicités intellectuelles et morales.

La trilogie Pelloutier-Péguy-Monatte représente l'âge d'or des revues sociales, faites d'engagement personnel, et de mépris, non assurément pour les masses, mais pour la massification. Ces trois hommes exceptionnels – car une revue c'est d'abord un homme qui l'incarne et qui s'identifie à elle – ont mis en acte ce que l'esprit libertaire a produit de meilleur en termes de résistance à la « vile multitude », c'est-à-dire à la massification sociale qu'opère la démocratie, quand elle est aux mains des arrivistes et des hommes d'argent. Chère Colette ! C'est tout cela que votre générosité et votre pudeur m'ont permis de comprendre et de faire mien.

Michelle Perrot partageait avec Colette Chambelland l'éthique et la pudeur. Avec son mari Jean-Claude, ils ont formé un couple de chercheurs et d'universitaires de premier plan. Ils en ont acquis l'autorité, tout en restant à l'écart de cet esprit de sérieux et de solennité qui m'a toujours dissuadé de m'installer dans ce milieu. J'ai toujours pensé qu'il fallait prendre de l'université ce qu'elle a de bon : la rigueur, le primat de la recherche sur le rabâchage, l'échange avec les étudiants enfin. Le reste c'est la mesquinerie, la concurrence, les vanités. Le reste c'est la marionnette, et il faut toujours, comme M. Teste, dépouiller la marionnette. C'est ce que Michelle a su faire toute sa vie. Son livre sur la grève en France à la fin du XIXe siècle est un modèle d'anthropologie historique appliquée au mouvement ouvrier. Elle a travaillé avec les plus grands, de Georges Duby à Michel Foucault. Elle est devenue la figure principale des études féministes en France. Mais sans la marionnette. Au départ moins militante que les précédentes, Michelle se révéla en 1968 ardemment gauchiste : ce moment-là l'a révélée à elle-même. Ce mélange d'incandescence et de distance critique a produit ce qu'on peut attendre de mieux d'un milieu qui a tendance à dessécher ses fidèles : une fraîcheur sans cesse renouvelée.

Rolande Trempé, enfin. Des drôles de dames du *Mouvement social*, c'est celle que j'ai connue le moins. Résolument provinciale et toulousaine, amie de Madeleine Rebérioux, elle a incarné plus que quiconque la fidélité aux valeurs de sa jeunesse : la Résistance, le communisme, le mouvement ouvrier. Le Parti communiste français le lui a mal rendu, comme il l'a souvent fait des figures indépendantes. Sa liberté d'esprit lui a valu la suspicion des apparatchiks. Elle s'est résolue à quitter les Ardennes pour Toulouse, qui allait devenir sa seconde patrie. Elle y a élaboré un grand livre d'histoire sociale consacré aux mineurs de Carmaux. Alors que chacun, au *Mouvement social*, a suivi sa voie qui l'a emmené vers d'autres rivages, elle est restée attachée à une certaine idée de la geste ouvrière et de la militance intellectuelle. Étrange coïncidence : tandis que je trace ces lignes, on m'apprend à l'instant la mort de Rolande, à la veille de devenir centenaire. Salut à elle.

Je ne voudrais pas laisser croire que je n'ai pas rencontré d'hommes au *Mouvement social*. Jacques Rougerie, ami de khâgne et grand historien de la Commune ; Claude Willard, spécialiste du guesdisme, communiste convaincu et distancé, et surtout Jean Maîtron, historien au cœur pur, fidèle au mouvement ouvrier auquel il a consacré le plus beau des mémoriaux, le célèbre et colossal *Dictionnaire historique du mouvement ouvrier, des origines à nos jours* où sont recensés tous les militants dès lors qu'on a trouvé leur trace dans un congrès, des plus célèbres aux plus obscurs. J'y ai également retrouvé parfois l'un de mes plus chers amis, Jacques Ozouf, historien incontournable de l'éducation et des personnels enseignants (ses célèbres « maîtres d'école ») et grand expert des sondages politiques dont il venait souvent au *Nouvel Observateur* (en compagnie de Mona, son épouse, et de François Furet) nous révéler les arcanes. Sa mort prématurée fut un déchirement pour ces derniers, et pour ses amis un vide jamais comblé.

On me pardonnera, je l'espère, cette galerie de portraits, déjà trop longue, et pourtant insuffisante à mon gré. Ces grandes figures de syndicalistes, ces historiens aux qualités morales à la hauteur de leur talent intellectuel, qu'aurais-je été sans eux ? Ma chance est de les avoir fréquentés et d'avoir eu leur amitié. Les textes qui suivent, qui jalonnent ma carrière de chercheur, mais aussi de militant, leur sont dédiés. Ils conservent la trace de leur influence.

LE SOCIAL

Introduction aux textes

Les quatre premiers textes qui figurent dans cet ensemble consacré à l'étude du social sont partie intégrante de mes recherches sur le syndicalisme révolutionnaire au début du XXe siècle. Le premier d'entre eux, qui est l'introduction au livre dans lequel j'ai rassemblé l'essentiel de ces recherches, tourne autour de la notion d'autonomisme ouvrier (texte 1). Il développe l'idée que chaque fois qu'il s'est affranchi des influences extérieures, notamment de celles des intellectuels et des politiques professionnels, le mouvement ouvrier affiche une orientation proprement identitaire : ni réformiste, ni révolutionnaire, mais centrée sur l'affirmation d'une culture ouvrière, fondée sur des valeurs spécifiques : solidarité, autogestion, culture de soi-même.

L'homme qui a porté le plus haut ces valeurs dans leur authenticité est Fernand Pelloutier (1867-1901) auquel j'ai consacré une biographie. Le long fragment qui figure ici s'efforce de faire la synthèse de l'apport de Pelloutier à cette culture ouvrière. On y verra que l'anarchisme fondamental du fondateur des Bourses du travail en France n'a rien d'un anarchisme politicien. C'est une vision libertaire de la société et de l'individu, où « la culture de soi-même » joue un rôle fondamental (texte 2).

Les deux autres textes s'intéressent aux années charnières de l'immédiat avant-guerre au XXe siècle. L'un d'eux étudie le parallélisme frappant entre l'efficacité des grèves et l'idéologie syndicale. Quand les grèves « paient », l'idéologie se fait réformiste. Quand au contraire elles sont inopérantes, le mouvement s'oriente vers des solutions radicales (texte 3).

Enfin la « charte d'Amiens », ce manifeste du syndicalisme d'action directe, qui a fait depuis 1906 l'objet d'interprétations contradictoires, est ici étudiée en détail. Cet examen confirme ce qui a été avancé plus haut : que le mouvement ouvrier, à l'abri des influences extérieures, réformistes ou révolutionnaires, fait de sa propre existence et de son autonomie la condition même de son idéal émancipateur (texte 4).

Les cinq textes qui complètent cet ensemble consacré au social s'efforcent de suivre la trajectoire du mouvement ouvrier et populaire à la lumière du passé récent. A-t-elle été définitivement interrompue par la Grande Guerre et l'irruption du communisme à l'échelle mondiale, et plus tard par la mondialisation du capitalisme ?

La réponse est nuancée. Au lendemain de la Grande Guerre, l'autonomisme prolétarien et libertaire paraît avoir reçu du léninisme triomphant un coup fatal. Les sociologues ont alors tendance à voir en lui une figure révolue, contemporaine du stade artisanal du mouvement économique et antérieur au développement de la grande industrie. Mais, à l'image de ces cours d'eau qui plongent brusquement dans la terre pour réapparaître quelques kilomètres plus loin, on le voit ressurgir de façon inattendue à l'occasion des grèves de juin 1936, et surtout en 1968 où il apparaît comme l'inspiration dominante du mouvement (texte 5).

C'est pour traduire ce nouvel état d'esprit qu'une centrale syndicale à la forte tradition autonomiste et antitotalitaire, la CFDT, lance alors le mot d'ordre d'autogestion, repris du socialisme yougoslave, mais aussi de la tradition proudhonienne. Le livre que j'ai publié quelques années plus tard avec Edmond Maire avait pour but de donner une traduction actuelle, ancrée dans le syndicalisme, d'une inspiration qui décidément transcende les phases organiques du développement industriel (texte 6).

Personne n'a mieux saisi la portée de cette spontanéité populaire émergée des profondeurs que Simone Weil. Aussi n'est-il pas surprenant de la voir dresser dès les années 1930 un bilan critique du marxisme, auquel elle reproche l'insigne faiblesse de sa philosophie, et même la contradiction entre son inspiration initiale et son ralliement piteux à l'industrialisme bourgeois (texte 7).

Si le prolétariat n'a nulle part répondu à l'espérance émancipatrice que Marx avait placée en lui, ne faut-il pas revenir à la notion plus vague, mais plus œcuménique, de peuple, dans une lignée qui doit plus à la Révolution française et au socialisme utopique qu'au bolchevisme ? (texte 8). Quitte à constater que le peuple en tant qu'acteur social est en train de céder la place au concept beaucoup plus idéologique, avec des relents politiciens, de populisme (texte 9).

D'où cette interrogation : la substitution de ce concept polyvalent à la réalité charnelle du peuple lui-même n'est-elle pas le signe d'une crise profonde du social ? À l'ère de l'individualisme triomphant, la société, se demande Alain Touraine lui-même, existe-t-elle encore ?

AUTONOMIE OUVRIÈRE[1]

Pourquoi la force révolutionnaire du prolétariat ne serait-elle pas basée sur l'autonomie des révoltes ouvrières ?

Georges Sorel, 1905.

Le syndicalisme révolutionnaire existe-t-il ?

Cet épisode original de l'histoire sociale française – qu'on le fasse remonter à l'essor des bourses du travail dans les années quatre-vingt-dix ou qu'on en réserve l'appellation à la « belle époque » de la CGT unifiée de 1902 à 1914 – n'a cessé depuis de tenir une place particulière dans l'imaginaire des ouvriers. Ou plutôt, corrigent certains, « dans l'imaginaire des militants ». Dans « l'imaginaire des historiens », décrètent enfin les autres, encore plus critiques.

Inutile, dans ces conditions, de reprendre encore une fois le procès cent fois instruit des historiens militants, tels Édouard Dolléans[2], Maxime Leroy[3] ou Paul Louis[4], qui furent souvent compagnons de route de leurs héros et qui élevèrent leur sujet d'étude à la hauteur du mythe qu'il est devenu. C'est vrai : ce type d'histoire a fait son temps, comme a fait son temps la critique dont elle est rituellement

1. *Autonomie ouvrière. Études sur le syndicalisme d'action directe*, Seuil-Gallimard, coll. « Hautes Études », 1988, Introduction.

2. *Histoire du mouvement ouvrier*, t. II, *1871-1920*, Armand Colin, 1939.

3. Au milieu de nombreux livres, citons, comme capital, *La Coutume ouvrière*, Giard et Brière, 1913, 2 vol.

4. *Histoire du mouvement syndical en Europe*, Alcan, 1922.

l'objet. Nous ne sommes pas, que diable, aux États-Unis où la règle du jeu universitaire paraît exiger que tout auteur de thèse, pour être pris au sérieux, démolisse systématiquement les interprétations de ses devanciers. Faudrait-il condamner Michelet sans retour, parce qu'il a le plus souvent partagé l'enthousiasme de ses héros ? La vérité est que l'histoire procède par accumulation, non par soustraction, et que ce qui a été fait n'est plus à faire, voilà tout.

Reste le fond du débat, c'est-à-dire l'interrogation critique sur le syndicalisme révolutionnaire lui-même, le constat de l'écart entre les intentions proclamées et les résultats obtenus, entre la perception que les acteurs avaient d'eux-mêmes et leur identité véritable. Cette entreprise de désenchantement du monde, qui comporte à son tour sa part d'illusions, est le lot de l'historien ; il est metteur en place comme d'autres sont metteurs en scène.

Les interprétations du syndicalisme révolutionnaire

Qu'en est-il donc de la conviction des syndicalistes révolutionnaires d'avoir animé un mouvement social à part entière, j'entends par là une entreprise qui avait la classe ouvrière pour acteur, l'ensemble national pour cadre et les structures de la société pour enjeu ? Le mythe principal du syndicalisme révolutionnaire, pour employer le langage sorélien, ne fut-il pas le syndicalisme révolutionnaire lui-même ? Je tâcherai de donner, au fur et à mesure, ma propre réponse à cette question ; mais je voudrais, pour commencer, indiquer comment s'est progressivement opérée cette mise en histoire du syndicalisme révolutionnaire, je veux dire sa réduction d'événement vécu en événement perçu.

Non que les militants du tournant du siècle aient été incapables d'analyser par quelles étapes le mouvement ouvrier avait cheminé jusqu'à eux. Bien au contraire : les moins intellectuels d'entre eux avaient une conscience profondément historique ; ils étaient très sensibles aux éléments de rupture introduits dans l'histoire sociale par la Commune de 1871. Mais, comme chez tous les acteurs, leur conscience historique s'arrêtait aux portes de l'événement qu'ils vivaient. Leur incapacité, habituelle chez les hommes d'action, à imaginer le futur autrement que comme un bégaiement du présent, tenait à leur inaptitude à analyser leur expérience en termes d'histoire.

Cette remise en cause du syndicalisme révolutionnaire s'est faite en plusieurs étapes :

1. Ce furent d'abord les marxistes qui caractérisèrent le syndicalisme de la première avant-guerre comme un « anarcho-syndicalisme ». L'expression, polémique à l'origine, a si bien fini par désigner la vieille CGT qu'elle a, pour l'essentiel, perdu sa connotation péjorative. Mais dans la bouche ou sous la plume d'un communiste, la volonté de dénigrement n'est pas douteuse. Noyautée par les anarchistes, l'organisation syndicale ne pouvait dans cette optique que véhiculer les illusions idéalistes, et en définitive petites-bourgeoises, de ceux-ci. La tentative d'édifier une organisation syndicale en dehors de toute idéologie sociale démocrate, en dehors de toute collaboration avec le socialisme organisé, complétée par la vision d'un futur duquel l'État eût pratiquement disparu, possédait assez d'harmoniques avec les idées du vieil adversaire bakouniniste pour que le marxisme se méfiât d'instinct. Plus tard, en 1920, la condamnation par Lénine, Staline et la plupart des bolcheviks des thèses de l'« opposition ouvrière », de Chliapnikov et d'Alexandra Kollontaï, qualifiées d'« anarcho-syndicaliste[1] » élargit encore le fossé. Dès lors, le syndicalisme révolutionnaire ne pouvait exprimer la vérité du mouvement ouvrier et définir des objectifs valables ; tout au plus traduisait-il le retard industriel de la France, et la domination sur la classe en formation d'une aristocratie ouvrière d'origine artisanale, nostalgique de son importance passée et sublimant son déclin dans une vision utopique de l'avenir.

Cette interprétation qui se veut marxiste de l'histoire du mouvement syndical français, nul n'en a mieux traduit l'intransigeance que René Garmy, dont l'ouvrage[2] a d'abord paru sous forme de feuilletons hebdomadaires de 1927 à 1931 dans *la Vie ouvrière*, organe de la CGTU. Rappelant l'analyse de Lénine, suivant laquelle

1. Voir *Autonomie ouvrière*, *op. cit.*, le chapitre consacré à la Russie et à l'URSS, p. 155-172.

2. *Histoire du mouvement syndical en France*, I, *Des origines à 1914*, Bureau d'éditions, 1933.

l'aristocratie ouvrière, héritière de la mentalité artisanale, constitue une couche privilégiée, bénéficiaire du surprofit capitaliste et servant de chien de garde au capitalisme, Garmy applique cette analyse au mouvement des bourses du travail et à la CGT. Certes, il reprend presque à la lettre la dénonciation par celle-ci des tentatives de « corruption » menées par l'État bourgeois envers les dirigeants syndicaux. Mais le radicalisme affiché de ceux-ci n'est, à ses yeux, que vaine gesticulation ; leur sectarisme d'inspiration anarchiste, qui ne cesse de les opposer aux réformistes, conduit pourtant aux mêmes résultats. Ce serait une vision purement individualiste de la transformation sociale, confiante dans le rôle des personnalités et défiante à l'égard de l'action de masse ; elle témoignerait d'une confiance naïve dans les vertus miraculeuses de la grève générale. Qu'il se manifeste sous la forme de l'anarcho-syndicalisme, du syndicalisme révolutionnaire, du sorélisme, de l'hervéisme, ce courant pseudo-révolutionnaire exprimerait les intérêts de l'ouvrier qualifié. Celui-ci « supporte assez facilement l'exploitation capitaliste : il participe au surprofit que réalise l'industrie française et bénéficie souvent de l'appoint d'un lopin de terre ». Nulle part, le mécanisme de ces surproduits n'est expliqué. Du reste, le syndicalisme réformiste et son correspondant politique, le socialisme jaurésien, ne sont pas mieux traités. Seul le guesdisme a compris la nécessité d'une organisation de masse et de classe ; mais dès le tournant du siècle, il vire à l'opportunisme politique avant de se vautrer dans l'union sacrée. Le bilan final est entièrement négatif, puisque, selon Garmy, le syndicalisme révolutionnaire, qui a capté indûment les aspirations des masses à la révolte et à l'organisation, se comporte en « serviteur de la bourgeoisie », comme en témoigne sa capitulation de 1914.

Dans sa raideur militante, le livre de René Garmy traduit pour l'essentiel la vision léniniste du syndicalisme en général et de l'anarcho-syndicalisme en particulier. C'est un mélange d'économisme (le mouvement ouvrier ne fait que refléter la prédominance de la petite industrie et le retard industriel français) et de ce moralisme à l'envers que Lénine a toujours pratiqué à l'égard de ses concurrents ouvriers : il s'agit de les discréditer en les assimilant à l'adversaire. Il est clair en tout cas que ce qui est le plus vivement dénoncé ici est cette aspiration à l'indépendance du syndicat à l'égard du Parti. Or, pour Lénine comme plus tard pour Mao, l'un et l'autre fidèles en cela à la tradition marxiste, c'est la politique qui doit toujours être au poste de commandement.

2. L'interprétation qui fait du syndicalisme révolutionnaire la traduction au sein du mouvement ouvrier des évolutions techniques du mouvement industriel ou, si l'on préfère, la thèse du parallélisme technico-sociologique a été plus récemment reprise par un certain nombre de sociologues dont tous sont loin de se réclamer du marxisme orthodoxe. C'est le cas notamment de Serge Mallet : dans un livre célèbre, Mallet s'appuie sur les travaux d'Alain Touraine qui distingue dans le processus industriel une phase A, la plus ancienne, caractérisée par l'autonomie d'ouvriers professionnels hautement qualifiés opérant sur des machines universelles ; une phase B, où l'ouvrier non qualifié devient le simple servant de machines spécialisées ; une phase C, enfin, celle de l'automation, où le travail productif tend à céder la place à des tâches de surveillance et d'entretien.

À ces phases techniques, du reste fortement imbriquées les unes dans les autres, et décrivant une sorte d'Idéal type plutôt qu'une stricte évolution historique, n'est-il pas possible de relier les différentes étapes du mouvement ouvrier ? Oui, répond Serge Mallet qui rattache à la première le syndicalisme de métier, à la deuxième le syndicalisme d'industrie, à la troisième le syndicalisme d'entreprise[1].

Dans la phase A, celle du capitalisme familial, la spécialisation du travail reste rudimentaire. L'ouvrier, payé aux pièces, continue de produire un objet. Certes, il a perdu la propriété des instruments de production ; pour le reste, il demeure un artisan, avec la part d'autonomie technique et psychologique que cela implique. Le syndicat auquel il s'affilie est donc un syndicat de métier qui regroupe la plus

1. *La Nouvelle Classe ouvrière*, Éditions du Seuil, nouvelle édition, 1969, notamment le chapitre « Syndicalisme et société industrielle », p. 47-103. Dans *Conscience ouvrière et Action de classe*, Maspero, 1973, Claude Durand a de son côté proposé un schéma plus souple que celui de Mallet, faisant correspondre des attitudes syndicales aux changements techniques.

grande partie de la profession. Quand il se réfère au socialisme, c'est pour désigner, non la planification et la collectivisation des instruments de production, mais au contraire la reconquête de ces derniers. Un tel syndicalisme, d'inspiration nettement individualiste, pour ne pas dire anarchiste, est sceptique à l'égard de l'action politique et du parlementarisme ; il ne fait confiance qu'à l'action directe des travailleurs regroupés dans leur syndicat. Cette idéologie, note Serge Mallet, commence à décliner avant même 1914, tandis qu'afflue des campagnes vers la ville une nouvelle population industrielle sans qualification professionnelle, sédentarisée par la crise du logement. Elle alimente la troupe croissante des ouvriers spécialisés (OS) qui ne se considèrent plus comme des producteurs, mais comme des exploités. La conscience de métier s'efface devant la conscience de classe. À l'intérieur d'unités industrielles plus puissantes, le syndicalisme se bureaucratise, décroît en nombre ; la coupure entre la base et le sommet se précise, les dirigeants tournent de plus en plus les yeux vers la politique comme relais indispensable pour leur action.

Il serait vain de nier tout ce que cette analyse basée sur le déterminisme technologique comporte de juste. Il entre en effet dans l'essence du prolétariat d'être une classe non autonome, dépendante, en ce qui concerne son salaire, du patronat et, en ce qui concerne son travail, de l'évolution technique. Dans ces conditions, le syndicalisme ouvrier, en tant qu'instrument de défense du travailleur, est en quelque sorte obligé d'épouser, dans ses modes d'organisation, les formes mêmes de l'exploitation qu'il prétend combattre. Il est donc vrai que le syndicalisme ouvrier est un phénomène dérivé, et conditionné de l'extérieur.

Pour autant, les ouvriers ne sont pas le pur produit de la société capitaliste, sans qu'un mouvement d'autonomisation n'apparaisse en leur sein. Toute la démarche de ce livre vise à montrer comment l'autonomie professionnelle laissée aux travailleurs se transforme en autonomie culturelle, et, quand la première se réduit, comment le syndicat se constitue en groupement de résistance. Certes, Serge Mallet eût sans doute admis que les formes d'organisation syndicale s'adaptent souvent avec retard aux données techniques et traduisent par là même une résistance à cette évolution. Mais il faut aller plus loin. L'autonomie dans le monde ouvrier n'est pas seulement un mouvement d'hystéresis ; c'est un trait culturel essentiel et rémanent ; une réponse permanente au sentiment de dépendance qui s'exprime dans des conditions techniques différentes par des formes d'organisation et des dispositions mentales différentes. La volonté d'autonomie n'est pas la phase A de la conscience ouvrière, mais une donnée immédiate de cette conscience. Tel est d'ailleurs le point de vue d'Alain Touraine lui-même qui juge « un peu hâtive » la pensée de Serge Mallet sur ce point, tout en lui reconnaissant le mérite d'avoir, comme lui-même, « replacé la conscience de classe ouvrière à la base de l'analyse de l'action syndicale. Alors que de tous côtés on ne parlait que des effets de la situation économique[1]... ».

Il est vrai qu'Alain Touraine, historien de formation, s'est constamment soucié d'historiciser ses analyses. Un recours plus soutenu à l'histoire eût sans doute permis à Serge Mallet de nuancer les siennes. Il n'est pas vrai, par exemple, que le syndicalisme décline quantitativement lorsque l'on passe de la phase A à la phase B de l'évolution technique. C'est le contraire qui se produit.

3. Mais c'est des historiens eux-mêmes que sont venues les mises en cause les plus profondes de la vision traditionnelle du mouvement ouvrier : à leur manière à eux, qui ne repose pas sur l'entrechoc des théories, mais sur la multiplication des points de vue. Certes, l'étude des trajectoires et des pratiques militantes a continué et s'est même élargie au cours des vingt dernières années. Grâce au Dictionnaire biographique du mouvement ouvrier de Jean Maitron[2], qui a mobilisé un grand nombre d'énergies et qui a obligé les chercheurs à défricher des secteurs laissés jusqu'ici incultes, l'histoire ouvrière

1. Alain Touraine, Michel Wieviorka, François Dubet, *Le Mouvement ouvrier*, Fayard, 1984, p. 82. Voir aussi Alain Touraine, *L'Évolution du travail aux usines Renault*, Centre national de la recherche scientifique, 1955 et « L'organisation professionnelle et l'entreprise », in *Traité de sociologie du travail*, sous la direction de Georges Friedmann et Pierre Naville, Colin, 1962, t. I, p. 387-427.

2. *Dictionnaire biographique du mouvement ouvrier*, sous la direction de Jean Maitron, Éditions ouvrières, 44 volumes parus, couvrant la période de 1789 à 1939. L'œuvre s'est poursuivie par le *Dictionnaire biographique, mouvement ouvrier, mouvement social de 1940 à mai 1968*, sous la direction de Claude Pennetier, 2006-2016, 12 volumes.

possède désormais une prosographie exceptionnelle, qui permet aux historiens d'aller de l'avant. On peut espérer que le riche matériel qui a été réuni donnera lieu à une exploration quantitative et que la typologie du militant ouvrier français s'en trouvera renouvelée.

Parallèlement, l'intérêt des chercheurs, stimulé par l'essor récent de l'anthropologie historique, se détournait quelque peu de l'étude des militants pour tenter de plonger dans l'épaisseur de la vie ouvrière elle-même. Exemplaire à cet égard est l'étude de Michelle Perrot[1], consacrée aux grèves de 1871-1890. Déjà, la période choisie pouvait surprendre ; capitale pour comprendre l'essor mais aussi la division du socialisme français, elle faisait figure de préhistoire syndicale : antérieure à la constitution des grandes organisations, englobant de justesse la loi de 1884 qui légalisait les syndicats. Dès lors, la grève ne pouvait y être envisagée comme le résultat de la stratégie syndicale, mais au contraire comme l'événement ouvrier à l'état naissant, à peu près libre de tout présupposé idéologique ou de toute emprise des dirigeants ; elle apparaissait comme une coupe géologique au travers du massif ouvrier ; elle montrait des hommes beaucoup plus libres de leur destin qu'on ne l'imaginait généralement. Certes, cette vision anthropologique ne visait nullement à se substituer aux histoires précédentes, plus préoccupées de batailles d'appareils, elle proposait un autre éclairage, en vérité plus conforme à l'histoire sociale véritable. Le plus frappant, pour qui veut comparer l'allure des grèves au cours de la période 1871-1890 étudiée par Michelle Perrot avec celles des années marquées par le syndicalisme révolutionnaire (1890-1914), c'est qu'elle n'est pas fondamentalement différente. Certes, il y a accroissement quantitatif au cours de la deuxième période, mais la raison est plutôt à rechercher dans la hausse générale de l'activité économique. Et surtout, il n'y a pas de changement sensible dans la nature de la revendication, la taille et la durée des conflits ou même leur mode de règlement.

C'est le constat de l'impuissance de l'idéologie et des dirigeants qui en étaient porteurs à influencer la forme, la durée, la fréquence, les objectifs et le règlement des grèves qui a inspiré à

1. *Les Ouvriers en grive, France 1871-1890*, Mouton, 1974, 2 vol.

Peter N. Stearns[1] une sorte de pamphlet historique qui pousse à l'extrême limite la remise en cause du syndicalisme révolutionnaire, allant jusqu'à lui refuser, en plus de l'efficacité réelle, la fonction mythique qui lui est généralement reconnue. À partir de l'incapacité des meneurs de la CGT à marquer de traits distincts le cours des grèves, Stearns développe la thèse stimulante et provocatrice de la modération fondamentale des ouvriers français à la Belle Époque, des ouvriers selon lui moins politisés que les Belges, moins militants et moins violents que les Allemands, plus portés à la négociation et au compromis que les Anglais. À l'inverse des rebelles qui ne parviennent pas à définir leur cause, le syndicalisme révolutionnaire serait une « cause sans rebelles », dont on ne parvient pas à comprendre pourquoi il a pris naissance, au moins à l'état de fantasme. C'est seulement *in fine* qu'on voit le mouvement expliqué par la tradition politique française issue de la Révolution et par l'héritage proudhonien. Il y a beaucoup de vrai dans la thèse de Stearns, et l'on verra dans la suite qu'en ce qui concerne notamment la pratique gréviste, je parviens aux mêmes conclusions que lui. Loin d'avoir refusé la négociation et le compromis, le mouvement ouvrier français, c'est vrai, les ont presque toujours recherchés.

Seulement, pourquoi Peter Stearns ne retient-il du syndicalisme révolutionnaire que ses aspects caricaturaux et pourquoi refuse-t-il à ses dirigeants le droit d'évoluer ? Semblable à ces agnostiques qui ne conçoivent l'Église que sous sa forme intégriste et qui assimilent tout esprit de conciliation à une trahison doctrinale, l'historien anglo-américain refuse de voir que le verbalisme révolutionnaire est moins une création propre de la CGT qu'un défi au mouvement ouvrier ; qu'elle l'a trouvé tout formé à sa création ; qu'il est autant, sinon plus, une habitude de la base qu'un produit des états-majors. Peut-on d'ailleurs opposer aussi sommairement la base au sommet, considérer que presque toute la base était modérée, et tout le sommet extrémiste ? L'auteur souligne lui-même que

1. Peter N. Stearns, *Revolutionary Syndicalism and French Labor, a Cause without Rebels*, Rutgers University Press, 1971. Du même : « Against the strike threat : Employer policy toward Labor agitation in France 1900-1914 », *Journal of Modern History*, XL (1968), p. 474-500.

la plupart des violences ouvrières au cours de la période furent spontanées et eurent pour auteurs des travailleurs d'origine rurale, encore proches des traditions terriennes et étrangers aux traditions ouvrières elles-mêmes. Les violences de Fressenville (1900), d'Armentières (1903) ou de Neuvilly (1906) ne doivent rien au syndicalisme révolutionnaire. Du reste, pour un Yvetot, un Broutchoux, esprits simplistes et sans nuances, toujours prompts dans leurs discours et leurs écrits à porter à incandescence la révolte ouvrière, combien de Merrheim, de Luquet, de Jouhaux qui ont toujours agi en dirigeants responsables ! Griffuelhes surtout, Griffuelhes qui fut secrétaire de la CGT de 1902 à 1909 et qui doit être regardé comme l'âme du syndicalisme révolutionnaire pendant la période n'a cessé de combattre la surenchère : à Bourges (1904) où il se montra réticent au mot d'ordre de limitation volontaire à 8 heures de la journée de travail à partir du 1er mai 1906 ; en 1908 où il prêcha la modération dans l'affaire Draveil-Villeneuve-Saint-Georges[1], et dans la crise qui s'ensuivit, où il combattit résolument les tentatives de débordements gauchistes inspirées par Gustave Hervé et l'équipe de *la Guerre sociale*.

Stearns, à ce qu'il me semble, commet l'erreur d'identifier le syndicalisme révolutionnaire à un corps de doctrine *a priori*, alors qu'il est pour l'essentiel la résultante de pratiques syndicales et ouvrières pendant la période considérée.

C'est une erreur un peu similaire que commet à mon avis l'historien allemand Peter Schöttler, quand, étudiant les bourses du travail au cours de la dernière décennie du XIXe siècle[2], il met l'accent sur les subventions qu'elles recevaient des municipalités et des conseils généraux, et les accuse d'être devenues de ce fait des « appareils idéologiques d'État », et donc d'avoir trahi leurs ambitions révolutionnaires.

---

1. Sur cette affaire, Jacques Julliard, *Clemenceau briseur de grèves, l'affaire de Draveil-Villeneuve-Saint-Georges (1908)*, Julliard, 1965.

2. *Naissance des bourses du travail, un appareil idéologique d'État à la fin du XIXe siècle*, PUF, 1985 (édition originale, *Die Entstehung der « Bourses du Travail », Sozialpolitik und französischer Syndikalismus am Ende des 19. Jahrunderts, Frankfurt/Main, Campus Verlag*, 1982). Le livre est discutable mais riche et bien documenté.

On a reconnu ici l'inspiration althussérienne. Mais un syndicat n'est pas un groupuscule politique. Le plus radical des syndicats est bien obligé, sous peine de renoncer à sa fonction de défense des intérêts ouvriers, d'entretenir avec la partie adverse, le patronat, et plus généralement avec la société environnante, des rapports constants qui supposent négociation et compromis. Resterait à démontrer que ces maigres subventions ont joué un rôle déterminant dans la pratique des bourses du travail. Pour ma part, je ne le crois pas. Certes, les municipalités modérées ont souvent joué du chantage à la suppression de la subvention pour calmer les ardeurs révolutionnaires de quelques militants anarchistes. Mais, pour l'essentiel, le comportement revendicatif des ouvriers dans les grèves – je rejoins ici Peter Stearns – a été déterminé par les grévistes eux-mêmes, en fonction de ce qu'ils estimaient être leur intérêt. Et la modération d'un certain nombre de bourses du travail est d'abord l'effet de la volonté des dirigeants syndicaux, méfiants à l'égard de la surenchère gauchiste. Chez Fernand Pelloutier par exemple[1], la confiance mystique dans l'avènement de la grève générale a progressivement fait place à ce que l'on pourrait appeler un révolutionnarisme institutionnel, fondé sur le développement d'institutions ouvrières : c'est cela qu'un peu plus tard Hubert Lagardelle, observateur lucide, appellera un « socialisme des institutions ».

Il faut enfin, pour conclure une revue qui ne se veut nullement exhaustive, évoquer les nombreux chercheurs qui, à leur manière, minimisent le syndicalisme révolutionnaire, non pour en mettre en cause jusqu'à l'existence, à l'instar de Peter Stearns, mais pour en contester l'originalité : le syndicalisme révolutionnaire ne serait pas cet enfant trouvé, de parents inconnus et sans descendance ; il serait l'héritier légitime des révolutions du XIXe siècle et du socialisme français.

Ainsi William H. Sewell[2] voit dans le socialisme de la fin du siècle et aussi dans « l'anarcho-syndicalisme de la Confédération

1. Jacques Julliard, *Fernand Pelloutier et les Origines du syndicalisme d'action directe*, Éditions du Seuil, 1971.

2. William H. Sewell, *Gens de métier et Révolutions, le langage du travail de l'Ancien Régime à 1848*, Aubier, 1983 (édition originale, *Work*

générale du travail » un héritage direct de la fermentation ouvrière sous la monarchie de Juillet et de l'explosion sociale de 1848. Le maître mot de la période, « association », ne désigne pas seulement, comme de nos jours, le libre regroupement des individus selon leurs affinités et leurs intérêts ; dans la pensée socialiste et ouvrière, de Louis Blanc à Buchez, l'association constitue la trame même de la société. Les ouvriers, librement regroupés par corps de métier, avec l'aide de l'État, deviendront les maîtres de la production ; ils constituent la classe des producteurs et réaliseront l'abolition du salariat et du patronat. 1848 sonne, au sein du mouvement ouvrier et socialiste, le glas de l'idéologie héritée de Rousseau et consacrée par la loi Le Chapelier (1791), du citoyen abstrait, en tête à tête avec l'État. Quand on y regarde de près, la fameuse utopie de 1848 est en réalité fort concrète, et plus soucieuse de la réalité économique et sociale que n'importe quelle autre période. « Le mouvement ouvrier du printemps 1848 était dès lors socialiste en ce sens qu'il envisageait un État construit de bout en bout sur les institutions du travail… les corporations étaient par conséquent des institutions publiques investies légitimement du pouvoir d'organiser le travail de manière associative et […] l'État lui-même devait se constituer à partir de corporations de métier organisées sur une base démocratique[1]. » Il est difficile en effet de ne pas faire le rapprochement entre une idéologie sociale fondée sur le primat du travailleur productif librement organisé en association, et orientée vers la suppression du salariat et du patronat avec le corpus doctrinal de la CGT d'avant 1914, tel qu'il se dégage des discours de ses militants, des écrits des théoriciens, ou des textes de congrès comme la fameuse « charte d'Amiens ».

Cette continuité, qui fait du syndicalisme révolutionnaire le rameau le plus tardif du mouvement ouvrier du XIXe siècle, permet à Bernard H. Moss[2] (on ne peut qu'être frappé de la prédominance

---

and Revolution in France, the Language of Labour from the Old Regime to 1848, Cambridge University Press, 1980).

1. *Ibid.*, p. 355.

2. Bernard H. Moss, *Aux origines du mouvement ouvrier français, le socialisme des ouvriers de métier 1830-1914*, préface de Jacques Rougerie, Annales littéraires de l'université de Besançon, Les Belles Lettres, 1985.

de la littérature anglo-saxonne sur la question) de parler d'un socialisme des *skilled workers*, entre 1830 et 1914, expression que le traducteur, Michel Cordillot, a justement rendue par « ouvriers de métier » de préférence à l'expression consacrée d'« ouvriers qualifiés ». C'est bien en effet, comme Sewell, la notion de corporation, beaucoup plus que celle d'aristocratie ouvrière, que Moss met en avant. Plus soucieux d'idéologie que de sociologie, en dépit de son inspiration marxiste, l'auteur estime qu'à travers ses figures réformistes ou révolutionnaires, le socialisme des ouvriers français exprime la continuité de l'idée de coopération. L'expression, assez proche de celle d'association, traduit l'aspiration à un travail libre, secouant la tyrannie du salariat : on peut en suivre les avatars tout au long du siècle, y compris sous le second Empire. Et, bien entendu, le syndicalisme révolutionnaire exprime à son tour l'idéologie d'ouvriers qualifiés rêvant d'une réorganisation sociale sur la base d'une fédération de métiers. Mais à la différence d'un Sewell qui voit dans l'idéologie du travail associatif une inspiration universelle, « la conscience d'une humanité éclairée, non la conscience d'une classe[1] », Moss renoue avec l'interprétation marxiste traditionnelle en parlant, à propos du socialisme des ouvriers de métier, jusqu'en 1914, de « phase de transition ». La thèse de Bernard H. Moss est en vérité moins originale qu'il ne paraît l'imaginer ; elle est assez proche de l'« étapisme » d'un Garmy dans les années vingt :

« Le socialisme des métiers, projection statique de la couche supérieure de la classe ouvrière, dont l'éthique fédéraliste et professionnelle était incompatible avec les exigences du système industriel naissant en matière de centralisation, de hiérarchie et de technique de production, était ainsi, en fin de compte, une utopie[2]. »

Seul Jules Guesde, « ultramarin du socialisme » dont l'inspiration est à Londres chez Engels, rompt, selon Moss, avec le socialisme des ouvriers de métier et conçoit le premier à l'échelle nationale un programme unique destiné à la classe ouvrière industrielle moderne et bien reçu par elle. Nous sommes, là encore, proches de l'interprétation marxiste de l'entre-deux-guerres, qui a toujours vu dans le

1. William H. Sewell, *op. cit.*, p. 378.
2. Bernard H. Moss, *op. cit.*, p. 35.

Parti ouvrier français de Jules Guesde l'ancêtre du Parti communiste, loin des rêveries petites-bourgeoises de l'anarcho-syndicalisme.

À cette vision du syndicalisme révolutionnaire s'oppose celle de l'anglais Tony Judt[1] qui, dans un ouvrage quelque peu disparate, mais stimulant, conteste l'idée généralement admise d'une faible pénétration du marxisme dans le monde ouvrier français. Écartant comme Moss la primauté des facteurs économiques, il en vient à ce fameux socialisme français que l'on oppose communément au marxisme. Or, ou bien ce socialisme français est resté complètement étranger au monde ouvrier (c'est le cas du saint-simonisme), ou bien, quand il l'a influencé, il n'était pas très loin d'une version à vrai dire simplifiée du marxisme. Mieux : selon Judt, c'est le prolétariat qui vit et réalise spontanément les principaux concepts du marxisme. Le thème de « l'exploitation de l'homme par l'homme » qui sonne aujourd'hui terriblement marxiste a été popularisé en France par Louis Blanc et facilement reçu par le mouvement ouvrier français. Il est en somme inutile de faire appel à un prétendu fonds original du socialisme français : ce sont les ouvriers eux-mêmes qui ont été proto-marxistes, ou mieux pratico-marxistes ; ce n'est d'ailleurs pas pour rien que Marx lui-même se plaisait à voir dans l'histoire politique française du XIXe siècle, marquée par l'émergence de la conscience de classe et par les épisodes révolutionnaires que l'on sait, des Trois Glorieuses à la Commune, une des sources de son analyse. Ce marxisme simplifié, dont Guesde et Lafargue apparaîtront à la fin du siècle comme les initiateurs, plonge en réalité ses racines dans la Révolution française, notamment dans l'épisode jacobin : d'où la passion de toute la gauche française pour la centralisation et pour le traitement étatique des problèmes sociaux. Telle est la thèse de Tony Judt, pour qui le syndicalisme révolutionnaire, hérité du « socialisme des ouvriers de métier » cher à Bernard Moss, serait en réalité l'expression quelque peu déviante de la branche la plus modérée du mouvement ouvrier. En dépit de ses allures provocatrices, cette thèse est beaucoup moins originale que ne l'imagine l'auteur. Georges Sorel, par exemple, n'a cessé de

1. Tony Judt, *Le Marxisme et la Gauche française*, Hachette, 1987 (édition originale Cambridge University Press, 1986).

répéter que les véritables marxistes français n'étaient pas ceux qui à tout moment se couvraient de l'autorité du patriarche de Londres, mais ceux qui dans la réalité quotidienne pratiquaient la lutte des classes. Entendez : les vrais marxistes français ne sont pas les guesdistes, mélange typiquement français de radicalisme doctrinal et de verbalisme parlementaire, mais la « nouvelle école » de Pelloutier[1] et de ses amis, c'est-à-dire les syndicalistes révolutionnaires. D'autre part la lutte des classes serait-elle un monopole du marxisme de telle sorte que quiconque la pratique doive de ce fait en être réputé le disciple ? La lutte des classes est présente au XIXe siècle dans la pensée de Saint-Simon et de Louis Blanc, de Guizot et de Tocqueville. Faudrait-il pour autant que les terrassiers parisiens qui creusèrent le métro de la capitale soient leurs disciples ? En réalité, l'étrange droit de propriété que Tony Judt, suivant en cela l'usage commun, accorde au marxisme sur certaines lois du développement de la société, est un abus de notre siècle. Ne devraient être qualifiés de marxistes que ceux, d'accord avec les analyses de l'auteur du *Capital*, qui adhèrent aux méthodes qu'il a préconisées pour la transformation de la société. Le primat du politique qui en ressort le plus souvent (mais pas toujours !) n'est évidemment pas conforme à la philosophie des syndicalistes révolutionnaires. Il est du reste à souligner que ces derniers ne se référaient guère à Marx que pour réfuter la loi d'airain des salaires qu'ils lui attribuaient à tort ; et que, au contraire, lorsqu'ils recouraient au concept de lutte des classes, ils s'abstenaient de payer à quiconque des droits d'auteur. Quant à Sorel et à ses disciples, ils puisaient largement dans Proudhon comme dans Marx, qui ne leur apparaissaient nullement contradictoires ; ils tâchaient d'en épouser les analyses et même la cohérence, mais non les querelles. Le prétendu marxisme du mouvement ouvrier français, en particulier dans le quart de siècle qui précède la guerre de 1914, n'est donc qu'un amusant paradoxe. La vraie question eût plutôt consisté à se demander pour quelles raisons culturelles un mouvement ouvrier au comportement à l'évidence si conforme aux analyses et aux vœux de Marx ne s'est ouvert que si faiblement à son influence idéologique.

---

1. Georges Sorel, *La Décomposition du marxisme*, Rivière, 1908, p. 59.

Reste à examiner une dernière catégorie d'interprètes : ceux qui, sans nier expressément les filiations historiques évoquées plus haut, se placent de préférence à un point de vue philosophique et font du syndicalisme révolutionnaire une lecture symptomatique : celui-ci serait une des expressions principales de la grande vague irrationaliste qui a déferlé en ce début de siècle. C'est le cas de l'anglais F. F. Ridley qui voit dans le syndicalisme révolutionnaire l'action directe de son époque (*the direct action of its times*). Après avoir exposé de façon assez classique les principes et les modalités d'action de la vieille CGT, l'auteur consacre une dernière partie au contexte idéologique, avec des chapitres sur Nietzsche, Bergson, William James, Georges Sorel, la critique de la démocratie, le monarchisme, le nationalisme et même le fascisme. Le syndicalisme révolutionnaire serait donc avant tout une philosophie intuitive de l'action remettant en cause le primat du rationnel ; la priorité donnée à la vie sur la pensée, à l'action sur le projet, permet notamment d'expliquer pourquoi une doctrine aussi radicale a pu s'accommoder de comportements aussi pragmatiques. Reprenant les analyses de Schumpeter[1], Ridley conclut que le syndicalisme révolutionnaire est doublement un anti-intellectualisme : par son mépris de toute dimension programmatique ; par sa défiance à l'égard des intellectuels eux-mêmes.

Cette critique n'est pas nouvelle. Elle a été notamment développée par Julien Benda dans *la Trahison des clercs*[2], qui vise non le mouvement syndical lui-même, mais Georges Sorel, considéré comme son inspirateur. Pour Benda, qui achève son livre en 1927, Sorel est avec Barrès, Péguy, Nietzsche et Bergson, le représentant de cette génération de clercs de l'avant-guerre qui a trahi sa mission universelle. En substituant la passion à la raison ; mieux : en mettant leur raison au service de leurs passions, ces intellectuels ont failli à leur mission qui est de défendre l'universel au détriment du particulier. Pour Benda, loin d'appeler les ouvriers à une synthèse

1. F. F. Ridley, *Revolutionary Syndicalism in France*, Cambridge University Press, 1970. Joseph Schumpeter, *Capitalisme, Socialisme et Démocratie*, traduction française, Payot, 1954, « La sociologie de l'intellectuel », p. 246-259.

2. *La Trahison des clercs*, 1927, nouvelle édition, Grasset, 1975.

supérieure, Sorel, les adjure dans les *Réflexions sur la violence*, de cultiver leur différence vis-à-vis du monde bourgeois : c'est de ce parti pris irréductible que doivent naître la moralité, la beauté et le progrès. En exaltant la violence de classe et en considérant l'idéal de charité comme une « blague », Sorel et Nietzsche, applaudis par l'Europe pensante, ont ouvert la porte à l'acceptation de toute espèce de Realpolitik.

Cette interprétation de Sorel est celle qui prévaut chez la majorité de ses commentateurs anglo-saxons. C'est elle que l'on retrouve chez l'historien israélien Zeev Sternhell[1] qui voit dans le syndicalisme révolutionnaire, abusivement identifié à la pensée de Sorel et de Berth, une des composantes essentielles de l'« idéologie fasciste en France », aux côtés de la droite nationaliste, antilibérale et antibourgeoise[2]. Cette conjonction prendrait, à la veille de la guerre de 1914, la forme d'une « synthèse des nationalismes maurassiens et du syndicalisme révolutionnaire ».

Je discute plus loin cette thèse. Je la crois inexacte, étayée sur des éléments marginaux, épisodiques et peu représentatifs. En quoi la tentative avortée de la *Cité française*, qui devait réunir Sorel, Berth à quelques maurrassiens, ou celle, beaucoup moins politique de l'*Indépendance*, voire les spéculations du Cercle Proudhon, qui n'a cessé de pratiquer le *wishfull thinking*, engagent-elles la responsabilité du prolétariat français ? Quant à *l'Action française*, nationaliste, antilibérale, antisémite et xénophobe, elle ne fut pourtant jamais fasciste, son histoire ultérieure est là pour en témoigner. Que la critique de la République bourgeoise par le syndicalisme révolutionnaire ait conduit certains de ses membres aux portes du fascisme est une chose. Qu'il puisse compter parmi les ascendants intellectuels du fascisme en est une autre. Que d'autres dirigeants de la CGT aient été, pour des raisons souvent similaires, attirés par le communisme n'autoriserait pas davantage à ranger le

1. Zeev Sternhell, *Ni droite ni gauche. L'idéologie fasciste en France*, Éditions du Seuil, 1983.

2. Sur le même sujet, et dans un esprit proche, quoique plus limité et plus nuancé, Paul Mazgaj, *The Action française and Revolutionary Syndicalism*, The University of North Carolina Press, 1979.

syndicalisme révolutionnaire parmi les sources d'inspiration du stalinisme. Reste qu'une méfiance souvent justifiée à l'égard du socialisme doctrinaire a conduit les militants à exalter le primat de l'action sur la pensée : d'où, à tout le moins, le pluralisme de la descendance.

Que retenir de tous ces travaux ?

— D'abord que, en dépit de comparaisons possibles et assez nombreuses avec l'étranger, le syndicalisme révolutionnaire français reste, dans le temps et dans l'espace, un phénomène profondément original. Il présente bien des points communs avec le mouvement syndical de Catalogne ou avec celui de la vallée du Pô, fortement marqué par ses origines rurales. Mais en Italie et en Espagne, ce type de mouvement ouvrier coïncide de façon frappante avec la première phase de l'industrialisation : il correspond très bien aux thèses de Mallet, voire du marxisme orthodoxe. On pourrait sans doute en dire de même de bien des aspects des Wobblies (Industrial Workers of the World) aux États-Unis. Rien de tel en France, où le phénomène se développe au confluent des anciens métiers, qui confinent à l'artisanat, et de nouvelles techniques de production, dans l'automobile, le bâtiment, les cuirs et peaux, etc. Du contact, parfois rugueux, entre le passé et le nouveau, jaillit le syndicalisme révolutionnaire, comme l'étincelle entre les deux pôles d'une pile électrique.

C'est pourquoi la plupart des auteurs oscillent en général entre l'explication par la continuité et l'explication par la rupture. Oui, le syndicalisme révolutionnaire doit beaucoup, fût-ce négativement ou réactivement, à la tradition politique française, de la Révolution jacobine à la Commune, en passant par tous les avatars de l'idée révolutionnaire au cours du XIXe siècle. Oui, l'héritage du socialisme français, sous sa forme proudhonienne comme sous sa forme proto-marxiste, est présent dans son stock génétique : à condition d'ajouter qu'il est une cellule vivante, sécrétant sans cesse des anticorps contre cette présence. Oui, nous l'avons déjà dit, il est une expression tardive du socialisme à la française.

Mais il est non moins vrai que ce mouvement, fils du passé, est aussi fils du présent, et qu'il est un des symptômes de la réaction qui se manifeste au tournant du siècle contre le rationalisme positiviste sur le plan scientifique, contre le conservatisme républicain sur le plan social. Fils du passé, fils du présent, pourquoi pas ? Mais fils de ses œuvres, assurément.

Intégration politique et autonomie sociale

Ce livre repose sur deux idées de base, que je veux énoncer sans plus tarder, même si elles ne se sont imposées à moi que progressivement, au fur et à mesure d'une recherche étalée sur de nombreuses années. La première peut se formuler ainsi : la situation de la classe ouvrière, au regard de l'ensemble de la nation, est depuis toujours contradictoire ; elle est tout à la fois politiquement intégrée et socialement marginalisée. Aussi loin que l'on remonte, en tout cas jusqu'à la Révolution, on trouve les ouvriers des villes englobés dans des coalitions politiques qui regroupent les classes populaires et des fractions de la bourgeoisie ; mais ils sont isolés du reste de la gauche dès qu'il s'agit de leurs intérêts économiques. En somme, on les côtoie dans les réunions, les manufactures, sur les barricades même, mais on les ignore dans la vie courante. Comme citoyens, on les courtise ; comme producteurs, on les ignore. Cette ambivalence est tout de même étrange ; il suffit, pour s'en convaincre, de la comparer à la situation d'autres pays comme l'Allemagne, où c'est l'inverse qui prévaut : les ouvriers, assez bien intégrés à la société civile, y sont restés longtemps isolés sur le plan politique, et ne sont vraiment sortis de cette situation qu'après la Seconde Guerre mondiale. Nous aurons l'occasion d'examiner de près ces variantes nationales ; on verra qu'elles sont nées très tôt, en fonction des modes d'organisation et de représentation ouvrières au sein de la société : primat du point de vue génétique.

Quant à la seconde idée, elle est corrélative de la première. Je la formulerai ainsi : il ne faut pas confondre l'autonomie de classe avec la révolution. La position globale de la classe ouvrière par rapport à la société se définit au moyen de deux axes : l'axe intégration-autonomie d'une part, l'axe réforme-révolution de l'autre. Or, contrairement à ce qu'on sous-entend en général, ces deux axes ne coïncident pas : tout réformisme n'est pas intégrateur ; tout révolutionnarisme n'est pas autonomiste. On a trop aveuglément ajouté foi aux affirmations de Lénine dans *Que faire ?*, pour qui le trade-unionisme, c'est la philosophie bourgeoise à l'intérieur du monde ouvrier. Je me défie fortement de ces à-peu-près polémiques. Inversement, la Révolution, loin de donner à la classe ouvrière cohésion et autonomie, tend le plus souvent à la dissoudre dans le corps social tout entier et à lui dénier toute existence propre. 1789, ou plutôt 1791, avait fait la loi Le Chapelier qui, en interdisant les associations, laissait les ouvriers seuls et désunis face à leur patron. 1917 aboutira, par des voies différentes, au même résultat.

Il y a évidemment une grande différence entre la marginalisation sociale dont a été victime la classe ouvrière française tout au long de son existence, et le sentiment d'autonomie de classe qui l'a longtemps animée. Ce fut précisément l'ambition du syndicalisme français avant 1914 que de transformer une situation vécue en attitude volontaire ; de se saisir de cette marginalisation infligée à la classe ouvrière, de la métamorphoser en conscience autonome ; de transformer l'exclusion en sécession, et de retourner contre la bourgeoisie les armes qu'elle dirigeait contre les masses ouvrières. C'est à décrire et à analyser ce processus que sera pour l'essentiel consacré ce livre. Il est sous-tendu par l'idée, découverte progressivement, que l'autonomie est, avec, cela va de soi, la solidarité, la valeur essentielle du syndicalisme ouvrier. Mais avant d'en venir là, il me faut donner quelques explications sur les deux fils conducteurs que je viens de distinguer : l'ambivalence politico-sociale de la classe ouvrière française à travers son histoire, l'émergence d'un axe intégration-autonomie à côté de l'axe traditionnel réforme-révolution.

Si l'aile marchante de la classe ouvrière française a rarement exprimé une volonté politique autonome, la raison est sans doute à rechercher d'abord dans les circonstances de la naissance de cette dernière. Nous manquons sur ce point d'un travail d'ensemble, comparable à celui qu'Edgar P. Thompson a réalisé pour la Grande-Bretagne[1]. Cependant les études régionales ou ponctuelles dont nous

1. *La Formation de la classe ouvrière anglaise*, Éditions du Seuil, 1988 (édition originale *The Making of the English Working Class*, Gollancz, 1963).

disposons[1] ne laissent aucun doute sur le sens général du phénomène. En raison de la modération, de la lenteur, de la progressivité de l'industrialisation, la classe ouvrière n'est pas sortie un beau jour tout armée de la société bourgeoise. L'étalement sur un demi-siècle de ce que l'on a appelé une « révolution industrielle » a donné à la mutation technique et sociale un caractère continu, quasi insensible ; celle-ci ne s'est pas traduite par une forte concentration urbaine, comparable à celle des *cotton towns* à l'anglaise, ou par l'édification d'un formidable bastion comme la Ruhr en Allemagne. La classe ouvrière française ne s'est dégagée que très progressivement des classes populaires, urbaines mais aussi rurales. Longtemps des activités mixtes, des migrations saisonnières ont subsisté.

Or la conscience ouvrière de classe est souvent fille d'une puissante mono-industrie. Au contraire, lorsque l'industrialisation prend la forme d'une mobilisation sur place de la main-d'œuvre, elle ne bouleverse pas de la même façon les structures sociales, encore moins les structures mentales. Le rêve ouvrier se fond dans ce que Georges Duveau a appelé « l'unanimisme de la grande ville » ; la classe ouvrière, ou plutôt « les classes ouvrières », comme disait encore Proudhon, se caractérisent par leur diversité et la multiplication des variantes régionales ; l'ouvrier français est aussi éloigné du prolétaire abstrait de Marx que l'électeur français du citoyen idéal de Rousseau.

Deuxième condition défavorable à la naissance d'une conscience politique autonome dans la classe ouvrière : l'existence en France d'une bourgeoisie révolutionnaire. Comment refuser ce qualificatif à une classe qui de 1789 à 1848 a déclenché trois révolutions ? Avec l'aide du peuple, il est vrai. Mais justement, du fait de ce front révolutionnaire réalisé à trois reprises en un demi-siècle, le

1. Yves Lequin, *Les Ouvriers de la région lyonnaise, 1848-1914*, t. I, *La Formation de la classe ouvrière régionale*, Presses universitaires de Lyon ; Alain Corbin, *Archaïsme et Modernité en Limousin au XIXe siècle*, Rivière, 1975, 2 vol. ; le numéro spécial du *Mouvement social*, « Naissance de la classe ouvrière », n° 97, janvier-mars 1977, sous la direction de Rolande Trempé. Pour une perspective comparative, *Working Class Formation, Nineteenth Century Patterns in Western Europe and the United States*, Ira Katznelson et Aristide Z. Zolberg (éd.), Princeton University Press, 1986.

modèle politique dominant des couches populaires en France est celui de l'union de la gauche. Il faudrait même dire « représentation politique dominante », tellement la figure de cette coalition, sous le nom de tiers état en 1789, de parti du *National* en 1830, de parti des démocrates sociaux en 1849 (démoc. soc.), de Bloc des gauches aux beaux temps de la troisième République, de Front populaire en 1936, de programme commun en 1972, s'impose à la conscience populaire. Les formes et les modalités peuvent différer. C'est évidemment le cas si l'on examine une à une les diverses combinaisons que je viens d'évoquer. Mais un fait, capital, demeure : il s'agit toujours d'une alliance politique des diverses couches populaires (ouvriers, petits paysans, artisans, petits-bourgeois) avec une partie de la bourgeoisie, qualifiée de progressiste ou d'éclairée pour la circonstance, sous la direction des intellectuels. Le programme commun de 1972 ressemble comme un frère à celui des « démoc. soc. » de 1849, preuve qu'entre-temps l'application de ce programme n'a guère avancé : nationalisations, accroissement du nombre des fonctionnaires, réforme de l'enseignement et même… abolition de la peine de mort. C'est l'éternelle union de la gauche éternelle…

On aura remarqué que mon énumération exclut deux épisodes tragiques, sanglants et sans lendemain, qui consacrent au contraire la rupture entre la bourgeoisie avancée et les couches populaires : je veux parler des journées de juin 1848 et de la Commune de 1871. Marx a consacré à ces deux événements des pages classiques sur les formes françaises de la lutte des classes. On n'est que plus frappé de constater qu'en dépit du sang versé, la tendance à la reconstitution de l'union resurgit invinciblement.

On aurait tort du reste d'accepter pour argent comptant la critique gauchiste de cette union, présentée comme un marché de dupes pour les couches populaires. La vérité, c'est que l'union a donné en France à ces dernières une situation politique exceptionnelle, quand on la compare à celle qu'elles connaissent en Allemagne, en Belgique, en Italie et même en Grande-Bretagne. À plus forte raison en Russie ! C'est cette situation qui est à l'arrière-plan du célèbre débat entre Bebel et Jaurès au congrès socialiste international d'Amsterdam (1904). Au dirigeant social-démocrate allemand qui a véhémentement reproché aux Français leur politique parlementaire de collaboration de classes et même de participation ministérielle (cas Millerand), Jaurès réplique en dénonçant « l'impuissance politique de la social-démocratie allemande », à laquelle il oppose les conquêtes révolutionnaires de la classe ouvrière française (République, suffrage universel, libertés) dans le cadre de coalitions interclassistes. De même, on doit noter avec quelle allégresse un Maurice Thorez accepte pour son parti le poste d'ailier gauche du parti républicain, chaque fois que cette politique – en 1936, en 1945 – est jugée compatible avec la défense de la patrie du socialisme, c'est-à-dire de l'Union soviétique.

Une telle coalition interclassiste, qui est si naturelle à la gauche française qu'elle oublie d'en remarquer le caractère exceptionnel à l'intérieur de l'Europe, a besoin, on l'a dit, d'un ciment spécial : ce sont les intellectuels, de Sieyès à Barnave et même à Robespierre en 1789, de Thiers à Guizot en 1830, de Lamartine à Louis Blanc en 1848, puis à Ledru-Rollin en 1849, d'Anatole France à Jaurès au tournant du siècle, d'Alain à Langevin en 1936. En 1972, le phénomène est moins marqué ; selon le mot d'André Glucksmann, les tribunes du programme commun restèrent vides, ce qui était un fâcheux présage.

Autre trait fondamental de cette union : l'accent mis sur le patriotisme et les valeurs nationales ; la chose est particulièrement nette tout au long du XIXe siècle, mais même après l'affaire Dreyfus, lorsque la gauche est soucieuse de se démarquer du nationalisme et des valeurs réactionnaires qu'il véhicule, le patriotisme reste particulièrement vif : le rôle joué par les diverses composantes de la gauche dans l'Union sacrée de 1914, puis dans la Résistance à l'occupant allemand (1940-1944) est là pour en témoigner. Il est faux que les prolétaires français n'aient pas de patrie. Mystifié ou non, le sentiment national est même un des principaux facteurs de leur intégration à la communauté. De façon générale, et pour toutes les raisons que l'on vient d'énumérer, le degré d'intégration *politique* de la classe ouvrière française à la communauté nationale est un des plus élevés qui soient. En dépit de leur faible représentation dans le personnel politique, dans les organes du gouvernement et de l'administration, les ouvriers se sentent partie intégrante de la société politique française.

Il n'en est pas toujours allé de même dans la société civile. L'intégration politique de la classe ouvrière ne s'est pas accompagnée d'une intégration sociale, mais, au contraire, d'une véritable ségrégation. À y bien réfléchir, les deux aspects apparaissent complémentaires. La tradition jacobine n'est pas seulement centralisatrice, elle est unificatrice et même simplificatrice. Elle ignore autant que possible les particularités ethniques, linguistiques ou sociales. Cette démarche unificatrice se fait en général au détriment des plus faibles. Les moins protégés n'ont pas besoin d'universalisme, mais au contraire de particularisme. Seules des mesures spécifiques peuvent leur permettre de rattraper leur retard. On sait cela depuis peu en pédagogie. Mais on a fait longtemps semblant de l'ignorer en matière sociale. De sorte que, plus on insistait sur l'organicité de la présence ouvrière à l'intérieur de la gauche et de la communauté nationale, plus on se sentait autorisé à refuser aux ouvriers la législation particulière exigée par leur spécificité sociale. Rousseau contre Marx : le postulat égalitaire comme paravent des inégalités réelles.

L'histoire de cette hypocrisie bourgeoise est trop connue pour être rapportée ici en détail. Contentons-nous de rappeler les diverses formes du refus obstiné de reconnaître les ouvriers autrement que comme citoyens. De la loi Le Chapelier (1791) à la loi Waldeck-Rousseau sur les syndicats (1884), c'est un siècle de bannissement social qui est le prix à payer par les ouvriers pour leur progressive intégration politique. Il est significatif que la bourgeoisie soit plus hostile aux syndicats qu'à la revendication économique et à la grève elle-même. Non seulement celle-ci a été légalisée vingt ans plus tôt (1864) que le syndicat (1884), mais encore la reconnaissance de ce dernier est restée longtemps formelle. Le gouvernement qui s'y était résigné pour le secteur privé se refusa pendant plus d'un demi-siècle à prêcher d'exemple lorsqu'il s'agissait de ses propres serviteurs. Quant au patronat, il fallut la courte peur de 1968 pour qu'une partie de ses membres, la plus progressiste, se résignât à tolérer la présence du syndicat sur son territoire, l'entreprise. Beaucoup de grands conflits sociaux du début du siècle, animés par les militants révolutionnaires ou réformistes, ont pour pierre d'achoppement non l'augmentation des salaires, mais bien la reconnaissance du syndicat. On cède plus facilement sur l'argent que sur le pouvoir. À la question classique : « Pourquoi la France a-t-elle eu, plus que d'autres, un syndicalisme révolutionnaire ? » il faut répondre par une autre question, préalable : « Pourquoi la France a-t-elle eu, plus que d'autres, un patronat réactionnaire ? »

Un autre signe de cette indifférence de la société à l'égard de la situation concrète des ouvriers, autre indice de leur marginalisation sociale, c'est le retard de la législation française en matière de protection sociale jusqu'en 1914. Dans bien des domaines, l'Allemagne bismarckienne et postbismarckienne est plus avancée. Certes ce retard sera comblé par les grandes lois d'assurance sociale de l'avant-guerre et surtout de la Libération. Mais il a fallu une mobilisation ouvrière sans précédent pour en arriver là.

Cette situation contradictoire et pour ainsi dire schizophrénique de la classe ouvrière dans la société française, on en trouve la trace dans ses organisations, je veux parler principalement des syndicats et des partis socialistes. On sait que, dans la plupart des pays industriels d'Europe occidentale, syndicats et partis se regardent eux-mêmes comme deux rameaux d'un même tronc, comme deux formes d'organisation, spécifiques et complémentaires, du même mouvement ouvrier. Je reviendrai plus loin sur l'importance du point de vue génétique : dans quelle situation respective, dans quels rapports de dépendance syndicats et partis ont-ils fait leurs premiers pas dans chacun des pays considérés ? Mais notons dès maintenant le particularisme du cas français, où l'on voit, au moins jusqu'à la greffe léniniste des années vingt, syndicats et partis en situation de concurrence plutôt que de complémentarité. C'est que pour l'essentiel, alors que les seconds se sont comportés en agent d'intégration politique de la classe ouvrière, les premiers, au contraire, se sont efforcés d'être les instruments de son autonomie sociale. Car vint un jour où la marginalisation, longtemps subie passivement, fut revendiquée par ceux-là mêmes qui en étaient l'objet, comme une richesse particulière, un trait du patrimoine ouvrier : ce fut l'épisode héroïque du syndicalisme révolutionnaire.

En dépit de ce qu'ils affirment souvent, il est peu douteux que les partis politiques d'inspiration communiste ou socialiste soient des agents d'intégration de la classe ouvrière. Leur caractère révolutionnaire, comme dans le cas du PCF, n'y change rien. Bien au contraire : une classe sociale, pour poser sa candidature à la direction politique de la société, doit nécessairement être intégrée à cette dernière : qu'on songe par exemple à la situation centrale de la bourgeoisie française dans la société d'Ancien Régime à la veille de la Révolution. Un parti politique, avec ce qu'il comporte de planification volontaire des évolutions sociales, ne peut qu'affermir et accélérer un tel processus. Dans le cas de la classe ouvrière, les partis qui se réclament d'elle sont parvenus à l'intéresser – sinon à l'intégrer – au système politique en vigueur. D'antiparlementaire qu'elle était souvent au XIXe siècle – à une époque où le parlementarisme demeurait le monopole des classes bourgeoises –, la classe ouvrière a évolué, en partie sous l'influence de ses dirigeants, en véritable garde prétorienne de la République parlementaire. Les communistes eux-mêmes se sont ralliés – au moins tactiquement – à ce système politique, qu'ils préfèrent à tout autre à l'intérieur de la société bourgeoise.

Sous l'influence de Marx, et surtout des interprétations qui en ont été données tant par la social-démocratie que par le bolchevisme, le mouvement ouvrier international s'est rallié à un « politique d'abord » que rien dans ses origines ne laissait prévoir. L'idée que l'instance politique est la plus large, et en même temps la plus efficace pour résoudre les problèmes sociaux, ne s'est imposée que progressivement ; elle ne s'accorde pas spontanément, en effet, avec l'idée d'auto-émancipation. C'est pour avoir refusé l'action politique que les anarchistes ont été exclus du mouvement socialiste à la fin du XIXe siècle. La priorité donnée à la politique impliquait inévitablement la primauté du parti de classe sur la classe elle-même ; il n'y a pas sur ce point de rupture entre la social-démocratie allemande et le léninisme.

Au point d'intersection du parlementarisme bourgeois et du parti révolutionnaire se développe une notion nouvelle, qui va finir par envahir tout le champ politique : celle de *programme*. Le mouvement ouvrier naissant n'en usait guère ; dans le *Manifeste communiste*, il est relégué à la fin, et les auteurs ne paraissent pas lui accorder une importance décisive. La CGT syndicaliste révolutionnaire n'a pas de programme, au sens moderne du terme ; le parti socialiste de Jaurès non plus. Mais au fur et à mesure que la priorité est donnée à la compétition électorale à l'intérieur des partis socialistes, le programme devient un outil essentiel de la bataille en même temps qu'un instrument d'identification. Grâce au programme, le point de vue ouvrier s'universalise et perd sa spécificité : à la plate-forme revendicative se substitue le projet du gouvernement.

Mais c'est surtout dans le domaine culturel que les partis sont des agents d'intégration ouvrière. Ils ont affirmé, à la suite de Michelet, que le peuple était l'agent principal de l'histoire de France ; ils ont vu dans le prolétariat l'héritier légitime de cette histoire. « Tout ce qui est national est nôtre » : cette formule monarchiste de Philippe, duc d'Orléans, aurait pu être de Thorez, tant la volonté d'assumer le passé national, de Jeanne d'Arc à la Révolution, de Descartes à Jean-Jacques Rousseau est constante[1]. Elle se manifeste surtout, comme il est naturel, quand le mot d'ordre est au rassemblement de la gauche, et même au-delà, au rassemblement national. Dans cette optique, il n'y a pas de culture ouvrière, mais seulement une culture socialiste, formée par la reprise en compte de toute la culture nationale dans une optique particulière, à la fois positiviste et populaire. Il n'est pas jusqu'aux valeurs traditionnelles telles que le patriotisme ou la morale sexuelle que les communistes ne reprennent à leur compte quand elles paraissent abandonnées par la bourgeoisie[2].

---

1. Jean-Marie Goulemot : « Candide militant. La littérature française et la philosophie des Lumières dans quelques revues communistes de 1944 à la mort de Joseph Staline », *Libre*, n° 7, 1980, p. 199-245.

2. À rapprocher d'Alain Bergounioux et Bernard Manin : « L'exclu de la nation, la gauche française et son mythe de l'adversaire », *Le Débat*, n° 5, octobre 1980, p. 45-59, où les auteurs abordent la question du mythe originel de l'unité dans la gauche. Ils montrent que la prétention de la gauche, depuis la Révolution, à représenter la totalité de la nation réduit son adversaire, la droite, à un simple malentendu historique, qu'il s'agit donc de dissiper, de *détruire*. Lénine avait poussé à la limite cette réduction de la réalité sociale à un schéma théorique : les classes *qui ne devraient pas exister* doivent donc être détruites. Le pluralisme politique est pure illusion s'il ne s'accompagne pas de la reconnaissance du pluralisme social.

À l'inverse des partis socialistes, le syndicalisme s'est voulu instrument de défense et de promotion de l'autonomie ouvrière. C'est notamment le cas du syndicalisme révolutionnaire, particulièrement florissant dans le quart de siècle qui a précédé la guerre de 1914. Certes, la guerre a été pour lui un coup terrible : il s'est révélé impuissant à l'empêcher (mais le socialisme l'a été tout autant) ; l'éclatement du mouvement syndical entre l'Union sacrée et le léninisme a paru laisser vide et même béante la place du syndicalisme d'action directe. Il n'a pourtant pas disparu. Il est rentré dans le rang. De culture dominante, ou en tout cas concurrente, à l'intérieur du mouvement ouvrier, il a régressé vers une position dominée ; il a cheminé de manière souterraine. Mais il réapparaît dans les grandes occasions : en 1936, et plus encore en 1968. Et surtout il continue d'imprégner suffisamment les mentalités pour que les proclamations plus ou moins sincères d'attachement à l'autonomie ouvrière soient autant d'hommages indirects à son influence.

Je l'ai dit : l'autonomisme ouvrier, représenté surtout par les syndicats, traduit une exclusion sociale, comme l'unité interclassiste, défendue par les partis de gauche, révèle une intégration politique. Mais c'est la grève qui exprime, de la façon la plus spontanée et la plus authentique, la volonté ouvrière d'identité. Nous allons y revenir : la grève, c'est l'autonomie ouvrière en acte. C'est pourquoi pendant un temps, la grève générale a désigné l'apogée de cette aspiration, la forme enfin trouvée de l'autonomie ouvrière.

Plus proche de nous, dans un contexte technique et politique différent, le mot d'ordre d'autogestion, diffusé à partir de 1968, a exprimé à sa manière le même genre d'aspiration : libération de l'exploitation patronale et autonomie vis-à-vis des nouveaux pouvoirs bureaucratiques qui pourraient se substituer aux anciens. C'est pourquoi, les tentatives de récupération de l'autogestion par les partis socialiste et communiste furent vouées à l'échec, avant même que le mot ne disparût du vocabulaire social. Les politiques ne virent pas – à moins qu'ils ne le vissent trop bien – que l'autogestion traduisait une défiance à leur égard.

C'est que les idéologies politiques, telles que la social-démocratie ou le bolchevisme, constituent des greffes artificielles sur le corps ouvrier ; elles ne sont pas d'origine ouvrière et n'ont été vraiment acceptées et assimilées que par les minorités militantes et politisées que l'on désigne généralement sous le vocable de « mouvement ouvrier ». Il n'est certes pas question de nier que le personnel syndical fasse partie de ces élites. D'ordinaire, il en partage les idées, les intérêts et même les préjugés. Mais sa fonction spécifique au contact de la masse des travailleurs, notamment lors des grands mouvements de revendication et de grève, fait de lui le porte-parole et le conservateur des valeurs propres au monde ouvrier, au premier chef l'autonomie. En termes psychanalytiques on dirait volontiers que les doctrines politiques, qu'elles soient réformistes ou révolutionnaires, représentent un surmoi ouvrier, tandis que les valeurs liées à l'autonomie – préservation de l'identité, solidarité, résistance à l'oppression – en constituent le « ça ». Parce qu'elles sont liées à la condition ouvrière concrète, telle qu'elle est vécue quotidiennement par les travailleurs sous des régimes politiques différents, et même à des niveaux de vie différents, on les voit survivre aux phénomènes d'intégration (à l'Ouest) et d'embrigadement (à l'Est). Les auteurs anglais nous en avertissent[1] : le rapprochement des niveaux de vie, la similarité apparente des valeurs entre la classe ouvrière et les classes moyennes n'abolissent pas pour autant la condition ouvrière ni la culture ouvrière vécue dans le quotidien.

Contre la thèse de « l'embourgeoisement » de la classe ouvrière, ils soutiennent que les rapports de classe et de statut, loin de varier obligatoirement en fonction des changements dans l'infrastructure économique et technique, possèdent une large autonomie ; il existe ainsi une sorte *d'inertie culturelle* qui a longtemps permis aux travailleurs de s'adapter aux changements de la société moderne, sans se trouver eux-mêmes modifiés en profondeur. À revenus fonciers comparables, les clivages socioculturels entre classe ouvrière et

1. John H. Goldthorpe, David Lockwood, Frank Bechhofer, Jennifer Platt, *The Affluent Worker Series*, Cambridge University Press, 1968-1969, 3 vol. (traduction française abrégée, *L'Ouvrier de l'abondance*, préface de Jacques Caroux, Éditions du Seuil, 1972). Richard Hoggart, *The Uses of Literacy*, Chatto and Windus, 1957 (traduction française, *La Culture du pauvre*, étude sur le style de vie des classes populaires en Angleterre, Les Éditions de Minuit, 1970).

classe moyenne restent à peu près intacts. Geoffroy Crossick[1] a bien montré de son côté que la culture des ouvriers qualifiés (*skilled workers*) de la période victorienne n'est pas le résultat de l'intégration économique et de l'acculturation idéologique à la *Middle Class*, mais un héritage ancien et autonome, fondé sur des valeurs ouvrières telles que la dignité, l'autonomie, la solidarité et l'aspiration du progrès.

En France, au début du siècle, Maurice Halbwachs[2] et Edmond Goblot[3] ont soutenu une thèse analogue, celle de la rémanence culturelle. Elle a été récemment reprise avec éclat par Pierre Bourdieu[4] et illustrée par maintes enquêtes en milieu ouvrier[5].

Il n'entre pas dans notre propos d'aborder ici la question, immense, de l'autonomie culturelle de la classe ouvrière ; nous n'aborderons que celle de son autonomie politico-syndicale, qui est surtout véhiculée par les militants et les individus les plus engagés. Mais il faut souligner le lien étroit qui existe entre ces deux questions. L'aspiration à l'autonomie politique, la vision d'une société autre n'est que la traduction d'une expérience vécue, celle d'une exclusion qui s'est transformée en revendication d'identité. Non moins considérable serait le problème actuel : cette culture ouvrière spécifique est-elle en train de céder devant les effets uniformisants introduits par la société de consommation ?

À l'autre bout de l'Europe, dans les démocraties populaires, tout indique qu'une culture ouvrière autonome a résisté au « socialisme ». À Gdansk, à Szczecin et ailleurs, les travailleurs polonais ont écrit une page qui a sa place à côté de la Commune de Paris dans l'histoire

1. *Working Class Culture and Contemporary Culture in 19th Century Britain*, rapport au Forum international d'histoire du mouvement ouvrier et de la classe ouvrière, organisée par l'Unesco, Paris, 22-25 avril 1980.

2. Maurice Halbwachs, *La Classe ouvrière et les Niveaux de vie*, Alcan, 1912, réimpression Gordon et Braech, 1970.

3. Edmond Goblot, *La Barrière et le Niveau*, Alcan, 1925.

4. Pierre Bourdieu, *La Distinction*, Les Éditions de Minuit, 1979.

5. Citons Daniel Mothé, *Militant chez Renault*, Éditions du Seuil, 1965 ; Jacques Destray, *La Vie d'une famille ouvrière*, Éditions du Seuil, 1971 ; Robert Linhart, *L'Établi*, Les Éditions de Minuit, 1978 ; Jacques Frémontier, *La Vie en bleu, voyage en culture ouvrière*, Fayard, 1980.

ouvrière de notre temps. Au terme d'une grève impressionnante d'unanimité et de résolution, les ouvriers polonais arrachèrent momentanément à leurs maîtres des *syndicats autonomes* et *autogérés*. Sept ans plus tard, alors que ceux-ci ont réussi à raffermir leur pouvoir, c'est toujours à travers la revendication d'un syndicalisme autonome que s'exprime la résistance ouvrière à l'oppression.

L'autonomisme syndical

Qu'est-ce donc que le syndicalisme révolutionnaire ? Réduit à sa visée essentielle, il fut l'effort le plus systématique mené à l'intérieur du mouvement ouvrier français, et même européen, pour résister à la tentative d'intégration politique dont la classe ouvrière était l'objet de la part de la bourgeoisie républicaine et pour ériger en pouvoir autonome l'exclusion dont les travailleurs manuels se sentaient victimes à l'intérieur de la société. Tel fut en tout cas le dessein de ses militants les plus politiques : les seuls peut-être à prendre au sérieux la problématique de la lutte des classes qui était censée dominer la social-démocratie européenne. Dessein d'une radicalité totale, comparable seulement à celui de Lénine face à la société russe d'avant 1914. Celui-ci réussit là où ceux-là échouèrent, parce qu'il bénéficia de l'extrême fragilité d'un ensemble social en proie à des mutations rapides ; mais surtout du caractère encore embryonnaire de ces transformations, incapables de porter tous leurs fruits ; enfin de l'absence de ces garanties démocratiques formelles qui sont, l'expérience l'a prouvé, le meilleur amortisseur des chocs révolutionnaires. Dans les pays en voie de développement, la confrontation entre le désir de révolution et la dynamique démocratique prend la forme d'une course de vitesse ; en France à la fin du XIXe siècle, l'heure de la révolution était déjà passée. S'il y eut archaïsme du syndicalisme révolutionnaire, ce fut moins dans sa conception du futur que dans l'analyse du rapport des forces à l'intérieur de la société française. La rhétorique de la lutte, répandue chez les socialistes et chez les intellectuels autant que chez les syndicalistes, masqua les progrès de l'intégration.

L'autre grande différence entre les syndicalistes révolutionnaires et les bolcheviks tient à la nature des moyens employés. Tandis que Lénine, profondément sceptique sur les ressources de la société civile, et méfiant à l'égard de la spontanéité ouvrière, qu'il soupçonnait de réformisme invétéré, se ralliait aux techniques blanquistes de l'action minoritaire et clandestine ainsi que du coup d'État, les syndicalistes révolutionnaires étaient en quelque sorte contraints par la nature démocratique de la société d'agir au grand jour. De plus, défiants à l'égard du risque de confiscation de la révolution inhérente à toute action politique, ils entendaient la cantonner dans le domaine économique. Persuadés que les résultats de l'action collective sont étroitement déterminés par la nature des moyens employés, ils entendaient faire de leur action la préfiguration de la société qu'ils cherchaient à instituer. Ils furent les seuls à tenter d'appliquer à la lettre la vieille maxime de la Première Internationale, pour qui l'émancipation du prolétariat ne saurait être que l'œuvre du prolétariat lui-même.

Ici, on ne sait ce qu'il faut le plus admirer, de la lucidité quasi prophétique de ces hommes sur la nature profonde des révolutions socialistes du XXe siècle, ou de leur folle ambition de réaliser la révolution sans recourir aux moyens classiques de la politique : une révolution sans direction centrale, sans délégation du pouvoir, sans confiscation des résultats, cela ne s'est jamais vu. D'où le recours à l'idée de grève générale que Pelloutier définissait comme « une révolution de partout et de nulle part[1] ». Il en va de ce mot d'ordre de la fin du XIXe siècle comme trois quarts de siècle plus tard de celui d'autogestion : si sa valeur positive est faible, il exprime en revanche admirablement le refus des formes classiques du socialisme, dans la phase de conquête du pouvoir comme dans celle de son exercice. Excepté sous sa forme réformiste, où elle est regardée comme le moyen suprême de faire aboutir une revendication, la grève générale n'est pas un mot d'ordre de masse ; elle ne saurait non plus être réduite à une idéologie de dirigeants et d'intellectuels : elle exprime l'aspiration des militants à une révolution sans dictature. En ce sens, Georges Sorel avait raison de voir en elle

1. Henri Girard et Fernand Pelloutier, « Qu'est-ce que la grève générale ? » (1895), *in* Jacques Julliard, *Fernand Pelloutier et les Origines du syndicalisme d'action directe*, Éditions du Seuil, 1971.

un mythe, au sens particulier qu'il donnait au terme : non pas une utopie, décrivant, fût-ce sommairement, les structures de l'avenir, mais la façon dont les acteurs se représentaient l'avenir, c'est-à-dire projetaient leurs aspirations en termes d'action. Il n'est que de voir la façon résolument polémique dont les syndicalistes du début du siècle manient le concept de grève générale : le plus souvent il est dirigé contre les socialistes, non contre les patrons.

C'est pourquoi l'évolution de ce concept de grève générale chez les syndicalistes suit d'assez près celui de révolution chez les socialistes. Dans la dernière décennie du siècle, marquée par la stagnation économique, l'eschatologie ouvrière se déploya largement : tandis que Guesde croyait pouvoir annoncer la révolution pour les prochaines années, les partisans ouvriers de la grève générale demandaient à chacun de se tenir prêt : dans des circonstances qu'il était difficile de prévoir, le signal de l'action pouvait retentir d'un moment à l'autre. Au point que beaucoup de dirigeants de bourses du travail se montraient hostiles aux grèves partielles, accusées d'entretenir des illusions sur les capacités de la société de se réformer, et de détourner de l'objectif fondamental : la grève générale révolutionnaire ! Cette euphorie, mêlée d'illusions et d'anxiété ne dura pas ; du reste, elle était loin d'être partagée par la masse ouvrière, qui se débattait avec ses difficultés dans un contexte économique différent. En 1898, une tentative puérile de grève générale dans les chemins de fer sombra dans le ridicule : moins de 50 grévistes ! De plus, le régime se raffermissait : le changement de siècle coïncida avec la liquidation définitive des crises qui avaient ébranlé la République dans la dernière décennie : Boulanger (1889), Panama (1892), Dreyfus (1899). Le ministère Waldeck-Rousseau (1899-1902) correspondit à une véritable lune de miel entre les ouvriers et la République qui eut son retentissement jusque dans l'idéologie : appuyés sur Millerand, ministre du Commerce et de l'Industrie, les deux figures de proue du syndicalisme réformiste, Keüfer, du livre, et Guérard, des chemins de fer, dominèrent la CGT avant sa réunification (1902). C'est l'époque où Georges Sorel, qui s'était dépris de l'orthodoxie marxiste et n'avait pas encore – et pour cause – rallié le syndicalisme révolutionnaire, ne restait pas insensible à la séduction conjuguée de Bernstein sur le plan théorique et de Millerand sur le plan pratique.

Les belles années du syndicalisme révolutionnaire commencèrent en 1902 avec la réunification de la CGT et l'élection de Griffuelhes au secrétariat. Elles se terminèrent en 1908 avec la crise ouverte par l'affaire de Draveil-Villeneuve-Saint-Georges. On ne saurait trop le souligner : le syndicalisme révolutionnaire s'affirma comme le courant dominant du mouvement ouvrier après que la ferveur pour la grève générale fut retombée et que l'intermède Millerand eut durablement marqué les mentalités. Il lui fallait tout à la fois éloigner un fantôme et combattre une tentation. C'est un combat sur un double front qu'engagèrent Griffuelhes, Pouget et leurs fidèles : d'abord contre les réformistes qui voulaient jouer à fond le jeu de l'intégration du mouvement ouvrier à la société environnante et contre les ultra-révolutionnaires, souvent de sensibilité anarchiste, qui entendaient continuer à mener le mouvement sur la lancée de la décennie précédente en préparant effectivement la révolution pour un proche avenir. Contre les premiers, dont les chefs de file étaient Keüfer et Guérard déjà cités, mais aussi Coupat des mécaniciens, et Lajarrige des gaziers, Griffuelhes et ses partisans, qui occupaient une position centriste dans la CGT, menèrent surtout une bataille d'appareil, qui fut loin d'être toujours glorieuse : il est certain que l'application de la représentation proportionnelle, qui fut écartée au congrès de Bourges (1904) et constamment repoussée jusqu'en 1914, eût rapidement mis les réformistes en situation majoritaire. Au-delà des raisons théoriques invoquées – l'annihilation des minorités agissantes par les lourds bataillons d'« inconscients » –, le débat sur les modes de scrutin et de représentation au sein de la CGT constituait une lutte pour le contrôle de l'organisation.

Quant aux polémiques idéologiques, nombreuses à l'époque, elles avaient du mal à dissimuler une convergence croissante de stratégie entre réformistes et révolutionnaires dans la conduite des grèves : recherche de résultats concrets, effort continu pour faire reconnaître par l'adversaire patronal la représentativité des syndicats, et même, en dépit des anathèmes de congrès, conclusion de contrats collectifs. D'où une lutte plus feutrée, mais non moins réelle, contre les ultra-révolutionnaires représentés par Yvetot, des bourses du travail,

Bousquet, de l'alimentation, Broutchoux, du syndicat des mineurs du Pas-de-Calais, relayés à partir de 1907 par les intellectuels gauchistes de *la Guerre sociale* comme Gustave Hervé et son lieutenant Almeyreda. Ainsi, dès 1904, la fameuse décision du congrès de Bourges de lancer pour le 1er mai 1906 une grève générale pour la réduction de la durée du travail – symbolisée par le fameux calicot affiché sur la façade de la bourse du travail de Paris : « À partir du 1er mai 1906, nous ne travaillerons plus que 8 heures par jour » – a provoqué le mécontentement et même la colère de Victor Griffuelhes : à la veille du 1er mai 1906, quand il fut clair que le mouvement risquait de manquer d'ampleur et de ne pas atteindre son but, Griffuelhes qui avait fait son possible pour l'organiser, ne manqua pas de rappeler ses réserves de Bourges. Mêmes réticences de sa part en 1908 au moment des événements de Draveil : Griffuelhes, dans une réunion tenue rue Charlot exprime la plus extrême méfiance à l'égard d'une grève générale de protestation, à cause de ses faibles chances de réussite et des risques de provocation qu'elle comporte. À la même époque du reste, il dénonce le « romantisme révolutionnaire[1] » d'un certain nombre de ses camarades et qualifie sans équivoque de « braillards » les gens de *la Guerre sociale*, en pleine surenchère gauchiste. Il s'ensuit d'ailleurs entre les directions confédérales et l'hebdomadaire antimilitariste une vive polémique et une séparation définitive.

Un chiffre permet de mesurer le recul de l'état d'esprit « grève générale » dans la CGT. À la veille de chaque congrès, la direction confédérale consultait les fédérations et les bourses du travail sur les questions à porter à l'ordre du jour. Les quatre questions qui obtenaient le plus de voix étaient retenues. Or, ce référendum montre que, après 1906, la question de la révolution par la grève générale ne passionne plus les militants syndicaux. Déjà, à Amiens, on n'a parlé de la grève générale qu'à l'occasion de la fameuse motion sur l'indépendance syndicale. Les modérés, considérant qu'il s'agit désormais d'une clause de style plutôt que d'un programme d'action, ne craignent pas de se rallier à un texte qui en fait mention. Et l'on n'a pas suffisamment remarqué que l'originalité de ce congrès et de

1. *L'Action directe*, 15 avril 1908.

cette « charte » est moins d'avoir une nouvelle fois évoqué la grève générale que d'avoir définitivement réhabilité la grève partielle.

À Marseille (1909), qui fut le plus « chaud » des congrès de la CGT, la grève générale n'obtint, sur les réponses au questionnaire, que 15 suffrages, contre 88 à la durée du travail, 43 aux accidents du travail, 36 au lock-out. Il est vrai que 66 se portent sur « l'attitude de la classe ouvrière en temps de guerre », question qui englobe implicitement la grève générale, mais qui témoigne surtout d'un début d'inquiétude face à la situation internationale ; l'antibellicisme l'emporte désormais sur le révolutionnarisme : ainsi au congrès du Havre, la grève générale n'obtient plus que 4 voix, et 2 seulement à la veille de celui de Grenoble, prévu pour les 14-19 septembre 1914, et qui, pour les raisons que l'on sait, n'eut jamais lieu.

Avant même Amiens (1906), la question se posait donc : par quoi remplacer l'eschatologie révolutionnaire, symbolisée par la grève générale qui, manifestement, ne correspondait ni à la situation ni aux aspirations des militants ? Le problème était d'autant plus urgent que la réunification des socialistes, acquise l'année précédente au congrès du Globe, faisait du nouveau parti un pôle d'attraction pour tous les militants ouvriers. La réaction viscéralement antipolitique de beaucoup de « syndicaux », y compris chez les modérés, fournit la solution. La « charte d'Amiens » n'est pas seulement une motion de compromis réunissant les révolutionnaires et les modérés contre les « sociaux-démocrates », elle est surtout une substitution adroite de l'idéologie réformiste à l'idéologie révolutionnaire. On lira plus loin l'analyse que je propose de ce texte célèbre. Mais le sens général est bien celui du triomphe de l'idée autonomiste. S'agit-il d'un simple expédient, dans le cadre d'un congrès, et destiné à consolider la majorité ? Non pas. Cet aggiornamento du syndicalisme révolutionnaire lui permit de se mettre au diapason d'une classe ouvrière qui, depuis longtemps, aspirait à ce compromis. Non seulement elle était majoritairement favorable à la « synthèse jaurésienne » entre le socialisme et la République, mais de façon plus globale, elle était même en faveur du compromis entre le jaurésisme politique et l'autonomisme syndical.

La contradiction entre un autonomisme à fondement antipolitique et l'idée de révolution, conçue comme un « coup », était profonde, je l'ai déjà indiqué. Non seulement le coup d'État de type blanquiste implique un état-major politique central, mais il suppose à plus long terme que la classe ouvrière passe d'une position marginale à une position centrale ; devienne le pivot de la société ; en un mot accepte de faire de la politique. Pourtant, cette contradiction n'éclata pas d'un seul coup. L'ambiguïté restait indispensable au maintien d'un minimum d'unité entre révolutionnaires assagis et révolutionnaires nostalgiques ; mais la Révolution bolchevique devait révéler cette ambiguïté au grand jour. Sommés par Moscou de sacrifier l'autonomie sur l'autel de la Révolution, la plupart des dirigeants syndicalistes de l'avant-guerre s'y refusèrent et choisirent clairement l'autonomie : ce qui les amena dans le camp réformiste.

En attendant, on peut dire que l'organisation de l'autonomie en pratique syndicale dominante s'imposa à la CGT dans la pensée et l'action pendant toute la décennie qui précéda la guerre : il s'agissait de passer de l'idéologie révolutionnaire à l'idéologie de l'action directe.

Une telle évolution rencontrait une série de circonstances favorables. D'abord la persistance de l'autonomisme des ouvriers de métier dont ont parlé, nous l'avons vu, des auteurs comme Bernard H. Moss ou William H. Sewell. Pour les ouvriers professionnels qui continuaient de former le fond des vieilles industries – bâtiment, cuirs et peaux et même métallurgie –, le socialisme était conçu non comme une prise de contrôle révolutionnaire de la société, mais comme l'appropriation par les travailleurs des instruments d'exercice de leur métier. Cette conception resta vivante au sein de la CGT où la société future était imaginée de façon décentralisée, comme un vaste ensemble de fédérations professionnelles de travailleurs associés. Du reste, dans ses rares moments d'utopie, Marx lui-même ne parlait pas un autre langage. De sorte que la création d'îlots d'autonomie ouvrière au sein de la société capitaliste correspondait à autant de pierres d'attente de la société future. Pour Pelloutier et les pionniers du mouvement des bourses du travail, et plus encore pour leurs successeurs de la CGT, la révolution ne pouvait se concevoir, à la façon putschiste, comme un coup de tonnerre dans le bleu de l'azur, mais comme le commencement d'une démarche qui aurait vu les ouvriers s'affranchir psychologiquement, intellectuellement et matériellement de la tutelle bourgeoise. La formule de Lagardelle, décrivant le syndicalisme comme un « socialisme des institutions », était donc tout à fait heureuse. Une telle conception, loin de rompre avec la culture ouvrière du XIXe siècle, s'insérait facilement et sans traumatisme.

Deuxième circonstance favorable : la déception postdreyfusienne, et aussi postcombiste à l'égard de la République. Cette « mélancolie du lendemain » si violente chez un Péguy ou un Sorel, n'épargna pas les élites dirigeantes du syndicalisme. À propos de Waldeck-Rousseau – et même de Combes – j'ai parlé d'une lune de miel entre le mouvement ouvrier et la République. Cette ère des bons sentiments prit fin en 1905 quand les socialistes enfin unifiés et constitués en Section française de l'Internationale ouvrière furent conduits à rompre le bloc des gauches et à refuser leur soutien aux coalitions gouvernementales. L'axe de la majorité fut ainsi déporté sur la droite, obligeant les présidents du Conseil, à commencer par Clemenceau, à gouverner au centre droit, quand Waldeck-Rousseau et Combes avaient gouverné à gauche. En dépit de l'indépendance stratégique et tactique maintes fois proclamée à l'égard des socialistes, force est de constater que la radicalisation de la CGT coïncide presque exactement avec l'entrée de la SFIO dans une opposition systématique. Masquée par la controverse qui allait opposer la CGT à une partie de la SFIO et qui allait conduire à la charte d'Amiens, cette coïncidence n'en est pas moins remarquable. Mais ni le parti socialiste ni la CGT ne retournèrent à l'eschatologie révolutionnaire de la dernière décennie du XIXe siècle. L'un et l'autre, dans leur vocabulaire propre, et avec leurs moyens particuliers s'installèrent dans une vision qui ne s'avouait pas réformiste, mais qui excluait dans les faits toute préparation spécifique de la révolution.

Enfin, la nette reprise économique, amorcée dès le début du siècle, eut pour résultat de réveiller la combativité ouvrière. Les grèves connurent plus souvent le succès, et de ce fait, se multiplièrent. Mais loin d'exercer la fonction de « gymnastique révolutionnaire » que leur assignait Pouget, le second de Griffuelhes à la tête de la CGT, ces mouvements revendicatifs tendaient sans équivoque dans l'esprit des travailleurs à l'amélioration de leur condition matérielle et, partant, à l'acceptation de plus en plus nette du statu quo social.

Libre aux dirigeants de surajouter à ces mouvements une interprétation révolutionnaire, de les « surdéterminer » comme on disait naguère dans la terminologie d'Althusser ; la vérité est que, sous le microscope social, il n'y a pas à l'époque de différence notable entre une grève du livre, réputée « réformiste » en raison des orientations de ses dirigeants syndicaux, et une grève du bâtiment, considérée comme « révolutionnaire », pour des raisons symétriquement opposées. De ce point de vue, les violences verbales ou physiques – ces dernières d'ailleurs fort rares – ne sont guère significatives : elles témoignent plutôt de l'état des relations professionnelles dans une branche industrielle donnée (en dernière analyse, de la mentalité patronale), que de l'état de préparation révolutionnaire du prolétariat. Comme on l'a remarqué, les violences (Armentières, Cluses, Méru, etc.) furent souvent le fait d'industries semi-rurales, où, à des travailleurs mal organisés et émotifs, répondait un patronat de type familial et jaloux de son autorité.

Dans ces conditions, la course de vitesse engagée par le syndicalisme d'action directe contre l'intégration des ouvriers à la société est perdue d'avance : l'autonomie ne peut constituer qu'un palier dans un combat en retrait.

Ou plus exactement la substitution du mot d'ordre d'« action directe » à celui de révolution ; la conception du syndicalisme révolutionnaire comme modalité de l'être ouvrier – on dirait aujourd'hui culture –, plutôt que comme programme d'action, ne peut avoir qu'une signification : c'est que la classe ouvrière, par le truchement de ses porte-parole, abandonne sa candidature à la direction politique et morale de la société, qui est la démarche même d'une classe révolutionnaire : soit qu'elle s'en juge incapable à elle seule, soit qu'elle estime que cette montée aux extrêmes, sous la forme d'une prise de pouvoir révolutionnaire, constitue en elle-même une trahison de son idéal.

Dans cette perspective, qu'exprima à un moment donné Proudhon, la classe ouvrière est la classe antigouvernementale par excellence ; en se voulant révolutionnaire, donc gouvernementale, elle ne pourrait que se renier elle-même. Du reste, où vit-on jamais les ouvriers poser, à l'exemple de la bourgeoisie intellectuelle, leur candidature à la direction d'une société ? Le prétendu proudhonisme de la classe productrice ne serait alors que l'expression de son impossibilité constitutive à se transformer en classe dirigeante – sauf à faire appel à la médiation d'un groupe d'intellectuels. L'anti-intellectualisme chez les ouvriers exprime ainsi à la fois le refus de toute dénaturation des caractères originaux de la classe ouvrière, et, parmi ceux-ci, son incompatibilité avec la synthèse gouvernementale. La célèbre « capacité politique des classes ouvrières » n'est pas autre chose que leur aptitude, vraie ou supposée, à faire advenir une conception non gouvernementale de la politique. De ce point de vue l'« utopie » proudhonienne, comme du reste l'« utopie » saint-simonienne traduiraient une postulation permanente du mouvement ouvrier que Marx a aperçue, mais qu'il n'a pas voulu connaître. En ce sens, Proudhon est au socialisme ce que Rousseau est à la démocratie ; il en a exprimé l'idée régulatrice, non la règle positive. La parabole anarchiste est comparable à la parabole du *Contrat social* ; elle ne décrit pas une réalité historique, elle esquisse une sorte de métaphysique des mœurs ; il est également impossible de la récuser et de la mettre en pratique.

S'il en est ainsi, le syndicalisme révolutionnaire n'est pas, ou pas seulement, l'étape politique de transition qu'imaginent marxistes et fonctionnalistes. Examiné à la lumière de l'anthropologie politique plutôt qu'à celle de la praxéologie révolutionnaire, il s'identifie à une certaine manière d'être permanente de la fraction productrice de la société. Il exprime l'impossibilité logique de la classe la plus nombreuse à se transformer en classe dominante, et l'espoir de voir un jour disparaître une dichotomie qui est au fondement de sa subordination.

FERNAND PELLOUTIER ET LE SYNDICALISME D'ACTION DIRECTE[1]

Les leçons du réel

Quand il devient secrétaire de la Fédération des Bourses, en 1895, il reste à Pelloutier un peu moins de sept ans à vivre ; le compte à rebours est commencé, et pourtant l'essentiel reste à faire : donner à sa pensée sociale un point d'appui solide dans la réalité ouvrière, et cela grâce à l'organisation. Dans la biographie intellectuelle de Pelloutier, ces six années forment un bloc, qu'on aurait tort de chercher à détailler. Cette mort prématurée qui va si vite « transformer, il ne l'ignore pas, son existence en destin » (Malraux), donne à ce qui chez d'autres ne serait qu'une étape de jeunesse, la couleur d'une précoce et brève maturité : imaginons Marx ou Proudhon morts à 33 ans ! Ne recherchons pas chez un jeune homme l'expérience ou le savoir d'un homme mûr ; voyons plutôt comment il se définit au contact de sa vie militante.

Le temps de l'histoire

On a souvent dit que c'est au XIXe siècle que la dimension temporelle a véritablement fait son entrée dans la pensée politique et dans la vie sociale. Si la chose est vraie, elle l'est des couches supérieures, non de la classe ouvrière. Par opposition au bourgeois, l'ouvrier reste l'homme de l'instant. Le défaut de mémoire collective, l'absence d'un savoir social cumulatif continuent de marquer

1. *Fernand Pelloutier et les origines du syndicalisme d'action directe*, Le Seuil, 1971, chap. 5.

la condition ouvrière, contraignant chaque génération à repartir pratiquement de zéro et à parcourir à son tour les étapes par lesquelles étaient déjà passées ses devancières. Pelloutier dont presque toute l'action syndicale consistera à tenter de donner à l'ouvrier la « science de son malheur », suivant sa propre expression, n'ignore pas que le malheur ouvrier est un malheur historique ; que la lutte pour son émancipation ne date pas d'hier, et que les expériences passées contiennent une série d'enseignements positifs ou négatifs. On a pu déjà remarquer à propos de la grève générale, que tous ses plaidoyers prennent la forme d'un exposé historique remontant tantôt à la Révolution, tantôt à la Commune, ou bien faisant état d'expériences étrangères, comme la lutte des ouvriers américains pour la journée de huit heures. Ce que démontre surtout l'histoire, c'est l'illusion d'une lutte ouvrière qui ne prendrait pas la forme d'une lutte de classe : pensons à la manière dont la bourgeoisie depuis 1789 sut toujours récupérer, ou détourner à son profit les résultats des insurrections ouvrières.

Il est un autre aspect de l'histoire que le prolétariat ne saurait ignorer : ce sont les tentatives déjà faites dans le passé pour l'organiser et lui donner force. Ainsi sur les huit chapitres de son *Histoire des Bourses du travail* – ouvrage posthume fait d'articles réunis par son frère, conformément au plan qu'il avait lui-même élaboré – quatre sont consacrés à l'histoire du mouvement ouvrier (« Après la Commune » ; « Les partis ouvriers et les syndicats » ; « Naissance des Bourses du travail » ; « Historique des Bourses du travail »)[1]. Non moins significative est la préoccupation du journaliste qu'il n'a jamais cessé d'être de se faire « l'historien de l'instant » ; d'être l'historiographe de sa propre œuvre à la tête des Bourses du travail (« L'œuvre des Bourses du travail » ; « Le Comité fédéral des Bourses du travail ») ; non certes par vanité, ni même pour donner à ces réalisations la plus grande publicité possible, mais surtout peut-être pour *donner une biographie à la classe ouvrière*. Parmi les autres œuvres de Pelloutier, on note encore deux brochures à contenu historique : *les Syndicats en France*, et surtout *le Congrès*

1. *Histoire des Bourses du travail, origine, institutions, avenir*, préface de Georges Sorel, Schleicher, 1902, 232 p. ; rééd. Costes, 1946, 340 p.

général du parti socialiste français (3-8 décembre 1899) où il décrit avec une ironie mordante la tentative à moitié manquée des diverses organisations socialistes pour s'unifier[1].

Cette préoccupation est d'autant plus remarquable qu'elle restera longtemps unique : après 1900, le poste d'archiviste qui figurait dans la composition de nombreux bureaux syndicaux disparaît ; les leaders syndicaux de la décennie suivante se signalent par une superbe ignorance de l'histoire ouvrière : il faudra attendre Pierre Monatte et sa *Vie ouvrière* (1909) pour que revive ce souci de la continuité dans l'action ouvrière. Peut-être le penchant de Pelloutier pour l'histoire ouvrière avait-il une autre raison : la volonté de situer son action, souvent modeste de dimensions et réformiste d'apparences, dans la dynamique de l'émancipation ouvrière. En raison de sa précision, cette partie de l'œuvre de Pelloutier n'a pas vieilli ; elle reste une source importante d'informations.

La méthode d'observation

Fernand Pelloutier est un des rares syndicalistes français de son époque qui ait compris que pour améliorer, voire transformer la condition ouvrière, il fallait d'abord la connaître de la manière la plus incontestable et la plus scientifique possible[2]. Il est l'auteur, avec son frère Maurice, de cette *Vie ouvrière en France*[3], « saisissante étude[4] » dit Lucien Febvre, construite à partir d'articles

1. Notons encore qu'à moins de 30 ans, il songeait à écrire *le Testament d'un révolutionnaire*. Cf. *la Revue socialiste*, mai 1894, p. 535.

2. Jusqu'à la Première Guerre mondiale, il ne se trouvera qu'un seul dirigeant syndicaliste révolutionnaire d'envergure pour reprendre sa démarche : Alphonse Merrheim qui, à partir de 1906 et surtout 1909, se met à étudier les structures de l'industrie et de l'organisation patronale : cf. Christian Gras, « Merrheim et le capitalisme », *Le Mouvement social*, n° 63, avril-juin 1968, p. 143-163. Chez les modérés en revanche, des hommes comme Keüfer (Livre) Roche (Travailleurs municipaux) sont acquis à la nécessité de l'étude des réalités économiques et sociales.

3. Schleicher, 1900, 344 p. L'ouvrage est malheureusement trop important pour qu'on ait pu envisager de le republier ici, même partiellement.

4. L. Febvre, « Une question d'influence, Proudhon et le syndicalisme des années 1900-1914 », *Revue de synthèse historique* XIX, 2 (1909), p. 179-193. Repris dans *Pour une histoire à part entière*, SEVPEN, 1962, 860 p., p. 775 (note 2).

précédemment publiés dans *la Société nouvelle* de Bruxelles, *l'Ouvrier des deux mondes* et sa suite *le Monde ouvrier, la Revue socialiste, l'Almanach de la Question sociale*. Malgré cette dispersion apparente, l'unité du livre est incontestable. Le titre des différents chapitres est suffisamment explicite pour qu'il soit reproduit ici tel quel :

I. La durée du travail
II. Les salaires
III. Le travail des femmes
IV. Le travail des enfants
V. La mortalité professionnelle
VI. Comment vit la classe ouvrière
   Cause de la cherté des produits
   Enchérissement de l'alimentation
   Enchérissement des loyers
   Le budget de l'ouvrier
   Qualité de l'alimentation
   Le prix et les conditions de logement
VII. La mortalité dans les classes pauvres
VIII. Chômage et misère
IX. L'alcoolisme
X. Conclusions.

Ce tableau de la condition misérable des ouvriers français à la fin du XIXe siècle présente, quant à la méthode, un intérêt particulier. Pelloutier, ou plutôt les Pelloutier car il est impossible de faire le départ entre la contribution de l'un et de l'autre – procèdent par accumulation des données les plus diverses, des plus anciennes (par exemple *le Livre des métiers* d'Étienne Boileau) aux plus récentes (les études de l'Office du travail auquel Fernand appartiendra quelques mois), mettant à contribution aussi bien les théoriciens (Saint-Simon, Proudhon, et même Marx) que les observateurs les plus modestes (les témoignages d'ouvriers de Saint-Nazaire, ou de paysans de l'arrondissement de Châteaubriant), aussi bien les économistes et publicistes bourgeois (Molinari, M. de Chambrun, P. Leroy-Beaulieu) que les journalistes socialistes (Paul Brousse, G. Rouanet) et anarchistes (Domela Nieuwenhuis) ; aussi bien les médecins (cités en très grand nombre à propos de l'alcoolisme et des maladies professionnelles) que les poètes (Baudelaire) ; aussi bien les renseignements relatifs à la France que ceux qui concernent l'étranger (on note à ce propos une lecture attentive de la presse anglo-saxonne, ainsi que le dépouillement de travaux sur l'Afrique noire, l'Amérique ou l'Australie). Au total, une culture extrêmement vaste et variée, qui s'explique moins par les études que les frères Pelloutier ont faites que par celles qu'ils n'ont pas faites : on sait l'extrême indépendance d'esprit de Fernand au collège, son éloignement de l'enseignement dès l'âge de 16 ans, les longues plongées, occasionnées par la maladie, dans l'univers des livres et du travail intellectuel libre : un bourgeois rallié au prolétariat est toujours plus ou moins forcé de se faire autodidacte d'une science nouvelle. Nous sommes en tout cas aux antipodes de l'anti-intellectualisme qui se développera dans le mouvement ouvrier français après la mort de Pelloutier.

Au total, un travail bien empirique, dira-t-on. Sans doute. Mais on ne peut qu'être frappé à la lecture du premier volume du *Capital* ou du *Développement du capitalisme en Russie* par la collecte extrêmement éclectique de matériaux de diverses origines à laquelle procèdent Marx et Lénine pour bâtir leurs ouvrages : seuls des idéologues pressés peuvent mépriser cette patiente et hasardeuse quête qui fait de tout historien, de tout théoricien digne de ce nom un perpétuel collectionneur, un archiviste né. Sans doute la différence est-elle énorme : Pelloutier en reste à ce stade élémentaire ; sauf en matière monétaire, il n'a pas de théorie d'ensemble ; il témoigne contre l'exploitation telle qu'elle est ressentie et contre la misère, en dehors de toute qualification. Le système d'explication et de formulation n'a pas occulté, comme il est souvent arrivé pour Marx lu par ses épigones, la démarche éthique qui commande toute l'attitude politique.

Nous voici donc confrontés à la question des influences ; nous laisserons de côté, pour l'examiner après étude de la politique de Pelloutier, le problème des rapports de Pelloutier avec Proudhon d'une part, avec Marx de l'autre. Cependant, la lecture d'un livre comme *la Vie ouvrière* amène à d'autres interrogations.

Vers 1895, la condition ouvrière reste largement ignorée du grand public et des intéressés eux-mêmes. La « question sociale »

– expression de l'époque – commence à peine à émerger d'un amas confus de données sentimentales et d'initiatives charitables. C'est pourquoi jamais peut-être autant qu'à ce moment, on n'a autant cru à la force persuasive, et même à la vertu opératoire de l'enquête empirique, du rassemblement de données brutes, de la monographie exemplaire. C'est l'époque où un homme comme Arthur Fontaine, à la tête de l'Office du travail du ministère du Commerce, entreprend ce rassemblement de données statistiques, de monographies qui sont encore aujourd'hui pour les chercheurs une véritable bibliothèque de faits bruts, de *data* comme disent les Américains. J. Barberet a publié de 1886 à 1890 *le Travail en France*, sept volumes de monographies professionnelles. P. du Maroussem publie en 1893 et 1896 ses deux volumes sur les salaires et la durée du travail dans la grande industrie, ses quatre volumes de monographies de métier sous le titre *la Question ouvrière* ; depuis 1894 paraît le bulletin mensuel de l'Office du travail ; en 1902, Jules Huret fera paraître, préfacées par Alexandre Millerand, ses monographies de grèves. Ce ne sont là que quelques exemples. Ce qu'il faut noter ici, c'est que ce n'est pas par hasard que Pelloutier est devenu en 1899 enquêteur à l'Office du travail ; ce n'est pas par hasard non plus qu'il n'a cessé d'être l'ami de Léon de Seilhac dont les opinions conservatrices et le christianisme social s'accompagnent d'une curiosité passionnée et inlassable pour tous les aspects de la vie et de la condition ouvrières, collationnant précieusement ce qui paraît futile à la plupart des bibliothécaires publics et faisant du Musée social la meilleure bibliothèque ouvrière de Paris.

De ces relations confiantes et amicales entre Pelloutier et Léon de Seilhac, nous avons maint témoignage. Le second, dans ses livres, a rendu au premier un hommage particulier[1] ; le premier n'hésite pas à confier au second ses projets, sa tactique et ses soucis d'argent.

1. « Un jeune homme intelligent, instruit, issu de la classe bourgeoise, venait d'y entrer comme secrétaire (à la Fédération des Bourses) ; M. Fernand Pelloutier mena la Fédération avec un talent et une sûreté de jugement auxquels ses ennemis les plus acharnés sont forcés de rendre hommage… la Fédération lui doit en grande partie ses rapides succès », *les Congrès ouvriers en France de 1876 à 1897*, Colin, 1899, 364 p., p. 272.

Il accorde aux travaux du Musée social une grande importance, qualifiant de « merveilleux outil de travail » *les Congrès ouvriers en France*. Rendant compte de la *Concentration ouvrière aux États-Unis*, il écrit[1] :

> Comme MM. de Seilhac, de Rousiers, J. Bourdeau, Martin Saint-Léon, M. Vigouroux fait partie du Musée social. Après avoir rendu hommage à l'érudition de ces écrivains – qui nous auront bientôt infligé la honte de créer la bibliothèque sociale qui aurait dû être notre œuvre – il n'est que juste de remercier le musée qui leur facilite les grands voyages nécessaires à leurs enquêtes.

Mieux : quand de Seilhac veut se documenter sur la coopération, le chevalier du travail Pelloutier n'hésite pas à le recommander au grand maître Parmentier avec le mot suivant[2] :

> Vous pouvez lui parler à cœur ouvert comme à moi-même.

Peu de ses amis ont obtenu de Pelloutier de pareilles marques de confiance ! Ces relations étaient du reste connues. Ainsi, au congrès de Toulouse (1897), le délégué de Paris, préconisant l'installation de la Fédération des Bourses au siège de la Bourse du travail de Paris, malgré le contrôle administratif dont cette dernière est l'objet, donne en passant ce coup de patte[3] :

> Aucun syndicat n'a perdu sa dignité en y rentrant, pas plus que le citoyen Pelloutier en fréquentant le Musée social.

Mieux, le 1er juillet 1898, la propagande du Musée social auprès des marins pêcheurs est dénoncée en ces termes par le Comité fédéral sur proposition de Lavaud, délégué de Boulogne-sur-Mer[4] :

> La Fédération des Bourses du travail met en garde les Bourses du travail contre l'œuvre démobilisatrice du Musée social, qui a surtout pour objet la conciliation du Capital et du Travail, alors que l'objectif socialiste est la suppression du salariat.

---

1. *Le Monde ouvrier*, nº 5, juin 1899, p. 80.
2. Lettre du 15.12.1895, citée dans M. Dommanget, *la Chevalerie du travail française, 1893-1911*, Éditions Rencontre, 1967, 565 p., p. 163.
3. *Compte rendu du congrès de Toulouse*, p. 35.
4. Registre des délibérations, p. 133.

De la part du vigilant secrétaire de l'Union fédérative du centre (allemaniste), il y a bien là comme une pierre dans le jardin d'un anarchiste qui a, décidément, de surprenantes relations…

Pas de doute sur ce point : Pelloutier a partagé avec ces hommes – par ailleurs si différents de lui – la passion pour l'étude désintéressée du monde ouvrier. Raconter comment cette tradition de collaboration intellectuelle se rompit, comment s'opéra ce divorce de la recherche et de l'action, c'est faire l'histoire de la dissociation entre des intellectuels de plus en plus tentés par l'idéologie et la politique, et un mouvement ouvrier se refermant sur lui-même, comme fasciné par sa propre existence.

Allons plus loin : il y eut au XIXe siècle en France, une école sociologique, aujourd'hui bien oubliée, qui fit du recueil de monographies, et notamment de l'étude des familles ouvrières et des budgets ouvriers, l'essentiel de sa méthode : cette école est celle de Le Play et de ses disciples. Le côté conservateur, paternaliste et même réactionnaire de l'école de Le Play est bien connu ; la richesse de son travail l'est moins[1]. Qui a lu les six volumes de ses *Ouvriers européens* ? qui à plus forte raison a dépouillé les 40 000 pages de sa *Science sociale*, la revue de ses continuateurs ? Il est certes peu probable que Pelloutier ait bien connu l'œuvre de Le Play. Mais on doit constater que les budgets ouvriers présentés par les Pelloutier dans *la Vie ouvrière* procèdent de la même démarche. Du reste, Pelloutier cite avec prédilection, à maints endroits de son œuvre écrite, les travaux de Paul de Rousiers, un des principaux continuateurs de Le Play. Il consacre à son ouvrage sur *le Trade unionisme en Angleterre*[2] un très long article non signé qui ne s'étend pas sur moins de trois numéros de *l'Ouvrier des deux mondes*[3]

1. Sur l'importance de l'œuvre de Le Play : Paul Lazarsfeld, *Philosophie des sciences sociales*, Gallimard 1970, 506 p., p. 129-160 : « Le Play et sa "méthode d'observation" ». L'auteur souligne l'ignorance complète dans laquelle est restée en France l'œuvre sociologique de Le Play.

2. Avec la collaboration de de Carbonnel, Festy, Fleury, Wilhelm.

3. N° 1, 1.2.1897 ; n° 2, 1.3.1897 ; n° 5, 1.6.1897 ; p. 11-13, 25-27, 75-77. Pelloutier à cette époque paraît avoir placé beaucoup d'espoirs dans le développement révolutionnaire de l'organisation syndicale britannique : cf. « Le pays de la guerre », *Journal du peuple*, 13.2.1899.

et qui insiste notamment sur l'utilité des études monographiques qu'il contient (ouvriers du bâtiment, ouvriers agricoles). Pelloutier multiplie du reste de la même manière les monographies syndicales dans sa revue[1] ; mieux, il invite les Bourses du travail, à l'occasion des congrès de la Fédération, à élaborer des études sur chacune d'entre elles, qui seront lues devant le congrès[2]. En 1897, Pelloutier préparait depuis cinq ans le tableau des conditions de travail pour 120 métiers comprenant « le nombre d'ouvriers, le salaire, la durée du travail, le gain réel par année, la durée et le coût de l'apprentissage, le nombre des syndiqués, les maladies déterminées par le métier, la moyenne pour mille de la mortalité professionnelle des ouvriers mâles de Paris, etc. ». Nous ne savons pas si ce tableau vit finalement le jour. Mais il est significatif des préoccupations

1. « La Fédération nationale des syndicats et groupes ouvriers de la voiture », n° 4, 1.5.1897, p. 55-58 (G. Duroch). — « Le syndicat national des ouvriers et employés des chemins de fer français », n° 5, 1.6.1897, p. 70-73. — « Les pêcheurs et ferblantiers soudeurs de l'océan », n° 6, 1.7.1897, p. 88-91, partiellement extrait de *la Statistique des grèves pendant l'année 1896* (Office du travail). — « Le Vooruit de Gand » n° 7, 1.8.1897, p. 106-107. — « L'industrie vannière en Thiérarche », n° 7, p. 100-103 et n° 9 1.10.897, p. 132-133. — « L'industrie textile à Elbeuf », n° 9, p. 133-136 (Léon Martin). — « L'industrie mécanique de précision », n° 12, 1.1.1898, p. 177-180 ; n° 13, 1.2.1898, p. 197-199 ; n° 14, 1.4.1898, p. 215-218 ; n° 15, 1.5.1898, p. 233-234 (Paul Delesalle). — « I fasci dei lavatori », n° 12, p. 183-184. — « La Bourse du travail de Nîmes » n° 13, p. 202-203 ; n° 14, p. 213-214 (C. Gignoux). — « La Fédération des sociétés coopératives de consommation des employés de la Compagnie PLM », n° 19, 1.9.1898, p. 292-293 (A.D. Bancel). — « La Fédération métallurgique belge », n° 19, p. 293-296 (Zéo). — « L'industrie lainière à Reims 1880-1898 », *le Monde ouvrier*, n° 4, avril-mai 1899, p. 55-57 ; n° 5, juin 1899, p. 72-74 ; n° 6, juillet 1899, p. 88-90 (inachevé, Thierrart). — « Les Bourses du travail de Montpellier » (Rolland), « Perpignan » (Ortic), « Narbonne » (Rancoule), n° 4, p. 57-58. — « La Bourse du travail d'Alger », n° 5, p. 69-71 (Soulery). — « La Fédération américaine du travail », n° 6, p. 82-83 (Georges Sorel).

2. Par exemple, lors du congrès de Rennes (21-24 septembre 1898) l'historique des Bourses du travail de Paris et de Rennes (compte rendu dans *l'Ouvrier des deux mondes*, n° 20-22, 1.10.1898, p. 310-318). Au congrès de Toulouse (15-18 septembre 1897), il indique qu'il a reçu onze rapports sur le fonctionnement des Bourses : c'est insuffisant pour un rapport général.

documentaires et statistiques de Pelloutier[1]. De même, dans *le Journal du peuple* du 27.2.1899, il publie un compte rendu favorable du nouveau livre de Paul de Rousiers : *les Industries monopolisées aux USA*.

L'Ouvrier des deux mondes, n° 6, 1er juillet 1897, publie un compte rendu de la conférence faite au mois de mai 1897 à la Bourse du travail de Paris par le même de Rousiers sur *l'Organisation ouvrière aux États-Unis*. On notera encore que Pelloutier a connu les travaux de l'économiste allemand Ernst Engel[2], auteur de la fameuse loi qui établit une relation inverse entre le niveau de revenu d'une famille, et la proportion de celui-ci consacrée à la dépense alimentaire. Or Engel est un disciple de Le Play ainsi que du statisticien belge Quételet[3]. Notons enfin que le titre même de la revue fondée par Pelloutier en février 1897, *l'Ouvrier des deux mondes, revue mensuelle d'économie sociale* est extrêmement proche de celui de la série de monographies familiales à travers le monde publiées par Le Play et ses disciples : *les Ouvriers des deux mondes*. Certes, n'allons pas faire, ni de près, ni de loin, de Pelloutier un disciple de Le Play : sommé par les vrais disciples de celui-ci d'avoir à changer le titre de sa revue, Pelloutier s'exécute de mauvaise grâce, avec des considérations extrêmement dures pour ces « judéo-catholiques » (?) qui publient « des monographies, d'ailleurs totalement inconnues des porions chers à Jules Chagot et des "vieux ouvriers" que les chefs d'État décorent solennellement, de temps à autre, pour servilisme exceptionnel[4] ». On ne saurait être plus net ; mais les ressemblances de méthode, au-delà des oppositions d'intention et de point de vue, méritaient d'autant plus d'être signalées.

Cela dit, quelles sont les conclusions des enquêtes des frères Pelloutier ?

En ce qui concerne la *durée du travail*, on observe une grande variété selon les pays. En France, « la moyenne de dix heures est

1. *L'Ouvrier des deux mondes*, n° 7, août 1897, p. 112.
2. *La Vie ouvrière en France*, p. 6.
3. Paul Lazarsfeld, *op. cit.*, p. 152.
4. *L'Ouvrier des deux mondes*, n° 23, 1.12.1898, p. 345. Jules Chagot, gérant de la Société minière de Blanzy, est le type du patron paternaliste et autoritaire.

dépassée par un grand nombre d'ouvriers » notamment dans les métiers artisanaux, mais aussi dans de grandes entreprises, comme par exemple la compagnie des chemins de fer de l'Est où les aiguilleurs sont astreints tous les cinq jours à un service de vingt-quatre heures consécutives. Faut-il s'étonner dans ces conditions que le nombre des accidents par rapport au nombre des voyageurs transportés y soit infiniment plus élevé qu'en Angleterre, en Belgique, ou en Prusse ? D'une façon générale, le travail excède une sorte de seuil physiologique qui explique la diminution du rendement au-delà de huit heures par jour. Le résultat, c'est le faible niveau des salaires là où l'exploitation de la force physique du travailleur est la plus intense. Exemples étrangers à l'appui, les Pelloutier montrent que l'adoption de la journée de huit heures ne fait pas décroître la production, et peut même l'améliorer. La revendication par les travailleurs de la journée de huit heures sans diminution de salaires est donc parfaitement justifiée, du strict point de vue de la logique capitaliste. Argument réformiste s'il en est, corrigé par une conclusion révolutionnaire, plaidoyer pour l'action directe[1] :

> La réduction de la durée du travail ne peut pas, ne doit pas être également profitable au patron et à l'ouvrier. Elle a pour objet essentiel ou plutôt exclusif de donner à l'ouvrier des loisirs qu'il n'a pas, sans diminuer son gain ni l'obliger à augmenter son effort. Elle doit donc être nécessairement appliquée au détriment du profit patronal, et, dans ces conditions, elle ne sera certaine et définitive *que si elle est l'œuvre des ouvriers eux-mêmes*.

Après la durée du travail, *les conditions de travail*. Les frères Pelloutier s'intéressent surtout à celles des femmes et des enfants auxquels ils consacrent plusieurs articles de *la Revue socialiste*, repris partiellement dans *la Vie ouvrière*. Ils sont bien obligés de constater que le recours à la main-d'œuvre féminine de la part du patronat a pour but exclusif de payer moins cher le même travail : à travail égal, salaire inégal. Du moins n'en tirent-ils pas la conclusion réactionnaire qui sera jusqu'en 1914 celle de nombreux travailleurs,

1. *La Vie ouvrière en France*, p. 52-53. C'est nous qui soulignons les derniers mots qui paraissent annoncer la mobilisation organisée par la CGT pour le 1er mai 1906 : « À partir du 1er mai 1906, nous ne travaillerons plus que huit heures par jour. »

de plus d'un syndicaliste[1] : barrer par tous les moyens l'accès des femmes au travail. Au contraire, ils préconisent la propagande pour le syndicalisme dans les milieux féminins[2], seul moyen d'amener les femmes à refuser les salaires de misère que leur proposent sans vergogne les patrons. Toutefois, dans un article de *l'Avenir social* du 31 août 1893, F. Pelloutier en réponse à Yves Guyot, qui dans son livre *la Tyrannie socialiste*[3] s'en est pris à la motion féministe du congrès de Tours de 1892, affirme qu'en réclamant l'égalité des salaires masculins et féminins, le but des socialistes est de « bannir la femme de l'atelier », puisque le patron n'aura plus alors intérêt à faire appel à ses services, de qualité moindre. Sur ce point, il paraît avoir partagé les positions « petites-bourgeoises » de l'ensemble du mouvement ouvrier français de l'époque. Reste que dans la défense implicite de la femme au foyer, le détour par la revendication de l'égalisation des salaires masculins et féminins représente un progrès psychologique et politique important.

Priorité, somme toute, à la revendication économique, et prudence à l'égard de l'émancipation politique : dans une deuxième partie non reproduite dans *la Vie ouvrière* de leur étude sur « La femme dans la société moderne[4] » et consacrée au mouvement féministe, les frères Pelloutier hésitent à se prononcer pour le suffrage féminin. Certes, la proportion des femmes qui en serait digne n'est pas inférieure à celle des hommes ; certes, les arguments fondés sur l'infériorité physiologique ou intellectuelle des femmes sont dépourvus de valeur ; pourtant « il ne semblerait pas opportun de les élever immédiatement au titre de citoyennes, avec tous les droits qu'il emporte ». Pourquoi ? Parce qu'il n'appartient pas au prolétariat de prendre l'initiative d'expériences « trop hasardeuses » sous

1. Voir sur ce point Madeleine Guilbert, *les Femmes et l'organisation syndicale avant 1914*, Éditions du Centre national de la recherche scientifique, 1966, 508 p.

2. Cf. également cette réaction de Pelloutier au congrès de Rennes de la CGT : « Nous n'avons qu'une chose à faire : faire toute la propagande possible pour faire entrer les femmes ouvrières dans les syndicats, ou les faire rentrer chez elles », *Compte rendu*, p. 177.

3. Delagrave, 1893, 272 p., p. 129-132.

4. *Revue socialiste*, septembre 1894, p. 303-311.

peine de les voir peut-être se retourner contre lui. Il est probable que les auteurs redoutent ici les conséquences conservatrices de l'attribution du droit de vote aux femmes, aussi longtemps qu'elles n'auront pas commencé à secouer la tutelle économique, sociale et culturelle qui pèse sur elles :

> Que nos compagnes conquièrent d'abord leur émancipation *économique*, c'est-à-dire la possession d'un salaire égal à celui de l'homme, et ce sera la preuve qu'elles seront mûres pour leur émancipation politique.

De plus, les analyses de Pelloutier dépassent largement le point de vue étroitement syndical : les deux auteurs voient dans l'exploitation de la femme au travail un cas particulier de la subordination dont la femme est victime dans les sociétés à dominante masculine[1] :

> En thèse générale, la femme est l'esclave de l'homme. *Quelle que soit sa condition sociale*, patricienne, bourgeoise ou plébéienne, les lois, les coutumes et les mœurs l'obligent à recevoir de son compagnon appui matériel et protection morale !

Malheur à la femme seule ! La loi et la société se conjugueront pour paralyser tous ses efforts d'émancipation. Cette situation de dépendance ne date pas d'aujourd'hui. Dans un long article paru dans *la Revue socialiste*[2] sous le titre « La monogamie et l'union libre », bourré de références littéraires et historiques, s'appuyant principalement sur Engels (*l'Origine de la famille, de la propriété privée et de l'État*), Fernand Pelloutier s'efforce de démontrer que la monogamie n'est pas naturelle à l'homme ; qu'elle n'est pas nécessairement signe de progrès ; qu'elle est liée à un certain état social ; qu'elle a pour but de ne pas disperser à l'excès le patrimoine, et qu'elle a pour effet de faire de la femme une esclave[3]. Constatant

---

1. *La Vie ouvrière en France*, p. 91. (C'est nous qui soulignons.)
2. Mai 1894, p. 535-559.
3. Cf. Engels : la famille monogamique « est fondée sur la domination de l'homme, avec le but exprès de procréer des enfants d'une paternité incontestée, et cette paternité est exigée parce que ces enfants entreront un jour en possession de la fortune paternelle, en qualité d'héritiers directs [...]. L'existence de l'esclavage à côté de la monogamie, la présence de belles esclaves qui appartiennent *à l'homme*, voilà ce qui imprime dès le début à la monogamie

que la famille bourgeoise est malade, Pelloutier préconise un certain nombre de remèdes :

L'abrogation des pénalités de l'adultère, les sociétés n'ayant pas le droit de tracer des limites à la passion sexuelle ; la suppression de toutes les différences de traitement entre les enfants nés dans ou hors le mariage ; le droit pour l'époux survivant d'hériter sans testament, sans préciput et hors part ; la soustraction de la femme à la tutelle de son mari ; le droit pour elle d'administrer ses biens propres et généralement la jouissance dans la communauté de droits égaux à ceux de l'homme. L'établissement du divorce par consentement mutuel, qui existait en France avant le XIIe siècle, qui existe encore à Genève, en Roumanie, au Pérou et en Chine, et que les constitutions européennes n'ont rapporté que pour déférer à la tyrannie religieuse[1].

Comme tous les grands socialistes du XIXe siècle, à l'exception de Proudhon, Pelloutier a donc affirmé qu'il existait un lien étroit entre l'exploitation capitaliste et l'exploitation de la femme dans la société. C'est pourquoi il a ressenti spontanément que dans leur lutte pour l'émancipation, l'ouvrier et la femme étaient des alliés[2]. Comme la plupart de ses compagnons anarchistes, Pelloutier qui lui-même n'épousa jamais celle qui fut la compagne de toute sa vie, est partisan de l'union libre. Sous ce titre, Jean Réflec (qui cache Fernand et Maurice Pelloutier) publie dans *l'Ouvrier des deux mondes* un sonnet dont voici le dernier tercet[3] :

> À leurs libres transports, à leurs libres étreintes
> Moi, dont l'être répugne à toutes les contraintes
> Je pensai : voilà bien le vrai, l'unique amour !

---

son caractère spécifique », *l'Origine de la famille, de la propriété privée et de l'État*, Éditions sociales, 1966, 358 p., p. 61-62.

1. Pelloutier rappelle à cette occasion son plaidoyer devant le congrès socialiste de Tours de 1892, en faveur de ces mêmes revendications féministes.

2. « La prostitution n'est qu'une expression *particulière* de la prostitution *générale* de l'ouvrier », Marx, *Manuscrits de 1844*, 3e manuscrit, Éditions sociales, 1962, 178 p., p. 85 (note).

3. N° 13, 1.2.1898, p. 197. Georges Yvetot publie à côté un poème sur le même thème.

Le mariage bourgeois est une hypocrisie, qui permet l'asservissement de la femme. Tout véritable libertaire se doit de s'insurger[1] :

> Nous demandons simplement pour l'union des sexes cette liberté que nous réclamions hier et que nous réclamerons demain pour *toutes* les manifestations de l'individualité… liberté des sexes et indépendance économique de la femme ; tels doivent être, à notre sens, les éléments régénérateurs de la famille moderne…

Pour Pelloutier, la question de la femme, *c'est-à-dire la révolution*, non plus dans la société politique, mais dans la société civile, est une question décisive. Pour tout vrai libertaire, la question politique, si urgente qu'elle soit, est toujours subordonnée, puisqu'il s'agit justement d'en finir avec elle, d'abolir la sphère du politique. La modification des rapports humains permettant à l'homme de coïncider derechef avec sa nature *humaine* est le but final de toute révolution[2].

Aucun laxisme, aucune complaisance dans cette éthique d'émancipation. Mais l'espoir irrépressible d'une société *autre*, parce que libérée de l'aliénation politique. En reconstituant le primat d'une vie privée libérée, une telle société mettrait la femme *au premier rang*. Sur ce point, l'originalité de Pelloutier éclate, et sa vision d'une société future convertie au *matriarcat* n'a guère d'équivalent à notre connaissance dans la littérature ouvrière de l'époque :

> Quant à nous, convaincu que l'œuvre de transformation sociale est un bloc dont l'on ne peut détacher aucune partie sans compromettre la solidié du tout, c'est vers la société future que nous tournons nos espérances, et d'elle seule que nous attendons la transformation de la famille moderne. Cette société, qui par sa constitution même, ne pourra s'ingérer dans les relations mutuelles des individus[3] aura pour unique tâche de pourvoir à la

1. « La monogamie et l'union libre », *la Revue socialiste*, mai 1894, p. 535.
2. Marx : « Le rapport immédiat, naturel, nécessaire de l'homme à l'homme est le *rapport* de *l'homme à la femme*. Dans ce rapport générique *naturel* le rapport de l'homme à la nature est immédiatement son rapport à l'homme, de même que le rapport à l'homme est directement son rapport à la nature, sa propre détermination naturelle… En partant de ce rapport, on peut juger de tout le niveau de culture de l'homme », *ibid.*, p. 86.
3. On touche ici du doigt le tronc commun entre la pensée *libérale* et la pensée *libertaire* : défiance à l'égard du pouvoir politique, primat de la

substance et à l'instruction des enfants, dont l'éducation sera confiée aux femmes[1]. Il nous est impossible d'établir en cette étude déjà trop longue les incontestables avantages du matriarcat ; nous rappellerons seulement que le droit maternel a précédé chez presque tous les peuples l'établissement de la propriété privée et n'a disparu devant le patriarcat que pour faciliter la transmission des biens.

Il est temps de revenir à la réalité après cette échappée vers la société future. Le troisième aspect de l'enquête sociale porte sur la manière dont vit – et meurt – la classe ouvrière. Il ne saurait être question de reproduire ici l'ensemble des données éparses contenues dans *la Vie ouvrière* sur les salaires, les prix et les budgets ouvriers. Limitons-nous aux principales conclusions.

Certes, en raison de la concentration industrielle et de l'accroissement de la productivité provoqué par le machinisme, le prix des principaux produits industriels a baissé, notamment durant les vingt dernières années. Certes, dans l'ensemble, les salaires se sont légèrement accrus. Mais la hausse moyenne du salaire est loin d'avoir suivi l'augmentation de la richesse publique. En d'autres termes, l'exploitation ouvrière s'est aggravée. Pour employer une terminologie qui n'est pas celle de Pelloutier, on dira que, à défaut de paupérisation absolue, il y a eu pour le moins paupérisation relative. On peut même se demander si le pouvoir d'achat ouvrier n'a pas baissé, car le prix des denrées alimentaires et du logement n'a cessé de monter. Ainsi, le pain de première qualité passe de 0 franc 68 les quatre livres en moyenne de 1823 à 1854 à 0 franc 78 en 1894. La viande de boucherie, dont le prix a varié de 1 franc à 1 franc 10 le kilo pendant la première moitié du siècle, coûte 1 franc 64 en 1892. Enfin, si les habitations se sont modernisées (éclairage au gaz, chauffage, quelquefois même ascenseurs) si l'on a créé des habitations dites « à bon marché », le prix des loyers qui précédemment n'entrait que pour une faible part dans la dépense ouvrière, s'est

vie privée, dont il faut sauvegarder l'intégrité pour assurer la « sécurité des jouissances privées », disait Benjamin Constant.

1. Et comme nous voilà loin du jacobinisme ! Saint-Just : « Les enfants appartiennent à leur mère jusqu'à cinq ans, si elle les a nourris, et à la république ensuite, jusqu'à la mort », *l'Esprit de la Révolution* suivi de *Fragments sur les institutions républicaines*, Plon 1963, 192 p., p. 158.

accru à son tour. Or que constatent les Pelloutier en examinant une série de budgets ouvriers, recueillis çà et là, en France et à l'étranger, ou reconstitués par eux-mêmes ? Que la nourriture et le logement constituent la quasi-totalité de la dépense ouvrière, cependant que les postes habillement, loisirs, culture sont extrêmement modestes. Donc, la classe ouvrière, loin d'avoir bénéficié de l'accroissement de la richesse publique dû en grande partie à son travail, a vu au contraire son sort empirer au cours des vingt dernières années.

Non seulement les ouvriers – et surtout les ouvrières – s'alimentent souvent en quantité insuffisante, mais encore la nourriture qu'ils absorbent est de mauvaise qualité, souvent frelatée et impropre à la consommation : le poisson vendu aux collectivités est quelquefois dans un état de putréfaction avancé ; le lait destiné à la consommation des enfants est souvent additionné d'eau et de bicarbonate ; les vins de synthèse, les confitures « fantaisie » recèlent les produits les plus divers et les plus inattendus. Et que dire des alcools frelatés avec lesquels l'ouvrier s'empoisonne dès son jeune âge ? Sans doute les auteurs s'exagèrent-ils la différence qui existe entre les alcools frelatés et les alcools de bonne qualité, quand ils attribuent aux premiers l'étendue des ravages opérés par l'alcoolisme. En tout cas, le mal est dénoncé dans toute son ampleur[1] :

> Loin de vouloir celer les défauts du peuple, nous les dénombrerons avec la même abondance de détails que nous avons mise à peindre sa misère.

La consommation des boissons est la seule qui depuis quatre-vingts ans n'a cessé de s'accroître. La quantité annuelle d'alcool pur absorbée par habitant s'établissait en 1850 à 146 centilitres ; en 1860 à 227 ; en 1871 à 281 ; en 1881 à 391 ; en 1892 à 456. À vrai dire, toutes les couches de la population sont atteintes par le fléau, comme en témoigne l'égale densité des débits de boisson dans les divers quartiers de Paris ; cependant l'alcoolisme ouvrier est particulièrement spectaculaire. À quoi attribuer cette mauvaise habitude ? En réalité, l'alcoolisme est une conséquence de la misère sociale et psychologique. Citant le chimiste Liebig, les Pelloutier attribuent à la sous-alimentation la propension excessive des travailleurs de force

1. *La Vie ouvrière*, p. 305.

à la boisson. C'est pourquoi si « l'alcoolisme est un retard apporté à l'émancipation des travailleurs », il est la « conséquence de l'état social actuel ». En attendant l'émancipation intégrale, seule capable de libérer la classe ouvrière de l'alcoolisme, les militants doivent pratiquer « une sorte de boycottage sur nous-mêmes[1] ».

La conséquence de ce sombre tableau ? C'est la surmortalité ouvrière. S'appuyant sur des statistiques officielles, les Pelloutier montrent que d'un quartier à l'autre, la mortalité peut varier de 12,1 % (dans le 8e arrondissement) à 34,7 % (dans le 14e). Mêmes constatations en ce qui concerne la mortalité infantile. Ainsi, même devant la mort, les hommes ne sont pas égaux. On ne saurait trop insister sur l'importance de ces notations, de ces chiffres. Il n'y a pas en effet de démarche socialiste authentique qui ne s'enracine dans une prise de conscience de l'injustice quotidienne, dans la capacité de s'en scandaliser, dans une disponibilité pour la révolte. Aucune connaissance scientifique ne saurait dispenser de regarder avec naïveté les hommes – et comme ils vivent.

La « débâcle bourgeoise »

La tyrannie de l'argent

S'il est un domaine où la pensée de Pelloutier manifeste une stabilité remarquable, c'est bien celui de l'économie, tout au moins de l'économie entendue comme science spéculative. Pourtant, le point de départ de sa pensée n'est pas intellectuel, mais viscéral. Très tôt déjà, pendant sa période nazairienne, il avait dénoncé l'argent comme le mal radical dont souffrait la société bourgeoise ; impossible donc de supprimer les maux de cette société, sans en supprimer la cause. L'affaire de Panama a révélé la pourriture bourgeoise. Il est temps, estime le jeune Pelloutier dans *la Démocratie de l'Ouest*, de mettre à la place une société nouvelle[2] :

Est-ce à dire cependant que le peuple soit de droit réfractaire aux tentations du capital ? Que le quatrième État, lorsqu'il sera entré en possession de

1. *Compte rendu du IVe Congrès de la CGT*, Rennes, 1898, p. 148-149 et 360.

2. « Morale », 27.11.1892. Cf. aussi l'article « L'argent » du 24.6.1892, signé « un socialiste ».

la puissance politique, saura mieux que ses prédécesseurs se garder des faiblesses auxquelles incite l'argent, cet effrayant destructeur des sociétés ? Hélas ! non. Tant que le capital existera, quelque forme qu'on lui donne, sous quelque aspect qu'on l'envisage, la fragilité humaine sera impuissante à résister à ses assauts tentateurs. Un proverbe dit que pour supprimer l'effet, il faut détruire la cause. Il faudra bien qu'un jour – nul ne peut prévoir la date, on supprime l'improbité en supprimant l'Argent.

Cette dénonciation de l'argent, on la retrouve à maintes reprises sous la plume de Pelloutier. On lira plus loin l'article de *l'Art social* paru en janvier 1894 sous le titre « Qu'est-ce que la question sociale ? » ; en décembre de cette même année paraît dans *la Question sociale*, sous le titre « Évolution et Révolution », une lettre ouverte au docteur Pioger ; en 1896 enfin, c'est le rapport au congrès de Tours sur le rôle des Bourses du travail dans la société future.

Essayons de résumer la pensée, à vrai dire assez hésitante en dépit de sa conviction, de Pelloutier sur ce point.

Et d'abord : Pelloutier, qui sait distinguer entre valeur d'usage et valeur d'échange, fait de l'existence de cette seconde le fondement même de l'exploitation dans la société marchande : la valeur d'échange se cristallise en effet dans la monnaie. Celle-ci, une fois créée, loin de se contenter du rôle de service qu'on lui destinait au départ, permet la spéculation, en raison de l'existence de la loi de l'offre et de la demande qui interdit toute fixation d'un rapport immuable entre un produit donné et une certaine valeur d'échange, c'est-à-dire une certaine quantité de monnaie. Les oscillations des prix autour d'un prix moyen, en vertu des règles du marché, favorisent nécessairement les détenteurs de capitaux au détriment des salariés et des consommateurs. Certes, Pelloutier comme Marx se heurte au problème de l'accumulation primitive, et convient qu'« assurément, la violence, le despotisme, la fraude ont précédé la valeur d'échange ; mais ce sont les signes d'échange qui ont développé, compliqué les rouages sociaux[1] ». Dès lors, l'argent peut continuer ses ravages ; c'est lui qui, en raison des inégalités qu'il introduit dans la société, est responsable des instruments de coercition dont disposent les clans dominants « les milices, les armées,

1. « Du rôle des Bourses du travail dans la société future », *op. cit.*

les magistratures, la police, chargées de protéger l'organisme social, les parlements, les ministères chargés de l'administrer[1] ».

Arrêtons-nous un instant pour nous interroger sur la vision économique brièvement évoquée ici. Incontestablement, il y a chez Pelloutier un véritable fétichisme monétaire qui fait de l'argent une sorte de malin génie de l'organisme social. De même que le bourgeois ou l'économie politique bourgeoise finissent par être fascinés par la forme argent prise par la valeur d'échange, de même Pelloutier, critique de l'ordre bourgeois, est comme obnubilé par le phénomène monétaire, jusqu'à en faire un principe actif, doué de volonté et d'initiative. Ne va-t-il pas jusqu'à écrire[2] :

> Une des causes du mal social, c'est l'accaparement de la richesse, c'est-à-dire des produits naturels ou manufacturés, par les valeurs d'échange.

Plus loin il affirme que la fortune tend sans cesse à « accaparer la richesse ». Cela l'empêche de pousser plus loin l'analyse du procès de l'économie marchande. Certes, il a conscience[3] que c'est le mécanisme monétaire qui rend possible le surtravail et la plus-value. Mais ici l'analyse devient vague, comme si Pelloutier, au moment de quitter définitivement le terrain moral pour une analyse scientifique, reculait devant les difficultés de la tâche, ou son inutilité. Pelloutier a-t-il lu Marx ? Médiocrement, sans doute. Il paraît en avoir connu quelques bribes, car il lui arrive de citer son nom, mais sans insister beaucoup. Il est clair qu'étant donné son point de départ, fort marxiste somme toute, il lui a manqué la théorie marxiste de la valeur pour échapper au fétichisme monétaire.

Fétichisme monétaire, mais non utopie monétaire, si l'on désigne par là, avec Marx[4], la façon dont Proudhon et son disciple Darimon ont tenté d'échapper aux conséquences de l'économie marchande en essayant d'en modifier la forme argent grâce au projet de bons de travail destinés à se substituer à la monnaie, ou celui de banque

---

1. *Ibid.*
2. « Qu'est-ce que la question sociale ? », *op. cit.*
3. « Du rôle des Bourses… », *op. cit.*
4. Marx, *Fondements de la critique de l'économie politique*, Anthropos, t. 1, chapitre de l'argent, p. 46-180. À propos de l'ouvrage de Darimon, *De la réforme des banques*, 1856.

du peuple, destiné à faciliter l'accès de chacun au capital. C'est en somme vouloir supprimer la nocivité du capitalisme en en généralisant la formule. On peut, avec Marx[1] se demander s'il est possible, comme l'ont cru les proudhoniens, de révolutionner les rapports de production et de distribution par un simple changement des moyens de circulation. Sur ce point, Pelloutier n'hésite pas un instant : le régime capitaliste ne disparaîtra vraiment avec son inégalité foncière que le jour où la monnaie aura été abolie. Voici par exemple, telle qu'elle figure dans le compte rendu qu'il a lui-même rédigé, la position qu'il développe devant le Comité fédéral des Bourses du travail à la veille du congrès de Tours[2] :

> Le camarade Pelloutier (Saint-Nazaire) expose que l'origine du mal social a été la création de valeurs d'échange. Ces valeurs ont produit la concurrence, la plus-value, la fraude, et en divisant l'humanité en deux classes : celle des riches et celle des pauvres, déterminé la première à instituer, pour contenir les révoltés de la seconde, les gouvernements, la magistrature, les armées, la police. L'œuvre de la révolution doit donc être de supprimer, avec les valeurs d'échange, toutes les institutions néfastes et parasitaires qu'elles ont créées. La seule fonction sociale n'étant plus ainsi que l'organisation de la production, les travailleurs s'associent pour y pouvoir, et la société, au lieu d'être combinée pour l'oppression sous toutes ses formes, ne l'est que pour la satisfaction de ses membres.

En somme, le fétichisme l'aura préservé de l'utopie. À qui serait tenté de rétorquer que c'est justement dans le rêve d'une société sans argent que réside l'utopie, on fera remarquer qu'il s'agit de la formule même de la société communiste. Significative est la similitude entre la vision de Pelloutier de la société communiste telle qu'elle apparaît dans le rapport déjà cité au congrès de Tours (1896) sur le rôle des Bourses du travail et celle de Marx. Dans les deux cas, on devrait assister à la réduction sensible des tâches assignées à la société politique[3] :

1. *Ibid.*, p. 193.
2. Registre des délibérations du Comité fédéral des Bourses du travail, séance du 25 août 1896.
3. Marx, *Capital*, II, Dietz-Verlag, XXIV, p. 316 *sq.* Cité par Maximilien Rubel, *Pages de Karl Marx pour une éthique socialiste*, t. 2 : *Révolution et socialisme*, Petite Bibliothèque Payot, 1970, 304 p., p. 190.

Si nous imaginons à la place de la société capitaliste une société communiste, nous voyons disparaître en premier lieu le capital-argent, et avec lui tous les avatars des transactions qu'il entraîne à sa suite. Le problème se réduit simplement à la nécessité, pour la société, de calculer d'avance la quantité des moyens de production et de subsistance qu'elle peut, sans le moindre préjudice, employer à des entreprises (comme, par exemple, la construction des chemins de fer) qui ne fournissent ni moyen de production ni de subsistance…

Pelloutier rêvant d'une société future débarrassée de la tyrannie monétaire est donc beaucoup plus proche du communisme de Marx que du pancapitalisme de Proudhon[1]. Sa démarche économique est souvent simpliste, mais elle n'est pas pour autant archaïque dans sa visée[2].

Archaïques sans doute en revanche, et contestables en tout cas, sont les analyses qui viennent appuyer sa position fondamentale. C'est ainsi qu'à ses yeux, la loi de l'offre et de la demande rend impossible toute amélioration du sort des classes laborieuses, puisque :

comme un homme ne peut gagner qu'un autre ne perde… du jour où la violence brutale a introduit l'inégalité dans la possession de ce signe, de ce jour est née la loi de l'offre et de la demande, c'est-à-dire l'augmentation inversement proportionnelle et toujours croissante de la richesse et de la misère, et de leurs conséquences : l'autorité et la servitude[3].

---

1. « Vienne demain une nouvelle Commune, qui nous débarrasse du personnel gouvernemental, mais qui laisse subsister la faculté d'accaparement des richesses, qui supprime armée, magistrature et police, mais qui respecte la "capitalisabilité" du signe d'échange, le signe d'échange lui-même, et huit jours après les habiles, débordant les préposés socialistes à l'administration publique, auront, par la seule force que donne la richesse, rétabli le gouvernement, la police, la magistrature et l'armée », *l'Ouvrier des deux mondes*, n° 14, 1.4.1898, p. 210.

2. C'est pourquoi nous ne pouvons être d'accord sur ce point avec l'article par ailleurs très pénétrant de M. Spitzer : « *Anarchy and culture : F. Pelloutier and the dilemma of revolutionary syndicalism* », *International Review of social history* (Amsterdam) vol. VIII 1963, p. 379-388, qui voit dans l'antimonétarisme de Proudhon le reflet des préoccupations des « lower classes » dans une société préindustrielle où l'exigence du crédit populaire est la revendication économique fondamentale et l'usurier le symbole de la rapacité capitaliste.

3. « Du rôle des Bourses… », *op. cit.*

La faiblesse du raisonnement de Pelloutier est ici manifeste : il ne s'intéresse qu'à la circulation des biens, et non à leur production, qu'il suppose invariable. Il ignore totalement la croissance économique consécutive à l'industrialisation, et n'envisage la loi de l'offre et de la demande que d'une façon statique. Il ignore de la même manière les conséquences technologiques et les progrès de productivité introduits par la hausse des salaires dans un secteur donné. Il n'est pas étonnant dans ces conditions qu'il s'affirme à maintes reprises partisan de la « loi d'airain des salaires » et qu'il la justifie précisément par la loi de l'offre et de la demande telle qu'il l'a interprétée. Répondant à l'anarcho-coopératiste A. Daudé-Bancel qui avait traité « d'épée en fer blanc de Ricardo et de Lassalle » la fameuse « loi d'airain[1] », Pelloutier répond qu'en vertu de la loi de l'offre et de la demande,

> les fluctuations du salaire sont toujours réglées sur le prix des choses et que le salariant, occupé de s'enrichir et non d'enrichir ses collaborateurs, s'opposera toujours à ce que ceux-ci lui arrachent plus d'argent qu'il ne leur en faudra pour acquérir les produits strictement nécessaires à la conservation de leur existence.

Et Pelloutier de se référer explicitement à *Misère de la philosophie* de Marx[2] où celui-ci, expliquant que le travail, étant marchandise, se mesure à son tour par le temps nécessaire à la production de ce travail marchandise, c'est-à-dire :

> ce qu'il faut de temps de travail pour produire les objets indispensables à l'entretien incessant du travail, c'est-à-dire faire vivre le travailleur et le mettre en état de propager sa race[3].

De sorte qu'en dépit des fluctuations introduites par la loi de l'offre et la demande

1. *L'Ouvrier des deux mondes*, 1.12.1897. A. D. Bancel : « Le communisme anarchique et le néocapitalisme », p. 161-164 ; 1.2.1898, A. D. Bancel : « Quelques mots sur la loi d'airain des salaires », suivis de la réponse de Pelloutier, p. 193-197.

2. Qui venait d'être réimprimée en 1896 chez Giard et Brière, et dont Dufresne avait rendu compte en juin 1897 dans *l'Ouvrier des deux mondes*, p. 80, citant notamment le passage auquel je me réfère.

3. *Misère de la philosophie*, précédé de *Philosophie de la misère* de Proudhon, Plon 1964, 512 p., p. 341.

le minimum du salaire n'en reste pas moins le centre vers lequel gravitent les prix courants du salaire[1].

Il y a donc incontestablement un point commun entre la « loi d'airain » des salaires telle que Pelloutier y adhère à la suite de maints économistes bourgeois ou socialistes et la théorie du salaire de Marx : à savoir que le montant du salaire s'établit de manière à permettre à l'ouvrier de reconstituer sa force de travail, et seulement cela. Encore Marx admet-il que dans cette reconstitution doit entrer l'élevage d'une progéniture ; et même que le minimum physiologique est partout corrigé par les exigences des standards de vie traditionnels. Mais la grande différence entre les deux points de vue est que pour Pelloutier la fixation du montant du salaire à son niveau minimum est le résultat mécanique et inéluctable de la loi de l'offre et de la demande fonctionnant dans la double hypothèse, parfaitement abstraite, de l'invariabilité de la production nationale et de la fixité du montant global des salaires : ce sont là précisément les propositions de l'Anglais Weston que Marx critique dans *Salaire, prix, profit*, en refusant le fatalisme et le mécanisme d'une loi de l'offre et de la demande régnant sans conteste au-dessus de la volonté des travailleurs comme de celle des employeurs. Pour Marx au contraire, c'est la capacité du travail humain de s'étendre sur une durée supérieure à celle qui est nécessaire à sa propre reproduction qui explique, et la fixation normale du montant du salaire à son niveau minimum, et la plus-value capitaliste[2]. En vertu de cette différence d'analyse, c'est le théoricien Karl Marx qui affirme la nécessité de l'action revendicative du syndicalisme[3], cependant que c'est le syndicaliste Pelloutier, acquis à une conception fataliste des rapports de production dans la société capitaliste, qui proclame hautement l'inutilité, et même la nocivité d'une telle action.

1. *Ibid.* Cf. encore cette affirmation tirée de *Histoire des Bourses du travail*, *op. cit.*, p. 115 : « Grèves, associations de secours mutuels, ligues contre le chômage, lois ouvrières : tout cela n'a pas plus arrêté la paupérisation qu'une digue de sable ne contiendrait la mer. »

2. *Salaire, prix, profit*, précédé de *Travail salarié et capital*, Éditions sociales, 1962, 128 p.

3. *Ibid.*, p. 105-116.

Comme tous les théoriciens, de Proudhon[1] à Guesde convaincus du caractère inéluctable de la loi de l'offre et de la demande dans une société capitaliste envisagée uniquement du point de vue de la circulation des marchandises et non de leur production, convaincus par conséquent de la justesse de la « loi d'airain », Pelloutier est hostile aux grèves. Mais alors que chez le premier, cette position s'explique par la croyance à la pérennité de ces lois, et chez le second par la certitude de leur prochain écroulement, la position de Pelloutier s'accompagne au contraire d'un véritable volontarisme révolutionnaire.

Aujourd'hui où syndicaliste et meneur de grèves sont devenus des termes pratiquement synonymes, on a beaucoup de peine à concevoir qu'un animateur syndical de l'importance et de la classe de Pelloutier ait pu condamner la grève avec autant d'énergie et de constance. On y a déjà fait allusion au temps où Pelloutier dirigeait *la Démocratie de l'Ouest* ; on pourra lire aussi dans la brochure *Qu'est-ce que la grève générale ?* une condamnation formelle des grèves partielles[2]. Certes, à l'occasion d'une polémique, comme dans *l'Avenir social* du

1. Proudhon : « Le salaire est la proportionnalité des éléments qui composent la richesse, et qui sont consommés chaque jour reproductivement par la masse des travailleurs… malgré toute ma sympathie pour l'amélioration du sort de la classe ouvrière, il est impossible, je le déclare, que les grèves suivies d'augmentation de salaire n'aboutissent pas à un renchérissement général », *Philosophie de la misère, op. cit.*, p. 98. C'est ce renchérissement automatique que Marx met en doute dans sa réponse. Sur l'attachement de Guesde à la « loi d'airain », cf. C. Willard, *les Guesdistes, op. cit.*, p. 171-172. Sur l'hostilité des guesdistes aux grèves partielles, voici par exemple, la déclaration adoptée à l'issue de leur congrès de Nantes (septembre 1894) : « Le socialisme ne pousse pas aux grèves, il ne les provoque pas, parce que, même là où elles viennent à aboutir, elles laissent subsister pour les travailleurs leur condition de prolétaires et de salariés. » Il n'est pas sans intérêt de noter que Pelloutier se trouve d'accord avec les guesdistes aussi bien sur la société capitaliste que sur la nécessité d'une issue révolutionnaire. Ils ne diffèrent que sur les moyens de la provoquer, mais cette différence est capitale dans la conception et pour la conduite de l'action.

2. Autres références : *L'Avenir social* de Dijon du 31.8.1893 ; circulaire n° 7 de la Fédération nationale des Bourses du travail du 8.9.1895 (ci-dessous) ; compte rendu du *Trade unionisme en Angleterre* de Paul de Rousiers. *L'Ouvrier des deux mondes* du 1.2.1897, p. 12 (note) ; *les Syndicats en France*,

31 août 1893, il arrive à Pelloutier de constater le succès croissant des grèves. Mais presque toujours, c'est pour mettre en garde les travailleurs : une grève qui échoue, c'est la misère dans les familles ouvrières ; une grève qui réussit, c'est la certitude d'une revanche patronale à brève échéance ; c'est aussi le développement d'illusions dangereuses sur la possibilité d'améliorer le système capitaliste.

Partout, inévitablement, des grèves éclatent ; et la classe ouvrière organisée ne peut se dérober à son devoir de solidarité. Il faut toutefois faire porter l'accent sur les grèves à retentissement national, comme celle des verriers de Carmaux en 1895, parce qu'elles aident à la prise de conscience par la classe ouvrière de sa situation réelle. La grève, une arme de combat ? Tout au plus, un instrument de propagande.

L'attitude de Pelloutier à l'égard des grèves est bien évidemment commandée par sa position mécaniste et pessimiste concernant la détermination du salaire. Observons au passage que Marx, qui ne croit pas à une inflexible loi du salaire, et qui fait une meilleure part à l'action quotidienne, n'aboutit pas à des conclusions bien différentes[1] :

> Les ouvriers ne doivent pas s'exagérer le résultat final de cette lutte quotidienne. Ils ne doivent pas oublier qu'ils luttent contre les effets et non contre les causes de ces effets, qu'ils ne peuvent que retenir le mouvement descendant, mais non en changer la direction…

On lit d'autre part dans la résolution rédigée par Marx et adoptée par le 1er congrès de l'AIT (Genève, 1866) cette affirmation qui valorise le rôle révolutionnaire du syndicat, et que la CGT de 1906 reprendra presque textuellement à Amiens[2] :

> Si les syndicats sont indispensables pour la guerre d'escarmouches quotidiennes entre le capital et le travail, ils sont encore beaucoup plus importants en tant qu'appareils organisés pour hâter l'abolition du système même du salariat.

Si l'antigrévisme de Pelloutier se fonde sur un raisonnement économique plus proche de Proudhon que de Marx, la visée

---

Librairie ouvrière, 1897, 31 p., p. 8-9 et 29 ; Registre des délibérations du comité fédéral des Bourses du travail, 22.5.1896.

1. *Salaire, prix, profit*, *op. cit.*, p. 108.
2. *Ibid.*, p. 116.

révolutionnaire qui en résulte s'apparente beaucoup plus à Marx qu'à Proudhon : abolir en même temps que l'argent, le salariat. Le radicalisme de cette pensée, qu'on assimile un peu trop facilement à quelque utopie pré-industrielle, est en réalité le ressort fondamental, bien que parfois caché, de toute démarche socialiste authentique.

Mais l'hostilité aux réformes et aux moyens de les obtenir, parmi lesquels la grève, ne tient pas seulement aux particularités de l'individu Pelloutier. Il participe d'un large courant de l'époque. Au congrès de Toulouse de la CGT (1897), à celui de Paris (1900) le rapport du comité de la grève générale, resté, il est vrai sous l'influence de Pelloutier, continue de juger sévèrement les grèves partielles[1]. Il faudra l'arrivée de Griffuelhes et de Pouget à la tête de la CGT pour que le climat change radicalement, et pour que la grève soit considérée, à condition d'être bien conduite, comme la meilleure des gymnastiques révolutionnaires. Il est vrai aussi qu'après 1900, les grèves croissent en nombre et en efficacité[2], et qu'il est difficile à des dirigeants syndicaux de ne pas en tenir compte.

La lutte de classe

Nul autant que Pelloutier n'aura été persuadé en cette fin du XIXe siècle, de la nécessité pour le prolétariat de mener une lutte de classe. Certes, il ne commet pas l'erreur mécaniste d'imaginer que la société, dominée par la lutte des classes, s'achemine automatiquement vers la clarification et l'aggravation de ce conflit fondamental. Bien au contraire, son hostilité au réformisme est inspirée par la crainte de voir s'obscurcir l'enjeu essentiel du conflit. S'interrogeant sur les structures syndicales et sur leur finalité, Pelloutier commente[3] :

1. Voir encore dans *l'Action sociale*, journal de Bernard Lazare auquel collabore Pelloutier, l'article d'André Girard : « L'action des grèves », 22.9. 1896 : « Il ne faut pas outre mesure s'enthousiasmer pour les grèves et leur attribuer une importance révolutionnaire qu'elles sont loin d'avoir. »

2. Cf. sur ce point mon article « Théorie syndicaliste révolutionnaire et pratique gréviste », in *le Mouvement social*, nº 65, oct-déc. 1968, p. 55-69.

3. « Le Comité fédéral des Bourses du travail » in *le Mouvement socialiste*, 1.11.1899. Repris dans l'*Histoire des Bourses du travail*, *op. cit.*, p. 155. On notera que l'expression « lutte de classe », employée ici, est, comme telle, assez rare sous la plume de Pelloutier.

> De ces questions, on le voit, les unes intéressent le principe de la lutte de classe, considérée non comme un dogme (les organisations corporatives se moquent de la théorie, et leur empirisme, pour le dire en passant, vaut au moins tous les systèmes du monde, qui ont juste la durée et l'exactitude des prédictions d'almanach) mais comme un moyen de préservation contre l'envahissement des *petits-bourgeois* socialistes…

Tout est là : la défiance à l'égard de la théorie, l'empirisme de la classe ouvrière ; sa volonté de rester dans une optique de classe ; en un mot, tout ce que l'on pourrait appeler un *empirisme révolutionnaire*. Car ici, Pelloutier fait confiance à l'instinct populaire pour conserver à la lutte son caractère spécifique : examinant la renaissance du mouvement ouvrier français après l'hémorragie de la Commune, il note[1] :

> N'était-ce pas que l'intuition populaire perçut dans l'association par classes l'unique moyen de transformation sociale…

Comme la véritable éloquence se moque de l'éloquence, la véritable lutte de classe se moque des prêcheurs de la lutte de classe : elle a sa source dans une *pratique*, et non dans une *théorie* ; c'est seulement ainsi qu'elle peut s'exercer, puisque tout dogmatisme débouche sur une bureaucratie. Félicitant Pelloutier d'avoir conservé à la Fédération des Bourses du travail sa souplesse, sa légèreté, sa transparence aux aspirations ouvrières, à l'opposé de l'égoïsme bureaucratique, Sorel explique cette attitude en partie par ses convictions anarchistes[2] :

> mais bien plutôt encore par le sens remarquable qu'il avait des conditions de la lutte de classe.

Personne n'a plus insisté que Sorel sur l'importance de la lutte de classe dans la nouvelle conception du syndicalisme qui se fait jour avec Pelloutier, allant jusqu'à faire de cette « nouvelle école » l'héritière légitime, sinon reconnue, de la pensée marxiste[3]. La

---

1. « Après la Commune », *l'Ouvrier des deux mondes*, n° 19, 1.9.1898, p. 289-291. Repris dans l'*Histoire des Bourses du travail*, *op. cit.*, p. 36.
2. Préface à l'*Histoire des Bourses du travail*, *op. cit.*, p. 26.
3. L'argumentation qui suit est développée par Sorel dans son essai sur *la Décomposition du marxisme*, Rivière, 1908, 64 p.

volonté de constituer le prolétariat en classe distincte, afin de lui permettre de mener le combat qui est le sien, n'est-elle pas, face à la décomposition du marxisme officiel, une véritable renaissance du marxisme et de son concept central, la lutte de classe ? D'où l'étonnement des docteurs marxistes devant une organisation conçue strictement suivant les principes qu'ils avaient définis – mais qui, contrairement à eux, les mettaient tout de go en pratique : ils ne surent que la qualifier d'anarchiste et la répudier. Il est en effet incontestable que pour un véritable marxisme plus soucieux de découvrir la force révolutionnaire du prolétariat que de converser avec les gardiens des cimetières idéologiques, le mouvement des Bourses du travail, puis la CGT, ont constitué la partie la plus vivante et la plus intéressante du prolétariat français. Les guesdistes, en condamnant le syndicalisme d'action directe pour des raisons doctrinales, se conduisirent plus en gardiens d'une scolastique, du reste singulièrement appauvrie, qu'en révolutionnaires. Pour sa part, Sorel n'hésite pas à écrire[1] :

> Pelloutier avait un sens très net de la nécessité qui s'impose de fonder le socialisme sur une absolue séparation des classes… [la nouvelle école] purgea ainsi le marxisme traditionnel de ce qui n'était pas marxiste.

Quoi qu'il en soit de ce brevet de marxisme authentique et spontané décerné à Pelloutier et au nouveau syndicalisme, il ne fait pas de doute que dans les vingt années qui précédèrent la première guerre mondiale, c'est par ce dernier que passa la contestation la plus vigoureuse de la société bourgeoise. La plus vigoureuse, car la seule qui ait été suivie d'effets.

Autre point de vue à souligner : un siècle de gloses marxistes ou pseudo-marxistes nous a habitués à l'idée que le degré d'organisation d'une classe au sein d'un parti était le thermomètre infaillible de son niveau de conscience et de combativité. Sans nier – nous y reviendrons – l'importance de l'organisation, Pelloutier n'en affirme pas moins que la lutte du prolétariat ne peut se développer valablement que grâce à la décentralisation et à l'immédiateté de son action.

---

1. *Ibid.*, p. 58-59. Ce qui n'était pas spécifiquement marxiste, c'était naturellement le réformisme parlementaire et petit-bourgeois.

Lutte de classe, donc. À condition de préciser qu'il ne s'agit pas d'une définition sociologique étroite de la classe. Si, comme on vient de le voir, Pelloutier est hostile aux infiltrations « petites-bourgeoises » dans les appareils dirigeants qui prétendent parler au nom du prolétariat, il ne tombe nullement dans l'ouvriérisme comme le feront quelquefois les responsables de la CGT après le tournant du siècle. Comment le pourrait-il, lui qui est justement un intellectuel petit-bourgeois, fondateur d'un syndicat de journalistes, venu au service de la classe ouvrière, non en raison de sa situation socio-économique, mais au nom d'une analyse intellectuelle appuyée sur l'observation sociale ?

> J'entends par ouvrier quiconque travaille à gages ; mieux encore, quiconque intellectuellement ou physiquement bien armé, doit implorer du capital le moyen d'utiliser ses facultés[1].

Rien de plus éloigné de sa pensée que l'économisme matérialiste qui entendrait tout déduire de la situation matérielle des protagonistes. Bien au contraire, il est convaincu du rôle capital des intellectuels dans l'établissement des rapports de force. Ne dira-t-il pas dans sa conférence sur *l'Art et la Révolte*[2] :

> l'art bourgeois fait plus pour le maintien du régime capitaliste que toutes les autres forces sociales réunies : gouvernement, armée, police, magistrature.

Pelloutier a compris qu'une hégémonie intellectuelle bien assurée et bien acceptée dispense la classe dominante d'un recours direct aux forces de coercition qu'elle a à sa disposition.

Pourtant ces forces existent : elles sont même la preuve que la lutte de classe que le prolétariat est invité à mener correspond aux antagonismes inscrits dans la structure de la société. Ce que nous avons dit de l'observation sociale chez Pelloutier permettait de le prévoir ; mais son jugement sur les institutions considérées comme instrument de répression au service de la bourgeoisie l'établit nettement.

---

1. « Le musée du travail », in *l'Ouvrier des deux mondes*, nº 14, 1.4.1898, p. 209.
2. Bibliothèque de l'art social, s. d. (1896 ?), 32 p.

Qu'il s'agisse du gouvernement, de l'armée, de la police, de la justice, de l'école, de l'Église, toutes ces institutions ont pour but le maintien du statu-quo social, c'est-à-dire de l'inégalité et de l'injustice. Pelloutier s'efforce de le démontrer surtout pour celles parmi ces institutions, comme la justice ou l'école[1], qui donnent le change en raison de leur apparente impartialité. Nous avons déjà vu le jeune Pelloutier critiquer en 1892 la justice bourgeoise : on voit en 1897 Jean Réflec dénoncer dans un poème « cette injure insigne, la Justice[2] ». Dans *l'Art et la Révolte*[3] il stigmatise longuement le juge. Loin de faire abstraction de ses passions et de ses préjugés au moment de jouir du « privilège exorbitant de juger ses semblables », celui-ci prononce ses verdicts suivant les critères qui sont les siens comme individu privé :

> Comment dès lors la classe à laquelle il appartient, les individus qui sont de son milieu, les choses qu'il aime ne trouveraient-ils pas grâce devant son autorité discrétionnaire ? Sourd aux plaintes de la Justice lésée, il flatte, loue, félicite, acquitte en vertu de ce principe qu'il faut avant tout conserver intacte la hiérarchie sociale, garantie supérieure de la tranquillité publique.

Ainsi, pour Pelloutier, s'attaquer à l'injustice sociale, c'est s'attaquer à l'ordre social lui-même.

L'internationalisme et la guerre

La position de Pelloutier sur l'internationalisme et la guerre n'est pas facile à exposer : ferme et continue dans ses grandes lignes, elle n'est pas exempte dans le détail de quelques hésitations, voire de quelques contradictions. Nous avons vu le jeune Pelloutier en 1885 laisser échapper certains accents militaristes et même xénophobes à propos de l'Angleterre ; mais on ne les retrouvera pas par la suite. De 1892 à sa mort, il soutiendra les mêmes thèses ; c'est pourquoi on en donnera ici une vue synthétique, sans égards pour la chronologie.

---

1. Pour la critique de l'école bourgeoise, on se reportera au chapitre « Instruire pour révolter ».

2. *L'Ouvrier des deux mondes*, nº 1, 1.2.1897, p. 4.

3. p. 9 à 13. Ce passage est en partie repris d'un article paru dans *l'Avenir social* du 17-24.8.1893.

1. *Pelloutier se proclame internationaliste*. Il est vrai qu'il prend le mot dans un sens étroit et limitatif, entendant par là « l'échange pur et simple en temps de paix de bons procédés entre gens de nationalités différentes qui pensent et sentent à l'unisson[1] ». Après tout, en ce domaine, ce sont les bourgeois qui donnent l'exemple, et qui savent quand il le faut se coaliser par-dessus les frontières contre les revendications des ouvriers.

Dans ces conditions, comment se scandaliser, comme feint de le faire *le Figaro*, de l'aide financière reçue par le Parti des socialistes allemands ?

À une époque où les contacts internationaux entre socialistes ou syndicalistes sont plutôt rares. Pelloutier saisit les occasions qui se présentent de lier connaissance avec des représentants étrangers. Le 11 septembre 1895, il participe à la réception donnée par la Bourse du travail de Paris et la Fédération des Bourses en l'honneur de Samuel Gompers et Mac-Guire, délégués de l'American Federation of Labor[2]. Dans l'allocution qu'il prononce, il rappelle la constitution de la Première Internationale, lui compare la Fédération des Bourses et forme le vœu que la généralisation de la structure des Bourses à l'étranger réalise l'émancipation sociale. C'est dans cet esprit qu'à l'occasion des congrès socialistes et corporatifs internationaux prévus à Paris en 1900, le bureau de la Fédération des Bourses (Pelloutier, Delesalle, Girard) lance un appel aux organisations ouvrières internationales pour la réunion d'un congrès des unions de syndicats et de Bourses du travail[3]. Las ! il faudra déchanter ; aucune organisation étrangère ne répond[4]. Il est vrai que, sauf en Italie, la structure locale ou régionale n'a nulle part l'importance qu'elle a acquise en France, en partie grâce à Pelloutier ; partout ailleurs, ce sont les fédérations de métier ou d'industrie qui sont dominantes. C'est ce que constate la Fédération des Bourses dans sa circulaire d'annulation[5]. Il est remarquable que l'internationalisme

1. *L'Avenir social*, 21-28.9.1893.
2. *L'Ouvrier chapelier*, 27.9.1895, compte rendu de séance de Baumé, secrétaire de la Bourse de Paris.
3. Circulaire du 1.4.1899, archives Monatte, IFHS.
4. Lettre à Nicolas Richer du 24.8.1900, archives Monatte.
5. Circulaire du 1.9.1900, archives Monatte.

de Pelloutier reste un *internationalisme de clocher*, fortement teinté de francocentrisme. Malgré leur désir de transcender les frontières, les internationalistes français – cela est vrai de la CGT du début du XXe siècle ou encore de Gustave Hervé – ne feront jamais beaucoup d'efforts pour comprendre que les situations étrangères, les mentalités étrangères sont différentes des leurs : d'où les résultats dérisoires de ces internationalismes à usage interne. Situation paradoxale que celle du mouvement ouvrier international dans le quart de siècle précédant la première guerre mondiale, qui vit les véritables internationalistes repliés sur eux-mêmes et incapables de nouer des contacts internationaux durables, tandis que les futurs « sociaux-chauvins », pour parler comme Lénine, ne cessèrent de dominer la seconde Internationale.

Une des meilleures pierres de touche de l'internationalisme est déjà à cette époque l'attitude à l'égard des peuples colonisés. Nous avons vu Pelloutier en 1885 dénoncer les campagnes coloniales de Ferry, et l'étrange façon dont les nations d'Europe apportent la « civilisation » aux peuples coloniaux. Mais il s'agissait surtout d'un anticolonialisme à usage interne, moins destiné à défendre les « indigènes » qu'à attaquer le « Tonkinois ».

De même, lorsque Pelloutier consacre quatre articles successifs du *Journal du peuple* à la « pétaudière coloniale[1] », sa campagne relève plus de l'antimilitarisme que de l'anticolonialisme. En narrant l'affaire Soubrane, c'est-à-dire les mésaventures d'un garde magasin au Dahomey, traduit en conseil de guerre pour avoir révélé à une commission d'enquête ministérielle les désordres dans l'administration financière ainsi que les exactions dont étaient victimes certains chefs indigènes, il vise plus à dénoncer l'armée et l'administration qu'à faire acte de solidarité avec les colonisés.

N'importe : cette attitude n'est pas si fréquente en 1899 qu'elle ne mérite d'être relevée.

> Les colonies sont des pays bénis du ciel ! Éloignées de la métropole, elles sont livrées sans défense aux pirateries de ce petit monde de fonctionnaires qui depuis le gouverneur ou le résident jusqu'au dernier commis (en passant par les officiers) traite les indigènes comme du bétail.

1. 14, 21, 27.3.1899 ; 3.4.1899. Titre emprunté au publiciste Théodore Cahu.

Signalons encore dans *l'Ouvrier des deux mondes* le compte rendu anonyme de la conférence faite le 9 janvier 1897, salle du Commerce par L. Marchand qui dénonce les procédés de la colonisation, esclavage, génocide, et se termine par l'affirmation que le colonialisme est une conséquence du système capitaliste[1] :

> Tel est le système colonial, et ce système ne finira qu'avec le monde capitaliste. Une société communiste n'aura pas besoin de débouchés pour ses produits… l'exploitation coloniale y cédera la place à un élargissement de la terre humainement habitable.

2. *Pelloutier est pacifiste*, cela n'est pas douteux. En témoigne notamment sa *Lettre sur la guerre* écrite du 20 au 25 janvier 1894 en collaboration avec son frère Maurice[2]. Elle se présentait comme une réponse à l'article publié le 15 janvier de la même année dans *la Revue des revues* par le général Yung, où l'ancien chef de cabinet de Boulanger, s'appuyant sur les leçons de l'histoire qui démontrent que la formation des grands États est le privilège de la force, ainsi que sur les écrits de Proudhon, s'efforçait de démontrer que « la guerre a ses principes, ses lois, ses droits, sa morale, ses moyens, ses milieux, ses causes et ses effets ».

Si sympathiques qu'en soient les motivations, il faut reconnaître que la réfutation des frères Pelloutier est assez plate. En dehors de l'horreur que la guerre inspire aux classes modestes, et notamment aux paysans, ils estiment que la puissance militaire n'est pas nécessairement synonyme de supériorité – ainsi, la France affirme

---

1. *L'Ouvrier des deux mondes*, n° 3, avril 1897, p. 41-43.
2. Cette lettre a été publiée par Maurice Pelloutier dans son recueil de vers *Ombre et Lumière* en 1919 (Imprimerie nantaise, 64 p.). On sait que ce recueil contient des poèmes de Jean Réflec, remaniés dans un sens conformiste par Maurice. Celui-ci écrivait dans sa préface que cette lettre « devait dans la suite faire partie d'un volume intitulé *Notes d'histoire et de critique sociale*. La mort de mon frère, puis des circonstances indépendantes de ma volonté firent que le volume projeté ne vit pas le jour. J'ai pensé qu'à l'occasion des événements actuels, lesquels mettent la question de la guerre au premier plan des préoccupations mondiales, il ne serait pas sans intérêt de publier une étude qui a pour but d'en saper les fondements en en démontrant tout ensemble l'absurdité et l'injustice », cf. *le Populaire de Nantes*, 3.5.1919.

la sienne en dépit de la défaite de 1871 – et qu'elle n'est pas propice à la production intellectuelle, comme en témoigne l'ère napoléonienne. Mais ce pacifisme, maintes fois réaffirmé, est lui aussi traditionnel, peu différent de celui de la très bourgeoise *Ligue pour la paix* de Frédéric Passy.

3. *Pelloutier est antimilitariste.* Il s'agit là d'une position commune dans les fractions avancées de la classe ouvrière. Contrebalançant le passé de gauche de l'armée française depuis la Révolution et Napoléon, l'utilisation de l'armée dans le maintien de l'ordre et la répression des grèves, suscite un antimilitarisme ouvrier de plus en plus fort. Nous sommes au lendemain de Fourmies, ne l'oublions pas. Pelloutier voit dans l'armée un instrument d'abrutissement, de déchéance et de sadisme[1]. Il estime du reste que le militarisme est un culte qui tombe en ruine[2]. Rendant compte avec éloges du livre de son ami Hamon, *Essai de psychologie du militaire professionnel*, il prend à son compte la conclusion de celui-ci[3] :

> Qui a obéi, suivant Renan, est un capitis minor souillé dans le germe même de la vie noble. Cette obéissance passive rend l'individu servile vis-à-vis de ses supérieurs, et, par une réaction naturelle, arrogant vis-à-vis de ses subordonnés… Les agissements des professionnels militaires prouvent une moralité fruste analogue à celle des sauvages et justifient ce qu'ont écrit Armand Corre et Colajanni : « Le militarisme est une école de démoralisation et de misère, une école du crime. »

Première manifestation *corporative* d'importance, le vœu du congrès de Paris (1900) de voir s'instaurer des liaisons étroites entre les Bourses du travail et les jeunes syndiqués faisant leur service militaire, afin de préserver chez ces derniers l'esprit syndical. En

1. Cf. « la complainte du p'tit Breton » par Jean Réflec (*l'Ouvrier des deux mondes*, n° 3, avril 1897, p. 37) qui raconte l'histoire d'un jeune conscrit qui préfère se faire sauter la cervelle plutôt que de supporter les tracasseries du régiment.

2. Du même : « À la guerre qui veut passer » (*ibid.*, n° 4, mai 1897, p. 55) « Seuls ont gardé ton culte tyrannique les oppresseurs dont tu fis le pouvoir » La guerre est encore qualifiée de « raison d'être de la Patrie » ou d'« instrument de la réaction ».

3. *L'Avenir social*, 22.10.1893.

application de cette délibération, Pelloutier invite les Bourses[1] à réunir d'urgence les conscrits adhérents afin de les mettre en contact avec la Bourse de la ville où ils sont appelés à servir.

Bientôt, cette activité portera le nom de Sou du soldat et la propagande antimilitariste deviendra un des chapitres essentiels de la doctrine syndicale. Ce n'est pas encore le cas ; mais, là encore, la Fédération des Bourses et Pelloutier auront joué le rôle de précurseurs.

À ces arguments s'ajoute la protestation contre le poids très lourd du budget militaire, qui passe de 78 francs par tête en 1889 à 92 francs 22 en 1899 ; or, ajoutent les frères Pelloutier, les répercussions de ce surcroît de dépenses ont surtout frappé la classe ouvrière[2].

4. *Pelloutier est antipatriote*. Malgré quelques protestations de respect à l'égard de toute « opinion sincère » et parmi celles-ci le patriotisme[3], on peut ici encore être affirmatif. Voici une déclaration sans équivoque[4] :

> Si la plupart des socialistes… se bornent à revendiquer le bénéfice de l'internationalisme, il en est d'autres auxquels je me flatte d'appartenir, qui répudient jusqu'au patriotisme, comme étant l'origine de toute tyrannie et devant être la perpétuation de l'asservissement prolétarien.

Pelloutier n'affirme pas que les prolétaires n'ont pas de patrie. Bien au contraire, il admet que cette « noble fiction » qui a poussé « de si profondes racines dans le cœur de l'homme » peut avoir un louable effet d'émulation « qui excite les races à se surpasser en intelligence et en génie[5] ». Qu'il le veuille ou non, le prolétaire est inséré dans un cadre national ; à son corps défendant, il est embarqué. Mais il doit rester en garde contre les exploitations intéressées de ce sentiment légitime, et finalement trop particulariste[6] :

---

1. Circulaire du 19.10.1900, archives Monatte.
2. *La Vie ouvrière en France*, p. 2-3.
3. Cf. l'article de *l'Avenir social*, 21-28.9.1893, cité plus loin.
4. *Ibid.*
5. *Le Guérandais*, 12.7.1891.
6. Réponse du groupe « l'Émancipation » de Saint-Nazaire (secrétaire : F. Pelloutier) à *la Lanterne* qui avait critiqué la décision des socialistes naza-

Nous socialistes, nous mettons l'humanité au-dessus de la Nation et nous poursuivons sans relâche l'abolition des frontières [...].
Est-ce que les travailleurs allemands, russes, italiens ou autres ne sont pas comme nous victimes des capitalistes ? Et ne subissent-ils pas comme nous la même exploitation ? Leurs souffrances et les nôtres sont communes ; l'union devient donc une nécessité pour combattre le mal qui ronge le prolétariat du monde entier. Fermons donc l'oreille aux *doctrines* des classes dirigeantes qui mettent tout en œuvre pour semer la division et la haine entre les exploités de tous les pays.

Pelloutier se méfie tout particulièrement de l'exploitation du sentiment de la revanche. Nous avons vu déjà, en citant *l'Art social*, qu'il critiquait des « couplets idiots sur l'Alsace-Lorraine » propres à abrutir le peuple au même titre que l'érotisme. Il reviendra souvent sur cette idée « que la guerre est le meilleur dérivatif aux difficultés économiques comme à l'effervescence révolutionnaire, et que, pour cette raison, les gouvernements seront un jour ou l'autre tentés de s'en servir[1] ».

Et puis, le patriotisme est un sentiment unanimiste qui, comme tel, paralyse l'action révolutionnaire et la perception de la lutte des classes. Devenu chef de chantier (10ᵉ arrondissement) de la Chevalerie du travail, Pelloutier préconise l'organisation de « colonnes volantes[2] » ; il semble qu'il faille entendre par là de simples agents de liaison et de renseignement entre les chantiers pour éviter que des « patriotards » soient initiés. Il ajoute que « la chevalerie ne doit être composée que de convaincus, révolutionnaires et internationalistes, afin qu'au moment de l'action personne ne recule, et que les frères puissent compter les uns sur les autres ».

Ainsi, le patriotisme est un piège.

Certes, on ne saurait dire que l'antipatriotisme soit chez Pelloutier un sentiment spontané, ni qu'il l'ait poussé aussi loin que le feront plus tard un Georges Yvetot, son ancien adjoint, ou un Gustave

riens de boycotter la fête bourgeoise du 14 juillet (*la Démocratie de l'Ouest*, 24.7.1892). Cf. également *l'Avenir social* du 24.8.1893 : « L'idée misérable et étroite du patriotisme ».

1. Registre des délibérations du Comité fédéral à propos de l'ordre du jour du congrès de Londres : « Guerre et arbitrage », 8.5.1896.

2. Archives de la préfecture de police, BA 1216, rapport du 24.5.1896.

Hervé[1] ; c'est au terme d'une démarche *rationnelle* que l'antipatriotisme lui apparaîtra comme une attitude *raisonnable*.

5. *Pelloutier et le défaitisme révolutionnaire*. Pelloutier ira-t-il comme conclusion logique de son point de vue jusqu'à la position qui sera celle de Lénine et qui consiste pour le prolétariat à transformer la guerre étrangère impérialiste en guerre civile, en assaut contre le capital ? Préconisera-t-il, comme le fera la CGT en 1908, l'insurrection du prolétariat en cas de déclaration de guerre ? Ici, la réponse n'est pas aisée. Il est incontestable qu'il y a songé. Au terme de son intervention citée plus haut sur le congrès de Londres, le Comité fédéral se prononce « pour la suppression des armées permanentes et la grève des socialistes[2] ». Le premier point est classique, puisqu'on le trouve déjà dans le programme de Belleville. Mais le second ? Comment interpréter cette « grève des socialistes » ? Il semble en tout cas que cette prise de position fut sans lendemain immédiat. On verra toutefois dans *l'Avenir social* du 24 août 1893 que lors de la préparation du congrès international de Zurich, Pelloutier avait proposé au syndicat des journalistes une motion appelant les socialistes des deux côtés à s'abstenir en cas de guerre. Le 22 octobre, il revient à la charge :

> Ou je me trompe fort, ou la désorganisation des ravitaillements et le désarroi subséquent pousseraient pas mal de socialistes à prendre sans autre forme de procès la direction des pouvoirs publics.

On sait que la conquête des pouvoirs publics n'est pas son idéal révolutionnaire. Il est d'autant plus remarquable qu'il ait admis que la guerre puisse avoir de pareilles conséquences. Mais il souligne aussi que cette « grève socialiste » est subordonnée « à une propagande quasi-centenaire contre la pervertissante notion patriotique[3] ». Preuve que cette dernière se porte moins mal qu'il ne voudra bien

1. Voir cependant *l'Avenir social* du 21 septembre où le patriotisme est traité d'« "antiquaille" qu'il faut mettre au grenier avec le drapeau tricolore ». Au grenier, pas encore dans le fumier…

2. Registre des délibérations du Comité fédéral à propos de l'ordre du jour du congrès de Londres, 8.5.1896.

3. *L'Avenir social*, 24.8.1893.

le dire lui-même ailleurs. Ce préalable a pour effet d'atténuer singulièrement sa prise de position en faveur de la grève socialiste. Du reste, Pelloutier s'est prononcé avec vigueur pour la participation à la *défense nationale* en cas d'agression étrangère. Il le dit dans le même article : « Le patriotisme n'est convenable qu'en cas d'attaque. »

L'année précédente déjà, dans la violente motion de *l'Émancipation* relative au 14 juillet figurait déjà significativement le passage suivant[1] :

> Si nos ancêtres mettaient au-dessus de tout la patrie, et s'ils chassaient l'étranger du territoire national, ils ne faisaient que leur devoir comme nous ferions, certes, le nôtre si un despote quelconque, dans le but d'agrandir son empire, prétendait jamais envahir le sol qui nous est attribué, mais ce ne serait pas le peuple envahisseur que nous chasserions, ce serait le tyran, et les armes à la main nous saurions nous unir avec les socialistes de la nation envahissante… pour renverser un despote barbare et acclamer la République sociale et universelle.

Au fond, Pelloutier reflète avec deux décennies d'avance la position qui sera celle de la grande majorité du prolétariat français en 1914. Une guerre défensive contre l'Allemagne n'est pas seulement légitime ; elle est aussi une lutte pour la civilisation. Pour être internationaliste, il ne faut pas être seul de son avis. Et les « internationalistes » français ne se firent jamais beaucoup d'illusions sur les Allemands, auxquels d'ailleurs ils ne portèrent jamais de tendresse particulière. Voici, pour résumer cette position, en quels termes les frères Pelloutier envisageaient la guerre défensive dans leur lettre déjà citée au général Yung[2] :

> De là à penser que la civilisation a pour devoir primordial de supprimer la guerre, il n'y avait qu'un pas, et il a été franchi. Notez, Monsieur le Général, que cette réaction ne vise que la guerre offensive. *Si par exemple, l'Empereur d'Allemagne se jetait sur la France, soyez persuadé que les*

---

1. *La Démocratie de l'Ouest*, 24.7.1892. Cf. également « Un socialiste » qui déclare dans le même journal (2.10.1892) approuver la prise de position de Rouanet au conseil municipal de Paris : celui-ci s'était solidarisé avec les déclarations de Liebknecht au congrès de Marseille selon lesquelles « si un pays se livrait à une agression contre un autre, il serait du devoir des socialistes appartenant au pays envahi de défendre l'intégrité du territoire ».

2. p. 56.

antipatriotes marcheraient vaillamment contre lui[1]. Mais pourquoi ? Par haine des Germains ? Non pas. Pour notre propre sûreté, voilà tout, pour la sauvegarde de nos libertés et de nos droits.

Pelloutier et Proudhon

Au terme de ces analyses, où le nom de Proudhon est revenu à plusieurs reprises, on ne peut manquer de poser la question : quelle a été l'influence exacte de l'auteur de la *Capacité politique des classes ouvrières* sur Pelloutier ? Question importante, si l'on veut bien considérer que c'est toute la filiation idéologique du syndicalisme d'action directe qui est en cause ; c'est en tout cas ainsi que beaucoup d'auteurs ont pris le problème. Une partie des erreurs ou des approximations qui l'encombrent vient d'une confusion persistante contre les théoriciens du syndicalisme révolutionnaire comme Sorel, Lagardelle, Berth, auxquels on ajoute quelquefois Pelloutier en raison de sa production intellectuelle – et les militants du syndicalisme français entre 1892 et 1914.

Pour certains, comme Édouard Droz, Georges Gurvitch, plus récemment Jean Bancal et Annie Kriegel, l'existence d'une filiation directe entre Proudhon d'une part, Pelloutier et le syndicalisme révolutionnaire de l'autre, ne fait pas de doute. Pour le premier, « l'influence du socialisme proudhonien n'a pas cessé un instant de s'exercer en France sur ces couches profondes du prolétariat militant[2] ». Gurvitch[3] estime que la CGT et la Fédération des Bourses ont été « également influencées » par ce proudhonisme. Après avoir hésité, Annie Kriegel déclare « que la thèse de la filiation m'a paru largement l'emporter[4] ». Quant à Jean Bancal, le plus affir-

1. C'est nous qui soulignons. Pelloutier avait du reste excellente opinion de Guillaume II : « Ce n'est pas de l'alliance russe qu'il faudra attendre la paix, mais du bon sens de Guillaume II, qui n'en est pas à comprendre combien elle importe à la consolidation de son empire », *l'Avenir social*, 5.10.1893.

2. Édouard Droz, *P.J. Proudhon (1809-1895)*, Librairie des Pages libres, 1909, 294 p. ; p. 34.

3. Georges Gurvitch, *Proudhon*, PUF, 1965, 116 p. ; voir également : *Pour le centenaire de la mort de Pierre Joseph Proudhon, Proudhon et Marx : une confrontation*, Cours polycopié CDU, 1964, 144 p.

4. Annie Kriegel, *le Pain et les Roses, jalons pour une histoire des socialismes*, PUF, 1968, 260 p. ; chapitre : « Le syndicalisme révolutionnaire et Proudhon », p. 33-50.

matif de tous, il écrit tout uniment que « Peloutier (*sic*) Griffuel (*sic*) Sorel, fondateurs et théoriciens du syndicalisme, sont tous des proudhoniens convaincus et ils n'ont point caché la source de leurs inspirations[1] ».

C'est aller un peu vite en besogne. Dès la parution du livre d'Édouard Droz, Lucien Febvre dans l'article que nous avons cités[2], avait fait des réserves expresses sur cette question d'influence d'un « intérêt très général », montrant de manière très pertinente qu'une similitude d'attitude ne signifie pas nécessairement une influence directe ; que du reste, le relais par les anarchistes russes et français de l'influence de Proudhon posait plus de problèmes qu'il n'en résolvait ; et qu'enfin ces praticiens devaient bien avoir été également influencés par les événements qu'ils vivaient : « disciples de Proudhon, soit. Mais également disciples de la vie et du temps », concluait Lucien Febvre.

Influence directe ou « harmonie pré-établie qui exprimait un phénomène de correspondance singulièrement émouvant[3] » ? Examinons les deux aspects de la question.

Que Pelloutier ait eu une connaissance directe de l'œuvre de Proudhon, on n'en peut douter. Un certain nombre de références sont là pour le prouver. Le nom de Proudhon apparaît à six reprises[4] dans l'*Histoire des Bourses du travail*. C'est beaucoup de la part d'un homme qui semble avoir fait vœu de pauvreté en matière de citations, en dépit de ses abondantes lectures ; c'est beaucoup même si deux seulement de ces citations sont significatives et se réfèrent à une œuvre précise : *Du principe fédératif*. Nous savons par ailleurs que Pelloutier a lu et médité *la Théorie de l'impôt* qu'il cite avec prédilection et qu'il utilise fréquemment à l'appui de sa thèse sur l'impossibilité d'une amélioration substantielle du salaire ouvrier en régime capitaliste. En outre, on trouve dans « De la révolution par la grève générale », cet écrit de jeunesse que nous avons étudié plus

1. Jean Bancal, *Œuvres choisies de Proudhon*, Gallimard, coll. « Idées », 1967, 384 p., p. 37.

2. p. 777-779.

3. Expression d'Édouard Dolléans dans son *Proudhon*, PUF, p. 439. Citée par A. Kriegel.

4. p. 54, 90, 113, 146, 169, 170.

haut, une référence à *De la capacité politique des classes ouvrières*, le plus radical, le plus « action directe », en un mot le plus proche de l'idéal syndicaliste des écrits de Proudhon. Du reste, le texte tout entier, fruit des méditations et des lectures de Pelloutier pendant sa retraite forcée des années 1890-1891, reflète des influences proudhoniennes. C'est encore à Proudhon que Pelloutier et Briand empruntent leur définition de la propriété. Enfin, Pelloutier a publié dans *la Revue socialiste*, en compagnie d'Alfred Dufresne un article intitulé « Proudhon philosophe » qui permettrait de voir en lui un éminent spécialiste de Proudhon. Non seulement *la Capacité* y est citée, mais aussi l'*Idée générale de la Révolution au* XIXe *siècle*, mais encore *De la création de l'ordre dans l'humanité*, mais enfin et surtout *De la justice dans la Révolution et dans l'Église*[1]. D'une manière générale, l'article témoigne d'une connaissance approfondie du système philosophique de Proudhon. Il est l'œuvre d'un homme rompu au langage philosophique, ce qui est le cas de Dufresne, collaborateur de *l'Ouvrier des deux mondes* où il rend compte des ouvrages philosophiques[2] ; il n'est guère pensable que Pelloutier, sans formation philosophique particulière, se soit lancé dans une étude aussi technique sur la logique et la dialectique de Proudhon. L'article est très sévère pour Proudhon : « ses méthodes de raisonnement, tout son système dénotent une absence complète de sens philosophique », en particulier sa méthode des antinomies. Est-il du moins socialiste ? Certes, des livres comme l'*Idée générale de la Révolution* ou *la Capacité* le sont. Mais il ne saurait être considéré globalement comme socialiste : « Sa théorie du libre arbitre, son impératif catégorique, sa théorie du Progrès, sa répulsion pour l'amour libre le démontrent surabondamment. » Telle est du moins la conclusion de la première partie de l'article ; car bizarrement cet « éreintage » se termine par un hommage à l'auteur de *la Théorie de l'impôt* comme le « moins sophiste de tous les socialistes », parce que le moins utopiste, le plus proche des faits. On ne peut

1. *La Revue socialiste*, octobre 1899, p. 463-485.
2. Et notamment de *Misère de la philosophie* de Marx (n° 5, juin 1897, p. 80) où il félicite Marx de sa théorie du salaire, bien différente de la « loi d'airain » défendue par Guesde (… et par Pelloutier).

douter que cette dernière partie, elle, soit de Pelloutier. Cependant, il n'a pas craint de s'associer à un article dans l'ensemble sévère pour Proudhon.

Concluons sur ce point : oui, Pelloutier a connu Proudhon. Il l'a même utilisé comme une référence privilégiée, mais nullement comme un disciple cite un maître. Au demeurant, il aura été le plus « proudhonien » des responsables syndicaux de l'avant-guerre, car aucun autre ne s'est intéressé au philosophe.

Mais la question essentielle est la suivante : dans quelle mesure le syndicalisme de Pelloutier est-il conforme à la pensée de Proudhon ? À défaut d'une filiation historique qui n'existe pas, y a-t-il au moins « filiation idéologique[1] » ou simplement coïncidence sur certains points ?

Disons-le d'emblée, car c'est peut-être l'essentiel : Pelloutier et Proudhon appartiennent à la même famille d'esprit : l'un et l'autre sont « peuple » comme ni Marx, ni Jaurès, ni Lénine, ni Rosa Luxembourg ne le sont. Mais comme Péguy l'est – et peut-être Michelet[2]. J'entends l'objection : tous petits-bourgeois. Il faut que l'intimidation idéologique soit bien forte pour que continuent d'être catalogués petits-bourgeois ceux des serviteurs du peuple qui ont naturellement partagé ses réactions et ses manières de voir. Il est tout de même inquiétant que le peuple ne se soit jamais senti à l'aise dans les demeures philosophiques qu'on a spécialement édifiées pour lui, et qu'il suffise qu'on lui lâche la bride sur le cou pour qu'il retourne camper chez les bourgeois. Donc Pelloutier a été « peuple » comme quelques-uns des esprits les plus originaux et les plus forts de la IIIe République – n'oublions pas Léon Bloy – l'ont été.

Deuxièmement, Pelloutier est anti-autoritaire. Comme Proudhon et Bakounine – et Rosa Luxembourg, cette fois. Mais non Lénine,

1. Expression de Gaëtan Pirou dans son livre : *Proudhonisme et syndicalisme révolutionnaire*, Rousseau, 1910. Au terme d'une étude très consciencieuse, Pirou estime qu'entre les deux systèmes, les divergences sont si graves qu'elles doivent atténuer l'importance des points de convergence qui sont nombreux. Du reste, Pirou n'étudie ni Pelloutier, ni la CGT, mais seulement Sorel, Berth et Lagardelle vis-à-vis de Proudhon.

2. Bien qu'un peu roublard dans ses rapports avec le peuple.

ni Trotsky, pour s'en tenir aux pères fondateurs[1]. Enfin, Pelloutier et Proudhon sont l'un et l'autre des partisans de l'action directe, c'est-à-dire de l'émancipation des travailleurs par eux-mêmes. D'où l'importance qu'ils accordent à l'éducation et son corollaire, la *capacité*. Seul l'homme instruit peut être maître de lui-même (*capax sui*) et, à ce titre, susceptible de se passer de gouvernement. Seule une classe ouvrière résolument autonome, décidée non seulement à ne rien faire pour combler le fossé qui la sépare de la bourgeoisie, mais encore à l'entretenir, à l'élargir est considérée comme politiquement majeure. Ce « séparatisme ouvrier » (Annie Kriegel) qu'est-il d'autre que l'affirmation de la lutte de classe ? Somme toute, sur l'essentiel de la philosophie politique, Pelloutier et Proudhon sont d'accord. De même sur les grandes lignes de la société future, où l'atelier aura fait disparaître le gouvernement. À la place des institutions centralisées, organe du pouvoir de la bourgeoisie, un système fédératif d'institutions de production et de mutualité, ou selon l'expression de Bakounine, que Pelloutier cite également volontiers, « une libre association de producteurs[2] ».

En revanche, que de différences ! Il est vrai que la pensée de Proudhon est souvent si ambiguë, ou si contradictoire, qu'il est difficile de se prononcer, sauf à préciser nettement *à quel Proudhon* on fait allusion.

Ainsi, du mutuellisme qui les rapproche, ils tirent des conclusions contradictoires. Pour Proudhon, la mutualité fondée sur l'échange réciproque de services rend inutile et même exclut l'*association*, entendons par là la coalition, le groupe de pression ou mieux encore, le syndicat. C'est le contraire pour Pelloutier qui voit dans le mutuellisme une sorte d'école primaire du syndicalisme. Pour le premier la société future sera mutuelliste, pour le second elle sera socialiste.

Certes, en ce qui concerne la grève, l'un et l'autre sont défiants. Mais alors que pour le premier, il s'agit d'une défiance fondamentale due à son horreur de la coalition, il s'agit pour le second d'une

1. Je laisse à dessein de côté la question de Marx. Il y faudrait un livre. Du reste, il existe : c'est *Karl Marx, Essai de biographie intellectuelle*. (Rivière, 1957, 464 p.) de M. Rubel. Mais Rubel a presque trop bien plaidé.

2. *Histoire des Bourses du travail*, *op. cit.*, p. 165 et 171.

répugnance tactique fondée sur la constatation de l'impuissance de grèves partielles à modifier la condition ouvrière ; la preuve, c'est que Pelloutier, loin de répudier la grève en soi, préconise au contraire la grève générale.

De même en ce qui concerne le capital. Alors que pour échapper aux conséquences de la tyrannie monétaire, Proudhon ne voit pas d'autre solution que de généraliser le capitalisme par l'organisation d'un crédit gratuit, Pelloutier, lui, pense que les mêmes causes devant produire les mêmes effets, toute réforme de ce genre est illusoire ; à ses yeux, une des caractéristiques essentielles de la société socialiste sera la suppression de l'argent. En un mot, si l'on peut accorder à l'un et à l'autre l'épithète de *prolétarien*, il faut ajouter immédiatement que le premier est résolument réformiste, et le second résolument révolutionnaire.

Il n'est pas jusqu'à leurs conceptions de la morale personnelle et sociale qui ne diffèrent profondément. On sait l'hostilité de Proudhon à toute émancipation de la condition féminine. Ménagère ou courtisane, telle est la triste alternative qu'il offre à la femme. Au contraire, nous avons vu en Pelloutier un partisan prudent, mais décidé de l'émancipation féminine et même de l'amour libre.

On pourrait facilement de la sorte multiplier les points de comparaison. Tel n'est pas notre objet. Au surplus, on ne ferait que renforcer la double constatation que nous avons faite : d'une part, la profonde parenté d'esprit des deux hommes, d'autre part la dissemblance remarquable des solutions préconisées. Certes, les temps ont changé, les expériences sont différentes. Proudhon a connu la déception de 1848 ; au moins peut-on invoquer à la décharge de la IIe République, le manque de temps. Mais la IIIe, elle, a eu du temps. Plus profondément, il est permis de voir en Proudhon un homme qui dans la pratique n'est jamais allé au bout de ses idées théoriques. Il n'est pas jusqu'à son anti-autoritarisme radical, son anarchisme, qui ne se nuancent singulièrement au moment de proposer des solutions concrètes. Nous avons vu Pelloutier savoir lui aussi tenir compte des circonstances[1]. Il adapte ses positions,

1. « Un instinct singulièrement avisé des affaires », dit G. Sorel dans sa préface à l'*Histoire des Bourses du travail*, *op. cit.*, p. 1.

mais sans esprit de recul. Enfin Proudhon, en dépit de ses origines prolétariennes et de son action politique, est resté profondément théoricien. Pelloutier au contraire, est d'abord un praticien qui a découvert dans les réalités ouvrières de son temps, aggravées par une conjoncture économique maussade jusqu'à 1896, des fondements à son radicalisme politique.

Que conclure ? Pas de filiation historique, avons-nous dit. Pas non plus de filiation idéologique ; les divergences sont trop importantes, les syndicalistes de la fin du siècle trop écoliers du réel pour être disciple d'idéologues. Pourtant, on ne se débarrasse pas si facilement de Proudhon ; d'autres l'ont éprouvé avant nous. Il séduit au moment même où ses inconséquences ou ses reculades paraissent nous en avoir définitivement guéris ; il réapparaît au moment où on le croit définitivement éliminé ; son nom revient sous la plume quand on s'y attend le moins. Non, Pelloutier ne fut pas proudhonien, et le syndicalisme révolutionnaire non plus. Mais si la réalité, elle, était un peu proudhonienne ? Si Proudhon avait exprimé, au sein même de ses contradictions, une latence de la condition prolétarienne ? À l'époque contemporaine, en tout cas, chaque fois que le mouvement ouvrier s'est trouvé livré à lui-même, loin des tentations bourgeoises, loin aussi des conseils de ses chefs – de ceux qui se sont proclamés ses chefs – il a retrouvé naturellement quelques-unes des intuitions profondes du proudhonisme, cette doctrine de Monroë du prolétariat. Et tout d'abord, cette action directe, ce sentiment primitif de l'effort moteur, pour parler comme Maine de Biran. Le refus de l'autorité et de son mystère, c'est la Commune, et 1936, et peut-être un peu 1968 ; c'est aussi la grève générale. À l'exemple de Lucien Febvre, concluons avec Bernstein : « Ce n'est pas moi, mais bien la réalité des choses qui fait revivre l'auteur de *la Capacité politique des classes ouvrières*. »

« Une société d'hommes fiers et libres »

« La timide et fragile fleur qu'est l'amour de l'indépendance »

Arrivés où nous sommes, il est temps de faire retour sur la pensée philosophique de Pelloutier, car elle seule permet de comprendre la traduction politique de ses idées économiques. Si importante, si urgente qu'ait toujours été à ses yeux son activité publique, elle n'a jamais constitué une fin en soi ; si tyranniques qu'aient été les exigences de son travail à la Fédération des Bourses, elles ne sont jamais parvenues à faire de lui un drogué de l'action militante ; au contraire, il les a toujours envisagées par rapport au primat – implicite ou explicite – accordé à la vie privée. Ce socialiste, ce syndicaliste n'a jamais été à l'aise dans les congrès où l'on fait assaut d'éloquence, dans les meetings à grand spectacle. Mauvais orateur du reste, desservi par son physique, il n'y assiste que rarement et avec répugnance. Parce qu'il cherche l'adhésion vraie, en profondeur ; parce qu'il ne sépare pas l'action sur l'individu de l'action sur le groupe social, il a toujours préféré les moyens de la persuasion intellectuelle à ceux de l'émotivité. Du reste il a horreur de la foule et de sa bêtise[1] :

> Parce que, habituée à ne penser que par autrui, elle suit aveuglément les inspirations de ses maîtres. Réfléchir, cela la fatigue : ses mandataires ne sont-ils pas là pour lui dire ce qui est utile et ce qui est nuisible ?

Telle sera une des raisons de son hostilité au régime représentatif : la délégation de pouvoir y implique démission intellectuelle[2] :

> Cette multitude, il suffit que quelques hommes lui disent « pense ceci » pour qu'elle le pense ; « fais cela » pour qu'elle le fasse ; « entretiens-nous » pour qu'elle leur dévoue ses bras ; « viens » pour qu'elle accoure ; « va-t'en ! » pour qu'elle s'en aille ; et, telle est la facilité de son obéissance que les riches ne prennent même plus pour lui dicter leurs ordres les précautions qu'on prend avec le chien soumis, mais hargneux.

Et voici la conclusion, qui sonne comme un slogan gauchiste : « la bourgeoisie ne dompte plus le peuple, elle le siffle ».

C'est que, sans nier les nécessités de l'action de masse (sinon comment serait-il partisan de la grève générale ?), Pelloutier se défie de toute forme d'action qui implique sous quelque forme que ce soit dissolution des ressources propres à l'individu dans le collectif. En effet, la manière de parvenir au résultat modifie le

1. *L'Art social*, août 1896.
2. *L'Art et la Révolte*, *op. cit.*

résultat lui-même ; l'action révolutionnaire de l'homme cultivé est substantiellement différente de celle de l'imbécile[1] :

Le dévouement d'un homme vaut ce que vaut cet homme. Pour se dévouer utilement, il faut donc au préalable avoir agi vigoureusement sur soi-même ; par suite, toute opinion tendant à atténuer chez l'homme le sentiment de sa responsabilité, à placer ailleurs qu'en lui le moteur moral qui le fait agir, doit être écartée.

C'est qu'au plus profond, Pelloutier est un individualiste qui voit dans le « désir de paraître » la source de la volonté de puissance, l'origine de la machine gouvernementale qui écrase « cette timide et fragile fleur qu'est l'amour de l'indépendance ». Loin qu'il s'agisse d'une chose naturelle à l'homme, le goût de l'indépendance individuelle, le refus des conformismes quels qu'ils soient, ne peuvent être que le résultat d'un effort sur soi-même, d'une véritable ascèse. Pelloutier a bien vu que la création de modèles en matière de réussite sociale ou de consommation est le piège tendu à la classe ouvrière pour l'embourgeoiser, pour lui faire accepter les cadres de la société existante[2] :

Ce que j'affirme, c'est que dans la tendance à paraître, tendance naturelle car l'ouvrier même désire et respecte le galon – réside le péril que court l'esprit de révolte. L'homme assez veule pour se classer, au lieu de vivre en marge de l'ordre, pour se laisser immatriculer dans les troupes régulières au lieu de rester dans le bataillon des guerilleros, pour souhaiter, lui fort et sain, une vie toute faite et mesquine, au lieu d'ambitionner une vie large et de la conquérir à force d'audace, d'énergie et de travail, celui-là n'est utile à personne, pas même à lui, c'est un ventre, une machine à ingérer et à digérer. Ah ! jeunes gens, si vous saviez combien vite les coureurs de

1. *L'Ouvrier des deux mondes*, 1.2.1897, p. 12-13. Compte rendu du livre de Paul de Rousiers, *le Trade unionisme en Angleterre*. Ce long compte rendu n'est pas signé, mais nous avons déjà vu qu'il est certainement de Pelloutier. Il est du reste authentifié par la note significative qui l'accompagne : « Nous soulignons cette phrase parce qu'elle exprime l'idée, cent fois exposée sous diverses formes par Fernand Pelloutier, qui est à la base de la philosophie anarchiste. Développer le sens de la responsabilité, c'est préparer le "gouvernement de la raison", rendre par conséquent, de plus en plus inutile toute autorité étrangère à chaque individu. »

2. « Être et paraître », *Journal du peuple*, 7.3.1899.

sentiers battus regrettent la morne désolation de leur existence, et la folie qui la leur fit choisir ! et combien, au contraire, ont crû en volonté et en force et se sont épanouis ceux qui dédaignèrent la route publique ! vous n'hésiteriez pas à devenir, vous aussi, les réfractaires, à goûter cette joie exquise de l'homme qui méprise les séductions sociales, voulant mener sa vie en dehors des cadres et qui triomphe des obstacles accumulés devant les isolés et qui sent que son triomphe est un coup porté à l'abominable machine gouvernementale.

Loin de faire confiance aux masses, Pelloutier ne croit qu'aux individus qui les composent[1]. On peut déjà prévoir qu'à ses yeux le syndicalisme vaut moins par les structures qu'il est bien obligé de mettre en place que par les possibilités qu'il offre à chacun d'échapper aux conditionnements sociaux : le syndicalisme, ou la solidarité au service de l'individu.

C'est pourquoi l'« anarchiste » Pelloutier restera toujours réfractaire à l'embrigadement anarchiste. Dans l'article « Byzantinisme » on le voit dénoncer les sectes, c'est-à-dire l'organisation anarchiste, comme contradictoire dans les termes.

Il refuse de s'engager dans le débat entre anarchistes individualistes et anarchistes communistes : profondément, il pense comme les premiers, tout en admettant comme les seconds la nécessité d'une action collective. Mais attention ! d'une action collective qui ne soit pas le fait d'une secte, d'une action collective pour ainsi dire *éclatée*, au sein des groupes et des milieux les plus divers :

… Si les groupements libertaires n'existaient plus, les anarchistes (communistes et individualistes)… comprendraient que l'anarchisme est tout simplement l'art de se cultiver et de cultiver suffisamment les autres pour que les hommes puissent se gouverner et jouir eux-mêmes. Et les anarchistes (toute conception sociale mise à part) accompliraient chacun selon son tempérament l'utile besogne qu'implique cette définition…

On ne saurait trop souligner la racine morale des idées politiques de Pelloutier, puisque à chaque instant les impératifs de la lutte de classe sont confrontés à la nécessaire réforme intellectuelle et

1. « La situation actuelle du socialisme », *les Temps nouveaux*, 6.7.1895, p. 2 : les collectivistes « ne voient point que ce qu'ils appellent la collectivité n'étant qu'un agglomérat d'individus… ».

morale des individus. En ce sens, il est éminemment représentatif de l'inspiration prométhéenne d'un syndicalisme qui ne sépare jamais l'émancipation définitive de la classe de l'accomplissement hic et nunc des individus qui la composent[1] :

> Dites si cette organisation, si ce programme [celui des Bourses] si cette tendance caractérisée vers le beau et le bien, si une telle aspiration à l'épanouissement parfait de l'Individu ne légitiment pas tout l'orgueil qu'éprouvent les Bourses du travail.

La politique d'action directe

Nous voici désormais au cœur du système, auquel tout conduit et duquel tout découle : vision de la politique, idée générale de l'enseignement, conception du syndicalisme, de l'action sociale et de la révolution. Au centre de tout cela, il y a l'*action directe*.

L'expression a fait fortune après 1900 au point de tenir lieu de drapeau et de mot d'ordre à la CGT. À deux reprises, en 1903 et en 1908[2] lorsque des révolutionnaires syndicalistes groupés autour de Griffuelhes et de Pouget veulent diffuser leur pensée à travers un organe de presse, c'est le titre d'*action directe* qu'ils choisissent. C'est également le titre d'une brochure largement répandue et fort pénétrante de Pouget, dont on extrait le passage suivant[3] :

> Elle [l'action directe] signifie que la classe ouvrière, en réaction contre le milieu actuel, n'attend rien des hommes, des puissances et des forces extérieures à elle, mais qu'elle crée ses propres conditions de lutte et puise en soi les moyens d'action. Elle signifie que, contre la société actuelle qui ne connaît que le *citoyen*, se dresse désormais le *producteur*.

C'est la reprise et le commentaire de la célèbre formule de la première Internationale selon laquelle « l'émancipation des travailleurs sera l'œuvre des travailleurs eux-mêmes ».

1. *Histoire des Bourses du travail*, *op. cit.*, p. 171. Conclusion : « Conjectures sur l'avenir des Bourses du travail. »

2. *L'Action directe*, revue syndicaliste révolutionnaire, paraît de juillet 1903 à février 1905 (9 numéros) ; *l'Action directe*, hebdomadaire paraît du 15 janvier au 3 octobre 1908 et connaît 33 numéros.

3. *L'Action directe*, éditions de la guerre sociale, 1910, 28 p., p. 1. Le développement d'où est extraite cette citation avait déjà paru dans l'hebdomadaire précité *l'Action directe* du 15 janvier 1908.

Toutefois, si l'idée est ancienne, si même on peut avancer qu'elle est consubstantielle au mouvement ouvrier à l'état naissant, la formule ne paraît pas avoir été d'usage courant avant 1900. *L'Almanach de la révolution* pour 1908[1] en attribue même à Pelloutier la paternité à cause de cette note (du reste non signée) de *l'Ouvrier des deux mondes* du 1er février 1897 :

> Le syndicat des employés du département de la Seine, convaincu que le moyen d'opérer des modifications dans les conditions de travail dépend beaucoup plus de l'action directe exercée par les syndicats contre les patrons que des inutiles appels à l'intervention législative ou administrative, vient de décider une campagne de propagande.

Il s'agissait d'inciter tous les travailleurs, par le truchement de leurs syndicats, à lutter pour la diminution de la journée de travail en refusant tout achat après 8 heures du soir (midi le dimanche). On voit que les objectifs de l'action directe vont des plus modestes et des plus réformistes aux plus ambitieux ; que dans tous les cas, le résultat visé est inséparable de la démarche pédagogique, de l'effet de prise de conscience qui l'accompagnent. Voici en quels termes Pelloutier commente cette initiative[2] :

> Le camarade Pelloutier (Saint-Nazaire) appuie cette tactique, car c'est seulement par l'action personnelle que les travailleurs pourront obtenir les améliorations qu'ils désirent. Il faut donc encourager tout ce qui tend à l'effort direct, tout ce qui est de nature à faire naître l'esprit d'initiative et l'énergie, faire comprendre, en un mot, au prolétariat qu'il doit exclusivement compter sur lui-même.

Somme toute, l'action directe n'est pas autre chose que la traduction en termes syndicaux de la tactique de lutte de classe. Que l'expression appartienne ou non à Pelloutier[3], il ne fait pas de doute

---

1. p. 60.

2. Registre des délibérations du Comité fédéral des Bourses du travail, 27 novembre 1896.

3. Dans l'hebdomadaire *l'Action directe* du 15.1.1908, James Guillaume verse au débat deux articles sur les origines de l'expression. L'un de lui, paru dans *le Bulletin de la Fédération jurassienne* du 1.11.1874 ; l'autre d'Adhémar Schwitzguebel, dans le même organe, en date du 28.2.1874. Il y est question d'ouvriers « réglant directement » l'affaire avec la bourgeoisie, de réformes

que c'est dans le milieu des Bourses du travail qu'elle prend consistance. Mais il faut immédiatement écarter une ambiguïté. Aux yeux de nombreux critiques, comme d'ailleurs de certains partisans[1], action directe est synonyme d'action violente. Cela n'est pas exact. Certes les syndicalistes révolutionnaires, et Pelloutier le premier, n'ont jamais refusé de faire appel à la violence. Bien au contraire, ils l'ont jugée nécessaire à certains moments. Nous avons déjà vu Pelloutier se séparer de Briand sur la question de la grève générale pacifique. Depuis, il n'a cessé de proclamer la nécessité du recours à une action révolutionnaire violente qui prendra la forme de la grève générale. C'est une question d'efficacité ; c'est même une question de dignité : « la violence, enfin, qui seule peut mettre un frein à la violence, et qui est l'arme naturelle de tout être fier et digne[2] ». Mieux : à plusieurs reprises, il s'est prononcé sans équivoque en faveur du boycottage et du sabotage. Étudiant devant le Comité fédéral des Bourses le point de l'ordre du jour du congrès de Londres portant sur les « conflits entre le capital et le travail », Pelloutier rappelle qu'en dehors de la révolution, les ouvriers font d'ordinaire appel à la grève pour résister au patronat. Et ce, avec les résultats désastreux qu'il n'a jamais cessé de souligner[3] :

> Mais à côté de la grève, il y a, pour résister au patronat, un autre moyen beaucoup plus efficace et qui a été employé avec succès en Angleterre : c'est le « mauvais travail ». Qu'au lieu de quitter l'atelier les ouvriers se contentent

---

opérées « directement » par les ouvriers. Toutefois, si l'adverbe est en effet employé à plusieurs reprises, l'expression « action directe » n'apparaît pas encore.

1. *Le Temps* du 13.8.1906 écrit : « ces questions de méthode, [qui, selon Jaurès, le séparent du syndicalisme révolutionnaire] à vrai dire, portent sur l'utilité de l'action directe, c'est-à-dire de l'insurrection, du meurtre et du pillage ». Cependant que dans son célèbre mais fruste *ABC syndicaliste*, Yvetot déclare que « l'action directe consiste à faire céder le patron par la crainte ou par l'intérêt » et cite à l'appui de sa thèse des exemples de violences ou de sabotage.

2. *Les Syndicats en France*, *op. cit.*, p. 4.

3. Registre des délibérations du Comité fédéral des Bourses du travail, 22 mai 1896. Cf. également Léon de Seilhac, *le Congrès socialiste de Londres* in *la Revue bleue* du 25 juillet 1896 qui fait état d'une lettre de Pelloutier à propos du « co-canny ».

d'y « gâcher » le travail, de faire subir ainsi des pertes considérables aux industriels, et l'on ne tardera pas à voir ceux-ci capituler, comme l'ont fait notamment les industriels de Sheffield.

Cette proposition motive plusieurs observations intéressantes que le Comité fédéral décide de ne pas faire figurer au procès verbal. Le rapport à présenter au congrès de Londres sur ce point préconisera : « la résistance à la mauvaise volonté patronale par la mauvaise volonté ouvrière ».

On sait d'autre part que sur rapport de Paul Delesalle, anarchiste et représentant du syndicat des ouvriers en instruments de précision, le congrès corporatif de la CGT tenu à Toulouse du 20 au 25 septembre 1897 se prononça à l'unanimité en faveur du boycottage et du sabotage[1]. Or Pelloutier, très hostile à la CGT et très critique à l'égard de son travail, publie de larges extraits de ce rapport, avec la conclusion suivante[2] :

> En préconisant le *boycottage* et le *sabotage*, le congrès de Toulouse a donné aux travailleurs les moyens les plus efficaces, du moins pour l'instant, d'obliger le Capital à… s'humaniser. Que les travailleurs en usent ; que, dans leurs assemblées, ils en concertent méthodiquement l'emploi, et ils en constateront bien vite l'heureux résultat.

Au congrès suivant, auquel il participe, Pelloutier saisit l'occasion de préciser sa conception du boycottage et du sabotage. Loin d'être des manifestations brutales et irréfléchies de la violence, ce sont au contraire pour la classe ouvrière des moyens non violents d'agir par elle-même ; en un mot, des applications du principe d'action directe. Il est significatif qu'il mette sur le même plan un

1. Avec notamment l'approbation d'Hamelin, de la prudente fédération du Livre. Notons que le congrès suivant de la CGT, tenu à Rennes du 21 au 24 septembre 1898, déclara notamment : « Nous ne pouvons que poser la théorie et souhaiter que le sabotage entre dans l'arsenal des armes de lutte des prolétaires contre les capitalistes, au même titre que la grève, et que de plus en plus l'orientation du mouvement social ait pour tendance *l'action directe* des individus et une plus grande conscience de leur personnalité » (c'est nous qui soulignons). On notera que « l'action directe » est ici liée à une action violente : le sabotage, mais aussi et surtout à l'idée d'une prise de conscience individuelle.

2. *L'Ouvrier des deux mondes*, 1.11.1897, p. 154-156.

instrument aussi pacifique que le *label* et un procédé aussi illégal que le sabotage[1] :

Il a cru que désormais, au lieu de demander des améliorations à leurs adversaires de classes, les travailleurs allaient les prendre eux-mêmes. On a cité des boycottages sérieux, mais que sont ces exemples auprès des résultats que l'on voit dans les pays où le boycottage et le sabotage sont entrés dans les mœurs ? Ne finirons-nous pas par donner des exemples pareils à ceux que l'on voit en Amérique, où l'on ne rencontre sur le marché que des marchandises qui portent la marque de connaissement des organisations ouvrières ? Grâce à leur énergie et leur initiative, ces organisations ouvrières réussissent, ne comptant que sur elles-mêmes. Quant au sabotage, n'y a-t-il pas là un élément révolutionnaire qui doit tenter les ouvriers ? Laissant de côté les violences, non par crainte, ils peuvent, par leur initiative, en appliquant le sabotage, lutter avantageusement contre la société capitaliste.

Il serait donc aussi erroné d'assimiler l'action directe, telle que la conçoit Pelloutier, à la violence systématique que de voir dans l'action indirecte, par le truchement d'un parti – le POF par exemple – un refus systématique de la violence et de la révolution. Encore une fois, la différence porte moins sur les objectifs que sur les moyens de les atteindre, et sur la modification finale des premiers par l'emploi des seconds.

C'est pourquoi le recours au suffrage, acceptable pour les partis marxistes, est refusé par Pelloutier qui se situe ici en pleine orthodoxie anarchiste. Qui dit suffrage dit en effet délégation de pouvoir, donc démission du mandant au profit du mandataire. Certes, dans son article du 14 septembre 1895 paru dans *les Temps nouveaux* sous le titre « Les réformes partielles », Pelloutier a tenté de suggérer que ce n'est pas en soi que le suffrage est mauvais, mais en fonction d'une situation sociale qui continue d'être dominée par la loi de l'offre et de la demande, et qui, à ce titre, rend illusoire tout effort de réforme. « N'accusons donc point le suffrage de tous les maux dont il est innocent, le pauvre ! » Mais devant la levée de boucliers que cette prise de position relativement modérée[2]

1. *Compte rendu du IVe congrès de la CGT*, Rennes, 1898, p. 169.
2. *Les Temps nouveaux*, 21.9.1895.

a suscitée chez les lecteurs et rédacteurs anarchistes du journal, Fernand Pelloutier bat en retraite : qu'on ne le croie pas « si peu que ce soit, imbu du principe d'autorité » ; il sait que « déléguer à quelqu'un le pouvoir de légiférer constitue une aliénation de la liberté ». Mais parce qu'il croit la révolution prochaine, il a voulu combattre les illusions électorales avec les arguments les plus forts, ceux de l'efficacité.

Bien entendu ce qui est vrai du suffrage l'est encore plus de l'institution qui l'engendre : l'institution parlementaire et législative. Non que Pelloutier s'interdise à l'occasion des interventions à l'intérieur même du « système ». On le voit, sur mandat du « Comité d'organisation de la grève générale », écrire en février 1895 aux « députés républicains » au nombre de 410 pour les conjurer de repousser la proposition de loi Merlin-Trarieux tendant à interdire le droit de grève aux ouvriers des chemins de fer et des arsenaux. Sa lettre, modérée de ton, est un assez bon exemple de démonstration parlementaire[1], faisant alterner la flatterie (« nous avons confiance à la fois en votre justice et votre sagesse ») et la menace (« de votre vote dépend peut-être le salut ou la perte de votre société »). On le voit, cette même année 1895, conseiller aux Bourses, à la fin de son rapport moral pour le congrès de la Fédération (Nîmes, 9-12 juin) d'intervenir auprès des candidats aux élections pour obtenir le vote de la proposition de loi Groussier tendant à la reconnaissance légale des Bourses du travail[2]. Mieux : dans sa célèbre « méthode pour la création et le fonctionnement des Bourses du travail » Pelloutier énumère en détail les subventions que les Bourses « doivent exiger » de la municipalité et du Conseil général[3]. Ce « subventionnisme » lui sera du reste, plus tard reproché. On l'a vu, à la fin de son existence, négocier et

1. Citée dans Maurice Pelloutier, *Ombre et Lumière*, *op. cit.*, p. 71-74.

2. « Sachons contraindre ceux qui brigueront nos suffrages à nous accorder leur appui, et dressons dans ce but un programme d'action que toutes les Bourses s'efforceront l'an prochain d'imposer aux candidats de leur région. C'est peut-être la tactique la plus sûre. » On sait que le congrès de Nîmes modifia la position adoptée au congrès précédent et se prononça contre la reconnaissance légale des Bourses.

3. *Histoire des Bourses du travail*, *op. cit.*, annexes, p. 188.

obtenir une subvention de 10 000 francs de l'Office du travail pour la création d'un très officiel « Office de statistique et de placement ». Opportunisme ? Sans doute. Pourquoi les travailleurs ne tireraient-ils pas le maximum de la situation qui leur est faite dans la société capitaliste ? De plus, sa condamnation radicale des régimes bourgeois ne l'a jamais conduit à les placer tous sur le même plan : nous l'avons vu à maintes reprises, en 1885, en 1889, en 1899, ferme sur la défense de la République. Ses convictions révolutionnaires n'excluent ni le bon sens, ni le sens tactique ; le plus souvent, on le voit extrémiste avec pondération.

Sa condamnation du système parlementaire et de l'appareil législatif n'en est que plus impressionnante. Elle repose sur une double série de considérations.

D'abord sur l'impossibilité, en régime bourgeois, d'imposer aux capitalistes une législation dont ils ne veulent pas[1] :

> En définitive, les lois sont inutiles parce que l'oligarchie industrielle est maîtresse de l'État, et que l'État ne mettra jamais en balance la probité d'un fonctionnaire et l'ordre d'un patron. Le régime politique, a dit Marx, est toujours fait à l'image du système économique. Comment donc espérer qu'un régime basé sur la richesse puisse toucher à la richesse ?

Il est un exemple que Pelloutier ne se lasse pas de reprendre, parce qu'il l'a étudié en détails, sur mandat de la Fédération des Bourses : c'est la loi du 2 novembre 1892 sur le travail des femmes et des enfants, qui s'accompagnait pourtant d'une réorganisation de l'inspection du travail. La loi, de l'avis même d'un industriel parlementaire comme M. Dutreix, est constamment violée : « *Habemus confitentem reum !* » s'écrie Pelloutier. Il en ira de même, estime-t-il, de la loi du 9 avril 1898 sur les accidents du travail : les indemnités en sont très faibles ; de plus, elles pénalisent tellement le père de famille qu'elles sont une incitation, pour l'ouvrier, à limiter sa progéniture, pour le patron, à n'employer que des célibataires[2]. Certes, Pelloutier admet la popularité de la revendication de la journée de huit heures, en même temps que

1. « La tare parlementaire », *Journal du peuple*, 20.2.1899. Cf. également *l'Action* de Bernard Lazare, n° 1, 1.2.1896.
2. « La loi sur les accidents du travail », *Journal du peuple*, 13.3.1899.

sa nécessité. Mais il doute qu'elle puisse être jamais appliquée convenablement[1] :

> La revendication des huit heures doit donc être présentée comme une simple fortune [lapsus pour « formule »] et exposée assez clairement pour que tous ceux qui l'acceptent sachent ce qu'elle vaut, et que dans l'hypothèse, très admissible où les parlements la réaliseraient, ses conséquences ne soient une déception pour personne.

Dans ces conditions, il importe de continuer l'étude de la législation ouvrière, non comme le réclame le représentant du Havre, pour éclairer et guider le travail des parlementaires, mais pour « instruire le peuple sur l'inutilité des réformes partielles, et par suite, la nécessité de la révolution[2] ».

Mais il est une autre raison de dénoncer par avance toute législation : c'est qu'il s'agit une fois encore d'une manifestation d'autorité, dont il convient de se méfier en tout état de cause, serait-elle même le fait de ses propres amis[3] :

---

1. Registre des délibérations du Comité fédéral des Bourses du travail, 8 mai 1896 (intervention de Pelloutier représentant la Bourse du travail de Nevers). Voir également « La situation actuelle du socialisme » (*Temps nouveaux* du 6.7.1895) où Pelloutier fait état de l'indifférence des délégués lors du congrès de la Fédération des Bourses à Nîmes (1895) à propos d'un vote à émettre à propos des huit heures : « Bah ! votons-la toujours, cela ne fera ni chaud, ni froid. » Enfin, selon *le Franc Parleur* de Reims (13.7.1897), lors d'un meeting contradictoire avec Sembat et Vaillant organisé sous les auspices de la Chambre syndicale de l'industrie lainière de Reims, Pelloutier aurait notamment déclaré : « Vaillant attend d'être au gouvernement pour appliquer ses doctrines : erreur, il serait enchaîné. Pourrait-il, par exemple, décréter la journée de huit heures ? Il est impossible d'obliger à la fin le patron à payer plus cher et l'ouvrier à se reposer ses huit heures terminées. D'ailleurs, le patron majorerait le produit et l'ouvrier-consommateur serait Gros-Jean comme devant. Rien à faire contre cette loi de l'offre et de la demande. La loi révolutionnaire du maximum a échoué. Ce qu'il faut, c'est l'action vraiment révolutionnaire par l'action syndicale et la grève générale. » – Toujours l'obsession de la « loi d'airain » !

2. Registre des délibérations du Comité fédéral des Bourses du travail, 8 mai 1896.

3. « Le mois politique et social », *l'Art social*, juillet 1896.

Je ne sais même pas si le « groupe socialiste » – les événements le hissant au pouvoir – ne traiterait pas les réfractaires plus férocement que ne feront les groupes dont M. Méline, M. Goblet, M. Dupuy sont les chefs… c'est pourquoi nous réjouit fort l'échec subi partout en ces élections de mai par les partisans avérés du collectivisme étatique.

Dans sa méfiance à l'égard des partis et de l'action politique, constamment réaffirmée avec une vigueur croissante depuis le congrès de Londres de 1896, il y a plus de la part de Pelloutier que la réaction puritaine du syndicaliste devant les combinaisons et les compromis : il y a la condamnation d'une méthode. Somme toute, les dirigeants politiques sont pris dans le dilemme suivant :

— ou bien ils adoptent une attitude réformiste, font confiance aux possibilités qu'offre l'action législative et détournent les travailleurs des seules réformes réelles, celles qui sont imposées par l'action directe sur le patronat ;

— ou ils se veulent révolutionnaires. Mais leur nature de parti, c'est-à-dire d'appareil spécialement organisé pour la conquête du pouvoir, les condamne à concevoir la révolution comme un changement de personnel à la tête du gouvernement. Il importe peu en l'occurrence que cette « conquête des pouvoirs publics » s'opère pacifiquement et légalement, par la voie électorale, ou violemment, par la voie révolutionnaire : dans les deux cas, le résultat sera le même : les travailleurs n'auront fait que changer de maîtres. Ce n'est pas pour rien que dans sa célèbre « lettre aux anarchistes[1] », Pelloutier a caractérisé ces derniers, parmi lesquels il se compte, comme « les ennemis irréconciliables de tout despotisme, moral ou matériel, individuel ou collectif, c'est-à-dire des lois et des dictatures (y compris celle du prolétariat)… ».

On conçoit dans ces conditions que les discours de Jaurès sur la complémentarité de l'action politique et de l'action économique du prolétariat, et notamment son plaidoyer pour une large participation syndicale au congrès ouvrier international de 1900 laissent Pelloutier de glace. D'abord, il n'a pas oublié Londres. Mais surtout, Jaurès n'a pas compris qu'il ne s'agit pas de deux aspects d'une même action émancipatrice, mais d'une véritable alternative : conquête

1. Loc. cit.

des pouvoirs publics ou révolution syndicaliste[1]. Dans un article des *Temps nouveaux*[2] il s'efforce de démontrer que, contrairement à ce qu'affirment « les écrivains du socialisme autoritaire », la première Internationale ne s'est jamais prononcée pour la tactique de la « conquête des pouvoirs publics ». Tout au plus, en raison de la situation dans la France de Napoléon III et de l'Allemagne de Bismarck et des princes, a-t-elle réclamé – comme Thiers à la même époque – les libertés publiques nécessaires au développement de la propagande socialiste. Aujourd'hui, le problème ne se pose plus du tout dans les mêmes termes en France républicaine « où les socialistes ont arraché à la bourgeoisie le maximum de liberté que la bourgeoisie pouvait accorder proprio motu ».

> Ne craignez donc point, conclut-il en s'adressant aux travailleurs, que votre désaffection du parlementarisme soit en contradiction avec les principes de l'Internationale… [les partisans des lois ouvrières] sont des ambitieux qui rêvent d'entrer au ministère, et qui vous gouverneront plus despotiquement encore que les Yves Guyot et les Dupuy.

On voit désormais clairement que la divergence de méthode avec les « autoritaires » est grosse d'un désaccord sur le fond – puisque pour les uns, il faut, par tous les moyens – même légaux – bâtir un État socialiste, tandis que pour les autres, il faut dès maintenant travailler à la destruction de l'État et des gouvernements.

L'anti-autoritarisme qui éclate dans la plupart des grands textes de Pelloutier n'est qu'une conséquence de son individualisme. Il a senti nettement que le Léviathan étatique n'est qu'un cas particulier du Léviathan communautaire[3] et que la délégation de pouvoir « consentie » par le peuple à ses représentants peut conduire à un

1. La position de Pelloutier est très bien exprimée dans l'article « Les deux congrès » (*Journal du peuple*, 10.4.1899). Celle de Jaurès, qui polémique explicitement avec Pelloutier, se trouve dans *la Petite République* du 1.9.1900 : « Action syndicale et politique ». Voir également l'interview de Pelloutier dans *le Soir* du 28.8.1900, où une fois de plus, il écarte toute intervention politique dans les syndicats.

2. « La conquête du pouvoir politique et l'Internationale », 3.8.1895.

3. Ce n'est pas par hasard que Hobbes a pu déduire directement son absolutisme étatique de la notion de contrat social. Voir sur ce point B. de Jouvenel, *Du pouvoir*, Bourquin, 1947, 466 p., p. 47 sq.

système aussi tyrannique que la monarchie de droit divin. Dès que, pour les besoins de l'ordre social, on érige certains intérêts généraux au-dessus de la somme des intérêts particuliers de la communauté, on s'expose à voir naître ou renaître tout l'arbitraire de la raison d'État[1] :

> Quand donc les hommes… comprendront-ils que ce que l'on appelle intérêts généraux n'étant que l'ensemble des intérêts individuels, les diverses manifestations de la « chose publique » peuvent être accomplies individuellement, et qu'ainsi, avec la nécessité, se trouve établie la possibilité de supprimer les gouvernements !

On remarquera au passage que la conception que se fait Pelloutier de l'État est très proche du marxisme. Du reste, lui qui cite rarement Marx, l'invoque lorsqu'il affirme que le régime politique est toujours à l'image du régime économique[2] et que c'est donc une illusion de vouloir intervenir sur le second par l'intermédiaire du premier, tant qu'on ne s'est pas, justement, attaqué aux fondements du premier. L'État n'est nullement à ses yeux une nécessité technique ; il est avant tout instrument de domination de la bourgeoisie sur le prolétariat, puisque Pelloutier le définit toujours par ses organes de coercition réelle (armée, police, magistrature) ou symbolique (Église, école). Certes, nous le verrons quand nous étudierons le rôle des syndicats dans la société future, une société fondée sur la satisfaction des besoins de ses membres aura toujours besoin de certains rouages de transmission et d'organes de régulation ; cela, Pelloutier ne le nie pas, bien au contraire ; ce qu'il nie, c'est que ce soit là ce qu'on appelle l'État.

En d'autres termes, Pelloutier ne peut nier qu'une société ait besoin d'un ordre (*ordo*) ; mais elle peut se passer de donner des

---

1. « Centralisation et gouvernement », *Almanach de la question sociale pour 1897* (d'Argyriadès), p. 103. Cf. Sorel : « Il me semble impossible d'arriver à ce que Marx appelait, tout comme Proudhon, l'anarchie, si l'on commence par reproduire l'ancienne organisation centraliste qui a conduit à subordonner la gestion des affaires au souci de la suprématie, que se disputent des groupes dirigeants », Préface à l'*Histoire des Bourses du travail*, *op. cit.*, p. 23. Voir également l'*Histoire des Bourses du travail*, p. 54.

2. « La tare parlementaire », *Journal du peuple*, 20.2.1899.

ordres (*jussus*). L'équivoque qui n'a jamais cessé de peser sur l'anarchie repose sur la confusion des deux sens du mot ordre : lorsque les anarchistes prétendent s'attaquer au *commandement*, on les soupçonne d'être hostiles à toute forme d'*organisation*, ce qui est rarement le cas. Ce serait même le contraire. Quoi de plus anarchiste finalement que de chercher à substituer, comme le voulait Saint-Simon, *au gouvernement des hommes l'administration des choses* ? On pense ici à Péguy qui déclarait ne pas être *an-archiste*, entendant par là qu'il ne pouvait concevoir l'absence de tout ordonnancement de la société, mais qu'en revanche, il s'affirmait volontiers *a-cratique*, c'est-à-dire hostile à tout pouvoir autoritaire prenant prétexte de la nécessité d'un ordre à établir.

Pour conclure, il nous faut examiner quelle est la place de la révolution dans cette conception d'ensemble.

Rappelons tout d'abord que la révolution – ou la grève générale – n'est pas pour Pelloutier un événement que l'on organise, dont au besoin on fixerait la date : c'est le résultat d'une tension croissante qui conduit à une explosion. À défaut de la préparer, il convient de s'y préparer ; et cela d'autant plus qu'on l'estime plus proche. La révolution n'est pas affaire de conviction, mais de situation. Telle est, nous semble-t-il, la différence fondamentale qui sépare l'anarchisme syndical d'un Pelloutier de l'anarchisme politique d'un Jean Grave par exemple. Voici, pour illustrer le point de vue du premier, le compte rendu d'un important débat qui eut lieu au Comité fédéral des Bourses du travail le 16 juillet 1897. Le Comité examinait le projet de rapport moral présenté par Pelloutier pour le prochain congrès de Toulouse, et Zimmer, délégué de Besançon, avait réclamé la suppression d'une phrase qui affirmait que le développement de l'action corporative serait impossible « tant que les travailleurs de cette région [le Nord], n'ayant pas éprouvé l'impuissance de l'action politique, ne comprennent pas que l'émancipation prolétarienne est entre les mains des syndicats ».

Capjuzan le blanquiste, Capjuzan l'adversaire déclaré de Pelloutier a renchéri : comment peut-on affirmer pareille chose, alors que les syndicalistes de Dunkerque sont des timorés, des modérés qui acceptent les subventions municipales, alors que seuls ceux qui agissent sur le terrain politique professent des sentiments révolutionnaires ?

C'est la vérité même – elle correspond à une situation traditionnelle dans le Nord ; on la retrouve aussi bien dans les mines que dans le textile. Pelloutier ne va pas nier cette évidence ; mais sa réponse qu'un Griffuelhes ou un Pouget auraient pu reprendre mot pour mot à leur compte, est une parfaite définition d'un syndicalisme révolutionnaire de classe[1] :

Le camarade Pelloutier (Nevers) ne conteste pas que les adversaires de l'action politique à Dunkerque ne soient des timorés. Mais du jour où ils sont entrés dans un syndicat, ils se sont condamnés, même inconsciemment, même malgré eux, à engager tôt ou tard l'action révolutionnaire à laquelle le système économique condamne tous les travailleurs, que ce soit pour une question de salaire, pour une réduction de la durée du travail ou tout autre motif ; un jour ou l'autre ils auront à se révolter contre le patronat, et l'on peut dire que tout syndiqué, quelles que soient ses opinions présentes, sera nécessairement un révolutionnaire un jour. Il ne faut donc point blâmer ceux de Dunkerque, et en s'abstenant de politique, ils gagneront de constituer des syndicats unis et forts.

En d'autres termes, mieux vaut pour la révolution future, des syndicalistes modérés que des politiques extrémistes. Ce mépris de l'opinion au profit de la situation de classe est à retenir ; elle explique en grande partie le comportement du « syndicalisme révolutionnaire » et éclaire tout particulièrement la fameuse « charte d'Amiens ».

Comment donc préparer les travailleurs à la révolution qui vient ? En les embrigadant dans un parti ? En les endoctrinant ? En leur faisant violence intellectuellement ? Sûrement pas ; ce serait retomber dans les raccourcis autoritaires.

En ce qui concerne la grève générale, le Comité fédéral ne saurait s'en désintéresser[2], estime Pelloutier en novembre 1895.

Mais l'action à faire en ce sens doit proscrire toute apparence de direction. Nous n'avons pas seulement en vue de préparer une révolution qui soit

1. Registre des délibérations du Comité fédéral des Bourses du travail, 16.7.1897.

2. *Ibid.*, 11.10.1895. (C'est nous qui soulignons.)

une simple transmission de pouvoirs. Nous voulons habituer le prolétariat à se passer de gouvernants. *Nous devons donc conseiller, instruire, mais non diriger.*

Bien entendu, la préparation ne sera jamais terminée, et l'action éducative non directive devra continuer après la révolution économique, qui elle est proche. Mais Pelloutier n'a garde de confondre ce « clash » avec la destruction définitive de toute autorité. En fait, il y a un certain flottement de sa pensée sur ce point. Tantôt il insiste surtout sur les initiatives volontaires qui accompagneront la révolution, et il estime alors qu'elle marquera la fin de l'autorité. En tout cas, le commencement de la fin. Tantôt, il la considère surtout comme une fatalité économique, et à ce titre, elle est politiquement neutre ou presque. Donc, sa place sur le chemin qui mène à l'émancipation effective de toute autorité n'est pas déterminée à l'avance. *Il ne suffit pas que l'insurrection ouvrière soit victorieuse pour que la révolution s'accomplisse subitement et automatiquement.* D'un important débat qui eut lieu le 9 décembre 1898 entre Pelloutier et le blanquiste Léon Rémy, délégué de la Bourse de Saumur, nous extrayons cette interrogation significative du premier, suivie d'une réponse négative[1] :

À moins qu'on ne considère la « révolution sociale comme pouvant être le produit d'une simple insurrection victorieuse, la prochaine *révolte* du prolétariat réalisera-t-elle l'idéal communiste ?

À noter que Léon Rémy, dont on se souvient qu'il vint en 1892 à Saint-Nazaire faire de la propagande pour les Bourses du travail et qui est partisan d'un syndicalisme résolument révolutionnaire visant à faire des instruments de production une propriété sociale fait paraître cette même année, chez Schleicher, une traduction de *la Critique de l'économie politique* de Karl Marx.

Dans tous les cas, la révolution demande une préparation individuelle et collective. C'est le rôle des institutions (syndicalisme,

1. Registre des délibérations du Comité fédéral des Bourses du travail, 9.12.1898. Pelloutier ajoute encore : « En supposant même qu'elle mît l'humanité en possession des instruments de travail, les hommes ne s'étant pas préparés à la vie communiste, pourraient-ils s'y adapter aussitôt, comme par miracle ? »

mutuellisme, coopération, crédit)[1] que de permettre cette préparation. Ce sera leur rôle, ensuite, de maintenir la révolution dans l'axe de l'émancipation.

On nous permettra, pour terminer sur ce point, une observation. On a pris l'habitude de considérer les syndicalistes de la période 1892-1914 comme des utopistes, adeptes d'une sorte de Pentecôte révolutionnaire qui viendrait comme par enchantement résoudre les problèmes que se pose le prolétariat. Que chez quelques esprits primaires et bruyants (ces « braillards » qu'un Pelloutier, qu'un Griffuelhes détestaient) cette conviction ait existé, on ne saurait le nier. Mais elle n'a jamais conquis les masses. Elle n'a jamais non plus été le fait des dirigeants les plus lucides. Pour qui veut se donner la peine d'examiner de près le « mythe » – comme dit justement Sorel – de la grève générale, il sera clair que loin de servir de panacée, c'est une idée régulatrice destinée à rappeler en permanence les exigences les plus hautes de la révolution au sein même d'un processus révolutionnaire contingent.

L'organisation libertaire

D'une manière générale, l'action syndicale peut être envisagée à trois niveaux.

1. *Du point de vue interne de l'organisation.* Il s'agit conjointement de pourvoir à sa bonne marche, à son développement, et d'assurer à ses adhérents un certain nombre de services individuels. À la première préoccupation correspondent la rédaction des statuts et des règlements intérieurs, la fixation des cotisations et leur collecte, la discipline et la propagande. À la seconde correspondent la défense individuelle du travailleur face à son employeur, et surtout l'organisation de la solidarité par la création de services de mutualité (bureaux de placement, caisses de résistance, caisses d'assurance-chômage, maladie, décès, enseignement professionnel, bibliothèques). Ces services sont en principe réservés aux adhérents. Ils concourent puissamment à la propagande en faveur de l'organisation et à son renforcement. Mais en même temps, ils

1. *Histoire des Bourses de travail*, *op. cit.*, p. 54.

accroissent le clivage entre travailleurs syndiqués et inorganisés. On leur reproche de donner aux dirigeants syndicaux la mentalité de propriétaires-épargnants préoccupés avant tout de bien gérer et de faire fructifier leur capital ; de développer un chauvinisme qui tend à faire passer la prospérité de l'organisation avant la réalisation des objectifs pour lesquels elle a été créée. Quant à la mutualité, elle développe conjointement le sentiment de solidarité et l'égoïsme corporatif.

2. *Du point de vue de l'action revendicative.* Ici, le syndicat ne fonctionne plus comme une société de secours mutuels, réservant le bénéfice de ses services à ses membres adhérents, mais comme une personne morale représentant l'ensemble du personnel, chargée de parler en son nom, de prendre l'initiative d'actions, offensives ou défensives (délégations, manifestations, grèves). Envisagé sous cet angle, le syndicat se présente essentiellement comme une sorte d'état-major permanent dont le groupe tout entier se dote afin de pourvoir à la défense collective de ses intérêts matériels et moraux. Sauf exceptions, les avantages ainsi obtenus ne sont pas réservés à ses seuls adhérents. Ce type d'action, considérée de nos jours comme la plus essentielle pour un syndicat, demande de la part de ses membres une conception beaucoup plus désintéressée de la solidarité[1]. La tâche de représentation officielle ainsi reconnue au syndicat explique, voire justifie les subventions qu'il sollicite et obtient des pouvoirs publics.

3. *Du point de vue de la transformation de la société.* Dans ce cas, le syndicat a une fonction idéologique qui le rapproche du parti politique et le met en concurrence avec lui. Ce n'est pas par hasard que plus un syndicat est révolutionnaire, plus ses rapports avec les partis révolutionnaires deviennent difficiles. Cette fonction s'explique aussi par la représentativité d'ensemble dont

1. C'est sans doute pourquoi le syndicalisme de fonctionnaires qui fournit surtout à ses membres des services individuels (niveau 1) bénéficie dans un pays comme la France d'un taux d'adhésion infiniment plus élevé que le syndicalisme du secteur privé qui offre surtout des services collectifs (niveau 2).

se prévaut le syndicat pour conduire le groupe vers les objectifs que ce dernier a définis, ou le plus souvent que l'on a définis en son nom. Mais tandis que le parti recrute ses adhérents et définit son action sur la base d'un système intellectuel, ou tout au moins d'un programme politique, le syndicat fait l'un et l'autre sur une base socio-professionnelle, et même, dirons-nous, sur une base de classe.

Il est bien difficile à un syndicat d'ignorer complètement l'un quelconque des trois niveaux d'intervention que nous venons de définir. Mais leur agencement et leur hiérarchie interne varie selon les pays et les moments ; ils correspondent à des types différents de syndicalisme. Dans le cas de Pelloutier, il ne fait pas de doute que c'est la considération du niveau 3 qui au départ a été déterminante. Ne l'oublions pas : le petit-bourgeois socialiste qu'il était ne s'est converti au syndicalisme que parce qu'il a vu en lui un instrument mieux adapté aux objectifs de transformation sociale qui étaient les siens. Mais précisément parce qu'il s'agissait d'un problème d'outil, les questions d'organisation – du reste fort négligées dans le syndicalisme français de l'époque – ont pris progressivement dans sa pensée, et surtout dans son action, une importance croissante. En revanche, en raison de son profond scepticisme sur la possibilité d'améliorer la condition ouvrière dans un système capitaliste commandé par le profit et dominé par la loi de l'offre et de la demande, l'action revendicative – notre niveau 2 – ne l'a jamais intéressé. On peut donc dire qu'au fur et à mesure que ses responsabilités syndicales grandissaient, sa hiérarchie des niveaux d'action syndicale qui était 3-1 devenait 1-3, cependant que le niveau 2 restait atrophié. En quoi la pratique syndicale de Pelloutier et de la Fédération des Bourses diffèrent profondément de celle de la CGT entre 1902 et 1914, chez qui le souci de mener des actions et des grèves d'entraînement s'est substitué aux impératifs de l'organisation : le début du siècle verra le déclin des institutions de mutualité mises en place par Pelloutier au profit de l'agitation gréviste considérée comme la meilleure des « gymnastiques révolutionnaires » (Pouget). Progressivement d'ailleurs, la pratique de la gymnastique contribuera à estomper ses véritables motivations (la grève générale), de sorte que l'on passera d'un système hiérarchique 3-2 à un système 2-3, avec atrophie du niveau 1.

Considérée du point de vue de l'organisation, l'action de Pelloutier peut se résumer en quelques formules : développement de la mutualité ; prudence à l'égard de la coopération ; effort vers la transparence de l'organisation ; préfiguration syndicale de la société future.

On n'insistera pas très longuement sur la mutualité bien qu'elle constitue, qualitativement ou quantitativement, une partie essentielle de l'œuvre de Pelloutier : on se permet de renvoyer ici à ce qu'on a dit en retraçant les grandes étapes de la vie de Pelloutier, ainsi qu'au long article sur « l'œuvre des Bourses du travail », reproduit ci-après et consacré pour une part aux œuvres de mutualité.

L'auteur de l'*Histoire des Bourses du travail* est trop historien du mouvement ouvrier pour ignorer que l'option mutualiste dans la lignée de Proudhon est apparue au lendemain de la Commune comme un refus du socialisme révolutionnaire et qu'elle fut effectivement le fait des modérés et des réformistes. Ce n'est évidemment pas à ce titre qu'elle a les préférences de Pelloutier. Mais au fond, peu lui importe cette connotation idéologique[1] : il se trouve que l'option mutualiste – et c'est là l'essentiel – est en même temps celle de l'anti-étatisme, de l'action directe, et de l'auto-émancipation de la classe ouvrière. En dépit de leur formation économique théorique, les tenants du socialisme, loin de voir dans l'État l'instrument d'exploitation des classes laborieuses aux mains de la bourgeoisie, en font un outil indispensable de transformation sociale : ils lui confient notamment des tâches de production et de répartition de la richesse. C'est pourquoi ils préconisent la conquête des pouvoirs publics par la voie parlementaire et le remplacement du personnel gouvernemental bourgeois par un personnel socialiste. Les autres au contraire, à l'abri de ces illusions, visent avant tout la satisfaction des besoins individuels et le remplacement de l'État par la libre association des producteurs. C'est pourquoi ils parlent « de mutuellisme, de coopération, de crédit, d'association et professent

1. Cf. ce que nous avons dit déjà de l'arbitrage de Pelloutier en faveur des syndicalistes modérés de Dunkerque contre les socialistes révolutionnaires.

que le prolétariat possède en lui-même l'instrument de son émancipation[1] ». À la lecture de ce passage, il est clair que le mouvement ouvrier a connu en son sein un proudhonisme de droite fondé sur des espérances réformistes, et un proudhonisme de gauche fondé sur l'idée d'action directe.

C'est dans cette perspective qu'il faut interpréter les efforts persévérants de Pelloutier pour inciter la classe ouvrière à se doter de ses *propres institutions*[2].

La première de ces institutions, la cellule de base sur laquelle reposent toutes les autres, c'est naturellement le syndicat. Mais telle quelle, cette cellule est trop isolée pour exercer une influence sur l'ensemble de la condition ouvrière. C'est pourquoi elle doit nécessairement s'insérer dans un réseau la reliant à ses semblables et à ses complémentaires : la Bourse du travail d'une part, la Fédération d'autre part. Une grande partie des activités des Bourses relève de la mutualité[3]. Il s'agit en l'occurrence d'*offices de placement* destinés à aider les travailleurs à la recherche d'un emploi et à les soustraire à l'exploitation des officines privées et même municipales ; du *viaticum* ou secours de route pour les travailleurs se déplaçant de ville en ville à la recherche d'un emploi ; de caisses de chômage (en régression) ; de l'*Office national ouvrier de statistique et de placement*, sorte d'office de placement à l'échelon national, œuvre mort-née de Pelloutier ; enfin de quelques caisses de secours-accident ou maladie.

On remarquera que Pelloutier ne fait même pas mention des caisses de résistance (caisses de grève) qui eurent tant d'importance dans

1. *Histoire des Bourses du travail*, *op. cit.*, p. 54.

2. Ce n'est pas par hasard qu'Hubert Lagardelle a qualifié le syndicalisme des années 1900 de « socialisme des institutions ». À l'époque, il n'a pas encore pris son tournant syndicaliste. Pelloutier recommande avec chaleur *le Mouvement socialiste*, la nouvelle revue de Lagardelle dans le nº 3 (mars 1899) du *Monde ouvrier*, p. 46.

3. Parlant des syndicats, Pelloutier évoque ce « merveilleux réseau d'institutions à base mutuelliste qui, en attendant une problématique protection gouvernementale, leur permettraient de se protéger eux-mêmes dans une certaine mesure contre l'exploitation capitaliste », *Histoire des Bourses du travail*, *op. cit.*, p. 59.

les débuts du mouvement ouvrier français des années 1830-1840 : soit qu'elles se soient raréfiées, soit qu'il s'agisse d'une nouvelle manifestation de sa défiance à l'égard des grèves. En revanche, toutes ces institutions ou presque sont consacrées aux questions lancinantes de l'emploi et du chômage. Sans aucun doute, ces institutions sont *datées* : elles sont caractéristiques d'un pays encore faiblement industrialisé, affecté par une grande instabilité de la main-d'œuvre : une grande place est encore faite au *viaticum* qu'on peut regarder comme un legs du compagnonnage. Il existe encore de nombreux trimardeurs, sorte de chômeurs professionnels, qui ne séjournent dans une place que le temps nécessaire à se refaire des forces pour une nouvelle étape et un nouvel emploi. Elles sont en outre le fait d'un pays qui n'a encore consenti aucun effort en faveur de la sécurité sociale. La plupart des risques couverts tant bien que mal par les institutions ouvrières ont été depuis pris en charge, sous la pression des syndicats, par des organismes publics ou semi-publics. Mais il est clair que Pelloutier ne souhaite nullement cette étatisation de la solidarité : son attitude est comparable à celle du syndicalisme américain qui a toujours vu dans ses institutions mutualistes une des racines principales de sa force et de son indépendance. Pour Pelloutier en tout cas, la valeur de ces institutions, au-delà de leur efficacité intrinsèque, réside dans la valeur pédagogique de l'effort qui préside à leur naissance et à leur développement : elles habituent les travailleurs à ne compter que sur eux-mêmes et à développer une action de classe[1] :

> Les syndicats… conçoivent (par une application toujours plus large du principe de la lutte des classes et en vertu de leur tendance socialiste à éliminer progressivement toutes les institutions actuelles), conçoivent, disons-nous, la nécessité de façonner eux-mêmes les services de tout ordre…

1. « L'œuvre des Bourses du travail » in *Histoire des Bourses du travail*, p. 111. À noter que ce passage a été cité par Georges Sorel dans la note additionnelle C à « L'avenir socialiste des syndicats » in *Matériaux d'une théorie du prolétariat*, Rivière, 1919, 416 p., p. 153 (cf. *le Mouvement socialiste*, septembre 1905). Sorel a sur la mutualité une opinion nuancée. Il constate que les syndicats redoutent, en la pratiquant, de se laisser envahir par une « *lèpre de paix sociale* » et de lucre pour conclure que tout dépend de la manière et de l'esprit dans lesquels elle est pratiquée.

Retenons enfin d'un débat déjà cité devant le Comité fédéral des Bourses les trois arguments invoqués par Pelloutier en faveur du mutuellisme : 1° il peut amener de nouvelles adhésions au syndicat ; 2° il s'agit d'un courant très fort, qu'il ne faut pas contrecarrer, mais canaliser ; 3° le syndicat doit dès maintenant jouer un rôle d'affranchissement de la condition ouvrière. Le mutuellisme est « une nouvelle consécration au principe actuellement nécessaire de la division en classes[1] ».

Pourquoi donc Pelloutier, si fortement prévenu en faveur d'un mutuellisme à valeur pédagogique a-t-il manifesté une certaine réserve à l'égard des coopératives, qui ont toujours prétendu au même rôle ? C'est qu'en vérité, les ambiguïtés et les illusions que la coopération peut faire naître sont beaucoup plus fortes. Tandis que le mutuellisme *prend acte* de l'exploitation capitaliste et se contente d'essayer d'en limiter les effets, la coopération, elle, prétend constituer une sorte de contre-société économique, affranchie de la tyrannie du profit, et grignoter ainsi progressivement le capitalisme. Ce qui est parfaitement utopique.

Non certes que la coopération soit sans mérite ; elle permet notamment d'initier un nombre croissant des travailleurs à la gestion économique et les prépare ainsi à leurs responsabilités de demain. C'est ce que souligne Pelloutier à propos de la Verrerie ouvrière d'Albi[2]. Elle constitue en effet « un champ d'éducation… où les verriers puissent faire l'apprentissage de leurs intérêts et de la liberté ». Mais c'est précisément son expérience au comité de la Verrerie ouvrière qui a mis Pelloutier en garde contre le risque

1. Registre des délibérations du Comité fédéral, p. 135-136. Paru dans *le Monde ouvrier*, nº 3, mars 1899, p. 47-48. Cf. en outre *l'Enclos*, avril 1895, où Pelloutier cite une circulaire récente affirmant que la Bourse du travail n'est pas seulement bureau de placement, mais aussi centre de résistance à l'oppression capitaliste et noyau de la société équitable de demain. « Voilà d'excellentes paroles, propres à réconforter ceux qui jadis crurent voir dans l'institution des Bourses une rénovation du mutuellisme. » Ainsi, Pelloutier ne repousse pas une certaine filiation proudhonienne des Bourses du travail.

2. « La Verrerie ouvrière », *l'Ouvrier des deux mondes*, nº 1, 1.2.1897, p. 9-11.

contenu dans toute aventure coopératiste de voir des travailleurs devenir les exploiteurs de leurs camarades[1] et de sacrifier ainsi aux autels qu'ils prétendent détruire. Voici en quels termes Pelloutier présente le problème de la Verrerie ouvrière, dès janvier 1896[2] :

> *La Verrerie sera-t-elle une application nouvelle du système coopératif,* autrement dit *: les verriers en seront-ils les propriétaires, et par conséquent, les bénéficiaires ?*
>
> Sur ce point, il n'y eut et il ne pouvait pas y avoir l'ombre d'une hésitation. Le Comité se trouvait composé à la fois d'hommes hostiles à la coopération, parce qu'ils savent qu'en la société présente, les améliorations, ne pouvant être que partielles, créent dans le prolétariat une hiérarchie de misère, et que, si par impossible, tout le monde (le système capitaliste subsistant) devenait coopérateur, l'amélioration générale produite par la diminution du prix des choses, serait immédiatement neutralisée par un abaissement correspondant du taux des salaires. Le Comité comptait, d'autre part, des coopérateurs demeurés convaincus que l'appétit de lucre inspiré par la coopération est un obstacle à la solution révolutionnaire du problème social. Il déclara donc dès la première heure, et pour ainsi dire, sans débats, que la future usine de Carmaux ne serait pas une entreprise coopérative, au sens commun du terme. Il aurait d'ailleurs été surprenant que les négateurs du droit de propriété s'employassent à créer un groupe de propriétaires qui, à ce titre, auraient eu des intérêts différents de ceux de leurs anciens compagnons de labeur.

Cette réserve à l'égard de la coopération se manifeste encore plus nettement quelques mois plus tard au congrès des Bourses, à Tours, où le rapport du secrétaire fédéral s'est prononcé nettement contre la présence des coopératives au sein des Bourses du travail : non qu'il discute l'intérêt de la coopération, mais en raison du fait

1. Rendant compte dans *l'Ouvrier des deux mondes* (n° 4, mai 1897, p. 64) du livre d'A. D. Bancel *le Coopératisme devant les écoles sociales* (préface de Jean Grave), Pelloutier considère que la coopération développe l'initiative et les facultés intellectuelles du prolétariat : à ce titre, prépare à la société communiste ; mais « elle a pour effet immédiat et inévitable de développer les ferments d'égoïsme et de transformer le socialiste lui-même (car il est homme) en un bourgeois avide ou autoritaire ». Ainsi, Pelloutier paraît hésiter entre les avantages et les inconvénients.

2. « La Verrerie ouvrière de Carmaux », *les Temps nouveaux*, 18.1.1896, p. 1-2.

que beaucoup de coopérateurs « sont des adversaires acharnés du socialisme[1] » ; leur présence dans les Bourses ne ferait que détourner ces dernières de leurs véritables buts. Finalement, c'est à l'unanimité que la position de Pelloutier est ratifiée.

Pourtant son intérêt pour la coopération ne cesse de s'affirmer, comme en témoigne la fréquence des articles publiés à ce sujet dans *l'Ouvrier des deux mondes*[2]. Il a le sentiment que les coopératives sont en train de prendre le chemin du socialisme ; du reste, n'est-ce pas le devoir des syndicalistes de les y aider, en prenant l'initiative de leur création ? Cela leur permettra de faire cesser en leur sein un certain nombre des abus qui sont propres au système capitaliste. Ces mesures, Pelloutier les fait adopter au congrès des Bourses de Rennes (1898)[3] : suppression du travail aux pièces, adoption du système proudhonien de la commandite égalitaire, égalisation de traitement entre les employés de la coopérative et les sociétaires eux-mêmes ; passation d'accords entre coopératives de production et coopératives de consommation pour limiter les fluctuations du marché. Quelques jours plus tard, au congrès de la CGT, nous le voyons défendre les boulangeries coopératives susceptibles de faire baisser le prix du pain, à l'exemple de ce qui se passe en Belgique, en Autriche, en Angleterre, et s'élever contre les boulangeries municipales[4].

---

1. *Compte rendu du congrès de Tours* (1896), p. 29 et 48.

2. *L'Ouvrier des deux mondes*, nº 3, avril 1897, p. 40-41 et nº 4, mai, p. 58-59 : « La coopération socialiste en Belgique » par Louis Bertrand et Romain van Loo ; nº 5, juin 1897, p. 58-59 et nº 6, juillet, p. 84-88 : « Questions de tactique » par A. D. Bancel ; nº 7, août, p. 106-107 : « Le Vooruit de Gand » ; nº 11, décembre, p. 161-164 : « Le communisme anarchique et le néo-coopératisme » par A. D. Bancel ; (article refusé par *les Temps nouveaux* de Jean Grave et accueilli par Pelloutier « sans être personnellement partisan de la coopération ») ; nº 12, janvier 1898, p. 185-186 : « La coopération dans tous les pays » ; nº 19, septembre 1898, p. 292-293 : « La Fédération des sociétés coopératives de consommation des employés de la Compagnie PLM » par A. D. Bancel ; nº 23, décembre, p. 343-345 : « Coopératives et syndicats » (à propos de l'*Union* d'Amiens), anonyme (Malbranque ?).

3. Compte rendu dans *l'Ouvrier des deux mondes*, nºs 20-22 d'octobre 1898, p. 328-330.

4. *Compte rendu du IVe congrès de la CGT*, Rennes, p. 246.

Dans ces conditions, l'évolution des rapports entre coopératives et syndicats est des plus favorables ; l'expérience de la Verrerie ouvrière a fait partager aux premières l'horreur des seconds pour la politique, et a fortement diminué chez les seconds leur traditionnel mépris pour les premières. L'année suivante, l'optimisme de Pelloutier s'est encore accru sur ce point. Dans l'article qu'il consacre dans *la Revue politique et parlementaire* du 10 septembre 1899 à « L'œuvre des Bourses du travail », l'action coopérative figure parmi les quatre points soulignés par l'auteur, qui conclut[1] :

Si l'on tient compte du nombre considérable des ouvriers qu'elle fédère, du nombre important des syndicats isolés qui prennent conseil de la Fédération, et si l'on songe que tous ces hommes seront tôt ou tard des coopérateurs, on peut conclure qu'avant dix ans la coopération française sera totalement transformée.

Mais la Bourse reste la pièce essentielle de la construction syndicale, la seule qui forme un pont entre les nécessités du combat d'aujourd'hui et les espérances de demain. Réussir la révolution, ce n'est pas d'abord faire table rase du passé, mais avoir su préparer de longue main les structures mentales et les institutions nouvelles : le sort de la révolution de demain se joue dans la société d'aujourd'hui[2] :

La Bourse du travail est à la fois un centre de résistance à l'oppression capitaliste et le noyau de cette société équitable à l'établissement de laquelle nous nous efforçons tous de parvenir. La Bourse, en rapprochant les diverses corporations, en les habituant à discuter en commun les questions qui les intéressent, leur montre que dans toutes les manifestations de la vie sociale, à l'atelier comme au foyer domestique, les maux dont elles souffrent sont pareils et que pareils doivent être les moyens d'obtenir une condition plus sortable. Par là se développe ce sentiment de solidarité auquel le prolétariat devra son émancipation.

---

1. Repris dans l'*Histoire des Bourses du travail*, *op. cit.*, p. 148.
2. Appel du 15 mars 1895 de la Fédération nationale des Bourses du travail aux unions de métiers et de syndicats pour les inciter à constituer des Bourses du travail. Signé par les deux co-secrétaires Rieul/Cordier et F. Pelloutier. Publié dans *la Petite République* du 26.3.1895.

Somme toute, Pelloutier définit la Bourse par un double rôle « d'organisation et d'éducation[1] » : en rassemblant le plus grand nombre possible de travailleurs en son sein, elle leur donne des habitudes de solidarité, des connaissances sociales, économiques et techniques, le goût de la statistique. Le goût de l'indépendance aussi, afin d'en faire « des hommes fiers et libres[2] ». Insistons notamment avec Pelloutier sur l'importance de la connaissance des faits économiques par le travailleur et son entraînement à la statistique. Sans cette connaissance, impossible de faire de la Bourse du travail cette cellule fédérative et autogérée de la société de demain. Car telle est bien la fonction que Pelloutier assigne à la Bourse : agent de base de la production. Inutile ici de s'étendre longuement : qu'on veuille bien se reporter au chapitre publié ci-après sous le titre : « Conjectures sur l'avenir des Bourses du travail » qui fait mention des deux rapports présentés au congrès de Tours (1896) sur le rôle des Bourses du travail dans la société future, l'un par Claude Gignoux et Victorien Bruguier au nom de la Bourse du travail de Nîmes, l'autre par Pelloutier au nom du Comité fédéral[3]. Ce dernier avait en effet décidé l'inscription à l'ordre du jour du congrès de cette question sur proposition du délégué de la Bourse de Lyon, l'allemaniste Bourderon[4]. La façon dont Bourderon défend sa proposition est très éclairante sur l'esprit des militants des Bourses en 1896. Il demande en effet que soit étudié[5] :

> Le rôle que pourraient jouer dans la société future les Bourses du travail au point de vue de la production, de la consommation, de l'échange, et des études statistiques que nécessiterait ce rôle. Si un mouvement quelconque venait tout à coup à rendre le prolétariat maître de ses destinées, la plupart des travailleurs seraient incapables de présider eux-mêmes aux

1. *Les Syndicats en France*, *op. cit.*, p. 16.
2. *Ibid.*
3. À quelques variantes près, le texte du rapport de Pelloutier a paru d'abord en article, ensuite en brochure sous le titre : « L'organisation corporative et l'anarchie ».
4. Celui-ci n'est qu'au début d'une longue carrière syndicale qui le conduira en 1915 à représenter, en compagnie de Merrheim, la France à la conférence socialiste internationale de Zimmerwald.
5. Registre des délibérations du Comité fédéral, 3.7.1896.

diverses fonctions sociales. Il serait donc utile que les Bourses du travail dressassent dès à présent l'état de la production de leur ressort, connussent la quantité et la nature des produits consommés sur place, la quantité, la nature et la destination des produits exportés, la quantité de travail nécessaire, la moyenne quotidienne utile de travail, l'intérêt de l'argent n'existant plus, etc. Cette éducation faite, peut être le prolétariat pourrait-il se passer des politiciens bourgeois.

Travail immense et difficile. Beaucoup plus encore que ne l'imaginent les auteurs qui se situent d'emblée, sans en avoir nettement conscience, au cœur des contradictions entre une économie planifiée et une économie autogérée. Au fond, leur optimisme vient de ce qu'ils conçoivent la gestion d'une économie débarrassée de la tyrannie de la valeur marchande exclusivement en termes d'informations : « Combien faut-il chaque jour extraire de granit, moudre de farine, organiser de spectacles pour une population donnée ? » demande Pelloutier[1] qui ne paraît pas concevoir que l'élimination des mécanismes du marché conduirait à peu près fatalement à une centralisation économique extrême, et au rétablissement d'un État, organe de commandement, sinon de coercition. Il se demande pourtant « comment diviser la tâche » et aussi « comment utiliser, aussitôt connues, les découvertes scientifiques ». Mais poser la question n'est pas la résoudre. Le secrétaire de la Fédération des Bourses s'est pourtant efforcé de prouver le mouvement en marchant : en tentant de créer un « Office national ouvrier de statistique et de placement », n'a-t-il pas cherché à démontrer que les syndicats étaient capables, par l'établissement de statistiques et la communication des informations nécessaires aux intéressés, de réorganiser le marché de l'emploi ? Pelloutier est mort trop tôt pour voir l'échec de cette tentative. Il y a peut-être entre les deux événements relation de cause à effet, ce qui ne serait du reste guère plus rassurant sur l'aptitude des travailleurs à se passer de chefs dans une pareille entreprise.

Si la Bourse du travail est bien cette « école de l'économie sociale[2] » ; si chaque groupement syndical « a le soin d'une branche

---

1. *Histoire des Bourses du travail*, *op. cit.*, « L'organisation corporative et l'anarchie », p. 412.

2. *Ibid.*, « Méthode pour la création et le fonctionnement des Bourses du travail », p. 482.

de la production[1] », on pourrait être tenté de conclure logiquement que la Fédération des Bourses, elle, tiendra lieu de gouvernement – à tout le moins de commissariat général à la production et à la consommation. C'est le pas qu'en bon anarchiste, en lecteur de Proudhon et de Bakounine, acquis au « principe fédératif », Pelloutier ne franchira pas. C'est pourquoi cette Fédération qui est l'objet de toute sa sollicitude et de tout son orgueil, Pelloutier a toujours pris soin de la maintenir sur un pied extrêmement modeste. Le principe d'action directe suppose une extrême humilité des organismes centraux.

— Du reste, faut-il des organismes centraux ? La question s'est posée ; elle a été posée à Pelloutier au sein de la Fédération des Bourses par certains de ses adversaires, au nom des principes qui étaient les siens. La chose se passe en 1895, au congrès de Nîmes. La Bourse d'Alger, soutenue par Grenoble (Girard), Toulon (Coutreau), Bordeaux (Serrière) et Narbonne (Rancoule) a proposé que désormais « le siège de la Fédération soit dans la ville où aura eu lieu le dernier congrès des Bourses ». N'est-il pas naturel d'arracher un organisme aussi fédéraliste et aussi décentralisateur que la Fédération des Bourses à la tyrannie parisienne ? N'est-il pas utile de donner à tour de rôle aux militants de province la responsabilité de la vie fédérale ? Derrière cette proposition, il y a les guesdistes qui n'ont pas encore désespéré d'arracher la Fédération à la domination des anarchistes et des allemanistes, et qui savent leurs chances nulles tant que le siège de celle-ci restera à Paris. Du reste, la Fédération des syndicats, qui a été sous leur influence depuis sa création en 1886 jusqu'à cette année 1895 qui la voit moribonde, en a usé de cette manière : le secrétariat et le siège de la Fédération échoient à chaque congrès pour un an à la ville organisatrice. Il est vrai que ladite Fédération a toujours vécu d'une existence fictive entre ses congrès.

Étrange paradoxe qui voit les guesdistes soutenir le point de vue fédéraliste, tandis que Pelloutier, soutenu par les anarchistes, va défendre les vertus de la centralisation ! L'argumentation de Pelloutier est simple : une grande partie de la force de la bourgeoisie,

1. *Ibid.*, « L'organisation corporative et l'anarchie », p. 412.

depuis la Révolution française, réside dans la concentration, « sur un point unique du territoire, de tous les rouages de la vie sociale, ministères, parlement, banques, universités ; (et de) toutes les institutions susceptibles de protéger ces rouages : armée, magistrature, police… Avons-nous le droit, tandis que l'État concentre ses moyens de défense, d'éparpiller les nôtres ? ». La révolution, en abolissant l'État, abolira la centralisation. En attendant, nous l'appliquer à nous-mêmes serait nous affaiblir. Et Pelloutier conclut en lançant une dernière flèche, qui ne manque jamais son but devant un congrès :

> Vous savez, camarades, si tous les travailleurs parisiens ont jamais ambitionné d'autre droit que de se trouver à l'avant-garde des mouvements révolutionnaires et de tomber les premiers pour la défense de l'affranchissement populaire[1].

L'argumentation est convaincante ; avouons toutefois qu'elle n'est pas totalement cohérente avec la volonté constamment affirmée par Pelloutier de voir les Bourses préfigurer dans leur pratique la nouvelle société à construire. Il est vrai qu'il n'a jamais conçu la Révolution, nous l'avons déjà souligné, comme un événement ponctuel qui transformerait du jour au lendemain les mentalités en même temps que les structures sociales. Il semble même avoir considéré l'organisation corporative à base de Bourses du travail qu'on vient d'exposer comme une *étape semi-directive* vers la libre société communiste[2] :

> Personne ne croit ou n'espère que la prochaine révolution, si formidable qu'elle doive être, réalise le communisme anarchique pur. Par le fait qu'elle éclatera sans doute avant que soit achevée l'éducation anarchiste, les hommes ne seront point assez mûrs pour pouvoir s'ordonner absolument eux-mêmes, et longtemps les caprices étoufferont en eux la voix de la raison… Mais l'état transitoire à subir doit-il être nécessairement, fatalement la geôle collectiviste ? Ne peut-il consister en une organisation libertaire limitée exclusivement aux besoins de la production et de la consommation, toutes institutions politiques ayant disparu ?

---

1. Rapport du Comité fédéral pour le congrès de Nîmes, p. 5-6-7.
2. « L'anarchisme et les syndicats ouvriers », *les Temps nouveaux*, 2.11.1895, p. 2-4.

En attendant, la faiblesse des moyens financiers dont dispose la Fédération accentue encore la centralisation et justifie en partie l'impatience des guesdistes. C'est ainsi qu'en dehors des congrès, les Bourses provinciales ne sont représentées que par des syndiqués de la Bourse de Paris qui acceptent bénévolement d'être leurs porte-parole au Comité fédéral. Compte tenu de ce que sont les milieux dirigeants de la Bourse de Paris, on ne s'étonnera pas d'y voir les guesdistes réduits à la portion congrue. Non qu'il soit facile de trouver des délégués : la recherche de militants sérieux et assidus est un souci permanent pour le secrétaire fédéral et pour bien des secrétaires de Bourses provinciales. Voici, à titre d'exemple les tribulations de Nicolas Richer et de Fernand Pelloutier pour faire représenter convenablement la Bourse du Mans aux séances du Comité[1]. Le 20 juillet 1895, le second écrit au premier pour lui demander de désigner un délégué de la Bourse du Mans, sur le point d'être admise :

> Dans le cas où vous ne connaîtriez personne, nous nous empresserions de vous faire connaître les citoyens que la Bourse de Paris nous a indiqués comme acceptant la délégation.

Ainsi, ce qui sera un jour un poste recherché pour l'honneur et l'influence qu'il confère n'est encore qu'un *service* pour lequel on demande des volontaires. Apparemment Richer ne connaissait personne, car le 13 août, Fernand Pelloutier lui recommande Labbé, du syndicat des plombiers couvreurs-zingueurs dont le secrétaire de la Bourse de Paris a garanti le sérieux et la ponctualité : renseignements erronés sans doute, car depuis, Labbé n'a pas donné signe de vie ; de sorte que le 26 octobre, Pelloutier suggère de le remplacer par Berland, du syndicat des ouvriers en instruments de précision « dont je me porte garant, autant du moins qu'on puisse se fier aux promesses ». Apparemment, on ne le peut pas, car le 26 février 1896, Pelloutier dans une nouvelle lettre à Richer croit « avoir fait un choix heureux » en la personne du citoyen Michel, trésorier du syndicat des employés : « je connais personnellement le citoyen Michel et sais qu'il ne recule devant aucun sacrifice quand

1. Correspondance Richer-Pelloutier, archives Monatte.

il s'agit de remplir un mandat qu'il a accepté ». Las ! la constance a des limites, et nous apprenons par deux lettres adressées à Richer le 17 mars et le 23 avril 1898 que Michel « se relâche ». Au moins celui-là a-t-il tenu deux ans. Lanegrand, qui lui succède, disparaît un an après, et Pelloutier le 2 mai 1900 confesse qu'il a eu bien du mal à trouver un remplaçant ; il pense toutefois que le citoyen Hartmann fils fera l'affaire : « néanmoins, et pour dégager ma responsabilité, demandez-lui s'il s'engage à assister assidûment à nos séances ». L'expérience rend prudent…

Il est encore plus difficile de trouver un secrétaire fédéral permanent, et nous savons que c'est à cette circonstance que Pelloutier doit d'être resté en place jusqu'à sa mort. Il est vrai qu'il était si mal payé ! N'est-ce pas à lui qu'il pense lorsque, insistant sur la composition presque exclusivement ouvrière des comités généraux des Bourses, il ajoute[1] :

> Parfois aussi, mais le cas est très rare, on aperçoit quelque personnage hybride, sans profession déterminée, attiré dans l'organisation corporative par la séduction qu'exercera sur tout individu curieux de psychologie sociale un mouvement qui ébranle manifestement le vieil édifice politique et économique.

Si la désignation des délégués et du secrétaire de la Fédération est commandée par de telles contingences, ne peut-on élever des doutes sur le degré de démocratie de l'organisation ? Oui, si l'on continue de raisonner dans le cadre de la démocratie représentative, où la personnalité du représentant est essentielle, et par suite la liberté de choisir cette personnalité. Non, si l'on se place dans l'hypothèse d'une démocratie directe où le délégué est un simple porte-parole. C'est ainsi que dans une lettre à Nicolas Richer, qui s'était plaint publiquement de la désignation de l'anarchiste Broussouloux comme délégué de la Bourse du travail de Saumur[2],

1. « L'Œuvre des Bourses du travail », in *Histoire des Bourses du travail*, p. 86.

2. Archives Monatte, lettre n° 5/187 du 19.8.1897. Lettre violente, personnelle, où exceptionnellement le syndicaliste Pelloutier s'efface derrière l'anarchiste. On le lui reprocha. Cf. le *Compte rendu du congrès de la Fédération des Bourses à Toulouse*, 1897, p. 88-95.

Pelloutier félicite Saumur qui « quoique peu avancée, confie ses intérêts à un révolutionnaire en la loyauté duquel elle a confiance ». Si le mandat est impératif, la personnalité du mandataire importe peu et, de fait, on voit souvent tel ou tel préciser en cours de séance qu'il exprime l'opinion de la Bourse qu'il représente, et non la sienne, qui serait différente. Dans ces conditions, la désignation plus ou moins aléatoire des délégués est une garantie, et non un obstacle[1]. Les Grecs l'avaient bien connu, qui firent de la désignation de certains magistrats par tirage au sort un des principes de la démocratie directe. En alla-t-il toujours ainsi, et peut-on affirmer que Pelloutier, l'indispensable Pelloutier ne s'est jamais appuyé sur le besoin que l'on avait de lui, ainsi que sur l'influence – l'autorité même que lui avait valu sa présence continue à la tête de la Fédération, pour faire prévaloir ses vues propres ? Non, sans doute. Du reste, on ne manqua pas de le lui reprocher. Lors du congrès des Bourses de Toulouse (1897), il a à faire face à plusieurs offensives répétées contre son autoritarisme et ses préférences anarchistes. C'est ainsi qu'il se voit contraint de retirer de son rapport moral un membre de phrase sur l'impuissance de l'action politique. « La motion adoptée par 17 voix contre 4 l'invite même à ne pas exprimer la moindre théorie politique[2]… ». À ce même congrès, Gandon, délégué d'Angers, critiquant le mode de recrutement du Comité fédéral, s'interroge[3] :

> Quel est le secrétaire qui ne prendra pas les membres actifs à lui demandés parmi ceux qui pensent comme lui, pour que le comité et lui ne soient pas en contradiction ?

Enfin dans l'affaire Broussouloux, il doit se contenter d'un ordre du jour pur et simple qu'il avait d'abord déclaré inacceptable. Et la

---

1. Cf. encore cette notation tirée de l'article déjà cité sur « le Comité fédéral des Bourses du travail » : « La "Fédération des Bourses du travail" est le premier exemple d'une agglomération dont les représentants n'ont rien à dire d'eux-mêmes, et ne peuvent être utiles qu'en publiant leur méthode de travail, tandis que les "administrés", lentement, silencieusement, mais sûrement, parviennent à créer un État dans l'État. »

2. *Compte rendu*, p. 26-27.

3. *Ibid.*, p. 63.

Bourse de Grenoble, toujours opposante, avait invité le secrétaire fédéral à plus de réserve[1] :

> Si les tendances du Comité s'atténuent, nous verrons rentrer dans la Fédération les grandes Bourses qui s'en sont éloignées.

Il s'agissait surtout de Bourses modérées comme Angoulême et Bordeaux, ou guesdistes comme Lyon et Limoges. Faisant le bilan[2] des appartenances politiques des Bourses en 1899, Pelloutier constatait l'absence des possibilistes et des guesdistes ; trois d'entre elles étaient blanquistes, une dizaine allemanistes.

> La plupart d'entre elles répudient toute liaison politique, et c'est surtout dans le groupe de leurs représentants qu'il faut chercher ces anarchistes avérés que les Bourses ont maintenus malgré les reproches de certaines écoles socialistes.

Il est certain que la coïncidence de points de vue entre le large courant anti-politique et le mince filet anarchiste à l'intérieur des syndicats a facilité la cohabitation. Ce ne serait pas la première fois ni la dernière qu'une minorité aurait réussi le *captage* d'une majorité en se servant d'une frange de sensibilité commune. Mais ajoutons immédiatement qu'il est très vite impossible de dire qui a capté l'autre. Dans le cas qui nous occupe, le syndicalisme eut peut-être plus d'influence sur les anarchistes qui avaient prétendu le coloniser qu'eux-mêmes n'en eurent sur lui. L'« entrisme » a toujours été une arme à double tranchant…

Malgré le poids considérable et croissant de sa forte personnalité, on peut dire que Pelloutier a su, sans en limiter l'efficacité, faire de la Fédération des Bourses la structure légère et presque transparente qu'il a voulue, simple boîte aux lettres entre les Bourses, où l'on a éliminé la présidence de séance, la procédure du vote et où les questions sont « toutes et toujours résolues dans le sens le plus libertaire[3] ».

Qu'est-ce donc que la Fédération des Bourses ? Avant tout un instrument de documentation et d'information réciproque ; un comité

1. *Ibid.*

2. « Le Comité fédéral des Bourses du travail », *le Mouvement socialiste*, 1.11.1899, p. 553-562.

3. *Ibid.*

de liaison, un « intermédiaire » dit Pelloutier ; et non un organe exécutif qui tranche, décide, condamne ou ratifie.

Voici comment il a défini sa mission[1] :

> Elle devait être d'initier les Bourses aux travaux les uns des autres, d'en augmenter le nombre, d'établir par de fortes enquêtes la situation du travail, de rassembler et de coordonner les documents locaux recueillis sur les ressources naturelles et le mode de production, de noter les transformations produites par les découvertes scientifiques et enfin de régler, par la publication des statistiques régionales du placement, les migrations des sans-travail.

Même chose en ce qui concerne les congrès. Ceux des Bourses furent rarement marqués par des décisions spectaculaires. Pelloutier y voyait plutôt des organes d'étude et d'éducation où le prolétariat échange des informations, des points de vue, et apprécie la température de la base. Au congrès de Rennes de la CGT (1898) le syndicat des chemins de fer, comme il le fera désormais jusqu'en 1914, a réclamé l'application du principe de la représentation proportionnelle, plus favorable aux gros syndicats que le vote par tête ou par organisation qui aura jusqu'au bout les préférences des révolutionnaires. Or, sur ce point, on ne saurait trop le souligner, Pelloutier prend nettement position pour la représentation proportionnelle. Se serait-il soudain converti aux vertus du parlementarisme ? – C'est exactement le contraire. Les congrès devraient « cesser d'être des Parlements » pour « se transformer en lieux d'études, propres à faire connaître les tendances économiques diverses qui se partagent le prolétariat[2] ». En un mot, le congrès permet de réaliser une sorte de sondage au sein du prolétariat tout entier « sans prétendre – ce qui n'a pas de sens – que les minorités doivent non seulement subir, mais défendre les principes qui blessent leur conscience ».

En démocrate conscient, Pelloutier respecte la règle de la majorité ; en anarchiste conséquent, il défend les droits des minorités. La motion qu'il fait voter – et qui ne sera jamais appliquée avant 1914 – institue la représentation proportionnelle au sein de la CGT,

1. *Les Syndicats en France*, *op. cit.*, p. 16.
2. *Compte rendu du Ve Congrès de la CGT*, Rennes, p. 44-45.

tout en affirmant que ces votes ne sont pas impératifs, mais indicatifs et ont pour but « de dégager les diverses tendances économiques du prolétariat[1] ».

« Instruire pour révolter[2] »

Cette formule lapidaire doit être complétée, expliquée par la célèbre interrogation placée en tête de l'article sur le *Musée du travail* : « Que manque-t-il à l'ouvrier français… ? » [Certainement pas la bravoure, la Commune l'a montré] *ce qui lui manque, c'est la science de son malheur*[3]… Ajoutons ici la définition de l'œuvre de Pelloutier par Georges Sorel, dans sa préface à *l'Histoire des Bourses du travail*[4] :

> Apprendre au prolétariat à vouloir, l'instruire par l'action, et lui révéler sa propre capacité, voilà tout le secret de l'éducation socialiste du peuple.

Voilà en effet tout l'essentiel. Au moment d'aborder cette question clé pour l'intelligence de Pelloutier, j'ai l'impression que tout déjà a été dit : comment en effet aborder quelque aspect de sa vie ou de son œuvre sans rencontrer cette préoccupation permanente et prioritaire chez lui : éduquer ? Chemin faisant, en effet, nous avons vu comment les actions syndicales préconisées par Pelloutier ont toujours un double objet : le leur propre et un objet éducatif : ainsi en va-t-il des services de mutualité, de l'organisation syndicale. La grève elle-même, qui est généralement récusée, ne trouve grâce aux yeux de Pelloutier que si elle a valeur éducative. Il est rare qu'une grande pensée socialiste ne soit pas aussi une pédagogie : ce n'est pas par hasard que Maurice Dommanget a pu consacrer une série d'études aux « grands éducateurs socialistes » – de Proudhon et Marx à Ferrer et Albert Thierry. Pelloutier n'échappe pas à la règle.

Pour la commodité de l'exposé on distinguera ici deux niveaux : la position de Pelloutier sur l'enseignement au sein des Bourses d'une part, ses idées en matière d'éducation de l'autre.

---

1. *Ibid.*, p. 49.
2. « L'Action sociale », *l'Ouvrier des deux mondes*, n° 15, mai 1898, p. 230.
3. « Le Musée du travail », *l'Ouvrier des deux mondes*, n° 14, avril 1898, p. 209. (C'est nous qui soulignons.)
4. p. 1.

Nul doute que pour lui l'enseignement soit une des tâches essentielles des Bourses du travail, comme en témoigne l'examen de leur œuvre[1], où il vient en deuxième position, derrière les services de mutualité, mais avant la propagande et l'encouragement à la coopération. Il est vrai que derrière ce terme générique, l'auteur place diverses choses, y compris le projet mort-né de musées du travail dont il sera question plus loin. Ainsi par exemple les bibliothèques, qui font l'objet de toute sa sollicitude, quand on sait l'importance que cet autodidacte a toujours attaché à l'étude solitaire. « Actuellement, il n'est pas de Bourse du travail qui ne possède une bibliothèque[2]. » Sauf le cas de petites Bourses récemment formées, et dont l'existence était dans les débuts fort théorique, la chose est exacte. En 1907, soit six ans après la mort de Pelloutier, 116 Bourses sur 136 en possèdent une[3]. Le nombre des volumes peut aller de quelques unités à 2 700 pour la Bourse de Paris. Chiffres modestes, on le voit. Qui alimente ces bibliothèques ? D'abord et surtout le ministère du Commerce, qui fait don de nombreux ouvrages, techniques notamment. Pas plus qu'il ne répugne aux subventions municipales, Pelloutier ne dédaigne l'appel aux bureaux compétents. Voici ce qu'il écrit le 7 octobre 1898 à Nicolas Richer, secrétaire de la Bourse du Mans[4] :

> J'ai voulu attendre, avant de vous écrire, l'effet de la demande que j'ai adressée pour votre bibliothèque à l'Office du travail. Or le citoyen Finance, chef du bureau des syndicats professionnels, sort à l'instant de chez moi, et voici ce qu'il m'a dit (*mais* cela confidentiellement)… [C'est le préfet qui refuse de donner un avis favorable] : Qu'avez-vous fait au préfet de la Sarthe ?

Pelloutier conseille alors de faire adresser les demandes de livres par les syndicats eux-mêmes, pour lesquels l'avis du préfet n'est

1. « L'œuvre des Bourses du travail », *Revue politique et parlementaire*, 10.9.1899, n° 63, t. 21, p. 493-544. Reproduit dans *l'Histoire des Bourses du travail*, p. 85-148.

2. *Ibid.*

3. Nous utilisons ici l'excellent travail, malheureusement inédit, de T. B. Caldwell, *Worker's Education in France, 1890 to 1914*, 1962, 446 p. dactylographiées. Thèse de P. D. de l'Université de Leeds (Grande-Bretagne).

4. Archives Monatte.

pas nécessaire. Le 24 novembre, il annonce l'envoi de 17 livres techniques sur des métiers comme le menuisier, l'ébéniste :

De la Librairie ouvrière[1], je suis à la fois le patron, le courtier, l'emballeur et le commissionnaire aux gares.

À côté des ouvrages techniques, les bibliothèques comprennent les ouvrages les plus divers « fraternisant par le génie » et on le voit se réjouir qu'Adam Smith y voisine avec Marx ; Proudhon, Zola, Kropotkine et Anatole France avec de Maistre et Chateaubriand. Certes, Pelloutier ne se fait guère d'illusions : ces livres pour la plupart sont peu lus : mais l'important, c'est qu'ils soient là, à la portée des ouvriers, et notamment des responsables syndicaux, ces « ouvriers avides de savoir ».

Que beaucoup reste à faire, c'est l'évidence même, car « l'instruction économique… est à peine ébauchée[2] ». Et le fondateur de *l'Ouvrier des deux mondes* de déplorer avec une amertume inaccoutumée le désintérêt de la masse des travailleurs pour la presse ouvrière. Nous avons déjà vu son combat pour faire vivre sa revue et son échec final : on ne saurait trop insister sur l'importance de cette tentative qui symbolise et résume l'œuvre de Pelloutier. Cet homme qui ne cessa de demander l'impossible à sa carcasse malade pouvait se permettre d'être exigeant à l'égard de la classe ouvrière. L'incapacité du prolétariat français à faire vivre un journal est comparable à sa répugnance à se syndiquer, à payer régulièrement ses cotisations, à loger des organisations dans ses propres meubles et à faire vivre décemment ses responsables : c'est le signe que la « capacité économique » de la classe ouvrière n'est pas encore à la hauteur de ses aspirations.

Restent les cours professionnels. Ils se sont développés dans le cadre des Bourses du travail, avec le plus souvent le soutien financier des municipalités. Caldwell[3] qui les a étudiés, les a trouvés très vivants, pendant la dernière décennie du XIXe siècle, dans la plupart

1. Nom qu'il a donné aux ouvrages édités par ses soins.
2. « Conjectures sur l'avenir des Bourses », *Histoire des Bourses du travail*, *op. cit.*, p. 170.
3. *Op. cit.*

des Bourses de province, notamment à Nîmes, à Toulouse, à Marseille. Le plus souvent, cet enseignement professionnel concerne des professions artisanales et peu industrialisées, comme le bâtiment, la mécanique ou l'ameublement. Il s'y exprime très souvent une réelle solidarité entre compagnon et petit patron, qui explique les appuis politiques dont les Bourses ont bénéficié en province, notamment dans le Midi de la France, au-delà des cercles traditionnels de la gauche. Ces cours professionnels, ces efforts pour le maintien de l'apprentissage expriment la résistance des ouvriers qualifiés au déclin des métiers professionnels.

Malgré les inquiétudes qui se sont fait jour, notamment au congrès de Rennes (1898) sur la valeur de l'apprentissage, Pelloutier est persuadé de l'excellence d'un enseignement professionnel qui tend à lutter contre la déqualification dont est victime l'ouvrier, « contre la tendance dominante dans l'industrie moderne à faire de l'enfant un manœuvre, un accessoire inconscient de la machine, au lieu d'en faire un collaborateur intelligent[1] ».

Mais rien, en définitive, ne saurait donner une idée aussi exacte des conceptions de Pelloutier en matière de pédagogie ouvrière que son projet, jamais réalisé, de musées du travail[2]. L'article de *l'Ouvrier des deux mondes* sur ce sujet que l'on trouvera un peu plus loin nous dispense de nous attarder longtemps sur l'économie du projet. Qu'il nous suffise de mentionner qu'il s'agit de réaliser dans les Bourses du Travail une histoire des produits manufacturés en les représentant concrètement, à chaque étape de leur élaboration, accompagnés de l'appareil statistique nécessaire : prix des matières

---

1. « L'œuvre des Bourses du travail », *Histoire des Bourses du travail*, *op. cit.*, p. 120-121. La citation est empruntée à Raynaud, de la Bourse du travail de Toulouse, dans son étude sur l'enseignement professionnel.

2. Il fut adopté à l'unanimité, moins une voix (Lyon), par le congrès des Bourses du travail de Paris (1900), après distribution de l'article de Pelloutier, et deux chaleureuses interventions des délégués de Paris et de Nîmes avec des arguments très semblables à ceux de Pelloutier (*Compte rendu du congrès*, p. 112-117). Mais après sa mort, le projet ne fut pas repris. Paul Delesalle (*les Bourses du travail et la CGT*, Rivière, 64 p., p. 29) signale cependant que quelques Bourses exposent les « chefs-d'œuvre » d'un adhérent ou d'un groupe d'adhérents : ce qui n'est pas exactement la même chose.

premières, temps de travail nécessaire, taux des salaires, etc. Il s'agit donc de réaliser un tableau systématique de l'exploitation ouvrière, propre à donner à l'ouvrier « la science de son malheur ».

> Il faut offrir au peuple le moyen de dégager lui-même les phénomènes sociaux et, de ces phénomènes, toute leur signification. Et pour cela, lui mettre sous les yeux ce qui est la matière même de la science sociale : les produits et leur histoire.

Surtout, qu'on ne compte pas sur l'État pour réaliser pareil projet, pour « révéler au prolétariat le secret de l'iniquité capitaliste ». En effet, « le peuple seul peut et doit recueillir les éléments de son instruction ».

Ainsi, il en va de l'éducation comme de l'action sociale elle-même : l'essentiel n'est pas dans le but, mais dans la manière de l'atteindre. Si la seule émancipation de la classe ouvrière est une auto-émancipation, à plus forte raison, l'éducation de la classe ouvrière ne peut-elle être qu'une auto-éducation. Comment ne pas remarquer que dans ce domaine également, Pelloutier se situe à l'intérieur d'une tradition avérée du mouvement ouvrier français : celle qui a vu dans l'*enseignement mutuel* un moyen privilégié d'émancipation ouvrière[1]. Cette méthode d'éducation fondée sur l'existence de moniteurs écoliers, c'est-à-dire l'éducation des plus jeunes et des plus inexpérimentés par leurs aînés, a été approuvée et préconisée, tant par les hommes de l'*Atelier* que par Fourier et par Proudhon. Elle rejette la conception traditionnelle, dogmatique et quantitative de l'enseignement, et met l'accent sur l'exercice et le développement des facultés. Elle débouche naturellement sur la grande idée proudhonienne dont nous avons vu qu'elle est aussi celle de Pelloutier, l'idée de *capacité*. Il est à cet égard significatif que ce dernier, si passionné par les questions d'enseignement lorsqu'il étudie les moyens mis à la disposition des travailleurs pour s'instruire ne cite à aucun moment le mouvement des universités populaires qui se développe à partir de 1899 : sans doute parce que ces écoles pour les ouvriers ne sont pas les écoles des ouvriers, à la

1. Voir sur ce point Georges Duveau, *la Pensée ouvrière sur l'éducation pendant la seconde République et le Second Empire*, Domat-Montchrestien, 1947, 352 p., p. 62 et 131-138.

différence des Bourses du travail, ces « universités de l'ouvrier » selon le mot d'E. Petit qu'il aime à citer.

Quant à l'idée même du musée du travail, elle était déjà venue à Le Play, qui l'avait suggérée à la société d'économie charitable[1] : ce n'est pas la première fois que nous rencontrons cette coïncidence, en apparence surprenante, entre Le Play et Pelloutier : en dépit de toutes leurs différences, qui sont considérables, l'un et l'autre ont eu la passion des monographies concrètes en prise directe sur le milieu.

Mais la pensée de Pelloutier en matière d'enseignement ne se limite pas aux formes de mutuellisme culturel que nous venons d'envisager. Celui-ci en effet débouche le plus souvent sur un syndicalisme assagi, faisant confiance à une lente évolution des mentalités. Nous allons voir que le gradualisme pédagogique de Pelloutier, au contraire, n'est nullement synonyme de pacification sociale et de refus des échéances révolutionnaires. « Instruire pour révolter », avons-nous dit. La critique des armes, dont on le sait il ne repousse pas la nécessité, doit s'accompagner de l'arme de la critique. Ne le voit-on pas, dans l'article sur « Le Musée social » déjà cité, déclarer que « le jour où le peuple se lèvera, il aura avec le fer, avec le feu, cette arme plus sûre que toutes les autres : la force morale due à la culture de l'intelligence[2] ». Nous retrouvons une fois de plus les deux pôles, moraliste et révolutionnaire, de la pensée de Pelloutier. La société d'hommes fiers et libres dont il a rêvé ne peut être accouchée, dans la violence, que par des hommes ayant pratiqué « la culture de l'intelligence », ou comme il dit ailleurs, « la culture de soi-même ». Culture, entendons le mot dans son sens le plus actif et le plus littéral. Non pas ce vernis mondain auquel la société bourgeoise l'a souvent assimilée, mais ce travail

1. J.-B. Duroselle, *les Débuts du catholicisme social en France*, PUF, 1951, p. 621.

2. Juste auparavant, Pelloutier doute que sa génération puisse « fouler la Terre promise ». On voit combien, en 1898, Pelloutier doute d'une révolution qu'il considérait quatre ans plus tôt comme inévitable. Cf. également cette notation extraite du compte rendu du livre de M. de Rousiers sur le trade-unionisme : « Pour se dévouer utilement, il faut donc au préalable avoir agi vigoureusement sur soi-même. »

de soi sur soi, ce défoncement en profondeur du sol pour lui restituer sa fertilité.

Le conformisme social et le préjugé figurent parmi les pires ennemis de l'esprit révolutionnaire[1] :

> Dévoiler les mensonges sociaux, dire comment et pourquoi ont été créées les religions, imaginé le culte patriotique, construite la famille sur le modèle du gouvernement, inspiré le besoin de maîtres : tel doit être le but de l'Art révolutionnaire. Et tant qu'il restera dans l'esprit des hommes l'ombre d'un préjugé, on pourra faire des insurrections, modifier plus ou moins les inutiles rouages politiques, renverser même les empires : l'heure de la révolution sociale n'aura pas sonné.

Loin d'aider à l'émancipation des cerveaux, la littérature bourgeoise est un instrument de mystification : « outrages au sens commun, charlatanisme, folie, érotisme ! ». Dans sa conférence sur l'*Art social* du 30 mai 1896, Pelloutier détaille sans complaisance les aberrations de la littérature contemporaine, son goût pour l'érotique, l'exotique, l'ésotérique, le raffinement décadent, la recherche de l'extraordinaire et de l'anormal. Il dénonce pêle-mêle l'engouement pour le bouddhisme, la prolifération des doctrines théosophiques, la célébration des messes noires, le renouveau du mysticisme, de l'occultisme, l'intérêt porté à la Kabbale et aux mystères d'Isis.

Il n'est pas très difficile de mettre des noms propres derrière toutes ces tendances[2]. À l'origine de cet engouement pour la magie, on s'accorde à faire une place particulière à Alphonse-Louis Constant, dit Eliphas Levi, auteur de l'*Histoire de la magie* (1860 ; et de plusieurs ouvrages consacrés à la Kabbale ; cependant que l'œuvre de Jean Lahor (pseudonyme d'Henri Cazalis, 1840-1909) témoigne d'une influence diffuse du bouddhisme et de l'ésotérisme extrême

1. *L'Art et la Révolte*, *op. cit.*, p. 7 ; *l'Ouvrier des deux mondes*, n° 1, février 1897, p. 13.

2. On consultera Robert Amadou, *l'Occultisme*, Julliard, 1950, 256 p., et *l'Anthologie littéraire de l'occultisme*, en collaboration avec Robert Kanters, Julliard, 1950, 366 p. ; le numéro spécial de *la Table ronde*, n° 32-33 d'août-septembre 1950 : « Aspects de l'occultisme » ; et surtout Alain Mercier, *les Sources ésotériques et occultes de la poésie symboliste (1870-1914)*, I, « Le symbolisme français », Nizet, 1969, 288 p., que nous avons beaucoup utilisé dans ce développement.

oriental sur le Parnasse. Mais en 1896, c'est incontestablement au symbolisme que Pelloutier en a. Les symbolistes ont été pour la plupart, en cette fin de siècle, influencés par diverses formes d'ésotérisme, dont le poète ésotérique Jules Bois – cité par Pelloutier – a fait l'inventaire dans son livre *le Satanisme et la Magie* (1895). On sait d'autre part l'existence vers 1888 d'un groupe d'ésotéristes groupés autour de Stanislas de Guaïta, ami de Barrès, Augustin Chaboseau, auteur d'un *Essai sur la philosophie bouddhique*, Papus et Joséphin Péladan, le « sar », qui constituera bientôt une Rose-Croix catholique dissidente avec Elémir Bourges, après la mise à l'Index de la Rose-Croix. D'autre part, une nouvelle forme d'exotisme, la théosophie, s'inspirant des théogonies extrême-orientales et du culte d'Isis se répand en France, sous l'influence de Mme Blavatsky à partir de 1880. En témoignent la fondation de la loge Isis en 1887 et la création de la revue le Lotus rouge. Rappelons aussi l'*Isis* de Villiers de l'Isle-Adam en 1862. Enfin, l'érotisme ésotérique est à la mode : les messes noires évoquées par Pelloutier, ce sont par exemple celles du fameux abbé Boullan, disciple de Vintras et organisateur à Lyon d'un « culte marial » d'un genre spécial. Huysmans le prit au sérieux, et le mit en scène dans *Là-bas*.

Ce déferlement de vrai et de faux mysticisme influence en profondeur l'ensemble de la littérature symboliste. C'est tout ou partie de l'œuvre de Huysmans, de Barbey d'Aurevilly, de Villiers de l'Isle-Adam, de Vielé-Griffin, d'Henri de Régnier qui serait à évoquer ici, pour ne pas parler d'influences plus diffuses sur Mallarmé ou Rimbaud. En peinture, l'œuvre de Gustave Moreau, en musique, la diffusion de l'œuvre de Wagner participent de cette même sensibilité. Qu'il nous suffise de l'avoir repérée pour éclaircir les allusions de Pelloutier dans sa conférence sur l'art : c'est ce symbolisme ésotérique qu'il dénonce. Il n'est d'ailleurs pas plus tendre pour le naturalisme épais, le vérisme sans espoir : est ainsi condamné de nouveau, cette fois-ci pour « lubricité », Huysmans et ses *Sœurs Vatard* aux côtés de Paul Bonnetain, disciple dissident de Zola, avec son livre *Charlot s'amuse* qui met en scène les plaisirs solitaires. Ce n'est pas par hasard qu'à ces tristes peintres de la triste réalité il oppose le réalisme épique de Zola.

Est-ce pudibonderie de la part de Pelloutier ? Nullement. Nous l'avons vu préconiser et chanter l'amour libre. Non : ce qu'il reproche à cette littérature, c'est d'être une littérature d'évasion, qui se fait le serviteur, le complice de la société bourgeoise[1] :

Entre quelques couplets idiots sur l'Alsace-Lorraine, la revanche, le retour du soldat, c'est la débauche des gravelures [...] nous redoutons seulement que, poussé toujours au rut, le peuple finisse par y sacrifier ses généreuses ardeurs d'affranchissement.

Nous avons déjà souligné la position de Pelloutier : pour lui, sans un appareil idéologique qui dispense d'avoir recours à l'appareil répressif, la société bourgeoise se serait depuis longtemps écroulée, puisque les exploiteurs sont en minorité[2] :

Quand on songe que les exploiteurs sont une poignée, les exploités un bataillon.

En somme, il est permis de conclure que la docilité de la majorité, son acquiescement à la légitimité de la répression dont elle est victime ne sont possibles qu'en raison de la persuasion idéologique clandestine dont elle est l'objet : tel est le but de l'enseignement bourgeois, tel est le but de l'art bourgeois.

Bien entendu, l'art révolutionnaire a une mission exactement opposée : dénoncer les turpitudes de la société, appeler à la révolte. Nous avons déjà noté l'influence de Zola sur ses premiers essais littéraires, et le cas qu'il fait de la valeur révolutionnaire de son œuvre. Il est bon d'y ajouter trois écrivains auxquels il a consacré des chroniques dans *l'Ouvrier des deux mondes* sous le pseudonyme de Jean Réflec[3] : Anatole France, Lucien Descaves, et Ibsen : le premier pour son attitude courageuse pendant l'affaire Dreyfus, où il a dénoncé le pouvoir et la justice militaire[4] ; le second, l'auteur de *Sous-offs*, parce que ce féroce critique du militarisme a appelé à la révolte sociale dans *la Cage*, pièce que la censure a interdite ; le troisième enfin, Ibsen, parce

1. *L'Art et la Révolte*, *op. cit.*, p. 18-19.
2. *Ibid.*, p. 21.
3. Chronique *l'Art social*, n° 14, avril 1898, p. 218-219 ; n° 15, mai 1898, p. 234-235.
4. « Plus de justice du tout, à notre sens, ce serait préférable, nul n'étant qualifié pour juger son semblable », *loc. cit.*, p. 219.

que « *Maison de poupée*, *Hedda Gabier*, *l'Ennemi du peuple*… nous paraissent établir merveilleusement la prédominance de l'individu sur le corps social[1] ». Il est visible qu'au-delà du pessimisme social d'Ibsen, Pelloutier a trouvé dans l'auteur de *l'Ennemi du peuple* l'auteur selon son cœur, l'idéaliste sans illusions et sans succès[2] :

> L'*en-dehors*, celui qui, dans son dégoût de la stupide et ignominieuse ambiance, dans sa haine du pharisaïsme humain, dans son mépris de la masse aveugle, crédule, impulsive et lâche, se libère de toute attache sociale, s'affranchit de tous préjugés, se forme une conception à soi de la vie, dont il ne démord sous aucun affront, aucune injure, aucun outrage, demeure isolé, au-dessus de la foule, ne prenant conseil que de son sens intime, n'obéissant qu'à son pouvoir rationnel.

On ne saurait dire qu'à un moment de sa brève carrière, Pelloutier ne soit illusionné sur les masses auxquelles il a consacré sa vie syndicale…

D'où l'importance de « l'art social » pour les éduquer. Il est dommage que l'on ait perdu le texte du mémoire de Pelloutier sur le théâtre populaire. Dans son numéro du 5 décembre 1899, la *Revue d'art dramatique* mit en effet au concours un projet de théâtre populaire, accompagné d'un questionnaire sur la fondation et les conditions matérielles et artistiques de fonctionnement d'un tel théâtre.

Le comité, où figuraient notamment Maurice Bouchor, Lucien Descaves, Robert de Flers, Anatole France, Octave Mirbeau, Romain Rolland, Émile Zola déclarait :

> Nous voulons, entre le théâtre de l'élite, où la pensée se raffine jusqu'à l'épuisement, et le théâtre de la populace, où le sentiment s'amplifie jusqu'à la grossièreté, créer une scène, dédiée à tous, ouverte à tous, où la pensée et le sentiment se réconcilient, où la solidarité sociale se fortifie du partage égal de la beauté (…).
>
> L'art n'est grand que quand il est l'expression des sentiments, des idées et des rêves d'un peuple…

Pelloutier décida de participer ; en avril 1900, il obtint le deuxième prix de 100 francs[3]. Nous n'en avons malheureusement

1. *Ibid.*, p. 235.
2. *Ibid.*
3. « À l'auteur du manuscrit portant comme épigraphe "instruire pour révolter" » dit *la Revue*. Le projet du lauréat, Eugène Morel, y fut publié en

conservé que le passage suivant, consacré à l'épineux problème de la subvention[1] :

> La demande de subventions aux pouvoirs publics est-elle de nature à diminuer le mérite d'une entreprise ? Non, parce que, suivant l'expression de Proudhon, si l'initiative personnelle est la première des forces économiques et qu'elle doit revendiquer jalousement tout ce qui peut être accompli par elle seule, là où elle ne peut l'atteindre le bon sens, la justice, l'intérêt général commandent de faire intervenir la force collective. Ce n'est d'ailleurs ni à l'État ni aux communes qu'appartiennent les fonds versés dans leurs caisses. C'est au public lui-même qui les destine à l'exécution d'œuvres d'intérêt collectif ; demander une subvention, ce n'est donc rien solliciter des pouvoirs, c'est inscrire son œuvre au nombre de celles que les impôts et les taxes ont pour objet de provoquer ou d'encourager.

Voilà une nouvelle preuve du réalisme politique de Pelloutier ; à la différence de bien des révolutionnaires de son époque, il n'a jamais négligé les possibilités qu'offrait l'état des forces politiques du moment. Ce « subventionnisme » qui lui fut maintes fois reproché après sa mort quand il s'agissait des Bourses du travail se trouve ici justifié à propos du théâtre populaire en des termes dépourvus d'ambiguïté.

Tout ce que nous avons examiné jusqu'ici en matière d'enseignement professionnel et d'action culturelle nous permet de mieux comprendre les positions de Pelloutier en ce qui concerne l'enseignement général. Dans un article qui résume ses conceptions[2], Pelloutier a une nouvelle fois insisté sur l'idée que le système d'enseignement est la clé de voûte de la société, et pour l'État, « sauvegarde des hautes classes », son « meilleur instrument de domination ».

Jamais, sans doute, la vigilance de classe de Pelloutier n'était allée aussi loin. Chaque régime politique, remarque-t-il, introduit dans l'enseignement « l'esprit qui lui prêtera le meilleur concours ».

---

décembre 1900. Celui du deuxième prix ex aequo avec Pelloutier, Onésime Got (pseudonyme d'Alla) a paru d'avril à juillet 1901, mais resta inachevé. De celui de Pelloutier on ne retrouve aucune trace.

1. Cité par Maurice Pelloutier, *Ombre et Lumière*, *op. cit.*, p. 105-106.

2. « L'enseignement en société libertaire », *la Question sociale*, août 1895. Sauf indication contraire, les citations contenues dans le développement suivant en sont extraites.

« Le régime monarchique, l'esprit catholique, le régime démocratique l'esprit protestant, esprit souple aux hypocrites bénisseurs qui cherchent dans une apparence de libre examen le moyen d'approuver plus à l'aise. » Il est à peine besoin de souligner le caractère d'avant-garde de pareils propos qui se refusent à voir dans la religion de l'esprit critique de l'université libérale à la fin du siècle, le dernier mot en matière d'indépendance idéologique[1]. Bien au contraire. C'est pourquoi Pelloutier est résolument hostile au monopole d'État en matière d'enseignement. Sa position est déjà celle de la délégation française au premier congrès de l'Internationale (Genève 1866) où les deux tendances, majoritaire avec Tolain, minoritaire avec Varlin, se prononcent contre le monopole[2]. Ce fut dans le passé la position de Proudhon[3]. Ce fut ensuite celle de la Commune. Au contraire, les socialistes autoritaires, les blanquistes et de nombreux radicaux se montreront favorables au monopole. Les premiers sont hostiles à toute philosophie d'État et à l'État lui-même ; les seconds au contraire sont des jacobins.

Pelloutier, donc, est favorable à la liberté de l'enseignement, « manifestation primordiale de la liberté individuelle ». En prévision du congrès de Paris (1900) il a lancé une enquête sur l'enseignement professionnel dont la quatrième question est ainsi libellée :

> Y a-t-il lieu de compléter l'enseignement professionnel par un enseignement primaire réservé aux enfants des ouvriers ? Quelle est la valeur des coopératives scolaires ?

Il s'agit en effet de ne pas en rester au niveau des principes, et de passer aux actes. Si l'enseignement d'État est un enseignement de classe, il faut répliquer en organisant à l'intérieur des Bourses

---

1. Voir à ce sujet les fines remarques de Jules Monnerot dans *Sociologie de la révolution*, Fayard, 1969, 772 p., chapitre « Fascisme et censure », p. 596-613. Monnerot montre notamment comment, par convention, l'esprit critique de l'école de Durkheim exclut de son champ d'application le régime politique de la IIIe République.

2. Cf. Duveau, *la Pensée ouvrière sur l'éducation*, *op. cit.*, p. 113, 145.

3. Proudhon va beaucoup plus loin en se prononçant même contre l'obligation et la gratuité de l'enseignement : un tel cadeau ne peut être qu'empoisonné. Cf. Duveau, *op. cit.*, p. 145.

du travail, à côté de l'enseignement professionnel qui y existe déjà, un enseignement général. La discussion qui s'instaure au congrès est des plus intéressantes. On y constate d'abord qu'une grande majorité des Bourses représentées reste attachée à l'enseignement professionnel, dans lequel elle voit un moyen de promotion pour le travailleur. Le risque que celui-ci, grâce à sa qualification, échappe à la condition ouvrière et rompe sa solidarité de classe est en général jugé faible ou nul. Quant à la suggestion de Pelloutier de créer un enseignement général ouvrier, elle est bien accueillie, car l'école publique fait l'objet de critiques[1] :

> La patrie est placée au-dessus de tout : au-dessus de la justice, au-dessus de la fraternité, au-dessus de l'humanité. La charité y est prônée aux lieu et place de la solidarité réciproque. L'obéissance aveugle, passive, l'automatisme de la brute y sont recommandés ; le respect aux forts et à leur puissance immuable ; la résignation aux infortunés.

C'est pourquoi plusieurs délégués, comme celui de Nîmes et celui de Paris, préconisent « l'enseignement intégral ou l'instruction intégrale » : entendons par là l'enseignement général associé à l'enseignement technique.

L'expression n'est pas nouvelle. Elle figure déjà dans l'ouvrage de Paul Robin, publié en 1869, sur « l'enseignement intégral ». La même année, le congrès de Bâle de l'Internationale « affirme de nouveau l'idée d'enseignement intégral, c'est-à-dire que tout enfant a droit à un enseignement théorique et pratique complet qui le rendra propre à devenir en même temps un travailleur des bras et un travailleur de la tête[2] ».

C'est dans un sens légèrement différent, mais cependant connexe, que Pelloutier reprend le terme. Pour lui, l'enseignement intégral est celui qui privilégie l'intelligence au détriment de la mémoire, l'intelligence des ensembles par rapport à l'érudition, la culture générale par rapport à la spécialisation. C'est le seul qui prépare vraiment à la vie et se refuse à transmettre un stock de connaissances données une fois pour toutes.

---

1. *Compte rendu du congrès*, débat sur l'enseignement professionnel, p. 95-113, intervention du délégué de Nîmes.

2. Cité dans G. Duveau, *op. cit.*, p. 124.

Lors du congrès de Paris, il s'est tout de même trouvé trois Bourses, celles de Versailles, de Tulle et de Toulouse, pour défendre la notion du service public, et pour craindre que la revendication de la liberté de l'enseignement – nous sommes en 1900 – ne soit exploitée par les congréganistes. Cela donne à Pelloutier l'occasion de répondre :

> Je suis pour la liberté intégrale, estimant qu'on ne peut fonder rien de durable par la proscription, et convaincu que de même que les persécutions n'empêchent pas les idées justes de se répandre – voyez ce qui s'est passé pour les idées socialistes frappées dans tous les pays – la libre discussion et le libre examen font rapidement justice des idées fausses. Je pense en outre que nous n'avons pas le droit de nous déclarer d'avance incapables d'engager la lutte contre l'enseignement congréganiste.

Au total, c'est sa position qui triomphe, et largement, puisque la motion adoptée à l'unanimité invite les Bourses « à faire tous leurs efforts pour compléter l'enseignement technique par l'enseignement primaire ». Position un peu théorique, il est vrai. Pelloutier regrette qu'on n'ait pas creusé suffisamment la question et conclut[1] :

> Le Comité fédéral devra donc dresser un plan, chercher à l'aide de quelles ressources les Bourses du travail pourront ouvrir des écoles, proposer à un futur congrès la rédaction des manuels d'instruction… socialiste, etc. Voilà la besogne de demain !

Il faut souligner la hardiesse de ces projets. Pelloutier qui avait tendance à la fin de son existence à beaucoup moins parler de la révolution que des moyens d'y parvenir, attache une importance sans cesse grandissante à la question de l'éducation.

Et aussi de la pédagogie ; car si l'éducation est la garantie de l'action directe au sein de la révolution, la pédagogie est la garantie de l'action directe au sein de l'éducation. C'est pourquoi il exige la liberté totale des maîtres à l'égard du pouvoir. Il voit en outre dans une prolongation de la scolarité jusqu'à vingt ans un moyen d'épanouissement pour l'adolescent qui abordera la vie muni d'un solide bagage intellectuel.

---

1. « La Fédération des Bourses du travail de France, ses congrès », *le Mouvement socialiste*, 15.11.1900, p. 626.

En même temps, en vrai libertaire qui s'intéresse plus au progrès de l'individu qu'au perfectionnement de l'institution, il marque son scepticisme sur les méthodes traditionnelles qui font trop appel à la mémoire et qui exigent des enfants un temps quotidien d'attention disproportionné à leur âge. Conformément à son projet exposé plus haut, il envisage d'annexer à chaque Bourse « une école tenant le milieu entre l'école primaire et la section d'enseignement "moderne" ou "spécial" des collèges[1] » : or il envisage d'y diminuer *des deux tiers* les quatre heures de classe et les six heures d'étude que connaissent nombre d'établissements de ce genre.

Ces conceptions et ces projets, fussent-ils mort-nés, devaient être notés. Ils permettent de vérifier que les affirmations de Pelloutier sur la primauté de l'individu et le respect qui lui est dû, ainsi que sa défiance à l'égard de l'autorité, fût-elle pédagogique, ne sont pas bavardages en l'air.

L'ensemble de ses positions en matière pédagogique, c'est-à-dire dans le domaine où s'introduit avec la meilleure conscience du monde l'autoritarisme le plus subtil, le conservatisme le plus éclairé, le prouve : il fut, sa vie durant, un libertaire *conséquent*.

CONCLUSION

Lorsqu'en 1894, Fernand Pelloutier accéda au secrétariat-adjoint de la Fédération des Bourses du travail, il existait en France 33 Bourses, dont 31 étaient fédérées[2]. En 1901, l'année de sa mort, le chiffre total était de 81, dont 65 étaient fédérées au 30 juin. De son côté, le nombre des syndicats adhérents s'était beaucoup accru, passant de moins de 500 en 1892 à 870 au 30 juin 1900, à la veille du congrès de Paris des Bourses du travail. Beau résultat sans doute,

1. *Histoire des Bourses du travail*, *op. cit.*, p. 125.

2. Pour les données numériques qui suivent, cf. J. B. Séverac : *Encyclopédie socialiste, syndicale et coopérative de l'internationale ouvrière ; le mouvement syndical*, Quillet, 1913, 455 p., p. 306-310 ; R. Brécy, *le Mouvement syndical en France*, Mouton, 1963, p. 8-9 ; F. Pelloutier, *Histoire des Bourses du travail*, *op. cit.*, p. 77-79, 98, 215.

mais dont il convient de ne pas exagérer l'importance. Pas plus qu'il ne faudrait majorer le rôle personnel de Pelloutier dans ce résultat : nous avons déjà souligné qu'il n'était pas le fondateur des Bourses. Il a *accompagné* leur fondation, les aidant, les *informant*, au sens le plus fort du terme. Du reste, il suffit de remarquer que le mouvement ascendant, loin de se ralentir, s'accentue après la mort de Pelloutier et la fusion de la Fédération des Bourses avec la CGT (1902) : au 1er janvier 1911, il existe 143 Bourses représentant 2 487 syndicats[1]. Il est vrai que beaucoup parmi elles n'avaient pas le statut officiel et les caractéristiques d'une Bourse : il s'agissait d'unions locales, départementales ou régionales de syndicats.

D'autre part et surtout, la croissance des effectifs reste très modeste et les syndicats sont souvent des cases vides qui s'étalent sur la carte de France. En 1899, Pelloutier estime à 250 000 le nombre de syndiqués adhérant à une Bourse. Chiffre qu'il faut désespérer de vérifier : pas plus qu'aujourd'hui, les syndicats de l'époque ne produisaient de chiffre précis, et il faut attendre 1910 pour que l'institution du timbre confédéral par la CGT vienne apporter un peu d'ordre dans la comptabilité et de clarté dans les chiffres. On peut seulement affirmer que le chiffre avancé par Pelloutier est exagéré : deux ans plus tard, en 1901, les effectifs de la CGT s'élèvent à 104 674 et il faudra attendre 1907[2] pour la voir dépasser les 250 000. Il est peu probable qu'au tournant du siècle, les effectifs des Bourses aient de beaucoup dépassé ceux des fédérations[3]. Or, au recensement de 1901, la population active dans l'industrie s'élevait à 6 953 000 personnes. Si l'on accepte les chiffres de Pelloutier, 2,5 % de cette population adhérait aux Bourses ; si l'on estime comme nous qu'ils sont à diminuer de moitié, c'est environ 1,25 % de la population industrielle qui a participé activement à l'« essor du

1. *Annuaire des syndicats pour 1911.*

2. *Comptes rendus financiers des congrès de la CGT* : Montpellier, p. 72-73 ; Bourges, p. 20-21 ; Amiens, p. 32-33 ; Toulouse, p. 72-75.

3. Bien entendu, une part importante des adhérents était commune aux deux groupes en vertu de la double structure, verticale (fédérations) et horizontale (Bourses) qui est en train de se mettre en place et qui, combinée dans la même organisation à partir du congrès de Montpellier de la CGT (1902), a donné au syndicalisme français son allure caractéristique.

syndicalisme français[1] ». Or, à la même époque, le TUC britannique représente 1 200 000 membres.

Dans ces conditions, il est vain de chercher à atteindre à travers un groupe aussi minoritaire, à plus forte raison à travers l'individu qui se trouvait à sa tête, une image représentative de l'ouvrier français de cette époque. Et pourtant, il n'en faut pas moins affirmer que le syndicalisme des Bourses du travail a été, à sa manière, représentatif de la classe ouvrière française. Pourquoi ce paradoxe ? C'est qu'il est vain de vouloir opposer, comme on le fait souvent, les orientations, supposées, des « majorités silencieuses » et celles, bien connues, des « minorités agissantes ».

Le plus souvent, les majorités ne restent silencieuses que pour autant qu'elles *consentent* aux paroles et aux actes des minorités. Dans les régimes libéraux tout au moins, les minorités ne peuvent espérer conserver leur influence sur les masses qu'à la condition de ne pas les contrarier dans leurs orientations fondamentales. Le mythe trotskyste de la « trahison des dirigeants » rejoint le mythe patronal de la « poignée de meneurs » dans une même incompréhension des rapports dialectiques masses-dirigeants dans les régimes démocratiques. Il n'est pas niable qu'à la fin du XIXe siècle et au début du XXe siècle, le syndicalisme communément qualifié de « révolutionnaire » et que nous avons proposé d'appeler syndicalisme d'action directe exerce son hégémonie intellectuelle sur l'ensemble des travailleurs français et possède l'initiative dans l'action. Or un groupe est hégémonique dans la mesure où il inspire à la masse tout entière le sentiment, généralement justifié, que ses intérêts particuliers coïncident avec l'intérêt général. Quand, au contraire, il est obligé d'avoir recours à des procédés coercitifs pour maintenir sa domination, c'est le signe que son hégémonie est contestée. L'apparition de la « chaussette à clous » et de la « machine à bosseler » dans les rapports entre grévistes syndiqués à la CGT et « renards » briseurs de grève vers 1906-1908 est le signe que les formules qui ont prévalu au sein de l'organisme syndical sont en train d'être mises en

1. Notons cependant que le chiffre total de syndiqués de toutes origines, confédérés ou non, s'élevait selon l'Office du travail à 492 000 en 1899 et 614 000 en 1901 – chiffres également optimistes.

cause. Ce n'est pas encore le cas pendant les « années Pelloutier » où la formule des Bourses du travail constitue une synthèse provisoire entre métiers anciens et industries nouvelles, entre solidarité professionnelle et conscience de classe, entre millénarisme révolutionnaire et syndicalisme contractuel. Tels sont quelques-uns des problèmes sur lesquels nous reviendrons dans un prochain ouvrage.

En général, les positions d'une classe ou d'une couche hégémonique comportent deux faces complémentaires : la première, la plus circonstancielle, correspond aux intérêts particuliers et aux préoccupations spécifiques de cette couche ; la seconde, d'une portée plus durable, est la traduction générale de ces positions à l'usage du reste de la société. Ainsi dans l'affirmation des libertés par la Constituante de 1789, il y a à la fois le libéralisme bourgeois, notamment sous sa forme économique, et un mot d'ordre révolutionnaire qui vaudra pour d'autres temps, d'autres pays, d'autres classes. De même le syndicalisme d'action directe, expression d'une *classe ouvrière de transition*, synthèse indissociable de l'aristocratie ouvrière et de la fraction la plus fruste, à peine sortie du monde rural, du prolétariat de l'époque, reflète les formes particulières du développement industriel français, ainsi que les relations politiques spécifiques de la bourgeoisie et de la classe ouvrière au cours du XIXe siècle ; mais il a aussi une portée plus générale : il témoigne, nous l'avons vu en étudiant les idées de Pelloutier, d'une grande confiance dans la capacité politique de la classe ouvrière. Confiance qui n'a rien d'aveugle, ni de mystique. Bien au contraire, il a le plus grand mépris pour les foules amorphes et nerveuses. Sans cesse, il fait appel d'une classe ouvrière mal informée et mal éduquée à une classe ouvrière bien informée et bien éduquée. Mais, c'est là le point capital, il se refuse à toutes les facilités du « substitutisme », c'est-à-dire de la démarche qui consiste à prendre acte de l'immaturité de la classe ouvrière pour lui substituer, à titre prétendûment provisoire, un autre agent historique, parti ou personnalité providentielle.

Pelloutier en particulier ne s'est jamais fait *une certaine idée* de la classe ouvrière : il l'a prise telle qu'elle était : non pour justifier la passivité et le conservatisme, mais comme une donnée de fait, quitte à appliquer tous ses efforts à la changer.

En ce sens, le syndicalisme d'action directe d'un Pelloutier est profondément un anti-léninisme. Alors que Lénine, à la suite de la tradition sociale-démocrate incarnée par Kautsky, considérait que livrée à elle-même, la classe ouvrière ne pouvait accéder qu'à une conscience trade-unioniste, c'est-à-dire à l'esprit bourgeois au sein du monde ouvrier, et que seuls les intellectuels bourgeois pouvaient lui apporter la conscience socialiste, Pelloutier et la tradition syndicale française issue de lui ont toujours refusé cet *extrincésisme.*

À ses yeux, la classe ouvrière n'est ni spontanément trade-unioniste, ni spontanément socialiste ; ni spontanément réformiste, ni spontanément révolutionnaire. Alors qu'une certaine philosophie socialiste finit par ne plus voir dans la classe ouvrière qu'un agent historique par lequel les choses arrivent, le syndicalisme d'action directe regarde l'émancipation des travailleurs comme une fin en soi. Conséquence : celle-ci doit nécessairement prendre la forme d'une auto-émancipation, sous peine de recouvrir une nouvelle duperie. Dès lors, c'est le socialisme qui devient moyen. Et encore : un moyen parmi d'autres ; et à condition qu'il prenne la forme d'un socialisme ouvrier, et non d'un socialisme étatique semi-bourgeois. Le « mythe » de la grève générale n'est pas autre chose que l'affirmation de cette exigence permanente. Pelloutier employait encore le mot socialisme ; quelques années plus tard, les rédacteurs de la charte d'Amiens, au nom de la même inspiration, s'y refuseront, et emploieront l'expression beaucoup plus juste et beaucoup moins susceptible de détournements, de « disparition du salariat et du patronat ». Le syndicalisme, expression d'une classe, est donc différent du socialisme qui tend sans cesse à devenir l'expression d'une idée. En ce sens nous avons pu dire que pour ses partisans, le syndicalisme, c'est le socialisme réalisé. Ni systématiquement révolutionnaire, ni spontanément réformiste, la classe ouvrière est à leurs yeux naturellement « conseilliste ». Certes, le mot n'existe pas encore ; mais l'idée est déjà là. Le « conseil ouvrier », c'est tout simplement la classe ouvrière consciente d'elle-même et agissant par ses moyens propres.

La défiance à l'égard du socialisme révolutionnaire comme à l'égard du parlementarisme bourgeois exprime l'hostilité du syndicalisme d'action directe à l'égard de tout « détournement de classe » à des fins qui ne seraient pas les siennes, et qu'elle n'aurait pas définies elle-même. Dans ces conditions, l'objet de l'action ouvrière n'est pas plus la consolidation de l'État bourgeois que l'édification de l'État ouvrier par l'intermédiaire d'une « dictature ». Son objet véritable, c'est la subversion de l'État autoritaire, et son remplacement par un pouvoir ouvrier ; c'est-à-dire la gestion de l'économie par les travailleurs et par leurs syndicats. Certes, Pelloutier, pas plus que ses camarades et ses successeurs, n'est un grand théoricien. Sa pensée économique est archaïque, ses conceptions d'ensemble sont souvent simplistes. La lecture des textes qui suivent en convaincra plus d'une fois. Mais on aurait tort de s'en tenir là. Au-delà de l'utopie syndicaliste, il y a là affirmation fondamentale du primat de la pratique : Pelloutier est solidaire de la réalité.

Pour cette raison, on ne trouvera chez lui aucune sublimation de la classe ouvrière ; son idéalisme est un idéalisme sans illusions. Pourquoi ? Parce qu'il s'est toujours refusé d'investir dans la classe ce que d'autres investissent dans le socialisme ou dans la révolution. La classe ouvrière, pas plus du reste que le syndicalisme qui l'exprime, n'est une fin en soi. Certes, il existe un prolétariat, il existe une condition laborieuse. Mais cette condition est celle des individus qui la subissent ; le but final de ce mouvement collectif qu'est le syndicalisme, c'est l'épanouissement des individus, de tous les individus.

C'est pourquoi il serait vain de prétendre changer la société sans agir simultanément sur les hommes. Tant qu'ils seront dominés par le « désir de paraître », ils réinventeront toujours des formes d'autorité et de gouvernement. Donc, pas de révolution sans éducation. Certes, il y a, dans cette place accordée à l'étude, la conviction quasi scientiste du progrès de l'humanité par la diffusion des « lumières ». Nous avons vu quelle importance Pelloutier accorde à la culture économique du prolétariat, à ce que nous appellerions volontiers sa capacité statistique. Comment prétendre confier aux travailleurs eux-mêmes la gestion de l'économie dans la société future, si dès à présent ils n'acquièrent pas la compétence nécessaire ? Au fond, cette dernière est pour eux le seul véritable moyen de se passer des services de dévoués « représentants ».

C'est pourquoi on aurait grand tort d'imputer à réformisme, voire à opportunisme, l'insistance de Pelloutier à susciter dans les syndicats ou à côté d'eux des institutions capables d'accroître leur capacité administrative et gestionnaire. Ce n'est pas la mutualité ou le coopératisme qui résoudront la question sociale. Mais elles constituent de véritables écoles de l'« économie sociale ». De même Pelloutier ne pouvait imaginer résoudre la question du chômage grâce à son « institut ouvrier de statistique et de placement ». Mais par ce moyen, il espérait faire de chaque secrétaire de Bourse l'homme le plus au courant dans sa ville de la question de l'emploi.

Au total, ce qui nous a paru, tout au long de cette étude, caractériser le plus nettement Pelloutier, c'est un souci constant d'adéquation à sa propre pensée, le refus obstiné du dogmatisme, l'absence de complaisance à l'égard de ses propres idées. En somme, une grande exigence intellectuelle et morale. C'est qu'en réalité, le syndicalisme tel qu'il a été vécu par des hommes comme Pelloutier n'a pas été seulement un moyen de changer la société, mais bien une conception libertaire de l'existence ; en somme une éthique.

THÉORIE SYNDICALISTE RÉVOLUTIONNAIRE ET PRATIQUE GRÉVISTE[1]

Mon propos est ici de *confronter* la *théorie syndicaliste française*, telle qu'elle s'est élaborée dans les années 1890-1914, avec la *pratique syndicale*, telle que nous pouvons la connaître à *travers cette forme privilégiée d'action ouvrière qu'est la grève*.

Dans le cas du syndicalisme révolutionnaire français, cette confrontation présente un intérêt particulier. Il a été en effet très souvent accusé de phraséologie, de verbalisme. Une telle confrontation devrait nous permettre de nous rendre compte si ce reproche est justifié. Elle doit également nous donner des indications précises sur l'influence réelle dans les masses ouvrières de cette forme particulière de syndicalisme. Syndicalisme *minoritaire* – et même syndicalisme de minorités agissantes –, il ne cesse de faire appel, par un paradoxe au moins apparent, à l'*action de masse*. Exprime-t-il seulement l'*idéologie de quelques poignées d'anarchistes* qui auraient réussi à s'introduire dans les syndicats pour les coloniser, les noyauter, ou au contraire les tendances profondes des masses ouvrières ?

Le syndicalisme révolutionnaire français constitue, en effet, une expérience originale à bien des égards. Certes, on peut faire état de tentatives analogues dans divers autres pays : Italie du Nord, Catalogne, États-Unis (Industrial Workers of the World) et même Angleterre et Irlande. Mais nulle part elles n'ont eu la même ampleur et le même retentissement qu'en France.

1. *Autonomie ouvrière. Études sur le syndicalisme d'action directe*, Seuil-Gallimard, coll. « Hautes Études », 1988, p. 43-68.

S'il fallait d'un mot préciser cette originalité, nous dirions qu'à la différence du trade-unionisme, ou du syndicalisme allemand, le syndicalisme révolutionnaire français a prétendu répondre à l'ensemble des aspirations et des besoins de la classe ouvrière. Il s'est voulu, selon l'expression d'Émile Pouget *parti ouvrier*, mais parti reposant sur un fondement socioprofessionnel, et non idéologique ; disons que l'idéologie est conçue comme entièrement dérivée de la situation des travailleurs, c'est-à-dire des producteurs, dans le processus de production. Nous analyserons plus loin les raisons du divorce entre socialisme politique et syndicalisme. Indiquons seulement ici qu'à la différence de ce qui s'est passé en Allemagne, par exemple, le socialisme n'est pas apparu dans la France du XIXe siècle avec un caractère de nouveauté radicale. Il s'inscrit dans une ligne de prolongement et de dépassement d'une longue tradition politique républicaine et révolutionnaire qui, depuis 1789, traverse le XIXe siècle tout entier. Face à cette tradition, le syndicalisme a voulu, lui, opérer la coupure.

Cela devait être mentionné d'emblée, afin de faire comprendre que le caractère révolutionnaire du syndicalisme français ne correspond pas à une option idéologique délibérée ; ses dirigeants le découvrent bien plutôt comme une donnée permanente du mouvement ouvrier qu'ils prennent tel qu'il est, puisqu'il s'agit pour eux de l'assumer dans sa totalité. Ainsi, il ne faut pas dire : « C'est parce qu'il était révolutionnaire que le syndicalisme français prétendait suffire à tout », mais, bien au contraire : « C'est parce qu'il prétendait suffire à tout qu'il s'est voulu révolutionnaire. »

Par là est soulignée l'importance capitale, primordiale, de la *méthode*, ou si l'on préfère, de la *démarche*. Ce n'est pas par ses *objectifs* que le syndicalisme français est le plus original ; c'est par l'importance qu'il donne aux *moyens*. Prenant rigoureusement à la lettre la formule de l'Internationale : « L'émancipation des travailleurs sera l'œuvre des travailleurs eux-mêmes », il considère que seuls les syndicats sont de nature à réaliser cette *ontogenèse*. Loin de tout sacrifier à l'eschatologie révolutionnaire, il considère au contraire que l'objectif essentiel du mouvement ouvrier est de transformer le prolétariat d'*objet qu'il est*, en *sujet* de sa propre histoire. Par un paradoxe qui n'est qu'apparent, on pourrait lui appliquer la formule de Bernstein en lutte contre l'orthodoxie sociale-démocrate allemande : Pour lui aussi, le but n'est rien, ou presque rien, les moyens pour y parvenir, tout ou presque tout.

Pour le dire autrement, *la doctrine n'est pas autre chose que la méthode en croissance.* Cela, nul ne l'a exprimé mieux qu'Hubert Lagardelle, sans doute moins inventif que Georges Sorel, mais en cela observateur plus fidèle du mouvement ouvrier, excellent traducteur en formules heureuses d'une réalité qu'il a découverte au contact des syndicats. À la différence des socialistes qui distinguent entre le *mouvement*, de nature réformiste, et le *but*, par définition révolutionnaire, il écrit, en des formules littéralement bernsteiniennes : « Le syndicalisme réconcilie la théorie et la pratique. L'acte quotidien ne diffère de "l'acte final" que de *degré* et non de *nature* [par inadvertance, H. L. a inversé les deux termes (J. J.)]. Ils forment les deux termes extrêmes d'une série homogène et continue. L'un est à l'autre ce que dans les nombres le premier chiffre est au dernier. Leur qualité est la même : leur quantité seule varie. *Le primat de l'action pratique est donc le fond théorique du syndicalisme. Le mouvement et le but se confondent*[1]. »

Ce n'est donc pas la révolution qui est émancipatrice en elle-même – car ici, d'accord avec les anarchistes, les syndicalistes estiment que la révolution peut aussi bien faire œuvre d'asservissement –, c'est l'action directe qui est émancipatrice, soit qu'elle aboutisse à des réformes partielles, soit qu'elle aboutisse à la révolution. L'expression de syndicalisme révolutionnaire n'est guère plus satisfaisante que celle d'anarcho-syndicalisme qui, elle, est franchement polémique. Pour notre part, nous préférerions de beaucoup que l'on parlât de *syndicalisme d'action directe*.

Sur ce point, les dirigeants de la CGT se sont longuement et fréquemment expliqués. Ils ont toujours identifié l'action directe avec l'exercice autonome de la lutte de classes, menée par les ouvriers : « L'action directe, écrit Griffuelhes, est pour l'ouvrier le moyen de

1. « La formation du syndicalisme en France, III », *Le Mouvement socialiste*, février 1912, p. 136. C'est moi qui souligne.

mesurer sa force, de la grandir par son propre développement et de la manifester en opposition à celle de ses adversaires[1]. »

Et Pouget de renchérir : « Il apparaît donc que l'action directe est la nette et pure concrétion [*sic*] de l'esprit de révolte : elle matérialise la lutte de classes qu'elle fait passer du domaine de la théorie et de l'abstraction dans le domaine de la pratique et de la réalisation. En conséquence, l'action directe, c'est la lutte de classes vécue au jour le jour, c'est l'assaut permanent contre le capitalisme[2]. » L'action directe n'est pas la révolution ; elle n'est pas *nécessairement* la révolution, ni *seulement* la révolution ; mais elle est, à coup sûr, d'un mot que Pouget affectionne, et qui a consonance sorélienne, une opération de *rupture* avec la société existante ; si la démocratie ou plutôt le « démocratisme » est condamné, ce n'est pas parce qu'il est un régime de liberté, mais bien au contraire parce qu'il est « l'expression dernière du principe d'autorité[3] ». Pour le coup, nous voici en plein proudhonisme. Pouget, qui se réfère explicitement à Proudhon, le félicite d'avoir résisté aux sirènes de la démocratie directe, dès lors que celle-ci se limite au domaine politique. Contre Rittinghausen, actif partisan de la « représentation directe » en 1848, Proudhon avait prôné, dans *l'Idée générale de la Révolution*, le fédéralisme économique : là est la véritable action directe aux yeux de Pouget.

Dans ces conditions, il est presque inutile d'ajouter cette précision supplémentaire : si elle n'est pas la démocratie, l'action directe n'est pas non plus la violence, comme le voudrait un Yvetot. (« Certains, très superficiellement informés, l'expliquent par un abattage copieux de carreaux[4]. ») Fondamentalement, l'action directe est un individualisme moral au service de l'action de classe, ou encore comme les dirigeants de la CGT ne cessent de l'affirmer, « la force accouchant du droit nouveau[5] ». Jamais peut-être le mouvement

---

1. *Le Syndiqué*, organe officiel mensuel de l'Union des syndicats du Rhône, 1er août 1913.

2. *L'Action directe*, bibliothèque syndicaliste, Éditions de la guerre sociale, 28 p., s. d. (1910), p. 10.

3. *Ibid.*, p. 1.

4. *Ibid.*, p. 21.

5. *Ibid.* Ce sont les expressions mêmes de Merrheim au congrès d'Amiens.

ouvrier et socialiste, en France ou à l'étranger, n'avait exprimé une telle exigence éthique au service de l'individu. La civilisation du travail, à laquelle rêve la CGT, où le producteur s'affirme aux côtés du citoyen est donc aux antipodes de l'autoritarisme. Certaines tendances vitalistes qui s'y expriment, l'insistance sur le rôle de la force comme accoucheuse de l'histoire, ou encore la critique du démocratisme, désigné comme la double dictature de l'opinion et de la consommation ont parfois induit en erreur, et amené certains commentateurs à voir dans le syndicalisme d'action directe une des composantes d'un fascisme à la française. Ces quelques citations montrent qu'il n'en est rien.

Ce contexte devait être présent à l'esprit pour aborder le rôle de *la* grève ou *des* grèves dans le syndicalisme. La grève générale poursuit des objectifs généraux et révolutionnaires. La grève partielle poursuit des objectifs particuliers et réformistes. Mais, dans les deux cas, il s'agit de manifestations d'action directe, où le prolétariat lui-même – et lui seul – définit ses objectifs et met en œuvre les moyens de les atteindre.

Nous étudierons successivement :

1. le débat syndical sur le rôle de la grève générale et des grèves partielles ;

2. la pratique de la grève dans le syndicalisme d'action directe après 1900-1914 ;

3. l'influence de la pratique ouvrière, et spécialement de la pratique gréviste, sur les transformations de l'idéologie.

La grève et les grèves

Les observations que nous venons de présenter sont surtout valables pour la période 1900-1914, qui a vu le syndicalisme français prendre vraiment conscience de lui-même, en s'interrogeant sur sa vocation et ses possibilités. Mais l'on ne saurait oublier le rôle joué par certains socialistes, les guesdistes du Parti ouvrier français (POF) dans la renaissance du mouvement ouvrier en France. De sorte que la décennie 1890-1900 constitue de ce point de vue une période hybride, celle où l'on peut voir plus d'un syndicat proclamer son hostilité à l'action politique tout en maintenant son adhésion au

Parti ouvrier socialiste révolutionnaire (POSR) d'Allemane. À cet égard, le comportement et l'évolution d'un Eugène Guérard, leader du syndicat des chemins de fer, est significatif[1]. Il en résulte que la mentalité proprement syndicaliste, telle que nous venons de la définir, coexiste quelquefois chez le même individu avec l'idéologie plus ou moins révolutionnaire, acquise au sein d'un des partis qui composent alors l'arc-en-ciel socialiste français. D'où certaines conséquences relatives notamment à la mission que l'on assigne au syndicalisme. Quoi qu'il en soit, la grève nous apparaît si bien aujourd'hui comme l'expression par excellence de l'action ouvrière qu'on a peine à imaginer qu'elle ait pu être l'objet d'une défiance systématique de la part des dirigeants syndicalistes. Ce fut pourtant le cas dans les dernières années du XIXe siècle.

Voici en quels termes s'exprime le rapporteur de la commission de la grève générale au 9e congrès corporatif de Toulouse (20-25 septembre 1897), soit deux ans après la fondation de la CGT.

« En ce qui concerne les grèves partielles, votre commission déclare statistique en main qu'elles sont en général préjudiciables aux intéressés, et, conséquemment, il serait heureux d'en voir la fréquence disparaître, quoique nous ne doutions pas qu'il y ait des cas de grève inévitable[2]. »

Même son de cloche trois ans plus tard lors du 11e congrès national corporatif (Paris 10-14 septembre 1900) : « Nous ne croyons pas devoir encourager les grèves partielles que nous considérons comme néfastes, quand même donneraient-elles des résultats appréciables, parce qu'elles ne compensent jamais les sacrifices faits, et qu'ensuite les résultats qu'elles peuvent donner sont impuissants à modifier la question sociale[3]. »

On pourrait multiplier les citations extraites des comptes rendus des congrès corporatifs, du journal *la Grève générale*, ou des journaux syndicaux. L'argumentation est toujours la grève même : si

---

1. Voir la thèse de 3e cycle d'E. Fruit, « 1890-1910 : Dans la mêlée des premiers syndicats, un militant d'avant-garde, Eugène Guérard, des chemins de fer », faculté de droit, Paris, 1969, multigr.
2. *9e congrès national corporatif*, Toulouse, 20-25 septembre 1897.
3. *11e congrès national corporatif*, Paris, 10-14 septembre 1900.

elle échoue, la grève épuise les forces morales et matérielles du prolétariat et provoque le découragement. Si elle réussit, elle provoque de dangereuses illusions et éloigne de l'objectif de transformation sociale.

Il est significatif qu'un homme politique comme Briand, qui s'est fait connaître comme propagandiste de la grève générale, continue de prêcher l'abstention à l'égard des grèves partielles, au moment où il se convertit au réformisme en approuvant la participation de Millerand au gouvernement Waldeck-Rousseau. Au congrès général du Parti socialiste, il déclare : « Je ne suis pas partisan de la grève partielle. Je la juge néfaste, et même quand elle donne des résultats, je considère qu'ils ne compensent jamais les sacrifices consentis. La grève partielle est presque toujours vouée à l'impuissance, etc.[1]. »

Voici enfin la plus forte personnalité du mouvement syndical français de l'époque, l'ami de Briand, qui a consacré sa vie jusqu'à épuisement à l'œuvre d'organisation du syndicalisme par les bourses du travail, voici l'opinion de Fernand Pelloutier :

« … Vous savez bien que toutes les grèves, toutes, sont funestes. Celles qui échouent, inutile de dire pourquoi ; celles qui réussissent, pour deux raisons : la première que, sauf le cas très rare où la nécessité de livrer des commandes pressées oblige le patron à céder immédiatement, l'augmentation de salaire obtenue ne couvrira jamais les sacrifices faits pour elle…, la seconde raison est que, même après une grève heureuse, les ouvriers sont si dégoûtés d'un maigre résultat obtenu que, pendant longtemps, il ne faut plus compter sur eux pour aider au mouvement révolutionnaire. Beau résultat[2] ! »

Ainsi, en cette fin du XIXe siècle, on est persuadé dans les milieux syndicalistes que la grève est impuissante à améliorer la condition ouvrière ; on croit à une « loi d'airain » des salaires qui s'oppose à toute amélioration éventuelle de la condition ouvrière en régime

1. *Congrès général des organisations socialistes françaises*, Paris, 3-8 décembre 1899.

2. Henri Girard et Fernand Pelloutier, « Qu'est-ce que la grève générale ? », s. d. (1895), *in* Jacques Julliard, *Fernand Pelloutier et les origines du syndicalisme d'action directe*, Le Seuil, 1971, p. 32.

capitaliste et dont on attribue souvent la formation à Marx. Cette vision simpliste, réduite à un déterminisme socio-économique brutal est significative de l'idée que l'on se fait alors du marxisme. Excluant tout volontarisme, cette présentation sommaire a servi de repoussoir ; elle explique que jusqu'en 1914 la diffusion du marxisme ait été extrêmement faible, notamment parmi les meilleurs et les plus généreux des chefs du mouvement ouvrier.

À partir de 1902, le climat change radicalement. Pelloutier vient de mourir ; l'influence d'Eugène Guérard diminue dans la CGT au fur et à mesure que ses contacts avec les milieux politiques réformistes sont mieux connus. Je me suis efforcé de montrer, dans un petit ouvrage consacré aux événements sanglants de Draveil-Villeneuve-Saint-Georges[1] qu'à partir de la fin de 1908 la CGT modifie profondément sa tactique : elle se débarrasse de l'insurrectionalisme teinté de blanquisme qu'un journaliste de talent, Gustace Hervé, avait remis à la mode dans les milieux ouvriers. Je voudrais souligner ici que dans le domaine de la tactique revendicative, celui donc de la *pratique gréviste*, un tournant essentiel est pris, *dès* 1902, avec l'accession au secrétariat de la CGT de Victor Griffuelhes et de son équipe. Loin de se désintéresser des grèves ou d'en juger les résultats négligeables ou illusoires, les nouveaux dirigeants font porter l'essentiel de leur action sur la conduite des mouvements de grève. Griffuelhes ou Merrheim, les deux figures les plus marquantes de la CGT, ne sont ni des théoriciens ni des organisateurs : ce sont des *meneurs de grèves*.

Comment expliquer cette évolution ? Nous verrons plus loin certaines des raisons d'ordre économique que l'on peut avancer. Nous tenant pour le moment à l'intérieur de l'organisation syndicale, nous signalerons surtout les déceptions suscitées dans les masses par la tactique maximaliste que nous avons décrite. Le fait est qu'en 1902 on ne croyait pas comme en 1895 que la grève générale fût pour demain. La seule tentative de grève générale dans les chemins de fer, effectuée en 1898, s'était soldée par l'échec et même par le ridicule. C'est en pensant à ces années d'illusion et de verbalisme

1. *Clemenceau, briseur de grèves, l'affaire de Draveil-Villeneuve-Saint-Georges (1908)*, Julliard, 1965.

que Victor Griffuelhes dénonçait le « romantisme révolutionnaire » et écrivait dans *l'Action directe*, organe autorisé du syndicalisme révolutionnaire, le 15 avril 1908 : « Je me souviens, pour avoir assisté à des entretiens et des réunions, de la fièvre qui sévissait il y a encore sept ou huit ans dans certains milieux – très limités – lorsque éclatait une simple grève. Qui disait "simple grève" devait vouloir dire "grève générale". Un atelier de quelques travailleurs fermé portait en lui la révolution. »

À ces illusions, Griffuelhes opposait l'action revendicative quotidienne qui, loin de détourner des perspectives révolutionnaires, constituait au contraire une propédeutique nécessaire. Selon l'expression de son adjoint Pouget, ancien anarchiste converti au syndicalisme, la grève constituait une véritable « gymnastique révolutionnaire ».

Et Griffuelhes concluait : « Le jour n'est pas loin où tous les militants reconnaîtront que la véritable action révolutionnaire est celle qui, pratiquée chaque jour, accroît et augmente la valeur révolutionnaire du prolétariat. La grève, maniée par une classe ouvrière rendue forte par ses luttes, grâce à des syndicats puissants et agissants, peut davantage que tout le contenu des bibliothèques ; elle éduque, elle aguerrit, elle entraîne et elle crée. »

Il n'est peut-être pas inutile de rappeler que le marxisme a exactement la même conception. « Ces grèves, écrit Engels[1], ne sont d'abord, il est vrai, que des escarmouches d'avant-postes, mais parfois, ce sont des engagements plus importants… Les grèves sont pour les ouvriers l'école de guerre où ils se préparent au grand combat qui est inéluctable… »

Soit, dira-t-on, simple changement de tactique. Il importe de voir que ce changement de tactique a des conséquences profondes ; en réalité, on table de moins en moins sur une solution finale de la question sociale et de plus en plus sur les vertus propres de l'action ouvrière. « La grève […] est créatrice de vie », s'écrie Merrheim dans *l'Action directe* du 26 août 1908, et, dans une brochure qui

1. *Éléments d'une critique de l'économie politique, 1844*, cité dans Karl Marx, Friedrich Engels, *Le Syndicalisme*, I, *Théorie, Organisation, Activité*, traduction et notes de Roger Dangerville, Maspero, 1972, p. 36.

porte aussi ce titre, Pouget conclut : « L'action directe, outre sa valeur de fécondation sociale, porte en soi une valeur de fécondation morale, car elle affine et élève ceux qu'elle imprègne, les dégage de la gangue de la passivité et les excite à s'irradier en force et en beauté[1]. »

Désormais, le cycle est bouclé ; loin d'attendre la solution de tous les problèmes sociaux ou individuels d'une hypothétique grève générale finale, l'accent est mis sur la valeur régénératrice de l'action : nous retrouvons Pelloutier rêvant d'une société d'*hommes fiers et libres*, et pour qui la révolution sociale était un leurre si elle ne devait pas s'accompagner d'une véritable « culture de soi-même », selon son admirable expression.

Nous arrêterons là sur un thème qui mériterait de beaucoup plus larges développements ; nous espérons seulement avoir montré que le syndicalisme que l'on appelle révolutionnaire, loin de placer tous ses espoirs dans je ne sais quelle parousie grève-généraliste, s'est au contraire efforcé d'atteler le mouvement ouvrier à des tâches immédiates et fécondes ; arrivé à ce point, nous dirions volontiers que le syndicalisme révolutionnaire, c'est le *trade-unionisme + l'action directe*. Ce que nous allons maintenant examiner à travers l'étude de la *pratique gréviste*.

La pratique de la grève dans le syndicalisme d'action directe après 1900

La question que nous nous posons ici est la suivante : y a-t-il dans les méthodes, la tactique et les objectifs qu'elle se propose une spécificité de la grève syndicaliste révolutionnaire qui permettrait de la distinguer de la grève trade-unioniste, par exemple ? Cela suppose naturellement que nous choisissions nos exemples dans des secteurs qui se réclament du syndicalisme révolutionnaire, car certaines branches professionnelles comme le livre et le textile se rapprochent beaucoup plus des syndicats allemands que de la CGT. Du point de vue qui nous intéresse, le bâtiment constitue un exemple privilégié. Il joue dans ces années du début du siècle le même rôle

1. *L'Action directe*, *op. cit.*, p. 27.

que le cheminot en 1920, le métallo en 1936, ou l'ouvrier en électronique à l'heure actuelle.

1. Nous ne dirons qu'un mot du problème de la violence dans les grèves. Il a souvent défrayé la chronique, au point que l'expression d'action directe est devenue pour le public synonyme de violence. Certes, dans les années 1895-1905, un petit nombre de dirigeants syndicalistes issus de l'anarchisme ont prêché le sabotage : bris d'outils, détérioration de matières premières. En réalité, de semblables méthodes répugnaient trop à une masse ouvrière encore proche dans bien des cas de l'artisanat et amoureuse du travail bien fait, pour avoir connu une diffusion notable. Dans le cas de la France, la violence sanglante des grèves est due bien souvent à une utilisation inopportune et trop systématique du contingent, c'est-à-dire de jeunes soldats manquant de sang-froid et peu aguerris au travail particulier du maintien de l'ordre. Les seules violences qui méritent d'être signalées sont celles qui visent les jaunes ou briseurs de grève. Très souvent, en effet, en cas de grève dans les entreprises de petites dimensions, les patrons n'hésitaient pas à recourir à une main-d'œuvre de remplacement. Le « renard », comme on disait, ne brisait pas seulement la solidarité ouvrière en risquant de faire échouer la grève entreprise : il risquait de priver le gréviste de son emploi à l'issue de la grève. Ainsi, la violence ne saurait être reconnue comme une caractéristique de la grève d'action directe : elle révèle bien plutôt le refus par le patronat de reconnaître le syndicat, d'appliquer sincèrement la loi de 1884. De la part du syndicat, il s'agit en somme d'imposer une sorte d'« *union shop* » et l'on sait qu'aux États-Unis des syndicats politiquement modérés ont eu eux aussi recours à des méthodes énergiques pour faire respecter leur monopole.

2. Plus importantes sont les méthodes utilisées pour le règlement des conflits.

Si révolutionnaire qu'il soit, un syndicat, à moins de renoncer à sa vocation, doit bien, lorsqu'il a déclenché une grève, accepter en fin de compte une négociation avec la partie adverse. Il est dans sa nature alors de passer des compromis, et c'est ce qu'avaient bien compris les grève-généralistes purs lorsqu'ils s'opposaient aux grèves partielles. Or, à partir de 1900, la tendance encouragée par la CGT est d'obtenir la *signature d'une convention collective* qui, outre les améliorations de la situation matérielle des travailleurs qu'elle contient, constitue pour le syndicat une véritable reconnaissance et lui confère à la limite un monopole de la représentation ouvrière. L'enjeu est si important que l'on voit souvent le patronat prêt à transiger sur la question des salaires à condition que cette concession ne l'entraîne pas à reconnaître le syndicat. Ce dernier, inversement, est prêt quelquefois à renoncer à la plupart de ses revendications, sauf à être reconnu comme interlocuteur valable par la partie adverse.

Et qu'on n'aille pas croire qu'il s'agit là de prises de positions un peu abstraites, sans conséquences sur la pratique syndicale. L'exemple du contrat collectif signé le 2 septembre 1909 entre les syndicats patronaux et les ouvriers de la maçonnerie parisienne est là pour en témoigner. Et cela de façon d'autant plus éloquente que le bâtiment parisien se caractérise par une grande diversité : on y trouve côte à côte de grosses entreprises (celles notamment qui ont bénéficié de cette aubaine que fut pendant toute la première décennie du siècle la construction du métro parisien), cependant que du côté ouvrier le bâtiment parisien, en raison même de cette intense activité économique et de la juxtaposition d'ouvriers très qualifiés (peintres, plâtriers, etc.) et de manœuvres spécialisés (terrassiers) a constitué le véritable fer de lance du syndicalisme révolutionnaire à la même époque. Pour comprendre l'importance de la partie, qui se joue, trois éléments de la situation doivent être connus :

L'organisation et l'état d'esprit du patronat de la maçonnerie parisienne[1]

Au début de 1909, la division règne dans le syndicalisme patronal. La Chambre syndicale de la maçonnerie, dont le siège est rue de Lutèce, a vu se séparer d'elle une cinquantaine d'adhérents qui

1. « La grève de la maçonnerie parisienne », *Le Mouvement socialiste*, décembre 1909, par Achille Picart. Le cas de Picart est intéressant. Secrétaire du syndicat général des dessinateurs, commis et assimilés du bâtiment et des travaux publics, il représente une nouvelle génération de militants à l'intérieur

fondent une Chambre syndicale indépendante. Ils reprochent en effet à l'organisation mère, dirigé par M. Villemin, d'agir uniquement au profit des plus gros d'entre eux. À la fin de 1907 en effet, à la suite d'une enquête menée à l'étranger par Jules Huret, quatre-vingt-cinq des plus gros entrepreneurs se sont discrètement constitués en une association parallèle, l'Association professionnelle[1]. Ses adhérents représenteraient 78 % de la main-d'œuvre[2]. Son but est de favoriser l'achat à meilleur compte des matériaux et la lutte contre la concurrence des petits entrepreneurs. C'est sous son influence que la Chambre syndicale déclenche le 4 avril 1908 un lock-out dans la maçonnerie. Son but est double : lutter contre le sabotage et le freinage qui sévissent alors dans le bâtiment parisien ; éprouver les petites entreprises qui auront du mal à supporter financièrement un tel manque à gagner en pleine saison et à faire reporter leurs échéances.

L'objet immédiat est le réembauchage individuel des ouvriers contre engagement signé de leur part à respecter un contrat interdisant le sabotage, le freinage, le monopole syndical de l'embauche. De plus les ouvriers sont incités à adhérer à une « Union pour la protection du travail », sorte de « syndicat jaune » garantissant un minimum de travail et organisant des caisses de prévoyance vieillesse, maladie et décès. Mais le lock-out, évidemment boudé par les petits patrons, n'est pas total ; et l'« Union » n'obtient pas les 6 000 adhérents nécessaires à son fonctionnement. C'est l'échec.

---

de la Fédération du bâtiment de Péricat, un fidèle de Victor Griffuelhes. C'est un technicien, nous dirions aujourd'hui, un « cadre ». Il est proche des idées de Merrheim : il s'intéresse aux problèmes économiques, à l'organisation patronale et publie dans les revues syndicales de remarquables monographies.

1. Dont l'existence est révélée par *l'Humanité* du 28 décembre 1907.

2. Selon une déclaration de M. Villemin au *Temps* (24 mars 1908). Voir l'étude d'Amédée Dunois, « Le lock-out de la maçonnerie », *Pages libres*, n° 394, 18 juillet 1908 et le dossier Ba 1379 aux Archives de la Préfecture de police.

L'organisation ouvrière et ses revendications[1]

La Chambre syndicale de la maçonnerie et de la pierre a été constituée en juin 1904 à partir d'une poussière de petites organisations. En 1908, elle compte environ 8 000 adhérents et connaît son apogée. Grâce à une efficace « chasse aux renards », elle a provisoirement réussi à imposer un quasi-monopole syndical de l'embauche. Pour briser la résistance patronale, elle pratique à l'occasion le sabotage[2] et surtout le « *go-canny* » (freinage) et le « perlage » du travail (grève du zèle)[3]. Ses objectifs sont l'augmentation des salaires et l'abolition du tâcheronat. Cette pratique comporte une double opération : un contrat de louage d'ouvrage (sous-traitance) entre l'entrepreneur et le « tâcheron ». Celui-ci, véritable « marchand de chair humaine », selon les syndicats ouvriers, passe à son tour un contrat de louage de services avec des ouvriers qu'il recrute le plus souvent en dessous des tarifs normalement pratiqués : c'est ce qu'on appelle le « marchandage ».

Le débat syndical sur le contrat collectif

Préconisé par les syndicats réformistes et les socialistes modérés comme Briand, le contrat collectif a été discuté et condamné par le congrès d'Amiens de la CGT en 1906. Celle-ci y voit une tentative de paix sociale dans l'entreprise contraire à sa philosophie. Mais comme, d'autre part, elle ne cesse de réclamer la reconnaissance effective du syndicalisme dans l'entreprise, il faut constater que sa position est contradictoire. Et de fait, les syndicats les plus révolutionnaires font de la signature d'un contrat collectif par le syndicat un des objectifs prioritaires des grèves qu'ils mènent[4].

---

1. AN, F7 13655. Note M./6568 du 12 mars 1912 sur l'organisation de la chambre syndicale de la maçonnerie et de la pierre.

2. « Un jour, avant de quitter le chantier, on ouvre un robinet dont l'écoulement inondera des sacs de plâtre ou de ciment qui ne seront plus le lendemain qu'un bloc inutilisable ; un autre jour, on se trompe dans la confection des mortiers. » Entretien avec le président de la Fédération patronale nationale du bâtiment et des travaux publics, *Le Temps*, 31 mars 1908.

3. « Camarades, sabotons bien les heures de travail en faisant de l'art dans nos métiers », *Le Travailleur du bâtiment*, n° 1, 1er mai 1907.

4. Jacques Julliard, *Clemenceau, briseur de grèves…*, *op. cit.*, et la communication de Michelle Perrot au colloque de Turin, 20-22 novembre

Tel est le contexte de la grève[1] déclenchée le 26 août 1908 par le syndicat parisien du bâtiment avec comme double objectif l'augmentation des salaires et la suppression du tâcheron. Le même jour, les dirigeants ouvriers proposent au patronat une négociation avec comme base le contrat collectif proposé l'année précédente par ce dernier… Autre bizarrerie : si les chiffres de la participation à la grève varient, 5 000 selon la Préfecture de police, 11 000 selon le syndicat, le patronat, contrairement aux habitudes, annonce le nombre maximal : 16 000. Entre les deux parties, il y a incontestablement une certaine « compréhension ». Dans les jours suivants, de nouvelles catégories du bâtiment (briqueteurs, menuisiers) se joignent au mouvement, dont le caractère massif est d'autant plus remarquable que l'on a affaire à une branche industrielle extrêmement dispersée.

Les négociations s'engagent le 2 septembre. Après un arbitrage des architectes sur la question des salaires, qui se révèle favorable aux revendications ouvrières, un contrat collectif valable pour un an à Paris, et renouvelable pour deux ans par convention tacite, est signé.

Pour les syndicats ouvriers, c'est une grande victoire puisque le contrat aboutit à la suppression du tâcheronat et à une augmentation substantielle des salaires pour l'ensemble des catégories visées.

Mais les patrons, et notamment ceux qui partagent les idées de M. Villemin, ont aussi de grands motifs de satisfaction.

— « Les ouvriers s'engagent à fournir un rendement de travail proportionnel au salaire » : c'est la renonciation au « freinage ». Il est vrai que les normes définies dans l'accord sont inférieures aux cadences réelles.

— Les syndicats renoncent à imposer par la force le monopole syndical de l'embauche.

— Une commission paritaire patrons-ouvriers est instituée par l'application de la convention.

1981, « Syndicats et classe ouvrière à l'époque de la deuxième Internationale ».

1. Sur cette grève, AN, F7 13842 et l'article déjà cité d'A. Picart.

Les réactions à cette convention collective, qui marque incontestablement une modification dans les comportements des syndicats ouvriers comme dans ceux des syndicats patronaux, sont intéressantes.

La Guerre sociale, organe « gauchiste » de Gustave Hervé, explose[1] : « Il semble qu'avant d'engager une organisation dans un réformisme aussi bon teint, il soit au moins loyal de la consulter. »

À l'autre extrême, mais symétriquement, *le Monde économique*[2], qui défend le libéralisme économique, s'inquiète des clauses contraignantes de l'accord pour les deux parties, et notamment, l'interdiction qu'elle fait aux patrons d'embaucher à d'autres conditions que celles qu'il prévoit : « Valable, cette clause permettrait aux syndicats d'exercer en une large mesure cette tyrannie à laquelle ils prétendent volontiers vis-à-vis de ceux qui restent en dehors de leurs associations. »

Voici maintenant des réactions plus modérées, et plutôt favorables : À gauche, *l'Humanité*, l'organe de Jean Jaurès, sous la signature d'un ancien syndicaliste, Pierre Tesche[3] : « Le contrat intervenu entre patrons et ouvriers de la maçonnerie marque une détente, un véritable fait social dont on ne peut nier l'importance. »

À droite : *l'Économiste français*, sous la signature de Paul Leroy-Beaulieu[4] constate que l'expérience est intéressante, mais non généralisable, avant d'ajouter : « C'est toujours en définitive le public qui paie ».

Mais la philosophie de l'affaire est donnée par A. Picart qui n'hésite pas à écrire ces lignes sacrilèges, de la part d'un des dirigeants d'une organisation révolutionnaire[5] : « Les intérêts ouvriers se trouvent donc pour quelque temps et sur certains points conformes à ceux du gros patronat. Les travailleurs du bâtiment n'en sont point effrayés. La petite entreprise est, dans notre industrie comme

1. R. de Marmande, « La Fédération du bâtiment et la grève des maçons », *La Guerre sociale*, 8 septembre 1909.

2. Paul Beauregard, « Le contrat collectif », *Le Monde économique*, 4 novembre 1909.

3. *L'Humanité*, 12 septembre 1909.

4. *L'Économiste français*, 18 septembre 1909.

5. *Le Mouvement socialiste*, *loc. cit.*

dans bien d'autres, un stade dépassé et qui entrave le progrès. Ils savent, ces travailleurs, qu'ils ne pourront conquérir la direction de la production pour le compte de leur classe que lorsque le trust aura achevé son œuvre, et que c'est pour eux, en fin de compte, que celui-ci travaille. »

Ces réflexions sont à rapprocher des positions de plus en plus nettes prises par Victor Griffuelhes, qui n'est plus le secrétaire de la CGT, mais qui en reste un des principaux inspirateurs. Loin de dénoncer le processus de concentration qui s'esquisse dans l'industrie française, il ne cesse d'en regretter la lenteur. Dans des articles aux titres significatifs parus dans *le Mouvement socialiste* : « L'infériorité des capitalistes français » (décembre 1910), « Stagnation capitaliste » (janvier 1911), « Utopisme petit-bourgeois » (janvier 1912), il déclare notamment : « Pour notre part, nous demandons que le patronat français ressemble au patronat américain, et que ainsi, notre activité industrielle et commerciale grandissant, il en résulte pour nous une sécurité, une certitude qui, en nous élevant matériellement, nous entraîne pour la lutte, facilitée par le besoin de la main-d'œuvre.

« Nous désirons un pays affairé, actif, bourdonnant, véritable ruche toujours en éveil. Notre force en sera accrue. »

Les syndicalistes révolutionnaires, loin de bouder le progrès technique comme on les en a accusés, et de se comporter en défenseurs de l'artisanat, réclament (je cite encore Griffuelhes) : « Une révision des conditions techniques, une transformation totale de l'outillage, un déplacement de certains de nos ports maritimes, un rajeunissement de nos procédés commerciaux – toutes choses qui échappent à l'influence directe du prolétaire – sont la condition du progrès nouveau. »

Ce que nous voyons apparaître à la veille de 1914, c'est – selon l'heureuse expression de Michelle Perrot[1] – un véritable

---

1. Michelle Perrot, « Le regard de l'autre : les patrons français vus par les ouvriers (1880-1914) », in *Le Patronat de la seconde industrialisation*, cahier n° 4 du *Mouvement social* sous la direction de Maurice Lévy-Leboyer, Éditions ouvrières, 1979, p. 293-306. Voir également le mémoire de maîtrise de Dominique Baillaud, « La CGT et les problèmes économiques », université de Paris VII, 1974, qui cite d'autres textes de Griffuelhes, extraits de *la Bataille syndicaliste*. Pour un regard inverse, celui des patrons à l'égard des

« saint-simonisme ouvrier » qui contraste fortement avec la dénonciation sommaire et moralisante du « patron vampire » au cours de la période précédente. Certes, rappelle-t-elle, un Victor Delahaye, ancien ouvrier chez Cail, qui a visité les pays anglo-saxons, se prononce dès 1883 en faveur de la grande industrie et de la mécanisation. Il dénonce l'égoïsme patronal, son malthusianisme aussi. Mais Delahaye n'est pas un dirigeant syndical et, à son époque, reste un cas isolé. Au contraire, trente années plus tard, le mouvement fait tache d'huile. Tout se passe comme si on avait saisi l'occasion de la crise confédérale de 1909 à la CGT, qui a vu Griffuelhes quitter le secrétariat au profit de Jouhaux après un intermède Niel pour, dans ce domaine comme dans d'autres, procéder à un aggiornamento. Libéré de ses responsabilités, Griffuelhes parle haut et fort, rejoignant ainsi un Merrheim dont il sera question plus loin. Mais il faudrait encore citer Dumoulin, esprit toujours en éveil, « moderniste » impénitent, qui après son départ du Pas-de-Calais est devenu trésorier adjoint, puis secrétaire adjoint de la section des fédérations, autrement dit le « numéro deux » de la CGT. Lui aussi plaide pour une industrie florissante et pour un « vaste plan de réfection de notre outillage national[1] ».

Quant à Jouhaux, le secrétaire général de la CGT lui-même, il ne dit pas autre chose, quand, répondant à Guinchard au congrès de la Fédération des transports[2], il déplore l'état végétatif de l'industrie et du commerce français, comparé à la vigueur de leurs homologues allemands : il n'y a pas, estime-t-il, à chercher ailleurs la faiblesse numérique de notre syndicalisme par rapport à celui d'outre-Rhin. Il est clair qu'à la veille de la guerre les dirigeants de la CGT conçoivent leur avenir en liaison avec l'essor de la production et de la consommation. Il s'agit, dit Merrheim, d'accroître « les facultés de bien-être de la classe ouvrière[3] ».

---

ouvriers, Peter N. Stearns, « Against the Strike Threat : Employer Policy toward Labor Agitation in France, 1900-1914 », *Journal of Modern History*, n° 4, décembre 1968, p. 474-500.

1. *La Bataille syndicaliste*, 12 décembre 1913, citée par Michelle Perrot, *op. cit.*, p. 304.

2. *La Bataille syndicaliste*, 13 septembre 1912.

3. « La méthode Taylor », *La Vie ouvrière*, 5 mars 1913, p. 305.

Dans ces conditions, l'hostilité manifestée par le congrès d'Amiens (1906), et renouvelée à Toulouse (1910), à l'égard du projet de *contrat collectif obligatoire*, qui a notamment la faveur de Briand dans les cercles gouvernementaux, peut paraître surprenante. Certes, il y a la crainte de voir par ce biais reconnue la capacité juridique des syndicats, et, par voie de conséquence, leur responsabilité pénale et financière en cas de grève. Mais au-delà de ce souci légitime, il y a la crainte de voir dans la pratique des procédures pacifiques de règlements des conflits se substituer à la grève. En réalité, les syndicalistes ne craignent pas les améliorations de la condition ouvrière ; au contraire, ils les recherchent, à condition que ces améliorations soient *conquises* par les travailleurs, et non *octroyées* par le patronat, l'État, ou grâce à l'intervention de milieux politiques, fussent-ils socialistes. Il est clair que l'originalité du syndicalisme français ne réside pas dans le refus de tout réformisme, mais dans le refus de toute action indirecte – politique ou institutionnelle – des syndicats.

3. Ces tendances apparaissent nettement dans la *tactique* des leaders syndicalistes au cours des grèves. Appelé au printemps 1909 à diriger la grève qui a éclaté à Mazamet (Tarn) chez les travailleurs de la laine et de la peau de mouton, Griffuelhes se trouve devant une situation paradoxale : la grande majorité des ouvriers, originaires de la campagne environnante, sont restés catholiques et fidèles électeurs du baron Reille, député réactionnaire de l'arrondissement. Les patrons, mazametains de souche et souvent protestants, sont au contraire radicaux ou républicains modérés. Griffuelhes refuse absolument de tenir compte de la situation politique ; ce qui importe à ses yeux, ce ne sont pas les sentiments politiques des travailleurs, mais leur situation d'exploités. Venu sur place, il prodigue des conseils de modération et de fermeté. Et de fait, la grève ayant réussi, un contrat ayant été signé, il finit par obtenir leur adhésion à la CGT. Entre-temps, avec l'accord de Griffuelhes, le syndicat a écarté le principe de l'arbitrage de Jaurès et d'un député de droite, moins par hostilité à l'égard de Jaurès qu'à l'idée de toute médiation politique. Un peu plus tard, au contraire, le syndicat appuie une intervention de Reille qui aboutit à une négociation directe entre patrons et ouvriers. Et Griffuelhes de conclure : « Pour notre part, nous dirons qu'il nous est indifférent que M. Reille soit réélu ou battu, l'an prochain[1]. »

Mieux encore, trois ans plus tard, à la suite de la candidature, lors d'une élection partielle, d'Isidore Barthès, secrétaire du syndicat, sur une liste réactionnaire, un syndicat dissident, de tendance socialiste, s'est constitué à Mazamet. Sans hésiter, par la voix de Dumoulin, ancien militant socialiste, la CGT désavoue le syndicat dissident, lui demande de se dissoudre et maintient sa confiance au « syndicat Barthès ». Un des considérants précise notamment que la complicité politique et philosophique qui risque de s'établir entre le syndicat socialiste et le patronat républicain est un danger pour la lutte des classes.

Ainsi, dans l'action gréviste, Griffuelhes et ses amis sont loin d'être des extrémistes, des jusqu'au-boutistes. Ils savent eux aussi terminer une grève. Ils acceptent les améliorations et les réformes. À condition qu'elle écarte toute médiation étatique ou politique, l'action revendicative la plus humble contribue à l'éducation révolutionnaire du prolétariat.

D'autres vont plus loin et prétendent rationaliser l'action gréviste grâce à une information économique et sociale rigoureuse. C'est le cas d'Alphonse Merrheim, secrétaire de la Fédération des métaux à partir de 1898 et à partir de 1904 l'un des principaux animateurs du syndicalisme révolutionnaire. Voici comme exemple de sa méthode, un article de 1913 où sous le titre significatif « Indices favorables à l'action revendicatrice[2] », il se livre à une étude détaillée et chiffrée de la croissance de la production du charbon, du fer et de l'acier pour l'armement. Ainsi la mise en chantier d'une série de cuirassés entre 1910 et 1913 a donné un sérieux coup de fouet à notre industrie navale. Et de conclure : « Quand les trois ou quatre années d'activité que nous prévoyons seront passées, viendra la crise, le chômage. C'est à ce moment seulement qu'on pensera à revendi-

1. Sur la grève de Mazamet, Victor Griffuelhes, « Un grand conflit social, la grève de Mazamet », *Le Mouvement socialiste*, juin-septembre 1909 ; AN, F7 13621 ; Remy Cazals, *Avec les ouvriers de Mazamet dans la grève et l'action quotidienne 1909-1914*, Maspero, 1978.

2. *La Voix du peuple*, 2 février 1913.

quer. Mais il sera trop tard. Que les travailleurs de la métallurgie, pour qui j'écris cet article, y réfléchissent. De longtemps, ils ne trouveront une période aussi active, aussi favorable pour leurs revendications. » Et à Griffuelhes qui, dans une polémique avec Keufer, le leader réformiste du livre, avait parlé de la « maladie consistant à ne regarder pour en tenir compte que les syndicats patronaux », Merrheim qui se sent visé répond[1] : « J'ai cette maladie. » Il l'a contractée sur les champs de grève, à Cluses (1904), à Longwy (1905), à Hennebont (1906) ; puis il l'a exprimée dans une série d'articles sur l'affaire de l'Ouenza (1909), et surtout sur l'organisation patronale en France[2].

Rédigés avec l'aide de Francis Delaisi – curieusement on lui fera reproche, dans les milieux de la CGT, de s'être entouré des conseils d'un économiste – ces articles fourniront l'ossature de son grand livre sur la métallurgie[3]. Face à la concentration croissante des entreprises, au développement des trusts et des cartels, aux accords internationaux entre firmes capitalistes, et à l'influence de ces puissances économiques sur le gouvernement, les travailleurs doivent se battre : mais ils ne doivent pas se battre tête baissée. Ils doivent aussi être informés des méthodes et de l'organisation patronales. D'où la nécessité d'un puissant effort d'éducation ouvrière, et aussi d'organisation[4] : deux tâches auxquelles il consacre la totalité de ses forces.

Certes, les idées de Merrheim seront loin de triompher uniformément dans la CGT : Griffuelhes, défenseur d'un syndicalisme plus instinctif, et Pouget y sont hostiles. En revanche, Léon Jouhaux,

1. L'article de Griffuelhes, « Autonomie... », a paru le 14 avril 1912 dans *la Voix du peuple* ; la réponse de Merrheim paraît dans le numéro suivant (21 avril 1912) sous le titre : « À sous-entendus... précisions ! »

2. Neuf articles parus de juillet à décembre 1908 dans *le Mouvement socialiste* de Pierre Monatte, dont il est un des principaux animateurs (n°s 200, 201, 203, 204, 205, 209, 211, 215-216).

3. *La Métallurgie, son origine et son développement*, Éditions de la Fédération des métaux, 1913.

4. Voir l'étude de Nicholas Papayanis, « Alphonse Merrheim and the Crisis of Revolutionary Syndicalism », dactylographiée, p. 136. Voir aussi Christian Gras, « Merrheim et le capitalisme », *Le Mouvement social*, n° 63, avril-juin 1968, p. 143-163.

qui devient secrétaire général en 1909, est favorable : à la veille de 1914, les journaux syndicaux, *la Voix du peuple, la Bataille syndicaliste*, font davantage de place à l'information économique, cependant que le congrès du Havre de la CGT (1912) marque une nouvelle étape dans l'organisation confédérale (regroupement des fédérations et généralisation des Unions départementales).

De ces progrès de la conscience économique dans les couches populaires elles-mêmes au-delà des groupes syndicaux, la crise dite de la « vie chère » – à la veille de 1914 – donne un bon exemple. Elle a été étudiée par un chercheur, Jean-Marie Flonneau, et c'est à son étude que nous nous référons[1].

De 1909 à 1914, une hausse, brutale pour l'époque, du coût de la vie (16 %) particulièrement marquée dans l'alimentation et le logement, c'est-à-dire les deux principaux postes de la dépense ouvrière, provoque des réactions très vives dans les milieux populaires et dans les syndicats. Au cours de l'année 1910, ce sont les syndicats qui prennent la tête du mouvement. Le 28 août 1910, *la Voix du peuple*, hebdomadaire officiel de la CGT, consacre toute sa première page à la question. Tandis que Baur dénonce la hausse de tous les produits alimentaires[2], Georges Yvetot écrit un article incendiaire : « Tout augmente, tout subit une hausse sensible, menaçante, terrible. Que faire contre l'accapareur ? Lynchons-le ! [...] le pain cher, la famine en perspective, c'est la révolution ! Cela se peut, cela se doit. Soyons prêts ! »

Suite à la réunion du conseil confédéral du 30 août, la CGT publie une affiche « Contre la vie chère ! contre les spéculateurs ! sus aux affameurs ! » qui s'efforce de démontrer que la hausse du coût de la vie n'est pas imputable aux salaires et qui demande (en vain) aux consommateurs de boycotter le sucre[3]. Un des aspects les plus intéressants de la campagne est la dénonciation des intermédiaires et l'appel à se fournir dans les coopératives.

---

1. « Crise de vie chère et mouvement syndical, 1910-1914 », *Le Mouvement social*, n° 72, juillet-septembre 1970, p. 49-81.
2. Sous le titre *au voleur !*
3. *La Voix du peuple*, 4 septembre 1910, avec un éditorial de Jouhaux « Sus aux spéculateurs ! » et un article de Savoie sur « le prix du pain ». Voir dans le numéro du 18 septembre le texte de l'affiche.

Mais il faut attendre l'année suivante pour voir se développer un mouvement populaire spontané et original, qui se traduit notamment par des émeutes de femmes, le pillage de marchés, des troubles dans certaines usines, et la constitution de ligues de ménagères qui sont l'esquisse, sans lendemain, d'un véritable syndicalisme de consommation. À Saint-Quentin, le 30 août 1911[1], des ouvriers se mettent en grève dans certaines usines pour participer à des manifestations, qui se traduisent par le pillage des halles municipales et des démonstrations de rue. Le lendemain, une dizaine de boutiques sont pillées ; le surlendemain, 1er septembre, les ouvriers d'une importante usine de chaudronnerie se mêlent au mouvement ; des usines sont partiellement saccagées. L'enquête montre que le mouvement n'a pas pour origine la bourse du travail, qui décline toute responsabilité dans les troubles, mais des anarchistes, et quelques « individus troubles ».

Parti du Nord de la France, le mouvement gagne les Ardennes au cours du mois de septembre, avec des incidents graves à Nouzonville et Charleville-Mézières. Un enfant de 14 ans est tué ; deux dirigeants de la CGT, Dumoulin et Sauvage, sont arrêtés[2]. Dans l'Oise, à Creil et à Montataire, le mouvement est mené par Eugène Leroux, qui à la tête d'une colonne de 2 000 manifestants[3] s'attaque aux mairies des deux villes, brise des vitrines et se heurte à la troupe (9-13 septembre 1911). L'arrestation de Leroux met fin au mouvement. L'année suivante, il sera condamné à six mois de prison par les assises de l'Oise. À la fin de l'année 1911, le calme revient.

Quant à la CGT qui, dans un premier temps, a emboîté le pas au mouvement et laissé s'exprimer ses dirigeants les plus violents, elle s'efforce ensuite d'en démêler les causes profondes. La principale, c'est la croissance économique rapide que connaît l'Europe occidentale, et notamment la France.

Le principal acquis intellectuel du mouvement, c'est une conscience nouvelle de la notion de pouvoir d'achat et de sa liaison avec les conditions de la production. La réflexion confédérale

1. AN, F7 13598.
2. *La Bataille syndicaliste*, 15 septembre 1911.
3. AN, F7 13611.

qui va se développer jusqu'à la guerre sur ces questions marquera l'avance des idées des « économistes » comme Merrheim sur les « spontanéistes » comme Griffuelhes.

Pour autant, bien entendu, la CGT n'est pas devenue « productiviste ». La lutte contre l'introduction du taylorisme en France va nous le démontrer. Certes, le syndicalisme français d'avant 1914 n'est pas hostile au machinisme. Bien au contraire, il s'est toujours opposé aux rares réactions luddistes de la classe ouvrière de l'époque. Il demande seulement que les travailleurs ne fassent pas les frais de la modernisation technique, mais qu'au contraire ils en bénéficient, comme producteurs et comme consommateurs : « Il n'y a pas de limite, déclare Merrheim[1] au désir de bien-être, le syndicalisme n'y contredit pas, au contraire. Notre action, nos revendications de diminution d'heures de travail, d'augmentation de salaires n'ont-elles pas pour but minimum d'augmenter dans le présent les désirs, les facultés de bien-être de la classe ouvrière, et par conséquent ses possibilités de consommation ? »

Mais justement, la façon dont le patronat français, notamment dans l'automobile, a introduit en France les méthodes de l'ingénieur américain Frederick Taylor (1856-1915) va à l'encontre de ces objectifs. Dans ses articles de *la Vie ouvrière* de 1913, Merrheim, après avoir fait l'historique de la méthode Taylor et de son introduction en France dans les années écoulées, prend bien soin de faire une distinction entre la rationalisation des machines, des outils, des gestes de l'utilisation qui en est faite par le patronat français. Là où Taylor avait prévu un système d'instructeurs, destiné à accroître l'habileté des ouvriers, le patronat français s'est contenté d'un système de chronométrage, tendant à accélérer les cadences et à diminuer la rémunération à la pièce. Chez Arbel à Douai, à la suite de l'introduction du taylorisme, les salaires ont baissé de 0,50 à 3 francs par jour. Même chose pour les « prix scientifiques » de Berliet à Lyon. Quant au chronométrage, il est réalisé dans des conditions exceptionnelles, qui n'ont rien à voir avec une pratique normale : on a recours à des ouvriers très entraînés que l'on équipe

1. Alphonse Merrheim, « La méthode Taylor », *La Vie ouvrière*, 20 février 1913, p. 210-226 et 5 mars 1913, p. 298-309 ; la citation émane de la p. 305.

d'outils neufs, et pendant une durée très courte : c'est une « falsification » de la véritable méthode Taylor, estime Merrheim. Dès lors, c'est toute la confédération qui monte au créneau contre la méthode Taylor, à commencer par Léon Jouhaux qui dénonce la « production de déchets sociaux » à laquelle on se livre[1] : « Ce serait le règne de la brute, où nul sentiment de sociabilité, de fraternité ne saurait exister. » Picart, dont nous connaissons déjà l'esprit d'ouverture, parle d'un « retour à la barbarie[2] ». Ces méthodes, ajoute-t-il, ont été « inventées par un cerveau en délire ». Quant à Merrheim, il consacre une série de sept articles documentés à la question dans l'hebdomadaire confédéral *la Voix du peuple*[3]. Dans le même journal, un des esprits les plus pénétrants de la CGT, Georges Dumoulin, consacre un remarquable article[4] au « grand travail des hommes », où apparaît le thème du « travail en miettes » selon l'expression qui sera celle de Georges Friedmann. Prenant ses distances à l'égard du vieil orgueil corporatif qui anime encore certaines professions, il réclame pour les ouvriers le droit de se réapproprier le travail et la production et accuse le patronat d'abaisser la conscience morale des travailleurs. Merrheim de son côté décrit de façon saisissante la dégradation à laquelle on parvient[5] : « Au moment où j'écris, je ne puis oublier les quinze jours que je viens de passer à Douai, à la grève de chez Arbel. J'ai vu là des ouvriers faisant cent soixante, cent soixante-dix, cent quatre-vingts et jusqu'à cent quatre-vingt-dix heures par quinzaine. Je n'ai pas entendu pendant toute la grève une parole de sentiment, de raison, de conscience, de dignité ouvrière. Pas une ! non, pas une ! De la peur, rien que de la peur, celle du mouchard de l'usine, celle des grévistes entre eux. »

Et de conclure que le capitalisme a tué chez l'ouvrier l'amour du travail. Ce pessimisme des dirigeants de l'époque paraît bien justifié. Étudiant les grèves ouvrières qui ont éclaté en 1912 chez

1. *La Voix du peuple*, 26 octobre 1913.

2. « Taylor : principes d'organisation scientifique des usines », *Le Travailleur du bâtiment*, nº 92, décembre 1913.

3. « Un retour à la barbarie par la méthode Taylor », *La Voix du peuple*, 23 février, 3, 16, 30 mars ; 6, 13 et 20 avril 1913.

4. *La Voix du peuple*, 12 octobre 1913.

5. Articles cités de *La Vie ouvrière*, p. 307-308.

Berliet puis Renault, en 1913 chez Arbel, de Dietrich et Brasier, à l'occasion de l'introduction du taylorisme, Patrick Fridenson[1] montre qu'elles ont dans un premier temps permis de reconstituer un front uni entre les ouvriers professionnels, surtout sensibles à la déqualification que les nouvelles méthodes entraînent et les ouvriers non professionnels, surtout sensibles à la baisse du salaire. Mais au total, ces grèves échouent, les ouvriers acceptent finalement le principe du chronométrage contre une augmentation des salaires.

Il est temps de résumer les deux conclusions auxquelles nous sommes parvenus :

1. Il y a bien une unité d'inspiration du syndicalisme français de 1890 à 1914. Cette unité d'inspiration se manifeste à travers cette pratique de l'action directe, au sens où nous l'avons définie, c'est-à-dire faisant de la prise de responsabilité, de l'initiative créatrice et de la culture de soi-même, la condition nécessaire de la modification des institutions en vue de l'émancipation du prolétariat.

2. L'exemple de la grève nous a montré qu'au-delà de cette unité d'inspiration il existe une grande diversité de tactiques. Selon les moments, l'accent est mis tantôt sur la préparation de la grève générale, tantôt sur la nécessité de l'action quotidienne. Comment rendre compte de cette diversité ?

Influence du résultat des grèves sur l'idéologie

Peut-on dire qu'il y a corrélation entre les diverses opinions des dirigeants syndicalistes sur la grève, telles qu'elles ressortent de l'exposé que nous en avons fait, et le volume des grèves au cours de la période considérée ? Si l'on confronte la modification que nous avons signalée dans les opinions des dirigeants syndicalistes à propos du problème de la grève, avec l'allure du mouvement gréviste pendant la même période, on est tenté de répondre oui. Jusqu'en 1899, le chiffre annuel des grèves et des grévistes est

1. Dans une étude inédite, « Les ouvriers français face à l'introduction du taylorisme », multigr. 13 p. annexes. On se rapportera en outre à l'article de James M. Laux, « Travail et travailleurs dans l'industrie automobile jusqu'en 1914 », dans le numéro spécial du *Mouvement social* sur « le monde de l'automobile », n° 81, octobre-décembre 1972, p. 9-26.

nettement inférieur à la moyenne calculée sur l'ensemble de la période. Au contraire, à partir de 1900, il est presque constamment supérieur. Mieux : la pointe de 1906 – 438 000 grévistes par an – correspond au rayonnement maximal du syndicalisme révolutionnaire tel que le conçoit Victor Griffuelhes.

Le chiffre très élevé de grévistes, cette année-là, s'explique par le mouvement déclenché à l'occasion du 1er mai 1906 pour l'obtention de la journée de 8 heures. Ainsi, on peut parler dans une certaine mesure d'une influence directe du syndicalisme révolutionnaire à son apogée (1906) sur le mouvement des grèves : c'est à un *grévisme conscient et volontaire* qu'on a affaire. En revanche, il est fort douteux que le faible volume des grèves avant 1900 s'explique par les consignes d'abstention lancées par certains dirigeants. Ceux-ci ne contrôlaient pas encore l'ensemble du mouvement syndical. Leur influence, même dans le cas d'un Pelloutier, ne dépassa guère des cercles restreints de militants incapables de diffuser et à plus forte raison d'imposer des consignes à l'échelle nationale. Avant 1900, il y a des syndicats, il n'y a pas encore de syndicalisme.

En revanche, on remarquera que le *nombre des grèves* est en raison inverse du *pourcentage d'échecs* dans celles-ci. Sur vingt-quatre années, on relève seize variations de sens contraire et, d'une manière générale, les grèves sont d'autant plus nombreuses que le pourcentage d'échecs parmi elles est plus faible[1]. Il semble donc bien que c'est la possibilité d'arriver à des résultats positifs qui incite, même inconsciemment, les ouvriers à se mettre en grève. De ce point de vue, comment ne pas remarquer que la modification dans le volume des grèves reflète fidèlement l'évolution de la conjoncture économique ? C'est en 1897 que se situe le renversement de la conjoncture : à la phase dépressive, caractérisée notamment par la baisse des prix, qui dure depuis 1873, succède

1. Le phénomène est beaucoup moins net lorsqu'on étudie (graphique 2) le rapport entre le nombre de grévistes et le pourcentage d'échecs parmi les grévistes : voir, par exemple, l'année 1906. Mais il s'agit précisément, cette année-là, d'une grève à caractère politique, et non de mouvements en relation avec la conjoncture économique. Dans l'ensemble, le nombre de grévistes est inférieur à la moyenne quand le nombre de ceux qui ont repris le travail sans avoir obtenu satisfaction est supérieur à la moyenne, et inversement.

une phase d'expansion, de hausse des prix et d'essor industriel accéléré. Or, c'est précisément en 1897 que la courbe des grèves se relève vigoureusement, cependant que le nombre d'échecs dans celles-ci diminue très nettement. De même, les crises cycliques de 1900 et de 1907 paraissent s'être traduites, avec quelques mois de décalage, par une chute de volume du mouvement gréviste et par l'accroissement du pourcentage des échecs.

Par là est suggéré combien l'élaboration dans les milieux syndicaux de théories successives de la grève est à mettre en relation avec le mouvement économique. Ainsi, avant 1900, Pelloutier est d'autant mieux fondé à préconiser l'abstention à l'égard des grèves partielles et le recours à la seule grève générale, qu'il peut prouver statistiques en main l'échec de la plupart d'entre elles.

Après 1900, au contraire, le climat change. La conjoncture économique s'améliore et les grèves deviennent payantes : il est significatif de voir indifféremment la CGT modérée d'Eugène Guérard et la CGT révolutionnaire de Victor Griffuelhes approuver et encourager les grèves partielles.

Mieux, on assiste en 1907-1908 à une brusque flambée d'insurrectionalisme qui culmine dans la grève de Draveil et les manifestations de Villeneuve-Saint-Georges : retour à la violence, défiance à l'égard de la revendication partielle, confiance dans la seule action révolutionnaire ; Gustave Hervé, directeur de *la Guerre sociale*, apparaît pendant un court moment comme le véritable chef d'orchestre clandestin de la CGT : n'est-il pas frappant que ce retour provisoire à l'idéologie catastrophiste de la décennie précédente, que cette brusque flambée corresponde à la crise économique de 1907, c'est-à-dire à une soudaine chute de la rentabilité du mouvement gréviste ?

Enfin, les années 1911-1913 (les résultats de 1914 sont d'une interprétation délicate), où les grèves connaissent de nouveau une forte proportion d'échecs, sont pour la CGT de difficiles années de transition, où elle se prend à douter d'elle-même, de ses positions fondamentales et où elle remet en cause ses méthodes.

L'hypothèse qui sous-tend mon raisonnement, c'est que le taux cumulé de réussites et de transactions dans les grèves est un indicateur fidèle du niveau général de prospérité économique. Des économistes et statisticiens comme Charles Picquenard, rédacteur en chef du bulletin de l'Office du travail, Lucien March, directeur de la Statistique générale et surtout Charles Rist se sont efforcés d'établir des corrélations précises entre le niveau des grèves, le volume du commerce extérieur et celui du chômage[1]. Se fondant sur des statistiques européennes, Charles Rist constate qu'il existe une forte corrélation entre l'élévation du mouvement des grèves et celui des exportations en Italie, en France, et surtout en Allemagne. En revanche, il y a discordance en Grande-Bretagne au début du siècle : l'auteur en voit la cause dans le développement des procédures de conciliation qui diminuent artificiellement le nombre des grèves. Mais dans ces mêmes pays, c'est avec le chômage que la corrélation est la plus spectaculaire, en dépit de la difficulté d'obtenir une courbe de chômage fiable. Ce parallélisme entre de grands pays industriels comme l'Allemagne et la France est d'autant plus intéressant qu'on assiste pendant la même période à une montée du syndicalisme dans les deux pays. Or, note Charles Rist, à la différence de leurs homologues français, les syndicats allemands peuvent être considérés « comme des enrayeurs plutôt que comme des fomenteurs de grèves ». Et pourtant, dans les deux pays, après chaque récession du mouvement gréviste, la courbe reprend à un niveau plus élevé que lors de la crise précédente. Le syndicalisme n'est donc pas directement un facteur décisif d'explication. Si les variations des grèves sont dues aux raisons économiques évoquées plus haut, leur tendance à l'accroissement serait due à des raisons politiques plus générales, telles que « l'esprit d'indépendance » des ouvriers, précise Charles Rist citant Pareto. Mais qui pourrait nier que le syndicalisme, en France notamment, ait joué un rôle dans le développement de cet esprit ?

1. Charles Picquenard, « Le bilan financier des grèves », *Revue d'économie politique*, mai 1908, p. 356-357 ; Charles Rist : « La progression des grèves en France et leur valeur symptomatique », *Revue d'économie politique*, mars 1907, p. 161-197 ; « Relation entre les variations du chômage, des grèves et des prix », *Revue d'économie politique*, décembre 1912, p. 748-758 (en réponse à un article de Lucien March, *Bulletin de la statistique générale de la France*, 2e fascicule, 1912) et la réponse du même Lucien March, *Revue d'économie politique*, janvier 1913, p. 113-115.

Ma première conclusion est la suivante : la tactique du syndicalisme français, dans les vingt-cinq années qui précèdent la guerre de 1914, nous paraît beaucoup moins irresponsable, beaucoup moins oublieuse des réalités économiques qu'on ne le dit généralement. Nous constatons, au contraire, un remarquable effort d'adaptation aux conditions objectives imposées à la lutte sociale par les réalités économiques. Adaptation instinctive plus que systématique, certainement – sauf le cas de Merrheim –, mais les syndicalistes ne sont pas les seuls, dans la France de 1914, à n'avoir des réalités économiques que des vues sommaires et intuitives, plutôt que systématiques et scientifiques.

On a souvent nié cette capacité d'adaptation en invoquant la spontanéité ouvrière qui caractérise la période, et la faiblesse de l'information économique des travailleurs. La réalité est beaucoup plus complexe. Dans le dernier tiers du XIXe siècle, comme l'a montré Michelle Perrot, il existe bien déjà ce qu'elle a appelé une « conscience ouvrière de conjoncture[1] ». De tout temps, les ouvriers du bâtiment ont su présenter leurs revendications à la belle saison quand le travail abonde, et se tenir cois pendant l'hiver. Dans les débuts de la troisième République, elle a noté, exemples à l'appui, les mille canaux de communication indirecte sur la conjoncture économique qui suppléent à l'absence d'information proprement dite : les efforts du patron pour accélérer la production en fonction des carnets de commande (la « presse », disent les ouvriers parisiens) ; l'état du marché du travail que l'on peut mesurer physiquement à Paris, en place de Grève, et dans les principales villes aux lieux traditionnels de rendez-vous des sans-travail ; l'état des stocks, aisément contrôlable ; l'évolution des prix sur laquelle le patron contribue à attirer l'attention des salariés en l'invoquant à l'occasion pour refuser une augmentation ; et même le montant des bénéfices. Certes, cette conscience de la conjoncture est encore timide ; il n'empêche que les ouvriers savent d'une science à demi intuitive quand « les patrons peuvent payer », et en tiennent compte dans leur comportement.

1. *Les Ouvriers en grève. France 1871-1890*, Mouton, 1974, 2 vol., t. I, p. 135-149.

LE MOUVEMENT DES GRÈVES (1810-1914) ET SON INCIDENCE SUR L'IDÉOLOGIE

1. Comparaison du chiffre absolu des grèves et du pourcentage d'échecs enregistré

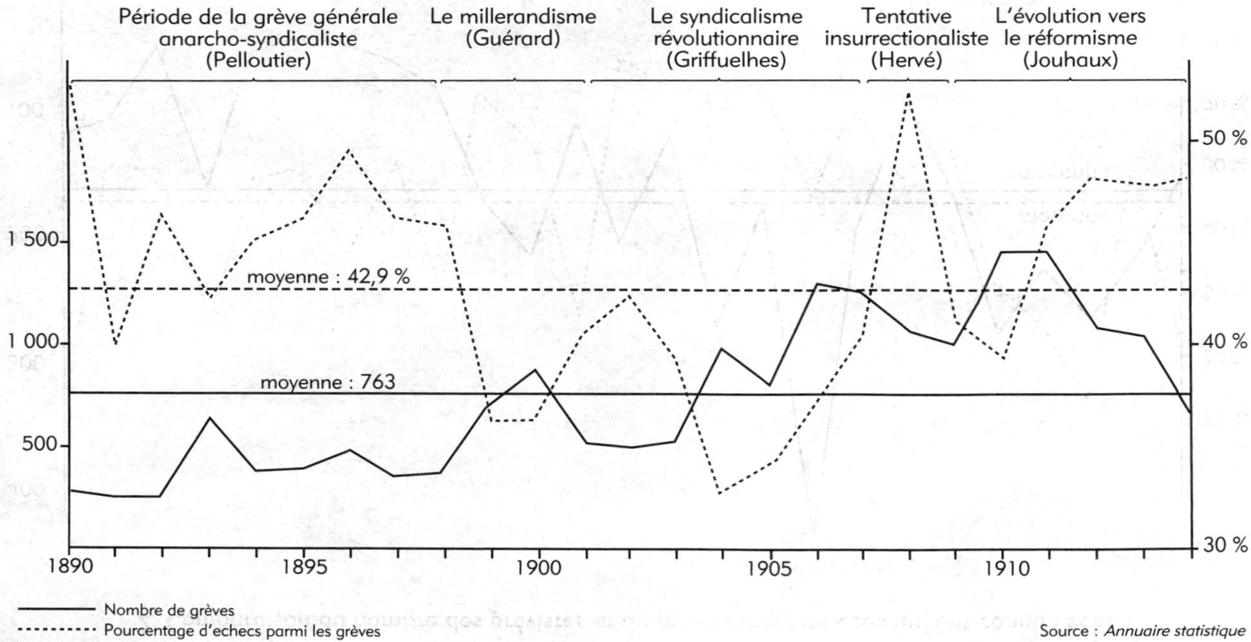

Source : *Annuaire statistique*

2. Comparaison du nombre des grévistes et du pourcentage de ceux qui ont connu l'echec

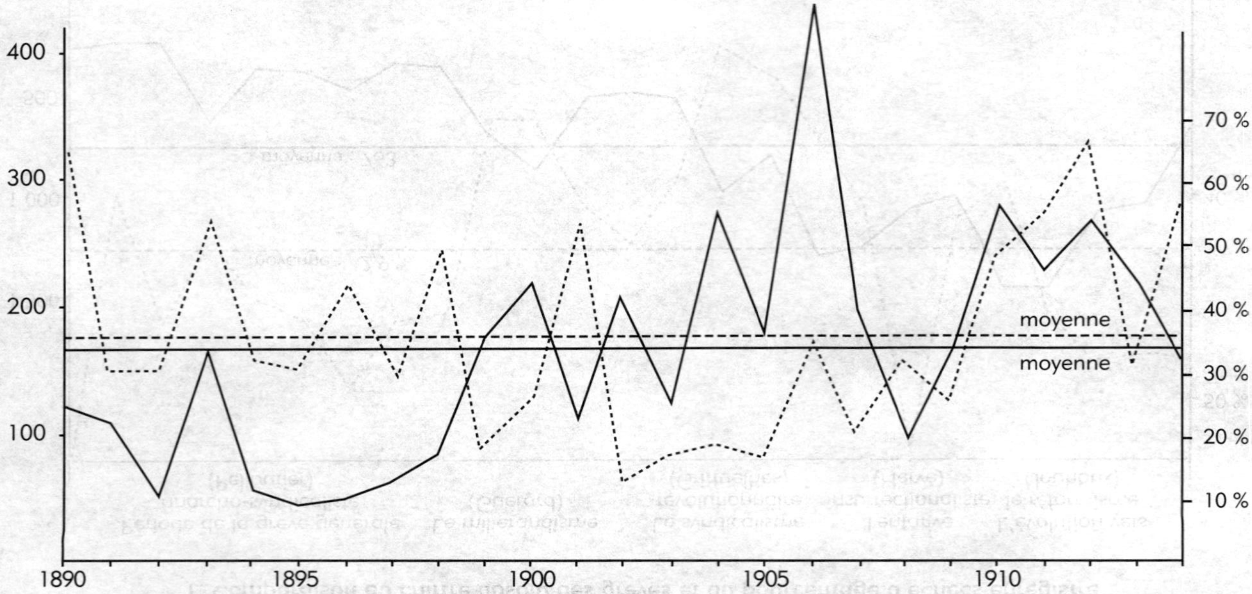

Nombre de grévistes (en milliers)
Pourcentage d'échecs (calculé par rapport aux grévistes)

Source : *Annuaire statistique*

Ma seconde conclusion, c'est qu'à travers ces modifications de tactique les syndicalistes ont poursuivi avec persévérance un même effort d'action directe du prolétariat afin de constituer un *pouvoir ouvrier autonome*. Les syndicalistes révolutionnaires n'ont jamais rejeté les réformes en bloc, mais seulement – je cite encore Griffuelhes – la « réforme qui n'a pas pour résultat d'augmenter la puissance de la classe ouvrière. Toute réforme qui tend à diminuer l'esprit de lutte est combattue par nous. » C'est parce qu'on a voulu enfermer le syndicalisme révolutionnaire dans le faux débat réformisme-révolution qu'on a pu prétendre que la guerre de 1914 l'avait brutalement ruiné. En réalité, le syndicalisme révolutionnaire n'a pas été assassiné en 1914. Il n'est pas non plus mort de sa belle mort. Il avait préparé de lui-même, et de longue date, les conditions de son évolution.

LA CHARTE D'AMIENS, CENT ANS APRÈS[1]

Texte, contexte, interprétations

Voici le texte de la motion adoptée le 13 octobre 1906 par le XVe congrès national corporatif (IXe de la Confédération générale du travail), réuni à Amiens.

Le Congrès confédéral d'Amiens confirme l'article 2 constitutif de la CGT :

La CGT groupe, en dehors de toute école politique, tous les travailleurs conscients de la lutte à mener pour la disparition du salariat et du patronat.

Le Congrès considère que cette déclaration est une reconnaissance de la lutte de classe qui oppose, sur le terrain économique, les travailleurs en révolte contre toutes les formes d'exploitation et d'oppression, tant matérielles que morales, mises en œuvre par la classe capitaliste contre la classe ouvrière.

Le Congrès précise, par les points suivants, cette affirmation théorique :

Dans l'œuvre revendicatrice quotidienne, le syndicalisme poursuit la coordination des efforts ouvriers, l'accroissement du mieux-être des travailleurs par la réalisation d'améliorations immédiates, telles que la diminution des heures de travail, l'augmentation des salaires, etc.

Mais cette besogne n'est qu'un côté de l'œuvre du syndicalisme ; il prépare l'émancipation intégrale, qui ne peut se réaliser que par l'expropriation capitaliste ; il préconise comme moyen d'action la grève générale et il considère que le syndicat, aujourd'hui groupement de résistance, sera, dans l'avenir, le groupement de production et de répartition, base de réorganisation sociale.

Le Congrès déclare que cette double besogne, quotidienne et d'avenir, découle de la situation de salariés[2] qui pèse sur la classe ouvrière et qui fait à tous les travailleurs, quelles que soient leurs opinions ou leurs tendances politiques

1. *Mil neuf cent*, no 24, 2006, p. 5-40.
2. En dépit du texte original, qui dit « des salariés », c'est évidemment « de salariés » qu'il faut comprendre.

ou philosophiques, un devoir d'appartenir au groupement essentiel qu'est le syndicat.

Comme conséquence, en ce qui concerne les individus, le Congrès affirme l'entière liberté, pour le syndiqué, de participer, en dehors du groupement corporatif, à telles formes de lutte correspondant à sa conception philosophique ou politique, se bornant à lui demander, en réciprocité, de ne pas introduire dans le syndicat les opinions qu'il professe au dehors.

En ce qui concerne les organisations, le Congrès décide qu'afin que le syndicalisme atteigne son maximum d'effet, l'action économique doit s'exercer directement contre le patronat, les organisations confédérées n'ayant pas, en tant que groupements syndicaux, à se préoccuper des partis et des sectes qui, en dehors et à côté, peuvent poursuivre en toute liberté la transformation sociale[1].

Le contexte

Ce mot de « charte » dont on se sert généralement pour désigner la motion votée par le congrès d'Amiens sur l'indépendance du syndicalisme n'appartient pas au vocabulaire de l'époque. Ce n'est qu'après la Première Guerre mondiale que ce terme inhabituel devint courant pour solenniser un texte de congrès qui avait fait date dans l'histoire tumultueuse des relations entre partis et syndicats au cours de la première partie de la IIIe République. La proclamation d'indépendance d'un État, d'un groupe social ou ethnique, d'une institution, a toujours valeur fondatrice. D'ordinaire, elle surgit du besoin de s'affirmer contre un adversaire, un oppresseur, un ennemi. Dans le cas particulier, c'est à un allié naturel, en l'occurrence le parti socialiste SFIO, qu'elle s'applique.

Il y a là une singularité qui ne peut se comprendre qu'à la lumière des épisodes passés, et notamment de la guérilla permanente qui opposait depuis un quart de siècle les syndicalistes purs à leurs

1. Confédération générale du travail, *XVe Congrès national corporatif (IXe de la Confédération) et Conférence des Bourses du Travail, tenus à Amiens du 8 au 16 octobre 1906. Compte rendu des travaux*, Amiens, 1906. Le volume est reproduit dans *Le Congrès de la Charte d'Amiens*, Institut CGT d'histoire sociale, 1983, présentation de Georges Séguy, accompagné d'études de Jean Maitron, Maurice Moissonnier, René Mouriaux, Francis Saramito, Jean-Paul Scot, Claude Silvère, Germaine Willard. Les interventions au congrès que je citerai par la suite en sont extraites.

adversaires guesdistes. Jamais, dans aucun autre pays au monde, une rivalité aussi forte, émaillée d'animosités personnelles, ne s'était produite. La raison de cet antagonisme tient à la trop grande proximité de départ entre le parti ouvrier guesdiste et les premiers syndicats[1].

La première confédération ouvrière qui vit le jour en France fut la Fédération nationale des syndicats, fondée à Lyon (du 13 au 16 octobre 1886), et tombée immédiatement sous la coupe des guesdistes. Il était entendu que le congrès du Parti devait nécessairement se tenir avant celui de la Fédération. Ce jumelage ne pouvait avoir qu'un sens : au parti de définir les orientations, au syndicat de les intégrer. Cette tutelle apparut vite d'autant plus insupportable que le guesdisme n'a jamais brillé par sa souplesse, ni non plus par son habileté. Le primat idéologique et politique du parti, conforme pour l'essentiel à l'inspiration marxiste, était donc affirmé avec raideur. Il n'est pas étonnant dans ces conditions que lorsque fut créée à Saint-Étienne en 1892, une Fédération des Bourses du travail concurrente de la Fédération nationale des syndicats, elle prit immédiatement une tournure antiguesdiste, fortement teintée d'esprit libertaire. L'arrivée en 1895 de la forte personnalité de Fernand Pelloutier à la tête de la Fédération des Bourses n'arrangea rien.

---

1. Pour l'éclairage du contexte, je renvoie une fois pour toutes à Paul Vignaux, « La charte d'Amiens dans son contexte historique », supplément 6 aux *Cahiers Reconstruction*, 35-36, août-septembre 1956, p. I-XVI. C'est l'occasion pour moi de rendre hommage à cette grande figure du mouvement syndical français. Co-fondateur du Syndicat général de l'Éducation nationale (SGEN), animateur de la minorité CFTC qui devait donner naissance à la CFDT (1964), il poursuivit une double carrière de syndicaliste et d'enseignant-chercheur à l'EPHE (section des Hautes Études) comme spécialiste de la philosophie médiévale au XIVe siècle, dans le sillage d'Étienne Gilson. Je lui dois personnellement beaucoup, et le texte cité en référence est à l'origine de mon orientation vers l'étude du syndicalisme révolutionnaire. Je renvoie aussi à Roger Hagnauer, *Le Syndicalisme vivant. L'actualité de la charte d'Amiens, 1906-1956*, Éditions de l'Union des syndicalistes, 1956, à coll., *L'Actualité de la charte d'Amiens*, par les soins du Centre universitaire de recherches administratives et politiques de Picardie, PUF, 1987, et à Jacques Julliard, *Fernand Pelloutier et les origines du syndicalisme d'action directe*, Le Seuil, 1971.

Bien au contraire. La tentative de fusion au sein d'une Confédération générale du travail (CGT) des deux confédérations syndicales, l'une regroupant les syndicats sur une base professionnelle, l'autre sur une base géographique, décidée au congrès de Limoges (1895) n'aboutit pas réellement. Il fallut attendre la mort de Pelloutier (1901) pour que la fusion des deux organisations devienne effective (Montpellier, 1902) et que la CGT prenne enfin son essor.

Entre temps, les guesdistes avaient perdu leur hégémonie au sein du mouvement syndical français, et c'est sur fond de vive hostilité à ce courant, et même au socialisme politique en général que l'unification syndicale fut réalisée[1].

Pourtant, si l'on se place au début de l'année 1906, un double événement venait de se produire, qui rendait possible une évolution, voire un déblocage des relations entre l'aile syndicale et l'aile politique du mouvement ouvrier français : l'unification de l'une et de l'autre. À la CGT unifiée à Montpellier en 1902 venait maintenant s'ajouter la fusion de tous les petits partis socialistes qui étaient apparus en France depuis la fin du XIXe siècle. Sur injonction de l'Internationaliste socialiste (Amsterdam, 1904), les socialistes français, dont les principaux leaders étaient Jaurès, Guesde et Vaillant, fusionnèrent leurs organisations à Paris, au congrès du Globe (1905), pour former le Parti socialiste unifié, section française de l'Internationale ouvrière (SFIO). Il n'était plus désormais question, du moins en théorie, de chapelles rivales. Dès lors, n'était-il pas logique, et du reste conforme à la pratique de presque tous les partis européens qu'un socialisme unifié entretînt des relations avec un syndicalisme unifié ? La seule question était au fond de savoir si ces relations devaient prendre un tour organique, comme en Allemagne à la même époque, ou devaient rester occasionnelles. Un tel rapprochement était conforme non seulement au vœu des guesdistes, mais aussi de Jaurès et de la plupart des leaders socialistes. Tel

1. Voir les histoires générales du syndicalisme de l'époque : Georges Lefranc, *Le Mouvement syndical sous la IIIe République*, Payot, 1967 ; Édouard Dolléans, *Histoire du mouvement ouvrier*, II, *1871-1920*, Colin, 1957 ; Claude Willard, *Le Mouvement socialiste en France, 1893-1905. Les guesdistes*, Éditions sociales, 1965.

était le sens de la proposition élaborée par Victor Renard, leader de la Fédération du Textile, pour le congrès confédéral qui devait se tenir en cette année 1906 à Amiens.

C'était compter sans la vieille méfiance contre les guesdistes, restée d'autant plus vivace dans la CGT que celle-ci était depuis quatre ans dirigée par deux hommes, Victor Griffuelhes, de formation blanquiste, c'est-à-dire plus favorable aux minorités agissantes qu'à la seule action de masse, et Émile Pouget, ancien rédacteur du truculent *Père Peinard* et d'orientation anarchiste. Dès que fut connue la proposition de Victor Renard, toutes les forces vives de la CGT se dressèrent et coururent au créneau. Le débat précédant le congrès, dans tous les syndicats, relayé dans *la Voix du peuple*, organe de la CGT, et dans *l'Humanité*, que Jaurès venait de fonder, fut particulièrement vif et d'une grande richesse.

À la veille du congrès d'Amiens, la CGT était partagée en trois tendances d'inégale importance, représentant trois orientations distinctes.

— *Les guesdistes* dont on a déjà parlé, n'étaient guère puissants que dans le nord de la France, et notamment dans le textile roubaisien. Leur objectif était la collaboration organique des deux organisations de la classe ouvrière : le parti et le syndicat.

— *Les réformistes* dont le dirigeant était l'inamovible leader de la Fédération du livre Auguste Keufer[1] influencé par la philosophie positiviste et par l'expérience gouvernementale de Millerand. Ils plaidaient pour la conquête de réformes immédiates.

— *Les révolutionnaires*, largement majoritaires dans les instances dirigeantes de la CGT, sous la direction de Griffuelhes et Pouget, étaient des tenants résolus de l'indépendance syndicale. Une indépendance qui se teintait de condescendance à l'égard des partis favorables à l'action parlementaire, et qui débouchait sur une véritable idéologie syndicaliste : celle de l'*action directe* conduite par les organisations des prolétaires sur les lieux même du travail, devant déboucher un jour ou l'autre sur une grève générale révolutionnaire et expropriatrice de la bourgeoisie. Pour eux, la

1. Voir la biographie d'Auguste Keufer *in* Jean Maitron (éd.), *Dictionnaire biographique du mouvement ouvrier français*, XIII, Éditions sociales, 1975.

charte d'Amiens sera comme une sorte de doctrine de Monroe du syndicalisme.

Une analyse succincte des débats d'Amiens confirme l'existence de ces trois courants sur la question politique à l'intérieur de la CGT. Encore faut-il s'entendre sur le sens du mot politique.

Guesdistes et réformistes sont au moins d'accord sur un point, contre la majorité confédérale : c'est que celle-ci, en dépit de ses dénégations, fait bel et bien de la politique : « Quand on fait de l'antimilitarisme, quand on fait de l'antipatriotisme, quand on prêche l'abstention, on fait de la politique », affirme Renard, le bouillant guesdiste. Et c'est Keufer, le vieux sage respecté du réformisme qui surenchérit : les activistes libertaires, partisans du syndicalisme révolutionnaire, ont déformé l'intention initiale du congrès fondateur de la CGT (Limoges, 1895) qui était de situer le syndicalisme sur un plan purement économique, en respectant strictement la neutralité politique et philosophique.

> C'est cette neutralité qui, depuis le Congrès de Limoges, a été violée. Je ne méconnais pas l'activité déployée par ceux qui, depuis, ont dirigé la confédération ; ils ont prouvé quelle influence peut exercer une minorité active sur une masse indifférente ou insouciante. C'est ce qui explique que la confédération a pu prendre la direction actuelle : antiparlementaire, à tendance anarchiste, antimilitaire, antipatriotique.

C'est là l'origine de la divergence profonde entre la CGT et la SFIO. Il ne s'agit pas d'une simple différence entre syndicat et parti, mais d'une véritable concurrence, qui ont l'un et l'autre une vision globale et antagoniste de l'œuvre à accomplir.

> Leur but final [*aux libertaires syndicalistes*] est de supprimer l'État, de faire disparaître tout gouvernement de personnes, pour confier aux syndicats, aux fédérations, aux Bourses du Travail, le gouvernement des choses, la production, la répartition, l'échange, c'est-à-dire le communisme libertaire et intégral.

Avec sa lucidité et sa culture, Keufer vient de définir en quelques mots un idéal qui n'est pas le sien, en usant de mots qui font référence au saint-simonisme (gouvernement des personnes contre administration des choses), au proudhonisme (production, répartition, échange) et à cette synthèse originale que constitue le syndicalisme révolutionnaire (le rôle des syndicats dans la société future). Sorel n'eût pas dit mieux. À l'inverse

> le parti socialiste [...], en attendant l'avènement final et très éloigné du pur idéal communiste, poursuit la suppression de la propriété et du patronat pour instituer l'État socialiste collectiviste, comme le régulateur du travail et le dispensateur de la richesse, par la conquête des pouvoirs publics.

Il s'agit, conclut Keufer, d'une opposition « irréductible », d'autant plus « que les anarchistes accusent à l'avance l'État collectiviste de devenir plus despotique que l'État bourgeois ». À la lumière de l'expérience, on ne saurait leur donner tort...

À cette double critique de politisation anarchiste de la CGT, Griffuelhes réplique que certes, il y a dans la CGT des anarchistes, mais moins nombreux que ne l'a dit Keufer. Et surtout, « qu'il y ait chez certains d'entre nous des idées libertaires, oui ! mais qu'il en naisse des résolutions anarchistes, non ! » La vérité, c'est qu'avec l'entrée de Millerand au gouvernement Waldeck-Rousseau (1899), on a voulu « nous domestiquer ».

> L'explosion de vitalité de la CGT résulte de ces événements. Il y eut une coalition d'anarchistes, de guesdistes, de blanquistes, d'allemanistes et d'éléments divers pour isoler du pouvoir les syndicats ! Cette coalition s'est maintenue, elle a été la vie de la confédération.

Et de conclure : « En réalité, d'un côté, il y a ceux qui regardent vers le pouvoir, et de l'autre, ceux qui veulent l'autonomie complète contre le patronat et contre le pouvoir. »

Mais c'est Jean Latapie, de la Fédération de la Métallurgie, autre porte-parole de la tendance majoritaire, qui trouve les mots les plus significatifs. Il souligne que les « syndicats n'ont pas plus à faire de la politique anarchiste que de la politique socialiste » ; « qu'il ne saurait y avoir des opportunistes, des radicaux, des socialistes de diverses écoles ou des anarchistes, pas plus que des croyants ou des athées ; nous considérons qu'il n'y a que des exploités, quelles que soient leurs convictions ». On retient surtout sa déclaration : « Il n'y a pas que des anarchistes et des socialistes au congrès, il y a des syndicalistes purs. Il faut que nous disions qu'il y a une doctrine nouvelle : le syndicalisme. » Tel est bien en effet le sens profond de la charte d'Amiens et la raison du caractère durable de son retentissement : l'affirmation, au-delà de la question posée des relations partis-syndicats, du syndicalisme comme doctrine sociale à part entière, concurrente de toutes les autres, à commencer par le socialisme. Une sorte de pan-syndicalisme dérivant de la priorité accordée à la fonction de producteur sur celle de citoyen.

Au passage, on notera l'unanimité, au moins formelle, pour ne pas récuser *a priori* les revendications immédiates et les réformes partielles. Par rapport à la vision strictement anarcho-syndicaliste, contemptrice de toute compromission avec la société régnante, les réformistes – cela va sans dire –, les guesdo-syndicalistes et les révolutionnaires sont d'accord pour considérer la revendication quotidienne comme la mission première du syndicat. De façon générale, les historiens n'ont pas assez souligné l'inflexion pragmatique que représente le congrès d'Amiens dans l'histoire de la CGT. L'échec de la grève générale du 1er mai 1906 en faveur de la journée de 8 heures, démentant la petite peur qui s'était emparée de la bourgeoisie parisienne dans les semaines précédentes, n'est assurément pas pour rien dans cette évolution. Ç'en est fait du lyrisme désordonné de la période précédente, où les invocations rituelles de la « grève générale révolutionnaire et expropriatrice » tenaient lieu de programme syndical. En excellent tacticien qu'il est, Griffuelhes a compris que les temps étaient en train de changer ; bientôt il dénoncera la surenchère politicienne des « braillards » comme Gustave Hervé, le turbulent journaliste de *la Guerre sociale*, et le « romantisme révolutionnaire » de la période précédente. Le congrès d'Amiens amorce le tournant auquel succéderont la crise de 1908-1909 et l'accession de Niel, puis de Jouhaux à la tête de la CGT, en remplacement de Griffuelhes et de Pouget. Ce n'est donc pas un hasard si la charte d'Amiens résulte d'un compromis d'abord tactique, mais bientôt quasi programmatique entre révolutionnaires (Griffuelhes, Pouget) et réformistes (Keufer, Coupat) contre les guesdo-syndicalistes (Renard).

Le porte-parole de la Fédération du Livre, Jusserand, proche de Keufer, déclara toutefois avant le vote que le Livre se ralliait à la proposition de Griffuelhes au nom de l'indépendance syndicale, mais qu'il maintenait ses réserves concernant le recours à la grève générale.

La résolution Griffuelhes, celle qui devait passer à la postérité sous le nom de charte d'Amiens, fut votée par 834 voix contre 8 et 1 abstention. Ces chiffres, généralement retenus par les historiens, sont trop massifs pour être significatifs. La minorité guesdiste, qui se savait battue, avait renoncé à livrer bataille. Le vote précédent, qui écartait la motion Renard par 736 voix contre 34 et 37 abstentions, n'est pas lui-même représentatif, car le congrès ayant précédemment refusé à mains levées de voter la division, c'est-à-dire le vote paragraphe par paragraphe, Renard annonça que lui-même et ses partisans ne prendraient pas part au vote. Pour avoir une idée plus précise du véritable rapport de forces, il faut comparer ces résultats à ceux qui ont été émis par le congrès sur d'autres questions. 994 mandats avaient été validés par la commission de vérification. Sur la base de ce chiffre, 73 mandats seulement ne se sont pas exprimés sur le rapport concernant *la Voix du peuple*, 56 sur celui de la section des Bourses, 55 sur celui de la section des fédérations. Au contraire, sur la motion Renard, c'est, suite à l'invitation de Renard lui-même, 187 mandats qui ne se sont pas exprimés, et encore 151 sur la motion Griffuelhes. On peut penser que ce surcroît de près de 100 mandats inexprimés appartiennent à la minorité guesdiste, ce qui permet d'évaluer à un peu moins de cent cinquante mandats les partisans de la Fédération du Textile.

Mais il faut surtout souligner que les votes avaient tous lieu selon le principe : 1 syndicat = 1 voix qui favorisait outrageusement les petits par rapport aux gros.

La représentation proportionnelle, cheval de bataille des réformistes (Coupat), avait toujours été repoussée par les révolutionnaires, tout récemment encore, par le précédent congrès confédéral (Bourges, 1904). Les majorités avaient donc quelque chose de factice, le syndicat des ouvriers agricoles d'Espira-de-l'Agly pesant le même poids que celui des correcteurs du Livre de Paris ou celui des mineurs du Pas-de-Calais.

C'est là une donnée qui a été trop souvent passée sous silence lorsque l'on s'interroge sur l'importance, unique dans le monde industriel, de « l'anarcho-syndicalisme » en France. La majorité dont il a disposé jusqu'en 1914 avait quelque chose de factice : elle reposait en partie sur un nombre considérable de petits syndicats, teintés d'esprit libertaire, implantés souvent en zone rurale ou semi-rurale. Et cela au détriment des fortes concentrations ouvrières : c'est ainsi que les mineurs déchirés entre une majorité réformiste et une minorité révolutionnaire, n'appartenaient pas comme tels à la confédération, où n'étaient présents que quelques syndicats dissidents. Du reste, lorsqu'aux lendemains de la Première Guerre mondiale, la CGT se convertira à la représentation proportionnelle, la majorité changera de camp, comme on le verra lors de la scission de 1921, où le plus grand nombre des adhérents resteront fidèles à la CGT et se refuseront à suivre la CGTU pro-communiste.

Cette précision nécessaire ne doit pourtant pas remettre en cause la représentativité globale de la CGT d'avant-guerre quand il s'agit de la conception générale du syndicalisme. Si l'orientation révolutionnaire ne cessait de s'effriter, en revanche, l'attachement à l'indépendance, que partageaient révolutionnaires et réformistes, était bien réel. À partir d'Amiens, il constitua, beaucoup plus que le mythe sorélien de la grève générale, le signe distinctif de la confédération. En 1921, la majorité des héritiers du syndicalisme d'avant-guerre, contraints de choisir entre la révolution et l'indépendance, désormais dissociées, choisirent massivement la seconde.

Par qui fut rédigée la charte ? La plupart des historiens désignent Griffuelhes et Pouget, respectivement secrétaire et secrétaire adjoint de la CGT[1], et le premier a confirmé cette origine en parlant d'un texte hâtivement griffonné sur un coin de table au buffet de la gare d'Amiens. Mais d'autres, comme Georges Lefranc[2], signalent que c'est peut-être le jeune avocat socialiste de la CGT, Ernest Lafont, futur député SFIO et pour lors collaborateur du *Mouvement socialiste* de Lagardelle, qui aurait tenu la plume. D'autres disent que c'est Pouget lui-même. On a fait aussi état de la collaboration de Maxime Leroy, qui se fera connaître par un grand livre sur *La coutume ouvrière*, et, selon Monatte, de Charles Guieysse, directeur

1. Selon *l'Humanité*, 23 septembre 1920 ; version reprise par Jean Maitron, « Les hommes de la Charte », *in* coll., *Le Congrès de la charte d'Amiens*, *op. cit.*

2. G. Lefranc, *Le Mouvement syndical sous la IIIe République*, *op. cit.*, p. 142.

de la revue *Pages libres*. En vérité, les purs syndicalistes de la majorité confédérale avaient plus de contacts avec les intellectuels comme Sorel et même avec certains leaders socialistes, comme Lagardelle, Willm, voire à l'occasion Sembat, qu'ils ne voulaient bien l'avouer spontanément. De façon générale, on s'accorde pour désigner Pouget, Griffuelhes, Delesalle, Niel et (selon Dolléans) Merrheim comme les principaux rédacteurs du texte parmi les congressistes. L'important est qu'il ait été voté par la fine fleur du syndicalisme d'action directe. À Griffuelhes et Pouget se sont en effet joints, entre autres, Merrheim, Delesalle, Bled, Latapie, Bousquet, Yvetot, Lévy, Galantus, Hervier, Dhooghe, des socialistes non guesdistes comme Luquet, et enfin les réformistes comme Keufer et Coupat, tandis que des personnalités à mi-chemin entre le réformisme et la révolution, comme Niel, futur successeur de Griffuelhes à la tête de la CGT, retireront leur propre motion en faveur de celle de ce dernier.

Explication de texte

Il est temps d'analyser, à la lumière des éclaircissements ci-dessus, le texte de la charte d'Amiens lui-même. La qualité de sa rédaction, l'ampleur de son inspiration, l'ambition de sa visée paraissent démentir la légende d'un brouillon griffonné sur un coin de table. L'insertion en son sein de formules directement empruntées à la motion de Niel (de la Bourse du travail de Montpellier) suggère que le texte final est le résultat d'une négociation, voire d'un compromis entre éléments modérés et éléments radicaux au sein de la majorité confédérale.

> Le Congrès confédéral d'Amiens confirme l'article 2 constitutif de la CGT : la CGT groupe, en dehors de toute école politique, tous les travailleurs conscients de la lutte à mener pour la disparition du salariat et du patronat.

Comme on l'a rappelé plus haut, la CGT a été fondée en deux étapes. La première eut lieu à Limoges en 1895. L'année précédente, à Nantes, la Fédération nationale des syndicats, première confédération ouvrière française (1886), avait échappé aux guesdistes à l'occasion du vote sur la proposition de Briand et de Pelloutier, du principe de la grève générale. Cependant que l'autorité du même

Pelloutier commençait à s'affirmer au sein de la Fédération des Bourses. Limoges correspond à la tentative, mal préparée, mal agencée, pour accueillir tout le monde au sein d'une organisation unique, en dehors de la politique. Mais cette opération antipolitique était menée par des politiciens, parfois étrangers au monde syndical, d'où la méfiance persistante de Pelloutier. C'est seulement en 1902, un an après la mort de celui-ci, que les deux organisations fusionneront au congrès de Montpellier. De là cette structure binaire propre au syndicalisme français, qui a persisté jusqu'à aujourd'hui, prévoyant que chaque adhérent de la CGT sera représenté deux fois dans les instances confédérales, la première au titre de sa fédération professionnelle, la seconde au titre de son appartenance géographique (Bourse du travail, plus tard Union départementale et aujourd'hui Union régionale). En 1906, cette structure n'a donc que quatre ans d'âge. On notera que la représentation géographique, qui privilégie nécessairement les intérêts généraux des travailleurs, toutes appartenances professionnelles confondues, a toujours été plus favorable aux courants révolutionnaires, anarchistes notamment, tandis que la structure professionnelle, regroupant des travailleurs issus de la même branche industrielle, incite à mettre en avant les intérêts corporatifs.

La méfiance à l'égard des divisions et des luttes passées, provoquées par la diversité des appartenances politiques, est demeurée. La CGT se tient « en dehors de toute appartenance politique ». Le même article 2 précise en outre que nul ne peut invoquer son appartenance syndicale « dans un acte électoral et politique quelconque ».

Cet apolitisme méthodologique – mieux vaudrait d'ailleurs parler d'apartitisme – n'implique aucune neutralité idéologique, bien au contraire, puisque la CGT entend regrouper « tous les travailleurs conscients de la lutte à mener pour la disparition du salariat et du patronat ».

Le moins que l'on puisse dire de cette formule célèbre c'est qu'elle privilégie délibérément la qualité sur le nombre. Combien parmi les travailleurs de l'époque peuvent être crédités d'un tel niveau de conscience eschatologique ? Certes, on a prétendu qu'on avait eu recours à cette formule pour éviter le mot « socialisme » qui aurait entretenu l'équivoque avec le parti du même nom. Mais le mot socialisme lui-même ne fait pas partie du vocabulaire de la CGT de l'époque. Depuis la Ire Internationale, les antiautoritaires ont appris à se méfier d'un vocable qui renvoie à une conception centralisée de la révolution et de la société post-révolutionnaire. « Disparition du salariat et du patronat », à l'inverse, renvoie à une vision beaucoup plus ambitieuse et beaucoup plus radicale de l'action ouvrière. On peut en effet concevoir un salariat socialiste, et même un patronat socialiste, capables de prolonger, voire d'aggraver la condition salariale propre au système capitaliste. À noter que la « disparition du salariat » fait également partie de la doctrine des radicaux-socialistes de l'époque, même si elle est toujours restée à l'état de pétition de principe. Elle s'explique par la préférence des classes moyennes pour une société de petits propriétaires indépendants, plutôt que pour la société industrielle structurée en classes. Il faudra attendre 1978 pour que la CGT, à son congrès de Grenoble, renonce à la formule canonique de disparition du salariat et du patronat. C'est reconnaître officiellement son obédience socialiste et renoncer au grand mythe révolutionnaire de la société sans classes.

On notera encore l'expression « travailleurs conscients », qui n'est nullement synonyme de travailleurs exploités. On peut être exploité et ne pas être conscient. Dans le vocabulaire syndicaliste de l'époque, tel qu'on le rencontre dans *la Voix du peuple*, organe officiel de la confédération, les non-syndiqués, les « jaunes », et tous ceux qui pratiquent la collaboration de classe sont généralement appelés « les inconscients ». Faire exclusivement appel aux travailleurs conscients, c'est privilégier les avant-gardes par rapport aux masses, conformément à la théorie des « minorités agissantes » d'origine anarchiste. On mesure ici à quel point la charte d'Amiens est un texte de transition, reflet d'un syndicalisme révolutionnaire en pleine évolution, puisqu'après la confirmation de cette doctrine du petit véhicule, cette vision quasi janséniste de l'action ouvrière, le texte fait obligation à « tous les travailleurs » d'adhérer au syndicat. Le « syndicalisme de masse et de classe », expression canonique du mouvement ouvrier, relève de l'oxymore plutôt que de la tautologie.

Le Congrès considère que cette déclaration est une reconnaissance de la lutte de classe qui oppose, sur le terrain économique, les travailleurs en révolte contre toutes les formes d'exploitation et d'oppression, tant matérielles que morales, mises en œuvre par la classe capitaliste contre la classe ouvrière.

On s'est habitué dans une période récente à voir dans la « lutte de classe » une formule portant l'estampille quasi exclusive du marxisme. On voit ici qu'il n'en est rien à l'époque. En ces années, le guesdisme, représenté ici par les adversaires de la Charte, est le détenteur officiel du label marxiste. Souvenir des luttes passées, référence obsessionnelle au fameux congrès de Londres (1896) qui vit l'affrontement direct des socialistes marxistes et des anarchistes, leçon d'orthodoxie faite à la minorité : pour les congressistes d'Amiens, les véritables pratiquants de la lutte de classe ne sont pas les députés en leur Parlement, mais les prolétaires en leur atelier. Telle est à la même époque l'opinion de Georges Sorel. Pour Amédée Bousquet, secrétaire de la Fédération de l'Alimentation et membre influent de la majorité confédérale, il y a une différence de nature entre le syndicat, qui recrute ses membres sur la base de leur condition de prolétaires, et le parti qui les recrute sur une base idéologique. Même au parti socialiste, des « patrons millionnaires » cohabitent avec des « prolétaires affamés » : seul le syndicat doit donc être regardé comme une organisation de classe, et toute alliance avec un parti, par définition multiclassiste, est impossible.

Le Congrès précise, par les points suivants, cette affirmation théorique : dans l'œuvre revendicatrice quotidienne, le syndicalisme poursuit la coordination des efforts ouvriers, l'accroissement du mieux-être des travailleurs par la réalisation d'améliorations immédiates, telle que la diminution des heures de travail, l'augmentation des salaires, etc.

Contrairement à l'idée que l'on s'en fait parfois, le syndicalisme révolutionnaire met au premier plan de ses préoccupations l'action réformiste. Le secrétaire de la Confédération, Griffuelhes, est avant tout un remarquable tacticien et un meneur de grèves. À la différence des purs anarchistes – lui-même est d'origine « blanquiste » –, il ne regarde pas le conflit ouvrier comme une simple occasion de faire de la propagande. Il entend avant tout mener les travailleurs à la victoire, car il est persuadé que l'accumulation des victoires partielles est le meilleur moyen de préparer la victoire définitive.

La grève est selon le mot des dirigeants de la CGT, et notamment de Pouget, une « gymnastique révolutionnaire ».

Ce qu'il faut surtout souligner dans la pensée de ces hommes de terrain que l'on a souvent pris à tort pour de dangereux utopistes, c'est au contraire le profond réalisme qui s'exprime à travers la complémentarité de l'action réformiste et de l'action révolutionnaire. Nous ne sommes ici pas loin de l'idée profonde de Jaurès sur le double rythme de l'action ; Jaurès qui, a à la différence de Guesde, a toujours été à l'écoute du mouvement syndical et s'est efforcé d'en comprendre, au-delà de certaines expressions aberrantes, la pensée profonde. Voici deux ans après Amiens, comment Jaurès définit, dans son grand discours du congrès socialiste de Toulouse (1908), les relations entre réforme et révolution.

> Nous n'acceptons pas qu'on oppose l'action d'aujourd'hui à l'action d'après-demain, nous n'acceptons pas qu'on oppose l'esprit révolutionnaire et l'action réformatrice du Parti. Nous disons que dans un Parti vraiment et profondément socialiste, l'esprit révolutionnaire réel est en proportion de l'action réformatrice efficace et que l'action réformatrice efficace est en proportion de la vigueur même de la pensée et de l'action révolutionnaires. Nous vous disons, précisément parce que le Parti socialiste est un parti de révolution […] précisément parce qu'il veut abolir le salariat, résorber et supprimer tout le capitalisme, précisément parce qu'il est un parti révolutionnaire, il est le parti le plus activement et le plus réellement réformateur. Précisément parce qu'il n'est pas arrêté, dans sa revendication incessante, par le droit, périmé à ses yeux, de la propriété bourgeoise et capitaliste, il est le seul parti qui puisse pousser toutes les réformes jusqu'à la réforme totale[1].

Mettez « syndicat » là où Jaurès dit « parti » et le texte que l'on vient de citer longuement est un parfait commentaire de la charte d'Amiens, dans sa lettre et dans son esprit. Il n'est pas exagéré de dire qu'à partir de ces années s'opère, subtilement et tacitement, une évolution de la pensée jaurésienne et de la pensée cégétiste, pour aboutir à ce qu'Aldo Moro avait appelé un jour, dans le contexte italien, des « convergences parallèles » et que Jaurès, dans le même discours, préfigurera en parlant du « moyen vivant et réel d'amener

1. Jean Jaurès, *L'Esprit du socialisme. Six études et discours*, préf. de Jean Rabaut, Gonthier, 1964, p. 68-125, repris dans Jean-Pierre Rioux (ed.), *Jaurès, rallumer tous les soleils*, Omnibus, 2006, p. 673-730.

entre ces deux actions (politique et syndicale), sans servitude réciproque et sans empêchement, l'action librement commune qui est dans le vœu de tout le parti socialiste ». La CGT ne se considère pas comme le centre névralgique à partir duquel se développe l'action ouvrière. La culture libertaire, sinon toujours anarchiste qui est la sienne, est hostile à la centralisation et par conséquent au déclenchement de la révolution à partir d'un comité central, à la façon blanquiste ou marxiste. C'est pourquoi, conformément à la doctrine que développait déjà Fernand Pelloutier à la Fédération des Bourses du travail, la motion parle d'une simple « coordination des efforts ouvriers » et non d'une éventuelle direction. Quatre années auparavant dans *Que faire ?* Lénine a dénoncé la doctrine de la « spontanéité ouvrière », qui ne peut conduire qu'au « trade-unionisme », c'est-à-dire au réformisme. On ne saurait imaginer antithèse plus parfaite au point qu'il faut se demander si le clivage le plus pertinent au sein du mouvement social et ouvrier de l'époque, n'est pas celui qui oppose les centralisateurs aux décentralisateurs, plutôt que celui, canonique, qui oppose les révolutionnaires aux réformistes.

Toutefois, la CGT est loin d'être toujours fidèle à cette espèce de jansénisme ouvrier. Le grand mouvement décidé au congrès de Bourges (1904) sur l'initiative de Raymond Dubéros, des coiffeurs, visant à imposer la journée de 8 heures par cessation délibérée du travail au-delà de cette limite, était réformiste par les objectifs – la réduction du temps de travail – et révolutionnaire par le moyen employé, c'est-à-dire la grève générale : en cela, attentif à l'élévation progressive du niveau de combativité de la classe ouvrière pour parvenir par étapes quantitatives successives à une mutation qualitative : la révolution. Mais il faut convenir que le mouvement décidé par un congrès confédéral était on ne peut plus centralisé et même quelque peu artificiel. C'est la raison de son échec. Humiliation suprême pour les révolutionnaires : il n'eut de véritable écho que chez les réformistes du Livre, assez bien implantés dans leur branche professionnelle pour impulser efficacement une action auprès de la base. Seul le Bâtiment put, lui aussi, déclencher quelques mouvements sporadiques. Cette « révolution » légale, à date fixée à l'avance, manifestait une certaine naïveté. À bien des égards, la prudence du congrès d'Amiens est le fruit de cette déconvenue. On ne le soulignera jamais assez : Amiens est non seulement le moment où la revendication d'indépendance syndicale est proclamée avec la plus grande netteté ; il est aussi celui où s'amorce le tournant vers le réformisme des années suivantes.

> Mais cette besogne n'est qu'un côté de l'œuvre du syndicalisme ; il prépare l'émancipation intégrale[1], qui ne peut se réaliser que par l'expropriation capitaliste ; il préconise comme moyen d'action la grève générale et il considère que le syndicat, aujourd'hui groupement de résistance sera, dans l'avenir, le groupement de production et de répartition, base de réorganisation sociale.

Ce paragraphe contient à lui seul toute l'originalité du syndicalisme révolutionnaire par rapport aux autres formes d'organisation corporative. Il y est affirmé d'abord la complémentarité de l'action réformiste et de l'action révolutionnaire, comme cela a été dit plus tôt ; ensuite la radicalité des objectifs : c'est-à-dire l'expropriation. Les tenants de la grève générale ne sont pas moins attachés que les marxistes au mot d'ordre d'expropriation. Sans cette mutation brutale, pas de révolution imaginable. Dans les textes officiels de la CGT de l'époque, la grève générale est toujours qualifiée de « révolutionnaire » et « d'expropriatrice », afin de la distinguer de la grève générale politique imaginée par les Allemands et les Belges pour conquérir le suffrage universel. C'est celle-ci qui a les faveurs de Rosa Luxemburg, méfiante à l'égard des relents anarchistes qu'elle décèle dans les positions françaises[2].

Un exposé global, même succinct, sur la grève générale excéderait le cadre de cette explication de texte. Elle renvoie à une histoire plus ancienne et plus internationale du mouvement ouvrier. On cite

1. Quelques auteurs donnent une rédaction légèrement différente : « Il préfère l'émancipation intégrale... » Le texte que nous donnons est celui du compte rendu officiel du congrès d'Amiens, établi sous la responsabilité de la CGT.

2. Voir notamment son livre *Grève de masses, parti et syndicat* (1906), traduit en 1909 par Bracke (A.-M. Desrousseaux). Repris en 1968 aux éditions Maspero. Rosa affirme fortement la nécessité de l'unité d'action entre syndicat et parti sous la direction de ce dernier et critique fortement l'autonomisme syndical à la française, qui se développe notamment chez les « fonctionnaires » syndicaux.

souvent à ce sujet l'apostrophe célèbre de Mirabeau : « Prenez garde ! N'irritez pas ce peuple qui produit tout et qui pour être formidable n'aurait qu'à être immobile ! » L'idée affleure à nouveau dans l'histoire babouviste de la Conspiration des Égaux, interprétée par Sylvain Maréchal. C'est le chartisme anglais qui lui donne sa première expression publique, avec le mythe pré-sorélien de la *General strike* (grève générale) qui prend souvent le nom de *Grand National Holiday* (Grande vacation nationale), voire de *Sacred Month* (le Mois sacré). Un peu plus tard, en 1851, Émile de Girardin, le célèbre journaliste directeur de *la Presse*, propose une grève universelle pour venir à bout du coup d'État de Louis-Napoléon Bonaparte. L'idée n'est pas si sotte, qui contribuera à faire échouer en 1920 le putsch Lüttwitz-von Kapp en Allemagne.

Mais c'est le syndicalisme américain, à travers l'idée d'une grande journée au 1er mai 1886, pour faire aboutir la revendication des huit heures, qui relance vraiment le mot d'ordre de grève générale à la fin du XIXe siècle. Cette idée d'inspiration réformiste et de portée limitée – cessation de travail d'une journée – est à l'origine de la célébration universelle du 1er mai.

Son irruption dans le paysage social français a une signification particulière, et une tonalité anti-marxiste et anti-politique. Dès 1888, à son congrès de Bordeaux-Le Bouscat, la Fédération nationale des syndicats, théoriquement contrôlée par les guesdistes, avait déclaré : « Seule la grève générale, c'est-à-dire la cessation complète de tout travail, ou la révolution, peut entraîner les travailleurs vers leur émancipation. » Déclaration qui prend toute sa portée si on la rapproche de cette autre : « Le congrès engage les travailleurs à se séparer nettement des politiciens, qui les trompent. » Notez la virgule après « politiciens », qui indique que tous sont visés par cette déclaration…

Mais c'est surtout à partir de 1892, sous l'influence d'Aristide Briand et surtout de Pelloutier, que le mot d'ordre de grève générale a pris sa pleine signification de machine de guerre antiguesdiste. Pour le bien comprendre, il faut se reporter à la brochure *Qu'est-ce que la grève générale ?* que Pelloutier publie en 1895 avec Henri Girard. La grève générale a pour but non de s'emparer des pouvoirs publics, mais bien de les supprimer. La méfiance à l'égard d'un éventuel gouvernement prolétarien est égale à celle que suscite chez les militants libertaires le gouvernement bourgeois. Les auteurs ont profondément compris que la nature du régime post-révolutionnaire est tout entière déterminée par la forme que prendrait la révolution. Une révolution centralisée aboutira nécessairement à un véritable despotisme prolétaire. La révolution, c'est le socialisme en croissance ; la grève générale, c'est la libre société de demain en gestation.

> C'est que, la grève générale devant être une révolution de partout et de nulle part, la prise de possession des instruments de production devant s'y opérer par quartier, par rue, par maison pour ainsi dire, plus de constitution possible d'un « gouvernement insurrectionnel », d'une « dictature prolétaire », plus de « foyer » à l'émeute, plus de « centre » à la résistance ; l'association libre de chaque groupe de boulangers dans chaque boulangerie ; de chaque groupe de serruriers dans chaque atelier de serrurerie ; en un mot, la production libre.

Comment ne pas admirer l'étonnante capacité d'anticipation d'un tel texte, qui prévoit avec une prescience très sûre ce qui se passerait – et ce qui se passa effectivement – si la révolution était l'œuvre d'un groupe organisé et centralisé de conspirateurs ? Comment ne pas voir aussi combien la révolution décentralisée et en quelque sorte autogérée est conforme à l'idéal tant marxiste que proudhonien de la « production libre » ? Comment ne pas saisir enfin avec Sorel que durant cette période les véritables marxistes ne sont pas les détenteurs officiels du label marxiste, mais les syndicalistes révolutionnaires ?

Sans doute Proudhon eût-il trouvé que cette transformation du syndicat, de groupement de « résistance » (c'est le mot traditionnel du mouvement ouvrier pour le désigner) en groupement de « production et de répartition », selon les termes mêmes de la charte d'Amiens, était encore trop proche de l'idée d'un gouvernement. Car c'est bien d'un gouvernement de producteurs qu'il s'agit ici. C'est toute une société nouvelle qui y est esquissée ; de sorte que la neutralité de la charte, dont il va être question plus loin, n'est pas un *en deçà*, mais un *au-delà* de la politique. Il s'agit ici d'un renversement complet de la perspective social-démocrate traditionnelle, telle qu'elle est en vigueur en Allemagne, en Autriche, en Belgique.

Selon celle-ci, il y a entre le parti et le syndicat – auquel il faudrait ajouter du reste les coopératives – une répartition fonctionnelle des rôles : au syndicat les tâches économiques immédiates de défense des salariés dans la société capitaliste ; au parti les tâches politiques de préparation de la société future. Dans la perspective de la charte d'Amiens, c'est l'inverse : le parti peut à la rigueur jouer un certain rôle dans la société politique actuelle ; mais c'est au syndicat, groupement de producteurs, qu'il incombe de préfigurer, jusque dans son action quotidienne, l'organisation de la société future. Le syndicat est donc cette « base de réorganisation sociale » que dit la motion d'Amiens.

On ne saurait oublier qu'à la même époque où les syndicalistes révolutionnaires élaborent la charte d'Amiens, Georges Sorel « sociologue » de ce mouvement, comme il aime parfois à se définir malgré ses réserves à l'égard de la sociologie de son temps, mais indépendants d'eux, conçoit sa théorie du *mythe*, dont la grève générale est l'expression la plus achevée. Prenant du recul par rapport à l'actualité, l'auteur des articles qui deviendront les *Réflexions sur la violence* élabore une vision de la révolution contenue presque tout entière, non dans ses institutions, mais dans le mouvement intérieur qui la déclenche et la fait advenir. La révolution n'est rien, c'est le mouvement vers la révolution, dont le mythe est le véhicule, qui est tout. Sorel, véritable Bernstein de la Révolution prolétarienne, écrit, à propos des responsables du mouvement prolétarien :

> Grâce à eux, nous savons que la grève générale est bien ce que j'ai dit : le mythe dans lequel le socialisme s'enferme tout entier, c'est-à-dire une organisation d'images capables d'invoquer instinctivement tous les sentiments qui correspondent aux diverses manifestations de la guerre engagée par le socialisme contre la *société moderne*[1].

Il y aurait beaucoup à dire sur l'expression, profondément péguyste, de « société moderne », là où l'on attendait capitalisme. La révolution sorélienne est en effet une révolution contre la catastrophe morale engendrée par le modernisme industriel. Il ne serait pas abusif de prêter un tel état d'esprit au syndicalisme d'action

1. Georges Sorel, *Réflexions sur la violence* (1908), Michel Prat (éd.), préf. de Jacques Julliard, Le Seuil, 1990, p. 120. Je souligne.

directe lui-même ; mais ce serait outrepasser le cadre que nous nous sommes fixés ici.

> Le Congrès déclare que cette double besogne quotidienne et d'avenir découle de la situation de salariés qui pèse sur la classe ouvrière et qui fait à tous les travailleurs, quelles que soient leurs opinions ou leurs tendances politiques ou philosophiques, un devoir d'appartenir au groupement essentiel qu'est le syndicat.

C'est ici l'explicitation de ce que l'on a déjà noté plus haut. Le syndicat est un groupement de classe, fondé sur une communauté de condition sociale ; le parti est un groupement d'idées, fondé sur une communauté d'opinion. En conséquence, s'agissant de la classe ouvrière, le parti est un élément nécessairement diviseur – les opinions sont multiples – le syndicat est un facteur unifiant – la classe est unique.

L'adhésion au syndicat est un *devoir*. Le syndicalisme révolutionnaire n'a jamais reculé devant les qualifications morales à propos de son action. Ce qu'a bien vu à nouveau Georges Sorel qui n'a cessé de parler du syndicalisme en termes éthiques. C'est même cette connotation éthique qui donne à son action sa dimension régénératrice, pour lui-même et pour la société tout entière.

On peut se demander s'il n'existe pas une contradiction au sein de la charte, entre l'affirmation initiale (elle regroupe tous les travailleurs « conscients ») et ce devoir fait à tous les travailleurs d'appartenir au syndicat, qui débouche sur la vision d'une action de masse. Les libertaires, nombreux au sein des organes directeurs de la confédération, n'ont jamais caché leur défiance et même leur mépris à l'égard des masses abruties et inconscientes. Certes, on pourrait lever la difficulté en soulignant qu'entre l'état de fait – des masses encore inconscientes – et l'objectif auquel parvenir – des masses syndiquées – il n'y a d'autre contradiction que celle qui existe nécessairement entre la réalité et l'idéal. Mais allons plus loin. Ainsi qu'on l'a déjà souligné, la charte d'Amiens est l'expression, non de l'« anarcho-syndicalisme » – comme l'ont toujours prétendu ses adversaires marxistes –, mais d'un syndicalisme de transition entre l'artisanat ou la petite entreprise et la grande industrie.

> Comme conséquence, en ce qui concerne les individus, le Congrès affirme l'entière liberté pour le syndiqué de participer, en dehors du groupement corporatif, à telles formes de luttes correspondant à sa conception philosophique ou politique, se bornant à lui demander, en réciprocité, de ne pas introduire dans le syndicat les opinions qu'il professe au dehors.

Donc pas de parallélisme politico-syndical, tel qu'il existe dans la social-démocratie allemande ou belge. L'univers social-démocrate est dans l'idéal un univers fermé où le travailleur conscient pratique une triple adhésion : à une coopérative pour ses besoins immédiats, au syndicat pour la défense de ses intérêts corporatifs, au parti socialiste pour son émancipation politique intégrale. Or en France, le Parti socialiste, en dépit de son unification récente (1905) ne saurait prétendre au monopole de la représentation politique des salariés. D'aucuns adhèrent à bon droit au Parti radical, d'autres aux groupements anarchistes.

Du reste, il est ici question de conceptions politiques, mais aussi « philosophiques ». À côté du marxisme ou de l'anarchisme, certains leaders ouvriers comme Keufer se réclament explicitement du positivisme d'Auguste Comte. Et surtout « philosophique » est le mot poli, neutre, laïque pour désigner la religion. La concurrence des syndicats jaunes, mais surtout des syndicats chrétiens plus nombreux que la CGT ne veut bien officiellement le reconnaître. En vérité, comment ne pas voir que la charte d'Amiens est *aussi* – on ne le souligne jamais – une profession de foi *laïque* à l'intérieur de l'univers prolétarien, traditionnellement en proie aux divergences d'opinions et de croyances ? Laïques, les syndicalistes révolutionnaires l'étaient profondément ; mais ils se méfiaient du laïcisme de Combes, accusé de permettre l'escamotage du contenu social du programme républicain… La laïcité de la CGT, malgré les apparences contraires – de rares mais virulents accès d'anticléricalisme populaire –, était une laïcité d'ouverture.

> En ce qui concerne les organisations, le Congrès décide qu'afin que le syndicat atteigne son maximum d'effet, l'action économique doit s'exercer directement contre le patronat, les organisations confédérées n'ayant pas, en tant que groupements syndicaux, à se préoccuper des partis et des sectes qui, en dehors et à côté, peuvent poursuivre en toute liberté la transformation sociale.

Voici finalement le paragraphe essentiel auquel on a souvent réduit la charte d'Amiens. Tout ce qui a été dit plus haut montre amplement qu'il n'en est rien, la plus grande partie du texte ayant été consacrée à définir positivement les tâches du syndicalisme. Et même dans cet ultime paragraphe, la célèbre déclaration d'indépendance est précédée d'une profession de foi essentielle : la foi en l'action directe.

Celle-ci n'est pas comme on le croit souvent, ou comme quelques auteurs un peu sommaires comme Georges Yvetot l'ont suggéré, synonyme d'action violente. L'action directe est avant tout l'action exercée directement par les travailleurs eux-mêmes sur leur lieu de travail, sans intermédiaires et sans détour par un autre lieu : à savoir le Parlement. La véritable action prolétarienne est donc essentiellement « économique » ; entendez par là qu'elle affronte le patronat sur son terrain même, celui de la production. Philosophie de producteurs ? Oui, si l'on veut, à condition de ne pas donner au mot « philosophie » un sens spéculatif. L'action directe est pratique ; elle est choisie comme telle « afin que le syndicalisme atteigne son maximum d'effet ». C'est le triomphe du pragmatisme économique : du reste la formule est empruntée à la motion parallèle de Niel, qui s'efforce de jouer les intermédiaires entre révolutionnaires et réformistes. C'est la raison pour laquelle j'ai proposé de désigner par l'expression de « syndicalisme d'action directe »[1], la forme de syndicalisme défini par la charte d'Amiens : syndicalisme *à la fois* réformiste et révolutionnaire ; la charte a été votée, rappelons-le, par Keufer aussi bien que par Griffuelhes.

Les deux dernières lignes, enfin, sont une réponse à la motion Renard. L'essentiel ayant déjà été défini et l'indépendance syndicale n'étant que la conséquence du syndicalisme d'action directe, cette dernière déclaration est écrite sur un mode assez désinvolte : « Les organisations n'ayant pas à se préoccuper… », « les partis et les sectes peuvent poursuivre *en toute liberté…* ». Sous entendu : si cela les amuse…

1. Jacques Julliard, *Autonomie ouvrière, études sur le syndicalisme d'action directe*, Gallimard-Le Seuil, coll. « Hautes études », 1988.

En ce qui concerne les partis, nous savons que c'est le parti socialiste qui est visé. Mais les « sectes » ? Tout le monde a compris à Amiens que ce terme condescendant désignait bel et bien les groupements anarchistes. À Amiens, il n'y a plus ni socialistes, ni anarchistes ; ni réformistes, ni révolutionnaires, mais des syndicalistes.

> Il faut que nous disions, *conclut Latapie*, qu'il y a une doctrine nouvelle, le syndicalisme. [...] La fédération de la métallurgie est une fédération socialiste dans la bonne acception du terme. Nous y affirmons la doctrine réformiste et la doctrine révolutionnaire. [...] dans le sein de notre Fédération, il ne saurait y avoir des opportunistes, des radicaux, des socialistes de diverses écoles ou des anarchistes, pas plus que des croyants ou des athées ; nous considérons qu'il n'y a que des exploités, quelles que soient leurs convictions[1].

Du reste, la motion d'Amiens ne creuse pas seulement son sillon au sein du parti socialiste, séparant ceux qui en acceptent la logique (Jaurès) et ceux qui la récusent (Guesde) ; elle introduit le même clivage entre les anarchistes acquis au syndicalisme, tels Pierre Monatte dont l'influence sur la CGT va surtout s'exercer au cours des années suivantes, et ceux qui continuent de s'en méfier comme Jean Grave, Sébastien Faure ou Errico Malatesta.

En ce sens, la charte d'Amiens n'est pas seulement un texte de circonstances. Elle est la tentative la plus poussée pour définir une « doctrine syndicaliste » à la fois permanente et pragmatique. Se penchant cinquante ans après son adoption sur « l'actualité de la charte d'Amiens », Pierre Monatte écrivait en 1956 : « Il faut regarder quel était son sens profond. Il était clair : ne pas permettre à la classe ouvrière d'être roulée. Roulée, ni par ses ennemis, ni par ses faux amis, ni par ses propres délégués, mal tenus en main[2]. » Elle était en somme, cette Charte, la tentative de solution à la quadrature du cercle prolétarien, cette incapacité d'une classe dominée de s'exprimer par la voix de représentants qui lui fussent propres et

1. Idée reprise par Victor Griffuelhes en 1920 : « Nous n'étions plus ni anarchistes, ni jauressistes, ni guesdistes, ni allemanistes, nous n'étions plus que des syndicalistes » (cité par R. Hagnauer, *Le Syndicalisme vivant*, *op. cit.*, p. 19).

2. Préface de Pierre Monatte à R. Hagnauer, *Le Syndicalisme vivant*, *op. cit.*, p. 2.

qui, de ce fait, a toujours été instrumentalisée par des représentants autoproclamés issus d'autres classes ou déclassés volontaires comme certains intellectuels[1].

Interprétations

Sous son apparente simplicité, la fermeté de son dessein, le bonheur de ses formules, la charte d'Amiens est un texte complexe, composé de strates que, chemin faisant, nous nous sommes efforcés de mettre à jour. Beaucoup des teintes qui composent la mosaïque du socialisme français, voire européen, au tournant du siècle, s'y reconnaissent aisément. Pour autant, faut-il parler d'influences, impliquant une filiation directe avec telle ou telle doctrine ? Assurément non. Les chefs de la CGT n'étaient pas de grands « liseurs » et se méfiaient des théories. En matière de doctrine sociale, Griffuelhes prétendait, par manière de boutade, préférer Alexandre Dumas. Certes, on a signalé la présence dans l'entourage immédiat, au moment de la rédaction du texte, d'hommes comme Maxime Leroy ou Charles Guieysse, parfaitement au fait du paysage doctrinal de l'époque. Mais le primat de la pratique ouvrière, voire de la « coutume » sur la doctrine est la marque distinctive du syndicalisme d'action directe. S'il faut parler d'influences, il faut les considérer à l'envers. Les diverses doctrines, fussent-elles antérieures à 1906, sont beaucoup plus des reflets que des sources. Mieux vaudrait en pareil cas, en empruntant à la minéralogie, parler de faciès plutôt que d'influences. S'il est un faciès qui saute aux yeux, ou plutôt qui devrait sauter aux yeux, pour peu que l'on fasse abstraction de la querelle guesdiste, qui est circonstancielle, c'est bien le *faciès marxiste*, ou plutôt *marxien*. Le texte tout entier est dominé par la notion de lutte de classe ; c'est même pour restituer à celle-ci sa

1. Pour Makhaïski par exemple, le marxisme n'est pas la philosophie du prolétariat, mais bel et bien la philosophie de classe des intellectuels déclassés s'instituant porte-parole du prolétariat. Le léninisme est l'expression de cette tentative réussie d'usurpation de la révolution prolétarienne par les intellectuels transformés en bureaucrates ou en technocrates. Cf. Jan Waclav Makhaïski, *Le Socialisme des intellectuels*, Alexandre Skirda (éd.), Le Seuil, coll. « Politique », 1979.

pureté originelle, à l'encontre de toutes les déviations ultérieures, y compris celles qui ont pour responsables des marxistes, que la charte a été composée. Jusqu'à l'irruption de la « nouvelle école » – entendez le syndicalisme révolutionnaire –,

> la notion de lutte de classe, *écrit Georges Sorel*, était demeurée assez vague tant qu'on n'avait pas eu sous les yeux des organisations ouvrières conçues comme les concevait Pelloutier, des organisations de producteurs qui font leurs affaires eux-mêmes, sans avoir besoin d'avoir recours aux lumières que possèdent les représentants des idéologies bourgeoises[1].

Et de comparer, selon une analogie qu'il affectionne, aux moines du Moyen Âge, les « syndicats révolutionnaires qui sauvent le socialisme ». Il n'est pas jusqu'à la grève générale qui, aux yeux de l'auteur des *Réflexions sur la violence*, ne restitue au marxisme son authenticité ouvrière. Ce « mythe », selon son expression, est un mythe prolétarien, comparable à tant de figures imagées qui abondent dans l'œuvre de Marx. Or, loin que ces parties de l'œuvre, dédaignées par les tenants du socialisme scientifique, soient caduques, ce sont elles au contraire qui assurent la pérennité de l'œuvre.

Pourtant, une objection se présente qui a toujours embarrassé Sorel, sinon les chefs du syndicalisme révolutionnaire. Il est incontestable que le marxisme a placé la politique au poste de commandement, pour parler comme Mao. Impossible de l'escamoter comme le fait la CGT. C'est pourquoi, pour rendre compte du phénomène syndicaliste révolutionnaire, il faut faire appel à un *faciès saint-simonien* latent. Marx a toujours fait de l'économique l'infrastructure de la société capitaliste. Pour autant, il n'adhère pas à une philosophie des producteurs. Il pense au contraire que l'économique doit être dépassé. À la différence de la société bourgeoise, la société ouvrière ne sera pas pour lui à base exclusivement économique. Au contraire, nous avons vu la charte d'Amiens prophétiser une sorte de régime corporatif, où les syndicats remplaceraient les ministères. Le gouvernement des hommes disparaîtrait donc ainsi au profit d'une administration des choses. Ne sommes-nous pas ici en plein saint-simonisme ? Jamais le syndicalisme allemand, autrichien, ni

1. Georges Sorel, *La Décomposition du marxisme*, Rivière, 1908, p. 60-61.

même anglais n'ont raisonné ainsi. Le saint-simonisme exprime en somme le sentiment d'exclusion de l'ensemble des forces productives dans une société française fondée sur l'organisation de la sociabilité beaucoup plus que de la production ; et il est resté à l'état inconscient quelque chose de cette contre-société saint-simonienne dans l'utopie syndicaliste.

Beaucoup plus apparent, beaucoup plus explicite est le *faciès anarcho-proudhonien*. Celui-là a été plus d'une fois revendiqué comme tel par les compagnons de route du syndicalisme révolutionnaire et à l'occasion par les acteurs eux-mêmes, notamment par Pelloutier. Il s'agit, bien entendu, d'une vision simplifiée du proudhonisme, celui-ci se déployant selon les périodes de la vie de l'auteur, sur un large éventail idéologique, qui va de la remise en cause radicale de la société au conservatisme le plus déclaré. Il existe pourtant à travers ses multiples facettes un invariant proudhonien, qui se caractérise, comme chez Saint-Simon, par une horreur instinctive pour l'univers politique et par conséquent par un parti pris économique. Mais là où Saint-Simon prône l'organisation – on serait tenté de dire en termes contemporains la planification – Proudhon fait confiance aux capacités associatives des travailleurs, destinées à se substituer aux appareils gouvernementaux. De ce point de vue, le syndicalisme d'action directe est spontanément plus proche du proudhonisme que du saint-simonisme. Le proudhonisme syndical, si l'on peut employer cette expression ambiguë, est de nuance libertaire. Certes, la charte d'Amiens, par prudence et par souci de conciliation avec les réformistes, demeure muette sur ce point. Mais l'hostilité envers l'État est explicite dans la plupart des écrits politiques de Pouget, d'Yvetot, de Monatte et à un moindre degré chez Griffuelhes et chez Merrheim. Comme l'avait profondément vu Eduard Bernstein, ce n'est pas la doctrine, c'est la réalité vécue par les travailleurs qui était de nature proudhonienne, et à certains égards anarchistes. « Ce n'est pas moi, mais bien la réalité des choses qui fait revivre l'auteur de la *Capacité politique des classes ouvrières* », écrivait-il[1]. Comme s'il y avait, à travers ses

1. Cité par Lucien Febvre, « Une question d'influence, Proudhon et le syndicalisme des années 1900-1914 », *Revue de synthèse historique*, XIX, 2

divers avatars, une sorte d'homéostasie proudhonienne du prolétariat, à savoir la recherche permanente, obstinée, de son autonomie.

Avançons encore un peu. Nous avons vu, chemin faisant, que le syndicalisme qui se disait lui-même révolutionnaire, ne récusait nullement le réformisme ; il s'agissait au contraire des deux faces d'une même besogne. Les leçons du trade-unionisme, dont Pelloutier avait lui-même vanté la pertinence, n'ont pas été oubliées ; au contraire : après les excès verbaux de l'anarcho-syndicalisme de la période précédente, excès que l'échec de la grève générale du 1er mai 1906 s'était chargé de tempérer, le syndicalisme d'Amiens s'oriente vers une voie plus équilibrée dont, après le départ de Griffuelhes et le bref passage de Niel à la tête de la Confédération, Léon Jouhaux serait le symbole agissant. En 1906, seules huit années nous séparent de l'Union sacrée à laquelle ce dernier se ralliera sur le cercueil de Jaurès : triomphe posthume d'une pensée jaurésienne respectueuse des valeurs du syndicalisme révolutionnaire. En dépit des apparences contraires, la CGT est désormais engagée dans la voie d'un parallélisme politico-syndical, mais récusera majoritairement la théorie léniniste de la courroie de transmission. On peut aller jusqu'à dire que la charte d'Amiens, expression d'un syndicalisme de transition, comporte implicitement un *faciès jaurésien*.

Terminons cet examen des diverses connotations intellectuelles de notre texte par une interrogation : peut-on, à propos de la charte d'Amiens, parler de *populisme*, comme d'une coloration générale qui imprégnerait l'ensemble de ses orientations ? On répondra fermement non. Pourquoi ? Certes, il y a, flottant dans l'air du mouvement ouvrier de l'époque, un anti-intellectualisme[1] qui affecte les intellectuels eux-mêmes, du moins les plus proches du mouvement[2]. Cet anti-intellectualisme, en vérité, n'est qu'une variante de la défiance à l'égard de la politique professionnelle dont on a parlé plus haut. Néanmoins, le populisme implique, en contrepoint à la défiance

---

(1909) p. 179-193. Repris dans *Pour une histoire à part entière*, SEVPEN, 1962, p. 772-786.

1. Cf. *Les Anti-intellectualismes*, *Mil neuf cent*, nº 15, 1997.

2. Voir, dans ce dernier numéro, mon article sur « Georges Sorel contre les professionnels de la pensée », p. 13-28.

envers les élites, une confiance quasi-mystique dans le peuple, sa sainteté, son infaillibilité. Rien de tel chez les grandes figures du syndicalisme révolutionnaire. Ce sont avant tout des individualistes, « des amants passionnés de la culture de soi-même », selon la belle formule de Fernand Pelloutier. À ce titre, méfiants à l'égard des masses moutonnières et de leurs entraînements. Bien entendu, en syndicalistes conséquents, ils aspirent, on l'a vu, à rendre tout le prolétariat conscient de ses droits et aussi de ses devoirs. Mais sur la base d'une démarche individuelle qui mette chacun à l'abri de la culture de masse, synonyme d'embrigadement ! D'instinct, ils se défient du mythe des « gros bataillons ». Ils croient aux « minorités agissantes » que nous appelons aujourd'hui avant-gardes, et, sans toujours l'avouer, à l'action émancipatrice des individus, capables de résister au conformisme des foules. L'ensemble des traits, positifs et négatifs que l'on vient d'énumérer, confluent dans une doctrine nouvelle, impliquant un droit nouveau, doté d'une morale exigeante et d'une conception héroïque de l'existence : le syndicalisme.

Il nous reste à examiner pourquoi et comment une telle philosophie syndicaliste a pris naissance. Nous sommes ici dans le conflit des interprétations. On ne saurait entrer dans le détail d'analyses développées tout au long du XXe siècle pour expliquer « l'exception » syndicale française[1]. S'agit-il d'ailleurs d'une exception ? En apparence, non, car à la même époque d'autres pays d'Europe et d'Amérique ont connu semblable syndicalisme d'action directe, minoritaire, turbulent, parfois violent, souvent méfiant à l'égard des partis politiques, mais pas toujours[2]. Certes, qu'après la France, l'Italie et l'Espagne soient les deux pays d'élection du syndicalisme révolutionnaire plaiderait en faveur de la thèse d'une certaine « latinité » du phénomène. Mais qu'entendre par là ? S'agit-il d'une latinité économico-sociale ou d'une latinité culturelle ? Voire d'une combinaison des deux ? Dans les trois cas, pourquoi à l'intérieur

1. Voir J. Julliard, *Autonomie ouvrière*, *op. cit.*, notamment l'Introduction, p. 9-40.

2. Voir plus loin l'article de Wayne Thorpe, qui décrit à la fois l'exemplarité et l'exceptionnalité du cas français. Voir aussi Marcel van der Linden, Wayne Thorpe, « Les syndicalismes révolutionnaires », *le Mouvement social*, nº 159, avril-juin 1992, p. 3-33.

de cette aire latine la France fait-elle figure d'exception, en raison du caractère majoritaire du phénomène ?

Certes, cette exceptionnalité peut être contestée. En raison de ce que l'on a dit plus haut du caractère artificiel de la majorité révolutionnaire et de son refus obstiné de la représentation proportionnelle, on peut se demander si l'exception syndicale française n'est pas plus apparente que réelle. Conclusion qui serait, on l'a vu, erronée. Car si les syndicats réformistes ont accepté patiemment jusqu'en 1914 la tutelle des révolutionnaires, c'est sans aucun doute parce qu'ils étaient persuadés que quel que fût le système de représentation, les principales caractéristiques du syndicalisme révolutionnaire correspondaient à une vérité éminente du prolétariat français de l'époque.

Revenons donc à nos trois hypothèses.

L'hypothèse économico-sociale a été longtemps dominante. Sous les diverses formes qu'elle a revêtues, elle consiste dans tous les cas à rapporter l'existence du « syndicalisme d'Amiens » à un certain stade du développement capitaliste de la France, envisagé sous l'angle d'un retard en matière de concentration industrielle, avec pour conséquence un moindre développement du syndicalisme d'industrie, tel qu'il prévalait à la même époque en Allemagne et en Angleterre.

Ce sont sans surprise les marxistes[1] qui les premiers, à la suite des thèses léninistes bien connues sur l'aristocratie ouvrière, ont fait du syndicalisme révolutionnaire, rebaptisé polémiquement « anarcho-syndicalisme », l'expression du retard industriel français. La conséquence de ce retard, c'est la prédominance de l'ouvrier qualifié, conscient de sa valeur professionnelle propre, qu'il se refuse à réduire à une simple force de travail. Dans cette optique, le retard du capitalisme français n'a pas permis le développement de la grande industrie, où le travailleur n'a qu'une activité, anonyme, sérielle, interchangeable. Non seulement le travailleur qualifié de la manufacture a une haute idée de sa valeur irremplaçable, mais il est le bénéficiaire d'une partie du surproduit capitaliste. Il ne faut donc pas se laisser abuser par les procédés un peu « bousculeurs »

1. On trouvera l'expression des thèses invoquées ci-après chez René Garmy, *Histoire du mouvement syndical en France*, I, *Des origines à 1914*, Bureau d'éditions, 1932.

(comme eût dit Proudhon) du syndicalisme révolutionnaire. La vérité est qu'il empêche, tout autant que le syndicalisme réformiste de la même époque, le développement d'un syndicalisme de masse et de classe, dont seuls les guesdistes ont eu l'idée. C'est un syndicalisme d'individualistes. Nous avons nous-mêmes souligné ce point : les meneurs du mouvement n'avaient que mépris pour la passivité servile de la foule anonyme. Un tel mouvement syndical est la proie des anarchistes, qui trouvent dans cette situation socio-économique un terrain prospère à leur action, ce qui exact. Ce qui l'est moins, c'est de réduire un tel mouvement à sa composante anarchiste. Nous avons vu, en étudiant la charte d'Amiens, que cette réduction n'est pas conforme à la réalité. Du reste, les anarchistes purs, comme Errico Malatesta, ne se sont pas reconnus dans cette identification, comme en témoigne la polémique qui l'opposa à Pierre Monatte, syndicaliste révolutionnaire venu de l'anarchisme, au congrès anarchiste d'Amsterdam (1907)[1]. De manière paradoxale, mais logique, contre Monatte qui a défendu devant ses compagnons les thèses d'Amiens et affirmé que le syndicalisme est désormais la forme ouvrière et moderne de l'anarchisme, l'anarchiste Malatesta rejoint le jugement des guesdistes sur le syndicalisme : un mouvement indispensable, mais qui vire facilement au légalisme et au corporatisme.

Plus élaborées, plus subtiles, mais fondamentalement de même nature que les thèses marxistes classiques, sont celles qu'à présentées Serge Mallet, dans un livre qui fit grand bruit lors de sa parution en 1963 : *La Nouvelle Classe ouvrière*[2]. Reprenant la classification d'Alain Touraine[3] entre trois phases A, B et C du développement industriel, la première correspondant à un travail de nature artisanale et le recours à des machines universelles, la seconde aux machines spécialisées, la troisième à l'automation, Serge Mallet affirmait que ces trois phases engendraient trois syndicalismes différents :

1. Jean Maitron, Colette Chambelland (éd.), *Syndicalisme révolutionnaire et communisme. Les archives de Pierre Monatte*, préf. d'Ernest Labrousse, Maspero, 1968. Voir aussi de Colette Chambelland, *Pierre Monatte, une autre voix syndicaliste*, Éditions de l'Atelier, 1999.

2. Serge Mallet, *La Nouvelle Classe ouvrière* (1963), Le Seuil, 1969.

3. Voir notamment Alain Touraine, *L'Évolution du travail ouvrier aux usines Renault*, Éditions du CNRS, 1955.

le syndicalisme de métier, le syndicalisme d'industrie, le syndicalisme d'entreprise. Le syndicalisme révolutionnaire correspondrait à la première phase.

C'est une thèse analogue qu'a proposée Bernard Moss quand il a parlé d'un socialisme des *skilled workers* (c'est-à-dire des ouvriers qualifiés ou professionnels) pour caractériser la période 1830-1914 en France[1]. Selon l'auteur, il s'agirait d'un socialisme ouvrier de nature proudhonienne, fondé sur la coopération, et qui finirait par déborder sur l'utopie cégétiste de l'atelier et du syndicat se substituant au gouvernement.

Ce qu'il y a de commun entre tous ces points de vue, c'est le parallélisme économico-social, et même technico-social qui les inspire. À chaque moment, les travailleurs, de façon quasi pavlovienne, sécrètent l'organisation syndicale qui correspond au degré d'évolution technique et de concentration industrielle de la période. Comment du reste le contester ? L'atelier ne peut produire qu'un mouvement ouvrier d'atelier, aux effectifs limités, contrastant avec les concentrations ouvrières de la grande usine. De là à en tirer les traits fondamentaux de l'idéologie ouvrière, c'est une autre affaire. Toutes les tentatives pour limiter les phénomènes de conscience à un simple reflet de l'infrastructure se voient démenties par l'indiscipline des faits… En veut-on un exemple ? Si le syndicalisme révolutionnaire était le fait des ouvriers de métier à forte gratification, on aurait dû le voir se développer dans le Livre. Or, à l'exception du syndicat des correcteurs, d'orientation libertaire, l'ensemble des bataillons du Livre de Keufer forment au contraire le bastion du réformisme, très hostile aux orientations majoritaire de la CGT, comme on l'a vu plus haut. C'est au contraire dans le Bâtiment, et notamment dans le Bâtiment parisien, avec l'afflux des terrassiers venus de la campagne pour construire le métro que le syndicalisme révolutionnaire connaît ses plus beaux succès. Certes, beaucoup de

1. Bernard H. Moss, *Aux origines du mouvement ouvrier français. Le socialisme des ouvriers de métier, 1830-1914*, préf. de Jacques Rougerie, Les Belles Lettres, coll. « Annales littéraires de l'Université de Besançon », 1985. Voir aussi William H. Sewell, *Gens de métier et Révolution. Le langage du travail de l'Ancien Régime à 1848*, Aubier, 1983.

dirigeants syndicaux de l'époque appartiennent à l'aristocratie des métiers ; mais le gros des troupes est fait de manœuvres. Le syndicalisme révolutionnaire n'est donc pas l'efflorescence naturelle de la vieille classe ouvrière ; au contraire, il en sonne le glas. L'étincelle qui l'enflamme surgit entre les deux pôles de l'ancien et du nouveau ; c'est donc, comme on l'a déjà suggéré, un syndicalisme de transition, qui se développe quelque part entre le compagnon du tour de France et le terrassier du métro. Les thèses « étapistes » ont, comme toute thèse infrastructuriste, un fond de vérité, au sens où l'on parle de « fond de sauce » ; mais elles sont incapables d'épuiser la signification anthropologique du phénomène.

Que faut-il donc privilégier, quand on parle de syndicalisme révolutionnaire ? Les modes d'organisation, ainsi que l'idéologie explicite qui les accompagne, comme chez les auteurs que l'on vient d'évoquer, ou bien les mentalités et les comportements ? Une seconde série d'auteurs s'attache à ces derniers. C'est le cas de Peter Stearns qui, niant la radicalité des ouvriers français à la Belle Époque, parle du syndicalisme révolutionnaire comme d'une « cause sans rebelles[1] ». Cette thèse, assez paradoxale, suppose que l'on ne retienne de ce syndicalisme que ses aspects caricaturaux, abstraction faite de toute idée de conquêtes partielles et de compromis. Or, nous l'avons vu, la CGT de l'époque est autant attachée à l'obtention de résultats partiels qu'à la révolution finale. L'opposition ingénieuse suggérée par Stearns ne prend pas en compte l'action revendicative quotidienne, pourtant affirmée hautement par la charte d'Amiens. C'est pourquoi, plutôt que de syndicalisme révolutionnaire, expression qui se révèle trompeuse, j'ai proposé de parler de syndicalisme d'action directe.

À l'opposé, l'Anglais F. Ridley ne retient du syndicalisme révolutionnaire que ses aspects idéologiques, tels qu'ils ressortent de la philosophie qui l'accompagne, de Sorel à Bergson[2]. Il conclut,

1. Peter N. Stearns, *Revolutionary Syndicalism and French Labor : A cause without Rebels*, New Brunswick (N.J.), Rutgers University Press, 1971 ; *Id.*, « Against the Strike Threat : Employer Policy toward Labor Agitation in France 1900-1914 », *Journal of Modern History*, n° 4, décembre 1968, p. 474-500.

2. Frederick Fernand Ridley, *Revolutionary Syndicalism in France: The Direct Action of its Time*, Cambridge, Cambridge University Press, 1970.

de manière discutable, à l'irrationalisme foncier et à l'anti-intellectualisme du mouvement. Les lecteurs de cette revue sont mieux placés que quiconque pour savoir qu'il n'en est rien ; que dans le cas particulier de Sorel notamment, la prise en compte des éléments irrationnels au sein du corps social n'est nullement synonyme d'irrationalisme, quand ils procèdent au contraire d'un effort systématique pour analyser et comprendre la fonction de cet irrationnel. Au vrai, c'est toute l'œuvre de Georges Sorel qui serait à convoquer ici au titre de l'interprétation du syndicalisme révolutionnaire. C'est une contribution majeure à notre sujet que j'écarte délibérément, car elle excède le cadre de cet article. J'en voudrais seulement rappeler un élément, déjà mentionné plus haut : c'est que le syndicalisme (la « nouvelle école », dit Sorel) est à l'époque la véritable expression du marxisme, un marxisme ouvrier et non une idéologie, un marxisme en acte plutôt qu'une philosophie, sous la forme de l'exercice de la lutte de classe[1]. Un historien contemporain, Tony Judt, contestant l'idée reçue d'une faible pénétration du marxisme dans la France de la Belle Époque, montre très bien comment c'est le prolétariat qui mit en œuvre les principaux concepts de l'auteur du *Capital*[2].

Au total, on ne s'étonnera pas que le syndicalisme révolutionnaire, en raison de son originalité, de son caractère déroutant, inhabituel, ait donné lieu à des interprétations aussi divergentes. Chacune de celles que nous avons évoquées, trop brièvement il est vrai, pêche par un point : l'ambition d'en rendre compte de façon univoque, comme s'il fallait réduire l'exception, comme on réduit une fracture, et la ramener à la vulgate habituelle.

En vérité, dans un registre purement historique et phénoménal, le syndicalisme révolutionnaire est le fruit d'une situation paradoxale qui dérive de l'histoire socio-politique des classes populaires depuis la Révolution française. Cette situation peut se traduire en

1. Il faudrait ici citer une bonne partie de l'œuvre de Sorel, en particulier « L'avenir socialiste des syndicats » (1898) ; *Réflexions sur la violence* (1908) ; *La Décomposition du marxisme* (1908) ; *Matériaux d'une théorie du prolétariat* (1919).

2. Tony Judt, *Le Marxisme et la gauche française* (éd. angl. 1986), Hachette, 1987.

une phrase : l'intégration politique des classes populaires et leur exclusion sociale dans la France contemporaine.

La Révolution a en effet produit une figure politique devenue si naturelle dans l'esprit des Français qu'ils oublient généralement de remarquer ce qu'elle a d'exceptionnel : l'alliance de la bourgeoisie progressiste et des classes populaires. Cette coalition a porté depuis deux siècles divers noms : parti des « Patriotes » en 1789 (expression du tiers état dans sa diversité sociale) ; parti du National en 1830, démocrates sociaux (les fameux « démoc-soc » de 1849) ; Bloc des gauches sous la IIIe au tournant du XXe siècle, Front populaire en 1936, Programme commun en 1972, gauche plurielle de 1997 à 2002… Cette alliance qui présuppose l'unité éminente de la gauche par-delà la diversité de ses composantes repose sur deux principes : pas d'ennemi à gauche, pas d'alliance au centre. Résultat : une coalition essentiellement politique, mais non sociale, des diverses couches populaires (ouvriers, paysans, artisans, professions libérales) avec la fraction la plus avancée et la plus progressiste de la bourgeoisie, les intellectuels jouant souvent le rôle de ciment social de cette coalition. C'est ainsi que la classe ouvrière s'est trouvée au tournant du siècle comme une composante naturelle du parti républicain, auquel elle a souvent fourni, dans les moments de tension, une infanterie indispensable. Or – c'est là le paradoxe français – cette intégration politique précoce des classes populaires à la politique nationale n'a pas entraîné d'intégration sociale. Bien au contraire : par rapport à l'Allemagne bismarckienne, la législation sociale de la IIIe République a souvent marqué du retard. De sorte que le schéma allemand est diamétralement opposé à celui de la France : il se caractérise par la précocité de l'intégration sociale du prolétariat, et le retard de l'intégration politique, faute des ingrédients républicains que nous connaissons en France : suffrage universel, libertés républicaines, pratique de l'union populaire.

Le syndicalisme révolutionnaire et le socialisme parlementaire, fruit de la « synthèse jaurésienne[1] », sous les auspices de la charte d'Amiens, sont l'expression de la situation schizophrénique des

1. Alain Bergounioux, Gérard Grunberg, *L'Ambition et le remords. Les socialistes français et le pouvoir (1905-2005)*, Fayard, 2005, nouv. éd.

travailleurs dans la société française. Dans le moment même où les socialistes, sous la conduite de Jaurès, participent au Bloc des gauches au Parlement, les syndicalistes de la CGT, retirés sur une sorte d'Aventin social, pratiquent une politique « classe contre classe » sur les lieux de travail. Mieux : ils ne se contentent pas de prendre acte de l'exclusion sociale des travailleurs : ils la théorisent, et la charte d'Amiens est l'expression la plus parfaite de cet effort intellectuel : elle transforme en volonté d'autonomie active l'exclusion sociale qui leur est imposée. Il n'y a donc pas de contradiction entre Jaurès et Griffuelhes : ils sont les deux faces opposées d'une réalité contradictoire. Il est du reste significatif que le modèle théorique de concurrence, voire de méfiance et d'hostilité entre le parti et le syndicat, tel qu'il est formulé dans les hautes sphères de la CGT, est loin de correspondre à la pratique sur le terrain. Tel qui a voté la charte d'Amiens ne craint pas, revenu dans sa Bourse du travail ou son Union départementale, d'être candidat « unifié », c'est-à-dire socialiste, aux élections municipales ou cantonales, plus rarement législatives. Un Pierre Hervier dans le Cher, fidèle soutien de la majorité confédérale à Paris, n'en est pas moins conseiller municipal socialiste et même adjoint au maire de Bourges. Les grands débats théoriques nationaux s'effacent localement, quand il s'agit de faire bloc contre les milieux conservateurs et cléricaux[1].

Ainsi l'existence d'un syndicalisme révolutionnaire dominant la scène sociale dans la France d'avant 1914 ne saurait être réduite au seul retard économique français ou à des traits comportementaux hérités de la Révolution française ; elle exprime la situation paradoxale du prolétariat dans la France au tournant du siècle.

---

augmentée d'un livre paru sous le titre *Le Long Remords du pouvoir. Le parti socialiste français*, Fayard, 1992.

1. Ailleurs, j'ai distingué, quant à l'attitude pratique des Bourses du travail envers la politique, dans les années qui précèdent la guerre de 1914, quatre modèles : le modèle anarchiste, violemment antisocialiste, le modèle « syndicaliste » conforme à la charte d'Amiens, le modèle politique, fondé sur l'alliance avec les partis de gauche, le modèle pragmatiste, fondé sur l'adaptation aux situations locales. Voir J. Julliard, « Indépendance réciproque et concurrence : le syndrome français et la politique d'action directe », in *Autonomie ouvrière*, *op. cit.*, p. 199-219.

Est-ce tout ? Non pas. Car le déchirement des apparences économiques et sociales introduit à quelque chose de plus profond : un *invariant ouvrier* à l'état pur au sein de la société industrielle. Qu'est-ce à dire ? Ceci : que livré à lui-même, mieux encore, affranchi des passions politiques qui s'exercent ordinairement sur lui – le poids de la social-démocratie modérée ou révolutionnaire, peu importe –, le mouvement ouvrier, en l'occurrence syndical, théorise un isolement subi pour en faire une autonomie voulue. C'est en cela que l'expression française, loin d'être aberrante, révèle une espèce d'aspiration spontanée et durable.

Est-ce à dire qu'il n'y a rien à retenir des théories évoquées précédemment ? Non pas. Chacune d'elle, à sa manière, traduit un moment particulier, et au total fugitif, de la condition ouvrière : à savoir la transition de l'artisanat et de la petite industrie à la grande, avec comme corrélat dans l'univers syndical le passage du syndicalisme de métier au syndicalisme d'industrie. Il n'y a pas à revenir là-dessus. Mais il est dans la nature des phases de transition de déchirer le rideau des apparences et de faire apercevoir, derrière l'édifice savant des constructions doctrinales, la réalité nue, ou si l'on préfère, un étiage de base de la réalité que l'on cherche à cerner.

Sinon, comment expliquer qu'après que les réalités qui lui ont donné naissance ont disparu, les caractères originaux du syndicalisme révolutionnaire se retrouvent visibles sur le terrain ? Après une longue éclipse, celle de la domination de la branche stalinienne de la vieille *doxa* social-démocrate, où l'indépendance syndicale a paru sombrer corps et biens, la déclaration d'indépendance syndicale contenue dans la charte d'Amiens est de nouveau, sous des formes diverses en ce début du XXIe siècle, la doctrine officielle et incontestée de toutes les confédérations syndicales, de la CFTC à Sud, en passant par la CFDT et la CGT, et bien entendu Force ouvrière. Certes, la grève générale a perdu de son pouvoir de fascination ; en se banalisant, elle a cessé d'être un mythe sorélien pour devenir un rituel (les « journées d'action » transcatégorielles que nous connaissons aujourd'hui) ; certes, avec l'affaissement présent des forces de gauche, l'espoir d'un au-delà de la lutte revendicative s'est estompé ; mais il n'est que plus remarquable d'observer les constantes, les invariants syndicaux qui se révèlent à travers la revendication d'autonomie.

Il va sans dire qu'au fur et à mesure que la condition ouvrière perd de sa spécificité au sein même de la société française ; autrement dit, au fur et à mesure que l'on assiste à une véritable intégration des ouvriers au sein de cette société, la revendication d'autonomie tend à s'estomper, voire à disparaître. Cent ans après, la charte d'Amiens a conservé toute son importance institutionnelle, mais a été délestée de sa visée utopique. Elle demeure pourtant à l'état de butte témoin d'une conviction ancrée dans l'inconscient prolétarien : que la condition ouvrière est quelque chose qui doit être dépassé.

MOUVEMENT DE MAI ET SYNDICALISME RÉVOLUTIONNAIRE[1]

C'est la revanche de la Commune, s'écriait quelqu'un devant l'étonnante floraison de drapeaux rouges et noirs, lors d'une des plus récentes manifestations étudiantes. Cette symbolique inattendue, le retour en force de l'*Internationale* et d'un vocabulaire révolutionnaire qu'on disait périmé, la mystique de la barricade, – tout cela amène à s'interroger sur la signification d'un mouvement où les uns voient la résurgence aberrante et sans lendemain de l'insurrectionalisme blanquiste du XIXe siècle, tandis que d'autres y croient découvrir les formes naissantes de la révolution du XXIe siècle dans les pays industriels. Archaïsme ou anticipation ? « Primitifs de la révolte » ou nouvelle avant-garde révolutionnaire ? Tout se passe en tout cas comme si des formes longtemps comprimées, longtemps censurées de lutte sociale revenaient subitement à la surface avec une force irrésistible. Nous pensons particulièrement au syndicalisme révolutionnaire des années 1890-1914, confiant dans la spontanéité des masses poussées par des minorités agissantes, animées par la grande idée de la grève générale, pratiquant en attendant le moment décisif l'action directe et la « gymnastique révolutionnaire ».

Aux yeux de beaucoup, l'impuissance de la CGT à organiser en juillet 1914 la grève générale internationale contre la guerre avait paru sonner le glas définitif de formes de luttes étroitement liées aux structures préindustrielles de l'économie et de la classe ouvrière françaises. À partir de 1920, les deux branches, social-démocrate

1. *Esprit*, juin-juillet 1968, p. 1037-1045.

et communiste, du mouvement ouvrier, divisées sur presque tout, s'accordent cependant pour juger archaïques et condamner sans appel l'anarcho-syndicalisme des années précédentes. Sur le plan international, de Kautsky à Rosa Luxembourg, de Lénine à Trotski, la position était la même malgré de sensibles nuances.

Chassez le spontané, il revient au galop. Après la révolution de 1905 – la plus *soviétique* des révolutions – qui prit de court aussi bien les chefs bolcheviks que le tsarisme lui-même, l'URSS dut faire face à la révolte de Cronstadt et aux tentatives de « l'opposition ouvrière » assimilées par Lénine à l'anarcho-syndicalisme. En France même, on s'est en général refusé à tirer les conclusions du caractère largement spontané du mouvement de grèves avec occupation d'usines de 1936, qui avait pris au dépourvu une CGT pourtant renforcée par sa récente réunification. Communistes et socialistes s'étaient hâtés de souligner l'explosion de la misère et du mécontentement au sein d'une classe ouvrière victime de la crise économique, de la baisse des salaires réels et du chômage. Les accords Matignon, malgré des innovations comme les congés payés et l'institution des délégués du personnel, s'étaient surtout traduits par des augmentations de salaire, et avaient consacré ce *primat du quantitatif* qui est aujourd'hui en question. Pourtant, des témoins et des historiens comme Simone Weil, Danos et Gibelin, Daniel Guérin avaient décelé dans le mouvement autre chose : une *fête* où la classe ouvrière célébrait sa propre puissance, le sentiment diffus qu'une émancipation plus profonde était possible ; à travers le tête-à-tête de l'ouvrier avec son outil, en l'absence du patron, une aspiration encore vague et inconsciente à la responsabilité, sinon à la gestion.

Aujourd'hui, ce sont les étudiants, c'est-à-dire dans leur majorité les représentants des classes moyennes, qui paraissent reprendre à leur compte ces tendances profondes, souterraines, mais permanentes de tout mouvement ouvrier livré à soi-même et résolu à compter exclusivement sur ses propres forces et ses propres lumières. Certes la différence est de taille ; mais l'analogie n'en est que plus frappante.

C'est par l'action et dans l'action qu'au cours du mois de mai 1968, le mouvement étudiant, bientôt suivi par le mouvement ouvrier, a pris conscience de lui-même. Il y a un mois encore, l'UNEF n'était qu'une organisation syndicale déclinante, simple champ de bataille pour des groupes politiques peu représentatifs qui la déchiraient et se déchiraient eux-mêmes en des combats douteux où l'ésotérisme le disputait à l'inefficacité. De ce point de vue, les choses n'ont guère changé : à la différence de ce qui s'est passé en 1936 dans les syndicats ouvriers, l'UNEF ne paraît pas avoir élargi beaucoup son recrutement ; en son sein, ou sur ses franges, les rivalités de tendances restent assez vives. Pourtant c'est cette organisation minoritaire, faible et discutée, qui symbolise le mouvement et qui se révèle capable de mobiliser pour l'action, à Paris et en province, des masses considérables d'étudiants.

Quelle action ? Précisément l'action directe, qui ne s'embarrasse guère de la définition préalable d'objectifs ; mais qui, au contraire, trouve dans chaque péripétie de la lutte l'aliment permettant de la poursuivre et de passer à une phase ultérieure. Il est bien clair que la lutte pour la libération des étudiants emprisonnés lors des premières bagarres et pour l'évacuation de la Sorbonne par les forces policières a rapidement pris la forme d'une remise en cause de la condition étudiante, universitaire, et bientôt de la société tout entière. L'action directe est-elle synonyme de violence, comme on le dit généralement ? Non, si l'on entend par violence la recherche délibérée et systématique d'affrontements sanglants avec les forces de police. Certes il ne s'agit pas de nier le comportement agressif de quelques individualités ou de quelques groupes agissant en francs-tireurs lors de manifestations de rues. Mais il est clair pour tout observateur objectif, que de l'occupation de la Sorbonne le 3 mai 1968, jusqu'à la nuit du 24 mai, en passant par les barricades de la rue Gay Lussac, la responsabilité des heurts et des brutalités revient à la police. C'est la *répression* des manifestations étudiantes qui est ici en cause.

Si l'on veut à tout prix parler de violence étudiante, il faut prendre le terme dans le sens que lui a donné un des plus lucides observateurs du syndicalisme révolutionnaire, Georges Sorel, dans ses *Réflexions sur la violence* : celui d'une manifestation physique de *puissance* destinée à contester la force brutale et répressive de l'État ; la violence populaire s'oppose donc, dans son esprit et dans ses méthodes, à la tyrannie organisée. Le « violent » Georges Sorel n'a jamais pardonné à « l'humaniste » Jaurès son apologie de la dictature révolutionnaire, fût-elle exercée au nom du peuple : « … On ne saurait confondre les violences syndicalistes exercées au cours des grèves par des prolétaires qui veulent le renversement de l'État avec ces actes de sauvagerie que la superstition de l'État a suggérés aux révolutionnaires de 93… Nous avons le droit d'espérer qu'une révolution socialiste poursuivie par de purs syndicalistes ne serait point souillée par les abominations qui souillèrent les révolutions bourgeoises[1]. »

Mais plus profondément, l'action directe, expression de la volonté de démocratie directe, traduit le refus de toute médiation, la volonté de faire ses affaires soi-même. Là encore, la rencontre par le mouvement étudiant de thèmes chers au syndicalisme révolutionnaire n'est pas sans intérêt, qu'il s'agisse de l'antiparlementarisme, de la défiance à l'égard des organisations et de l'aspiration à l'autogestion.

L'antiparlementarisme

Combattu par toutes les organisations politiques et syndicales de la gauche, l'antiparlementarisme n'en a pas moins en France de profondes racines populaires depuis la Commune. La CGT en avait fait un de ses principaux chevaux de bataille contre le Parti socialiste, qu'elle accusait déjà d'accepter, par le biais du « crétinisme parlementaire », son intégration à l'ordre bourgeois. C'est cette tradition que nous voyons aujourd'hui resurgir, permettant d'ailleurs ainsi à un certain apolitisme vaguement teinté d'anarchisme, et qui traditionnellement penche à droite, de se rattacher au mouvement. À aucun moment depuis le début du mois de mai, ce dernier n'a fait appel aux organisations politiques traditionnelles, ni pour participer aux manifestations, ni pour traduire en termes parlementaires ses revendications. Au contraire, la crainte d'une « récupération » possible des fruits du mouvement par les professionnels de la politique, à quelque parti qu'ils appartiennent, reste

1. *Réflexions sur la violence* (1908), Rivière, 1972, p. 165-166.

très vive. Tout récemment, elle s'est traduite par le mot d'ordre spontané de boycottage du referendum projeté, et par le slogan « élections-trahison ». Ne le dissimulons pas : de ce point de vue, mai 1968 continue et prolonge mai 1958 dans sa dénonciation de l'institution parlementaire, considérée comme incapable de faire face aux grands problèmes de notre société : à ces signes, les partis politiques attachés à la démocratie parlementaire peuvent mesurer leur isolement et la fragilité de toute construction qui ignorerait plus longtemps les tendances profondes d'une jeunesse révoltée, dont les étudiants sont devenus les porte-parole.

Les tendances à l'autogestion

Nous touchons sans doute ici à un des aspects les plus fondamentaux et les plus radicaux du mouvement qui vient de se dessiner : la remise en cause du régime parlementaire n'est qu'une des formes d'une contestation radicale de l'État considéré comme principe d'autorité. Il faudrait analyser longuement le contenu d'un slogan qui est revenu régulièrement dans chacune des manifestations : « À bas l'État policier ! » Faut-il y voir une simple dénonciation du caractère policier de l'État gaulliste, tel qu'il est apparu aux étudiants depuis un mois, ou plus largement l'affirmation du caractère policier de toute institution étatique ? En vérité, les deux interprétations ne sont pas exclusives l'une de l'autre. Si on les admet conjointement, on est amené à souligner le caractère anarchiste (an-archiste, comme écrivait Proudhon) du mouvement : entendons par là, la contestation du caractère autoritaire de l'État et de la société. De ce point de vue, l'État capitaliste n'est pas le seul en cause : l'État socialiste l'est également. Il est significatif que le mot de socialisme ne soit apparu que tardivement dans le développement de la « révolution étudiante » et qu'actuellement encore il soit loin d'en constituer un des maîtres-mots.

Beaucoup plus fondamentale est la volonté de désaliénation à l'égard du commandement qui s'est traduite à la fois par le mot d'ordre d'autonomie de l'Université et par la remise en cause de la fonction professorale. Beaucoup de professeurs se sont étonnés, ont parlé d'ingratitude ou d'inconscience. Pourtant, ce n'est ni leur libéralisme, ni leur compétence, ni leur dévouement qui sont en question. C'est leur situation de maîtres et dispensateurs du savoir. Ce que veulent les étudiants, c'est la fin du despotisme éclairé. Il est probable que la démocratisation de la culture, non seulement par son expansion quantitative, mais encore dans son mode de transmission, s'accompagnera d'une perte de temps et d'une baisse au moins provisoire de la rentabilité. Il faut s'en accommoder : la démocratie, c'est-à-dire la participation, n'est pas en général le plus court chemin d'un problème à sa solution : qui oserait prétendre que le suffrage universel se justifie essentiellement par son efficacité ? Dans son essence, la démocratie de participation parcourt en sens inverse le même chemin que le despotisme éclairé. Pour employer le langage freudien, elle représente le retour du principe de réalité au principe de plaisir.

Ainsi, le mot d'ordre d'autogestion, enseveli depuis un demi siècle, fait de nouveau surface. Les étudiants ont donné le branle à un mouvement qui a gagné ensuite les milieux ouvriers où, sous des formes plus nuancées, la CFDT a agi dans le même sens. Que les médecins des hôpitaux, les écrivains, les artistes, les journalistes de l'ORTF aient emboîté le pas est un fait de civilisation riche de conséquences, dont on peut espérer qu'il résistera aux prochaines péripéties électorales. Certes, en un siècle, les choses ont changé : le fédéralisme de petites unités préconisé par Proudhon correspond effectivement à un stade technologiquement et économiquement dépassé. Et il ne suffit pas de dire comme hier : « la mine aux mineurs » et encore moins comme aujourd'hui : « l'Université aux étudiants », pour résoudre tous les problèmes posés par la gestion d'une entreprise moderne. Il reste que, face à la société industrielle de consommation qui paraissait de taille à intégrer, sinon le socialisme, au moins *du* socialisme, est de nouveau brandi le seul objectif authentiquement révolutionnaire, celui qu'en 1895 la CGT inscrivait en tête de ses statuts : « la suppression du salariat et du patronat », parce qu'il soulevait non seulement la question de la propriété, mais celle encore bien plus fondamentale aujourd'hui, du *pouvoir*.

La créativité des masses

Le schéma que nous venons de décrire est bien différent de celui que nous avons hérité de la tradition marxiste, et qui, dans sa version léniniste, se traduit par la conception du parti, avant-garde consciente de la classe ouvrière, et dans sa version social-démocrate, par la notion de mouvement de masse appuyé sur de forts bataillons électoraux et sur une puissante organisation syndicale. Ici, au contraire, pas de chefs, mais des éléments catalyseurs. En vérité l'*Humanité* a bien raison de voir dans les hommes du 22 mars des *provocateurs*, si l'on entend par là qu'ils ont *provoqué* le mouvement, beaucoup plus qu'ils ne l'ont déclenché. Dans la dialectique masse-dirigeants les « groupuscules » de Nanterre et de la Sorbonne ont joué le rôle que le syndicalisme révolutionnaire assignait aux « minorités agissantes » : entraîner les masses, les révéler à elles-mêmes, et puis faire confiance à leur instinct. Certes, depuis 50 ans, les méthodes de lutte se sont enrichies des techniques de la psycho-sociologie, mais dans son essence, le processus est demeuré fondamentalement le même. C'est dans l'action, en particulier par la grève, que la masse se réalise, qu'elle découvre ses propres aspirations et ses possibilités réelles. C'est Griffuelhes, secrétaire de la CGT jusqu'en 1909, qui écrit : « La grève est pour nous nécessaire parce qu'elle frappe l'adversaire, stimule l'ouvrier, l'éduque, l'aguerrit, le rend fort, par l'effort donné et soutenu, lui apprend la pratique de la solidarité et le prépare à des mouvements généraux devant englober tout ou partie de la classe ouvrière[1]. »

Apparemment tout est suspendu à la poursuite d'un seul et unique but, la grève générale, et le renversement de la société capitaliste ; dans la pratique, la « gymnastique révolutionnaire » finit par devenir une fin en soi. Il est significatif que les principaux dirigeants du mouvement étudiant se soient le plus souvent refusés à définir clairement les objectifs finaux de leur action. Les définir trop précisément serait se substituer aux masses, se comporter en bureaucrates de la révolution, cette révolution qui, selon le mot de Trotski, est « l'irruption violente des masses dans le domaine où se règle leur

1. *Le Syndicalisme révolutionnaire*, La Publication sociale, 1909, p. 15.

destinée ». Tout se passe comme si, au-delà des résultats concrets de leur révolte, les étudiants attachaient une importance primordiale au fait même de cette révolte, peu pressés de la voir se transformer en révolution institutionnelle. D'où la volonté quasi nihiliste, chez beaucoup d'étudiants en sciences humaines, de prolonger jusqu'à épuisement cet « instant d'éternité » de la révolte, et le refus formel de le traduire en réformes concrètes. Changer les choses, changer les institutions ? Plutôt changer la vie, refuser les catégories de l'avoir au profit de celles de l'être.

La culture de soi-même

Ce n'est donc pas par hasard que le mouvement étudiant a pris la forme d'une libération individuelle sans précédent, même aux plus beaux moments du surréalisme. À travers lui, toute une génération a conquis un droit nouveau : le droit à la parole. Il est peu probable qu'elle s'en laisse facilement dessaisir. Tel est sans doute l'aspect le plus moderne, le plus révolutionnaire de ce mois de mai, celui qui menacera le plus durablement une société fondée sur le conformisme social et la jouissance silencieuse.

Mais, de la même façon, est désormais en cause le postulat marxiste qu'il suffit de changer les structures sociales pour faire évoluer les structures mentales. C'est ce postulat que nie à sa manière la révolution culturelle chinoise, qui continue de lutter contre « l'esprit bourgeois » alors que les fondements matériels de ce dernier ont depuis longtemps disparu. En France, il n'est pas exagéré de dire que chez les principaux animateurs du mouvement, l'action sur les structures mentales a pris le pas sur toute autre considération. Il ne sert à rien de changer la société si l'on ne change pas les hommes. Seul l'esprit révolutionnaire – l'esprit nouveau – peut mener à bien la révolution. À côté du marxisme qui avait toujours rejeté au second plan ces problèmes d'éthique individuelle, on assiste à la résurrection des tendances les plus profondes du socialisme libertaire, pour qui la reconnaissance de l'homme par l'homme est impossible sans un effort de chacun sur soi-même. Il est après tout naturel que pareille redécouverte ait été le fait d'intellectuels, c'est-à-dire d'hommes chez qui l'étude est un moyen privilégié de passer de la culture tout court à la culture de soi-même. Ce que les étudiants paraissent redécouvrir, c'est la valeur éthique de la lutte. Comment ici ne pas évoquer l'homme dont l'influence fut décisive sur les débuts du syndicalisme révolutionnaire, Fernand Pelloutier, luttant pour une « société d'hommes fiers et libres » et définissant ainsi l'état d'esprit de ses camarades : « des révoltés de toutes les heures, des hommes vraiment sans dieu, sans maître et sans patrie, les ennemis irréconciliables de tout despotisme, moral ou matériel, individuel ou collectif, c'est-à-dire des lois et des dictatures (y compris celle du prolétariat) et les amants passionnés de la culture de soi-même[1] ».

Loin de nous la pensée de faire de l'ensemble du mouvement qui vient de se dessiner un mouvement anarchiste ; encore moins d'établir une filiation directe entre le passé que nous venons d'évoquer et les événements actuels. Il faudrait même signaler çà et là, chez certains groupes organisés, des tendances au terrorisme verbal, à l'intolérance intellectuelle, qui vont à l'inverse de ce que nous venons d'avancer. Plus que toute autre, la démocratie directe est exposée aux dangers de la manipulation procédurière et de l'intimidation démagogique. Pourtant, il nous a semblé, dans l'ensemble, que l'explosion spontanée de la parole s'est accompagnée d'une exigence croissante de réforme intellectuelle et morale, dans un sens libertaire, face aux techniques paternalistes et autoritaires des bienfaiteurs professionnels de la société, qu'ils soient État, parti ou syndicat.

En évoquant quelques convergences entre les événements que nous vivons et certaines tendances longtemps oblitérées du mouvement ouvrier français, on n'a pas voulu se prononcer sur les chances de durée et les développements possibles de la situation. Nous avons réappris depuis un mois que la liberté est contagieuse. Demain, la crainte ou le conformisme pourraient le redevenir. Pourtant la simple apparition d'événements dont la seule hypothèse eût suffi, il y a un mois, à vous déconsidérer auprès d'un « réaliste » pose en elle-même de nombreux problèmes. Contentons-nous pour finir d'en signaler deux :

1. *Lettre aux anarchistes*, préface au Congrès général du Parti socialiste français, 1900, p. VIII.

— Le premier, *méthodologique* : la réapparition en pleine société industrielle d'objectifs et de méthodes de luttes qui avaient paru définitivement liés à des formes préindustrielles de développement économique et à des formes archaïques d'organisation politique conduit à s'interroger sur des modèles trop linéaires et trop déductifs d'analyse sociologique.

— Le second, *politique* : désormais, il ne sera plus question, on l'espère, de dépolitisation des masses. S'il y a quelque part en France dépolitisation, ce n'est pas dans les masses mais dans le gouvernement et le Parlement, incapables de saisir la nature profonde des changements qui se produisent dans la société française. Pour tous les hommes attachés à la liberté, il y a urgence à *innover*, à inventer des solutions politiques capables de traduire dans les institutions ce passage de la « démocratie gouvernée » à la « démocratie gouvernante » dont a parlé Georges Burdeau, et dont les événements qui viennent de se produire en France sont le symptôme. À moyen terme, il serait grave que la rue conserve le monopole de l'imagination.

L'IDÉE D'AUTOGESTION[1]

On a déjà compris à travers tout ce qui précède que pour la CFDT, l'autogestion n'est pas une sorte de tempérament humaniste qui se surajouterait à la tradition du socialisme autoritaire et centralisé, une sorte de codicille de dernière minute au vieux testament collectiviste.

L'autogestion est pour nous la nouvelle dénomination du socialisme qui a pour fonction de retrouver son aspiration originaire, de coïncider avec le vieux rêve des opprimés, c'est-à-dire l'épanouissement des personnes dans le travail et dans le loisir.

La lutte contre l'exploitation économique a pris une telle place dans l'histoire du mouvement ouvrier – on comprend aisément pourquoi – qu'elle a parfois fait oublier la lutte contre l'aliénation : or un socialisme qui oublie que son but fondamental, universel, est de permettre à tous les hommes de se réconcilier avec eux-mêmes, avec leur travail, avec leur société, avec leur environnement, avec la nature elle-même, n'est jamais qu'un socialisme tronqué, qu'un avatar collectiviste de cette grande mangeuse d'hommes qu'est la société industrielle. La fonction de l'autogestion est de remettre à l'ordre du jour la lutte contre l'aliénation pour permettre aux hommes de retrouver la maîtrise d'eux-mêmes et la joie de vivre. Ce n'est pas par hasard que le concept d'autogestion a pris son essor dans le grand souffle de 1968. L'aspiration à des rapports sociaux plus libres et plus égalitaires qui se manifeste à ce moment-là retrouve

1. Jacques Julliard et Edmond Maire, *La CFDT aujourd'hui*, Éditions du Seuil, 1975, p. 173-183.

spontanément l'inspiration profonde du syndicalisme révolutionnaire : la conciliation du travail et du plaisir, qui ne peut se faire que dans l'autonomie retrouvée des individus et des groupes.

S'il fallait donc définir ce qu'est d'abord et fondamentalement pour nous l'autogestion, ce serait bien sûr l'idée de l'intervention directe des individus et des groupes dans les domaines où se joue leur propre destinée qui viendrait spontanément à l'esprit. Avec tout ce qu'implique une telle intervention : l'accès aux connaissances et aux techniques qui permettent à chacun de maîtriser son avenir personnel au sein d'un devenir collectif. Une telle intervention suppose des modifications structurelles, dans le domaine économique bien sûr, mais pas uniquement ; elle suppose aussi de nouveaux moyens d'action des acteurs, au sein de leurs organisations : d'où la nécessité d'une transformation profonde de celles-ci, syndicats ou partis. Sur ce point encore, le projet autogestionnaire est conforme à l'intuition fondamentale du socialisme, y compris du socialisme marxiste. Faut-il rappeler que Marx n'a jamais conçu le pouvoir des travailleurs – qu'il a exceptionnellement qualifié de « dictature du prolétariat » – autrement que comme « le mouvement spontané de l'immense majorité au profit de l'immense majorité » (Manifste communiste). Loin de se satisfaire d'une simple majorité légale – 51 % ! – Marx considère la révolution prolétarienne comme un mouvement de masse, populaire, démocratique. C'est là une dimension essentielle du socialisme autogestionnaire tel que nous le concevons. On ajoutera encore que Marx et Engels ont toujours considéré qu'à partir d'un certain degré de développement et de conscience, le parti de la classe ouvrière n'était pas autre chose que la classe ouvrière elle-même, le « mouvement prolétarien direct ». Par-delà le léninisme qui a abouti, qu'on le veuille ou non, à la confiscation de ce « mouvement prolétarien direct » au profit d'abord d'un parti, et bientôt d'une bureaucratie, le socialisme autogestionnaire rejoint la visée fondamentale du socialisme qui est de redonner la parole et l'initiative aux masses – et aux individus qui les composent – en supprimant les intermédiaires entre les travailleurs et le pouvoir économique, entre les citoyens et le pouvoir politique.

S'il fallait, à l'appui de cette thèse, une autorité moins exclusivement théorique, c'est à l'histoire des classes ouvrières elles-mêmes qu'il faudrait l'emprunter. Chaque fois, en effet, que celles-ci échappant à leurs tutelles habituelles, se sont trouvées livrées à elles-mêmes face à des décisions à prendre, c'est dans le sens d'une auto-organisation de masse qu'elles se sont déterminées. Le faux débat introduit par Lénine dans *Que faire ?* et qui peut se résumer de la manière suivante : « En dehors de toute intervention idéologique extérieure, la classe ouvrière est-elle spontanément réformiste – c'est le point de vue de Lénine – ou spontanément révolutionnaire ? – c'est celui de Rosa Luxemburg – » peut être tranché par la proposition suivante, beaucoup plus proche d'une réalité historique facilement observable : « spontanément, la classe ouvrière est favorable à son auto-organisation collective ». La forme des conseils ouvriers, forme révolutionnaire transitoire qui s'observe en Russie (1917), en Allemagne (1918), en Italie (1919-1920), en Tchécoslovaquie (1968) serait là pour en témoigner, comme en témoigne sur un autre plan le syndicalisme révolutionnaire français qui voyait dans le syndicat aujourd'hui groupement de résistance, le « groupement de production et de répartition » de demain, « base de la réorganisation sociale » (charte d'Amiens, 1906).

C'est donc bien la société tout entière que vise le concept d'autogestion, mais une société jamais achevée. Le contraire d'une société modèle : c'est une société en construction permanente, par l'intégration d'informations nouvelles, par l'élévation du niveau de conscience et l'accession à des responsabilités collectives sans cesse élargies.

Les divers niveaux de l'autogestion

Il est certain que les diverses acceptions du mot sont à l'origine de bien des confusions et bien des incompréhensions.

À un premier niveau, que l'on peut qualifier de philosophique, l'autogestion est l'affirmation de la capacité des individus à s'organiser collectivement à l'intérieur des diverses institutions sociales. L'homme n'est pas un simple agent des forces productives, même à l'intérieur de structures d'exploitation et d'aliénation. Il est capable de liberté, d'initiative et de créativité. Cette idée prométhéenne de l'homme, à la fois serviteur et maître de son destin, est conforme à la tradition ouvrière profondément vécue. Elle fait de l'autogestion un mythe-moteur, c'est-à-dire une représentation collective génératrice d'action, dès maintenant.

Mais ce « mythe » n'est pas un mythe abstrait : c'est une aspiration qui prend naissance au contact des réalités quotidiennes et qui se traduit à un moment donné dans un projet social. Tel est le deuxième sens, le deuxième niveau d'application. Celle-ci n'est pas spontanée ; elle passe par la médiation d'une réflexion collective et d'une organisation capable de la porter. L'idée d'une « société libératrice » n'est pas née avec le mouvement ouvrier ; elle lui est nettement antérieure ; mais on ne saurait nier que dans la société industrielle, parce que, du fait de leur situation dans le processus de production, ils sont les victimes principales de l'exploitation, de la domination et de l'aliénation, les travailleurs soient les principaux porteurs du projet d'une société différente.

Enfin, l'autogestion constitue un schéma d'organisation économique, notamment dans l'entreprise. Et c'est à ce niveau, et à ce niveau seulement que l'on peut l'opposer à d'autres schémas, comme par exemple celui que la CGT développe sous le nom de gestion démocratique des entreprises. Si proches que puissent paraître parfois ces deux schémas, on ne peut oublier qu'ils procèdent de démarches d'ensemble différentes, de conceptions différentes du socialisme.

Actualité de l'autogestion

Quelles sont les chances d'instaurer dans un pays comme la France, caractérisé par son haut degré de développement scientifique et technique et un stade avancé d'évolution du capitalisme, un socialisme autogestionnaire ? Ces chances nous paraissent infiniment plus grandes que par le passé, et voici pourquoi :

1. D'abord parce que la « révolution scientifique et technique » ou pour parler plus modestement, le progrès des sciences et des techniques, entre de plus en plus en contradiction avec les modes d'organisation de la société actuelle. En langage marxiste, on dirait que les forces productives (hommes, machines, science et technologie)

entrent en conflit avec les rapports de production (propriété privée, organisation capitaliste du travail) ; les seconds empêchent un plein développement des premières ; la propriété privée, la contrainte au travail, la division technique et sociale du travail qui ont longtemps accompagné le développement industriel tendent aujourd'hui à l'entraver. Sans donner à fond dans l'optimisme technicien du XIXe siècle – celui de Saint-Simon, mais aussi à certains égards, celui de Marx repris aujourd'hui par un Radovan Richta – qui voyait dans l'émancipation des travailleurs une conséquence inéluctable du progrès technique et industriel, il reste que ce dernier fournit à l'idée autogestionnaire des atouts qui lui manquaient hier. « La liberté est devenue un facteur de production », disait récemment David Rousset. De fait, la machine industrielle avait besoin hier de serviteurs dociles et passifs ; aujourd'hui, elle a de plus en plus besoin d'être contrôlée par des hommes capables d'initiative. Ce qui implique un niveau de connaissance élevé, l'aptitude au travail en équipe, le goût de l'invention et du risque. Autant de choses qui contredisent les fondements de l'organisation capitaliste du travail : tâches répétitives et insignifiantes, autorité et hiérarchie, secret des décisions, etc.

Déjà, ingénieurs et techniciens, mais aussi ouvriers et employés supportent de plus en plus mal d'être confinés dans l'exécution de travaux routiniers, dans des tâches qui ne correspondent pas au niveau de leur formation ; ils aspirent à savoir pourquoi ils travaillent et supporteront de plus en plus mal de n'être que les exécuteurs de décisions prises « en haut ». D'où le sentiment d'une déqualification croissante. Certes, cette déqualification peut parfois être le résultat du progrès technique lui-même ; mais le plus souvent, c'est l'organisation du travail qui en est cause. Ainsi, il y a un divorce de plus en plus accentué entre l'organisation hiérarchique sur laquelle repose le système capitaliste et le besoin d'émancipation, d'initiative, de création, d'association, que suscitent tant le développement technique que l'élévation du niveau culturel des salariés. À cette contradiction, les tenants du système répondent par toutes sortes d'aménagements destinés à intégrer les travailleurs à l'entreprise ; la « direction participative par objectifs » par exemple, qui élargit les possibilités d'intervention des travailleurs pour mieux les maintenir à l'écart des décisions importantes. C'est aussi dans ce cadre qu'il faut inscrire toutes les formules de participation, d'intéressement, d'association capital-travail, etc. Car la stratégie du patronat moderniste est claire : elle consiste à faire toutes les concessions possibles pourvu que le pouvoir de décision des détenteurs du capital et de leurs représentants ne soit pas sérieusement contesté.

2. Autre facteur de remise en cause de l'organisation capitaliste hiérarchique : le rôle de l'information et les perspectives ouvertes par l'informatique dans ce domaine. La prise de décision dans les entreprises modernes fait intervenir un nombre tel de facteurs complexes qu'il est nécessaire que l'information circule librement et soit aussi diversifiée et riche que possible. Or, dans le modèle bureaucratique démonté par Michel Crozier, le blocage du système provient du fait que ceux qui détiennent les informations n'ont pas de pouvoir de décision. L'ordinateur, dont la technologie s'est considérablement développée ces dernières années, nourrit bien des espoirs, mais bien des illusions aussi. Certains y voient l'instrument par excellence de la démocratie directe et l'outil privilégié de l'autogestion, oubliant qu'il n'est jamais qu'au service de ceux qui ont accès aux informations et ont la capacité de les critiquer et de les traiter ; sans compter la dépendance de cet outil à l'égard des programmeurs et des analystes qui l'utilisent.

Les récentes théories de l'information constituent pourtant un réel apport au projet autogestionnaire. L'idée de base est de mettre sur pied un réseau de télécommunications très simple permettant aux individus et aux groupes de communiquer le plus directement possible. Étendue à l'échelle de la société cette conception remettrait en cause la structure actuelle de la communication reposant sur des courroies de transmission et intermédiaires de toute sorte. Elle conduirait à un fonctionnement de la société où le message ne prendrait plus la forme d'ordres à exécuter mais de transmission d'informations sur l'analyse et les projets des uns et des autres, de façon que soient respectés, dans un ensemble intégré, l'autonomie et les apports de chacun. Elle pourrait prendre appui sur les perspectives intéressantes ouvertes par des techniques nouvelles comme par exemple la télévision par câble. Celle-ci permet à un quartier, à une ville, d'avoir sa chaîne autonome, les maisons étant reliées à un studio central d'où chaque groupe de citoyens – ainsi le conseil municipal, un groupe théâtral local, une association, etc. – peut émettre pour les habitants intéressés.

Mais, même dans une société socialiste, le progrès technique ne sera pas spontanément subordonné au projet collectif. Dès aujourd'hui, pour reprendre le même exemple, la télévision par câble peut être un moyen d'asservissement supplémentaire si elle est accaparée par les dirigeants ou les intérêts en place. Et les phénomènes de pouvoir resteront bien présents dans le socialisme. De plus, un système de communications perfectionné ne peut se passer d'intermédiaires techniques et de techniciens. L'effort à poursuivre pour rendre la collectivité maîtresse du fonctionnement de son réseau de communications n'ira pas sans une lutte incessante, une lutte politique, qui se situe aux antipodes de l'optimisme technicien béat.

On a longtemps cru que le développement industriel amènerait l'abondance qui résoudrait tous les problèmes de l'humanité. Mais l'histoire a montré que l'accumulation n'était pas en soi synonyme d'abondance et qu'elle créait autant de problèmes qu'elle en résolvait. Pas plus qu'hier de la « fée électricité », on ne saurait attendre demain de la « fée électronique » l'impulsion pour un changement social. Bien au contraire : on ne saurait se cacher que pour le moment le développement scientifique et technique est utilisé par le système capitaliste pour accroître son profit et sa puissance. Les crédits vont bien plus facilement à la recherche appliquée qu'à la recherche fondamentale. À l'intérieur de la recherche appliquée, l'effort porte bien plus sur la rentabilisation des machines que sur le soulagement des hommes. C'est cette orientation qu'il faut inverser. Il n'est pas question de nier le rôle de la science, mais bien de l'orienter différemment. Il n'est pas question de dénigrer l'amélioration de la condition humaine qu'a rendue possible le développement industriel, mais de remettre la croissance économique au service des êtres humains. Que le capitalisme soit un système économique efficace tant qu'il s'agit de produire le plus possible ne fait aucun doute. Mais quelle production, à quelles conditions et pour qui ? Si l'on se contente de regarder les résultats en limitant sa vision aux pays développés, il faut reconnaître que ce système s'est débarrassé de l'angoisse millénaire de la faim et a assuré un niveau de vie plus décent au plus grand nombre. Mais peut-on fermer les yeux sur l'efficacité de plus d'un siècle de luttes sociales, sur les générations ouvrières sacrifiées à cette performance, sur le pillage des colonies hier, l'exploitation et la faim du tiers monde aujourd'hui, sur les inégalités fantastiques qui subsistent dans un pays comme le nôtre, sur le type de développement et de consommation qui nous est imposé, sur la monopolisation du pouvoir entre quelques mains ?

3. Ces tendances fondamentales s'accompagnent depuis quelques années d'une crise des valeurs qui se généralise dans la société actuelle : crise de la société de consommation, crise du modèle de développement, crise de l'autorité hiérarchique, crise de la rationalité capitaliste. L'avènement de la société marchande va historiquement de pair avec le développement d'une conception rationaliste du monde, et l'on pourrait consacrer un quart d'heure de philosophie distrayante à méditer sur cette particularité qui fait qu'en latin le mot *ratio* signifie à la fois *raison* et *taux de l'intérêt*…

Mais aujourd'hui, plus encore qu'hier, la rationalité capitaliste est devenue folle ; elle concerne uniquement des objectifs instrumentaux : maintien du pouvoir, accroissement du profit et se désintéresse de plus en plus des fins qu'elle est censée poursuivre : par exemple, la valeur d'usage des produits qu'elle met sur le marché, la satisfaction de besoins effectifs. Il suffit de voir les prodiges d'intelligence et d'ingéniosité qui sont déployés pour des choses aussi absurdes que la publicité des grandes firmes ou la fabrication d'une bombe atomique : ce sont des exemples probants de systèmes parfaitement rationnels dans leur processus, mais complètement insensés dans leur finalité.

La crise du capitalisme ne vient donc pas seulement du fait que les obstacles physiques à la production illimitée commencent à être entrevus à travers l'épuisement des ressources naturelles, la pollution, etc. ; mais de ce que l'on aperçoit de mieux en mieux son insignifiance, au sens propre du mot : son absence de signification. Dans tous les secteurs d'activité, il se trouve maintenant des gens pour demander : « Mais au fait, pourquoi faisons-nous cela ? » C'est là une remise en cause nouvelle et fondamentale du capitalisme, qui va au-delà de la critique du profit. Galbraith a avancé l'idée que, pour la grosse firme industrielle, la notion de profit n'était même plus primordiale à l'heure actuelle. Le profit serait devenu un des moyens de la puissance, recherchée maintenant pour elle-même. Le profit serait la condition de l'autofinancement d'entreprises dont l'objectif majeur serait de croître toujours davantage. L'entreprise qui devrait être le *moyen* de satisfaire les besoins des hommes serait devenu le but en soi, et la « technostructure » dépenserait son énergie et son intelligence dans une course sans fin à la puissance pour la puissance, dévastatrice des ressources naturelles et finalement des hommes.

Quelques réserves que l'on puisse faire sur cette conception il est certain que l'autogestion socialiste se présente comme un renversement de vapeur dans cette machine emballée, pour que le train ne fonce plus sans savoir où il va, aux mains de quelques conducteurs grisés par la vitesse, pour que l'ensemble des voyageurs participent au choix de l'itinéraire, prennent le temps de regarder le paysage et de discuter entre eux. L'autogestion, qualifiée d'utopique et d'irréaliste par ses détracteurs, fait simplement appel à une rationalité supérieure.

4. Enfin, mais on ne reviendra pas sur ce point qui a fait l'objet du chapitre précédent, il faut signaler parmi les facteurs favorables à l'autogestion, l'émergence parmi les catégories marginalisées de la société actuelle, d'une volonté encore faible, mais significative d'échapper à leur situation d'exclusion. Bien sûr, ce n'est pas encore l'ensemble des femmes, des immigrés, des retraités qui se révoltent contre la situation qui leur est faite et aspirent consciemment à exercer leur part de pouvoir dans la société, mais le mouvement qui est en cours ira se développant et s'approfondissant.

Si les chances du socialisme autogestionnaire sont ainsi affermies par une conjonction de facteurs favorables, il n'en reste pas moins qu'on se heurte aujourd'hui à une difficulté nouvelle : il s'agit de l'internationalisation croissante du capitalisme, de l'approfondissement de la division internationale du travail et de l'interdépendance des pays d'Europe occidentale. Devant cette réalité, faut-il suivre ceux qui nient toute possibilité d'une France socialiste dans une

Europe encore capitaliste ? Nous ne le croyons pas. À suivre dans leur logique ces partisans du tout ou rien, le mouvement ouvrier français serait réduit, sinon à l'impuissance, du moins à une vision extrêmement limitée de ses objectifs et de ses possibilités.

La nation, l'État restent encore aujourd'hui des réalités économiques, sociales et politiques suffisamment profondes pour que nous puissions envisager *d'entamer* la construction du socialisme autogestionnaire dans notre pays au sein d'une Europe encore soumise à la logique capitaliste.

Mais il est vrai que dans ces conditions la France ne pourrait encore offrir qu'un faible avant-goût de la richesse potentielle de l'autogestion. Car il n'est pas possible d'en revenir à l'isolationnisme économique, de s'extraire de la division internationale du travail et du courant d'échanges mondiaux, même s'il est possible d'en modifier certaines des données. Il ne peut non plus être question de limiter la lutte pour l'émancipation aux frontières nationales. L'action pour élargir les frontières de notre action revêt donc une urgence particulière. Le mouvement ouvrier français doit fonder toute sa politique à l'égard du mouvement ouvrier européen sur l'élaboration d'une perspective commune qui donne toutes ses chances à la construction du socialisme, quel que soit le pays qui se trouverait le premier en état de l'entamer.

D'ailleurs, l'avancée vers le socialisme dans un des pays d'Europe occidentale aurait un écho très important dans les peuples avoisinants ; elle serait une incitation pour les travailleurs des autres pays d'Europe et une garantie contre les tentatives de sabotage que pourraient tenter les patronats ou les gouvernements voisins.

Il convient donc d'accélérer la mise au point d'une véritable stratégie syndicale internationale fondée sur des revendications communes mais aussi sur des objectifs communs de transformation de la société et sur un projet commun d'Europe unie, socialiste et démocratique. C'est le sens de la politique internationale de la CFDT.

SIMONE WEIL ET LE MONDE MODERNE[1]

Pourquoi, lorsque je m'interroge sur le monde moderne, sur ses origines, sur la critique qu'il appelle, ai-je tendance aujourd'hui à me tourner vers Péguy et Simone Weil plutôt que vers Marx et le marxisme ? Pour une raison simple : le capitalisme s'est largement exonéré de la critique économique qu'en faisait l'auteur du *Capital*, mais tombe chaque jour davantage sous le coup de la critique historique et philosophique du monde moderne telle que l'ont menée Péguy, et plus encore peut-être Simone Weil.

L'immense mérite du premier – puisqu'il ne sera plus question de lui dans la suite de cet exposé – est d'avoir, mieux que la totalité des socialistes de son temps, caractérisé et décrit ce monde, alors qu'il n'était encore qu'à l'état embryonnaire. Plus que quiconque et mieux que quiconque, il a compris que le fétichisme de l'argent – qui n'avait pas échappé à Marx – n'était pas une composante parmi d'autres de ce monde moderne, mais sa nature profonde, puisqu'il avait réussi à éliminer, ou plutôt à se subordonner, « les autres puissances de force » : c'est déjà le vocabulaire même de Simone Weil.

> On peut dire que toutes les anciennes puissances temporelles, toutes les puissances temporelles des anciens temps et des anciens régimes, forces d'armes, forces de dynasties, forces de tradition, puissances de civisme ou de chevalerie, forces religieuses, en un certain sens et pour une part, étiquettes même et rites, forces de hiérarchie et par-dessus tout forces de race, étaient plus ou moins profondément comme pénétrées, comme armées

1. *Commentaire*, nº 155, automne 2016, p. 543-551.

intérieurement d'une substance, d'une instance, comme d'une moelle de spirituel. Toutes, sauf une seule, qui est précisément la seule aussi qui ait survécu à l'avènement du monde moderne, qui par cet avènement ait été faite autocrate, et qui est la puissance de l'argent[1].

Pour Péguy donc, le « monde moderne » n'est pas un repère temporel plus ou moins synonyme d'époque moderne, il désigne le moment de l'histoire contemporaine où les forces de l'argent, qui ont toujours été présentées antérieurement comme l'une des composantes des « puissances de force », deviennent hégémoniques en se subordonnant toutes les autres. L'auteur de *L'Argent* a eu le sentiment irrésistible de vivre un point de basculement, l'amorce d'une étape nouvelle, où l'argent devient effectivement le mètre-étalon de toute chose, et c'est cette nouvelle étape qu'il a appelée le monde moderne.

Ce que Péguy a présenté à l'état naissant, il appartenait à Simone Weil de le décrire à l'aube de son âge adulte. En somme, le monde moderne commence en 1914. C'est le moment à partir duquel l'oppression propre à ce monde se manifeste dans toute son ampleur et sous ses diverses modalités. « Oppression » est chez elle le mot clé qui recouvre et résume toutes les formes d'injustice qui s'exercent sur l'individu libre. C'est lui qui figure au centre de ce qu'elle a appelé elle-même son « grand œuvre », ce texte de 1934 où elle expose, avec l'exceptionnelle vigueur de ses vingt-cinq ans, l'essentiel des critiques qu'elle articule contre le marxisme, et qui fait d'elle un des acteurs majeurs de la controverse politique contemporaine. Ce sont ses *Réflexions sur les causes de la liberté et de l'oppression sociale*[2].

Qu'entendre par oppression ? Trois choses distinctes.

— D'abord l'exploitation économique, telle que Marx la décrit et qui se traduit par l'appropriation par le capitalisme de la plus-value produite par le travail ouvrier ;

---

1. Charles Péguy, « De la situation faite au parti intellectuel dans le monde moderne devant les accidents de la gloire temporelle », *Cahiers de la quinzaine*, 6 octobre 1907, reproduit dans *Mystique et politique*, Robert Laffont, coll. « Bouquins », 2015, p. 263.

2. *In* Simone Weil, *Œuvres*, sous la direction de Florence de Lussy, Gallimard, coll. « Quarto », 1999, p. 273-353. Toutes les citations de ce développement sont tirées de cette édition.

— l'aliénation sociale et culturelle qui, chez Simone Weil, prend la forme de la division à la fois technique et sociale entre travail manuel et travail intellectuel, avec pour conséquence l'asservissement du travailleur à la machine, et la dé-spiritualisation du travail ;

— la domination politique qui a pour instrument la force et pour objectif la puissance, c'est-à-dire la subordination des hommes à d'autres hommes.

Critique de la critique marxiste

Exploitation, aliénation, domination sont donc les trois formes de l'oppression : cela Marx l'a bien vu, et ces trois formes sont présentes, éparses, dans son œuvre. Ne parlons pas de l'exploitation, qui est l'objet même des deux premiers livres du *Capital*, et à laquelle on a fini par ramener l'ensemble de la critique marxiste. Mais l'aliénation sociale et culturelle s'appelle, chez Marx, souligne Simone Weil, « l'asservissement du travail vivant au travail mort[1] », ou encore « la subordination du travailleur aux conditions matérielles du travail ». C'est en quelque sorte le travail intellectuel incorporé dans la machine qui subordonne le travailleur à cette machine elle-même, en faisant de lui le servant de cette machine. « La dégradante division du travail en travail manuel et travail intellectuel », cette formule de Marx lui-même, citée par Simone Weil, est devenue la loi de la grande entreprise. La subordination des exécutants aux coordinateurs est une conséquence de cette loi de nature du travail industriel.

Au passage, Simone Weil souligne que le mouvement ouvrier imite à son tour servilement le capitalisme en introduisant à l'intérieur de ses institutions la division bureaucratique qui existe à l'intérieur des appareils gouvernementaux, de sorte que les « intellectuels » ont malheureusement les mêmes privilèges dans le mouvement ouvrier que dans la société bourgeoise. Au-delà d'une sociologie des partis qui trouve ses origines chez Pareto, Mosca, Ostrogorski et Michels, la critique de la bureaucratie chez Simone

1. *Réflexions sur les causes de la liberté et de l'oppression sociale*, in *Œuvres*, éd. cit., p. 278-279.

Weil s'apparente, à propos de l'Union soviétique, à celle d'un Burnham et de Trotski lui-même.

Quant à la troisième forme de l'oppression, c'est-à-dire la domination politique, elle n'est pas non plus absente de Marx qui, au dire de Simone Weil, a bien compris que la véritable raison de l'exploitation des travailleurs ne réside pas uniquement dans la cupidité des capitalistes, mais dans la nécessité où ils se trouvent d'agrandir sans cesse l'entreprise pour résister victorieusement à la concurrence.

Ainsi, à l'intérieur de l'œuvre de Marx, toutes les pièces du puzzle sont réunies, qui auraient permis de construire une analyse systématique complète du système capitaliste et de s'élever à la hauteur d'une philosophie sociale. Mais, faute d'avoir su ou voulu les assembler en un tout cohérent et organique, sa critique du capitalisme retombe à la manière d'un soufflé, laissant les travailleurs dans le même état d'oppression où elle les avait trouvés.

Que s'est-il donc passé ?

D'abord que Marx a été victime comme la plupart de ses contemporains du préjugé propre au XIXe siècle, qui est la religion des forces productives. Non seulement ce grand contempteur des religions n'a jamais songé à remettre en cause celle-là, mais il a tout fait pour la renforcer et lui donner un statut proprement révolutionnaire. Ce que Marx reproche aux cadres économiques et sociaux de son temps, c'est moins d'opprimer les travailleurs que de constituer à un moment donné un obstacle au développement des forces productives : « La tâche des révolutions consiste essentiellement dans l'émancipation, non pas des hommes, mais des forces productives[1]. » Comme ses contemporains, Marx met les hommes et le socialisme lui-même au service du progrès historique, persuadé que celui-ci, dans une seconde étape, permettrait l'émancipation des hommes eux-mêmes. En prétendant remettre sur pied la dialectique hégélienne qui supposait un Esprit caché, à l'œuvre dans l'univers, Marx, en réalité, a « transféré le principe du progrès de l'esprit aux choses[2] ». Déjà, avant 1914, le philosophe Frédéric Rauh

1. *Ibid.*, p. 280.
2. *Ibid.*, p. 281.

avait accusé le matérialisme historique de n'être qu'un « spiritualisme économique ». En migrant de l'esprit à la matière, il n'est pas sûr que le progrès y ait gagné quelque chose. Que reste-t-il alors de l'ambition émancipatrice des écrits de jeunesse ? Rien qu'une noble mais vague aspiration à la liberté et à l'égalité, telle qu'elle s'exprime dans le socialisme utopique, mais coupée de la construction dans laquelle Marx lui-même voyait sa contribution propre à la pensée socialiste, c'est-à-dire le matérialisme historique. En somme, dit Simone Weil, Marx a élaboré ses conclusions avant d'avoir appliqué sa méthode propre : le hiatus est béant entre le volontarisme révolutionnaire de ses écrits de jeunesse et le déterminisme scientifique de sa maturité. Ses disciples et ses héritiers aggraveront encore cette contradiction, bâtissant côte à côte deux marxismes juxtaposés, sans grand rapport l'un avec l'autre : une doctrine révolutionnaire de l'émancipation, une analyse à prétention scientifique du fonctionnement du système capitaliste. « Marx rend compte du mécanisme de l'oppression capitaliste ; mais il en rend si bien compte qu'on a peine à se représenter comment ce mécanisme pouvait cesser de fonctionner[1] ».

Car Marx a si bien intégré les mécanismes techniques de la grande industrie qu'il ne parviendra jamais à s'en débarrasser et qu'il transmettra cet écrasant fardeau à la Révolution victorieuse. Si la source de l'exploitation est bien dans la nature même du machinisme à l'intérieur de la grande industrie, on ne voit pas en quoi un changement de propriété de ses machines changerait quoi que ce soit à cette exploitation.

« Comment les facteurs d'oppression, si étroitement liés au mécanisme même de la vie sociale, devraient-ils soudain disparaître ? Comment est-ce que, la grande industrie, les machines et l'avilissement du travail manuel étant donnés, les ouvriers pouvaient être autre chose que de simples rouages dans les usines ? Comment, s'ils continuaient à être de simples rouages, pouvaient-ils en même temps devenir la "classe dominante"[2] ? »

---

1. *Ibid.*, p. 277.

2. « Sur les contradictions du marxisme », ébauche de 1938 non publiée, in *Œuvres*, éd. cit., p. 360.

C'est une véritable leçon de matérialisme historique que la jeune intellectuelle inflige au vieux révolutionnaire : comment, après avoir si puissamment démonté les ressorts matériels de l'oppression sociale, Marx et ses successeurs peuvent-ils s'en remettre à une paresseuse solution idéaliste et juridique, le changement de propriété des instruments de production ? Comment, après le gigantesque *oratorio* combinant le développement des forces productives avec la lutte des classes, se contenter de ce finale dérisoire et ridicule : un acte notarié touchant à la propriété juridique des entreprises et des machines ? L'oppression soviétique dans son intégralité est déjà présente dans l'absence de solution révolutionnaire au problème de l'oppression capitaliste. Et Simone Weil de se demander : « Pourquoi les opprimés en révolte n'ont jamais réussi à fonder une société non oppressive[1] ? »

On ne peut, dit-elle dans *L'Enracinement*, « chercher dans les revendications des ouvriers des remèdes à leur malheur[2] ». Tout cela, Marx l'aurait en vérité parfaitement compris, « s'il avait eu de la probité par rapport à sa propre pensée », ajoute-t-elle impitoyablement. Pour n'avoir pas poussé la critique du capitalisme jusqu'à la critique de l'industrialisme, pour avoir surajouté artificiellement l'idéalisme des solutions au matérialisme des analyses, Marx n'a été que l'ancêtre du léninisme au lieu du Père fondateur de l'émancipation qu'il aurait pu être.

C'est pourquoi, au dire de Simone Weil, le marxisme a toujours été en dessous du rôle qu'on a voulu lui faire jouer. Sous la forme d'un capitalisme d'État, il est devenu l'une des modalités, et sans doute la pire, de l'industrialisme moderne. On ne saurait le réviser, car on ne révise pas ce qui n'existe pas, et il n'y a jamais eu de marxisme, mais plusieurs affirmations incompatibles. Affichant des ambitions prométhéennes, qui ne sont rien moins que la réconciliation de l'homme avec l'homme, assignant à la classe ouvrière une mission proprement messianique, démentie par les révoltes d'esclaves au cours de l'histoire (« on se demande d'ailleurs comment

1. *Réflexions sur les causes de la liberté et de l'oppression sociale*, in *Œuvres*, éd. cit., p. 293.
2. *Œuvres*, *op. cit.*, p. 1058.

Marx a jamais pu croire que l'esclavage puisse former des hommes libres[1] »), le marxisme n'est que le prophète du fait accompli, débouchant sur une tautologie sociale : une révolution ne se produit, selon les canons du marxisme, qu'au moment où elle est déjà à peu près accomplie[2] : ainsi l'avènement de la bourgeoisie en 1789.

D'où cette conclusion, dans laquelle on ne saurait voir de l'ironie ou de la provocation, mais le lien consubstantiel qui unit le marxisme à la pensée de l'Occident au XXe siècle :

> Le marxisme est la plus haute expression spirituelle de la société bourgeoise. Par lui, elle est arrivée à prendre conscience d'elle-même, en lui elle s'est niée elle-même […]. À force de développer la critique de l'économie capitaliste, le marxisme a fini par donner de larges fondements aux lois de cette même économie[3].

En légitimant l'idéologie du progrès, l'industrialisme, et les conditions de travail dans la grande entreprise, le marxisme a donné au capitalisme cette justification suprême qu'un accusé ne peut attendre que de son pire ennemi.

Simone Weil ne peut en rester là sans tomber sous les critiques qu'elle a adressées elle-même au marxisme. Sa courte vie durant, elle a été obsédée par le souci de dégager la nature profonde de l'oppression, sans quoi tout effort d'émancipation restera vain.

L'oppression

On ne saurait, au motif qu'elle a critiqué l'insuffisance de la théorie marxiste de l'exploitation, reprocher à Simone Weil d'avoir sous-estimé ce qui constitue l'infrastructure économique et financière de l'oppression, et notamment tout ce qui concerne le salaire. En témoigne son *Journal d'usine*, tout entier consacré aux montants et aux modalités du salaire, et notamment du salaire aux pièces, qui a été le plus souvent son lot personnel quand elle a travaillé en usine. Elle entre dans un grand luxe de précisions sur le « bon coulé » et le « bon non coulé », en vigueur chez Alsthom. Surtout,

1. *Réflexions sur les causes de la liberté et de l'oppression sociale*, in *Œuvres*, éd. cit., p. 341.
2. *Sur les contradictions du marxisme*, in *Œuvres*, éd. cit., p. 358.
3. *Ibid.*, p. 351.

on ne saurait oublier que c'est par le syndicalisme enseignant et ouvrier qu'elle s'est rapprochée de la condition ouvrière, et même de la mentalité ouvrière : or le syndicalisme, c'est au quotidien la lutte pour une répartition moins injuste de la plus-value. Elle adhère en 1931 au Syndicat national des instituteurs (SNI) rattaché à la CGT, tout en suscitant un groupement intersyndical qui milite pour la réunification entre la CGT (réformiste) et la CGTU (communiste). Elle publie dans *L'École émancipée*, organe du SNI, et surtout dans la *Révolution prolétarienne* de Pierre Monatte, inaugurant un long compagnonnage avec le syndicalisme révolutionnaire, dans la tradition de l'avant-guerre, antérieurement à la scission.

Pourtant, au chapitre de la condition matérielle des classes ouvrières, elle se distingue de la tradition socialiste et marxiste par une préoccupation constante des conditions concrètes de l'oppression, à savoir la misère et la faim. Comme le Péguy de *Jean Coste*, elle distingue entre la pauvreté, qui peut être une vertu, et la misère, qui est la négation même de la condition humaine. Arrivée à Marseille en septembre 1940, elle se préoccupe du sort des travailleurs indochinois groupés au camp de Mazargues, leur distribuant ses tickets d'alimentation. Son souci de partager les conditions de vie des plus misérables a chez elle un caractère moral existentiel. De même à Londres en 1943, elle prétend continuer de partager strictement la condition matérielle de ceux qui, en France, en sont réduits à leurs tickets d'alimentation. Beaucoup, on le sait, en mourront, notamment dans les maisons d'aliénés et les prisons ; et ces privations volontaires la conduisent à la malnutrition, qui aggravera la tuberculose dont elle mourra le 24 août 1943 au sanatorium d'Ashford.

C'est l'occasion ici de souligner combien est artificielle toute tentative de distinguer, comme l'a fait longtemps la tradition laïque de l'Université, entre la militante engagée dans les combats politiques de son temps et la mystique dont la pensée et les actes relèveraient exclusivement de la vie intérieure et de la spiritualité. Elle partage la même sévérité pour les croyants indifférents à la dimension politique de la charité et pour ces révolutionnaires insensibles à la condition ouvrière concrète, à l'image de Trotski et de Lénine qui, dit-elle, n'ont jamais mis les pieds dans une usine. La double grandeur, à la fois politique et spirituelle, de Simone Weil tient justement à cette volonté constante d'être entièrement elle-même, dans chacun des moments de sa pensée et de son action. Chacun des actes de sa vie est une protestation contre l'imposture des intellectuels qui s'exemptent dans leur vie personnelle des exigences de leur pensée.

D'où l'importance capitale dans l'itinéraire politique, philosophique et spirituel de Simone Weil de l'expérience vécue. Son année d'usine lui permet de faire dans sa chair la connaissance de la douleur et de l'aliénation par le travail[1]. D'une constitution fragile, sujette à diverses défaillances organiques, à commencer par d'horribles maux de tête, elle a vécu cette année comme un calvaire consenti, à travers la condition ouvrière : le « ressenti » ouvrier, comme on dit aujourd'hui, commence avec le pointage et l'humiliation, se traduit par la fatigue, s'accompagne de la peur et se résume dans la contrainte. Tout cela est décrit en détail dans le plus célèbre des articles de Simone Weil, « La vie et la grève des ouvrières métallos », signé Simone Galois, en hommage au grand mathématicien[2]. Tout Simone Weil est dans ce rapprochement inattendu de la spéculation la plus abstraite et de l'expérience la plus concrète, ainsi que dans le titre lui-même qui décrit la vie, non des ouvriers, mais des ouvrières, telle qu'elle l'a elle-même connue. On en a souvent cité la célèbre anaphore sur la joie, mais c'est une joie que l'on est tenté de qualifier de bernanosienne, tant, de son propre aveu, elle est inspirée par le « désespoir ».

Le meilleur résumé de ses impressions violentes et contradictoires, c'est Simone elle-même qui l'a donné quelques années plus tard dans sa « Lettre ouverte à Jules Romains » (1941). On citera longuement ce texte, qui dispense de plus amples développements[3] :

> Les visages contractés par l'angoisse de la journée à traverser et les yeux douloureux dans le métro du matin ; la fatigue profonde, essentielle, la fatigue d'âme

1. Voir Anne Roche, « L'année d'usine de Simone Weil (1934-1935) », *Les Temps modernes*, juillet-octobre 2015, p. 203-214.

2. *La Révolution prolétarienne*, n° 224, 10 juin 1936, in *Œuvres*, éd. cit., p. 159-191.

3. *Lettre ouverte à Jules Romains*, in *Œuvres*, éd. cit., p. 195-210. Fragment cité p. 204-205.

encore plus que du corps, qui marque les attitudes, les regards et le pli des lèvres, le soir à la sortie ; les regards et les attitudes de bêtes en cage, quand une usine, après la fermeture annuelle de dix jours, vient de rouvrir pour une interminable année, la brutalité diffuse qu'on rencontre presque partout ; l'importance attachée par presque tous à des détails petits par eux-mêmes, mais douloureux par leur signification symbolique, tels que l'obligation de présenter une carte d'identité en entrant ; les vantardises pitoyables échangées parmi les troupeaux massés devant la porte des bureaux d'embauche, et qui, par opposition, évoquent tant d'humiliations réelles ; les paroles incroyablement douloureuses qui s'échappent parfois, comme par inadvertance, des lèvres d'hommes et de femmes semblables à tous les autres ; la haine et le dégoût de l'usine, du lieu de travail, que les paroles et les actes font si souvent apparaître, qui jettent leurs ombres sur la camaraderie et poussent ouvriers et ouvrières, dès qu'ils sortent, à se hâter chacun chez soi presque sans échanger une parole ; la joie, pendant l'occupation des usines, de posséder l'usine par la pensée, d'en parcourir les parties, la fierté toute nouvelle de la montrer aux siens et de leur expliquer où on travaille, joie et fierté fugitives qui exprimaient par contraste d'une manière si poignante les douleurs permanentes de la pensée clouée ; tous les remous de la classe ouvrière, si mystérieux aux spectateurs, en réalité si aisés à comprendre ; comment ne pas se fier à tous ces signes, lorsqu'en même temps qu'on les lit autour de soi, on éprouve en soi-même tous les sentiments correspondants ?

Simone Weil parle ici du « malheur ouvrier » comme d'un « mystère ». Déjà Fernand Pelloutier avait assigné au syndicalisme la tâche de donner aux ouvriers « la science de leur malheur », et la filiation avec le père fondateur du syndicalisme révolutionnaire est incontestable.

Mais le mystère ? Pourquoi le mystère ? Le mot n'est pas à prendre ici au sens d'énigme, ou de secret, mais dans une acception plus proche de la théologie catholique qui parle du dogme de l'Incarnation comme d'un mystère, c'est-à-dire d'une opération impliquant des personnes, et éventuellement du lien qui s'établit entre elles. Le mystère du malheur ouvrier, ce n'est pas seulement la condition matérielle. C'est le déracinement. Le mot, avant de devenir le thème de sa dernière grande œuvre, figure déjà dans la *Lettre à Jules Romains*[1].

1. « Les ouvriers d'usine sont en quelque sorte déracinés, exilés sur la terre de leur propre pays », *ibid.*, p. 195.

C'est en effet dans cette dernière grande œuvre, *L'Enracinement*, qu'on trouve les développements les plus larges sur le sujet. Le premier facteur de déracinement, c'est le salariat, qui transforme l'ouvrier en « chair à travail », étranger dans les lieux mêmes où il exerce. Les ouvriers ne sont chez eux « ni dans les usines, ni dans leurs logements, ni dans les partis et les syndicats soi-disant faits pour eux, ni dans les lieux de plaisir, ni dans la culture intellectuelle[1] ».

Le second facteur de déracinement, c'est l'enseignement, de plus en plus coupé de ses bases humanistes, orienté vers la technique et dominé par la tyrannie utilitariste de l'examen. On aperçoit de quel côté pencherait Simone Weil dans la querelle actuelle de l'Éducation nationale…

Le résultat, c'est la révolte du petit nombre et la stupeur du plus grand.

Le malheur, c'est donc le fait de ne plus s'appartenir. De ne pas être chez soi à l'usine. D'où la « joie » de l'occupation de l'usine, parce qu'elle implique une réappropriation.

Au-delà même de la souffrance ouvrière, ou plutôt à la racine de cette souffrance, il y a l'aliénation par le travail. Scandale suprême ! Le travail, « l'unique conquête spirituelle qu'ait faite la pensée humaniste depuis le miracle grec[2] », le travail, instrument d'émancipation de l'homme, a été transformé par le monde moderne en instrument de son asservissement. Tel est le rôle de la technique. La technique, c'est la transposition dans le domaine des objets de cette séparation du manuel et de l'intellectuel qui transforme le travail en « emploi » et l'ouvrier en servant de la machine. En termes de civilisation, cette inversion du rapport entre l'homme et l'outil que représente la machine est beaucoup plus lourde de conséquences que l'affirmation du propriétaire, détenteur des capitaux, comme personnage central de l'économie moderne.

La conclusion de Simone Weil est d'une grande clarté et d'une grande force. Il n'y aura pas de socialisme, autrement dit pas de

1. *L'Enracinement*, in *Œuvres*, éd. cit., p. 1053.

2. *Réflexions sur les causes de la liberté et de l'oppression sociale*, in *Œuvres*, éd. cit., p. 332.

fin de l'oppression, aussi longtemps que le rapport de l'homme à la machine dans l'industrie moderne n'aura pas été transformé. Le machinisme soviétique est aussi asservissant et même davantage pour l'ouvrier que le machinisme américain. Là encore, c'est une véritable leçon de matérialisme, appuyée sur une expérience vécue, que Simone Weil inflige aux maîtres du socialisme.

Il est à peine besoin de le dire : l'évolution ultérieure – Simone Weil écrivait il y a bientôt un siècle ! – n'a fait que renforcer cette intuition profonde, qui ne doit rien à Heidegger, mais qui prend chez elle un tour infiniment plus concret : certes le travail industriel est devenu aujourd'hui moins pénible qu'il ne l'était dans la première moitié du XXᵉ siècle, mais le despotisme de la machine n'a fait que se renforcer, non seulement sur le travail en usine, mais sur l'évolution de la société tout entière.

C'est en effet la société tout entière qui subit la troisième force de l'oppression, à savoir la domination politique. On ne peut ici qu'effleurer un thème qui est sans doute le plus important dans la philosophie politique de Simone Weil, celui de force. Les rapports sociaux sont essentiellement des rapports de force. Dans un projet d'article (fin 1937-début 1938) rédigé à la suite de la lecture du *Discours de la servitude volontaire* d'Étienne de La Boétie[1], critiquant le pouvoir absolu de l'économie dans le marxisme, elle affirme : « la notion de force, et non la notion de besoin, constitue la clé qui permet de lire les phénomènes sociaux ». Aussi longtemps qu'il y aura compétition pour la puissance industrielle, et quel que soit le régime de la propriété, les ouvriers seront exploités.

Pour la deuxième fois, Simone Weil prend Marx en flagrant délit d'idéalisme et de volontarisme. Comment, en effet, dans la perspective matérialiste de ce dernier, la force étant la maîtresse de tous les phénomènes de la nature, concevoir que l'homme puisse s'abstraire de cette loi naturelle et fonder sur la raison et le désir de justice leurs relations mutuelles[2] ? De ce point de vue, la contradiction entre la science et l'humanisme est d'une absurdité criante. La force baptisée histoire, le rapport des forces baptisé lutte des classes

1. In *Œuvres*, éd. cit., p. 490.
2. *L'Enracinement*, in *Œuvres*, éd. cit., p. 1178.

signent la capitulation du marxisme devant une doctrine aveugle de la contrainte. Seule une philosophie reconnaissant dans l'univers, à côté de la force, un principe autre qu'elle permet d'échapper au despotisme de la nécessité. C'est la religion du pouvoir qui explique l'oppression commune au capitalisme et au socialisme ; et ce qui est haï dans la société l'est au moins autant dans l'entreprise, quel que soit le régime de la propriété. Marx a vu le problème, mais, au moment d'en tirer les conséquences, il a reculé et s'est jeté dans une profession de foi idéaliste et révolutionnaire que le matérialisme historique démentait par avance.

Les conditions d'une société libre

S'il en est ainsi, si le capitalisme et le socialisme ne sont que les deux faces complémentaires d'un monde moderne dominé par l'industrialisme, l'alternative réforme ou révolution est parfaitement vide de sens, puisqu'elle aboutit au même résultat. « C'est une absurdité d'imaginer que le système de production actuel pourrait être mis au service d'une société d'hommes libres et égaux », affirme-t-elle dans ses *Réflexions*[1]. On ne peut supprimer l'oppression tant que subsisteront les causes qui la rendent inévitable, c'est-à-dire les cadres matériels de l'organisation sociale. Ce sont, on l'a vu :

— le machinisme, c'est-à-dire la division technique et sociale du travail, qui déshumanise complètement cette grande institution humaniste qu'on appelle le travail. La forme spécifique que prend cette division, c'est l'apparition de machines de plus en plus complexes où l'intelligence humaine est en quelque sorte stockée au détriment de l'homme, qui n'est plus que leur desservant.

— L'industrialisme, c'est-à-dire la volonté de puissance appliquée à l'industrie, fondée sur le développement indéfini des forces productives et la course à l'hégémonie qui s'ensuit.

— La financiarisation de l'économie, devenue purement spéculative : « Dans le domaine économique, une entreprise est jugée, non d'après l'utilité réelle des fonctions sociales qu'elle remplit, mais d'après l'extension qu'elle a prise et la rapidité avec laquelle

1. *Réflexions sur les causes de la liberté et de l'oppression sociale*, in *Œuvres*, éd. cit., p. 290.

elle se développe[1] », écrit Simone Weil, anticipant sur ce qui est l'évolution actuelle du capitalisme.

Cette obsession de l'argent, propre au néocapitalisme, s'est étendue à la société tout entière, détruisant dans les syndicats le vieil esprit libertaire et l'idéalisme dans les partis politiques, et débouchant sur une espèce de « mort morale ».

Ainsi décrite à travers l'ensemble de ses manifestations, l'oppression ne relève plus des passions humaines ; elle devient une véritable « fonction sociale » ; elle débouche sur le déracinement généralisé, dont Simone Weil décrit les ravages dans le monde ouvrier, mais aussi paysan.

Alors, à quelle condition une société pourrait-elle être libre ? Paradoxalement, répond la philosophe, à condition de se ré-enraciner. Et notamment par l'autogestion. Si le mot ne figure pas dans le vocabulaire de Simone Weil, la chose est néanmoins présente. Se ré-enraciner pour le travailleur, c'est abolir la scission mortifère entre travail manuel et travail intellectuel. Il ne s'agit pas ici d'une simple hygiène de vie, mais de la démarche pour substituer à l'intelligence morte, celle qui a été incorporée aux objets et aux machines, une intelligence vivante, celle qui suppose une attention – mot clé dans la philosophie weilienne – de tous les instants à l'activité laborieuse ; celle où les gestes et les efforts ne seraient pas une fois pour toutes dictés de l'extérieur par le concepteur de la machine, mais où ils seraient dirigés par la « pensée claire », c'est-à-dire explicite et volontaire, dans l'accomplissement de la tâche. Il faut voir dans sa révolte contre le travail que l'on appelle justement machinal l'écho de l'expérience de l'auteur en usine, dominée par un sentiment d'abrutissement et d'abêtissement. « En résumé, dit-elle dans les *Réflexions*, avant de reprendre l'idée dans *L'Enracinement*, la société la moins mauvaise est celle où le commun des hommes se trouvent le plus souvent dans l'obligation de penser en agissant[2]. »

Le second remède au déracinement corrélatif du premier, c'est la décentralisation des responsabilités et la subsidiarité, c'est-à-dire le traitement des affaires au niveau le plus bas possible. Simone

1. *Ibid.*, p. 337.
2. *Ibid.*, p. 321.

Weil rêve de collectivités qui ne seraient jamais assez étendues pour dépasser la force d'un esprit humain, et où la fonction, évidemment nécessaire, de coordination n'impliquerait plus aucun effet collatéral de puissance. C'est en somme un effort de dépolitisation du travail et de la production ; quelque chose qui par certains aspects se rapprocherait de l'idéal saint-simonien de substitution de l'administration des choses au gouvernement des hommes.

Car, s'il faut dépolitiser le travail, il faut en même temps le re-spiritualiser. Invoquant Rousseau, George Sand, Tolstoï, Proudhon, Marx et les encycliques pontificales, Simone Weil, bien avant le Père Chenu, rêve d'une civilisation du travail fondée sur l'exercice de la raison. Ainsi le fascisme, envisagé sous l'angle de l'irrationalité, n'est pas la cause, mais la conséquence de la capitulation de la raison.

« Là où les opinions tiennent lieu d'idées, la force peut tout. Il est bien injuste de dire par exemple que le fascisme anéantit la pensée libre, en réalité, c'est l'absence de pensée libre qui rend possible d'imposer par la force des doctrines officielles entièrement dépourvues de signification[1]. »

Quant au modèle productif découlant de ces principes, il est de nature proudhonienne, fondée sur des modules de production de taille réduite, sur la propriété des instruments de travail par les travailleurs eux-mêmes et par le lien entre le travail et l'auto-éducation. Simone Weil préconise la multiplication de petits ateliers reliés directement à un atelier central de montage ; la triple propriété des machines, du logement et de la terre par les travailleurs ; le développement de l'apprentissage et de la formation professionnelle, comportant des stages ; et enfin l'implantation d'universités ouvrières à proximité des ateliers centraux. Nul doute que, si l'auteur avait connu l'informatique, elle en aurait tiré les conséquences en termes d'autonomisation du travail individuel et de décentralisation des lieux mêmes du travail.

1. *Ibid.*, p. 343.

« Par-dessus l'idole sociale »

Tous ces derniers traits en témoignent : Simone Weil appartient à une famille politique où la classique alternative entre la réforme et la révolution s'efface devant l'impératif de résistance au monde moderne, au nom de l'autonomie de l'individu. Proudhon, Pelloutier, Péguy sont-ils révolutionnaires, réformistes ou même conservateurs ? Cela dépend des moments ou des sujets. Sont-ils socialistes ? Oui, assurément. Sont-ils « collectivistes » ? Non, bien au contraire. Leur dialectique ouverte se rebelle contre le carcan hégélien ; ils lui préfèrent, à la suite de Pascal, une sorte de « raison des effets » où les contraires se combattent et se conjuguent, sans jamais s'abolir réciproquement. C'est la dialectique de la liberté.

C'est surtout le primat de l'individu libre, refusant farouchement de céder aux injonctions de celui que Simone Weil, à la suite de Platon, nomme le « gros animal », entendez la société regardée comme une sorte de minotaure tyrannique et intolérant, exclusif et vaniteux. Peut-être sera-t-on surpris d'une telle défiance à l'égard du collectif, de la part d'une intellectuelle férue de syndicalisme. Ce serait oublier que ceux dont je l'ai rapprochée partagent le même recul à l'égard du despotisme du nombre ; ce sont avant tout des libertaires, « ennemis irréconciliables de tout despotisme, moral ou matériel, c'est-à-dire des lois et des dictatures (y compris celles du prolétariat), et les amants passionnés de la culture de soi-même ». Ces belles lignes de Fernand Pelloutier, je crois bien que Simone Weil eût pu les prendre à son compte, elle qui n'a jamais transigé, fût-ce au nom d'impératifs religieux, fût-ce au nom d'idéaux socialistes, quand c'est l'indépendance de l'esprit qui était en jeu. L'égoïsme du privé, propre à la société moderne, n'a rien à voir avec l'individualisme véritable ; il s'accommode de toutes les tyrannies du conformisme social. Par des voies plus douces, il rejoint le primat du collectif propre aux régimes totalitaires.

« L'ordre social, quoique nécessaire, est intrinsèquement mauvais, quel qu'il soit[1]. » On voit que la pensée libertaire véritable

1. « Méditation sur l'obéissance et la liberté », projet d'article, printemps 1937.

suppose, en dernière instance, un relativisme social et un parti pris inconditionnel en faveur de l'individu, c'est-à-dire de la liberté.

Le mieux est de laisser ici le dernier mot à Simone Weil elle-même :

> Seuls des fanatiques peuvent n'attacher de prix à leur existence que pour autant qu'elle sert une cause collective ; réagir contre la subordination de l'individu à la collectivité implique qu'on commence par refuser de subordonner sa propre destinée au cours de l'histoire. Pour se déterminer à un pareil effort d'analyse critique, il suffit de comprendre qu'elle permettrait à celui qui l'entreprendrait d'échapper à la contagion de la folie et du vertige collectif en renouant pour son compte, par-dessus l'idole sociale, le pacte originel de l'esprit avec l'univers[1].

1. *Réflexions sur les causes de la liberté et de l'oppression sociale*, in *Œuvres*, éd. cit., p. 347.

LE PEUPLE[1]

Le modèle français, intégration politique et exclusion sociale

Le peuple ? « Un mot qui se prête à tout », nous avertit Mirabeau, orfèvre entre les orfèvres. Du jour où l'institution royale perdit son fondement divin, c'est-à-dire depuis la Révolution française, il fallut bien que la métaphysique trouvât refuge quelque part à l'intérieur de l'univers politique, sous peine de voir celui-ci se défaire et s'effondrer. Faute d'un appui sûr et incontestable, le pouvoir était soudainement privé de toute légitimité, réduit à une pure contingence, limité à l'arbitraire et à l'éphémère de sa force matérielle. Sur quoi, dès lors, fonder le consentement des gouvernés ? Le peuple est bien le *deus ex machina* de la politique moderne, à la fois agent historique et principe spirituel de la démocratie.

Comme *agent historique*, « le peuple » est un *concept social discriminant*, dont l'acception est certes très étendue, nous allons le voir, mais aussi fort ambiguë puisque, selon les moments, il inclut ou exclut telle ou telle catégorie de la population, telle ou telle classe sociale. Ce sera un des enjeux permanents de la bataille idéologique française, avant Marx et, bien entendu, à la suite de Marx, de décider qui a le droit de se réclamer du peuple, qui a le droit d'en faire partie. En ce sens, le peuple se pose en s'opposant. Il se manifeste et se définit contre tout ce qui n'est pas lui. Si les catégories de l'« ami » et de l'« ennemi » sont bien, comme l'affirme Carl Schmitt, le critère distinctif de l'univers politique au sens le plus

1. *Les Lieux de mémoire*, sous la direction de Pierre Nora, III, *Les France*, 1, *Conflits et partages*, Gallimard, 1992, p. 185-229.

large, alors le peuple est d'emblée signe de contradiction. La bataille politique révolutionnaire opposera donc les « amis du peuple » – on a reconnu le nom du journal de Marat – et les « ennemis du peuple », ceux que Robespierre poursuivra d'une haine inlassable.

Comme *principe spirituel de la démocratie*, au contraire, le peuple est un *concept politique englobant*, destiné à transcender toutes les distinctions sociales, d'aucuns diront à les escamoter. D'où l'extraordinaire ambivalence de l'avènement révolutionnaire du peuple. Il présuppose l'identité substantielle du politique et du social. Les Jacobins inaugurent une tradition politique qui deviendra plus tard celle des socialistes. De toutes les grandes nations modernes, la France est le pays qui a poussé le plus loin cette identification et qui, de ce fait, a installé la division sociale au cœur même du combat politique. Dans la tradition française, des Jacobins aux Pères fondateurs de la IIIe République, il n'y aura jamais traitement à part du social. Cela permettra aux uns d'affirmer que la République sera nécessairement sociale – tel fut, par exemple, le point de vue de Jaurès – et aux autres de prétendre que cette République fut *justement* le régime idéal pour escamoter la question sociale : ainsi pensèrent au début du siècle les tenants du syndicalisme d'action directe. Du fait de cette ambivalence, on verra que les classes laborieuses en France pourront bénéficier d'une intégration politique sans équivalent sur le continent européen, et pâtir d'une exclusion sociale non moins spectaculaire. Voilà aussi pourquoi il existe du point de vue marxiste une *exception française permanente* : c'est en France que les luttes des classes connaîtront leur traduction politique la plus directe et la plus lisible, dans la configuration des partis comme dans leur affrontement ; mais c'est aussi en France que les luttes de classes ne parviennent jamais à déboucher sur une confrontation sociale généralisée, en raison de la préexistence de la synthèse politique républicaine : paradoxe irritant qui fait de ce pays l'enfant chéri des révolutionnaires du XIXe siècle et le lieu d'une déception systématique. En France, la République a déminé la lutte des classes. Depuis deux siècles le peuple français ne se lasse pas de rejouer cette pièce dont il est le héros et l'acteur ; il est le seul à ne pas s'étonner qu'une histoire aussi sanglante repousse indéfiniment un dénouement tragique.

De Mirabeau à Sieyès

Mais revenons au texte de Mirabeau, qu'il faut citer longuement, parce que, à l'aube de l'ère nouvelle, il saisissait avec lucidité et pragmatisme comment la fortune du peuple – le mot et la chose – repose sans conteste sur son ambiguïté sémantique.

> On a cru m'opposer le plus terrible dilemme en me disant que le mot peuple signifie nécessairement ou trop ou trop peu, que si on l'explique dans le même sens que le latin *populus*, il signifie nation [...], que si on l'entend dans un sens plus restreint comme le latin *plebs*, alors il suppose des ordres, des différences d'ordre et que c'est là ce que nous voulons prévenir. On a même été jusqu'à craindre que ce mot ne signifiât ce que les Latins appelaient *vulgus*, ce que les aristocrates tant nobles que roturiers appellent insolemment la canaille. À cet argument je n'ai que ceci à répondre. C'est qu'il est infiniment heureux que notre langue dans sa stérilité nous ait fourni un mot que les autres langues n'auraient pas donné dans leur abondance [...] un mot qui ne puisse nous être contesté et qui dans son exquise simplicité nous rende chers à nos commettants sans effrayer ceux dont nous avons à combattre la hauteur et les prétentions, un mot qui se prête à tout et qui, modeste aujourd'hui, puisse grandir notre existence à mesure que les circonstances le rendront nécessaire, à mesure que, par leur obstination, par leur faute, les classes privilégiées nous forceront à prendre en main la défense des droits nationaux et de la liberté du peuple[1].

Ici, Mirabeau ne se contentait pas de répondre à Mounier qui proposait de définir la souveraineté nationale à partir des « représentants de la majorité de la nation », ni de réfuter les arguments de juristes éminents comme Thouret, de Rouen, et Target, de Paris, qui dénonçaient l'ambiguïté entre le peuple-*populus* et le peuple-*plebs* ; au-delà du débat de droit constitutionnel, l'habile marquis proposait en somme à la bourgeoisie progressiste de son temps, celle qui avait joué un rôle décisif dans les premiers moments de la Révolution, de se constituer en tiers parti de gouvernement, entre l'égoïsme à courtes vues des privilégiés et l'impatience du populaire.

1. Cité par Jean-Pierre Rioux, « De Michelet à Jaurès », in *Le Peuple, H histoire*, avril-juin 1981, p. 41-42. Cf. Jules Michelet, *Histoire de la Révolution française*, livre I, chap. III, Gallimard, coll. « Bibliothèque de la Pléiade », 1939, t. I, p. 103-104. (*Le Moniteur*, vol. I, p. 76-82.)

Le moyen ? Il s'agissait, au moment même de l'avènement politique du grand nombre, de consacrer ce principe tout en rusant avec ; d'instituer l'ambivalence en maxime de gouvernement et, sans jamais s'écarter du dogme de la souveraineté populaire, d'opposer le *populus* aux menées subversives de la plèbe, et la menace de la *plebs* à l'immobilisme des privilégiés. Ce sera, un quart de siècle plus tard, le programme effectif de Guizot et des doctrinaires de la monarchie selon la Charte.

Car la distinction, ou plutôt la confusion entre *populus* et *plebs*, voilà bien, si loin que l'on remonte dans l'emploi du mot peuple, la formule infaillible de son succès. Cette particularité française est-elle due seulement, comme le suggère Mirabeau, à la pauvreté de notre vocabulaire ? On en doute. Après tout, selon les auteurs et selon les moments, *people* en anglais et *Volk* en allemand jouissent de la même ambivalence. Quelle que soit, en effet, la formule politique en usage, monarchie, oligarchie ou république, quelle que soit la philosophie qui la sous-tend, droit divin, souveraineté populaire ou primat de la raison, quelle que soit, enfin, l'organisation sociale qui prévaut, ordres, classes ou même castes, le peuple est la réalité politico-sociale la moins contournable, la figure sociale par excellence.

Ainsi, l'ambiguïté irréductible du mot peuple, celle qui en fait tout le prix aux yeux de Mirabeau, est qu'il désigne tantôt le tout, tantôt l'une de ses parties. Mais nous ne sommes pas au bout de nos peines. Que recouvre en fait la totalité ? Et qu'inclure dans la partie la plus nombreuse ? Plus précisément : le peuple-*populus*, c'est-à-dire la nation, inclut-il les ordres privilégiés ? Inversement, suffit-il de ne pas appartenir à ces dernières pour être *ipso facto* partie prenante du peuple-*plebs* ? Deux questions qui se posent successivement, au fur et à mesure du déroulement de la Révolution française.

À la première, la réponse de Mirabeau n'est pas douteuse : l'ambiguïté du mot peuple permet justement de n'exclure personne. La noblesse et le clergé font bel et bien partie de la nation. Et cela, en dépit de leur égoïsme et de leurs maladresses. Il faudra que la partie éclairée de la société les y maintienne, en quelque sorte, malgré eux. Toujours l'ambiguïté.

À l'inverse, la position de l'abbé Sieyès est d'une effrayante brutalité. Avant même le déclenchement de la Révolution, il prend partie sans équivoque. On a souvent sous-estimé la radicalité de sa célèbre brochure *Qu'est-ce que le tiers état ?* en ramenant sa pensée et son programme à la dernière proposition de son célèbre triptyque :

1. Qu'est-ce que le tiers état ? — Tout.
2. Qu'a-t-il été jusqu'à présent dans l'ordre politique ? — Rien.
3. Que demande-t-il ? — À être quelque chose.

Ce « quelque chose » a paru bien modeste et bien raisonnable. N'est-ce pas le moins, quand on est tout, de prétendre à être reconnu pour quelque chose ? On a trop oublié la première proposition qui est sans concession : le tiers état est tout. En bonne logique, cela veut dire que les deux autres ordres ne sont rien. Et, du reste, le célèbre libelle entreprend de justifier cette proposition, dès le premier chapitre : « Le tiers état est une nation complète. » Autant dire que les privilégiés ne font pas partie de la nation. Passe encore pour le clergé : Sieyès, qui se souvient peut-être qu'il est lui-même ecclésiastique, indique dans une note qu'après tout le clergé est une *profession* plutôt qu'un *ordre* ; et qu'à ce titre il a droit à l'existence sociale, au sein même de la nation. Mais la noblesse ? Ce corps parasite n'est occupé que de ses intérêts particuliers, alors que la nation tend à réaliser l'intérêt général. Il ne suffit donc pas d'affirmer que les castes privilégiées sont débilitantes et nuisibles. Il faut aller jusqu'à démontrer que l'ordre noble « n'entre point dans l'organisation sociale ».

On n'ira jamais plus loin dans la dénégation de toute utilité sociale des ordres privilégiés. Adieu le fonctionnalisme cher au Moyen Âge, qui distingue, à côté de la fonction économique exercée par le tiers état, une fonction militaire incombant professionnellement à la noblesse et une fonction religieuse et intellectuelle qui est l'apanage du clergé[1]. Nous sommes plus près de la fameuse parabole de Saint-Simon, qui conclut à la parfaite inutilité sociale des classes dirigeantes et des professionnels du verbe. Et l'on sait

1. Georges Duby, *Les Trois Ordres ou l'Imaginaire du féodalisme*, Gallimard, 1978.

aussi qu'en période révolutionnaire proclamer l'inexistence sociale d'un groupe donné équivaut à vouer ses membres à l'extermination physique : ainsi en est-il allé des koulaks sous la dictature de Staline ou des paysans propriétaires dans la Chine de Mao. Dans un système fondé sur la reconnaissance et même l'exacerbation des luttes de classes, il n'y a pas de sociologie innocente et, cinq années à peine avant la Terreur, celle de Sieyès l'est moins que toute autre. Ce n'est pas de constructivisme social qu'il faut parler ici, à la façon de Hayek, mais bien de *destructivisme* : les parties jugées inutiles ou périmées n'ont qu'une vocation, disparaître. Le choix entre la pensée de Mirabeau, respectueuse de la réalité sociale, et celle de Sieyès, qui vise à la remodeler, est la première grande épreuve de la Révolution française. Après avoir poussé la doctrine de Sieyès jusqu'à ses dernières conséquences, on la sent reculer, comme effrayée par ce qu'elle était en train de faire, et revenir, à partir de Thermidor, à celle de Mirabeau.

Mais le choix entre maximalistes (le peuple-*populus*) et minimalistes (le peuple-*plebs*) ne recouvre pas la totalité du débat social. Le second volet du diptyque porte sur le contenu même de la plèbe. Ici, c'est le marquis qui se révèle meilleur prophète que l'abbé. Dès lors qu'il faut prouver ses quartiers de roture pour appartenir au peuple, le processus réducteur ne s'arrête pas là. Le tiers état est gros en somme d'un « quart état », lequel contient le noyau dur du peuple. Ici, il ne convient pas de parler de *plebs*, mais de *vulgus*, c'est-à-dire de foule, de multitude destructurée : le *lumpenpopulus*, si l'on peut dire.

Ainsi, la Révolution française nous a offert, au fur et à mesure de son déroulement, le spectre complet des diverses acceptions du mot peuple et des figures sociales qui leur correspondent. Ce sont, par ordre d'extension décroissante :

— *le peuple-nation*, englobant la population tout entière, au-delà des clivages d'ordre ou de classe qui le traversent. C'est en dernière analyse le peuple de Mirabeau, comme nous l'avons vu. En amont, c'était déjà le peuple de Rousseau. En aval, c'est celui qui émerge de la tempête révolutionnaire ;

— *le peuple-tiers état*, tel que le décrit Sieyès, par élimination des ordres privilégiés, spécialement de la noblesse. C'est la réunion des classes populaires autour de la bourgeoisie, spécialement de la bourgeoisie intellectuelle. C'est, nous le verrons, la formule dans laquelle se reconnaît avec prédilection la gauche française, depuis les élections aux États généraux de 1789 jusqu'au programme commun de 1972 : l'alliance le plus large possible contre « une poignée de privilégiés » ;

— *le peuple des travailleurs* est une version restreinte du cas précédent, moins juridique et plus sociale. Ici la notion de privilège englobe la richesse : les riches bourgeois sont rejetés du côté des classes dominantes. Le pivot de la société est constitué par les citoyens des quartiers populaires, commerçants, artisans, ouvriers et manœuvres, tous ceux qui fournissent les troupes de la sans-culotterie parisienne. Le jacobinisme de Robespierre et de Saint-Just ne cesse d'hésiter, selon les problèmes et les moments, entre la conception précédente, où le tiers état forme bloc, et celle dans laquelle travailleurs manuels et petite-bourgeoisie apparaissent au premier plan. Encore une trentaine d'années et le clivage qui s'esquisse ici provisoirement, dans le sillage de Robespierre, et plus encore de Babeuf, deviendra la fracture sociale majeure, le front principal des luttes de classes en France, telles que les a décrites Marx ;

— *le peuple des bras nus et des miséreux*, celui que tentent de mobiliser Jacques Roux et les Enragés, est d'une tout autre nature que les précédents. C'est un peuple résiduel, qui ne saurait à lui seul prétendre à constituer une société, fût-ce à l'état embryonnaire. Il n'annonce pas non plus une étape nouvelle de l'histoire, mais témoigne au contraire, par-delà les changements politiques et économiques, de la permanence d'une couche d'exclus et de laissés-pour-compte. Il ne se limite pas aux « classes dangereuses » dont a parlé Louis Chevalier ; et pourtant il fait peur. Son apparition comme acteur social dans les situations extrêmes, révolutions politiques ou émeutes de la faim, signifie l'émergence d'un non-dit : comme elle est opaque à elle-même, cette société, et combien fragile !

On l'a déjà compris : le peuple, à l'aube de l'ère démocratique, apparaît comme acteur historique majeur et se situe à l'entrecroisement des quatre figures que l'on a distinguées : comme incarnation vivante de la Nation, il a pour antagoniste le Roi ; représenté par le

Tiers, il s'oppose aux Grands ; identifié aux Travailleurs, il s'oppose aux Gros ; réduit aux pauvres et aux miséreux, c'est l'ordre social lui-même qu'il paraît menacer.

Le premier de ces conflits, celui qui met face à face, dès juin 1789, le peuple au roi, se confond avec l'essence de la Révolution française. Il pourra s'en trouver par la suite, en 1793-1794, de plus violents et surtout de plus sanglants, mais pas de plus radicaux. On ne fait pas ici allusion aux divers épisodes qui, de la proclamation de l'Assemblée nationale constituante (9 juillet 1789) jusqu'à la chute de la royauté (10 août 1792) en passant par la fuite à Varennes (juin 1791), ont mis face à face Louis XVI et les députés ; on veut parler de cette question essentielle qu'est la dévolution de la souveraineté légitime. Une analyse un peu courte, de type marxiste, nous avait longtemps habitués à voir dans la période de la Terreur le cœur même de la Révolution française, parce que, par certains aspects, elle annonçait les conflits sociaux de l'avenir. Mais plus récemment, cette analyse a été remise en cause, notamment par François Furet et ses disciples. Ils ont souligné à juste titre que c'est en 1789 qu'a été opérée la grande rupture avec l'Ancien Régime, autrement dit le passage de la souveraineté royale – et, en dernière analyse, divine – à la souveraineté populaire. Il est à peine besoin de souligner ce qu'une telle révolution doit à Rousseau, même si elle n'a pas été faite *Le Contrat social* à la main.

Le caractère inédit et proprement révolutionnaire de cet ouvrage incomplet et par certains aspects énigmatique (« un texte à refaire », disait l'auteur) ne tient pas à l'affirmation de la souveraineté populaire comme *ultima ratio* de la politique. D'autres avant lui ont opéré la substitution du peuple au monarque lieutenant de Dieu : Pufendorf, Jurieu, Hobbes surtout et avant lui toute une pensée laïcisante, de Dante à Machiavel, qui s'efforce de libérer le monarque de toute dette, de toute obédience à l'égard de Dieu. Si le monarque ne tient pas son pouvoir de Dieu, de qui le tiendra-t-il, sinon du peuple ?

Le coup de force théorique de Rousseau n'est donc pas dans la proclamation du principe de la souveraineté populaire, mais dans cette proposition inouïe, qui est restée jusqu'aujourd'hui objet de scandale : que non seulement le peuple est souverain, mais qu'il doit *lui-même* exercer sa souveraineté, sans jamais la déléguer.

Comme l'a bien montré Robert Derathé, l'innovation radicale de Jean-Jacques consiste à attribuer au peuple non seulement l'origine, mais l'exercice de la souveraineté[1].

Une bonne partie du reste de l'œuvre politique de Rousseau sera consacrée à tenter de sortir de la difficulté dans laquelle il s'est lui-même plongé : comment donner le pouvoir au grand nombre ? Comment l'exercice de la souveraineté, qui suppose la concentration en un petit nombre de mains, peut-il effectivement être l'œuvre de tous ? On n'entrera pas dans l'analyse des subtilités, mais aussi des contradictions de l'auteur du *Contrat social* sur ce point. Plus important est de signaler que, ce faisant, il a plongé la Révolution française dans le même embarras. Il n'est pour s'en convaincre, que de relire l'article 6 de la Déclaration des droits de l'homme et du citoyen de 1789 : « La loi est l'expression de la volonté générale. Tous les citoyens ont droit de concourir personnellement, ou par leurs représentants, à sa formation… »

Qu'en est-il dans les faits de ce droit reconnu au citoyen d'être *personnellement* législateur ? Peut-il à chaque instant s'en prévaloir ? Et par quels moyens ? Le référendum ? La démocratie directe ? Le débat rebondira avec la Constitution de 1793 qui s'efforce de donner un contenu concret à ce droit. Mais elle ne fut pas appliquée, et sans doute n'était-elle pas applicable.

Voici pourtant le peuple investi de la prérogative qui, jadis, fut celle des rois : celle de conférer la légitimité à tous les actes de la politique. Devenu sujet de l'histoire sans cesser d'en être l'objet, souverain autocéphale ou prétendu tel par ses adorateurs, le peuple commence avec la Révolution son irrésistible ascension en trompe l'œil : quand il est censé gouverner, il est absent des affaires ; mais quand on prétendra en finir avec la démocratie, c'est encore au nom du peuple qu'on le fera.

---

1. Robert Derathé, *Jean-Jacques Rousseau et la science politique de son temps*, 2e éd., Vrin, 1970, p. 49.

De Bonald à Louis Blanc

Comment s'en débarrasser ? C'est la question que se sont posée la plupart des penseurs politiques du XIXe siècle. L'apparition du peuple sur la scène politique, son irruption révolutionnaire dans les lieux où se règle sa destinée, selon l'expression de Trotski, a bouleversé de fond en comble un art millénaire : celui du gouvernement. Traditionnellement, celui-ci avait été conçu comme le moyen de répondre à cette question capitale : « Comment faire pour que le grand nombre obéisse au petit ? » Les réponses, on les eût dites sorties tout droit du discours du Grand Inquisiteur de Dostoïevski : le miracle, le mystère, l'autorité. Désormais, la question est autre. Elle est double : « Comment le grand nombre peut-il se commander à lui-même ? », et aussi : « Comment le grand nombre peut-il s'obéir à lui-même ? » La réponse théorique, Rousseau l'a donnée dans *Le Contrat social*. Pour ce faire, il faut et il suffit que la souveraineté populaire ne puisse pas se tromper, ne puisse pas se diviser, ne puisse pas se déléguer. Trois postulats démentis par l'expérience la plus courante, et qui pourtant sont indispensables à l'équilibre de l'édifice. Il faudrait pour les respecter bannir de la scène publique les débats d'opinion, le pluralisme des partis et le système parlementaire. Tout cela qui s'annonce en ce début du XIXe siècle et qui, à nos yeux encore, s'identifie avec l'exercice même de la démocratie. Jamais peut-être dans l'histoire des régimes politiques, on ne s'était avancé vers un nouveau système armé de principes aussi incompatibles avec son existence même. En attendant, c'est l'intelligence politique du XIXe siècle, son ingéniosité aussi, qui, toutes opinions confondues, se mobilisent contre le principe de la souveraineté populaire.

Pour les grands réactionnaires du début du siècle, comme Bonald et Maistre, partisans de la restauration de l'Ancien Régime, ce principe radicalement mauvais se confond avec l'essence diabolique de la Révolution française. Face aux droits de l'homme, il convient donc de restaurer les droits de Dieu et rendre à celui-ci la souveraineté politique. Solution qui paraît aberrante, hors de saison et hors de raison et qui, pourtant, comporte un énorme avantage et véhicule une grande leçon : c'est que la notion de souveraineté est de celles qui irradient et brûlent tous ceux qui l'approchent : la renvoyer dans les espaces interstellaires doit permettre, en principe, d'en débarrasser la terre et d'y faire régner des maximes de gouvernement plus pragmatiques. Ce n'est pas pour rien que l'« empirisme organisateur » de Maurras au tournant du XXe siècle, allégé du substrat métaphysique de Bonald, se réclame néanmoins de lui contre les « nuées » de la politique républicaine et humaniste.

Tout comme les grands réacteurs, ses contemporains, Guizot repousse énergiquement le principe de la souveraineté populaire. Mais il se distingue d'eux de façon radicale à propos des conséquences à tirer de la Révolution française. Quelque jugement que l'on porte sur elle, on ne saurait faire qu'elle n'ait pas eu lieu. Et ce qu'elle interdit désormais, c'est justement de recourir à la fiction de la souveraineté divine. Celle-ci est impossible ; l'autre, la souveraineté populaire, impraticable. Alors ? N'est-ce pas la notion même de souveraineté qu'il convient de mettre en cause ? Du reste, observe-t-il, cette notion de souveraineté populaire a fait faillite dès ses premiers pas, en se résignant à n'être que la loi de la majorité. Le principe transcendant destiné à se substituer à la souveraineté divine se réduit piteusement à une version non violente de la loi du plus fort ; substitution d'autant plus discutable qu'elle prétend régler, non seulement des rapports de force, mais aussi des débats de nature intellectuelle. Au nom de quoi l'opinion de la majorité serait-elle infaillible ? En quoi serait-elle conforme à « la raison, la justice, qui sont la vraie loi et confèrent seules la souveraineté légitime[1] » ?

Voilà qui est dit. Voilà tranché le nœud gordien de la souveraineté. Puisque ni celle de Dieu ni celle du peuple ne sont praticables, et qu'on ne saurait en imaginer d'autres titulaires personnels, c'est tout justement le principe de souveraineté qu'il s'agit de remettre en cause, en le renvoyant à d'autres valeurs. Qui ne voit qu'en attribuant la souveraineté à la raison et à la justice, Guizot se déleste en fait d'un concept incommode, facteur d'arbitraire et d'imprévisible

1. *Histoire des origines du gouvernement représentatif en Europe*, 1820, 2 vol.

dans la conduite des affaires publiques ? Le peuple est désormais un des acteurs de la vie politique ; il ne saurait pour autant en être le souverain arbitre.

D'où la critique très vive du suffrage universel qui, en attribuant à chacun la même part de souveraineté, fait abstraction à la fois des inégalités naturelles et des inégalités acquises. Dans le système du suffrage universel, le droit de vote est garanti à chaque individu en quelque sorte de naissance. En cela, il se rapproche du système aristocratique, fondé lui aussi sur la naissance, non sur la capacité. La conséquence, c'est le « despotisme du nombre, la domination des infériorités sur les supériorités ».

Ce n'est pas de cette façon que procède le gouvernement représentatif, caractérisé justement, au dire de Guizot, par la prise en compte, pour la sélection des gouvernants, du principe de capacité. Ce n'est qu'ensuite qu'on cherchera la majorité parmi les capables. Ainsi, loin d'être synonymes, ou à tout le moins complémentaires, souveraineté populaire et gouvernement représentatif procèdent de principes opposés ; la première fait venir le pouvoir d'en bas, le second d'en haut. Certes, il peut arriver qu'on fasse appel à la souveraineté du peuple pour briser une inégalité excessive ou pour en finir avec un pouvoir tyrannique ; mais il ne s'agit là que d'un recours provisoire, non d'un principe de gouvernement. « La souveraineté du peuple est pleine à la fois d'orgueil et d'envie, le gouvernement représentatif rend hommage à la dignité de notre nature sans en méconnaître la faiblesse. »

C'est à un expédient analogue que fait appel Benjamin Constant. Mais au fur et à mesure que l'on se déplace de la droite vers la gauche, l'hommage rendu à la souveraineté populaire est plus appuyé. Comme il n'est plus question de la refuser, on se contentera de la limiter. La célèbre distinction entre la liberté chez les anciens et la liberté chez les modernes[1] a pour effet de soustraire à l'emprise de la souveraineté populaire tout le domaine de la vie

1. « De la liberté des anciens comparée à celle des modernes », discours prononcé à l'Athénée royal de Paris en 1819, *in* Benjamin Constant, *De la liberté chez les modernes*, textes choisis, présentés et annotés par Marcel Gauchet, Hachette, coll. « Pluriel », 1980, p. 491-515.

privée. Certes, le peuple est souverain, mais seulement dans les affaires publiques. Dans les affaires privées, c'est l'individu qui doit avoir le dernier mot. Et comme, en matière politique, Benjamin Constant est un partisan résolu du système représentatif, on peut dire qu'il ne fait qu'ajouter un verrou de sécurité à celui qu'a établi Guizot – la capacité – pour la défense de l'individualisme moderne.

Gouvernement représentatif : ce sera tout au long du siècle la barrière de sécurité imaginée par la classe gouvernante à l'égard des débordements possibles de la souveraineté populaire. Pas question de refermer la boîte de Pandore de la démocratie. Mieux vaudra la transformer en miroir aux alouettes. En veut-on deux autres exemples, empruntés aux ailes marchantes de la démocratie ? Le premier a pour cadre la Révolution de 1848, le second les débuts de la IIIe République.

Il était inévitable que la révolution de Février, qui a sacralisé le peuple, posât à nouveau les questions soulevées par Rousseau et que la grande Révolution avait eu tant de mal à escamoter : comment rendre effective la souveraineté reconnue au peuple ? Par le gouvernement direct de celui-ci, répondent alors les démocrates les plus avancés, les plus sincères. C'est le cas de Victor Considérant, représentant autorisé du fouriérisme, de Ritting-hausen, ancien député au Parlement de Francfort, ou encore, de façon plus surprenante, d'Émile de Girardin. C'est encore, à la manière qui lui est propre, le cas de Proudhon. C'est enfin le cas de Ledru-Rollin, figure centrale de la gauche « démoc-soc » et principal rival de Louis Napoléon Bonaparte lors de l'élection présidentielle de décembre 1848. Il est notamment l'auteur de deux articles, plus tard repris en brochures, dont le titre dit assez le contenu. Ce sont : « Du gouvernement direct par le peuple » et « Plus de président, plus de représentants ». Il est piquant de voir les deux principaux protagonistes de l'élection présidentielle de décembre 1848, Louis Napoléon Bonaparte et Ledru-Rollin, professer en somme les mêmes principes et se réclamer l'un et l'autre du gouvernement direct : question d'époque, et preuve que le débat autour du *Contrat social* n'est pas terminé.

Les solutions imaginées par les partisans du gouvernement direct sont variées. Elles vont du classique référendum jusqu'à l'organisation du vote direct des lois par communes ou par secteurs de mille citoyens. Si les moyens diffèrent, le but est toujours le même : en finir avec la délégation de la souveraineté.

Un homme se lève pour crier aux chimères. Ce n'est ni un réactionnaire ni un conservateur ; c'est au contraire la personnalité la plus en vue du mouvement socialiste de l'époque, celui dont Février a fait l'un des porte-parole du peuple au sein du gouvernement provisoire : c'est Louis Blanc, l'auteur de *L'Organisation du travail*, le père putatif des Ateliers nationaux. Que dit Louis Blanc ? Que le recours à la démocratie directe, sans une éducation politique préalable du peuple, consacrerait « l'autorité de l'ignorance sur l'instruction, des préjugés sur les vérités nouvelles, de l'esprit de routine sur l'esprit de progrès, des ténèbres sur la lumière ». Pas moins. Les partisans du recours au peuple ne sont pas, comme on pourrait croire, des ultra-démocrates ; ce sont tout bonnement des Girondins, à l'image de ceux qui, jadis, pour sauver Louis XVI, avaient proposé démagogiquement l'« appel au peuple ». En vérité, dit Louis Blanc, le verdict du peuple ne serait valable que s'il était unanime ! Et voilà la surenchère rousseauiste mise au service de la démocratie indirecte. À l'instar de son maître Robespierre, Louis Blanc ne conçoit la démocratie que sous les espèces du gouvernement représentatif. Et à qui lui ferait remarquer qu'il accepte des assemblées parlementaires ce qu'il refuse au peuple, c'est-à-dire le système de majorité simple, Louis Blanc se récrie que ce sont là deux choses différentes. Car, dans l'état actuel des choses, le peuple est abruti, moutonnier, ignorant de ses intérêts, aveugle, tandis que les assemblées réunissent des personnes compétentes. Nous voici, phraséologie mise à part, tout près de la théorie des capacités de Guizot. Et comme dans toutes ces discussions Rousseau est décidément un allié peu sûr, voici le socialiste Louis Blanc invoquant le libéral Montesquieu :

> Le peuple est admirable pour choisir ceux à qui il doit confier quelque partie de son autorité […] mais saura-t-il conduire une affaire, connaître les lieux, les occasions, les moments, en profiter ? Non il ne le saura pas[1].

1. *L'Esprit des lois*, Ire partie, II, 2.

Même attitude de la part des notables de la IIIe République commençante. Les principaux leaders parlementaires, Thiers, Gambetta, Jules Ferry, Clemenceau, Rouvier, auront beau tour à tour s'inquiéter de la confiscation à peu près totale de la souveraineté populaire par le Parlement, rien n'y fait : ce sont les Grévy, les Freycinet, les Méline qui traduisent le mieux la méfiance des Assemblées à l'égard du peuple, que renforce le souvenir de l'expérience plébiscitaire du second Empire : tout au long de la IIIe République, le mot d'ordre sera de ne jamais donner la parole au peuple, d'aucune façon, en dehors des élections proprement dites. Montesquieu avait d'ailleurs prévenu : sauf à désigner des représentants qualifiés, le peuple n'entend rien à ses intérêts. Tout au long de la IIIe, les tentatives seront nombreuses pour arracher le peuple au confinement dans lequel la République entend le tenir. La tentative boulangiste est la plus connue, mais elle n'est pas la seule. L'écho qu'elle a éveillé dans les milieux populaires est la preuve qu'elle ne saurait se réduire à une aventure factieuse ou réactionnaire[1]. Périodiquement, d'ailleurs, le problème se reposera : Tardieu, Blum à la veille de la Seconde Guerre mondiale partagent l'inquiétude de leurs aînés, avant que de Gaulle, à l'un et l'autre bout de la IVe République, pose publiquement le problème.

Le grand juriste Carré de Malberg[2] n'hésite pas à considérer que le pouvoir discrétionnaire que s'attribuent les Assemblées parlementaires entre deux consultations électorales aboutit à une véritable confiscation de la souveraineté populaire au profit de ses représentants. On peut comparer cette usurpation à celle par laquelle le monarque, qui n'est en principe que le représentant de la volonté de Dieu sur terre, son « ministre », disait Bonald, accapare en réalité l'essentiel du pouvoir. Dans le système parlementaire, le dogme de la souveraineté populaire est aussi métaphysique, aussi abstrait que celui de la souveraineté divine dans la monarchie traditionnelle. Il

1. Sur la démophobie de la IIIe commençante et les efforts de quelques leaders pour lui échapper, on se reportera à Odile Rudelle, *La République absolue, aux origines de l'instabilité constitutionnelle de la France républicaine, 1870-1889*, Publications de la Sorbonne, 1982.

2. *La Loi, expression de la volonté générale*, Sirey, 1931, nouv. éd., Economica, 1984, préface de Georges Burdeau.

y a autant de différence entre le peuple, au sens constitutionnel du terme, et la réalité des classes populaires qu'entre la constellation du Chien et l'animal aboyant qui porte le même nom. Le dessaisissement du peuple aura été la grande affaire au XIXe siècle, pour rendre la nouvelle théologie démocratique compatible avec l'art millénaire du gouvernement.

De Michelet à Marx

Les hommes dont il vient d'être question ici sont des politiques ou des juristes. Ils ont en commun, qu'ils y adhèrent ou non, de partir de la problématique de Rousseau : à quelles conditions peut-on refonder les institutions politiques que la Révolution française a détruites ? Comment s'arranger de la nouvelle légitimité qu'elle a proclamée ?

À ce point de vue somme toute « constructiviste », au sens de Hayek, Michelet oppose une autre forme de la légitimité, historique celle-là. Le peuple ne tient pas son pouvoir d'on ne sait quel sacre ; il est souverain parce qu'il est l'acteur historique par excellence, et cela bien avant que la Révolution le consacre.

« À mesure que je suis entré profondément dans cette étude, écrit Michelet dans la Préface de 1847 à son *Histoire de la Révolution française*, j'ai vu que les chefs de parti, les héros de l'histoire convenue, n'ont ni prévu, ni préparé, qu'ils n'ont eu l'initiative d'aucune des grandes choses, d'aucune spécialement de celles qui furent l'œuvre unanime du peuple du début de la Révolution. Laissé à lui-même, dans ces moments décisifs, par ses prétendus meneurs, il a trouvé ce qu'il fallait faire et l'a accompli[1]. »

Et parlant de son histoire, il déclare : « De la première à la dernière page, elle n'a eu qu'un héros : le peuple[2]. »

En termes tocquevilliens, on dirait volontiers que la véritable continuité entre l'Ancien Régime et la Révolution, c'est le peuple qui l'incarne. Il y a une profonde différence entre Rousseau qui, dans son entreprise de fondateur de la cité, « commence par écarter tous les faits » et Michelet qui part de ceux que l'Histoire lui

1. *Histoire de la Révolution française*, éd. cit., t. I, p. 7-8.
2. *Ibid.*, Conclusion, t. II, p. 1149.

offre. La force de l'homme qui finit par incarner à travers son livre tout le volontarisme de la Révolution française est de ne rien laisser échapper de la tradition. « Tout ce qui est national est nôtre », eût-il pu dire le premier. De même, aucune des acceptions du mot peuple ne lui est étrangère. Le peuple de Michelet n'exclut personne. C'est à la fois le corps social tout entier, au sens de Mirabeau, mais c'est aussi le tiers état de Sieyès, plus peut-être que chez Sieyès lui-même. En tout cas, plus charnellement. C'est évidemment l'univers des travailleurs, comme chez Marx, avant Marx, et aussi, disons-le, mieux que Marx. C'est enfin le monde des misérables, au sens de Victor Hugo, c'est-à-dire de tous ceux qui appellent notre compassion, miséreux, marginaux, exclus, victimes de l'injustice, mais aussi criminels. Le grand roman du peuple de Victor Hugo ne devait-il pas primitivement s'appeler « Les misères » ? La pitié suprême : concept hugolien par excellence, mais qui s'applique autant à Michelet, jusque dans leur sentiment commun de l'immense injustice que l'homme fait à l'animal.

Il n'y a pas de peuple pour Michelet sans ce sentiment profond d'une communion des êtres. La civilisation industrielle détruit le populaire non parce qu'elle le fait évoluer, mais parce qu'elle crée une collaboration technique fondée sur la division du travail sans la moindre communication spirituelle. Les machines ont cette malheureuse faculté « d'unir les forces sans avoir besoin d'unir les cœurs, de coopérer sans aimer, d'agir et vivre ensemble sans se connaître[1] ».

Oui, il faut descendre jusqu'aux plus petits, aux plus déshérités, aux plus *misérables* pour atteindre le peuple. Mieux : c'est d'eux qu'il faut remonter.

« Ces impuissants, ces incapables, *miserabiles personae*, qui ne peuvent rien pour eux-mêmes, ils peuvent beaucoup pour nous. Ils ont en eux un mystère de puissance inconnue, une fécondité cachée, des sources vives au fond de leur nature[2]. » Voilà ce qui oppose Michelet et Victor Hugo à Marx. Alors que ce dernier ne veut considérer que les classes, c'est-à-dire les groupements d'êtres

1. *Le Peuple*, Julliard, coll. « Littérature », 1965, p. 163.
2. *Ibid.*, p. 225-226.

humains déterminés par leur place dans le processus de production, les deux écrivains, eux, valorisent l'unité vivante, organique, affective de toutes les couches populaires, en deçà, mais aussi au-delà de la Révolution industrielle. Marx rejette le Lumpenproletariat dans les ténèbres extérieures de l'histoire. Chez lui, les miséreux n'ont ni famille, ni avenir, ni fonction sociale. Au fond, il reprend à son compte l'exclusion sociale que leur a infligée la bourgeoisie. Michelet et Hugo, qui écrivent « dans l'entraînement de leur cœur », voient en eux le noyau irremplaçable de toute politique populaire. Est-il permis de faire remarquer que cette sociologie sentimentale est en définitive plus rigoureuse que celle qui se réclame de la science ? Car le peuple est constitué avant tout par les travailleurs. « Le vrai nom de l'homme moderne, celui de travailleur », écrit Michelet en tête de son livre, dans sa lettre à Edgar Quinet[1]. Mais tous les travailleurs : ouvriers, bien sûr, artisans, mais aussi paysans, qui sont en France le noyau historique du peuple, et enfin, si l'on peut dire, les sans-travail.

Encore une étape, et le peuple des travailleurs trouve place dans un ensemble plus vaste : celui du Tiers. On ne saurait reprocher à Michelet de sous-estimer le rôle de la bourgeoisie, depuis les communes médiévales, dans la constitution du sentiment national et dans la formation de l'unité de la nation. À propos des États généraux convoqués par Philippe le Bel, le voici qui s'écrie : « Ces bourgeois, maires, échevins, consuls des villes, sous quelque forme humble et servile qu'ils viennent, d'abord, répéter les paroles des rois et des nobles, ils n'en sont pas moins la première apparition du peuple[2]. »

En opérant une dissociation totale entre bourgeois et travailleurs manuels, sur la base de leurs intérêts opposés dans la société industrielle, Marx a fait l'impasse sur leur histoire commune, base d'une sensibilité partagée. Eh oui ! Les prolétaires, nous allons le voir, ont une patrie ! Ils ont même, *horresco referens*, l'instinct de propriété.

---

1. *Ibid.*, p. 53.

2. *Histoire de France*, livre V, chap. II ; t. 1, p. 247. Cité *in* Paul Viallaneix, *La Voie royale, essai sur l'idée du peuple dans l'œuvre de Michelet*, nouv. éd., Flammarion, 1971, p. 291.

Car le dernier pays du monde où la propriété sera abolie, assure Michelet, c'est la France ! Et si « la propriété, c'est le vol », alors il y a en France vingt-cinq millions de voleurs ! Là encore, l'intuition psycho-historique du grand romantique donne du peuple français une vision plus juste que la rigueur scientifique du sociologue allemand. La conclusion est nette, qui ferait rugir de plaisir tous les conservateurs du pays ; elle sonne comme l'appel à la constitution d'un grand front antirévolutionnaire : « Propriétaires, savez-vous bien celui qui ne bougera point, pas plus que la terre même ? [...] C'est le peuple. Appuyez-vous sur lui[1]. »

Est-ce là tout ? Sommes-nous au bout de nos efforts, avons-nous terminé cette démarche régressive d'où devra surgir *in fine* le peuple constitué, c'est-à-dire la nation ? Pas encore ! Il y faut le non-peuple ; il y faut les privilégiés eux-mêmes. Il ne sera pas dit que la France exclura un seul de ses enfants, ni pour cause de misère, ni pour cause de fortune. On songe au mot de la vieille femme, que le service d'ordre empêche à Colombey d'assister à l'enterrement du général de Gaulle : « Il a dit tout le monde ! » Et voici Michelet : « *Tout-le-monde*, ignorant sans doute dans les choses de la nature [...] n'en est pas moins un juste juge dans les choses de l'homme. Il est souverain maître en droit[2]. » Michelet est celui qui a dit « tout le monde ». Le peuple français n'appartient à personne, pas même à ceux qui, de son propre aveu, en constituent le cœur : les travailleurs. Si prévenu qu'il soit en faveur de ces derniers, Michelet n'en est pas moins résolument opposé à la notion de lutte des classes. Non qu'il n'y ait des antagonismes, des heurts d'intérêts ; des injustices, des monstruosités même. Mais la « question sociale » n'est pas dominante à ses yeux :

> C'est à tort que les auteurs de l'*Histoire parlementaire* [Buchez et Roux] et ceux qui la suivent de près ou de loin, ont placé en première ligne, dans l'histoire de la Révolution, les questions qu'on appelle sociales, questions éternelles entre le propriétaire et le non-propriétaire, entre le riche et le pauvre, questions formulées aujourd'hui, mais qui dans la révolution

1. *Le Peuple*, *op. cit.*, p. 154.
2. *Histoire de la Révolution française*, *op. cit.*, livre III, « De la méthode et de l'esprit de ce livre », p. 285.

apparaissent sous d'autres formes, vagues encore, obscures, dans une place secondaire[1].

La nation est une, parce que, au-delà des individus et des groupes, elle habite un pays, et ce pays c'est la France. Ici éclate vraiment le génie de Michelet qui prend en compte tous les déterminismes et démontre qu'ils sont facteurs de liberté. Un moment, dans les débuts de son enseignement, il a été tenté par la pensée d'Augustin Thierry sur la permanence des races. Mais, bien vite, il se reprend. Dans ses leçons de 1832 à l'École normale supérieure, il formule cette hypothèse qui le met définitivement à l'abri de tout déterminisme racial : « Il faudrait montrer [...] que certaines classes d'idées ont été le patrimoine de certaines races, de sorte que l'histoire des races et celle des idées se rencontrent[2]. »

Autre déterminisme qu'il faut assumer : celui du sol, présent notamment dans le *Tableau de la France*. L'harmonie de la géographie nationale est telle qu'ici le déterminisme se fait prédestination, qu'elle se confond avec l'âme immatérielle de la patrie et qu'à la fin Michelet s'écrie : « Oui, l'homme fait la terre. » Ainsi le principe fondamental, à l'œuvre dans l'histoire et notamment dans l'histoire de France, est donc celui d'une assimilation continue des races, des hommes et des paysages pour parvenir à ce précipité unique : le peuple français, la France ! Contre les tenants de l'Ancien Régime, qui mettent en avant le principe monarchique, mais aussi contre ceux du socialisme qui rêvent d'une humanité sans racines et sans frontières, Michelet est inébranlable : le rendez-vous du particulier et de l'universel s'appelle la patrie. Aussi bien, le véritable inventeur du concept rénanien de nation (« non, ce n'est pas la terre plus que la race qui fait la nature [...] une nature est un principe spirituel »), on aurait pu s'en douter, c'est Michelet lui-même. Nous ne sommes pas loin des penseurs spiritualistes russes comme Vladimir Soloviev que citait récemment Soljenitsyne et d'ajouter : « Chaque peuple, y compris le plus petit, est une facette irremplaçable du dessein

1. *Ibid.*, p. 291.

2. Cours de 1832, 18e leçon, d'après les notes inédites d'Alexandre Germain, Bibliothèque de l'École normale supérieure. Cité par P. Viallaneix, *La Voie royale*, *op. cit.*, p. 247.

de Dieu[1]. » Quand Michelet dit que la France est une personne, et même une religion, il ne veut pas dire autre chose.

Il fallait refaire une à une les étapes de la pensée de Michelet pour en percevoir la visée profonde. Certes, comme chez Rousseau, le peuple est un, mais cette unité n'est pas donnée au départ. Elle est le résultat d'une longue sédimentation historique, intégrant des éléments singuliers, uniques ; de plus c'est une unité en perpétuel devenir, toujours menacée, qui n'appartient à personne, à aucune de ses parties, et que le génie est mieux à même que quiconque d'incarner. En somme, Rousseau avait doté le peuple d'un corps. Michelet lui a donné une âme.

Et pourtant – qui pourrait en douter ? – le grand schisme s'est accompli. Michelet a vu sous ses yeux s'opérer la scission entre les ouvriers et le reste de la nation. L'Ancien Régime pouvait donner l'impression d'un tissu social continu, des plus privilégiés aux plus déshérités, dès lors que les coupures étaient multiples, tantôt sociales, tantôt juridiques, et qu'aucune ne l'emportait sur l'autre. La grande force du marxisme est d'avoir choisi un clivage – celui qui correspondait le mieux à la nature économique des temps nouveaux –, de l'avoir approfondi, élargi, jusqu'à en faire la *summa divisio* de la société, celle qui résume et couronne toutes les autres. Ce n'est pas pour rien qu'il règne, d'un bout à l'autre du *Peuple*, une atmosphère désenchantée et nostalgique. La charge furieuse de Michelet contre la technique et la société industrielle, qui l'apparente parfois aux auteurs les plus réactionnaires de ce siècle de progrès, s'explique par la crainte, justifiée, de voir se déchirer la tunique sans couture du peuple français. La lutte des classes introduit dans le tissu social une solution de continuité que la destruction des ordres, dans son arbitraire et son injustice, n'avait jamais suscitée. Mieux ou pis : au regard de la tradition marxiste, l'opposition introduite par le capitalisme n'est pas seulement un moment de l'histoire. Elle a en quelque sorte valeur redistributrice et projette ses effets jusque sur les périodes qui l'ont précédée. Non seulement elle incite à voir dans les conflits du travail des périodes anticapitalistes les symptômes avant-coureurs de la lutte grandiose qui est celle des temps

1. *Comment réaménager notre Russie*, Paris, Fayard, 1990, p. 26.

modernes et qui culminera avec l'éradication du capitalisme ; mais elle va plus loin, elle propose comme le font Marx et Engels, dans le *Manifeste communiste*, de voir dans les luttes de classes le moteur de l'histoire de toutes les époques. Il est clair que nous avons encore affaire ici à un mécanisme de causalité régressive, de sorte que ce n'est pas le peuple des époques anciennes qui donne sa dignité philosophique au prolétariat comme agent capital, mais l'inverse. À la lumière des luttes de classes modernes, Spartacus, les Gracques et les compagnonnages d'Ancien Régime deviennent des acteurs sociaux majeurs, plus sans doute que ne l'ont éprouvé leurs contemporains. Cette réorganisation rétrospective de l'histoire où se combinent la sociologie de Marx, l'histoire de Michelet, parfois aussi le romantisme de Victor Hugo dans ses grandes œuvres romanesques (*Les Misérables*, *Notre-Dame de Paris*), est la marque propre du XIXe siècle français ; elle contribue à institutionnaliser la division sociale entre le peuple et le non-peuple, et à en faire une catégorie stable de notre univers idéologique et culturel.

Ainsi, il y a bien une question sociale. Marx l'a théorisée, mais bien avant lui, ou en même temps, la plupart des observateurs sociaux que la France compte – et Dieu sait si alors naissent des vocations – l'ont décrite. Et pas seulement les Vuillermé, les Guépin, les Villeneuve-Bargemont. Pas seulement Louis Blanc ou Proudhon. Mais Chateaubriand, mais Guizot, ou encore Casimir Perier. Le « peuple » y résistera-t-il ? Avec le recul, posons la question : Le « peuple » y a-t-il résisté ?

Oui, répondent Michelet et Hugo. Non, répond Marx. Près d'un demi-siècle plus tard, même partage des opinions avec des témoins majeurs. Oui, répond Jaurès, avec quelques réserves. Non, répond Sorel avec quelques scrupules. Encore une vingtaine d'années, et le mouvement ouvrier connaîtra, à son tour, sa scission majeure. N'est-ce pas en somme une manière possible – peut-être la meilleure – de décrire l'affrontement entre sociaux-démocrates et communistes ? Les premiers sont ceux qui pensent qu'en dépit de tous les conflits qui la traversent la société reste un continuum vivant, un tout organique, et que l'histoire de toute société n'est pas seulement, comme le pensaient Marx et Engels, l'histoire des luttes de classes ; c'est aussi l'histoire des compromis de classes en son sein.

À l'inverse, les communistes pensent que la révolution industrielle et capitaliste a introduit dans l'histoire sociale un avant et un après ; que la coupure entre bourgeois et prolétaires est définitive ; que le mouvement centrifuge qui emporte chacun des deux blocs loin de l'autre est irréversible.

Et l'historien, que répond-il ? Il répond que l'histoire politique de la France depuis la Révolution a donné raison à Michelet, à Jaurès et à Blum ; et que son histoire sociale, au moins jusqu'à une date récente, a donné raison à Marx, à Sorel et à Thorez[1]. Au regard de la nation, la situation de la classe ouvrière est, tout au long du XIXe et d'une grande partie du XXe siècle, contradictoire : elle est tout à la fois politiquement intégrée et socialement exclue. Depuis qu'elle existe, et même, si l'on ose dire, avant d'exister en tant que corps social repérable, on trouve les travailleurs des villes englobés dans des coalitions politiques qui regroupent l'ensemble des classes populaires et des fractions importantes de la bourgeoisie ; mais, déjà sous l'Ancien Régime, quand domine le compagnonnage, ils se retrouvent isolés dès qu'il s'agit de défendre leurs intérêts économiques.

Où situer la paysannerie ? Le problème est complexe, et l'on se contente ici de le mentionner. À lui seul, le monde paysan reproduit en son sein les contradictions du peuple tout entier : tantôt unique et solidaire, tantôt divisé, et même déchiré entre des coalitions antagonistes. Le paradoxe paysan, c'est qu'il est historiquement le berceau historique du peuple français, le lieu où l'indistinction des classes est la plus évidente, tant les traits anthropologiques et culturels l'emportent sur les intérêts économiques ; mais en raison de cela, le peuple ne se sépare vraiment de la nation que lorsque, de rural, il devient urbain.

1. Je reprends ici une analyse que j'ai développée dans *Autonomie ouvrière, études sur le syndicalisme d'action directe*, Gallimard-Le Seuil, coll. « Hautes Études », 1988. Voir notamment l'introduction, p. 23-40. Voir aussi Stéphane Courtois, « Le peuple et le parti », in *Le Peuple, H histoire*, *op. cit.*, p. 123-135.

Intégration politique et exclusion sociale

Cette ambivalence du peuple français, faite d'intégration politique et d'exclusion sociale, nous est si familière qu'elle nous paraît aller de soi et que l'on a cessé depuis longtemps de s'en étonner ; mais il suffit de regarder vers l'étranger pour s'apercevoir qu'elle est singulière. Ainsi, l'Allemagne présente un schéma exactement inverse du nôtre. Intégrés socialement de façon précoce – ici l'Allemagne de Bismarck est en avance sur la IIIe République –, les couches populaires et ouvrières ont dû lutter jusqu'au début de ce siècle pour se faire reconnaître l'égalité politique, notamment sous la forme du suffrage universel.

Revenons un instant à Sieyès. Qu'est-ce que son tiers état ? C'est le peuple organisé en ordre de bataille pour la conquête de nouveaux droits politiques. Des droits sociaux, il n'est guère question, sauf à souligner que le peuple est constitué de tous ceux qui sont économiquement utiles. Saint-simonien avant la lettre, il suppose que la distinction entre producteur et oisif est la plus importante. Rappelons-nous qu'à l'origine le mot « industriel » désigne à la fois chez Saint-Simon, qui l'a créé, les chefs d'entreprise et leurs salariés. Défini au départ de façon purement juridique et négative – c'est-à-dire l'ensemble des non-privilégiés –, le Tiers n'a pas tardé à devenir une formule politique. Plus d'une fois, sous l'Ancien Régime, il est le parti du roi contre les grands. Sous la Révolution, il prend sa forme quasi définitive : celui d'une alliance entre l'ensemble des classes populaires et les fractions progressistes de la bourgeoisie contre les privilégiés et leurs alliés roturiers. Voilà la formule enfin trouvée d'une coalition qui va désormais traverser deux siècles d'histoire de France pour venir dépérir lentement sous nos yeux. Car enfin, du tiers état de 1789 jusqu'au Front populaire de 1936 en passant par le parti du *National* de 1830, les « démoc-soc » de 1849, le Bloc des gauches sous la IIIe République, la recette est toujours la même : union du peuple de France contre les privilégiés, sous la direction des bourgeois « avancés ». La fameuse barricade de Delacroix ne dit pas autre chose.

À quoi l'on opposera les phases de fission et même de dissolution du bloc démocratique. On citera notamment les journées de juin 1848, la Commune de Paris et, de façon moins dramatique, la tentative du syndicalisme révolutionnaire au tournant du siècle. C'est l'évidence même, et Marx, de façon significative, s'est saisi des deux premiers de ces épisodes pour établir la réalité des « luttes de classes » en France. Mais pour le moment, on ne veut retenir que leur conclusion : c'est qu'en dépit de la déchirure et du sang versé la plaie finit par se refermer, le bloc se reconstitue obstinément. Cavaignac en 1848, Thiers en 1871 sont des bourgeois avancés qui comptent parmi les plus grands fusilleurs d'ouvriers de l'histoire de France. Et pourtant, Thiers a ses avenues dans nos grandes villes, à côté de La Fayette et de Jaurès. Si la connotation affective diffère, la signification politique n'est pas si différente : il faut que le peuple soit uni.

Quels sont les ingrédients de ce cocktail typiquement français dont la persistance à travers au moins deux siècles d'histoire est l'obstacle le plus massif à l'exercice classique de la lutte des classes, telle qu'elle ressort des canons du marxisme ?

— D'abord et avant tout, l'existence d'une bourgeoisie révolutionnaire, décidée à briser l'alliance naturelle des privilégiés de la naissance et de ceux de la fortune. Sans cette circonstance sociologique, le schéma français s'écroule, et nous sommes renvoyés progressivement à l'affrontement entre la coalition des privilégiés et celle des déshérités. Cette singularité française, nul ne l'a mieux soulignée que Jaurès, dans son débat avec le dirigeant socialiste allemand Bebel au cours du congrès socialiste international d'Amsterdam (1904). À propos du « cas Millerand », c'est-à-dire de la participation d'un socialiste au gouvernement bourgeois de Waldeck-Rousseau, contraire à l'orthodoxie marxiste, Jaurès dénonça l'impuissance de la « social-démocratie allemande » : propos qui ne pouvaient que faire scandale quand on sait le prestige immense dont jouissait alors cette dernière. À cette impuissance il opposa les conquêtes révolutionnaires de la classe ouvrière française (démocratie politique, suffrage universel, libertés civiques) dans le cadre de coalitions interclassistes.

Comme il arrive souvent, les divergences de tactique cachaient une différence de situation. Ce n'est pas un hasard si, au sein de l'Internationale communiste, les socialistes français ont été parmi les plus ardents défenseurs des coalitions de type « front populaire », et l'on sait que Maurice Thorez, après avoir condamné les prises de position en ce sens de Jacques Doriot (1934), ne tarda pas à les reprendre à son compte. Un peu plus tard, à la Libération, il se montra ministre sans complexes, et avocat convaincu de la collaboration avec les partis bourgeois, jusqu'à la condamnation de celle-ci par le Kominform. Parti révolutionnaire ou aile gauche du parti républicain : cette alternative s'est posée à plusieurs reprises au socialisme français ; ses dirigeants n'ont pas pu ignorer que les classes populaires, les ouvriers en particulier, ont presque toujours été partisans de l'Union. C'est pour avoir bien étudié cette tendance que François Mitterrand se prononça en 1971 pour un « programme commun de gouvernement » avec les communistes, et l'on sait comment cette tactique, d'abord mise en avant par ces derniers, ne tarda pas à devenir un piège qui se referma sur leurs ambitions.

— Deuxième caractéristique de cette figure privilégiée de la gauche française : le rôle particulier qu'y jouent les intellectuels. Il suffit de citer les noms de Sieyès en 1789, de Thiers ou de Mignet en 1830, de Lamartine en 1848, de Jaurès au tournant du siècle, d'Alain, de Paul Rivet et de Paul Langevin lors du Front populaire, sans parler du Syndicat des instituteurs, pour se convaincre que la coalition socialement hétéroclite de la gauche a besoin d'un ciment à forte teneur idéologique et morale. De là peut-être cette prédilection pour les grands principes et pour l'abstraction, qui frappe tellement les étrangers. La conviction que le peuple est aveugle, voire impuissant sans le concours des intellectuels est certes aussi vieille que le socialisme. Elle en est même constitutive au dire d'un Makhaïski qui a vu dans le marxisme l'idéologie de classe spécifique des intellectuels dans leur entreprise de domination du mouvement ouvrier[1]. Mais c'est en France que cette emprise est la plus forte et qu'elle paraît la plus naturelle. Faute de passerelles, notamment syndicales,

1. Jan Waclav Makhaïski, *Le Socialisme des intellectuels*, textes choisis, traduits et présentés par Alexandre Skirda, Le Seuil, coll. « Politique », 1979.

entre le monde ouvrier et le microcosme parlementaire, ce sont les intellectuels, professeurs, journalistes, avocats, écrivains, qui ont traditionnellement fourni les cadres du mouvement populaire en France. Et l'anti-intellectualisme d'un Georges Sorel, proche sur ce point de Makhaïski, procède de la conviction que les intellectuels sont des parasites sociaux et politiques, qui prolifèrent sur le dos du prolétariat pour lui confisquer sa puissance.

— Le troisième trait, c'est la permanence programmatique. Que l'on rapproche le programme des « démoc-soc » de Ledru-Rollin (1849) et le programme commun de la gauche (1972) : on y verra triompher les mêmes principes et les mêmes orientations : confiance dans l'intervention de l'État pour créer des emplois, notamment par le moyen d'entreprises nationalisées ; création d'offices publics destinés à animer des secteurs sensibles de la vie sociale ; multiplication du nombre des fonctionnaires ; relance de l'économie par la consommation (augmentation des salaires) ; politique étrangère pacifique fondée sur le désarmement contrôlé ; extension des droits de l'homme (suppression de la peine de mort), etc. À de tels signes, on mesure combien la valse des étiquettes politiques affecte peu la nature de la marchandise. Le communisme lui-même, qui semble article d'importation, ne s'est développé en France que grâce à l'ancienneté de la tradition étatique et jacobine au sein du mouvement ouvrier français.

Au total, les partis ouvriers, lors même qu'ils se proclament révolutionnaires, nous apparaissent comme des instruments de socialisation et même d'intégration des milieux populaires à la communauté nationale. La raison en est simple. Le système parlementaire est un instrument de brassage des élites, mais aussi d'alignement des politiques des classes sur un projet unique : le gouvernement du pays. À cela s'ajoute la vocation interclassiste du suffrage universel. Quoi qu'on en dise, l'expression des suffrages est largement indépendante des déterminations de classe. L'adoption précoce du suffrage universel, d'abord pour les élections aux États généraux, puis, de façon définitive, à partir de 1848, a associé les couches populaires à la politique de la nation. Certes, on n'a pas manqué de crier au piège, de dénoncer le caractère fallacieux, décevant, de cette collaboration de classe. En politique, l'important, n'est-ce pas de participer ?

Et pourtant, tout au long des deux siècles de l'histoire que nous appelons contemporaine, le peuple est loin d'avoir été payé de sa contribution. Sa participation politique ne s'est pas accompagnée, au sein de la société civile, d'une intégration sociale poussée. Jusqu'aux années soixante, qui marquent l'avènement de la société de consommation, le monde des travailleurs est resté séparé du reste de la société.

Cette contradiction n'est qu'apparente. À y bien réfléchir, la tradition jacobine n'est pas seulement centralisatrice, elle est simplificatrice et oublieuse des singularités. Elle ignore autant qu'elle le peut les particularités ethniques, linguistiques, religieuses et sociales. Et cela, au détriment des plus faibles. Les plus déshérités n'ont pas besoin d'égalitarisme, mais au contraire de discrimination positive. Seuls les traitements particuliers peuvent leur permettre de rattraper leur retard. On commence à l'admettre en pédagogie ; mais la tradition républicaine a feint de l'ignorer en matière sociale. Plus elle insistait sur l'organicité de la présence ouvrière à l'intérieur de la communauté politique nationale, plus elle s'estimait autorisée à refuser aux ouvriers la législation particulière exigée par leur fragilité économique et sociale. Toute l'histoire du droit du travail reflète la difficulté à faire admettre une législation adaptée à des circonstances particulières. Ainsi les débats sur l'indemnisation des accidents du travail opposaient les partisans de la responsabilité individuelle, conforme au droit commun, aux tenants de la responsabilité sociale de l'employeur. Une nouvelle fois, c'était Rousseau contre Marx, le dogme égalitaire comme paravent des inégalités réelles.

L'histoire de cette hypocrisie bourgeoise est trop connue pour être rapportée ici en détail. Elle prend la forme d'un refus obstiné de reconnaître les individus autrement que comme citoyens. De la loi Le Chapelier (1791), qui interdit les associations, jusqu'à la loi Waldeck-Rousseau (1884), c'est presque un siècle de bannissement social dont sont victimes les ouvriers en tant que groupe. Le prix à payer pour leur intégration politique est lourd. Il est à noter d'ailleurs que le droit de grève a été reconnu aux ouvriers (par le second Empire, 1864) vingt ans avant le droit syndical. C'est que le premier ne remet pas en cause, au moins théoriquement, la réduction de la société à une collection d'individus isolés. La « coalition », nom significatif pour désigner la grève, peut être le résultat d'une rencontre fortuite ; le droit syndical, au contraire, c'est l'introduction délibérée de sections permanentes à l'intérieur du corps des citoyens. Mais plus généralement, le pouvoir ne se presse guère de récompenser les travailleurs, qui ont pourtant figuré, dans les moments difficiles, parmi ses plus fermes soutiens. Certes, au tournant du siècle, nombre de lois (sur les accidents du travail, 1898 ; la durée du travail, 1900 ; le repos hebdomadaire, 1906 ; les retraites ouvrières, 1910) viennent combler le retard que la République opportuniste, puis radicale, a pris sur l'Allemagne impériale et bismarckienne. Il faudra attendre l'entre-deux-guerres et les lendemains de la Libération pour que la France se dote, en matière d'assurances sociales, d'un système de protection qui comptera alors, il est vrai, parmi les plus complets du monde.

Au début du XXe siècle encore, les ouvriers continuent de constituer une population à part : vêtement, alimentation, logement, mode de vie, mentalités. Étudiant la grève à la fin du XIXe siècle, Michelle Perrot a montré un monde ouvrier possédant ses modes d'action et sa culture propre[1]. Avant d'être une doctrine, élaborée par des responsables et des penseurs, l'autonomisme ouvrier est d'abord une manière d'être, qui traduit un isolement. Tout l'apport du syndicalisme d'action directe, dominant pendant le quart de siècle qui précède la guerre de 1914, fut de transformer une exclusion vécue en scission volontaire. Tentative héroïque et désespérée, dans laquelle Georges Sorel, sociologue de la classe ouvrière de son temps, a vu la plus haute tentative de moralisation de la lutte sociale. Ce qu'il a appelé, de façon ambiguë, une morale de la violence n'était dans son esprit rien d'autre que la tentative du monde ouvrier de résister aux transformations imposées par le milieu ambiant : la synthèse républicaine est à la fois politique et sociale ; elle reste conforme à l'idéal jacobin d'indistinction des citoyens. Et comme la révolution est nécessairement porteuse d'un nouveau modèle social, donc d'une

1. *Les Ouvriers en grève. France 1871-1890*, Mouton, 1974, 2 vol., et *Les Lieux de mémoire*, *op. cit.*, t. III, « Les vies ouvrières ».

nouvelle synthèse – Proudhon l'avait déjà bien vu de celle de 1789, et pour cette raison, l'abhorrait –, les dirigeants du syndicalisme révolutionnaire ont préféré la formule mythique de la grève générale, qui préservait l'idéal de la sécession sociale au cœur de l'acte insurrectionnel. La grève générale, sorte de sécession de toute la plèbe sur l'Aventin, était destinée à décourager toute tentation de reconstituer la société diluée avec son commandement, ses hiérarchies, son exigence unificatrice au sein de la révolte en cours ! Il n'est pas besoin de souligner à quel point une telle démarche avait valeur symbolique, plutôt que programmatique. Aussi bien les leaders de la CGT du début du siècle abandonnèrent-ils rapidement le « romantisme révolutionnaire » (Victor Griffuelhes) au profit de l'exercice quotidien de la sécession sociale, qu'ils qualifièrent d'« action directe ». Entendons par là une action des travailleurs sur les lieux de leur travail, en référence à leur instrument de travail, sans médiation intellectuelle ou parlementaire. La grève, c'était l'exclusion ouvrière consentie et transformée en autonomie positive.

Ainsi, tandis que les partis politiques, même révolutionnaires, nous sont apparus comme des agents essentiels de la socialisation politique du peuple ouvrier et de son intégration à la communauté nationale, les syndicats, même réformistes, jouent longtemps le rôle inverse : ils exaltent les valeurs culturelles et politiques de l'autonomie ouvrière. C'est l'inverse de ce qui se passe à la même époque en Allemagne et, plus généralement, dans tous les pays de la social-démocratie. Cette situation française un peu paradoxale n'était pas faite pour durer. Et pourtant, son souvenir est resté vivant. Aussi bien ne sert-il à rien de se demander qui traduit le mieux la situation et la mentalité ouvrière, de la synthèse jaurésienne ou de l'autonomisme griffuelhien : il faut affirmer que dans le monde ouvrier de l'époque, et jusque dans les consciences individuelles, cette double postulation demeurait présente, avec les contradictions qu'elle entraînait. Elle explique, au moins pour partie, l'attitude ambivalente de la classe ouvrière face à « la guerre qui vient » : tentée par la résistance et par le pacifisme pendant toute la période de montée des périls, elle finit par se rallier à l'Union sacrée (1914), en raison de son profond enracinement dans la communauté nationale. Mais, dès 1917, l'apparition à l'est d'une patrie du socialisme modifie à nouveau les données. Désormais, c'est le communisme qui prend à son compte la tradition d'autonomie prolétarienne incarnée précédemment par le syndicalisme. Et le double schisme, politique et syndical, qui s'ensuit finit par traduire en termes de rivalité d'organisation ce qui avait naguère coexisté de façon conflictuelle dans la conscience ouvrière : autonomie et intégration.

Apogée et déclin

On peut dire que l'apogée de la civilisation ouvrière en France se situe dans ce court laps de temps qui va de la constitution du Front populaire (1935) à l'éclatement de la coalition socialo-communiste au gouvernement (1947). Encore, cette période de douze ans comprend-elle la guerre (1939-1945), marquée par l'arrêt des activités syndicales et la régression sociale (Charte du travail, 1941). C'est dans les grands moments fondateurs du Front populaire (14 juillet 1935 et 1936, occupation des usines en grève, mai-juin 1936, signature des accords Matignon, juin 1936) que la notion de peuple prend un sens concret, charnel. Le peuple est visible dans la rue, dans les usines occupées, les bureaux, les ministères. Il s'étale dans les titres de journaux, il inspire les romanciers et les cinéastes. Courte parenthèse pendant laquelle le système de valeurs en vigueur dans les lettres françaises cesse d'être le modèle aristocratique. Aragon, Nizan, qui n'ont cessé d'osciller entre le talon rouge et le bonnet rouge, penchent alors nettement pour le second et Gide lui-même connaît une brève période populiste. On ne saurait dire que son œuvre précédente permettait de pronostiquer cette conversion provisoire.

1935-1947 : ces deux dates délimitent parfaitement la période où le nom de « peuple » et sa forme adjective, « populaire », font l'objet d'une lutte entre les formations politiques pour se les approprier. Avant même la création du Rassemblement, puis du Front populaire par la gauche, les démocrates chrétiens, à l'instar de leurs homologues italiens (Don Sturzo), se nomment démocrates populaires. Passé de l'extrême gauche à l'extrême droite, Jacques Doriot crée un Parti populaire français (PPF) pour indiquer sa filiation et la continuité de sa pensée. Et il est vrai qu'en cette période d'intense mobilisation politique, fascisme et communisme se disputent le vocable et rivalisent d'initiatives pour apparaître comme le véritable parti des masses populaires. Les services d'ordre en uniforme, milices, mouvements de jeunes se multiplient non seulement dans les dictatures, mais dans les démocraties qui s'efforcent de les singer. Pendant l'occupation, Marcel Déat crée à son tour un Rassemblement national populaire (RNP) pour faire pièce au parti de Jacques Doriot. À la Libération, la mode du peuple n'est pas passée, bien au contraire. Tandis que Maurice Thorez et le Parti communiste ne cessent de faire référence au « peuple de France », les démocrates chrétiens s'organisent en un Mouvement républicain populaire (MRP) ; en 1947 encore, le général de Gaulle organise son mouvement : ce sera le Rassemblement du peuple français (RPF). Plus tard, les gaullistes qui aiment à changer de sigle tous les quatre ou cinq ans éviteront la référence au « peuple », dont la connotation commence décidément à vieillir. Une nouvelle époque s'ouvre, marquée par l'essor de la consommation et le développement presque infini des possibilités individuelles au détriment des activités collectives.

Que devient alors le peuple dans une civilisation où l'individu est en train de devenir roi ? Est-il encore l'acteur principal de l'histoire, le sujet souverain de la politique ?

Au début, rien ne fait présager le changement qui est en train de se produire. Bien au contraire. Une révolution étant en général un événement trop soudain pour sécréter son vocabulaire, elle a tendance à l'emprunter à celle qui l'a précédée. On a vu les révolutionnaires de 1789 se déguiser en Gracques, et les bolcheviks aller chercher leur imaginaire dans la France de la fin du XVIIIe siècle. De la même façon, les libéraux-libertaires de 1968 s'imaginent qu'ils sont marxistes, et même pis : maoïstes. Leur dessein est de « servir le peuple ». À la veille de la grande révolution qui se prépare, qui verra l'effondrement du communisme et le triomphe de l'économie de marché, la jeunesse occidentale, toutes classes confondues, s'offre le luxe raffiné d'une brève crise populiste, sorte de roman d'éducation à personnages multiples, d'où ils ressortiront adultes, c'est-à-dire pragmatiques toujours et cyniques assez souvent. L'illusion du début des années soixante-dix se communique même à toute la société. On ne donne pas cher alors de la politique parlementaire et de la social-démocratie. En revanche, les syndicats paraissent promis à un grand avenir, tandis que les plus hardis ou les plus cultivés rêvent d'un second printemps pour les conseils ouvriers. Les intellectuels proches de Jean-Paul Sartre et de *Libération*, à propos de l'assassinat d'une jeune fille sortie des corons de Bruay-en-Artois, préconisent une justice « populaire », c'est-à-dire politique, sommaire, anonyme et dénuée de tout principe juridique. Peu de temps plus tard, ils découvriront l'État de droit. En outre, dans le sillage des revendications de Mai 68, le mouvement social se traduit au début des années soixante-dix par de grandes revendications égalitaires : réduction de l'éventail hiérarchique, attribution de primes égales pour tous, refus de la notation individuelle et de la notion de concours.

Cet égalitarisme utopique précède de peu une acceptation généralisée, y compris dans les milieux syndicaux ou naguère gauchistes, des règles de l'économie libérale et du paiement des services en fonction de la loi de l'offre et de la demande. Enfin, la dénonciation de l'économie capitaliste fondée sur le profit sert de prologue ironique à un consentement quasi général au règne de l'argent, jusque dans les secteurs traditionnellement non mercantiles de la société : enseignement, art, science, religion. Cette brutale inversion des valeurs (*Umwertung der Werte*, au sens de Nietzsche) a profondément ébranlé, dans un pays comme la France, le système des croyances populaires et nationales. Un fossé s'est creusé entre les milieux dirigeants et les classes laborieuses, que le système politique est désormais incapable de combler. Élitisme d'un côté, populisme de l'autre sont le résultat le plus clair de ce divorce.

1991 : au milieu du second septennat de François Mitterrand, tandis que l'effondrement du système communiste continue de produire ses effets à retardement à travers le monde, la « forteresse ouvrière » se vide de ses défenseurs ; ses assaillants s'en détournent et dédaignent même de la conquérir. La décision symbolique de la direction de la Régie Renault de fermer les usines de Billancourt, haut lieu de l'âme ouvrière depuis 1936, a été annoncée dans l'indifférence générale, en dépit des protestations de la CGT. Un monde s'efface : celui où la présence ouvrière – d'aucuns eussent dit la menace – était sensible à la porte des villes et notamment de la capitale, et où Saint-Germain-des-Prés conservait le souci de ne pas désespérer Billancourt.

La même année, un président de la République socialiste, héritier de la tradition révolutionnaire et jacobine, ne craignait pas, pour tenter d'apaiser les menées d'une poignée de nationalistes, de faire entériner par le Parlement la notion d'un « peuple corse, composante du peuple français ». La confusion entre l'acception ethnique et l'acception politique du mot peuple était flagrante, conduisant à une monstruosité juridique, que le Conseil constitutionnel se hâta d'écarter. Il n'empêche : le peuple selon Marx et le peuple selon Rousseau avaient été remis en cause simultanément, et par qui ? Par le représentant le plus autorisé de la famille sociale-jacobine en ce pays.

Loin de conforter la tradition populaire, l'affirmation, au sein même du parti socialiste, de tendances nettement populistes traduisait bien plutôt sa dégénérescence. Dès son affirmation au milieu du XIXe siècle, le socialisme se présentait comme la volonté de construire une société nouvelle, à partir d'une analyse critique de celle qu'avait engendrée le capitalisme. Qu'il prît la forme d'une utopie, d'un réformisme social-démocrate ou de la révolution communiste, il prétendait être à la fois révolution et programme. D'une certaine manière, il y parvint, au moins tant qu'il n'accéda pas au pouvoir. Dans la tradition marxiste, le peuple, nous l'avons dit, n'existait pas : sous ce vocable fourre-tout, on trouvait en effet des groupes situés diversement dans le processus de production : petits patrons, artisans, commerçants, ouvriers, journaliers sans travail. Alors que, chez Michelet, le peuple était l'acteur principal, seules les classes sociales chez Marx pouvaient prétendre à ce statut. On y voyait les marginaux du Lumpenproletariat prêter main-forte à la bourgeoisie contre les ouvriers et les petits-bourgeois républicains lors du coup d'État de Louis Napoléon Bonaparte en décembre 1851. Chez Marx, les classes n'ont pas de psychologie, elles n'ont que des intérêts ; elles ne sont en principe ni morales ni immorales ; ni coupables ni innocentes : elles obéissent à leur vocation sociale.

Il n'en va pas de même dans la tradition populiste où le peuple englobe les individus de toutes origines, de toutes classes ou presque. C'est une réalité concrète, affective, charnelle. Alors que personne n'a jamais vu une classe se promener dans la rue, le peuple est justement l'ensemble de ces passants qui flânent ou défilent, s'arrêtent, saisis par la curiosité, la joie, la peur ou la colère. Le peuple est alors la foule, décrite par Gustave Le Bon[1] comme un être humain, de préférence une femme ou un enfant, dominé par ses instincts et ses réactions. Le peuple ne se définit en vérité que par ceux qui l'excluent ; il est le nombre immense, eux ne sont qu'une poignée d'individus. Le peuple se montre au soleil, ses ennemis complotent dans l'ombre. Le peuple travaille, ses ennemis jouissent, spéculent et exploitent. Le peuple est composé de tous les petits ; les autres, ce sont les gros[2]. Toute l'histoire de la tradition populiste s'identifie à la recherche du bouc émissaire : accapareurs, spéculateurs, brigands, juifs, trusts, exploiteurs, apatrides, Yankees, la liste est interminable de ceux qui, à un moment donné, sont susceptibles d'endosser le poids de la colère populaire contre « ce qui ne va pas ».

D'où l'extrême ambiguïté politique autant que sociale du populisme : il comporte une version de droite, une autre d'extrême gauche, qui se confondent parfois dans l'ambivalence d'une même aventure. Ainsi celle du général Boulanger où d'anciens communards comme Rochefort voisinent avec la fine fleur du royalisme, où le bonapartisme coudoie le socialisme blanquiste, et le juif Naquet côtoie Barrès l'antisémite. Pierre Birnbaum souligne à juste titre le caractère récurrent de l'antisémitisme dans la tradition populiste, qui permet de vouer à la même indignation le capitalisme apatride et le bolchevisme juif, comme les deux rameaux opposés d'un même tronc : la société industrielle. De Dorgères à Nicoud, de Poujade à Le Pen, ce sont les mêmes obsessions qui remontent plus tard,

1. Dans l'ensemble de son œuvre, et notamment *La Psychologie des foules*, 1895. Voir la critique de la notion de foule chez Suzanne Barrows, *Miroirs déformants, réflexions sur la foule en France à la fin du XIXe siècle* (1981), trad. franç., Aubier, 1990.

2. C'est le thème de l'essai de Pierre Birnbaum, *Le Peuple et les Gros, histoire d'un mythe*, Fayard, 1979.

confondant la crainte du changement avec la haine de l'étranger, la phobie du complot avec l'appel au « coup de balai » régénérateur.

Il s'agit là, il est vrai, de déclassés de l'action sociale et politique qui, après une ascension souvent tumultueuse, retombent assez vite à un niveau très bas. Seulement, les partis de gauche eux-mêmes, ceux-là qui se proclament détenteurs de la double tradition, républicaine et scientifique, ne sont pas exempts de ce populisme. On a dit plus haut que le Front populaire pouvait être tenu pour l'apogée de la civilisation ouvrière dans la France contemporaine. C'est justement avec ce Front et sous l'autorité de ses leaders que le populisme français connaît à son tour une sorte d'apogée, dont le mythe des deux cents familles est le symbole. D'où vient ce stéréotype ? Du privilège, accordé par Napoléon aux deux cents plus gros actionnaires de la Banque de France, de former l'assemblée générale de cette institution et d'en désigner les douze régents. Banque, judaïsme, influence occulte de discrètes assemblées : il y a là réunis les principaux ingrédients de la phobie populaire contre les gros. Et qui a lancé le mythe ? Nul autre qu'Édouard Daladier au congrès radical de 1934, ce Daladier qui sera la figure de proue du radicalisme au sein du Rassemblement populaire. Tout au long de son histoire, le parti radical s'est voulu avec passion le défenseur des « petits » contre les « gros ». Et cela notamment dans ses congrès ; car sa pratique gouvernementale fut toujours plus nuancée et plus compréhensive à l'égard des contraintes de l'économie. Le mythe des deux cents familles a l'avantage de réduire l'adversaire à un nombre ridiculement faible ; à ce titre, il est compatible avec la notion d'union du peuple de France, qui est commune aux radicaux et aux communistes. Point n'est besoin, dès lors, de songer à un compromis social, c'est-à-dire à une répartition négociée des fruits de la croissance entre les diverses catégories sociales. Seule la SFIO de Léon Blum a ce schéma en tête. Or il est infiniment plus facile de diriger le mécontentement populaire contre une « poignée » de privilégiés ou d'exploiteurs.

Au fur et à mesure que la Banque paraît céder le pas à l'Industrie dans la création et le contrôle de la richesse nationale, on voit le mythe des deux cents familles céder le pas à celui des vingt-cinq groupes industriels les plus puissants, aux trusts apatrides des sociétés multinationales, stéréotype commun à Pierre Poujade et au parti communiste.

Non seulement ce dernier n'a jamais extirpé cette fibre populiste de son patrimoine affectif, mais il a même tenté de lui donner une expression scientifique, inspirée du marxisme, avec le concept de « capitalisme monopoliste d'État »[1]. Formulé en 1966, officialisé dans le *Traité marxiste d'économie politique* (1971), ce concept permet de passer d'une analyse anticapitaliste classique, inspirée par le schéma de la lutte des classes, à une analyse antimonopoliste, fondée précisément sur l'opposition des « petits » et des « gros », des « monopoles » et de leurs victimes, y compris à l'intérieur du capitalisme. Cette analyse a l'avantage de constituer le PCF en parti de tous les mécontents, en parti « attrape tout », agent actif de l'union du peuple de France contre un tout petit nombre de « barons », de « féodalistes » : le vocabulaire lui-même est significatif et renvoie à la grande coalition de 1789 contre les privilégiés.

On peut se demander si, au moins dans sa pratique, et à l'exception de courtes périodes de dogmatisme stalinien qui lui furent souvent imposées de l'extérieur, le Parti communiste français fut jamais autre chose qu'un grand rassemblement populiste sous la bannière usurpée du marxisme. Il ne fait pas de doute en tout cas que telle fut presque toujours sa pratique électorale, qui procédait elle-même du tempérament de ses militants, de leur implantation dans les milieux populaires des villes et des campagnes et d'un parfait mépris de la théorie. Qu'au gré de la politique politicienne, le même Charles de Gaulle ait pu être présenté à son retour au pouvoir en 1958 comme le représentant par excellence du grand capital international et quelques années plus tard comme le champion de l'économie nationale en dit long sur le cynisme doctrinal des communistes français. Ainsi s'explique en outre la facilité avec laquelle le Front national avec ses militants a pu prendre la place laissée vide par la défaillance communiste.

Le parti socialiste, de son côté, n'est pas resté exempt de cette dégénérescence intellectuelle. Lors de sa rénovation, en 1971, il

1. Voir sur ce point l'analyse de P. Birnbaum, *ibid.*, p. 134 *sq*. Lire aussi, de Nicos Poulantzas, *Classes sociales et pouvoir politique*, Maspero, 1968.

avait mis en avant la notion de front de classes[1], variante domestique du « capitalisme monopoliste d'État » de son rival et partenaire, le PCF Le tournant libéral et modéré de 1983 a fait voler en éclats cette construction fragile, qui, du reste, ne correspondait ni à la composition des organes dirigeants du parti ni à sa pratique de gouvernement. L'absence de tout schéma explicatif de la société et de méthode d'intervention a ramené à la surface le populisme, équilibré et tempéré par l'idéologie des droits de l'homme. Au cours de l'année 1991, plus d'un observateur a noté, dans le langage d'Édith Cresson, qui a succédé à Michel Rocard au poste de Premier ministre, une complaisance délibérée au vieux fonds populiste agrémentée de propositions sur l'immigration qui puisaient à la même source, et qui paraissaient vouloir concurrencer la droite nationaliste sur son propre terrain. Faute d'un schéma plus élaboré de l'évolution économique et sociale, le recours à l'opposition entre les châteaux et les chaumières, entre les « gros » et les « petits » finissait par tenir lieu d'idéologie.

Idéologie d'autant plus dérisoire qu'elle va de pair avec l'approfondissement du fossé qui, traditionnellement en France, sépare les élites dirigeantes du reste de la population.

Dans les années soixante, un débat venu des États-Unis agitait fort les milieux de la science politique : faut-il parler d'une élite ou de plusieurs élites, qu'il s'agisse du gouvernement d'une ville ou d'une nation ? Dans un essai devenu un classique[2], Robert Dahl montrait à propos d'une petite ville américaine comment les élites coexistaient, coopéraient, se combattaient, sans jamais se confondre. À Middletown, les leaders politiques municipaux, ceux de la culture, ceux de l'économie restent distincts ; leur pouvoir aboutit à un équilibre pluraliste, qui est au principe de la démocratie elle-même. À l'inverse, Wright Mills[3] estime à la même époque que les élites issues des divers milieux et des diverses professions

---

1. Ou de « classe », au singulier, qui se voulait plus orthodoxe. L'hésitation a persisté entre la tendance « anticapitaliste », traduite par le « front de classe », et la tendance « antimonopoliste », traduite par le « front de classes ».
2. *Qui gouverne ?* (1961), trad. franç., Armand Colin, 1971.
3. *L'Élite du pouvoir* (1956), trad. franç., Maspero, 1969.

se rencontrent, se conjuguent, s'influencent et s'assimilent au point de composer une élite de l'élite, en quoi réside le vrai pouvoir dans la société. Qui a raison ? Ce n'est pas le lieu d'en décider. Mais une chose est certaine : du fait de sa structure centralisée, la France est de longue date un exemple classique d'interpénétration des élites. Quiconque a vécu aux États-Unis sait, par exemple, qu'il y existe un milieu universitaire, avec son pouvoir propre. Celui-ci, tout en côtoyant à l'occasion l'élite de la politique, celle de l'économie ou celle de la télévision, ne se confond jamais avec elles. Chacun chez soi.

Il en va tout autrement en France. Ce que l'on nomme le « Tout-Paris », expression générique et originale, désigne un firmament de la célébrité, du pouvoir, de l'influence, de l'argent, où la politique, la banque, le cinéma, les affaires, l'aristocratie, le grand banditisme, la spiritualité, la littérature, la presse, la chanson, la publicité, l'université, la science se rencontrent, échangent des impressions, des politesses, des idées, des adresses, des services, des femmes, des positions sociales.

Car le ballet de la célébrité ne se limite pas à la fricarelle des premières, des colloques, des cocktails, des dîners ou des plateaux de télévision. Il constitue un tissu continu de complicité, formé d'un dense entrecroisement de réseaux, reliant entre elles et dominant les pyramides contiguës des hiérarchies professionnelles, une sorte de péplum sans couture recouvrant l'ensemble du grand cirque social. Cette constitution d'une super-élite a pour conséquence la modification de l'échelle des références. À l'intérieur d'un milieu professionnel homogène, l'échelle hiérarchique est naturellement professionnelle : c'est une échelle de l'excellence. Au contraire, à l'intérieur d'un milieu hétérogène, le seul point commun, la seule échelle possible est celle de la notoriété. D'où le rôle des media, distributeurs et arbitres de la célébrité. À l'intérieur du système élitiste contemporain, les journalistes de télévision jouent un rôle comparable à celui que nous avons vu jouer aux intellectuels dans les coalitions populaires : celui d'agent de circulation des idées et des hommes. Un trait commun à la France d'Ancien Régime et à la France post-révolutionnaire, c'est la lenteur et la faiblesse de la circulation des élites. Le caractère endogène de ces dernières empêche leur renouvellement et fige le pays dans le conservatisme.

Avec le recul dont nous disposons, il est permis de se demander si la notion de peuple, telle qu'elle nous est apparue ici, comme le conservatoire d'une certaine manière de penser le social, mais aussi le politique, n'est pas en train de disparaître doucement de notre horizon. Le peuple, pour l'essentiel, est antérieur à la société industrielle et démocratique, qui ne connaît plus que les individus et les masses. Certes, les aventures totalitaires du XXe siècle, nazisme, stalinisme et maoïsme, lui ont donné, jusque dans nos pays qui se tenaient à l'écart du mouvement, une jeunesse artificielle et redoutable. Faut-il rappeler qu'en allemand *völkisch*, c'est-à-dire populaire, a fini, dans le vocabulaire hitlérien, par prendre la signification de raciste ?

En France, nous avons beau continuer d'avoir des riches, des pauvres et même des misérables, les conflits ont beau occuper à intervalles irréguliers le devant de la scène, le peuple, cette fragile synthèse de la démocratie et de la tradition sociale de l'Ancien Régime, le peuple s'éloigne.

« Quand on dit le peuple, aujourd'hui, écrit Péguy au début de ce siècle[1], on fait de la littérature, et même une des plus basses, de la littérature électorale, politique, parlementaire. Il n'y a plus de peuple. Tout le monde est bourgeois. Puisque tout le monde lit son journal. Le peu qui restait de l'ancienne ou plutôt des anciennes aristocraties est devenu une basse bourgeoisie. L'ancienne aristocratie est devenue comme les autres une bourgeoisie d'argent. L'ancienne bourgeoisie est devenue une basse bourgeoisie, une bourgeoisie d'argent. Quant aux ouvriers, ils n'ont qu'une idée, c'est de devenir des bourgeois. C'est même ce qu'ils nomment devenir socialistes. Il n'y a guère que les paysans qui soient restés profondément paysans. » Trois quarts de siècle avant Valéry Giscard d'Estaing qui annonce la naissance d'une immense classe centrale et en tire la conséquence que la France veut être gouvernée au centre, Péguy décrit à sa manière, qui est à la fois prophétique et spirituelle, la fin d'un monde dont le peuple était le centre.

1. *L'Argent* (1913), Gallimard, éd. de 1947, p. 9.

Avec le peuple, c'est une certaine manière typiquement française de penser à la fois l'unité de la société et la division sociale qui tend à disparaître. Peut-être ce que l'on a appelé la fin de l'exception française tient-il pour partie à l'effacement d'un concept qui installait le social au cœur même du politique.

Deux siècles après la Révolution française, on peut dire avec assurance que l'Ancien Régime n'est plus. Non à cause de la disparition des privilèges : ceux-là se survivent assez bien sous d'autres formes, qui permettent à la société française de rester l'une des plus fermées dans le concert des nations industrielles. Non : c'est au contraire à cause de la disparition du peuple lui-même. Comme ces couples historiques rivaux et inséparables dont parle Marx, l'Ancien Régime et la Révolution disparaissent en même temps de notre horizon. Ce qu'il en reste ? On l'a bien vu lors des fêtes du Bicentenaire. Un folklore si loin de nos contemporains qu'on a préféré l'oublier complètement au profit d'un spectacle qui n'était pas populaire, mais seulement « pop ». C'est-à-dire moderne…

La notion de peuple, telle que l'entendaient Michelet, Péguy et la tradition républicaine[1], n'impliquait ni l'égalité des conditions ni l'abolition des distinctions sociales. Bien au contraire. Une population socialement unifiée, c'est-à-dire déstructurée, est bonne, au dire de Hannah Arendt, pour le totalitarisme. Cette notion impliquait seulement que, d'une situation sociale à l'autre, la barrière ne fût jamais infranchissable. En ce sens, l'idéal de la démocratie est d'être « populaire » c'est-à-dire de constituer la nation en un tout cohérent.

Elle impliquait enfin, la notion de peuple, que la société eût une mémoire. Du peuple on peut dire ce qu'Auguste Comte disait de l'humanité : qu'elle est constituée de plus de morts que de vivants. La solidarité populaire n'est pas seulement une notion socio-spatiale ; mais bien une notion socio-temporelle. Celle-ci n'existe plus guère, dès lors que l'essentiel du progrès, en termes de connaissances comme de techniques, repose sur l'innovation, et non sur la reproduction ; sur la rupture et non sur la continuité.

1. Cf. Alain Pessin, *Le Mythe du peuple et la société française du XIXe siècle*, PUF, 1992.

Fin du peuple. Tronçonné par les lignes de partage invisibles qui quadrillent la société française et qui ne doivent plus guère au passé ; miné de l'intérieur par l'individualisme des jouissances, il quitte doucement la scène sans fracas ni scandale, accompagné de la considération de chacun et de l'indifférence de tous. Le monde moderne est sans pitié pour ses accoucheurs.

POPULISME DU PEUPLE ET ÉLITISME DES ÉLITES[1]

Le populisme ? Qui donc nous débarrassera de ce concept caoutchouteux, polémique, mystificateur, de ce bijou d'un sou que l'on pend indifféremment au cou de Napoléon III, de Le Pen, de Berlusconi, de Castro, de Chavez… la liste est interminable ! Voilà le cri de tous les experts en science politique, de tous les amoureux de la clarté, de tous les esprits rigoureux.

Oui, mais inversement, essayez donc de vous en passer ! Direz-vous alors que Berlusconi, c'est du pré-fascisme ? Que Castro, c'est du quasi-stalinisme ? Vous serez bien avancés. Peu probable que vous y aurez gagné en précision. Au contraire. Pensez-vous, d'ailleurs, que le mot socialisme, qui s'applique à Olof Palme et à Mao Tsé-toung, ou, plus près de chez nous, à Jacques Delors et à Olivier Besancenot, soit un modèle de rigueur ? Non, bien sûr ! Pour autant, peut-on se passer du mot socialisme ? Pas davantage ! J'en dirai autant des concepts de peuple, de libéralisme, de démocratie, d'égalité, qui le plus souvent ne valent que par la sauce qui les accompagne. La science politique, en raison de son objet même, qui est à la merci du premier venu, la science politique donc, qui se fait une tête d'électeur pour exister, est ainsi condamnée à des outils approximatifs. Et l'expérience le démontre : chaque fois qu'elle prétend gagner en rigueur, elle perd en adéquation au réel. Les diamantaires du concept, les horlogers de la logique formelle, on le regrette, devront aller voir ailleurs.

1. *Le Débat*, n° 160, mai-août 2010, p. 250-258.

Procéderons-nous par définition ? En voici une, due à un grand nom de la science politique américaine. Pour Edward Shils, le populisme est « une idéologie qui proclame que la volonté du peuple détient en tant que telle une suprématie sur toute autre norme et identifie cette volonté du peuple à la justice et à la moralité[1] ».

Mais qu'est-ce donc que ce peuple dont il est question ici ? Ce mot lui-même charrie maintes ambiguïtés et souffre des pires traitements. Il désigne tantôt la population tout entière considérée sous l'angle politique et correspond à la notion romaine de *populus* ; tantôt, exclusivement, la partie prolétarienne de la société, les « classes populaires » comme on dit, et correspond à la notion romaine de *plebs* ; tantôt, encore, l'ensemble de la population issue de la même souche, ou parlant la même langue, et correspond à la notion grecque d'*ethnos* ; et enfin, aujourd'hui, par une étrange antiphrase, cette frange notoire de la population qui échappe à l'anonymat populaire et se caractérise par son statut exceptionnel : ce qu'il est convenu d'appeler, à l'anglaise, les *people*. Il est patent que lorsque Jean-Marie Le Pen parle du peuple pour l'opposer aux élites, il joue de la confusion entre les trois premiers sens du mot. Son peuple est français, par opposition aux étrangers ; il est plébéien par opposition aux privilégiés ; il est politiquement majoritaire et basiste, par opposition à l'establishment. On en retire l'impression que c'est, en termes de statut social, la partie la plus basse de la population qui est restée la plus saine, tandis que les élites sont corrompues. Le peuple n'est donc pas une notion neutre, et l'on commence à apercevoir que c'est en jouant de ses différents sens que le populisme se ménage une place spéciale dans l'éventail démocratique.

Mais n'est-ce pas, en définitive, le fait de tous les usagers du mot ? Revenons à la définition de Shils : suprématie de la volonté du peuple, identification de cette volonté à la justice et à la moralité :

1. *The Tonnent of Secrecy. The Background and the Consequences of American Security Policies*, Glencoe, Free Press, 1956, p. 98. Cité par Marco Tarchi, « Il populismo e la scienza politica : come liberarsi del "complesso di cenerentola" », traduit sous le titre « Qu'est-ce que le populisme ? », *Krisis*, nº 29, *Populism ?*, février 2008, p. 4-21.

mais… c'est du Jean-Jacques Rousseau à l'état pur ! Toutes les démocraties ne sont-elles pas fondées sur le postulat de la « volonté du peuple » ? (Rousseau dit plutôt « volonté générale », mais le sens est le même). Et ce postulat n'implique-t-il pas que cette volonté est bonne ?

Autrement dit, la démocratie ne repose-t-elle pas sur un postulat, la volonté populaire, dont beaucoup s'entendent pour faire le fondement du populisme ? Comme dit l'un des auteurs de référence sur le sujet, Margaret Canovan[1], le populisme est une ombre portée par la démocratie elle-même. Autrement dit, le concept moderne de démocratie presque universellement accepté est-il autre chose que la forme policée d'un concept presque universellement récusé, celui de populisme ? Tout l'effort des classes dirigeantes depuis que Rousseau ainsi que les révolutions américaine et française ont fait à la société moderne ce cadeau empoisonné, la démocratie, n'a-t-il pas consisté à la diluer dans d'autres concepts aux antipodes du populisme, au premier chef l'individualisme libéral ? Le populisme n'est peut-être pas autre chose que la religion de la volonté générale poussée à ses dernières conséquences ; d'où l'extrême difficulté à donner de lui une définition qui le distingue clairement, sur le plan théorique, de la démocratie même. Pour plagier Chesterton, on est tenté de dire que le monde est plein de vérités démocratiques devenues folles, et que celles-ci constituent justement le populisme.

Faute de pouvoir parvenir à une définition théorique du populisme correspondant à tous les cas de figure et se distinguant clairement de la démocratie elle-même, il faut sans doute procéder, pour le cerner, par addition de critères empiriquement repérables. C'est ainsi qu'en usent tous ceux qui se sont penchés sur le phénomène. Tâchons donc d'être synthétique.

1. Le premier trait qui se rencontre dans tous les cas de populisme, c'est la *critique des élites dirigeantes* au sein de la démocratie. Certes, ceux qui critiquent les élites ne sont pas *ipso facto* populistes, mais le thème de la trahison politique et de la corruption morale est essentiel à la propagande populiste. On prendra garde,

1. *Populism*, Londres, Junction Bock, 1981.

toutefois, à la stigmatisation de ce thème dans la science politique. Celle-ci est, à de rares exceptions près, le fait de partisans du système représentatif et, notamment, de sa variante parlementaire. Les partis et les hommes qui se réclament de ce dernier système n'ont donc pas, en général, à justifier leur conformité à la démocratie. Il est entendu dans les grands pays occidentaux que le système représentatif parlementaire n'est pas une variante de la démocratie, mais la démocratie elle-même. Elle peut certes connaître des déviations, mais, dans sa nature même, elle est réputée saine. Rien pourtant n'est plus contestable : il s'est tout de même trouvé suffisamment d'analystes – comme le grand juriste Carré de Malberg – pour mettre en évidence l'accaparement de souveraineté que supposent la voie électorale classique et l'érection des assemblées élues en véritables potentats collectifs au détriment du peuple lui-même. Aux yeux de la démocratie antique ou des partisans de la démocratie directe, c'est donc l'ensemble des mécanismes institutionnels du régime parlementaire qui est taxé d'usurpation.

À l'inverse, il ne suffit pas de critiquer le système représentatif pour s'exclure *ipso facto* du cercle de la démocratie. Il est à remarquer que des leaders populistes parfois aussi extrémistes que Jean-Marie Le Pen en France ou Umberto Bossi en Italie ont toujours pris soin de proclamer leur attachement à ce système. C'est lui, d'ailleurs, qui est la base de leur succès. C'est même là une des lignes de démarcation les moins contestables qui sépare le populisme du fascisme, auquel on est souvent tenté de le comparer. Fascisme et nazisme, au nom du *Führerprinzip*, ne cachent pas leur mépris pour la « parlotte », l'éternelle contestation qui caractérise le régime d'assemblée ; les leaders populistes font au contraire de la tribune parlementaire l'une des sources de leur pouvoir. Il en va de même dans le populisme de gauche : Chavez n'a jamais mis en question le principe des élections et des assemblées délibérantes, quand bien même il exerce à leur égard toutes sortes de tracasseries.

Toutefois, le rejet des élites dans l'idéologie populiste est très vaste et s'étend, au-delà du personnel politique proprement dit, à toutes les catégories dirigeantes : bureaucrates, technocrates, experts, intellectuels. Tout l'appareil technico-administratif est constamment soupçonné de compliquer inutilement la vie des gens ou d'accaparer une part indue de la richesse nationale. Là encore, la différence avec les dictatures totalitaires est frappante : le régime stalinien n'a cessé de s'appuyer sur une classe techno-bureaucratique, au point, à la fin, de s'identifier à elle. Ce dernier a même organisé les intellectuels en défenseurs organiques du régime : que l'on pense aux écrivains, aux artistes, aux savants dans l'Union soviétique, embrigadés dans des académies officielles.

Au contraire, les populistes ont une sainte horreur des intellectuels, qui représentent la division là où devrait régner l'unité ; l'abstraction là où devrait dominer le sens pratique ; l'esprit critique là où devraient prévaloir l'enthousiasme et la mobilisation.

2. C'est qu'en effet *l'aspiration à l'unité du peuple* est un autre trait distinctif du populisme, et cela dès les origines, si l'on se réfère aux *narodnik* russes dans les années 1870. Là encore, la différence avec les régimes dictatoriaux est frappante. Certes, l'idéologie stalinienne fait de la fusion de tout le peuple dans une société régénérée l'objectif même du socialisme. Mais en attendant, et notamment dans la première phase du régime, il y a, selon elle, redoublement d'intensité de la lutte des classes. Staline a mené une guerre à mort contre les prétendus koulaks, c'est-à-dire la petite paysannerie propriétaire : véritable « classocide », si l'on me permet ce néologisme. De même, l'extermination des « mauvais éléments » dans la Chine maoïste, notamment durant la prétendue révolution culturelle, est une obsession de l'appareil dirigeant et un instrument de cohésion interne. Cette lutte contre les classes anciennes va jusqu'à prendre des formes ouvertement biologiques et racistes : il suffisait pendant la révolution culturelle d'avoir des ancêtres bourgeois pour être soi-même réputé bourgeois et traité comme tel. La Révolution française à son paroxysme a procédé de même en faisant de l'origine aristocratique de l'individu une tache indélébile, confortant les préjugés biologiques de ses adversaires : le privilège de la naissance devenait une tare de la naissance, mais, dans les deux cas, la « naissance » demeurait le facteur essentiel.

Au contraire, le populisme n'en passe pas par la lutte des classes. Le peuple, notion vague et donc dangereuse, est aussi le peuple, notion englobante et donc rassurante. On a souvent souligné ce paradoxe. La société politique moderne qui se réclame de la Révolution française est fondée sur le pluralisme. Or, la Révolution elle-même était acquise à l'idée de l'unité nationale. Sa rhétorique envers ses ennemis, qualifiés souvent de « fédéralistes », était de nature unitaire. Il est certain que l'unitarisme populiste a des racines profondes dans le terreau jacobin. Faut-il admettre – pourquoi pas ? – que la Révolution française a eu, notamment en 1793, des fondements populistes ? Le populisme se félicite de la diversité socioprofessionnelle de la population et, à l'exception de quelques catégories nuisibles, comme les banquiers, il fait appel à tous, à l'intérieur d'une vision organique, parfois organiciste, de la société. En ce sens, et contrairement à l'opinion majoritaire, il faut convenir que le populisme appartient à l'univers démocratique et non à l'univers dictatorial. Certes, comme on vient de le voir, les élites sont durement critiquées, mais ce sont moins les fonctions que les défaillances individuelles qui sont stigmatisées en termes moraux.

3. Car le besoin d'une *réconciliation de la morale et de la politique* est au cœur de l'âme populiste. Libéralisme et marxisme ont en commun de distinguer radicalement la morale individuelle des principes de l'action collective. Morale des affaires ou morale de classe sont contemporaines de la philosophie qui les a portées : l'utilitarisme. Contre la morale aristocratique, contre la morale chrétienne, contre la morale petite-bourgeoise, libéraux et marxistes se placent du point de vue des intérêts généraux des classes qu'ils représentent, à l'exclusion, le plus souvent, d'un système de valeurs universelles réputé illusoire et même mystificateur.

Au contraire, le populisme est l'affleurement au grand jour des convictions de l'*homo qualunque*, comme on disait dans l'Italie de l'après-guerre. Certes, cela n'empêche pas les leaders populistes d'être le plus souvent manipulateurs et cyniques. Mais ils se gardent bien de l'afficher, de crainte de perdre leur clientèle. Contre les pourris du système, le leader populiste se doit d'être sain, pratiquant de la morale ordinaire.

C'est pourquoi il est si difficile de comprendre le populisme en recourant aux seuls critères de l'analyse socio-économique. Bien entendu, la réaction populiste a des fondements dans l'état de l'économie et de la société. Mais sommes-nous nous-mêmes à ce point imbus de l'utilitarisme libéralo-marxiste que nous excluions *a priori* toute réaction de type moral qui se développerait indépendamment d'une base matérielle ? Dans l'état du monde consécutif à la crise de 2008, l'indignation des populations les plus diverses devant le brigandage financier et la surdité intellectuelle d'une partie des classes dirigeantes est un paramètre essentiel, qu'il ne servirait à rien de réduire à des frustrations économiques et financières cachées. Le passage de l'amoralisme traditionnel des milieux d'affaires à l'affichage d'un immoralisme délibéré, assumé, est en train de donner à la réaction moralo-populiste un écho qui excède largement ses zones d'implication habituelles. Et la neutralité axiologique des classes dominantes, invoquée pour des raisons d'efficacité, est en train d'apparaître sous un jour différent : comme l'habile camouflage de la morale des puissants et des vainqueurs. Autrement dit, si ce n'est pas avec de bons sentiments que l'on fait de la bonne politique, ce n'est pas non plus avec de mauvais sentiments que l'on fait de la bonne.

4. *L'identité nationale.* L'aspiration à l'unité nationale que nous avons vue au cœur de la problématique populiste a une contrepartie négative : le rejet de tout ce qui de l'extérieur paraît menacer cette unité. C'est, aux yeux de ses tenants, le cas des éléments réputés inassimilables de la communauté nationale, comme les juifs, ou de ceux qui s'introduisent de force en son sein, au risque de la disloquer : étrangers, immigrés de fraîche date. S'il n'est pas difficile de trouver dans le passé les racines de sentiments xénophobes ou racistes, il faut bien dire que le perpétuel remaniement des populations qui caractérise le monde d'aujourd'hui est un facteur aggravant, qui donne au populisme une actualité nouvelle. La peur de l'étranger est vieille comme le monde : mieux vaudrait l'apaiser que la stigmatiser. Mais cette peur prend avec les périodes de crise économique une acuité particulière : on l'a bien vu lors du référendum sur l'Europe du 29 mai 2005, où la crainte des travailleurs vivant en France à l'égard d'un éventuel envahissement par des travailleurs étrangers, venant notamment de l'Europe de l'Est, s'est muée en une véritable crise d'angoisse. En ce sens, le populisme est l'idéologie

de ceux qui ne se sentent pas d'avenir et qui se considèrent comme les laissés-pour-compte d'une société impitoyable. Le grand mérite du marxisme de lutte des classes était de transformer dans les classes populaires le sentiment d'exclusion en volonté positive de sécession, c'est-à-dire en mobilisation politique. Une telle mobilisation a au moins l'avantage d'empêcher des couches essentielles de la société de sombrer dans la délectation morose et dans des gestes de désespoir. Ce sentiment de déclassement social s'accompagne en général d'une véritable *misère culturelle*. Les catégories qui se sentent exclues du circuit économique se sentent aussi abandonnées par les élites artistiques : pas de traité de philosophie, de roman, de pièce de théâtre, de chanson pour célébrer le déclin du bistrot, le paysan endetté, le petit épicier submergé par la concurrence, l'artisan serrurier en cessation de paiement ou le tourneur sur métaux menacé de licenciement. Comme si l'impitoyable dureté du système capitaliste, son désintérêt pour les dégâts qu'il provoque s'étendaient à la société tout entière. La mutation économique, devenue sociale, engendre une crise existentielle de première grandeur, contre laquelle les leçons de morale universelle dispensées par la bourgeoisie « bobo » sont impuissantes. Cherchez bien, derrière la brutalité des mutations économiques en cours, le processus de mondialisation, le retrait des élites financières envers tout sentiment de l'intérêt général, vous trouverez une détresse insidieuse, une tristesse insinuante, une désespérance envahissante, tout ce qui fait des exclus de la société moderne, non de nouveaux prolétaires, mais des laissés-pour-compte de la culture. Depuis quand serait-ce aux déshérités de rendre compte au tribunal des nantis de l'inexorable processus de leur exclusion ? La politique a depuis peu tellement abandonné à l'économie la direction effective de la société que la solidarité sociale et morale ne joue plus, que la « douce France » n'est plus qu'une chanson nostalgique et que les images du village de l'enfance se fanent sur la muraille impassible du village mondial.

Tels sont les principaux traits du populisme, ainsi qu'ils se manifestent dans la quasi-totalité des cas envisagés. On pourrait en ajouter d'autres, comme le lien organique qui semble unir le leader aux masses. Mais la posture charismatique n'est pas propre au populisme. Avec le développement des médias, on la voit à l'œuvre, avec des variantes de style, dans tous les régimes d'aujourd'hui, de la démocratie parlementaire à la dictature, en passant par les gouvernements populistes, bien entendu.

Pour tâcher d'y voir plus clair dans le fourmillement de ceux-ci, de l'extrême droite à l'extrême gauche, les chercheurs en science politique ont essayé de la typologie et même ont multiplié les typologies. Celles-ci évitent la confusion, mais elles ne nous font guère avancer dans l'intelligence du phénomène.

C'est ainsi que Margaret Canovan, déjà citée, distingue les populismes agraires du XIXe siècle finissant, comme la Russie des *narodnik* ou le mouvement américain des fermiers, et les populismes modernes, qui sont de type urbain. Dans une inspiration analogue, Guy Hermet parle de populisme des Anciens et de populisme des Modernes. Le mouvement *narodnik* interprété par Herzen n'a en effet pas grand-chose à voir avec le Front national de Jean-Marie Le Pen. Mais il existe *aussi* des contre-exemples : le boulangisme de la fin du XIXe siècle était beaucoup plus urbain que rural ; au XIXe siècle, les chemises vertes de Dorgères s'étaient implantées dans les campagnes. Toutes ces classifications attirent l'attention, non sans raison, sur le caractère variable des supports sociaux du populisme : paysans traditionnels (*narodnik*), commerçants et artisans (Pierre Poujade), ouvriers et chômeurs (Peron ou Chavez), couches moyennes déclassées (Le Pen). C'est dire, comme on l'a déjà souligné, que le populisme n'a pas de base de classe unique. C'est un certain style d'action, on est tenté de dire de langage, qui est mis en œuvre quand le mouvement économique déplace les lignes sociales. C'est pourquoi Pierre-André Taguieff distingue un populisme identitaire d'un populisme de mobilisation. Mais dans tous les cas de figure, le populisme est un langage de défiance envers la politique traditionnelle, quand les exclus de l'évolution s'aperçoivent qu'elle est incapable de réguler ou de limiter les effets sociaux de bouleversements économiques rapides et violents. Paradoxalement, le populisme nous renvoie à la grille d'analyse marxiste, celle qui dénonce la subordination du politique à l'économique. Mais le marxisme se révèle incapable de rendre compte, avec cette grille d'analyse qui exclut en général l'autonomie de la politique et surtout de la culture, du blocage de l'évolution historique sur des solutions aussi illusoires que le populisme. Marx lui-même avait procédé à un tel coup d'État théorique contre ses propres cadres d'analyse quand il avait inventé le bonapartisme, c'est-à-dire la naissance d'une superstructure politique, au terme d'un processus de nature économique.

En combinant les divers critères et les différents types envisagés, on s'arrêtera pour notre part à distinguer populismes de classes moyennes, généralement orientés à droite, et populismes plébéiens, généralement orientés à gauche. Les premiers insistent sur le caractère national, voire ethnique de leur mouvement ; les seconds sur son caractère social en faveur des déshérités. Les premiers ont quelque affinité avec les fascismes du passé, même si, on l'a vu, ils s'en distinguent nettement. Le populisme de droite n'est pas un pré-fascisme, comme l'en soupçonnent ses adversaires, mais plutôt une solution alternative au fascisme. Les choses sont moins nettes à gauche : on a vu, sur décision personnelle de Fidel Castro, la révolution cubaine, d'essence populiste au départ, évoluer vers une variante latino-américaine du communisme soviétique.

On voudrait, pour conclure, s'interroger sur la permanence du populisme et, surtout, sur les raisons de sa prolifération actuelle. On peut y trouver trois raisons : les difficultés de la démocratie représentative, le caractère massif des phénomènes d'immigration dans les sociétés industrielles, les mutations du capitalisme dont la crise financière et économique que nous traversons n'est qu'un symptôme parmi d'autres.

1. Le déclin réel de la démocratie représentative va de pair avec sa généralisation formelle à travers le monde. Ses trois piliers élaborés au XIXe siècle, le suffrage universel, les partis électoraux et le Parlement, sont tous trois en crise. Le phénomène de l'abstention est devenu structurel ; il affecte, à des degrés divers, la plupart des régimes démocratiques. Comme si le mécanisme du suffrage était devenu un très mauvais conducteur du malaise de catégories sociales entières, et l'abstention, le symptôme de leur mise à l'écart. Lorsque le taux de participation tombe en dessous de la moitié des électeurs potentiels, c'est le caractère universel du suffrage qui est désormais en question. Le clivage entre citoyens actifs et citoyens passifs

tend à l'emporter sur l'opposition traditionnelle entre la droite et la gauche. Dans ces conditions, le Parlement peut difficilement se prévaloir d'une légitimité totale ; il n'est plus le dépositaire de la souveraineté nationale, car celle-ci a perdu toute signification auprès d'une partie majoritaire de la population. Quant aux partis, ils sont évidemment entraînés tout entiers dans le processus général de délégitimation. Aux yeux de la population, élites de droite et élites de gauche peuvent bien se mener leur guerre traditionnelle, elles sont englobées dans le discrédit général des élites.

Face à ce phénomène est en train de s'inventer un nouveau système de pouvoir, qui contourne le précédent et qui relève pour partie de la veine populiste : je veux parler de l'opinion publique. Du populisme, l'opinion publique renferme un certain nombre de traits significatifs : l'instantanéité, l'immédiateté, c'est-à-dire la prise directe sur le pouvoir. Le sondage, fondé sur les lois du grand nombre à partir d'un échelon représentatif, incarne justement une nouvelle forme de représentativité. Un tel mécanisme le met à l'abri du fléau de l'abstention, sauf sous la forme de non-réponses volontaires. On pourrait même dire qu'il répond aux canons de la démocratie directe : non, bien sûr, sous la forme du mandat impératif, mais sous celle de la pressante incitation qu'il constitue. Désormais, lorsqu'un gouvernement est affronté à la contradiction entre le mandat des urnes et les indications des sondages d'opinion, il tend à privilégier les secondes, parce que plus récentes et plus circonstanciées. Or le sondage est un court-circuit entre la voix du peuple et les gouvernants, qui exclut les corps intermédiaires et notamment la représentation nationale. Les adversaires de la sondocratie reprochent justement au système l'absence d'une étape délibérative. La volonté nationale n'est plus comme dans le système représentatif le résultat d'une alchimie démocratique : elle s'exprime à l'état brut sous la forme d'opinions morcelées, de réactions épidermiques. C'est vrai, sans doute, mais de moins en moins. On assiste aujourd'hui à des formes d'éducation de l'opinion, comme il y eut jadis une propédeutique du suffrage universel. À propos des questions de société, on assiste à travers les médias interactifs à une élaboration de l'opinion qui vaut bien les campagnes électorales de naguère. Le grand débat qui a précédé le vote du 29 mai 2005 sur la Constitution européenne en est la preuve.

Ce qui manque le plus, c'est un *leadership* démocratique. Mais, d'ores et déjà, les élus du suffrage universel sont concurrencés dans ce *leadership* par des leaders d'opinion appartenant à l'ensemble de la société. S'il en est ainsi, l'opinion, forme *soft* du populisme, se présente dès maintenant, pour le meilleur et pour le pire, comme un pilier du système démocratique, une institution hors sol à la recherche de ses racines.

2. *Les migrations de la population.* Elles constituent des innovations si rapides et si massives des structures sociales, mais aussi mentales d'une société, qu'il n'est pas étonnant que la réponse de celle-ci soit constituée dans un premier temps par une sorte de populisme défensif. On le voit à l'œuvre, à des degrés divers, dans la plupart des pays européens d'immigration, France, Italie, Allemagne, Belgique, Pays-Bas, etc. C'est surtout en période de chômage que la question se pose. Les experts ont beau expliquer que les immigrés prennent rarement le travail des locaux ; que la quantité de travail disponible dans une société n'est pas une donnée fixe, mais une dynamique, le chômeur, le travailleur précaire n'en ont cure. Ils accusent un capitalisme sans entrailles de faire la part belle à une main-d'œuvre bon marché, et les politiques de se faire les agents dociles de l'introduction d'une armée de réserve du capital.

Quant à la population tout entière, elle a peine à entrer dans les mécanismes de la société multiculturelle qui lui est imposée, en matière d'origines, de langues, de religions, de coutumes, de fêtes, de cérémonies, de symboles. Et tout cela dans l'espace d'une à deux générations, ce qui suppose une ductilité culturelle exceptionnelle. À une époque où le « droit aux racines » est reconnu à l'ensemble des sociétés, les membres les plus fragiles des sociétés industrielles ne comprennent pas pourquoi ils devraient être les seuls à en être privés. Le populisme identitaire devient la réponse inévitable de ces populations.

Dans ces conditions, l'imposition d'une éthique universelle, fondée sur des droits de l'homme abstraits, ne saurait tenir lieu, pour l'ensemble de la population, de morale provisoire. Sous l'effet des mutations engendrées par la mobilité de la main-d'œuvre, le clivage se creuse entre les élites et les masses. Dans le cadre du développement tumultueux de la mondialisation, le problème ne connaît pas de solution à court terme et, là comme ailleurs, le populisme est la réaction symptomatique au capitalisme sans frontières.

3. *La crise financière et économique.* C'est ce qu'a révélé dans toute son ampleur la crise que nous connaissons depuis 2008. Après 1929, on avait déjà mis en cause l'ultralibéralisme du système capitaliste. On l'accusait d'être irresponsable, incapable d'apporter un début de solution aux désastres qu'il déclenchait : effondrement de l'activité économique, faillites, chômage de masse… en attendant la guerre. D'où l'appel à l'État et à une économie administrée. La crise systématique du capitalisme rabattait les espérances sur deux solutions radicales : le fascisme si l'on était de droite, le communisme si l'on était de gauche.

Le terrible bilan des deux grands systèmes totalitaires du XXe siècle a fort heureusement écarté la tentation d'y recourir à nouveau devant la crise. On peut dire que, par bonheur, l'Histoire a pour le moment éliminé toute alternative crédible à l'économie de marché. Les responsables de la crise, c'est-à-dire les représentants du capitalisme financier, le savent si bien qu'ils jugent inutile de donner le change ou de se réformer. Après avoir reçu l'aide des États – et des contribuables – pour échapper à la faillite, ils sont revenus de plus belle au système spéculatif antérieur, n'ont rien fait pour atténuer ou camoufler le creusement sans précédent des inégalités financières et sociales. La prévoyance des États, la sagesse des classes ouvrières, le sang-froid des populations, tout a contribué à les renforcer dans leur irresponsabilité. Désormais, le cynisme et le brigandage ne sont plus les à-côtés psychologiques et moraux du système ; ils sont au cœur de celui-ci. Les rémunérations des banquiers et des *traders*, moralement inexcusables, ne sont plus financièrement marginales : elles représentent jusqu'à 40 % des profits des établissements financiers.

Faute de s'évader vers des exutoires extérieurs, le ressentiment des populations demeure, lui aussi, à l'intérieur du système. Le populisme est devenu psychologiquement et politiquement le seul débouché concevable à la colère qui gronde et à la misère qui s'accumule. Sa stigmatisation devient jour après jour inopérante, à l'instar de ce qui se passe pour la xénophobie. L'absence complète de réaction de la part du mouvement ouvrier et socialiste, son incapacité à s'organiser et à agir à l'échelle internationale pour faire face à la mondialisation capitaliste ouvrent toute grande la porte à des réactions identitaires et moralisantes. Le populisme n'est pas seulement l'envers caché et sombre du parlementarisme ; il est la rançon de l'impuissance de la social-démocratie. La situation actuelle lui offre un bel avenir, sous des formes variables selon les climats.

On l'aura compris, le populisme ne doit pas être abordé comme un régime primaire ; il n'a pas sa place dans les classifications de Montesquieu. Il n'est pas non plus une idéologie de base. Il est une réaction de rejet aux régimes et aux idéologies en cours dans les sociétés industrielles. Quand le peuple devient populiste, les élites rêvent de changer le peuple ou de se passer de lui. La bourgeoisie avait rêvé d'une démocratie sans le peuple ; les classes dominées lui répliquent par l'exaltation du peuple au détriment de la démocratie. C'est l'élitisme des élites qui sécrète, comme un anticorps, le populisme du peuple. C'est une situation double, à laquelle on n'échappera pas par des malédictions ou par de vertueuses condamnations. La question posée est celle de la cohésion des États industriels modernes. Le capitalisme financier a déjà inventé l'industrie sans les usines ; va-t-il inventer la politique sans société ? Autrement dit, les démocraties libérales ont-elles encore le désir et le moyen de demeurer des sociétés ?

DEUXIÈME PARTIE

LE POLITIQUE

LE CONTEXTE BIOGRAPHIQUE

ÉCOLE DES HAUTES ÉTUDES, PRINCETON

Avec mon élection à l'École des hautes études en sciences sociales (1978), à l'issue de ma décennie à Vincennes, et l'attribution d'une chronique hebdomadaire au *Nouvel Observateur* (1985), mes préoccupations et mes orientations de recherche prirent un tour nouveau. Sans délaisser l'histoire sociale et ouvrière – mon livre *Autonomie ouvrière* date de 1988 –, je me tournai davantage vers l'histoire politique. J'avais choisi pour titre à la direction d'études sur laquelle j'avais été élu, « Histoire des cultures politiques à l'époque contemporaine ». Les textes que l'on va lire un peu plus loin sont l'illustration de ce programme.

À mon entrée à « l'École » tout court – c'est ainsi que nous désignions l'École des hautes études en sciences sociales, comme jadis l'École normale supérieure –, je ne regrettais pas la décennie que j'avais passée au centre expérimental de Vincennes, que l'administration, avec son sens inné de la poésie des noms de lieux, avait appelé « Paris-VIII ».

Au lendemain des « événements de 1968 », le doyen de la Sorbonne, Raymond Las Vergnas, m'avait désigné pour faire partie du « noyau cooptant » interdisciplinaire d'une vingtaine de membres chargés de constituer *ex nihilo* un corps professoral pour la nouvelle université. Elle se voulait un prolongement de la révolution mentale qui venait d'avoir lieu. C'est ainsi qu'aux côtés de Jacques Droz pour l'histoire, de Michel Foucault pour la philosophie, d'Hélène Cixous pour la littérature, de Pierre Domergue et Bernard Cassen pour l'anglais, je fis alors cette expérience unique de désigner d'un coup et en quelques semaines environ deux cents de ceux qui allaient devenir nos collègues. La section d'Histoire, dans laquelle figuraient notamment Jean Bouvier, Marianne Debouzy, Jacques Ozouf, Madeleine Rebérioux, Michel Winock, était à la fois diverse et cohérente, à l'épreuve, au fond de la forêt de Vincennes, d'une vie universitaire constamment agitée, qui conjuguait l'excellence et la bouffonnerie dans des proportions sans cesse renouvelées. Deux traits caractérisaient la vie de Vincennes, qui ne se rencontraient dans aucune des universités que j'avais traversées. D'abord une politisation permanente, véhémente, au total un peu artificielle, de tous les actes de la vie universitaire. Les assemblées générales succédaient aux assemblées générales. C'est là que j'ai touché du doigt cette vérité que dissimulent soigneusement les démagogues : sous prétexte de bannir toutes les procédures formelles, toute organisation de la discussion, tout groupe constitué, la démocratie directe offre le champ libre à toutes les manipulations. Les débats sont vite dominés par des professionnels de l'intervention spontanée qui dissimulent derrière un anonymat affiché leur appartenance sectaire, et le quadrillage systématique de l'assemblée par une demi-douzaine de compères. Il n'y a de démocratie sincère que dans la publicité des appartenances de chacun. La démocratie vincennoise n'a pas résisté à la déviation politicienne du gauchisme. Ce fut un échec.

En revanche, l'ouverture de l'université aux non-bacheliers et à des étudiants déjà insérés dans la vie professionnelle, en dehors de tout cursus universitaire classique, est à mes yeux la principale réussite du centre expérimental. À la différence de tant d'étudiants résignés au cursus préétabli dans lequel ils sont engagés, ces étudiants volontaires sont mus par une motivation personnelle. L'expérience professionnelle donne à leurs études un sens, et les amène à formuler des questions précises. J'ai mesuré à cette occasion l'absurdité de la division sociale d'aujourd'hui, que l'on peut résumer ainsi : les jeunes à l'école, les adultes à l'usine ou au bureau, les vieillards à l'asile.

Je retrouvai quelque chose de cette ouverture à l'École des hautes études en sciences sociales, où l'on est admis comme étudiant non sur concours ou sur titre universitaire, mais sur la base d'un entretien entre le professeur et le candidat. D'où la diversité et l'originalité des étudiants qui se présentent à l'École, moins dans l'espoir d'obtenir un diplôme que de suivre un enseignement donné et un professeur nommément choisi. J'y entrai en 1978, alors que François Furet venait de succéder à Jacques Le Goff à la tête de l'institution. De ce grand médiéviste avec lequel j'entretenais un lien particulier depuis qu'il avait été mon « caïman » à l'École normale et qu'il m'avait enseigné le peu que je sais d'histoire du Moyen Âge, je ne dirai rien, sinon que de tous les illustres représentants de l'École des Annales – je n'en exclus ni Fernand Braudel ni Ernest Labrousse –, il est le plus éminent depuis Marc Bloch.

Quant à François Furet auquel me reliait mon amitié avec Jacques et Mona Ozouf, c'était à l'intérieur de l'institution historienne en France une sorte de franc-tireur que son tranquille non-conformisme intellectuel a fini par rendre central. Tenté au début de sa carrière par l'histoire économique et sociale dans le plus pur style des Annales, c'est lui qui, à travers son approche de la Révolution française, puis du communisme, a réhabilité l'histoire intellectuelle en France. Et cela avec une hauteur de vues et de style qui rappelle les grands historiens français du XIXe siècle.

Quant au gouvernement de l'École telle que je l'ai connue, et telle que, je crois, elle n'est plus, c'était un exemple parfait de libéralisme authentique appliqué à la vie intellectuelle. Entendons par là l'ouverture à toutes les formes d'esprit, même les plus opposées à la sienne, sans souci de représentativité, encore moins de proportionnalité. Si la démocratie est le moins mauvais système pour régir les relations sociales entre les hommes, sur la base de l'égalité, elle ne saurait s'appliquer au commerce des idées et à l'univers scientifique. C'est pourquoi dans ce domaine une gestion de type aristocratique où le président, *primus inter pares*, comme chez les chevaliers de la Table ronde, prend l'avis de ses pairs et tranche souverainement au nom de l'intérêt général est la plus compatible avec l'esprit de recherche et l'indépendance de chacun des chercheurs. L'égalitarisme intellectuel, qui est la tentation syndicaliste dans ce domaine, ne produit que de la médiocrité et du conformisme. Quand, lors de mon arrivée à l'École, on pouvait fréquenter dans les assemblées générales Claude Lévi-Strauss, Jean-Pierre Vernant, Pierre Vidal-Naquet, Jacques Le Goff, Pierre Bourdieu, Claude Lefort, Cornelius

Castoriadis, Michel de Certeau, on était vite convaincu que le droit qui est naturellement égalitaire devait céder le pas aux supériorités intellectuelles. La distinction entre l'ordre matériel et l'ordre spirituel, pour reprendre les catégories de Pascal, est le rempart le plus sûr contre la tyrannie d'un seul comme du despotisme du nombre. Telle était alors cette École qui, dans les années fastes de la République, a puissamment contribué à l'épanouissement des sciences sociales et au rayonnement intellectuel de la France. J'en fus témoin lors d'un séjour d'un an (1980-1981) à l'Institute for Advanced Studies de Princeton (États-Unis). Cet institut de recherches, célèbre pour avoir compté Albert Einstein parmi ses membres – on pouvait encore, quand j'y fus, y croiser sa fidèle secrétaire – et un grand nombre de sommités scientifiques américaines ou étrangères, s'était récemment ouvert aux sciences sociales. À côté des membres américains, dont un certain nombre de permanents, elle accueillait des chercheurs étrangers, à raison d'un ou deux par nation. Quand j'y séjournai, une trentaine de nations étaient représentées, parmi lesquelles je me fis des amis comme mon cher Henri Wesseling, le plus français des historiens néerlandais, spécialiste du colonialisme et de l'impérialisme européen. « Je déteste ces Français », aimait-il dire par antiphrase en m'accueillant affectueusement. Je me liai aussi avec Claire Salomon-Bayet, spécialiste d'histoire des sciences avec qui j'avais constitué une petite enclave française en terre américaine, ainsi qu'avec le couple transocéanique que constituaient ma collègue de l'EHESS Lucette Valensi et Avram Udovitch, esprit délié et chaleureux. J'y fréquentai beaucoup aussi Ezra Suleiman, véritable Parisien de Princeton, qui constituait aux côtés de Nicholas Wahl, de New York University, et Stanley Hoffmann, de Harvard, un trio d'intermédiaires culturels de grande classe, s'appliquant à expliquer la France aux États-Unis et les États-Unis à la France. Le séminaire de Stanley Hoffmann à Harvard était le lieu de passage obligé de tous les grands visiteurs français en terre américaine, le maître des lieux n'hésitant pas à déclarer, à contre-courant de l'opinion régnante aux États-Unis, son admiration pour le général de Gaulle… Je me souviens y avoir beaucoup égayé mes interlocuteurs, la première fois que j'y fus, en déclarant timidement que parmi les nombreux candidats qui se disputaient alors l'investiture démocrate, je pariais alors pour un certain Jimmy Carter (*Jimmy who?*) et qu'il pourrait peut-être devenir le futur président des États-Unis… heureuse lucidité qui échoit parfois aux néophytes et aux incompétents. Parmi les illustrations de l'Institut, on rencontrait alors, au thé de cinq heures qui tenait lieu de briefing quotidien, Clifford Geertz, le grand anthropologue, Michaël Walzer, Bernard Lewis, le célèbre islamologue et le fameux mathématicien français, co-fondateur du groupe Bourbaki, André Weil, qui, lorsqu'on le présentait comme le frère de la grande Simone, rectifiait avec le sourire : « Non, c'est Simone Weil qui était ma sœur ! »

Et surtout je fus accueilli avec une chaleur particulière par Albert Hirschman, l'un des directeurs de l'Institut, qui formait avec sa femme Sarah un couple rayonnant d'intelligence et d'humanité. Albert Hirschman, juif allemand qui avait fui l'Europe – comme du reste Stanley Hoffmann lui-même – à l'arrivée du nazisme, était un spécialiste du sous-développement et un historien des idées exceptionnel. Comment ne lui a-t-on jamais décerné le prix Nobel auquel on le destinait régulièrement ?

On me pardonnera cette litanie de noms à laquelle je viens de sacrifier. Elle avait pour but de suggérer que les États-Unis, que les Français considèrent volontiers comme un pays brutal et matérialiste, peut être aussi, à travers un certain nombre de ses institutions universitaires et les admirables bibliothèques qu'elles recèlent, un conservatoire des valeurs de l'humanisme classique. Quand j'y arrivai, on me remit la clé de la bibliothèque où je pouvais me rendre à mon gré de nuit comme de jour, ainsi que celle de mon bureau, où figurait déjà une plaque à mon nom. Je jetai distraitement les yeux sur celle du bureau voisin et j'y lus le nom d'un homme, Georges Kennan, qui avait été l'auteur de la fameuse théorie du *containement*, celle-là même qui a réglé les relations américano-soviétiques pendant de longues années d'après-guerre. En retraite de la politique active, il n'avait pas pensé déchoir en devenant un chercheur quasi anonyme parmi ses pairs à Princeton. Ce fut un bonheur de passer une année universitaire dans cette Thélème intellectuelle, où l'on ne m'a jamais demandé rien d'autre que de travailler aux sujets de mon choix.

LE SEUIL

C'est à Jean-Marie Domenach que je dois d'être entré aux Éditions du Seuil. Je ne dirai jamais assez la dette personnelle que j'ai contractée à son égard et mon admiration pour ce cavalier français qui partit d'un si bon pas… La conception héroïque de la vie qui était la sienne était communicative, une conversation avec lui vous lavait de toutes les mesquineries de l'existence.

Le Seuil avait besoin d'un directeur pour une collection de poche politique, objet qui n'existait encore nulle part. Jean-Marie cita mon nom, Paul Flamand m'invita à déjeuner, au dessert tout était réglé, y compris ma rémunération, des plus modestes, conformément à l'éthique aristocratique et janséniste qui était de mise dans la maison. Mon bonheur, ce furent les rencontres que je fis là-bas, dans le petit immeuble, charmant et biscornu, du 27 rue Jacob, avec la cour minuscule dont l'arbre déplumé allait être immortalisé sur le logo des Éditions du Seuil.

Pour guider mes premiers pas et m'aider à réfléchir sur mes choix éditoriaux, Paul Flamand m'avait confié à une sorte de cornac, bienveillant malgré son air sévère, en la personne de Paul-André Lesort. Personnalité attachante, paralysé d'un bras, l'air douloureux et vaguement désabusé, Paul-André avait connu la célébrité avec un roman considérable, *Les Reins et les coeurs* (1947), d'inspiration bernanosienne, où la difficulté de communication entre les êtres ne trouve sa solution que dans la transcendance. Mais ce succès était resté un hapax. Ses livres suivants furent plus confidentiels. Si jamais la « sérénité crispée » dont a parlé René Char trouva un jour à s'incarner, c'est bien dans cette figure un peu oubliée qui m'est restée chère.

L'un des grands gourous de la maison était Jean Cayrol, écrivain alors fort connu, grand dénicheur de talents parmi les jeunes gens et sorte de grand ancêtre de toutes les recherches formelles qui fermentaient alors dans le roman contemporain. Tout en gardant ses distances, il avait patronné les premiers pas de Philippe Sollers, ainsi que ceux de Claude Durand, qui allait devenir, après avoir quitté le Seuil, une des figures de proue de l'édition française.

Philippe Sollers, quand j'arrivai au Seuil en 1966, était pour toute la maison un vrai signe de contradiction. Paul Flamand s'était entiché de ce jeune homme doué, pétillant, insaisissable, qui avait été porté sur les fonds baptismaux de la littérature par Aragon et François Mauriac. Il espérait bien rééditer avec *Tel Quel* le coup de génie que Gaston Gallimard avait réussi avec la NRF dans les années 1920, avec ce qu'il faut d'innovation vraie, mais aussi de posture littéraire, de terrorisme et de snobisme. Heureuse époque où la Terreur n'était plus ce qu'elle avait été sous la Révolution, et pas encore ce qu'elle allait devenir avec *Charlie Hebdo*, le Bataclan et la Promenade des Anglais ; mais une simple resucée de ce Grand Guignol littéraire inventé dans les années 1920 par André Breton et les surréalistes : un mélange d'arrogance et de sectarisme, d'excommunications et de scissions, à mi-chemin de l'histoire religieuse et de la blague de potache, genre dans lequel Philippe Sollers excellait.

Le principal schisme est celui qui se produisit en 1967, quand Jean-Pierre Faye, jusque-là principal lieutenant de Sollers, se sépara de lui pour créer *Change*, la revue rivale de *Tel Quel*, hébergée elle aussi au Seuil. J'aimais beaucoup, j'aime toujours beaucoup Jean-Pierre Faye, que j'ai connu jadis à *Reconstruction* et qui, au chapitre de la politique, m'a toujours paru plus fiable que Sollers.

L'autre contestataire de *Tel Quel* était François-Régis Bastide. Sorte de grand cadet de Gascogne à la voix de bronze, beau comme Cocteau et amoureux des femmes comme Chérubin. Il représentait dans cette ruche d'abeilles surexcitées le classicisme littéraire, le bonheur de vivre, la légèreté mondaine et le sens de l'amitié. Et *La Vie rêvée* est un bien joli roman.

Par mesure de prudence et pour la tranquillité des populations, ni Sollers ni Faye ne faisaient partie du comité de lecture qui se réunissait le vendredi en fin de matinée dans le bureau de Paul Flamand et qui était suivi d'un déjeuner rituel au Vicomte, rue Dauphine. Le représentant de la secte structuraliste était François Wahl, péremptoire et mystérieux, qui remettait les manuscrits sur l'autel avec des manières de desservant d'office : « C'est le manuscrit de Roland. Excellent, bien entendu, avec quelque chose de plus qu'à l'ordinaire. » Nous n'en saurions pas davantage jusqu'à sa parution, sur le dernier essai de Roland Barthes.

Les déjeuners du Vicomte étaient un pur bonheur. Chacun s'y comportait comme les paroissiens à la sortie de la messe : délivré, laissant parler son naturel. François-Régis Bastide y rapportait les potins du Tout-Paris ; Robet Fossaert nous faisait sentir la gravité de la situation financière présente ; Luc Estang éclatait en imprécations sur le premier sujet venu ; Claude Durand souriait, les yeux plissés, comme un bonze asiatique ; Jean Bardet était véhément ; Jean-Marie Domenach affectait l'ignorance de celui qui rentre d'un long voyage, tandis que Jean Lacouture évoquait volontiers les siens. Paul Flamand écoutait, l'air mi-curieux, mi-résigné, et tout cela se terminait par des récriminations générales contre le gouvernement. Pour avoir parlé en faveur de De Gaulle un jour que Jean-Marie Domenach n'était pas là pour prendre sa défense, je me fis sévèrement morigéner par Jean Lacouture, qui allait devenir peu après son enthousiaste biographe…

Paul Flamand et Jean Bardet présidaient, assis l'un en face de l'autre, la longue table. Pourquoi, en parlant d'eux, ne puis-je jamais m'empêcher d'évoquer les Messieurs de Port-Royal ? Un long compagnonnage, une complémentarité constante, le premier à la tête du littéraire, le second, des finances, les rendaient complices, et comme il arrive chez les vieux couples, jusqu'à l'exaspération mutuelle.

Pourtant, la primauté de Paul Flamand n'était discutée par personne. Mince, élégant, austère, doté d'un brio dans l'expression écrite et orale, dont il n'usait que parcimonieusement, il se faisait du métier d'éditeur une haute idée que je n'ai plus jamais rencontrée ailleurs. Dans la légende du Seuil, il y a sa célèbre note de lecture sur le premier livre de Samuel Beckett, qui avait été présenté à la naissance de la maison. Il y disait en substance que tout, l'inspiration, le style, la hauteur, permettait de prédire qu'on tenait là un des plus grands écrivains du siècle à venir, mais que, cela étant dit, il ne le publierait pas, parce que l'idée qu'il se faisait de son métier d'éditeur ne lui permettait pas de se rendre complice du désespoir. Un éditeur qui sait reconnaître le génie, et qui s'en prive délibérément, à cause de la nature du message qu'il envoie, c'est là une chose merveilleuse ou aberrante, mais c'est de toute façon une chose extraordinaire. Je crois d'ailleurs qu'à la fin de sa vie, Paul Flamand n'eût jamais plus raisonné ainsi.

Le Seuil représente une étape essentielle dans le défilé de mes « lieux de mémoire », tels que j'ai entrepris de les évoquer ici. Le titre d'« histoire immédiate » que Jean Lacouture avait choisi pour la collection qu'il y dirigeait reflète très bien l'inspiration qui était alors celle de la maison. Avant lui déjà, Jean-Marie Domenach avec ses livres « sans frontières » avait élargi les regards des Français sur le monde. Le Seuil a été la maison de la décolonisation, et notamment de la lutte contre la guerre d'Algérie, puis de l'entreprise que j'ai qualifiée de saint-simonienne, de modernisation de la France, enfin des soulèvements de mai 68 et de l'*aggiornamento* des mœurs.

LE NOUVEL OBSERVATEUR

C'est à la même époque que ma contribution au *Nouvel Observateur*, d'abord épisodique, se fit plus régulière. Dans les milieux universitaires, on me le reprocha. J'aurais pu invoquer l'illustre exemple de Raymond Aron, dont de Gaulle, faussement naïf, avait demandé : « Quel est donc ce journaliste au Collège de France qui enseigne au *Figaro* ? » Je reconnais volontiers que cette espèce de bigamie professionnelle ne pouvait servir de modèle. Mais quoi ! Elle fut le fait de tant de grands noms de notre littérature et de notre politique depuis la Révolution française que je n'ai jamais songé à m'en excuser. L'Histoire et le journalisme entretiennent des liens si étroits que tout en respectant les règles de l'art propres à chacune des professions, il faut bien convenir que la substance demeure la même. Dans les deux cas, c'est la connaissance des rapports entre les hommes et les événements « tels qu'ils se sont passés » (Thucydide). Seuls les supports changent, et la méthode d'exposition. Mais l'Université des années 1970 était plus gourmée que celle d'aujourd'hui, et tant de mes collègues qui n'étaient jamais assez sévères pour ce mélange des genres ne laissent pas depuis de me prier d'intervenir dans la presse chaque fois qu'ils publient un livre ! Chose au demeurant parfaitement légitime : pourquoi la lecture des bons ouvrages devrait-elle être réservée à une élite professionnelle ?

C'est à la fin de l'année 1969 qu'André Gorz, *alias* Michel Bosquet dans les colonnes du *Nouvel Obs*, était venu me voir à mon bureau des Éditions du Seuil. « Je lis toujours avec intérêt vos articles de politique intérieure dans *Esprit*, me dit-il en substance, et les ai recommandés à Jean Daniel. Il les a lus à son tour, et souhaiterait faire votre connaissance. — Mais, lui dis-je, je crains qu'il ne me trouve un peu trop favorable à de Gaulle [qui venait de s'éteindre]. Je suis un homme de gauche grand teint, ce qui ne m'empêche pas d'approuver une grande partie de l'œuvre du Général. — Au contraire, me répondit-il. Cela lui fera plaisir. Il se désespère de voir ses meilleurs amis, à commencer par Mendès France, si injustes envers de Gaulle ! »

C'est ainsi que j'allai voir Jean Daniel dans son bureau de la rue d'Aboukir et qu'au terme d'une longue conversation, un sentiment de sympathie et de complicité intellectuelle naquit entre nous. Au 1er janvier 1970, je commençai au *Nouvel Obs* une collaboration qui devait durer quarante ans, et qui prit, à partir de 1985, la forme d'une chronique hebdomadaire publiée sur deux colonnes, à côté de l'éditorial de Jean Daniel dans une double page du journal.

Maintenant, avec le recul, je garde avant tout de lui l'image d'un grand directeur de presse, c'est-à-dire d'un homme d'une universelle curiosité, toujours curieux de la nouveauté et prêt à l'accueillir. Pour reprendre la métaphore que Marc Bloch applique à l'historien, le journaliste est un ogre affamé de chair fraîche, et cette chair, c'est l'événement. Emmanuel Mounier, le fondateur d'*Esprit*, disait la même chose à sa manière, qui est saisissante : « L'événement sera notre maître intérieur. »

Le grand journaliste est celui qui, si un événement d'importance survient un soir de bouclage, ne se contente pas de rajouter une accroche à la une, mais est capable, pour le plus grand désespoir de sa rédaction, de bouleverser toute l'ordonnance du journal, et de tout reprendre à frais nouveaux. Jean Daniel était de ceux-là.

Encore faut-il pouvoir distinguer à brûle-pourpoint le fait majeur du fait divers.

Un jour de 1951, Pierre Lazareff, directeur de *France-Soir* au faîte de sa gloire, envoie l'un de ses reporters se tenir en faction sous les fenêtres d'un immeuble de la rue Vaneau où André Gide est en train de mourir. Au bout d'une heure, le reporter appelle : « Je rentre, patron, c'est une mort naturelle ! »

Là où Jean Daniel s'est montré original et a vraiment innové, au point d'avoir été imité partout ensuite, c'est dans le traitement journalistique du fait culturel. Traditionnellement, la culture était traitée dans les journaux comme dans les manuels d'histoire : en fin de chapitre, comme une espèce de supplément d'âme, surajouté à l'événement. Jean Daniel a compris que la culture – au sens large – était étroitement imbriquée au reste de la vie sociale, économique ou politique. Fort des relations qu'il recherchait et qu'il entretenait avec la plupart des grands intellectuels et des artistes de son temps, il n'a pas hésité à leur donner la première place dans son hebdomadaire et de faire comprendre que la vision des choses qu'ont proposée un Claude Levi Strauss ou un Michel Foucault est aussi importante pour la compréhension de notre époque que celle d'un Schumpeter, d'un Keynes, ou d'un Raymond Aron.

Longtemps nous avons sacrifié à l'habitude de dîner ensemble les soirs de bouclage et de prolonger la conversation dans son bureau jusqu'à onze heures ou minuit. Or le plus souvent, ce n'est pas d'actualité que nous parlions, mais de littérature, et encore davantage de questions religieuses. Jean Daniel est un agnostique tourmenté dont l'attachement au judaïsme ne peut s'accommoder de l'élection et chez qui la séduction par le catholicisme bute sur la Résurrection. C'est lui qui m'a souvent poussé à définir mes propres positions et qui, un jour qu'on le célébrait à la Bibliothèque nationale de France, m'a amené à déclarer devant une assemblée un peu médusée qu'au fond de moi-même j'étais à la fois marcioniste et semi-pélagien. Je renvoie à une autre occasion les développements qu'exigerait une telle déclaration…

Jean Daniel est un homme d'un charme sans égal et d'une vanité qui ne lui est guère inférieure. Il est arrivé un moment où notre amicale émulation hebdomadaire en tête du *Nouvel Observateur* a viré à la concurrence, et où nos relations s'en sont trouvées affectées. Il me reprochait de ne pas lui avoir assez rendu hommage ; de mon côté je souffrais de son application hebdomadaire à saturer tous les sujets d'actualité, afin de ne m'en laisser que des rogatons. Mais je lui dois cette justice qu'il n'a jamais cherché à influencer mes choix, lors même que nous étions en désaccord, comme à propos de la Bosnie. Et je reste convaincu que l'amitié, quand elle s'est inscrite une fois dans les archives du souvenir, finira toujours par survivre aux accidents de la conjoncture.

Le Nouvel Observateur fut dans ses meilleures années comme un grand bureau de l'esprit, participant pleinement à ces « Trente Glorieuses » de la vie intellectuelle française, qui vont des années 1960 aux années 1990. On va me reprocher ce travers des hommes d'âge qui vont partout proclamant que cela était mieux auparavant. Je tâcherai de m'en garder, mais je suis bien obligé de convenir, dans mon for intérieur, que c'est moins bien depuis... Pourquoi ne pas admettre que la vie intellectuelle, comme la vie économique, comporte des temps forts et des temps faibles, des espèces de cycles Kondratieff de l'esprit ? Ou encore, dans le langage de Saint-Simon, qu'elle est composée de phases organiques et de phases critiques ?

Je renonce à égrener ici dans leur détail les litanies de ma mémoire affective. Il faudrait que j'évoque mes conversations à bâtons rompus avec Serge Lafaurie, qui était l'élégance même ; mes discussions plus soutenues avec Michel Bosquet, déjà cité, le premier à m'avoir éveillé à l'écologie ; mes confidences complices avec Josette Alia ; mes échanges teintés de mélancolie avec Hector de Galard, mes apartés pleins d'enjouement avec Claude Roy ; les leçons de théâtre toujours teintées d'humour reçues de Guy Dumur ; ma rencontre avec la flamboyante Rossana Rossanda grâce à son compagnon, K.S. Karol. Toutes ces rencontres étaient une fête. Encore n'ai-je pas cité le trio d'amis François Furet, Jacques et Mona Ozouf, que je connaissais d'ailleurs. Je veux, pour terminer, réserver une place particulière à mon cher Franz-Olivier Giesbert, qui fut mon élève au Centre de formation des journalistes, avant de devenir mon patron de rédaction au *Nouvel Obs* et mon ami de toujours, grâce à la connivence tacite de nos sensibilités. Et j'ajoute encore que Claude Perdriel, dont je ne fus jamais l'intime, reste à mes yeux un patron de presse plein de noblesse comme on n'en fait plus, capable à chaque instant de sacrifier ses propres intérêts matériels à la haute idée qu'il se faisait de son journal.

Pourquoi, dans ces conditions, ai-je, à la fin de l'année 2010, quitté *Le Nouvel Obs* pour *Marianne* ? Aux difficultés de mes relations de travail avec Jean Daniel, qui, en dépit de notre amitié, empoisonnaient ma vie quotidienne, s'ajouta pour la première fois une considération politique.

Nous étions alors à la veille de l'élection présidentielle de 2012. Je pris conscience que la direction du journal, c'est-à-dire Claude Perdriel, Jean Daniel et Denis Olivennes, s'apprêtait à soutenir sans réserves Dominique Strauss-Kahn pour y représenter la gauche. C'est une position que je ne voulais pas envisager. Il ne s'agissait nullement alors des comportements de DSK avec les femmes, qui allaient l'écarter de la vie politique. Ni de mes relations personnelles avec lui, qui étaient très cordiales, mais bien de ses positions idéologiques et politiques. Je ne pouvais admettre que le patron du FMI, qu'une grande partie des capitalistes français s'apprêtaient à soutenir, devînt, par la grâce d'une campagne, le successeur de Jaurès, de Blum et de Mendès France à la tête de la gauche française. Je pense que la longue lune de miel entre cette dernière et le néocapitalisme avait pris fin, par la volonté de celui-ci, qui, une fois le socialisme soviétique écroulé, ne voyait plus de raison de ménager le camp d'en face, fût-il social-démocrate. Je résumai ce nouveau cours de ma pensée dans « Vingt thèses pour repartir du pied gauche », que Denis Olivennes se refusa à publier dans nos colonnes, et qui parurent finalement dans *Libération*. On en trouvera le texte ci-dessous. C'est pourquoi j'acceptai sans hésitation la proposition qui m'était faite par Maurice Szafran et Éric Conan de les rejoindre à *Marianne* comme éditorialiste. L'un et l'autre sont devenus des amis.

J'avais dans le passé entretenu des relations à la fois cordiales et polémiques avec le fondateur de l'hebdomadaire, Jean-François Kahn, dont j'admire le talent, apprécie la sincérité et critique les positions. Je n'ai jamais rien compris à ce centrisme révolutionnaire qui aurait voulu porter Bayrou au pouvoir pour y faire la politique de Mélenchon. Mais je m'étais rapproché des positions « républicaines » du journal, qui insistent sur l'unité de la nation, le rôle primordial de l'École comme instrument d'intégration, la défense et illustration de la laïcité.

Marianne n'a jamais été tout à fait ma culture. La deuxième gauche n'est pas sa tasse de thé, tandis que parfois son populisme m'a exaspéré. En revanche, j'apprécie fort son pluralisme. L'accueil chaleureux que j'y reçus n'en était-il pas déjà la meilleure preuve ? Conjuguer la tonitruance avec la tolérance fait de *Marianne* un Ovni dans la presse et un antidote au conformisme. C'est pourquoi je n'ai jamais regretté mon transfert.

LE POLITIQUE
Introduction aux textes

Comme ceux de la première partie consacrée au social, les textes qui composent ici la partie politique de ce recueil sont de deux sortes. Les premiers appartiennent à mon travail proprement historique ; les seconds sont davantage inspirés par l'actualité et relèvent plutôt de la science politique. Comme je l'ai déjà souligné, je me suis toujours efforcé, avec plus ou moins de bonheur, d'articuler aussi étroitement que possible, sans jamais les confondre, mes recherches proprement scientifiques avec ce que j'appellerai mes travaux pratiques de base.

Précédé de considérations sur la différence entre les familles politiques et les partis, énoncées à l'occasion de la remise du prix Guizot-Institut de France (texte 1), le fragment le plus important ci-dessous est emprunté à mon livre *Les Gauches françaises (1762-2012)*. Il s'agit d'une classification, parallèle à la célèbre trilogie de René Rémond sur les droites, des gauches françaises à travers le temps. J'en ai trouvé quatre (texte 2) : la gauche libérale, la gauche jacobine, la gauche socialiste, la gauche libertaire. J'ai complété cette étude par les portraits croisés, extraits du même ouvrage, de Voltaire et de Rousseau, parce qu'au-delà de toute classification possible, ils représentent deux façons irréductibles de considérer et de vivre la gauche (texte 3).

Le texte suivant forme une transition : c'est l'introduction à ma *Quatrième République* (1968) encore toute vibrante, au-delà de l'analyse historique, de l'émotion et de la colère qui m'animaient en tant que citoyen à mon retour de la guerre d'Algérie (texte 4).

Ces textes procèdent à l'analyse du système politique français, tel qu'il évolue depuis la Deuxième Guerre mondiale sous l'influence des événements, des hommes, et du grand tournant de 1958. La professionnalisation de la politique et les dérives qu'elle entraîne sont l'objet d'un article récent de *Débat* (texte 5) proche de l'inspiration d'un de mes tout premiers livres, *Contre la politique professionnelle* (1977). Suivent trois textes consacrés au phénomène de l'opinion en politique, que j'ai proposé d'appeler *doxocratie*. Sous l'influence des nouveaux moyens de communication, l'interaction entre gouvernants et gouvernés devient permanente (texte 6). Quelle est la place des intellectuels dans ce nouveau rapport de forces (texte 7) ? Le trop fameux « charisme gaullien » ne tiendrait-il pas d'abord à l'exceptionnelle capacité du Général d'anticiper sur des aspirations populaires encore mal formulées ? (texte 8).

Les trois derniers textes relèvent d'un genre plus engagé et visent à définir un réformisme radical à l'usage de notre temps. Après un effort pour réévaluer les rapports historiques entre la réforme et la révolution (texte 9), on trouvera ici une partie de l'amicale confrontation que j'ai eue avec Jean-Claude Michéa sur les relations de la gauche et du peuple (texte 10). Cette partie se conclut sur les vingt thèses que j'avais formulées pour donner corps, à la veille de l'élection présidentielle de 2012, à la notion de réformisme radical (texte 11). *Le Nouvel Observateur* n'ayant pas cru devoir publier ce texte, il est paru dans *Libération*, grâce à l'obligeance de Laurent Joffrin. C'est dans ce contexte que j'ai accepté la proposition de Maurice Szafran de devenir l'éditorialiste de *Marianne*.

Ce chapitre se termine par une espèce de profession de foi personnelle qui m'a été arrachée par mon ami Benoît Chantre dans un livre intitulé *Le Choix de Pascal*. Parce que j'avais un jour, à l'étourdie, lancé devant lui qu'il faudrait bien finir par réconcilier la gauche avec le péché originel, ou si l'on préfère, avec Pascal, Chantre me prit au mot. Il en sortit un dialogue serré où j'explique pourquoi je suis majoritairement social-démocrate et minoritairement libertaire d'une part, réactionnaire de l'autre. On trouvera ici les raisons qui, je m'en avise avec le recul, ont déterminé toutes mes prises de position, politiques et sociales sans doute, mais aussi intellectuelles et spirituelles. Cela me permet de me définir tel que je suis : démocrate en politique, rationaliste en philosophie, chrétien dans le spirituel (texte 12).

LES FAMILLES POLITIQUES FRANÇAISES[1]

Je vais vous faire une confidence : je n'aime pas les partis politiques ; j'aime les familles politiques. Je n'aime pas les partis politiques, même ceux dont je me sens proche. J'aime les familles politiques, même celles dont je me sens éloigné. C'est probablement pourquoi j'ai reçu dans ma vie plus de marques de reconnaissance de mes adversaires que de mes amis.

Relisant *Notre Jeunesse*, ce texte de Péguy « jeune ensemble qu'éternel » pour parler comme lui, je suis tombé sur cette phrase : « Les mystiques sont beaucoup moins ennemies entre elles que les politiques, et elles le sont autrement. » Et j'ai pensé : mais cette fameuse distinction péguyste, c'est exactement celle que je fais entre les familles et les partis. Les familles sont beaucoup moins ennemies entre elles que les partis, et elles le sont autrement. Les familles ne meurent jamais ; les partis sont des épiphénomènes. Les familles sont dans le dialogue, quand les partis sont dans l'exclusion. Les familles sont dans la complémentarité, les partis sont dans des logiques d'extermination mutuelle.

À l'étage de la mystique, tous les possibles sont des compossibles, pour parler comme Leibniz. À l'étage de la politique, tous les réels ne sont pas des co-réels, pour parler comme moi. En résumé, les familles tirent la politique vers le haut ; les partis tirent la politique

1. Discours de Jacques Julliard, lauréat du prix François Guizot-Institut de France, 16 octobre 2014 (extrait).

vers le bas. Ce n'est pas pour rien que Barrès et Thibaudet – deux esprits combien différents ! –, ont exalté les familles politiques, pas les partis. Ce n'est pas pour rien qu'avant moi, René Rémond, quand il a écrit son histoire des droites, a parlé des familles – Dieu sait si sa trilogie est célèbre et a marqué des générations d'étudiants – et très peu des partis. Et ce n'est pas pour rien que j'ai fait la même chose…

Si je considère les huit familles politiques, qu'à mes yeux compte la France, je constate que je suis redevable de quelque chose à chacune d'entre elles.

— Au traditionalisme, une critique de la Révolution française dans son individualisme forcené, critique nécessaire à ses partisans, dont je suis.

— Au bonapartisme, au-delà du culte du chef, qui n'est pas ma tasse de thé, l'idée que le monde ne sera sauvé que par quelques-uns. Il n'est pas un familier de l'Évangile qui puisse parler autrement.

— À l'orléanisme, l'idée que la politique est faite pour la société, et non la société pour la politique. Et encore que cette politique n'est pas faite pour les individus, mais pour les groupes sociaux eux-mêmes.

— À la démocratie chrétienne, l'idée que la politique n'est pas le tout du politique, et que la raison dernière de la politique, c'est la société elle-même.

— Au libéralisme, l'idée que la fin dernière de la politique, c'est la liberté des citoyens et leur capacité d'entreprendre.

— Au jacobinisme, l'idée qu'en France l'État a précédé la Nation ; que par conséquent, il n'est pas source, il ne saurait être source d'oppression, mais au contraire d'émancipation et de sécurité.

— Au socialisme, l'idée que la plus haute valeur de la civilisation n'est ni la liberté, ni l'égalité, ni même la fraternité, c'est l'idée proudhonienne de Justice. Justice, ce mot qui est peut-être le plus beau de la langue française.

— À l'anarchisme, permettez-moi de citer Simone Weil, l'idée que « l'ordre social, quoique nécessaire, est essentiellement mauvais, quel qu'il soit ». Cette métapolitique est partie intégrante de la politique elle-même, et son horizon d'attente.

Voilà, mes chers amis, quel est le paysage politique de la France, et je ne vois rien là-dedans qui doive en être retranché. Je ne choisirai pas entre la Beauce et le Jura, entre la Bretagne et le Pays basque.

Mais j'ai déjà trop parlé, et je n'ai pas encore répondu, cher Jean-Claude, aux questions que tu m'as posées, et qui portent sur la pratique de la gauche en tant qu'acteur de la politique. C'est ici que nous retrouvons nécessairement les partis, qui ne se laissent jamais oublier très longtemps.

Ce qui caractérise la gauche par rapport à la droite, c'est l'écart permanent et structurel entre ce qu'elle est et l'image qu'elle se fait d'elle-même. D'où cet étrange narcissisme identitaire qui l'amène à se demander à tout moment si ce qu'elle est, ce qu'elle fait est conforme à une gauche idéale. C'est un schéma aujourd'hui rebattu : la gauche est-elle de gauche ? La droite ne se demande jamais si elle est vraiment de droite ; de ce point de vue là, mon cher Jean-Claude, le centre qui a lui aussi des problèmes permanents d'identité est beaucoup plus proche de la gauche que de la droite.

C'est ainsi que la gauche, qui est devenue sociologiquement et électoralement un parti de classes moyennes salariées et même de classes dirigeantes, continue de se penser comme le parti des déshérités. Son malheur, c'est que les déshérités en question ont cessé depuis longtemps de se reconnaître en elle.

C'est évidemment quand elle exerce le pouvoir que l'écart entre l'idéal et le réel atteint sa tension maximale. Ce n'est du reste pas nouveau : Robespierre lui-même a eu ses Enragés comme Ferry son Clemenceau, Léon Blum son Marceau Pivert, comme aujourd'hui Hollande a son Mélenchon et ses frondeurs. Mais c'est la première fois depuis un siècle que le vieux précepte des républicains de gouvernement : « Pas d'ennemi à gauche ! » se trouve si sérieusement remis en cause. C'est pourquoi la seule manière qui lui reste de prouver sa conformité à son idéal identitaire est de s'inventer un ennemi au centre. Plus la gauche gouvernante se trouve mise en cause par la gauche d'opposition, plus elle tient ferme, en termes d'alliances, sinon de programme contre toute tentative de troisième force. Cela n'est pas nouveau non plus : sous la Restauration, la gauche a eu comme leader parlementaire un homme-Protée, Benjamin Constant, qui à bien des égards était en réalité un homme du centre, parfois même du centre-droit. Pour ne pas déroger à son identité idéale, la gauche est souvent condamnée à de tels simulacres.

C'est sa faiblesse, mais aussi, il ne faut pas l'oublier, aujourd'hui son mérite et sa raison d'être. Il y a aujourd'hui dans la société française un tel désenchantement à l'égard de la politique que la classe politique tout entière est appelée, est contrainte, à un examen de conscience collectif, qui porte sur son existence en tant que corps séparé dans la société. L'impopularité du Président de la République dans les sondages n'est qu'un cas particulier de celle de la classe politique tout entière : les chiffres en font foi.

On ne s'en tirera pas avec un changement de numéro dans la désignation de notre République. La vérité est que, alors que la société se démocratisait et avait pour idéal principal, et même unique, l'idée d'égalité, la société politique restait une société de castes, et même d'ordres, au sens de l'Ancien Régime.

C'est bel et bien une Révolution qui s'annonce à l'aube du XXIe siècle. Celle de 1789 avait débouché, après bien des péripéties, sur une société libérale. Celle que nous vivons a pour horizon une société démocratique, annoncée par des esprits lucides comme Guizot, Chateaubriand et Tocqueville. Pour tous les nouveaux privilégiés, dont nous sommes, c'est un défi immense : il dépend pour une grande partie de nous-mêmes que cette Révolution ne soit pas violente, mais pacifique.

LES QUATRE GAUCHES[1]

Partis, familles, cultures

Avant d'en venir à la période récente, c'est-à-dire à l'évolution de la gauche depuis la Seconde Guerre mondiale, faisons une halte. En prenant une vue globale de tout ce que nous avons tiré de l'histoire depuis la Révolution jusqu'au déclenchement de la Seconde Guerre mondiale, nous voyons se dessiner un paysage intellectuel de la gauche fait de familles différentes, tantôt en lutte, tantôt complices. Ce sont ces familles que je veux présenter maintenant car, à la différence des partis, elles constituent un véritable invariant intellectuel, moral et politique.

La politique, entendue au sens large, relève-t-elle du temps court, celui de l'événement, ou bien du temps long, celui des structures mentales ? Évidemment des deux. Le travail parlementaire, les prises de position des hommes politiques, les décisions à prendre dans l'immédiat, l'activité des partis, relèvent du premier. À droite notamment, les partis, qui n'ont jamais été très bien structurés, changent de nom et de périmètre tous les dix ans environ. De même au centre gauche. Comment s'y retrouver à travers les multiples appellations qui les désignent tout au long de la IIIe République ? C'est ainsi que le Centre gauche de Dufaure se fond rapidement dans la Gauche républicaine de Ferry ; quant à celle-ci, on ne tarde pas à la qualifier d'opportuniste ; une partie de ses membres, dans la dernière décennie

1. *Les Gauches françaises 1762-2012, histoire, politique et imaginaire*, Flammarion, 2012, p. 565-695.

du siècle, s'appelle elle-même progressiste ; ceux-ci donnent ensuite naissance à deux groupes rivaux, la Fédération républicaine et l'Union démocratique. On pourrait continuer l'énumération. Considérons encore les divers avatars du parti gaulliste sous la Ve République : l'Union pour la nouvelle république (UNR), fondée en 1958, devient en 1962 l'UNR-UDT, par fusion avec les gaullistes de gauche ; puis en 1967, l'UD-V[e] ; puis l'UDR, l'année suivante ; puis l'UDR nouvelle formule en 1972 ; le RPR, en 1976 ; enfin l'UMP en 2002[1]. Comme si ce parti cherchait sans cesse à échapper à son identité.

Les choses sont heureusement plus simples à gauche, où le Parti républicain radical et radical-socialiste, fondé en 1901, s'honore, comme on l'a vu, d'être le plus vieux parti de France, non sans avoir connu une pluie de scissions et de regroupements. Le Parti socialiste fondé en 1905 au congrès du Globe est toujours présent un siècle plus tard, même s'il a renoncé à son sigle SFIO ; le Parti communiste français, fondé en 1920 à Tours, existe toujours sous ce nom, en dépit de la tentation de rompre avec son passé stalinien.

La situation est donc plus stable à gauche, mais à y regarder de près, les partis, tout en conservant leur nom, ont changé d'objectifs, de clientèles, de dimension. Ils appartiennent donc comme tels à la partie la plus superficielle et la plus changeante du continent politique.

Il n'en va pas de même des familles politiques, groupements stables, qui traversent presque inchangés les diverses strates de notre histoire contemporaine. Lorsque René Rémond a étudié la droite en France, il a décrit en elle trois familles distinctes : le légitimisme, l'orléanisme, le bonapartisme. Telles quelles, chacune de ces familles dont le nom renvoie à un épisode particulier de notre histoire continue d'exister de diverses manières dans le subconscient politique des Français. C'est ainsi que l'on a pu évoquer – René Rémond lui-même – la tradition bonapartiste à propos de De Gaulle et du parti gaulliste ; on a souvent, à propos d'hommes comme Valéry Giscard d'Estaing, Raymond Barre ou

1. À noter encore que ce sigle signifie d'abord « Union pour la majorité présidentielle », puis lors du congrès fondateur de 2002 « Union pour un mouvement populaire ».

Édouard Balladur, parlé d'orléanisme ; enfin, un Philippe de Villiers relève de la tradition légitimiste. C'est une question de savoir si les démocrates-chrétiens, qui sont incontestablement une famille politique, du moins au XXe siècle avec la fondation en 1901 de l'Action libérale populaire de Jacques Piou, appartiennent à part entière à la droite ou s'ils constituent un centre droit oscillant de façon permanente entre le rattachement électoral à la droite et la tentation centriste d'autonomie[1].

Il y a rarement coïncidence exacte entre les familles et les partis. Ces derniers valent surtout par leurs résultats électoraux et la part qu'ils prennent à l'exercice du pouvoir. Les familles, elles, qui n'ont aucune apparence légale et même pas de visibilité extérieure, ne sont pas liées aux mêmes contingences ; leur place dans le paysage idéologique de la France ne dépend pas exclusivement de leur importance numérique. Il peut même arriver qu'elles semblent disparaître à un moment donné ; mais c'est pour reparaître plus tard. Ainsi, les grandes familles ne meurent jamais, mais leur présence dans le paysage politique peut prendre des formes diverses. Cette non-coïncidence des partis et des familles fait toute la complexité de notre système politique. C'est ainsi par exemple que le Parti radical a tout au long de son histoire un pied dans la famille libérale et l'autre dans la famille jacobine. Et parfois même un orteil dans la famille collectiviste… Si Georges Clemenceau est un pur jacobin, Édouard Herriot est à bien des égards un libéral de gauche. De même, le Parti socialiste et le Parti communiste sont le plus souvent à cheval sur le jacobinisme et le collectivisme. Jaurès mais aussi Mitterrand sont des exemples d'une double appartenance en termes de familles politiques. Quant aux anarchistes, ils sont souvent partagés entre l'appartenance libertaire et l'appartenance collectiviste.

Bien souvent, la détermination de la ligne du parti est le résultat d'un compromis entre ses diverses familles d'appartenance. C'est notamment vrai chez les radicaux où, tout au long de l'entre-deux-guerres, le parti a oscillé entre ses tendances libérales, qui faisaient de lui une formation centriste, tentée par l'alliance avec la droite

1. René Rémond, « Le centre existe-t-il ? », *Le Monde*, 2 juin 1988, repris dans *La politique est-elle intelligible ?*, Complexe, 1999, p. 133-144.

modérée, et ses tendances jacobines, qui le poussaient à rechercher en priorité l'alliance avec les socialistes. En 1924, nombre de députés radicaux adhérant au Cartel des gauches devaient leur élection au soutien d'une partie de la droite au second tour. D'où le caractère idéologiquement incertain et politiquement fragile de la coalition. La « guerre des deux Édouard », Herriot et Daladier, a vu des renversements de position fréquents. Mêmes ambiguïtés, mêmes figures imposées au moment du Front populaire, où l'on vit Daladier plus jacobin, plus en pointe dans le Rassemblement, tandis qu'Herriot demeurait sur la réserve.

Au Parti socialiste, le phénomène n'est pas moins flagrant, où le débat sur la participation à des gouvernements de centre gauche avec les radicaux opposait une tendance de droite, plus républicaine que socialiste, emmenée par des hommes comme Renaudel, à des tendances de gauche, plus marxistes que républicaines, animées par Bracke et Zyromski, tandis qu'au centre, Léon Blum et Paul Faure tentaient de maintenir, non sans ambiguïtés, un fragile équilibre. On notera encore que lorsque François Mitterrand s'empara d'un Parti socialiste moribond (1971), lui-même n'était nullement socialiste : il était arrivé à Épinay avec les troupes clairsemées de la Convention des institutions républicaines, où figurait notamment le Club des jacobins de Charles Hernu : républicains et jacobins, les deux mots méritent d'être soulignés.

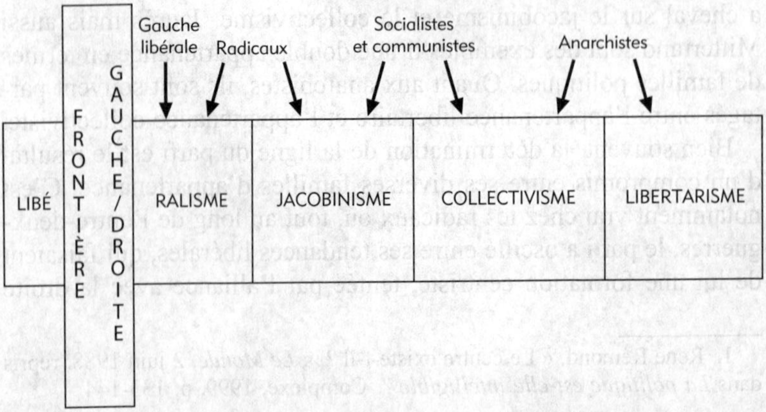

Ainsi, entre les apparences toujours changeantes de la politique au jour le jour, dominée par l'agitation des partis et le noyau stable des familles, il y a la même différence qu'entre les mouvements du relief, qui relèvent de la topographie, et les masses stables du sous-sol, qui relèvent de la géologie ; ou encore, pour faire appel à une autre image, empruntée à l'embryologie, entre le *germen*, qui contient les cellules reproductrices déterminant l'espèce, et le *soma*, c'est-à-dire la masse des cellules périssables qui constituent le corps. Un philosophe, de son côté, opposerait le monde phénoménal des partis à l'empire nouménal des familles. Il va de soi que lorsque l'historien entend étudier les continuités politiques sur une longue période, c'est aux familles qu'il va s'intéresser en priorité.

Est-ce là tout ? Non, car il faut ici introduire une autre notion, qui est comme la troisième dimension de l'univers politique : celle des cultures[1]. Comme les familles, les cultures politiques appartiennent au temps politique long ; mais à la différence de celles-ci, elles enjambent le plus souvent la clôture canonique qui sépare la gauche et la droite. Elles apparaissent sous la forme de couples antagonistes, qui représentent des attitudes communes à plusieurs familles politiques sur les grands problèmes de la cité : on citera notamment le couple centralisme-décentralisation ; le couple nationalisme-internationalisme ; le couple laïcité-cléricalisme ; le couple république-démocratie ou encore, dans le domaine économique, le couple productivisme-répartition. Non seulement telle de ces cultures, comme par exemple la centralisation étatique, est commune à certaines parties de la gauche et de la droite ; mais il arrive qu'elle change complètement de camp : ainsi le nationalisme qui,

1. Dans un intéressant ouvrage collectif, *Les Cultures politiques en France*, dont il assure la direction (Seuil, 1999), Serge Berstein définit les cultures politiques dans les termes que je viens d'employer à propos des familles. Les études particulières qui suivent tendent à identifier largement les cultures politiques aux partis à l'intérieur desquels elles sont dominantes. Il y est ainsi question de « la culture politique des socialistes » (Michel Winock) ou de « la culture politique des communistes » (Marc Lazar). Je propose ici une classification différente qui permet de mieux distinguer les partis (groupements organisationnels), les familles (groupes idéologiques) et les cultures (courants transversaux et problématiques majeurs au sein d'une société donnée).

sur la lancée de la Révolution française, a été très majoritairement à gauche pendant le XIXe siècle, a basculé à droite à la fin de celui-ci.

De son côté, René Rémond, à l'article « Droite et gauche » de l'*Encyclopédie philosophique universelle*, examine trois de ces notions essentielles à l'ordre politique, trois cultures, qui ont voyagé d'un camp à l'autre selon les périodes. En premier lieu, la liberté, qui fut le mot d'ordre de la révolution contre l'absolutisme, et qui, à partir du XIXe siècle, a été revendiquée par la droite contre les empiétements du pouvoir, notamment en matière économique, puis contre le communisme. N'est-il pas significatif que le mot libéral appartienne aux catégories de la droite et que la gauche ne craigne pas aujourd'hui d'agiter les dangers du libéralisme, à plus forte raison, de l'ultralibéralisme ?

En second lieu, la centralisation, valeur de la gauche par excellence, synonyme de jacobinisme, tandis que la droite se réclamait de la décentralisation. Or depuis une quarantaine d'années, la gauche à son tour célèbre les vertus de la décentralisation. Le nationalisme enfin, qui fut dans une large mesure le fruit de la Révolution française, auquel la droite opposait la fidélité au souverain légitime par-dessus les frontières : une permutation s'opère à la fin du XIXe siècle, à la faveur des idées internationalistes prônées par le mouvement ouvrier. À l'approche de la Seconde Guerre mondiale, nouveau renversement, qui voit une partie de la gauche incliner vers la résistance nationale, tandis qu'une partie de la droite est tentée par le pacifisme.

Ces analyses sont incontestables. Elles sont la preuve que gauche et droite ne sont pas des notions absolues, qu'elles sont relatives l'une par rapport à l'autre, qu'elles s'influencent en se combattant et que, conformément à la pente naturelle de la démocratie, elles s'empruntent des idées dans l'espoir de s'emprunter des clientèles.

Il ne faudrait pourtant pas pousser trop loin la similitude. Car les mêmes mots, employés successivement par les deux camps, pourraient bien recouvrir des réalités sensiblement différentes. La liberté de la gauche, façon 1789, est étroitement liée à l'égalité, comme en témoigne la devise de la République. Elle est le bien commun ; on serait tenté de dire, en plagiant Victor Hugo, que chacun en a sa part et que tous l'ont en entier. Cette liberté de gauche est l'application à la politique d'un principe philosophique : celui de l'égale dignité des individus. Elle fut certes invoquée contre l'absolutisme royal, mais elle n'est pas incompatible avec une forte idée de l'État. Mieux : elle l'accompagne. La Déclaration des droits de 1789, qui définit et garantit les libertés fondamentales, ne relève pas uniquement des droits naturels de l'homme. Elle est le fait d'un homme en situation, dans l'exercice de sa dignité politique. C'est pourquoi elle est appelée « Déclaration des droits de l'homme et du citoyen ». Retenons donc que la liberté de gauche n'est pas purement négative ; elle ne se limite pas à l'absence de contrainte. Elle est liée à l'affirmation de droits dont la démocratie ne cessera d'élargir l'extension : de droits purement individuels, on est passé aux droits politiques, et de ceux-ci aux droits sociaux, qui assignent à l'État des devoirs nouveaux envers les citoyens. Une telle liberté est donc conçue comme une extension de droits réels à ceux qui ne disposent pas de ressources privées suffisantes pour tirer eux-mêmes leur épingle du jeu.

La liberté de droite est conçue de manière diamétralement opposée. Certes, elle a en commun avec la précédente d'être, chaque fois qu'il est nécessaire, la proclamation de la légitimité de la résistance à l'oppression. Mais dans l'exercice quotidien de la politique, que de différences ! Tandis que la liberté de gauche est liée à l'égalité, la liberté de droite implique au contraire l'inégalité. Dans l'exercice des droits civiques tout d'abord : la doctrine conservatrice subordonne ceux-ci à la notion de capacités, celles notamment qui s'acquièrent par l'étude et par l'éducation. Or cette acquisition suppose le loisir, c'est-à-dire l'argent. Tel est le fondement philosophique du système censitaire, qui réduit en pratique la démocratie à une ploutocratie. Dans les activités économiques ensuite : la liberté de droite est conçue pour garantir et favoriser l'initiative et l'entreprise privée. Système dont l'Histoire a montré l'efficacité, mais qui repose sur un différentiel de capacités. Ce débat sur le sens et l'extension à donner au mot liberté traverse notre histoire. Avec le temps, comme on l'a dit plus haut, les deux points de vue se sont quelque peu rapprochés. Ils sont loin pourtant de coïncider, et continuent de reposer sur des systèmes de valeurs antagonistes.

On peut faire des remarques du même ordre à propos du nationalisme. Comme certains vins, c'est un concept qui voyage mal ; il ne passe pas d'un camp à l'autre sans quelque peu changer de goût et même de nature. C'est un fait : la Révolution, et donc la gauche qui s'en réclame, a inventé le nationalisme moderne, donnant à la souveraineté du peuple son cadre conceptuel mais, du même coup, précipitant la civilisation européenne dans une régression dont elle ne s'est toujours pas relevée. Au milieu du XVIIIe siècle, l'Europe comme phénomène culturel trans-frontières était un fait acquis pour les intellectuels et pour une bonne partie des classes dirigeantes dans les différentes contrées. Il n'était pas jusqu'à l'unification linguistique qui ne fût en train de s'opérer autour de la langue de Voltaire. La Révolution a bloqué net ce processus et a retardé de plus de deux siècles la marche de l'Europe vers son unité. Sur la lancée des philosophes du XVIIIe siècle, les révolutionnaires français ont cru, ou feint de croire, que l'on pouvait superposer de façon parfaite la religion de la France, celle de l'Europe et celle de l'humanité. Ils se sont imaginé que l'on exporterait les principes de 89 comme, un peu plus tôt, on exportait l'*Encyclopédie* ou le *Dictionnaire philosophique*. Le « nationalisme de gauche » issu de la Révolution prétendait, au prix d'une immense illusion et d'une vision outrageusement franco-centrique, exporter des valeurs universelles, valables pour tous les temps et pour tous les pays. Nul ne saurait soutenir qu'il a totalement échoué dans son entreprise : certes l'Europe finit par se révolter contre la France, mais c'était l'Europe des princes et de l'absolutisme. Le nationalisme français, quand bien même il avançait à la pointe des baïonnettes révolutionnaires ou napoléoniennes, a donné des idées à tous les peuples de l'Europe. Dans sa visée profonde, il ne cherchait pas à opposer les peuples, mais à les réconcilier, à les unifier. Faire l'histoire de la dérive de plus en plus accentuée de cette noble idée jusqu'aux formes les plus exacerbées du nationalisme du XXe siècle serait faire l'histoire du malheur moderne.

Le nationalisme de droite, qui n'apparaît guère en France qu'à la fin du XIXe siècle, tant jusqu'alors l'idée nationale s'était identifiée à la trajectoire révolutionnaire, a une tout autre origine et une tout autre portée. Loin d'être comme le précédent un article d'exportation, il correspond au contraire à une tendance au repli de la nation sur elle-même. Il ne s'exprime guère à l'occasion des guerres, durant lesquelles la droite penche assez naturellement pour la négociation avec l'ennemi quand celui-ci est vainqueur : on l'a vu en 1871 avec Thiers ; on l'a vu en 1940 avec Pétain. Curieusement, le nationalisme de droite est un article pour temps de paix. Encore plus curieux : il ne vise que secondairement les rapports de la France avec ses voisins, mais bien plutôt les rapports des partis qui s'en réclament avec le reste de la nation. Autrement dit, le nationalisme de gauche est une vision à la fois anthropologique et stratégique, tandis que son homologue de droite est une vision idéologique et politicienne. Le premier tend à rassembler, le second à diviser. Le premier est un prolongement de la passion unitaire des révolutionnaires, le second suscite un soupçon permanent, voire une mise en accusation à l'encontre de ceux qui de l'intérieur refusent d'adhérer à l'ensemble de ses présupposés. Historiquement, il se présente comme un antidote, comme le seul antidote au socialisme internationaliste.

Et la centralisation ? Des trois corps de doctrine considérés, c'est assurément celui qui change le moins de nature en changeant de camp. On ne voit guère, dans la pratique, la gauche modifier beaucoup l'héritage de la droite quand elle se saisit de la notion, à une date en réalité fort tardive. La raison en est simple : c'est que de tout temps le clivage entre centralisation et décentralisation a traversé les deux camps. Peut-on vraiment dire qu'en préconisant la décentralisation, notamment sous la monarchie censitaire (1815-1848), la droite a fait revivre une tradition d'Ancien Régime ? Oui, si l'on se réfère à la diversité administrative de la France monarchique, qui a su conserver à chaque province son originalité. Non, si l'on se rappelle que tout le combat de la monarchie française a tendu à restreindre l'autonomie régionale. Que l'on songe à l'œuvre unificatrice de Philippe Auguste, de Philippe le Bel, et bien entendu de Louis XIV dont les intendants sont une préfiguration de ce que seront les préfets de Napoléon Ier, puis de la IIIe République.

Regardons les choses à gauche maintenant. La Révolution française, dans l'histoire comme dans les esprits, s'identifie à la centralisation, et c'est justement sous ce jour que Tocqueville voit en elle un prolongement de l'œuvre de l'Ancien Régime. Mais on oublie que la première révolution, celle de 1789, fut largement décentralisatrice, et même « fédéraliste », selon un mot honni par les Jacobins. À la fin du XIXe siècle, si Gambetta est centralisateur, Ferry, lui, milite pour la décentralisation. Plus près de nous, si Mitterrand se situe dans la mouvance jacobine – il préside pourtant à la première grande loi de décentralisation, celle de Gaston Defferre –, son rival, Michel Rocard, est franchement décentralisateur : il s'est fait connaître sous le nom de Georges Servet, en lançant en décembre 1966 le mot d'ordre « Décoloniser la province ».

Concluons sur ce point. Il a toujours existé en France deux doctrines administratives rivales, et si l'une, celle qui est favorable à la centralisation, l'a presque toujours emporté, l'autre, plus autonomiste, n'a jamais dit son dernier mot. Ces deux doctrines ont toujours eu des partisans à gauche comme à droite.

Si la centralisation l'a presque toujours emporté, c'est parce que l'État – qu'il soit monarchique, impérial ou républicain – a toujours su se ménager dans les milieux populaires des alliés fidèles contre les notabilités locales. Si l'intendant, ou plus tard le préfet, a été généralement bien accepté – bien qu'il gouvernât la France comme un pays conquis –, c'est qu'il représentait aux yeux du peuple plus de justice, moins d'arbitraire que le pouvoir local, incarné par le seigneur ou le curé. La France est un pays centralisé parce que les Français ont depuis longtemps rejeté la féodalité. Point de vue qu'un Américain, qui n'a pas d'histoire, ou si peu, a de la peine à comprendre.

Pour autant, les courants décentralisateurs, le plus souvent liés à la tradition libérale de droite mais aussi de gauche, n'ont jamais désarmé. Moins hostiles au pouvoir des notables, ils estiment que la féodalité est un problème depuis longtemps dépassé ou, pour le dire autrement, que la féodalité moderne, c'est tout simplement l'État. Cette vision est classiquement celle de la droite. Force est pourtant de constater que cette droite, quand elle a occupé le pouvoir, n'a jamais levé le petit doigt pour décentraliser la France, malgré quelques initiatives de Jean-Pierre Raffarin. Il a fallu que les socialistes se chargent de donner le branle à l'évolution. En somme, il y a des jacobins de droite comme Michel Debré et des

« girondins » de gauche comme Michel Rocard. Pas étonnant dans ses conditions que le concept de centralisation soit affecté d'une espèce d'ambivalence politique permanente. S'il n'a jamais vraiment voyagé d'un camp à l'autre, c'est que, de tout temps, il était présent dans les deux.

Ce qu'il faut retenir de ce débat ? C'est qu'il n'est en effet pas facile de définir, à propos de la gauche ou de la droite, des systèmes de valeurs stables et exclusives. Une comparaison permettra peut-être de mieux saisir la nature de la latéralisation politique. L'appartenance à l'un des sexes ne signifie pas l'absence complète, en chaque individu, de traits appartenant à l'autre. Bien au contraire. Il s'agit plutôt de prédominance. Le masculin et le féminin ne sont pas des absolus antagonistes, mais des positions relatives sur une échelle graduée, celle de la sexualité. De sorte qu'il n'est pas exceptionnel que des individus chez lesquels la dominante masculine ou féminine n'est pas nette finissent par franchir la ligne et changer de côté. Il en va de même en ce qui concerne les notions de droite et de gauche. Des échanges peuvent avoir lieu, des valeurs peuvent être partagées. À condition de noter qu'une même valeur, désignée par le même mot, peut finir par recouvrir des significations différentes selon l'ensemble dans lequel elle s'insère. L'appartenance à la gauche ou à la droite ne saurait donc se définir à partir d'un bagage axiologique précis, que l'on pourrait inventorier comme un douanier le contenu d'une valise. Il s'agit plutôt d'un système global, à l'intérieur duquel chaque élément particulier prend une signification bien définie. Il se traduit par un point de vue d'ensemble induisant des comportements particuliers. Gauche et droite ne sont pas des banques de données brutes, mais des logiciels applicables à une multitude de circonstances particulières ou imprévues.

Pour résumer, je définis donc les partis comme des groupements aux contours fluctuants, organisés de façon administrative et militante pour la conquête du pouvoir ; les familles comme des groupes sans consistance matérielle, manifestant la persistance d'une idée, voire d'une philosophie politique ; et les cultures, des courants transversaux dans le paysage politique, définissant des problématiques, mais aussi des orientations de politique générale. L'étude du champ politique doit nécessairement, sous peine d'être déséquilibrée, faire place à ces trois dimensions. Si je viens de souligner l'importance des cultures transversales, c'est qu'elles sont souvent sous-estimées. Au demeurant, elles ne sont pas le cœur de mon sujet, et je n'y reviendrai pas, pour m'attacher ici aux familles de la gauche.

J'en dénombre quatre, libéralisme de gauche, jacobinisme, collectivisme et libertarisme. Cette classification peut être discutée. Pour sa part, dans un essai récent[1], Michel Winock distingue la gauche républicaine, la gauche socialiste, la gauche communiste, l'ultragauche. La classification de Michel Winock colle au plus près aux partis politiques tels que nous les connaissons aujourd'hui. Celle que je propose, qui a pour principale différence de considérer les socialistes et les communistes comme deux rameaux d'une même souche, s'efforce de coller au plus près à la genèse de ces familles, indépendamment des partis auxquels elles ont, au fil des années, donné naissance.

La gauche libérale

Il y a dans le champ bien ordonné des familles politiques françaises, tel qu'on l'a fait voir plus haut, une exception libérale. Alors qu'en effet toutes les autres se situent soit à gauche, soit à droite, le libéralisme, lui, enjambant la ligne de démarcation, se situe des deux côtés à la fois.

Certes, il existe bien d'autres exceptions apparentes, des jacobins de droite – pensons aujourd'hui à la famille Debré – ou même des bonapartistes de gauche, comme l'est un peu Jean-Pierre Chevènement. Mais ce sont là des cultures politiques qui se surimposent aux familles d'appartenance, et qui créent un certain trouble, un certain bougé de l'image. Cela ne suffit pas à faire d'elles des familles autonomes, stables et bien définies. Il est de la nature de ces cultures d'opérer un effet de transgression par rapport aux familles proprement dites ; mais il s'agit de tentatives éphémères, un peu déviantes et invariablement vouées à l'échec.

Il en va tout autrement avec le libéralisme. Le libéralisme est l'*omphalos mundi*, le nombril du monde politique représentatif,

1. Michel Winock, *La Gauche en France*, Perrin, coll. « Tempus », 2006.

autrement dit le lieu de passage par lequel s'opère la transition entre la gauche et la droite, le terrain sur lequel elles communiquent. Dans ces conditions, la tentation est grande d'unifier, par un décret souverain de la théorie politique, ces deux demi-familles, et de déclarer qu'il ne s'agit en fait que d'une seule, divisée seulement par la grande ligne de démarcation gauche-droite, et qu'en réalité bien peu de choses les séparent. On pense à ces États séparés artificiellement par des cataclysmes politiques venus d'ailleurs, et qui finissent par se constituer en entités indépendantes : les deux Corées, les deux Allemagnes, les deux Vietnams. Lorsque Jean Poperen se laisse aller en 1974 à fabriquer le nom-valise de Rocard d'Estaing, il ne fait qu'exprimer ce que les durs des deux camps ressentent : qu'il y a, derrière des apparences contradictoires, une telle consanguinité entre l'orléanisme et la deuxième gauche qu'elles sont idéologiquement interchangeables.

Il faut résister à cette tentation. Certes, l'orléanisme et la gauche libérale possèdent des racines idéologiques communes. L'Histoire les a souvent rapprochés, et plus encore la proximité géopolitique qui les condamne à la coexistence au sein de majorités de coalition. La participation aux mêmes gouvernements les a dotés d'un bilan politique en partie commun. Mais la comparaison s'arrête là.

Lorsque Raymond Poincaré, de l'Alliance démocratique, se tournant vers le centre droit, lance à Charles Benoist ce mot déjà cité : « Il y a entre nous toute l'étendue de la question religieuse », il affirme, sur le problème alors le plus discriminant, la laïcité, l'existence d'une séparation effective du centre gauche et du centre droit. Seraient-ils à certains moments tentés de l'oublier que leurs clientèles électorales respectives se chargeraient de le leur rappeler. Les électeurs de centre gauche se sentent partie intégrante de la gauche, autant que d'autres aux opinions plus radicales. Même chose à droite, où toute tentative de rapprochement électoral des orléanistes avec la gauche s'est toujours heurtée à la résistance d'une clientèle solidement amarrée dans le conservatisme.

Avant d'insister sur ce qui les distingue, tâchons d'abord d'inventorier leurs valeurs communes. J'en compte trois, que les deux parties de l'hémisphère libéral défendent à leur manière, quitte, pour ce faire, à se séparer du reste de leur camp. Ces trois idées forces sont : l'attachement à l'économie de marché, la distinction de la société civile et de l'État, et enfin la séparation des pouvoirs.

Tout le monde sait que le libéralisme repose sur le principe du laisser-faire, dans le domaine économique comme dans le domaine politique. Si l'on penche de ce côté-là, on y verra l'effet d'un optimisme profond quant aux mécanismes naturels, tant chez l'homme que dans la société ; si l'on y résiste au contraire, on y verra l'expression d'un véritable cynisme, qui prend son parti des inégalités naturelles, et qui voit plus d'inconvénients que d'avantages à les corriger. Propos de privilégiés, objectera-t-on. On touche ici du doigt le criticisme de la gauche, qui l'apparente au pessimisme pascalien, ou peut-être rousseauiste. Car l'auteur des *Pensées* et celui du *Contrat social* ont en commun l'idée d'une chute fondamentale qui a radicalement vicié la nature humaine.

À la différence du christianisme et de Rousseau, le libéralisme professe que les mécanismes naturels sont bons et surtout qu'ils peuvent opérer en dehors de toute contrainte, de toute intervention extérieure. Pour cela, il suffit d'abolir toutes les prothèses imaginées par la société des hommes pour entraver la nature : ce libéralisme-là est fils du XVIIIe siècle, dont c'est la pensée profonde, Rousseau étant de tous ses contemporains le moins confiant dans les chances de la nature de s'émanciper de toute espèce de culture rapportée.

Il y a en somme deux espèces de laisser-faire : le laisser-faire absolu, triomphant naturellement, par ses propres forces, de tous les obstacles externes ; et le laisser-faire assisté, qui consiste à passer d'abord par une phase de contrainte, de destruction, de négativité, avant de pouvoir espérer voir revenir les mécanismes naturels. On sait dans la pratique que ces phases provisoires ont tendance à s'éterniser, faute d'une autorégulation sérieuse de la contrainte, indexée sur l'état des choses et non sur le goût des hommes pour la domination. C'est pourquoi, lorsqu'on fait de la gauche en général l'héritière de la philosophie du XVIIIe siècle, il faut procéder avec précaution : la religion de la nature, trait dominant des Encyclopédistes, entre en contradiction flagrante avec l'axiome culturel fondamental de la gauche, parvenue sous la IIIe République à l'âge adulte : corriger la nature.

La philosophie libérale est une philosophie politique réaliste fondée sur l'observation des faits ; sa seule morale est la morale des résultats. À l'inverse, la philosophie « corrective » que ne tardera pas à adopter la gauche est d'essence morale ; elle se substitue à la Providence pour organiser un monde plus juste, fondé sur des droits et non plus sur des lois. Elle ne peut se reconnaître dans *La Fable des abeilles* de Mandeville, qui est comme le manifeste du libéralisme en matière d'éthique et de mœurs. Comme on va le voir en effet, l'apologue de Mandeville est avant tout un discours sur les passions, dans une tradition philosophico-littéraire où se sont illustrés Descartes, La Rochefoucauld, David Hume et Adam Smith.

On connaît le thème général de cet apologue, qui est un tableau à peine déguisé de l'état de l'Angleterre au début du XVIIIe siècle, marqué par l'essor du commerce et les débuts du parlementarisme. Mandeville trace le portrait d'une société en plein essor, dominée par une prospérité et une malhonnêteté croissantes :

> La source de tous les maux, la cupidité
> Ce vice méchant, funeste, réprouvé
> Était asservi à la prodigalité,
> Ce noble péché, tandis que le luxe
> Donnait du travail à un million de pauvres gens
> Et l'odieux orgueil à un million d'autres[1].

Et chacun de déplorer la friponnerie galopante de l'époque. Touché par leurs récriminations, Jupiter les exauce. Nous voilà revenus à l'honnêteté, avec son cortège de vertueuses nouvelles : baisse des prix, diminution des crimes… et du nombre des fonctionnaires. Résultat : dépression économique généralisée ! Marasme dans les industries de luxe, la construction, les beaux-arts, les lieux de plaisir ; l'agriculture devient écologique ! Nous sommes ramenés à l'heureuse vertu primitive, avec son cortège d'austérité, de privations. Cela s'appelle l'état sauvage !

La leçon de l'apologue est transparente. Alors que le vice privé – entendez l'appât du gain ou cupidité – entraînait toute la société vers le haut et produisait sinon la vertu publique, du moins la

1. Bernard Mandeville, *La Fable des abeilles*, introduction et traduction de L. et P. Carrive, Vrin, 1974, p. 29.

prospérité, l'ordre moral a des effets inverses et précipite les peuples dans la misère. Les vices privés font le bien public ; l'ordre moral fait la misère privée. Le sous-titre du livre et encore plus explicite : « Qui montre que les défauts des hommes, dans l'humanité dépravée, peuvent être utilisés à l'avantage de la société civile, et qu'on peut leur faire tenir la place des vertus morales ». *Lux e tenebris* dit encore l'épigraphe.

Mandeville n'est pas, à la différence de nombre de ses contemporains, un inconditionnel de la nature à l'état brut. Au contraire. L'état de nature n'est pas une thébaïde, mais une jungle ; ce n'est pas l'âge d'or, mais l'âge de fer. Si Mandeville admet pourtant l'innéité, ce n'est pas celle de la nature, mais celle des passions humaines. Au nom d'un utilitarisme moral qu'on retrouvera chez Fourier, il pense qu'il faut faire servir ces passions au bonheur des hommes, à commencer par la passion économique par excellence : *avaritia*, que l'on peut traduire par cupidité, appât du gain, désir d'acquérir. Qu'est-ce donc que la politique ? L'art d'utiliser les passions humaines au service du bien public. Mandeville, on le voit, n'est pas un négateur de l'État, un agnostique en matière de gouvernement des sociétés : au contraire, puisque le bon gouvernement est celui qui met habilement les passions en concurrence pour le plus grand bien de la société. Il s'agit de placer les passions au service des intérêts, et non de les réprimer au nom de l'égalité. En ce sens, et malgré la tendance à l'organisation politique des passions, la philosophie de Mandeville est bien celle du laisser-faire, fût-ce au détriment de l'égalité.

Adam Smith, qui prolonge Mandeville, n'est pas seulement l'auteur universellement connu et reconnu de *La Richesse des nations* ; c'est aussi celui de *La Théorie des sentiments moraux*. L'un n'est pas compréhensible sans l'autre ; et toute l'analyse d'Adam Smith est une gigantesque psychomachie qui voit s'affronter, sous l'égide de la passion principale qu'est l'amour de soi, cinq passions essentielles qu'il s'agit de conjuguer entre elles : la peur, la colère, la pitié, l'orgueil, l'espérance. Pour lui, l'apparition de la société telle que nous la connaissons est indissociable de cette composition des passions. La civilisation se sert d'elles ; ainsi, à partir de la colère, elle invente le courage ; quand la société est là, et avec elle l'opinion publique, c'est l'honneur qui devient une passion essentielle. L'orgueil invente la dissimulation, mais aussi la pudeur, nécessaire aux femmes et à la société tout entière.

On pourrait détailler plus avant cette exploration des passions humaines, qui est le fait d'un homme que nous connaissons comme un grand économiste. Qu'il suffise à notre propos de faire remarquer à quel dessèchement de sa propre matière a procédé l'économie politique postérieure, celle du XIXe siècle qui, se détournant, sous la double influence du libéralisme et du marxisme, de l'étude du rôle des passions dans les affaires humaines, n'a fini par n'en retenir qu'une seule, l'intérêt, c'est-à-dire la passion de soi envisagée sous le rapport de la possession des biens matériels. Depuis lors, cette économie politique est devenue un rameau desséché de la science des sociétés, incapable d'expliquer les ressorts cachés des phénomènes qu'elle étudie.

Cette dynamique des passions, dont seuls Charles Fourier et son école ont su comprendre l'importance pour le socialisme, donne à l'économie politique des XVIIe et XVIIIe siècles une profondeur anthropologique sans égale. Un Benjamin Constant est encore suffisamment disciple de Mandeville et psychologue lui-même pour intégrer l'économie proprement dite à une vision globale de la société : telle est la vertu du libéralisme classique, qui voit dans cette société une matière d'étude, avec ses ressorts naturels, plutôt qu'un matériau brut à remodeler.

Après le laisser-faire, la distinction entre la société civile et l'État est l'un des fondements essentiels du libéralisme. Cette distinction n'apparaît pas chez Rousseau, ou plutôt, quand elle y apparaît, c'est sous la forme d'une alternative. Comme le dit très bien Bertrand de Jouvenel, « donner l'homme tout entier à l'État, et c'est *Du contrat social*, ou le laisser tout entier à lui-même, et c'est l'*Émile*[1] ». Le malheur est que, dans le monde moderne, il est inconcevable d'organiser la société selon le modèle libéral-totalitaire du *Contrat social* et plus encore selon le modèle intimiste et privatiste de l'*Émile*.

Comme on l'a fait précédemment pour le laisser-faire avec Mandeville, prenons ici pour fil conducteur la célèbre conférence de

1. Bertrand de Jouvenel, *Essai sur la politique de Rousseau*, Bourquin, 1947.

Benjamin Constant, « De la liberté des Anciens comparée à celle des Modernes », que l'on a déjà évoquée, prononcée en 1819 à l'Athénée royal. Ce texte a une histoire qui en indique la place centrale dans la philosophie de l'auteur. En fait, il a repris un exposé initial élaboré dans les *Principes de politique*[1] et notamment les six premiers chapitres du livre XVI, « De l'autorité sociale chez les Anciens ». Il figure à nouveau dans divers chapitres de *De l'esprit de conquête et de l'usurpation*[2], et notamment au chapitre VI : « De l'espèce de liberté qu'on a présentée aux hommes à la fin du siècle dernier ».

Dans un parallèle devenu classique, Benjamin Constant oppose la liberté des Anciens à la liberté des Modernes[3] en des termes rigoureusement symétriques : la première concerne essentiellement la vie publique et la gestion de la Cité ; la seconde s'applique à la sphère privée et aux initiatives individuelles. La première est synonyme de participation, quand la seconde se traduit par le droit à la non-participation ; la première prend la forme de la démocratie directe quand la seconde implique la démocratie représentative ; la première tend à absorber la vie privée dans la vie publique, tandis que la seconde est fondée sur leur séparation. Ajoutons que ce que les Grecs et les Romains appelaient liberté pouvait aller de pair avec le plus effroyable despotisme en ce qui concernait l'individu, dont toutes les actions étaient soumises à une étroite surveillance ; au contraire, la liberté est de nos jours « le droit de n'être soumis qu'aux lois, de ne pouvoir ni être arrêté, ni détenu, ni mis à mort, ni maltraité d'aucune manière [...] C'est pour chacun le droit de dire son opinion, de choisir son industrie et de l'exercer ; de disposer de sa propriété, d'en abuser même ; d'aller, de venir [...] de se réunir à d'autres individus, soit pour conférer sur ses intérêts, soit pour professer le culte que lui et ses associés préfèrent [...] enfin c'est le droit, pour chacun, d'influer sur l'administration du gouvernement ». Voilà, assez bien résumée, la Déclaration des droits de l'homme et du

1. Benjamin Constant, « Principes de politique », dans *Écrits politiques*, Gallimard, coll. « Folio Essais », 1997, p. 303.

2. *Ibid.*, « De l'esprit de conquête et de l'usurpation », p. 117.

3. Benjamin Constant, « De la liberté des Anciens comparée à celle des Modernes », dans *Écrits politiques*, *op. cit.*, p. 591-619. Gaucher parle à juste titre d'une « illusion lucide du libéralisme » à propos de Benjamin Constant.

citoyen. Un peu plus haut d'ailleurs, Constant a qualifié la Révolution française d'« heureuse révolution », malgré ses excès, et à cause de ses résultats. Ainsi la fascination pour l'antique que les hommes de 89 et surtout de 93 ont affichée ne doit pas induire en erreur. La Révolution française est, dans ses principes, l'antithèse de la politique selon les Anciens, et le véritable acte de naissance du libéralisme moderne. Voilà ce que Benjamin veut essentiellement en retenir ; à ce titre on peut, sans hésitation, le ranger parmi les hommes de gauche et comme l'un des pères fondateurs du libéralisme politique.

Mais il y a plus ; on retrouve le même raisonnement, avec souvent les mêmes termes, dans le fameux ouvrage de Madame de Staël sur la Révolution française : *Des circonstances actuelles qui peuvent déterminer la Révolution et des principes qui doivent fonder la République française*[1]. D'un livre moins pratiqué aujourd'hui que l'œuvre de Benjamin Constant, voici un passage essentiel, qui est au cœur de la pensée libérale en matière de séparation des sphères publique et privée.

> L'intérêt de Rome renfermait tous ceux des citoyens romains. On créait toujours l'enthousiasme en proposant le sacrifice de l'intérêt personnel à l'intérêt général [...] parce que la part individuelle de chacun était moindre pour lui que ce qu'il retirait de la chose publique.
>
> Mais en France où c'est le contraire, c'est le respect de l'existence particulière de la fortune privée qui seul peut faire aimer la République. La liberté des temps actuels, c'est tout ce qui garantit l'indépendance du citoyen contre le pouvoir du gouvernement. La liberté des temps anciens, c'est tout ce qui assurait aux citoyens la plus grande part de l'exercice du pouvoir. De ces deux grandes différences sort la nécessité, pour la République, en France, de ne pas exiger, de ne pas peser, de prendre pour guide une morale préservatrice plutôt qu'un système de dévouement, qui devient féroce lorsqu'il n'est point volontaire[2].

Qui de Germaine de Staël ou de Benjamin Constant a influencé l'autre ? Bien difficile à dire, les deux amants ayant travaillé de

---

1. Madame de Staël, *Des circonstances actuelles qui peuvent déterminer la Révolution et des principes qui doivent fonder la République française*, première édition, 1906, rééd. Droz, 1979.

2. *Ibid.*, p. 111-112, cité par Michel Winock, *Madame de Staël*, Fayard, 2010, p. 163.

concert. Même si, en dehors de tout machisme, les historiens des idées penchent pour un rôle prépondérant du second.

Un point essentiel doit être souligné. Si les principes de la Révolution française s'identifient à ce que nous nommons libéralisme, le régime qui en découle est nécessairement une démocratie représentative. Que l'on invoque la taille croissante des États, les nécessités de l'économie dont le soin était jadis confié aux esclaves, les exigences du commerce ou la tendance à l'indépendance individuelle, tous ces réquisits supposent une « procuration donnée à un certain nombre d'hommes par la masse du peuple ». Quelle que fût leur admiration pour la Cité athénienne ou pour la philosophie de Rousseau, les constituants, à commencer par Sieyès, ont dû se rendre à l'évidence ; ils étaient condamnés à un régime représentatif dans lequel le corps législatif devait incarner la volonté politique de la nation, autrement dit, la volonté générale : de cette nécessité, ils firent un idéal.

Faut-il, comme on en est parfois tenté, faire de Benjamin Constant et de ses amis des champions inconditionnels de la liberté selon les Modernes, entendue au sens d'un primat absolu de la vie privée ? En aucune façon. Il est attaché à la séparation entre cette dernière et la vie publique ; la liberté moderne n'est pas la capitulation du citoyen devant l'homme privé. La Déclaration des droits les met sur le même plan, et Benjamin Constant, en conclusion de sa conférence, appelle ses contemporains à combiner l'un avec l'autre. Rien ne l'eût autant inquiété que l'indifférentisme en matière de politique. L'obsession économique est aux antipodes de sa pensée, et le bonheur matériel n'est pas le seul but de l'espèce.

Voilà qui sonne comme le Rousseau du deuxième Discours qui, parmi les premiers, a vu dans l'aptitude au perfectionnement une des caractéristiques de l'esprit humain (perfectibilité) ; voilà surtout qui interdit de voir dans le libéralisme une déviation purement économiste de cet esprit. Ainsi conçu, le libéralisme n'est pas d'abord la philosophie de la société industrielle et du capitalisme ; c'est la philosophie des temps modernes et du primat de l'individu[1].

---

1. Pour éviter la confusion introduite par le mot libéralisme qui désigne à la fois la doctrine économique du libre-échange et la philosophie de la liberté,

Troisième caractéristique du libéralisme politique, après le laisser-faire et la distinction entre le privé et le public : la séparation des pouvoirs. Sur ce point, ce n'est pas Benjamin Constant, ni Mandeville qu'il faut suivre, mais Montesquieu lui-même. Par rapport à la logique de l'Ancien Régime, telle qu'elle s'exprime dans l'absolutisme royal, et même par rapport à ce qui suivra et qu'il ne connaîtra pas, à savoir l'absolutisme populaire, Montesquieu est plus révolutionnaire que Rousseau. Il pose les bases d'un régime muni de mécanismes d'auto-contrôle, qui n'existent pas dans les régimes de souveraineté.

> Pour qu'on ne puisse abuser du pouvoir, il faut que par disposition des choses, le pouvoir arrête le pouvoir[1].

La souveraineté avait été imaginée par ses théoriciens (Machiavel, Bodin, Hobbes) comme un moyen pour les princes laïques d'échapper à la tutelle de l'Église. Dans un premier temps, il s'était agi de savoir si les princes laïques tenaient directement de Dieu leur souveraineté temporelle, ou si celle-ci leur était conférée par le pape. C'est ce que l'on appelle la théorie des deux glaives. Mais à partir de la Renaissance, les théoriciens de l'absolutisme royal trouveront plus à propos de faire du peuple la source unique de la souveraineté, à condition que celui-ci en fasse abandon plein et entier entre les mains du monarque dont on sera convenu. Il n'y a pas de retour possible de cette souveraineté entre les mains de celui qui en était la source ; le verrouillage est ainsi complet. Le système théocratique est un jeu qui se joue à trois entre Dieu, son ministre et le peuple. Dans ce triangle politique, le peuple n'est pas démuni, puisqu'il peut, dans les cas extrêmes, en appeler d'un exercice abusif de la souveraineté par le ministre à celui qui est à l'origine de tout pouvoir. Ainsi, le souverain médiéval ne sera jamais absolu, c'est-à-dire libéré de toute dépendance. À l'inverse, la monarchie absolue ne connaît plus que deux pôles, le prince et le peuple. Pas de recours. Pas de pouvoir d'arbitrage divin. Pas de

---

il serait bon, comme le fait Benedetto Croce, de distinguer entre le *libérisme* (économique) et le *libéralisme* (politique).

1. Montesquieu, *De l'esprit des lois*, livre X.

renversement possible du pacte par lequel les citoyens ont, d'un commun accord, fait abandon de leur souveraineté entre les mains du prince.

De ce point de vue, Jean-Jacques Rousseau est moins l'initiateur d'un ordre nouveau que l'ultime défenseur de l'ordre ancien. Certes, *Du contrat social*, en transférant au peuple la souveraineté de Dieu et de son ministre, le roi, opère la révolution théorique dont 1789 sera l'accomplissement logique. En ce sens, pas d'œuvre plus radicale que celle-ci. À condition d'ajouter que, ce faisant, il donne au concept de souveraineté, qui aurait pu s'éteindre avec l'Ancien Régime, une nouvelle vie et un nouveau cours. Dans le démocratisme à la Rousseau, la souveraineté ne fait que changer de titulaire ; mieux ou pis : en rapatriant sur terre un concept que la philosophie médiévale avait prudemment cantonné dans les espaces intersidéraux, il lui donne une nouvelle carrière et une nouvelle virulence. Dans le système médiéval, le peuple victime du despote pouvait toujours en appeler d'un ministre abusif au véritable dépositaire de la souveraineté ; *vox populi, vox Dei*.

Mais dès lors que ce titulaire est censé être le peuple lui-même, nul recours n'est désormais possible : on ne saurait se révolter contre soi-même, et le dépôt de la souveraineté entre les mains du peuple a rendu possible le passage de la théocratie médiévale à l'absolutisme royal. Rousseau installe donc au cœur de la démocratie le ferment d'absolutisme qui avait fini par rendre insupportable la monarchie. Oh ! certes, il prend toutes les précautions possibles pour qu'il n'en soit pas ainsi : si l'on ne se révolte pas contre soi-même, on ne se tyrannise pas non plus soi-même, souligne-t-il. Il voit bien qu'il en est ainsi aussi longtemps que le souverain exerce lui-même son pouvoir. C'est pourquoi, il déclare la souveraineté inaliénable, mais ses disciples les plus fidèles et lui-même dans son projet de Constitution pour la Pologne sont bien obligés de consentir à de véritables délégations de souveraineté au profit de l'exécutif. Ou bien donc Rousseau est obligé de se contredire, ou bien de convenir que son système est inapplicable. Son attachement à la liberté individuelle est hors de tout soupçon, mais son livre, remarque Benjamin Constant, ne cessera d'être invoqué contre la liberté. À un ministre qui avait invoqué l'autorité du *Contrat social* à propos d'une loi d'exception faisant suite à l'assassinat du duc de Berry (1820), Benjamin Constant répond sans ambages :

> Monsieur le ministre des Affaires étrangères a invoqué Rousseau. Avec beaucoup d'amour pour la liberté, Rousseau a toujours été cité par ceux qui ont voulu établir le despotisme. Rousseau a servi de prétexte au despotisme, parce qu'il avait le sentiment de la liberté et qu'il n'en avait pas la théorie. Il y a deux dogmes également dangereux, l'un le droit divin, l'autre la souveraineté illimitée du peuple[1].

En vérité, c'est cette conception totalisante, pour ne pas dire totalitaire, que le XVIIIe siècle récuse. Voltaire écrit en marge de son exemplaire du *Contrat social* : « Je ne me donne pas à mes concitoyens sans réserves. Je ne leur donne point le pouvoir de me tuer et de me voler à la pluralité des voix[2]. »

La séparation des pouvoirs ou, mieux, l'équilibre des pouvoirs est la réponse expresse de Montesquieu à la philosophie de la souveraineté, et Benjamin Constant, libéral vigilant, ne se fait pas faute d'en regretter l'insuffisance. Dire que « la liberté est le droit de faire tout ce que les lois permettent » est une garantie bien illusoire ; rien de plus facile en effet que de faire des lois liberticides. La séparation du privé et du public joue chez Constant un rôle équivalent à celui de la loi chez Montesquieu : une limitation de l'arbitraire ; mais toutes deux supposent la bienveillance du législateur ; en vérité pour les libéraux, il n'est pas d'institutions, si libérales soient-elles, qui dispensent le citoyen d'une vigilance de tous les instants.

À la suite des hommes du XVIIIe siècle, ceux de la Révolution française ont fait concrètement l'expérience de la souveraineté. Ceux qui étaient des libéraux dans le fond de leur cœur n'ont pas tardé à s'en déprendre. Ainsi Sieyès. Il est en 1789 le principal théoricien de l'idée de souveraineté nationale. Première infidélité à Rousseau, c'est une souveraineté déléguée. Elle ne se forme que dans l'acte même de la délégation ; elle n'appartient en propre ni à l'électeur individuel, ni à l'élu unique, mais bel et bien à la représentation

1. Benjamin Constant, *Discours*, t. I, p. 211, séance du 1er mars 1820, cité par Marcel Gauchet, dans Benjamin Constant, *Écrits politiques*, *op. cit.*, p. 794.
2. Annotation au chapitre VI du livre I.

nationale. Nous n'avons pas, malgré les apparences, quitté la métaphysique. L'acte par lequel le peuple en entier confère à la représentation nationale prise en bloc le principe de la souveraineté est aussi mystérieux que le sacre du roi, par lequel celui-ci reçoit délégation de la souveraineté divine. La proclamation de la souveraineté nationale a été historiquement un moyen d'en finir avec la souveraineté royale ; aller plus loin, abolir philosophiquement la souveraineté elle-même eût probablement raté sa cible. Car, au moins dans la première étape, on ne détruit que ce que l'on remplace.

Deuxième infidélité à Rousseau : ce sera une souveraineté limitée. L'expérience de la dictature révolutionnaire de 1793, pendant laquelle Sieyès a « vécu », c'est-à-dire s'est contenté de vivre, l'a persuadé qu'un pouvoir, quelle qu'en soit la légitimité, devient nécessairement tyrannique dès lors qu'il repose sur une souveraineté sans limites. Tirant les conclusions de ce qui vient de se passer, il déclare, lors de la discussion sur la Constitution de l'an III :

> Les pouvoirs illimités sont un monstre en politique, et une grande erreur de la part du peuple français. Il ne la commettra plus à l'avenir. […] Lorsqu'une assemblée se forme, on ne met point en commun tous les droits que chaque individu apporte dans la société, toute la puissance de la masse entière des individus. On ne met en commun sous le nom de pouvoir public ou politique que le moins possible, et seulement ce qui est nécessaire pour maintenir chacun dans ses droits et ses devoirs. […] Ce mot [souveraineté] ne s'est présenté si colossal devant l'imagination que parce que l'esprit du Français, encore plein de superstitions royales, s'est fait un devoir de le doter de tout l'héritage de pompeux attributs et de pouvoirs absolus qui ont fait briller les souverainetés usurpées […]. Et moi, je dis qu'à mesure qu'on s'éclairera, qu'on s'éloignera des temps où l'on a cru savoir, quand on ne faisait que vouloir, la notion de souveraineté rentrera dans de justes limites, car encore une fois la souveraineté du peuple n'est point illimitée[1].

Remarquable texte que l'on pourrait nommer : « Comment l'esprit vint aux libéraux ». Car enfin, le constat est net ; il devient même général au lendemain de la Révolution. Le monstre est lâché. En

1. Cité par Marcel Gauchet dans Benjamin Constant, *Écrits politiques*, *op. cit.*, p. 795-796, n. 5. Il cite aussi l'opinion de Stanislas de Clermont-Tonnerre, qui dans son *Analyse raisonnée de la Constitution française* (1791) conteste le caractère illimité de la souveraineté du peuple.

attribuant au peuple une souveraineté que presque plus personne ne songe à lui contester ; et surtout en donnant à cette souveraineté nouvelle une puissance encore plus formidable que l'ancienne, on a placé au cœur de la démocratie un ferment de tyrannie. On peut dire que toute la question politique du XIXe siècle, qui est de terminer la Révolution, pourrait s'intituler, en parlant de souveraineté : « Comment s'en débarrasser ? »

À cette question lancinante, plusieurs types de réponses sont proposés. Celles des traditionalistes que l'on pourrait appeler « retour à l'envoyeur ! », celle de Guizot dont le mot d'ordre est « point de souveraineté, sinon celle de la raison ! », celle des jacobins, comme Louis Blanc, qui est en somme une « souveraineté contrôlée », celle des démocrates purs comme Ledru-Rollin et Considérant qui est la seule à vouloir tenter l'expérience de la « souveraineté directe », à quoi il faut ajouter la réponse des républicains de la IIIe République qui relève, sans le dire, de la « quasi-souveraineté parlementaire ».

On ne s'attardera pas sur les traditionalistes, comme Bonald ou Maistre, dont la pensée sort du cadre de cette étude. Ils ont pourtant une place à part dans l'histoire de la philosophie politique parce qu'ils expriment une position limite : celle qui refuse aux hommes tout droit à la souveraineté, celle-ci ayant été créée par Dieu et n'appartenant qu'à lui. De Rousseau et de tous ceux qui avant lui font dériver la société politique d'un contrat initial, Bonald critique l'irréalisme, ou comme dira plus tard Hayek le « constructionnisme » : où a-t-on jamais vu une société dépendre, fût-ce de façon reconstruite a posteriori, d'une sorte de négociation préalable ? La société est une donnée avec laquelle l'individu, mais aussi la collectivité, ont à compter.

> Le pouvoir est […] préexistant à toute société, puisque le pouvoir constitue la société et qu'une société sans aucun pouvoir, sans aucune loi, ne pourrait jamais se constituer. Il est donc vrai de dire que le pouvoir est primitivement de Dieu : *potestas ex Deo est*, qui en a mis la nécessité dans la nature des êtres, et la règle ou la loi dans leurs rapports[1].

1. Louis de Bonald, *Essai analytique sur les lois naturelles de l'ordre social*, 1817, p. 110.

L'erreur de Rousseau est d'avoir confondu trois choses : l'origine du pouvoir, ou souveraineté, qui n'appartient qu'à Dieu ; son exercice par un gouvernement quelconque, que Bonald appelle le ministre ; et l'objet auquel il s'applique, c'est-à-dire le peuple. La confusion des trois aboutit à un système fermé sur lui-même, dont Bonald, bien avant J.L. Talmon, pressent la structure totalitaire. Examinée de près, la théorie de Bonald, qui exile la souveraineté de la société des hommes, est moins éloignée qu'il n'y paraît de celle qu'on va voir d'un Guizot, qui tend à en refuser jusqu'au concept. Sous ce jour, la pensée traditionaliste apparaîtrait moins comme le fait de réactionnaires enragés, insensibles à l'air du temps, que comme celui de *monarchistes du moindre mal*, de *semi-libéraux* convaincus que le retour à l'ordre philosophique de l'Ancien Régime serait une solution infiniment moins liberticide que les égarements de l'individualisme moderne. Reste que le traditionalisme conserve un appareil conceptuel, notamment la notion de souveraineté, incompatible avec le développement de ce libéralisme.

Par rapport aux pensées traditionalistes ou démocratiques, qui conservent intact le principe de souveraineté, il est en effet de la nature profonde du libéralisme de nier ce principe ou, tout au moins, d'en limiter la portée. En termes comtiens, on dirait volontiers que le libéralisme est cette pensée moderne qui chasse les concepts métaphysiques de l'univers politique et fait entrer celui-ci dans l'âge positif.

Voici d'ailleurs en quels termes s'exprime Guizot en 1820, dans une brochure de combat contre le ministère Richelieu :

> Je voudrais m'abstenir de toute discussion métaphysique. Je ne crois ni au droit divin, ni à la souveraineté du peuple, comme on les entend presque toujours. Je ne puis voir là que les usurpations de la force. Je crois à la souveraineté de la raison, de la justice, du droit : c'est là le souverain légitime que cherche le monde et qu'il cherche toujours ; car la raison, la vérité, la justice ne résident nulle part complètes et infaillibles[1].

Tout est dit dans ce court paragraphe. D'abord la récusation des deux principes opposés, droit divin et souveraineté populaire. C'est

1. Guizot, *Du gouvernement de la France depuis la Restauration*, chap. VII : « De la légitimité », Ladvocat, 1820, p. 179.

une façon de trancher le nœud gordien sur lequel achoppe la société politique depuis 1789. Ni Ancien Régime, ni Révolution, donc, au moins dans leurs principes. Ceux-ci, souligne Guizot au passage, ne sont que des habillages du droit du plus fort. Alors, plus de souveraineté, sinon celle de la raison. Nous voilà dans la politique positive, et non plus dans le tournoi obligé entre métaphysiques antagonistes. Fort bien. Mais qui sera accrédité à dire où se trouve la raison, et qui la détient ? Personne en tout cas qui puisse le faire sans risque d'être contesté. La suprême ruse de la souveraineté de la raison est de ne pas exister ; d'être l'enjeu d'un débat permanent entre personnes qui ne s'autorisent que des arguments rationnels. Au bout du compte, Guizot escamote bel et bien la souveraineté. À noter que le libéralisme aristocratique de Chateaubriand rejoint ici exactement le libéralisme bourgeois de Guizot. Dans son éclatant et célèbre discours du 7 août 1830 à la Chambre des pairs, après une proclamation de fidélité à Charles X, roi déchu et failli, dont il ne partage même pas les valeurs (« Moi j'ai toujours été dévot à la mort et je suis le convoi de la vieille monarchie comme le chien du pauvre[1] »), le flamboyant vicomte fait sa profession de foi : une profession d'agnosticisme constitutionnel :

> J'en suis arrivé à ce point que je ne crois ni aux peuples ni aux rois ; je crois à l'intelligence et aux faits qui composent toute société [...]. Moi je ne crois pas au droit divin, mais je ne crois pas davantage à la souveraineté du peuple[2].

Voilà du Guizot à l'état pur. Ce dernier nous a laissé un texte posthume tout entier consacré à la critique de la souveraineté. Parce que loin d'assurer un fonctionnement régulier et légitime des institutions, la souveraineté, dont le titulaire peut changer au gré des circonstances, introduit un principe de violence qui aura des conséquences. Aucune instance, monarque ou peuple, n'est censée avoir raison sous prétexte qu'elle est reconnue à un moment donné comme légitime. Il ne faut pas confondre légitimité et infaillibilité.

---

1. Chateaubriand, *Mémoires d'outre-tombe*, Gallimard, coll. « Bibliothèque de la Pléiade », 1950, t. II, p. 494.

2. Chateaubriand, *Mélanges politiques*, dans *Œuvres complètes*, vol. 2, Firmin-Didot, 1842, p. 403.

Les autorités légitimes, hélas !, se trompent aussi souvent que les autres.

> Tout gouvernement qui attribue à une force quelconque la souveraineté ; qui dans la volonté de cette force, reconnaît d'avance et absolument la raison […] tout gouvernement pareil, dis-je est despotique dans son principe[1].

Fort bien. La doctrine de Guizot n'a qu'un inconvénient, c'est qu'elle est inapplicable. Ou pis que cela : faute d'une impossible souveraineté de la raison, on finit par s'accommoder du rôle déterminant des positions sociales, c'est-à-dire en dernier ressort de l'argent. La théorie des capacités, fondement de l'ordre censitaire, peut bien reposer sur une apparence de raison – celle d'une sorte de cens culturel –, dans la pratique, elle aboutit à favoriser les plus riches. Telle est la limite et la faiblesse de ce libéralisme de droite dont Guizot, tout au long de la carrière politique, a symbolisé la dérive.

Tout autre est la position de ce représentant le plus incontestable du libéralisme de gauche de l'époque, c'est-à-dire Benjamin Constant. Il commence par prendre acte, dans toute leur ampleur, des conséquences de la Révolution française. Celle-ci a consacré la souveraineté du peuple à la place de la souveraineté royale, et il n'y a pas à revenir là-dessus, sauf à faire de la Restauration une pure et simple réaction. Mais s'ensuit-il que cette souveraineté doive être illimitée ? Nullement. Au nom de la distinction, évoquée plus haut, entre le public et le privé, Constant s'inscrit en faux contre la souveraineté à l'antique de Jean-Jacques Rousseau, autrement dit une souveraineté absolue, s'étendant à tous les actes de la vie.

> Aucune autorité sur terre n'est illimitée, ni celle du peuple, ni celle des hommes qui se disent ses représentants, ni celle des rois, à quelque titre qu'ils règnent, ni celle de la loi […]. Les citoyens possèdent des droits individuels indépendants de toute autorité sociale ou politique, et toute autorité qui viole ces droits est illégitime[2].

1. François Guizot, « Philosophie politique : de la souveraineté », texte inédit publié en annexe à *Histoire de la civilisation en Europe*, édition établie par Pierre Rosanvallon, Hachette, 1985, p. 335.

2. Benjamin Constant, « Principes de politique », dans *Écrits politiques*, *op. cit.*, p. 317.

Voilà la doctrine libérale fixée, et elle ne changera plus guère. Elle prend acte de la démocratie, d'où son ralliement à l'idée de souveraineté populaire.

> Si je savais quelque chose qui me fût utile, et qui fût préjudiciable à ma famille, je le rejetterais de mon esprit. Si je savais quelque chose utile à ma famille et qui ne le fût pas à ma patrie, je chercherais à l'oublier. Si je savais quelque chose utile à ma patrie, et qui fût préjudiciable à l'Europe, ou bien qui fût utile à l'Europe et préjudiciable au genre humain, je le regarderais comme un crime[1].

Il y a, au cœur de ce libéralisme-là une vision universaliste de l'homme et de ses droits, aux antipodes de la conception nationaliste, ethniciste, voire raciste qui prévaudra au XXe siècle, et qui fait de lui l'héritier le plus légitime de la Révolution française.

On n'examinera pas ici les vues des partisans déclarés de la souveraineté du peuple ; ils sortent de l'orbite libérale ; on les retrouvera plus loin à propos du jacobinisme, du socialisme et de l'anarchie.

Laisser-faire économique, mais aussi politique, séparation privé-public, défiance à l'égard de la souveraineté : ces trois maximes de base, communes à toutes les formes de libéralisme, ont une conséquence institutionnelle : l'attachement au système représentatif et parlementaire. Représentatif, parce que toute autre formule, démocratie directe, monarchie de droit divin ou pouvoir personnel charismatique, sont comme on l'a vu des systèmes souverainistes, incompatibles avec l'épanouissement de la liberté individuelle, et du droit pour chacun de vaquer à ses propres affaires ; parlementaire aussi parce que l'existence d'une ou plusieurs assemblées délibérantes est la forme enfin trouvée de pouvoirs qui s'équilibrent et se contre-pèsent. Certes, il arrive que le parlementarisme s'évade de ses propres principes ; qu'il ait la tentation d'affirmer son autonomie par rapport au peuple qui lui a donné naissance et d'exercer une emprise excessive sur l'exécutif qui a besoin d'initiative. C'est pourquoi le libéralisme véritable se défie de la tyrannie représentative autant que du despotisme gouvernemental. Il ne saurait se satisfaire, ni

1. Montesquieu, *Mes pensées*, n° 4 (circa 1720-1728), dans *Œuvres*, Seuil, coll. « L'intégrale », 1964, p. 855.

d'un pouvoir charismatique incontrôlable, ni d'un gouvernement d'assemblée. Son attachement à la séparation des pouvoirs l'a rendu critique à l'égard de l'omnipotence parlementaire telle qu'elle s'est développée sous la IIIe République, soumettant les cabinets successifs à tous ses caprices et les renversant à la première occasion afin d'accélérer la rotation des ministrables. Car l'omnipotence des assemblées, en période révolutionnaire, peut conduire à la démagogie la plus sanglante comme on l'a vu en 1793-1794, sous les auspices du gouvernement de Salut public, mais elle peut aussi se traduire, en période calme, par un très grand immobilisme. À plus forte raison lorsque l'existence de deux assemblées assure un double verrouillage, chacune d'entre elles se chargeant de bloquer les initiatives de l'autre. La « faculté mutuelle d'empêcher » (Montesquieu) est ici portée à son maximum.

« La République absolue » voulue par Jules Grévy est une dictature de l'impuissance. La plupart des grands chefs politiques de la IIIe République, Gambetta, Ferry, Clemenceau, plus tard Tardieu et Blum, ont milité sous des formes diverses pour un rééquilibrage des institutions en faveur de l'exécutif. Souvent accusés d'aspirer à une sorte de pouvoir personnel, ils ne faisaient en réalité que se conformer à l'idéal de la séparation des pouvoirs. Séparation qui, dans l'esprit de Montesquieu, ne saurait être absolue, et qui n'est pas incompatible avec le principe de la responsabilité ministérielle devant l'assemblée. Le législatif et l'exécutif doivent « aller de concert » ; leur séparation implique un pouvoir mutuel d'empêchement ou plutôt de contrôle.

D'ailleurs l'idéal libéral de séparation ne se borne pas aux formes institutionnelles du pouvoir ; il s'étend à toute la vie sociale. Qu'est-ce, en effet, que le totalitarisme ? C'est la réunion dans la même main du pouvoir politique, du pouvoir économique et du pouvoir culturel ; il se rapproche d'autant plus de sa forme idéale que cette concentration est plus achevée. En ce sens, le nazisme se rapproche plus de cet idéal type que le fascisme, le communisme stalinien plus que le nazisme lui-même, et le maoïsme plus que le communisme stalinien. Ce qui compte ici n'est pas le degré de barbarie auquel sont parvenus ces régimes, mais la réalisation d'une forme politique dans laquelle nulle échappatoire n'est concevable.

Qu'est-ce, au contraire, que le libéralisme ? C'est une forme d'organisation sociale dans laquelle les diverses instances du pouvoir sont séparées, comme au sein du système politique l'exécutif et le législatif. Dans un système libéral, il ne faut donc pas que les détenteurs du pouvoir économique, chefs d'entreprise, banquiers, etc., possèdent en outre le pouvoir politique ; il ne faut pas non plus que les gouvernants détiennent un pouvoir de décision dans les domaines de l'enseignement, de la culture, de la religion, de l'information. Et bien entendu, il ne faut pas non plus que ce pouvoir de décision culturelle soit entre les mains des hommes d'argent. Le libéralisme repose non seulement sur la distinction des pouvoirs, mais sur la séparation des champs d'activité humaine, et c'est ce deuxième critère qui est le plus important. Ou bien en effet le libéralisme n'est qu'une forme modérée et centriste du système parlementaire, ce qui n'est certes pas négligeable, mais ne suffit pas à en faire ce qu'il prétend être, une véritable vision du monde ; ou bien son refus de la réduction du pouvoir à l'unité s'étend à l'ensemble des activités humaines. Marxistes et souverainistes ont en commun de faire dériver l'ensemble du pouvoir d'une origine unique, économique pour les premiers, politique et contractuelle pour les seconds : ce sont des monistes, rebelles à tout pluralisme véritable. Le libéralisme au contraire pose l'équivalence, en tout cas l'égale dignité, des diverses instances ; il est le seul système compatible avec la conception de ce pouvoir politique modeste auquel aspirent nos contemporains.

En dépit de notre affirmation initiale d'une différence essentielle entre libéralisme de gauche et libéralisme de droite – ou en termes plus politiques entre deuxième gauche et orléanisme –, nous avons pu jusqu'ici traiter le libéralisme comme un tout. Son attachement à la trilogie laisser-faire, distinction privé-public, défiance envers la souveraineté, est valable jusqu'en 1848 dans tous les cas de figure. La première moitié du XIXe siècle, et en particulier la monarchie censitaire, est dans le domaine théorique l'âge d'or du libéralisme français, avec Madame de Staël, Benjamin Constant, Guizot, Tocqueville. Ils auront des successeurs, mais nul, depuis cette époque, pas même Raymond Aron, n'aura pu ajouter à l'arsenal intellectuel de l'époque quelque chose d'essentiel. En 1848, le libéralisme français – naturellement soumis aux influences anglaises et écossaises, notamment dans le champ économique – est constitué. C'est le moment du reste où il va perdre, au sein de la gauche, l'hégémonie intellectuelle au profit du socialisme.

Les libéraux sont des rationalistes et des individualistes. Rationalistes en politique, espèce plutôt rare, ils se défient des sentiments et de l'entraînement des passions. Au concept de souveraineté, on l'a vu, ils préfèrent celui de règne de la loi fondée sur la raison universelle. Partisans de l'initiative individuelle, soucieux de conserver aux personnes privées toute la latitude d'action dont elles sont capables, notamment en matière économique, ils sont naturellement favorables à la décentralisation administrative, autre originalité dans l'univers politique français. Contre Rousseau, mais aussi contre Bonald et Maistre, ils défendent en toutes circonstances le primat de l'individu. À l'époque, cela suffit encore à les faire classer à gauche, tout au moins au centre gauche.

Louis Dumont[1] a souligné que cet individualisme, issu de la Révolution, constitue le cœur de l'idéologie française, et que cette idéologie est de gauche. Loin de contredire l'universalisme dont cette gauche se réclame par ailleurs, cet individualisme est aux antipodes des valeurs communautaires (travail, famille, patrie) auxquelles se rattache la droite, de façon souvent clandestine et honteuse. Certes, cette gauche individualiste est résolument patriote, d'un patriotisme qui est censé coïncider avec l'appartenance suprême à l'humanité. Et de citer Jaurès :

> C'est l'individu humain qui est la mesure de toute chose, de la patrie, de la famille, de la propriété, de l'humanité, de Dieu. Voilà la logique de l'idée révolutionnaire [...]. Voilà le socialisme[2].

Sans doute. On imagine difficilement, à la même époque, profession de foi individualiste plus radicale, émanant d'un socialiste allemand, autrichien ou russe. La Révolution française, soulèvement de la société contre l'absolutisme, a en effet durablement donné à l'individualisme libéral ses lettres de noblesse de gauche. Jaurès

1. Louis Dumont, « Sur l'idéologie politique française », *Le Débat*, n° 58, janvier-février 1990, p. 128-158.

2. Jaurès, *De la réalité du monde sensible*, Alcuin, 1994, p. 23, cité par Jean-Denis Bredin, *Dreyfus, un innocent*, Fayard, 2006, p. 498.

parle ici comme eussent pu parler Benjamin Constant ou Alexis de Tocqueville. Il paraît pourtant difficile – tant d'autres textes de Jaurès en témoigneraient – de définir la gauche socialiste par référence exclusive à l'individualisme libéral. Instrument de combat idéal contre la droite au sortir de la Révolution, il ne saurait au-delà suffire à définir le dessein de la gauche.

Hégémonie intellectuelle ne signifie pas nécessairement domination politique. De 1815 à 1830, sous la Restauration, la tendance politique dominante, à l'exception des années Decazes (1818-1820) et de l'expérience Martignac (1828-1829), n'est pas le libéralisme, mais un conservatisme plus ou moins autoritaire inspiré par le légitimisme. C'est seulement après la révolution de 1830 et l'avènement de la monarchie de Juillet que le libéralisme règne, teinté d'autoritarisme avec Casimir Perier (1831-1832) et de conservatisme de plus en plus marqué avec Guizot (1841-1848). À l'exception de la brève expérience Laffitte (1830-1831), le libéralisme censitaire incline donc résolument vers l'ordre plutôt que vers le mouvement. Il appartient sans conteste à la droite et non à la gauche. Thiers n'apparaît comme un homme de mouvement qu'à cause de son activisme belliqueux en politique étrangère et sa volonté de cantonner le roi dans un rôle de pure représentation. Pour le reste il est aussi conservateur, aussi hostile aux classes populaires que Guizot. Quant à celui-ci, qui domine la période de sa forte personnalité, il n'a conservé, quand il accède au pouvoir en 1841, que très peu de choses des idées qu'il exposait quand il était l'étoile montante de la petite faction des doctrinaires. Son libéralisme se limite de plus en plus au laisser-faire économique ; son attachement au parlementarisme le cède de plus en plus à ses propres tendances à l'autorité et à la manipulation.

Valable jusqu'en 1848, la formule de Louis Dumont (individualisme de gauche contre « holisme » de droite) ne saurait donc convenir ultérieurement, tant la révolution de Février introduit une coupure brutale et, malgré les apparences, durable dans la posture des différents courants. À partir de cette date et jusqu'à aujourd'hui, la gauche ne sera plus prioritairement le parti de la liberté et de la nature, mais celui de la correction volontaire des inégalités naturelles et du primat de la culture. Écoutons l'un des plus classiquement libéraux de ses chefs en pleine IIIe République. C'est Ferry qui parle :

> La société humaine n'a qu'un but, qu'une loi de développement, qu'une fin dernière, atténuer de plus en plus à travers les âges les inégalités primitives ordonnées par la nature. Et c'est par l'éducation que cette égalité va se conquérir[1].

Ainsi, aux libertés-garanties (le droit de…), qui appartiennent à l'univers politique classique s'ajoutent désormais des libertés-créances (le droit à…), c'est-à-dire des droits nouveaux, qui appartiennent au champ social. Par exemple le droit au travail, incompatible avec l'économie politique libérale. Depuis lors, c'est-à-dire depuis un siècle et demi, le développement de la pensée de gauche s'inscrit tout entier dans la recherche de nouveaux droits, à la santé, au repos, à la retraite, au logement, à l'air pur, voire à l'avortement : tout cela nous éloigne de l'univers de Benjamin Constant et nous fait entrer dans celui de la social-démocratie.

On peut donc faire, à propos de 1848, l'hypothèse d'une inversion de tendance fondamentale dans les critères de définition de la gauche, et cela au détriment du libéralisme politique. Après 1848, le « holisme », pour parler comme Louis Dumont, passe à gauche. Il se traduit par le primat de valeurs collectives sur les valeurs individuelles. Au fur et à mesure que les masses font leur entrée sur la scène politique avec le suffrage universel et que le socialisme devient l'horizon d'attente de toute pensée de gauche, ce sont des institutions nouvelles comme les associations, les syndicats, les coopératives, mais aussi les partis de masse qui définissent le mieux les cadres de la pensée et de l'action de la gauche. Sommes-nous parvenus aujourd'hui à un nouveau point de rebroussement de la courbe ; avons-nous définitivement quitté la « pensée 48 » pour revenir à la « pensée 89 », c'est ce que l'on étudiera dans la troisième partie de cette étude.

Cette migration de la gauche vers les valeurs collectives et bientôt communautaires (le prolétariat n'est-il pas, en termes contemporains,

1. Cité par François Ewald, « La politique sociale des opportunistes (1879-1885) », dans S. Berstein et O. Rudelle, *Le Modèle républicain*, PUF, 1992, p. 173-187.

une « communauté » ?) provoque symétriquement un ralliement progressif de la droite aux valeurs individualistes. Le légitimisme et la pensée ultra avaient longtemps freiné ou masqué cette évolution. À l'individualisme révolutionnaire, ils avaient opposé le primat des institutions naturelles comme la famille, et des solidarités secrétées par l'histoire (ordres, régions, corporations). Désormais, la droite tout entière redoute les nouvelles formes d'action collective, tout cela que Gustave Le Bon au début du siècle a rassemblé sous l'expression d'« ère des foules[1] ». C'est l'individu qui soudain est devenu le conservatoire des vertus de la race et de la lignée ; il est le seul à pouvoir résister à la montée des nouveaux barbares.

À partir de 1848, le libéralisme a perdu l'hégémonie intellectuelle qu'il exerçait sur la gauche ; désormais, et pour plus d'un siècle, c'est le socialisme, de ses formes les plus modérées aux plus extrêmes, qui donne le ton. C'en est fini des avancées théoriques d'une pensée qui, au XXe siècle, malgré Alain ou Raymond Aron, paraît se tarir.

Et pourtant, cette stagnation théorique va s'accompagner, au prix de quelques ajustements, d'une véritable consécration politique durant la IIIe République. Pour l'essentiel en effet, le régime qui prend place en France à partir de 1871 est le fruit de l'alliance réussie de l'idée libérale et de l'idée républicaine. Mieux que cela : c'est alors que se met en place dans le cadre parlementaire un système gouvernemental oscillant entre le centre droit et le centre gauche, autrement dit entre les deux libéralismes, celui à droite que constitue l'orléanisme, et celui à gauche qu'incarnent les républicains modérés. Ce que l'on peut en somme appeler la petite alternance.

Mais pas tout de suite. Car les débuts de la IIIe République sont caractérisés par ce qu'on nommera par contraste la grande alternance ; on aura beau en effet remarquer après coup qu'entre les plus avancés des monarchistes et les plus modérés des républicains, les différences se limitent en somme à la question du régime, et que sur tant d'autres points essentiels, vision de la société et des mœurs, régime économique, attachement au système parlementaire, les différences sont ténues, il n'en reste pas moins que les affrontements

1. Gustave Le Bon, *Psychologie des foules*, Alcan, 1895.

entre les uns et les autres ont été perçus à l'époque comme capitaux, inexpiables et appelés à se terminer par l'extermination du camp adverse. Ce qui du reste advint. Après 1879, monarchisme et bonapartisme furent pratiquement rayés de la carte politique et électorale, les survivances – Maurras ! – prenant la forme d'un mouvement intellectuel et esthétique plutôt que d'un véritable courant politique.

Pour gagner ce combat auprès des électeurs, les républicains, on l'a dit, ne craignirent pas de se mettre à l'école du libéralisme, quitte à décevoir leurs partisans les plus radicaux. Comme on l'a vu plus haut, l'homme qui opéra cette mutation fut Gambetta ; celui qui en fit une norme, son rival Jules Ferry.

Le libéralisme est au total la seule famille politique française qui ne comporte pas dans son essence l'appartenance à la gauche ou à la droite. Conservateurs, bonapartistes appartiennent sans conteste au camp de la droite ; jacobins, socialistes à celui de la gauche. Le libéralisme n'appartient à aucune d'entre eux puisqu'il existe dans l'un et dans l'autre. Est-ce à dire qu'il se situe délibérément au-dessus de cette coupure fondamentale ? Nous avons déjà répondu non à cette question, puisque la branche orléaniste appartient tout entière à la droite, et la branche républicaine à la gauche. Nous avons longuement insisté sur ce qui les unit. Soulignons pour terminer ce qui les distingue.

Le libéral de droite est somme toute indifférent à la forme politique du régime, dès lors que celui-ci respecte ses exigences philosophiques essentielles. Le libéral de gauche estime que ces mêmes exigences impliquent la forme républicaine du régime, la seule capable de les honorer jusqu'à leurs ultimes conséquences. L'idée que la République, dont les formes ont été coulées dans le bronze par les pères fondateurs à la fin du XIXe siècle, constitue un régime particulier et même exceptionnel, dont les modalités s'étendent bien au-delà de la question institutionnelle et concernent la société, la culture et la morale, cette idée-là n'est pas seulement le fait des républicains les plus « prononcés », comme on disait alors ; elle s'enracine chez les plus proches de la frontière gauche-droite, dont ils sont en somme les douaniers. Pour eux, la République est la forme politique enfin trouvée du libéralisme, la seule qui protège la société de toute tentation autoritaire, qu'elle vienne de droite ou de gauche. Pour eux, si la République est la forme politique du libéralisme, le libéralisme est la philosophe implicite de la République. D'où la tournure volontiers idéaliste et moralisante de leurs convictions, dont Jules Simon, un des pionniers de cette République modérée, est la figure emblématique.

Certes, au fur et à mesure que toute contestation de la République s'éteint, celle-ci cesse d'être cette valeur discriminante du libéralisme de gauche qu'elle a été à la fin du XIXe siècle. Mais il suffit qu'une menace pèse sur son existence, comme lors de l'affaire Boulanger, ou lors de la menace de putsch du 6 février 1934, ou qu'elle soit carrément supprimée comme le 10 juillet 1940, pour que le libéralisme de gauche retrouve sa vitalité. Un Tirard, un Constans dans le ministère qui liquide l'aventure boulangiste, un Doumergue rappelé de son domaine de Tournefeuille en 1934 pour remettre les institutions en ordre de marche, un Vincent Badie, « l'un des 80 », qui à l'annonce du vote des pleins pouvoirs au maréchal Pétain s'écrie : « Vive la République quand même ! » expriment cette permanence de la foi républicaine dans les moments difficiles. Quand les menées antidreyfusistes en 1898-1899 paraissent à leur tour menacer la forme même du régime, c'est encore un républicain libéral, Waldeck-Rousseau, qui est chargé de former le gouvernement, un gouvernement de « défense républicaine. »

En dehors même de ces circonstances exceptionnelles, lorsque le radicalisme perd de sa virulence, au fur et à mesure qu'il réalise son programme ou qu'il renonce à ses pointes les plus saillantes, il devient, lui, le plus vieux des partis politiques français, l'incarnation dans le domaine économique comme dans le domaine politique de ce républicanisme libéral de gauche. Voyez encore dans l'individualisme d'Alain (« le citoyen contre les pouvoirs ») l'expression quelque peu libertaire de ce même idéal. Il n'y a pas plus libéral qu'Alain, il n'y a pas plus républicain non plus.

En outre, il n'y a pas plus laïque. La forme la plus authentique de la laïcité n'est pas à rechercher chez les bouffeurs de curés ou les tenants doctrinaires du monopole de l'État sur l'enseignement, mais chez les républicains libéraux comme Jules Simon, Ferry, Spuller, Briand, ou encore René Billères sous la IVe République.

On y ajoutera volontiers Clemenceau, qui ne fut jamais un modéré dans ses comportements ou ses modes d'expression, mais qui était néanmoins un authentique libéral, ennemi du fanatisme, amoureux de la tolérance, dont la seule religion était un culte raisonnable de la raison.

Écoutons par exemple Jules Simon, dont on vient de dire la place éminente. Écoutons, au beau milieu de son éloge de la Révolution, cette réserve qui concerne la laïcité. Ce que n'ont compris ni Rousseau, ni les constituants, c'est la nécessité de l'abstention en matière de dogme.

> Quand la Commune a proclamé l'athéisme sous le nom de culte de la Raison ; quand, quelques jours après, la Convention a proclamé la religion naturelle sous la forme d'un culte public, elles n'ont fait que nier […] la liberté religieuse et philosophique. C'est toujours, à ces différentes phases, l'État gouvernant le dogme. La liberté, c'est l'État refusant de gouverner le dogme et refusant d'être gouverné par lui : c'est la séparation de l'Église et de l'État[1].

Il en va ainsi de la laïcité comme de la République. Elle fut au départ l'objet même de la controverse entre adversaires politiques. Une fois la partie gagnée, elle s'intègre à une philosophie générale du libéralisme. Si la laïcité est le respect de toutes les croyances et non la persécution de certaines d'entre elles ; si donc elle repose en définitive sur la neutralité axiologique de la puissance publique et le respect des options individuelles, alors la laïcité est la forme philosophique du libéralisme comme la République en est la forme politique. C'est du moins ce que pensent les libéraux de gauche, tandis que les libéraux de droite sont plutôt portés à privilégier les options dominantes des citoyens en matière de mœurs, de philosophie et de religion.

Dernière différence entre les deux libéralismes, la plus décisive peut-être : l'attitude à l'égard de la question sociale. On a dit plus haut que tout libéralisme avait partie liée avec l'individualisme. Il ne s'ensuit pas qu'il doive refuser de considérer les rapports

1. Jules Simon, *Éloge de la Révolution*, discours du 14 mars 1869 devant la loge maçonnique Le Progrès, cité dans Antoine de Baecque, *Pour ou contre la Révolution. De Mirabeau à Mitterrand*, Bayard Compact, 2002, p. 239-40.

des individus entre eux, et des groupes qu'ils constituent au sein de la société. Alors que les libéraux de droite s'en tiennent aux libertés-garanties (habeas corpus, libertés d'expression), les libéraux de gauche, comme le reste de la gauche depuis 1848, acceptent le principe de libertés-créances, celles qui ouvrent aux individus des droits sur la société, notamment en matière économique et sociale. De sorte que s'il fallait retenir un seul critère pour distinguer un libéral de gauche d'un libéral de droite, ou si l'on préfère un républicain modéré d'un orléaniste, ce serait l'attitude à l'égard de l'égalité. Nous l'avons déjà plusieurs fois suggéré : la liberté est une valeur de gauche sous la Révolution, qui est devenue au fil du temps le patrimoine commun de tous les Français, y compris des conservateurs. On ne peut que s'en réjouir. En revanche, les républicains de droite n'ont jamais songé à disputer à la gauche son monopole en ce qui concerne l'égalité tandis que les hommes de gauche, si modérés qu'ils fussent, ont toujours milité pour plus d'égalité. Un libéral de gauche est donc un libéral qui milite pour l'égalité ou qui tout au moins se résigne à son avènement.

Citons encore une fois le moins suspect d'égalitarisme parmi les penseurs de gauche, celui dont les tendances naturelles vont vers une sorte d'aristocratie de l'esprit et des mœurs, je veux dire Benjamin Constant. En historien des civilisations, et en philosophe de l'histoire, il constate cette irrésistible aspiration à l'égalité à l'œuvre depuis les temps les plus reculés, et les domaines les plus inattendus, telle la religion.

> La perfectibilité de l'espèce humaine n'est autre chose que la tendance vers l'égalité. Cette tendance vient de ce que l'égalité seule est conforme à la vérité, c'est-à-dire aux rapports des choses entre elles et des hommes entre eux[1].

Entre le riche propriétaire et le simple manœuvre, il y a plus d'« homogénéité » qu'entre le maître et l'esclave, parce qu'il y a

1. Benjamin Constant, « De la perfectibilité de l'espèce humaine », paru dans les *Mélanges de littérature et de politique*, Pichon et Didier, 1829, p. 142. Le texte date probablement de 1805. Il figure dans les *Écrits politiques* de Benjamin Constant, *op. cit.*, p. 700-720 avec un commentaire dans la préface de Marcel Gauchet, p. 36-45.

dans le premier reconnaissance d'une appartenance commune à l'humanité.

On objectera que des libéraux que l'on ne saurait classer à gauche, tels Chateaubriand et Tocqueville, ont décrit – et avec quelle force chez le second ! – cette irrésistible poussée des sociétés démocratiques vers l'égalité. Mais outre que celui-ci s'en effrayait plus qu'il ne s'en félicitait, il faut surtout saluer la profondeur du recul historique que ces aristocrates de nature et de tempérament savaient prendre par rapport à leurs propres tendances. Le constat de la marche de l'humanité vers l'égalité est bel et bien le critère distinctif des philosophies de l'Histoire de gauche.

Qu'est-ce, au total, que la IIIe République ? Le moment où la France passe de la grande alternance à la petite. La grande alternance est celle qui, à travers la question du régime, oppose deux philosophies antagonistes : Ancien Régime contre Révolution, légitimisme contre libéralisme, Empire contre République, et enfin, monarchie contre République. Une fois le triomphe de celle-ci définitivement assuré, place à la petite alternance, celle qui fait se succéder les majorités de centre droit à des majorités de centre gauche, celle où le libéralisme de droite et le libéralisme de gauche occupent à tour de rôle le pouvoir. Certes, il arrive que des majorités plus radicales apparaissent, bloc contre bloc. Mais cette configuration est exceptionnelle.

En est-il de meilleure preuve de nos jours que la façon dont a été célébré, en 1989, le bicentenaire de la Révolution française ? Aucune autre commémoration ne se prêtait mieux aux solennelles psychomachies dont les Français raffolent, puisque l'épisode révolutionnaire lui-même peut-être regardé comme le point de départ d'un manichéisme devenu constitutif de son identité. Tel avait été le premier centenaire, quand la France paraissait hésiter encore sur son statut politique final. Un siècle plus tard, il n'en fut rien et, à quelques querelles mineures près, la commémoration se déroula sur fond d'unanimité nationale. La Révolution n'était donc plus une coupure radicale, l'an I de la France moderne et de la liberté ; elle était désormais une étape dans un long mémorial qui commençait avec le sacre de Clovis ; ses héros, de Mirabeau à Danton, de Sieyès à Barnave, de Condorcet à l'abbé Grégoire, pouvaient rejoindre, dans le panthéon de l'âme française, Philippe Auguste, saint Louis, Jeanne d'Arc, Richelieu et ultérieurement Bonaparte et de Gaulle. Quand vient le temps de l'Histoire, les opinions politiques des grandes gloires nationales sont peu de chose. Le grand absent de cette célébration, la face cachée d'une histoire devenue unanimiste ? Robespierre bien sûr, et avec lui, Quatre-vingt-treize que, d'un commun accord, on décida de ne pas célébrer. Il aurait pourtant pu tenir sa place dans le grand livre d'heures de l'unité française et de la religion nationale de l'État, mais le souvenir de la guillotine était encore trop frais.

Ainsi, la vision de la Révolution qu'ont retenue nos contemporains était sa face libérale. Rien de plus symptomatique à cet égard que l'évolution de l'historiographie révolutionnaire. Balayés et presque oubliés, les historiens jacobins, voire socialistes de la Révolution, les Louis Blanc, les Mathiez, les Soboul, et leurs modernes continuateurs. Au contraire, presque tout événement de ce type appelle un sacre : c'est un historien libéral de la Révolution qui fut sacré et consacré, en l'occurrence François Furet.

Qu'est-ce à dire, sinon qu'à travers un parcours chaotique, le libéralisme politique est le fil rose qui relie entre eux les principaux épisodes de l'histoire de France depuis la IIIe République ? Cela ne signifie nullement que les deux familles libérales, celle de droite et celle de gauche, sont dominantes dans l'électorat. Ni non plus dans l'imaginaire national. Ce dernier est volontiers révolutionnaire. Et quand il ne l'est pas, il est volontiers bonapartiste et jacobin. Au risque d'induire en erreur tous ceux qui font aveuglément confiance au discours que les Français tiennent sur eux-mêmes.

Mais comme on le verra plus loin en étudiant les diverses configurations gouvernementales auxquelles la gauche prend part, le libéralisme est la résultante de la combinaison de forces qui ne sont pas nécessaires libérales.

Oui, le libéralisme français compte plus comme résultante que comme composante. Divers épisodes, notamment celui de Vichy (1940-1944), ont pu en faire douter. Mais la réalité persiste : la France veut être gouvernée au centre (Valéry Giscard d'Estaing) ; et au centre, ou mieux encore *aux centres*, il y a le libéralisme.

La gauche jacobine

La Révolution française n'a guère influencé le cours de l'histoire économique et sociale de la France. On peut même faire l'hypothèse que les résultats des mutations techniques et économiques qui se produisaient depuis les débuts du XVIIIe siècle eussent été les mêmes si elle n'avait pas eu lieu ; tout au plus a-t-elle « lissé la courbe » du devenir social, en consolidant la petite propriété et en épargnant à la France les épisodes brutaux de la révolution industrielle à l'anglaise, au profit d'une évolution continue, étalée sur deux siècles.

Il n'en va pas de même en matière politique et intellectuelle, comme si la révolution politique nous avait dispensés de révolution économique. Là au contraire, au lieu d'un long fleuve tranquille, nous avons affaire à une rivière tumultueuse entrecoupée de rapides et de cascades, entre des tronçons beaucoup plus calmes. Le jacobinisme est l'un de ces accidents majeurs. La plus récente des écoles historiques sur la Révolution, sous la direction de François Furet, a repris à frais nouveaux l'étude de ce concept central, quitte à se réapproprier des analyses tombées dans l'oubli, comme celle d'Augustin Cochin[1].

Jacobins : le mot a fait fortune[2], au point de donner naissance à un substantif doté d'un sens doctrinal : le jacobinisme. Dès lors, il échappe à ses pères naturels, pour vivre d'une vie propre, indépendante, polysémique et fluctuante au cours de l'histoire. Il n'est que de songer au mot « marxisme » à l'époque contemporaine pour se

1. François Furet, *Penser la Révolution française*, Gallimard, coll. « Folio Histoire », 1985 ; Augustin Cochin, *Les Sociétés de pensée et la Démocratie*, Études d'histoire révolutionnaire, Paris, 1921.

2. Mona Ozouf : « Jacobin : fortune et infortune d'un mot », *Le Débat*, no 103, juin 1981, repris dans *L'École de la France*, Gallimard, 1984, p. 74-90. Pierre Rosanvallon, dans une contrepartie intéressante à la thèse d'un panjacobinisme français, a proposé, pour désigner la tradition politique issue du jacobinisme et marquée notamment par l'idée d'unité et de centralisation, l'expression de « culture politique de la généralité », plus analytique et plus précise, mais d'un usage moins commode : *Le Modèle politique français. La société civile contre le jacobinisme de 1789 à nos jours*, Seuil, 2004.

faire une idée des multiples avatars d'un concept, quand il tombe dans le domaine de la politique et de la polémique.

L'histoire du club des Jacobins sous la Révolution, qui a fait l'objet de nombreux travaux[1], est bien connue. À la suite de Michelet, les historiens s'accordent à distinguer trois étapes dans l'évolution du club, du mois de mai 1789 jusqu'au 9 Thermidor. À l'origine, l'initiative prise par un certain nombre de députés bretons de se réunir pour préparer les séances de l'Assemblée. Quand le roi et sa famille sont ramenés de Versailles à Paris (5-6 octobre 1789), ces réunions se tiennent dans la bibliothèque du couvent des Jacobins, rue Saint-Honoré, non loin du Manège, où siège l'Assemblée. Ainsi les ordres religieux auront eu le privilège de baptiser quelques-unes des tendances les plus marquantes de la politique révolutionnaire : Jacobins, mais aussi Cordeliers et Feuillants. Il est piquant que, sous la Révolution, la rivalité entre un club jacobin petit-bourgeois et un club cordelier plus populaire reproduise celle qui a existé traditionnellement entre les deux ordres fondateurs, Dominicains pour les Jacobins, Franciscains pour les Cordeliers. Mais seuls les Jacobins ont eu une descendance doctrinale explicite.

Le club des Amis de la Constitution – c'est son nom d'origine – a suivi dans ses orientations les courants dominants à l'Assemblée, quand il ne les précédait pas. On y voit sous la Constituante Mirabeau et ses partisans se mesurer au « triumvirat » (Barnave, Duport et Alexandre de Lameth) qui finit par l'emporter. Puis, sous la Législative et dans les débuts de la Convention, le club sert d'arène à l'affrontement entre la Gironde et la Montagne, jusqu'au 2 juin 1793, date de l'élimination définitive de la première. Dès lors – et c'est la troisième période, celle qui a marqué le plus les événements et les esprits –, le club est pour ainsi dire la propriété personnelle de Robespierre et de ses amis, surtout après l'élimination des hébertistes et des dantonistes.

1. Parmi les plus remarquables : Lucien Jaume, *Le Discours jacobin et la Démocratie*, Fayard, 1989, qui est une analyse approfondie des présupposés et des conséquences du jacobinisme ; ainsi que François Furet, « Jacobinisme », dans *Dictionnaire critique de la Révolution française*, Flammarion, 1988, p. 751-762.

À partir du 10 août 1792, les Jacobins prennent le nom de « club des Amis de la liberté et de l'égalité » ; l'année suivante, on laisse tomber la référence à la liberté, ce qui n'est évidemment pas sans signification. Le club se recrutait par cooptation. Les admissions et surtout les exclusions étaient l'objet de débats passionnés, parfois menaçants, qui déterminaient la ligne politique du moment. Les membres payaient une cotisation, plus élevée chez les Feuillants, la dissidence modérée des Jacobins. Ils avaient droit à un insigne, qui ressemblait vaguement à la future Légion d'honneur. Une partie de l'histoire de la Révolution française s'est écrite aux Jacobins, concurremment à la Convention.

Tout autant que le débat sur la souveraineté et le système représentatif, l'existence même du club et l'énorme influence qu'il a exercée marquent la défaite de Rousseau, des mains même de ses partisans les plus fervents.

L'emprise des Jacobins sur le cours de la Révolution est un signe éclatant de la victoire d'une conception indirecte de la démocratie, sous la forme d'un pouvoir d'opinion qui se forme au sein de sociétés particulières. Déjà au XVIIIe siècle, comme Daniel Roche l'a bien montré[1], ce sont les sociétés de pensée qui ont ouvert un nouvel espace politique[2], caractérisé par le débat et la formation d'une opinion éclairée, par opposition à la politique d'Ancien Régime, marquée par le « secret du roi ». Or, pour Rousseau, l'existence de corps intermédiaires et de groupes d'influence organisés empêche la formation de la volonté générale. Celle-ci peut se comparer au mouvement brownien de molécules d'un gaz qui atteint sa pleine homogénéité en raison du caractère aléatoire du déplacement de chacune d'entre elles. Il en va de même en politique : le suffrage universel est capable de traduire la volonté générale, à condition de n'être ni sollicité, ni influencé. En ce sens, le jacobinisme est l'aveu d'échec de la démocratie rousseauiste.

Faut-il aller plus loin et voir dans le club l'ancêtre de partis politiques modernes ? C'est le point de vue d'Augustin Cochin. Et de

1. Daniel Roche, *Le Siècle des Lumières en province. Académies et académiciens provinciaux (1680-1789)*, Paris-La Haye, Mouton, 1978.
2. Jürgen Habermas, *L'Espace public*, Payot, 1988.

fait, il faut convenir que beaucoup de traits plaident en faveur d'une filiation. D'abord le club est organisé, on l'a vu, sur la base de la cooptation des candidats. La cotisation (24 livres), comme dans les partis modernes, est signe d'appartenance. Elle exclut évidemment les plus pauvres et les miséreux. Le club accueille des sympathisants et des assistants, qui ne prennent pas la parole. Mais surtout, il a essaimé en province, au point de constituer un réseau recouvrant tout le territoire : 500 clubs à la fin 1791, après la scission des Feuillants. Certains historiens affirment qu'en l'an II, à l'apogée du mouvement, près de 6 000 sociétés ont été identifiées[1] ; plusieurs centaines de milliers de personnes auraient été « jacobines ». C'est le moment où, de réunion privée de députés, puis de tribune de discussion en marge de l'Assemblée, le club devient une « machine » politique, avec des comités spécialisés coordonnant l'action des diverses sociétés, élaborant des projets, diffusant des mots d'ordre, jusqu'à faire concurrence à l'Assemblée elle-même. Les Jacobins en outre prétendent être, non un club parmi d'autres, mais le club qui domine la scène, comme à un moment donné, sous la IVe République, le Parti communiste était devenu « le Parti », sans autre dénomination. De semblable manière, on verra dans l'Union soviétique des années 1920, des organes du Parti prendre le pas sur ceux de l'État. Le véritable n° 1 n'y aura jamais été le président de la République, mais le secrétaire général du Parti. Ce n'est donc pas pour rien que les bolcheviks n'ont cessé de se référer au jacobinisme et que Trotski, par dérision, dénonçait l'omnipotence de « Maximilien » Lénine. Pour justifier la prétention du Parti à parler au nom du Tout, ou si l'on préfère celle des Jacobins à parler au nom du peuple, il est nécessaire d'élaborer une théorie de la représentation. Non celle, défendue par Sieyès, qui fait des représentants, une fois réélus, les véritables détenteurs de la souveraineté populaire, mais celle qui fait d'une avant-garde autoproclamée d'activistes, le porte-parole autorisé du peuple tout entier.

Ne nous y trompons pas : nous sommes ici dans la strate métaphysique, voire mystique, de la politique démocratique, comparable en vérité à celle qui faisait du roi le représentant de Dieu sur le trône

1. Claude Mazauric, « Jacobins/jacobinisme », dans Albert Soboul, *Dictionnaire historique de la Révolution française*, PUF, 2005.

dans la monarchie d'Ancien Régime. Rien, en dehors de l'autorité du représentant, ne permet en effet de démontrer la légitimité de ce transfert de souveraineté qui est, par postulat, consubstantiel à l'essence même du gouvernement.

Ainsi, durant la période révolutionnaire, le problème de la dévolution de la souveraineté n'a jamais été tranché. Quatre instances se la disputent. Au-dessus d'elles le peuple, détenteur incontesté auquel chacun se réfère, mais entité abstraite où chacun met ce qu'il veut. Il se manifeste lors des élections, bien que le suffrage réputé universel en exclue des pans entiers, à commencer par les femmes. Le peuple, donc, est censé, dans la fiction représentative, s'incarner dans quatre instances différentes : l'Assemblée, par le truchement du suffrage ; le roi, jusqu'au 10 août 1792, au nom de la légitimité héréditaire ; les clubs et spécialement le club des Jacobins, par le truchement de l'opinion ; les sections, notamment celles de la Commune de Paris, sous la forme de la présence directe des citoyens. Un véritable jeu des quatre coins s'instaure entre ces instances, dès les débuts de la Révolution, puis après la chute de la royauté, et connaît son apogée sous la Convention. Démocratie représentative, démocratie d'opinion, démocratie directe se mesurent et se concurrencent. Les divers partis, les différentes personnalités privilégient telle ou telle forme de représentation, au gré des circonstances et de leurs intérêts immédiats.

En principe, les Jacobins, à commencer par Robespierre, sont, dans la tradition rousseauiste, des défenseurs farouches de la souveraineté du peuple contre toute aliénation au profit de ses représentants. L'idée que le peuple est pur, que chez lui, et chez lui seulement, la volonté générale est toujours droite revient constamment dans leurs discours. Contre Sieyès qui a proclamé la légitimité du transfert de la souveraineté du peuple à ses représentants, Robespierre affirme encore le 16 juin 1793, lors de la discussion du projet de Constitution de l'an I, que personne ne peut se prévaloir du nom de représentant. Car le peuple n'a pas de représentant, il n'a que des mandataires[1]. Non des hommes jouissant du privilège de délibérer

1. Sur toute cette question, je me réfère à l'analyse pénétrante de Lucien Jaume, *Le Discours jacobin et la Démocratie*, *op. cit.*, notamment à propos du débat sur la Constitution.

en son nom, mais seulement des délégués chargés de mettre en œuvre ses propres délibérations. Dernier sursaut de l'orthodoxie rousseauiste contre les assauts répétés des tenants de la démocratie représentative, l'intervention de Robespierre, pourtant au faîte de son pouvoir, n'est pas suivie par la majorité montagnarde. Un des arguments de celle-ci, c'est que l'adoption du mandat impératif, c'est-à-dire le droit pour le peuple de censurer son représentant et de le « rappeler », c'est-à-dire de lui retirer son mandat, pourrait bien faire le jeu des Girondins. D'autant plus que ceux-ci seraient applaudis dans leur département d'origine, sans disposer nécessairement de la confiance de la nation tout entière. Il faut donc, par une nouvelle fiction, proclamer que tout élu qui tient son mandat d'une élection locale n'en est pas moins le représentant de la nation tout entière. En somme, tout système électoral comporterait intrinsèquement le risque d'une dérive fédéraliste (le crime suprême) que seule l'assemblée considérée comme un tout est propre à écarter. On passe ainsi subrepticement au nom de l'unité du peuple d'un jacobinisme populaire à un jacobinisme représentatif.

Ainsi, le peuple peut se tromper, et le corps législatif, dans sa sagesse, est un rempart contre les errements du peuple. C'est l'exact contre-pied des thèses de Rousseau. Cet argument d'un peuple influençable et peu conscient de son intérêt véritable – véritable négation de la volonté générale – se retrouvera dans tous les débats futurs sur la démocratie directe. Ainsi encore, en 1848, Louis Blanc, contre les tenants de la démocratie directe comme Ledru-Rollin ou Rittinghausen et Victor Considérant, se méfie d'un suffrage universel mal informé, aussi longtemps que l'instruction et l'éducation politique n'auront pas donné au peuple les lumières suffisantes pour distinguer clairement ses intérêts. Du reste, pendant toute la monarchie censitaire, les partisans de la Charte, dont beaucoup sont d'authentiques libéraux, s'opposent à une extension du suffrage qui donnerait le pouvoir à un peuple inculte : les ultras, souvent populaires dans leurs fiefs, ne pourraient-ils pas se servir d'un suffrage élargi, voire universel, contre un parlementarisme modéré et éclairé ?

Retenons bien cette date du 16 juin 1793. Le ralliement des Jacobins au système représentatif sonne le glas, que l'on peut qualifier de définitif, au moins en termes constitutionnels, de l'utopie rousseauiste de démocratie directe. Le « despotisme représentatif », comme disait l'Incorruptible, s'installe définitivement dans la doctrine républicaine ; Sieyès l'a emporté sur Rousseau et sur son disciple Robespierre ; et la IIIe République, méfiante à l'égard de toute consultation populaire directe, toujours soupçonnée d'une possible déviation plébiscitaire, sera la confirmation de cette tendance. Pour le dire autrement, en une opposition de termes qui n'est pas encore en vigueur sous la Révolution, la souveraineté nationale, incarnée collectivement par l'Assemblée élue, l'emporte définitivement sur la souveraineté populaire, exprimée par le suffrage universel. Quelle contradiction ! Ainsi la souveraineté, à qui personne ne songe alors à attribuer d'autre source que le peuple, peut être retournée par ses représentants contre le peuple lui-même ! Lors du débat sur le veto (août-septembre 1789), Mounier, porte-parole de la prérogative royale, ne s'était pas fait faute de rappeler que, pour Montesquieu, le peuple a des lumières suffisantes pour choisir ses représentants, non pour traiter des questions qui les occupent. Cette contradiction interne à la notion même de système représentatif dans un régime démocratique ne peut être levée que par la distinction entre la souveraineté, qui appartient au peuple, et la sagesse, qui est l'exercice de cette souveraineté, et qui est l'apanage de l'Assemblée élue[1]. « Si tous les pouvoirs émanent du peuple, dit encore Mounier le 12 août 1789, il importe à sa félicité qu'il n'en ait pas l'exercice. » Pris dans les contradictions inhérentes à tout régime représentatif, le jacobinisme oscille ainsi entre un « hyper-démocratisme conceptuel », qui peut aller jusqu'à l'action directe du peuple et son droit à l'insurrection, et un « hyperparlementarisme sociologique », qui se traduit par l'hégémonie de fait de la représentation nationale[2].

On aurait tort, pourtant, d'imaginer que le débat sur les deux formes de souveraineté, représentative ou populaire, est clos par la victoire de la seconde jusque chez les Jacobins eux-mêmes. Elle va

1. *Ibid.* : sur cette question se référer au chapitre « La localisation de souveraineté, une controverse permanente », p. 282-323.

2. La distinction est de Pierre Rosanvallon, *La Démocratie inachevée*, Gallimard, coll. « Folio Histoire », 2003, p. 67.

se retrouver dans le mouvement ouvrier tout au long de son histoire. Elle met aux prises à la fin du XIXe siècle les partis socialistes, qu'ils soient modérés ou révolutionnaires, aux syndicats, qu'ils soient eux-mêmes radicaux ou réformistes. Les socialistes estiment qu'ils détiennent une véritable légitimité de par leur programme et leur organisation : c'est la thèse des plus parlementaristes, mais aussi celle de Lénine dans *Que faire ?*, qui soutient que le mouvement ouvrier, livré à lui-même, évolue fatalement vers le trade-unionisme, et qu'il a besoin, pour réaliser sa vocation, du concours de révolutionnaires professionnels. À l'inverse, les syndicalistes, quelles que soient leurs tendances, ne se regardent pas eux-mêmes en principe comme des représentants, mais comme des délégués ou des mandataires. C'est ainsi que tout le débat sur la démocratie directe se retrouve en France dans les controverses entre partisans et adversaires de l'action directe à propos de la grève générale, et en Russie, entre bolcheviks et autres courants révolutionnaires à propos des soviets.

Mais peut-on parler en 1793-1794 d'une souveraineté de l'Assemblée ? En 1946, lors des débats sur la Constitution de la IVe République, les communistes s'étaient référés à cette période pour prôner le « gouvernement d'assemblée ». Tous les historiens savent qu'il n'en était rien. Les écoliers eux-mêmes savent que sous la Convention montagnarde, le pouvoir appartenait en réalité au Comité de salut public et au sein du Comité, à un triumvirat dont Robespierre était la tête, flanqué de Saint-Just et de Couthon. C'est très exactement le système que Trotski a décrit et dénoncé sous le nom de « substitutionnisme[1] » : un mécanisme de distillation fractionnée qui, avant même l'arrivée au pouvoir des bolcheviks, puisque l'essai pamphlétaire de Trotski date de 1904, faisait du Parti le représentant du peuple, du Comité central le représentant du Parti et du secrétaire général le représentant du Comité central. On parvenait ainsi, par paliers successifs, à l'unité personnelle de la représentation, c'est-à-dire à une espèce de dictature populaire à laquelle Marat, puis Babeuf ont songé, et que dans les faits Robespierre a exercée pendant une année.

1. Léon Trotski, *Nos tâches politiques*, Belfond, 1970, p. 123-129.

Loin d'être un gouvernement d'assemblée, la dictature jacobine du Comité de salut public signifiait la domination absolue de l'organisme gouvernemental. Dictature conditionnelle et provisoire certes, puisque le Comité devait être réélu chaque mois – vers la fin purement et simplement reconduit – et qu'il devait disposer de la majorité à l'Assemblée. Il suffit d'ailleurs, les 8 et 9 thermidor, qu'une majorité composée de modérés, d'ultra-révolutionnaires et de corrompus, tous craignant pour leur vie, se dégage contre Robespierre et les siens, pour que celui-ci perde son pouvoir et sa tête par-dessus le marché.

Le secret de Robespierre et de ses partisans, c'est un étrange bicamérisme : l'Assemblée et le club des Jacobins. Selon les circonstances, ils s'appuient alternativement sur l'un ou sur l'autre. La première apparente leur dictature provisoire à un régime représentatif ; le second est une esquisse de démocratie directe où le club est censé incarner le peuple. Là se font jour toutes les manœuvres qui rendent la démocratie directe si fragile et si équivoque : à l'intérieur d'une masse non structurée, un petit nombre d'individus, qui feignent de se fondre dans l'anonymat de la multitude, peuvent facilement imposer leurs volontés. C'est le mécanisme, bien connu depuis, de l'« assemblée générale », magma informe manipulé par de petites minorités discrètement organisées. La formule alambiquée et, au total, opportuniste des Jacobins, c'est un mixte inextricable de régime représentatif et de démocratie semi-directe, quelque chose comme une démocratie directe par délégation. Mais cette habile confusion des genres n'explique pas tout.

Quel était donc le secret du pouvoir quasi absolu dont le Comité a disposé pendant une année ? Ce secret tient en un mot : la terreur. Les juristes, lorsqu'ils décrivent les relations entre les diverses instances du pouvoir, ne font pas toujours sa part à cet élément déterminant, qui court-circuite et finit par abolir les règles écrites de fonctionnement d'une institution. La terreur n'est que la forme extrême du pouvoir d'intimidation, et même du pouvoir tout court. Robespierre a théorisé la défiance comme instrument de la vie démocratique et la terreur comme moyen de gouvernement, au service de l'unité du corps social :

La terreur n'est autre que la justice prompte, sévère et flexible ; elle est donc une émanation de la vertu ; elle est moins un principe particulier qu'une conséquence du principe général de la démocratie appliquée aux plus puissants besoins de la patrie[1]...

Contrairement à l'apologétique classique chez les inconditionnels du gouvernement révolutionnaire, la Terreur n'a pas été inventée d'abord pour faire face au danger extérieur, mais pour se débarrasser des Girondins. La Terreur est à usage interne et, si elle se gargarise d'unité, c'est qu'elle a pour but avoué d'éliminer toute opposition. Allant plus loin, l'un des plus récents et des plus pénétrants historiens de la Révolution, Patrice Gueniffey, a montré qu'il y avait une « politique de la terreur[2] » mise en œuvre dès 1789, parce que la Révolution, comme moyen violent de faire advenir le changement, est intrinsèquement terroriste : elle procède par lois d'exceptions, par « amalgame » entre les suspects (Saint-Just). C'est ainsi qu'avant le Comité de sûreté générale de 1793, instrument du terrorisme légal, a existé dès le 21 octobre 1789, au sein de la Commune de Paris, un « Comité des recherches », chargé d'enquêter sur les multiples complots qui menaçaient la liberté, avec droit d'appréhender et d'interroger les suspects et recours à la délation. Il faut se rappeler aussi que, dès ses débuts, l'Assemblée constituante délibéra sous la pression physique des tribunes. La Terreur a commencé avant la guerre avec les mesures prises graduellement contre les immigrés, de la confiscation de leurs biens jusqu'à la peine de mort.

Si donc, du point de vue qui nous occupe ici, la Révolution forme bel et bien un bloc ; si le régime terroriste qui prévaut en 1794 a déjà des germes dans un certain nombre d'actes de 1789, il y a néanmoins une escalade continuelle de la terreur, des changements qualitatifs qui aboutissent à une mutation qualitative : les constituants avaient voulu fonder une société libre ; Robespierre et les Jacobins entendent fonder une société vertueuse. Ce primat de

1. Robespierre, « Sur les principes de morale politique qui doivent guider la convention nationale dans l'administration intérieure de la République », dans *Œuvres*, X, 357, cité par Lucien Jaume, *Le Discours jacobin et la Démocratie*, *op. cit.*, p. 112.

2. Patrice Gueniffey, *La Politique de la terreur*, Fayard, 2000.

la morale sur la liberté est la clé même de la démarche révolutionnaire : il n'est pas de révolution à travers le temps et l'espace qui n'ait mis en avant la volonté de régénération morale de l'humanité[1]. Robespierre écrit dans son discours du 5 février 1794, sur les principes de la morale politique[2] :

> Nous voulons substituer dans notre pays la morale à l'égoïsme, la probité à l'honneur, les principes aux usages, les devoirs aux bienséances, l'empire de la raison à la tyrannie de la mode, le mépris du vice au mépris du malheur, la fierté à l'insolence, la grandeur d'âme à la vanité, l'amour de la gloire à l'amour de l'argent, les bonnes gens à la bonne compagnie [...], c'est-à-dire toutes les vertus et tous les miracles de la République à tous les vices et tous les ridicules de la monarchie.

Cette tirade pleine d'emphase et de rhétorique mérite d'être examinée en détail : ce qui en ressort, c'est qu'en 1794 les objectifs politiques de la Révolution sont mis entre parenthèses au profit d'impératifs proprement moraux, autrement dit qui ont trait aux mœurs. Les historiens ont souligné que cette référence à l'homme nouveau, qu'il s'agit de créer, ou mieux de retrouver, est proprement religieuse ; elle est tirée de saint Paul et plus proche de l'esprit chrétien que des libéraux anglais du XVIIIe siècle. On comprend ce qu'un homme qui tient un tel langage doit au catholicisme ; on comprend son refus, à la même époque, de déchristianiser la France. Lucien Jaume a montré ce qu'une telle conception doit à Bossuet[3]. L'unité de la nation renvoie à l'unité opérée par le catholicisme, telle qu'il la défend contre l'hérésie protestante, facteur de diversification. Si le souverain est l'émanation du peuple, l'inverse est également vrai : c'est dans l'acte par lequel la multitude se donne un souverain qu'elle devient un véritable peuple : cet engendrement réciproque du peuple et du souverain, conforme à la théorie contractuelle de Hobbes, fait du royaume le domaine de l'universel, c'est-à-dire de

---

1. Mona Ozouf, *L'Homme régénéré. Essais sur la Révolution française*, Gallimard, coll. « Bibliothèque des Histoires », 1989, notamment le chapitre « La révolution française et la formation de l'homme nouveau », p. 116-157.
2. Robespierre, *Œuvres*, t. X, p. 350-356, cité par Patrice Gueniffey, *La Politique de la terreur*, *op. cit.*, p. 318-319.
3. Lucien Jaume, *Le Discours jacobin et la Démocratie*, *op. cit.*, p. 368-385.

ce qui est tourné vers l'un. Les Jacobins ont-ils eu pour but une « seconde catholicité » ? Des hommes aussi différents que Michelet et Balzac n'ont pas craint de le penser, et d'opposer 1789, révolution que l'on pourrait dire d'essence protestante, à 1793, révolution d'inspiration catholique.

Que reste-t-il, dans ces conditions, de l'individualisme dont on crédite en bloc la Révolution ? Beaucoup plus que cet aperçu ne le suggère, car enfin cette régénération de l'homme en société commence d'abord dans les consciences individuelles. De même que le catholicisme est un principe d'autorité qui sollicite des individus et non des groupes, de même le jacobinisme aspire à régner d'abord dans les cœurs, au besoin par les moyens de la contrainte et de la terreur. C'est là sa contradiction. Contradiction féconde car, une fois dépouillée de ses origines religieuses, elle est fondatrice de l'ordre républicain. En dépit de la menace étrangère et de l'obsession épuratrice qui sont à la base du régime terroriste du Comité de salut public, les Jacobins restent fidèles à l'individualisme révolutionnaire. C'est ici que la similitude avec le bolchevisme, dont on vient de faire état, fait place à une profonde dissemblance. Le jacobinisme continue d'avoir pour visée fondamentale une société d'individus, tandis que le bolchevisme met en place une société de corps organisés. Dans le premier cas, il s'agit de se rendre maître des consciences, dans le second, de contrôler des groupes tels que soviets, kolkhozes, syndicats, associations. Dans les deux cas, les moyens peuvent bien se ressembler : primat de la police et de la délation, terreur, liquidation de minorités, l'objectif définitif reste très différent.

Il est du reste significatif que le premier grand débat de 1789, celui qui inaugure la Révolution et en pose le principe, ait porté sur la nature de la représentation. Voterait-on par ordre (clergé, noblesse, tiers état), comme le soutenaient les partisans de l'ancien régime ou par tête, comme le voulaient les chefs du parti national ? On sait que c'est cette dernière formule qui s'imposa et qui consacra le principe même de l'atomisme démocratique.

Non que les révolutionnaires n'aient pas été conscients du risque que la consécration de l'individualisme faisait courir au lien social tout entier. Dans ses *Éléments du républicanisme*, publiés d'abord en prospectus en 1793, Billaud-Varenne, ancien oratorien devenu l'une des têtes pensantes du Comité de salut public, en dénonce les dangers :

> Dans tout État civilisé, la première nuance que l'on découvre présente deux classes d'hommes bien distincts : les *citoyens* et les *individus*. Les citoyens sont ceux qui, pénétrés des devoirs sociaux, rapportent tout à l'intérêt public et qui mettent leur bonheur et leur gloire à cimenter la prospérité de leur pays […] Les individus, au contraire, sont ceux qui s'isolent ou plutôt qui savent moins travailler au bien public que calculer leur intérêt particulier[1].

Il y a une grande différence entre le jacobinisme originel, tel que nous venons de le décrire sous la Révolution française, et le jacobinisme tel qu'il s'installe ensuite comme famille politique dans le paysage français jusqu'à nos jours. Le premier est un instrument de combat, qui lutte pour la survie de la Révolution ; le second est un mouvement de pensée qui prend à son compte les objectifs de la gauche : installation et consolidation du régime républicain, lutte contre le cléricalisme catholique.

Écoutons François Furet décrivant « l'élasticité sémantique » du concept de jacobinisme, notamment à la fin du XIXe siècle :

> L'indivisibilité de la souveraineté nationale, la vocation de l'État à transformer la société, la centralisation gouvernementale et administrative, l'égalité des citoyens garantie par l'uniformité de la législation, la régénération des hommes par l'école républicaine, ou simplement le goût sourcilleux de l'indépendance nationale. Dans cette nébuleuse de sens domine toujours la figure centrale de l'autorité publique souveraine et indivisible, dominant la société civile[2]…

Décidément, le jacobinisme est bien cette « structure gonflable » dont parle de son côté Mona Ozouf[3] !

Au vu de cette énumération, une première remarque s'impose : ce à quoi l'on a affaire ici, c'est tout simplement à la philosophie

1. Cité par Lucien Jaume, *Le Discours jacobin et la Démocratie*, *op. cit.*, p. 190.

2. François Furet, « Jacobinisme », dans *Dictionnaire critique de la Révolution française*, *op. cit.*, p. 757.

3. Mona Ozouf, « Jacobin : fortune et infortune d'un mot », *Le Débat*, *op. cit.*

du parti radical sous la IIIe République commençante ! Ce sont les grandes lignes de son programme, un peu plus avancé que celui du parti républicain dans son ensemble. Avec une absence remarquable : rien à proprement parler sur le régime de la production, pas de réforme économique et sociale, si ce n'est sous la forme un peu abstraite de la législation. Voici donc la grande différence entre le jacobinisme-histoire et le jacobinisme-famille : le premier appartient à l'extrême gauche, le second à la gauche modérée.

Si maintenant on se situe un siècle plus tard, c'est-à-dire de nos jours, la polysémie du mot s'est encore réduite. Dans le langage courant, il ne désigne plus que la centralisation administrative et la souveraineté nationale. Le Petit Larousse le définit comme une « opinion préconisant le centralisme de l'État ».

Du coup, il cesse d'être un « marqueur » à l'intérieur de la gauche, pour désigner une tendance transversale au sein même de l'éventail politique tout entier : il y a désormais des jacobins de gauche et d'extrême gauche, mais aussi de droite et d'extrême droite. Leur ennemi est double : c'est d'une part la décentralisation, voire le régionalisme, c'est d'autre part le fédéralisme et l'européisme. En ce sens, les communistes sont jacobins, mais aussi Jean-Pierre Chevènement ; à droite Michel et Jean-Louis Debré sont jacobins, mais aussi Jean-Marie Le Pen, voire des royalistes comme Bertrand Renouvin. Le spectre est large et comprend des zones d'indétermination : un Philippe de Villiers est jacobin pour s'opposer à l'Europe et antijacobin quand il s'agit de défendre la Vendée.

S'il fallait, au-delà des grands principes qu'il a mis en circulation et des controverses qu'il a ouvertes entre ses partisans et ses adversaires, mais aussi entre ses partisans eux-mêmes, marquer d'emblée la place du jacobinisme dans l'évolution des pratiques publiques, on dirait volontiers qu'il marque l'avènement de la politique moderne. C'est le jacobinisme qui a élevé à son plus haut degré de dignité et d'extension cette pratique nouvelle qui se nomme la politique. La conséquence du principe de souveraineté populaire est en effet d'ériger la politique en opérateur universel, par le biais du suffrage, mais aussi par la participation des citoyens au débat public sous toutes ses formes. On a dit du Parlement anglais qu'il avait tous les pouvoirs, sauf celui de transformer un homme en femme.

N'est-ce pas plutôt de l'institution politique post-révolutionnaire en France, qu'elle se nomme république, monarchie ou empire, qu'il conviendrait de le dire ?

Écoutons Boissy d'Anglas.

> Songez que pour régler les destinées du monde, vous n'avez qu'à vouloir. Vous êtes les créateurs d'un monde nouveau, dites que la lumière soit et la lumière sera[1].

Ce n'est assurément pas par hasard qu'une telle réflexion qui fait de l'homme son propre démiurge trouve place dans un rapport sur l'instruction publique. En ce sens, le jacobinisme est à l'origine de la conviction, qui s'est progressivement étendue à toute la société française, que l'éducation est le préalable à la puissance politique. La République française, héritière, via le jacobinisme, de l'*Émile* de Rousseau, est dès ses origines, un pan-pédagogisme. Derrière, il y a en filigrane la proclamation du droit pour l'État de remodeler la société et l'être humain lui-même, au nom d'une image idéale que l'on se fait de lui.

Voici ce qu'en dit le comte de Montalembert, grand champion de la liberté de l'enseignement contre les prétentions de l'État pédagogique :

> Dès qu'un parti quelconque, je n'en excepte aucun, se trouve le maître du gouvernement, il ne traite pas la France comme une victime ou une conquête ; mais il la traite volontiers comme une écolière. Il se constitue le pédagogue du pays [...]. Il le met en tutelle, il se croit investi du droit de lui apprendre, à ce grand pays, ce qu'il doit vouloir, savoir et faire[2].

L'omnipotence de la politique, à tout le moins son omnicompétence, est depuis plus de deux siècles un des critères distinctifs les plus sûrs entre la gauche et la droite. « Tout est possible », s'écrie Marceau Pivert en 1936 après le succès électoral du Front

1. F.A. Boissy d'Anglas, « Quelques idées sur les arts, sur la nécessité de les encourager, adressées à la Convention nationale et au Comité d'instruction publique », dans P.V. Convention, t. III, p. 637-656, cité par Mona Ozouf, *L'Homme régénéré*, *op. cit.*, p. 133.

2. Discours à l'Assemblée nationale du 17 février 1849, *Le Moniteur universel*, 1er supplément au n° 49 du 18 février 1849, p. 546, cité par Pierre Rosanvallon, *Le Modèle politique français*, *op. cit.*, p. 227.

populaire ; « Tout est politique », dit-on en 1968. De telles propositions ne sont sans doute pas acceptées par tous les hommes de gauche. Dans toute limitation du champ politique, l'homme de gauche aperçoit cependant toujours quelque complot ourdi contre la souveraineté populaire ; il y a dans son subconscient l'image de la pâte humaine conçue comme la cire molle de Descartes ou la page blanche de Mao : un champ tout entier ouvert à la politique. De par son ambition prométhéenne, la politique moderne est le sublime et redoutable cadeau que la Révolution a fait à tous ses partisans.

La croyance quasi mystique dans la toute-puissance de la politique est la religion cachée de la gauche. C'est elle qui lui a donné longtemps un supplément de légitimité venu s'ajouter à l'héritage des principales vertus révolutionnaires. Tel est l'un des fruits du jacobinisme. Il en est un autre, valable pour la France entière, qui est le primat de la république sur la démocratie.

La Révolution française n'a jamais aimé la démocratie. Elle se méfie du mot comme de la chose. Le mot désigne pour elle un régime fondé sur les volontés particulières des citoyens, c'est-à-dire sur une atomisation de la volonté générale. Dans le meilleur des cas, on aboutit, par simple addition, au fédéralisme, c'est-à-dire à la destruction de l'unité nationale, qui est le bien le plus précieux. La république est au contraire le régime de la volonté générale, celui qui fait prévaloir l'intérêt commun sur les intérêts particuliers, non par simple addition de ces derniers, mais par la préférence donnée par chacun, en son for intérieur, au bien public. Il est aisé d'en conclure que la démocratie spécule sur les vices des citoyens (leur égoïsme), tandis que la république fait appel à leurs vertus (leur désintéressement). De toute manière, la démocratie ne peut fonctionner qu'à l'intérieur de petites unités, tandis que la république est adaptée aux grands États. C'est une fois de plus l'abbé Sieyès qui a donné à cette opposition sa forme la plus saisissante.

> La France n'est point, ne peut pas être une *démocratie* ; elle ne doit pas devenir un *État fédéral*, composé d'une multitude de républiques, unies par un lien politique quelconque. La France est et doit être un *seul tout*, soumis dans toutes ses parties à une législation et une administration communes.

Et de continuer, pour marquer les conséquences de ce postulat :

> Puisqu'il est évident que cinq à six millions de citoyens actifs ne peuvent point s'assembler, il est certain qu'ils ne peuvent aspirer à une législature que par *représentation*. Donc les citoyens qui se nomment des représentants renoncent et doivent renoncer à faire eux-mêmes immédiatement la loi ; donc ils n'ont pas de volonté particulière à s'imposer [...] s'ils dictaient des volontés, ce ne serait plus cet État représentatif ; ce serait un État démocratique[1].

Cette longue citation était nécessaire, car elle marque fortement le lien contraignant, aux yeux des constituants, dont Sieyès est ici le porte-parole, entre la conception républicaine de l'État unitaire et le régime représentatif. Or, pour des raisons différentes, la droite, par la voix de Mounier, défenseur de la prérogative royale, soutient le même point de vue tandis qu'à l'autre extrémité du spectre, la gauche montagnarde, comme nous l'avons vu, finira par se rallier à son tour. C'est donc l'ensemble de la classe politique – à l'exception tardive des Enragés et des babouvistes – qui se rallie au diptyque indissociable république-représentation, et qui rejette la démocratie, considérée comme l'expression de l'immédiateté populaire.

C'est cet héritage de Sieyès sur le gouvernement représentatif que les gouvernements de la France reprendront à tour de rôle à leur compte jusqu'à devenir la doctrine parlementaire de la IIIe République, et à être assimilé au jacobinisme. Ce que l'on nommera ainsi dans la tradition républicaine n'aura bientôt presque plus rien à voir avec les idées de Robespierre et Saint-Just ; il résidera essentiellement dans la liaison réputée nécessaire entre la conception unitaire de l'État et la forme représentative, jalousement représentative, des institutions.

Il n'est que de voir comment déjà, sous la monarchie censitaire, le parlementarisme sert de garde-fou contre le suffrage universel, considéré alors comme l'une des formes les plus menaçantes de la démocratie. Une partie de la bataille se mène à front renversé. Si les partisans de la Charte lient le droit de vote au paiement d'une somme plancher d'impôt direct (300 francs sous la Restauration,

---

1. « Dire de l'abbé Sieyès sur la question du veto royal », 7 septembre 1789, *Archives parlementaires*, t. VIII, p. 592-597, reproduit en annexe de François Furet et Ran Halévi, *La Monarchie républicaine*, Fayard, 1996, p. 406-417.

200 francs sous la monarchie de Juillet), on voit aussi la droite ultra dénoncer cette subordination de la capacité politique à l'argent. C'est La Bourdonnaye, député du Maine-et-Loire et l'un des plus virulents leaders de l'extrême droite, qui, à l'occasion de la loi de 1816 sur l'instauration d'un cens électoral, fulmine :

> La loi sur les élections qui vous est soumise divise cette immense majorité de la nation en deux classes ; d'un côté les propriétaires imposés à trois cents francs, auxquels est réservé le droit de concourir à l'élection des députés des départements ; de l'autre ceux qui sont privés de ce droit par la modicité de leur imposition [...] Ce sont tous les citoyens que vous dégradez. C'est la population tout entière que vous courbez devant le *veau d'or*, devant l'aristocratie des richesses, la plus dure, la plus violente des aristocraties[1].

L'aristocratie terrienne sent bien que la consécration du suffrage censitaire est une défaite pour ses valeurs et une menace pour sa représentativité. On aurait tort de prendre ces « jacobins blancs » pour d'ardents zélateurs du suffrage universel individualiste ; ce qu'ils défendent, c'est une vision organique où toutes les couches sociales seraient représentées, à l'intérieur d'une véritable société d'ordres, où les supériorités naturelles seraient reconnues. Le paradoxe n'en existe pas moins et perdure jusqu'à 1848 : les tenants de l'Ancien Régime sont, aux côtés de l'extrême gauche et des socialistes, plus ouverts à la démocratie que la bourgeoisie censitaire.

Le même paradoxe se retrouve sous la IIe République. Après l'établissement du suffrage universel en 1848, la masse des républicains modérés commence à regretter ce à quoi elle a d'abord consenti sous la pression des circonstances : le suffrage universel. L'élection le 28 avril 1850 à Paris d'Eugène Sue, romancier proche des socialistes, est l'étincelle qui met le feu à la panique sociale : un mois plus tard (31 mai) est votée en catastrophe une loi qui retire le droit de vote à tout citoyen qui ne peut justifier d'une résidence fixe depuis trois ans au moins : c'est exclure toute la « classe dangereuse » des ouvriers à la recherche d'un travail, des compagnons faisant leur Tour de France, des migrants de la campagne, des domestiques, sans parler d'une série de condamnés pour

---

1. Cité par Pierre Rosanvallon, *Le Sacre du citoyen. Histoire du suffrage universel en France*, Gallimard, 1992, p. 220.

rébellion ou immoralité : toute cette « vile multitude » stigmatisée par Thiers. C'est le « premier coup d'État de la bourgeoisie », note Marx dans *Le 18 Brumaire de Louis-Napoléon Bonaparte*[1]. Et c'est le même Louis Napoléon qui, après son propre coup d'État, rétablit en 1852 le suffrage universel ! C'est un étrange paradoxe que cette défense de la « démocratie » par le bonapartisme aux côtés du socialisme et du radicalisme avancé, tandis que la petite bourgeoisie ne tolère le système représentatif que dans les limites de la lutte des classes.

Mais c'est surtout la IIIe République qui consacre l'équivalence du système représentatif et du jacobinisme, d'un jacobinisme réduit à ses aspects constitutionnels et administratifs, limité à une définition juridique de l'égalité et dépouillé de toute sa sève révolutionnaire.

Peu de régimes, peu de pays au monde, à l'intérieur d'un système assurément libéral, ont marqué une telle méfiance à l'égard de toute expression directe de la volonté populaire. Le suffrage universel est sacralisé, mais le référendum est diabolisé. L'élection de représentants à l'Assemblée est la base du régime, mais la désignation du chef de l'État par le peuple est assimilée à un plébiscite liberticide. Sans doute, l'élection du président au suffrage universel en 1848, débouchant sur le coup d'État du 2 décembre 1851, a-t-elle accru l'hostilité de la classe politique à l'égard de toute procédure directe ; mais la défiance est antérieure ; elle est, on l'a vu, constitutive de la monarchie selon la Charte dont, le suffrage universel excepté, les républicains modérés de la fin du siècle reprennent l'inspiration.

Il est pourtant un domaine où le jacobinisme des Jules rejoint l'inspiration originelle des fondateurs : c'est celui de l'opinion publique, qui est censée, entre les consultations électorales, permettre de prendre la température du pays. À vrai dire, tous les observateurs politiques, tous les acteurs de première grandeur, tous les régimes successifs depuis la Révolution française s'accordent à constater le rôle grandissant de cette opinion, pour s'en réjouir ou pour le déplorer. La plupart, notamment les principaux acteurs de la monarchie censitaire, considèrent le suffrage, non comme

1. Pour plus de détails, voir Raymond Huard, *Le Suffrage universel en France (1848-1946)*, Aubier, 1991, p. 53 *sqq*.

l'origine mais comme l'aboutissement – on est parfois tenté de dire la soupape de sûreté – de la démocratie d'opinion. Mais comme l'expression directe de cette opinion est redoutée comme la peste, la presse est tenue comme le point de suture entre gouvernants et gouvernés. Que mesure exactement la presse ? L'opinion de ses rédacteurs ou celle de ses lecteurs ? Une opinion opinante ou une opinion opinée ? A-t-elle pour but de modeler l'opinion des citoyens ou seulement de l'exprimer ? Cette « électricité sociale », comme dit Chateaubriand, sans laquelle les débats parlementaires perdraient toute leur portée, est une composante essentielle de la démocratie représentative. Bon gré, mal gré, au travers d'un encadrement législatif sans cesse remis sur le métier, la Restauration et la monarchie de Juillet ont consacré son influence, et la principale cause de la révolution de 1830, dans l'esprit de ses promoteurs, c'est-à-dire les bourgeois libéraux, c'est le coup mortel que les ordonnances de Charles X portaient à la liberté de la presse.

Ce sont cependant les républicains de la IIIe République, héritiers d'un jacobinisme assagi et libéralisé, qui ont donné à la presse française son statut définitif, au sein d'un régime de liberté totale, encadré seulement par le respect des lois qui s'imposent à tout citoyen. C'est le rôle de la grande loi de 1881, qui ne sera remise en cause que par le régime de Vichy.

De sorte que, sous la IIIe République, le jacobinisme consiste essentiellement en deux choses : l'anticléricalisme et la centralisation administrative. On a vu que le jacobinisme originel était divisé sur la question religieuse. La plupart des Jacobins étaient hostiles à l'Église, athées, et même déchristianisateurs. Mais le contrepoids d'un Robespierre et d'un Danton était qualitativement si considérable, il éveillait de tels échos dans la population française, que l'on ne peut que prendre acte de cette division. En tout cas, le jacobinisme du XIXe siècle finissant, qui avait tendance à édulcorer en toute chose la cause de la Révolution, s'est montré ici très radical. Par des procédés évidemment moins violents que cette dernière, mais parfois très arbitraires, il a poursuivi avec constance, des républicains modérés aux radicaux, un objectif qui n'était pas, sauf cas extrêmes, d'exterminer le catholicisme, mais de lui ôter toute influence sur la vie publique. C'est donc la laïcité qui est devenue

– rupture nette avec la Constitution civile du clergé (1790) et le Concordat de Bonaparte (1801) – le trait distinctif du radicalisme jacobin. On ne reviendra pas ici sur les diverses étapes de cette histoire, dont le point d'orgue fut la séparation de l'Église et de l'État (1905), si ce n'est pour constater que lorsque le rattachement du Parti radical à la gauche se fait de moins en moins net, l'anticléricalisme, dans l'entre-deux-guerres et même au-delà, tient lieu de brevet d'appartenance.

Quant à la centralisation administrative, elle n'est pas propre au jacobinisme, sauf à qualifier de jacobin quiconque s'en réclame. La thèse célèbre de Tocqueville, qui voit dans la Révolution française la continuation fidèle de l'œuvre des rois de France, de Philippe le Bel à Louis XIV, a pu, depuis, être nuancée. Les intendants n'ont pas toujours eu la place et le rôle que leur prête l'auteur de *L'Ancien Régime et la Révolution*[1].

Reste que, pour l'essentiel, la volonté de faire de la France un pays unitaire et, au-delà de 89, un pays égalitaire, ne s'est jamais démentie. Elle imprègne l'œuvre administrative de Napoléon, elle n'est pas remise en cause par les régimes suivants et trouve une nouvelle vigueur avec les jacobins de la IIIe République. Cette tâche d'uniformisation, on la trouve à l'œuvre dans trois domaines principaux : la législation, l'administration, l'instruction publique.

Le gouvernement centralisé de la France est un sujet d'étonnement permanent pour les Américains, simples citoyens, hommes politiques ou historiens. Pays fédéral où les libertés locales sont constitutives de la démocratie, ils se demandent comment les Français, si volontiers frondeurs, libertaires, rétifs à la loi, peuvent accepter d'être gouvernés comme en pays conquis. Un des plus grands historiens américains, spécialiste du monde musulman, Bernard Lewis, me demanda un jour à Princeton pourquoi mon pays, celui de la Révolution française, n'était toujours pas une démocratie. Devant mon air étonné, il poursuivit : « C'est bien simple : vous avez un gouvernement, nous n'avons qu'une administration. Un peuple libre ne saurait tolérer un gouvernement. » Les provocations de Bernard Lewis ne sont jamais gratuites…

1. Voir notamment les six premiers chapitre du livre II.

Ma réponse fut simple et classique. Nous sommes un vieux pays (air connu !) dont les ancêtres paysans ont subi longtemps la tutelle du châtelain et du curé. Chez nous le pouvoir central, avec une administration régulière de la justice et des finances[1], leur est apparu libérateur. Quand on considère, aujourd'hui encore, l'attachement des Français au département et à son préfet, symboles de la centralisation, on ne peut que prendre acte de la vitalité d'une tradition qui plonge ses racines au plus profond des luttes contre la féodalité. En ce sens, la France est jacobine.

Tout entière ? Non pas. Il n'est pas de courant sans contre-courant. Pierre Rosanvallon a justement souligné qu'il a existé dans la société française, de 1789 à nos jours, une résistance au jacobinisme[2]. Cette résistance a été difficile, lente à se dessiner. Le jacobinisme a continué sa progression tout au long du XIXe siècle, conquérant même des esprits libéraux, mais férus de l'art du gouvernement, comme Guizot et Thiers, tous deux préoccupés par l'atomisation de la société opérée par l'individualisme. Le refus est venu de l'extrême droite ultra, convaincue que la centralisation jacobine qui détruit la famille, la corporation, la commune, laisse l'individu solitaire en tête à tête avec l'État, et concourt puissamment aux progrès de cet individualisme. De Bonald à Maurras, aux deux bouts du XIXe siècle, se développe une pensée qui est le contre-pied de celle de Tocqueville. Elle voit dans le roi de France sous l'Ancien Régime non un jacobin avant la lettre, mais le protecteur des libertés locales. On a trop dit que la monarchie française avait systématiquement cherché à uniformiser la France. Tocqueville, dans *L'Ancien Régime et la Révolution*, reconnaît lui-même qu'à la veille de la Révolution, la France est une mosaïque d'institutions, de coutumes, de règlements qui se juxtaposent, se chevauchent et parfois se contredisent, au grand scandale d'un esprit rationnel[3]. Il

1. Voir par exemple Joseph R. Stayer, *Les Origines médiévales de l'État moderne*, Payot, 1979.

2. Pierre Rosanvallon, *Le Modèle politique français*, *op. cit.* ; *La Contre-démocratie. La politique à l'âge de la défiance*, Seuil, 2006.

3. Tocqueville, *L'Ancien Régime et la Révolution*, livre II, chapitre 1 : « Pourquoi les droits féodaux étaient devenus plus odieux au peuple en France que partout ailleurs ».

ne faut pas confondre le cartésianisme avec la monarchie d'Ancien Régime. Au contraire. C'est au nom de l'esprit cartésien que la Révolution s'est faite.

Parlant des hommes de lettres du XVIIIe siècle, voici comment il explique leur propension révolutionnaire :

> En voyant tant d'institutions irrégulières et bizarres, filles d'autres temps, que personne n'avait essayé de faire concorder entre elles, ni d'accommoder aux besoins nouveaux, et qui semblaient devoir éterniser leur existence, après avoir perdu leur vertu, ils prenaient aisément en dégoût les choses anciennes et la tradition, et ils étaient naturellement conduits à vouloir rebâtir la société de leur temps d'après un plan entièrement nouveau, que chacun d'eux traçait à la seule lumière de sa raison[1].

Taine, dans *Les Origines de la France contemporaine*, exprime une idée semblable. C'est l'esprit classique, avec son exigence d'abstraction, de rigueur et d'uniformité, sa défiance à l'égard du concret et du singulier, qui a armé le bras des révolutionnaires pour détruire l'Ancien Régime.

> Au nom de la raison que l'État seul représente et interprète, on entreprendra de défaire et de refaire, conformément à la raison et à la seule raison, tous les usages, les fêtes, les cérémonies, les coutumes, l'ère, le calendrier, les poids, les mesures, les noms des saisons, des mois, des semaines, des jours, des lieux et des monuments, les noms de famille et de baptême, les titres de politesse, le ton des discours, la manière de saluer, de s'aborder, de parler et d'écrire […]. Ce sera là l'œuvre finale et le triomphe complet de la raison classique[2].

L'autre source de l'idée de décentralisation, c'est la sociologie qui s'efforce, contre l'esprit jacobin, de réhabiliter la société civile, comme l'avait fait Saint-Simon au XIXe siècle. Sous la IIIe République commençante, des sociologues de toutes tendances, de Le Play à Durkheim, de Léon Duguit à Maurice Hauriou, entreprennent de faire à la société sa part.

---

1. *Ibid.*, livre III, chapitre 1 : « Comment vers le milieu du dix-huitième siècle, les hommes de lettres devinrent les principaux hommes politiques du pays, et des effets qui en résultèrent ».

2. Taine, *Les Origines de la France contemporaine*, Robert Laffont, coll. « Bouquins », 1986, t. I, p. 187.

Il n'est pas surprenant dans ces conditions que ce courant anti-jacobin trouve asile non plus à l'extrême droite, mais à gauche et surtout à l'extrême gauche, sous les espèces du syndicalisme révolutionnaire. Face à la montée en puissance des partis socialistes, le syndicalisme naissant, ou plutôt renaissant, dans toutes ses composantes, dénonce de façon plutôt marxiste l'illusion que constitue la superstructure politique, pour donner la primauté à l'économique – le citoyen est d'abord un producteur – et à la lutte des classes.

Mieux que cela : un tel syndicalisme est dans sa pratique, résolument décentralisateur. La Fédération des bourses du travail, sous la direction de Fernand Pelloutier, se refuse à être une « direction » du mouvement ouvrier. Son rôle est censé se limiter à une tâche d'information, de mise en contact et de coordination des luttes prolétariennes. Et c'est la France, pays réputé pour ses tendances centralisatrices, qui donne l'exemple d'un syndicalisme privilégiant les actions locales face aux mastodontes bureaucratiques et centralisés que sont les syndicats allemands, autrichiens et même les trade-unions britanniques. La bourse du travail, qui coordonne les efforts syndicaux à l'échelon d'une ville, tout au plus d'un département, est une structure horizontale, contrairement à la fédération de métier ou d'industrie, structure verticale : union géographique contre union professionnelle, le débat traverse toute l'histoire du syndicalisme français, comme on le verra dans le chapitre consacré à la famille libertaire.

La décentralisation aura été en France un contre-courant qui prospère aux marges de la société politique française plutôt que dans ses massifs dominants. Son dernier avatar en date, après son « invention » par la droite ultra, au début du XXe siècle, c'est dans la seconde partie de celui-ci, sa réinvention, à frais nouveaux, par cette gauche que l'on a appelé la deuxième.

Le rapport de Michel Rocard (alias Georges Servet) intitulé « Décoloniser la province[1] » (1966) marque, comme on l'a vu, une date dans l'histoire administrative de la France et dans celle de la gauche à propos de la décentralisation. Pour la première fois un

1. Michel Rocard, « Décoloniser la province », Rencontre socialiste de Grenoble, 1966, p. 769.

courant, certes minoritaire, mais actif et influent, s'affirme ouvertement au sein du socialisme, contre la centralisation jacobine.

Soulignant la complicité entre les forces politiques conservatrices et le pouvoir central technocratique, pour refuser le remodelage du territoire, il affirme qu'il existe à l'intérieur des régions deux niveaux d'action pertinents : l'agglomération en milieu urbain et la bourgade en milieu rural ; la capitale régionale bien développée.

C'est le général de Gaulle, partisan plus que quiconque de l'unité et de l'homogénéité nationales, qui donna la première impulsion avec le référendum sur la création des régions (mesure « girondine ») et la suppression du Sénat (mesure jacobine…). Mais l'échec de ce référendum, pour des raisons politiques qui n'avaient rien à voir avec la décentralisation, retarda les choses. Arrivée au pouvoir, c'est la gauche qui reprit à son compte l'idée de décentralisation.

Le fait nouveau, c'est que la deuxième gauche fut ici suivie par la première. C'est un gouvernement Mauroy, sous la présidence de François Mitterrand, qui fit voter, peu après son arrivée au pouvoir, la grande loi de décentralisation de 1982. Un pas décisif était franchi : la décentralisation, qui avait eu tout au long du XIXe siècle une tonalité de droite, était devenue l'affaire de la gauche.

La création de régions affranchies de la tutelle de l'État fut un grand pas, qui tendit à aligner – avec retard et timidité – la France sur ses voisins européens, notamment l'Allemagne fédérale, dans laquelle le niveau local et régional est le premier étage de l'édifice démocratique. Mais comme, en France, on ne détruit presque jamais ce que l'on remplace, le département, véritable *monadnock* de l'esprit jacobin, subsiste. Depuis, la réforme des collectivités locales est un chantier permanent comme en témoignent les travaux du comité Balladur (2008-2009) et la fusion annoncée du conseiller général (département) et du conseiller régional en « conseiller territorial ».

Que restait-il alors du jacobinisme ? Ses ambitions révolutionnaires oubliées depuis longtemps, la centralisation abandonnée par la gauche républicaine, son surinvestissement dans l'éducation désormais partagé par tous les partis politiques, tandis que l'anticléricalisme était devenu en partie obsolète et que la laïcité s'affirmait comme valeur-refuge pour la classe politique tout entière, il ne demeurait du patrimoine initial qu'un seul principe actif : celui de l'indépendance nationale. Mais pas plus que les précédents il n'était un thème discriminant entre la gauche et la droite. Le sourcilleux souci de l'indépendance, notamment vis-à-vis de la puissance dominante du monde occidental, les États-Unis d'Amérique, ce furent des hommes de droite qui lui donnèrent une nouvelle jeunesse : le général de Gaulle au premier chef, avec Michel Debré pour Premier ministre de 1959 à 1962 ; après lui, des personnalités spécialisées dans la politique étrangère : Maurice Couve de Murville, Michel Jobert, Dominique de Villepin, et un président de la République campant résolument sur les positions gaulliennes : Jacques Chirac (1995-2007). À gauche, seul Jean-Pierre Chevènement leur emboîtait résolument le pas. Cette politique d'indépendance fut littéralement plébiscitée par la nation : le départ de la France de la structure militaire de l'Otan (1966), le discours de Phnom Penh du général de Gaulle contre le néocolonialisme américain (1966), le « Vive le Québec libre ! » (1967), le refus par Jacques Chirac de suivre les États-Unis de George Bush dans la guerre contre l'Irak (2003) : toutes ces décisions, qui révulsaient dans leur for intérieur les élites dirigeantes et la classe politique dans sa grande majorité, étaient accueillies très favorablement par une large majorité de la nation.

Un néo-jacobinisme populaire se dessinait, qui faisait contraste avec le supranationalisme, voire le cosmopolitisme des milieux d'affaires et de la classe gouvernante. Plus encore que sur l'attitude à tenir vis-à-vis de l'Otan et de la puissance américaine, c'est sur la question européenne que le clivage apparut au grand jour.

Déjà en 1954, une majorité parlementaire composée essentiellement de gaullistes, de communistes, de radicaux et de socialistes de nuance jacobine avait écarté la Communauté européenne de défense (CED). Le vote cumulait la défiance à l'égard des États-Unis, qui soutenaient le traité, de l'Allemagne, moins de dix ans après la chute du nazisme ; elle marquait la renaissance d'un nationalisme anti-européen. Dès lors, l'Europe se construisit le plus possible en dehors des peuples, à l'exception toutefois du traité de Rome (1957) qui instituait une Communauté européenne et que de Gaulle ne crut pas devoir écarter lors de son retour au pouvoir. Son « Europe des nations » était un compromis entre le fédéralisme des Européens les plus décidés (le MRP et l'aile mollettiste de la SFIO) et l'isolationnisme des adversaires les plus décidés de toute construction européenne : extrême droite et communistes.

La suite montra que la construction européenne ne disposait d'une majorité – une courte majorité – qu'à condition d'être ardemment défendue par une personnalité politique de premier plan, capable d'influencer les plus réticents dans son propre camp. Dans les années 1960, le général de Gaulle avait été cet homme, faisant taire les critiques. François Mitterrand lui succéda dans ce rôle pendant les quatorze années de sa présence à l'Élysée. Sans lui, il est probable que le référendum sur le traité de Maastricht (1992) et la création de l'euro eût été perdu. À l'inverse, le rejet par les Français, à une nette majorité de près de 55 %, du projet de Constitution européenne (2005) s'explique en partie par l'insuffisance de l'engagement du président Chirac en faveur du oui.

Jacobinisme est sans doute un mot trop ambitieux et trop général pour désigner les réactions d'inquiétude face au chômage et la préférence de la majorité du Français d'origine modeste pour un protectionnisme économique et social. Retenons cependant que le concept de nation, qui désigna longtemps l'expansionnisme français – que l'on pense à la « grande nation » de Napoléon –, est désormais fondé sur l'inquiétude face à l'étranger et face à l'avenir. Dans les milieux populaires existe aujourd'hui une sorte de jacobinisme de résistance à la modernité.

Personne n'a mieux traduit ce sentiment que Régis Debray, révolutionnaire marxiste converti à une vision gaullienne de l'Histoire, dans un article où il confronte la république à la démocratie[1].

Dans un brillant parallèle, il oppose la laïcité républicaine à la religiosité démocrate ; le monde de la politique à celui des affaires ; l'universalisme au localisme ; le civisme au moralisme ; l'école fermée à la communication ; la mémoire à l'amnésie ; l'idéal d'égalité sociale à l'acceptation des inégalités utiles ; le citoyen

1. Régis Debray, « Êtes-vous démocrate ou républicain ? », *Le Nouvel Observateur*, 30 novembre-6 décembre 1989, repris dans *Contretemps, éloge des idéaux perdus*, Gallimard, 1992, p. 15-54. Réponse par Jacques Julliard dans le numéro suivant, 7-13 décembre 1989 sous le titre « Où est-elle, votre République ? ».

à l'individu ; le masculin au féminin ; la caserne au bordel ; et de conclure avec équité un parallèle tout imprégné d'esprit républicain, c'est-à-dire jacobin : « Une République française qui ne serait pas d'abord une démocratie serait intolérable. Une République française qui ne serait plus qu'une démocratie comme les autres serait insignifiante. »

Tel est donc le dernier avatar de ce jacobinisme qui fut la création politique la plus originale de la Révolution, et qui a marqué de son empreinte deux siècles d'histoire de France : un civisme moral qui n'est pas sans rappeler la liberté selon les Anciens de Benjamin Constant. Une éthique des droits du citoyen, face à la morale des droits de l'homme, qui est la vache sacrée de l'époque. Une telle vision est nécessaire ; elle est empreinte d'une certaine nostalgie, mais qui jurerait que, dans un pays qui a toujours vécu au rythme de son histoire, le passé ne soit pas aussi présent que le présent lui-même ?

La gauche collectiviste

Le socialisme moderne repose sur trois piliers : l'idéologie, l'organisation, le prolétariat. C'est de son aptitude à conjuguer ces trois dimensions que dépendent ses succès.

L'idéologie, à forte coloration morale, a été en France l'élément le plus précoce. Avant même que le mot n'apparaisse pour la première fois[1], il s'est trouvé des penseurs pour critiquer la société

1. On fait généralement à Pierre Leroux, on l'a vu, l'honneur d'avoir le premier employé le mot socialisme. Comme toujours lorsqu'il s'agit de la première apparition d'un mot, les choses ne sont jamais simples.

« L'individualisme doit ramener au socialisme », est-il écrit dans *Le Semeur* du 23 novembre 1831. Le mot « socialisme » est également utilisé dans le journal saint-simonien *Le Globe* le 13 février 1832 : « Nous ne voulons pas sacrifier la personnalité au socialisme. » Mais c'est à partir de 1833 que Pierre Leroux, lui-même ancien saint-simonien, diffuse le mot, formé sur le modèle de *socialismo* apparu en italien dès 1803 et de *socialism*, utilisé par Owen dès 1822. Or, comme le souligne Bruno Viard, dans son *Anthologie de Pierre Leroux, inventeur du socialisme*, Le Bord de l'eau, 2007 (première édition Desclée de Brouwer, 1997), le mot socialisme est d'abord employé par Leroux en mauvaise part, pour l'opposer à individualisme. Il est alors l'équivalent de ce que nous nommerions aujourd'hui totalitarisme (*ibid.*, p. 150). Plus tard, pour

présente et faire des projets de réforme radicale, supposant que l'on peut agir de façon volontariste sur la production et la distribution des richesses. Jusqu'au XVIIIe siècle, l'évolution de ce que nous nommons les modes de production a été considérée comme un phénomène de longue durée échappant au vouloir des hommes. Le socialisme, lui, estime que l'on peut accélérer les processus en cours. Le projet socialiste a pris au XVIIIe siècle la forme d'apologues moraux ; dans la première moitié du XIXe siècle, d'utopies organisatrices ; dans la seconde, de véritables programmes de subversion et d'organisation. Jusqu'au milieu du XIXe siècle, nous sommes encore dans ce qu'Ernest Labrousse a appelé le « socialisme conceptuel », sans vecteur social privilégié ; c'est un outillage mental mis à la disposition de qui voudra s'en servir. Fourier, Saint-Simon et dans une certaine mesure Proudhon lui-même ont attendu – vainement – le riche capitaliste ou l'homme politique éclairé, disposé à se lancer dans la grande aventure. La novation principale de Marx a été de proposer à l'« idée socialiste », comme on disait alors, un agent d'exécution : le prolétariat. L'idée de faire de la classe ouvrière le vecteur du socialisme, qui nous paraît aujourd'hui naturelle, ou qui du moins a paru ainsi pendant un siècle, n'allait pas de soi. Il s'agissait de mettre en relation deux phénomènes indépendants : l'idée de réforme radicale d'une part, le prolétariat naissant de l'autre. De même, l'invention du chemin de fer est une géniale idée pratique qui consista à rapprocher deux inventions longtemps indépendantes, le rail et la machine à vapeur. Ainsi, Marx est le génial alchimiste qui met la machine à vapeur du prolétariat sur les rails du socialisme. L'organisation est le moyen d'y parvenir. À défaut du capitaliste de bonne volonté qui déclencherait le processus, la tradition française, dont Louis Blanc est le représentant le plus typique, assigne à l'État la tâche d'impulser le changement. Socialisme et étatisme sont donc deux mots qui d'emblée riment ensemble en France, comme d'ailleurs en Russie. Dans la pratique, cet étatisme fondamental a conduit l'ensemble du mouvement à

---

le distinguer du « socialisme républicain » qui est le sien, Leroux parlera en ce sens de « socialisme absolu » qu'il oppose à l'individualisme. À noter que ce dernier terme est né également chez les saint-simoniens, en 1824 ou 1825.

négliger l'organisation du prolétariat lui-même, à la différence de ce qui se passe à la même époque en Grande Bretagne, puis en Allemagne, en Belgique, en Autriche. À quoi bon constituer un parti riche en ressources humaines et financières, dès lors que l'État se chargera de tout ? La France, terre natale du socialisme, est en retard dans la création, le développement, l'unification de ce même socialisme comme parti ou, comme on le dit de façon significative, comme « organisation ». Mêmes carences, mêmes retards en ce qui concerne les syndicats et les coopératives.

Au tournant du XXe siècle pourtant, le retard organisationnel est en train de se combler ; le socialisme paraît en quelque sorte « prêt à l'emploi ». C'est alors que survient une immense commotion, et bientôt un immense traumatisme : la naissance du communisme soviétique, qui introduit dans le corps et l'âme du socialisme français une division, une blessure qui ne guérira jamais. Tel est le schéma d'ensemble.

Utopie

On ne s'attardera pas ici sur les racines intellectuelles du socialisme français. On renvoie à ce qui a été dit dans la première partie de cet ouvrage à propos du XVIIIe siècle. Mais le point fondamental demeure : le socialisme est apparu en France sous la forme de l'utopie. Les conséquences en sont visibles jusqu'à nos jours ; elles ont continué à modeler les mentalités. De quelle façon ?

D'abord en donnant la priorité à l'abstraction, par rapport à l'observation empirique. Lorsque Rousseau, dans le deuxième Discours décide d'« écarter tous les faits », il nous plonge en pleine abstraction idéologique, loin des leçons du réel et de l'héritage du passé. C'est très exactement ce qu'un Burke[1] en Angleterre, un Taine[2] en France et, plus proche de nous, Friedrich A. Hayek[3] reprocheront à la Révolution française. Mais du point de vue qui nous intéresse, c'est-à-dire du socialisme, c'est l'acceptation de la *tabula rasa*, la

1. Edmund Burke, *Réflexions sur la Révolution de France*, Fayard, coll. « Pluriel », 2011.

2. Hippolyte Taine, *Les Origines de la France contemporaine*, *op. cit.*

3. Friedrich A. Hayek, *La Route de la servitude*, 1944, PUF, 1985 ; *Droit, législation et liberté*, 3 vol. 1973, 1976, 1979, PUF, 1980, 1981, 1983.

réduction de l'aventure humaine aux protocoles du laboratoire, le triomphe de la spéculation sur l'esprit d'observation. N'avons-nous pas dit que Rousseau est le père de l'intellectuel moderne ? Dans le socialisme français, les intellectuels joueront toujours un rôle de premier plan.

C'est à partir de là une sorte de structuralisme sociologique qui se met en place : la pensée socialiste française a toujours admis un effet de structure, à la manière de Jean-Jacques Rousseau lui-même. Sinon, comment expliquer que la société, composée d'une addition d'hommes bons, puisse devenir mauvaise ? Il existe donc une influence spécifique de la communauté constituée. D'où le primat dans le socialisme des valeurs collectives sur les valeurs individuelles et le postulat, contenu déjà dans *Du contrat social*, que la communauté qui a longtemps produit des effets négatifs sur les individus peut aussi engendrer des effets bénéfiques sur ces mêmes individus.

C'est en outre l'affirmation, avant toute leçon de l'expérience, du caractère bénéfique de l'égalité entre les hommes. Le libéralisme économique procède du postulat inverse : que de la différence de potentiel d'un individu à un autre peut surgir un bien pour les deux et pour la société en général. La leçon fondamentale de Rawls[1], à savoir que l'inégalité est tolérable et même souhaitable quand elle a pour effet une élévation du niveau global des ressources produites, à commencer par celles du plus pauvre, cette leçon économique et même économétrique sera toujours en contradiction frontale avec l'esprit du socialisme français qui regarde l'égalité comme un bien en soi, lors même qu'elle devrait se traduire par un abaissement des ressources de chacun. On touche ici du doigt la différence fondamentale entre le libéralisme et le socialisme : le premier tend à faire prévaloir l'économique, c'est-à-dire le discours sur les grandeurs quantifiables, tandis que le second vise avant tout, et quoi qu'il en dise, l'élévation du niveau moral de la société.

Enfin, comme on l'a dit d'emblée, le socialisme français est un anti-propriétisme, quand la philosophie anglaise, celle de Locke en particulier, voit au contraire dans la propriété le boulevard de

1. John Rawls, *Théorie de la justice*, trad. française Le Seuil, 1989.

la liberté et le fondement des bonnes mœurs. C'est pourquoi ce socialisme inclinera longtemps vers une appropriation étatique des moyens de production et vers la dévolution à l'État de la responsabilité de faire régner la justice.

La conjugaison de ces diverses circonstances aboutit à une posture commune à la plupart des penseurs, des intellectuels, des dirigeants, des militants et d'une partie de l'électorat : le but final du socialisme n'est pas de transformer la société en l'améliorant, mais bel et bien de changer de société. Le socialisme français ne s'est jamais contenté d'être une position politique particulière, au milieu de beaucoup d'autres ; le socialisme français est une sociogonie, ce qui l'apparente à une démarche démiurgique et religieuse. D'où la défiance fondamentale à l'égard du réformisme : quiconque envisage de réformer la société renonce implicitement au désir de l'abattre et de lui en substituer une autre. Dans les faits, la différence est plus subtile qu'il n'y paraît. En changeant successivement la lame et le manche, Jeannot a-t-il réparé son couteau ou a-t-il changé de couteau ? Débat spécieux, proche du ridicule, qui n'a pourtant jamais cessé de faire rage dans les instances dirigeantes du socialisme français. Mais les conséquences à en tirer sont, elles, bien réelles : dans un cas, on opte pour la participation à des gouvernements bourgeois, dans l'autre, on la refuse absolument…

Citons pour conclure sur ce point la réflexion d'un adversaire du socialisme, l'économiste libéral Frédéric Bastiat qui écrit au milieu du XIXe siècle :

> Il suffit d'ouvrir à peu près au hasard un livre de philosophie, de politique, d'histoire, pour voir combien est fortement enracinée dans notre pays cette idée fille des études classiques et mère du socialisme, que l'humanité est une matière inerte recevant du pouvoir la vie, l'organisation, la moralité et la richesse[1].

Et d'invoquer Bossuet, Fénelon, Montesquieu, Rousseau, Mably… Ainsi l'humanité future sera ce que l'on en fera. La métaphore de la « cire molle », due à Descartes, est donc antérieure au XIXe siècle. Elle lui est également postérieure : elle est devenue chez Mao

1. Frédéric Bastiat, *La Loi* (1850), cité par André Lichtenberger, *Le Socialisme au XVIIIe siècle*, 1895, p. 9.

Zedong la page blanche de l'histoire de l'humanité. Pourtant, c'est au XIXe siècle qu'elle prend forme et qu'elle s'affirme « comme une composante essentielle du socialisme français. Cette idée, fille des études classiques et mère du socialisme… ». La formule de Frédéric Bastiat annonce au milieu du XIXe siècle l'ambitieuse investigation d'Hippolyte Taine dans *Les Origines de la France contemporaine*[1].

Organisation

Si le socialisme français est bien cette sociogonie que l'on a évoquée ; si le militant socialiste est bien par conséquent une sorte d'ingénieur-mécanicien social, alors, priorité à l'organisation !

Près de deux siècles après l'apparition de cette idée chez les penseurs socialistes, nous sommes aujourd'hui bien placés pour dresser ce constat : l'idée d'organisation s'est révélée à l'expérience plus révolutionnaire que l'anti-propriétisme, plus révolutionnaire que le prolétariat lui-même. Elle est le ferment toujours à l'œuvre dans les sociétés modernes, qui traduit en termes pratiques l'idéal d'autonomie implicitement contenu dans le socialisme, mais déjà dans l'idée démocratique elle-même. Les sociétés d'Ancien Régime sont dominées par un ordre qui les surplombe ; les sociétés modernes aspirent à s'instituer elles-mêmes librement, sans référence à un modèle antérieur. C'est ce que Cornélius Castoriadis a nommé « l'institution imaginaire de la société[2] ». Au fond, la révolution prolétarienne de type marxiste serait, dans le meilleur des cas, une étape vers l'auto-maîtrise de la société ; la révolution saint-simonienne, avec l'idée d'organisation, d'abord imposée de l'extérieur, puis bientôt prise en mains par les acteurs, contient la clé d'une sorte de *révolution permanente*, dont les sociétés contemporaines nous offrent à chaque instant le spectacle[3].

---

1. Hippolyte Taine, *Les Origines de la France contemporaine*, t. I, *op. cit.*, p. 139-197.
2. Dans le livre qui porte ce titre, Seuil, 1975.
3. Voir sur ce point les remarques suggestives de Marcel Gauchet, *L'Avènement de la démocratie*, t. II, *La Crise du libéralisme*, Gallimard, 2007, p. 77-84 : « De l'ordre à l'organisation ». Une des conséquences de cette idée nouvelle, c'est l'apparition de *l'association* comme moteur du changement autogéré (*ibid.*, p. 88-91).

La cité socialiste future ne sera donc pas le fruit d'une évolution naturelle, mais d'un volontarisme qui a besoin d'un instrument exécutif privilégié, à savoir l'État. Qu'il y ait là une contradiction formelle avec l'idéal démocratique d'auto-organisation de la société, c'est un fait qui apparemment ne paraît pas avoir troublé la plupart des théoriciens du socialisme, à l'exception, il est vrai, de deux figures éminentes, Saint-Simon (mais fait-il vraiment partie de la famille socialiste ?) et Proudhon, un socialiste réprouvé.

Comme il ne saurait être question ici de passer en revue toutes les composantes de ce césarisme économique, qui, de Babeuf à Blanqui en attendant les communistes, jalonne tout le XIXe siècle, et qui tient lieu à la France de socialisme, on se contentera de retracer l'histoire de cette idée à travers deux exemples privilégiés, à la fois contrastés et complémentaires, ceux de Saint-Simon et de Louis Blanc.

Il serait paradoxal de faire du comte Henri de Saint-Simon (1760-1825), un étatiste, lui qui, sa vie durant, a rompu des lances contre le parasitisme et la malfaisance de l'État central et qui, en 1819, fut poursuivi en cour d'assises pour sa fameuse « parabole », dans laquelle il dénonçait le roi, la famille royale et les princes de sang, la cour, les ministres, les hommes politiques, les avocats, les administrateurs de toutes sortes comme des parasites, des « frelons » comme il dit volontiers. Non, ce n'est pas là le fait d'un zélateur vulgaire et irréfléchi du pouvoir central.

Nous avons déjà rencontré la figure de ce Saint-Simon, l'esprit le plus original et le plus novateur qu'ait connu la France moderne depuis Jean-Jacques Rousseau. L'homme issu d'une famille qui prétendait descendre de Charlemagne et qui a donné à la France (Maxime Leroy) « le dernier de ses gentilshommes », le fameux mémorialiste, le duc de Saint-Simon, et « le premier de ses socialistes » ; qui, à 19 ans, s'embarque pour l'Amérique, afin d'y faire la guerre sous les ordres de La Fayette et de Washington ; qui, emprisonné au Mexique, a l'idée du canal de Panama ; qui, passant par l'Espagne, fonde une compagnie de diligences ; qui s'enrichit fortement en rachetant des biens nationaux avant de se ruiner complètement ; l'homme qui a eu successivement Augustin Thierry et Auguste Comte pour secrétaires ; qui a créé quelques-uns des substantifs les plus usités du monde moderne – industriel, intellectuel, colonisation, et probablement individualisme – qui, avant Mazzini et Victor Hugo, peut être tenu pour le fondateur de l'idée européenne ; l'homme dont Engels a dit, dans *Socialisme utopique et socialisme scientifique* : « Envisager en 1802 la Révolution française comme la lutte entre la noblesse, la bourgeoisie et les classes possédantes était une découverte de génie » ; l'homme, enfin, qui a donné naissance à la secte la plus inventive et la plus dynamique de son temps – les saint-simoniens –, cet homme-là vivait quotidiennement dans l'extraordinaire.

« Organiser » est le mot favori de Saint-Simon. Ce qui tient lieu chez lui de révolution, c'est la réorganisation de la société, objectif qui ne peut être atteint ni en un jour, ni en un an, ni même en une décennie. Les novateurs, les industriels ne sont pas attachés aux formes ; seul compte le résultat à atteindre[1]. Mais ne risque-t-on pas de tomber de la souveraineté divine, incarnée par le monarque, dans la souveraineté du peuple, qui ne vaut pas mieux, car il s'agit dans les deux cas d'un principe métaphysique dépassé ? Non, aux yeux de Saint Simon : la décadence de l'un entraînera fatalement, à l'aube de l'ère nouvelle, la décadence de l'autre.

En quoi consiste la révolution saint-simonienne ? L'ancien système reposait sur la combinaison d'un pouvoir spirituel de nature théologique, dont le pape est le symbole, avec un pouvoir temporel, de nature féodale et militaire. Le nouveau système reposera, lui, sur une combinaison d'une capacité spirituelle positive, fondée sur la science, avec une capacité temporelle de nature industrielle, fondée sur les arts et métiers. On notera que, dans le nouveau système, le mot pouvoir, de nature métaphysique et forcément tyrannique, est remplacé par le mot capacité, qui recouvre une aptitude concrète. On soulignera en outre qu'une telle philosophie de l'Histoire est très proche de celle d'Auguste Comte, sans qu'il

1. Saint-Simon, *Lettres sur les Bourbons adressées au roi et aux industriels*, « Première lettre servant d'introduction, au Roi », annexe à *Du système industriel*, t. III, dans *Œuvres de Saint-Simon*, repr. Anthropos, 1966, p. 206-212. « Le pouvoir royal ne saurait reconnaître trop tôt que l'alliance des industriels est aujourd'hui d'une bien autre importance pour lui que la *grâce de Dieu* » (p. 208).

soit possible de démêler distinctement ce qui appartient à l'un et à l'autre.

Que l'on ne se trompe pas non plus sur le mot industriel, qui recouvre aussi bien les savants que les entrepreneurs, aussi bien les travailleurs des ateliers et manufactures que les chefs d'entreprise : ils constituent, ajoute l'auteur les vingt-quatre vingt-cinquièmes de la population[1]. Qui donc perd le pouvoir ? Les bourgeois qui ne sont pas productifs, c'est-à-dire « industriels » : légistes, littérateurs, métaphysiciens, parleurs (avocats), tonsurés (prêtres), militaires, rentiers : en un mot tous ceux qui ne produisent pas et qui vivent aux crochets des producteurs ; des « frelons » qui se nourrissent du travail des abeilles[2].

Dans son ambition, la révolution saint-simonienne est immense. Il ne s'agit pas seulement de changer le mode d'appropriation des moyens de production, comme ce sera le cas dans le marxisme. Il s'agit de bouleverser les fonctionnalités sociales ; passer, selon la plus célèbre des formules de Saint-Simon, « du gouvernement des hommes à l'administration des choses ». Quand la tradition proudhonienne prophétise que « l'atelier remplacera le gouvernement », elle s'inscrit dans le droit fil du saint-simonisme. Celui-ci est un anarchisme qui ne dit pas son nom ; ou plutôt, pour faire appel à une utile distinction de Péguy, un *acratisme* qui refuse le pouvoir, et non l'ordre. Saint-Simon, féru d'organisation, ne saurait être tenté par l'anarchisme, mais milite positivement pour l'« acratisme » !

Comment réorganiser la société ? Grâce, on l'a dit, à une alliance des capacités industrielles et des capacités scientifiques. Il demande aux industriels de s'allier aux « publicistes » ; (Saint-Simon est très attentif au rôle de la presse) ; il leur demande aussi de s'allier aux ouvriers, pour constituer un grand parti « industrialiste » plutôt

1. « Un industriel est un homme qui travaille à produire ou à mettre à la portée des différents membres de la société, un ou plusieurs moyens de satisfaire leurs besoins et leurs goûts physiques. » Et de citer un cultivateur, un charron, un maréchal, un serrurier, un menuisier, un négociant, un marin, etc. (« Catéchisme des industriels », dans *Œuvres complètes d'Henri de Saint-Simon*, PUF, 2012, t. IV, p. 3.)

2. *Sur la querelle des abeilles et des frelons* ou *Sur la situation respective des producteurs et des consommateurs non producteurs*, *ibid.*, t. II, p. 211-234.

que « patriote »[1]. Ce parti existe potentiellement : c'est celui de la banque ! Car Saint-Simon, c'est un autre point commun avec Proudhon, fait de la réorganisation du crédit une des bases de la refondation sociale. « L'institution sociale de l'avenir », ce sera un système général de banques centralisées.

Autre point qui lui tient à cœur : la place du pouvoir spirituel. La société technicienne de Saint-Simon ne sera pas technocratique. Son « nouveau christianisme » repose même sur le primat des valeurs intellectuelles, scientifiques et spirituelles. Ce n'est pas par hasard si l'une des plus fortes déviations du saint-simonisme, après la mort du père fondateur, sera la tentation – comme chez Auguste Comte – de se constituer en secte religieuse. Non, ce n'est pas, comme on l'a dit trop souvent, le technocratisme qui guette la mouvance saint-simonienne : c'est l'organicisme social, sous la direction de la collectivité. Car enfin, cette réorganisation a besoin d'un principe ordonnateur. De quelque nom qu'on l'appelle, il s'agit d'une entité centrale, et même centralisatrice mais non étatique, car le gouvernement doit rester à l'écart. La mystique du plan, qu'on verra se développer dans le socialisme de l'entre-deux-guerres, à la CGT, chez des hommes comme André Philip, ou chez des économistes d'inspiration chrétienne comme François Perroux, doit beaucoup à Saint-Simon.

Il y a donc une double postérité de Saint-Simon et du saint-simonisme, à partir du concept central d'organisation. D'une part, le socialisme technicien, dans la tradition de l'école saint-simonienne proprement dite, très active sous le second Empire grâce à des hommes comme Michel Chevalier, des banquiers comme les frères Pereire, des ingénieurs comme Paulin Talabot, des hommes d'affaires comme Arlès-Dufour ; puis le socialisme planiste dans l'entre-deux-guerres. D'autre part, sans qu'il y ait contradiction

1. « Pour nous, la politique n'est pas cette sphère étroite dans laquelle s'agitent quelques personnalités d'un jour ; la politique sans l'industrie est un mot vide de sens. Or le fait culminant de l'industrie aujourd'hui, ce sont les banquiers, ce sont les banques ; changer les circonstances politiques, c'est donc nécessairement modifier les banquiers et les banques. » (*Exposition de la doctrine de Saint-Simon*, nouvelle édition Rivière, 1924, avec introduction et notes de Célestin Bouglé et d'Élie Halévy, 7e séance, p. 271.)

entre elles, une tradition de critique du pouvoir central, et nommément de la politique politicienne, dont on trouve des traces dans la charte d'Amiens[1]. Cette double tradition, à la fois technicienne et prolétarienne, à saute-mouton par-dessus le socialisme jacobin, a été en général minoritaire. Elle n'en a pas moins été constitutive du socialisme à la française, dans ses ambitions comme dans ses échecs. Elle a contribué à faire du socialisme l'apogée d'une démarche économique à la fois consciente et volontariste ; autrement dit, le contraire de la société automatique, à base de droit naturel, qui est le propre de la tradition libérale.

À la différence de Saint-Simon, qu'on pourrait dire libertaire en politique et jacobin en économie, Louis Blanc offre l'exemple parfait, presque trop parfait, du socialisme à la française, centralisateur en économie comme en politique. Considéré dans ses manifestations politiques et électorales, autant que dans ses effets pratiques – la politique française depuis un siècle et demi –, le socialisme français n'est pas cette trilogie anti-étatiste Saint-Simon – Fourier – Proudhon que ses historiens, tels Célestin Bouglé, Maxime Leroy, Élie Halévy, ont contribué à élaborer face au marxisme. Le socialisme français représente au contraire, dans sa version majoritaire, un système centralisé et autoritaire. Seule cette interprétation permet de rendre compte, sur le plan idéologique tout au moins, de l'exceptionnelle fascination qu'a exercée en France le bolchevisme dans sa version stalinienne, et ses points de convergence avec le socialisme soviétique : autoritarisme politique et gestion centrale de l'économie par l'État. Toujours l'organisation. Nous venons de voir la part qu'il faut reconnaître au saint-simonisme dans cette tradition. Celle de Louis Blanc, personnage dont la notoriété est moindre, n'en est pas moins prépondérante.

Dans le domaine politique, Louis Blanc est résolument robespierriste. Dans une grosse brochure, significativement intitulée *Plus de Girondins*[2] !, il ferraille avec des adversaires de gauche, partisans à

1. Jacques Julliard, « La charte d'Amiens, cent ans après. Texte, contexte, interprétations », *La charte d'Amiens a cent ans*, *Mil Neuf Cent*, revue d'histoire intellectuelle, n° 24 : *Le Syndicalisme révolutionnaire*, 2006, p. 5-40.

2. Louis Blanc, *Plus de Girondins*, Charles Joubert éd., 1851, p. 108.

des degrés divers de la démocratie directe. Il s'agit du fouriériste Victor Considérant, du député au Parlement de Francfort Rittinghausen et du leader de la gauche radicale Ledru-Rollin. Tous trois se sont prononcés pour des systèmes qui substituent au Parlement une consultation directe des citoyens, grâce à des consultations communales (Considérant), au suffrage direct des citoyens divisés en sections de 1 000 personnes (Rittinghausen), ou à des référendums (Ledru-Rollin). Et Louis Blanc de s'insurger, sans craindre l'accusation d'aristocratisme ou d'élitisme, contre le gouvernement du grand nombre sur le petit, ce qui est pourtant conforme à la règle majoritaire. Cela signifierait, affirme-t-il froidement, que l'ignorance gouvernera les lumières, que l'égoïsme gouvernera le dévouement, que la routine gouvernera le progrès. Sans une éducation préalable, le règne de la majorité est synonyme d'obscurantisme et de tyrannie. Le risque de contre-révolution royaliste guette le suffrage universel. Faut-il donc ressusciter le girondisme, c'est-à-dire le gouvernement direct et décentralisé ? Réinventer le fédéralisme, la désunion, le « babelisme universel » (*sic*), la transformation de la France en une « arène de chicaneurs » (Robespierre) ? Non, mille fois non. Il faut donc laisser la fonction législative à une assemblée élue, consciente et responsable. Ce que Louis Blanc exprime ici avec franchise, c'est tout simplement ce qui sera la doctrine de la IIIe République opportuniste : tout plutôt que la domination d'une personnalité forte (Gambetta), ou que l'appel au peuple (Boulanger). Telle est la caution que la gauche extrême, représentée ici par Louis Blanc, donne à la gauche modérée, tenante du parlementarisme absolu.

Mais c'est surtout en matière économique et sociale que le centralisme étatique de Louis Blanc a marqué le socialisme français. Rendons-lui cette justice que, contrairement à la légende, il n'est pas le père des Ateliers nationaux de 1848, de triste mémoire. Ceux-ci étaient un expédient provisoire, destiné à encadrer l'armée des chômeurs parisiens qui menaçaient l'ordre public.

Les ateliers nationaux de Louis Blanc étaient d'une tout autre nature. Leur conception a été exposée dans un livre de 1839, *L'Organisation du travail*, titre typiquement saint-simonien.

Il s'agit avant tout, dans l'esprit de l'auteur, de venir à bout de ce fléau qu'est la concurrence. Celle-ci oppose moins les entrepreneurs entre eux que les travailleurs entre eux. Elle est un moyen de faire baisser les salaires et d'aboutir à l'extermination du peuple. La baisse des prix qu'elle occasionne n'est que provisoire. À peine a-t-elle fait son œuvre, par l'élimination des plus faibles, que ceux-ci remontent. La mercantilisation complète des rapports sociaux a d'ailleurs pour conséquence celle des œuvres de l'esprit humain. D'où la charge à fond de Louis Blanc contre le système de propriété littéraire défendu par Lamartine et son remplacement par une librairie sociale relevant de l'État, mais autogérée, et répartissant les bénéfices obtenus par le travail commun.

Qu'est-ce donc que les « ateliers sociaux » (et non nationaux) préconisés par Louis Blanc ? Un système de gestion de l'économie par l'État.

> Le gouvernement serait considéré comme le régulateur suprême de la production, et investi, pour accomplir sa tâche, d'une grande force[1].

Certes, ces ateliers, développés dans les principaux secteurs d'industrie, ne seraient pas en situation de monopole, mais mis en concurrence avec des entreprises privées. Mais Louis Blanc ne doute pas un instant que leur productivité supérieure, due à un zèle accru des ouvriers, leur permettrait de prendre rapidement le dessus. Les bénéfices répartis également pour une part entre les membres de l'association, pour une deuxième en faveur de la prévoyance sociale, et pour une troisième en faveur des investissements, échapperaient à la rapacité capitaliste. Car le but du système n'est pas l'étatisme mais, après une période de démarrage où l'État jouerait inévitablement le rôle primordial, l'association. Louis Blanc se défend avec énergie d'être étatiste.

1. Louis Blanc, *L'Organisation du travail*, 4e édition, 1845, p. 85. Au lendemain de la révolution de 1848, les ouvriers réclamèrent « l'organisation du travail », preuve que l'expression était devenue populaire et correspondait à une aspiration réelle. De son côté, Pierre Leroux, dialoguant avec Proudhon, affirme : « Le principe de l'organisation de l'État et le principe de l'organisation de l'atelier sont un seul et même principe. » (*La République*, novembre-décembre 1849.) Cf. *Anthologie de Pierre Leroux, inventeur du socialisme*, *op. cit.*, p. 361-362. Voir aussi Vincent Peillon, *Pierre Leroux et le socialisme républicain. Une tradition philosophique*, Le Bord de l'eau, 2003.

Dans mon système, l'État n'est que le régulateur, non l'entrepreneur [...]. Nous ne demandons pas, comme les saint-simoniens, que l'État fasse tout par lui-même[1].

Et pourtant ! Quelles que soient les intentions de Louis Blanc, qui étaient en effet plutôt associationnistes qu'étatistes, le mécanisme des ateliers sociaux passe par une étape, au moins provisoire, de gestion par l'État. Avec l'expérience que nous avons acquise, plus d'un siècle et demi après Louis Blanc, il est permis de se demander si en matière de réforme sociale, ce n'est pas le provisoire qui est le plus important, et qui, contre le gré de ses auteurs, est appelé à durer[2].

Ainsi, le concept d'organisation, qui domine la première moitié du XIXe siècle, comme celui d'utopie a dominé la deuxième moitié du XVIIIe, a une double descendance, qui structure le mouvement ouvrier jusqu'à nos jours. Ou bien l'organisation de la production et celle de la répartition sont confiées à l'État. Les communistes français, inspirés par l'expérience soviétique, s'en réclameront ; mais les socialistes eux-mêmes et la CGT « planiste » de l'entre-deux-guerres trouveront dans les nationalisations le moyen de confier à l'État l'essentiel de l'organisation sociale. Ou bien on fait

1. Louis Blanc, *L'Organisation du travail*, *op. cit.*, p. 108.

2. Le spécimen le plus parfait de socialisme étatique est assurément Constantin Pecqueur, auquel Marx a rendu hommage. Successivement saint-simonien, fouriériste et disciple de Louis Blanc dont il sera un moment le secrétaire à la Commission du Luxembourg, il est l'auteur d'une œuvre abondante, marquée comme chez Louis Blanc par une vive critique de la concurrence et de la nécessité d'une réforme radicale de la société. Sa solution ? elle est simple et radicale : l'État deviendrait le seul propriétaire, le seul entrepreneur, le seul maître, le seul banquier. Toute activité correspondant à une « fonction sociale », tous les travailleurs seraient des fonctionnaires, soumis à une hiérarchie d'examens et de concours, mais non de salaires ; il serait le même pour tous. Il faut augmenter la production, d'où l'imposition d'une programmation économique d'ensemble, autrement dit un plan. Pecqueur maintient cependant une monnaie, afin de préserver la liberté des individus. Esprit profondément religieux, pénétré de l'idée de fraternité, il développe une philosophie proche de celle du vicaire savoyard de Rousseau. Imbu de l'idée de progrès, longtemps hostile à la violence, Pecqueur est un mélange d'idéalisme et de fonctionnalisme social.

confiance à la capacité des travailleurs de s'organiser eux-mêmes : cette tendance qui passe par Proudhon, par le syndicalisme révolutionnaire, trouvera après 1968 dans le mot d'ordre d'autogestion de quoi manifester leur défiance envers l'étatisme. Mais dans les deux cas, le socialisme n'est pas seulement regardé comme une aspiration sociale à plus de justice, mais comme un véritable mode de production.

Prolétariat

Jusqu'au milieu du XIXe siècle, socialisme et mouvement ouvrier progressent parallèlement sans se rejoindre. Du côté du socialisme on est passé, comme on vient de le voir, de l'utopie pure et moralisatrice à l'utopie pratique et organisatrice. Les utopistes du XVIIIe ne croyaient nullement à la possibilité de réaliser leurs idées. Au contraire, Saint-Simon et Louis Blanc élaborent des projets de transformation de la société, qu'ils croient praticables à l'échelle de quelques années. Mais comment ? Grâce à la persuasion, et avec l'aide de l'État. Saint-Simon espère pouvoir convaincre quelques riches industriels, des hommes politiques, et pourquoi pas le pouvoir royal lui-même auquel il s'adresse régulièrement. Fourier fait de même et a fixé une heure où, chaque jour, il attend patiemment la visite de quelque riche et généreux philanthrope. Robert Owen, le grand socialiste anglais, ne craint pas de s'adresser à la Sainte-Alliance des puissances réunies au congrès de Vienne (1815) pour réaliser la justice sociale ! Et Louis Blanc lui-même, à la fin de son *Histoire de dix ans*, conjure la bourgeoisie de se mettre au service du prolétariat. La plupart des socialistes de l'époque sont des républicains, qui attendent d'un changement de régime politique l'instauration d'un nouveau système social. Seuls Fourier et surtout Proudhon sont hostiles à l'intervention de l'État, mais ils font exception. C'est ce providentialisme étatique que critiquera Marx, car il suppose que l'État est un pouvoir neutre, au-dessus des partis et des classes et susceptible de se prêter à n'importe quelle expérience. Il n'en est rien. L'État est la résultante d'un rapport de forces sociales ; il reflète la domination des classes dominantes. Ce qui est utopique chez ceux que Marx qualifie d'utopistes, ce n'est pas le but qu'ils poursuivent, mais l'absence de moyens pratiques pour y parvenir. Croire à la bonne volonté des puissants, à leur « dévouement », caractérise la naïveté chrétienne d'un Buchez qui relève de la philanthropie, non du socialisme révolutionnaire[1]. Quant au « fouriérisme édulcoré » que diffuse Victor Considérant dans *La Démocratie pacifique*, ce n'est « que la doctrine sociale d'une partie de la bourgeoisie philanthropique[2] ». Toute utopie vise à corriger les inégalités, les injustices et les misères qui frappent les plus faibles ; c'est pourquoi elle a en général une connotation sociale. Mais jusqu'au milieu du XIXe siècle, il est rare qu'elle vise, pour parvenir à ses fins, à la mobilisation des plus pauvres.

Tout change à cette époque-là, sous l'influence de circonstances qui n'ont, pour la plupart, pas grand-chose à voir avec l'essor des idéologies socialistes : il s'agit de la révolution industrielle qui substitue aux misérables traditionnels un prolétariat urbain, véritable armée de réserve de la contestation sociale et de la révolte. Quand les canuts de Lyon se soulèvent en 1831, ce n'est pas parce qu'ils ont lu Saint-Simon ou Fourier. C'est parce que leur condition sociale est insupportable. Vers 1840-1845, il y aurait environ 3,5 millions de personnes occupées dans l'ensemble des manufactures et des ateliers artisanaux, sur une population totale d'environ 35 millions d'habitants, soit deux fois plus que trente ans plus tôt ; tous ne sont pas encore des salariés, mais tous sont des prolétaires[3]. La croissance sera beaucoup moindre dans la deuxième partie du XIXe siècle qu'elle ne l'a été sous la monarchie de Juillet. C'est probablement au cours du deuxième tiers du siècle que le mal-être ouvrier a été à son point culminant à cause de la transplantation de travailleurs venus de la campagne, du bas niveau des salaires, des épouvantables conditions de logement, de l'absence d'institution de prévoyance, de l'inexistence du syndicalisme. La monarchie de

1. Et Marx de citer Cabet : « Un pareil système serait concevable dans la tête de quelqu'un qui voudrait être pape ou cardinal ; mais dans des têtes d'ouvriers !!! » (Marx et Engels, *L'Idéologie allemande* [1846], Éditions sociales, 1968, p. 257.)

2. Marx et Engels, *La Sainte Famille* (1845), Éditions sociales, 1969, p. 183.

3. Yves Lequin, *Histoire des Français (XIXe-XXe siècles)*, t. II, *La Société*, Colin, 1984, p. 311.

Juillet correspond aux années noires de la classe ouvrière française à l'état naissant, comme en témoignent la littérature de l'époque et les grandes enquêtes, comme celles de Villermé (1840), du républicain Guépin à Nantes ou du légitimiste Villeneuve-Bargemont. Les mouvements sociaux sont violents ; ce sont de véritables jacqueries ouvrières, sans chefs et sans programmes. La répression est encore plus violente, culminant avec les journées de juin 1848. Nous sommes alors en pleine guerre sociale, et les généraux de la période, faute de guerres, gagnent leurs galons contre les populations coloniales, comme en Algérie, mais aussi, on l'oublie parfois, contre les ouvriers français. Bugeaud, Cavaignac, Lamoricière sont des généraux de guerre civile.

C'est donc du milieu du XIXe siècle que date le début de rapprochement entre l'idéologie socialiste et le mouvement ouvrier. Le besoin pour ce dernier de trouver, au-delà de la révolte spontanée, un cadre conceptuel qui à la fois explique la situation du prolétariat et représente une alternative à la société actuelle, se fait sentir. *Le Manifeste du parti communiste* de Marx et Engels date justement de 1848. Même s'il n'a eu dans l'immédiat aucune influence et même aucun écho en France, son surgissement à ce moment de l'histoire est hautement significatif, puisqu'il assure sur le plan théorique la jonction entre le mouvement intellectuel socialiste et le mouvement historique de la classe ouvrière : à cette dernière, il offre une philosophie. Du reste, la question sociale, comme on dit à l'époque, envahit et modèle toutes les idéologies préexistantes, toute la vie politique elle-même. « Un fait est là, écrit Maurice Agulhon, vers 1830-1831 [...] l'idée socialiste appartenait à une petite minorité d'excentriques. Dix ans après, la question sociale avait envahi la presse et la littérature[1]. »

C'est ainsi qu'en février 1848, à défaut de la création d'un « ministère du Travail et du Progrès », réclamé par les corps de métier parisiens, est instituée une commission du gouvernement pour les travailleurs, qui siégera au palais du Luxembourg, d'où le nom qu'elle a

1. Maurice Agulhon, *Nouvelle histoire de la France contemporaine*, t. 8, *1848 ou l'Apprentissage de la République (1848-1852)*, Seuil, coll. « Points Histoire », 1973, p. 10.

laissé dans l'histoire de « commission du Luxembourg ». C'est là que s'opère la jonction de délégués patronaux (231) de délégués ouvriers (457), d'économistes comme Le Play ou Dupont-White et de socialistes comme Louis Blanc, qui la préside, d'Alexandre Martin, dit « l'ouvrier Albert », de socialistes saint-simoniens comme Duveyrier, Michel Chevalier, Jean Reynaud, de fouriéristes comme Considérant et Toussenel, d'indépendants comme Pierre Leroux, Pecqueur, Vidal, et même à certains moments Proudhon lui-même. À défaut d'être au pouvoir, ouvriers et intellectuels socialistes siègent côte à côte dans la représentation nationale.

Cette jonction historique du socialisme intellectuel et du mouvement ouvrier s'accompagne d'un phénomène, rarement souligné par les historiens de la période, mais capital pour l'étude des rapports entre la gauche et la droite. C'est à mi-siècle que s'opère entre elles une *véritable inversion des valeurs* : en schématisant, et sous réserve de nombreuses exceptions, *la gauche, de libérale et individualiste qu'elle était depuis la Révolution, devient sociale et collectiviste tandis que la droite parcourt le chemin inverse : d'organiciste qu'elle était déjà sous l'Ancien Régime, elle tend à devenir libérale et même individualiste.*

En dépit de l'épisode de la Terreur qui brouille les pistes sans modifier en profondeur la nature du phénomène, 1789 a accompli, contre l'Ancien Régime, une révolution libérale ; elle a institué une société d'individus, là où auparavant existaient des ordres, des corporations, des professions organisées. Ce n'est pas seulement en matière juridique et politique, comme en témoigne la Déclaration des droits de l'homme et du citoyen, que la Révolution française est individualiste ; elle est en outre libérale en matière économique, favorable à la propriété individuelle et à la libre entreprise. La Restauration confirme ces tendances. Figure emblématique de la gauche pendant la période, Benjamin Constant est la vivante synthèse du libéralisme politique et du libéralisme économique.

C'est pourtant à partir de 1830 – en 1831 sous la plume de Lamennais par exemple – que le mot « social », qui renvoyait simplement à la société, commence à désigner les rapports entre les classes à l'intérieur de cette société. « Vive la sociale ! » (abréviation passée dans l'usage pour « La République sociale ») est une chanson de 1848 qui associe l'idéal démocratique à la révolte de classe. 1789 fut une révolution politique réussie. 1848 fut une révolution sociale ratée. Il est significatif que les débats les plus vifs, à l'Assemblée constituante, portèrent sur le droit au travail, combattu par Tocqueville, Duvergier de Hauranne et Thiers et défendu par Ledru-Rollin. La formule finale de compromis, due à Lamartine, faisait à la République l'obligation de procurer du travail aux nécessiteux « dans les limites de ses ressources ». La discussion démontra que la gauche faisait désormais du social sa priorité, tandis que la droite s'efforçait de limiter les empiétements de l'État sur les droits des individus.

Or il faut se souvenir que, depuis la Révolution, la droite n'avait eu de souci plus constant que de lutter contre l'individualisme révolutionnaire, dont Rousseau avait été l'inspirateur. Les grands traditionalistes, comme Bonald, Maistre et le premier Lamennais, affirmaient contre Jean-Jacques que la société était une donnée primaire dont l'existence s'imposait à chacun, et non la construction volontariste d'un prétendu contrat social. Ils n'étaient certes pas socialistes, mais ils étaient sociétistes.

À partir du milieu du siècle, cette droite contre-révolutionnaire et organiciste est battue en brèche par une droite néolibérale associant le libre-échange, considéré comme un droit économique naturel, avec la défense des droits individuels contre les prétentions de l'État. C'est alors que, chez un Frédéric Bastiat, la critique de la réglementation – autre nom de l'organisation – devient une des caractéristiques majeures de la pensée de droite.

Si donc, à partir de 1848, la gauche et notamment la gauche socialiste s'approprie, d'une façon que l'on a envie de dire définitive, le champ social et la pensée du social, il s'en faut pourtant de beaucoup qu'elle le fasse sur fond de concorde et de cohérence. L'intellectualisme du socialisme français au XVIIIe siècle et au XIXe siècle, sur lequel nous avons longuement insisté, a eu pour conséquence quasi mécanique l'ouvriérisme du mouvement ouvrier et syndical. La concurrence entre ces deux branches va même, au cours de la deuxième moitié du XIXe siècle et jusqu'à la guerre de 1914, dévorer les énergies. La figure de Proudhon, ouvrier intellectuel et intellectuel ouvrier, est ici centrale, et son grand livre testament *De la capacité politique des classes ouvrières*, terminé en 1864 et publié l'année suivante après sa mort en 1865, occupe ici une place centrale. Complété par *Le Manifeste des soixante* (1864), ces deux œuvres constituent une véritable doctrine de Monroe du prolétariat français[1] : à l'extérieur, indépendance à l'égard des partis bourgeois, à l'intérieur, autosuffisance du prolétariat. De ce point de vue, et de quelque côté qu'on l'aborde, le syndicalisme révolutionnaire, ou syndicalisme d'action directe, est dans la droite ligne du proudhonisme dernière manière.

Il s'agit en somme d'un socialisme ouvrier. Non au sens marxiste du terme, où le prolétariat reçoit la mission de faire advenir le socialisme parce que la classe défavorisée devient paradoxalement la classe élue, porteuse d'un universalisme qui la dépasse. Mais au sens prolétarien du terme, parce que l'existence même de la classe déshéritée détermine les formes mêmes du socialisme futur. Le socialisme ouvrier de Sorel et de Lagardelle, mais aussi de Griffuelhes ou de Monatte n'est rien d'autre que le socialisme en croissance. On n'en dira pas plus ici, parce que le syndicalisme révolutionnaire va faire l'objet d'une mention spéciale dans le chapitre suivant, consacré à la pensée libertaire.

Mais un point doit être d'ores et déjà souligné. Le syndicalisme dont il est ici question, pour majoritaire qu'il ait pu se montrer, au moins jusqu'en 1914, dans la classe ouvrière organisée, demeure minoritaire dans une classe ouvrière au sens sociologique du terme. Au plus fort de son rayonnement, la CGT d'avant 1914, celle de Griffuehles et de Jouhaux, ne dépassera jamais les 350 000 adhérents. De son côté, le Parti socialiste de Jaurès et de Guesde ne compte pas plus de 93 000 membres à la veille de la guerre de 1914. C'est peu, dans les deux cas, comparé aux gros bataillons du travaillisme anglais ou de la social-démocratie allemande, autrichienne ou belge. La radicalité prolétarienne de la CGT, la radicalité politique du Parti socialiste sont le fait de minorités, qui se

1. Même si, dans sa réponse aux soixante, Proudhon s'oppose aux candidatures ouvrières et s'écrie : « Je me refuserais à toute transaction et je dirais : point de représentants, point de candidats ! » (*Correspondance de Pierre-Joseph Proudhon*, t. XIII, Slatkine Reprints, 1971, p. 247-266).

livrent une espèce de surenchère à distance et additionnent leurs intransigeances : la première contre toute collaboration de classe avec le patronat, la seconde contre toute participation politique à un gouvernement bourgeois.

Autrement dit, les organisations qui se réclament du mouvement ouvrier sont composées surtout de militants et dominés par les militants. Il n'y a pas de culture d'adhésion dans les masses travailleuses, qui ne se manifestent vraiment qu'en deux circonstances : lors des grandes grèves interprofessionnelles (1920, 1936, 1945, 1953, 1968, 1994), lors des élections générales. Le reste du temps, c'est le bas clergé des militants qui donne le ton, et qui plaide dans le sens de l'intransigeance. Ce bas clergé peut bien être originaire des classes moyennes, du milieu de l'enseignement, de la fonction publique ou de l'intelligentsia : l'idéologie, avec sa double composante utopique et prolétarienne, est dominante : elle est même psychologiquement d'autant plus despotique chez celui qui a le souci de faire oublier ses origines petites-bourgeoisies.

Ainsi se dessine la figure originale du militant socialiste, différente de celle du républicain jacobin, telle qu'Alain l'a fait vivre. Comme ce dernier, le militant socialiste est féru du rôle de l'État, de l'importance des services publiés, du rôle décisif de l'école dans la formation du citoyen. Comme lui, il est vigilant à l'égard de l'Église, et se montre même activement anticlérical, surtout s'il est enseignant. Comme lui encore, il est pacifiste, voire antimilitariste. Où donc alors est la différence ?

Elle est double. Alors que le jacobin est un individualiste impénitent, le socialiste croit à la force des organisations. S'il est communiste, il parlera du « Parti » tout court, en des termes qui relèvent de la piété filiale. Cette fidélité lui a fait souvent tout accepter, y compris l'inacceptable. Juge-t-on moralement sa mère ? Ce « cocooning » communiste, bien décrit par Annie Kriegel[1], finit par faire oublier que le but d'un mouvement politique est la conquête du pouvoir : pas question d'envisager un pouvoir qui aurait pour effet de desserrer les liens familiaux. Cette tiédeur du nid familial est au communiste ce que les cérémonies républi-

1. Annie Kriegel, *Les Communistes français*, Seuil, 1968.

caines sont au jacobin et la chaleur communicative des banquets au notable radical.

L'autre différence tient à la vision de la société : le jacobin croit à la possibilité d'une réconciliation universelle sous les auspices de l'idée de raison et de l'idée de justice, l'État n'étant autre chose que l'universel abstrait, de type régalien, opérateur suprême de cette grande Pentecôte laïque. Le jacobin croit à l'Un. À l'inverse, le socialiste est persuadé que la lutte des classes est le moteur de l'Histoire et que l'antagonisme entre le monde du capital et le monde du travail est irréductible, aussi longtemps que les forces et les ressorts du premier n'auront pas été annihilés. Le socialiste croit au multiple. Oh ! sans doute, il existe bien la possibilité d'un dépassement de cet antagonisme fondamental, mais il renvoie à un au-delà transhistorique de la séquence actuelle.

Résumons. Cette espèce de jansénisme politique qui a longtemps tenu les représentants politiques et syndicaux attachés au mât de la lutte des classes, loin des sirènes de la compromission, s'explique par la combinaison de plusieurs facteurs : d'abord l'image résiliente de la société utopique, qui traverse toute l'histoire du socialisme et qui fait reculer les abords de la Terre promise à mesure que l'on pense s'en rapprocher[1] ; ensuite l'incapacité, due aux conditions de formation de la classe ouvrière française, de faire collaborer sa branche politique et sa branche syndicale en un mouvement de type social-démocrate ; enfin un vif sentiment d'appartenance sociale qui transforme les organisations ouvrières les plus structurées en niches de sociabilité.

Le paradoxe du socialisme français

Et pourtant… N'est-il pas paradoxal que le Parti socialiste français, doctrinalement le plus « isolationniste » au sein de la société, de tous les partis socialistes européens, le plus hostile à tous les compromis, en un mot le plus révolutionnaire, est aussi celui qui, dans le sillage de la Révolution française, a presque toujours pratiqué l'alliance avec les éléments les plus progressistes de la bourgeoisie ?

1. « *Das Dort ist niemals hier* » (le là-bas n'est jamais ici), dit Schiller.

C'est Jules Guesde, Marceau Pivert ou Guy Mollet qui donnent le ton dans les congrès. Mais le pouvoir réel est finalement exercé par Jaurès, Blum et Mitterrand. C'est un symbole qui en dit long : lors du congrès du Globe (avril 1905), l'unification se fait aux conditions des plus durs et des plus sécessionnistes, celles de Jules Guesde. Mais presque immédiatement, c'est la tendance humaniste et transformiste incarnée par Jaurès qui l'emporte. En réalité, il n'y eut jamais que deux grands courants à l'intérieur de la mouvance : le premier affirme que le socialisme est dans la continuité de la démocratie ; mieux, qu'il est la démocratie poussée à ses conséquences ultimes ; le second professe au contraire que le passage au socialisme implique une rupture franche et même brutale avec la démocratie bourgeoise, et que la première tâche des vainqueurs sera de démanteler les institutions et les instruments de pouvoir d'une telle démocratie. Entre « continuisme » et « rupturisme », la confrontation n'a jamais cessé.

Lors du grand débat qui l'oppose à Guesde en 1900 à l'hippodrome lillois sur « les deux méthodes » du socialisme, Jaurès, invoquant l'affaire Dreyfus et l'entrée d'un socialiste, Millerand, dans un gouvernement bourgeois, s'écrie :

> Et moi je vous dis que toutes les grandes révolutions ont été faites dans le monde parce que la société nouvelle, avant de s'épanouir, avait pénétré par toutes les fissures, par toutes ses plus petites racines, dans le sol de la société ancienne[1].

À quoi Jules Guesde réplique du tac au tac :

> Camarades, le jour où le Parti socialiste, le jour où le prolétariat organisé comprendrait et pratiquerait la lutte des classes sous la forme du partage du pouvoir politique avec la classe capitaliste, ce jour-là il n'y aurait plus de prolétariat capable d'affranchissement[2]…

La « synthèse jaurésienne » est celle que le « grand tribun » a exprimée dans le plus achevé de ses discours, au congrès de Toulouse du Parti socialiste SFIO, le 17 octobre 1908. Pour empêcher

1. *Le Grand Débat : Jaurès, Lafargue, Guesde*, Le Temps des cerises, 1994, p. 131.
2. *Ibid.*, p. 157.

que « votre action soit d'un côté et vos formules de l'autre », convaincu qu'il n'y a pas plus de fatalité de la réforme qu'il n'y a de fatalité de la révolution, qu'il y faut dans les deux cas l'intervention active du prolétariat, Jaurès s'efforce de définir un « réformisme révolutionnaire » où chaque réforme obtenue est un pas de plus vers la transformation radicale de la société.

Cette habile synthèse entre des visions contradictoires a le mérite d'assurer dans l'opposition l'unité d'un mouvement qui a vécu si longtemps dans la division, mais résiste difficilement à l'épreuve du pouvoir qui aiguise les oppositions : le réformisme vire facilement à l'opportunisme, le radicalisme révolutionnaire à l'obstruction stérile. Pour sa chance, ou plutôt pour sa réputation, Jaurès n'a pas eu à affronter une telle épreuve ; mais ses successeurs n'y ont pas échappé.

Elle est le point essentiel sur lequel s'opère la rupture de Tours (1920) entre communistes et socialistes ; elle est même, à la Libération, au sein de la SFIO, sous-jacente à l'affrontement Léon Blum – Guy Mollet. Que l'on aille au vote parmi les militants et c'est chaque fois les plus radicaux qui l'emportent ; que l'on aille au gouvernement et c'est bien sûr aux « continuistes » que l'événement donne raison.

Cette confrontation entre les deux méthodes du socialisme ne s'identifie pas à l'opposition sommaire entre réformistes et révolutionnaires. Le plus souvent, les premiers, suspectés de modérantisme, protestent avec énergie de la radicalité de leurs objectifs. Ce n'est que sur les moyens d'y parvenir qu'il y aurait divergence. La mise entre parenthèses, en principe provisoire, des libertés formelles inquiète les réformistes : ils craignent que ce provisoire perdure au-delà du strict nécessaire, et l'événement leur a donné totalement raison.

Telle est la substance du fameux discours de Léon Blum, au congrès de Tours, « pour la vieille maison ». Le chef de la tendance modérée n'entend pas lâcher un iota à ses adversaires, pas même sur la dictature du prolétariat ; de même la distinction ultérieure de Blum entre l'exercice et la conquête du pouvoir signifie que la nécessité de composer avec les circonstances n'implique aucun abandon théorique, aucun aménagement avec l'adversaire capitaliste.

Tout revient en somme à décider si oui ou non l'exercice des libertés dites formelles et l'héritage de la Révolution française appartiennent ou non au patrimoine socialiste ; tout revient en somme à se demander si la Révolution doit nécessairement prendre la forme d'un renversement brutal et sanglant du pouvoir en place. Le paradoxe est que ce sont les plus réservés à l'égard de l'héritage de 1789, tenu pour bourgeois, formel, voire mystificateur, qui se montrent les plus attachés à la méthode de 1789 : la rupture brutale avec l'ancien régime. C'est exactement la position contraire à celle des républicains modérés qui, à la fin du XIXe siècle, se réclamaient du patrimoine révolutionnaire, tout en prenant leurs distances avec la brutalité de la Révolution, et notamment de 1793.

Une comparaison permettra de comprendre la singularité du cas que l'on examine ici. Il n'y a pas eu, de l'aveu même de Marx, de révolution aussi radicale que celle que la bourgeoisie capitaliste a opérée avec les modes de production antérieurs comme le servage et la féodalité. Et pourtant jamais cette mutation d'une profondeur inouïe, car elle n'affecte pas seulement l'économie, elle touche à l'organisation de la société, à la culture, à la philosophie, comme au genre de vie des individus, jamais, dis-je, une telle mutation n'a pris la forme d'un coup de main politique, d'un putsch, de « journées » révolutionnaires. On dira que la transformation du mode de production économique et la prise en mains du pouvoir économique par une nouvelle couche sociale ne peuvent prendre la forme d'un coup d'État ponctuel, car si l'État est quelque part, l'économie est partout.

Sans doute. C'est la preuve qu'il y a dans la conception révolutionnaire des socialistes quelque chose comme une priorité absolue, mais qui n'est pas nécessairement justifiable, accordée à la politique. Quelque chose du « politique d'abord » de Maurras ou de Malaparte ; la conviction que l'on peut accélérer les lentes fermentations de l'économie, de la société, de la civilisation par les moyens de la politique, et notamment de la politique étatique. C'est ainsi que l'État devient l'opérateur proprement magique d'une vision qui se veut chimiquement pure de tout surnaturel, le *deus ex machina* d'une machine qui prétend à la rationalité. Le socialisme de rupture entend ainsi imposer à l'économie les méthodes et les raccourcis opératoires qui prévalent dans la politique : le matérialisme économique se traduit ainsi par l'émergence d'un étrange spiritualisme politique.

Saint-Simon est peut-être le seul à avoir compris que, en matière sociale, le politique n'est pas un raccourci, mais un détour. Sa volonté de traiter les questions économiques par les moyens de l'économie fait de lui un homme à part dans la pléiade socialiste, et à bien des égards le plus moderne des hommes du XIXe siècle.

Pour bien comprendre ce qui s'est passé en décembre 1920 à Tours, il importe de ne pas projeter sur le grand schisme socialiste du XXe siècle les polémiques ultérieures et les caricatures que chacun des camps a faites de l'autre. En particulier, les minoritaires regroupés autour de Léon Blum n'avaient pas le sentiment d'être purement et simplement des réformistes renâclant à la grande vague révolutionnaire venue de l'Est. La preuve, c'est que d'authentiques révolutionnaires, de tradition libertaire, se joignirent à la minorité antisoviétique. Ce fut le cas de nombreux militants et dirigeants ouvriers, venus de la CGT, c'est-à-dire du syndicalisme d'action directe. Pendant des années, ceux-là avaient cultivé conjointement deux valeurs essentielles : l'inspiration révolutionnaire d'une part, de l'autre l'autonomie du mouvement ouvrier par rapport à toutes les organisations politiques, y compris celles qui se réclamaient du socialisme. Radicalisme révolutionnaire et autonomisme ouvrier non seulement se conjuguaient, mais se conditionnaient l'un l'autre. Pour conserver la pureté révolutionnaire, il fallait se garder de la tentation parlementariste véhiculée par les politiques, y compris les plus avancés.

Quant à Léon Blum, qui se posait comme le gardien fidèle et vigilant de la « vieille maison », il entendait par là maintenir intact le patrimoine des socialistes français, c'est-à-dire ne renoncer ni à leur attachement farouche aux libertés républicaines, ni à leur désir profond d'une mutation radicale, et – pourquoi pas ? – révolutionnaire de la société. Même la dictature du prolétariat, ce fruit illégitime d'un « hapax » de Karl Marx, était hautement revendiquée.

Or voici qu'un oukase venu de Moscou leur demandait de choisir entre la révolution et l'autonomie. Les fameuses 21 conditions de

Zinoviev comprenaient notamment la subordination des organisations syndicales au parti. Exigence inacceptable pour les héritiers de la charte d'Amiens. Sommés de choisir, beaucoup d'entre eux optèrent pour l'autonomie comme finalement plus essentielle que la révolution elle-même.

On peut dater de ce 27 décembre 1920, date du discours de Léon Blum au congrès de Tours, cette schizophrénie de la social-démocratie française qui la distingue de toutes ses sœurs européennes, et qui fait partie des caractères originaux du socialisme français. Elle consiste à distinguer à tout moment entre ce qui relève de la doctrine dans sa pureté de cristal et ce qui relève des circonstances particulières. Elle conduit à une casuistique permanente, analogue à celle qu'ont si longtemps pratiquée les jésuites. Dans l'idéal, il faut faire sans délai la révolution ; dans la pratique, et les circonstances étant ce qu'elles sont, il faut se contenter du minimum réalisable, à savoir la défense des libertés et l'amélioration, fût-elle modeste, de la condition salariale. Or l'histoire ne se présente jamais sous un jour idéal ; et il y a toujours des circonstances particulières. On attribue souvent à Guy Mollet, qui domine le Parti socialiste sous la IVe République, ce grand écart entre un marxisme doctrinal hautement réaffirmé à chaque congrès, à chaque conseil national de la SFIO et une pratique politique parfaitement opportuniste, pour ne pas dire cynique. Dans les enceintes du parti, l'affirmation de la lutte des classes dans toute sa rigueur ; au Parlement, les compromis, voire les compromissions avec les forces les plus conservatrices, comme ce fut le cas pendant la guerre d'Algérie. Toujours la théorie des « circonstances » et des « cas particuliers » débouchant tout droit sur la casuistique.

En vérité le paradoxe socialiste ne fait que reproduire le paradoxe de la classe ouvrière française. Aucune parmi les classes ouvrières européennes n'a été tentée autant qu'elle par une sécession radicale à l'égard de la bourgeoisie et du reste de la société. Ces deux moments de radicalité populaire se nomment les journées de juin 1848 et la Commune de 1871. Ce n'est pas pour rien que Marx a vu dans le prolétariat français celui qui, dans le domaine politique, se rapprochait le plus de l'épure révolutionnaire qu'il dessinait. Il faut pourtant se demander s'il s'agissait d'une sécession délibérée ou d'une exclusion subie : plus probablement de la transformation volontaire de l'exclusion subie en sécession délibérée.

Et pourtant après ces épisodes sanglants et même atroces, la classe ouvrière dans ses profondeurs revient sans se décourager au pacte républicain, qu'il se nomme la République (troisième du nom) ou le Front populaire. La duplicité du socialisme n'est jamais que la traduction d'une schizophrénie populaire, dont la bourgeoisie autant que le peuple sont responsables.

À trois reprises, le socialisme collectiviste a marqué profondément et durablement l'ensemble de la gauche. Une première fois, aux environs de 1850, quand, d'individualiste et libérale qu'elle était depuis la Révolution française, il lui a fait prendre, comme on l'a vu, un tournant collectiviste et dirigiste. Jusqu'alors, la gauche était avant tout le camp de la liberté. Depuis cette époque, elle est devenue principalement le camp de l'égalité. La preuve : c'est la seule valeur qui ne lui a jamais été disputée par la droite, alors que la liberté est devenue le bien commun. Pour ne pas être tout entière socialiste, la gauche n'en est pas moins devenue sociale dans sa totalité, et la question de la propriété a fini par oblitérer toutes les autres. À partir du milieu du XIXe siècle, est socialiste celui qui veut substituer à la propriété individuelle la propriété collective des moyens de production.

Le deuxième tournant, c'est évidemment en 1917 la révolution bolchevique. Désormais, les communistes ne sont pas seulement collectivistes, mais ils sont acquis au rôle dirigeant du parti, à la « dictature du prolétariat » et à une conception autoritaire de la gestion économique et politique de la société. Cette fois, la conversion n'est pas générale, loin de là : c'est l'époque du grand schisme qui installe à l'intérieur de la gauche une division plus profonde que celle qui existe entre la gauche et la droite. Au point que la « gauche », comme terme générique recouvrant l'ensemble des courants qui se réclament d'elle, perd à peu près tout sens.

La troisième étape, c'est l'effondrement de la vision léniniste et stalinienne et, avec elle, les critères qui permettent de la désigner. À partir de 1989, date symbolique de la chute du mur de Berlin, le socialisme devient quelque chose d'indéfinissable. L'appropriation collective des moyens de production cesse d'être le critère essentiel, sans qu'aucun autre s'impose pour le remplacer. Les fidèles du socialisme sont comme les croyants à la divinité : ils sont incapables de donner un contenu positif à leur croyance. Il y a bien quelque chose, mais quoi ? De politique et d'opératoire, le socialisme devient un marqueur culturel, un outil de discrimination par rapport aux athées de cette religion du souvenir. On a envie de leur dire, comme Renan de la société postchrétienne, qu'ils vivent du parfum d'un vase vide.

Pourtant, d'un bout à l'autre de son histoire, telle que nous l'avons considérée ici, les socialistes se retrouvent sur un critère distinctif, qui est la préférence donnée à l'action volontaire sur le matériau social, par rapport à une vision passive, fondée sur le respect des mécanismes naturels.

Écoutons Durkheim :

> On appelle théories socialistes toutes celles qui réclament le rattachement de toutes les fonctions économiques, ou de certaines d'entre elles qui sont actuellement diffuses, aux centres directeurs et conscients de la société[1].

Cette définition est acceptable, du point de vue de Morelly, de Saint-Simon, de Marx, de Lénine, de Kautsky ou de Blum. Autrement dit, le socialisme serait, sous ses différents avatars, un processus de conscientisation et de maîtrise par l'homme des activités et des phénomènes naturels. Ainsi, il existe en économie des phénomènes qui se mettent en place naturellement, comme par exemple le marché. La loi de l'offre et de la demande n'est pas une loi positive, décrétée par une instance quelconque ; c'est pour l'essentiel une loi de la nature économique, comme la gravitation est une loi de la nature physique. Or, on constate dans le monde moderne une extension continuelle du besoin de régulation. Il existe par exemple un mouvement naturel démographique, notamment en ce qui concerne les naissances, même si ce mouvement est en partie déterminé par des événements contingents (guerre ou paix, famine ou prospérité, peur collective ou confiance dans l'avenir, etc.). Dans cette perspective, on peut qualifier de socialiste toute tentative, de la plus

1. Émile Durkheim, *Le Socialisme*, PUF, 1992, p. 51.

souple à la plus autoritaire, depuis l'incitation par les allocations familiales jusqu'à des lois contraignantes, pour réguler la natalité[1]. Il y a en somme « socialisme » chaque fois que, devant un phénomène donné, on réclame une « politique » déterminée. Il y aura ainsi une politique du logement, une politique de la natalité, une politique de la pauvreté, de la santé, du handicap, des loisirs, etc. L'idéal socialiste, redevenu celui de toute la gauche, consiste à multiplier les interventions, les règlements, les régulations pour combattre les nuisances, les catastrophes, et plus généralement toutes les inégalités.

Mais à ce compte, c'est toute action politique consciente et subordonnée à un certain objectif qui devrait être qualifiée de socialiste. N'est-ce pas perdre en intensité ce que l'on gagne en compréhension ? Oui, sans doute. À la problématique classique : partisans de la propriété privée contre partisans de la propriété collective, tend à se substituer l'affrontement entre interventionnistes et partisans du laisser-faire, quel que soit le domaine considéré.

On aurait tort d'en déduire que si la défaite du socialisme collectiviste est acquise, la victoire du socialisme régulateur est assurée. Il est vrai que le monde moderne, de par sa complexité croissante, de par sa globalisation, de par sa démocratisation, requiert des politiques concertées dans des domaines de plus en plus nombreux. Les premiers qui dans les années 1960 ont parlé de la nécessité d'une politique de l'eau, attiraient les sourires. N'était-ce pas, avec l'air et la lumière, une chose dont l'homme pouvait disposer à discrétion ? La suite a montré qu'il n'en était rien. L'hominisation de la planète, pour le meilleur et pour le pire, a pour conséquence la nécessité croissante de son organisation. Ce serait en somme la revanche de Saint-Simon, champion de l'organisation, sur Marx, champion de la lutte sociale. Faut-il, comme le propose Jacques Attali[2], concevoir les linéaments d'un gouvernement mondial, à la façon dont Saint-Simon, au début du XIXe siècle, appelait de ses vœux un gouvernement européen ?

---

1. Il est significatif que la droite américaine qualifie polémiquement de « socialistes » toutes les formes de prévoyance sociale où l'État intervient, toute tentative pour réguler les marchés et les cours des monnaies.

2. Jacques Attali, *Demain, qui gouvernera le monde ?*, Fayard, 2011.

La victoire du socialisme organisateur n'est pourtant pas automatique. Dans la lignée de Friedrich Hayek, il ne manque pas d'économistes et de politiques de droite, fidèles au libéralisme, pour mettre en garde contre les excès du « constructivisme », c'est-à-dire de la substitution d'un univers artificiellement constitué à la nature elle-même.

D'une certaine manière, le succès intellectuel et même politique de l'écologie est là pour en témoigner. Qu'un courant qui prêche la préservation de la nature plutôt que sa transformation ait trouvé sa place à l'intérieur de la gauche pour la première fois dans l'histoire de celle-ci témoigne de l'évolution des esprits. Qu'est-ce, en effet, que l'écologie sinon une révolte contre l'exploitation de la nature par l'homme, qui a toujours été, depuis ses origines, l'idéal cartésien de la gauche ? Certes, il existe une « politique écologique », c'est-à-dire une intervention volontaire, qui témoignerait de son socialisme essentiel. Mais cette intervention n'a pas pour but d'instaurer un ordre nouveau, mais de revenir à l'ordre ancien, qui est celui de la nature. Depuis le XVIIIe siècle et Rousseau, on a connu un certain nombre de ces « revivais » qui ont pour but le retour à la nature contre les méfaits de la civilisation : ainsi, le romantisme allemand, ainsi l'alternance entre la politique naturelle et la politique volontaire continue.

Faut-il considérer les derniers développements que nous venons d'envisager comme une banalisation définitive du socialisme, ou comme un retour à ses origines ? Parvenu à ce point, l'historien, qui s'est toujours défendu d'être un prophète, se refuse à s'avancer davantage. Sauf à souligner que les grandes familles ne meurent jamais, et que leur vouloir-vivre leur a toujours fourni à point nommé des raisons de se renouveler.

La gauche libertaire

Voici une famille qui ne ressemble à aucune autre. Elle n'est jamais arrivée à s'inscrire tout entière dans un parti. Elle n'a jamais eu de représentation parlementaire. On n'est jamais parvenu à lui donner un nom qui fasse l'unanimité.

Autre reproche qu'on ne manquera pas de lui adresser, au moins inconsciemment : elle vient briser la tripartition idéale à laquelle on aurait pu songer pour échantillonner la gauche éternelle : gauche libérale, gauche jacobine, gauche collectiviste. *Numero Deus impare gaudet*. À l'image de la belle triade inventée par René Rémond pour les droites et qui fait autorité dans toutes les écoles de sciences politiques : légitimisme, orléanisme, bonapartisme.

Mais s'agit-il bien, dans le cas du libertarisme, d'une famille, au sens que l'on a jusqu'ici donné à ce mot ? De la famille, il n'a ni l'ancienneté, ni la continuité, ni l'homogénéité. En France, on ne voit guère les libertaires s'affirmer comme tels avant la IIIe République, et même avant la dernière décennie du siècle. Il est vrai que, sauf à aller chercher leurs racines, comme nous l'avions fait nous-même, dès le XVIIIe siècle, avant leur apparition au grand jour, il en va de même des socialistes. Le socialisme, comme nous l'avons vu, n'a d'existence reconnue qu'à partir de la monarchie de Juillet. Dans le cas des anarchistes, il faut attendre la vague des attentats (1892-1894) pour que cette existence explose, si l'on ose dire, au grand jour.

Et même à partir de ce moment-là, leur présence publique demeure intermittente, ponctuée par deux épisodes majeurs : le syndicalisme d'action directe, durant une vingtaine d'années, à cheval sur 1900 ; beaucoup plus tard, les « événements » de 1968. Entre les deux, de longues périodes de vaches maigres. Dans les deux cas, la famille libertaire passe en quelques semaines ou quelques mois d'une existence groupusculaire et même sectaire à une omniprésence triomphale et envahissante. Au prix d'une dilution de son identité. Les maoïstes de 1968, même sous leur forme la plus déviante et la plus baroque (les « mao-spontex »), n'ont pas grand-chose à voir avec les « anars » classiques, qui à leur tour diffèrent profondément des nouveaux ralliés au syndicalisme.

Au commencement, personne ne saura le lui enlever, même parmi ses ennemis les plus acharnés, il y a Proudhon. Et Dieu sait si ces derniers sont nombreux. Il serait plus aisé de compter ses amis. C'est bien simple : il n'en a pas. Toute sa vie, ce fut un homme seul : pas de parti pour le promouvoir, pas de coterie pour s'étrangler d'admiration à chacune de ses sorties. C'est miracle qu'il n'ait pas été enseveli sous l'indifférence et l'oubli. Mais non. De Thiers à Karl Marx, c'est une espèce d'union sacrée pour l'accabler qui le poursuit jusqu'à aujourd'hui : marxistes, féministes, chrétiens, antiracistes, sans parler du parti du grand capital. Un homme qui a su fédérer dans l'exécration tant d'hommes et de femmes que par ailleurs tout oppose ne saurait être complètement mauvais. Cette unanimité suspecte doit bien cacher quelque chose. Voyons : l'antiféminisme rabique de Nietzsche à la fin de sa vie n'a rien enlevé à sa gloire, l'antisémitisme ouvert de Fourier, celui, discret, de Michelet, voire de Jaurès ou de Clemenceau, est justement rapporté aux mentalités de l'époque, et l'on met en garde avec raison contre l'anachronisme de cet Auschwitz rétrospectif qui fait florès dans les universités américaines. Il n'y a que Proudhon à ne pas bénéficier de garanties épistémologiques minimales. Normal, il n'est personne pour le défendre.

Peut-être y a-t-il davantage dans ce traitement de défaveur : le sentiment, en partie inconscient, que l'on a affaire à un usurpateur : un prolétaire qui parle des prolétaires, n'est-ce pas contraire à tous les usages ? Dans tout le socialisme européen, de Marx et d'Engels jusqu'à Lénine en passant par Kautsky, Bernstein, Owen, Jaurès, la littérature prolétarienne est le monopole des intellectuels bourgeois ; le socialisme prolétarien est l'œuvre de bourgeois qui, consciemment ou non, au dire de Makhaïski[1], préparent une société idéale qui serait dominée par les intellectuels, c'est-à-dire par eux-mêmes. Le socialisme n'est pas la doctrine de classe du prolétariat. C'est celle des intellectuels. Proudhon n'est donc pas seulement un théoricien socialiste parmi les autres ; c'est un théoricien socialiste contre tous les autres et, pour le socialisme tout entier, une épée en travers du cœur.

Que dit en effet Proudhon qui justifie cette vindicte collective ? Qu'il faut se méfier des intellectuels beaux parleurs, et nommément des intellectuels socialistes. Non que lui-même ait été indifférent au beau langage. Qu'il soit dit en passant que Proudhon est un grand écrivain, que sa véhémence pamphlétaire place au premier rang de son espèce : en dehors de Sainte-Beuve, qui ne manquait pas de flair, la république des lettres a été aussi injuste à son égard que la république des idées.

1. Jan Waclav Makhaïski, *Le Socialisme des intellectuels*, textes choisis, traduits et présentés par Alexandre Skirda, Seuil, coll. « Points Politique », 1979.

La gloire de Proudhon, c'est d'abord l'acharnement de ses ennemis. Marx, qui le traite avec la condescendance ordinaire du mandarin assuré de sa supériorité envers l'autodidacte, lui a consacré un livre de réfutation : sa *Misère de la philosophie* en réponse à la *Philosophie de la misère*, écrite par le fils du tonnelier de Besançon. Et Thiers, qui est le représentant le plus autorisé de la bourgeoisie libérale et conservatrice, ne manque pas de l'écraser de son mépris lors de la séance fameuse du 31 juillet 1848 où Proudhon, honteux de sa propre apathie lors des sanglantes journées de juin, se lance dans une charge à fond contre la propriété et les propriétaires. Victor Hugo, lui-même député, qui assiste à cette séance historique parle dans *Choses vues* de « son ton de voix vulgaire », de sa « prononciation commune »… et de ses bésicles : « Il n'eut rien de l'effronterie sublime des grands novateurs[1]. » Battu par 691 voix contre 2 (la sienne et celle de son disciple Greppo), Proudhon n'eut donc pas la voix de Victor Hugo, pas plus d'ailleurs que celle de Lamennais.

Était-il vraiment socialiste, était-il seulement de gauche ? Sur le premier point, son propre témoignage est fluctuant. Selon l'inspiration et le moment, il s'affirme alternativement socialiste, anarchiste, et même « banquier », allusion à sa célèbre « banque du peuple ». Son socialisme est un socialisme de protestation ; son anarchisme relève de la conviction la plus viscérale ; sa profession de banquier est une anticipation de l'avenir mutuelliste qu'il promet aux classes laborieuses.

Quant à son appartenance à la gauche, la détestation dont il a été l'objet de son vivant de la part de la droite, de toutes les droites, est un témoignage irréfutable ; les tentatives de récupération dont il a parfois été l'objet, de la part des maurrassiens, et même du régime de Vichy, témoignent surtout de sa liberté d'esprit et de son refus de se laisser enfermer dans une secte, fût-elle celle du Bien.

En quoi Proudhon est-il le père de l'anarchisme, c'est-à-dire, sans nulle exagération, le père spirituel d'une des quatre familles dont se compose aujourd'hui la gauche ?

---

1. Victor Hugo, *Choses vues. Souvenirs, journaux, carnets (1830-1885)*, Gallimard, 2002, p. 192.

L'œuvre de Proudhon, en dépit de son abondance, de sa diversité et même de ses contradictions, est tout entière une philosophie sociale de la liberté. Nous sommes aujourd'hui encore à ce point imprégnés par la vulgate marxiste que nous pensons spontanément que, dans l'ordre des priorités prolétariennes, la liberté ne saurait venir en premier lieu ; que sa réalisation est soumise à une série de préalables d'ordre économique, ou encore, au prix d'un obsédant abus de termes, que la première liberté pour le prolétaire, c'est la liberté de manger à sa faim. De sorte que les théories socialistes sont rarement des philosophies de la liberté. Seul, avant Proudhon, Fourier fait exception, qui a prêché la liberté des passions et s'est appuyé sur celles-ci pour imaginer son phalanstère. Et de fait, celui-ci n'est point fondé sur la contrainte et l'obligation, la complémentarité des passions étant, à ses yeux, suffisante pour assurer le fonctionnement de la société. C'était faire preuve d'un bel optimisme, que toutes les tentatives de mise en pratique ont démenti ; mais même en supposant des conditions idéales, nous sommes loin de la Thélème de Rabelais. En amour, « Plus de pudeur, plus d'émoi virginal, mais en revanche, quelle paperasserie[1] ! »

Proudhon ne pense pas qu'il faille concevoir pour les classes ouvrières – ce pluriel dans son esprit englobait la paysannerie – une propédeutique particulière, ni un cheminement spécial – un *Sonderweg* de la liberté. Son prolétaire n'est pas une grenouille de laboratoire, mais un être humain à part entière qui ne se contente pas de chercher à satisfaire ses besoins physiologiques. Dans *Qu'est-ce que la propriété ?*, son premier livre important, il s'écrie[2] : « La politique est science de la liberté » ; mais c'est pour ajouter immédiatement : « Le gouvernement de l'homme, sous quelque nom qu'il se déguise, est oppression ; la plus haute perfection de la société se trouve dans l'union de l'ordre et de l'anarchie. » D'où il appert que ces deux derniers termes ne sont ni contradictoires, ni inconciliables. En vérité l'anarchie de Proudhon n'était pas un refus de l'ordre,

1. Maxime Leroy, *Histoire des idées sociales en France*, t. II, *De Babeuf à Tocqueville*, Gallimard, 1950, p. 266.
2. Pierre-Joseph Proudhon, *Qu'est-ce que la propriété ?*, Le Livre de Poche, 2009, p. 53.

c'était un refus du pouvoir ou, mieux encore, de l'autorité. On fera bien de garder cela à l'esprit quand on lira l'œuvre du plus grand socialiste français. Quel est l'antonyme de la liberté ? C'est tout simplement le gouvernement. On raconte que débarquant sur une île inconnue, un Irlandais s'adresse au premier homme qu'il rencontre : « Y a-t-il un gouvernement ici ? » Sur la réponse affirmative de celui-ci, il enchaîne comme naturellement : « Alors, je suis contre. » Cet Irlandais-là devait se nommer Pierre-Joseph Proudhon. Et pour que les choses soient sans équivoque, il faut se rappeler son mot sublime : « L'espèce humaine veut être gouvernée. Elle le sera. J'ai honte de mon espèce[1]. »

Comment enfin ne pas citer cette étonnante page tirée de l'*Idée générale de la Révolution au* XIX*e siècle*, où une taxinomie proprement rabelaisienne conjuguée à un lyrisme proprement rousseauiste sont mis au service d'une colère antiautoritaire sans précédent :

> Ô personnalité humaine ! Se peut-il que pendant soixante siècles tu aies croupi dans cette abjection ? […] Être gouverné, c'est être gardé à vue, inspecté, espionné, dirigé, légiféré, réglementé, parqué, endoctriné, prêché, contrôlé, estimé, apprécié, censuré, commandé, par des êtres qui n'ont ni le titre, ni la science, ni la vertu. Être gouverné, c'est être à chaque opération, à chaque transaction, à chaque mouvement, noté, enregistré, recensé, tarifé, timbré, toisé, cotisé, patenté, licencié, autorisé, apostillé, admonesté, empêché, réformé, redressé, corrigé. C'est, sous prétexte d'utilité publique, et au nom de l'intérêt général, être mis à contribution, exercé, rançonné, exploité, monopolisé, concussionné, pressuré, mystifié, volé ; puis à la moindre résistance, au premier mot de plainte réprimé, amendé, vilipendé, vexé, traqué, houspillé, assommé, désarmé, garrotté, emprisonné, fusillé, mitraillé, jugé, condamné, déporté, sacrifié, vendu, trahi, et pour comble, joué, berné, outragé, déshonoré. Voilà le gouvernement, voilà sa morale[2] !

Si torrentielle qu'elle soit, cette énumération n'est pas faite de mots jetés au hasard. Chacun d'entre eux, ou peu s'en faut, correspond à une activité oppressive ou répressive de l'État ou du gouvernement. L'ennemi unique de Proudhon, celui contre lequel il n'a cessé de batailler, que sa posture ait été, selon les moments,

---

1. Pierre-Joseph Proudhon, *Carnets*, vol. 3, Rivière, 1968, p. 358.
2. Pierre-Joseph Proudhon, *Idée générale de la Révolution au* XIX*e siècle*, Garnier, 1851, p. 341.

révolutionnaire ou réformiste, c'est l'autorité. À ses yeux, la grande faute de la Révolution est d'avoir conservé intacte cette notion. Le transfert de la souveraineté du monarque au peuple constitue assurément un certain progrès ; mais il ne change pas la nature du problème. Pis que cela : en attribuant la souveraineté à un détenteur plus légitime, la Révolution a donné une deuxième jeunesse à ce concept de l'âge métaphysique, pour parler comme Auguste Comte. Toutes les révolutions, jusqu'ici, n'ont servi qu'à reconstituer la tyrannie. Pourtant, Proudhon se reconnaît des devanciers dans la critique de l'autorité étatique. D'abord Morelly au XVIIIe siècle. Puis sous la Révolution, les Enragés de Jacques Roux, Gracchus Babeuf, et même les hébertistes. Tous, à des degrés divers, ont fait confiance à la spontanéité populaire contre les corps organisés. Mais à ce chapitre, le principal prédécesseur de Proudhon, au dire de Proudhon lui-même, c'est Saint-Simon. C'est lui qui dans sa célèbre « parabole » dénonça l'ensemble du personnel gouvernemental comme parasite (des frelons) et nuisible au corps social. C'est lui surtout qui propose de substituer au gouvernement des hommes l'administration des choses. C'est lui enfin qui entend substituer l'organisation industrielle rationnelle à l'autorité gouvernementale. Proudhon ne dit pas autre chose : la destruction de l'autorité doit déboucher sur l'organisation ; la transaction volontaire doit se substituer à l'arbitraire de l'État. « L'atelier, c'est sa célèbre formule dans sa lettre à Pierre Leroux du 14 décembre 1849, fera disparaître le gouvernement[1]. » Saint-Simon et Proudhon sont donc deux ennemis jurés de la politique, celle qui transforme les rapports sociaux en rapports d'autorité. À ce titre, ils ont une place de premier choix dans l'histoire de la liberté moderne. N'est-ce pas du reste Saint-Simon qui, le premier, aurait inventé le mot individualisme ? Et n'est-ce pas Proudhon qui en a fait le corrélat obligatoire du socialisme ? Un socialisme individualiste, c'est là peut-être la composante essentielle de la famille libertaire, celle qui la distingue de toutes les autres familles de la gauche. Certes, il est des socialistes, comme

1. Pierre-Joseph Proudhon, *Correspondance*, t. XVI, p. 289-290, cité dans l'excellent recueil établi par Bernard Voyenne, *Mémoires sur ma vie*, Maspero, 1983, p. 121.

Jaurès, pour se réclamer aussi de l'individualisme. Mais que vaut cette inclination dès lors que le marxisme, alors dominant, réduit l'individualisme à une pulsion petite-bourgeoise ? Au total, avec la gauche libérale, la famille libertaire a en commun l'amour de la liberté ; avec la famille collectiviste, le souci de la justice et de l'organisation du travail. Mais son ennemi intime, c'est le jacobinisme.

Proudhon n'est pas à proprement parler l'inventeur de l'anarchisme moderne. D'autres à l'étranger l'ont précédé, au premier rang desquels il convient de placer l'Anglais William Godwin (1756-1836) dont le livre principal, *Enquiry concerning Political Justice and its Influence on General Virtue and Happiness* (1793)[1], se présente à bien des égards comme une réponse au réquisitoire d'Edmund Burke, *Reflections on the Revolution in France* (1790)[2] contre la Révolution française. C'est surtout une attaque en règle de l'État, principal obstacle au libre arbitre et à la raison, ainsi que contre la propriété individuelle : les deux thèmes majeurs, on l'a vu, de Proudhon lui-même. Si l'on ajoute que l'un et l'autre sont des moralistes rigoureux et même puritains, on conviendra qu'entre eux les ressemblances sont nombreuses.

Qu'est-ce, alors, qui fait l'originalité de Proudhon ? Le mariage des idées anarchistes et du mouvement ouvrier. De même que Marx a vu dans ce dernier l'opérateur de la lutte des classes et de sa solution, de même Proudhon a fait de lui l'anarchisme en acte. La bourgeoisie est la classe étatique par excellence, celle qui fait de la propriété l'indispensable pilier de l'ordre social. Le prolétariat, lui, a les mains libres. Il ne détient ni le pouvoir économique, ni l'autorité politique. Il sera bien, chez Proudhon comme chez Marx (mais non chez Saint-Simon), l'accoucheur de la société nouvelle. Ce message, épars tout au long de son œuvre, se trouve repris, synthétisé, mais aussi amplifié dans son œuvre majeure et posthume, dont le titre dit tout : *De la capacité politique des classes ouvrières* (1865).

---

1. William Godwin, *Enquête sur la justice politique et son influence sur la vertu en général et le bonheur*, avant-propos de Michel Onfray, Atelier de création libertaire, 2005.
2. Edmund Burke, *Réflexions sur la Révolution de France*, *op. cit.*

L'occasion du livre, c'est le fameux *Manifeste des soixante* (17 février 1864)[1], œuvre d'ouvriers parisiens parmi lesquels Tolain, qui allait être un peu plus tard à Londres l'un des fondateurs de la Ire Internationale. Il s'agit de défendre l'idée de candidatures ouvrières aux élections législatives. Ces modérés, qui récusent toute action révolutionnaire et tout bouleversement social, sont des travaillistes avant la lettre : pourquoi les ouvriers ne seraient-ils pas représentés au Parlement, pour défendre leurs intérêts, par leurs semblables ? C'est le raisonnement que tiendront en 1900 les trade-unions anglais et le leader socialiste Keir Hardie. Représentés jusqu'ici par des libéraux bourgeois soutenus par les syndicats (les lib-lab ou libéraux du travail), les ouvriers anglais sont désormais assez mûrs pour désigner une représentation parlementaire choisie dans leur sein. « Le suffrage universel nous a rendus majeurs politiquement, mais il nous reste encore à nous émanciper socialement », disent les soixante, qui déclarent « repousser l'aumône » mais formulent un certain nombre de revendications à consonances proudhoniennes : « La liberté du travail, le crédit, la solidarité, voilà nos rêves. »

Sollicité par les soixante de donner son avis sur leur texte, Proudhon applaudit des deux mains à ce véritable manifeste de l'autonomie ouvrière. Au-delà de son contenu, l'article de Tolain et de ses amis manifeste la « capacité » (mot d'époque) des ouvriers de s'affirmer et d'agir directement, sans porte-parole extérieur. Au fond, le problème de Proudhon est le même que celui de Marx : à quelles conditions une classe, dépassant sa propre identité, peut-elle poser sa candidature pour mener à bien un changement dans la société, voire un changement de société ? Trois conditions sont requises selon Proudhon : d'abord la conscience de soi (le marxisme parlera de conscience de classe), conscience de sa dignité, de sa valeur, de sa place présente et de son rôle possible. Le *Manifeste* montre que cette condition est en train d'être remplie. Deuxièmement, le droit d'avoir à sa disposition « l'Idée ». Autre mot d'époque ; on parlerait aujourd'hui d'idéal. Cette idée, aux yeux de Proudhon, c'est le mutuellisme : le *Manifeste* montre que les ouvriers sont en train de

1. Paru dans *L'Opinion nationale* et repris le lendemain dans *Le Temps*.

le prendre à leur compte. Quant à la troisième condition, à savoir les réalisations pratiques de cette idée, elle est loin d'être remplie.

Ces circonstances historiques qui favorisent l'avènement des classes ouvrières, elles ont à voir avec l'affaissement de la bourgeoisie. « Son rôle est fini », tout simplement. Ce n'est plus qu'une minorité spéculatrice, une « cohue ». Proudhon voit clairement que le prolétariat se montre capable de transformer l'ostracisme dont il est l'objet dans la société bourgeoise en sécession délibérée.

Fort bien. Nous sommes ici à l'intérieur de l'épure du marxisme, ou plus précisément du syndicalisme révolutionnaire dont il sera question plus loin. Cependant, ce serait mal connaître Proudhon que d'imaginer qu'il va se laisser enfermer dans un schéma théorique qui n'est pas précisément le sien. Ces candidatures ouvrières, auxquelles il a bruyamment applaudi, il ne faudrait surtout pas les renouveler ! Elles ont eu, en 1863, le mérite de poser clairement la question sociale grâce à l'irruption des ouvriers sur la scène politique ; à les reproduire, il y aurait à la fois « honte et sottise ». Ni plus, ni moins ! Car la participation aux rites électoraux a un effet intégrateur regrettable ; elle empêche « d'agir par une scission digne et raisonnée[1] ». Soit ! Le lecteur comprend que, aux yeux de Proudhon, le prolétariat doit camper en rase campagne, à l'écart de la société bourgeoise. L'abstention est donc une nécessité. Mais dès que le prolétariat, constitué en majorité, aura « saisi le pouvoir et proclamé, selon ses aspirations au droit nouveau et les formules de la science, la réforme économique et sociale[2] », alors la plèbe et la bourgeoisie devront « s'absorber réciproquement[3] » ; ce sera le jour de la fusion définitive.

La tentation est grande de ne voir là qu'incohérences et contradictions. On aurait tort. S'il est, dans le domaine philosophique, une constante de la pensée libertaire, c'est bien la volonté de ne pas surmonter trop vite les contradictions, et de concevoir la vie sociale comme une tension permanente.

1. Pierre-Joseph Proudhon, *De la capacité politique des classes ouvrières*, vol. 3, Lacroix et Verboeckhover, 1868, p. 185.

2. *Ibid.*, p. 52.

3. *Ibid.*, p. 51.

Autrement dit, ces libertaires-là ne sont pas hégéliens. Ils ne sont pas obsédés par la recherche de la synthèse. Du reste, « toute synthèse est gouvernementale » dit avec raison Proudhon. Sous sa plume, c'est une condamnation. Elle appelle donc naturellement l'oppression. Sa dialectique ne sera donc pas ternaire, comme chez le doctrinaire d'Iéna, mais binaire, à la façon de Pascal dans la « raison des effets ». C'est une dialectique en échelle de perroquet, où chaque barreau constitue un progrès par rapport au précédent, sans l'abolir (*aufheben* en allemand). Dans la « raison des effets », le peuple, les demi-habiles, les habiles, les dévots et les chrétiens parfaits représentent une dialectique ascendante vers la vérité. Mais chaque degré a, en quelque sorte, son autosuffisance. La persistance des contradictions est la seule vraie garantie de la liberté de l'esprit. Au contraire, il y a en germe, dans la dialectique ternaire et la synthèse qui est censée la couronner, tous les ingrédients pour produire la tyrannie ; celle qu'ont effectivement exercée tant de ceux qui se sont réclamés d'elle. Proudhon écrit en conclusion de sa *Théorie de la propriété* :

> Les fanatiques de l'unité ne veulent pas voir que le monde moral, comme le monde physique, repose sur une pluralité d'éléments irréductibles et antagoniques et c'est de la contradiction de ces éléments que résultent la vie et le mouvement de l'univers[1].

Il y a ainsi dans l'ordre de cet univers une *anarchie* fondamentale, fondée sur la permanence des contradictions et l'équilibre des contraires. Les socialistes autoritaires obéissent à une dialectique ternaire ; les socialistes libertaires à une dialectique binaire : le socialisme de ces derniers est en somme plus *naturel* que celui des premiers. La différence entre les communistes et les libertaires n'est donc pas affaire de tempérament ni de circonstances. Il est bel et bien d'ordre philosophique. Le respect par les libertaires du désordre qui règne dans l'univers relève d'une philosophie de la nature assez conforme aux idées des Lumières : devenue inaudible dans le fracas des bombes anarchistes, cette intuition s'impose à

1. Pierre-Joseph Proudhon, *Œuvres choisies*, édition établie par Jean Bancal, Gallimard, 1967, p. 261.

la lecture de Proudhon. C'est pourquoi son message a un caractère fondateur.

Mais, on l'a dit, c'est en appliquant ses idées au mouvement ouvrier qu'il fait œuvre originale. Il s'agit en tous lieux et en toutes circonstances de substituer le contrat à la loi. La défiance de Proudhon à l'égard de l'intervention de l'État va très loin, plus loin qu'il ne nous paraît normal à nos yeux d'aujourd'hui. Qu'il soit, avant même l'apparition du phénomène lénino-stalinien, l'adversaire irréconciliable de tout socialisme autoritaire témoigne d'une lucidité véritablement prophétique. Le système qu'il nomme selon les moments association, fédération, communauté, et qui désigne notamment les travaux de la Commission du Luxembourg, sous l'autorité de Louis Blanc, pendant la révolution de Février, témoigne de sa vigilance à l'égard de toute intervention de l'État dans la vie économique : une défiance qui l'apparente souvent aux libéraux. Son socialisme est bel et bien un système libéral. Une concurrence vraie lui apparaît comme la condition du progrès économique. D'où, de façon surprenante, sa condamnation de la grève, qui aboutit à fausser la concurrence. Ne dirait-on pas, par moments, entendre Frédéric Bastiat ou Jean-Baptiste Say ?

Cet anti-étatisme va jusqu'à condamner ce qui à nos yeux relève de la protection sociale la plus légitime. Il n'est pas jusqu'à l'enseignement gratuit et obligatoire qui ne tombe sous le coup de sa critique : les prolétaires n'ont pas besoin d'aumône, et sauraient parfaitement, à faible coût, organiser l'enseignement, l'auto-éducation qui a ses préférences, comme plus tard celle de tous les libertaires de la pédagogie.

Alors, que faire ? L'idée proudhonienne par excellence, qui tient lieu de panacée sociale, c'est le mutuellisme, c'est-à-dire l'auto-organisation des producteurs sur la base de contrats librement négociés[1]. Il n'y faut qu'un adjuvant : la fourniture d'un capital de départ.

1. C'est l'idée développée par Philippe Chanial, *La Délicate Essence du socialisme. L'association, l'individu et la République*, Le Bord de l'eau, 2009, qui voit dans le contrat le moyen d'articuler l'idée que se fait Proudhon de la République – un régime d'autogouvernement – et sa conception de l'association. Et de citer (p. 125) cette formule de l'*Idée générale de la Révolution* (*op. cit.*, p. 216) : « Le régime des contrats, substitué au régime des lois,

Autrement dit, le crédit gratuit, dont la « Banque du peuple » sera l'ordonnatrice. Potion magique du proudhonisme, le mutuellisme fondé sur l'organisation du crédit n'est pas aussi utopique que l'a dit la tradition marxiste. N'a-t-on pas récemment attribué le prix Nobel de la paix à Muhammad Yunus, apôtre du microcrédit ?

Mais comment y parvenir ? Proudhon, qui ne veut ni de la révolution ni du réformisme parlementaire, fait confiance à l'auto-organisation des prolétaires.

Socialiste, Proudhon ? Assurément ; à condition de préciser qu'il s'agit d'un socialisme d'inspiration profondément individualiste, dans la tradition des fruitières jurassiennes. Un socialisme de la subsidiarité, en somme ; c'est dans cette synthèse en acte de la solidarité mutuelle et de l'individualisme que réside son anarchisme profond. Ces rêveries ont pu longtemps faire sourire. Mais les échecs et les crimes du « gros animal » socialiste, pour parler comme Platon, incitent à voir dans l'inspiration anarchiste non une vieillerie, mais une forme de foi dans l'avenir. Dans sa conviction qu'un problème politique n'est jamais qu'un problème économique mal posé et corrompu par la passion humaine pour l'autorité, rougeoie, comme la braise dans la nuit, une sorte d'humanisme sans illusions. Dans cette rencontre de l'Unique (Max Stirner) et de la solidarité, il y a là comme une anthropologie de l'avenir. À défaut, il existe au moins chez lui comme une théologie négative de l'homme en société, tant il est vrai, comme dit La Rochefoucauld, qu'« il est plus difficile de s'empêcher d'être gouverné que de gouverner les autres[1] ».

La question de l'influence directe du proudhonisme sur le mouvement ouvrier français a été souvent abordée, sans conclusions définitives et convaincantes. Ce n'est que lors des trois premiers congrès de l'AIT – Association internationale des travailleurs – désignée couramment comme la « Ire Internationale » (Genève, 1866 ; Lausanne, 1867 ; Bruxelles, 1868) que l'on trouve des groupements ouvriers se réclamant explicitement du mutuellisme proudhonien, en

constitue le vrai gouvernement du peuple et du citoyen, la vraie souveraineté du Peuple, la République. »

1. La Rochefoucauld, *Œuvres complètes*, maxime 151, Gallimard, coll. « Biblitohèque de La Pléiade », 1935, p. 265.

lutte contre les partisans de Karl Marx. Car dès le congrès de Bâle (1869) la majorité « anti-autoritaire » est dominée par les partisans du chef libertaire Bakounine plutôt que par les purs mutuellistes proudhoniens. Certes, ce dernier n'a pas manqué de rendre hommage au rôle précurseur de Proudhon et la Fédération jurassienne tout entière a fait de même[1]. Mais le passage du proudhonisme au bakouninisme au sein de la majorité anti-autoritaire constitue un tournant important : le premier reste partisan de la propriété privée des moyens de production, tandis que le second se qualifie lui-même de « collectiviste ». C'est du reste sous le nom de « collectivistes » que les anti-autoritaires seront couramment désignés jusqu'en 1876, date à laquelle ils se proclament communistes libertaires, tandis que les disciples de Marx, tel Jules Guesde, qu'on appelait couramment communistes, reprennent alors à leur compte le vocable de « collectivistes » ! La différence entre les deux termes ? Collectivisme désigne la propriété commune des moyens de production, tandis que communisme s'applique aussi, en principe, à la consommation et à la vie sociale.

On croit généralement que « l'épreuve des faits » est un instrument décisif pour trancher les querelles idéologiques. Il n'en est rien. Les faits, remarque Proust, pénètrent difficilement dans les régions profondes où sont tapies nos croyances.

L'épreuve des faits, ce fut, à chaud, la Commune de Paris. On ne reviendra pas sur ce qui a été dit à ce sujet dans la première partie de ce livre. Fut-elle proudhonienne, marxiste, bakouninienne, jacobine ? Une chose est certaine : au-delà des étiquettes, le faciès profondément libertaire de la Commune.

---

1. « L'anarchie n'est pas une invention de Bakounine ; si on veut absolument lier les doctrines à des noms d'hommes, il faudrait dire l'anarchie proudhonienne, car Proudhon est le véritable père de la théorie anarchiste » (Jean Maitron, *Le Mouvement anarchiste en France*, t. I, *Des origines à 1914*, *op. cit.*, p. 39). Voir également Kropotkine au procès de Lyon : « On m'a reproché encore d'être le père de l'anarchie. C'est trop d'honneur qu'on veut me faire. Le père de l'anarchie est l'immortel Proudhon, qui l'a exposée pour la première fois en 1848 » (*Procès des anarchistes devant la police correctionnelle et la Cour d'appel de Lyon*, Lyon, Imprimerie nouvelle, 1883, p. 100, cité dans Jean Maitron, *ibid.*, p. 40).

Proudhoniens, bakouninistes, communards anti-autoritaires, plus tard anarcho-syndicalistes : de la même manière, au-delà des étiquettes, il y a bel et bien un fil rouge, ou plutôt un fil noir libertaire, au sein du mouvement ouvrier international de 1871 à 1914, avec pour épicentre la Suisse (celle de la Fédération jurassienne) et surtout la France. Avec, d'un bout à l'autre, une même question qui revient inlassablement : celle de l'action politique. Chez Proudhon, et déjà avant lui chez Saint-Simon, l'accent était mis sur la priorité à donner à l'action économique et sociale sur les lieux de travail. L'individu est considéré comme producteur avant d'être regardé comme citoyen. Par rapport à la Révolution française, il s'agit d'une révolution copernicienne.

C'est dès l'origine de l'AIT que la question de l'action politique est posée avec acuité. Au premier congrès, celui de Genève (3-8 septembre 1866), à propos des statuts de l'Internationale, une divergence se glisse entre la version française et la version anglaise. La première stipule que « l'émancipation économique des travailleurs est le grand but auquel doit être subordonné tout mouvement politique ». La seconde ajoute à ces derniers mots « *as a mean* » – comme un moyen. Divergence a priori mineure, puisqu'elle ne paraît pas remettre en cause la prédominance de l'émancipation économique et sociale du prolétariat, conforme au *Manifeste du parti communiste* de 1848 qui qualifiait de façon restrictive l'action politique de « moyen à ne pas négliger[1] ». Le conflit latent entre marxistes et anti-autoritaires allait pourtant prendre prétexte de cette simple nuance pour s'affirmer et pour aboutir de facto en 1874 à la mort de la Ire Internationale, tandis que la Fédération jurassienne fait office d'Internationale des anti-autoritaires jusqu'en 1880, avec des effectifs réduits. La composition des congrès, qui ne regroupent guère en général qu'une vingtaine de délégués, dont 2 ou 3 pour la France, donne une idée de la représentativité effective de telles réunions.

C'est un des péchés mignons du mouvement socialiste de l'époque que de prétendre trancher les plus graves questions par le biais de querelles syntaxiques et de discussions byzantines, qui permette

1. Cf. Jean Maitron, *Le Mouvement anarchiste en France*, t. I, *op. cit.*, p. 44-45.

à chacun de ne pas découvrir ses véritables intentions. Un quart de siècle après la Ire Internationale, dont la vie et la mort furent en somme dominées par une incise anodine d'apparence, « *as a mean* », c'est toute l'orientation de la IIe qui allait se définir à partir de l'inclusion ou non d'une virgule dans un texte fondamental. En 1896, à Londres, les « marxistes » avaient pris leurs précautions et l'acceptation de l'action politique avait été définitivement imposée aux groupes politiques adhérents. Mais les syndicats ? Allait-on leur faire passer des épreuves de conformité ? La question se posait avec d'autant plus d'acuité que les anarchistes, empêchés de passer la porte du congrès comme militants politiques, avaient décidé d'y rentrer par la fenêtre comme syndicalistes. La discussion se focalisa sur la préparation du congrès suivant où il fut décidé que : « toutes les chambres syndicales seront admises au Congrès, et aussi les partis et organisations socialistes qui reconnaissent la nécessité de l'organisation des travailleurs et de l'action politique[1] ».

Fallait-il ou non une virgule après « toutes les chambres syndicales admises au congrès » ? Dans le premier cas elles avaient, comme tout le monde, l'obligation de reconnaître la nécessité de l'action politique ; dans le second, elles en étaient dispensées. La délégation française se coupa en deux sur le problème mais, contrairement aux usages, les partisans de l'obligation, en légère minorité, furent néanmoins admis au congrès comme « nation indépendante » ! Ainsi à Londres, en 1896, il y eut deux France, et cela pour ne pas permettre la victoire totale de la tendance anti-autoritaire. Peine perdue : au congrès suivant, les anarchistes ne furent pas admis, et la coupure entre anarchistes et socialistes définitivement accomplie.

En réalité, les premiers se remettaient difficilement de la crise suscitée dans leurs rangs et autour d'eux par la vague d'attentats des années 1892-1894.

C'est pourtant de ces échecs et de cette impasse que naquit le mouvement qui allait donner à la sensibilité libertaire ses lettres de noblesse les plus durables : l'anarcho-syndicalisme[2]. Pendant le

1. Congrès ouvrier international de Londres, 27 juillet-1er août 1896.

2. « Anarcho-syndicalisme » est au départ une expression polémique et péjorative utilisée surtout dans les milieux marxistes (voir par exemple le livre

quart de siècle qui précède la Grande Guerre, les organisations les plus représentatives du mouvement ouvrier d'alors, la Fédération des bourses du travail de Fernand Pelloutier, puis la Confédération générale du travail (CGT) de Victor Griffuelhes et de Léon Jouhaux, ont été dominées par les libertaires. C'est là une situation unique, qui n'a d'équivalent dans aucun État européen, malgré la force des courants anti-autoritaires dans d'autres pays méditerranéens, comme l'Espagne ou l'Italie, et qui fait de la France un contre-modèle par rapport aux autres schémas en cours à la même époque, tels le travaillisme britannique et la social-démocratie germanique[1].

À l'origine de cette tonalité délibérément anarchiste du mouvement ouvrier français de la Belle Époque, il y a la décision des anarchistes eux-mêmes, en tout cas d'une partie d'entre eux, d'entrer dans les syndicats. Ayant tout essayé au cours du quart de siècle précédent, le mutuellisme proudhonien, le communisme anti-autoritaire de Bakounine, la « propagande par le fait » à la Ravachol ou à la Émile Henry, le mouvement anarchiste se trouvait, après l'échec de cette tentative terroriste, sans stratégie et sans objectif. Comme l'action parlementaire était exclue par construction, le syndicalisme devenait la seule issue.

---

de René Garmy, *Histoire du mouvement syndical en France*, t. I, *Des origines à 1914*, Bureau d'éditions, 1932), à laquelle les militants de l'époque préféraient l'expression de « syndicalisme révolutionnaire ». J'ai proposé dans divers livres (*Fernand Pelloutier et les origines du syndicalisme d'action directe*, Seuil, 1971 ; *Autonomie ouvrière. Études sur le syndicalisme d'action directe*, Gallimard-Seuil, 1988) l'expression plus neutre et plus exacte de « syndicalisme d'action directe » à laquelle la plupart des historiens se sont ralliés. Si je reviens ici au terme d'anarcho-syndicalisme, qui ne désigne qu'une partie du phénomène, c'est qu'il permet de faire apparaître la composante proprement anarchiste du phénomène.

1. Dans le modèle britannique, ce sont les syndicats (*trade unions*) qui ont donné naissance au parti travailliste ; dans le modèle allemand, c'est au contraire le parti social-démocrate qui a suscité des syndicats. Dans les deux cas, les deux organisations, syndicat et parti, vivent dans une étroite symbiose. Dans le cas français au contraire, syndicat et parti naissent et vivent indépendants l'un de l'autre sur fond de méfiance réciproque. J'ai développé ces distinctions dans mon livre *Autonomie ouvrière*, *op. cit.*, p. 113-227.

Après avoir une nouvelle fois récusé les actions des « chimistes » (les auteurs d'attentats maniant des bombes de fabrication artisanale), Fernand Pelloutier, hôte des *Temps nouveaux* d'un Jean Grave pourtant peu favorable au syndicalisme[1], montrait comment la « leçon expérimentale » des syndicats pouvait ouvrir les yeux des prolétaires. Certes, il ne fallait pas espérer que la prochaine révolution réalise « le communisme anarchique pur ». Mais n'était-il pas possible d'échapper à la « geôle collectiviste » et de mettre en place dans un premier temps une organisation libertaire « limitée exclusivement aux besoins de la production et de la consommation, toutes institutions politiques ayant disparu » ? Pour une première étape, on conviendra que cela n'était déjà pas si mal.

Mais cet appel aux anarchistes serait sans doute resté anecdotique s'il ne s'était appuyé sur un invariant : à l'origine de l'exception syndicalo-politique française, il y a la tenace méfiance d'une fraction militante, parfois majoritaire, de la classe ouvrière à l'égard des partis politiques organisés.

C'est cette défiance que, à son tour, il faudrait expliquer. Elle s'appuie sur la propension des divers courants socialistes à se diviser par scissiparité, sur des bases idéologiques parfois bien abstraites. Elle est donc liée aux origines intellectuelles, plutôt qu'ouvrières, du mouvement socialiste français, à la différence de la social-démocratie allemande et du travaillisme anglais.

D'où la tendance à se séparer et à entretenir des haines inexpiables, tandis que le mouvement ouvrier proprement dit, tel qu'il se dégage de la pratique, a soif d'unité, gage d'efficacité. Ce n'est donc pas par hasard que dans un pays où les partis politiques sont fortement idéologisés, le prolétariat ait développé des tendances ouvriéristes et antiparlementaires. De Proudhon à Griffuelhes et Monatte, en passant par Pelloutier, il existe, au-delà des différences doctrinales, ce fil rouge de la défiance envers la politique et les partis qui l'animent. On retrouve cette même tendance chez les

1. « L'anarchisme et les syndicats ouvriers », *Les Temps nouveaux*, 2 novembre 1895. Texte intégral dans Jacques Julliard, *Fernand Pelloutier et les origines du syndicalisme d'action directe*, *op. cit.*, p. 399-405.

leaders étudiants du mouvement de 1968, comme par exemple Daniel Cohn-Bendit.

Or la faiblesse numérique du socialisme français, jusqu'aux hautes eaux du Parti communiste de la Libération, s'explique à son tour par ses divisions byzantines. On en tirera volontiers une espèce de loi sociologique : chaque fois qu'il échappe à son encadrement intellectuel petit-bourgeois, le mouvement ouvrier à l'état pur revient naturellement à une sorte de spontanéisme qui transcende largement la coupure canonique entre réformistes et révolutionnaires. C'est ce retour obstiné à une sorte d'isostasie trade-unioniste que Lénine redoutait tant dans *Que faire ?* Livrée à elle-même, la classe ouvrière n'est pas révolutionnaire, mais libertaire, et seuls des professionnels de la révolution peuvent transformer ce « trade-unionisme » en courant révolutionnaire. À l'inverse, c'est le libertarisme spontané qu'exprime parfaitement la philosophie politique de Proudhon. Le proudhonisme à l'état naissant des ouvriers n'est pas affaire de « réception » d'une philosophie mais d'expérience vécue.

Jeune assistant d'histoire à Besançon, et s'interrogeant sur l'influence de Proudhon sur le syndicalisme du début du siècle, le grand historien Lucien Febvre concluait :

> Ce n'est pas moi, mais la réalité des choses qui fait revivre l'auteur de *La Capacité politique des classes ouvrières*[1].

Du coup, l'hypothèse de ce libertarisme spontané invite à réduire la portée réelle de l'investissement des syndicats par ceux que l'on pourrait nommer les libertaires professionnels. Certes, l'étude micro-historique des bourses du travail et de certains syndicats de métier permet de déceler l'arrivée d'un certain nombre de militants anarchistes purs. Mais il est permis d'estimer que, dans la majorité des cas, c'est le mouvement nouvellement créé qui a permis à des tendances libertaires latentes dans la classe ouvrière d'apparaître au grand jour. Certes, les courants anarchistes, au sens politique, vont

1. Une question d'influence : « Proudhon et le syndicalisme des années 1900-1914 », *Revue de synthèse historique*, XIX, 2 (1909), p. 179-193. Repris dans Lucien Febvre, *Pour une histoire à part entière*, Bibliothèque générale de l'École pratique des hautes études, 6e Section Sevpen, 1962, p. 772-791.

continuer à exister et même à trouver une visibilité nouvelle. Tandis que *Les Temps nouveaux* de Jean Grave sont ouverts, on l'a vu, au mouvement ouvrier (après les interventions ponctuelles de Fernand Pelloutier, Paul Delesalle, puis Pierre Monatte et Georges Dumoulin y entretiendront une chronique sociale régulière), *Le Libertaire* de Sébastien Faure est constamment hostile au syndicalisme dans lequel il ne voit qu'illusion, à cause de la « loi d'airain » qui pèse sur les salaires[1].

Mais c'est bien à l'intérieur de la Fédération des bourses puis de la CGT que les idées libertaires progressent. L'influence anarchiste y prend la forme, non du noyautage, mais de la tache d'huile. La première tactique, qui sera pratiquée plus tard par les communistes, sous l'influence de Lénine, consiste à utiliser la structure syndicale comme terrain de manœuvre au service d'une organisation politique plus ou moins clandestine, qui reste le centre névralgique de l'action. La seconde, moins politicienne, consiste à accepter qu'au terme d'un brassage des idées et des pratiques avec les non-anarchistes, surgisse une idéologie nouvelle commune aux uns et aux autres.

C'est Jean Latapie, secrétaire de l'Union fédérale des ouvriers métallurgiques, qui le déclare tout net lors de la grande confrontation du congrès d'Amiens (octobre 1906) où fut votée la fameuse motion d'indépendance syndicale, dite « charte d'Amiens ».

> Il faut que nous disions qu'il y a une doctrine nouvelle, le syndicalisme. [...] La fédération de la métallurgie est une fédération socialiste, dans la bonne acception du terme. Nous y affirmons la doctrine réformiste et la doctrine révolutionnaire. [...] Dans le sein de notre Fédération, il ne saurait y avoir des opportunistes, des radicaux, des socialistes de diverses écoles ou des anarchistes, pas plus que des croyants ou des athées ; nous considérons qu'il n'y a que des exploités, quelles que soient leurs convictions[2].

1. Sur l'articulation anarchisme-syndicalisme, je renvoie à Jean Maitron, *Le Mouvement anarchiste en France*, *op. cit.*, ainsi qu'à deux de mes livres, *Fernand Pelloutier et les origines du syndicalisme d'action directe*, *op. cit.* et *Autonomie ouvrière*, *op. cit.*

2. Confédération générale du travail, XVe Congrès national corporatif (IXe de la Confédération) tenu à Amiens du 8 au 16 octobre 1906, Compte rendu des travaux, Amiens 1906. Je renvoie ici à mon étude : « La charte

Et Griffuelhes de confirmer, en 1920 : « Nous n'étions plus ni anarchistes, ni jauressistes, ni guesdistes, ni allemanistes, nous n'étions plus que des syndicalistes[1]. »

Quels sont les principes de cet anarcho-syndicalisme, devenu, par osmose de ses diverses composantes, syndicalisme d'action directe ?

D'abord l'indépendance du syndicalisme par rapport à la politique. Trois tendances se faisaient jour à Amiens : les syndicalistes révolutionnaires, les réformistes, les socialistes. Les premiers avaient en commun avec les troisièmes l'objectif final d'une transformation radicale de la société, mais ils partageaient avec les seconds le refus de liens organiques avec les partis socialistes qui s'étaient réunifiés l'année précédente dans la SFIO. Or la charte d'Amiens est l'objet d'un compromis entre syndicalistes révolutionnaires et réformistes contre les socialistes guesdistes : à Amiens, les premiers derrière Griffuelhes, Pouget et Merrheim privilégient clairement l'objectif de l'indépendance par rapport à la révolution. Au congrès socialiste de Tours (1920) qui consacra la scission entre socialistes et communistes, on vit d'ailleurs la plupart des héritiers du syndicalisme révolutionnaire confirmer le choix d'Amiens.

Une telle position implique la primauté du syndicat, groupement de classe, sur le parti, groupement idéologique. Dans cette affaire, les plus fidèles au marxisme, pour autant qu'il suppose le primat de l'économique sur le politique, ne sont pas les futurs léninistes mais les héritiers de l'anarchisme.

D'où l'idéal de l'« action directe » que l'on a trop rapidement et trop sommairement identifié à la violence. L'action directe signifie avant tout l'action sur les lieux de travail, de préférence à l'action électorale et parlementaire, qui est par définition une action indirecte. C'est le refus de la part des travailleurs de confier la gestion de leurs affaires à des mandataires extérieurs à eux. C'est l'idée que dans toute la phase d'émancipation, le salarié doit l'emporter sur le citoyen dans l'esprit de tout prolétaire.

---

d'Amiens, cent ans après. Texte, contexte, interprétations », *Mil Neuf Cent*, numéro spécial, *op. cit.*

1. Dans Roger Hagnauer, *Le Syndicalisme vivant, l'actualité de la charte d'Amiens, 1906-1956*, Éditions de l'Union des syndicalistes, 1956, p. 2.

Il est significatif que l'objectif assigné à l'action syndicale n'est pas la construction du socialisme, mais « l'abolition du salariat et du patronat ». Aux yeux des promoteurs de la charte, le salariat socialiste ne vaut guère mieux que le salariat capitaliste.

La motion d'Amiens, conformément à la tradition libertaire, s'inscrit en faux contre la démocratie considérée comme la loi du nombre. Les leaders de la CGT refusent obstinément la représentation proportionnelle, c'est-à-dire la loi des « gros bataillons », qui règne dans la social-démocratie anglo-saxonne. Un syndicat, quels que soient ses effectifs, doit être compté comme un autre. On imagine les abus auxquels mène cette pratique, mais il faut en comprendre les raisons. L'action doit reposer, non sur une addition de votes, mais sur une addition de volontés. L'individualisme anarcho-syndicaliste fait acception de personnes. Il pense que le salut vient, non des masses, mais des individus les plus déterminés : c'est une conception héroïque, non statistique, de l'Histoire qui se dessine ici. C'est qu'il faut à tout prix préserver, contre les risques de caporalisme inhérents à toute entreprise révolutionnaire, ce que Pelloutier appelait « cette timide et fragile fleur qu'est l'amour de l'indépendance ».

L'alliance passée à Amiens entre révolutionnaires et réformistes sur la base de l'indépendance impliquait que l'on ne fasse pas de choix exclusif entre la perspective révolutionnaire et l'action revendicative quotidienne. Cette volonté d'être présent sur tous les plans à la fois était du reste conforme à la pratique ordinaire de la CGT.

On avait affaire à une vision « pansyndicaliste » qui faisait de l'organisation syndicale un « groupement de résistance » dans l'immédiat, et dans l'avenir un « groupement de production et de répartition », c'est-à-dire la base de la réorganisation sociale.

Quant à la question des relations avec les partis politiques, qui avait été le point de départ de la controverse d'Amiens, elle était tranchée de la manière la plus simple et la plus radicale : il n'y en aurait pas. Liberté était donnée aux individus d'adhérer à l'organisation politique de leur choix – c'était bien le moins – mais encore à condition qu'ils n'introduisent pas dans le syndicat les opinions qu'ils pouvaient professer ailleurs. La charte d'Amiens était un véritable manifeste de « laïcité syndicale ». Du reste, l'attitude condescendante observée ici envers les partis – et plus particulièrement le Parti socialiste – s'appliquait aussi aux « sectes » – entendez les groupuscules anarchistes.

Le syndicalisme d'action directe, tel qu'il se définissait ici, se trouvait donc à équidistance du socialisme, de l'anarchisme et du mutuellisme proudhonien. Il n'entendait devenir la courroie de transmission de personne.

Du premier, il refusait l'idéologie collectiviste et le primat de la politique, comme on vient de le voir. Résolument décentralisateur et même fédéraliste, il craignait par-dessus tout la vision guesdiste d'une société organisée de façon pyramidale comme une vaste entreprise. Du second, il refusait l'inorganisation et le pari aveugle dans la régénération par la violence. Du troisième enfin il rejetait la confiance dans l'auto-organisation de la société sur la base du contrat et de la mutualité. C'était donc une création originale, mais liée pour partie au moins à un certain stade de l'évolution capitaliste : celui où l'on pouvait admettre que le citoyen se définisse essentiellement par sa place dans le processus de production. Telle était sa faiblesse et même sa contradiction, car une telle vision paraît difficilement compatible avec l'individualisme farouche de ses promoteurs.

Comment dans ces conditions un Georges Sorel, qui s'est voulu non le théoricien, mais un observateur attentif – un « sociologue », disait-il – du syndicalisme d'action directe, a-t-il pu le caractériser par la « violence[1] » ?

Victime de ses admirateurs proclamés – parmi lesquels Gramsci, mais aussi Mussolini –, victime de la non-lecture de ses œuvres par les plus péremptoires de ses détracteurs – de Sartre à Althusser –, victime surtout de son goût pour la provocation verbale, Sorel traîne après soi la réputation injustifiée de partisan de la violence, au sens ordinaire que l'on donne à ce terme, c'est-à-dire d'un usage brutal de la force physique.

1. Georges Sorel, *Réflexions sur la violence*, 1908, nombreuses rééditions depuis. Les références ci-dessous renvoient à l'édition parue aux éditions du Seuil en 1990, établie par Michel Prat, préface de Jacques Julliard.

Par un distinguo sémantique justifié sur le fond, mais malencontreux dans les termes, Sorel propose de distinguer la *force*, qui caractérise les actes de l'autorité étatique, et qui a souvent en effet un caractère de brutalité extrême, de la *violence*, qui désigne à ses yeux les actes de révolte des opprimés. Eût-il inversé les deux termes que son œuvre n'eût pas été victime des contresens auxquels elle a donné lieu. Car non seulement Sorel ne conseille pas au prolétariat ce que nous appelons « violence », mais il a cette dernière en sainte horreur et fait grief à Jaurès d'avoir, dans son *Histoire socialiste de la Révolution française*, fait l'apologie de la violence d'État exercée par les hommes de 93.

> Nous dirons donc que la force a pour objet d'imposer l'organisation d'un certain ordre social dans lequel une minorité gouverne, tandis que la violence tend à la destruction de cet ordre[1].

Sorel n'est jamais parvenu à imposer sa terminologie. Comme Proudhon, qui a eu à traîner et à assumer sa vie durant – et même au-delà – une définition de la propriété (« la propriété, c'est le vol »), à laquelle, fondamentalement, il n'adhérait pas, le nom de Sorel s'est trouvé lié à une certaine brutalisation des rapports sociaux et humains, que symbolise le mot violence. Tandis que la force peut être une vertu, par exemple dans la théologie catholique, le mot violence, de par son étymologie même, est marqué du sceau de l'illégitimité. Quoi qu'il en soit, la violence dont parle Georges Sorel ne vise pas les personnes, fussent-elles des ennemis.

La « violence », notamment sous la forme de la lutte des classes, ou à travers le « mythe » de la grève générale, vise à dénuder les rapports sociaux. La violence prolétarienne traduit essentiellement l'idée de rupture et de sécession sur l'Aventin, que nous avons déjà rencontrée chez Proudhon. Séparation définitive ? Pas sûr. Il s'agit avant tout de transformer en sécession volontaire et délibérée l'exclusion sociale dont la classe ouvrière est victime dans la société bourgeoise. Dénuder les rapports sociaux, au sens où l'on parle de dénuder un fil électrique, c'est redonner à ceux-ci toute leur vigueur. Comme Proudhon, Sorel est obsédé par la décadence

1. *Ibid.*, p. 169.

morale de la société bourgeoise. Il s'agit donc de réactiver une vigueur de classe que le parlementarisme et le réformisme social tendent à débiliter. Depuis que Marx a fait de la lutte des classes le moteur de l'Histoire, elle a été mise à de nombreuses sauces : à la sauce révolutionnaire chez Marx lui-même, à la sauce transformiste chez les réformateurs, à la sauce morale chez Sorel et un certain nombre de moralistes de son espèce. Peut-être touchons-nous ici du doigt l'un des ressorts les plus cachés et les moins avoués comme tels de la philosophie des anarchistes : le sursaut devant l'injustice, qu'il convient de combattre par l'action sur soi-même mais aussi par l'action sociale conçue comme régénératrice, la déviation proprement violente et terroriste n'étant que l'exacerbation de cette tendance, mais aussi son aveu d'impuissance.

Longtemps majoritaire chez les cadres de la CGT avant 1914, l'idéologie libertaire et syndicaliste que l'on vient de décrire ne fut pas pour autant adoptée par la classe ouvrière dans son ensemble. À la même époque, le socialisme politique s'installait en France. Il comportait en son sein des sous-ensembles idéologiques, « marxistes » autour de Guesde et de Lafargue, « blanquistes » ou prétendus tels autour de Vaillant, réformistes autour de Millerand et de Viviani, sans parler de la « synthèse jaurésienne ». Celle-ci refusait de choisir entre divers possibles, par exemple entre la réforme et la révolution ; mais sa composante la plus originale reposait sur un évolutionnisme politique à la française impulsé par la Révolution. Il était de la nature de celle-ci d'imposer une marche en avant continue, fondée sur la philosophie des Lumières reprise à son compte par la IIIe République : la démocratie sociale serait le couronnement nécessaire de la démocratie politique. Une telle vision de l'Histoire était à l'opposé de celle du syndicalisme d'action directe, fondée sur la rupture de classe.

Il serait vain d'essayer de chiffrer la distribution des deux philosophies, socialiste et syndicale, dans la classe ouvrière de l'époque. Hostile au principe même du suffrage universel comme mesure de l'influence, la famille libertaire échappe à toute évaluation numérique. Il serait sans doute plus conforme à la réalité d'imaginer cette classe ouvrière, jaurésienne quand elle se rendait aux urnes et disciple de Griffuelhes quand elle se mettait en grève. Cette contradiction ne faisait d'ailleurs que reproduire la tension dialectique entre vision réformiste et vision radicale qui se faisait jour aussi bien chez Griffuelhes que chez Jaurès.

En tout état de cause, la Première Guerre mondiale constitue un tournant majeur dans l'histoire de la famille libertaire ; un échec dont elle ne s'est jamais relevée. Bénéficiant des divisions à l'intérieur de sa concurrente socialiste, elle avait pu pendant vingt-cinq ans dominer le mouvement syndical et faire presque jeu égal avec les bataillons socialistes. La guerre fit voler en éclats cette situation flatteuse et exceptionnelle ; elle ramena les anarchistes à leur étiage groupusculaire. Et cela pour deux raisons : l'échec des velléités de mobilisation du prolétariat contre la guerre ; le surgissement d'un nouveau concurrent, le communisme bolchevique, qui modifie radicalement la donne au sein du mouvement ouvrier.

C'est qu'en effet la doctrine anti-belliciste de la CGT de l'avant-14 porte la marque explicite des militants anarchistes. La « charte d'Amiens » (1906) avait été votée massivement par les syndicalistes révolutionnaires et réformistes, tandis que les socialistes s'abstenaient. En revanche, une motion Yvetot, qui faisait passer la CGT de l'antimilitarisme traditionnel à un véritable refus de l'idée de patrie, ne fut adoptée que par 488 voix contre 388. Des révolutionnaires avérés comme Merrheim, Luquet, Latapie, Pataud faisaient partie de la minorité. Deux ans plus tard, au congrès de Marseille (1908), profitant de la désorganisation de la direction confédérale consécutive aux événements de Draveil-Villeneuve-Saint-Georges (1908), les anarchistes purs, parfois extérieurs à la CGT, comme le dessinateur Grandjouan et des proches de *La Guerre sociale* de Gustave Hervé, imposèrent à la CGT une motion appelant à l'instruction des travailleurs pour « qu'ils répondent à la déclaration de guerre par une déclaration de grève générale révolutionnaire ». On oublia vite « l'instruction » et l'on finit par se persuader que la CGT s'était engagée à répliquer à la guerre par la grève générale. On sait qu'il n'en fut rien et que le ministre de l'Intérieur n'eut nul besoin de mettre en action le fameux « Carnet B » prévoyant l'arrestation préventive des militants anarchistes engagés dans l'antimilitarisme.

Dans sa grande majorité, la CGT se rallia à l'Union sacrée, son secrétaire général Léon Jouhaux en tête[1].

La forfaiture était patente et le discrédit irrémédiable.

C'est pourquoi le bolchevisme offrit à la radicalité ouvrière, intellectuelle et petite-bourgeoise, un aliment nouveau et une nouvelle carrière. Tiraillés entre l'aspiration à la révolution et l'attachement à l'indépendance, les anarchistes se divisèrent. Les uns, séduits par le caractère révolutionnaire du nouvel Évangile communiste, adhérèrent. Pas pour longtemps. Bien vite, l'incompatibilité entre l'esprit libertaire et le bolchevisme fut manifeste. Les uns s'en allèrent, les autres furent exclus. D'autres enfin restèrent à quai comme Lecoin et firent du pacifisme leur principal champ d'activité. Seule *La Révolution prolétarienne*, la revue de Pierre Monatte, Maurice Chambelland, Daniel Guérin, sut entretenir la flamme fidèle d'un syndicalisme fier et libre. Ils furent rejoints dans les années 1930 par Simone Weil, génial électron libre du filon libertaire, combinant le pacifisme des disciples d'Alain avec l'angoisse devant la montée de l'hitlérisme, le refus du communisme stalinien et l'esprit de révolte. Dans une époque conformiste et manichéenne où chacun se calfeutre dans ses certitudes et la haine de l'autre, la figure de Simone Weil excède largement son influence réelle, qui resta limitée au cercle de ses relations. Cette volonté de ne pas user de ses engagements comme d'un oreiller pour le sectarisme fait d'elle la digne héritière d'une tradition dialectique anti-hégélienne, dont on a vu qu'elle passe par Pascal, Proudhon et Sorel. « Méthode d'investigation : dès qu'on a pensé quelque chose, chercher en quel sens le contraire est vrai », écrit-elle dans ses *Cahiers*[2]. L'engagement, l'expérience vécue ne

1. Cf. Jacques Julliard, « La CGT devant la guerre », *Le Mouvement social*, n° 47, avril-juin 1964, p. 7-30, repris dans *Autonomie ouvrière*, *op. cit.*, p. 94-111 ; Jean-Jacques Becker, *Le Carnet B. Le pouvoir public et l'antimilitarisme avant la guerre de 1914*, Klincksieck, 1973 ; *Comment les Français sont entrés en guerre*, Presses de la Fondation nationale des sciences politiques, 1977.

2. Repris par Gustave Thibon dans *La Pesanteur et la Grâce* (choix de pensées de Simone Weil, Plon, 1948, p. 120), qui voit là la clé de ses contradictions *apparentes*. Par exemple entre Dieu comme réalité suprême et Dieu comme absence.

sauraient tenir lieu de preuve logique et scientifique. « Établie » en usine bien avant les soixante-huitards, Simone Weil n'en dénonce pas moins dans le collectif ou le social la clé de toute idolâtrie : « C'est le social qui jette sur le relatif la couleur de l'absolu [...] la société est la caverne, la sortie est la solitude[1]. » Le sens de la justice, l'impératif de l'urgence ne doivent pas servir à justifier l'adoration idolâtre du Veau d'or, c'est-à-dire du « gros animal ».

Exemplaire à cet égard est son attitude dans la guerre d'Espagne. Son pacifisme ne l'empêche nullement, mue par une « nécessité intérieure », de s'engager physiquement aux côtés des républicains. Munie d'une carte de journaliste, elle va offrir successivement ses services au POUM (Parti ouvrier d'unification marxiste), d'orientation trotskiste, puis à la CNT (Confédération nationale du travail, anarcho-syndicaliste) et enfin à la colonne Durruti d'inspiration libertaire. Une brûlure accidentelle du pied dans une bassine d'huile bouillante l'empêcha de prendre part aux combats (20 août 1936) ; elle rapporta néanmoins de son expérience espagnole une fidélité sans faille mais sans indulgence et sans illusions au camp républicain. En témoigne sa lettre à Georges Bernanos (1938) où elle dénonce l'ambivalence de son propre camp : l'immoralité, le cynisme, le fanatisme, la cruauté sont mêlés, dans le cas de la CNT, à l'amour, la fraternité, l'horreur[2]. Et surtout elle décèle la racine de la volonté exterminatrice dans la pensée totalitaire de l'exclusion et du racisme :

> Lorsque les autorités temporelles et spirituelles ont mis une catégorie d'êtres humains en dehors de ceux dont la vie a un prix, il n'est rien de plus naturel à l'homme que de tuer.

Peut-être est-ce dans une période d'effacement comme l'entre-deux-guerres que l'on mesure le mieux la radicale originalité de la pensée libertaire au sein de la gauche : le refus de l'esprit d'orthodoxie en un siècle qui a inventé le totalitarisme.

---

1. *Ibid.*, p. 183.
2. *Bulletin des Amis de Georges Bernanos*, 1950. Repris dans Simone Weil, *Œuvres choisies*, Gallimard, 1999, p. 403-409. Cette lettre, que Bernanos conserva dans son portefeuille jusqu'à sa mort, fit scandale chez les militants anarcho-syndicalistes quand elle fut republiée en 1954 dans la revue *Témoins*.

Nous avons raisonné jusqu'ici comme si tout anarchisme était nécessairement de gauche, au point d'en avoir fait, aux côtés du libéralisme, du jacobinisme et du collectivisme, une famille-souche de celle-ci. Et pourtant, il ne manque pas de gens, notamment chez les intellectuels, pour se réclamer de « l'anarchisme de droite ». Pour l'essentiel, ces personnalités se rencontrent dans la littérature, les métiers artistiques, notamment ceux du théâtre et du cinéma, plutôt que dans l'univers politique proprement dit. Que l'on songe parmi les écrivains à Jean Anouilh, à Marcel Aymé, à Jacques Perret, à Roger Nimier ou à Antoine Blondin, et surtout à Louis-Ferdinand Céline : la liste est longue et prestigieuse ; elle pourrait s'augmenter dans un registre plus philosophique et plus relevé du nom d'Émile Cioran. Au cinéma, des metteurs en scène comme Claude Autant-Lara ou Jean Yanne, des dialoguistes comme Michel Audiard, des acteurs comme le Jean Gabin grincheux, bourru et autoritaire de la dernière période, dans des rôles de truand, de parrain ou de gentleman-farmer.

Pascal Ory, qui a consacré à ce microcosme effervescent un essai vif et inspiré[1], souligne à juste titre la place tenue, pour illustrer cette sensibilité multiforme, par un cinéma populiste et anticonformiste, dont *La Traversée de Paris* (« salauds de pauvres ! ») reste le modèle inégalé, mais aussi par les films policiers pleins de noirceur, mais non dépourvus d'émotion. Au travers d'équipées crépusculaires de mauvais garçons en fin de course, s'exprime un pessimisme profond devant l'écroulement d'un ordre du monde qui, quoi qu'ils en disent, a été le leur.

Peut-on, dans ces conditions, parler d'anarchisme, sinon par une analogie purement formelle avec *Le Voleur* de Georges Darien ou *Le Journal d'une femme de chambre* d'Octave Mirbeau ? Tous ces hommes – on remarquera qu'aucune femme ne s'est glissée parmi eux, tant leur « machisme » est viscéral – ne sont pas des ennemis de l'autorité, comme on l'attendrait de véritables anarchistes, mais bien plutôt des nostalgiques d'un ordre perdu. Beaucoup d'entre eux ont sympathisé avec le régime de Vichy, dont ils attendaient

1. Pascal Ory, *L'Anarchisme de droite, ou Du mépris considéré comme une morale, le tout assorti de réflexions plus générales*, Grasset, 1985.

la restauration de cet ordre. Leur fureur iconoclaste, leur esthétique de la dérision, leur nihilisme ostentatoire ne sont le plus souvent que l'habillage littéraire d'une mentalité de vaincus. Ce qu'ils reprochent à la droite classique, ce n'est pas son goût de l'ordre, c'est au contraire les concessions qu'elle fait à la gauche et à l'idée de progrès. S'y ajoute, comme le souligne Pascal Ory, une misanthropie qui tourne facilement au mépris de leurs semblables, et notamment des plus humbles d'entre eux, à qui ils prêtent les instincts les plus bas.

On comprend dans ces conditions que l'anarchisme de droite, si l'on tient à l'expression, ne saurait constituer une vraie famille politique. Non seulement il n'a pas de programme, si élémentaire qu'il soit, mais il est dans l'embarras dès qu'il est sommé de donner une contrepartie positive à toute cette négativité. Aucune couche sociale ne saurait se reconnaître en lui, si ce n'est à l'échelle individuelle. Il faut se résigner à voir en lui le contrecoup littéraire souvent brillant d'une arrogance contenue, mêlée de pessimisme et de découragement. Cette sensibilité-là est aux antipodes du véritable esprit libertaire ; elle est en outre totalement extérieure à notre épure.

Il se passa en mai 1968, durant les « événements », comme on n'a, faute de mieux, cessé de les appeler, un phénomène nouveau, d'une ampleur inégalée : un grand mouvement social, qui s'étendit sur plus d'un mois et mobilisa, au bas mot, 6 à 7 millions de personnes, d'où les forces organisées de la gauche étaient à peu près absentes. Passe pour la droite, qui ne se réveilla qu'à la fin, pour soutenir le général de Gaulle et donner le holà ! Mais les communistes ? Les socialistes ? Les radicaux ? Aux abonnés absents ! Les syndicats ? Pour l'essentiel sur la défensive, avant tout préoccupés d'interdire l'invasion des « forteresses ouvrières » par les hordes étudiantes, et de négocier avec le gouvernement qui faisait tout pour les valoriser. Incapables, à l'exception de la CFDT, de communier avec le mouvement, sauf à le transformer en grande grève salariale.

On eût dit que, tout à coup, l'espace politique de la gauche était tout entier réparti entre des groupuscules nommés maoïstes, trotskistes ou anarchistes. Rien à voir avec juin 1936, où l'on vit en majesté communistes, socialistes, radicaux en tête de défilés bien ordonnés. Rien à voir non plus avec les grands mouvements de la Libération, dominés par les partis parlementaires. La raison en est simple : pour la première fois dans un grand mouvement social de ce type, ce n'est pas la classe ouvrière qui s'était mise en marche, mais les étudiants. Le prolétariat ne fit qu'emboîter le pas. Or dans la masse étudiante, les grands partis politiques de gauche, à l'exception déclinante des communistes, étaient pratiquement absents. Certes, le bigotisme ouvrier était tel que l'on feignit de croire que la « Commune étudiante » n'était qu'un prologue à l'entrée en scène de l'acteur principal, qui ne pouvait être que la classe ouvrière. Les leaders du mouvement, à l'exception de Daniel Cohn-Bendit et de son mouvement du 22 mars, le professaient eux-mêmes. Mais avec le recul, le doute n'est guère permis : contrairement à ce qu'enseigne la vulgate marxiste, les ouvriers étaient définitivement réformistes, tandis que les étudiants, issus majoritairement des classes moyennes, pouvaient être révolutionnaires, à tout le moins subversifs. Cette redistribution des cartes dans les sociétés industrielles, probablement durable, est apparue clairement à la lueur de l'incendie soixante-huitard, même si sur le moment la myopie des acteurs suggéra exactement l'inverse.

Pour la première fois peut-être à l'époque contemporaine, un grand conflit social n'avait pas pour objet, direct ou indirect, la répartition de la plus-value, c'est-à-dire une question économique. Les étudiants n'étaient pas des salariés, ce n'était pas un problème d'exploitation qui était posé, mais de domination, au sens politique et culturel du mot. Les idéologies traditionnelles de la gauche, libérale ou collectiviste sous ses deux formes, sociale-démocrate ou marxiste, n'avaient rien à dire, rien à proposer à ces révoltés d'un type nouveau. Seule l'idéologie libertaire, qui met l'accent principal sur la question de l'autorité, répondait au moins partiellement à la situation. Du jour au lendemain, elle devenait l'horizon commun à ce nouveau mouvement. Des groupes dissidents ou contestataires qui avaient vécu jusque-là dans la confidentialité la plus totale, comme Socialisme ou barbarie, ou l'Internationale situationniste accédaient du jour au lendemain à la célébrité et figuraient parmi les inspirateurs intellectuels du mouvement. Le premier – « SOB » –, issu du trotskisme, était devenu, sous les signatures de Cornelius

Castoriadis, de Claude Lefort ou de Daniel Mothé, l'organe le plus remarquable d'analyse de la dégénérescence bureaucratique stalinienne et remettait en cause le rôle dirigeant du parti dans le processus révolutionnaire. Le second – « IS » –, grâce à Guy Debord (*La Société du spectacle*) et Raoul Vaneigem (*Traité de savoir-vivre à l'usage des jeunes générations*), pratiquait la critique la plus virulente, dans la veine surréaliste, de la vie quotidienne, dénonçant, à des années-lumière de la langue de bois communiste, la misère sexuelle en milieu étudiant et les faux-semblants de la société de consommation. Le penseur quasi officiel du mouvement de Mai, inconnu de la plupart jusqu'au mois d'avril, était Herbert Marcuse. À juste titre : l'auteur d'*Éros et civilisation* (1955) et surtout de *L'Homme unidimensionnel* (1964) avait été l'un des premiers à souligner le véritable passage de témoin, qui se déroulait sous nos yeux dans l'ordre révolutionnaire, de la classe ouvrière aux nouveaux prolétariats étudiants ou immigrés.

Le mouvement du 22 mars, né de la revendication de mixité dans les dortoirs de la Cité universitaire de Nanterre, sous l'impulsion d'un exceptionnel agitateur, Daniel Cohn-Bendit, résumait les tendances qui venaient de se faire jour : libération des mœurs et contestation de l'autorité sous toutes ses formes.

Si maintenant on confronte le flamboyant libertarisme étudiant de mai 68 avec le vieil anarchisme lié au mouvement ouvrier, on constate une grande continuité idéologique associée à des innovations importantes. Les éléments de cette continuité se confondent avec l'essence de l'esprit libertaire : c'est d'abord et avant tout la contestation de toute autorité. De ce point de vue, le mouvement de 1968 constitue un apogée historique de cet esprit en France. Il n'est pas un secteur de la vie publique qui n'en ait été affecté : d'abord l'université, qui fut l'épicentre du mouvement, puis l'entreprise, et enfin les institutions politiques : le gouvernement présidentiel mais aussi le Parlement ; les partis mais aussi les syndicats et bien entendu les organes du pouvoir : police, armée, justice. Les ondes se propagèrent ensuite à la société civile tout entière, famille, Églises, institutions culturelles telles que la télévision, le cinéma, le théâtre.

Partout c'est la légitimité du commandement, de tout commandement, qui était remise en cause ; l'ordre même de la société, et même la société tout court, qui était restée, en dépit de révolutions successives, une société d'ordres, au double sens du mot. D'où l'attitude ambiguë, propre à l'esprit libertaire, entretenue à l'égard de la politique. Selon les formes qu'on lui conférait, elle était universellement méprisée ou excessivement exaltée. Comme institution garante de l'ordre social et de l'autorité, c'est toute l'institution politique que l'on récusait. Non sans une pointe de condescendance amusée : on mettait le feu à la Bourse, mais on passait à côté du Palais-Bourbon dans la plus complète indifférence. On vouait les patrons à la potence ; mais pour le dixième anniversaire du retour de De Gaulle, on agitait ironiquement des mouchoirs en signe d'adieu. En revanche, on faisait de la catégorie du politique un usage extensif et même intempérant : tout, affirmait-on alors, en dépendait : l'économie, la vie sociale, mais aussi le sexe et la littérature. Quel contraste avec le marxisme ! Celui-ci fait de l'économie l'infrastructure universelle ; les soixante-huitards, quoi qu'ils en aient dit, attribuaient cette place à la politique, sous la forme de la délibération collective, véritable vache sacrée du mouvement. Le grand sociologue politique américain Albert O. Hirschman[1] distingue dans la vie de la cité une alternance de périodes où l'on attend tout de la politique, c'est-à-dire du collectif, et d'autres périodes caractérisées par le repli sur la vie privée. Favorisée par son dynamisme et sa confiance en l'avenir, la société française tout entière était portée par une croyance dans les valeurs collectives, appelée à s'affaisser dans les deux décennies de la fin du siècle.

C'est ainsi que ce mouvement révolutionnaire, qui prétendit souvent se réclamer du marxisme, porta à la vulgate marxiste des coups dont elle ne s'est jamais relevée. Largement entreprise avant 1968, la critique du totalitarisme (Hannah Arendt, Carl J. Friedrich, Zbigniew Brzezinski, Raymond Aron, Claude Lefort) tira des événements une légitimité nouvelle. Le concept même de totalitarisme, regardé alors avec suspicion jusque dans la gauche modérée, s'imposa. Pouvait-on du reste critiquer l'« État policier » dans la France de De Gaulle et rester muet sur ce qui s'était passé en Russie, de Staline à Brejnev ?

1. Albert O. Hirschman, *Bonheur privé, action publique*, Fayard, 1983.

L'ensemble de cette critique déboucha sur une idée nouvelle : celle d'autogestion. Formellement importée de la Yougoslavie de Tito, elle prit dans la France d'alors une signification plus large que la gouvernance d'entreprise ; elle s'imposa comme un concept majeur substituant à l'organisation hiérarchique de la société une exigence de contrôle et d'autonomie. Stricto sensu, l'autogestion échoua dans l'entreprise ; mais la participation des acteurs devint, au cours des décennies suivantes, un concept clé, qu'il s'agisse de l'entreprise elle-même, de la vie municipale, de la vie scolaire, etc. En somme, ce qui dans Mai 68 continuait de s'inspirer du marxisme collectiviste dépérit complètement ; ce qui provenait de la pensée libertaire prospéra, au point de remodeler la société dans des proportions que les vieux anarchistes n'eussent jamais osé espérer.

Il est un domaine où la rupture avec le vieux fond proudhonien fut spectaculaire : celui des mœurs. Nous avons souligné le conservatisme volontiers puritain de Proudhon, comme d'ailleurs, pour une fois d'accord, du Parti communiste. À l'inverse, 1968 donna le signal d'une libération des mœurs qu'à vrai dire la société attendait depuis longtemps, à telle enseigne qu'un pouvoir issu de la droite comme celui du président Giscard d'Estaing se fit un devoir de la mettre en œuvre. Tout ce qui, de près ou de loin, touchait à la sexualité (relations entre les adolescents, avortement, contraception, homosexualité) se trouvait depuis longtemps sous l'emprise d'une société catholique et paysanne très répressive : ce couvercle-là sauta un peu après les autres, mais les ondes engendrées par cette explosion se font encore sentir quarante ans après. Il est vrai qu'au puritanisme proudhonien avait succédé au sein du mouvement anarchiste un courant contraire prêchant dans les milieux ouvriers le néomalthusianisme et l'éducation sexuelle conjuguée avec la novation pédagogique : le docteur Paul Robin avait été dans ce domaine un pionnier. Plus généralement, l'émancipation des femmes, longtemps regardée avec méfiance jusque dans les milieux syndicalistes les plus avancés, fut une conséquence directe du libertarisme de 1968.

Comme la suite l'a montré, la diffusion des idées libertaires dans la société française est devenue un phénomène durable qui excède de beaucoup les frontières traditionnelles de la famille anarchiste.

Celle-ci, constituée stricto sensu de petits partis ou de fractions syndicales héritées du passé (telles que la Confédération nationale du travail – CNT – espagnole), continue son existence groupusculaire. En revanche, l'état d'esprit anti-autoritaire a continué de se développer, notamment chez les étudiants, les lycéens, les chercheurs, les artistes, dans les milieux de la publicité, de la communication, et plus généralement au sein des nouvelles classes moyennes qualifiées de « bobos ». Ces bourgeois-bohèmes ont une influence considérable sur la société tout entière ; ils sont la preuve vivante de cette migration du libertarisme des milieux populaires vers la bourgeoisie.

Mais de quel libertarisme s'agit-il ? Historiquement, celui-ci se caractérisait par la volonté de dépasser par le haut la norme juridique et de lui substituer une norme contractuelle, fondée sur l'individualisme moral. L'individualisme a survécu à 1968, mais en perdant la plus grande partie de son ambition, au profit d'une sorte d'anomisme vulgaire dont la formule la plus courante, c'est le droit pour chacun d'agir à sa guise.

Chaque famille politique est grosse d'une déviation qui lui est particulière : dans le cas du libéralisme, c'est un économisme débridé fondé sur la recherche exclusive du profit individuel ; avec le jacobinisme, c'est le culte de l'État et de la centralisation, célébrés en dehors de toute considération d'efficacité ; dans celui du collectivisme, c'est la tyrannie bureaucratique et même le totalitarisme. Dans le cas du libertarisme, c'est un individualisme vulgaire et égoïste, une négation de l'intérêt général, accompagnée d'une vision purement consumériste de l'État et des institutions sociales.

C'est ainsi que la révolte contre les appareils se transforme en désinvestissement à l'égard de la chose publique ; le refus honorable de la dépendance envers la société cède le pas à une demande d'assistance permanente. Sous des apparences libertaires, la vision hédoniste et individualiste qui gagne du terrain est en réalité fille du capitalisme, non de sa contestation[1]. Victime de son succès, la pensée libertaire tend à perdre la haute exemplarité sociale de ses militants les plus éminents. De Proudhon à Simone Weil, en passant

1. Régis Debray, *Modeste contribution aux discours et cérémonies du dixième anniversaire*, Maspero, 1978.

par Sorel et Pelloutier, les libertaires furent, selon la formule de ce dernier, « les amants passionnés de la culture de soi-même », acquis à une conception héroïque de l'existence, tentés par de véritables formes de sainteté laïque[1]. Ce n'est pas pour rien que la plupart ont considéré la question religieuse, non comme un jardin secret qu'il s'agit de cultiver, mais comme une partie intégrante de la question sociale. De toutes les pensées de gauche, le libertarisme est, on l'aura compris, celle qui s'apparente le plus à une éthique. Peu présente dans le champ politique, elle s'est emparée en vainqueur du champ social. Au risque de s'y perdre…

Au-delà de la gauche, les huit familles politiques de la France

Les familles politiques ne sont pas jetées au hasard sur l'échiquier politique. Alors que leur répartition entre les partis est pour une part importante due aux accidents de l'Histoire, leur situation propre correspond à une sorte de nécessité imposée par le jeu des grands acteurs collectifs. Ceux-ci sont au nombre de trois : l'individu, la société, l'État. Comme on vient de le voir, l'identité de chaque famille dépend de la façon dont elle articule les interactions entre ces trois grandes identités. De même que l'astronome français Le Verrier (1811-1877) démontra par les seuls calculs de mécanique céleste l'existence de la planète Neptune avant que celle-ci ne fût découverte réellement par l'Allemand Galle, on pourrait déduire a priori l'existence des familles politiques du seul examen des interactions entre ces trois grandes forces collectives. On découvre alors une étrange homologie structurelle entre la droite et la gauche, comme si en chaque lieu stratégique coexistaient deux familles-doublons, l'une à droite, l'autre à gauche.

Soit un triangle dont les trois sommets sont occupés par l'État, l'individu et la société, et considérons les côtés qui les relient deux par deux.

---

1. Dans une large mesure, Albert Camus jouera dans une période aussi manichéenne, à savoir la Seconde Guerre mondiale, un rôle comparable à celui de Simone Weil, qu'il admirait, dans les années 1930 et 1940. On renvoie au portrait qui en est fait ici, en parallèle à Jean-Paul Sartre.

Agrégat n° 1 : collectivisme, traditionalisme, fascisme

Il apparaît au premier abord que quiconque à gauche privilégie les rapports de l'État et de la société au détriment de l'individu appartient à la famille collectiviste ou, si l'on préfère, à la famille socialiste autoritaire. Dans les régimes que l'on a historiquement qualifiés de socialistes, par opposition aux régimes capitalistes, l'individu est systématiquement traité en suspect. L'individu, c'est M. Chacun, c'est aussi M. Tout-le-monde, sans qualification quelconque. C'est le sujet des droits de l'homme dans le système issu de la Révolution française. Au contraire, pas d'individu nu dans le système socialiste ; chacun est situé. On ne le tolère qu'habillé en ouvrier ou en directeur d'usine, en employé des chemins de fer ou en gardien d'immeuble ; on ne l'accepte qu'agrégé en de multiples institutions socio-économiques et respectant sans mot dire le rôle dirigeant de l'État.

On mesure ici pleinement les effets pervers de la critique de l'abstraction démocratique menée par les marxistes : elle enferme chaque homme dans son particularisme social, là où la philosophie libérale des droits de l'homme suppose, en chacun, un au-delà de ce particularisme et fonde la dignité de l'homme sur ce substrat universel. Loin que l'universalisme abstrait des droits de l'homme soit mystificateur, c'est au contraire son abstraction qui fonde son universalisme et qui interdit d'enfermer chaque individu dans ses déterminations contingentes. Contrairement aux apparences, c'est l'abstraction qui libère et le primat du concret qui emprisonne.

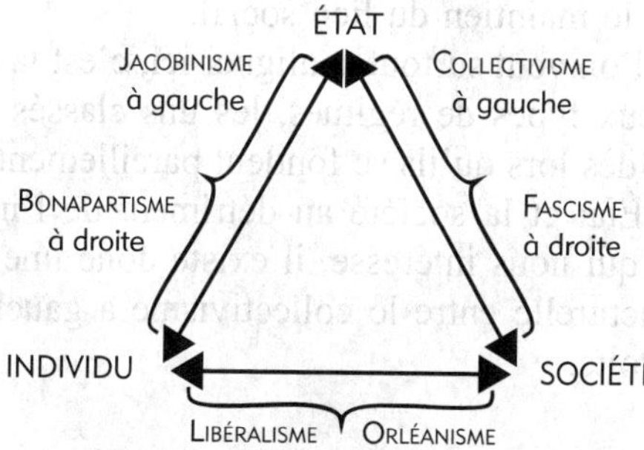

Or c'est justement ce primat du concret que professent tous les régimes qui privilégient le lien État-société au détriment de l'individu. Ce qu'ils veulent avant tout éviter, c'est une société constituée d'individus moléculaires où chacun est porteur de droits. L'Homme abstrait a des droits ; le citoyen concret, qu'il soit ouvrier ou paysan, manœuvre ou directeur d'usine, professeur ou employé des postes, n'a que des devoirs envers la société : ceux que résume sa profession. Il faut insérer ce dangereux anarchiste en puissance qu'est l'individu dans un maillage serré de fonctions, de corporations, d'associations qui ne le laissent jamais seul un instant et qui, toutes, dépendent de l'État. Cet organicisme concret, fondé sur une critique féroce de l'individualisme révolutionnaire, se retrouve dans des régimes politiques aussi différents que le traditionalisme, le fascisme et le collectivisme : c'est le primat de la corporation, c'est-à-dire du corps, sur chacun de ses membres. Loin de moi l'idée de mettre sur un même plan la pensée de Joseph de Maistre, de Mussolini et de Lénine. Ne serait-ce que parce que dans l'organisation concrète de la société, le traditionalisme s'appuie principalement sur les institutions sociales naturelles (famille, corporation), le fascisme de type italien les met en concurrence avec l'État dans la direction de la société et le communisme soviétique les subordonne toutes à l'État.

Par voie de conséquence, les régimes corporatistes d'inspiration traditionaliste – que l'on songe par exemple au Portugal de Salazar – sont moins policiers et surtout moins violents que le collectivisme soviétique qui compte exclusivement sur l'État pour assurer la cohésion de l'ensemble, en négligeant le rôle des institutions naturelles dans le maintien du lien social.

Mais ce que l'on veut surtout souligner ici, c'est la parenté structurelle entre deux types de régimes, les uns classés à gauche, les autres à droite, dès lors qu'ils se fondent pareillement sur une forte liaison entre l'État et la société au détriment de l'individu. Dans le cas français qui nous intéresse, il existe donc une incontestable homologie structurelle entre le collectivisme à gauche et le traditionalisme à droite.

Agrégat n° 2 : jacobinisme, bonapartisme

Soit maintenant le second côté du triangle, celui-là qui unit les deux sommets occupés par l'État et par l'individu, et qui est affronté au troisième, c'est-à-dire la société. Alliance au premier abord paradoxale : l'individu ne s'est-il pas dégagé historiquement, comme acteur social majeur, de sa lutte contre l'État et sa toute-puissance ? Pourtant, il suffit d'examiner cette nébuleuse que l'on nomme jacobinisme, qui a trouvé son expression la plus tranquille et durable sous la IIIe République, pour s'assurer que le tête-à-tête de l'individu avec l'État constitue, au moins en France, une figure politique majeure, et au départ une figure de gauche comme le soutient Louis Dumont[1]. Le rôle de l'État s'y affirme avec vigueur comme organisateur du lien social. C'est de lui que l'on attend l'instruction, le progrès, la paix sociale, et même certaines formes de régulation économique. Mais au profit de qui ? Les républicains répondent sans équivoque, et presque sans exception : au profit de l'individu. C'est lui, cet étrange orphelin, cet organisme monocellulaire qui est censé être le bénéficiaire de toute l'action de l'État, et non les associations naturelles (la famille) ou volontaires (corporations, syndicats, partis, religions…). C'est son épanouissement, et non son embrigadement qui est la finalité même de la politique. C'est l'individu tout court – ou mieux encore cette monade politique que l'on nomme citoyen – qui est au cœur du dispositif. En cela, le jacobinisme, fût-il le plus empreint d'esprit social – cela va de Saint-Just à Léon Bourgeois –, se distingue radicalement du socialisme, qui voit dans les classes, et non dans les individus, les cellules de base de la société. Et voilà un socialiste de tempérament individualiste – mettons Jaurès – bien embarrassé, et dont la figure historique s'est trouvée comme sortie de sa contradiction essentielle par l'inachèvement de sa carrière politique.

Le fondateur de cet agrégat n° 2 ? C'est évidemment Rousseau, Rousseau qui avec une géniale perversité a jeté les bases de toutes

1. Louis Dumont, *Essais sur l'individualisme. Une perspective anthropologique sur l'idéologie moderne*, Seuil, 1983, ainsi que « Sur l'idéologie politique française », *Le Débat*, art. cit.

les contradictions du monde moderne, de l'individualisme le plus exacerbé de *La Nouvelle Héloïse*, au social-contractualisme le plus inexorable, celui de ses écrits politiques ; Rousseau qui a laissé à d'autres le soin de faire l'impossible synthèse de la liberté selon les Anciens du *Contrat social* et de la liberté selon les Modernes de l'*Émile* ou de *Julie*... Telle est pourtant cette forme politique française que l'on nomme république, qui a longtemps fait figure d'exception dans le concert des démocraties modernes ; celle qui exprime au plus haut degré le caractère essentiellement politique de l'animal humain. Or il se trouve que cette forme propre à la France du tête-à-tête entre l'État et l'individu, que l'on nomme jacobinisme, et qui se situe à gauche, a trouvé au XIXe siècle son homologue à droite sous le nom de bonapartisme. Comme le jacobinisme, le bonapartisme place l'État au poste de commandement et fait de l'État le centre moteur de la société tout entière. En plus des fonctions régaliennes traditionnelles (armée, justice, police), il subordonne la religion et l'instruction au pouvoir central, fait des évêques des préfets violets et de tous les fonctionnaires, y compris les enseignants, des agents du pouvoir central. Il n'est pas jusqu'à la littérature qu'il n'entende contrôler : Napoléon Ier par des moyens énergiques, Napoléon III par la séduction, voire la corruption. Il se défie du parlementarisme et ne le tolère que pour la façade, sous l'étroit contrôle de l'exécutif. Il exècre la liberté de la presse, dès lors qu'elle est censée attenter aux intérêts publics et à la raison d'État. Par-dessus tout, et pour la même raison, il interdit les factions, c'est-à-dire les partis organisés et concurrents entre eux pour la conquête du pouvoir. Au total, et comme le jacobinisme, le bonapartisme a compris que le contrôle de l'opinion publique est une des clés de la conservation du pouvoir dans la société moderne. À la démocratie représentative et parlementaire, il substitue un système plébiscitaire qui s'efforce de faire le vide entre les sommets de l'État et la masse de la population. Certes, à mesure que le siècle avance et que les tendances à l'émancipation de la société civile par rapport à l'État s'affirment, un Napoléon III a vu l'importance de l'organisation corporative des travailleurs et des chefs d'entreprise. Plutôt que de devoir la combattre, il s'efforce de la patronner et de la détourner des voies dangereuses de la politique pure. C'est une dictature sans doute, mais plus rigoureuse à l'égard de la classe politique qu'à l'égard de l'ensemble de la population.

Ainsi, les deux jumeaux nourrissent une passion sans limites pour le rôle dirigeant de l'État appuyé sur un exécutif fort qui est censé représenter le corps social tout entier. Historiquement, l'Empire a succédé au début du XIXe siècle à la République jacobine et en a reproduit les tendances les plus marquantes.

Alors, où donc est la différence ? Pourquoi le jacobinisme est-il de gauche et le bonapartisme de droite ?

La réponse est à rechercher dans l'évolution historique des deux modèles. Le jacobinisme s'est accommodé beaucoup plus vite des exigences démocratiques de la société française dans la deuxième moitié du XIXe siècle, et de l'aspiration de la bourgeoisie aux « libertés nécessaires » réclamées par Thiers sous le second Empire. Après 1871, le jacobinisme contracte un mariage légitime et durable avec la République, tandis que le bonapartisme, malgré l'évolution finale du second Empire vers un certain libéralisme, demeure une doctrine de coup d'État et de dictature.

Mais si l'on veut bien admettre avec René Rémond que le gaullisme de la Ve République est un avatar du bonapartisme, on devra convenir que lui-même n'est pas incompatible, loin de là, avec l'esprit républicain. Avec la pratique du référendum et du principe de l'élection du président au suffrage universel (1962), c'est même un des traits distinctifs du système plébiscitaire, abhorré des vieilles barbes républicaines, qui est entré durablement dans le patrimoine républicain.

L'autre différence fondamentale tient aux soutiens sociaux auxquels font appel les deux systèmes. Le jacobinisme a conservé de ses origines révolutionnaires une attitude militante contre les classes conservatrices et une préférence pour les classes moyennes, tandis que le bonapartisme, en dépit de son discours plébéien, repose en dernière analyse sur l'alliance des classes dirigeantes et de la paysannerie parcellaire.

Agrégat n° 3 : libéralisme de gauche, orléanisme, libertarisme, démocratie chrétienne

Et maintenant fermons notre triangle, en traçant le troisième côté, celui qui relie l'individu à la société sans passer par le troisième sommet, celui de l'État. Nous y avons noté deux couples, l'un formé par les deux libéralismes, celui qui se réclame de la gauche et celui qui s'incarne à droite sous le nom historique d'orléanisme. On a souligné les similitudes et aussi les dissemblances entre ces deux demi-familles, séparées par la coupure canonique entre la droite et la gauche, telle qu'elle résulte de l'histoire française. Aussi n'y reviendrons-nous pas en détail.

Il peut paraître étrange, voire baroque, de rapprocher, comme nous le faisons ici, deux familles aussi étrangères l'une à l'autre que sont le libertarisme et la démocratie chrétienne. Notons que cette dernière ne figure pas dans le classique inventaire des droites proposé par René Rémond[1] sans que celui-ci se soit jamais vraiment expliqué sur cette absence. Sauf à faire de la démocratie chrétienne une famille du centre, ce qu'elle est parfois dans ses intentions, mais non dans sa sociologie électorale. Il paraît donc préférable de la considérer comme une authentique famille de droite, mais fortement distincte de ses trois voisines. Démocratie chrétienne et anarchisme ont en commun de ne pas viser exclusivement le monde politique, et même très souvent de s'en détourner. Il y a chez les uns et les autres une commune défiance à l'égard de l'État, et au contraire une confiance affirmée dans les ressources de la société ; sur ses capacités à se diriger elle-même sans recourir à cette instance à demi extérieure et comme en surplomb par rapport à la société qu'est l'univers politique. Ce n'est pas pour rien que les tendances libertaires de Mai 1968 trouveront l'accueil le plus favorable dans une confédération syndicale fortement marquée par ses origines démocrates-chrétiennes, la Confédération française et démocratique du travail (CFDT). C'est là que le mot d'ordre d'autogestion, entendu comme le refus du caporalisme d'entreprise et le pari fait sur les capacités d'auto-organisation des travailleurs, a été d'emblée accueilli favorablement.

1. René Rémond, *Les Droites en France*, Aubier-Montaigne, 1982.

Ces deux familles, peu représentées au Parlement – et même pas du tout dans le cas de l'anarchisme –, nourrissent ainsi une part irréductible d'utopie sociale : pour l'une comme pour l'autre, le commandement de la société par la politique est un pis-aller dont il faut limiter l'extension.

Mais n'est-ce pas aussi le point de vue des deux libéralismes, celui de gauche comme celui de droite ? L'un et l'autre se défient des tendances autoritaires du collectivisme. Mais aussi du bonapartisme, quitte à en tirer des conséquences différentes. Le libéralisme de gauche – que l'on songe à la « deuxième gauche » de Michel Rocard – a été dans une période récente le vecteur du mot d'ordre d'autogestion, aux côtés des libertaires, tandis que le libéralisme de droite a nourri en son sein une idéologie de la liberté de l'entreprise et de ses effets bienfaiteurs. Ces quatre familles ont au moins en commun de s'opposer à la centralisation, c'est-à-dire à la tutelle de l'État sur la société. Elles révèlent peu ou prou ce que Pierre Rosanvallon a décrit comme une « lutte de la société civile contre le jacobinisme[1] », insistant notamment sur la place des associations et du syndicalisme dans la résistance, plus d'une fois victorieuse, à l'étatisme et à la centralisation. Il ne serait pas difficile de montrer qu'il y a souvent une sorte de convergence objective des familles politiques que l'on vient d'énumérer dans cette résistance.

Les parallélismes dont nous venons d'esquisser sommairement les lignes de force à partir de notre schéma triangulaire remettent-ils en cause l'existence de familles politiques stables à travers les avatars des formations politiques contingentes ? En aucune façon, bien au contraire. Nous avons vu que chacune d'entre elles correspond à une case bien définie sur un tableau qui évoque parfois l'existence de corps simples sur le tableau de Mendeleïev. Il y a des invariants politiques qui résistent aux accidents de la conjoncture. Ce n'est pas parce qu'une famille cesse à un moment d'être représentée au Parlement et même plus largement de se manifester qu'elle cesse pour autant d'exister. La politique n'est pas faite seulement de la lutte des partis pour la conquête du pouvoir ; elle vit aussi d'une existence autonome, et en quelque sorte autosuffisante. L'importance d'une

1. Pierre Rosanvallon, *Le Modèle politique français*, *op. cit.*

famille politique ne se mesure pas uniquement au nombre de ses membres, mais au type de solution qu'elle dessine. Ces invariants collectifs sont comme des idées platoniciennes. Pour prendre un seul exemple à gauche, la famille libertaire est souvent comme une chapelle cachée dans le paysage. Mais dans certaines circonstances, comme par exemple en 1968, elles deviennent de véritables forces motrices, irradiant le système politique tout entier.

La question qui se pose à leur sujet est la suivante. Comment concilier la quasi-gémellité de familles de gauche et de droite avec la triple définition, beaucoup plus exclusive, que nous avons proposée d'emblée de la gauche : l'union du progrès et de la justice, l'individualisme, la souveraineté populaire ? La réponse est sans doute que l'appartenance d'un individu à la gauche est le résultat de deux éléments complémentaires. D'abord, l'adhésion à un certain type d'organisation sociale privilégiant l'État, l'individu ou la communauté. Cette adhésion est sans doute la plus spontanée : elle tient compte de penchants naturels et aussi de l'insertion, en partie contingente, dans certains réseaux, tels l'entreprise, la fonction publique, le milieu tertiaire, etc. Une telle insertion laisse ouverte dans chacun des cas, comme on l'a vu, une option de droite ou une option de gauche. On peut se faire une haute idée de l'État, et incliner pour des solutions de type conservateur ou de type progressiste.

Vient ensuite le choix, sans doute plus volontaire, d'un système de valeurs. C'est ici que la préférence pour l'ordre ou le progrès, le collectif ou l'individuel, la hiérarchie ou l'égalité, joue un rôle déterminant. Autrement dit, l'adhésion à une famille politique procède d'un double choix, où les déterminismes héréditaires ou sociaux se conjuguent avec les options propres à l'individu.

Est-il besoin de le dire ? Une telle décomposition des processus d'adhésion, les étapes chronologiques qu'elle paraît impliquer, est purement artificielle et ne prétend nullement décrire la réalité historique des comportements. Ainsi ai-je procédé à propos de la formation des opinions des individus. J'ai déjà affirmé qu'il s'agissait d'un véritable trou noir de la science, une véritable énigme dans la représentation que nous nous faisons de l'univers politique. Et pourtant les huit familles que nous avons été amené à distinguer, légitimisme, bonapartisme, orléanisme à droite selon la tripartition de René Rémond à laquelle j'ai proposé d'ajouter la démocratie chrétienne ; libéralisme, jacobinisme, collectivisme, libertarisme à gauche sont de véritables données de l'expérience, fruits de la rencontre entre la structuration des institutions socialistes et l'évolution historique. On aura compris que leur exposition ne vise pas principalement l'explication des comportements électoraux, comme le fait aujourd'hui une science politique de plus en plus utilitariste. Elle vise à une interprétation culturelle globale des phénomènes sociaux dont, après l'effondrement des « grands récits » tel le marxisme, nous manquons aujourd'hui cruellement.

GAUCHE VOLTAIRE ET GAUCHE ROUSSEAU[1]

Tous deux appartiennent sans contredit à la gauche, qui ne s'est jamais lassée de les célébrer. Vit-on jamais la droite se réclamer de l'un ou de l'autre ? Si Rousseau suscite d'emblée plus de ferveur, Voltaire jouit sa vie durant d'une reconnaissance plus large et d'une renommée universelle. C'est lui, donc, qui entre le premier au Panthéon (1791), précédant son cadet de trois années. Lors du centenaire de leur mort presque simultanée, en 1878, les républicains sont si avides de s'approprier l'héritage encyclopédiste et anticlérical de Voltaire qu'ils en oublient de commémorer l'auteur du *Contrat social*. Mais celui-ci, qui recrute ses admirateurs du côté de l'extrême gauche, ne tardera pas à avoir sa revanche au XXe siècle, laissant Voltaire embaumé dans son sarcophage scolaire.

Avant d'être convertis en pendentifs jumeaux sur la cheminée de la République, les deux hommes se sont haïs avec délectation, pour avoir emprunté des cheminements opposés sur la voie de la réussite littéraire, de la reconnaissance sociale et, pour le dire simplement, de la gloire universelle.

Voltaire de Rousseau : « Un charlatan qui a lassé la pitié de ses bienfaiteurs et l'indignation publique n'a pu déshonorer que lui-même, et non pas la littérature[2]. »

---

1. *Les Gauches françaises, 1762-2012, histoire, politique et imaginaire*, Flammarion, 2012, p. 116-126.
2. Lettre de M. de Voltaire à M. Hume, 1766.

Rousseau à Voltaire : « Je ne vous aime point, Monsieur ; [...] Je vous hais en homme encore plus digne de vous aimer si vous l'aviez voulu[1]. »

Jusqu'à eux, les écrivains français se contentaient d'écrire et de jouir paisiblement de leur réputation de bons ouvriers des lettres. Rien de plus. Eux accèdent d'emblée au statut d'écrivains-symboles, voire d'écrivains-programmes. En les qualifiant de philosophes, leur siècle veut signifier qu'ils appartiennent tout entiers au champ de la politique. Les premiers encore, ils font de leur vie et par-dessus tout de leur mode de vie le manifeste permanent de leur pensée. Leur première réforme sera celle du costume. Rien ici ne sera laissé au hasard, ni la robe de chambre et la perruque surmontée d'un bonnet du patriarche de Ferney, ni l'accoutrement d'Arménien de l'ermite d'Helvétie. Même dépendance empreinte de méfiance à l'égard des grands chez ces deux hommes, en qui l'imagerie révolutionnaire voit des contempteurs de l'aristocratie. L'un et l'autre ont passé leur vie dans la compagnie des grands seigneurs et surtout des grandes dames. Mais le premier, Voltaire, vit dans leur lumière ; le second, Rousseau, dans leur ombre. Le premier est l'illustration des cours étrangères, à commencer par le Sans-Souci de Frédéric II. Le second se réfugie dans les ermitages comme ceux que Madame d'Épinay ou le marquis de Girardin lui ménagent en marge de leur château.

Il y a dans la vie de Voltaire quelque chose d'une comédie de mœurs, étalée sur près d'un siècle. Et même, à l'occasion, d'un vaudeville. Emprisonné une première fois en 1717, à l'âge de 23 ans, pour avoir écrit des vers injurieux contre le Régent, il en sort onze mois plus tard, non sans avoir envoyé son poème sur la Bastille à celui-ci, qui réplique par une pension… La seconde fois (1726), après la bastonnade que lui fait infliger Rohan-Chabot, toute la ville se presse dans son appartement à l'intérieur de la forteresse, au point qu'il faudra interdire les visites et le libérer. Fasciné par les rois et les princes, il donne à Catherine II de la « Sémiramis » et à Frédéric II du « Salomon du Nord », à quoi

1. Lettre de Rousseau à Voltaire, 17 juin 1760, reproduite au livre X des *Confessions*.

celui-ci réplique en le qualifiant de « Virgile du siècle ». Quand sa Sémiramis (il dit aussi « ma Cateau ») envahit la Pologne (1768), prélude à son dépeçage, Voltaire s'écrie : « L'impératrice de Russie non seulement établit la tolérance universelle dans ses vastes États, mais elle envoie une armée en Pologne, la première de cette espèce depuis que la terre existe, une armée de paix qui ne sert qu'à protéger les droits des citoyens et à faire trembler ses persécuteurs[1]. » La race des grands écrivains humanistes, thuriféraires de tyrans, n'est pas près de s'éteindre. Et que dire de ses rapports avec la religion catholique ? L'ennemi juré de l'intolérance qu'il symbolise, l'exégète acéré des stupidités qu'il dénonce dans la Bible, l'infatigable détracteur des jésuites, au point de donner son nom à un adjectif qui signifie anticlérical, n'a cessé d'avoir avec le Ciel des accommodements. Non content de proclamer la religion nécessaire à la canaille, il ne craint pas d'assurer le pape Benoît XIV de ses sentiments chrétiens, afin d'aider son élection à l'Académie française (1746). Arrivé à l'âge de 60 ans, il fait sa « première communion » pour se concilier les grâces des autorités de Strasbourg ; il ne manque pas de faire ses pâques à Ferney dans l'église qu'il a érigée à Dieu, et entretient à demeure un jésuite, le père Adam, dans son château. N'est-ce pas Rousseau qui voit en lui « l'ami des jésuites » ? Voltaire joue avec tout, avec sa santé comme avec ses idées, en un manège social où la dérision permanente n'exclut jamais une part de sincérité. La lignée des écrivains qui se cachent derrière leurs écrits est plus que jamais vivante. Il n'a pas 30 ans qu'il inaugure son personnage de moribond, nouveau Volpone avide, non d'argent, mais de célébrité.

Que dire enfin de ses rapports avec les femmes, dont il préfère la compagnie à celle des hommes ? Il dispute aux plus célèbres, comme son amie Madame Geoffrin, la palme dans l'art de la conversation. « Amant de neige » et peu regardant au chapitre des amours, il entretient avec la marquise du Châtelet (« Émilie ») une amitié intellectuelle et amoureuse traversée d'orages, de trahisons et de réconciliations.

1. Sermon prêché à Bâle, le premier jour de l'an 1768, par Josias Rossette, ministre du Saint-Évangile (1768).

Tandis que Voltaire s'installe avec bonheur dans la comédie sociale, Rousseau se nourrit dans la solitude de ses propres contradictions. N'a-t-il pas affirmé lui-même qu'il préférait être homme à paradoxes plutôt qu'homme à préjugés ? On ose à peine les rappeler, tant elles font partie de notre histoire littéraire et philosophique : ces somptueuses incohérences qui font de lui le personnage le plus insaisissable de son siècle, de sorte que l'on est encore à se demander si ses postures successives ne sont pas l'habit d'Arlequin d'une grande imposture ou si au contraire c'est d'avoir su assumer avec entêtement ses humeurs changeantes qui a fait de lui le père de la religion moderne de la sincérité.

C'est ainsi, d'abord, qu'après avoir, durant sa jeunesse, célébré les bienfaits du commerce, des arts et même du luxe, il lance, sur la suggestion de Diderot, le plus virulent pamphlet jamais écrit contre toutes les formes de progrès[1]. Le voilà, pour le reste de sa vie, prisonnier volontaire de ce qui n'était peut-être au départ qu'une provocation de jeune homme assoiffé de célébrité. 1751 : notons cette date ; c'est la première fois qu'un foudroyant succès littéraire repose sur une série d'extravagances soutenues avec l'accent passionné de la conviction : l'intellectuel moderne est né. L'homme qui récidive dans le second Discours et invite à « commenc[er] par écarter tous les faits » est assuré, dans l'ordre de la présomption, d'une innombrable postérité.

À peine le contempteur des arts s'est-il relevé de son succès de scandale, qu'il ne craint pas, en entrant dans la querelle des Bouffons, de prendre parti pour la musique, italienne sans doute, mais musique tout de même. Ensuite, l'ennemi juré du théâtre fait jouer avec éclat *Le Devin de village* ; en outre le censeur sévère, qui voit dans tous les romans sans exception des instruments de corruption, fait pâmer les femmes et les jeunes gens en lançant l'un des plus grands succès romanesques du siècle, *La Nouvelle Héloïse*. Comment enfin passer sous silence que l'auteur de l'*Émile*, le grand traité d'éducation du XVIIIe siècle, fut aussi le déplorable précepteur des enfants du seigneur de Mably et le père irresponsable qui abandonne sans remords ses cinq enfants – cinq ! – à l'Assistance entre 1747 et 1752 ?

1. Rousseau, *Discours sur les sciences et les arts* (1749-1750).

Il n'est guère qu'au chapitre des femmes et à celui de Dieu – ce n'est tout de même pas rien ! – que les deux ennemis complémentaires se ressemblent. Tous deux lamentables amants, ils oscillent entre la coquetterie avec les grandes dames et le quotidien des amours ancillaires. En ce siècle où l'athéisme est très répandu chez les philosophes, tous deux se proclament déistes avec persévérance. Le premier, Voltaire, sur fond de culture catholique, au nom de la raison ; le second, Rousseau, sur fond de culture protestante, au nom du sentiment. Voltaire, logiquement, ne cache pas son admiration pour la *Profession de foi du vicaire savoyard*.

Au chapitre de leurs attitudes enfin, les surprises ne sont pas moins grandes. C'est Voltaire, le familier des cours et des rois, qui se montre militant des libertés individuelles, tandis que Rousseau, le plébéien, se garde d'intervenir dans les affaires de son siècle. Alors que Rousseau révolutionne la pensée, Voltaire, lui, ne cesse de « s'engager » comme on dira deux siècles plus tard. Tandis que Rousseau philosophe sur les droits de l'homme, Voltaire fait réhabiliter Calas et bien d'autres, comme Sirven, le chevalier de La Barre, Lally-Tollendal, en payant de sa personne, de son temps, de son argent. Tandis que le professeur de morale, l'infatigable pédagogue jette ses enfants à la rue, le cynique libertin recueille la descendante du grand Corneille, qu'il surnomme Rodogune, ne pouvant souffrir que « la petite-nièce de l'auteur de *Polyeucte* végétât sans pain et sans éducation ». Il l'entretient, veille à la bien marier, la dote et la conduit à la messe. Voilà qui compense largement quelque méchant commentaire sur l'une ou l'autre des tragédies du grand Corneille. Au chapitre de la cohérence et même de la sincérité, la palme revient sans conteste au riche patriarche de Ferney plutôt qu'au citoyen de Genève.

Ce dernier aurait même toute chance de passer pour un imposteur et un insupportable paranoïaque s'il n'était un génie. Tout simplement. Demande-t-on au génie l'exemplarité ? Nullement et même au contraire. Les vertus que l'on attend du commun des mortels deviennent souvent des obstacles à l'épanouissement des génies qui, sauf exception, sont des égotistes forcenés et des êtres asociaux. Il se trouve donc que l'inventeur de la littérature du moi, avec sa complaisante descendance, est un homme qui enflamme et révolutionne tout ce qu'il touche, littérature, philosophie, politique, pédagogie. Il est donc naturel que la postérité ait jugé Voltaire à ce qu'il fut vraiment, et Rousseau à ce qu'il a prétendu être. Et au regard de l'historien des sociétés, sinon à celui des idées, les jugements faux portés par le plus grand nombre importent plus que les jugements vrais de l'élite éclairée. Le fait est que Voltaire et Rousseau sont entrés de plain-pied dans l'histoire de la gauche et que la place qu'ils y occupent, les types idéaux qu'ils représentent sont partie intégrante de notre imaginaire politique.

Si la filiation qui va de Voltaire à la gauche voltairienne n'est pas discutable, il s'en faut pourtant de beaucoup qu'il y ait de l'un à l'autre identité complète. L'apogée de la gauche voltairienne se situe dans les premières décennies de la IIIe République : en un siècle, les circonstances politiques ont changé radicalement, puisque entre-temps sont intervenus la Révolution française, les deux épisodes bonapartistes, la monarchie censitaire, la IIe République. Les voltairiens n'ont retenu ni le goût de leur héros pour le despotisme éclairé, ni à plus forte raison son aversion pour la démocratie parlementaire. Quand celui-ci s'écrie : « J'aime mieux obéir à un seul tyran qu'à trois cents rats de mon espèce », sa formule est l'exact contre-pied de ce que ses disciples proclamés éprouvent viscéralement.

En revanche, le culte de la raison, à défaut de la déesse Raison, est le credo fondamental de l'Église voltairienne. Des philosophes du XVIIIe siècle, les penseurs républicains ont conservé le message essentiel, c'est-à-dire le soulèvement généralisé des élites éclairées contre le fanatisme, le fidéisme, le dogmatisme, tout ce qui s'oppose à l'esprit d'examen. Dans sa visée la plus haute, la République de Jules Ferry est une République critique qui a retenu la leçon de Kant, avant d'adopter, non sans avoir opéré un tri sélectif, celle d'Auguste Comte. Ce n'est pas parce qu'elle propose l'existence d'un Dieu personnel que l'Église devient, ce faisant, l'ennemi principal : c'est parce qu'elle s'oppose à tout examen critique de la Révélation. Comme il arrive toujours lorsqu'on s'en prend à un adversaire unique, on s'exagère son influence ; à force de le diaboliser, on se persuade à tort que son élimination suffira à lever tous les obstacles qui s'opposent au bonheur et à l'intelligence de l'humanité. Nous savons aujourd'hui que la généralisation de l'instruction ne produit aucun progrès moral significatif dans l'espèce humaine.

Donc, le voltairien est anticlérical ; il est convaincu que la laïcisation de la société est la condition de l'avènement de la démocratie. À la même époque, Benjamin Constant et Alexis de Tocqueville pensent exactement l'inverse. Le premier soutient qu'un peuple athée ne saurait être libre ; le second s'émerveille de découvrir aux États-Unis une véritable identification de l'esprit religieux à l'esprit démocratique. Que religion et démocratie soient là-bas profondément complices et ici systématiquement opposées continue de creuser, entre la mentalité américaine et la mentalité française, un fossé plus large que l'Atlantique, puisque dans les deux cas, au-delà des pratiques, c'est du fondement dernier de leur système politique qu'il s'agit. Certes, tous les républicains français ne sont pas des clones de M. Homais ou des abonnés de *La Calotte* ; la plupart, avec Renan[1], pensent comme Voltaire lui-même qu'il faut un Dieu pour la canaille et que, du reste, l'hypothèse déiste reste la plus raisonnable ; mais c'est précisément un Dieu dans les limites de la simple raison. Au contraire, la religion civique américaine s'accommode des « dénominations » les plus diverses, parfois les plus extravagantes. La religion civique française a trouvé le combat contre l'Église dans son berceau ; sa sœur d'outre-Atlantique est gagée sur l'un des besoins les plus invétérés de l'homme : le besoin de croire. Aux États-Unis, la démocratie est le régime même de la religion chrétienne ; en France, elle érige, face à l'Église une religion de substitution, celle du Progrès. Car si les voltairiens croient moins en Dieu que Voltaire lui-même, ils croient bien plus que lui au Progrès. La religion voltairienne a eu vers la fin du siècle son saint Paul : il a nom Condorcet. C'est lui qui a transformé la raison un peu triste des Lumières, fondée sur l'immuabilité de la nature, y compris la nature humaine, en croyance dynamique et entraînante. Grâce au progrès des sciences et des techniques, l'humanité est en marche sur un avenir meilleur, où les progrès du bien-être entraîneront un amendement moral des humains ; en matière d'eschatologie, le marxisme n'a jamais fait mieux.

---

1. Celui de *La Réforme intellectuelle et morale* (1871).

L'optimisme, digne parfois de Candide, qui sous-tend la marche victorieuse de l'humanité libérée de l'hydre de la superstition, se retrouve en matière économique et sociale. La bourgeoisie voltairienne ne dédaigne pas plus l'argent que son illustre modèle. Elle fait confiance au plus naturel dans les êtres et les choses ; elle sera donc libre-échangiste, favorable à la libre initiative et ouverte aux influences extérieures. Ce monde de notables, de commerçants, de boutiquiers, en un mot ces couches sociales nouvelles dont Gambetta avait perçu la montée se reconnaissent dans le parti radical de Léon Bourgeois et d'Édouard Herriot. Férues d'individualisme, elles adhèrent à une philosophie des droits de l'homme, défendent ardemment les libertés politiques et font une place prudente à la solidarité. Elles pensent que la Révolution est venue apporter au monde la liberté et qu'il appartient à chaque homme d'en tirer le meilleur parti possible. Pour le meilleur et pour le pire, le parti voltairien incarne la bonne conscience française.

Si la gauche Voltaire représente le parti de la raison, la gauche Rousseau est dominée par le sentiment. Ce n'est pas qu'en matière littéraire que Jean-Jacques Rousseau précède le romantisme de plus d'un demi-siècle ; il est aussi sans conteste le père du romantisme politique, dans lequel se reconnaissent les intellectuels amoureux d'absolu, les réformateurs austères, les philanthropes à toutes mains, mais aussi les misanthropes de toute farine, amis du genre humain en général et ennemis des hommes en particulier. Nostalgiques d'un Paradis perdu, ils entrent dans leur siècle à reculons, mais avec des clameurs et des fulgurances qui font passer ces chantres amers de la décadence pour des pionniers du futur, à la manière de leur modèle Jean-Jacques, contempteur du progrès, mais prophète des temps à venir. L'homme qui a littéralement inventé toutes les plaies magnifiques du monde moderne, l'adolescence, la pédagogie, l'intelligentsia, la démocratie enfin, a communiqué à ses descendants ces fécondes ambiguïtés où ils se complaisent. Démocrates de château, solitaires épris de communion universelle, infatigables moralistes qui portent leurs fautes en écharpe et leur conscience en sautoir, ils n'appartiennent pas comme les voltairiens à une classe sociale identifiable, parce qu'ils ne représentent pas des intérêts mais des idées ; ce parti de Rousseau, c'est celui que Mannheim a qualifié de *freischwebende Intelligenz*, c'est-à-dire l'intelligence flottant sans entraves au-dessus du commun des mortels.

Si la gauche Voltaire est le parti de la liberté, la gauche Rousseau est le parti de l'égalité. Cette passion que la Révolution française a portée à l'incandescence et dont la IIIe République a fait la norme tranquille d'une société de petits propriétaires, c'est Rousseau qui en allume l'étincelle. Il est vrai que pour une fois, il est ici à l'unisson de son siècle. Mais le *Discours sur l'origine de l'inégalité* peut être regardé comme la matrice originelle du socialisme à la française qui s'incarnera un jour dans Proudhon, et concurremment le manifeste d'une sorte de jacobinisme philosophique auquel Robespierre mais aussi Babeuf tâcheront de donner une traduction politique. D'où l'accent mis, à l'inverse des voltairiens, sur la pauvreté, les inégalités économiques et la tyrannie du règne de l'argent. Quand les altermondialistes contemporains proclament que le monde n'est pas à vendre, ils font comme un écho lointain à cette philosophie anti-mercantiliste qui se fait jour dans les œuvres politiques de Rousseau, comme par exemple dans le projet de constitution de la Corse. Le commerce, le « doux commerce » de Montesquieu, qui est le fondement du monde moderne chez les voltairiens, est aux yeux des rousseauistes une véritable capitulation devant ce que l'on n'appelle pas encore le matérialisme libéral. Aussi Jean-Jacques le limite-t-il au strict minimum, surtout quand il s'agit de commerce extérieur, dont il convient de confier le monopole à l'État, afin qu'il n'infecte pas l'ensemble de la société : « Dans les rapports de nation à nation, la Corse n'a aucun besoin d'argent[1]. » Pour le dire d'un mot, la gauche Voltaire est libre-échangiste, la gauche Rousseau est protectionniste ; la première est spontanément européenne, la seconde est, pour parler comme nos contemporains, souverainiste. Et à l'occasion xénophobe : dans le projet déjà cité de constitution pour la Corse, l'aimable Jean-Jacques, en cela infiniment plus allergique à l'étranger que le FLNC lui-même, limite à une personne tous les cinquante ans, moyennant du reste certaines précautions, le contingent d'étrangers pouvant y acquérir le droit de cité… Ce n'est pas du côté de Rousseau ni même des rousseauistes qu'il

1. Rousseau, *Projet de constitution pour la Corse* (1763).

faudra chercher les tenants de l'internationalisme moderne, qu'il soit libéral et capitaliste ou socialiste et prolétarien. Rousseau n'aurait pas manifesté avec les « sans-papiers »...

Il ne serait donc pas difficile de voir en Rousseau le symbole de tout ce que la gauche combat aujourd'hui. La démocratie de Jean-Jacques ne fait pas acception de personnes et entend ignorer, sous peine de mort, les intérêts particuliers. Or, depuis le milieu du XIXe siècle, la gauche dénonce les hypocrisies de la citoyenneté abstraite et fonde sa politique sur la considération des individus concrets et la différence des conditions sociales : Marx est passé par là. Par voie de conséquence, Rousseau bannit de sa République ce que nous appelons les partis et les syndicats : la gauche les a inventés et a fait proclamer leur légitimité dans le préambule, reconduit par la suite, de la Constitution de 1946. Rousseau se méfie du débat politique, sans cesse recommencé, et de ce que nous nommons opinion publique ; la volonté générale ne peut surgir que du silence de la conscience, à l'égard de toute sollicitation et de toute propagande : à l'inverse la gauche fait du débat le symbole et l'opérateur incontournable de la démocratie. Rousseau a conçu la souveraineté populaire comme quelque chose d'infaillible et d'illimité ; la gauche, depuis peu, s'est largement ouverte aux idées communautaristes, c'est-à-dire à l'existence au sein du corps national, de groupes organisés autour d'un trait commun ou d'un intérêt particulier ; elle a admis, et bientôt préconisé, qu'un organe juridique, le Conseil constitutionnel, puisse limiter, voire contredire, la souveraineté du peuple représenté par le Parlement. La souveraineté populaire de Rousseau est aussi une souveraineté nationale, réservée aux citoyens de plein droit. C'est une des raisons qui inspirent sa défiance envers les étrangers ; on le voit ici plus proche de Jean-Marie Le Pen que de Robert Badinter : inutile de souligner que la gauche a, de nos jours, fait de la lutte contre la xénophobie et du racisme l'une de ses principales raisons d'être.

Enfin, Rousseau ne conçoit l'exécutif que comme un organisme technique, simple exécuteur des volontés du corps législatif. Il ne lui laisse qu'une marge d'autonomie minimale, limitée à l'expédition des affaires courantes. À l'inverse, après une longue résistance et un temps d'hésitation, la gauche a fini, l'exemple de François

Mitterrand aidant, par se résigner à la prééminence de l'exécutif dans les démocraties modernes.

On conçoit dans ces conditions que depuis le premier centenaire de la Révolution française, la gauche républicaine, représentative et parlementaire ait sans conteste rompu avec la philosophie de l'auteur du *Contrat social* pour célébrer presque exclusivement celui des *Lettres anglaises*. Mais n'est-ce pas l'abbé Sieyès qui le premier avait donné le signal de la rupture, en faisant de l'Assemblée élue le seul représentant légitime du peuple, au besoin contre le peuple lui-même ? On conçoit en outre que Voltaire, admirateur du despotisme éclairé, défenseur des intérêts particuliers, à commencer par les siens, partisan déclaré de l'opinion publique sur laquelle, mieux que tout autre, il avait accoutumé de jouer, présente un profil politique plus compatible avec les canons de la « démocratie bourgeoise ».

On parle ici du XIXe siècle et de la première moitié du XXe siècle. Car depuis, Rousseau a pris une revanche éclatante sur son grand rival. Tandis que la gloire littéraire de Voltaire se fanait de plus en plus, limitée désormais à *Candide* et au *Dictionnaire philosophique*, celle de Rousseau connaissait une éclatante renaissance. Dans l'idée de démocratie directe, ou plutôt dans le discrédit croissant de la démocratie représentative, on pouvait lire, au moins en négatif, la trace de Rousseau. Assurément, Mai 68 penche de son côté, tandis qu'il ignore Voltaire. Une certaine idée des institutions sociales, forcément perverties et même perverses, le renouveau de la croyance en la bonté de la nature humaine, tout ce qui, aujourd'hui, peut s'interpréter comme une revanche de la nature sur le progrès plaide en faveur de Jean-Jacques. Et c'est évidemment l'écologie, véritable vache sacrée de notre temps, qui symbolise le mieux le néo-rousseauisme dans lequel nous baignons, avec ce qu'il comporte de naïveté, d'hypocrisie et de vérité profonde. Ce va-et-vient de Voltaire à Rousseau n'est pas terminé. Il signifie au moins que les droits de l'homme selon le premier et la démocratie selon le second ne sont pas deux concepts identiques, ni même nécessairement complémentaires.

Il n'est même pas certain que l'on puisse en toute certitude assigner à ces deux caryatides de notre ordre intellectuel et politique une place définitive, gauche modérée pour Voltaire, gauche radicale pour Rousseau. Selon les questions et les moments, leurs dimensions et leurs positions respectives varient et même se contrecarrent : dans le discours politique contemporain, leur présence est diffuse. L'anticléricalisme de l'un, le naturisme de l'autre ; le rationalisme du premier, la sentimentalité du second.

Car si étrange que cela paraisse, il est bien difficile de situer Rousseau sur l'éventail politique. *Du contrat social* pouvait l'identifier à l'extrême gauche, mais la Pologne et la Corse pourraient bien le rejeter à l'extrême droite. Plus populaire que démocrate, plus démocrate que libéral, en lui se matérialise l'immense écart entre la politique rêvée et la politique vécue qui est l'un des traits marquants de la gauche. Il importe peu du reste que ses contradictions demeurent non résolues ; car à défaut de Rousseau lui-même, la gauche Rousseau a tranché. Fondamentalement indompté et indomptable, c'est le parti de la résistance au Réel au nom de l'Idée, qui reste constamment présent dans toutes les formations politiques modernes à la gauche du parti radical. Si la gauche Voltaire a pu se reconnaître dans le philosophe Alain, la gauche Rousseau – sinon Rousseau lui-même – est un étrange mélange de vichysme rural et de socialisme utopique, sous les auspices combinés de Charles Fourier, de l'écologiste René Dumont, mais aussi du nationaliste Déroulède, selon que l'on privilégie telle ou telle partie de son œuvre. On comprend dans ces conditions qu'il y ait en France un grand parti voltairien, mais seulement des chapelles rousseauistes.

LA TORTURE SOCIALISTE[1]

Nous sommes d'une génération qui a fait une drôle de guerre. Je parle naturellement de la guerre d'Algérie. Nous n'oublierons jamais – non, *jamais* – certaines choses. Nous n'oublierons pas que vers 1961 tout ce que l'armée française comprenait de brutes et de fascistes se prit d'une inextinguible nostalgie pour la belle époque *socialiste* de la torture fraîche et de la répression joyeuse. Oui, *socialiste*. Ne gardons aucune illusion. Pour le monde entier, le socialisme français, ce n'est plus ni Fourier ni Proudhon. Ni Varlin, ni Jaurès, ni Péri. C'est Mollet et c'est Lacoste. Il faudra bien un jour se souvenir de cela, renoncer à une étiquette déshonorée et jeter aux ordures ce cadavre puant : le socialisme français.

J'ai parlé des hommes de gauche. C'est qu'en effet leur attitude à l'égard de la quatrième République est bien troublante : pendant près de douze ans, c'est la droite qui a gouverné, et c'est eux qui en ont conservé la nostalgie. Je sais bien que plusieurs sont entrés assez loin dans la spécieuse distinction de Léon Blum entre l'*occupation* et la *prise* du pouvoir ; je sais bien que ceux-là ont poussé la « loyauté » dans la « gestion du capitalisme » jusqu'à accomplir ce que leurs adversaires politiques eussent entrepris à leur place. Mais il y a les autres. Les autres qui, en dépit de leurs dénégations, n'arrivent pas à imaginer le renforcement de la démocratie autrement que par la résurrection du système parlementaire de jadis. Pour qui

1. *Naissance et mort de la IVe République*, Calmann-Lévy, 1968, Avant-propos, p. 11-19.

la démocratie, c'est purement et simplement le régime représentatif. Il faudra bien aussi se décider à examiner la nature véritable de cette liaison prétendue nécessaire, et se demander si la démocratie, telle que le besoin en est spontanément ressenti par les hommes et les femmes d'aujourd'hui est compatible avec le régime parlementaire tel qu'il a fonctionné hier en marge de la vie de la nation.

Aujourd'hui en tout cas, ce ne sont pas seulement les fautes et les aberrations de la quatrième République tout au long de son histoire qui sont rejetées par les Français : c'est le principe même de ce régime, car il est considéré comme de nature à secréter nécessairement ces fautes et ces aberrations ; de sorte que si – comme on l'affirme dans certains milieux politiques qui s'efforcent avec une belle ardeur archéologique de redonner au mot République une nouvelle jeunesse et une vigueur renouvelée – si donc l'avenir de la République est lié à la restauration d'un certain type de parlementarisme, alors il faut convenir que cet avenir est bien compromis dans notre pays. Comment peut-on être républicain aujourd'hui ? Telle est la question que se posent bien des hommes jeunes qui n'acceptent à aucun prix de recommencer une expérience condamnée d'avance, mais qui se refusent aussi à accepter le pouvoir personnel par dégoût de l'impuissance anonyme.

*

Il fallait que la quatrième République fût dans le monde d'aujourd'hui un régime profondément désuet pour que sa simple confrontation avec un homme aussi imprégné des valeurs du passé que l'est le général de Gaulle, en fît pourtant éclater l'archaïsme. Après dix ans d'exil, après dix ans d'émigration politique, les politiciens de la Quatrième sont prêts pour la plupart à revenir sans avoir rien appris ni rien oublié. Ils ne se rendent même pas compte que chaque fois qu'ils accusent, non sans quelque raison, le régime gaulliste d'être en retard d'une époque, ils soulignent impitoyablement qu'eux-mêmes retardent de deux.

Deux fois en moins d'une génération, le 10 juillet 1940 et le 2 juin 1958, le Parlement français, en face d'un danger pressant, a abdiqué tous ses pouvoirs entre les mains d'un homme, avec mission pour celui-ci de refaire les institutions du pays. Il y a des régimes qui acceptent de se battre pour sauver leur existence, et qui battus, tombent pavillon haut. La Commune de Paris, par exemple. Pendant la Deuxième Guerre mondiale, la mobilisation totale et sans réticence de la Grande-Bretagne et des États-Unis a administré la preuve de la solidité de leurs institutions respectives et de l'attachement des populations à celles-ci. De même, Hitler a été entièrement déçu dans son espoir de voir le régime soviétique s'écrouler de l'intérieur à l'occasion de l'attaque allemande. En France, au contraire, chaque fois que les institutions ont paru menacées par un péril extérieur, elles ont dû en même temps faire face aux dissidences intérieures. Vieille tradition sans doute, puisqu'elle remonte aux Vendéens, au Grand Condé et aux Bourguignons. Mais jamais peut-être comme dans le cas de nos deux dernières défuntes Républiques, l'agression extérieure n'est apparue aussi nettement comme le signal du doute, de la démission et de la débandade. L'aveu d'impuissance lâché par les responsables de la République dans l'agonie de celle-ci retentit sur toute son histoire antérieure. Quel crédit conserver à un organisme si pressé d'avouer qu'il est incapable de faire face à des circonstances graves, pour lesquelles il ne dispose ni des moyens, ni de la confiance populaire ? Lorsque furent connus à Paris les événements qui s'étaient déroulés à Alger dans la journée du 13 mai, le président du Conseil pensa mettre le comble à la hardiesse en proposant des modifications à la constitution. Il s'agissait bien de cela ! Cette lamentable diversion fit bien voir qu'on était décidé à abandonner la partie avant de l'avoir engagée. C'était en effet avouer au plus mauvais moment les insuffisances du régime, et même reconnaître que le mécontentement des insurgés n'était pas sans quelque fondement. Comme en 1934, un faux homme à poigne préférait se dérober plutôt que de s'abandonner au flot montant de sa majorité…

À y regarder de près, le putsch de 1958 revêt des proportions plutôt dérisoires : d'un côté, deux ou trois unités de parachutistes ; et de l'autre ? le néant. Parce que cette République ne pouvait pas compter sur un seul homme qui se fît tuer pour elle, elle capitula devant la menace de quelques milliers de soldats sans appuis véritables dans le pays, parce qu'ils étaient les seuls à accepter un risque dans cette aventure. La quatrième République est morte de peur, voilà la triste vérité.

On a souvent invoqué, non sans raison, la faiblesse de l'exécutif. Nous y reviendrons nous aussi ; des gouvernements d'une durée moyenne de sept à huit mois dont les quatre derniers étaient pour l'essentiel consacrés à déjouer les embuscades de la guérilla parlementaire, ne furent jamais en mesure de faire face aux responsabilités qui leur incombaient : lors de la plupart des grandes conférences internationales, la délégation française faisait figure de morte en sursis, car il était exceptionnel qu'elle ne fût pas menacée par une crise ministérielle. Pour un président du Conseil, l'art suprême était de faire son numéro sans conviction excessive, avec une nonchalance de bon ton, et de quitter la piste sans se faire prier. Qui ne respectait pas la loi du milieu dans ses moindres commandements, qui tentait si peu que ce soit d'améliorer les règles du jeu, était impitoyablement rejeté. Une saine gestion des affaires publiques se traduit en général par l'éclosion de talents nouveaux, par l'affirmation de personnalités assez fortes pour marquer de leur empreinte deux ou trois législatures : malgré l'instabilité ministérielle qui sévissait déjà, Ferry, Waldeck-Rousseau, Clemenceau, Poincaré avaient pu être ces hommes aux beaux temps de la Troisième. Dans ses dernières années au contraire, ce rôle de principat moral était resté sans titulaire. Malgré la valeur d'hommes comme Paul Reynaud ou Pierre Mendès France, la République n'eut plus de Nestor : il ne lui resta que des Cassandre.

Si du moins la faiblesse des gouvernements avait été compensée par la vigueur des assemblées ! Il n'en était rien : c'est l'ensemble de l'appareil d'État qui faisait preuve d'une navrante inconsistance. Plus avide d'égards que de responsabilités, plus susceptible que véritablement orgueilleuse, plus jalouse de ses prérogatives que soucieuse d'en faire usage, l'Assemblée nationale donnait le spectacle de ces potentats trop paresseux pour gouverner, mais intolérants à qui entreprend de le faire à leur place. Plus prompte à renverser les gouvernements qu'à leur indiquer la voie qu'elle désirait leur voir suivre, elle ne se décida jamais à faire choix d'une politique bien définie dans aucun des domaines qui requéraient son attention. Notamment en matière coloniale : on cherche vainement dans les travaux parlementaires le grand débat qui eût tranché entre les différentes possibilités prudemment – trop prudemment – laissées ouvertes par la constitution, et qui eût fixé pour les années à venir la politique de la France. C'est ainsi que le Parlement ne réagit jamais comme il eût été convenable à la duplicité de notre politique indochinoise, symbolisée dès 1946 par l'antagonisme Sainteny-Thierry d'Argenlieu, celui-ci multipliant les obstacles aux efforts de celui-là pour parvenir à un accord avec Hô Chi Minh. Mais c'est encore en matière d'enseignement que l'impuissance du Parlement est le plus manifeste : de l'inévitable, du sacré projet Langevin-Wallon – sacré il fut car personne n'y voulut toucher – jusqu'au raisonnable projet Billères, la liste est longue des tentatives qui vinrent se briser sur l'aboulie parlementaire : en réalité, la majorité dans chacun des groupes était acquise aux positions conservatrices qui prévalaient chez les enseignants eux-mêmes. Le mal était si flagrant qu'il fallut recourir à la procédure des lois-cadres, qui consacrait la démission du Parlement devant sa tâche essentielle, la tâche législative, pour tenter de sortir de l'immobilisme.

Mais le principal facteur de faiblesse pour le régime est sans conteste son incapacité d'attacher à son destin celui d'une classe déterminée de la population. La troisième République avait eu des forces vives, ces « couches sociales nouvelles » distinguées par Gambetta. Jamais elles ne lui firent défaut : les notables ruraux, les instituteurs, les fonctionnaires restèrent fidèles au pacte qui les unissait à la République : lorsqu'en 1889 le régime parut menacé par la coalition de la droite traditionnelle et de la gauche avancée sous l'égide d'un « Bonaparte de café-concert », il suffit qu'un ministre de l'Intérieur avisé fît décider le retour au scrutin d'arrondissement pour que tout rentrât dans l'ordre : le pays, dans ses profondeurs rurales, renvoya le général Boulanger à ses rêveries et à ses amours. Jamais la Quatrième ne put compter sur semblables recours : la direction du mouvement ouvrier – sinon la grande majorité de son électorat – appartenait au parti communiste, c'est-à-dire, à partir de 1947, à l'opposition la plus systématique ; les paysans abordaient au lendemain de la guerre une période de bouleversements techniques et sociaux extrêmement rapides qui détruisaient l'ancienne cohésion du village rural, diminuaient le poids relatif de la paysannerie dans la population française et diversifiaient davantage ses engagements politiques. Quant à la bourgeoisie, s'il est encore permis d'employer un terme aussi vague, elle ne reconnut jamais vraiment ce régime comme *le sien*, marqué qu'il était par la tare originelle de la Libération, avec son cortège de mesures sociales et de nationalisations. Malgré son évolution rapide vers une sagesse un peu sénile, la quatrième République ne réussit jamais à se faire pardonner complètement ses frasques de jeunesse. Certes, lors des grandes vagues d'assaut communistes de 1947 et de 1952, une sorte d'union sacrée se constitua spontanément dans le reste de la population et dans l'ensemble des partis. Mais on sentit bien que le cœur n'y était pas et que l'on défendait le régime comme un pis-aller, en attendant mieux – un mieux qui pourrait s'appeler de Gaulle dans le meilleur des cas, Poujade dans le pire. Enfin, il est de quelque conséquence pour la quatrième République d'avoir vécu en état de rupture totale et permanente avec ses intellectuels, dans un pays où leur faible poids sur la marche des affaires publiques s'accompagne d'une influence non négligeable sur l'opinion[1]. Vieil héritage en réalité, puisque depuis plus d'un siècle l'intelligentzia française s'était portée vers l'extrême-droite ou vers l'extrême-gauche. Pendant longtemps, l'Action française avait exercé une véritable magistrature intellectuelle dans un régime qu'elle détestait[2] : à la Libération, le parti communiste prit la relève et fit, des années durant, régner à son profit un fructueux terrorisme idéologique. On connaît le mot de Jules Grévy interrogeant les organisateurs sur la qualité du Salon qu'il s'apprêtait à inaugurer : « Une honnête moyenne ? Parfait ! Tout à fait ce qu'il faut dans une démocratie. » La quatrième République continua dans la même veine et se caractérisa par un mépris décidé des valeurs intellectuelles : le budget de l'Éducation nationale fut scandaleusement négligé, les Arts et Lettres maintes fois confiés à la van-vole à quelque radical anonyme, cependant qu'on rendait les « chers professeurs » responsables de nos difficultés en Algérie. Depuis le XVIIIe siècle, la gauche s'était fait un drapeau de la

1. À l'inverse de ce qui se passe aux États-Unis, par exemple.
2. Voir sur ce point les fines analyses d'Eugen Weber dans son étude *L'Action française*, Stock, 1964, notamment p. 301 et 565-566.

science et des lumières ; désormais on lui préférait la roublardise et les sourires entendus. Plus généralement, il y aurait beaucoup à dire sur le divorce de la science et de la politique[1].

Finalement et en dépit des grèves de 1953, c'est chez les fonctionnaires que la Quatrième trouva son soutien le plus fidèle : on le vit bien en mai 1958 où la seule grande grève fut celle de l'Éducation nationale. Mais une clientèle électorale n'est pas une classe d'appui. La Quatrième fut bien cette « mal aimée » dont a parlé M. Joseph Barsalou, et si les événements de 1958 n'ont pas laissé de traumatisme profond, c'est parce que personne ne se sentit atteint par son naufrage.

*

1. D'une certaine politique tout au moins, car sous la Quatrième République la politique économique, œuvre d'une génération de hauts fonctionnaires résolument modernes, tend au contraire à se rapprocher de l'idéal scientifique ; la statistique cesse d'être un thème pour chansonniers et accède à une dignité nouvelle.

VERS LA FIN DU MÉTIER POLITIQUE[1]

« Ainsi, vous êtes contre la politique professionnelle ! » me dit un jour François Mitterrand, à qui j'avais envoyé mon essai qui portait justement ce titre. « Vous êtes donc pour la politique amateur ? Cela ne m'étonne pas de vous », ajouta-t-il, avec cet humour glacial destiné à décontenancer son interlocuteur. Ce bref dialogue, en vérité un quasi-monologue, se passait en 1977. Depuis, les choses n'ont pas vraiment changé. Elles se sont même aggravées, au point que la réalité d'une professionnalisation presque absolue de la vie politique dans les démocraties modernes n'est plus contestée par personne. L'élément nouveau, qui relance le débat, c'est que cette situation est de moins en moins acceptée par les citoyens.

Un triple constat s'impose.

Pour commencer, *la politique est un métier*. Ensuite de quoi, en démocratie, *la profession politique repose sur la cooptation*. En dernier lieu, enfin, *la démocratie est une aristocratie*.

Examinons chacun de ces points.

La politique est un métier

Ce n'est pas nouveau. Max Weber, dans sa célèbre conférence, « Politik als Beruf », l'observait dès 1919. Non sans une ambiguïté essentielle : c'est que le mot allemand *Beruf* désigne à la fois le métier et la vocation. Or toute la question est justement de déterminer ce qui, dans l'activité politique, relève du métier et ce qui relève

1. *Le Débat*, nº 184, 2015, p. 24-33.

de la vocation. Contentons-nous pour le moment de cette remarque : il n'est plus possible, comme c'était le cas au XIXe siècle et au début du XXe, de faire de la politique active en amateur, pour la beauté de l'art, indépendamment d'un choix de carrière. Aujourd'hui, la chose est entendue. On devient « politicien » – il est remarquable qu'en France le mot soit péjoratif – comme on devient boulanger, horloger ou agent d'assurances. C'est un choix de carrière, avec tout ce que cela implique, notamment la perspective d'y trouver une situation matérielle stable et des revenus assurés. Il s'agit, en somme, de gens qui, selon la formule consacrée, vivent de la politique, à la différence de ceux qui vivent pour la politique. Il faut donc s'y préparer très tôt, dès la période des études. Avec une particularité remarquable : dans le monde d'aujourd'hui, et particulièrement dans la sphère économique, où tout emploi suppose une formation, la profession politique est l'une des seules qui n'exige ni études ni diplôme. C'est le suffrage universel, cette savonnette à vilains des régimes démocratiques, qui en tient lieu. C'est compréhensible, mais est-ce raisonnable ? En quoi le suffrage de ses concitoyens habilite-t-il quelqu'un à les gouverner dignement ? Il y a là un présupposé magique, une présomption de capacité aussi irrationnelle que celle qui, sous l'Ancien Régime, faisait du fils aîné de la reine l'homme le plus apte à gouverner le royaume de France. L'onction du suffrage universel a longtemps bénéficié des retombées de l'onction divine. Aujourd'hui, la sécularisation croissante de la vie publique rend cette onction de moins en moins crédible. Et pourtant, les choses continuent comme avant, avec, chez les acteurs, une bonne conscience sans faille de leur légitimité. Car, enfin, je le demande : quel est le point, sans doute le seul, qui fait l'unanimité chez les politiques, de Jean-Luc Mélenchon à Marine Le Pen, en passant par tout l'arc gouvernemental ? celui qui n'est discuté ni par les fascistes ni par les maoïstes, et qui s'impose en Suède, au Congo et en Corée du Nord ? C'est que la politique doit être conduite par des acteurs spécialisés, par des professionnels ! Seuls les anarchistes rompent cet universel consensus ; en cela, ils sont à eux seuls, malgré leur petit nombre, la moitié du ciel. Il est vrai aussi qu'ils n'ont jamais gouverné nulle part.

En démocratie, la profession politique repose sur la cooptation

La politique est une profession fermée, ou semi-fermée, à l'instar des notaires, des huissiers ou des chauffeurs de taxi. Certes, en théorie, chaque citoyen et chaque citoyenne trouve dans son berceau un brevet de ministre qu'il importe à chacun de valider selon ses mérites. La splendide indifférenciation démocratique qui permet à tout clochard d'aspirer à la présidence de la République est semblable au droit absolu, irréfragable, du président de la République d'aller coucher sous les ponts : plus encore que la théocratie, la démocratie est le domaine par excellence de la fiction.

La pratique est fort différente. Le nombre de « citoyens actifs », pris au sens de « participants à l'exercice du pouvoir[1] », si l'on en excepte les conseillers municipaux des petites communes rurales et si l'on y inclut les permanents des partis, des syndicats, des associations et les très hauts fonctionnaires, équivaut à peu près à celui des fonctions gouvernementales disponibles. C'est pourquoi il n'a guère varié depuis l'instauration définitive du régime représentatif en France, c'est-à-dire à partir de la monarchie censitaire (1815) : il doit se situer entre 100 000 et 200 000 personnes.

Comment accède-t-on aux fonctions électives ? Par l'élection, répondrait M. de la Palice. Sans doute. Mais chacun sait que cela ne suffit pas. Pour être élu, il faut être un candidat sérieux, c'est-à-dire se faire accepter dans la caste des candidats légitimes. Le système censitaire distinguait deux cens différents : le premier pour être électeur, le second, plus élevé, pour être candidat. La République a élargi le premier cens à la totalité de la population adulte, mais elle n'a pas substantiellement modifié le second : il prend la forme de l'appartenance à un parti et, à l'intérieur de celui-ci, à la couche de ceux dont il accepte de patronner la candidature. L'ensemble

1. La politique, explique Max Weber, suppose l'existence d'un petit nombre de gens ayant un intérêt personnel pour la politique : « Pratiquement, cela signifie la division des citoyens jouissant du droit de vote en éléments politiquement actifs et éléments politiquement passifs » (*Le Savant et le Politique*, nouv. trad., La Découverte Poche, 2003, p. 157).

des citoyens a fini par très bien le comprendre : d'où désormais l'émergence, à droite comme à gauche, d'un système de primaires pour l'élection présidentielle. Il ne fait guère de doute que demain cette exigence s'étendra aux élections législatives, voire régionales et municipales. L'enjeu est tellement décisif, désormais, que l'on voit le débat se développer sur la nature du corps électoral de ces primaires – les adhérents du parti ? les sympathisants ? la population tout entière ? –, ainsi que sur le choix des candidats : doivent-ils appartenir au parti ou bien peuvent-ils émaner de l'extérieur ?

L'exemple des primaires permet de découvrir clairement l'enjeu de la lutte sourde qui se mène depuis des années entre les partis, détenteurs du monopole de la cooptation, et le peuple, qui aimerait bien récupérer, à l'occasion de la procédure électorale, l'exercice de sa souveraineté. Comment, en pratique, accède-t-on en effet à la classe politique ? Grâce à un échange de services avec le parti. Même à droite, où la notabilité régionale a longtemps permis à des individus de s'imposer au parti, celui-ci n'a cessé d'accroître son contrôle sur la désignation des candidats : c'est ainsi que le parti gaulliste qui, en 1958, était encore largement un parti de notables, s'est mis à aligner progressivement son fonctionnement sur celui des formations de gauche, socialiste et communiste.

On connaît la place croissante prise par les attachés ministériels et parlementaires dans le recrutement de la classe politique. À l'issue d'études déjà clairement orientées – Sciences-Po, évidemment –, la voie royale, c'est l'accès à cette fonction d'attaché : c'est là, pour y parvenir, qu'un déclic extérieur – les relations personnelles, familiales, professionnelles – est nécessaire. C'est le moment délicat qui relève, on le voit clairement, de la cooptation à l'intérieur d'un milieu donné. La suite est connue ; le *cursus honorum* est balisé. Après quelques années de services rendus au parti ou à une personnalité éminente de celui-ci, le moment vient de se choisir une circonscription et de s'y faire accepter par les notables locaux. Le rôle du grand ténor politique, de l'élu chevronné ou de l'apparatchik influent est alors capital. La suite est affaire de conjonctures électorales, fastes ou néfastes, de chance et de talent personnel. Ce n'est que tout à fait à la fin qu'intervient l'étape décisive : la validation de ce processus de cooptation, qui ressemble à un processus de distillation fractionnée, par le corps électoral : c'est lui qui tient la chandelle. C'est ainsi que la direction politique de la France de 2015 tend à devenir l'apanage d'un groupe de plus en plus homogène d'anciens attachés ministériels et parlementaires, ainsi que, à l'échelon supérieur, d'anciens élèves de l'ENA, émanant parfois d'une seule et même promotion.

Sans doute cette cooptation verticale n'a-t-elle pas complètement éliminé la promotion horizontale, celle de notables locaux dont le parti est bien obligé parfois d'entériner la candidature. Mais elle n'a cessé de gagner du terrain, jusqu'à ce point de rebroussement que fut l'irruption de la procédure des primaires dans le maquis politique français.

Dans ce combat à reculons, le parti ne cesse de perdre du terrain, au moins dans l'esprit des électeurs, toutes tendances confondues. Mais il conserve dans son arsenal une arme absolue, dont il pourrait bien être tenté, tant la situation se dégrade pour lui, d'user dans les années à venir : c'est la représentation proportionnelle. Inutile de revenir sur les avantages et les inconvénients du système, de la réputation de justice dont il est paré et du désastre politique qu'il pourrait représenter. Je ne considère ici que sa place dans le régime de cooptation qui est l'idéal de tous les états-majors. La RP est le système où les partis établissent en toute souveraineté les listes de candidats par ordre préférentiel, le rôle du suffrage universel se limitant à décider à quel niveau arrêter la liste d'élus de chacun des partis en présence. La RP, c'est le nirvana des appareils, ce sont, en lieu et place du scrutin d'arrondissement au dire d'Aristide Briand, les « mares stagnantes » de la démocratie moderne. Pour les leaders des partis, assurés d'être placés en tête de liste, c'est la garantie tous risques contre les aléas du suffrage universel, tandis que ce dernier est confiné dans le rôle de vérificateur des travaux. La RP, c'est le triomphe de la politique professionnelle.

La démocratie est une aristocratie

Pour Montesquieu, comme pour les Grecs, seul le tirage au sort, ou le « tour de bête », dans l'attribution des fonctions électives relève de la démocratie. À l'inverse, tout système électif, qui tend à sélectionner les meilleurs et à leur donner des places privilégiées, relève de l'aristocratie. « Le suffrage par le sort est de la nature de la démocratie ; le suffrage par choix est celle de l'aristocratie » (*De l'esprit des lois*, Ire partie, II, 2). Le résultat de toute élection est en effet de créer l'oligarchie des élus ou, mieux encore, une aristocratie d'État.

Et Montesquieu d'ajouter : « Dans l'aristocratie, la souveraine puissance est entre les mains d'un certain nombre de personnes. Ce sont elles qui font les lois et qui les font exécuter ; et le reste du peuple n'est tout au plus à leur égard que, comme dans une monarchie, les sujets sont à l'égard du monarque » (*ibid.*, II, 3).

Naturellement, le discours de la démocratie moderne fait tout pour camoufler la nature aristocratique du régime qu'elle institue. Elle ne cesse d'insister sur la souveraineté, en dernier ressort, du peuple qui, hors référendum, n'a jamais l'occasion de l'exercer, sauf sous la forme du renouvellement, par voie d'élection, de sa confiance dans ses élites et dans leurs prérogatives. On feint de considérer le vote comme la réaffirmation périodique de sa souveraineté, alors que celui-ci n'est le plus souvent que la réaffirmation de l'abandon de cette souveraineté.

Dans la pratique, ce caractère aristocratique de la démocratie se fait jour à travers le statut dérogatoire des élus et par leur comportement « hors sol » dans tous les actes de la vie quotidienne.

Écoutons Michèle Delaunay, médecin des hôpitaux, député de Bordeaux et ministre dans le gouvernement socialiste de Jean-Marc Ayrault : « Comment cela est possible ?

« “Cela” ? Perdre tout pied dans la réalité, n'avoir plus le sens commun. Agir comme si l'on était au-dessus de la règle la plus élémentaire, ne plus savoir entendre raison ou n'en plus avoir. […] L'explication la plus plausible est la plus simple : ces élus n'ont jamais connu la vie réelle. Entrés tôt dans le tunnel, ils n'en sont jamais sortis[1]. »

On se demande en effet souvent par quelle inconscience des comportements aussi aberrants que ceux d'un Strauss-Kahn, d'un

---

1. Extrait de son blog : « Le tunnel, ou comment faire carrière sans mettre un pied dans la vie ». Publié dans *Commentaire*, n° 148, hiver 2014.

Cahuzac, d'un Thévenoud, d'un Balkany sont possibles ou simplement concevables. Ces modifications psychologiques ne s'expliquent que parce que leur situation les libère de la résistance du réel et des lois de la gravitation. Un ministre, par exemple, est un homme qui est affranchi de la plupart des actes de la vie quotidienne, qui sont le fonds de nos tracas et de nos fatigues : se déplacer, piétiner dans les embouteillages, prendre un billet d'avion, commander un repas, le payer, faire ses courses, porter ses valises, faire la queue, faire antichambre, faire réparer ses appareils, écrire son courrier, demander un rendez-vous à un spécialiste, rechercher une adresse, rappeler en vain un correspondant, etc.

L'existence quotidienne des plus favorisés des politiques s'apparente à un conte de fées dans lequel tous les besoins sont satisfaits, tous les désirs s'accomplissent immédiatement, comme par magie. On comprend que cette déréalisation puisse s'étendre à des obligations qui continuent de s'imposer à eux : payer ses impôts, obéir aux lois, respecter les personnes.

En France, notamment, l'héritage de l'Ancien Régime continue d'être présent à travers les actes les plus banals de la vie quotidienne. Un jour, en Israël, j'avais rendez-vous avec le ministre de l'Intérieur. À l'heure dite, je sonnai à une porte d'apparence ordinaire, et quelqu'un vint m'ouvrir à qui je dis que j'avais rendez-vous avec le ministre. « C'est moi », me dit-il... Une autre fois, où je me trouvais dans le bureau d'un ministre du Québec, celui-ci me proposa un café, que j'acceptai. « Allons au bistrot d'en face », me dit-il. Deux situations impensables en France, où la démonétisation du monde est l'un des attributs de la souveraineté. On dit que François Mitterrand n'avait jamais d'argent sur lui et que Jacques Chirac, depuis son entrée dans la vie politique, n'a jamais pris un repas qui ne fût payé par la République.

Voyez encore ce qui se produit lorsqu'un personnage politique important perd son emploi : la nécessité de le « recaser », en attendant une fortune meilleure, n'est discutée par personne, ni parmi ses amis ni parmi ses adversaires. Comme si d'avoir bénéficié de certaines prérogatives ouvrait un droit absolu à en être gratifié d'autres.

Les exemples sont nombreux d'hommes politiques qui tombent dans une dépression profonde lorsqu'ils cessent d'être ministres :

c'est moins la perte de leur pouvoir que le changement brutal de leur genre de vie qui en est la cause. Qui dira jamais que parmi les emplois publics la distinction la moins souvent citée, mais qui donne lieu aux discussions les plus âpres, est celle qui oppose les emplois avec voiture et chauffeur à ceux qui en sont privés ?

La conclusion, c'est que dans la vie politique professionnelle, d'essence inégalitaire, on retrouve la différence d'Ancien Régime entre les gens qui « travaillent » (roturiers) et ceux qui se livrent aux occupations libérales (aristocrates).

Cette situation n'est pas nouvelle. Mais le fait nouveau, répétons-le, est qu'elle n'est plus tolérée par l'opinion. Pourquoi ?

D'abord parce que la division de la société en classes a cessé d'être le principal facteur structurant dans la représentation de la société. Ce qui lui a fait place, c'est une exigence d'égalité de plus en plus forte et omniprésente. Le retour de la société marxiste à la société jacobine issue de la Révolution française a rendu intolérable aux yeux du citoyen la persistance des inégalités, voire des privilèges. Au moins de celles et de ceux qui ont une origine institutionnelle ; car ce primat de la morale s'accompagne d'une plus grande tolérance à l'égard des supériorités qui se forment dans la vie économique et dans la société civile. Les avantages des grands chefs d'entreprise ou des sportifs de haut niveau sont plus facilement acceptés que ceux qui échoient aux élus du suffrage universel. De ce point de vue, il y a bel et bien une espèce d'américanisation de la sensibilité sociale dans la France contemporaine. Pour quelle raison ? Parce que les compétences propres aux acteurs de la vie politique sont de plus en plus contestées. Longtemps, l'onction du suffrage universel a conféré à l'élu une présomption de polyvalence universelle et le monopole dans le traitement des affaires publiques. Cette omnicompétence de l'élu était le présupposé du régime représentatif, qui invalidait toute autre forme de participation.

Aujourd'hui, ce monopole n'existe plus. Les médias anciens et modernes – presse, radio, télévision, sondages, Internet – ont progressivement substitué la démocratie d'opinion à la démocratie parlementaire de jadis. Les grands débats ont pour théâtre les écrans et non plus les enceintes. Les débats parlementaires sont souvent condamnés à se faire le simple écho de ceux qui ont eu lieu dans l'opinion. Non que celle-ci reflète la totalité des citoyens. De nouveaux protagonistes, semi-professionnels, sont apparus, qui sont allés chercher leur légitimité, non dans le suffrage universel, mais sur Internet. Les blogueurs, les commentateurs anonymes de l'actualité interviennent en permanence. Et chacun se prévaut du nombre de ses *like* et de ses *followers*. Je ne suis pas responsable de ce jargon, qui va chercher un surcroît d'autorité dans le recours systématique à l'anglais ou, plutôt, à l'américain…

Cette opinion à l'état gazeux ne se prête pas, à la différence des votes au Parlement, à une claire totalisation chiffrée. Elle spécule sur la manipulation et souffre aussi des interprétations les plus arbitraires. Mais c'est un fait : qu'il s'agisse des faits sociétaux (le mariage pour tous), des faits politiques (la cote de popularité des hommes politiques), des grands problèmes sociaux (immigration, insécurité, chômage), la démocratie médiatique, c'est la société se donnant sans intermédiaire en spectacle à soi-même.

Beaucoup, dans la classe politique, ont tendance à rendre le système présidentiel responsable de cette situation. C'est prendre l'effet pour la cause. Si l'opinion s'accommode plus volontiers du système présidentiel que du système parlementaire, c'est parce qu'elle estime le premier meilleur conducteur de ses propres orientations. Il est plus facile de dialoguer avec un acteur unique qu'avec une assemblée multiple et divisée. Et, de fait, le Président voit dans l'opinion un interlocuteur, là où le Parlement y distingue un concurrent.

Cette contestation de la politique professionnelle par l'opinion publique a fait, pour le moment, du parti politique la victime principale. Rien de surprenant puisque, depuis environ un siècle, c'est le parti qui a été le principal agent de cette professionnalisation. Aussi longtemps que le professionnel de la politique restait un individu isolé, relié à un groupe d'amis par des liens assez lâches, l'opinion a bien supporté le système : ce fut le cas, dans la première moitié du XIXe siècle, sous la monarchie censitaire. Un Bonald à droite, un Royer-Collard au centre, un Benjamin Constant à gauche, un Chateaubriand et un Lamartine au plafond étaient perçus comme des personnalités dont l'indépendance se situait au carrefour de trois institutions : la presse, le Parlement, la littérature. Professionnalisation n'allait pas de pair avec bureaucratie, au contraire.

La vie politique s'organisait autour de personnages symboles qui étaient souvent à la fois des hommes politiques, des journalistes et des écrivains, et en qui l'opinion reconnaissait des interlocuteurs clairement identifiables.

Avec l'irruption du parti moderne, les choses ont changé de nature, et le professionnel de la politique s'est intégré dans un pouvoir collectif anonyme et difficilement accessible. De rares individus, comme Léon Blum au milieu du XXe siècle, sont restés fidèles à la triple fonction dont la France s'était faite le pays d'élection.

Aujourd'hui, le parti politique est une institution en pleine décadence, dont le pouvoir exorbitant dans les institutions contraste avec une légitimité déclinante. Dans le dernier baromètre politique du Centre d'études de la vie politique française (CEVIPOF) de Sciences-Po (janvier 2015), le nombre des sondés faisant confiance aux partis politiques n'est plus que de 9 %. Un désaveu sanglant pour des formations qui, selon l'article 4 de notre Constitution actuelle, « concourent à l'expression du suffrage » et qui reçoivent des subventions publiques au prorata de leur représentativité électorale. Un désaveu cinglant quand l'école, si décriée, recueille toujours la confiance de 67 % des Français… Les dirigeants de l'UMP et du PS ont beau se fixer des objectifs ambitieux (500 000 adhérents), la première plafonne à 214 115 personnes à jour de leurs cotisations à la fin 2013 et le second à environ 60 000 (sur un fichier d'environ 150 000)[1]. Certes, il s'agit d'une abstention typiquement française et, dans l'ensemble de l'Europe, les partis se situent à des niveaux beaucoup plus élevés, notamment en Allemagne (500 000 adhérents pour la CDU et autant pour le SPD). Des trois liquides qui font l'Histoire, le sang, la sueur et l'argent, les Français ont toujours été moins avares du premier que du deuxième, et du deuxième que du troisième : par nature, le Français n'est pas un cotisant.

Pourtant, le phénomène demeure. On a vu, à la faveur de la crise économique récente, des partis nouveaux surgir comme des champignons après la pluie, tels Syriza en Grèce ou Podemos en Espagne. C'est la preuve que les anciens partis correspondent de

1. Source : Nicolas Chapuis et Matthieu Goar, « L'illusion des partis de masse », *Le Monde*, 19 décembre 2014.

moins en moins aux aspirations des citoyens et qu'ils sont emportés dans le même courant de scepticisme qui frappe le suffrage universel et le Parlement.

Mais n'est-ce pas la politique elle-même qui est en cause ? Il est de fait que, comme activité professionnelle, elle recrute de moins en moins parmi les élites les plus inventives et les plus généreuses de la nation ; que, comme instrument d'analyse de la société, elle a perdu de son crédit ; et que, comme outil pour l'action, elle paraît avoir décliné en efficacité. Nous avons connu, dans le dernier tiers du XXe siècle, un âge d'or de la politique, où elle paraissait expliquer tout et décider de tout. « Tout est politique » reste l'un des slogans les plus significatifs de mai 68. Cette illusion lyrique n'a eu qu'un temps et nous vivons au contraire, quant à la politique, une époque de basses eaux et de scepticisme. S'agit-il d'un mouvement cyclique, comme l'affirme Albert Hirschman[1], entre périodes d'engagement des individus dans l'action publique, suivies, à cause de la déception qu'elles engendrent, de périodes de repli sur les paisibles jouissances de la vie privée ? Ou bien la désaffection pour la politique est-elle une tendance de fond de l'époque tout entière ? C'est un fait, en tout cas, que la politique a cessé de se situer en surplomb par rapport à toutes les activités humaines, pour à la fois les expliquer et les surdéterminer. La politique, notait récemment Alain de Benoist, a cessé d'être englobante. C'est elle, à son tour, qui est englobée dans un système plus vaste, qu'on l'appelle modernité, capitalisme ou productivisme.

S'il en est ainsi, la prétention des professionnels de la politique à se situer au « poste de commandement » (Mao) de toutes les autres sphères de la vie publique n'est plus justifiée aux yeux de nos contemporains. D'où l'écart qui se creuse sans cesse davantage entre la sphère publique dans sa totalité et la sphère politique proprement dite.

« — Que sont devenus les gouvernements ? » demande un personnage de Borges.

« — La tradition veut qu'ils soient tombés petit à petit en désuétude. Ils procédaient à des élections, ils déclaraient des guerres, ils

1. Albert O. Hirschman, *Bonheur privé, action publique*, Fayard, 1983.

établissaient des impôts, ils confisquaient des fortunes, ils ordonnaient des arrestations et prétendaient imposer la censure mais personne ne s'en souciait. La presse cessa de publier leurs discours et leurs photographies. Les hommes politiques durent se mettre à exercer des métiers honnêtes ; certains devinrent de bons comédiens ou de bons guérisseurs. La réalité aura été sans doute plus complexe que le résumé que j'en donne[1]. »

— Plus complexe, en effet.

— Mais pas complètement impensable.

À mesure que la société devient plus consciente d'elle-même, elle est tiraillée entre deux aspirations contradictoires : « celle qui réclame le rattachement de toutes les fonctions économiques, ou de certaines d'entre elles, aux centres directeurs et conscients de la société », selon la définition du socialisme par Durkheim et celle dont Borges donne ici un aperçu sarcastique, remettant en question la prétention du politique à régenter toute personne et toute chose. Peut-être entrons-nous dans une époque saint-simonienne, où le besoin de dissocier le gouvernement des hommes de l'administration des choses se fera de plus en plus sentir ; ainsi se trouverait mis en lumière ce que le libéralisme moderne contient en germe de libertarisme, mais aussi ce que l'industrialisme contient en germe de dirigisme.

Une chose est certaine : le système politique français, hérité sans grand changement du XIXe siècle, ne sortira pas indemne des mutations intervenues depuis dans la société. Entamé dans ses œuvres vives, le régime représentatif vacille, mais il reste tout aussi nécessaire, parce qu'il est le seul à garantir l'exercice des libertés par les citoyens. Dans l'esprit du public, il est de moins en moins synonyme de démocratie, mais il reste la pierre angulaire d'un bien universel : le libéralisme politique. Fondé sur des procédures formelles, il est le seul à nous mettre à l'abri des manipulations inhérentes à la démocratie directe sous toutes ses formes. Pour survivre, il doit composer avec la démocratie participative, et permettre à celle-ci d'accéder par étapes à l'âge adulte. L'effort qui lui est demandé

1. Jorge Luis Borges, « Utopie d'un homme qui est fatigué », in *Le Livre de sable*, Gallimard, coll. « Folio », 1978, p. 109.

est comparable à celui qu'a dû accomplir le libéralisme censitaire, quand il lui fallut composer avec le suffrage universel. On redoutait que ce dernier favorisât systématiquement les extrêmes : c'est le contraire qui s'est produit ; nous voyons bien aujourd'hui qu'à de rares exceptions le suffrage universel est par nature modéré et ennemi de toutes les aventures.

Comment ? La professionnalisation de la politique est devenue la dent cariée du système, car elle confisque à son profit toute la sphère publique, au détriment des citoyens. En somme, pour que la politique devienne quelque chose pour tous, elle doit cesser d'être tout pour quelques-uns.

Chacun le sait, chacun le sent, et c'est ainsi que le cumul des mandats est devenu une question lancinante. Les professionnels de la politique en ont conscience ; mais ils se refusent à sauter le pas, parce qu'ils savent bien que c'est leur propre existence en tant que corps séparé de la nation qui est en jeu.

En vérité, si l'on veut combattre une professionnalisation de la politique synonyme de désaffection de la masse des citoyens pour la chose publique elle-même, c'est moins au cumul simultané des mandats qu'à leur accumulation successive dans le temps qu'il faut s'attaquer, autrement dit à la notion de carrière. Les plus éclairés parmi les politiques l'ont compris et ont proposé de limiter à deux mandats successifs la durée de ladite carrière. On peut aussi imaginer que les deux mandats autorisés ne soient pas successifs. Rappelons-nous l'héroïsme – le mot n'est pas trop fort, s'agissant d'une assemblée d'élus – de la Constituante (1789-1791) décidant qu'à l'expiration de leur mandat ses membres ne seraient pas renouvelables.

Un tel exemple permet de nuancer l'objection à un tel système, fondé sur l'incompétence. Certes, il a manqué à la Législative un certain nombre de ténors de la Constituante, que l'on retrouvera sous la Convention. Il est vrai aussi que la Révolution a inventé un système original de raccourcissement des carrières politiques : la guillotine. Mais une telle procédure ne saurait être qu'exceptionnelle.

Il reste que les Assemblées les plus imaginatives et les plus novatrices ont été souvent, par la force des choses, composées de novices : ce fut le cas en 1789, en 1848 ou encore à la Libération. L'objection d'incompétence est beaucoup plus fondée pour les ministres que pour les députés. Ainsi, l'inexpérience de ministres de l'Éducation erratiques, échoués rue de Grenelle pour des raisons étrangères à l'enseignement, n'est pas pour rien dans l'affaissement actuel de notre système éducatif. Il n'y aurait que des avantages à soumettre, devant une assemblée compétente, les futurs ministres à un examen attentif de leurs aptitudes, comme cela se pratique dans divers pays, notamment aux États-Unis. En revanche, la représentation parlementaire de la nation a besoin d'un renouvellement fréquent, afin de traduire les modifications du corps électoral, les aspirations de la nation et l'énergie de la société. Il éviterait la solidification des grands courants politiques ou des corps étrangers, dont le seul but est bientôt l'autoconservation et le maintien des avantages acquis.

Cela n'empêche pas une grande partie de nos élites politique de se laisser aller à leur péché mignon : le bricolage constitutionnel. C'est la Ve République qui serait la cause de tous nos maux ! Le contraste est frappant entre une classe politique qui trouve que le Président a trop de pouvoirs et une opinion qui lui reprocherait plutôt de ne pas assez faire usage de ceux dont il dispose. Les divers projets en circulation ont pour point commun de prétendre revenir à un système parlementaire à peine modifié, c'est-à-dire à un plus grand contrôle de l'exécutif par le législatif.

Or, l'originalité des institutions de la Ve République est d'établir une quasi-séparation entre les deux branches du pouvoir qui, l'une et l'autre, procèdent directement du suffrage universel. Les citoyens ne se laisseront pas aisément dépouiller de leur droit d'élire directement leur Président, qui leur donne sur la formation de la majorité gouvernementale une prise dont ils n'avaient jamais joui auparavant. Ils savent, de façon plus ou moins consciente, que l'omnipotence parlementaire du passé les avait presque privés de leur souveraineté, et qu'en réalité c'est le partage du pouvoir entre ses deux branches, le législatif et l'exécutif, qui leur permet d'en récupérer une partie. Une telle redistribution de la souveraineté au sein du système démocratique est lente, à l'image de la tectonique des plaques ; et il est bon qu'il en soit ainsi, car la France ne peut plus se permettre, comme au XIXe siècle, de recourir sans cesse à la révolution pour amender sa Constitution.

Mais le sens de l'évolution est clair. La question posée est de savoir par quelles procédures on parviendra à faire entrer l'opinion, qui est en train de devenir à soi seule un système autonome, à l'intérieur du grand Léviathan institutionnel. Le régime politique de l'avenir, comme l'avaient déjà aperçu ces visionnaires politiques que furent Chateaubriand, Benjamin Constant et Tocqueville, reposera nécessairement sur la mixité des pouvoirs.

plus se permettre, comme au XIXe siècle, de recourir sans cesse à la révolution pour améliorer sa Constitution.

Mais le sens de l'évolution est clair. La question posée est de savoir par quelles procédures on parviendra à faire entrer l'opinion, qui est en train de devenir à soi seule un système autonome, à l'intérieur du grand dispositif constitutionnel. Le régime politique de l'avenir, comme l'avaient déjà entrevu ces visionnaires politiques que furent Chateaubriand, Benjamin Constant et Tocqueville, reposera nécessairement sur la mixité des pouvoirs.

D'OÙ VIENNENT LES OPINIONS ?[1]

Oui, d'où viennent les opinions ? Pourquoi les uns penchent-ils vers l'ordre et les autres vers le progrès ? Pourquoi celui-ci est-il favorable à la peine de mort et celui-là hostile ? Pourquoi cet homme en tient-il pour la gauche alors que son frère ne jure que par la droite ? On pose rarement la question, et on y répond encore moins souvent. Ou bien en effet on admet qu'il en va des opinions comme des goûts et des couleurs, et qu'elles obéissent à des choix irrationnels. Ou bien l'on considère qu'il s'agit d'options logiques, déterminées par des facteurs repérables, des conditionnements extérieurs, et que c'est sur ces derniers qu'il faut agir.

Longtemps on a considéré que les opinions sont les filles illégitimes des intérêts et que l'on pense toujours ce que l'on a intérêt à penser. Le bourgeois estime que le marché est le meilleur système, tandis que le prolétaire pense que c'est le socialisme qui est le plus rationnel. Cette philosophie de l'intérêt est commune au marxisme et au libéralisme. Plus personne n'ose aujourd'hui l'affirmer avec cette brutalité parce qu'elle se heurte à un démenti permanent de l'expérience. Les comportements électoraux, par exemple, reflètent rarement cette philosophie de classe encore fort à la mode il y a une trentaine d'années. Les gens de condition modeste votent aussi souvent à droite qu'à gauche, parfois davantage. Pour expliquer cette anomalie, les tenants – marxistes en particulier – de la philosophie

1. *La Reine du monde, essai sur la démocratie d'opinion*, Flammarion, 2008, p. 82-117.

des intérêts ont longtemps invoqué la manipulation des opinions par les détenteurs du pouvoir économique. Les ouvriers seraient spontanément portés à voter pour les partis de gauche, mais la propagande, le système scolaire, la presse réussissent à déformer leurs choix naturels et à les persuader, contre tout bon sens, qu'ils ont intérêt à voter pour la droite. C'est supposer que les superstructures, autrement dit les mécanismes intellectuels, sont plus puissants que la perception des intérêts à l'état brut, ce qui n'est guère conforme à la philosophie des intérêts elle-même. En outre, comment, en pure logique économico-sociale, rendre compte du phénomène bien connu de la « gauche caviar », c'est-à-dire du vote de privilégiés pour les partis avancés ? Il est difficile de dénoncer ici les effets de la propagande bourgeoise… On en est alors réduit à invoquer le snobisme, la philanthropie, le déclassement volontaire, tous mobiles à cent lieues de la philosophie matérialiste des intérêts.

On citera encore, dans une démarche analogue mais détachée de toute préoccupation idéologique, la célèbre tentative d'André Siegfried en 1913, dans son *Tableau politique de la France de l'Ouest*, pour expliquer les comportements électoraux… par la géologie. Le granit ferait voter à droite et le calcaire à gauche ! C'est du moins la traduction simplifiée que l'on donne souvent de sa démarche. Explication : les terrains granitiques, où l'eau jaillit partout, favorisent un habitat dispersé ; celui-ci à son tour rend plus aisée la domination politique du grand propriétaire terrien sur ses fermiers. Au contraire, sur les terres calcaires, où l'eau est rare, l'habitat se regroupe autour des lieux où on l'a trouvée. À son tour cet habitat groupé favorise une sociologie villageoise égalitaire, volontiers républicaine, et rend plus facile la résistance à l'influence politique du hobereau local. Magnifique démonstration, aussi magistrale que celle de Max Weber à propos de l'influence du calvinisme sur l'essor du capitalisme. Le malheur est qu'elle ne marche qu'une fois sur deux ! Un taux de corrélation de 0.5 n'a pas plus de valeur explicative que le hasard lui-même.

On notera ici au passage une des conséquences rarement soulignée, mais proprement tragique, de la détermination socioéconomique des comportements humains et politiques. C'est que, si la diversité des opinions n'est que le reflet de la diversité des classes sociales, alors une société sans classes devra nécessairement être une société intellectuellement uniforme. Dès lors, toute opinion divergente n'est que le reflet d'un déviationnisme de classe. À éliminer, donc ! Cela s'appelle le stalinisme.

J'ai déjà noté que ce parallélisme socio-intellectuel, qui s'exprime avec simplisme dans *Les Luttes de classes en France* de Karl Marx, est commun au libéralisme classique et au marxisme lui-même. Il est le fond de sauce de la sociologie politique depuis le XIXe siècle. D'où son incapacité à rendre compte correctement des comportements politiques. Le rôle de l'émotion en est absent, celui de l'image aussi. Impensable dans une époque comme la nôtre !

La passion, la grande oubliée

Il n'en a pas toujours été ainsi. La philosophie politique des XVIIe et XVIIIe siècles est tout entière fondée sur les sentiments et les passions. De Saint Augustin à Calvin, explique Albert Hirschman dans un essai pénétrant (*Les Passions et les intérêts*, PUF, 1980), le rôle assigné à l'État est de réprimer les passions humaines. Mais, progressivement, l'idée émerge qu'il conviendrait plutôt de s'en servir, au besoin en les opposant les unes aux autres. De là cet âge d'or de la psychologie politique en France et en Angleterre qui, de La Rochefoucauld à Montesquieu, de Hume à Mandeville, de James Steuart à Adam Smith, explique par les passions les comportements collectifs et les opinions dans une société. Ce que les Allemands appellent l'« Adam Smith Problem », c'est la question de la compatibilité entre les deux grands livres de l'économiste écossais. Le premier, le moins connu, qu'il considérait pourtant comme son chef-d'œuvre, la *Théorie des sentiments moraux* (1759), explique toute la vie sociale à partir du sentiment de sympathie et de son corollaire, la bienveillance. Le second, *La Richesse des nations* (1776), qui l'a rendu universellement célèbre, fait au contraire reposer toute la vie économique et sociale sur la poursuite de l'intérêt individuel, autrement dit l'égoïsme. Ces deux livres sont-ils contradictoires ou complémentaires ? En tout cas, le premier constitue l'apogée de la théorie des sentiments politiques, le second la matrice de cette philosophie des intérêts qui nous tyrannise depuis lors. Ce qu'il faut retenir pour le sujet qui nous occupe, c'est la place assignée alors aux passions humaines dans la formation des opinions, et son oubli par le XIXe siècle. Historiens et sociologues se sont trouvés fort dépourvus quand il a fallu expliquer les grands phénomènes du XXe siècle, nationalisme, nazisme, communisme, avec le seul outil de l'utilité économique. On a eu beau dire et beau faire, les camps de concentration, avec l'inutilité absurde qui s'y déploie, l'extermination des juifs par les nazis, celle des paysans par le communisme stalinien, celle des intellectuels et de toute la classe cultivée par les Khmers rouges ne sont pas des phénomènes économiquement rationnels. La théorie psychanalytique, l'élaboration du concept de totalitarisme par Hannah Arendt ont été des palliatifs devant l'étroitesse de vues de la philosophie des intérêts, alimentée par le libéralisme et le marxisme.

Est-ce là tout ? Non, car les affects individuels, intérêts d'une part, passions de l'autre, sont loin, à eux seuls, de rendre compte de la totalité des phénomènes qui entrent en jeu dans la formation des opinions. Tous ceux qui cherchent à comprendre les comportements électoraux le savent bien : ils sont le plus souvent largement tributaires de la tradition, et notamment de la tradition religieuse, dont la famille est le conservatoire. Dans le midi cévenol, le clivage politique entre catholiques et protestants, surtout à la campagne, reste le facteur déterminant du vote, l'« antécédent le moins substituable » comme aimait à dire notre maître Ernest Labrousse : les catholiques à droite, les protestants à gauche. D'une enquête sur l'origine des traditions politiques (« Rouges et Blancs ») conçue par Jacques Ozouf et continuée à l'École des hautes études en sciences sociales par François Furet et moi-même, le même phénomène apparaissait clairement en Vendée : les Bleus républicains et les Blancs royalistes sont séparés par la question religieuse ; le clivage politique ne vient qu'ensuite. Les traditions politiques dans les familles remontent souvent à des événements dont les contemporains ont oublié jusqu'à l'existence. De ce point de vue, et là où la tradition familiale continue d'être vivante, le politique ne relève pas de l'événementiel court ; il s'apparente au religieux ; il s'enracine dans les couches géologiques les plus profondes de la personnalité sociale. En ce sens, il comporte une part irréductible d'inconscient et appartient à ce « temps long » dont a parlé Fernand Braudel : au moins dans les sociétés traditionnelles, là où la mémoire entre les générations et la transmission du patrimoine culturel familial sont assurées ! C'est encore souvent le cas à la campagne. La vie urbaine, avec le déracinement qu'elle implique, la dispersion des familles, la fréquence des déménagements, la diversification des professions, conduit à la rupture de ce faisceau culturel. À la différence du lord anglais, on ne pense plus, on n'opine plus, on ne vote plus avec sa famille. Les gaines qui assuraient la transmission du patrimoine ont été déchiquetées, l'individu a été dénudé, il est devenu l'aventurier de son expérience et de ses idées.

Pourtant, il n'est pas à l'abri de toute influence. Bien au contraire. Ce qui s'est substitué au patrimoine familial, c'est le bagage culturel constitué par le milieu social, par l'école et le cursus scolaire. Les spécialistes de la sociologie électorale le savent bien : dans beaucoup de cas, le niveau des études se substitue souvent au milieu social et à la conscience de classe comme facteur déterminant. Ainsi, tout ce qui touche aux mœurs, à la vie familiale, à la sexualité se traduit par des comportements électoraux différents. Le libéralisme moral est plus répandu dans la bourgeoisie, et notamment chez les « bobos », que dans les milieux populaires. Sur la question européenne, question récente qui n'a pas encore donné naissance à des traditions familiales, c'est le niveau d'études qui est le critère le plus significatif. On est d'autant plus européen que l'on s'élève dans l'échelle culturelle, établie à partir du niveau d'études. Inversement, une instruction de type primaire prédispose davantage à une sorte de résistance nationale à l'idéologie européenne.

Résumons. Intérêts, passions, tradition, culture : les opinions se forment dans un creuset où des ingrédients de diverses origines finissent par s'amalgamer et produire ce que l'on a coutume de nommer caractère individuel, personnalité. Encore ai-je volontairement laissé de côté certaines théories d'origine américaine qui font appel à la physiologie et à des prédispositions innées des individus. Mais quelle est la proportion de chacune des composantes dans l'alliage ? Comme je l'ai suggéré, elle varie selon les cas particuliers, autrement dit selon l'histoire personnelle de chacun. Sinon, tout le monde penserait la même chose. Il est faux, en tout cas, que les opinions, telles que les mesurent les sondages, soient aussi changeantes et aléatoires qu'on le dit souvent, et moins fiables que les comportements électoraux proprement dits. Dans les deux cas, c'est « le mystère des personnalités individuelles » (André Siegfried) qui s'exprime dans un relatif anonymat.

Sondages, élections, référendums, débats collectifs ne sont après tout que des modalités différentes d'expression d'un même phénomène : l'opinion publique. D'où vient que la légitimité du droit de suffrage ne soit pas contestée, alors que la notion même d'opinion publique continue de provoquer d'incroyables crispations ?

L'opinion, piège à cons !

La meilleure façon de se débarrasser de cet obsédant problème, c'est encore de déclarer qu'il n'existe pas. C'est ce qu'a fait Pierre Bourdieu dans deux articles restés célèbres, l'un, « Les doxosophes », paru en novembre 1972 dans la revue *Minuit* ; l'autre, intitulé précisément « L'opinion publique n'existe pas ! » (*Les Temps modernes*, juin 1973). Comme il arrive souvent avec le célèbre sociologue, des remarques très justes et très pénétrantes aboutissent à des résultats radicalement faux.

Les sondages, explique-t-il tout d'abord, reposent sur trois postulats discutables. Le premier est que tout le monde peut avoir une opinion sur toute chose, ce qui n'est évidemment pas vrai. Le deuxième est que toutes les opinions se valent, des plus fondées aux plus superficielles : c'est encore plus discutable, comme je l'ai moi-même souligné plus haut. Le troisième est qu'il existe un consensus sur l'opportunité de poser une certaine question à un certain moment : c'est ce qui n'est jamais démontré. À partir de là, Bourdieu affirme que la plupart des questions posées correspondent aux préoccupations dominantes de la classe politique. Cela n'est guère douteux : il suffit de voir, en période électorale, la multiplication jusqu'à l'absurde des sondages sur les intentions de vote.

Et voici la fine pointe du raisonnement : l'opinion publique n'existe pas à l'état naturel. Elle est un *artefact*, c'est-à-dire un phénomène artificiel, produit de l'expérimentation elle-même. Prenons un sujet quelconque, le contrôle de l'immigration, l'euthanasie, l'interdiction des OGM. Beaucoup de gens n'ont pas d'opinion. Mais, dès lors que la question leur est posée directement, les gens se croient obligés de répondre, en dehors de toute compétence. C'est le questionneur qui impose sa démarche et qui, ce faisant, détermine sinon toujours la réponse, du moins la problématique.

Bien. Et alors ? La vie politique et la science politique ne devraient-elles tenir compte que des phénomènes à l'état naissant, en amont de toute interaction des acteurs ? Le point de vue de Bourdieu sur les sondages manifeste la même naïveté que celle de Rousseau sur la volonté générale. Pour être valables, les réponses devraient être élaborées et formulées individuellement, séparément, en dehors de toute influence extérieure. Alors, pas de partis, pas de syndicats, pas de débats, pas de campagnes électorales ! Cette vision essentialiste de la démocratie, compréhensible chez un théoricien, étonne chez un sociologue.

La naissance des opinions – il n'y a pas que les sondages ! – doit beaucoup à la vie politique et sociale, aux questions qui s'y posent, aux débats qui s'y déroulent. Selon les exigences de Bourdieu envers l'opinion, il n'est pas un phénomène collectif qui aurait droit à l'existence. Est-ce que le peuple, la nation, la classe ouvrière ne sont pas aussi des *artefacts* ? Est-ce qu'en économie politique la formation des prix n'est pas à son tour un *artefact*, puisqu'elle est la résultante de milliers de transactions ? Voudrait-on par exemple fixer *dans l'abstrait*, en dehors du marché – c'est-à-dire de l'expérimentation –, le prix des marchandises ? Il y a longtemps que Marx, après les économistes libéraux, a fait justice de ces puérilités.

Allons plus loin : à supposer que la formation des opinions soit complètement artificielle, faut-il en conclure qu'elles n'existent pas ? En politique, une affirmation fausse peut être un fait vrai, à cause de ses conséquences. En vérité, dans le contexte post-soixante-huitard où le suffrage universel avait mauvaise presse dans les milieux radicaux, c'est bel et bien lui qui était récusé à travers cette critique de l'opinion.

« Le système électoral, dit Bourdieu, est un instrument qui, par sa logique même, tend à atténuer les conflits et les clivages et qui, de ce fait, tend naturellement à servir la conservation. » C'est vrai : contrairement aux craintes des conservateurs du XIXe siècle, le suffrage universel n'est nullement fourrier de révolution, puisqu'il donne à chacun le moyen de s'exprimer autrement que par la violence. En dehors de lui, il n'est pas de consensus ; rien que la guerre de tous contre tous : on peut être partisan de la violence, encore faut-il en mesurer les conséquences. C'est un point de vue nécessairement minoritaire, quelque chose comme l'aristocratisme de la plèbe, sous la direction des intellectuels. Les « mouvements sociaux » comme instrument de régulation sociale nous renvoient au pur rapport de forces, et sont de ce fait incapables de produire une légitimité.

En définitive, l'erreur de Pierre Bourdieu à propos de l'opinion publique repose sur une vision retardataire et révolue : celle où elle représentait toujours, comme sous la Restauration, le point de vue des classes dominantes, puisqu'on ne jugeait pas utile d'aller au-delà. Depuis, l'opinion s'est émancipée ; elle ne respecte rien, pas même les classes sociales qui l'ont portée sur les fonts baptismaux. Lecteur de Marx plutôt que de Tocqueville, c'est un point que n'a pas perçu Bourdieu. Il n'a pas voulu croire que Cerbère pût devenir Léviathan.

Le combat en retraite du parlementarisme

Par un amusant paradoxe, les tenants de la démocratie représentative à l'état pur, autrement dit du parlementarisme classique, rejoignent les partisans du radicalisme social à la Bourdieu dans la critique de l'opinion. Ce dernier voyait dans la démocratie d'opinion une simple variante du suffrage universel, avec les défauts de celui-ci. Les parlementaristes purs, avec semble-t-il plus de raison, y voient une remise en cause du système représentatif et une menace pour les élites. Pour Bourdieu, ces élites, ce sont les avant-gardes révolutionnaires ; pour les parlementaristes, c'est la classe politique telle que nous la connaissons. Alain Duhamel (par exemple dans son article de *Libération* : « Alchimistes de la démocratie d'opinion », 27 septembre 2006) dresse le réquisitoire complet : « démocratie de l'éphémère », primat « du sentiment et des passions, des préjugés et des transgressions ». Ce qui caractérise cette démocratie d'opinion, c'est « l'instantanéité, l'irrationalité, la fragilité ». Comment construire sur « le sable de l'opinion » ? Celle-ci dévore et phagocyte les corps intermédiaires, ligote le Parlement, calomnie les partis, crée le vide autour des présidents. Il faut donc à tout prix, pour se mettre à l'abri des ravages de cette nouvelle folle du logis, que la démocratie soit médiatisée par un système représentatif solide et influent.

Ne nous y trompons pas : le point de vue exprimé ici par Alain Duhamel traduit le sentiment, tacite ou explicite, de la classe politique tout entière, qu'elle soit de droite, de gauche ou même du centre. Depuis les débuts de la Ve République et sa Constitution semi-présidentielle, cette classe politique ne cesse de murmurer à mi-voix : « Comment s'en débarrasser ? » Car il y a, d'évidence, une consanguinité profonde entre le régime présidentiel et la démocratie d'opinion. L'un comme l'autre ont une tendance naturelle à court-circuiter les corps intermédiaires, à commencer par le Parlement.

Chers parlementaristes ! Émouvantes figures d'un passé révolu ! Comme tout pouvoir en déclin, vous réclamez en vain d'être renforcés au lieu d'agir avec les moyens dont vous disposez ! Vous voulez qu'on vous fasse hommage, vous voulez qu'on vous rende les armes au lieu de démontrer votre utilité ! Plutôt que de déplorer que les discussions essentielles se fassent désormais à la télé, dans la rue ou sur Internet, organisez donc au Palais Bourbon ou à celui du Luxembourg des débats que l'on ait envie de suivre ! Car enfin la preuve du pudding, c'est qu'il se mange. La preuve du Parlement, c'est qu'il parle. Eh bien ! Qu'il débatte ! Mais rien ! La vraie vie est ailleurs. Réformez ! Réformez, il en restera toujours quelque chose : au fond de l'alambic, si l'on y va voir, on trouvera au moins vos illusions perdues. Saluez ! c'est un mort qui passe.

J'écrivais à l'instant que la classe politique tout entière était faite de ces *laudatores temporis acti*. Il y a eu pourtant, dans la période récente, trois exceptions. Elles ont noms Nicolas Sarkozy, Ségolène Royal, François Bayrou. Étrange tout de même. Les trois personnages qui ont réuni au printemps dernier les trois quarts des suffrages des Français se sont montrés, sous des formes diverses, de chauds partisans de la démocratie d'opinion. Ségolène Royal en a fait sa marque de fabrique sous le nom de « démocratie participative » ; Nicolas Sarkozy n'a cessé d'en appeler à un tête-à-tête direct, par-dessus les partis et les institutions, avec l'opinion publique. Il continue, d'ailleurs. Avec lui, les sondages ont pris le pouvoir d'une façon qui paraît irréversible. Quant à François Bayrou, il a fait de l'appel au peuple (qui eût prévu cet accès de bonapartisme chez un démocrate-chrétien ?) la raison d'être, le puissant ressort d'une candidature qui pensa un moment déplacer les lignes.

Ces trois exceptions doivent faire réfléchir. Soyons sûrs qu'à la prochaine présidentielle il y aura trois nouvelles exceptions dans une classe politique immuablement nostalgique : les trois principaux candidats à l'Élysée. La règle de la politique, comme celle du journalisme, avant de se demander si la chose est bonne ou mauvaise, est de poser ce constat : il se passe quelque chose. Au surplus, je conjure tous les doxophobes de le remarquer : la totalité, je dis bien la totalité de votre réquisitoire contre l'opinion publique a déjà été produite au XIXe siècle contre le suffrage universel. Essayez pourtant de vous en servir et je vous promets une bonne surprise : elle comme lui ne sont pas si méchants que vous les faites.

Aussi vilipendée que le suffrage universel

Vous dites que l'opinion publique est changeante, versatile ? Ce n'est pas à des experts de la chose électorale comme vous qu'il est besoin de rappeler qu'il en va de même du suffrage. C'est une règle quasi absolue qu'aujourd'hui, dans les démocraties occidentales, la majorité sortante est battue et remplacée par sa concurrente. Il est vrai que Nicolas Sarkozy, candidat de la droite, vient de succéder à Jacques Chirac, président de la droite. Mais c'est au prix d'une grossière astuce sémantique. Ne se prétendait-il pas le candidat de la « rupture » ? Il est vrai que ces changements n'ont lieu que tous les cinq ans, alors qu'avec l'opinion ils ont lieu tous les jours. Mais, comme ce délai paraît désormais trop long au peuple, il passe son temps à désavouer son propre verdict des urnes grâce à des manifestations, des sondages, des grondements de toutes sortes. J'en ai donné quelques exemples au début de cet essai.

Vous dites que l'opinion n'est pas courageuse, qu'elle va toujours à la facilité et à ses intérêts immédiats ? Oui, sans doute. Mais dites-moi donc quand le suffrage a pris des décisions courageuses.

Tous les braves, tous les clairvoyants, les de Gaulle, les Mendès France, les Barre ont été ses victimes. En revanche, les démagogues ont souvent réussi. Ici, je ne cite pas de noms, ils seraient trop nombreux.

Vous dites enfin que l'opinion est mal informée ? C'est peut-être vrai, c'est sans doute vrai ; mais, chers doxophobes, vous tombez vraiment mal. L'incompétence du citoyen-électeur a toujours été un grand classique de tous les conservateurs adversaires du suffrage universel.

Alors ? Alors, dites enfin la vérité, chers tenants du système parlementaire. Si le suffrage a toujours souffert des mêmes maux que l'on reproche à l'opinion, c'est que la classe dominante, depuis qu'il existe, a su l'apprivoiser. Ou plutôt le domestiquer. Ce que vous nommez démocratie représentative n'est en réalité qu'une démocratie substitutive. Un grand juriste républicain du début du siècle, Carré de Malberg, l'a bien montré : le régime parlementaire est le moyen inventé par la classe politique pour substituer à la prétendue souveraineté du peuple la véritable souveraineté de ses élus. Rousseau l'avait du reste prévu : dès qu'un peuple nomme des représentants, il cesse d'être libre. Sieyès, et plus généralement les hommes de 89 – souvent aussi ceux de 93 – ont bien aperçu le gouffre que Rousseau avait ouvert sous le pas de la démocratie en marche. S'il n'y a pas de représentation légitime, alors la démocratie devient impossible, ou tourne à la tyrannie. C'est pourquoi Sieyès décrète que le peuple cesse d'exister en l'absence de ses représentants.

« Les citoyens, déclare-t-il le 7 septembre 1789, qui se nomment [qui désignent] des représentants renoncent à faire eux-mêmes la loi ; ils n'ont pas de volonté particulière à imposer. S'ils déclarent des volontés, la France ne serait pas cet État représentatif ; ce serait un État démocratique. Le peuple, je le répète, dans un pays qui n'est pas une démocratie (et la France ne saurait l'être), le peuple ne peut parler, ne peut agir que par ses représentants. »

Ainsi, le système représentatif est incompatible avec le mandat impératif. Mieux que cela, il est, comme l'ont pensé les hommes de la monarchie censitaire, incompatible avec la démocratie. Quant au peuple lui-même, c'est le muet du sérail ; c'est Sancho dans son île ; c'est un souverain à qui il est interdit de vouloir quoi que ce soit !

Je vous accorde que la démocratie, entendue comme le gouvernement du peuple par le peuple, est le plus détestable des régimes. Le plus impossible de tous. Il n'a été fait que pour des dieux, dit Jean Jacques. J'ai envie de rectifier : il n'a été fait que pour les fous. Tous ses partisans ont toujours cherché à échapper aux conséquences des principes qu'ils avaient posés. J'ai cité la Révolution française. Les régimes suivants ont fait de même. La Restauration, la monarchie de Juillet, la Troisième République ont tout fait, grâce à un tour de bonneteau appelé système représentatif, pour substituer à la souveraineté des représentés celle des représentants. Certes, un tel régime, à défaut d'être démocratique, a au moins le mérite d'être libéral et d'assurer la paix civile. Ce n'est pas rien, cela.

Opinion *vs* suffrage

Un problème, cependant : ce grand mensonge politique et social, ce pieux mensonge que l'on nomme système représentatif, sous sa forme intégrale et intégriste, les citoyens n'en veulent plus. Ils ne mesurent pas toujours les conséquences de leur refus, c'est un fait. Mais ils se croient souverains, on le leur a dit, et se croire souverain, c'est déjà l'être.

C'est le peuple qui est souverain. Ce n'est pas le suffrage. Encore moins l'opinion. Suffrage et opinion ne sont rien d'autre que des moyens d'expression de cette souveraineté.

Et pourtant, on ne saurait les mettre sur le même plan. Le suffrage est une procédure officielle, inscrite dans la Constitution. Il est censé être le moyen exclusif d'exprimer la souveraineté. Avantage : il est clair, quantifiable, incontestable. Inconvénient : ses réponses sont vagues, monosyllabiques, donc prétextes aux interprétations les plus contradictoires. L'opinion, elle, n'a aucune autorité officielle. Elle est consultable par n'importe qui, et de la diversité des questionneurs naît la pluralité des réponses. Parfois leur contradiction. Deux sondeurs ne peuvent se rencontrer sans rire. C'est entendu. En revanche, on peut poser des questions précises à l'opinion. Faut-il augmenter les impôts ? Soutenir les Américains en Irak ? Renforcer les lois contre l'immigration illégale, la pédophilie ? Toutes ces questions sont contenues en vrac dans les programmes électoraux, cette nuit où tous les chats sont gris. Voter pour un parti est un arbitrage difficile. Je suis censé approuver pendant cinq ans tout ce qu'il a proposé. Quel abus de pouvoir ! C'est la carte forcée. L'amalgame abusif. D'un côté, donc, un faiseur d'embrouilles qui dispose de toutes les autorisations officielles. De l'autre, un vendeur à la sauvette qui pénètre dans la maison en mettant le pied dans l'embrasure de la porte.

Une seule procédure possède à la fois la légitimité du suffrage et la précision du sondage : le référendum. Si l'on veut réconcilier les textes et le peuple, il faudra bien se décider à lui faire une place. Ce serait aussi l'occasion de dire un peu plus précisément ce que l'on entend par opinion. Est-elle individuelle ou collective ? Singulière ou plurielle ? En vérité, il n'y a pas une opinion unique. Il n'y a pas d'opinion publique. Il y a sur un sujet donné des opinions du public. Alors que l'on accuse souvent les sondages d'avoir introduit la confusion, la vérité oblige à dire qu'au contraire ils ont permis de rétablir la vérité. Jusqu'à leur apparition, l'expression favorite des hommes politiques et des éditorialistes était : « Le pays pense que… » Qu'en savaient-ils ? Le pays avait bon dos. Impossible aujourd'hui d'introduire en contrebande ses propres opinions sous le pavillon de complaisance du « pays ». Car nous savons à chaque instant ce que pense le pays. Il n'est pas unanime, il n'est jamais unanime. La vérité, la voici : la pratique des enquêtes d'opinion a radicalement aboli la fiction de la volonté générale. Rousseau et ses prédécesseurs, comme Hobbes et Locke, sont les grandes victimes de George Gallup. Grâce à lui, la volonté générale a cessé d'être totalitaire. Elle n'est à chaque instant que la résultante d'opinions qui s'opposent et se contrebalancent. La volonté générale n'est plus ce concept métaphysique analogue au droit divin de l'Ancien Régime, elle est le résultat d'une transaction. Grâce à la pondération des opinions, les minorités ont retrouvé voix au chapitre. Elles doivent s'incliner sans renoncer à exister. C'est Pascal qui a raison contre Rousseau : la guerre civile étant le plus grand des maux, la règle de la « pluralité » (entendez de la majorité) n'est pas l'équivalent du décret divin, elle est une règle de prudence. Nous disons aujourd'hui : un principe de précaution.

Opinion opinante et opinion opinée

Encore faudrait-il qu'on ne réédite pas, à propos de l'opinion, le tour de bonneteau que nous avons dénoncé à propos du suffrage universel. Celui qui consiste à confondre le mandaté avec le mandataire, le représenté avec le représentant, le député avec l'électeur, pour finalement substituer à la volonté du peuple celle du Parlement. Or, de ce point de vue, opinion demeure un mot ambigu. Ainsi, lorsqu'on déclare qu'un journal est un organe d'opinion, que veut-on dire, exactement ? Qu'il exprime des opinions à l'intention de ses électeurs ou que ceux-ci émettent une opinion à travers lui ? Le journaliste est-il un producteur primaire d'opinions ou un simple intermédiaire ?

La réponse est nécessairement nuancée. Un journaliste digne de ce nom est fier de son indépendance, car elle seule donne un poids à sa parole. Il ne saurait accepter d'être le porte-parole de quiconque, ni d'un parti, ni de son directeur ou de son propriétaire, ni même de ses lecteurs. Mais, inversement, il ne saurait ignorer l'opinion de ces derniers. Le journalisme est un contrat moral, c'est, comme disait Péguy de la lecture, « l'opération commune du lisant et du lu ». C'est aussi, par conséquent, l'opération commune de l'opinant et de l'opiné. Le lecteur achète un journal parce qu'il consonne a priori avec ses orientations et ses goûts ; inversement, le journaliste se préoccupe des opinions de ses lecteurs, sous peine de perdre leur audience. Il y a entre le journaliste et son « public », comme disait Tarde, une transaction permanente qui fait qu'un journal d'opinion reflète conjointement les points de vue d'une poignée de rédacteurs et de la masse de ses lecteurs. Le développement du courrier des lecteurs montre que cette interactivité, comme on dit aujourd'hui, est bel et bien une réalité ; et nous avons vu, en évoquant Internet, que ce nouvel instrument tend à abolir la frontière médiatique entre l'émetteur et le récepteur. C'est la noblesse du journaliste de savoir résister à ses lecteurs chaque fois que nécessaire : c'est sa sagesse de consonner avec eux chaque fois que possible.

Liberté des Anciens et liberté des Modernes

Telle est bien la difficulté de la démocratie d'aujourd'hui : la tendance à la confusion des rôles. L'idéal de la démocratie rousseauiste dans laquelle le sujet se confond avec le souverain était emprunté au modèle antique, celui de l'Agora et de la délibération permanente du peuple assemblé, qui réduisait au strict minimum le phénomène de la représentation. C'est pourtant sur ce dernier, comme nous l'avons vu, qu'a été fondée la politique moderne, et la Révolution française, si éprise de démocratie directe, n'a pas échappé à la règle. En opposant la liberté des Anciens à celle des Modernes, Benjamin Constant, dans sa célèbre conférence de 1819, a théorisé cette évolution. Le droit de ne pas délibérer soi-même et de se faire représenter, caractéristique des Modernes, permet au citoyen de vaquer à ses affaires privées, qui sont généralement de nature économique. Nécessité fait loi, et d'abord nécessité de gagner son pain. La démocratie directe, sous ses dehors populistes, reflète une conception aristocratique de la société. Afin de pouvoir délibérer en permanence, le citoyen grec avait besoin d'esclaves travaillant à sa place.

Eh bien ! Qu'est-ce donc que la démocratie d'opinion, sinon, en plein régime représentatif, l'aspiration à la délibération permanente, c'est-à-dire à la liberté selon les Anciens dont parlait Benjamin Constant ? Nous sommes en marche vers la *doxocratie*, c'est-à-dire vers le pouvoir de l'opinion, pour le distinguer des autres forces de la démocratie. Sous le vocable général de démocratie, on peut en effet distinguer désormais trois variantes du pouvoir populaire.

D'abord, la *démocratie directe*, telle qu'elle a été pratiquée par les Grecs ou par le club des Jacobins, avec la présence physique du peuple dans les délibérations. Ce régime d'assemblée populaire n'est plus aujourd'hui pratiqué qu'exceptionnellement, dans les moments de crise : ainsi les soviets de Russie en 1917, les conseils (*Räte*) allemands au lendemain de la défaite de 1918, les assemblées étudiantes de 1968, etc. Il n'est pas besoin de dire que le rassemblement de foules anonymes se prête à toutes les manipulations, comme les groupuscules gauchistes le savent bien. De plus, ce type de démocratie se heurte à des obstacles dus à la taille. On peut à la rigueur la concevoir au grand duché de Luxembourg, mais pas dans la Chine de 1 300 millions d'habitants.

Deuxièmement, le *système représentatif classique*, tel qu'il a fonctionné depuis les XVIIIe et XIXe siècle dans les principaux pays avancés d'Europe et d'Amérique du Nord. Fondé sur la délégation de la souveraineté populaire à une classe politique très structurée et relativement fermée, il a pour principal mérite d'être authentiquement libéral et raisonnablement social.

La *doxocratie* enfin, fondée sur l'intervention permanente de l'opinion dans les affaires publiques, qui se profile un peu partout. Moins démagogique que la démocratie directe, meilleure conductrice de la volonté générale que le système représentatif, elle présente des défauts considérables sur lesquels je vais revenir.

Ce qu'est la démocratie d'opinion

Disons d'abord en quoi elle se distingue des autres régimes et par quoi elle se caractérise. C'est une démocratie médiatique, c'est une démocratie directe, c'est une démocratie permanente.

Médiatique, ainsi qu'on l'a dit plus haut, parce qu'elle doit son essor à la multiplication des moyens d'expression : presse écrite, parlée, télévisée, Internet. Elle a pour effet de démoder complètement le modèle du représentant unique, omniscient, omnicompétent, omniprésent, qui est la figure de proue du système représentatif. À son âge d'or, le représentant du peuple était paré de toutes les vertus ; il était censé représenter l'opinion dans sa diversité et le peuple dans sa totalité. Comme législateur, il se prononçait sur toutes choses. Un « toutologue », comme disent les Italiens. Une telle conception, démentie à chaque instant par la réalité, reposait sur un présupposé métaphysique aussi irrationnel que celui qui, sous l'Ancien Régime, faisait du roi le représentant de Dieu sur terre. C'est une erreur de croire que la Révolution antimonarchique a introduit plus de rationalité dans le système politique : elle n'a fait que déplacer la part de croyance irrationnelle sur laquelle reposent toutes les institutions collectives.

Aujourd'hui, une telle fiction n'a plus cours. Les élus du peuple eux-mêmes le reconnaissent et multiplient les commissions ad hoc, les comités des sages, les consultations d'experts. En un mot, les sources de la légitimité se sont multipliées.

Parallèlement, le peuple est sorti de sa présomption d'incompétence totale. La doxocratie, c'est l'irruption brutale du peuple dans les lieux où se décide son avenir. C'est l'addition de la révolution technologique et du désir populaire de participation qui a produit cette doxocratie.

Directe, parce qu'elle se défie des intermédiaires. Le Parlement – et c'est là sa défaite – est désormais perçu comme un obstacle, non comme un lien. La crise des trois grands « moyens de gouvernement » mis au point au XIXe siècle, le suffrage universel, les partis, le Parlement, est une seule et même crise dont on ne sortira qu'en réintroduisant ces institutions sur une scène démocratique qui paraît s'être éloignée d'elles.

Pour le moment, la démocratie d'opinion penche résolument vers le régime présidentiel. Ce n'est pas un hasard. Le système présidentiel, c'est le tête-à-tête de l'opinion publique avec le président au-dessus des corps constitués. Nicolas Sarkozy est en train de pousser le système à ses dernières extrémités : le gouvernement par l'opinion a pour principal moyen d'expression non le Parlement, comme dans le passé, mais la télévision. C'est un gouvernement par l'émotion, où la rationalité trouve de plus en plus difficilement sa place.

Permanente : c'est là sa caractéristique principale. Le système représentatif est démocratique une fois tous les cinq ans et oligarchique dans l'intervalle. Comme le soulignait Sieyès dans le texte cité plus haut, une fois qu'il a élu ses représentants, le peuple n'a que le droit de se taire. C'est de cette démocratie intermittente et illusoire qu'il a fini par se lasser, car il ne s'y retrouve pas. Or, dit Durkheim, « la démocratie est la forme politique par laquelle la société arrive à la plus pure conscience d'elle-même ». Ce jugement décrit très bien ce que Dominique Rousseau nomme *La Démocratie continue* (Bruylant – LGDJ, 1995). Ceux qui se contentent de voir, dans la montée en puissance de l'opinion à l'intérieur des affaires publiques, un harcèlement permanent, la dictature de l'instant et le primat absolu de l'émotion font bon marché de cette dimension fondamentale. L'opinion, c'est avant tout le spectacle que la société se donne à elle-même ; c'est son identité dont elle prend conscience pour parvenir progressivement à la maîtrise de soi. Une société qui se veut adulte ne peut compter sur ses grands hommes pour se forger une image et un destin. Je me permets de renvoyer sur ce point à mon livre *Que sont les grands hommes devenus ?* (Saint-Simon, 2004). À ses risques et périls. En multipliant les erreurs. L'adolescent qui secoue la tutelle parentale est d'abord incapable d'assumer la liberté à laquelle il aspire ; l'oisillon qui se lance hors du nid prend le risque de se casser le bec au premier obstacle. Faut-il pour autant retarder indéfiniment le moment de l'émancipation ? Que nous aimions ou que nous détestions l'opinion publique, nous sommes désormais condamnés à vivre avec elle. Il en va ici de cette opinion comme du suffrage universel, qui n'en est après tout qu'une modalité : il faut l'éduquer, et pour ce faire savoir lui résister. Que les élites qui craignent d'être dépossédées de leur rôle central se rassurent : leur tâche est plus importante que jamais. Mais elle a changé de nature : elles seront de moins en moins les dirigeantes exclusives de cette société, mais elles doivent devenir son institutrice.

La morale de la télé

C'est vrai qu'elle manque terriblement de repères, cette société ; le curé, le maître d'école, le militant ne sont plus là pour dire le bien et le mal, le juste et l'injuste, le beau et le laid. À qui donc incombe désormais la fonction d'inculquer les normes ? À personne en particulier, à la télévision en général ! C'est un rôle qu'elle n'a jamais revendiqué, mais qui lui est échu par défaut. Elle ne prêche aucune morale explicite, mais la morale implicite de ses personnages, de ses héros de séries américaines, de ses jeux débiles, de ses joueurs de foot qui ne le sont pas moins, de ses animateurs gonflés de leur importance tient lieu de référence.

Quelle est donc cette morale ? Elle consiste d'abord et surtout dans une apologie de l'argent et de tous les moyens imaginables pour en gagner. Ensuite, c'est une obsédante glorification de la violence, de la loi du plus fort et du moins scrupuleux. Sous des dehors de divertissement et de neutralité axiologique, la télévision exalte à toute heure à travers ses héros les valeurs du capitalisme sauvage, celui qui ne s'avoue pas mais se pratique en permanence. On feint de s'effarer de la mentalité des « jeunes », des marginaux, banlieusards, collégiens en échec, etc. Mais où donc, s'il vous plaît, vont-ils chercher leurs modèles ? À la télévision, bien sûr ! Après cela, les bons apôtres de la politique et de la finance viennent, la main sur le cœur, réclamer de l'école une éducation morale de la jeunesse. Ah, la bonne mine des éducateurs qui s'acharnent à vanter les valeurs de solidarité, de désintéressement, de patriotisme, quand tous les soirs la télé et ses paillettes prestigieuses ressassent qu'il n'y a qu'une morale, celle de l'arrivisme et de la réussite ! Travail de Pénélope en vérité que celui des enseignants, qu'on leur paie très mal, au cours réel de l'honnêteté intellectuelle et morale dans nos sociétés. C'est là, au chapitre de l'éthique, que les barons pillards du capitalisme ont gagné la partie. Alors, éduquer l'opinion, sans doute. Mais que les nantis commencent par donner l'exemple des vertus qu'ils exigent des autres !

Au demeurant, on se gardera de confondre, sous prétexte qu'elles sont contemporaines, la montée de l'opinion publique avec la réduction de la vie politique à un show médiatique permanent. La première, comme nous avons tâché de le montrer, procède d'un développement organique de la démocratie, ou, comme eût dit Guizot, des « moyens de gouvernement ». La seconde découle d'une mercantilisation générale de la vie sociale à laquelle aucun domaine – art, science, religion, sport – n'échappe désormais. Les marchands du temple s'appuient sur l'opinion, c'est un fait. Mais il appartient aux hommes de conviction, attachés à la spécificité de la vie politique, de faire de même.

Que conclure ? Ce qui fait problème dans nos sociétés, ce n'est pas l'émancipation des individus, de leur manière de penser, et l'égoïsme qui en résulte ; ce qui fait problème se situe en amont et porte bien au-delà : c'est la contradiction devenue criante entre l'esprit de la République et l'esprit du capitalisme. Oui, l'opinion est malade, mais ce n'est pas seulement de narcissisme : elle est malade du cynisme de ses classes dirigeantes.

Faire entrer Léviathan dans le jeu

C'est pourquoi il ne faut pas se tromper d'ennemi ; l'opposition entre la démocratie d'opinion et la démocratie parlementaire, dont j'ai dit les origines, est une opposition qui doit être dépassée. Si le régime proprement représentatif est sur son déclin, le Parlement exerce, de façon irremplaçable, des fonctions constitutives de la démocratie tout court. Seulement, elle ne peut plus prétendre être, à elle seule, législatrice. Nous avons vu, chemin faisant, qu'une loi, pour être applicable, doit procéder d'une navette entre ces trois pôles que sont le gouvernement, le Parlement et l'opinion publique. Dans ce domaine, nous manquons d'imagination ; il faut à toute force associer les citoyens à l'élaboration des lois les plus fondamentales. Longtemps, le Plan, qui permettait la confrontation des « forces vives » du pays, a tenu lieu de chambre de concertation. Car la « rue », qui devient le débouché habituel des aspirations et des frustrations les plus diverses, n'est pas un lieu adéquat pour l'exercice de la fonction législative… Quand Alain Juppé doit renoncer à une partie d'un texte sur la Sécurité sociale déjà voté par le Parlement ; quand Dominique de Villepin est obligé de capituler en rase campagne avec son CPE pourtant muni de toutes les estampilles officielles, la démocratie est en danger.

Alors, recourir au référendum ? Oui, chaque fois que le sujet est d'importance. Encore faut-il en normaliser la pratique. Trop souvent, et encore tout récemment à propos de la Constitution européenne, une consultation, quelle que soit la question posée, tourne au règlement de comptes : « Je réponds non. Rappelez-moi donc la question. » Un référendum programmé depuis trop de temps sert de voiture-balai à tous les mécontentements accumulés. Ce fut l'erreur de Jacques Chirac d'annoncer le sien trop longtemps à l'avance. Dès lors, il n'y eut pas un agriculteur victime des intempéries, pas un commerçant en difficulté, pas un avocat sans cause, pas un mari trompé qui ne voulût prendre sa revanche sur le dos de l'Europe.

On ne peut recourir au référendum trop souvent sans risquer la lassitude du corps électoral. Il faut donc imaginer des procédures moins lourdes pour intégrer l'opinion dans le champ délibératif officiel. Les « jurys populaires » dont a parlé Ségolène Royal pendant sa campagne – autrement dit, car le mot jury est équivoque, des assemblées primaires de citoyens – permettraient au public de se faire une opinion, et aux instances officielles d'en tenir compte, plutôt que de voir le Parlement et le public lancés à toute vapeur l'un contre l'autre sur un rail unique.

Il est non moins nécessaire de permettre à l'opinion, grâce à des primaires, de désigner les candidats aux élections, notamment à la présidentielle, comme cela se fait aux États-Unis. La pratique française qui réserve traditionnellement ce rôle aux partis aboutit à verrouiller la vie politique. Aujourd'hui, dans une France de 65 millions d'habitants, la classe politique n'est guère plus étendue qu'à l'époque de la monarchie censitaire. Le monopole de la candidature par les partis, c'est l'assurance d'une classe politique qui se reproduit indéfiniment à l'identique, presque sans renouvellement ni apport extérieur : c'est en vérité la négation du suffrage universel. Sans l'intervention des nouveaux adhérents à 20 euros, Ségolène Royal n'avait aucune chance d'être désignée comme candidate par le Parti socialiste. Les chefferies, c'est-à-dire l'organisation des partis en bandes rivales, l'interdisaient. La désignation de Ségolène Royal, c'est la révolte de l'opinion publique contre la classe politique. Mortifiée, cette dernière réagit alors en soutenant la candidate comme la corde soutient le pendu. Quoi qu'il arrive désormais, le corps des citoyens ne se laissera plus imposer ses candidats.

Il est en revanche un domaine où le rôle du Parlement est irremplaçable : c'est celui des libertés publiques. La démocratie directe ou semi-directe n'est guère respectueuse des minorités ni des procédures légales. Les assemblées anonymes, faute d'une régulation interne, se livrent avec ivresse à leurs passions. Tout ce qui regarde l'exercice des libertés relève donc du Parlement. On n'oubliera pas qu'en France le système représentatif et parlementaire est fils non de la Révolution, mais de la monarchie censitaire. Elle n'a pas su faire sa part à la démocratie et l'a payé de sa vie. Mais il faut lui reconnaître le mérite d'avoir installé en France à cette occasion la liberté de la presse et le libéralisme politique : autrement dit, le pluralisme comme état normal de la société, ce que ni la Révolution, férue d'unité, ni à plus forte raison le socialisme n'ont su faire.

Ajoutons-y, pour faire bonne mesure, la pratique de la discussion organisée. Les règles de la délibération, telles qu'elles ressortent du règlement et de la coutume parlementaire, ne sont pas des procédures formelles et désuètes. Elles sont essentielles au respect des minorités ; elles sont la condition de la liberté. Ce qui au contraire guette en permanence les diverses pratiques issues de l'opinion publique et de la démocratie directe, c'est le désordre et l'anarchie. C'est aussi la manipulation permanente, la diffusion de fausses nouvelles, la foi ajoutée à des rumeurs incontrôlables et irrationnelles : l'opinion publique a toujours quelque chose de *panique*. Quand ces poisons ont fait leur œuvre, le citoyen se détourne de la chose politique ; la voie est libre alors pour le pouvoir personnel. Tous les adversaires de la démocratie, tels l'Espagnol Juan Donoso Cortés ou l'Allemand Carl Schmitt, ont dénoncé à l'envi sa tendance à la délibération permanente, à la chicane, aux ergotages indéfinis, à l'incapacité de conclure, à tout ce que l'on désigne du nom de *parlote*. La critique est fondée, elle doit être prise au sérieux.

L'avenir de la démocratie repose donc sur la possibilité de faire vivre en commun, et même de faire coopérer le système parlementaire et le système de l'opinion publique. Sans celui-ci, le premier est menacé d'asphyxie ; sans celui-là, le second est guetté par l'anarchie. La France sera-t-elle capable de faire naître en son sein les hommes et les femmes à l'imagination assez hardie, au courage assez indomptable pour ne pas se laisser détourner de cet objectif majeur : faire entrer le point de vue du plus obscur des citoyens dans le système politique qui le gouverne ? On a, chemin faisant, suggéré un certain nombre de procédures. Le temps presse car l'hégémonie actuelle de la démocratie ne repose que sur l'absence momentanée d'adversaire. Or l'histoire du XXe siècle nous apprend que rien n'est jamais acquis à l'homme, ni la paix, ni la liberté. Suffrage universel et opinion publique sont en vérité deux modalités différentes d'une même réalité. Ce que le XIXe siècle a su faire pour le suffrage, il appartient au XXIe de le faire pour l'opinion.

LES INTELLECTUELS DANS LA DÉMOCRATIE D'OPINION[1]

Jamais en France les intellectuels n'avaient été aussi décriés ; jamais pourtant on n'avait fait d'eux un usage aussi intempérant. C'est devenu un lieu commun que de déplorer leur perte de prestige ; d'aucuns disent même : leur disparition. Il s'est formé au fil du temps un mythe de l'âge d'or des intellectuels, qui correspondrait aux années Sartre-Beauvoir-Camus, autrement dit à la vingtaine d'années qui a suivi la Libération. Il paraît qu'ils étaient alors tout-puissants et universellement respectés. Ceux qui prétendent cela n'ont pas dû beaucoup fréquenter la presse de l'époque, mais qu'importe ! La nostalgie est là, plus forte encore à *Greenwich Village*, à Rio, à Berlin ou à Rabat que dans le VIe arrondissement. Ils ignorent qu'au temps de sa splendeur, Sartre était regardé comme un chien dans *L'Humanité* et un traître dans *Le Figaro* ; et que Camus, pour avoir préféré sa mère aux fellaghas, avait été pratiquement banni de la République des Lettres. Mais le cliché a la vie dure. Les plus avisés s'accordent à penser que, certes, depuis lors, les intellectuels n'ont pas totalement disparu ; ils existent encore, mais *cachés*, en raison d'une sorte de loi de Gresham de l'intelligentsia qui s'énonce ainsi : dans les médias et sur les plateaux, le mauvais intellectuel chasse le bon.

À cette réserve près, force est de constater que les intellectuels sont partout, sont interrogés sur tout, interviennent sur à peu près tout. Pas une écurie présidentielle qui ne se flatte de la présence

1. *Commentaire*, n° 119, automne 2007, p. 687-696.

de tel ou tel d'entre eux ; Nicolas Sarkozy, passé maître dans l'art de retourner contre la gauche les leçons de la gauche, ne s'est pas contenté de citer à longueur de discours Zola, Jaurès et Blum – plus d'ailleurs que Tocqueville ou Aron… – ; il s'est donné beaucoup de mal pour attacher à son char victorieux un fort contingent de maoïstes désabusés, d'économistes déclinistes ou de chanteurs sur le déclin ; il a eu beau dénoncer l'esprit de mai 1968, Pascal Bruckner s'est piqué de faire de lui un soixante-huitard d'honneur. De façon plus générale, les intellectuels sont la providence des journalistes en mal d'inspiration. Qu'il s'agisse de Jésus ou de Mahomet, d'écologie ou de tauromachie, de mondialisation ou de droits de l'homme, ils sont régulièrement sollicités, pour ne pas dire sommés de donner leur avis. Il n'est guère de numéro de *Marianne* où Jean-François Kahn ne les morigène pour leur silence ou ne les admoneste pour leur discours sur l'affaire du jour : l'Amérique ou la Russie, le Darfour ou la Tchétchénie, la montée de la criminalité ou les exactions de la police. À ce jeu-là, on gagne à tous les coups : ou bien les intellectuels se taisent, et leur silence dissimule une lâche complaisance, quelque honteuse complicité ; ou bien ils parlent et pétitionnent, et qui ne voit alors leur coupable propension à se fabriquer de la notoriété sur le dos des victimes ? Quoi que dise ou ne dise pas l'intellectuel, quoi qu'il fasse ou ne fasse pas, le malheureux est fait aux pattes.

Constat

Ce sont là, dira-t-on, des facilités de journalistes. Mais, derrière le truc, il y a bien une réalité : l'absence de pouvoir spirituel en France, depuis l'effacement des Églises, des partis, des écoles de la pensée, voire de la perte d'influence des enseignants. À qui donc est dévolu le soin de dire le Vrai, le Juste, le Beau ? À la télévision et aux médias en général, bien sûr, mais le plus souvent par le truchement de ceux que l'on appelle les intellectuels. À l'époque de Sartre et de Camus – Beauvoir étant pour l'essentiel une construction rétrospective –, les intellectuels s'affrontaient à l'Église catholique, au Parti communiste. Aujourd'hui, lorsque Bernard-Henri Lévy dit quelque chose, il n'y a plus personne pour le contredire.

« Nous y voilà ! s'écrie alors mon contradicteur. Vous osez mettre sur le même plan un écrivain et un philosophe dont l'œuvre est reconnue à travers l'espace et le temps, et un personnage médiatique dont l'influence est proportionnelle à son carnet d'adresses ! La voilà, la preuve authentique du déclin de l'intellectuel dans nos sociétés ! »

Mon Dieu, je ne compare rien, je ne porte aucun jugement, je constate. La définition de l'intellectuel a profondément évolué au cours du siècle écoulé. Il faut d'abord constater le formidable accroissement du nombre de personnes exerçant des « professions intellectuelles », au sens que Kautsky donnait à ce terme à la fin du XIXe siècle. Le nombre de travailleurs du primaire (agriculture et mines) ainsi que du secondaire (industries) ne cesse de se restreindre au profit des professions du tertiaire, et à l'intérieur de celles-ci, de ceux qui travaillent sur des signes et non sur de la matière brute : chercheurs, enseignants, artistes, informaticiens, spécialistes de la communication, etc. Il y a longtemps que les effectifs de ces « professions intellectuelles » ont dépassé dans les pays développés ceux des agriculteurs, ce qui modifie complètement les rapports sociaux. Un Marx d'aujourd'hui ne ferait plus des ouvriers d'usine, une population encore très nombreuse mais en voie de réduction constante, le pilier principal et le moteur de la transformation sociale. Au sein des professions intellectuelles, le rapport entre le petit nombre de ceux qui sont principalement occupés à des tâches de création et le grand nombre de ceux qui sont cantonnés à des tâches d'exécution et de reproduction pose toute la question de la nature et de la définition de l'intellectuel dans les sociétés contemporaines. À l'époque de l'affaire Dreyfus, une pétition d'« intellectuels » était principalement alimentée par les écrivains, les professeurs, les avocats. Aujourd'hui, *mutatis mutandis*, on y voit figurer en grand nombre des travailleurs sociaux, des cinéastes, des stylistes, voire des couturiers ou des cuisiniers. Faut-il s'en scandaliser ? Cela ne servirait à rien. S'il y a une définition rigoureuse possible du savant ou du chercheur, il n'en est pas de l'intellectuel, car ce mot renvoie à des critères subjectifs, affectifs, moraux. Il n'y a pas de critère objectif pour le définir, pas de diplôme de capacité, seulement le regard porté par l'opinion sur lui, et donc sa reconnaissance. Force est de constater que la notion d'intellectuel, liée depuis le XVIIIe siècle à celle de *leader* d'opinion, évolue constamment. Qui aujourd'hui est chargé de dire les valeurs dans notre société ? Ce fut longtemps l'instituteur, le prêtre, voire le militant. Aujourd'hui, les gens des médias et notamment de la télévision figurent parmi les principaux prescripteurs. Une bonne partie des débats autour de la notion d'intellectuel a pour origine la différence entre une définition normative (celui qui est digne d'exercer la fonction) et une définition sociologique (celui qui effectivement l'exerce).

L'intellectuel dérivé

Sartre, toujours lui, tenait encore fermement pour une définition normative, plus exactement éthico-politique, de la notion d'intellectuel, qu'il opposait à une définition purement fonctionnelle. Pour lui, tout membre d'une profession intellectuelle ne pouvait prétendre au titre d'intellectuel, sauf à correspondre à des critères bien précis, qui étaient de nature proprement politique. Il n'était pour lui d'intellectuel que radical, les autres n'étant que des contrefaçons, à l'exemple de celui qu'il ne cessait de poursuivre d'un ressentiment tacite, mais obstiné, son ancien « petit camarade » Raymond Aron.

> L'ennemi le plus direct de l'intellectuel, écrit-il dans son *Plaidoyer*[1], est ce que j'appellerai le faux intellectuel et que Nizan nommait le chien de garde, suscité par la classe dominante pour défendre l'idéologie particulariste par des arguments qui se prétendent rigoureux – c'est-à-dire se présentent comme des produits des sciences exactes. Ils ont, en effet, ceci de commun avec les vrais intellectuels qu'ils sont originellement, comme eux, des techniciens du savoir pratique. […] De fait, le radicalisme et l'entreprise intellectuelle ne font qu'un et ce sont les arguments « modérés » des réformistes qui poussaient nécessairement l'intellectuel dans cette voie.

Et de fait, dans une partie importante de la gauche, le mot intellectuel ne désigne pas à proprement parler une fonction, mais une dignité, à laquelle on ne peut prétendre que pour des raisons

1. *Plaidoyer pour les intellectuels*, trois conférences prononcées à Tokyo en septembre-octobre 1965, reprises en volume dans la collection « Idées », Gallimard, 1972, p. 53-55.

éthico-politiques. Il y a pour Sartre de vrais intellectuels – comme lui – et de faux intellectuels – comme Aron –, de la même manière qu'il y avait pour Pierre Bourdieu une vraie gauche – la sienne – et une fausse gauche – celle de tous les autres. Pour l'un comme pour l'autre, l'intellectuel est un produit dérivé, qui prend sa source dans des activités particulières, celles qui touchent à la pensée, à l'art, à la littérature et spécialement à la philosophie. Ce sont là des activités qualifiantes, qui, convenablement menées, dans un esprit de radicalité politique, permettent à celui qui les exerce d'accéder à la notion d'intellectuel supérieur.

Il n'est pas besoin de souligner le caractère élitiste et aristocratique d'une pareille conception ; son positivisme aussi, dans la lignée de la République des savants d'Auguste Comte et de sa conception du pouvoir spirituel. Dans son opuscule *Télévision*, Bourdieu n'allait-il pas jusqu'à envisager de conditionner l'accès à la télévision pour les intellectuels à la délibération d'un aréopage qualifié des principaux savants du pays ? Dans cette conception de l'intellectuel dérivé du savant ou à la rigueur de l'artiste, il est de la nature des activités intellectuelles à un niveau supérieur de gratifier celui qui les exerce d'une compétence élargie et quasiment universelle, notamment dans le domaine de la politique et de la morale. Le grand intellectuel devient donc, comme le voulait déjà Auguste Comte, le grand prêtre d'une religion de l'Humanité.

Il faudrait s'interroger ici sur la nature automatiquement qualifiante attribuée à certaines disciplines, comme la philosophie, non seulement en matière de connaissance, ce qui se peut concevoir, mais aussi en matière de *praxis*, et notamment de *praxis* politique. On verrait alors tout ce qu'une telle conception doit aux humanités, et notamment à ce que Taine appelait « l'esprit classique », générateur de la Révolution : le goût des généralités, la propension à la généralisation, et aussi, il faut bien en convenir, le mépris de l'expérience.

L'intellectuel médiatique

À l'inverse de l'intellectuel dérivé dont il vient d'être question, l'intellectuel médiatique détient son expérience moins de ses études et de son excellence professionnelle que de son habileté dans le maniement des médias. Pourquoi pas ? La rhétorique est une technique digne de respect ; on ne voit pas pourquoi ce qui est admirable chez Quintilien ou chez Bossuet, dans le registre de l'art oratoire ou de l'écriture, deviendrait méprisable dans celui de la télévision. Chez l'intellectuel médiatique, l'expertise politique ou morale n'est pas, comme précédemment, un produit dérivé de la philosophie, de la littérature ou de la science ; cette expertise est en quelque sorte primaire, *sui generis*, produite *in situ*, c'est-à-dire sur un plateau de télévision. On ne poussera pas le souci de symétrie jusqu'à affirmer que l'œuvre écrite est à son tour un produit dérivé de la télévision – encore que… – mais il est certain que c'est de la télévision elle-même que découle l'autorité qui s'attache à l'œuvre écrite, si l'on veut bien prendre le mot autorité au sens étymologique, c'est-à-dire ce qui *augmente* le crédit qui s'attache à l'œuvre. Il est du reste significatif que dans la liste des *best-sellers* de l'édition française la place prise par les auteurs qui tirent leurs succès de librairie de la notoriété acquise sur les plateaux de télévision est devenue prépondérante.

Ce renversement de perspectives ne manque pas de scandaliser les meilleurs esprits. Mais l'impératif d'examen critique du réel, sans préjugés axiologiques, dont se réclament en général ces censeurs, impose d'abord de considérer le phénomène en soi, plutôt qu'en termes de décadence ou de forfaiture. En vérité, tout transfert d'autorité d'un domaine de compétence à un autre mérite d'être condamné. L'autorité intellectuelle ou artistique attribuée à un écumeur de plateaux télévisuels est un pur scandale ; mais il faut se souvenir que l'autorité politique attribuée à un philosophe ou à un metteur en scène n'est pas moins critiquable, et peut être plus dommageable à la démocratie.

Ni Voltaire, ni Zola, ni Sartre n'étaient à proprement parler des intellectuels médiatiques. C'étaient avant tout des écrivains, et secondairement ce que j'ai appelé des intellectuels dérivés. Mais on notera qu'aucun d'eux ne méprisait les médias ; au contraire, ils avaient compris que pour se faire entendre ils devaient accepter la logique interne de la communication. Voltaire notamment était un grand expert de celle-ci. Ses pamphlets pour la bonne cause (Calas) ou pour d'autres, plus discutables (la démolition de Rousseau), étaient composés dans toutes les règles de l'art, je veux dire ici de l'art médiatique. Le patriarche de Ferney passe à juste titre pour le premier inventeur du livre de poche, léger, maniable, accessible et bon marché. Quand Zola a écrit *J'accuse*, il a oublié les Rougon-Macquart et s'est comporté en journaliste inspiré, pratiquant la rhétorique propre à l'interpellation publique. Quant à Sartre, il était souvent un journaliste redoutable, non sans se laisser aller parfois aux facilités et aux simplismes qu'on reproche d'ordinaire aux hommes des gazettes.

C'est pourquoi la question de savoir si le « niveau baisse » chez les intellectuels n'a strictement aucun sens, parce que l'on ne parle pas des mêmes choses. Il est du reste curieux que ceux qui se scandalisent qu'on puisse parler de la baisse du niveau à l'école soient les mêmes qui ne cessent de déplorer la baisse du niveau des intellectuels. La question n'est donc pas de savoir si les romans de Zola sont supérieurs à ceux de Sartre, ou l'histoire de Michelet plus pénétrante que celle de Max Gallo. La question, puisqu'il s'agit d'intellectuels, est de mesurer leur efficacité pratique dans le domaine de la diffusion des idées et de l'agitation.

Il est bien difficile de mesurer le prestige intellectuel, et encore davantage le retentissement politique de celui-ci. En termes de rayonnement, c'est un fait que les grandes figures de la période précédente – Sartre, Foucault – n'ont pas été remplacées. Il y a aujourd'hui en France d'excellents philosophes, des écrivains de talent, mais aucun d'entre eux n'a accédé au statut national ou international de « grand intellectuel », qui permet à son titulaire de donner un écho remarquable à chacune de ses paroles. À leur propos, ce n'est pas d'intellectuels que l'on parle, mais de romanciers, de philosophes, de dramaturges. Disons donc qu'il n'existe pas actuellement aujourd'hui en France d'auteur et d'œuvre hautement et directement monnayables en termes de magistère intellectuel, c'est-à-dire de pédagogie de masse et de communication en faveur des idées.

Une espèce en voie de disparition ?

En revanche, on remarquera que l'efficacité politique et médiatique d'un intellectuel n'est nullement proportionnelle à son statut de penseur ou d'artiste. Toutes les tentatives politiques de Sartre se sont soldées par des échecs retentissants. Le lancement d'un parti politique par lui-même et David Rousset, le Rassemblement démocratique révolutionnaire (RDR), accusait jusqu'à la caricature les travers des intellectuels égarés en politique. Il ne compta jamais plus de deux ou trois mille adhérents et des résultats électoraux dérisoires. Quant à l'action de Sartre contre la torture et contre la guerre d'Algérie, elle eut beaucoup de retentissement mais ne modifia en rien le cours des événements. L'engagement, le célèbre engagement, n'était en réalité qu'un témoignage. À l'inverse, lors des élections européennes de 1994, une liste « Sarajevo », menée par des intellectuels de moindre statut littéraire et philosophique (Bernard-Henri Lévy, André Glucksmann, Alain Finkielkraut) fut créditée jusqu'à 11 % des intentions de vote. Estimant atteint l'objectif visé – placer la question bosniaque au cœur de la campagne –, les *leaders* de la liste décidèrent alors de la retirer, puisqu'il ne s'agissait nullement pour eux de faire carrière politique. De façon plus générale, les intellectuels, de l'avis des responsables politiques eux-mêmes, ont joué un rôle important dans la maturation de l'opinion publique qui conduisit Jacques Chirac, et à sa suite Bill Clinton, à mettre fin à la guerre de Bosnie grâce à une intervention militaire limitée. Ajoutons enfin que la tournure rétrospective prise par le débat politique français (séquelles du régime de Vichy, héritage de la colonisation, racisme, immigration, esclavage) est à forte connotation intellectuelle. Les tribunes des journaux où s'expriment historiens, philosophes, sociologues tendent à remplacer celle de l'Assemblée nationale dans l'animation du débat public. Des procès récents, comme celui de Maurice Papon, ont vu les historiens se transformer en experts auprès des tribunaux. Avec la disparition des grands intellectuels généralistes

(Derrida, Baudrillard), la tendance est aujourd'hui à la spécialisation. Longtemps, les intellectuels d'ancien type, en surplomb pardessus la société, étaient regardés comme les gardiens des valeurs. Ceux d'aujourd'hui occupent une position moins éminente, mais sans doute plus efficace. La disparition du communisme comme horizon de référence a été à l'origine d'une mutation capitale : on est passé en quelques années de la philosophie de l'engagement à la philosophie des droits de l'homme. La première était née durant la guerre de 1914-1918 de l'énorme commotion intellectuelle que fut la Révolution soviétique. Elle reposait sur l'idée que les intellectuels devaient s'engager aux côtés des forces politiques, comme accoucheurs auxiliaires d'une société nouvelle. Quitte à y perdre l'indépendance et le magistère moral qu'ils avaient acquis en se substituant au clergé comme pouvoir spirituel dominant. La seconde, la philosophie des droits de l'homme, est née du constat d'échec de la première. Ce n'est pas un hasard si les *french doctors* ont été inventés par des déçus du communisme comme Bernard Kouchner.

Révision historique

Ces remarques nous amènent à une révision en profondeur de la périodisation en vigueur de la question des intellectuels. On s'accorde en général à considérer que ceux-ci sont nés au XVIIIe siècle, sous la forme du « sacre de l'écrivain » – en vérité du « philosophe » – dont a parlé Paul Bénichou. Voltaire est le prince de cette nouvelle monarchie, en lutte contre l'ancienne. Cet avènement d'un pouvoir spirituel autonome, dont l'influence se fait surtout sentir sur la société civile, est confirmé au XIXe siècle – c'est l'écrivain-mage à la Victor Hugo. Elle culmine au moment de l'affaire Dreyfus avec la figure d'Émile Zola, se prolonge au XXe siècle avec Sartre et tend à se désagréger sous nos yeux, faute de personnalités charismatiques, entièrement dévouées à l'action collective. Dans cette perspective, Pierre Bourdieu aurait été, sous une forme moins triomphale et moins littéraire, le dernier spécimen d'une espèce en voie de disparition et d'un pouvoir moral en voie de désagrégation. Cette vision purement idéologique ne résiste pas à l'examen des faits. Voyons pourquoi.

Beaucoup des controverses, souvent passionnées, qui s'élèvent lorsque l'on aborde la question des intellectuels, s'expliquent par la confusion entre deux définitions possibles de ceux-ci. La première, la définition large, est purement fonctionnelle et désigne l'ensemble de ceux qui, dans une société, exercent des fonctions non manuelles d'encadrement ou d'innovation. Ce sont, au dire de Raymond Aron dans *L'Opium des intellectuels* (1955), les *scribes* – nous dirions aujourd'hui les fonctionnaires de l'administration –, les *experts* – enseignants, légistes, savants, médecins, stratèges – et les *lettrés et artistes* qui transmettent et développent le patrimoine culturel de la nation. En ce sens, toutes les sociétés un peu développées, qui connaissent la différenciation des fonctions, possèdent des intellectuels, et Jacques Le Goff a pu écrire sans provocation un petit livre sur *les intellectuels au Moyen Âge*.

De Voltaire à Saint-Simon

Mais dans les sociétés modernes, caractérisées par le développement de l'espace public, puis de l'opinion publique, et enfin de la démocratie, le mot intellectuel a pris un sens plus spécialisé, notamment en France, pour désigner, parmi les travailleurs du symbolique, ceux qui, s'appuyant sur la notoriété qu'ils ont acquise dans leur champ propre, interviennent dans les affaires de la cité pour défendre des principes et promouvoir des valeurs. Comme l'a exposé lumineusement Alexis de Tocqueville, dans un chapitre célèbre de *L'Ancien Régime et la Révolution*, les gens de Lettres, tenus par la monarchie en dehors de l'exercice du pouvoir, deviennent au XVIIIe siècle les porte-parole de la société face aux absurdités et aux injustices du gouvernement royal. C'est de cette époque que date ce que Paul Bénichou a appelé, nous l'avons vu, « le sacre de l'écrivain », et que l'on pourrait également appeler « l'avènement de l'intellectuel ». Écartés de la pratique, et donc peu sensibles aux contraintes empiriques, portés par l'exercice de leur métier d'origine aux spéculations abstraites, ils deviennent des spécialistes des généralités et contribuent à donner à la politique française cette tournure « littéraire » dont a parlé Tocqueville. Cette inclination vers l'abstrait, aux antipodes de la préférence pour le concret des pays anglo-saxons, n'a pas été pour rien, aux yeux des grands historiens, dans l'orientation radicale et révolutionnaire qu'ont prise les événements de 1789. Elle a contribué à donner à la France l'ambition d'édicter des règles pour tous les temps et tous les pays, et quand cette ambition est apparue démesurée au regard des moyens dont elle disposait, de laisser à ses philosophes et à ses écrivains la mission de l'entretenir au plan des idées.

Ce qui est frappant, à considérer l'ensemble de cette histoire, c'est qu'à chaque génération il se trouvera en France des écrivains, des philosophes, des artistes pour reprendre à leur compte la fonction que les philosophes des Lumières, spécialement Voltaire et Rousseau, s'étaient implicitement assignée : servir d'intermédiaire, ou, si l'on préfère, d'*interface* entre les milieux dirigeants et le reste de la société. Une telle fonction ne s'explique que par le déficit de démocratie qui interdit alors à l'ensemble du peuple d'intervenir dans le domaine où se décide sa destinée. Faute d'une représentation directe de l'ensemble de la population, l'écrivain, et plus généralement l'intellectuel, se pose volontiers, tout au long de la démocratie censitaire (1815-1848) et même au-delà, comme une sorte de tribun du peuple, chargé d'une mission quasi divine, qui est de représenter les intérêts de ce dernier.

À tout le moins, car cette vision, qui est celle d'un Victor Hugo, est loin d'être assumée par tous, l'intellectuel se pose volontiers en juge au tribunal de l'opinion publique, qui est en quelque sorte l'étape préalable à l'établissement de la démocratie. Dès 1775, Malesherbes a en effet défini l'opinion comme « un tribunal indépendant de toutes les puissances et que toutes les puissances respectent ». Venant après les philosophes du XVIIIe siècle, les poètes romantiques, tels Victor Hugo et Lamartine, se considèrent, de diverse façon selon les époques, comme des *mages* et des conducteurs d'hommes.

Plus significative encore l'apparition de philosophies sociales, voire socialistes, qui donnent à l'intellectuel une mission spécifique. La plus remarquable est à cet égard celle de Saint-Simon, dont voici un texte, tiré du *Système industriel* et datant de 1821.

> J'invite les intellectuels positifs à s'unir et à combiner leurs forces pour faire une attaque générale et définitive aux préjugés, en commençant

> l'organisation du système industriel ; d'une autre part, je demande aux industriels qui sont les plus riches et les plus positifs de se coaliser pour donner les moyens à leurs intellectuels de faire et de publier le travail scientifique dont ils ont besoin.

Trois remarques à ce sujet : on voit ici à quel point Auguste Comte, qui fut le secrétaire de Saint-Simon, a emprunté à la pensée de son maître, à travers la notion de travail positif, opposé aux billevesées du système métaphysique. On voit aussi dans ce système que l'alliance du travail intellectuel et du travail matériel, autrement dit des intellectuels (savants, chercheurs, ingénieurs, techniciens) et des industriels est la base même du système. On notera, enfin, l'emploi du mot « intellectuel » comme substantif, près de trois quarts de siècle avant la date où on le fait communément apparaître, c'est-à-dire dans le contexte de l'affaire Dreyfus. L'historien est toujours satisfait de faire remonter en amont les origines des problèmes dont il s'occupe. Et Saint-Simon est décidément un grand visionnaire.

Les intellectuels comme groupe

Cet avènement de l'intellectuel ou de l'artiste comme représentant des non-représentés et comme source indépendante de légitimité se manifeste tout au long du siècle par la place importante qu'ils occupent dans la vie publique. C'est du XIXe siècle français que date ce personnage à triple figure, celui de l'homme politique-écrivain-journaliste. Chateaubriand, mais aussi Victor Hugo, Lamartine, Thiers, Guizot, Bonald, Benjamin Constant, Louis Blanc, Proudhon, Tocqueville appartiennent à cette espèce. Chateaubriand et Tocqueville ont été ministres des Affaires étrangères, et Lamartine chef du gouvernement dans la confusion lyrique de février 1848. Plus tard, sous la IIIe République, Jaurès, Clemenceau, Maurras, puis dans une époque plus récente Léon Blum et Georges Bidault ont à leur tour incarné un modèle qui tend aujourd'hui à s'épuiser.

Mais, au-delà de ces cas individuels, c'est de l'affaire Dreyfus, dans la dernière décennie du XIXe siècle, que l'on date l'irruption des intellectuels en tant que groupe social – le mot social est-il bien adapté ? – sur la scène politique. C'est à cette époque qu'« intellectuel » tend à devenir d'usage courant dans la langue française.

L'affaire Dreyfus a ceci de particulier qu'elle met sur le devant de la scène deux avatars de l'intellectuel. C'est d'abord une aventure personnelle, où des individualités comme Bernard Lazare, Charles Péguy, Émile Zola se lancent dans la bataille, comme à d'autres époques Voltaire ou Victor Hugo l'avaient fait. Ce sont des facteurs déclenchant essentiels, sans lesquels probablement rien ne se fût produit. En ce sens et de façon définitive, l'intellectuel défie les lois de l'histoire sérielle et les certitudes de l'analyse en termes de classes sociales. Une grande partie de son prestige tient justement au défi qu'il lance en permanence aux pesanteurs de la démocratie statistique, au nom de la liberté et de la démocratie des valeurs. Ainsi se modèle progressivement dans les esprits cette figure de David contre Goliath, Goliath étant constitué par l'État, le Pouvoir, l'Argent, et cela, au nom des valeurs morales dont David se constitue le gardien.

Mais l'affaire Dreyfus, on l'a dit, marque aussi l'avènement des intellectuels en tant que groupe. Il est le symptôme des mutations techniques et sociales qui se traduisent par la multiplication du nombre de travailleurs non manuels, occupés à des tâches telles que l'enseignement, la recherche scientifique, l'information. Le symbole de ces nouvelles tendances : la pétition comme moyen d'expression, c'est-à-dire l'enrôlement d'individus habitués à peser qualitativement, par l'originalité de leurs œuvres, derrière un texte collectif forcément sommaire et réducteur, composé souvent de quelques lignes. Nous sommes ici au point de passage de l'action culturelle classique, fût-elle à objectif politique, à une action directement politique fondée sur un présupposé culturel : ce qu'un peu plus tard on appellera « l'engagement ».

Ainsi, selon l'optique que l'on privilégie, l'affaire Dreyfus pourra être considérée soit comme le dernier acte, et l'un des plus spectaculaires, de cette intervention proprement individuelle et morale d'un intellectuel dans les affaires de la cité, comparable à l'action de Voltaire dans l'affaire Calas ou de Victor Hugo dans son combat contre la peine de mort ; soit comme la première manifestation d'une intervention proprement collective des intellectuels dans le champ politique, au nom de valeurs universelles.

Dans les deux cas, l'action collective ou individuelle des intellectuels évite soigneusement les formes partisanes de l'engagement. Les partis n'ont pas joué de rôle moteur ; ils ne sont entrés en scène qu'ensuite, sous l'impulsion de personnalités agissant longtemps comme individus isolés, tels Jaurès dans le milieu socialiste ou Clemenceau dans le milieu radical.

L'engagement

C'est pourquoi la séquence qui commence avec la guerre de 1914-1918 et surtout l'éclatement de la Révolution bolchevique de 1917 est aux antipodes de la précédente, dont l'affaire Dreyfus a été le point d'orgue : elle est tout entière dominée, à gauche explicitement, à droite implicitement, par la notion d'engagement. Celle-ci implique moins l'intervention dans le champ politique, qui existe déjà auparavant, que l'enrôlement plus ou moins explicite aux côtés et parfois au service d'un parti ou d'un « camp » : dans le contexte de la guerre froide, c'est ce dernier terme qui tend à l'emporter. Dans un livre célèbre, au titre significatif, *La Trahison des clercs* (1927), Julien Benda reproche précisément aux intellectuels de la nouvelle période de faire prévaloir leurs passions particulières et leurs préférences personnelles sur les valeurs universelles dont ils s'étaient fait jusqu'à l'affaire Dreyfus les gardiens.

C'est en effet par rapport au communisme que les intellectuels vont désormais se situer : soit pour le rejeter et se voir rejetés *ipso facto* dans les rangs de la pensée conservatrice, soit pour y accéder par le truchement du Parti communiste ou de la pensée marxiste. Dans l'entre-deux-guerres, le débat fait rage au sein du groupe surréaliste, qui voit une partie de ses membres rejoindre le Parti communiste (Aragon, Éluard) tandis que d'autres préfèrent une attitude libertaire (Desnos) ou proche du trotskisme (André Breton). En dépit du mot d'ordre antifasciste qui, à la veille de la Seconde Guerre mondiale, met une sourdine au débat sur le communisme et propose une issue positive au déchirement des intellectuels de gauche, rien pourtant n'est réglé, comme en témoigne la rupture opérée par Gide à son retour d'URSS. Mêmes problèmes après la guerre où la conduite à tenir envers l'Union soviétique introduit une rupture entre deux hommes pourtant proches au point de vue philosophique : Jean-Paul Sartre et Albert Camus.

Deux visions s'affrontent : celle des nouveaux convertis et des compagnons de route qui s'estiment sommés de renoncer aux scrupules de la conscience individuelle au profit d'une adhésion franche au camp du prolétariat ; celle des intellectuels plus classiques qui persistent à se réclamer des valeurs universelles de la liberté.

La solution du conflit n'est pas venue des intellectuels eux-mêmes et de leurs débats : elle est venue de l'évolution historique. L'effondrement du communisme a mis un terme, au moins provisoire, au débat sur le communisme, et sur l'ampleur des sacrifices que l'individu peut faire au collectif, en fonction d'une eschatologie optimiste. On ne saurait rêver plus radicale et plus cruelle démonstration du primat marxiste de l'infrastructure matérielle sur l'idéologie que cet effondrement du marxisme sous les coups de boutoir de la réalité. C'est la chute du communisme qui a entraîné celle du marxisme, et non l'inverse, de sorte que les intellectuels n'ont pu que prendre acte de la solution pratique de leurs débats théoriques. Il a fallu une génération pour en arriver là, celle qui s'étend de la révélation du rapport Khrouchtchev (1956) à la chute du mur de Berlin (1989). Mais, au terme de la période, le résultat est clair : la parenthèse de « l'engagement » se termine. En renonçant aux tribunes des partis, la plupart des intellectuels de gauche renoncent aux dures contraintes d'un prétendu « sens de l'histoire », ainsi qu'à la vision manichéenne du monde, partagé entre le camp du Bien et le camp du Mal. Par un paradoxe qui n'est qu'apparent, cette division va resurgir aux États-Unis, dans les milieux conservateurs proches du Président George Bush.

Les droits de l'homme

Et depuis ? Il fallait bien que le constat de faillite du communisme soviétique eût sa conséquence historique : la fin de la philosophie manichéenne de l'engagement et le retour à une vision plus traditionnelle du rôle de l'intellectuel. À propos de celui-ci, au rebours du sociologisme alors triomphant, le philosophe austro-britannique Karl Mannheim (*Idéologie et utopie*, 1929) avait parlé de la *freischwebende Intelligenz*, c'est-à-dire de l'intelligence – voire de l'intelligentsia – en état de vol libre au-dessus des événements et des sociétés, on n'ose pas dire : en état de lévitation. Mais, au lieu de faire, à la manière de Kautsky à la fin du XIXe siècle, de l'intellectuel le produit d'un milieu et d'un moment, et de plus en plus déterminé par ses intérêts de classe, Mannheim exaltait sa capacité à s'extraire des déterminismes pour se prononcer librement. Le retour à une vision traditionnelle de l'intellectuel allait de pair avec une réhabilitation de sa capacité à s'engager en faveur des valeurs universelles, loin de la politique et surtout des partis.

Certes, la rupture intervenue à la fin du XXe siècle est moins brutale qu'on ne le dit ici, par souci de schématiser l'évolution. La philosophie des droits de l'homme ne sort pas tout armée des ruines du concept d'engagement. Tout au long de sa vie publique, Sartre avait manifesté, jusqu'aux limites de la contradiction, le double souci de prendre parti et de se placer au-dessus des partis. Dans les affaires coloniales, et notamment pendant la guerre d'Algérie, il s'est comporté en intellectuel traditionnel, luttant contre la torture et pour le droit des peuples à disposer d'eux-mêmes. Cela ne l'empêchait pas de prendre parti contre les États-Unis et pour l'Union soviétique, un empire qui pratiquait pourtant l'asservissement des nations comme des individus. À la génération suivante, cette équivoque disparaît, malgré quelques faux aiguillages sans lendemain (l'engouement de l'intelligentsia française en faveur de la révolution culturelle chinoise et même du khomeynisme à la suite de la révolution islamiste en Iran). Les intellectuels redeviennent avant tout les défenseurs des droits de l'homme dans les pays les plus divers, indépendamment des régimes politiques et économiques de ces pays. On les voit intervenir contre les dictatures communistes (Afghanistan, Cuba, Vietnam), contre les régimes corrompus du Tiers monde (une grande partie de l'Afrique) ou contre les dictatures militaires d'Amérique latine. La guerre de Yougoslavie, qui voit tant d'intérêts contradictoires mis en jeu, trouve les plus actifs d'entre eux défendant la Croatie catholique, puis la Bosnie musulmane contre l'agression de la Serbie orthodoxe de Milosevic.

Il s'en faut pourtant de beaucoup que les intellectuels aient élaboré la théorie de leur nouvelle pratique. Quelques-uns étaient restés sur leurs positions antérieures ; d'autres avaient épousé le tiers-mondisme comme solution alternative au communisme défaillant ; d'autres avaient rejoint des positions conservatrices ; les plus nombreux s'étaient ralliés à ce que ses adversaires nomment péjorativement le « droit de l'hommisme ». « *Mais*, avait averti Marcel Gauchet dès les années 1970, *les droits de l'homme ne sont pas une politique.* »

Il y manquait notamment une critique en profondeur du socialisme stalinien. Tandis qu'à propos du nazisme le mot d'ordre était le devoir de mémoire, dans le cas du stalinisme, c'était en quelque sorte le devoir d'oubli. Fallait-il indéfiniment, disait-on, ressasser les mêmes fautes et les mêmes crimes ? Ceux qui s'y essayaient étaient volontiers taxés d'anticommunisme attardé et nostalgique. C'est la grande faiblesse théorique des intellectuels de gauche dans le monde d'aujourd'hui, qu'ils soient « droit de l'hommistes » ou « alter-mondialistes », que de n'avoir pas pris le temps de réfléchir sur l'aventure des générations passées. Le livre de François Furet, *Le Passé d'une illusion*, est l'une des rares tentatives qui aient été entreprises pour expliquer la tentation stalinienne chez les intellectuels.

Une nouvelle carrière ?

Et maintenant ? La période actuelle n'est pas seulement la fin de la longue parenthèse du XXe siècle, celle de l'engagement et le retour à la philosophie traditionnelle des droits de l'homme. Elle est aussi marquée par l'exténuation inexorable de la démocratie représentative et l'avènement de la démocratie d'opinion. L'histoire des intellectuels a épousé de près ce schéma. Succédant au long XIXe siècle (1789-1917), le court XXe (1917-1989) aura été principalement au chapitre de la politique celui de la prépondérance des partis comme instruments de la démocratie. Nous avons vu que la doctrine de l'« engagement » à leurs côtés était le pendant chez les intellectuels de cette démocratie partisane. La fin du parti comme Moïse collectif du prolétariat a eu pour corollaire la fin des compagnons de route. La philosophie de l'engagement était d'essence politique ; celle des droits de l'homme est d'essence apolitique, et même antipolitique. Elle va de pair avec un appel direct à l'opinion publique, qui est la partenaire obligée des ONG et des militants « droits de l'hommistes » ou altermondialistes, qu'il s'agisse de la collecte de fonds ou de la mobilisation pour faire pression sur les gouvernants.

Loin donc que la période actuelle soit celle de l'agonie des intellectuels en tant qu'intervenants dans le domaine politique, elle leur offre au contraire une nouvelle carrière dans laquelle les plus lucides ou les plus actifs se sont depuis longtemps engagés. Au XVIIIe siècle, nous l'avons vu, ils avaient cherché à pallier l'absence de démocratie représentative et à servir d'interface entre les peuples et leurs gouvernements. Certes, aujourd'hui cette démocratie existe, mais elle fonctionne de plus en plus mal. La démocratie représentative ne représente plus ; c'est la notion même de représentativité qui est sur la sellette, accusée d'être mauvaise conductrice de la volonté générale. La démocratie d'opinion, ou doxocratie, n'est pas tout entière aimantée vers un débouché unique, le Parlement. Elle se manifeste à travers de multiples canaux, les médias traditionnels, les sondages, les groupes de pression qui ne sont pas tous économiques, le développement du mouvement associatif, et enfin, *last but not least*, Internet et la blogosphère. Ce sont les métiers traditionnels du système représentatif – député, journaliste, délégué syndical – qui se trouvent remis en cause par le soupçon généralisé d'usurpation qui pèse désormais sur la notion de représentant et même de délégué. Il en va de même pour l'intellectuel représentatif traditionnel qui aspirait au rôle de porte-parole. Les progrès de la technique, joints à ceux de la liberté, ont ravivé l'idéal antique de démocratie directe qui est à la racine même de la passion démocratique.

Du coup, l'intellectuel retrouve le rôle qui correspond le mieux à sa vocation : celui d'expliquer, de faire comprendre, de proposer des solutions, à l'occasion de payer de sa personne, sans jamais prétendre embrigader et encore moins « servir ».

L'entrée d'un Bernard Kouchner dans un gouvernement Sarkozy-Fillon est un symbole triplement ambigu : d'abord la participation d'un homme de gauche à une combinaison de droite est le signe du déclin de la philosophie partisane, celle qui fait référence à des formations politiques stables et organisées ; ensuite, l'appel à un homme sans mandat, sans légitimité politique, sans représentativité autre que philosophique consacre l'avènement d'un nouveau type d'intellectuel, aux antipodes de « l'engagement » traditionnel ; enfin la confusion entre la militance pour les droits de l'homme, dont il fut longtemps la figure de proue, et l'action proprement politique conduit à s'interroger sur la spécificité de cette militance.

À travers l'exemple des intellectuels, c'est tout le débat sur les formes nouvelles de la démocratie qui se trouve posé. Ce que l'on appelait au lendemain de 1968 l'autogestion a échoué dans le domaine où on la considérait comme prioritaire : celui de la gestion de l'entreprise et de l'économie. C'est là que les pesanteurs infrastructurelles ont été les plus fortes. En revanche, l'aspiration à la maîtrise de soi et au développement de nouveaux possibles, au détriment de la division sociale du travail, est spectaculaire : chacun aspire désormais à être son propre journaliste, son propre député et bien entendu son propre intellectuel. L'intellectuel-démiurge, en surplomb par-dessus la société, qui était encore l'idéal des théoriciens socialistes jusqu'à Marx lui-même est en effet moribond. Celui qui aspire à le remplacer se devra d'être beaucoup plus modeste. Mais son importance ne pourra aller que croissant dans la démocratie d'opinion qui se dessine sous nos yeux.

DE GAULLE ET LE PEUPLE[1]

Les rapports du général de Gaulle avec le peuple constituent une question centrale qui pourrait facilement englober l'ensemble de son action politique, ainsi que sa réflexion sur les problèmes historiques. Tout au long de sa carrière politique, de Gaulle n'a cessé de mener un long dialogue en tête à tête avec le peuple. Dialogue *in absentia* si l'on ose dire, aussi longtemps qu'il se trouve à Londres ou en exil ; dialogue concret, permanent, symbolisé par la multiplicité des élections, des référendums, des consultations diverses, lors de son retour au pouvoir en 1958 et ce, jusqu'à son départ en 1969. Comme le géant Antée qui retrouvait ses forces en reprenant contact avec la terre, de Gaulle, dans tous les moments difficiles, dans toutes les épreuves, fait appel au peuple. Chaque fois que son pouvoir est menacé, par exemple par les ultras pendant la guerre d'Algérie, il se retourne vers le peuple français, soit par voie de radio ou de télévision, soit par voie électorale. Qu'on la qualifie de démocratique ou de populiste, cette pratique est fondamentale pour comprendre la conception gaulliste du pouvoir et ses rapports avec les corps intermédiaires qu'il a, à maintes reprises, rudement secoués. De Valéry Giscard d'Estaing, on rapporte que de Gaulle avait dit un jour : « Son problème, c'est le peuple. » Dans le cas de De Gaulle, on serait tenté de dire : « Sa solution, c'est le peuple. »

Depuis la Révolution française, juristes et constitutionnalistes ont coutume de distinguer deux formes de souveraineté dans la société

1. *La Revue Tocqueville*, vol. XIII, n° 1, 1992, p. 89-115. Repris dans *Que sont les grands hommes devenus ?*, Éditions Saint-Simon, 2004.

moderne. D'une part, la souveraineté nationale : la nation est ici considérée comme une entité collective, abstraite, indivisible, susceptible de déléguer sa souveraineté à des représentants. La souveraineté nationale est un principe ni plus ni moins métaphysique que celui qui prévalait sous l'Ancien Régime, c'est-à-dire la souveraineté royale.

D'autre part, la souveraineté populaire. Par peuple, on entend ici un ensemble, celui des citoyens, c'est-à-dire d'individus concrets, constituant une grandeur mesurable, divisible, que l'on peut chiffrer par le biais des consultations électorales et qui obéit à la loi de la majorité.

Une et indivisible, la souveraineté nationale est un principe historique conforme à l'héritage commun de la monarchie et de Rousseau ; au contraire, la souveraineté populaire est la conséquence directe de l'abolition de la monarchie en France ; elle nous fait entrer dans l'ère de la démocratie moderne.

Tout l'effort du général de Gaulle en matière politique et constitutionnelle a consisté à rechercher la conciliation de ces deux principes. Considérons par exemple sa stupéfiante déclaration radio-télévisée du 29 janvier 1960, alors que les ultras ont élevé des barricades dans Alger et tentent de soulever l'armée et la population contre le pouvoir gaulliste : « En vertu du mandat que le peuple m'a donné et de la légitimité nationale que j'incarne depuis vingt ans, je demande à toutes et à tous de me soutenir quoi qu'il arrive. »

Cette phrase, qui a fait sursauter les républicains classiques, d'inspiration parlementaire – ils y ont vu une tentation césarienne, à tout le moins de la mégalomanie – résume très bien la notion gaullienne de la légitimité. Le Général distinguait ici clairement entre la *légitimité populaire*, qui appartient au peuple, évidemment, c'est-à-dire au suffrage universel, et la *légitimité nationale*, dont il affirme intrépidement être le détenteur depuis vingt ans, c'est-à-dire, depuis l'appel du 18 juin 1940, par lequel il épousait en quelque sorte le génie de la France. Il devenait ainsi l'un des pôles de la légitimité, sur le même plan que le peuple. Une telle prétention privait de légitimité nationale, non seulement le régime de Vichy, mais toute la IVe République de 1946 à 1958. On est tenté de rapprocher cette attitude de celle de Louis XVIII qui, lors de la Restauration de 1815, date la Charte qu'il *octroie* aux Français, de la dix-neuvième année de son règne, rayant ainsi de l'Histoire, d'un trait de plume, la Révolution et l'Empire. Mais comme toute la suite de son action le montre, de Gaulle considère que la véritable légitimité politique, c'est celle qui résulte de la conjonction entre son propre personnage historique et la tradition nationale incarnée dans le peuple. Il y a donc chez lui un effort raisonné et continu pour combiner les trois formes d'autorité distinguées par Max Weber :

— l'autorité nationale traditionnelle ;
— la souveraineté populaire, qui est collective et anonyme ;
— son autorité personnelle, au confluent des deux autres.

Lui-même admet donc que la conciliation entre les deux principes de la souveraineté nationale et de la souveraineté populaire est opérée par un troisième, mystérieux, que l'on appelle le charisme personnel. Dans le cas du général de Gaulle, ce charisme n'est pas seulement l'émanation de sa personne, mais bien de sa personnalité historique : il est avant tout l'homme du 18 juin 1940. Sur cette interprétation et sur le rôle considérable joué par le charisme dans toute l'aventure gaulliste, tout le monde ou presque est d'accord : de Gaulle lui-même, nous venons de le voir, ses partisans cela va sans dire, mais aussi ses adversaires. Il est frappant, en effet, que toutes les interprétations du gaullisme, et Dieu sait si elles ont proliféré depuis un demi-siècle, ont besoin de ce *deus ex machina* de la politique. Qu'il s'agisse des diverses variations communistes sur le phénomène gaulliste, au départ simple dictature, ensuite expression du grand capital cosmopolite et, pour terminer, expression du capitalisme national ; qu'il s'agisse de ceux qui, comme René Rémond, ont insisté sur sa parenté avec le bonapartisme ; ceux encore, comme Serge Mallet, qui voient en lui un facteur de modernisation du capitalisme moderne ; ou ceux, plus nombreux enfin, qui le considèrent comme un nouvel avatar de la vieille famille nationaliste, tous, au pied du mur, sont obligés de faire appel au charisme personnel du Général, au moins comme camouflage de sa nature profonde. Car toutes ces interprétations, qui se veulent structurales, sont nécessairement réductionnistes. À les entendre, de Gaulle, ce personnage complexe, n'est en réalité que l'expression du grand capital, ou bien encore, de Gaulle, ce personnage hors série, n'est qu'une traduction nouvelle de l'éternel bonapartisme, famille reconnue et repérée de la politique française. Dans ces conditions, on peut toujours se demander pourquoi le peuple s'est laissé prendre et même fasciner par un schéma aussi classique. Trop courte, l'explication va chercher un surcroît de vraisemblance dans le charisme gaulliste. En somme, plus on est réductionniste, plus on a besoin d'une contrepartie illusionniste. Si derrière le gaullisme se cache une réalité plus fondamentale, de nature économique ou politique, alors le gaullisme n'est qu'une apparence ou une mystification, la forme illusoire qui permet aux forces souterraines et honteuses de l'Histoire de continuer à travailler dans l'ombre. Il faut pour cela un grand illusionniste, en l'occurrence le général de Gaulle. Ainsi la mystification est la forme négative du charisme, de sorte que, paradoxalement, plus on défend une interprétation structurale de la période, plus on est amené à souligner la puissance proprement magique d'un homme, capable d'égarer à ce point les Français sur la véritable nature du régime.

La contrepartie du fondamentalisme économico-social, c'est l'idéalisme politique, ou, si l'on préfère, la réduction de l'ensemble de l'univers politique à de simples apparences. Mais par un ultime paradoxe, on prête à ces apparences une extraordinaire efficacité : le prestige du personnage historique, le recours à la mythologie de la grandeur, le conditionnement par les médias, et notamment par un usage habile de la télévision, est censé permettre à un tel régime d'égarer complètement les électeurs sur leurs intérêts véritables ; de sorte que, contrairement aux thèses marxistes traditionnelles, la conscience des hommes, dans ce schéma, n'est plus déterminée par leur place dans le processus de production et par leur genre de vie, mais par une pure et simple manipulation des superstructures. Une telle surévaluation de l'élément intellectuel par rapport à l'élément matériel est choquante, à plus forte raison venant de ceux qui se réclament d'une conception matérialiste de l'Histoire. Si, comme je l'ai dit, la mystification est le nom polémique du pouvoir charismatique, l'auto-mystification est le résultat le plus assuré de ce type d'explication.

Veut-on quelques illustrations de ces attitudes ? Voici par exemple Marcel Servin qui, dès 1958, au nom du parti communiste français, parle du gaullisme comme d'une grande mystification : « Les contraintes de la vie vont faire s'évaporer les mystifications gaullistes. » Une grande partie de la classe politique, quelques années plus tard, explique le succès de De Gaulle de manière semblable. Si en 1962, seul contre tous, c'est-à-dire contre le cartel des « non », il a réussi à imposer ses réformes constitutionnelles, c'est que la dépolitisation, à en croire les observateurs, faisait rage. Cette pseudo-explication, sans le moindre fondement, a eu beaucoup de succès pendant quelques années. François Mitterrand lui-même a considéré que la victoire gaulliste de 1958 était factice ; qu'elle était due essentiellement à la propagande et au prestige du personnage. Je cite : « Ce n'est pas la première fois qu'un homme de grand éclat suscite l'amour des foules. Un passé glorieux, une bonne technique de la propagande et une police vigilante représentent trois atouts maîtres qui, dans la même main, l'Histoire l'a cent fois prouvé, balaient les autres enjeux[1]. »

« Balaient les autres enjeux » : en somme, en se ralliant au général de Gaulle, les Français, selon François Mitterrand, ont oublié tout le reste. En 1968, Waldeck Rochet, secrétaire général du parti communiste français, déclare : « Le chantage à la peur a permis […] de tromper de nombreux Français de toutes opinions. » Et François Mitterrand, encore lui, parle à la même époque de « trucage politique et psychologique ». Et que l'on ne croie pas qu'il s'agisse là exclusivement des raccourcis faciles de la propagande politique de la part des adversaires du Général. Philip Williams et Martin Harrison, deux excellents connaisseurs anglais de la France écrivent : « By his nature, Gaullist leadership, with its compelling over shadowing virtuosal performences, was unrepeatable[2]. » Et comme de leur côté, les partisans du général de Gaulle, un Malraux par exemple, n'ont cessé d'insister sur le côté charismatique du personnage, on peut dire qu'il y a sur ce point unanimité dans l'opinion. En somme, pour la plupart des analystes, le gaullisme est inexplicable sans la personnalité exceptionnelle de son chef. Ce genre de tautologie n'aurait d'ailleurs pas déplu au Général lui-même : on sait que pour lui l'Algérie devait être algérienne, l'Europe européenne et que Fécamp, port de mer, entendait le rester. Dans ces conditions, on pouvait admettre aussi que la France fût gaulliste et le gaullisme

1. *Le Coup d'État permanent*, Plon, 1964, p. 86-87.
2. Dans *Politics and Society in de Gaulle's Republic*, Longmans, 1971, p. 385.

charismatique. Il y a sur ce point concordance entre les aventures de la dialectique infrastructuriste et les tristesses de la *Realpolitik*.

Qu'en est-il en fait ? Depuis une quarantaine d'années, la question du pouvoir charismatique a été surtout abordée à propos des chefs du tiers monde : N'Krumah, Soekarno, Bourguiba, mais aussi Hô Chi Minh, Castro et Mao Zedong. Lorsqu'on évoque le rôle de puissantes personnalités dans les démocraties occidentales, un Churchill, un Roosevelt ou un Adenauer, dont l'arrivée au pouvoir et l'exercice du pouvoir se sont opérés suivant les normes démocratiques habituelles, on a plutôt tendance à parler de leadership, pour en souligner le caractère rationnel par rapport à la dimension irrationnelle et quelque peu magique du charisme. À moins de considérer la France comme un pays sous-développé, ce qui serait une erreur ou une plaisanterie, il faut bien considérer son cas comme exceptionnel, illustrant ce que Max Weber dit de l'autorité charismatique proprement dite : qu'elle n'apparaît pas seulement à un stade primitif et élémentaire de l'évolution des États, qu'elle est au contraire une forme récurrente. Le schéma de Max Weber des trois formes d'autorité est, comme il l'a lui-même souligné, analytique et non pas historique. Les concordances entre ce schéma et le pouvoir gaulliste, tel qu'il s'est installé en France à partir de 1959, sont nombreuses :

1. D'abord, il s'agit d'un pouvoir qui interrompt la continuité légale, en l'occurrence celle de la IVe République, de sa constitution, et qui correspond à une situation exceptionnelle (*emergency*) : l'incapacité du pouvoir en place à faire face à la crise provoquée par la guerre d'Algérie. Le retour au pouvoir du général de Gaulle, imprévisible encore un an auparavant, n'est pas un coup de force, mais un *compromis*. Comme l'a dit l'ethnologue Germaine Tillon, il représente le maximum de concessions que l'armée pouvait faire au pouvoir politique, et que le pouvoir politique pouvait faire à l'armée. Il ne s'agit donc pas d'un *coup*, bien que de Gaulle n'ait rien fait ni rien dit avant son arrivée au pouvoir, bien au contraire, pour décrisper la situation et éloigner la menace. Dans ces conditions, le large consensus politique qui a accueilli son retour aux affaires apparente celui-ci à une forme de dictature romaine, plutôt qu'à une dictature totalitaire moderne.

2. Il s'agit bien, comme dans la définition de Max Weber, d'un pouvoir précaire et instable. Sa longévité, un peu plus de dix années, ne doit pas induire en erreur. De Gaulle lui-même a souvent souligné qu'en un certain sens il n'avait pas de prédécesseur et n'aurait pas de successeur. Quand la classe politique a fait appel à lui, de René Coty, alors président de la République, jusqu'à Vincent Auriol, Guy Mollet et Pinay, tous ont eu le sentiment de s'en remettre à une personnalité exceptionnelle pour une situation exceptionnelle. Cela n'est pas sans rappeler la guerre d'Indochine où, après Diên Biên Phu, on s'était mis d'accord sur un marginal et un réprouvé, Pierre Mendès France. C'est pourquoi l'affrontement politique proprement dit n'a eu lieu qu'après le règlement de l'affaire algérienne lors du référendum sur l'élection du président de la République au suffrage universel. En infligeant une défaite au « cartel des non », de Gaulle a assis définitivement son régime pour son propre compte et pour celui de ses successeurs.

Lui-même du reste, en remettant son titre en jeu à chaque référendum, acceptait parfaitement le caractère exceptionnel et précaire de son pouvoir.

3. Troisième élément, enfin, conforme à la définition weberienne du pouvoir charismatique, de Gaulle s'est toujours considéré comme un révolutionnaire à sa manière, c'est-à-dire un homme qui change radicalement le cours des choses par le moyen de son dessein personnel appuyé sur le consensus national. Il est certain en tout cas que sa volonté de rupture avec ce qui précédait est manifeste dans toute une série de domaines qui vont des institutions à la diplomatie.

Je viens de tenter de montrer non seulement que partisans et adversaires s'accordaient sur la nature charismatique du pouvoir de De Gaulle, mais que lui-même acquiesçait à cette manière de voir.

Et pourtant, elle ne me satisfait pas, elle ne rend pas compte de la réalité dans son ensemble. Pourquoi troubler cette unanimité ? D'abord parce que, nous allons le voir en étudiant les réactions de l'opinion publique, la popularité de De Gaulle, dans sa nature comme dans son extension, échappe à une définition charismatique et s'apparente à celle des hommes politiques « normaux » dans un régime démocratique ; ensuite parce que, comme je l'ai suggéré plus haut, le charisme est un problème et non une solution ; une variable à expliquer et non une variable explicative.

Autrement dit, je conteste moins le charisme que l'usage que l'on en fait. Il s'agit d'essayer de comprendre pourquoi de Gaulle avait un tel prestige et exerçait une telle influence. Je voudrais tenter cette démonstration à partir de trois cas, les deux premiers positifs – il s'agit de la politique étrangère et des institutions –, le troisième négatif et en quelque sorte *a contrario* – il s'agit du social. On y verra que le leadership politique de De Gaulle repose sur des bases très traditionnelles et que si l'on veut à toute force parler de charisme, il faudrait parler d'un *charisme de réponse* et non de *fascination*.

1. Politique étrangère d'abord. Pendant la plus grande partie de la Ve République, qui correspond *grosso modo* à la guerre froide, la classe politique française s'est partagée entre partisans de l'Alliance atlantique et adversaires de cette alliance : ces derniers étaient avant tout représentés par les communistes, qui ne faisaient pas mystère de leurs liens avec Moscou ; quant aux neutralistes, désireux de tenir la balance égale entre les deux grandes puissances, ils ne constituaient que de tout petits groupes, sans grande influence. Or, c'est une situation toute différente qui prévalait dans l'opinion publique. Pour la mesurer, j'ai eu recours à la série des sondages réalisés par l'Institut français d'opinion publique et publiés dans le livre de Jean Charlot, *Les Français et de Gaulle*.

Ainsi, à la question : – *S'il devait y avoir une guerre entre la Russie et les États-Unis, pensez-vous que la France devrait y prendre part, et si oui, de quel côté ?*

	Novembre 1954	Juin 1955	Août 1955	Décembre 1957	Octobre 1958
URSS	2	3	5	3	1
USA	22	19	25	15	23
Neutres	53	58	51	62	67
Nspp	23	19	19	20	9

Sauf le dernier, tous ces sondages sont antérieurs au retour du général de Gaulle au pouvoir et datent de la IVe République. Or, il est frappant qu'à tout instant la majorité absolue des Français est pour la neutralité.

— Les forces américaines doivent-elles rester en France ou la quitter ?

	Décembre 1957	Octobre 1958	Mars 1960
Quitter	38	50	58
Rester	26	27	20
Nspp	36	23	22

Ces questions ont été posées *avant* que de Gaulle n'en parle. Loin d'accroître la majorité hostile à la présence des troupes américaines, l'action du général de Gaulle tend à la *diminuer* (en raison de l'hostilité politique vouée par la gauche à de Gaulle). En mai 1966, 39 % seulement approuvent le retrait de la France de l'Otan contre 27 % et 34 % qui ne se prononcent pas (Nspp).

Troisième exemple : la force de frappe. Les partisans de la bombe française se répartissent comme suit :

	Janvier 1946	Février 1960	Juillet 1962	Juillet 1963	Avril 1966
Pour	56	65	39	37	46
Contre	32	19	27	38	42
Nspp	12	16	34	25	12

Ainsi, loin d'avoir accru la majorité en faveur de la force de frappe dont il était partisan, de Gaulle l'a au contraire diminuée. D'abord, parce qu'il a effectivement réalisé la bombe ; ensuite, parce qu'il a coalisé contre elle des hostilités politiques étrangères au problème ; enfin, parce que la conscience du danger atomique s'est accrue.

Il est enfin un dernier exemple où les positions de l'opinion publique dans sa majorité se sont trouvées spontanément en accord avec les idées du général de Gaulle : c'est la question européenne. Depuis la guerre, la nécessité d'une unification européenne était ressentie par un nombre croissant de Français ; en revanche, la supranationalité les avait heurtés. Dans leur majorité, ils étaient hostiles à la Communauté européenne de défense et approuvaient son rejet par l'Assemblée nationale en 1954. La conception d'une Europe fédérale, constituée à partir des États qui la composaient, était la seule à réunir les vœux de la majorité des Français. C'était aussi l'opinion de De Gaulle. D'où le soutien constant dont il a bénéficié dans ce domaine. Mais attention ! Alors qu'à l'étranger de Gaulle a souvent été considéré comme excitant le nationalisme français contre l'idée européenne, en réalité, c'est l'inverse qui s'est produit : en cautionnant le rapprochement franco-allemand, puis en préconisant une Europe fédérale, y compris sur le plan politique, il a incontestablement rendu possible la conversion durable des Français à l'idée européenne. Il est significatif que dans tous les sondages, de Gaulle, à une écrasante majorité, est considéré par les Français comme un partisan décidé de l'idée européenne.

— *Considérez-vous le général de Gaulle comme un partisan décidé de l'unification européenne ?*

	Juin 1962 %	Juin 1965 %	Août 1966 %	Avril 1968 %	Avril 1969 %
Oui	49	61	66	58	50
Non	23	18	14	18	23
Nspp	28	21	20	24	27

Après tout cela, il est bien difficile d'affirmer que de Gaulle a mystifié les Français ou que c'est son charisme qui a emporté leur consentement. Quand on sait qu'en France le domaine réservé du président de la République en politique étrangère est bien antérieur au général de Gaulle, qu'il a toujours existé, et que d'autre part le degré d'adhésion des citoyens à la diplomatie nationale, en France comme à l'étranger, est toujours supérieur à l'adhésion sur d'autres problèmes, on peut considérer comme normale, et parfois même inférieure à la moyenne, l'action propre du général de Gaulle sur ses concitoyens. En revanche, son intuition lui a permis souvent d'aller au-delà de leurs aspirations.

On peut, à la lumière de ces réflexions, tomber d'accord avec le livre de Philip G. Cerny, *The Politics of Grandeur*[1]. Il a raison de souligner qu'entre autres objectifs, le général de Gaulle s'est servi de la politique étrangère, et du tour dramatique qu'il lui a donné, pour rétablir entre les Français un consensus brisé par l'aventure algérienne. Cette analyse me paraît exacte, à condition d'ajouter que les Français ne se sont laissés séduire que parce qu'ils étaient déjà secrètement attirés. En ce sens, le charisme politique n'est pas un défi à la rationalité, mais une amplification lyrique de celle-ci.

2. Mon deuxième exemple a trait aux institutions. Lorsqu'en 1962, après le règlement de l'affaire algérienne, le général de Gaulle ressentit tout à la fois le besoin de garantir son régime contre l'assassinat et de renouveler, sur un autre programme, le contrat de confiance qui l'unissait aux Français, il proposa à ceux-ci de décider que désormais ils éliraient directement leur président. Pour corser la difficulté, la procédure référendaire qu'il choisit à cette occasion était contraire à sa propre constitution. Dans ces conditions, le référendum tourna à l'épreuve de force entre les partis politiques, tous coalisés contre lui, à l'exception du parti gaulliste et le général de Gaulle lui-même. Cela ne l'empêcha pas de recueillir plus de 62 % des suffrages exprimés. Moins qu'en 1958, certes, où il avait atteint 80 %. Mais, cette fois-ci, l'épreuve était plus difficile. Elle fut néanmoins gagnée et toute la classe politique s'émerveilla ou se scandalisa de cet étrange pouvoir de fascination qui permettait à un homme, contre l'avis de toutes les élites, de recueillir un large assentiment populaire. Jamais la magie gaullienne n'avait paru agir aussi puissamment.

La réalité est plus simple. Les sondages nous apprennent que depuis 1945 la majorité absolue des Français était favorable à l'élection directe de leur président, à un moment où la classe politique tout entière et le général de Gaulle lui-même y étaient hostiles. À l'époque, les sondages n'étaient pas publiés dans la presse, ce qui ajoute encore à leur fiabilité.

---

1. Publié en 1980, traduit en français sous le titre *Une politique de grandeur* (Flammarion, 1986).

— *Le président de la République devra-t-il être élu au suffrage universel ou par le Parlement ?*

	Novembre 1945 %
Au suffrage universel	50
Par le Parlement	40
Nspp	10

— *Si un référendum a lieu au mois d'octobre pour demander aux Français s'ils souhaitent que le président de la République soit élu au suffrage universel, comment voteriez-vous ?*

	Septembre 1962 %
Oui	47
Non	20
Ne voteraient pas	10
Nspp	23

— *Considérez-vous que c'est une bonne chose ou une mauvaise chose que le président de la République soit désormais élu au suffrage universel, c'est-à-dire par l'ensemble des électeurs ?*

	Mai 1964 %	Novembre 1965 %	Mai 1969 %
Bonne chose	74	78	81
Mauvaise chose	10	6	8
Nspp	16	16	11

Ce que révèle pareille discordance, c'est la désadaptation, ou si l'on préfère un terme emprunté au vocabulaire de l'électricité, la très mauvaise conductibilité du système, puisqu'une opinion majoritaire dans la population, soit l'élection du président au suffrage universel, ne trouvait pas de défenseur dans les élites. À vrai dire, la culture politique des uns et des autres n'était pas la même. Pour la classe politique tout entière, de la gauche à la droite, l'élection présidentielle au suffrage direct évoquait un fâcheux précédent : Louis-Napoléon Bonaparte faisant du suffrage populaire un marchepied vers l'Empire. Le peuple n'a jamais eu ce réflexe, car la concentration du pouvoir qui s'opéra à cette occasion se fit principalement au détriment des élites, ces élites qui venaient justement de supprimer le suffrage universel ! On ne doit jamais oublier que le rétablissement définitif du suffrage universel en France est l'œuvre d'un Bonaparte, et même si son fonctionnement fut sérieusement compromis par toute une série de pressions officielles, exercées pendant le Second Empire, c'est néanmoins pendant cette période, comme l'a montré René Rémond, que les Français ont fait durablement l'apprentissage du droit de vote. Quoi qu'il en soit, ma conclusion sur ce point est nette. Si de Gaulle a obtenu constamment la confiance du peuple en matière institutionnelle ; si, en 1958, il a obtenu 80 % des suffrages en faveur de sa constitution et, en 1962, encore 62 % sur la question de l'élection du président de la République au suffrage universel, ce n'est pas parce que les Français étaient fascinés, mais parce qu'il répondait à leurs aspirations. C'est pourquoi je propose de parler ici d'un *charisme de réponse* et non de *fascination*.

3. La contre-épreuve nous est fournie par la politique sociale du Général. Depuis 1947, c'est-à-dire l'époque du RPF, de Gaulle a poursuivi dans la même direction : trouver une troisième voie entre le capitalisme et le socialisme, sous la forme d'une association entre le capital et le travail. Ses idées en la matière ont pris différentes appellations : association capital-travail, participation, intéressement. Jamais il n'a pu obtenir une adhésion populaire sur cette base ; les Français sont restés sceptiques et même méfiants, tant du côté patronal que du côté ouvrier. Lorsque le 24 mai 1968, en pleine crise étudiante et ouvrière, le général de Gaulle annonce un référendum sur la participation, c'est l'échec : « J'ai tapé à côté de la plaque », dit-il lui-même. Quelques jours plus tard, il renonce à ce référendum. Je n'ai malheureusement pas de sondages sur la réaction des Français à cette initiative. Mais nous disposons de sondages concernant le degré de satisfaction des Français en matière économique, financière et sociale. Ces résultats sont toujours négatifs, en dépit de la prospérité de la France pendant cette période.

— *Êtes-vous satisfait ou mécontent de l'action du gouvernement en ce qui concerne les problèmes sociaux ?*

	Satisfaits %	Mécontents %	Nspp %
– 1963 –			
23 février-4 mars	36	42	22
– 1964 –			
22-31 mai	28	53	19
19 septembre-4 octobre	33	46	21
– 1965 –			
17-28 juin	32	51	17
14-24 septembre	36	41	23
6-16 novembre	30	50	20
– 1966 –			
6-18 janvier	30	52	18
9-21 juin	26	54	20
30 septembre-10 octobre	34	46	20
– 1967 –			
19-30 janvier	28	49	23
29 août-6 septembre	23	60	17
19-31 décembre	23	54	23
– 1968 –			
16-23 janvier	26	54	20
9-16 avril	32	50	18
– 1969 –			
18-24 février	31	51	18
8-15 décembre	29	45	26
– 1970 –			
10-17 novembre	36	40	24

Certes, il faut tenir compte du pessimisme traditionnel des Français, qui ont tous peu ou prou des ancêtres paysans. Néanmoins, l'orientation générale est claire : ils n'ont pas confiance en de Gaulle, en dépit de son prestige en matière économique et sociale. Le seul moment où le nombre de satisfaits rejoint presque celui des mécontents, c'est en 1963, à propos de la grève des mineurs. L'attitude des Français à l'égard de De Gaulle est donc le contraire d'une adhésion aveugle ; à chaque moment, elle est une résultante qui se situe entre la satisfaction concernant les institutions et la politique étrangère, et l'insatisfaction concernant l'économie et surtout la justice sociale ; leur vote lui-même est un arbitrage subtil entre des priorités contradictoires et non un plébiscite en faveur d'un homme exceptionnel.

De ces différents exemples, je voudrais essayer de tirer quelques conclusions sur la nature du pouvoir gaulliste. Pour apprécier la nature d'un régime et notamment d'un régime personnel, il me paraît de bonne méthode d'essayer de comprendre les raisons du discrédit du précédent. Dans le cas de la IVe République, ce discrédit n'est pas d'ordre économique. Au contraire. À bien des égards, la prospérité française des années soixante a été rendue possible par la politique de planification et d'investissements de la période précédente. Dans ce domaine, il n'y a pas rupture mais continuité entre la IVe et la Ve République et il est difficile de trouver des preuves que le grand capital, fût-ce pour des raisons politiques, ait provoqué ou favorisé le retour au pouvoir du général de Gaulle. Tout au contraire. Une partie majoritaire du patronat français a toujours manifesté les plus vives réticences à son égard, tant pour des raisons de politique extérieure que de politique intérieure. Lors de l'élection présidentielle de 1965, M. Lecanuet, le candidat centriste, a bénéficié largement de la faveur et des largesses du patronat. En 1969, une fraction importante de celui-ci a penché pour le non au référendum, préconisé par M. Giscard d'Estaing, qui a abouti au départ du général de Gaulle. En réalité, et contrairement à la légende, le grand patronat est rarement favorable d'emblée au renforcement du pouvoir politique et de son autonomie par rapport aux groupes de pression. Les industriels français ont souvent dénoncé l'établissement, à la faveur du gaullisme, d'un pouvoir administratif et technocratique.

Sans doute, comme il le fait d'ordinaire, le patronat s'est-il ensuite efforcé de tirer le meilleur parti du nouveau régime. Mais cela ne prouve rien, puisqu'il le fait systématiquement, et avec chacun.

En revanche, les exemples que j'ai pris précédemment nous ont montré que le régime parlementaire tel qu'il a fonctionné en France de 1947 à 1958 était très mauvais conducteur de la volonté populaire, puisque des aspirations majoritaires telles que l'élection du président au suffrage universel, le neutralisme diplomatique et le fédéralisme européen ne trouvaient que peu de défenseurs dans la classe politique. Les institutions étaient devenues incapables de traduire la volonté populaire, tandis que, de façon empirique et intuitive, de Gaulle savait davantage en tenir compte.

C'est pourquoi le sentiment uniformément répandu dans les élites politiques et intellectuelles que le gaullisme a représenté une régression de la démocratie n'a pas été partagé par le peuple, loin de là. Pour les élites, la question de la démocratie s'identifie très largement à celle de la démocratie en leur sein, c'est-à-dire le partage du pouvoir au sein de la classe politique. C'est le régime parlementaire multipartisan qui correspond au partage le plus égal, ou le moins inégal, du pouvoir entre tous les membres de l'élite dirigeante, entre le gouvernement et l'opposition, entre le gouvernement et le Parlement, etc. À l'inverse, la concentration du pouvoir autour de l'institution présidentielle accroît l'inégalité, la frustration et le sentiment d'un déclin de la démocratie. Pour la partie de la population qui n'appartient pas à la *ruling class*, au contraire, la question de la démocratie est non pas celle du partage du pouvoir entre les gouvernements, mais du type de rapports entre les gouvernants et les gouvernés. C'est pourquoi en France le peuple est moins hostile que les élites au pouvoir d'un seul, qu'il s'appelle monarque, empereur ou président.

On oublie trop souvent, quand on analyse la tradition centralisatrice française, que l'appui que le pouvoir central a toujours recherché et trouvé dans le peuple contre les notables était pour celui-ci un moyen de se protéger de la tyrannie, de l'autocratie locale et du clergé. Cela n'est pas toujours facile à comprendre dans un pays comme les États-Unis qui n'a pas connu la féodalité. Le jacobinisme a repris cette tradition en ajoutant l'appel au peuple et le recours à la démocratie directe contre le pouvoir des assemblées. Enfin, le bonapartisme a assumé ce double héritage : centralisation et appel au peuple. Si l'on saisit cela, on comprend aussi que la tradition bonapartiste française n'est pas le fascisme, ni même un chemin qui mène au fascisme, mais au contraire, dans ce cas particulier, un rempart contre lui.

Après tout, en 1958, en raison des erreurs de la classe politique, la France avait le choix entre de Gaulle et un régime militaire. Sagement, elle a choisi de Gaulle. C'est pourquoi je voudrais reprendre à mon compte l'idée du politologue français Georges Burdeau, qui explique que le grand phénomène de notre temps est le passage de la « démocratie gouvernée », fondée sur la délégation de la souveraineté à une assemblée représentative, à la « démocratie gouvernante », c'est-à-dire les efforts pour associer le peuple à la prise de décision politique. Ce passage ne peut s'opérer que très lentement, à travers beaucoup d'hésitations et d'ambiguïtés. Or, de façon inattendue, ajoute Georges Burdeau, le passage de la démocratie gouvernée à la démocratie gouvernante prend parfois la forme d'une « démocratie consentante », c'est-à-dire de l'assentiment du pouvoir d'un leader. Il est de fait que l'établissement du régime gaulliste a coïncidé en France avec la renaissance de la société civile au détriment de la société politique. On a vu les syndicats connaître une importance politique nouvelle et traiter directement avec les gouvernements ; on a vu les associations se multiplier, la vie locale se réveiller. Le pouvoir gaulliste, dans sa lutte contre le pouvoir représentatif, a encouragé ces tendances ; et le mouvement de mai 1968, c'est-à-dire une insurrection généralisée contre tous les gouvernements particuliers de la France traditionnelle, est non pas l'opposé du gaullisme, mais l'aboutissement d'un mouvement naturel que le gaullisme a encouragé avant d'en être lui-même la victime. J'ai eu en 1968 l'occasion de dire à une assemblée d'étudiants un peu agitée qu'ils étaient non pas les ennemis de De Gaulle, mais ses fils naturels. Je ne puis dire que j'ai été bien accueilli, mais je crois que j'avais raison… Bien entendu, la démocratie consentante, telle que l'incarne le gaullisme, n'est pas du tout synonyme de démocratie directe, ni même de participation populaire. Il n'y a jamais véritablement dialogue entre le peuple et le leader ; le

« bain de foule », tel que de Gaulle l'a pratiqué tout au long de son principat, est le contraire de la délibération. Il n'est pas douteux, en revanche, que la pratique du référendum avait pour but d'associer le peuple à la politique gouvernementale, ou si l'on préfère, de se servir de l'adhésion populaire pour mieux parvenir à ses buts.

Ainsi le référendum du 8 janvier 1961 sur l'autodétermination en Algérie avait pour but moins d'interroger les Français que de renforcer la position du gouvernement à la veille des pourparlers avec les représentants du nationalisme algérien. De Gaulle utilisa le référendum auprès du peuple comme, dans un régime parlementaire, le Premier ministre utilise la question de confiance auprès du Parlement. Ainsi il prit soin d'annoncer que, s'il était désavoué, il s'en irait. Les adversaires du régime ont en général qualifié cette tactique de plébiscitaire. Mais on ne voit pas pourquoi la démission de l'intéressé après un vote de défiance, qui est aux yeux des spécialistes la condition même d'un régime parlementaire, deviendrait un insupportable chantage dans le cas d'un régime présidentiel. Du reste, personne n'a protesté quand de Gaulle a démissionné après avoir été mis en minorité lors du référendum d'avril 1969... De même, le référendum sur les accords d'Évian avec le FLN (6 avril 1962) n'était pas véritablement une consultation, car il ne saurait être question de revenir sur des accords déjà signés. Mais ce n'était pas non plus un plébiscite, comme le prétendaient ses adversaires. C'était un moyen de battre l'opposition des partisans de l'Algérie française (OAS), en démontrant leur total isolement politique. Et de fait, l'OAS fut liquidée dans les mois qui suivirent.

Si le déclin du rôle du Parlement au profit de certaines formes de gouvernement direct ne signifie pas nécessairement déclin de la démocratie, il s'accompagne souvent d'un affaiblissement des libertés publiques et politiques. Dans le monde moderne, le Parlement n'est plus synonyme de démocratie, mais de libéralisme. Le risque de la démocratie consentante, qui ne devrait être que transitoire, c'est qu'elle se routinise et que des principes essentiels soient remis en cause, en raison de la concentration des pouvoirs.

En France, pendant l'ère gaullienne, l'absence d'équilibre s'est manifestée sur deux points :

1. La justice, dont le degré d'indépendance par rapport à l'exécutif a toujours été très relatif, s'est trouvée ouvertement subordonnée. D'abord, par la création de juridictions d'exception dans le contexte de la guerre d'Algérie. Ensuite, par l'intervention brutale du gouvernement. Déçu par la mansuétude des tribunaux militaires à l'égard des partisans de l'Algérie française, le général de Gaulle avait créé un haut tribunal militaire chargé de juger le général Salan, chef de l'OAS. La peine de mort n'ayant pas été prononcée, le gouvernement décida quatre jours plus tard de le supprimer et de le remplacer par un autre tribunal d'exception, décision accompagnée d'un communiqué du Conseil des ministres expliquant que le jugement du tribunal mettait en cause la sécurité de l'État. Cette intervention permanente du pouvoir exécutif dans le judiciaire ne s'est pas arrêtée avec la guerre d'Algérie. Au contraire, elle n'a cessé de s'accroître.

2. La dépendance de l'information, notamment de l'information télévisée, à l'égard du gouvernement est un fait avéré, antérieur certes à la Ve République, mais dont les conséquences n'ont cessé de s'aggraver au fur et à mesure que l'importance de l'information télévisée s'affirmait. Cette mainmise s'est progressivement étendue sous le gaullisme au point de menacer non seulement le statut de l'opposition, mais le fonctionnement de la démocratie elle-même.

Je voudrais conclure brièvement. Premièrement, dans bien des cas, le recours à l'explication par le charisme est une solution paresseuse, qui permet de camoufler la tautologie ou le réductionnisme :

a) Réductionnisme historique qui consiste à ramener une solution donnée à un modèle préexistant, du type gaullisme = bonapartisme. Bien sûr, les ressemblances sont nombreuses, mais elles sont trompeuses. Les mêmes formes de démocratie directe (exemple : l'élection du président de la République au suffrage universel) peuvent revêtir des significations différentes selon qu'elles apparaissent avant l'établissement d'un système représentatif parlementaire, ou après. Le but de l'histoire comparée est de faire ressortir les différences autant que les ressemblances.

b) Réductionnisme économique, qui ramène un système politique à un système économique, et qui considère que celui-ci produit nécessairement une forme politique et une seule.

Deuxièmement, je ne nie pas, je l'ai déjà dit, le rôle des fortes personnalités. L'apparition d'une personnalité charismatique permet souvent de substituer une douce euthanasie à une longue agonie, mais ce n'est là qu'un exemple. Dans le cas de la France, de Gaulle a abrégé l'agonie du système parlementaire et a rendu relativement indolore la fin de la France paysanne. Mais ces formes politiques ou économiques déclinantes ne produisent pas nécessairement leur antidote ; la mutation des années soixante a été douce ; elle aurait pu aussi être violente…

Enfin, il me semble qu'on pourrait facilement distinguer trois sortes de régimes charismatiques :

— les faux régimes charismatiques, où la mobilisation populaire est beaucoup plus l'effet de la contrainte que de l'enthousiasme. Nous savons aujourd'hui que Mao n'était ni populaire ni charismatique dans la Chine des années soixante ;

— les charismes de fascination, antérieurs à toute expérience démocratique. Ce sont les plus proches de la définition weberienne, mais ils peuvent être combinés avec le type précédent ;

— les charismes de réponse à une attente populaire dans un système démocratique. Ce sont des régimes de transition et le gaullisme en fournit une bonne illustration.

Dans le cas de la France de la IVe République, il faut réaffirmer que le régime parlementaire était très mauvais conducteur de la volonté populaire. Le peuple n'a jamais partagé l'opinion de la classe politique selon laquelle le gaullisme, à travers ses principales caractéristiques – recours au référendum, élection du président de la République au suffrage universel et primauté de l'exécutif, rôle politique de la télévision, notamment dans les campagnes électorales, priorité à la société civile par-dessus la société politique –, aurait représenté une régression de la démocratie, voire un danger de dictature fascisante. Le parlementarisme avait trop profondément creusé le fossé entre le peuple et les élites. Le peuple a accueilli la tentative de démocratie semi-directe que représentait le gaullisme comme une restauration de la démocratie. En ce sens, le mouvement populaire et libertaire de 1968 doit être considéré, non comme l'antithèse du gaullisme, mais comme son fils naturel. Les régimes personnalisés sont des régimes ambigus. Dans un contexte libéral, ils peuvent conduire aussi bien à l'élargissement de la démocratie qu'à son recul. Ils offrent des sursis aux volontés humaines.

VÉRITÉ DU RÉFORMISME[1]

« Réforme » est historiquement un mot révolutionnaire

Dans la plupart des sociétés anciennes, antérieures à l'apparition de la démocratie, la stabilité, voire l'immobilité est l'idéal suprême du bon gouvernement. Depuis les Latins, les *res novae* sont synonymes de désordre et de cataclysme. Au contraire, les sociétés démocratiques sont fondées sur l'idée de changement et de réforme permanente. Les premières se réclament de la nature, les secondes du progrès.

C'est pourquoi, dans les sociétés immobiles, réforme est un mot incongru, à connotation subversive et même révolutionnaire. Les révolutions se déclenchent aux cris de « Vive la Réforme ! », comme par exemple en 1848, où la réforme du mode de scrutin symbolisait l'appel à des changements plus profonds dans la société. Même chose, même si le mot n'était guère présent en 1788, avec la rédaction des Cahiers de Doléances : ce que réclamaient alors les Français, c'est ce que nous appelons des réformes.

L'orientation de l'Histoire, à un moment donné, entre réforme et révolution, dépend moins du choix délibéré des acteurs que de la résistance des matériaux. Dans une société très rigide, le matériau social résiste sans plier, jusqu'au moment où la poussée étant trop forte, il casse brutalement selon une ligne de fracture où l'on reconnaît la répartition des acteurs. C'est un phénomène analogue à celui de la tectonique des plaques, caractérisée par une grande stabilité jusqu'à une rupture soudaine produisant tremblements de

1. *Mil Neuf Cent*, n° 30, 2012, p. 149-160.

terre et tsunamis. Si, au contraire, le matériau social tolère un certain degré de souplesse, la société parvient à un résultat analogue sans cataclysme violent.

C'est ici que la psychologie collective des acteurs joue son rôle, ainsi que le tempérament des principaux leaders d'opinion.

Soit un axe horizontal gauche-droite correspondant au positionnement socio-politique des acteurs. Il est coupé à angle droit par un axe vertical allant de la modération à la radicalité, déterminant ainsi quatre aires, quatre cadrans selon le schéma ci-après, et quatre orientations politiques distinctes.

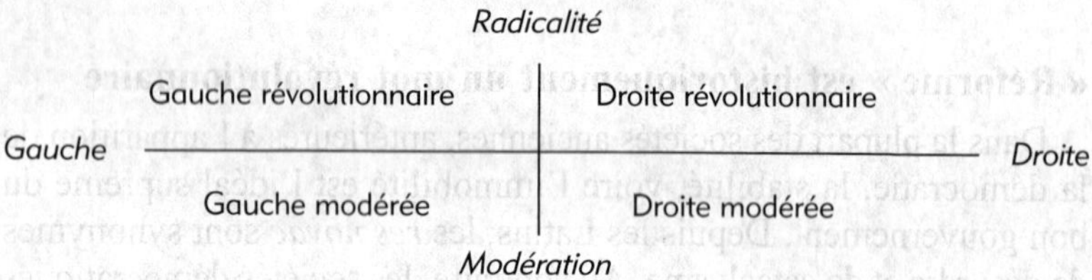

Autant l'axe horizontal droite-gauche est de nature structurelle, indépendamment du tempérament des acteurs, autant l'axe vertical radicalité-modération dépend de ce dernier, avec toutes les influences culturelles qui s'exercent sur lui. Il y a, à situations sociopolitiques comparables, des individus, des groupes, voir des nations qui ont une préférence pour les solutions progressives, tandis que d'autres inclinent naturellement pour des changements brutaux. Les premiers constituent un matériau souple, avec des glissements géologiques permanents, mais imperceptibles ; les seconds se caractérisent par une alternance conservatisme-révolution.

Sans tomber dans la facilité de la psychologie des peuples, on doit bien constater que les pays anglo-saxons privilégient, à l'époque contemporaine, la réforme permanente, tandis que les pays latins inclinent vers la réforme secondaire et brutale, qui prend alors le nom de révolution.

L'établissement précoce de la démocratie favorise le réformisme, comme on le voit en Grande-Bretagne, tandis que les luttes tardives sur la forme même du régime à adopter conduisent à des pratiques révolutionnaires, comme on le voit en France.

Le socialisme a radicalisé l'opposition réforme-révolution

Jusqu'au milieu du XIXe siècle, réforme et révolution correspondaient à des situations politiques données, largement indépendantes de la volonté des acteurs. Ce sont les controverses au sein du mouvement socialiste, surtout à partir du moment où Marx et ses partisans ont introduit la politique partisane au sein de celui-ci, qui ont changé la donne. Désormais, la révolution est conçue comme une action volontaire et délibérée, préparée à l'avance avec des moyens adéquats, de nature militaire. Dans ce domaine, le grand précurseur, avant et plus que Marx, est Blanqui qui, dans la tradition bakouninienne, conçoit la révolution comme un coup de main, soigneusement préparé. Il reste bien entendu qu'un tel coup de main n'est que l'allumette destinée à propager l'incendie parmi les masses. À cela près que les masses soigneusement tenues à l'écart de cette action clandestine, sont rarement au rendez-vous quand on a fait appel à elles. Telle est la contradiction du blanquisme. Mais l'événement d'octobre 1917 montre qu'une telle tactique n'a rien d'absurde, quand, au lieu de présupposer dans les masses une aspiration révolutionnaire qui n'existe pas, on guette la situation favorable : celle où les masses, déstabilisées par un traumatisme majeur – en l'occurrence la défaite militaire de la Russie, suivie de l'effondrement de l'autocratie –, sont disponibles pour faire un bout de chemin ensemble avec les activistes.

Auparavant, dans la dernière décennie du XIXe siècle et la première du XXe, se déroule au sein du mouvement ouvrier et socialiste un grand débat international qui a précisément pour objet le choix de la tactique révolutionnaire. Jusqu'à la mise en cause d'une telle tactique par un grand leader socialiste, et pas n'importe lequel, Eduard Bernstein, exécuteur testamentaire d'Engels, l'option révolutionnaire paraissait tellement évidente et à ce point tenue pour acquise qu'on ne la discutait même pas, mais que l'on ne faisait rien non plus pour la mettre en application.

Il suffit pourtant que le marxisme, dont les mains sont révolutionnaires, mais qui n'a pas de mains, soit renvoyé à ses contradictions, pour que ses partisans les plus orthodoxes appellent au respect des lois de la Révolution. Nous sommes alors plongés dans le théologico-politique, et ce n'est pas par hasard qu'un vocabulaire issu du conflit religieux s'impose : Jules Guesde se fait traiter de Torquemada en lorgnons, les réformistes sont comparés à Judas et, d'une façon plus générale, le socialisme devient une dogmatique.

Nul n'a mieux que Péguy, avec son art consommé de la dérision, traduit cette forme inédite de cléricalisation socialiste :

> Nous en usons plus astucieusement pour les maladies sociales : nous nous gardons soigneusement de critiquer les apparences ; pourvu que les groupes soient nombreux et acclament des résolutions retentissantes, pourvu que les meetings soient vibrants, pourvu que les manifestations fassent pleuvoir les pommes de terre sur la voiture de Rochefort, pourvu que les congrès finissent en chantant *L'Internationale*, qui est un hymne admirable, pourvu que les délégués s'intitulent socialistes et le soient politiquement à peu près, pourvu que les élections marchent à peu près, pourvu que les suffrages montent, et surtout pourvu que *l'on n'abandonne pas le terrain de la lutte de classe*, nous nous gardons soigneusement d'examiner ce qu'il y a en dessous, nous nous gardons soigneusement d'examiner si les âmes jouissent de la santé socialiste ou si elles travaillent du mal bourgeois[1].

Telle est la déclaration du docteur socialiste à un Péguy cloué au lit par la grippe, et médusé.

Nous y voilà. Pour les révolutionnaires, l'action politique doit être nécessairement une action de classe. En paroles au moins, à défaut de l'être en actes. C'est le critère. C'est aussi, souvent, l'alibi. Pour les réformistes, l'action de classe, pour être efficace à terme et ne pas déboucher sur la tyrannie pure et simple, doit être aussi une action morale. Les premiers ne manquent pas de dénoncer dans ce moralisme une déviation petite-bourgeoise et même, à l'occasion, une fuite dans le religieux. Pour les seconds, l'action de classe à l'état pur n'est qu'une résignation pure et simple à la loi du plus fort. C'est, sous des dehors volontaristes, l'abandon à une vision

1. Charles Péguy, « De la grippe » (*Cahier de la Quinzaine*, I, 4, 20 février 1900), in *Œuvres en prose complètes*, Paris, Gallimard, 1987, I, p. 414-415.

déterministe, pour ne pas dire positiviste de l'Histoire. Est-il bien nécessaire de se constituer en ordre de bataille pour enregistrer un pur rapport de forces ?

La vraie vision volontariste est celle qui ne se résout pas à proclamer l'Histoire écrite d'avance. Le réformisme, c'est la part de l'humain dans le jeu des phénomènes naturels. Autrement dit, le pari de la liberté. Le révolutionnaire a pour souci de placer l'Histoire sur les rails qui sont là de par la force des choses pour la faire advenir ; le réformiste a pour souci premier de poser les rails. Selon les moments, selon les groupes et selon les individus, ce volontarisme peut être de nuance libérale ou de nuance libertaire. Mais, dans tous les cas, il affirme l'aptitude de l'homme à maîtriser la nature. Le slogan de Barack Obama lors de sa campagne électorale de 2008, *Yes, we can !* est par excellence une profession de foi réformiste.

Le cours de l'Histoire… L'exigence morale… Dans quel ordre placer les deux phénomènes ? Les révolutionnaires pensent qu'on peut changer la société et les hommes qui la composent en transformant ses structures matérielles. L'homme nouveau, s'il doit être, ne peut être que le produit de la société nouvelle. Les réformistes pensent qu'il faut conjointement faire avancer la transformation des structures matérielles et celles des structures mentales. Sans quoi les hommes demeureront étrangers au processus de libération dont on a rêvé pour eux. Autrement dit, la liberté et la moralité ne sont pas des phénomènes dérivés ; l'une et l'autre doivent être posées dès le départ comme garantes de l'authenticité révolutionnaire.

Sont-ce les hommes ou les structures qui sont réformistes ou révolutionnaires ?

La professionnalisation de la politique, notamment dans les milieux se réclamant du socialisme et du mouvement ouvrier, a eu pour conséquence de donner aux individus un rôle démesuré, ou tout au moins les persuader qu'ils étaient en mesure de jouer un tel rôle. C'est ainsi qu'en consultant leur tempérament beaucoup plus que les situations matérielles, les militants politiques se sont persuadés qu'ils pouvaient changer le cours de l'Histoire au gré de leur volonté. Les uns se sont proclamés révolutionnaires, avec cette incroyable prétention de faire surgir les révolutions par les seuls effets de leurs actions. C'est là une présomption inouïe, comme si les hommes étaient capables de changer de fond en comble le social-historique sur lequel ils se déplacent. Tout à l'heure, au nom des prétendues lois du devenir historique, c'étaient les révolutionnaires qui faisaient figures de fatalistes tandis que les réformistes faisaient preuve de volontarisme. Ici, c'est l'inverse : les révolutionnaires sont ces hommes étranges qui suscitent les révolutions comme le diable les incendies.

N'est-il pas plus conforme à la réalité de reconnaître que, pour des raisons qui tiennent à la résistance des matériaux comme on l'a vu plus haut, il y a des situations objectivement révolutionnaires que le réformiste le plus convaincu se trouve incapable de dénoncer pacifiquement ; d'autres, au contraire, que le révolutionnaire le plus ardent est incapable d'enflammer ?

En somme, un peu de considération pour cette positivité de l'Histoire à laquelle chacun prétend se soumettre, conduirait à une vision moins présomptueuse et plus modeste du rôle de l'Homme. Non qu'il soit négligeable : mais il ne peut se développer qu'à l'intérieur de limites objectives qu'il est impossible de transgresser.

C'est par abus de termes que l'on est venu à mettre sur le même plan la réforme et la révolution. Car la première désigne un but à atteindre, la seconde une méthode d'action sociale. Seul un romantisme révolutionnaire exacerbé a fini par faire de la révolution un but en soi ; mieux ou pis, une sorte d'état permanent de la société, si désirable que l'on rêve de la pérenniser. C'est ainsi que le Mexique a, parmi ses formations politiques stables, un Parti révolutionnaire institutionnel (PRI), ce qui est une contradiction dans les termes. Beaucoup d'activistes politiques se sont installés en Occident dans la situation de révolutionnaires à durée indéterminée. N'est-il pas suffisant d'être révolutionnaire quand la situation l'exige et que le cours de l'Histoire n'a pas d'autre issue que ce chenal périlleux et sanglant. Chercher la révolution pour la révolution, c'est sacrifier la paix civile à ces grandes vacances de la légalité qui séduisent les aventuriers, mais en aucun cas les masses laborieuses.

Ajoutons sur ce point une ultime considération : réformisme et révolution appartiennent au vocabulaire de l'univers ouvrier et socialiste, comme deux méthodes qui se font face et se contrepèsent. Mais le réformisme n'est pas nécessairement socialiste ; il y a un réformisme bourgeois. Et la révolution n'est pas davantage un monopole socialiste : il y a un révolutionnarisme bourgeois et même aristocratique.

Réformisme et révolution dans le mouvement syndical

Il est beaucoup de gens pour considérer que le syndicalisme est voué au réformisme et à lui seul. C'est le cas de beaucoup de révolutionnaire… de ceux, en tout cas, qui ont pour instrument d'action le parti politique. Parmi ceux-là, le plus catégorique, le plus radical est Lénine qui, dans *Que faire ?* (1902), explique froidement que les masses ouvrières ne peuvent parvenir, si elles sont livrées à elles-mêmes, qu'à la conscience trade-unioniste, c'est-à-dire la mobilisation pour des revendications matérielles immédiates, au détriment de plus larges objectifs de transformation sociale. Renversant les préjugés traditionnels, il affirme en substance que les ouvriers ont spontanément une idéologie petite-bourgeoise, et que seuls des petits bourgeois, reconvertis en intellectuels militants, peuvent accéder à une idéologie prolétarienne authentique. Ce qui, on en conviendra, est non seulement un paradoxe mais un sacré pied de nez au marxisme, qui voit dans les superstructures idéologiques un produit, voire un reflet, des conditions matérielles d'existence. Lénine a toujours été un marxiste à éclipse qui ne craignait pas de mettre la science marxiste en congé chaque fois que son instinct d'intellectuel subversif le lui conseillait.

Mais sous une forme moins outrée, les modérés de la social-démocratie allemande ne pensaient pas autrement, qui avaient conçu une répartition fonctionnelle des rôles où le parti – c'est-à-dire en majorité les intellectuels bourgeois – était censé s'occuper des objectifs finaux, c'est-à-dire du socialisme, tandis que les ouvriers réunis dans les syndicats avaient assez à faire de lutter pour l'amélioration de leurs conditions matérielles d'existence.

Il est pourtant des leaders syndicaux pour s'insurger conter le rôle d'assistantes sociales du mouvement ouvrier que les leaders socialistes, révolutionnaires et réformistes pour une fois d'accord, entendent leur faire jouer : ce sont les syndicalistes révolutionnaires, partisans de l'action directe, et souvent inspirés par la pensée anarchiste. Au grand scandale des augures, ils affirment tranquillement que les bourgeois, fussent-ils socialistes, continuent de penser bourgeois, tandis que les ouvriers, fussent-ils réformistes, continuent de penser ouvrier. Le marxisme et la social-démocratie avaient si bien tordu les choses que ce qui n'est après tout qu'une évidence apparaît alors comme un paradoxe.

La démonstration de ce fondement de classe des idéologies réformistes et révolutionnaires est donnée au congrès d'Amiens de la CGT (1906). Contre la prétention des socialistes réunifiés depuis l'année précédente (congrès du Globe, 1905) d'appliquer en France la répartition fonctionnelle des rôles entre parti et syndicat, telle qu'elle est pratiquée par la social-démocratie allemande, les syndicalistes révolutionnaires (Griffuelhes, Pouget, Yvetot) s'allient aux réformistes (Keufer, Coupat) pour voter la fameuse charte, qui est non seulement un manifeste d'autonomie syndicale, mais l'affirmation d'une sorte de pan-syndicalisme, qui pourrait se traduire dans la formule : le syndicalisme suffit à tout.

Ainsi, pour la pensée d'action directe, le clivage entre réformiste et révolutionnaire au sein du mouvement syndical est certes une réalité, mais une réalité qui ne doit pas dissimuler le primat du critère de classe : en l'occurrence, l'appartenance à la classe ouvrière sur le critère idéologique, à savoir le clivage entre réformisme et révolution. Ce n'est après tout que du marxisme orthodoxe, et il n'est pas difficile de trouver dans l'œuvre de Marx lui-même des textes qui vont exactement dans ce sens.

Si donc l'on veut s'attacher au débat réformisme/révolution, il convient, pour la CGT d'action directe, de le faire à l'intérieur du mouvement syndical. On trouvera alors deux formes de réformisme, l'une, proprement ouvrière, qui entend accumuler les réformes sans se mêler de politique et sans se soucier de faire advenir directement une société nouvelle. Le syndicat du Livre de Keufer est représentatif de cet état d'esprit. Mais il existe un autre réformisme, *de facto*, celui des socialistes, qui réservent l'action révolutionnaire au parti, et qui, par conséquent, sont réformistes à l'intérieur des syndicats.

Quant à la révolution syndicaliste, elle comporte elle aussi deux variantes : l'une, la plus radicale, refuse toute réforme partielle, comme mystificatrice. Mais alors, pourquoi un syndicat ? Et, de fait, cette position anti-réformes n'a jamais été soutenue, à l'intérieur du syndicalisme, que par des intellectuels entrés par effraction, à la faveur de troubles internes, comme Gustave Hervé, et certains anarchistes comme le dessinateur Grandjouan. Car les révolutionnaires syndicalistes, surtout Griffuelhes, Merrheim ou Monatte, attendent la révolution non d'un refus des réformes, mais au contraire d'une accumulation de réformes conduisant la société à un point critique, où la mutation qualitative devient possible et même inévitable.

Caractères originaux du réformisme

Je voudrais, pour terminer, insister sur trois aspects du socialisme réformiste. C'est un socialisme révisionniste. C'est un socialisme d'en bas. C'est un socialisme moral.

D'ordinaire, c'est la révolution qui se présente comme une correction de l'état de choses existant

Or, le réformisme n'est pas un en deçà de la révolution. C'est un au-delà. Je veux dire qu'avant même la révolution socialiste – et à plus forte raison ensuite – le réformisme est un mouvement réflexif qui s'interroge et s'inquiète à propos des déviations autoritaires qui impliquent la conception socialiste classique de la Révolution. Examinez bien l'œuvre des grands penseurs non communistes – et non sociaux-démocrates au sens que le mot a conservé jusqu'en 1914 –, tous s'inquiètent *à l'avance* de cette déviation. C'est le cas des proudhoniens et des bakouninistes dans la Première Internationale. Ce n'est pas pour rien qu'on les qualifie le plus souvent d'anti-autoritaires, contre les tendances bureaucratiques et centralisées qui sont celles des marxistes. C'est le même débat que l'on rencontre dans la Commune de Paris, où les autoritaires sont bien davantage les Jacobins et les blanquistes que les « marxistes » à proprement parler.

Dans le mouvement ouvrier, les anarchistes, en France, aux Pays-Bas, en Italie, en Espagne représentent la même inspiration et exhalent les mêmes appréhensions. Un révolutionnaire et un libertaire authentique comme Fernand Pelloutier personnifie admirablement cette position anti-autoritaire des anti-marxistes. On trouve les mêmes tendances chez Bernstein en Allemagne, ou après l'éclatement de la révolution russe de 1917 chez Henri de Man, Carlo Rosselli ou Léon Blum. Tout le fameux discours de Blum au congrès de Tours de 1920 est un discours pour la liberté.

D'emblée, l'affrontement entre Proudhon et Marx avait défini l'enjeu du débat. Au sens le plus fort du terme, l'auteur de *La capacité politique des classes ouvrières* a eu le souci de *réformer* le socialisme autoritaire, dont le marxisme n'était qu'un des avatars. On ne lui disputera pas la gloire d'avoir avant tout le monde, plus fort que tout le monde, proclamé que l'histoire du socialisme n'était pas autre chose que l'histoire de la liberté aux temps modernes. Dans cette vision historique et criticiste du réformisme, le mot s'applique donc à la fois aux « modérés » – ceux que l'on appelle classiquement réformistes – et aux révolutionnaires libertaires. Ces hommes ont compris que la critique de l'État ne pouvait se limiter à la critique de l'État bourgeois, telle qu'on la trouve dans Marx, mais devait s'étendre à toute institution politique qui puisse se présenter comme un État.

Le réformisme est donc d'abord et avant tout la critique, à la fois préventive et curative, du socialisme d'État. C'est-à-dire du principe politique d'autorité. Le réformisme est un révisionnisme, non pas tellement de Marx que du marxisme, et de toutes les survivances autoritaires qu'il a charriées, conservées et développées au sein de l'aventure socialiste.

Le réformisme authentique est un socialisme d'en bas

Il y a certes, un réformisme autoritaire, proche du révolutionnarisme autoritaire, la violence en moins. C'est celui qui s'appuie sur l'État bourgeois pour imposer des réformes à la bourgeoisie elle-même. Avec un succès limité. Mais un succès suffisant pour donner naissance à un corps de doctrine social-démocrate, dont le socialisme scandinave, et la prévoyance sociale des États européens de l'après-guerre sont des exemples.

Mais dans le sillage de ce qui vient d'être dit plus haut, à savoir la lutte contre l'autoritarisme au sein du mouvement socialiste, le réformisme a une tendance naturelle à la décentralisation. Le municipalisme des possibilistes français à la Paul Brousse, en est un bon exemple. Mais on trouverait d'autres exemples analogues dans le socialisme autrichien, belge, jusqu'aux tentatives de municipalités démocratiques au Brésil, menées par d'anciens trotskistes comme à Porto Alegre. C'est la preuve que le réformisme véritable ne saurait être limité aux « modérés » du mouvement ouvrier. Et bien entendu, là encore, c'est à Proudhon qu'il faut remonter. L'idéal libertaire de Proudhon, avec sa critique radicale de l'État, devait nécessairement déboucher sur un socialisme d'en bas. C'est l'idéal associatif, fédératif – le vocabulaire de Proudhon a souvent varié – qui est la substance même d'un tel socialisme, fondé sur l'initiative et le rôle actif des producteurs. En d'autres temps, on aurait parlé d'autogestion. C'est dire que le réformisme, considéré sous les traits du socialisme d'en bas suppose une révolution conceptuelle et morale beaucoup plus radicale que le socialisme autoritaire. Celui-ci se contente d'arracher des mains de la bourgeoisie les instruments de la propriété, du pouvoir économique et politique, pour les transférer… À qui les transfère-t-il ? À des bureaucrates et à des technocrates, deux castes distinctes mais souvent complices dans la spoliation et le détournement du mouvement ouvrier parvenu au pouvoir. La révolution autoritaire se limite à un changement de propriétaires à la tête du magasin. Le réformisme d'en bas a une ambition anthropologique autrement vaste : il vise à une transformation de l'instance économique en la débarrassant des concepts antérieurs qu'Auguste Comte eût qualifié de métaphysiques : propriété, autorité, centralisation, police, exploitation. La révolution socialiste – l'expérience du XXe siècle l'a montré – ne saurait être tenue pour accomplie aussi longtemps que les fondements métaphysiques de l'autorité n'ont pas été éradiqués.

Par voie de conséquence, le réformisme est nécessairement un socialisme moral

Nous continuons de vivre sous le régime de l'incroyable amputation que le marxisme et le libéralisme, deux doctrines antagonistes, mais complices, ont infligée à l'être humain. L'homme libéral et l'homme marxiste ont ceci de commun qu'ils sont tous deux des *homines economici*, privés de psychologie, de passion, de sentiments. Il n'est guère que Fourier au XIXe siècle pour avoir tenté d'aborder la question sociale au profit d'un homme à part entière. En ce sens, le marxisme n'est qu'un cas particulier de la vision économiste de l'homme qui est celle des libéraux, tandis que ceux que Marx appelle socialistes utopiques sont en réalité des socialistes existentiels.

C'est tout cela que Péguy – qu'il serait temps de réintégrer dans la lignée des penseurs socialistes utopistes – avait en vue quand il affirmait que le socialisme de demain serait moral ou ne serait pas. Depuis lors, les choses n'ont fait que s'aggraver. D'abord parce que non seulement le socialisme réel – c'est-à-dire le socialisme autoritaire – ne s'est pas montré moral. Mais pis : il s'est révélé tragiquement immoral, et compte désormais comme un des modèles les plus achevés de l'immoralité en politique, et de la perversion de tout ce que l'être humain comporte en lui de plus essentiel : stalinisme, maoïsme, cambodgisme, cette sinistre trilogie est là pour nous le rappeler, et l'on attend toujours une critique radicale d'origine socialiste de ce naufrage absolu. Le nazisme est inscrit dans notre passé, parce que le procès historique du nazisme a eu lieu ; le socialisme autoritaire est un objet non identifié, *res nullius*, parce que son procès reste à faire.

Mais à cette immoralité radicale, à cette immoralité absolue, à cette immoralité ontologique s'est ajoutée une inefficacité qui mérite les trois mêmes épithètes : on connaît peu de régimes dans l'histoire de l'humanité où la seule colonne existante est celle du passif. Au point de faire des régimes précédents quelque chose comme des âges d'or, comme par exemple le tsarisme en Russie.

Face à un bilan économique aussi désastreux, le socialisme ne peut plus se passer – s'il le pût jamais – d'une dimension morale, qui ne lui appartient pas en propre, mais qu'il se doit d'emprunter au patrimoine éthique de l'humanité. Le voici ramené à ses origines : une protestation contre la misère humaine, un manifeste de tous les jours contre l'injustice, dans la lignée des plus hautes doctrines morales, comme le christianisme dans le cas de l'Occident. Telle est la tâche du réformisme : réformer le socialisme et lui rendre sa parenté avec les plus hautes aspirations de l'humanité.

LETTRE À JEAN-CLAUDE MICHÉA[1]

Du pouvoir de quelques-uns à la démocratie de tous

Juin 2014

Cher Jean-Claude Michéa,

Nous voici parvenus, d'un commun accord, au terme de nos échanges. Il y aurait du plaisir intellectuel à les prolonger, et je ne doute pas que nous aurons, dans le futur, l'occasion de le faire sous d'autres formes. Mais, dans l'immédiat, il ne faut pas abuser de la patience du lecteur. C'est pourquoi, hormis un échange oral en forme de conclusion dont nous avons retenu le principe, la présente lettre sera la dernière que je vous adresserai. D'où mon souci de reprendre une dernière fois les points qui sont encore en litige entre nous, comme du reste vous venez de le faire dans votre longue et vigoureuse lettre. J'y distingue quatre questions sur lesquelles je veux revenir, moins pour avoir le dernier mot que pour circonscrire nettement les désaccords subsistants. Ce sont, dans l'ordre : la question du progrès, celle du libéralisme, les rapports nature-culture, et enfin la morale. Après quoi, j'essaierai de dire sommairement à quelles conditions l'expression de « socialisme du peuple tout entier » pourrait retrouver un sens.

Et donc, tout d'abord, cette question du progrès, qui court comme un fil de discorde tout au long de nos échanges. Je crois qu'il faut en distinguer soigneusement deux formes : l'innovation scientifique et technique, qui est un fait, et la pensée du progrès, qui est une

1. Jacques Julliard et Jean-Claude Michéa, *La Gauche et le peuple. Lettres croisées*, Flammarion, 2014, p. 251-291.

philosophie. Cette dernière a inspiré la gauche pendant toute la République, jusqu'à l'effondrement du marxisme dans le dernier tiers du XXe siècle. Le christianisme, le positivisme, le socialisme sont des philosophies de l'Histoire, récemment rebaptisées « grand récits », qui reposent toutes sur l'idée de progrès, c'est-à-dire d'une scansion orientée du temps historique. Ces philosophies de l'Histoire n'ont plus guère cours, et c'est ici, au-delà des accidents de la conjoncture, la raison de la baisse tendancielle du taux de « gauchité » dans les sociétés développées. Nous ne les regretterons pas trop, car ces philosophies de l'Histoire, convaincues d'avoir l'avenir en partage, ont un penchant naturel à se transformer en doctrines autoritaires, soucieuses avant tout de précipiter le cours de leur avènement.

Et puis, il y a l'innovation scientifique et technique, souvent stimulée par le capitalisme, qui a un besoin continuel de renouvellement, mais dont vous conviendrez qu'elle a sa propre dynamique et sa propre logique de développement. Elle a pu, dans le passé, donner naissance à son tour à une philosophie de l'Histoire, sous le nom de positivisme ou de scientisme. Mais, aujourd'hui, les sciences et les techniques se sont largement affranchies de ce conditionnement idéologique. Cela ne les empêche pas, bien au contraire, de servir de base à des sociétés en perpétuel changement ; un changement dont je me plais à souligner les avantages, tandis que vous auriez tendance à en déplorer les inconvénients. Il n'empêche que pour tout le monde l'innovation est un cadre imposé, dont il faut peu ou prou s'accommoder.

Longtemps, les classes populaires ont pu considérer que, pour l'essentiel, l'amélioration de leur sort était liée, malgré le chômage induit par le machinisme, à l'avancée des sciences et des techniques. La gauche fut longtemps l'entremetteuse de cette alliance et la République le cadre de ces noces historiques. Depuis que la mondialisation, habilement manipulée par le capitalisme, a mis les travailleurs du nouveau monde émergent en concurrence avec ceux du vieux monde industriel, ces derniers ont perdu leur confiance dans le progrès, tandis que la gauche institutionnelle y demeurait attachée. D'où le divorce actuel que nous avons décrit l'un et l'autre, par des chemins et des rythmes différents, entre la gauche et le peuple.

Mais la question demeure : que faire avec l'innovation ? Dans l'hypothèse où on la juge globalement néfaste, tenter de s'y opposer ? Ce ne serait guère réaliste. Il faut donc la maîtriser, l'accommoder aux besoins prioritaires de l'homme. Toute société en mouvement, faute de pouvoir s'appuyer sur la tradition et la coutume, a donc besoin d'une régulation volontaire. Les sociétés immobiles, ou quasi immobiles, peuvent se contenter de se laisser vivre ; les sociétés changeantes ont besoin d'organiser leurs propres normes.

Question : le capitalisme, qui repose à tout moment sur la *destruction*, celle des formes de production, celle des institutions, celle des normes intellectuelles même, est-il compatible avec une régulation extérieure ? Spontanément, non. Empiriquement, oui. C'est ainsi qu'on a vu dans l'immédiat après-guerre une société capitaliste et une classe dirigeante fortement compromises avec les horreurs de la période précédente, celle de la guerre, s'accommoder sans trop regimber des conditions qui leur étaient désormais faites. Le capitalisme, qui repose sur la force, ne comprend que les rapports de forces. Une grande partie de la réussite économico-sociale des Trente Glorieuses repose sur un tel rapport de forces : un État respecté, un mouvement ouvrier puissant, un capitalisme résigné bon gré mal gré à la philosophie de l'intérêt général. Telle fut l'idéologie du Plan voulu par de Gaulle, qui reposait moins sur des normes contraignantes que sur la concertation, c'est-à-dire la négociation entre les principales forces de la nation. Pourquoi l'Europe paraît-elle aujourd'hui vouée au libéralisme le plus débridé ? Parce qu'il n'y a pas d'État européen pour s'entremettre entre les acteurs sociaux et imposer ses arbitrages. Imaginez un *État européen*, c'est-à-dire une puissance politique à l'échelle du continent, et vous verriez l'idéologie européenne, indécrottablement libérale aujourd'hui, parce que la nature a horreur du vide, adapter ses normes aux nouveaux rapports de pouvoir qui se seraient alors créés.

Car, cher Michéa, dans une société en perpétuel changement, la nécessité d'une autorité supérieure de régulation s'impose, quelle que soit par ailleurs l'organisation de cette société en termes d'appropriation des moyens de production et de systèmes de commandement. Oui, dans les sociétés modernes, des unités de production largement décentralisées, ou même autogérées, telles que nous les souhaitons l'un et l'autre, ont besoin de procédures de coordination et d'harmonisation, si l'on veut les voir répondre aux besoins de la société tout entière. Pour le dire de façon personnifiée, Proudhon ne reparaîtra sur le devant de la scène que la main dans la main avec Saint-Simon, la libre association et la planification démocratique se prêtant mutuellement assistance au lieu de se combattre. Voilà, cher compagnon d'espérances, ma conviction la plus profonde : Marx est mort, parce qu'au-delà de l'analyse la plus pénétrante qui ait jamais été faite du capitalisme, il a été incapable d'imaginer, fût-ce sous forme d'esquisse, les fondements d'une société post-capitaliste. Comme si, à force de critiquer les ressorts du vieux monde, il avait fini par en épouser la logique.

Vous me reprochez de ne considérer le socialisme que sous la forme autoritaire que l'un et l'autre nous récusons. Non sans quelque raison. Mais l'explication en est simple. Le marxisme autoritaire, le marxisme-léninisme en somme, est parvenu à imposer son hégémonie intellectuelle sur les mentalités à un point tel qu'il a littéralement oblitéré toute autre forme d'imaginaire socialiste ; et que le plus platement réformiste de nos socialistes finit par épouser l'univers mental du stalinien – ou post-stalinien – le plus endurci : une vision dichotomique où ne coexistent que le socialisme le plus caporalisé avec le capitalisme le plus cupide : le socialisme proudhono-saint-simonien est mort étouffé entre ces deux mastodontes stupides.

Alors, ma réponse à la question : « que faire du progrès ? » tient en une seule formule : il faut l'organiser.

L'organiser pour qu'il serve au bien-être du plus grand nombre ; l'organiser aussi pour en limiter les inévitables dégâts. Les notices pharmaceutiques modernes nous ont accoutumé à l'idée qu'il n'y a pas de vertu curative des médicaments sans effets secondaires nocifs, dont il faut limiter la portée. Il en va de même du progrès scientifique et technique.

Sous quelle forme ? Dans la période d'intense fermentation intellectuelle qui a précédé et suivi le grand mouvement social de 1968, la CFDT avait proposé un triptyque qui peut paraître aujourd'hui bien utopique, mais à la fécondité duquel je continue de croire : appropriation collective des grands moyens de production et d'échange, planification démocratique, autogestion. Je veux insister ici sur la liaison nécessaire entre l'autogestion, c'est-à-dire la réappropriation du travail par les travailleurs eux-mêmes, et la planification démocratique, c'est-à-dire la régulation collective de la production. Comme il n'est pas question de revenir purement et simplement à la production artisanale de jadis, dans laquelle l'autoconsommation et le commerce de proximité tenaient lieu de régulation empirique, il faut bien concevoir des formes de planification dont le néocapitalisme a tout fait pour se débarrasser là où elles existaient, comme dans la France de l'après-guerre. Tout le monde aujourd'hui comprend, au spectacle du saccage de la planète par l'industrialisme, que la libre entreprise sans aucun contrôle est condamnée par le système même qui l'a produite. Il en va de même de l'obsolescence forcenée des biens industriels, de l'innovation purement mercantile sans aucune utilité sociale, de la consommation ostentatoire qui ne produit que le gaspillage. Alors que dans le secteur primaire, celui de la production des biens de la terre, on est passé, depuis le néolithique, de l'économie de la cueillette à l'agriculture fondée sur la prévision et l'organisation, le secteur secondaire, en dépit de son essor au cours des deux derniers siècles, en est resté à une sorte d'économie de la cueillette en ce qui concerne l'énergie et une grande partie du matériau brut. Le néocapitalisme sauvage n'est qu'un méandre provisoire : tôt ou tard, sous une forme pacifique ou catastrophique, la régulation de la production industrielle s'imposera à l'humanité du siècle à venir comme une nécessité absolue.

Elle mettra fin au passage à l'une des pires aberrations du capitalisme financier par rapport au système industriel proprement dit : son incapacité, malgré sa phase fordienne, à organiser la consommation et d'abord ce qui la conditionne, c'est-à-dire le salaire et l'emploi.

Car le machinisme n'a pas été conçu pour créer des emplois, mais au contraire pour économiser de la main-d'œuvre et substituer le travail des machines à la peine des hommes. Les économies de main-d'œuvre devraient pouvoir être saluées comme une des plus grandes réussites de l'esprit humain contre l'obligation faite à l'homme de gagner son pain ou son riz à la sueur de son front. Et c'est le contraire qui se produit. Par paresse, par faiblesse ou par pusillanimité, la gauche en est réduite à ne rapporter les changements économiques qu'au seul critère de l'emploi, et les syndicats, au lieu de scander « des salaires, des salaires ! », se résignent à réclamer « du travail, du travail ! » Quand l'esclave ne se propose plus comme objectif que la conservation de sa chaîne, c'est que quelque chose est pourri au royaume de Mercure. L'objectif du mouvement ouvrier – ce qui passe par son organisation à l'échelle internationale, comme le patronat lui-même – devrait être d'imposer à tout progrès de la productivité une augmentation corrélative du salaire. Nous sommes loin, très loin du compte. Le système dominant a réussi au contraire à maintenir des durées du travail proches de celles du début du XXe siècle, tandis que la productivité s'est accrue dans des proportions faramineuses. Aujourd'hui plus que jamais, l'organisation du travail passe par l'organisation des travailleurs, avec des objectifs qui soient résolument offensifs – accroissement des salaires et diminution du temps de travail – et non défensifs – maintien du volume global du travail –, quitte à consentir à des réductions de salaire.

En vérité, les syndicats en apparence les plus radicaux – en France, la CGT et Force Ouvrière – sont ceux qui ont le mieux intégré la logique capitaliste, celle qui condamne l'ouvrier à une durée du travail fixe et définitive, quels que soient les gains de productivité enregistrés.

En un mot, le marché a besoin d'être organisé grâce à la planification démocratique, afin d'interdire que lesdits gains de productivité ne profitent qu'à un nombre de plus en plus réduit de personnes à la surface de la planète. Le retour au capitalisme patrimonial, à la surexploitation du travail, à la monstrueuse concentration des bénéfices dans un nombre de plus en plus limité de mains, quelle défaite pour le mouvement ouvrier, quel renoncement à ses ambitions initiales, quel recul pour la pensée rationnelle ! Oui, décidément, il est urgent que le camp des travailleurs renoue avec la rationalité économique abandonnée par un néocapitalisme aussi stupide que tout-puissant et se réapproprie la pensée du progrès sous la forme de la réorganisation sociale.

« J'affirme le Progrès, et comme incarnation du Progrès, la réalité de l'homme collectif, et comme conséquence de cette réalité, une science de l'économie : voilà mon socialisme. Rien en deçà, rien au-delà. »

De qui est cette déclaration que l'on pourrit aisément soupçonner de tendances technocratiques ? De Saint-Simon ? Non, de Proudhon dans sa *Philosophie du progrès* publiée en 1853 à Bruxelles, mais écrite en prison, à Sainte-Pélagie, en 1851[1]. Pour l'auteur de la *Capacité politique des classes ouvrières* (posthume, 1865), il n'y a de progrès économique valable qu'accompagné d'un progrès politique, dans le sens de l'autogouvernement du peuple. Dans l'ouvrage que je viens de citer, il le précise expressément :

« Dans l'ordre politique, le progrès a pour synonyme *la liberté*, c'est-à-dire la spontanéité collective et individuelle évoluant sans obstacles, par la participation graduelle des citoyens à la souveraineté et au gouvernement[2]. »

Pour me résumer, je dirai que la création des richesses dans les sociétés modernes est devenue une chose trop sérieuse, trop génératrice d'effets secondaires néfastes, pour être exclusivement confiée à la tyrannie du profit maximal. Dans les sociétés émergentes, la loi du profit peut, dans l'ensemble, coïncider assez bien avec l'intérêt général, parce que la production des biens de première nécessité en matière d'équipement et de consommation impose ses priorités. Voilà pourquoi le capitalisme libéral reste la meilleure formule pour sortir du sous-développement. Mais dans des sociétés fortement développées, le divorce entre la logique du profit et l'intérêt général se fait chaque jour plus profond et plus apparent. Nous en sommes, en Occident, à ce stade où une planification indicative de la production devient ou redevient une nécessité économique autant que sociale. Le progrès ne s'arrêtera pas ; mais il appartient désormais à la collectivité, sous peine de catastrophe majeure, de l'orienter vers des objectifs socialement utiles. L'épreuve de force que cela suppose avec un capitalisme devenu ivre de sa propre puissance et incapable de se donner d'autres objectifs que le renforcement indéfini de cette puissance et des profits qu'elle induit, cette épreuve de force est désormais inévitable. Or, les classes

1. Lebègue, imprimeur, Bruxelles, 1853, p. 73-74.
2. *Ibid.*, p. 75.

ouvrières, préoccupées par l'urgence de sauver les emplois qui les font vivre, pèsent « objectivement », comme on disait jadis, pour la conservation du capitalisme en l'état. Telle est la perversité du système. Pour de multiples raisons, il est donc impensable que cette épreuve de force prenne la forme de la lutte des classes canonique, et encore moins de la révolution lénino-blanquiste. C'est désormais à la société tout entière qu'incombera une mutation radicale de son mode d'organisation économique.

Mais sous quelle forme, puisqu'en ce domaine la révolution est impossible et la réforme impuissante ? Il faut imaginer, à l'occasion d'une période de tension internationale, ou mieux, d'une crise économique mondiale, une secousse assez forte pour déstabiliser les pouvoirs en place, essentiellement le pouvoir économique et en particulier celui des banques. Cela suppose une nouvelle alliance entre les classes populaires, la nouvelle bourgeoisie que l'on qualifie d'ordinaire de « bobo » et des intellectuels. J'y reviendrai pour finir.

Mais je poursuis mon chemin et c'est bel et bien du libéralisme à l'époque contemporaine qu'il nous faut maintenant parler.

Je ne reviens pas sur les données historiques. Vous avez sans doute raison quand vous caractérisez ma perception du problème comme celle d'un historien, quand la vôtre relève davantage d'une sorte d'anamnèse philosophique de la question libérale. Il me suffit que vous admettiez qu'il a bien existé une « sensibilité morale et psychologique », dites-vous, précédant chronologiquement ce que vous nommez « le système métaphysique du libéralisme », qui se serait en somme construit en cours de route. Pourquoi pas ? Même si je trouve « sensibilité » bien faible pour caractériser un grand mouvement historique dont la Révolution française est le cœur, celui de l'émancipation politique de l'individu.

Je vous ai déjà dit, résumant le parcours que j'ai suivi dans *Les Gauches françaises*, que celles-ci ont hérité de cet individualisme libéral de la Révolution, par opposition à l'organicisme de l'Ancien Régime ; que ce primat de l'individu, parfaitement exprimé par Benjamin Constant qui fut le leader de la gauche parlementaire sous la Restauration, a été remis en cause par l'irruption du prolétariat industriel et du socialisme, au cœur du XIXe siècle, qui a amené la gauche à privilégier désormais le point de vue du collectif ; et qu'enfin à l'époque contemporaine, avec l'épuisement du socialisme d'origine marxiste et l'effondrement du système soviétique, le balancier est reparti en sens inverse, dans le sens du « sociétal » au détriment du social, c'est-à-dire de la promotion des droits juridiques de l'individu. Telle est la situation que nous vivons aujourd'hui, où le « sociétisme », qui nous est venu de la social-démocratie scandinave, sert de cache-misère à un socialisme qui paraît avoir épuisé sa fécondité. Ce « sociétisme » a complètement détrôné, dans la vision du PS, le socialisme ouvrier, au grand dam des classes populaires, comme nous l'avons vu plus haut.

Votre thèse, celle de la genèse du libéralisme moderne à partir d'un double *phylum* économique et politique, je ne la récuse nullement ; je la trouve historiquement convaincante. Je constate du reste qu'elle n'est en aucune façon contestée par les libéraux eux-mêmes, qui ont toujours présenté libéralisme politique et libéralisme social comme les deux faces, indissociables, d'une même réalité. Ils en tirent une conséquence dont j'ai plusieurs fois discuté avec François Furet, qui y tenait fort : à ses yeux, la société marchande, fondée sur le libre-échange, était la condition de l'essor de la liberté. L'air de la ville, qui est celui du commerce, libère, quand celui de la campagne, qui est celui de l'attachement à la glèbe, se traduit par du servage, sinon de l'esclavage.

Quant à la caractérisation de ce double système, tel que vous le décrivez, par la dominante de ces deux grands principes que sont le Marché et le Droit, elle ne serait pas non plus récusée par les libéraux purs, quitte à se séparer de vous quand il s'agirait d'apprécier les conséquences de cette double domination. J'ai, pour ma part, de la peine à trancher entre la thèse optimiste, celle de Montesquieu, de Mandeville et d'Adam Smith, qui voient dans le « doux commerce » la condition d'épanouissement d'une société policée, et la thèse pessimiste, celle des marxistes, qui voient dans la concurrence non le bien commun, mais au contraire la perspective d'une guerre perpétuelle entre les classes et, aussi, dans la recherche de la domination impérialiste entre les nations. Selon les lieux et les moments, l'une ou l'autre de ces deux thèses me paraît confirmée par la réalité. Je note tout de même que la thèse d'Hilferding et de Lénine, qui voyaient dans la Grande Guerre de 1914-1918 le fruit d'impérialismes économiques rivaux, a perdu beaucoup de terrain, faute de faire la part des passions politiques dans le déclenchement des conflits.

Ce que je voudrais souligner est ce qui suit : quelles que soient leurs origines communes, libéralisme économique et libéralisme politique peuvent bel et bien être dissociés dans la réalité. De ce point de vue, l'exemple de la Chine contemporaine est éclatant, comme pouvait l'être hier celui du Chili de Pinochet : contrairement à la thèse libérale classique, l'établissement du libéralisme économique ne s'étend pas automatiquement au système politique. Les aventures d'Adam Smith au pays de Mao Tsé-toung constituent un des chapitres les plus originaux de la philosophie politique contemporaine.

J'en tire pour ma part une conséquence : celle de l'autonomie du système libéral et démocratique, qui ne saurait, quelles qu'en soient les origines, être considérée comme un sous-produit du libéralisme économique, mais comme un système de valeurs *sui generis*, qui doit être défendu et développé comme tel. Mais si les exemples chinois ou chilien remettent en cause la philosophie politique libérale, qui n'est ni plus ni moins qu'un matérialisme historique, très comparable à celui du marxisme, la thèse inverse, la thèse idéaliste de la gauche, qui postule que le libéralisme politique peut s'épanouir en l'absence de libéralisme économique, demande à son tour à être prouvée. Sauf à considérer les démocraties scandinaves comme un exemple probant de socialisme réalisé – ce à quoi se refusent les gauches radicales – il reste à démontrer, au moins par un exemple historique concret, qu'un socialisme pur et dur peut laisser subsister une société politiquement libre.

J'en conclus une fois pour toutes que la question des libertés ne saurait être soumise à un préalable économique quel qu'il soit, qu'il se nomme libéralisme ou socialisme.

Pour en finir avec cette question du libéralisme, je veux revenir un instant à ce primat croissant de l'individu et de ses exigences sociétales : est-il compatible avec ce que j'appellerai le socialisme de la vie courante ? Ou, plus simplement encore, avec l'exercice de la citoyenneté ? Jamais on ne l'avait autant évoquée ; jamais pourtant elle n'avait joué un rôle aussi faible dans les préoccupations de l'homme ordinaire. Le patriotisme est une notion en voie de disparition, sauf sous ses formes pathologiques : chauvinisme sportif, détestation du supranationalisme européen… À l'ère de l'individualisme, le sentiment d'appartenance a tendance à se replier sur des communautés considérées comme plus naturelles : petites patries, régionalisme, ethnicisme, religions, etc. Il existe aujourd'hui un contraste saisissant entre l'idéologie officielle, qui développe un universalisme sans limites, où toute espèce de discrimination, ou de simple différenciation fondée sur l'origine, le sexe, l'âge, la croyance est considérée comme le mal radical, et l'idéologie vécue qui s'épanouit sans vergogne dans le sectarisme communautaire : l'école, le quartier, l'atelier, le bureau sont organisés de façon de plus en plus tribale : contradiction majeure, dont nous ne tarderons pas à ressentir les effets destructeurs de toute vie sociale et de toute tolérance à l'autre.

Par rapport à ces régressions identitaires, le libéralisme comme doctrine anthropologique est fondé sur l'universalisme, c'est-à-dire le rejet de ce qui divise, et la préférence pour ce qui unit les humains. Fût-ce l'intérêt économique proprement dit. C'est pourquoi je déplore que le vocabulaire courant ait fini de nos jours par l'identifier purement et simplement au néocapitalisme patrimonial qui exerce ses ravages sur la planète.

J'en viens maintenant à cette question de la volonté de puissance, dont certains s'étonneront de la place que nous lui donnons dans un débat consacré aux rapports de la gauche et du peuple. À tort ; car c'est pour avoir négligé, je l'ai déjà dit, la dimension psychologique des problèmes – la question des passions, comme on disait au XVIIe siècle –, que deux siècles plus tard, deux doctrines opposées mais jumelles, le libéralisme et le marxisme, se sont révélées incapables d'interpréter justement les comportements politiques, et le cas échéant, d'en prévenir les dérives. Je passe rapidement sur sa dimension proprement ontologique. Vous vous méfiez de toute invocation de la nature humaine, et je peux le comprendre en pensant à l'usage mystificateur que l'on a souvent fait de cette notion. Je me garderai donc bien d'affirmer sommairement que la volonté de puissance fait partie de la nature humaine, puisque la philosophie contemporaine et les sciences de l'homme ne savent plus très bien ce qu'est cette nature humaine. Aussi bien le mot important dans cette expression n'est-il pas « humaine », mais « nature ». Et s'il est vrai qu'il y a, à l'état rudimentaire, une « politique animale », c'est-à-dire naturelle (cf. Jean-Claude Monod, « Les grands singes, la politique et la parole », *Le Débat*, mai-août 2014, p. 70-77), cette politique est caractérisée chez l'animal supérieur, comme chez l'homme, par des tendances agonistiques, l'agressivité, la compétition, le désir de domination. Certes, il y a aussi des tendances bienveillantes et altruistes dans la politique animale – comme dans la politique humaine ! –, mais force est d'admettre qu'elles ne constituent pas le fondement de cette politique. Quant à vous, plutôt que de qualifier de *naturels* l'égoïsme et la volonté de puissance qui en découle, vous préférez les dire *initiaux*, c'est-à-dire infantiles. Soit. Je me demande pourtant au passage si des penchants initiaux, tels que ceux que l'on remarque chez l'enfant, peuvent être autre chose que *naturels* : c'est-à-dire antérieurs à toute culture, culture sociale, ou bien encore culture de soi-même. Peu m'importe la formulation, dès lors que nous sommes d'accord pour dénoncer la croyance extravagante au pouvoir illimité de la culture pour modeler la nature, dont un certain féminisme offre aujourd'hui des illustrations parfaitement ridicules. Mais avec un optimisme qui m'a impressionné, sinon convaincu, vous affirmez, Orwell à l'appui, que, « passé trente ans », la plupart des êtres humains se révèlent capables de dépasser l'égocentrisme forcené de la jeunesse, qui tend à faire du monde extérieur et des autres êtres humains de simples prolongements du moi. Je ne suis pas assez versé en psychologie de l'enfant ou en psychanalyse pour discuter de cette thèse, qui me paraît valoir essentiellement pour la petite enfance. Mais j'ai beaucoup de mal à admettre que de telles tendances s'effacent vers la trentaine. Une observation empirique me ferait pencher pour la thèse inverse. C'est lorsque l'âge mûr s'annonce que la plupart des êtres humains affichent les plus grandes ambitions, le plus grand cynisme, notamment en termes de pouvoir social. Chateaubriand dit quelque part qu'il y a dans la vie humaine trois âges : celui des plaisirs, qui est le fait de la jeunesse ; celui des pouvoirs, qui est le fait de la maturité ; et celui des vanités, qui caractérise la vieillesse. Cette vision me paraît juste. Aussi ai-je beaucoup de mal à admettre une décroissance de la volonté de puissance sur autrui à partir de la trentaine.

Mais je suis encore plus dubitatif quant au moyen que vous préconisez pour encourager cette dépossessivité : l'éducation. Je me demande, cher Jean-Claude Michéa, si sur ce point vous n'êtes pas en train de céder un peu à ce panculturalisme que vous dénoncez avec tant de verve et de raison chez nos contemporains et nos contemporaines. Il y a là sans doute une constante de la raison républicaine : renvoyer à l'éducation tous les problèmes que l'on est incapable de résoudre par d'autres moyens. Ce que les Anglais attendent du Parlement, les Américains de la libre entreprise et les Chinois du commerce, nous avons tendance, nous autres Français, à le demander à l'École. On peut suivre ce filon tout au long de notre histoire contemporaine, depuis la Révolution française, avec une autre acmé sous la Troisième République. J'entends bien que l'éducation à laquelle vous pensez excède de toutes parts l'institution scolaire proprement dite ; en lecteur de Proudhon, vous êtes convaincu – moi aussi – que toute démocratie est une démopédie. Et je ne sous-estime certes pas la capacité de l'éducation sous toutes ses formes à transformer le regard porté sur les institutions politiques ou sociales et plus généralement sur les mentalités collectives. Quant à modifier la psychologie individuelle, autrement dit les invariants anthropologiques, il y a là un pas que, pour ma part, je ne franchirai pas. Et je ne vois guère quels exemples on pourrait invoquer à l'appui de cette thèse. En tout cas, pas l'École telle que nous la connaissons aujourd'hui en France.

En vérité, je vais y revenir, c'est toute la culture démocratique qui est aujourd'hui à repenser face aux défis de l'époque. Le « refus de parvenir », selon la formule d'Albert Thierry, proche du syndicalisme révolutionnaire, n'est plus à la mode aujourd'hui, où la réussite est donnée en exemple, quelle que soit la manière de l'obtenir. À supposer que je me laisse convaincre par votre enthousiasme pédagogique, vous conviendrez avec moi que les institutions éducatives n'ont de chance de lutter efficacement contre la volonté de puissance qu'à condition d'entrer en guerre ouverte avec la société ambiante et les valeurs qu'elle véhicule. Quel peut être l'effet de la morale dispensée par l'école à l'élève, quand chaque soir la télévision lui prêche le contraire ?

L'amour de la démocratie est, pour paraphraser Vigny, un « amour taciturne et toujours menacé ». À défaut d'héroïsme de la part du citoyen, il requiert, pour être efficace, quelques figures exemplaires qui font aujourd'hui cruellement défaut.

C'est pourquoi, à ce point de la réflexion, vous avez eu raison de parler ici de la morale, ou comme vous préférez dire à la suite de Georges Orwell, de *common decency* populaire.

Afin de ne pas répéter ce qui a déjà été dit, et en faisant l'hypothèse que celle-ci aura pu réussir à subsister face aux assauts de la société de la réussite individuelle et du cynisme, je l'accepte comme hypothèse de départ. La question que je veux poser est la suivante : les principes d'une morale individuelle adaptés aux relations privées peuvent-il s'appliquer à la moralité publique, celle qui doit gérer la vie politique ? Je crains que non. Pour reprendre l'exemple que vous avez utilisé, je ne vais pas en effet établir un contrat écrit, comme le voudrait le système juridique, avec mon voisin qui vient m'emprunter ma perceuse électrique. Ce qui caractérise les relations privées, et qui fait leur douceur, c'est qu'elles sont fondées sur la confiance. Mais si c'est un inconnu qui vient m'emprunter ma perceuse, je serai nécessairement un peu plus circonspect, et lui demanderai pour le moins son adresse et son numéro de téléphone.

Autrement dit, j'ai de la peine à concevoir que le triptyque de Marcel Mauss auquel vous vous référez, donner, recevoir et rendre, puisse s'appliquer tel quel aux relations collectives comme il le fait ou peut le faire quand il s'agit des relations de proximité. Je le vois comme un défi plutôt que comme un modèle ; un instrument de résistance à la doctrine du libéralisme généralisé, qui vise à aligner l'ensemble des relations sociales, publiques et privées, sur le schéma mercantiliste. Il est en effet inacceptable et odieux que les relations politiques, par exemple entre gouvernants et gouvernés, candidats et électeurs, partis et opinion soient commandées par une prétendue loi de l'offre et de la demande généralisée. Une telle loi implique la séparation radicale entre les citoyens et le pouvoir ; une extériorité absolue qui érige le personnel politique en classe autonome, se comportant avec les citoyens comme des marchands de savonnettes parfumées à l'égard des lectrices de magazines féminins.

Le rétablissement d'une moralité publique passe par l'abolition de cette extériorité radicale, qui fait de la politique le domaine d'une caste fermée et défendant des intérêts propres. Comme nous allons le voir, la moralisation de la vie politique passe par sa déprofessionnalisation et sa réappropriation par le peuple.

Parlons donc du présent et du futur. Pour beaucoup de nos modernes docteurs, la question est de savoir à quelles conditions la gauche retrouvera la confiance du peuple. Et la réponse est immuable : à condition qu'elle cesse de trahir ses promesses et ses électeurs, que *la gauche* soit vraiment *de gauche*, que ce soit une gauche de gauche, etc. On connaît la chanson, on ne s'en lasse pas ; on suce le mot comme un bonbon acidulé, on le répète avec emphase, avec satisfaction, avec délices. Au passage, il faudrait bien se demander à quoi correspond cette tendance naturelle à trahir qui serait celle de la social-démocratie depuis ses origines, et qui n'a pas échappé à la vigilance sans défaut de nos docteurs trotskystes. Est-ce une tendance innée, un ADN particulier, une tare originelle ? Il en faut moins aujourd'hui pour se faire condamner par les tribunaux antiracistes qui pullulent sur les décombres de nos idéologies défuntes. Mais à supposer que cela soit vrai, qu'il y ait en somme une nature sociale-démocrate comme il y aurait une nature humaine – je suis sûr que vous n'aimerez pas cette idée –, il resterait à se demander pourquoi le peuple, le peuple tout court qui, lui, est vraiment de gauche, qui est la gauche faite réalité – je n'insiste pas –, pourquoi ce peuple donc choisit invariablement de préférence les prétendus faux derches de la social-démocratie plutôt que ses soi-disant vrais serviteurs, les ex-maoïstes, les toujours trotskystes, les alter ceci et les alter cela, les écolos révolutionnaires, tous les officiers, officiers supérieurs surtout, généraux et maréchaux de cette armée sans troupes que l'on appelle le peuple de gauche ?

À cette redoutable question, à cette question qui est à la philosophie de gauche ce que la preuve ontologique est à la philosophie médiévale, il y a en réalité deux réponses : celle des bobos, qui pensent que le peuple est en train de trahir la gauche, et celle des gogos, qui pensent que la gauche est en train de trahir le peuple.

Les premiers croient que le peuple est raciste parce qu'il est naturellement réactionnaire ; les seconds que ce peuple est continuellement trompé parce qu'il est naturellement trompable. Les premiers pensent qu'il faut se passer du peuple ; les seconds qu'il faut en changer.

Vous voyez, mon cher Michéa, qu'il y a encore beaucoup d'essentialisme dans la philosophie de la gauche moderne ; des gens qui pensent comme ma chère grand-mère que « les sortes sont les sortes » et que les corbeaux ne font pas des canaris. S'il en est ainsi, si réformisme et révolution sont des invariants inscrits dans les gènes individuels, on peut à la rigueur se rassurer sur le sort des réformistes dans les sociétés réformistes, car il y aura toujours des réformes à y effectuer, mais il y a du souci à se faire pour les révolutionnaires dans les sociétés post-révolutionnaires, où il n'y aura plus de révolution à préparer. Nous laisserons donc les docteurs réformistes et les docteurs révolutionnaires à leurs *disputationes*, pour nous poser la seule question qui vaille : à quelles conditions le peuple pourra-t-il se débarrasser des uns et des autres pour prendre lui-même ses affaires en mains ?

C'est là un point de vue qui ne plaira ni à la droite ni à la gauche ; car au-delà de leurs chamailleries, l'une et l'autre sont d'accord sur un point essentiel, antérieur à tout débat, et qu'elles se gardent bien d'évoquer jamais : qu'en tout état de cause, c'est à elles et à elles seules qu'il appartient de régler les affaires du peuple. Tel est le fondement de la démocratie représentative, qu'il vaudrait mieux appeler substitutive, puisque l'effet, sinon le but de l'élection est de substituer au peuple ses représentants, et pour mieux dire, d'escamoter proprement celui-ci. De Hobbes jusqu'aux théoriciens de la République troisième du nom, en passant par Sieyès, règne l'unanimité pour dire que l'acte par lequel le peuple se choisit des représentants est celui-là même par lequel il s'engage à ne plus mot dire jusqu'à la prochaine consultation générale : souveraineté limitée à une journée tous les cinq ans…

Le système représentatif est une fiction qui confisque la souveraineté populaire au projet de la classe politique ; grâce à lui, cette dernière se constitue en caste autonome. De service public qu'elles étaient au départ, les fonctions électives se transforment en profession fermée et réglementée, comme les huissiers, les notaires et les chauffeurs de taxi. Il y règne une certaine concurrence interne, mais dans la limite des privilèges qui lui permettent de subsister. « Il y a moins de différence, écrit Robert de Jouvenel dans *La République des camarades*, entre deux députés dont l'un est révolutionnaire et l'autre ne l'est pas, qu'entre deux révolutionnaires dont l'un est député et l'autre ne l'est pas. » Longtemps ce système a été toléré par la population comme un pis-aller. Faute de moyens d'expression autonomes et universels, les citoyens ont accepté d'être représentés. Aujourd'hui où les moyens de communication permettent de se déplacer aisément, où Internet offre à chacun la possibilité de s'exprimer et où les enquêtes d'opinion par sondage disent jour après jour l'état d'esprit des populations, le système représentatif est perçu comme un archaïsme. Il suscite moins l'hostilité que l'indifférence. Il persuade l'ensemble des citoyens que la politique est redevenue, comme sous l'Ancien Régime, un monde auquel ils n'ont pas accès. N'est-il pas frappant que la classe politique, c'est-à-dire l'ensemble des individus réellement susceptibles d'être élus et d'exercer des fonctions gouvernementales, n'ait guère augmenté en nombre depuis l'époque de la monarchie censitaire (1815-1848) ? Au maximum, une centaine de milliers de personnes sur une population de 65 millions d'habitants.

Ce divorce entre les électeurs et les élus, entre les gouvernés et les gouvernants, personne aujourd'hui ne le conteste ; son existence menace la démocratie, qui est fondée sur la confiance. Cette crise est si grave qu'elle transcende les clivages ordinaires entre la gauche et la droite, entre les salariés et les possédants.

Avec un mélange indéfinissable de naïveté et de rouerie, les professionnels de la politique s'accordent, toutes opinions confondues, pour désigner un coupable : c'est le système présidentiel ! C'est lui qui, en organisant le face-à-face direct entre le chef de l'État et la nation, court-circuite les intermédiaires et dépouille le Parlement de ses prérogatives. Tous donc s'accordent à penser qu'il faut, pour « rééquilibrer le système », revaloriser le Parlement, « instiller » une dose de proportionnel dans les scrutins législatifs, et autres emplâtres pour jambe de bois. En un mot, revenir à la IVe République, véritable âge d'or de la profession politique, ses rituels, ses hypothèques que l'on lève, ses « majorités d'idées » à la Edgar Faure, ses gouvernements semestriels qui entretiennent en permanence dans la gent politique l'espoir pour chacun de devenir prochainement ministre.

Qui ne voit pas, s'il consent à prendre un peu de recul, que le remède serait pire que le mal ? Que le fameux fossé entre le peuple et la représentation nationale deviendrait un canyon ? N'est-il pas évident que le seul moment où le peuple se passionne pour les jeux de la gent politicienne, c'est l'élection présidentielle ? Ne serait-ce que parce qu'il a le sentiment d'être pour une fois l'arbitre et même le maître du jeu. Alors qu'au contraire, quand il élit des députés, il ne sait pas du tout quelle formule, quelle majorité, quelles alliances sortiront des urnes. L'élection présidentielle vaut par sa simplicité : j'indique, par un simple carré de papier, le nom de celui que je veux voir à l'Élysée. Le seul autre scrutin qui intéresse autant les foules, c'est le scrutin municipal, car le maire, c'est le Président à l'échelle de la commune.

— Mais le Président a trop de pouvoirs !

Écoutez : depuis un demi-siècle que je m'intéresse à la chose politique, je n'ai pas entendu une fois – vous entendez, pas une fois – un citoyen quelconque se plaindre de cet excès de pouvoir. J'entends plus souvent dire que le Président ne fait rien, autrement dit qu'il ne se sert pas de ses pouvoirs. C'est donc à peu près l'inverse. Et quand quelque chose ne va pas, ce n'est pas au député que l'on s'adresse, mais au Président lui-même. La Ve était à peine installée que les ouvriers se mirent à défiler – à l'époque, c'était les ouvriers qui revendiquaient, non pas les notaires et les dentistes – aux cris de « Charlot ! des sous ! »

J'entends bien qu'il s'agit là d'une conception un peu primaire de la démocratie, pour ne pas dire magique. Je l'entends. Mais au moins, que l'on ne me dise pas que le peuple se languit après le rétablissement du système parlementaire. Au contraire. Entre la démocratie gouvernée du passé et la démocratie gouvernante (Georges Burdeau) de l'avenir, le système présidentiel constitue comme une transition.

Il ne faut donc pas être dupe. Lorsque la classe politique, pour une fois à peu près unanime, demande une « VIe République », c'est le retour au système parlementaire qu'elle réclame, c'est-à-dire le rétablissement intégral de ses privilèges.

C'est pourquoi, si l'on veut que le peuple retrouve sa place dans le système politique, il est nécessaire, il est inévitable de relativiser la place de l'élection dans la démocratie. C'est tardivement que la démocratie s'est identifiée et s'est réduite au système de l'élection. Or, celui-ci a été tenu, au cours de l'Histoire, comme constitutif non de la démocratie mais de l'aristocratie. Celle-ci est le gouvernement des meilleurs, celle-là le gouvernement de n'importe lequel. Il est démocratique que les magistratures soient attribuées par le sort, et oligarchique qu'elles soient électives. Montesquieu ne dit pas autre chose : « Le suffrage par le sort est de la nature de la démocratie. Le suffrage par le choix est celle de l'aristocratie. » Dans le meilleur des cas, le choix, c'est-à-dire l'élection, est censé désigner les meilleurs du point de vue du mérite ou du dévouement. Aujourd'hui, il désigne le plus riche, le plus intrigant ou le plus démagogue. Cette désignation se fait en deux étapes. La première est de se faire accepter et reconnaître comme membre de la classe politique ; car c'est celle-ci qui dispose de fait du monopole de la candidature aux fonctions électives ; la seconde est de se faire désigner au sein de cette classe à une candidature particulière.

Il y aurait un moyen radical d'abolir ce monopole : ce serait d'abolir la candidature elle-même ! Celle-ci a souvent été assimilée à la brigue, c'est-à-dire à l'utilisation de moyens frauduleux pour s'assurer du suffrage des électeurs : distribution d'argent, de faveurs, de promesses. C'est toute l'ambiguïté de la notion de promesse électorale. Dans sa version noble, elle désigne l'engagement du candidat à s'orienter d'une certaine façon, de privilégier telle ou telle voie. C'est un contrat moral. Dans la pratique, elle est devenue un marché : votez pour moi, je vous donnerai en retour l'avantage que voici. La réduction de la politique à un marchandage dont chacun attend un avantage particulier est un avilissement de la chose publique, qui devrait être dominée par l'intérêt général. Aujourd'hui, tout candidat s'adresse à une clientèle propre et lui promet en échange de son vote des avantages particuliers. Dans le système électif issu pour partie du droit ecclésiastique, il n'était pas permis, par exemple pour l'élection du père abbé d'un monastère, de se porter candidat. C'est l'assemblée elle-même qui était censée, dans sa sagesse, distinguer et désigner le meilleur.

Pendant la plus grande partie de la Révolution française, comme l'a montré Patrick Gueniffey[1], les élections se sont faites sans candidat. Même chose dans un certain nombre de *caucus* américains au XIXe siècle. L'inconvénient du système, outre une très grande dispersion des voix, c'est que l'élu n'est pas censé défendre un programme. Il n'est désigné que sur sa bonne mine et sa bonne réputation.

Il est donc malheureusement impossible d'échapper au système de la candidature et du monopole de désignation des candidats par des institutions formées à cet effet que l'on appelle les partis politiques. C'est donc le système électif lui-même qui est responsable de la constitution d'un personnel spécialisé, recruté exclusivement dans une caste séparée.

« La longue progression de la décision majoritaire et du vote secret, écrit Olivier Christin en conclusion de son livre[2], a bien produit des effets spécifiques d'autonomisation d'une sphère de la politique, de formation d'une classe d'agents dont c'est la profession que d'y agir, d'accélération de la construction d'une volonté collective, mais aussi d'atomisation des citoyens et de désengagement, de défiance à l'égard de la classe politique et de désillusion, qui ne sont ni incompréhensibles, ni inévitables. »

Alors, que faire ? Comment détruire le monopole de la classe politique ?

L'opinion est parfaitement consciente de la dérive du système électif et de la confiscation du vote par le tri sélectif opéré par les partis. C'est elle qui a imposé à la droite comme à la gauche le système des primaires, qui vise à réintroduire le peuple, c'est-à-dire un personnel non spécialisé, dans la sélection des candidatures. Pour le moment, cette procédure n'a pas changé grand-chose, car ces primaires sont organisées par les partis eux-mêmes. À plusieurs reprises, ce suffrage semi-universel a pourtant désigné des

1. *Le Nombre et la raison. La Révolution française et les élections*, EHESS, 1993.

2. *Vox Populi, une histoire du vote avant le suffrage universel*, Seuil, 2014.

personnalités qui n'étaient pas les favoris des partis, Ségolène Royal au lieu de Dominique Strauss-Kahn en 2007, François Hollande au lieu de Martine Aubry en 2012.

Mais le système ne pourra donner de résultats tangibles que le jour où les primaires seront organisées à l'écart des partis et effectivement ouvertes à des personnalités non encartées.

La deuxième mesure, complémentaire de la précédente, c'est le retour aux origines de la démocratie athénienne, c'est-à-dire le recours au tirage au sort. Entendons-nous : je ne suis pas en train de proposer la désignation du président de la République par tirage stochastique parmi les citoyens inscrits sur les listes électorales, ni le recrutement des pilotes de ligne parmi les ivrognes de village. Les Grecs eux-mêmes connaissaient ce que nous appelons des listes d'aptitude. C'est ainsi que les archontes, qui étaient désignés par le sort, furent rapidement doublés par des stratèges, c'est-à-dire des chefs militaires qui relevaient de l'élection. D'une manière générale, la démocratie grecque organisait le plus souvent des systèmes mixtes, combinant le sort et le suffrage. Il existe aujourd'hui dans nos sociétés une multitude de fonctions collectives où le recours au tirage au sort parmi des volontaires permettrait de redonner au peuple le sentiment qu'il participe ou peut participer au gouvernement de la cité.

En attendant, la mesure la plus facile à prendre pour déprofessionnaliser la fonction politique est la non-rééligibilité des élus. Car c'est la rééligibilité indéfinie des mêmes hommes qui leur permet de se constituer en caste politique fermée, détentrice de la volonté populaire à titre viager. À la rigueur, et pour ne pas se priver à jamais d'un talent exceptionnel qui se serait révélé au cours de son mandat, je consens que l'on puisse se représenter après un ou deux mandats de viduité politique. Le but, c'est d'éviter à tout prix la continuité du mandat et par conséquent la formation d'une profession politique. Parmi les hommes et les femmes politiques français d'aujourd'hui, la plupart n'ont pas connu, à la sortie de Sciences-Po et de l'ENA, d'autre activité que politicienne, depuis les cabinets ministériels et la fonction d'attaché parlementaire, en attendant le premier mandat électif qui consacre l'entrée officielle dans la « carrière ». La plupart entrent dans cette carrière alors que leurs aînés y sont encore, mais la continuité est assurée, la consanguinité aussi.

— Mais la compétence ? L'expérience ? Vous faites bon marché des risques inhérents à des assemblées novices et livrées aux manipulations des technocrates et de fonctionnaires !

Je réponds que je ne crains rien de tout cela. L'expérience est, en politique, le nom que l'on donne au conservatisme et à la préservation des privilèges. Les Assemblées dont on se souvient, celles qui ont fait la France, qui ont fait avancer la justice, étaient composées de gens neufs et sans expérience politique, mais munis le plus souvent d'un bagage professionnel acquis ailleurs : ainsi les constituantes de 1789, de 1848, de 1946, élues à la suite d'une révolution ou d'un bouleversement radical, comme celui qui a suivi la libération de la France.

Il est en effet un non-dit qui sous-tend et qui détermine l'univers politique dans son ensemble : c'est que la politique ne peut être faite que par un personnel spécialisé. Tous, conservateurs, réformistes ou révolutionnaires ; démocrates, bonapartistes, fascistes ou maoïstes sont d'accord, sans le dire, sur cette loi constitutive du monde moderne, antérieure à toute autre distinction : l'existence d'un corps séparé de politiciens professionnels. Si l'on se garde bien de le dire, c'est que cette règle absolue, appliquée absolument, est la négation même de cette autre règle, celle-là avouée, proclamée, ressassée et complètement bafouée : la démocratie, c'est-à-dire le gouvernement du peuple par lui-même. Entre les deux, il faut choisir, et la caste qui nous gouverne a choisi, une fois pour toutes, la première règle au détriment de la seconde. Le système électoral, cette vache sacrée de la démocratie représentative, n'a pas d'autre but que de faire entériner périodiquement par le peuple son dessaisissement définitif au profit de la classe politique ; accessoirement, le scrutin donne aussi la clé de répartition des sièges entre ces lobbys professionnels et concurrents que l'on appelle les partis, et qui ont pour unique objectif l'accaparement du pouvoir à leur profit exclusif.

Pourquoi, en définitive, toutes les révolutions du XXe siècle ont-elles échoué, pour terminer dans la dictature et dans le sang ? Parce que toutes, sans exception, ont eu pour règle la dévolution définitive du pouvoir aux mains de ceux qui les avaient accomplies. En Russie, en Chine, à Cuba, au Cambodge, mais aussi en Algérie et en Afrique du Sud, les révolutionnaires, une fois le pouvoir conquis, s'en sont considérés comme les propriétaires à titre définitif. Les moyens pour le conserver sont variés : ils vont des élections truquées à la dictature pure et simple, mais le résultat est identique : le monopole du pouvoir, sans même le moindre contrôle populaire par le parti vainqueur, constitués de professionnels de la politique.

Lénine dans *Que faire ?* a du reste théorisé ce principe, qui est lui-même au fondement du totalitarisme : la politique ne saurait être l'affaire que de révolutionnaires professionnels, fussent-ils d'origine bourgeoise : leur prééminence absolue sur les organisations de masse, soupçonnées non sans raison d'une tendance irrésistible au réformisme (le trade-unionisme), est la loi fondamentale du régime : antidémocratique, totalitaire, héréditaire. Comme l'a très bien montré Makhaïski, le marxisme-léninisme n'est nullement, même à l'origine, une doctrine du pouvoir populaire et prolétarien : il est l'idéologie de classe des intellectuels et de la bureaucratie.

Il est tout de même extraordinaire, quand on y pense, que l'ensemble du mouvement révolutionnaire, qui se réduit si facilement à l'abolition de la propriété privée des instruments de production et à l'expropriation de ses détenteurs, quels qu'en soient les inconvénients, n'ait jamais réclamé l'expropriation des instruments de gouvernement. Les plus radicaux et les plus monstrueusement fous de ces révolutionnaires ont bien pu mettre en œuvre la dépropriation absolue de la famille, du nom, de toutes les formes de l'identité personnelle, ils n'ont pas estimé un seul instant qu'une telle dépropriation puisse s'appliquer à la fonction politique et à ses détenteurs. La propriété privée des instruments de gouvernement reste le seul invariant de tous les régimes politiques sans exception. Voilà qui donne raison à l'anarchisme.

Pour revenir à nos démocraties représentatives bourgeoises, dans lesquelles la dictature de la classe politique est tout de même beaucoup plus souple à cause de la persistance du pluralisme en son sein, elle n'en fonctionne pas moins selon les mêmes principes. C'est pourquoi la non-rééligibilité des élus devrait devenir la première exigence de tous les partisans sincères et non hypocrites de la démocratie.

Ainsi, à la dictature de la classe politique tout entière, on ne peut opposer que le pouvoir du peuple tout entier.

Pourquoi ? Parce que la politique selon la lutte des classes a échoué. Parce qu'elle n'est ni possible, ni souhaitable. Parce que ceux qui ont prétendu l'exercer n'ont jamais été capables que de famines et de massacres. Parce qu'elle n'est guidée que par une seule idée : celle de l'extermination. Toujours la logique hégélienne : il faut dépasser les contradictions de la réalité afin de parvenir à une réalité supérieure. Donc, plus de classes antagonistes. Plus de bourgeoisie exploiteuse. Plus de prolétariat exploité. À leur place, un peuple nouveau, venu de nulle part, sans racines, sans histoire, sans spécification. Un peuple sans qualités, homogène et transparent. Lorsque Staline, à la fin des années 1920, décida d'en finir avec la paysannerie, qui a toujours opposé une résistance spontanée et en quelque sorte naturelle à l'homogénéisation de la société, il la baptisa « koulak » et proclama la dékoulakisation de la société soviétique. L'abolition logique d'une classe non conforme précède l'extermination physique de ceux qui la composent. Tout le système polpotien n'est que l'extension à la société tout entière de la logique stalinienne.

Nous n'en sommes plus ici à ces extrémités. Les courants politiques ou sociaux qui se réclament de la lutte des classes, comme par exemple la CGT, se gardent bien d'en prolonger la logique dans une vision gouvernementale. Autrement dit, ils ne réclament plus la disparition de la classe adverse. C'est en 1973, au Congrès de Grenoble, que la CGT a renoncé à l'objectif de l'abolition du salariat et du patronat. Il est vrai que cette formule, héritée de l'anarcho-syndicalisme, renvoyait à une philosophie plus libertaire que dirigiste, plus proudhonienne que marxiste. De sorte que la lutte des classes sans la perspective de l'abolition des classes, la lutte des classes comme dernier marqueur marxiste, débouche sur une vision intégralement conservatrice de la société. Au nom de la lutte contre le chômage, un tel syndicalisme milite désormais, non plus contre l'abolition, mais au contraire pour la sauvegarde du salariat. Désormais, dans les syndicats, le choix n'est plus entre une vision révolutionnaire et une vision réformiste, mais entre une vision réformiste et une vision conservatrice du devenir de la société capitaliste. On s'est longtemps demandé qui de la CGT ou de la CFDT l'emporterait, eh bien ! c'est Force Ouvrière qui a triomphé. C'est-à-dire la lutte des classes conservatrice. Et comme le rapport des forces, tant national qu'international, est en défaveur du travail au profit du capital, cette vision accumule les échecs. Les syndicats sont incapables de s'opposer aux licenciements ou de restaurer la part du travail dans la répartition du produit industriel et commercial. Et comme ils ont renoncé à articuler la moindre proposition positive, par incapacité structurelle ou par crainte de passer pour réformistes, leur action est devenue purement illusoire, et, sauf colère passagère, ils perdent toute force mobilisatrice, tandis que leurs effectifs fondent un peu plus chaque jour.

La gauche n'est plus que la forme politique de cette impuissance. Ou bien elle gouverne, façon Hollande, et elle limite son ambition à la restauration de la capacité productive du capitalisme français, gravement affaibli face à la concurrence étrangère ; ou bien elle s'oppose systématiquement, façon Mélenchon, et elle n'est plus qu'une caricature, un disque rayé ressassant les refrains du passé. Comment s'étonner dans ces conditions que le peuple se détourne de cette gesticulation et lui préfère les vieilles consolations du nationalisme ?

Telle quelle, cette situation est sans issue. Sans reconstitution de l'alliance, telle qu'elle a existé au XIXe siècle avec des limites et des éclipses, entre les couches populaires et la bourgeoisie démocrate, il est à craindre que la toute-puissance du néocapitalisme ne cesse de s'affirmer.

Vous voyez, cher Jean-Claude Michéa, que j'ai évité à dessein l'expression convenue de bourgeoisie progressiste. Pas seulement pour vous êtes agréable, mais parce que le progrès n'est plus, s'il le fut jamais, l'apanage de cette bourgeoisie. Considérés sous l'angle technologique et économique, la bourgeoisie patrimoniale et ses alliés dans les couches intellectuelles supérieures sont sans conteste progressistes. Et c'est au contraire de la bourgeoisie bobo, celle qui vote volontiers écolo, qu'émanent les critiques les plus fortes à l'égard de la spirale sans fin du progrès économique et de la croissance.

Mais la base intellectuelle d'une telle alliance reste inchangée. Il s'agit :

— de rétablir la part des salaires, qui n'a cessé de baisser, dans la composition du capital ;

— de maîtriser, grâce au contrôle du crédit, un capitalisme financier devenu fou, ivre de sa puissance, et férocement irresponsable ;

— de restaurer la dignité du travail, complètement avili et mercantilisé par le système capitaliste et productiviste.

Sur le premier point, je ne m'attarderai pas, car la bataille pour les salaires, capitale pour lutter contre la surexploitation et faire reculer le chômage, est une affaire simple et toute d'exécution. Face à un capitalisme mondialisé, les travailleurs et leurs organisations en sont restés au XIXe siècle. Ils gesticulent contre les délocalisations et la concurrence de la main-d'œuvre à bon marché venue d'ailleurs, alors qu'il s'agit pour eux de s'organiser et d'opposer des réponses communes. La finance internationale a su donner l'exemple en dépassant les frontières ; les travailleurs et leurs syndicats sont restés étroitement nationalistes. Je n'irai pas jusqu'à dire qu'ils n'ont pas volé ce qui leur arrive, mais enfin… Au XIXe siècle et au début du XXe siècle, l'internationalisme était le fait des ouvriers et le provincialisme celui des patrons, au moins en France. C'est aujourd'hui l'inverse : le mouvement ouvrier et socialiste devrait avoir honte de son provincialisme petit-bourgeois et de son étroitesse de vue.

Le deuxième objectif de la nouvelle alliance dont nous avons besoin, c'est le contrôle du crédit. Ce n'est pas nouveau : Saint-Simon, Marx et surtout Proudhon ont bien vu que la base de la toute-puissance du capitalisme, le fondement dernier de son exorbitance, c'est le monopole exercé par les banques sur le capital disponible. Un des signes les plus infaillibles de cette exorbitance, c'est la domination absolue du capitalisme financier sur le capitalisme industriel. Depuis la crise de 2008, un capitalisme de casino complètement dévoyé, incapable de se maîtriser lui-même, menace à tout moment de faire exploser la planète économique plus sûrement que le pouvoir nucléaire peut faire exploser la planète géographique. Le retour d'un capitalisme que l'on avait pu croire en voie de civilisation à travers le New Deal aux États-Unis, le compromis rhénan en Allemagne, la planification indicative et les Trente Glorieuses en France, le retour de ce capitalisme à sa sauvagerie primitive, à son asocialité originaire, est le grand fait de la période ouverte par l'effondrement du communisme en 1989. Il est allé de pair avec l'explosion du pouvoir des banques, l'accaparement sans précédent des fruits du travail humain par une poignée de banquiers et de spéculateurs à l'échelle internationale.

La nationalisation de tout ou partie du crédit n'est pas une démarche à proprement parler socialiste ; c'est véritablement une mesure de salut public, dont l'Internationale socialiste, si elle existait, devrait faire son objectif prioritaire. Elle serait une première étape vers une réappropriation du travail par le travailleur, et plus généralement de l'activité économique par l'humanité elle-même. C'est en ce sens que l'idée de Proudhon d'une Banque du peuple pour démocratiser le crédit est une idée d'avenir, que l'on retrouve aujourd'hui dans toutes les tentatives de microcrédit qui se font jour à travers le monde. Il n'est pas vrai que celui-ci soit condamné à aller vers de plus en plus de gigantisme dans les entreprises. Il n'est pas vrai que le grossissement indéfini de l'échelle produise des économies d'échelle. Dans bien des domaines, c'est le contraire qui est vrai.

Sur un plan anthropologique enfin, il n'est pas tolérable qu'au moment où nous sommes en train de passer en politique, par étapes successives, du stade hétérocratique au stade homocratique, ou, si l'on préfère, de la société gouvernée à la société gouvernante, un mouvement inverse s'affirme dans le domaine économique, privant les individus de leur liberté d'action et de toute joie dans le travail, au profit de quelques autocrates ivres de leur puissance et dispensés de rendre des comptes. Certes, le système industriel et capitaliste est en train, grâce à une productivité sans précédent dans l'histoire de l'humanité, de libérer l'homme des contraintes élémentaires de la faim, de la soif, de certaines maladies. On ne peut ni l'oublier ni refuser d'en tenir compte. Mais il a privé le travailleur de toute joie, de toute création dans son travail. La machine devait libérer l'homme de la malédiction divine, celle du travail forcé. Il l'a désormais reconstituée.

De machine à produire des biens, le capitalisme est devenu une machine à produire et à reproduire de l'argent pour ses maîtres. Ce faisant, il avilit tout ce qu'il touche. Le grand connaisseur du football que vous êtes, l'auteur inspiré de l'admirable essai *Le plus beau but était une passe* (Climats, 2014), sait à quoi s'en tenir : la beauté du jeu, la dimension ludique du foot, est en train de disparaître au profit de l'obsession du résultat, qui est au sport ce que le profit monétaire est l'activité économique : une inversion de la finalité, une perversion radicale. En quelques années, le rugby, qui a toujours eu mes préférences, à cause de son provincialisme longtemps préservé, de son parochialisme, comme disent les Anglais, est en train de suivre la même voie. Et Boudjellal est en train de faire de Toulon ce que le Qatar a fait du PSG : un ramassis de mercenaires sans âme, dominé par l'appât du gain et l'obsession maladive du résultat.

De cette domination absolue de l'argent sur l'esprit, le journalisme en France donne un autre éclatant exemple. En quelques années, les journaux les plus réputés pour leur qualité et pour leur indépendance sont devenus des machines chaotiques où les patrons de presse les plus inventifs, les plumes les plus réputées sont ballotés comme des coquilles de noix sur la mer démontée de la rentabilité financière. Dire qu'il y a peu encore, on se gargarisait de l'insolente tyrannie de quelques patrons à la Prouvost, ou du célèbre Comité des forges, sur la presse française de l'entre-deux-guerres ! Mais ces tyranneaux du passé ne sont que des agneaux au regard de la domination absolue qu'exerce aujourd'hui l'argent carnassier sur les entreprises de presse.

On pourrait multiplier les exemples. C'est inutile. Ce que j'ai voulu suggérer, cher Michéa, et je suis sûr que sur ce point nous tomberons aisément d'accord, c'est que la lutte contre le pouvoir de la finance n'a plus, comme aux temps héroïques qui ne tarderont pas à passer comme l'âge d'or de la lutte des classes, pour seul enjeu le social, mais désormais le moral.

Je m'explique. La lutte des classes à l'ancienne était censée opposer deux camps, celui du capital et celui du travail, pour le partage de la plus-value dans le court terme, pour la dévolution du pouvoir politique dans le long terme. Même si elle n'a jamais fonctionné dans la réalité comme le prévoyaient les textes canoniques, elle a été longtemps l'explication la moins substituable de la dynamique sociale. Tel n'est plus le cas aujourd'hui.

En revanche, l'irruption du néocapitalisme patrimonial et actionnarial a déclenché depuis une vingtaine d'années une véritable crise dans la civilisation, dont toutes les valeurs sont bafouées. Jamais le caractère révolutionnaire, au sens destructeur du terme, du capitalisme n'avait été aussi prononcé, au moment même où toutes solutions alternatives paraissent exclues. C'est en cela qu'il s'agit, au-delà du social et même du politique, d'une crise morale, ressentie comme telle dans toutes les couches de la société, hormis une couche dirigeante de plus en plus mince et de plus en plus coupée du reste de la population.

C'est pourquoi une nouvelle alliance est possible ; c'est pourquoi une nouvelle alliance est nécessaire, au-delà de la division classique des camps. Elle est comme le Tiers-État décrit par Sieyès à la veille de la Révolution française : elle peut englober l'immense majorité de la population. La prochaine révolution, comme toute révolution authentique, sera donc le fait du peuple tout entier. Elle est à terme inévitable. Je pense tout à coup à ce dernier mot de Georges Sorel, compagnon de route du syndicalisme révolutionnaire, en post-scriptum à ses *Réflexions sur la violence* :

« Je ne suis qu'un vieillard, dont l'existence est à la merci de minimes accidents ; mais puissé-je, avant de descendre dans la tombe, voir humilier les orgueilleuses démocraties bourgeoises, aujourd'hui cyniquement triomphantes ! » (« Pour Lénine », 1919.)

Je m'aperçois qu'au terme de cette lettre, déjà trop longue (mais vous avez votre part de responsabilité là-dedans !), j'ai beaucoup parlé du peuple, et bien peu de la gauche. C'est, d'une certaine manière, vous rendre les armes. Mais j'avais prévu d'emblée qu'il en serait ainsi, dès lors que nous nous rapprocherions de l'actualité. En demandant que l'on fasse à la gauche sa part, j'ai plaidé pour une idée, non pour un parti. Et tenez : en tant que parti, ou que partis, je suis convaincu que la gauche va disparaître. Je suis convaincu qu'en tant que parti, il faut qu'elle disparaisse. Non seulement parce que les partis sont mauvais conducteurs de la volonté générale, mais parce qu'ils l'empêchent de se former ou de s'exprimer.

Qu'ils soient étendus, comme cette grande cohue que l'on appelle le Parti socialiste, ou restreints, comme ces avortons querelleurs qui l'entourent, petits rémoras à la remorque du gros poisson, ils sont désormais incapables d'aider le peuple à inventer sa voie. Mais je ne renonce pas à appeler « gauche » le rassemblement populaire qui, tôt ou tard, s'imposera. L'habitude ? Pas seulement.

Il faut que le mouvement brownien qui agite la société trouve à la fin un fil conducteur. À défaut de parti, il faut un point de ralliement. Ou si l'on préfère, un « grand récit » qui replace le mouvement dans une continuité historique. Ou encore, au sens de Georges Sorel, un mythe, c'est-à-dire une représentation collective qui organise les actions surgissant plus ou moins spontanément du sein de la société. Du fait de l'inconsistance de son être empirique, la gauche est désormais un mythe disponible. Elle demeure un imaginaire incontournable, inscrit dans le subconscient des citoyens. Pas plus, mais pas moins.

Croyez, cher Jean-Claude Michéa, à tout le plaisir que j'ai eu à dialoguer avec vous.

VINGT THÈSES POUR REPARTIR DU PIED GAUCHE[1]

LA RÉVOLUTION CAPITALISTE ET LES TÂCHES NOUVELLES DU SOCIALISME

Je dois commencer par un mot personnel. La publication dans *Libération* du 18 janvier 2010 de ces « Vingt thèses pour repartir du pied gauche » provoqua chez mes amis et mes lecteurs habituels un mouvement de surprise, c'est le moins que l'on puisse dire. En paraissant donner congé à la deuxième gauche, à laquelle j'avais depuis si longtemps appartenu et collaboré, n'étais-je pas en train de brûler tout ce que j'avais adoré ? Pis que cela : de donner raison à tous ceux que j'avais jadis combattus ?

Je prétends qu'il n'en est rien. Je dirai plus loin ce que nous devons, qui est considérable, à ce courant minoritaire, mais ancien, dont les origines remontent à la Révolution française, et qui, dans une période récente, a empêché la gauche tout entière de crever de décrépitude et de reniements. Mais quand le monde change en profondeur, qu'il bascule sur son axe au point d'en devenir méconnaissable, malheur aux courants de pensée qui ne changent pas et qui tricotent inlassablement leurs certitudes révolues ! Si l'esprit d'orthodoxie avait à son tour gagné la deuxième gauche, qui se recommanda longtemps par son non-conformisme, alors c'était la preuve qu'il était temps de se révolter. J'ai appris de Marx qu'il n'est pas de doctrine qui tienne, en dehors de l'analyse du réel et de

1. *Pour repartir du pied gauche*, Flammarion-Libération, 2010, p. 7-46.

son changement ; j'ai appris de Péguy que toute révolution consiste dans l'appel d'une tradition dégradée à une tradition plus haute ; j'ai appris de Mounier qu'en toutes circonstances, l'événement sera notre maître intérieur.

I

Cette révolution, où était-elle ? Dans ce fait massif que le capitalisme avait plus changé au cours des deux dernières décennies qu'il ne l'avait fait depuis le XIXe siècle. Il retrouvait cette audace sauvage, cette absence de scrupules, cet irrespect de l'ordre établi qui a fait de lui, aux dires de ses critiques les plus virulents – Marx, encore –, le ferment révolutionnaire le plus authentique du monde moderne, au point de ne laisser au mouvement ouvrier que des miettes. Dans les lointaines banlieues de la modernité, en Russie au début du XXe siècle, plus tard en Chine, le socialisme, une fois dépouillé de ses oripeaux humanitaires, n'était plus que la forme étatisée du grand mouvement qu'il prétendait abattre.

En quoi le capitalisme a-t-il changé ? Nous avons connu, au temps des Trente Glorieuses et du gaullisme triomphant, un capitalisme à visage humain ; comme si la guerre avait fait reculer la lutte des classes devant une lutte de civilisations, celle qui avait opposé le nazisme à la démocratie occidentale. Un nouvel ordre des choses s'était mis en place à la faveur de cet affrontement ; à jouer les maîtres du charbon et de l'acier, la guerre avait mis un peu de plomb dans les cervelles. Il en résulta, portée par la planification, une certaine idée de l'intérêt général, qui pouvait, au-delà des conflits classiques, réunir les forces vives de la nation. Ce fut l'ère des « managers » (Burnham), qui succédait à celle du patronat classique. La plupart n'étaient pas propriétaires de leur entreprise, et l'on n'avait pas encore inventé les bonus. Beaucoup étaient, comme on disait, de « grands commis de l'État », qui acceptaient le principe de la négociation tripartite avec l'État lui-même et les syndicats ouvriers. L'objet de ces négociations était moins la planification de la production industrielle que la concertation sociale, qui permettait une politique des revenus, c'est-à-dire une certaine répartition des fruits de la croissance. Nous étions dans le cadre d'une espèce de lutte de classes réformiste, dans laquelle chacun trouvait un avantage sans renoncer à son identité.

Tel fut, selon des formes diverses qui ont varié, notamment de l'Allemagne à la France, ce que l'on a appelé le capitalisme rhénan (Michel Albert) : avec, en Allemagne, l'accent mis sur la cogestion ; en France sur le rôle de l'État à travers les services publics.

Cette embellie dans la civilisation industrielle était, on l'a dit, le fruit de la Deuxième Guerre mondiale et de la menace qu'elle avait fait peser sur la civilisation tout court. Il n'est pas certain que les forces capitalistes aient accepté d'enthousiasme le cours des choses, et l'espèce d'humanisme socialiste qui imprégnait alors l'atmosphère. Ce fut de nouveau un événement extérieur qui changea la donne : l'écroulement du socialisme soviétique. L'imposture qu'il représentait, la barbarie qu'il développait ne sont plus à démontrer. C'est pour faire face à cette menace que l'Europe de Schuman et d'Adenauer fut lancée ; une Europe qui était, elle aussi, au chapitre de l'économie, le fruit d'un compromis entre le capital et le travail.

La guerre froide n'eut donc pas que des inconvénients : elle assura la cohésion politique de l'Occident et la cohésion économique de l'Europe. Elle obligea les grands protagonistes à des attitudes responsables : les États-Unis et l'Union soviétique sur le plan diplomatique et militaire ; le capitalisme et le socialisme européens sur le plan économique et social.

C'est cet équilibre de la terreur qui fut rompu par l'effondrement du communisme stalinien, à partir de 1989. Il n'est pas question de regretter un instant la disparition de ce dinosaure monstrueux, qui était au socialisme ce que le fascisme était au capitalisme. Ses avantages dérivés étaient peu de chose par rapport à ce qu'il représentait fondamentalement : la régression de l'idée socialiste dans la barbarie.

Il faut seulement constater que la disparition de l'ennemi fit quitter au capitalisme toute prudence, et l'engagea dans une fuite en avant dont nous mesurons aujourd'hui les conséquences. C'est en effet à la faveur de sa solitude que le capitalisme a effectué un tournant décisif, qui le fit s'éloigner des rives du compromis social de la Libération : « Nous allons vous faire la pire des choses : nous allons vous priver de votre ennemi », avait dit un diplomate russe à son interlocuteur occidental, alors que les premiers craquements de l'Empire soviétique se faisaient entendre. Un peu plus tard, à partir de l'interprétation discutée de la thèse de Fukuyama, l'Occident se mit à parler de fin de l'histoire, sur la base d'un triomphe définitif de la démocratie libérale. On peut, pour baliser le cheminement qui nous a conduits à la situation actuelle, en repérer quelques étapes :

— l'ère Thatcher-Reagan : retrait systématique de l'État, déréglementation, abandon des services publics à la concurrence privée ;

— le passage d'un capitalisme de managers à un capitalisme d'actionnaires, centré sur la recherche du profit immédiat, du « retour sur investissement » à un niveau extravagant, jusqu'à 15 % par an du capital investi. C'était la consécration du primat du principe de la propriété privée sur celui de la fonction sociale à l'intérieur de la sphère économique ;

— l'autonomisation de plus en plus grande de la finance par rapport à l'industrie, de la Bourse par rapport à l'entreprise, et l'invention de cette économie hors sol qui se prête à toutes espèces de spéculations ;

— à l'intérieur de cette économie bancaire, l'affirmation du rôle des traders et autres « génies de la finance », dont les activités sont purement spéculatives ; l'invention de produits dérivés de plus en plus hasardeux ; tout ce que l'on a pris l'habitude d'appeler « économie de casino », à des proportions jamais atteintes ; la focalisation des hommes de la finance sur leur enrichissement personnel, multipliant par dix, en dix ans, les écarts de revenus entre les plus riches et les plus pauvres ;

— l'éclatement en 2008 de cette bulle financière, à partir de l'immobilier américain, mettant en péril tout l'équilibre bancaire du monde occidental ; le sauvetage par les États des responsables de cette spéculation ; la réorientation de cette spéculation impénitente à l'encontre des États (Grèce) et de la monnaie européenne (euro).

Résumons. Le concept d'une économie complètement autonome, dominée exclusivement par des objectifs de rentabilité financière immédiate, l'idéal ultralibéral d'une « société automatique » débouchent aujourd'hui sur une catastrophe sociale et humaine de première grandeur. En renouant avec les pires pratiques du XIXe siècle – le trafic de la main-d'œuvre, l'insécurité systématique de l'emploi, le travail des enfants du tiers-monde, le saccage de la planète –, le capitalisme est devenu un Golem qui a échappé à ses maîtres, dévastant tout sur son passage. Oui, l'économie est folle, folle à lier, mais qui la liera ?

Il faut arrêter ces malfaiteurs qui sont dénués de toute morale élémentaire et de tout crédit social. Il est anormal que, dans un État civilisé où l'école, l'armée, la justice, la police, l'administration sont soumises aux lois et au contrôle démocratique, le capitalisme puisse continuer de se comporter comme le renard dans le poulailler. Il faut ramener les maîtres de la finance à des activités honnêtes, avant que tout cela ne finisse très mal.

Or, un des traits les plus frappants de la période, c'est l'autonomisation de la Banque et des marchés, non seulement comme on l'a vu par rapport à l'économie réelle, mais aussi par rapport à la politique. Le marxisme a longtemps professé l'idée d'une politique-reflet des classes sociales qui la sous-tendent. Dans *Les Luttes de classes en France*, Marx explique que la branche aînée des Bourbons, qui régna sous la Restauration, était l'expression de la grande propriété foncière, tandis que la branche cadette, qui exerça le pouvoir sous la monarchie de Juillet, était celle de l'aristocratie financière et de la bourgeoisie industrielle, cependant que le gouvernement de la Deuxième République s'efforçait d'être une synthèse des deux. Ce parallélisme sociopolitique, même s'il était trop systématique, contenait une part de vérité incontestable. Il n'est plus aujourd'hui très convaincant. La logique majoritaire, inhérente à la démocratie, et notamment au système présidentiel, implique des coalitions de classes beaucoup plus composites qu'à l'époque de la monarchie censitaire. Ainsi, Nicolas Sarkozy est assurément le représentant du grand capital ; mais son électorat comprend aussi une forte proportion de classes moyennes et populaires, dont il doit tenir compte. D'où ses charges virulentes contre le capitalisme financier et la spéculation qui lui est propre, comme par exemple à la rencontre de Davos (janvier 2010). Ainsi les gouvernements – qu'ils soient de droite (Sarkozy) ou de gauche (Obama) – ont le plus grand mal à se faire obéir par la finance internationale. Leur échec lors du dernier

G20 est significatif. Rien ne dit qu'ils y parviendront à l'avenir. Pour le moment, la régulation du système financier international est un échec, faute d'une mobilisation populaire suffisante pour l'amener à composition.

II

À situation nouvelle, analyses nouvelles. Pendant toute la période qui précède la révolution néolibérale de Thatcher et de Reagan, la deuxième gauche a servi de laboratoire d'idées à la gauche tout entière. Si je suis amené à la critiquer prioritairement à la lumière de la situation nouvelle, c'est tout simplement que la première gauche, en tant que courant intellectuel, a cessé d'exister.

Abîmée dans la complicité mollettiste avec le colonialisme et la guerre d'Algérie, incapable de comprendre le surgissement de couches sociales nouvelles dans la France des Trente Glorieuses, épuisée dans une confrontation stérile avec un PCF déclinant et l'élaboration d'un programme commun dont beaucoup de clauses nous apparaissent aujourd'hui surréalistes, elle s'était contentée de conserver les clés de la vieille maison socialiste, et au moment de la victoire de 1981, de placer ses hommes aux postes essentiels de l'État. Le mitterrandisme, ce fut cela : après les échecs des douze premiers mois, la timide mise en pratique des idées de la deuxième gauche par les hommes de la première.

Il y eut donc jadis au sein de la gauche, ou plutôt sur ses marges, un courant politique qui a cherché à fournir une contrepartie au capitalisme civilisé, en pratiquant le compromis social-démocrate. C'est elle qu'on a appelée la deuxième gauche. Curieusement, en la personne de Michel Rocard et de ses amis du PSU, elle venait souvent de plus à gauche que la première. Elle ne se limitait d'ailleurs pas à ce petit groupe. Elle s'étendait peu ou prou à toute une nébuleuse de revues et d'intellectuels, où *Esprit*, le *Nouvel Obs* tenaient une place essentielle, d'associations du secteur social comme Citoyen 60, de clubs comme Jean Moulin et Tocqueville, de mouvements municipaux comme les GAM (Hubert Dubedout) et surtout du syndicat le plus actif et le plus imaginatif de l'époque, je veux dire la CFTC, devenue en 1964 CFDT. Il y avait dans tous ces groupes une forte composante de catholiques de gauche, mais aussi de protestants et de juifs, tous membres actifs de la société civile, qui n'avaient pas trouvé leur place dans une gauche sectaire et sclérosée. Il régnait dans tout ce personnel politique bis un idéalisme véritable, la croyance dans le primat de l'intérêt général et la volonté de moderniser une France qui sortait tout doucement de son passé paysan, qui réclamait des pratiques renouvelées (l'association), plus d'initiative à la base (l'autogestion) et des libertés nouvelles (le libéralisme moral, notamment à propos des femmes).

C'est cette lucidité, cette présence à l'événement qui permit à la deuxième gauche de mener le plus nécessaire et le plus honorable de ses combats : la décolonisation et la lutte contre la guerre d'Algérie. C'est pourquoi, il faut résister à la tentation de voir en elle une simple variante française de la social-démocratie européenne. Cette dernière est aujourd'hui tellement compromise avec l'ordre libéral vacillant que, sans le recours à une critique sociale radicale et une rupture avec cet ordre, je ne donnerais pas cher de son avenir. Ainsi, en ce qui concerne les lois du marché : pour les avoir toujours admises et respectées comme une des composantes de la liberté, je ne voudrais pas que la deuxième gauche se définisse seulement comme le parti de la soumission aux lois du marché. Il faut les respecter, sans doute, mais pour en corriger les tendances profondes à l'inégalité et à la sauvagerie sociale que l'on voit triompher aujourd'hui.

Je suis en revanche d'accord avec mon ami Michel Rocard pour affirmer que la deuxième gauche s'inscrit dans un vaste courant d'opposition à l'économie administrée. Ce courant a pris naissance au XIXe siècle, en réaction aux tendances centralisatrices du mouvement socialiste international, représenté notamment par Karl Marx. Il aura toujours quelque chose à voir avec Proudhon, le syndicalisme révolutionnaire, et même Louis Blanc, avant que sa pensée ne soit travestie dans la caricature des Ateliers nationaux de 1848. C'est, d'un bout à l'autre, la volonté de donner aux ouvriers la « science de leur malheur » (Pelloutier) et la maîtrise de leur travail. C'est le contraire du socialisme soviétique, évidemment, mais aussi celui de cette vaste entreprise d'asservissement de l'homme à son gagne-pain, de l'ouvrier à son emploi, du consommateur à son pouvoir d'achat, que l'on appelle, par humour noir, le libéralisme. Chaque fois que j'entends dire que nous vivons dans la meilleure société possible, en tout cas la moins mauvaise de celles que l'humanité a connues, je pense aux caissières de supermarché : c'est peut-être vrai, mais je n'ai jamais entendu une telle réflexion dans leur bouche ; le meilleur des mondes n'est pas le même pour tous ses habitants.

Je prétends que la défaite de la gauche à l'échelle européenne, et notamment de la deuxième gauche, qui était devenue, je le répète, son seul laboratoire d'idées, fut d'abord intellectuelle. Elle n'a pas tiré assez vite les conséquences de la mutation radicale du capitalisme que j'ai analysée plus haut.

Ce manque de lucidité dont je nous accuse, en quoi consistait-il ? Cette vérité qui nous fuit ou que nous fuyons, quelle est-elle ? La voici : le primat de la société civile, qui a été durant des années notre marque de fabrique et notre mot de ralliement, ne sert plus depuis longtemps à faire avancer nos idées. Il ne sert plus la démocratie ouvrière. Il ne sert plus les idées libertaires et autogestionnaires qui sont les nôtres. C'est un fait que l'on peut regretter : il sert le capitalisme financier pour faire ses affaires ; pour s'exempter de toute responsabilité ; pour échapper à toute contrainte éthique ; à tout impératif d'intérêt général ; à toute mobilisation populaire ; à toute avancée sociale. Voilà à quoi a servi, pour l'essentiel, l'autonomisation de l'économique et du social par rapport au politique. Les socialistes libéraux ont fait, à leur corps défendant, la courte échelle aux libéraux sociaux. Pendant que nous suivions, le nez en l'air, l'envol majestueux de nos idées, on nous faisait les poches, tout simplement.

J'exagère ? Mais, bon Dieu, regardons un peu autour de nous. Qui donc défend le plus aujourd'hui le primat de notre société civile ? Le mouvement social ? Que non pas ! Le patronat bobo, bien sûr. Depuis Reagan et Thatcher ; depuis le libéralisme à l'américaine, nous aurions dû nous méfier. La privatisation, la déréglementation auraient pu nous servir. Mais nous n'étions pas de force. Elle a servi au patronat. Ensuite, c'est le pouvoir bancaire qui a pris la relève et qui a retourné comme un gant nos idées saint-simoniennes. Plus d'État ! Très peu de politique ! Ah, ils l'ont comprise, la leçon ; mieux que cela : ils l'appliquent à tour de bras ! Sauf lorsque leurs spéculations fantastiques – il y a une part d'imaginaire et de poésie pure dans le bankstérisme moderne – les conduisent au bord du gouffre : là, tout à coup, ils redécouvrent les vertus de l'État.

Je conclus : ce n'est pas la deuxième gauche en tant qu'aspiration à l'autonomie du social par rapport à l'État, et de l'individu par rapport au social, qui est morte. Ce qui est mort en elle, c'est son incapacité, à un moment donné, à tirer les conséquences de la situation nouvelle qui s'était créée dans le monde capitaliste.

III

1. De ces analyses, une première leçon se dégage : c'est la faiblesse intellectuelle du socialisme au cours des trente dernières années écoulées. Quoi ! En 1989, le mur de Berlin s'écroule et avec lui une forme totalement pervertie de l'idée socialiste, et un tel bouleversement, tout à fait contraire au « sens de l'histoire » dont on se gargarisait alors, ne donne lieu à aucune analyse en profondeur ? Quoi ! Le nazisme – et c'est heureux – a donné lieu à des milliers d'ouvrages, à des centaines de colloques, à des dizaines d'interprétations, et le communisme n'a donné lieu à rien ou presque rien ? Il ne manquait même pas d'observateurs et de militants pour suspecter, derrière tout retour sur des événements aussi stupéfiants, une forme de complaisance morose, et la regrettable résurgence d'un anticommunisme désormais révolu ! Comme si, face au négationnisme, existait un devoir de mémoire et, face au communisme, un devoir d'oubli ! Le parti communiste français s'est refusé à se pencher sur son passé. Il n'a pas survécu à ce manque de courage et de lucidité. Mais la social-démocratie elle-même est concernée : aussi longtemps qu'elle n'aura pas fait l'effort d'une réinterprétation globale de l'aventure socialiste au XXe siècle, il lui sera interdit de parler d'elle au futur ; elle demeurera condamnée à rester une variante un peu plus « sociale » du capitalisme triomphant.

Dans le cas du PS, l'organisation du parti en courants, et même en écuries présidentielles est un obstacle insurmontable à la lucidité. Chacun s'efforce d'interpréter les événements à l'aune de ses positions doctrinales, au lieu d'interpréter ces dernières à la lumière des événements. Pour avoir fait l'effort d'analyser mes propres idées à la lumière de l'actualité, j'ai acquis le droit de demander au parti socialiste un autodafé des oripeaux idéologiques de chacun ; ou, en termes plus orthodoxes, une autocritique véritable, à la lumière de vingt-deux années d'échecs. C'est seulement à cette condition que la plus grande centrale d'achat de suffrages dans la France d'aujourd'hui pourrait redevenir un lieu de confrontation, d'imagination et d'expérimentation. Sinon, le parti sera condamné à fonctionner avec les béquilles de comités d'experts, qui sont certes utiles, mais qui souvent lui interdisent de penser par lui-même.

2. Depuis 2008 et l'éclatement d'une crise dont personne ne peut aujourd'hui imaginer la durée et l'ampleur, le monde est entré dans une phase dangereuse. Une aggravation de la situation – faillite des États, croissance du chômage, baisse du pouvoir d'achat – nous ramènerait à la situation que le monde a connue au lendemain de 1929. On attend des partis socialistes qu'ils soient mieux préparés qu'avant la Deuxième Guerre mondiale, où ils furent balayés par la vague fasciste et la surenchère suicidaire des partis communistes. Il s'agit pour eux non seulement de travailler à une issue démocratique, mais de se montrer capables de mobiliser les populations. Livrées à elles-mêmes, celles-ci ne peuvent que se laisser tenter par des aventures. Si les options totalitaires – fascisme à droite, communisme à gauche – paraissent aujourd'hui exclues, la tentation populiste demeure. Les partis socialistes doivent donc retrouver une capacité de mobilisation de masse, qu'ils ont trop longtemps abandonnée aux partis communistes de jadis, pour servir, aux côtés des syndicats, de bouclier à la démocratie.

3. Mais à plus long terme, le socialisme doit reconsidérer son rapport à la société. Sous l'influence du marxisme, mais aussi du léninisme, il est devenu synonyme de solution étatique des questions sociales. Rien n'échappe à cette définition : ni la production,

ni la consommation, ni l'éducation et la culture, ni la santé et la recherche scientifique.

« On appelle socialisme, écrivait Durkheim, toute doctrine qui réclame le rattachement de toutes les fonctions de la société, ou de certaines d'entre elles, qui sont actuellement diffuses, aux centres directeurs et conscients de la société. »

En ce sens, le socialisme serait le primat du conscient sur l'inconscient, du construit sur le donné, du délibéré sur le spontané. N'est-ce pas d'ailleurs déjà le propos de la démocratie elle-même ? Mais cette tendance à la conscientisation de la société ne saurait, sous peine de despotisme, se confondre, comme cela fut longtemps le cas, avec la centralisation. Les utopies, de Thomas More à Campanella, sont volontiers centralisatrices, uniformisatrices et autoritaires. Nous avons connu depuis qu'il s'agissait d'un péril mortel pour la liberté.

Le socialisme doit donc renouer avec ses origines libertaires et décentralisatrices, donnant le primat à l'initiative de l'individu. Qu'est-ce à dire, sinon qu'il doit rompre son lien exclusif avec l'État ; nous avons besoin d'un *socialisme civil, un socialisme du quotidien*, où le militant ne serait plus un candidat automatique à des fonctions électives, mais un animateur civique. Les principaux périls qui guettent aujourd'hui les hommes ne viennent pas, dans nos contrées, des guerres inter-étatiques, ni même des guerres civiles, mais du cœur de la vie quotidienne. La montée de la violence gratuite, le poids de plus en plus lourd du trafic de la drogue, des rackets, les heurts entre les communautés, introduisent dans la vie quotidienne une insécurité de tous les instants. Il y a ici, tandis que la prévoyance sociale assure à chacun des garanties qui n'existaient pas dans le passé, un recul de la civilisation. Quelles que soient les causes de ce recul, la reconquête de la civilité ne se fera pas sans un fort investissement des plus actifs et des plus dévoués des citoyens. Il appartient au socialisme, pour retrouver les espérances qu'il avait jadis suscitées, de se faire l'inventeur de cette nouvelle civilité.

De telles réflexions dépassent le cadre des vingt thèses que l'on présente ici. À mes yeux pourtant, elles en précisent la portée. Elles appellent à la fois à un retour aux sources et à une invention de l'avenir. Telle est la fonction politique et même poétique de l'Histoire. « La principale catégorie historique, dit Hegel, n'est pas le souvenir. C'est l'espoir, l'attente, la promesse. »

VINGT THÈSES POUR REPARTIR DU PIED GAUCHE[1]

1. Nous vivons un nouvel âge du capitalisme. Après l'ère des managers, voici venue celle des actionnaires. Les détenteurs du capital, longtemps silencieux, ont mis au pas les gestionnaires, qui s'appuyaient sur leur expertise technique. Les seconds pouvaient avoir le sens de l'intérêt général ; ils s'accommodaient de certaines formes de régulation et négociaient avec les syndicats la répartition de la plus-value. Les actionnaires au contraire se désintéressent de l'objet même de leur investissement ; ils réclament des profits immédiats et énormes, jusqu'à 15 % du capital investi.

C'est pourquoi ce nouveau capitalisme consacre le triomphe de l'hyperlibéralisme. Il est de nature essentiellement financière et bancaire, le plus souvent déconnecté de l'économie réelle. Il est donc avant tout spéculatif. Il est à l'origine de la crise mondiale que nous traversons.

Il faut aller, à la lumière de l'expérience récente, plus loin que je ne le fais ici. Le capitalisme des actionnaires, déjà déconnecté de l'économie réelle, restait relié au monde extérieur par la mise en valeur de l'argent investi au profit des investisseurs.

Désormais, les banquiers, et leur bras armé, les traders, agissent en circuit fermé et souvent au détriment des investisseurs eux-mêmes. La banque, conçue au départ comme un intermédiaire entre le capital disponible, c'est-à-dire l'épargne, et les besoins de la production, a échappé complètement à ses concepteurs. Comme

1. Apparaissent en italique les nouvelles réflexions inspirées à l'auteur par l'actualité [au moment de la parution de l'ouvrage, en 2010. NdÉ] et par les contributions publiées ci-après.

dans les mythes de Frankenstein ou du Golem, elle est devenue incontrôlable, et n'agit qu'en fonction de ses motivations internes. Elle a totalement renoncé à son utilité sociale et ne craint plus, au-delà des particuliers, de s'attaquer aux États eux-mêmes. Après le moment Lehman Brothers de la crise, nous voici au moment Goldman Sachs. Grâce à un système à demi clandestin de contre-assurances (« swaps »), les banques spéculent contre leur propre spéculation. Le médecin a intérêt à faire mourir le malade.

C'est la démonstration que la recherche du profit, qui est le moteur du système, ne saurait durablement être son ressort unique, sous peine d'une véritable catastrophe systémique.

2. Ainsi le nouveau capitalisme a choisi de ressusciter son pouvoir de classe dans sa nudité. Il s'est installé à la faveur de l'effondrement des régimes communistes. Sans concurrence ni contestation, il a pu imposer ses exigences sans en craindre des conséquences politiques et sociales. Il a multiplié les licenciements spéculatifs, les délocalisations, sans redouter les réactions exclusivement défensives de la classe ouvrière. Il a éliminé toute concertation globale, tant avec l'État qu'avec les syndicats. Dans le domaine bancaire, il s'est lancé dans une fuite en avant sans précédent, multipliant les spéculations risquées et inventant des produits financiers dérivés sans contrepartie économique réelle. Sans égard pour les situations sociales souvent dramatiques qu'il suscitait, il a fait sauter le vernis de civilisation qui, depuis la Deuxième Guerre mondiale, recouvrait le capitalisme évolué.

Autrement dit, le monde capitaliste découvre avec effroi qu'il ne peut survivre sans l'appui de valeurs extra-capitalistes. En détruisant méthodiquement les valeurs des systèmes antérieurs, aristocratique, chrétien, ouvrier, qui tous trois étaient porteurs d'idéaux collectifs fondés sur la solidarité, le capitalisme a scié les branches sur lesquelles il reposait et qui faisaient contrepoids à la recherche exclusive du profit. Contrairement aux dogmes de l'école libérale (Chicago), il apparaît au grand jour que le système n'est pas auto-suffisant. Que pour prospérer, le filon de la recherche éperdue de l'égoïsme individuel ne peut survivre que dans un océan de solidarité. Destructrice des liens sociaux qui lui sont nécessaires pour prospérer, l'idéologie capitaliste démontre chaque jour sa vacuité. Elle est incapable de donner du sens. D'où le sentiment qui envahit aujourd'hui le monde de la finance lui-même, que la crise que nous vivons n'est pas seulement financière et économique : que c'est désormais une crise de la civilisation.

3. C'est à la faveur de la mondialisation de l'économie qu'un grand coup de force intellectuel et social a pu être exécuté sans encombre. Le capitalisme financier a su tirer parti de l'ouverture des marchés émergents, mettre en concurrence les travailleurs à l'échelle internationale pour faire pression sur les salaires. Il s'est imposé comme la seule hyperpuissance à l'échelle planétaire, au détriment des États.

Le capitalisme financier tire une grande partie de sa force de l'absence complète de solidarité internationale des travailleurs. Les néolibéraux de gauche espèrent pénétrer dans le nouveau monde industriel en se glissant dans les fourgons du capitalisme. Les protectionnistes de gauche veulent organiser les travailleurs du vieux monde contre la concurrence des nouvelles puissances économiques. Aucune de ces deux catégories ne recèle une once de socialisme, c'est-à-dire de solidarité. Le capitalisme a su se mondialiser et, tant bien que mal, organiser la concurrence entre ses diverses branches nationales. Le socialisme a pris un retard considérable ; les partis socialistes sont trop organisés à l'échelon national et trop parties prenantes aux gouvernements nationaux pour organiser une riposte à l'échelon international. Dans la lutte contre la mondialisation, il n'y a rien à attendre d'eux. Seuls des mouvements mondialistes, comme il s'en esquisse depuis dix ans, peuvent relever le défi à l'échelon pertinent, c'est-à-dire international.

Un phénomène nouveau est apparu, peu conforme avec la théorie marxiste et avec la théorie libérale : la dissociation du pouvoir politique et du pouvoir économique, et l'autonomisation croissante de ce dernier. « Les dirigeants politiques ont de moins en moins de prise sur ce système. Cela donne un côté un peu terrifiant à notre démocratie. » (Bernard Thibault)

4. La déréglementation de la production, des marchés et des services, dont Ronald Reagan, Margaret Thatcher et G. W. Bush ont été les agents les plus actifs, n'a pas tardé à produire ses effets néfastes, rendus visibles par la crise financière commencée en 2008. En dépit des vœux de l'opinion publique, des experts et d'une partie de la classe politique, le néocapitalisme continue de s'opposer victorieusement à tout retour de la réglementation. Les G7, G8, G20 en ont été pour leur frais. Jamais la domination du secteur financier sur le secteur industriel, et du secteur économique sur le secteur politique et diplomatique ne s'était affirmée avec une telle arrogance, malgré le discrédit des acteurs.

Les déréglementeurs de la droite ont été des apprentis sorciers. Leurs automates leur ont échappé. Merkel, Sarkozy et bien sûr Obama ne recommenceraient pas les erreurs de Reagan et de Thatcher. Mais l'autonomisation de l'économique par rapport au politique, en contradiction avec la doctrine marxiste, est devenu un fait majeur dans les pays occidentaux. La dette devenue énorme accroît la dépendance des États par rapport aux marchés. On pourra peut-être – c'est le sens des tentatives d'Obama – obliger les banques à être plus prudentes et à cesser de prendre les marchés pour un casino à l'échelle mondiale ; on ne réduira pas pour autant la toute-puissance des marchés. La situation actuelle est ainsi faite qu'il n'y a pas de solution alternative au système – communisme et fascisme sont fort heureusement déconsidérés –, mais qu'il n'y a pas non plus de réforme possible du système sans une intervention directe des peuples dans les domaines où se décident leurs destinées.

5. Dans les grands pays industriels, la financiarisation de l'économie s'est accompagnée d'une désindustrialisation délibérée et de la destruction d'emplois par millions. Désormais, le plein emploi n'est plus recherché comme un objet de l'activité économique ; le chômage est devenu structurel ; le néocapitalisme s'est reconstitué une armée industrielle de réserve.

C'est la persistance d'un chômage structurel qui empêche toute mobilisation populaire, à l'échelon national comme à l'échelon international. Ainsi la bataille pour l'emploi n'est pas seulement un objectif social majeur ; elle seule permettrait un rééquilibrage politique à l'échelle mondiale qui est aujourd'hui globalement favorable à la droite.

Comme il est à court terme improbable que l'on revienne au plein emploi, le socialisme a besoin d'un effort d'imagination sans précédent depuis un siècle pour sortir les hommes du carcan de l'emploi salarié. Le mouvement ouvrier, qui eut pour objectif de départ, non la socialisation des moyens de production, mais l'abolition du salariat et du patronat, se doit de retrouver quelque chose de son exigence originelle.

Car la défense inconditionnelle de l'emploi, c'est la défense inconditionnelle du capitalisme. À la bataille classique pour la répartition de la plus-value entre le capital et le travail doit se substituer progressivement la bataille pour la réappropriation du temps, pour la liberté d'entreprendre et de s'associer.

6. Le néocapitalisme a retrouvé ses instincts prédateurs longtemps endormis dans la recherche de la paix sociale. Les dirigeants des grandes entreprises partagent désormais la mentalité des actionnaires. Il s'agit pour eux de se vendre le plus cher possible et d'accumuler en quelques années, parfois en quelques mois, des fortunes colossales. La rémunération des dirigeants, longtemps marginale dans le chiffre d'affaires des entreprises, est devenue un poste considérable. L'explosion des bonus, parachutes, primes, indemnités de toutes sortes a décuplé en une vingtaine d'années. Le continuum des rémunérations a fait place à une société de corps séparés et de privilèges, telle qu'elle existait en France à la fin de l'Ancien Régime.

Que l'esprit de cupidité l'ait emporté sur l'esprit d'entreprise en dit long sur l'affaissement moral des élites françaises. Il va de pair avec une dégradation continue du lien social, qui menace la cohésion nationale. Quand les privilégiés renoncent à toute éthique, à toute intelligence de leur fonction sociale, à tout civisme, pour ne considérer que leur intérêt personnel, alors la société est menacée jusque dans ses fondements. La tâche des éducateurs devient impossible. Celle de la justice et de la police ne l'est pas moins.

Et la société se disloque, faute de valeurs communes. Sans le sentiment de la justice, il n'est pas de vivre ensemble concevable. « Il est dangereux de dire au peuple que les lois ne sont pas justes, car il n'y obéit qu'à cause qu'il les croit justes », dit Pascal dans la « Raison des effets ». Les sociologues et les moralistes déplorent aujourd'hui le déclin de toute espèce d'autorité. Quiconque fait figure de représentant de cette autorité est honni par la jeunesse. Il ne faut pas chercher ailleurs les raisons de la montée de l'insécurité : dans le mépris du peuple pour les élites, il y a le discrédit de la loi.

7. Privés de toute perspective d'avenir, de tout projet positif, les syndicats se sont repliés sur une posture purement défensive de préservation de l'emploi et des rémunérations. Les grandes entreprises ont éliminé toute concertation globale et dans le meilleur des cas regardent les syndicats comme des auxiliaires utiles dans le maintien de l'ordre social. En perte de vitesse auprès de leurs adhérents, ceux-ci se trouvent marginalisés dans le nouvel ordre économique. Nous vivons un véritable ré-ensauvagement des rapports sociaux.

Le chômage place les syndicats sur la défensive. Les travailleurs se replient sur la préservation de leur emploi et se détournent de toute perspective globale. Leur incapacité à dépasser le cadre national pour faire face à des sociétés multinationales, capables de délocaliser leurs usines au gré des différences de coût de la main-d'œuvre et de combativité des travailleurs, les place en situation d'infériorité. Or sans un mouvement syndical puissant, les partis de gauche sont incapables d'engager une épreuve de force avec les grandes entreprises capitalistes.

Cette désyndicalisation de la société moderne livrée à l'individualisme contribue aussi à la destruction du lien social. Peut-on vivre sans société organisée, sans autre loi que celle du darwinisme social, c'est-à-dire la sélection des mieux adaptés ?

8. L'Europe qui, à cause des positions de ses deux nations de tête, l'Allemagne et la France, aurait dû jouer un rôle de contrepoids aux tendances hyperlibérales du capitalisme anglo-saxon, a failli complètement, au chapitre économique comme au chapitre politique. Conduite par des politiciens médiocres et sans vision, elle s'est faite l'instrument docile des tendances les plus dérégulatrices du capitalisme international. Cette véritable forfaiture explique le discrédit qui la frappe dans les classes populaires de tous les pays membres.

Il n'est donc pas question d'abandonner l'Europe à ses fossoyeurs, c'est-à-dire aux tenants de l'ultralibéralisme. Pour survivre, elle a besoin de changer radicalement de posture et de se constituer en instrument de résistance, non en caisse de résonance de la toute-puissance des marchés. Déjà un week-end de panique sur l'avenir de l'euro (mai 2010) a fait davantage pour l'intégration européenne que quinze années de palabres depuis la signature du traité de Maastricht. C'est l'intérêt des forces de progrès que l'Europe se transforme en puissance politique : à défaut, les Européens se priveraient de tout instrument de pression pour obtenir la régulation des marchés et mettre le holà à la spéculation. Le couple franco-allemand étant, en tout état de cause, le seul moteur disponible, il appartient aux syndicats, aux intellectuels, aux partis de gauche de ces deux pays de faire exister l'Europe des peuples et l'Europe de l'esprit. Jusqu'ici, la « construction européenne » s'est cantonnée au domaine financier et intellectuel. Il est temps que les forces de progrès, au lieu de se contenter de subir l'Europe, en fassent leur premier objectif. Il n'est plus possible d'imaginer la construction de la social-démocratie dans un seul pays. À l'échelle européenne aussi, il faut une social-démocratie de combat. Dans ce domaine au moins, la crise est notre meilleure alliée.

9. À l'échelon politique national, la deuxième gauche, qui s'était donné pour mission la modernisation économique et culturelle de la France, grâce à la participation de la société civile à la décision politique, représente une voie désormais dépassée. Elle reposait sur la notion de compromis social, c'est-à-dire la négociation entre les principaux partenaires économiques. Cette voie contractuelle a été délibérément bafouée par le néocapitalisme qui, assuré de la victoire, a préféré l'affrontement. C'est la fin de l'idéal d'une société policée, soucieuse d'affermir le lien social. Quelques-uns des membres les plus éminents de la deuxième gauche se sont faits les auxiliaires du pouvoir sarkozien : c'est dire l'étendue de leur renoncement et de leur faillite.

La deuxième gauche a été victime de la confusion entre sa volonté de sortir du socialisme étatique de la première gauche et l'OPA que le néocapitalisme a lancé sur toute la société civile. À cause du reflux des idées socialistes après la chute du mur de Berlin, c'est à ce dernier que la confusion a profité ; et la deuxième gauche s'est trouvée à son corps défendant ravalée à la fonction d'auxiliaire de la déréglementation et de la prise du pouvoir des marchés. En somme, le primat de la société civile, qui reste un idéal nécessaire, a servi, en raison d'un rapport de forces défavorable, à l'installation d'un capitalisme financier qui s'exemptait de toute responsabilité, qui échappait à toute contrainte éthique, à tout impératif d'intérêt général, à toute mobilisation populaire, à toute avancée sociale. L'idéal de l'autogestion des travailleurs a cédé le pas à la réalité de l'autogestion des marchés.

Ce ne sont pas les idées de la deuxième gauche qui sont devenues obsolètes ; ce sont ses hommes qui ont failli, faute d'avoir analysé à temps la situation nouvelle créée par l'autonomisation du capital financier et par la mondialisation. Le besoin d'une société libérée de toute contrainte étatique et de la bureaucratie partisane est plus fort que jamais. Mais il ne sera pas comblé par les seuls moyens de la démocratie représentative. C'est aux citoyens d'intervenir directement dans les domaines où se décide leur destinée. Il en va du socialisme comme de l'Europe : la crise le condamne à se rénover ou à disparaître. S'il est incapable de renouer avec son inspiration originelle, qui était la moralisation de la société, il ne saurait constituer une solution alternative. Il ne faut pas enterrer la deuxième gauche : il faut la refonder en esprit et en vérité.

10. Le risque actuel, c'est un nouveau populisme. Le prolongement de la crise, désormais probable, notamment sous la forme du chômage, crée un trouble politique profond. À la différence de celle de 1929, où la faillite du libéralisme conduisait la droite à envisager des solutions fascistes et la gauche des solutions communistes, le monde politique est aujourd'hui muet. Il en va de même des intellectuels, chez qui les droits de l'homme et l'écologie constituent des religions substitutives de salut.

L'absence de solution politique favorise le développement de dérives psychologiques : l'envie, la haine de l'Autre, le culte du chef, la recherche du bouc émissaire, le culte de l'opinion publique à l'état brut représentent autant de succédanés au vide politique béant de la période.

Depuis la Deuxième Guerre mondiale et les efforts des fondateurs de l'Europe, l'opinion européenne s'est flattée d'un double acquis : la paix serait définitivement assurée et la démocratie aussi. Or la crise peut, pour la première fois depuis 1945, nous faire douter du second d'entre eux.

Si en effet la crise devait se développer, au point de mettre à bas l'euro et la construction européenne, et de réduire brutalement le pouvoir d'achat des individus, un tel scénario aurait nécessairement des conséquences politiques, comme ce fut le cas après 1929. C'est la démocratie qui serait tenue pour responsable de la catastrophe et qui ferait l'objet d'un scepticisme croissant. Les démagogues feraient entendre leurs voix pour préconiser leurs solutions de cauchemar : isolationnisme diplomatique, protectionnisme économique, xénophobie sociale, appel à « l'homme fort ». Le fascisme et le communisme paraissant pour le moment exclus – c'est une chance –, il est impossible de dire à l'avance quelle forme prendrait le nouveau populisme. Mais on en voit d'ores et déjà les prémices : un peu partout en Europe, des partis d'extrême droite fondés sur la xénophobie, la chasse aux immigrés, la rupture de la solidarité nationale (partis flamingants hostiles aux Wallons en Belgique, Ligue du Nord hostile au Mezzogiorno en Italie) s'avanceraient vers le pouvoir et même l'occuperaient : la démocratie serait menacée.

Depuis la chute du communisme, la carence de la recherche intellectuelle est éclatante. Certains intellectuels et chercheurs se sont ralliés purement et simplement à l'économie de marché ; d'autres, en plus petit nombre, poursuivent leur rêve éveillé du communisme, sans s'interroger sur les causes de sa corruption. Aucun n'a voulu affronter le réel, c'est-à-dire l'avenir du socialisme post-révolutionnaire.

11. Les droits de l'homme ne sont pas une politique. Ils sont un problème, non une solution. Ils sont une exigence nouvelle de la conscience internationale ; mais ils tardent à se concrétiser dans un mouvement politique cohérent. D'autant plus que l'alliance traditionnelle entre le libéralisme économique et le libéralisme politique est en train de se déliter. La Chine donne l'exemple inédit d'un grand marché libéral gouverné par une dictature politique intransigeante. La bataille pour les droits de l'homme est de tous les instants ; mais elle a besoin de s'inventer dans une politique internationale nouvelle.

Devant l'impuissance croissante du politique traditionnel, la tentation est grande de passer directement à l'échelon supérieur et de mener la lutte pour les droits de l'homme indépendamment de tout contexte politique. Une telle action est nécessaire à une échelle symbolique, ou pour aider au dénouement de crises ponctuelles ; elle ne saurait faire l'économie de l'action politique proprement dite, la seule qui déborde le cadre des avant-gardes et peut mobiliser la masse des populations. La division fonctionnelle des rôles entre l'humanitaire et le social n'est pas bonne ; elle renvoie à une époque où la politique pouvait être conçue et menée à une échelle purement nationale. Nous avons besoin ici d'hommes politiques européens avec une action internationale conforme aux idéaux de l'Europe elle-même. Inversement, les intellectuels ont été cruellement absents de la construction européenne : cela explique en partie l'économisme étroit qui a présidé à cette construction.

12. L'écologie n'est pas une politique. Pour le système industriel, la défense de l'environnement n'est pas à l'échelle macroéconomique une solution à la crise et au chômage, mais une contrainte supplémentaire. Pas plus que l'informatique hier, elle ne saurait répondre aux problèmes posés par la financiarisation de l'économie et l'absence de régulation à l'échelle internationale. Elle tend à rendre plus coûteuse et plus difficile la relance économique nécessaire pour donner du pain et du travail aux habitants de la planète.

L'écologie demeure bien entendu une préoccupation nécessaire ; une ardente obligation économique et sociale, non le prétexte à des opérations politiciennes.

L'idéal écologique, aujourd'hui en recul après l'échec de la conférence de Copenhague, a été victime d'une focalisation abusive sur le carbone. De toute façon, la disparition des hydrocarbures est programmée pour le siècle à venir et toutes les taxes carbone du monde ne peuvent avoir qu'un effet : un étalement plus ou moins long de leur délai d'extinction. En outre, on ne saurait empêcher les pays émergents de voir dans cette obsession carbonique un luxe de pays riches, quand des millions d'enfants meurent de faim et que l'insuffisance en eau potable est un problème dramatique pour toute la partie sous-développée de la planète.

Prise dans toute son ampleur, la question écologique est celle de la compatibilité entre les ressources naturelles, le cadre naturel et une humanité en expansion démographique continue. Cette question, dont l'urgence ira croissant, débouche sur la nécessité d'une organisation politique de la planète, intermédiaire entre un simple conseil de concertation entre les États – dont le modèle inefficace s'appelle l'ONU – et un gouvernement mondial qui relève d'une utopie malfaisante. Mais les agences internationales qui devront affronter les problèmes soulevés ici supposent des abandons de souveraineté de la part des États.

13. La révolution n'est pas une politique. Aussi longtemps que le socialisme centralisé n'aura pas apporté la preuve qu'il pouvait changer le modèle de développement sans attenter aux libertés civiques, il restera inacceptable, et du reste inaccepté par les citoyens. Le piétinement des partis révolutionnaires, incapables de trouver une base de masse dans les milieux populaires, en fait l'expression de la mauvaise conscience, voire de la conscience mystifiée des nouvelles classes moyennes. Ils sont l'une des formes principales, insuffisamment soulignées, de la démobilisation de l'électorat de gauche. Face au néocapitalisme, le gauchisme ancien n'a strictement rien à dire.

L'effondrement du communisme n'a donné lieu à aucune réflexion sérieuse, à aucun débat de grande ampleur, à la différence de ce qui s'est passé et qui continue de se passer à propos des fascismes, et notamment du nazisme. Le procès du Goulag n'a même pas été esquissé en Union soviétique, pas plus que celui du maoïsme en Chine. C'est là un scandale intellectuel majeur, qui disqualifie d'avance toute tentation de retour à l'utopie communiste. Aussi longtemps que toute recherche sérieuse en ce domaine sera identifiée par la bonne conscience de gauche à une sorte d'acharnement malsain, la démocratie libérale n'aura pas de concurrent sérieux dans le ciel des idées politiques. Cette stérilité équivaut à un consentement au statu quo.

L'extrême gauche nostalgique du communisme n'a pas d'autre modèle à proposer qu'un modèle Belphégor. Alors que la crise devrait la doper, elle continue d'avoir un encéphalogramme plat. Ce faisant, elle est nuisible à l'ensemble de la gauche. Une extrême gauche est quelque chose de nécessaire ; il est bon que devant les inévitables compromis auxquels s'expose un parti qui se mêle de gouverner, il subsiste quelque chose ou quelqu'un chargé de lui rappeler à tout moment son idéal. Mais lorsque cette fonction disparaît au profit d'un simple déni du réel, à contre-courant de toutes les valeurs de la gauche ; quand la critique sociale disparaît au profit d'un monotone ressassement des illusions du passé, l'extrême gauche devient facteur de démobilisation : on souffre que des énergies désintéressées se dépensent en pure perte. Loin de jouer un rôle d'aiguillon, elle favorise par réaction toutes les compromissions. Il y a longtemps que le prolétariat l'a compris et qu'il ne reste qu'un sous-prolétariat intellectuel, nourri par le ressentiment, capable à certains moments de se gonfler comme un torrent après la pluie, pour retrouver le lendemain sa sécheresse essentielle. Place au réel ! À bas le crétinisme intellectuel qui se prend pour la radicalité révolutionnaire !

14. Pour autant, l'antisarkozysme ne saurait être une solution. Le sarkozysme est un étrange corps mou et caoutchouteux. Élu sur une campagne hyperlibérale, Nicolas Sarkozy s'est retrouvé sur des positions dirigistes deux ans plus tard. Favorable à un rapprochement avec l'Angleterre, il a fini comme ses prédécesseurs par privilégier l'alliance avec l'Allemagne. « Américain » au temps de George W. Bush, il a fini par incarner les velléités de résistance européenne à l'hégémonie américaine. Son évolution actuelle, qui n'est pas sans rappeler le bonapartisme de Napoléon III, en fait une silhouette mouvante et une cible illusoire.

S'il est vrai (thèse n° 3) que le pouvoir économique a pris le pas sur le pouvoir politique et s'est autonomisé par rapport à lui, alors le sarkozysme est un épiphénomène et l'antisarkozysme un leurre. Cela ne signifie pas, bien entendu, qu'il ne faille pas tout faire pour battre Nicolas Sarkozy, notamment en 2012, mais il ne faut nourrir aucune illusion : une victoire sur lui ne signifie nullement une victoire sur le néocapitalisme. Le président de la République n'a pas manqué, dans son discours, notamment à Davos (27 janvier 2010), de mener des attaques très vives, virulentes même, contre le capitalisme financier, qui permettent de mesurer l'étendue de son impuissance par rapport à celui-ci. La gauche ne saurait donc désormais se contenter de son pouvoir d'empêchement politique ; elle doit être capable de proposer au peuple un véritable programme économique de réappropriation de la richesse nationale. L'arme de la fiscalité doit de nouveau être utilisée.

15. L'alliance exclusive avec le centre ne saurait être une solution. Le programme d'un regroupement centriste ne serait guère différent des pratiques politiques de Nicolas Sarkozy depuis le déclenchement de la crise économique : ce serait celui de l'aile éclairée du néocapitalisme, sans influence sur le cours des événements. Sa base sociale se révélerait vite des plus étroites. Sa cohérence ne résisterait pas à l'exercice du pouvoir.

Pour autant, l'évolution d'une grande partie de l'électorat centriste doit être prise en compte. Pour des raisons politiques, sociales, mais aussi culturelles, il est en train de se détacher du principe jusqu'ici immuable de l'alliance à droite.

Les élections régionales, qui ont vu l'échec de François Bayrou, ont exonéré la gauche socialiste d'une de ses joutes préférées : alliance à gauche ou alliance à droite ? On y verra une confirmation de ce qui est affirmé ici : dans le grand débat ouvert par la crise économique et financière de ces deux dernières années, le centre ne constitue en aucune façon une solution originale ; il est condamné à rejoindre les solutions de gauche, à condition que celles-ci existent, ou à retourner sans gloire à ses anciennes alliances à droite. Le récent revirement de François Bayrou confirme pleinement cette analyse. Où il est démontré que la crise remplit une fonction exceptionnelle de décantation des positions de chacun.

16. Pour les mêmes raisons, la gauche ne saurait être représentée, lors de l'élection présidentielle, par un représentant de l'establishment financier.

L'élection d'un tel candidat, incapable d'établir un rapport de forces avec les représentants du milieu dont il serait issu, conduirait aux mêmes impasses et aux mêmes désillusions que l'alliance centriste. Le candidat de la gauche doit être porteur d'une solution alternative.

Est-ce Dominique Strauss-Kahn qui est ici visé ? Assurément pas à titre personnel. L'homme possède des qualités incontestables d'homme d'État, qui peuvent être mises au service de la gauche. Au demeurant, il n'est pas le seul dirigeant socialiste à entretenir avec l'establishment et les milieux d'affaires une relation particulière. Ce qui est exclu ici, c'est la possibilité même d'un compromis social avec un establishment financier qui le rejette. Une telle formule, équivalente à une sorte de sarkozysme de gauche, rendrait difficile la mobilisation de toute la gauche au deuxième tour derrière un candidat unique dans lequel elle ne se reconnaîtrait pas.

Au demeurant, les événements intervenus depuis la rédaction de ces thèses confirment l'analyse qui y est développée. En dépit des inflexions que DSK a fait subir au Fonds monétaire international depuis qu'il en prit la tête, il existe une logique financière propre à ce genre d'établissement, qui ne peut venir au secours d'un État sans obtenir de celui-ci l'engagement en faveur d'une médecine financière orthodoxe, impliquant la restriction du train de vie de l'État, la réduction du salaire des fonctionnaires, et des formes de déflation financière nuisibles à la croissance. Cette logique ne saurait être celle d'une gauche candidate au pouvoir, sous peine de renoncer à toute originalité dans le traitement de la crise. Une rigueur financière et budgétaire qui ne s'accompagnerait pas d'un effort sans précédent de justice dans la répartition des revenus ne bénéficierait pas de l'appui populaire. La politique déflationniste aboutirait vite au retour de la droite au pouvoir.

Jamais sans doute les candidats de la gauche ne s'étaient trouvés affrontés à des choix aussi discriminants. Là encore, la crise a joué un rôle décisif, rendant les choix politiques beaucoup plus manichéens que les périodes de prospérité.

17. L'avenir est à un grand rassemblement populaire, ouvert à toutes les forces hostiles au néocapitalisme, du centrisme à l'extrême gauche, décidé à installer un nouveau rapport de forces au sein de la société. Au fur et à mesure que la crise développera ses effets, la nécessité d'un tel rassemblement s'imposera davantage. Elle ne pourra se réaliser uniquement à partir de combinaisons d'appareils ; c'est la société qui doit l'imposer à ceux-ci.

La nature de ce rassemblement sera évidemment d'essence réformiste et se pensera au sein de l'économie de marché. L'avenir est à une social-démocratie de combat.

Ceux qui ont critiqué l'irréalisme de cette idée de rassemblement confondent mobilisation populaire et combinaison parlementaire. Il n'est pas proposé ici une négociation d'une sorte de « programme commun » entre des appareils et des programmes en effet hétéroclites, mais l'appel à un rassemblement sur une plateforme d'essence réformiste, qui ne saurait être élaborée que par le parti socialiste : celui-ci se trouve en effet au centre géométrique des forces de gauche. Ce qui est recherché, c'est avant tout une dynamique qui donnerait à un gouvernement de gauche le poids nécessaire pour faire des réformes de structures. On ne saurait en effet se flatter d'une sorte d'unanimité nationale face aux folies du capitalisme bancaire. La convergence dans la critique ne résisterait pas aux premières mesures visant à les endiguer. L'Histoire nous apprend que la droite ne conçoit l'union sacrée qu'autour de ses hommes et de ses idées. La crise réveille des réflexes de classe. À défaut donc d'une impossible union des partis politiques, la gauche doit pouvoir s'adresser à l'ensemble de la population sur la base de propositions conformes à l'intérêt national.

18. Le facteur déclenchant pourrait être la constitution d'un bloc syndical, doté d'un programme d'urgence, dont la CGT et la CFDT doivent prendre l'initiative. Les clivages syndicaux actuels sont des héritages de la guerre froide, que seule la tendance des appareils à se reproduire à l'identique continue d'imposer. À défaut d'une unité organique qui est l'objectif à moyen terme, un pacte d'unité d'action s'impose. Il ne devrait pas se limiter à des objectifs purement défensifs, mais ambitionner, comme à la Libération, une réforme en profondeur des structures financières et économiques du pays.

Ce nouveau bloc devra envisager la coordination de son action à l'échelle internationale, et d'abord européenne.

Plus encore que la gauche politique, le monde syndical souffre de son éparpillement : pas moins de huit centrales regroupant à peine 8 % des salariés ! Cette dispersion favorise la désyndicalisation. Dans ce paysage sombre, la loi sur la représentativité syndicale, qui élève à 8 % le seuil à partir duquel une organisation peut être considérée comme représentative, va obliger les syndicats à des regroupements. Dans deux ou trois ans, il n'y aura plus que deux à trois syndicats présents dans chaque entreprise et chaque branche.

Peut-on aller au-delà ? Aujourd'hui, les appareils syndicaux répondent non. Réaction normale en période de basses eaux, où les effectif réduits des confédérations sont composés des militants les plus motivés et les plus attachés à l'identité intellectuelle et culturelle de leur centrale. Il est probable qu'une remontée du taux de syndicalisation pèserait dans le sens d'un remembrement syndical plus poussé. Beaucoup pensent qu'il existe en tout état de cause deux cultures syndicales naturelles, l'une plus radicale, centrée sur la CGT, l'autre plus portée sur la négociation, fondée sur la CFDT.

L'essentiel dans l'immédiat est le développement d'un pacte d'unité d'action défensif (retraites) qui devrait, dans une seconde étape, proposer de grands axes de réforme. Cette démarche est une composante essentielle de la mobilisation populaire dont il était question dans la thèse 17.

L'effondrement du parti communiste a levé un préalable : la liaison parti-syndicat telle qu'il la concevait – la célèbre « courroie de transmission » – n'existe plus. Désormais, toutes les grandes centrales se réclament de l'autonomie : c'est la condition essentielle d'un rapprochement.

19. Le premier objectif du rassemblement populaire doit être la maîtrise du crédit, au moyen de la nationalisation, au moins partielle, du système bancaire, qui est à la source de la crise actuelle.

Telles qu'elles fonctionnent actuellement, la plupart des banques ont déserté leur mission essentielle, à savoir la collecte des capitaux au service de l'expansion économique, au profit d'activités purement spéculatives et nuisibles. Le but de la nationalisation est de ramener le système bancaire à sa fonction productive.

Sur certains esprits, le mot « nationalisation » agit comme un chiffon rouge, et l'on se demande bien pourquoi, en dehors d'arrière-pensées purement idéologiques. Parfois même chez ceux qui les avaient approuvées en 1981. Chose étrange : les nationalisations de 1981 ne servaient à rien, car elles n'étaient pas mises au service d'une politique. Celles d'aujourd'hui sont parfois nécessaires. On se doute que ce n'est pas par conviction idéologique qu'on a pratiquement nationalisé, sous George Bush, Fannie Mae et Freddie Mac, deux organismes de refinancement hypothécaire américain. C'est pourtant aujourd'hui que les nationalisations sont diabolisées...

Il ne s'agit nullement pour l'État de se substituer à l'entreprise privée dans la création de richesses ; mais de tirer les conséquences d'une évidence aveuglante : l'idéal néolibéral d'une économie en pilotage automatique, sans intervention de la puissance publique, est non seulement une illusion, il est dangereux et peut mener la planète au bord de l'explosion. Il n'est donc plus tolérable que le crédit échappe totalement à la puissance publique, et même à ses Pygmalion.

L'essentiel est que l'État dispose d'une panoplie d'intervention dans le système bancaire qui aille de la réglementation à la nationalisation, en passant par la réduction de la taille des établissements. Si, comme l'a dit un économiste, un établissement est trop grand pour risquer la faillite, c'est qu'il est trop grand tout court. Du fait de la disparition de quelques-uns de ses concurrents (Lehman Brothers), une banque comme Goldman Sachs a accumulé un potentiel d'intervention monstrueux, qui spécule contre ses clients – la Grèce – et défie la puissance souveraine de l'État fédéral. Pourquoi les lois antitrust, qui s'appliquent aux ensembles industriels, ne toucheraient-elles pas aussi les banques ? Pourquoi les plus tentaculaires ne seraient-elles pas démantelées ? En un mot, le crédit est aujourd'hui une chose trop sérieuse pour être abandonné aux banquiers.

20. La destruction de toute forme de planification indicative et de toute politique industrielle, en un mot de toute espèce de régulation, est l'une des causes principales des dérives que nous connaissons aujourd'hui. La nécessité de rétablir une régulation économique respectueuse du marché est aujourd'hui comprise de tous. Seuls manquent pour le moment la volonté politique et les moyens de l'exercer. Il appartient à un rassemblement démocratique de les faire apparaître.

Outre sa fonction de régulation économique, la planification « à la française » a historiquement joué un rôle de concertation sociale. C'est grâce aux organes du plan que les partenaires sociaux ont élaboré, durant les Trente Glorieuses, les compromis sur lesquels a été bâtie la croissance qui avait fait de la France l'un des pays les plus prometteurs du monde. On a vu que le capitalisme actuel ne veut plus de concertation, parce que le rapport des forces, qui lui est très favorable, les en dispense. Il nous appartient de la rendre à nouveau indispensable.

Et puis, la régulation économique est devenue un impératif écologique. Dans un monde de nouveau guetté par la rareté, on ne peut laisser l'industrie produire n'importe quoi dans n'importe quelles conditions.

LE DIVORCE DU PEUPLE ET DE LA GAUCHE[1]

ÉLÉMENTS : Le dénominateur commun de ces différentes gauches, dites-vous, c'est l'alliance ou la rencontre de la justice sociale et de l'idée de progrès, le second se mettant tout naturellement au service de la première. Or, l'idée de progrès est aujourd'hui en crise : l'avenir fait désormais plus peur qu'il ne fait rêver, et de plus les libéraux ne sont pas les derniers à se réclamer du progrès. Quant à la justice sociale, elle semble en panne depuis que la gauche s'est ralliée au principe du marché. Est-ce la cause première de la crise que traverse la gauche actuellement ?

JACQUES JULLIARD. Le cœur de la crise structurelle de la gauche est en effet là. Si, comme je crois l'avoir montré, la gauche est l'alliance – mieux encore : l'alliage – de l'idée de progrès et de l'idée de justice, alors la crise de ces deux idées entraîne nécessairement celle qui est issue de leur fusion. Or, le progrès, nous n'y croyons plus, et la justice, nous n'y arrivons plus. Du moins sous leurs formes canoniques.

Permettez-moi, pourtant, pour compliquer encore les choses, de dire un mot d'une idée, contemporaine de l'émergence de la gauche moderne au XVIIIe siècle : l'idée de nature. Pour la plupart des philosophes des Lumières, et pas seulement pour Rousseau, la nature est fondamentalement bonne, et le mal ne s'introduit dans le monde qu'avec la constitution de la société. Les formulations varient selon

1. Propos recueillis par Alain de Benoist, *Éléments*, n° 159, mars-avril 2016, p. 6-11.

les auteurs, mais le fait est là : d'emblée, la gauche se définit comme en état de guerre contre la société existante, au nom de la nature. On retrouve aujourd'hui ce schéma de pensée chez les écologistes ; il est sous-jacent dans la plupart des idéologies révolutionnaires.

C'est donc la société qu'il convient de transformer de fond en comble. D'où l'idée de progrès. Le XVIIIe siècle, comme l'a montré Jean Ehrard dans sa grande thèse sur l'idée de nature à l'aube des Lumières, ne pouvait pas avoir l'idée de progrès, parce qu'il concevait cette nature comme immuable et définitivement bonne. Toutefois l'idée pratique d'une transformation de la société, propre aux philosophes, a pour corrélat philosophique le passage de cette immuabilité à la notion de changement, dans le sens d'une amélioration constante. Cette idée est traduite à la fin du siècle par Turgot et surtout Condorcet, dans un schéma d'une admirable linéarité : l'esprit humain génère la technique, qui produit la prospérité matérielle, qui à son tour se traduira par l'amélioration morale du genre humain.

L'idée de progrès est née, qui va s'épanouir au XIXe siècle, d'Auguste Comte à Karl Marx. Car entre-temps l'idée de progrès a rencontré au milieu du XIXe siècle l'idée de justice, l'aspiration à la justice incarnée par le prolétariat industriel naissant.

Sur cet idéal, il n'y a pas de différence notable entre les républicains bourgeois et les socialistes révolutionnaires, qui ne s'opposent que sur les moyens. Les premiers font confiance au suffrage universel, les seconds, Marx en particulier, en appellent au rôle de rédempteur de la classe souffrante par excellence, le prolétariat.

L'idée de socialisme apparaît, avec son arrière-plan sotériologique et même christique… Et c'est à ce moment-là, (fin XIXe, début XXe) que la gauche resplendit dans sa pureté de cristal !

Or, au XXe siècle, on assiste à la fois à l'apogée et à l'effondrement de cette conjonction d'idées. On voit se mettre en place l'État social, l'État-Providence (socialement, le XXe siècle est un siècle de gauche), mais en même temps que cette idée progresse sur le plan pratique, elle explose sur le plan théorique. Le nazisme met fin à l'idée de progrès telle que l'avait conçue Condorcet, puisque l'on voit alors un pays intellectuellement et économiquement avancé sombrer dans l'horreur morale absolue. Quant à l'idée de justice, c'est le communisme qui se charge de la liquider en s'avérant incapable d'instaurer la démocratie. Simone Weil l'avait déjà observé : jamais la révolte des esclaves n'a produit une société démocratique. Les deux idées se retrouvent donc simultanément en crise. D'où, par conséquent, la crise de la gauche elle-même, et son éclatement. D'un côté, une gauche qui s'efforce de rester fidèle à l'idée de progrès, la gauche technocratique, libérale et bourgeoise dont le blairisme a été l'expression presque caricaturale et que Hollande représente aujourd'hui en France, et d'autre part une gauche qui renonce implicitement au progrès économique et se replie sur des positions sociales-démocrates classiques, mais sans le moteur de la croissance.

ÉLÉMENTS : Le fait dominant de ces dernières années, qui explique aussi le surgissement du « populisme », c'est que la gauche a perdu le peuple. Le peuple ne se reconnaît plus dans les partis qui dans le passé affirmaient vouloir servir ses intérêts et incarner ses valeurs. La gauche, de son côté, a cessé de s'identifier à la classe ouvrière au motif que le peuple est trop « réactionnaire ». Le Front national est devenu le premier parti ouvrier de France, tandis que la bourgeoisie de gauche remplace le peuple par les « people *», et la lutte des classes par la lutte pour le préservatif. Comment en est-on arrivé là ?*

JACQUES JULLIARD. D'abord parce que le peuple ne croit plus au progrès. Plus exactement, il ne croit plus que le progrès engendre mécaniquement la justice sociale. On l'avait convaincu dans le passé que le progrès, même s'il pouvait prendre la forme du capitalisme ou de la technocratie, était forcément une bonne chose pour lui. Durant une grande partie du XXe siècle, et singulièrement durant les « Trente Glorieuses », c'est en effet ce qui s'est produit. Le peuple a suivi parce qu'il y trouvait son compte. Mais est arrivé le moment où, comme le disait André Bergeron, il n'y a plus eu de grain à moudre. Ou mieux : le moment où le capitalisme international a décidé que, vue la faiblesse de ses partenaires sociaux traditionnels, il n'y avait plus lieu de leur faire des concessions. On est entré dans l'ère de la mondialisation, et les classes populaires, au sens large, ont eu le sentiment que celle-ci menaçait directement leurs intérêts. Tous les économistes le constatent : en une vingtaine d'années, la part du salaire dans le revenu global a reculé de 10 points par rapport à la richesse produite. La défiance de ces classes repose donc sur une réalité. L'idée que les choses iront nécessairement mieux demain a déserté les classes populaires, qui ont aujourd'hui le sentiment d'être les grandes sacrifiées du mouvement général des choses. Elles sont donc devenues objectivement conservatrices et nostalgiques du passé. Les électeurs du Front national d'aujourd'hui sont des déçus de l'État-Providence d'hier.

ÉLÉMENTS : Mais alors, pourquoi les classes populaires, qui ne se reconnaissent plus dans la « gauche de progrès », ne se reportent-elles pas massivement vers cette partie de la gauche qui prétend rester fidèle à l'idée de justice sociale ?

JACQUES JULLIARD. On ne peut échapper ici à une réflexion sur le phénomène de l'immigration. On pourrait dire que la quasi-totalité de la gauche a choisi toutes les formes possibles de prolétariat, sauf le prolétariat existant. Le fait n'est pas tout à fait nouveau : nous avons connu l'époque où, par volonté d'élargissement, on misait déjà sur les « exclus », ceux que Marcuse appelait les « sinistrés du progrès ». Il y avait certes les immigrés, mais aussi les femmes, les jeunes travailleurs, les étudiants, les personnes isolées, les chômeurs, les handicapés, etc. Mais à une date récente, la gauche qui prétendait se soucier de justice sociale est allée beaucoup plus loin. Elle a voulu changer radicalement de prolétariat, au seul motif que l'ancien l'avait déçue par son conservatisme. Elle a donc tout misé sur les immigrés, dont elle a décidé de faire un prolétariat de rechange. Ce faisant, elle a rejoint la gauche de progrès qui a évolué dans le même sens. Sur ce point, le raisonnement des bobos et de Terra Nova ne diffère pas fondamentalement de celui des gauchistes. Le peuple s'est alors détourné de la gauche sociale tout simplement parce qu'il a eu à son tour le sentiment d'être exclu, d'être abandonné : « Hier nous étions le prolétariat et on nous respectait, aujourd'hui nous ne sommes plus que des Dupont-Lajoie. » C'est un immense sentiment de déréliction. Le vote Front national est la conséquence de ce sentiment : le passage d'un ostracisme subi à une sécession volontaire.

ÉLÉMENTS : Mais précisément, pourquoi cette volonté de changer de prolétariat, surtout au profit de milieux immigrés qui n'ont aucune tradition des luttes sociales ?

JACQUES JULLIARD. Non seulement ils n'ont aucune tradition de ce genre, mais il n'est pas dit non plus qu'ils soient décidés à voter perpétuellement pour la gauche ! Cela s'explique à mon sens par le fait que la gauche française, qu'elle soit gauchiste ou modérée, est essentiellement une gauche bourgeoise. Contrairement à ce qui s'est passé dans plusieurs autres pays, il n'y a jamais eu de véritable gauche ouvrière en France. La classe ouvrière n'a pas produit sa propre élite, sauf parfois à l'intérieur des syndicats. Le parti socialiste n'a lui-même jamais été un parti ouvrier. C'est ce que lui reprochait si souvent Pierre Mauroy. De Jaurès à Mitterrand, en passant par Blum ou Mendès France, les leaders de la gauche française sont tous sortis des rangs de la bourgeoisie intellectuelle. Les intellectuels socialistes peuvent être très « avancés » ; ils ne se sentent pas viscéralement solidaires des classes populaires. La France représente donc un cas presque extrême de dissociation entre une bourgeoisie mondialisée et un prolétariat ou des classes populaires qui refusent la mondialisation et se sentent totalement abandonnées.

ÉLÉMENTS : Dans cette crise, quelle place donnez-vous au recentrage des programmes politiques, qui fait qu'aux yeux de beaucoup droite et gauche sont devenues indiscernables ? En l'espace d'un siècle, on a assisté à une réduction extraordinaire de l'offre politique...

JACQUES JULLIARD. J'ai l'impression que c'est moins le recentrage dont vous parlez qui suscite ce sentiment que le fait que, sous la droite comme sous la gauche, les résultats ne sont jamais à la hauteur des programmes. Les classes populaires, par exemple, ne sont pas en désaccord avec le programme économique de François

Hollande, mais elles déplorent l'absence de résultats au bout de trois ans et demi ; elles ont l'impression d'une inaction totale, qui a commencé avec Mitterrand, et qui s'est continuée avec tous ses successeurs. Rien depuis les années 90 n'a été fait pour renforcer et renouveler le tissu industriel du pays. On a mouliné, avec des versions de droite et de gauche, un industrialisme sans industrie et un étatisme sans innovation.

ÉLÉMENTS : Plutôt que de se préoccuper de justice sociale, le gouvernement actuel s'est lancé dans une sorte de frénésie sociétale fondée sur des valeurs individualistes (mariage pour tous, lutte contre le « stéréotypes de genre », etc.) Est-ce la preuve que l'évolution des mœurs commande aux idéologies et aux partis ? Comment interpréter ce virage ? La gauche aurait-elle définitivement abandonné, sauf à titre commémoratif, les valeurs collectives ?

JACQUES JULLIARD. Aujourd'hui, à cause de la sécession du peuple – ou plus exactement de l'ostracisme qu'il a subi et qu'il a transformé en sécession volontaire –, la bourgeoise éclairée met en œuvre à la fois une politique qui va dans le sens d'un formidable rééquilibrage au profit des revenus du capital et un programme sociétal qui correspond, encore une fois, à ce qu'il y a de commun entre les diverses branches de la bourgeoisie de gauche. Entre la gauche *Libé* et la gauche Macron, on voit bien qu'il n'y a pas beaucoup de différences. Les réformes sociétales ont en outre un gros avantage : c'est qu'elles ne coûtent rien, ce qui n'est évidemment pas le cas de la politique sociale. En même temps, c'est la marche vers une société à l'américaine, individualisée à l'extrême et où l'on constate une sorte d'atomisation des classes sociales. La société est ainsi conviée à s'aligner sur les valeurs individualistes de la bourgeoisie de gauche ; un sociologue aussi réputé qu'Alain Touraine allant même jusqu'à dire qu'il n'y a plus de société du tout ! Manuel Valls n'a pas tort de dire que la gauche pourrait bien finir par disparaître ; ce qui est en cause, c'est moins son programme que sa composition sociologique.

ÉLÉMENTS : Les réformes sociétales ne coûtent rien financièrement, mais elles coûtent beaucoup politiquement, car elles aggravent encore la coupure avec le peuple, qui s'y reconnaît rarement.

JACQUES JULLIARD. Les classes populaires sont en effet réticentes. Mais vous pourriez aussi prendre l'exemple du débat sur la déchéance de nationalité. Les gens ne comprennent pas que ceux-là mêmes qui, depuis des années, ont vilipendé l'idée de nation et développé l'idéal du « sans-frontiérisme », s'affirment aujourd'hui aussi attachés à l'intangibilité de la nationalité française pour une poignée d'individus qui ont trahi leur pays. Il y a là un paradoxe auquel les gens ne comprennent rien. Le peuple suit tout cela passivement, de façon résignée, plus ou moins intimidé à l'idée d'apparaître comme réactionnaire, mais il est certain que l'aspiration à une libération totale de l'individu n'est pas le fait des classes populaires. Dans le succès actuel de Marion Maréchal-Le Pen par rapport à sa tante, je vois l'idée que les bonnes mœurs, comme on disait autrefois, ont repris de l'importance dans les préférences politiques populaires. Michéa parlerait ici fort justement de « décence ordinaire ». Mais il y a aussi un phénomène de génération : Marine Le Pen c'est encore la génération Mai 68, Marion Maréchal-Le Pen, c'est la génération Manif' pour tous !

ÉLÉMENTS : La gauche semble avoir renoncé à changer de société. Réformiste, elle s'adapte à ce qu'elle ne peut plus ou ne veut plus endiguer, en se contentant de corriger à la marge des évolutions qui la dépassent, ce qui revient à gérer la fin de sa propre histoire. Une fatalité ?

JACQUES JULLIARD. La droite ne se préoccupe guère de l'évolution de la société. Elle croit que les sociétés sont autosuffisantes, que le libéralisme est la formule d'une société automatique, conforme à chaque instant à ce qu'elle doit être. De la gauche, qui a toujours été plus volontariste, on attend qu'elle propose des formes d'évolution de la société. On attend d'elle une conciliation de l'idéal collectif qui se dégageait de la société de classes et de l'individualisme qui est le fait des courants bourgeois libertaires, ce qui permettrait de réintégrer le peuple dans le jeu culturel d'abord, et dans le jeu politique ensuite. Mais le peuple se sent aujourd'hui exclu de la culture au sens le plus large, c'est-à-dire de la manière dont on peut vivre son présent. Si la gauche ne prend pas en compte ce sentiment de déréliction, elle ne sert plus à rien. Or, malheureusement, les partis politiques de gauche en sont totalement incapables. Longtemps, j'ai cru que les syndicats pourraient le faire – la CFDT s'y efforce encore un peu –, mais il est clair qu'ils ont également perdu l'inventivité intellectuelle qui était la leur dans les années 1970 et 1980.

ÉLÉMENTS : Parlons des syndicats. Vous avez vous-même beaucoup écrit sur l'histoire du syndicalisme, et vous vous êtes engagé aux côtés de la CFDT. Que dire de leur passage à vide ?

JACQUES JULLIARD. Les syndicats vivent sur une vision de la société qui est totalement dépassée. Je lisais récemment le rapport moral rédigé en prévision du prochain congrès de la CGT. C'est la société des années 1890, modifiée 1960 ! Il n'y a d'ailleurs plus que dans les congrès syndicaux que l'on parle encore d'ouvriers. Personne ne se dit plus ouvrier aujourd'hui ! Quand on demande aux enfants à l'école d'indiquer la profession de leurs parents, aucun ne se dit plus fils ou fille d'ouvriers. Ils parlent d'agents d'entretien, d'agents de maîtrise, etc. Des sociologues comme Serge Mallet l'avaient très bien vu dès les années 1960 : l'émergence des « couches nouvelles » dans la société a complètement modifié la nature des revendications de classe. L'article 2 des anciens statuts de la CGT disait vouloir réunir les « travailleurs conscients de la lutte à mener pour l'abolition du salariat et du patronat ». Aujourd'hui, les syndicats ne veulent plus détruire le salariat, perçu comme une forme d'esclavage, mais au contraire le défendre contre le système qui l'a inventé, à savoir le capitalisme. Il y a là un paradoxe qui laisse songeur.

ÉLÉMENTS : Si l'on en croit Christophe Guilluy, la lutte des classes redémarre avec le clivage qui s'accentue entre ceux qui profitent de la mondialisation et ceux qui en souffrent. Guilly va jusqu'à dire que le vote Front national est devenu un « vote de classe ». C'est votre avis ?

JACQUES JULLIARD. Le grand mérite de Christophe Guilluy a été de donner une explication sociologique forte au phénomène du divorce de la gauche et du peuple. Le vote Front national n'est pas un vote de classe à l'état pur (le vote communiste ne l'a jamais été non plus !), mais il repose sur un noyau populaire incontestable, tout à fait comparable à celui dont disposait le PC au début de la IVe République. Cela signifie qu'il est en train de se produire quelque chose de complètement nouveau, en l'occurrence la conjugaison d'un vote dirigé contre les élites dirigeantes, qu'il s'agisse de la bourgeoisie mondialisée ou de la technocratie gouvernante, et la recherche d'un point moyen où les classes populaires pourraient de nouveau exister autrement que de manière marginale.

Historiquement, le populisme n'a jamais débouché sur une formule politique bien précise. Y parviendra-t-il un jour ? Ce n'est pas impossible, compte tenu de l'incapacité de la classe politique à remettre en cause le vieux système de la représentation, synonyme d'exclusion du peuple. Le populisme exprime la volonté du peuple de se voir réinséré dans le processus de décision. C'est au fond le statut même du politique dans une société d'opinion et de communication multiple qui est en cause.

ÉLÉMENTS : Le problème est que les classes populaires ne manquent pas seulement d'une prise sur la décision, mais aussi d'une prise sur elles-mêmes, compte tenu de la disparition générale des repères…

JACQUES JULLIARD. Cela ne fait que renforcer leur sentiment d'impuissance. Ma conviction absolue, en tout cas, est que ce n'est pas dans un retour au parlementarisme que se trouve la solution d'un nouvel équilibre des pouvoirs. J'en vois la preuve dans l'importance prise dans la société actuelle par la vie associative. En dépit de l'expansion des valeurs individualistes, c'est dans les associations (de quartiers, de parents d'élèves, de colocataires, etc.) que s'exprime l'aspiration de la majorité des gens à s'engager en politique de façon désintéressée.

ÉLÉMENTS : Vous avez déclaré que « le gouvernement fait de l'antiracisme un dérivatif à ses difficultés ». Alain Finkielkraut décrit la version contemporaine de cet « antiracisme » comme le « communisme du XXI*e siècle ». Formule exagérée ?*

JACQUES JULLIARD. Dans l'effondrement général des valeurs de gauche auquel on assiste actuellement, il fallait bien que la gauche puisse se raccrocher à quelque chose. Cela a été la redécouverte des droits de l'homme, dont on a un peu oublié aujourd'hui qu'ils ont été longtemps tenus en suspicion, non seulement par les communistes, mais aussi par les socialistes (rappelons-nous l'accueil qu'ils ont fait à Soljénitsyne !). Le basculement s'est fait en quelques années, à un moment où il n'y avait plus aucune doctrine à la tête du PS : les droits de l'homme ont été une manière d'échapper au vide programmatique. Mais la vision des droits de l'homme qui a alors prévalu était complètement abstraite, elle n'avait rien à voir avec la vie réelle des gens. La preuve en est dans la façon dont on a manipulé la thématique de l'antiracisme, pour en faire une manière supplémentaire de mettre le peuple en accusation en lui imputant des sentiments ou des opinions « racistes » qu'il n'éprouve nullement, dans sa grande majorité.

Le résultat est que le discours antiraciste n'a aucunement empêché la montée du Front national, mais a au contraire contribué à le faire prospérer à partir de l'incompréhension que ce discours suscitait. Julien Dray et ses amis ont pu donner le change à l'époque de Mitterrand, mais en réalité le débat sur la place des immigrés dans la société actuelle a été complètement escamoté. Et quand il a eu lieu, il s'est généralement déroulé en l'absence des intéressés. Les immigrés eux-mêmes l'ont d'ailleurs bien compris, dès le lendemain de la grande Marche des Beurs. La plupart d'entre eux ne se reconnaissent pas dans ceux qui parlent en leur nom, et qui font eux aussi partie des élites. Le fait que, depuis des années, l'« antiracisme » se heurte au désintérêt populaire aggrave évidemment encore le problème de l'intégration. Et c'est d'autant plus préoccupant que la situation est appelée à continuer de s'aggraver. Si l'Algérie entre en guerre civile, ce qui me paraît très possible après la disparition de Bouteflika, des millions d'Algériens chercheront demain à traverser la Méditerranée. Ce n'est pas l'antiracisme abstrait qui nous dira alors ce qu'il faut faire. Quand je vois la façon dont, face à cela, la gauche est en train de détruire l'idée de laïcité, j'ai envie de crier : « Aux fous ! »

ÉLÉMENTS : Aucun intellectuel ne se reconnaît plus désormais dans la pratique d'un parti politique. Vous avez toujours suivi de très près les transformations du paysage intellectuel. Comment le voyez-vous évoluer en ce moment ?

JACQUES JULLIARD. C'est un fait que les intellectuels fuient la gauche, mais c'est la gauche qui en est responsable. Michel Onfray, Alain Finkielkraut, Jean-Pierre Le Goff, Christophe Guilluy, Jean-Claude Michéa, Houellebecq à sa manière, sont des hommes qui viennent de la gauche, voire de l'extrême gauche. Comme moi, ils sont effarés de voir que la gauche tourne le dos aux solutions possibles des problèmes qui nous tourmentent, à commencer par celui de l'immigration. Choisir l'époque actuelle pour démolir l'école républicaine, pour démolir la laïcité, pour démolir l'idée même de nation, c'est véritablement être tombé sur la tête ! Nous avons affaire à une gauche hors sol, qui n'est plus qu'une variante humanitaire sur le plan politique et keynésienne sur le plan économique, de la droite. Dans le passé, on a souvent présenté les intellectuels comme des irréalistes ou des rêveurs. Paradoxalement, on a aujourd'hui le sentiment que ce sont eux, et non plus les politiques, qui s'efforcent de dire ce qui se passe dans la société.

Quand des intellectuels évoluent de la sorte, on dit qu'ils « glissent à droite ». Cela traduit l'affolement de la gauche institutionnelle, qui se sent devenir impuissante en dépit des appuis dont elle continue à jouir dans les médias. Faut-il désormais se reconnaître dans la droite pour avoir le droit de parler de l'école, de la laïcité ou de l'immigration ? Personne ne peut le croire. Sous la reine Victoria, il y avait des mots interdits parce qu'ils évoquaient indirectement le sexe. La gauche est devenue dans sa manière de penser et de parler « victorienne ». Cela se traduit par des batailles de vocabulaire, des mots qu'on ne peut plus employer (le plus célèbre étant « identité », auquel Sarkozy avait déjà donné la pire connotation politicienne). Dans un tel climat, le simple désir de respirer librement éloigne de la gauche un certain nombre d'intellectuels. Et ce qui est significatif, c'est que ce sont eux qui obtiennent en librairie les succès les plus extraordinaires ! Quand Jean-Christophe Cambadélis publie un livre sur les valeurs de la gauche, il en vend 500, tandis que le livre que la gauche a le plus voué aux gémonies, *Soumission* de Michel Houellebecq, s'est vendu à 700 000 exemplaires. Même chose pour Michel Onfray. Cette perte de l'hégémonie intellectuelle devrait tout de même amener la gauche à s'interroger.

ÉLÉMENTS : On parle de plus en plus des « valeurs républicaines » et de moins en moins des valeurs démocratiques, de plus en plus de la « République » et de moins en moins de la France. Ceux qui mettent en cause la toute-puissance du système de l'argent sont en revanche très minoritaires. Qu'en aurait dit Péguy ?

JACQUES JULLIARD. Péguy a été un prophète. L'argent a toujours joué un rôle dans la vie des sociétés, bien entendu, mais il coexistait avec d'autres systèmes, le système de l'honneur dans les classes aristocratiques, le système de la solidarité dans les classes populaires, le système de la charité dans l'ordre chrétien. Ce que Péguy appelle le monde moderne, c'est le moment où le système de l'argent l'emporte définitivement sur tous les autres et devient l'étalon universel. Le capitalisme, de ce point de vue, est moins le système de l'appropriation privée des moyens de production que le système de l'équivalence universelle représentée par l'argent. François Perroux l'avait bien vu lui aussi, tout est aujourd'hui rapporté au système de l'argent, qu'il s'agisse de la culture, du sport, de la vie privée, de la religion, du jeu, etc. L'argent est devenu l'unique racine de la puissance. Il disqualifie tout ce qui est de l'ordre du don, du gratuit, du désintéressé. C'est pourquoi le système de l'argent est devenu irrespirable.

Péguy, grand républicain, n'opposait pas non plus la République à la France. Pourquoi parle-t-on plus des valeurs républicaines que des valeurs démocratiques ? La réponse est simple : c'est que la démocratie, c'est la souveraineté populaire, c'est le peuple, et que c'est du peuple que les élites dominantes ne veulent plus entendre parler. République et démocratie ne peuvent en réalité être séparées. Quand Régis Debray avait opposé les « républicains » aux « démocrates », je lui avais rappelé que la démocratie est ce qui permet de traiter d'une manière concrète les questions de la République. Des valeurs républicaines qui ne sont pas mises en œuvre d'une manière démocratique deviennent obsolètes ou illusoires. Là dessus, Jean-Claude Michéa a tout à fait raison.

ÉLÉMENTS : À la différence de Michéa, vous restez très attaché à la notion de progrès (ce qui ne vous empêche pas de croire au péché originel !). N'êtes-vous pas sensible au technomorphisme dans lequel semblent sombrer nos contemporains ? Croyez-vous vraiment à la « neutralité » de la technique, que récusaient à la fois Jacques Ellul et Bernanos ?

JACQUES JULLIARD. André Frossard disait : « Le drame de la gauche, c'est qu'elle ne croit pas au péché originel. Le drame de la droite, c'est qu'elle ne croit pas à la rédemption. » J'aime beaucoup cette formule. Si je suis attaché au progrès, c'est d'abord, comme le dit la sagesse populaire, parce qu'« on n'arrête pas le progrès ». Aucun d'entre nous ne songerait à remettre en cause l'informatique ou les antibiotiques, par exemple. Le refus du progrès technique, notamment chez les écolos, procède souvent d'une mentalité de nantis. S'il y a un recul de la misère et de la pauvreté dans le monde c'est quand même bien grâce au progrès. Cela dit, je n'adhère pas à l'idéologie du progrès telle qu'on a pu la définir naïvement à la fin du XVIIIe siècle. Je ne suis pas un disciple de Condorcet. Les cris d'alarme de Jacques Ellul et de Bernanos (j'ai moi-même écrit une préface à une nouvelle édition de *La France contre les robots*) montrent seulement que le progrès doit être maîtrisé et que le néo-capitalisme est d'abord et avant tout un régime où le progrès n'est pas subordonné à l'utilité sociale.

ÉLÉMENTS : Il y a vingt ans, dans la revue Le Banquet*, vous écriviez : « On aurait pardonné à la gauche d'avoir trahi sa morale si elle avait résolu le problème du chômage. On lui aurait peut-être* *pardonné de ne pas avoir résolu le problème du chômage si elle était restée fidèle à sa morale. Mais elle a trouvé le moyen de faire les deux : trahir sa morale et ne pas résoudre le problème du chômage. » On en est encore là ?*

JACQUES JULLIARD. Hélas oui ! Il faut bien convenir que la fameuse distinction de Péguy entre mystique et politique – ou celle, qui revient au même, de Max Weber entre éthique de conviction et éthique de responsabilité – nous laissent sur notre faim. Dans une société démocratique, où l'opinion est morale, voire moralisante, le problème n'est donc pas de les distinguer, mais au contraire de les conjuguer. Ce que je reproche à la gauche, c'est d'être incapable de concevoir la mystique autrement que sous la forme de l'angélisme et la politique autrement que sous la forme du cynisme. J'ai toujours milité pour une gauche qui croirait au péché originel.

TROISIÈME PARTIE

LES MIENS

LES MIENS

Introduction aux textes

La dernière partie de ce livre est la plus personnelle des trois. Elle renonce à la succession chronologique qui, *grosso modo*, ordonnait les deux premières parties. On y parle des écrivains avec lesquels j'ai entretenu un dialogue constant, tels Pascal, Péguy et Bernanos depuis ma jeunesse, Claudel depuis mon âge mûr, et enfin Simone Weil plus récemment. Tous les cinq sont chrétiens et même catholiques. Pourtant, on me croira si l'on veut, ce n'est pas pour cela que je les ai choisis. Je crois bien que c'est parce que ce positionnement spirituel faisait d'eux des minoritaires dans le champ philosophique et spirituel français.

C'est un trait qui m'est propre, et dont je me garderai bien de m'excuser. Lorsque je me trouve majoritaire dans une assemblée, je me demande bien quelle sottise je suis en train de défendre, ou peut-être même quelle lâcheté je suis en train de commettre.

J'ai quelque mérite à être démocrate, parce que je crois au plus profond de moi-même que le monde sera sauvé par quelques-uns. Ou même par Quelqu'un. Défiant à l'égard du religieux, spontanément agnostique quant à l'origine du monde, je pense depuis toujours qu'il n'y eut jamais depuis le commencement des temps qu'une seule et unique preuve de l'existence de Dieu, et cette preuve, c'est Jésus-Christ. Ce disant, je ne fais d'ailleurs que retranscrire à ma manière ce que j'ai cru comprendre de Pascal lui-même.

Le texte introductif à cet ensemble a été écrit en 2014 à l'occasion du centenaire de la mort de Péguy. J'essaie d'y clarifier les traits principaux de la famille d'esprit à laquelle je me rattache (texte 1).

Le deuxième texte, le plus important à mes yeux, porte principalement sur la distinction des ordres de Pascal, fondatrice, soit dit en passant, de la laïcité, mais surtout d'une théorie des différents pouvoirs, qui reste bien au-delà de ce que l'on a pu écrire depuis, de Hegel et Marx jusqu'à Michel Foucault. C'est la continuation du dialogue déjà cité avec Benoît Chantre, que je ne remercierai jamais assez de m'avoir contraint à la fois à rentrer en moi-même et à sortir des apparences, fussent-elles les miennes.

Le dernier texte est la reproduction intégrale de l'essai que j'ai consacré à Simone Weil. Il ne vise pas à l'originalité par rapport à tant de travaux de qualité consacrés à celle qui, de l'aveu d'Albert Camus, est le plus grand esprit du siècle. Il veut seulement dire ma dette de reconnaissance à son égard et prévenir quiconque s'approchera de cette œuvre de feu : on ne sort pas indemne de la confrontation avec Simone Weil.

CONTRE LE GROS ANIMAL : D'UN CERTAIN JANSÉNISME EN POLITIQUE[1]

Admettez un instant que le jansénisme ne désigne pas une position particulière sur le problème de la Grâce, mais un caractère personnel : une disposition innée à la rébellion, parfois même à la chicane : le désir aristocratique, sinon de déplaire, au moins de se trouver minoritaire ; le besoin de faire en priorité la leçon à son propre camp, quitte à aller chercher des arguments dans celui d'en face ; un certain penchant inavoué pour la persécution jusqu'à envisager le martyre ; un goût immodéré pour la polémique, jusqu'à faire douter de la douceur de ces grandes âmes ; le mépris délibéré pour les institutions, quitte à en tolérer l'existence en une moue indulgente ; mais avant tout une passion dévorante, exclusive pour la vérité, pour *leur* vérité, à laquelle ils sont disposés à sacrifier toute autre considération ; si donc on veut bien convenir que de telles dispositions d'esprit sont l'ethos fondamental de cette cohorte orgueilleuse et batailleuse, alors on pourra, je crois, admettre que ces figures toujours à vif sont bien les jansénistes d'une société en voie de sécularisation, les héros solitaires d'un ordre chevaleresque restreint dans un univers mental formé et formaté, normé et normalisé par la convention démocratique[2].

Pardonnez-moi de m'être longuement cité moi-même. Ce n'est pas par narcissisme, mais pour gagner du temps !

1. Collectif, *Pensée de Péguy*, Desclée de Brouwer, 2015, p. 275-294.
2. *Le Choc Simone Weil*, Flammarion, coll. « Café Voltaire », 2014, p. 110-111.

Ce n'est au départ qu'une intuition, le sentiment fugitif d'un air de famille qui m'est apparu à la lecture d'un certain nombre d'écrivains et de penseurs, dont voici la liste, sans doute non limitative, mais à coup sûr, significative. Ce sont : Pascal, Proudhon, Péguy, Sorel, Simone Weil.

Que l'on se rassure : je ne suis pas en train de faire du regroupement familial. Ces traits psychologiques communs dessinent, non une famille s'avouant pour telle et reconnue comme telle, mais au contraire des esprits solitaires, rétifs à l'embrigadement, anticonformistes-nés, qui ont en commun une manière singulière de concevoir leur mode d'intervention dans la vie publique. Alors, des écrivains engagés ? – Je déteste le mot. L'engagement, cette démarche volontaire et complaisante à soi-même, suppose que l'écrivain est par nature non engagé : un électron libre, un spécimen de cette « freischwebende Intelligenz » (intelligentsia en apesanteur) dont a parlé Karl Mannheim. J'ai toujours pensé que l'écrivain n'était pas « engagé » à la manière de Sartre, mais « embarqué » selon le mot infiniment plus juste de Pascal. Alors, oui, les écrivains dont je parle ici sont bel et bien embarqués. Cette implication dans les affaires publiques est souvent liée à des circonstances particulières, d'ordre biographique : c'est Pascal, embarqué dans l'affaire janséniste par amitié et solidarité avec ses amis de Port-Royal ; c'est Péguy dont toute la vie, toute l'inspiration est reliée à cet événement-matrice qu'est pour lui l'affaire Dreyfus ; c'est Sorel qui rencontre au tournant du siècle le syndicalisme révolutionnaire, et qui tout à coup s'en fait, non le théoricien, mais le « sociologue » ; c'est Simone Weil, qui a son tour, tombe littéralement sur le milieu syndicaliste révolutionnaire, ou plutôt ce qu'il en reste dans l'entre-deux-guerres ; c'est enfin Proudhon, hyper-réactif à l'événement, en journaliste qu'il est dans l'âme.

Au fait ne sont-ils pas tous les cinq des journalistes au sens profond que donnait Emmanuel Mounier à ce mot quand il disait : « l'événement sera notre maître intérieur » ? Ajoutez à cela que ce sont des tempéraments polémistes, non dénués de férocité de plume, avec un goût inné de la provocation, incapables de résister au bonheur de la formule, fût-ce parfois au détriment de l'équité. C'est Pascal qui a créé le genre, car les *Provinciales* sont conçues comme un écrit périodique où l'ironie, l'acharnement, l'éloquence, la mauvaise foi à l'occasion, se conjuguent pour déchirer l'adversaire ; c'est Proudhon qui restera prisonnier de sa formule initiale, « la propriété c'est le vol », qu'une bonne partie de ses écrits ultérieurs démentira ; c'est Sorel, enfermé dans un titre, les *Réflexions sur la violence*, à l'origine de la plupart des malentendus sur son œuvre entière ; c'est Péguy qui dans le moindre de ses écrits, a besoin d'un ennemi, cet ennemi qui sous tous les noms propres qu'il lui donne, reste le même, et qui n'est autre que le monde moderne. Seule Simone Weil résiste à la veine pamphlétaire ; son écriture, pleine d'un feu intérieur violent, n'a pas besoin de se déchaîner sur les personnes. C'est une militante de tous les instants, qui réserve aux grandes forces collectives qu'elle combat, le Dieu de l'Ancien Testament, Rome, l'Église, le colonialisme, le stalinisme, les flèches de sa polémique.

Minoritaires, non sans jubilation

L'écrivain est toujours un solitaire. Quand bien même il se plonge au cœur de la mêlée et dans le sein de la société, il le fait à sa manière qui est toujours singulière. Balzac peut bien écrire *La Comédie humaine*, c'est d'un tête-à-tête du romancier avec son univers qu'il s'agit.

Mais il y a plus chez ceux et celles dont je parle. Leur jansénisme psychologique est un défi à la foule et au pouvoir, qui ont toujours partie liée. C'est ainsi que Pascal, qui n'a jamais récusé le besoin d'une autorité, quitte à cantonner le respect qu'on lui doit à de simples apparences, devient une espèce de rebelle, du fait de la persécution du roi et du pape ; un champion de la suprême liberté de l'esprit par rapport à l'arbitraire, et du droit par rapport à la force. L'homme qui ne craint pas de dire dans les *Pensées* : « Si ce que j'écris est condamné à Rome, ce que j'y condamne est condamné dans le ciel » fournit la matrice de toutes les révoltes individuelles contre la tyrannie des pouvoirs en place. Ce jansénisme-là, c'est le refus de la souveraineté du nombre, c'est l'appel propre à tous les rebelles et à toutes les sectes, de l'opinion mal informée à l'opinion mieux informée.

Et que dire de Proudhon ? Si jamais le jeu de mot solitaire/solidaire, fondé sur l'homophonie, eut un sens, c'est bien à propos de lui. Ce champion de la solidarité de classe et de l'association a toujours mené bataille contre le grand nombre, que ce soit en 1848 à l'Assemblée nationale ou à l'intérieur de la mouvance socialiste. Sa profession de foi socialiste, il la lance fin juillet 1848 contre toute l'Assemblée, qui comprend tout de même des gens comme Victor Hugo et Louis Blanc. Elle obtiendra deux voix, dont la sienne. Toute la fraction avancée a voté contre lui.

Ce n'est pas pour rien non plus que l'on a surnommé Georges Sorel le « solitaire de Boulogne ». Son refus de faire chorus avec ses semblables, les intellectuels, est constitutif de sa personnalité politique. Dans son rapprochement avec le syndicalisme révolutionnaire, il y a sans nul doute sa fascination pour des meneurs de foules qui ne cessent de dénoncer le caractère moutonnier des masses, et qui, contre la démocratie du nombre, font confiance aux « minorités agissantes » et à l'esprit libertaire.

L'homme qui a le mieux incarné ce fier individualisme social, c'est Fernand Pelloutier, cheville ouvrière des Bourses du Travail dans les dernières années du XIXe siècle ; l'homme qui, dans sa *Lettre aux anarchistes*, en préface au compte rendu amer et ironique qu'il fait du congrès général du parti socialiste de 1899, écrit ces lignes souvent citées :

> Actuellement, notre situation dans le monde socialiste est celle-ci : proscrits du « Parti », parce que, non moins révolutionnaires que Vaillant et que Guesde, aussi résolument partisans de la suppression de la propriété individuelle, nous sommes en outre ce qu'ils ne sont pas : des révoltés de toutes les heures, des hommes vraiment sans Dieu, sans maître et sans patrie, les ennemis irréconciliables de tout despotisme, moral ou matériel, individuel ou collectif, c'est-à-dire des lois et des dictatures (y compris celle du prolétariat) et les amants passionnés de la culture de soi-même.

Nul doute que Sorel, en disciple de Proudhon, était sensible à cette tentative exceptionnelle pour concilier les valeurs propres à l'individualisme avec l'action de classe.

Quant à Péguy, c'est toute l'entreprise des *Cahiers de la Quinzaine* qui peut être décrite comme le choix de l'action solitaire contre les gros bataillons. Suivant ses propres écrits, on a trop souvent ramené sa rupture avec Jaurès à une protestation de la mystique contre la politique. Cela n'est vrai qu'à condition d'inclure dans cette opposition canonique la valeur irremplaçable de la pensée personnelle et de l'action individuelle face à la pesanteur sociologique du collectif, symbolisée par l'opinion publique.

Nul n'a mieux traduit ce devoir de lutte contre la tyrannie bestiale de l'opinion que Simone Weil, quand elle reprend à son compte – elle le fera sa vie durant – l'image platonicienne du « gros animal » au livre VI de la *République* : « Ce qui fait plaisir à l'animal, il le nomme bon, ce qui répugne à l'animal, il le nomme mauvais, et il n'est pas d'autre critère à ce sujet. »

La bête sociale, c'est-à-dire l'opinion publique qui ne se donne pas d'autre référence qu'elle-même, c'est aussi, en un certain sens, la bête de l'Apocalypse. L'éthique propre à l'intellectuel véritable, c'est le choix de la pauvreté des moyens contre le poids de la multitude, de la force et de l'argent. Il y a dans cette préférence pour la pauvreté des moyens quelque chose de christique : c'est le refus de la volonté de puissance signifiée à Satan par Jésus dans le désert ; c'est le choix de la croix, c'est-à-dire de l'infamie, de la part du détenteur de la toute-puissance. Voilà ce que ne cesse de marteler Péguy avant même sa conversion : l'impact de la « communication », pour employer le jargon d'aujourd'hui, est inversement proportionnel à la richesse des moyens qu'elle emploie. Le dialogue véritable suppose qu'il y ait quelqu'un qui parle, et quelqu'un qui écoute. Or, dans la « communication moderne », on ne sait qui parle, et il n'y a personne pour écouter vraiment.

La pauvreté n'est donc pas seulement l'absence de richesse ; c'est le respect de la liberté de l'autre dans le choix des moyens pour l'approcher et pour entrer en contact avec lui : tout le contraire de ce qui est implicitement contenu dans la notion d'opinion. C'est ce que Rousseau a parfaitement traduit dans l'*Émile* :

> La domination même est servile, quand elle tient à l'opinion ; car tu dépends des préjugés de ceux que tu gouvernes par les préjugés. Pour les conduire comme il te plaît, il faut te conduire comme il leur plaît. Ils n'ont qu'à changer de manière de penser, il faudra bien par force que tu changes de manière d'agir.

Grande leçon de politique démocratique de la part du prince des solitaires. Au fait, pourquoi Rousseau n'est-il pas ici comme mon invité d'honneur, pourquoi ne fait-il pas partie de mon équipée sauvage ? Je me le demande. Après tout, ce protestant de Genève en coquetterie épisodique avec le catholicisme ne serait pas déplacé parmi mes jansénistes psychologiques.

Il en possède de nombreux traits, y compris ce goût du martyre qui incite Pascal à ne croire qu'aux témoins qui se feraient égorger et Simone Weil au péché d'envie « toutes les fois que je pense à la crucifixion du Christ ».

Mais il n'y a pas que la psychologie pour rapprocher nos auteurs. Il y a aussi, il y a surtout une structure mentale commune qui se refuse à la simplification, qui fait de la complexité, non seulement la loi du vivant, mais aussi la loi du pensant.

L'irréductible complexité du réel

Là encore, c'est Pascal qui fournit le modèle. Soit le texte bien connu dit la « raison des effets » :

> Le peuple honore les personnes de grande naissance. Les demi-habiles les méprisent, disant que la naissance n'est pas un avantage de la personne, mais du hasard. Les habiles les honorent, non par la pensée du peuple, mais par la pensée de derrière. Les dévots qui ont plus de zèle que de science les méprisent, malgré cette considération qui les fait honorer par les habiles, parce qu'ils en jugent par une nouvelle lumière que la piété leur donne. Mais les chrétiens parfaits les honorent par une autre lumière supérieure.
>
> Ainsi se vont les opinions succédant du pour au contre, selon qu'on a de lumière[1].

C'est ainsi que se dessine dans les *Pensées* une dialectique en échelle de perroquet, où chaque degré cède la place au suivant sans s'effacer pour autant. Les demi-habiles ne se substituent pas au peuple ; les habiles ne parviennent pas à convaincre les demi-habiles, et ainsi de suite.

Contrairement à la dialectique hégélienne qui est *fermée*, et où le passage du pour au contre suppose l'abolition (*Aufhebung*) du degré inférieur, la dialectique pascalienne est *ouverte* ; elle rend compte

1. Pascal, *Pensées*, numéro 337 (éd. Brunschvicg).

de la complexité irréductible du réel, c'est-à-dire de la coexistence dans le monde d'éléments contraires. Il est vain d'imaginer que l'on pourrait parvenir en ce monde à une complète vérité. Il y a progression, et même progrès, « selon qu'on a de lumière » et ce mouvement ascensionnel fait de Pascal l'un des premiers et des plus paradoxaux penseurs du progrès. Pour autant, il est vain d'imaginer un possible dépassement harmonieux des contraires, autrement que sous la forme de la contrainte et de la violence.

Il est remarquable que partant de présupposés philosophiques et religieux différents, Proudhon se retrouve sur les mêmes positions que Pascal. Dans sa jeunesse, il a admiré la dialectique hégélienne : mais en 1840, il proclame qu'il s'est trompé et que la *contradiction* est la loi fondamentale de la société : non pas à l'état transitoire, en attendant un dépassement ultérieur, mais sous une forme permanente (*Système des contradictions*).

> Un quatrième préjugé enfin, ajoute-t-il, le plus déplorable de tous, est celui qui sous prétexte d'harmonie et de fraternité, tend à détruire dans la société la divergence des opinions, l'opposition des intérêts, la lutte des passions, l'antagonisme des idées, la concurrence des travailleurs. Ce n'est rien moins que le mouvement de la vie que l'on veut retrancher du corps social[1]...

L'« antinomie » devient le maître-mot. C'est une « loi de la nature et de l'entendement » qui ne peut pas être dépassée, mais seulement « équilibrée ».

> L'antinomie ne se résout pas : là est le vice fondamental de toute la philosophie hégélienne [...]. Les deux termes dont elles se composent se balancent, soit entre eux, soit avec d'autres termes antinomiques[2].

Il ne s'agit pas là de spéculation abstraite. Nous voyons ici s'opposer deux systèmes de pensée, l'une visant à l'élimination des forces contraires et à la réduction à l'unité de toutes les contradictions ; l'autre prenant acte de l'existence des antagonismes et s'efforçant d'organiser leur coexistence. C'est ainsi que selon les moments du

1. P.-J. Proudhon, *Organisation du crédit et de la circulation et solution du problème social sans impôt, sans emprunt*, 1848.
2. P.-J. Proudhon, *De la justice dans la Révolution et dans l'Église*, 1958, réimp. Fayard, 1988.

raisonnement et de l'évolution historique, Proudhon sera pour ou contre la propriété ; pour ou contre l'association ; pour ou contre le rôle déterminant de la bourgeoisie. Ce n'est pas Proudhon qui est contradictoire, c'est la réalité. « L'antagonisme antinomique » apparaît partout, dans la nature, l'esprit, les sentiments, les relations économiques, la vie politique, la vie morale.

Nul n'a plus été plus vigilant que Péguy sur les risques de tyrannie – nous dirions aujourd'hui de totalitarisme – contenus dans la volonté forcenée des politiques d'abolir les contradictions pour parvenir à l'unité du peuple. Du monisme métaphysique à l'uniformité politique, il n'y a que la distance qui sépare la pensée de l'acte. La belle affaire que d'avoir renoncé au Dieu unique pour lui substituer la pensée unique ! La belle opération que d'avoir éliminé la Providence chrétienne pour lui substituer une Providence laïque ! Le réel aux yeux de Péguy, comme à ceux de Pascal et de Proudhon avant lui, ne sera jamais uniformisé. Il présente à tout instant « des dualités, des multiplicités, des pluralités » irréductibles.

L'œcuménisme hégélien, dans son optimisme naïf, est gros de tous les dangers de la tyrannie. Ce n'est pas pour rien que le texte où Péguy met en garde Jaurès contre son unitarisme forcené s'appelle *Casse-Cou*. « Vous êtes moniste en métaphysique, parce que vous êtes et comme vous êtes unitaire en politique. » Et comment ne pas penser, nous qui bénéficions du recul et des leçons de l'histoire, au monisme stalinien de la société sans classes, qui a autorisé l'élimination physique des classes – celle par exemple des prétendus koulaks – censés empêcher l'unification de la société ?

On ne sera pas étonné de voir Georges Sorel, longtemps compagnon de route de Péguy, se prononcer lui aussi avec vigueur contre la dialectique hégélienne, notamment sous la forme mécanique que lui a donnée Engels. Le matérialisme historique, se demande-t-il dans une lettre à Benedetto Croce (27 décembre 1897) ne serait-il pas une « lubie » de Engels, transformant des intuitions de Marx en « lois de l'Histoire », contraignantes et simplistes ?

C'est ainsi que la dialectique hégélienne devient une philosophie politique déterministe, faisant du marxisme la police politique de l'histoire, et du prolétariat l'agent d'exécution de ses arrêts. C'est qu'à partir du XIXe siècle la philosophie a cessé d'être innocente et que les plus arbitraires de ses constructions sont devenues des instruments à broyer les consciences et le peuple lui-même.

Sorel est donc lui aussi favorable à une dialectique ouverte, capable d'absorber les contradictions sans les supprimer. C'est ainsi par exemple, qu'à l'instar de son maître Proudhon, il est à la fois hostile et favorable à la bourgeoisie conquérante. Ce qu'il attend du syndicalisme révolutionnaire, c'est que ses attaques contre cette bourgeoisie aguerrissent cette dernière. Le but de la lutte des classes n'est pas le dépassement des contradictions, mais le renforcement et l'amélioration des groupes antagonistes.

Simone Weil enfin. Elle est aussi, de la façon la plus déterminée, favorable au maintien des contradictions et au « balancement » des forces antagonistes. À la suite de Platon, elle privilégie la notion de *rapport*, un maître mot de sa pensée. L'union des contraires, elle l'a découverte chez les Pythagoriciens, et aussi dans la Bhagavad-Gita. C'est du rapport que surgit la pensée, là où n'étaient auparavant que des choses que leur isolement rend inertes. Cela est vrai pour le monde et pour Dieu lui-même, comme en témoigne cette notation lapidaire, tirée de ses *Cahiers* : « Dieu un, purement un, est chose : Ancien Testament, Coran, Dieu un et trois est pensée. »

La distinction des ordres

Une nouvelle fois, c'est à Pascal qu'il faut remonter et à sa théorie des ordres. Cette théorie sous-tend la philosophie de Pascal et aussi sa politique. Il suffit de renvoyer à la pensée 290 dans l'édition Le Guern (Pléiade), où les trois ordres, celui de la chair, celui de l'esprit, celui de la charité sont clairement distingués.

> La distance infinie des corps aux esprits figure la distance infiniment plus infinie des esprits à la charité, car elle est surnaturelle.

Ces trois ordres sont incommunicables entre eux, car ils appartiennent à des genres différents. Ils ne communiquent qu'à travers les personnes, qui y participent en commun. On ne peut pourtant agir que dans un seul ordre à la fois, quand bien même on appartient à plusieurs. Ainsi Archimède qui est prince – ordre de la chair – n'a que faire de son principat quand il est question de physique – ordre de l'esprit. Et Jésus Christ, qui eût pu venir en roi

– ne descendait-il pas de David ? – n'est venu sur terre qu'« avec l'éclat de son ordre », celui de la charité, évidemment. Il en va ici comme un peu plus haut à propos de la « raison des effets » : bien que le statut des ordres, comme celui des personnes, soit différent, et qu'il y ait une hiérarchie entre eux, chaque ordre connaît son identité propre : l'ordre de l'esprit n'a jamais pu abolir celui de la chair, pas plus que l'ordre de la charité celui de l'esprit. Nous trouvons ici, que cela soit dit au passage, le fondement le plus assuré de la notion de laïcité ; l'ordre de la charité, fût-il, comme c'est le cas chez Pascal, infiniment supérieur à celui de l'esprit, ne saurait l'abolir ou se substituer à lui ; pas plus que l'ordre de la chair (l'armée, la politique, la police) ne saurait interférer avec celui de l'intelligence ou lui donner des commandements. C'est ainsi que l'autonomie intellectuelle de l'Université doit rester totale par rapport au pouvoir charnel qui la subventionne et l'organise : c'est l'application pure et simple de la distinction des ordres de Pascal.

Je pourrais assurément mener la même démonstration à propos de Proudhon et de Sorel, mais on voudra bien considérer ici que la position de Péguy est en quelque sorte pivotale.

Toute la philosophie du dramaturge de *Jeanne d'Arc*, du poète d'*Ève* et du prosateur de *Notre Jeunesse* est sous-tendue par la distinction pascalienne des ordres, à cela près que les trois ordres de Pascal sont le plus souvent réduits à deux par Péguy, à savoir le temporel et le spirituel. Je m'appuierai ici de préférence sur l'un de ses textes les plus explicites et les plus achevés, à savoir « De la situation faite au parti intellectuel dans le monde moderne devant les accidents de la gloire temporelle[1] ». Le titre même de cette admirable méditation comporte les trois mots essentiels à notre propos : l'opposition temporel/spirituel, avec cette précision capitale : « dans le monde moderne ».

Nous acceptons assez volontiers, et comme naturellement, que les capitaines, que les barons, que les gens de guerre, que tous les laïcs voulussent avoir, que tous les temporels convoitassent du temporel, des châteaux et des terres temporelles, des puissances, des armes, des titres temporels. Ils faisaient pour nous comme leur métier. Au lieu que nous avons toujours, au

1. *Cahiers de la Quinzaine*, 6 octobre 1907 ; reproduit dans *Œuvres en prose complètes*, Gallimard, coll. « Bibliothèque de la Pléiade », 1988, t. II, p. 696.

contraire, un sentiment d'une espèce particulière de prévarication, d'une sorte de simonie, un sentiment très net, quand des spirituels, officiellement intemporels, convoitaient du temporel.

Transposée dans le monde moderne, une telle situation s'énonce ainsi : que les ambitieux, et notamment les politiciens, donnent libre cours à leurs convoitises, c'est dans l'ordre. Mais lorsque des « intellectuels » (professeurs, magistrats, militaires) – que nous sommes bien obligés de considérer malgré nous comme les successeurs des spirituels de jadis –, se livrent au trafic de leur influence et monétisent leurs idées, « là commence la simonie », c'est-à-dire la confusion des ordres et le scandale qui va avec. Ceux qui font du politique dans l'impolitique, du parlementaire dans l'imparlementaire et de l'argent au royaume de l'esprit, ceux « qui confondent tout de même par trop le ministère de l'instruction publique avec le ministère de l'Intérieur et la Sorbonne avec la préfecture de police », parce qu'ils ont transgressé les lignes et fait régner la confusion des valeurs. Aux yeux de Péguy, c'est ce qu'ont fait les grands mandarins de son époque, les Lavisse et les Lanson, les Aulard et les Langlois.

À quel point ce diagnostic conserve toute son acuité, à quel point il décrit notre monde actuel encore mieux que celui de Péguy, il n'est guère besoin de le dire. Les allées du pouvoir fourmillent aujourd'hui d'intellectuels qui ont vendu leur science, leur pensée et leur âme aux médias et aux puissances d'argent (c'est la même chose). Si nous vivons en cette année 2014 un vif renouveau d'intérêt pour Péguy, ce n'est pas seulement à cause du fétichisme moderne pour les anniversaires. Nous retrouvons Péguy dans toute sa vigueur parce que le moment actuel est péguyste, en vérité beaucoup plus péguyste que celui qu'il a lui-même vécu.

Un dernier mot sur Simone Weil. Elle n'a pas toujours été tendre pour Pascal, dont elle n'approuve pas l'apologétique, suspecte à ses yeux d'utilitarisme (le pari, les miracles…). Mais force est de constater qu'elle reprend complètement à son compte la distinction pascalienne des ordres, par le biais du concept majeur de sa politique, celui de force. L'ordre de la force chez Simone Weil est l'équivalent de l'ordre de la chair chez Pascal : c'est celui de la nécessité physique et de la contrainte morale ; celui qu'elle voit à l'œuvre dans l'*Iliade*, et qui, sous sa forme absolue, se traduit par le totalitarisme : celui de Rome, celui de l'Église, plus tard celui d'Hitler et de Staline.

Toute l'action politique de Simone Weil peut être considérée sous l'angle d'une lutte de tous les instants contre la force pour sauvegarder la liberté de l'esprit. La non-violence qu'elle a prônée jusqu'à la fin de 1938 signifie le refus de résister à la force par les moyens de la force : c'est-à-dire en définitive de donner raison à cette dernière. Déjà en 1936, elle s'est engagée en Espagne tout en approuvant la non-intervention de Léon Blum. Dans le même esprit, elle a accepté les accords de Munich. Mais l'invasion de la Tchécoslovaquie lui dessille les yeux ; elle en vient à considérer son attitude précédente comme une aberration, et devient dès lors, jusqu'à son arrivée à Londres et jusqu'à sa mort, une partisane convaincue de la résistance active au mal.

La conséquence la plus immédiate de la distinction des ordres, c'est le statut d'infériorité, et même le plus souvent d'indignité que nos auteurs réservent à la politique. Tout au plus auraient-ils souscrit au mot d'Emmanuel Mounier, affirmant que la politique peut être urgente, elle est toujours subordonnée.

C'est l'évidence même chez Pascal lui-même, qui cantonne la politique à la préservation de l'ordre social et au respect des apparences. Toute la politique de Pascal pourrait être réduite à cette pensée lapidaire : « Il a quatre laquais. » Pensée qui ne s'explique que par le contexte. Qui passera le premier la porte ? Le plus intelligent, le plus vertueux ? Mais qui en décidera ? Et sur quels critères ? On voit bien qu'il faudra rester des heures sur le seuil. Alors que l'ordre de la chair a pour lui l'évidence : il a quatre laquais, je n'en ai que trois ; voilà qui se mesure d'un coup d'œil et nous dispense merveilleusement des politesses de la porte.

Il faut donc respecter les conventions, non parce qu'elles sont justes, comme le croit le peuple, mais parce qu'il faut des conventions : mieux vaut des conventions arbitraires que pas de convention du tout, parce que l'absence de conventions communes est le début de la guerre civile. Ce qui est des usages de la politesse l'est surtout de l'ensemble des règles politiques. Il n'est pas rationnel que le fils aîné de la reine accède automatiquement au trône, mais cela évite toutes les guerres de succession.

À cause de ce pragmatisme, la politique de Pascal a souvent été jugée conservatrice. Il n'en est rien, car elle laisse le champ ouvert à la liberté de l'esprit, donc à des changements radicaux dont les effets se feront sentir jusque dans la politique. Si je dois aux Grands des marques de respect, mais non le respect lui-même, il arrivera fatalement un jour où cette discordance éclatera, et avec elle les conventions. C'est très exactement ce qui s'est produit à la fin du XVIIIe siècle.

Pour le reste, Pascal professe le plus profond dédain pour les professionnels de la politique. Pourquoi, demande-t-il, Platon et Aristote se sont-ils mêlés d'écrire sur la politique, eux gens honnêtes et de commerce agréable ? La réponse est brutale, sans équivoque : « S'ils ont écrit de politique, c'était comme pour régler un hôpital de fous. Et s'ils ont fait semblant d'en parler comme d'une grande chose, c'est qu'ils savaient que les fous auxquels ils parlaient pouvaient être rois et empereurs. » Conservatrice, cette pensée ? Non, mais sceptique, et potentiellement subversive.

Je n'ai pas besoin de dire longuement que le socialisme français, c'est-à-dire Proudhon, mais avant lui Saint-Simon, partage totalement ce point de vue. La célèbre « parabole » de ce dernier traduit clairement son mépris pour les fonctions symboliques, politiques et administratives au sein de la société. Leur disparition ne changerait rien à son fonctionnement. Seule compte l'action des « industriels », entendez par là les chefs d'entreprise, mais aussi les artisans et les ouvriers qui concourent à la production de la richesse nationale. À l'inverse, les fonctions de commandement – c'est-à-dire la politique – relèvent du parasitisme.

Et Proudhon ne dit pas autre chose quand il prophétise : « L'atelier remplacera le gouvernement. » Ce n'est pas ici le lieu de développer les tenants et les aboutissants de cet antipolitisme socialiste. On notera seulement que la mise en cause du politique, avec ses fonctions régaliennes, sa monopolisation de la représentation, et la transmission du pouvoir par la voie exclusive de l'élection est le point de rencontre entre la pensée technocratique et la pensée libertaire.

Ce n'est donc pas pour rien qu'au XXe siècle, dans l'entre-deux-guerres, une Simone Weil, militante syndicaliste révolutionnaire subit l'attraction du réformisme technocratique d'un Auguste Detœuf et de ses *Nouveaux cahiers*. Elle nous a laissé contre la politique partisane un bref et violent réquisitoire, *Note sur la suppression générale des partis politiques*, qui, lors de sa parution posthume, en 1950, fut salué à la fois par son maître Alain et par André Breton. Les partis sont pour elle un des avatars du « gros animal », c'est-à-dire de l'opinion publique, qui n'ont pas d'autre objet que de grossir indéfiniment et de se nourrir sur le corps démocratique. Ce sont « des organismes publiquement, officiellement constitués de manière à tuer dans les âmes le sens de la vérité et de la justice ». Ce sont des instruments à fabriquer de la passion collective, de façon à faire pression sur la pensée des individus, jusqu'à ce qu'ils démissionnent de cette pensée propre au profit d'une doxa collective. En effet, « quand il y a passion collective dans un pays, il y a probabilité pour que n'importe quelle volonté particulière soit plus proche de la justice et de la raison que la volonté générale, ou plutôt ce qui en constitue la caricature ».

De son côté, Georges Sorel n'a cessé de poursuivre de sa vindicte deux groupes de la société française, qui dans la pratique n'en font qu'un : les intellectuels et les politiciens, dont les « méfaits », comme dira son disciple Édouard Berth à propos des premiers, constituent la trame de l'imposture démocratique.

Mais c'est sans aucun doute Péguy – c'est par lui que je veux finir – qui a donné de la politique l'image la plus saisissante, celle d'une dégradation systématique de tous les grands idéaux humains.

Sur cette question essentielle des conséquences politiques de la distinction des ordres, on pense immédiatement au fameux diptyque mystique/politique, tel qu'il est présenté dans *Notre jeunesse*. C'est très exactement l'équivalent, en termes péguyens, de l'opposition pascalienne entre l'ordre de la chair et l'ordre de l'esprit. Point de vue en outre radicalement pessimiste, on ne le dit pas assez, car Péguy a beau nous dire que « la mystique ne doit point être dévorée par la politique[1] », il n'en reste pas moins que « tout commence en mystique et finit en politique[2] ».

1. *Notre Jeunesse*, dans Charles Péguy, *Mystique et politique*, Robert Laffont, coll. « Bouquins », 2015.
2. *Idem*.

Autrement dit, il y a là comme une loi universelle d'entropie, à laquelle il faut résister, mais sans espoir d'y parvenir… Et l'on n'a jamais vu la transmutation des valeurs opérer en sens inverse, c'est-à-dire la politique se transfigurer en mystique. Je me suis toujours interrogé, je l'avoue, sur la valeur de cette fameuse distinction en termes de praxis, car ou bien il est impossible, sans les dégrader, de donner une traduction pratique des valeurs de la mystique dans l'ordre de la politique, et alors il faut se résigner à l'incommunicabilité des ordres, et alors le péguysme gardera les mains pures, mais il n'aura pas de mains ; ou bien il est possible de conserver dans l'ordre de la politique les réquisits de la mystique, et Péguy ne nous a jamais dit comment, sauf par le sacrifice. Et lui, qui voyait dans Jaurès l'exemple même de cette simonie, de cette prostitution de la mystique dans l'ordre politicien, ne pouvait pas prévoir que le politique Jaurès finirait sa vie en martyr de la mystique. On ne peut que laisser à chacun la responsabilité de décider quelle dose de mystique est compatible avec l'exercice de la politique avec ses lois propres. Mauriac disait qu'il se mêlait des choses d'en bas avec des raisons d'en haut. La formule est belle, elle est éclairante ; elle n'est pas applicable à tous les humains.

Mais je voudrais invoquer ici un autre texte de Péguy, peut-être plus décisif pour notre sujet. C'est la *Reprise politique et parlementaire* où Péguy, s'appuyant sur Bernard Lazare, définit la décomposition du dreyfusisme comme le moment où l'un et l'autre s'avisent que les politiciens, lors même qu'ils luttaient pour la justice, le faisaient pour des considérations absolument étrangères à la justice même. C'est pourquoi, poursuit Bernard Lazare :

> Ce sera une raison désormais valable pour tous ceux qui veulent penser autrement et logiquement développer leur pensée, de se séparer radicalement des *professionnels de la politique* et d'accomplir leur œuvre en dehors d'eux[1].

Qu'est-ce donc que la politique ? C'est « l'autorité de commandement », dit Péguy, autorité usurpée, différente de la compétence

1. *Cahiers de la Quinzaine*, 16 juin 1903, dans *Œuvres en prose complètes*, *op. cit.*, t. I, p. 1139. Je me permets de renvoyer ici à l'un de mes plus anciens écrits, *Contre la politique professionnelle*, Le Seuil, 1977.

technique, mais issue exclusivement de son ordre propre, par les canaux du parti, et aussi des ressources propres de la parole. Significativement, le portrait du « grand orateur » qui suit est l'un des premiers à être dirigé contre Jaurès : c'est l'homme qui tire de son éloquence, c'est-à-dire, non de la force des arguments, mais de la voix, du geste, de la stature une autorité spéciale, une autorité d'« Église », une autorité sentimentale, en somme une autorité de commandement. C'est tout cela qui, avec le développement de l'audiovisuel, a pris de nos jours une importance démesurée, c'est la présence, l'art de la communication, le charisme qui font, comme disent les professionnels des médias, « un bon client ».

L'exercice de l'art oratoire est « l'exercice d'un gouvernement redoutable », qui suppose le consentement, la connivence de la foule et de ses tumultueuses passions. Jaurès, conclut Péguy, nous fait du « dreyfusisme oratoire », et c'est ainsi que toute action politique est nécessairement « gouvernementale, étatiste, jacobine et autoritaire ».

Qu'est-ce en définitive que la politique ? Une activité simoniaque portant sur l'influence et sur l'autorité, qui relèvent normalement du spirituel. La politique, c'est l'usurpation de l'autorité légitime.

Je voudrais conclure ces propos qui, dans mon esprit, méritent, au sens propre, le terme d'essai. Vous avez compris qu'il ne s'agit là que d'une intuition, tout au plus d'une esquisse. Je suis le premier à mesurer les limites et les défauts d'un tel exercice, qui demande à être confirmé, mais qui a pour ambition de repérer dans le maquis de notre histoire intellectuelle et littéraire des lignes transversales que l'on a toujours négligées.

Qu'est-ce donc qui réunit Pascal, Proudhon, Péguy, Sorel Simone Weil ?

On pourrait penser au catholicisme, parce que depuis le XVIIIe siècle, l'intellectuel catholique a été banni de la République des Lettres. C'est un étranger, peut-être un apatride. D'où son goût pour le témoignage solitaire, la polémique, la provocation. De Chateaubriand à Maurice Clavel, en passant par Veuillot, Léon Bloy, Barbey et Bernanos court un fil, auquel les cinq dont j'ai parlé, pourraient être rattachés : ce sont des marranes au grand jour. Mais Proudhon est antichrétien, Sorel est agnostique, quand bien même à certains égards, ils sont fascinés par le christianisme à la manière de

Nietzsche. Disons que leur culture est minoritaire et ne se rattache en aucune façon à la voie royale de la littérature française, de Voltaire et Rousseau jusqu'à Sartre en passant par Stendhal et Hugo.

En vérité, tous sont des francs-tireurs pratiquant « l'engagement dégagé », et cela à partir de trois attitudes qui reposent en partie sur des traits de caractère : l'anti-intellectualisme, l'insubordination, l'anticonformisme, ou refus de parvenir.

Ce sont des anti-intellectualistes, parce qu'ils se refusent à enfermer le réel dans des formules abstraites sorties du cerveau humain. En ce sens, ils sont aux antipodes de l'idéalisme hégelien qui, en enfermant le monde dans la logique de l'esprit, fait courir à la liberté humaine des périls mortels, comme la suite l'a montré.

Pour autant, le réel n'est pas un chaos inorganisé. Il y a bel et bien un mouvement ascensionnel, qui relève pour les uns de la charité, pour les autres de la justice. Il y a donc, au-delà du caractère *sui generis* de chaque ordre, une hiérarchie entre les ordres.

En deuxième lieu, tous témoignent d'un esprit résolu d'insubordination, qu'il serait aisé d'illustrer par les attitudes de chacun durant son existence. Au fond, ils démontrent qu'il peut bien y avoir des intellectuels de gauche et des intellectuels de droite ; des intellectuels athées et des intellectuels religieux ; mais qu'il n'y a, en définitive, que des intellectuels libertaires.

Enfin, ils affirment en toutes circonstances, contre la convention (Pascal) ; contre la propriété (Proudhon) ; contre la carrière (Péguy) ; contre l'ordre bourgeois (Sorel) ; contre la force (Simone Weil) le « refus de parvenir », c'est-à-dire d'appartenir à quelque « établissement » que ce soit.

Tout cela est à la fois plus et moins qu'une famille ; c'est un carrefour de la vérité et la réaffirmation, en toutes circonstances, de la primauté du spirituel.

CE QUE JE CROIS[1]

Benoît Chantre – Le dilemme des « solutions » rousseauistes avec, d'un côté, l'action de la société sur elle-même et, de l'autre, celle de l'individu sur lui-même, Pascal avait déjà tenté de le résoudre par un double cautionnement : celui des corps par l'esprit, et de l'esprit par la charité. À l'intérieur du deuxième ordre, un point d'identité chrétienne autorise ou conditionne l'action de l'individu sur lui-même : une caution « transcendantale » (« une autre lumière supérieure », dit Pascal), qui laisse et garantit pour l'individu, tant qu'il reste dans son ordre, une entière liberté. Nous sommes loin ici de la théodicée de Leibniz, avec ses trois degrés du droit naturel (positif, équitable et religieux) qui concilient la cité des hommes et celle de Dieu, quand Pascal les rend au contraire discordantes – tout en nous laissant penser les conditions de leur articulation. Articulation tragique, aléatoire, mais articulation quand même.

Jacques Julliard – Pour Pascal, cette « caution » de la volonté particulière, c'est évidemment Jésus-Christ. Je ne peux faire de cela un principe universel dans une société laïque. Je pense toutefois que, à l'intérieur même de la société démocratique, il doit y avoir – sous peine d'avachissement, sous peine de cette chute dont nous parlons – une conversion. À quoi ? Au constat que l'homme

1. *Le Choix de Pascal*, entretiens avec Benoît Chantre, Desclée de Brouwer, 2003, p. 229-330.

n'est pas autosuffisant ; que l'homme, comme dit Zarathoustra, est quelque chose qui doit être dépassé.

B. C. – Oui, mais quelle serait alors la transcendance à invoquer ? C'est une attestation que j'attends de vous ! Sinon cette altérité radicale au plus intime de l'action individuelle, sera reconduite dans le champ d'une immanence vague. Je pense aux apories de la pensée de Luc Ferry, par exemple, à ce qu'il appelle l'« homme-Dieu ».

J. J. – Non seulement je ne suis pas favorable à des institutions chrétiennes, mais je les crois incompatibles avec cette notion de conversion intérieure par laquelle je me reconnais comme participant au mal du monde. La différence entre le christianisme et l'islam, par exemple, c'est que ce dernier exige que la société elle-même soit islamique. L'islam n'a rien à dire aux peuples infidèles jusqu'à leur conversion. À l'inverse, le christianisme n'est pas lié à des institutions particulières. Le passage de l'Ancien Testament au Nouveau a été fait une fois pour toutes, et comme dit l'Évangile de saint Jean, la lumière « illumine tout homme venant en ce monde ». C'est son caractère universel qui, à mes yeux, fonde sa vérité.

B. C. – Ne pensez-vous pas cependant que, face au défi d'un religieux impensé, qu'il vienne de l'islam ou d'ailleurs, la laïcité aurait beaucoup à gagner, forte de la traversée du religieux qu'elle a elle-même accomplie, à recourir d'une manière inédite à son origine ? Non pas pour renouer avec un ancien ordre politique, bien évidemment, mais pour s'accorder à ce Silence plus silencieux que les silences humains, que nous évoquions précédemment, qui seule l'« autoriserait », la cautionnerait de l'intérieur ?

J. J. – Si vous voulez dire que l'Europe a tort de ne pas regarder en face son passé chrétien, et refuse même de le nommer, vous avez raison. Qui ne veut pas regarder son passé en face est incapable de concevoir un avenir !

J'irai plus loin : avec le repli des individus sur des croyances communautaristes qui les isolent du reste de la société, on assiste à un véritable épuisement de la transcendance collective sur laquelle est fondée la nation. La séparation de l'Église et de l'État est une bonne chose. La séparation de l'État et de la Tradition est une absurdité. À long terme, l'État a plus à perdre que l'Église dans cette dénégation butée du passé national, qui tend à faire du citoyen un orphelin sans passé. Comme le dit Dominique Schnapper dans *la Démocratie providentielle*, l'ébranlement de l'Église catholique ébranle le projet républicain lui-même. Par un étrange paradoxe, la pensée laïque n'autorise un passé qu'aux courants minoritaires comme le judaïsme ou l'islam. C'est le crétinisme laïciste dans toute sa splendeur.

B. C. – Pourquoi alors semblez-vous reculer au moment de faire ce pas décisif ? Parce que nous sommes dans un espace laïc ? S'interdire de faire ce pas, c'est rendre le plus mauvais service à la laïcité !

J. J. – Comment pourrais-je définir ce que vous appelez cette ultime strate ? Je ne pense pas, et vous non plus, je le sais bien, que le Christ soit venu fonder un ordre politique. Il est venu proclamer un certain nombre d'exigences, compatibles avec un certain ordre politique et contraire à un autre ordre. Il n'a pas prétendu instaurer un monde chrétien, contrairement à ce qu'a prétendu le Moyen Âge. Aujourd'hui, la question ne se pose plus. Je pense sur ce point que Marcel Gauchet a raison. Depuis 1700, la « période axiale », comme il l'appelle, le politique a cessé d'être surdéterminé par le religieux. Du moins le politique collectif, car le politique individuel, lui, peut bien continuer de l'être. C'est la surdétermination collective que je refuse et c'est en cela qu'il y a une laïcité nécessaire, qui date non seulement de la période axiale de Marcel Gauchet, mais qui est constitutive du christianisme lui-même, dans son génie politique propre.

Je n'ai pas à entrer dans les contradictions de ce que le père de Lubac appelle « le drame de l'humanisme athée ». Peut-il organiser l'univers politique sans que se fasse jour une transcendance ? La transcendance horizontale marxiste a été une catastrophe retentissante, parce qu'elle ne faisait appel à aucune espèce de participation individuelle, c'est-à-dire de conversion, au sens où je l'ai définie.

Somme toute, Nietzsche ne dit pas des choses très différentes. Il faudrait peut-être trouver une formulation nietzschéenne des insuffisances internes de la démocratie. Mais je ne vois pas comment ni pourquoi il faudrait relier la prière – parce que au fond, en allant vite, c'est cela que vous me proposez – à l'univers politique… En d'autres termes, je refuse toute authentification religieuse de mes idées politiques.

B. C. – Je ne fais que reprendre et interroger l'une de vos formulations de tout à l'heure, à propos de Mauriac et des « raisons d'en haut ». « Il faut faire oraison », me disiez-vous…

J. J. – Bon. Mais rappelez-vous qu'avec Claudel, je me suis réservé tout à l'heure « avec fermeté le droit de me contredire » ! Je dis donc en même temps que cette *religio* ne peut être qu'individuelle. J'ai tout à fait le droit de donner à ma pensée politique un fondement religieux. Mais je ne vois pas comment on pourrait généraliser cette démarche. Je puis être un socialiste religieux. Mais je suis contre un socialisme religieux, même si le socialisme n'a pas plus que d'autres doctrines son autosuffisance. Bien. Mais, en même temps, je suis laïc. L'exigence qui est au fondement du socialisme est de nature différente d'un individu à l'autre. Certains pensent que l'homme est autosuffisant, que l'homme peut définir une exigence par rapport à lui-même. Je n'ai jamais compris comment cela était possible, mais je respecte cette pensée. Comprenez-moi bien : la laïcité n'est pas une pudeur de la pensée, c'est une conviction : le temporel existe. Je ne peux tirer de l'oraison le moindre principe politique.

B. C. – Les extases décrites dans *Les Rêveries du promeneur solitaire* – jouissance de l'existence, sentiment d'autosuffisance… – ne sont pas si éloignées d'une certaine forme d'oraison, même si on peut s'interroger sur son caractère à dessein vague, indéfini. Mais passons… Nous évoquons là les deux « solutions » de Rousseau, et nous tournons en rond, renvoyés que nous sommes de l'une à l'autre. C'est pour sortir de ce dilemme, je pense, que vous vous dites pascalien. Comment les trois ordres s'établissent-ils alors dans votre esprit ? Si l'on part du principe que l'ordre des corps est celui du politique et que le deuxième ordre est *mutatis mutandis* celui de la raison individuelle, quelle va être l'action propre au troisième ordre ?

J. J. – L'action de l'individu sur lui-même relève aussi du troisième ordre. L'homme est un être religieux. Pascal est aussi laïque que moi sur ce plan. Lorsqu'il veut convertir, il convertit l'individu, pas la société. Et par ailleurs, il dit du fonctionnement de la société que c'est un fonctionnement purement laïque. Ce n'est pas un ordre chrétien. Il n'est absolument pas thomiste. Selon lui, l'ordre politique repose sur la force et sur des conventions destinées à limiter cette force. Il ne dit pas qu'il faudrait des lois chrétiennes, mais il préfère la coutume, la considération consensuelle du rapport de forces. Il n'y a pas de société chrétienne chez Pascal.

B. C. – Ce qui n'en reste pas moins à penser, avec la régulation des trois ordres, c'est l'emboîtement du spirituel sur le temporel, la façon dont le premier *pourrait* s'inscrire dans le second ; dont la « raison mystique », pour reprendre les termes de Pascal, *pourrait* mouvoir la « raison temporelle ». Pour cela, et parce qu'il se méfie profondément de tout cléricalisme, Pascal humilie la raison qui risque d'entraver ce passage d'un ordre à l'autre. Il ne cherche pas, c'est évident, à fonder une politique chrétienne. Ce serait absurde, et témoignerait d'une confusion des ordres. Il nous donne en revanche les moyens d'agir chrétiennement en politique, et c'est cela que je cherche à mieux comprendre en vous interrogeant. L'injonction du : « Il faut crier », qui figure dans les *Pensées* et que vous avez évoquée à propos de vos engagements, intervient quand la politique se met à jouer dans un ordre qui n'est pas le sien, qu'il devient urgent de la faire rentrer dans son lit, comme on le dit d'un fleuve. Pascal peut montrer qu'il y a une raison de la politique parce qu'il existe deux autres ordres hétérogènes entre eux, qui lui assignent cette place qu'elle ne peut pas quitter. Il pense ainsi l'autonomie du politique sur fond d'une expérience religieuse (plus précisément, d'une conversion de la raison à cette expérience).

J. J. – On peut très bien avoir ce type de politique sans expérience religieuse. D'une certaine manière, Pascal se débarrasse du religieux quand il aborde la politique…

B. C. – Comme vous vous débarrassez du politique en faisant de la démocratie la forme d'une contingence propre à l'ordre des corps.

J. J. – Très bien. Je trouve cela commode pour celui qui a une autre vision de la société, cette contingence démocratique est une commodité qui permet de vaquer à autre chose. On peut aussi se contenter de cette contingence. Je constate qu'un nombre croissant de gens se contentent de cet empirisme démocratique, non pas pour laisser de la place ou du temps à un autre ordre, mais parce qu'ils n'en voient pas d'autre. « L'élément tragique pour l'homme moderne, écrit Vaclav Havel, ce n'est pas qu'il ignore le sens de la vie, mais que cela le dérange de moins en moins. » Je trouve cela très réducteur et très pauvre, mais je suis obligé de constater que c'est le cas du plus grand nombre. Qu'y puis-je ? En se débarrassant du religieux, la laïcité a appauvri sa propre vision. D'ailleurs, je ne crois pas en la conversion de l'autre. On ne convertit jamais personne. « Convertir » ne saurait être qu'un verbe pronominal.

B. C. – Quel serait cet autre type d'action qui serait l'ultime ?

J. J. – Vous voulez à toute force introduire une troisième dimension, qui n'est pas du même ordre que les deux premières.

B. C. – Non, j'essaie plutôt, fort des signes très clairs que vous m'envoyez, de tenir une « basse continue » qui serait pascalienne ! L'ordre collectif est le premier, l'ordre individuel est le deuxième. Mais quel est pour vous le troisième ?

J. J. – Je ne vois pas comment ce troisième ordre pourrait être traité sur le même plan que les deux autres. Il est religieux, bien entendu. Certes, il y a une Église, c'est-à-dire une institution collective. Mais tandis que l'ordre de l'esprit est universel, celui de la charité est personnel. Il s'adresse à tous les hommes, mais il passe par des formes d'action qui sont singulières. En revanche, il y a une strate morale, dominée par l'existence du mal. Ce que le christianisme a représenté en lui donnant un visage personnel : celui de Satan. Le mal existe. Voilà pourquoi la politique de Rousseau est totalement utopique, et celle de Pascal réaliste. Le mal n'est pas un produit de notre imagination ou des rapports sociaux, il est inscrit dans notre nature. Ce que j'appelle une politique pascalienne n'est pas du tout une politique chrétienne, vous l'avez compris, mais c'est une politique qui considère le mal comme une réalité. Si l'homme est bon, en quoi consiste la politique ? À peu de chose en vérité : à lever les obstacles. Ils peuvent bien être une montagne, ils ne sont pas grand-chose. Une simple contingence extérieure.

Voyez comme la gauche et la droite s'emploient conjointement à détruire les apories propres à l'ordre politique. Pour sauver la bonté de l'ordre des choses, la gauche s'efforce de réduire l'Autre de droite à très peu : une poignée d'accapareurs, les « méchants » de Robespierre, les « deux cents familles » du Front populaire, les « monopoles » du parti communiste du temps de sa grandeur, les « fachos » de la mouvance lepéniste. La droite, de son côté, s'attache à réduire systématiquement l'Autre de gauche – qui perturbe non l'ordre naturel mais l'ordre social – à peu de chose : une poignée de meneurs ou d'intellectuels dépravés. Il faudrait si peu pour que tout se mette à fonctionner normalement : un bon coup d'épaule, un coup de pied dans la fourmilière. Je ne crois pas à cette vision simpliste du monde qui s'apparente à la théorie des crises occasionnelles ou à celle du complot. Si à gauche comme à droite on tient tellement à escamoter le mal, c'est que sa reconnaissance conduit à repenser de fond en comble l'ordre du politique. Et cela, on ne le veut pas. On a dit et répété qu'après Auschwitz rien ne pourrait être comme avant. On l'a dit, mais on ne l'a pas cru. On n'a rien changé à la vision de l'univers politique. C'est pourquoi tout a continué, et nous avons eu le Goulag, l'univers concentrationnaire chinois, le Cambodge, le Rwanda…

Vous ne verrez pas d'inconvénient, je pense, à ce que j'introduise ici Péguy dans le débat. Il y a dans ses textes posthumes une des œuvres de lui que je préfère, et dont on se demande bien pourquoi il ne l'a pas publiée de son vivant. Vous avez reconnu *Par ce demi-clair matin*, écrit en novembre 1905. C'est là qu'on trouve une des plus furieuses, une des plus injustes, une des plus inspirées des charges qu'il a menées contre Jaurès. Dieu sait pourtant s'il en a menées. C'est le « rien ne fait mal ». Jaurès a-t-il prononcé cette phrase ? Le fait est qu'il ne l'a pas écrite. Mais Péguy, tout à son ressentiment, feint de prendre à la lettre « un mot que l'on prête à Jaurès », un mot à Célestin Bouglé qui lui est parvenu par Daniel Halévy, cela par l'intermédiaire de son frère Élie. C'est dire si son authenticité et son sens exact sont sujets à caution.

Mais peu importe. Péguy charge comme un taureau furieux, parce que ce qu'il vise à travers la personne de son ancien ami, c'est une attitude intellectuelle, celle de l'optimisme béat, qu'il prête à la masse des progressistes de l'époque. D'abord parce que si « rien ne fait mal », à quoi bon s'occuper des affaires de ce monde ? Si tout finit par s'arranger, à quoi bon intervenir ? À quoi bon la militance ? L'optimisme est synonyme de paresse et de mobilisation. Mais surtout, le « rien ne fait mal » est une insulte à tous les offensés, les humiliés, les torturés, les massacrés de ce monde dans lequel « de partout monte l'inondation de la barbarie ». Péguy, entre autres choses, a eu une conscience aiguë du tragique XXe siècle qui s'ouvrait. Il ne connaissait, et pour cause, ni Auschwitz, ni le Goulag, mais au spectacle des Arméniens, des peuples colonisés, des Juifs, des Polonais, des populations d'Extrême-Orient, il savait d'une façon intuitive que, à moins de croire à une Providence bienveillante, le progrès n'est pas assuré, loin de là ; que le « rien ne fait mal » est un « couplet sinistre, cynisme inouï, lugubre litanie, tranquillité fourbe, atroce refrain [...] qui vient s'intercaler en réponse aux atroces couplets de détresse hurlés par tant de peuples victimes[1] ».

Avec cet immense et divinatoire pressentiment du réel qui fait de lui, un siècle plus tard, notre contemporain le plus absolu, Péguy jette à bas, d'un coup d'épaule, l'édifice branlant de l'optimisme progressiste dont la gauche a fait depuis Condorcet, toutes doctrines confondues, sa philosophie officielle. Le meilleur n'est pas toujours

1. *Par ce demi-clair matin*, dans *Œuvres en prose complètes*, Gallimard, coll. « Bibliothèque de la Pléiade », t. II, 1988, p. 97.

sûr. Le mal existe. Il n'est pas qu'une insuffisance d'être ou une ignorance involontaire, il est un principe actif, à l'œuvre dans le monde et en chacun d'entre nous. Le péché originel n'est pas un mythe, mais une expérience vécue. Le diable, probablement. Le diable, certainement. Il y avait jadis de la candeur à croire au diable. Il y a aujourd'hui de l'aveuglement à ne pas y croire. Le mal est de toutes gens et de toutes époques. Mais la nôtre est celle où la conscience du mal se confond avec la lucidité la plus élémentaire. Dès lors, ce sont tous les schémas mentaux hérités du grand siècle optimiste commencé en 1789 et achevé en 1914 qui s'effondrent.

Comment peut-on mener une action progressiste pour plus de justice, d'égalité, de fraternité avec la conscience du mal ? Peut-on être pascalien de gauche, voilà pour moi la question centrale. Il ne suffit pas de couper les entraves, de dissiper les tentations. Il faut bel et bien composer avec le mal, avec tous les ferments de dissolution du contrat social. C'est là que la pensée réactionnaire est utile, car elle prêche la vigilance : vous voulez libérer l'homme, très bien. Mais faites attention à ceci : *ipso facto* vous libérez aussi le mal. En libérant l'homme, je pense, moi, qu'on libère *et* le bien *et* le mal, mais on ne peut pas faire comme si on ne libérait pas aussi le mal. Or la pensée démocratique optimiste, héritière du XVIIIe siècle, considère qu'en libérant l'homme on a libéré sa possibilité de faire du bien et d'œuvrer à une société plus juste. Ce n'est pas vrai. On s'est débarrassé du Bon Dieu. Sans doute. Mais on a gardé le Diable !

B. C. – Vous convenez donc que, si l'on ressaisit les « solutions » de Rousseau, exclusives l'une de l'autre, dans une distinction de degrés (et non d'« ordres », j'insiste là-dessus), le plan de *La Nouvelle Héloïse*, mais aussi des *Confessions* ou des *Rêveries* (sphère du privé ou des relations interpersonnelles) est fondateur par rapport au collectif, comme le droit naturel l'est par rapport au droit positif ?

J. J. – Oui, si vous voulez. Même si je pense que Rousseau ne sort pas de la contradiction. Voulant penser une société politique, Rousseau nous a donné deux utopies incompatibles entre elles et aussi bien irréalisables l'une que l'autre. La société politique proprement dite passe par l'interpénétration de ces deux utopies : l'utopie universaliste du *Contrat social* et l'utopie interpersonnelle de *La Nouvelle Héloïse*, une société où les gens se choisissent ; c'est le type même de la société privée. Cela peut être la famille, une bande d'amis, le phalanstère, « des êtres selon mon cœur », dit Rousseau. Alors que dans le *Contrat social*, c'est tout le monde, on ne choisit pas. Aucune de ces deux sociétés n'est viable. Parce que l'homme est à la fois être individuel et être collectif.

B. C. – Elles deviennent viables si l'être privé, individuel, fonde, par la qualité de la relation qu'il noue avec les autres, la relation plus anonyme qui est celle du collectif. « Cette intégration de l'idéal naturel dans le réel social », pour reprendre une heureuse expression de Tzvetan Todorov, c'est bien le geste que Rousseau tente dans l'*Émile*, cherchant à sortir de l'aporie du citoyen patriote et de celle de l'« homme naturel », en pensant l'homme moral et universel, rendu possible par le christianisme. Le théisme de Rousseau cherche alors à fonder une morale qui vaille pour l'humanité, et à articuler cette morale à la politique. Il y a bien chez lui une « troisième voie », comme on parle, *mutatis mutandis*, d'un « troisième ordre » chez Pascal. Mais si l'on relit Rousseau en pascalien, comme nous essayons tous deux de le faire, l'action morale ne pourra plus être cette synthèse de deux solutions contraires ; on sera obligé, ne vous en déplaise, de penser la transcendance de chaque ordre par rapport à l'autre, synthèse *tragique* dans le cas de Pascal. Ce que nous appelions tout à l'heure l'articulation de la mystique à la politique.

J. J. – Il y a effectivement chez Rousseau l'idée que la morale est un instinct divin. Il le sent intuitivement. Mais ce n'est qu'une pensée des origines, pas une pensée de l'actualité.

B. C. – Rousseau sait gré au christianisme d'avoir généralisé et accéléré en quelque sorte, ces « saines idées du droit naturel et de la fraternité commune de tous les hommes », au point de les rendre universelles. Puisque vous requérez toujours Pascal pour sortir du dilemme rousseauiste – et que vous estimez donc que Rousseau n'y est pas parvenu lui-même –, vous devez affirmer que la charité est fondamentale à la tenue des deux autres ordres. Je me permets de pousser jusqu'au bout votre propre logique.

J. J. – Pour moi, oui. Les ordres ne sont pas dépendants les uns des autres, même si, en tant que personne, je crée par ma personne même une dépendance entre eux. Mais chacun des hommes peut agir selon sa logique propre. Certes, mon rapport à l'esprit et à la force est dépendant de mon rapport à la charité. Mais c'est moi qui institue cette liaison : elle peut être objective pour moi, elle ne saurait s'imposer à tous. C'est moi qui relie les choses entre elles. Il m'appartient en tant qu'individu de choisir le type de liaison que j'établis. Mais je ne prétends pas lui donner un caractère universel.

B. C. – Instaurant cette « liaison subjective », vous opérez en vous ce qu'on pourrait appeler en termes pascaliens le dialogue de l'« honnête homme » et du « chrétien parfait » ; vous accordez entre elles deux volontés, temporelle et spirituelle – beaucoup plus alors que la volonté individuelle à la volonté générale. Un tel accord, si tant est qu'il existe – sa survenue reste en effet aléatoire, exceptionnelle, de l'ordre de la grâce, dirait Pascal –, fait disparaître ce que les auteurs du XVIIe siècle appelaient notre « volonté propre », au profit d'une autre, qui est *à la fois* celle du monde *et* celle de Dieu. Voilà le principe (ou le moteur) que masquaient les deux souverainetés que vous récusiez. Et un tel saut hors de notre « volonté propre », puisqu'il n'est pas strictement collectif, est donc universel…

J. J. – Comment vous dire ? Vous voulez m'obliger à penser au-dessus de mes moyens… Ma réflexion est plus modestement partie de l'idée que l'éclipse de Pascal, qui a duré tout le XVIIIe siècle, s'est terminée au XIXe, avec le nouveau questionnement sur le religieux. Mais ce n'est là qu'une intuition. Je ne sais pas, d'ailleurs, si nous avons eu raison de suggérer que Benjamin Constant était une étape dans ce retour. Lorsque Constant, et plus tard Tocqueville, et encore plus tard Durkheim, voient dans le religieux le fondement du lien social, la religion ainsi conçue n'a rien à voir avec le « Dieu sensible au cœur » de Pascal. C'est plutôt la religion formée de rites et de croyances collectives.

B. C. – C’est la religion *la moins intéressée* qui, pour Benjamin Constant, fonde le contrat social – et si cette religion se retire, le contrat n’est plus garanti : c’est la guerre de tous contre tous. Tout se passe comme si la sociabilité, libérée de la religion, ne pouvait protéger longtemps ce contrat… Constant, sans forcément apporter de réponse à nos questions, nous invite à ne pas jouer avec le feu !

J. J. – Vous avez raison d’insister. Il est vrai qu’il y a une strate religieuse de toute politique. Le religieux, c’est ce qui fait tenir ensemble les éléments politiques. Mais c’est un religieux de très mauvaise qualité, si j’ose dire. C’est un religieux qui peut avoir diverses formes. Dans les sociétés communistes, c’était le marxisme-léninisme… Ce sont des croyances collectives. Mais ce n’est pas le troisième ordre pascalien. Cela n’a rien à voir, et je ne sais pas où Pascal aurait placé cette religion séculière. Je ne vois pas plus d’ailleurs, dans nos sociétés, en quoi le religieux fait encore « tenir ensemble » les autres ordres. Ou alors, il faut appeler religieux, comme a encore tendance à le faire Régis Debray, toute espèce de croyance collective, en surplomb par rapport à la société. Quant à la religion personnelle, je ne comprends pas l’usage collectif que je pourrais en faire. Nous ne sommes plus au temps de la chrétienté, ni de Pascal. Après avoir exclu le religieux comme croyance collective, vous cherchez à me faire dire que c’est tout de même le religieux, sous la forme de la foi personnelle, qui fait tenir ensemble les deux autres strates. J’en doute.

B. C. – Comme « foi personnelle » de certains individus d’exception, oui, cela me semble évident – ceux qui, rares, vont sortir du dilemme de l’individu et de la société, du public et du privé, et réellement agir dans l’histoire, même si c’est de façon discrète. Vous évoquiez tout à l’heure les prophètes. À défaut d’en être, nous pouvons au moins essayer de comprendre ce qui les meut.

J. J. – La tâche n’est pas mince !

B. C. – C’est la seule façon de sortir du dilemme, me semble-t-il.

J. J. – Peut-être, mais je n'arrive décidément pas à faire du spirituel le fondement (ou la caution, comme vous dites) des deux autres ordres. Les autres ordres existent, ils me sont donnés. Le troisième est le seul qui soit choisi. Sur ce plan-là, je suis parfaitement matérialiste. Pascal aussi était parfaitement matérialiste. Si vous voulez me faire décrire ma propre théologie, je veux bien, comme vous le faites, partir du religieux. Si vous voulez me faire décrire ma politique, je ne pars pas du religieux.

Le spirituel et le temporel

B. C. – Ce que vous appelez votre théologie a bien un lien avec votre politique.

J. J. – Uniquement en termes de motivation, d'une motivation dont je ne prétends pas qu'elle soit universalisable. Il est vrai que j'ai une certaine idée de la politique qui n'est pas indépendante d'une certaine idée que j'ai du religieux. Mais cela ne va pas au-delà. Cela ne peut pas prétendre être une fondation objective, valable pour quiconque. Si quelqu'un n'accepte pas mes prémisses, il n'acceptera pas mes conclusions. Or je prétends pouvoir partager mes conclusions avec d'autres qui y seraient venus par d'autres chemins, à partir d'autres prémisses. C'est pourquoi je ne prétends nullement imposer mes prémisses aux autres. Ma vision religieuse du socialisme ne conduit absolument pas, encore une fois, à un socialisme religieux. Je conçois très bien que d'autres, avec une vision laïque, hédoniste, etc., puissent parvenir au même socialisme que le mien. Il peut y avoir des motivations différentes et des convictions communes. Dans mon action politique, il y a une motivation théologique mais elle m'est propre, je ne veux pas l'objectiver, je ne veux même pas la justifier, et surtout pas dire, comme le faisaient les chrétiens progressistes de la Libération : « Socialiste parce que chrétien. » Je peux seulement dire que mes convictions religieuses m'ont conduit au socialisme. Cela relève de mes idées personnelles et non d'une « consécutivité » logique.

B. C. – Auriez-vous fait la même politique, si vous n'aviez pas fait ces choix théologiques ?

J. J. – Je ne sais si je serais arrivé aux mêmes conclusions politiques. Mais j'affirme que mes conclusions politiques ou mon édifice politique n'ont pas pour fondation – une fondation, c'est quelque chose de collectif et d'acceptable par tout le monde – une certaine conviction religieuse. Toute démarche démocratique implique que l'on puisse se mettre d'accord sur des objectifs, des institutions ou des actions à partir de motivations très différentes. Je n'en démords pas. Je pense ainsi et, si j'ose dire, Pascal pense comme cela aussi. Normalement, le christianisme devrait penser comme ça, s'il ne l'a pas toujours fait. Mes motivations ne sont pas nécessairement celles des autres. En revanche, la prise en compte du mal, je vous l'ai dit, peut être une considération universelle. Les prémisses de la gauche sont sur ce point radicalement fausses. On ne peut construire, en s'appuyant simplement sur la dynamique naturelle de la nature humaine, une société juste. Je ne le crois pas. Dès qu'on aborde la question sociale – c'est pour cela que la tragédie, c'est la politique –, on a affaire au mal et à la violence. On est dans le premier ordre pascalien.

Ce que je décris ici, ce sont des tendances, des réactions, des manières d'être. Mais le fond de ma position – ici, je parle en politique –, c'est, je l'ai déjà dit, la social-démocratie. Permettez-moi d'ajouter ceci : c'est un socialisme rationnel et non passionnel. Il s'agit d'organiser empiriquement une société de la manière la moins mauvaise possible. Je ne place pas ma passion dans la politique. C'est un socialisme fondé sur le droit et non sur le rapport de forces. Autrement dit, il n'est pas utopique et ne me tient lieu ni de croyance ni d'espérance. À la lumière de tout ce qu'a connu le XXe siècle, je crois en effet déraisonnable et même franchement dangereux de placer son âme dans la politique, d'y épuiser ses raisons de vivre. Je ne « crois » pas au socialisme. Je veux bien pratiquer le social ou même le socialisme, mais il ne représente ni croyance, ni idéologie, ni eschatologie. C'est un socialisme athée. Il est rationnel et non passionnel. Il ne peut donc être léniniste. Il n'est pas non plus idéologiquement marxiste, encore qu'il y ait beaucoup de choses incontournables chez Marx. Depuis Marx, cependant, et en grande partie à cause de lui et de Lénine, le socialisme est devenu une pensée bismarckienne, fondée sur la considération du rapport de forces : les forces du prolétariat seraient supérieures aux forces de la bourgeoisie. Et c'est d'ailleurs, l'histoire va dans ce sens ; elle ne va cesser – c'est Marx qui parle – d'affaiblir la bourgeoisie et de renforcer le prolétariat. On est gagnant. Et, en toutes circonstances, il ne faut pas prêcher la morale, mais imposer notre puissance. J'appelle cela un socialisme bismarckien, parce que c'est sans doute la meilleure référence possible. Résultat : si le rapport de forces s'inverse, comme on l'a vu récemment, il ne reste rien du socialisme. Le socialisme dans le cœur de ses partisans occidentaux avait bien pu résister à Staline, aux procès de Moscou, au Goulag, au mensonge, il n'a pas résisté à la défaite. Quelle pauvre pensée que celle du « rapport de forces » ! Quelle capitulation intellectuelle ! Quelle régression morale !

C'est pourquoi, justement, le socialisme ne peut être désormais que moral. Dire cela n'est pas nier sa dimension économique et politique. Mais c'est définir son ambition. Il ne peut même plus se présenter comme une philosophie sociale neuve, qui eût été celle du bonheur. L'épreuve des faits ne peut être repoussée légèrement. Il n'a eu d'efficacité que dans les pays capitalistes. C'est là, et nulle part ailleurs, qu'il s'est rapproché de ses objectifs. C'est là qu'il a conservé sa dimension morale, celle d'une critique du capitalisme. En renonçant à cette dimension, il s'est appauvri, desséché. Je ne fais ici que le ramener à sa vocation historique dont Marx l'a détourné en le transformant en bulldozer irrésistible : on connaît la suite.

Quand je dis que le socialisme est une exigence morale, je retrouve les exigences de Rawls en matière de justice à l'époque contemporaine, mais beaucoup plus profondément celles de la plupart de ses fondateurs jusqu'à Marx. C'est lui qui a voulu voir là une mystification. Mais c'est lui qui est dans l'erreur. L'aspiration à une société plus juste demeure, quand les fondements prétendument scientifiques s'effondrent.

Remarquez d'ailleurs à quel point, depuis l'effondrement du communisme soviétique et avec lui la version scientifique se réclamant du marxisme, les socialistes sont revenus aux sources morales de leur inspiration. Considérez l'ensemble du mouvement antimondialisation : nulle trace d'analyse « scientifique », mais la revendication sans cesse renaissante de plus de justice. Quant à la critique du capitalisme, elle est très proche de celle qu'en fait Jean-Paul II : c'est par référence aux exigences de la personne humaine que l'économie libérale est condamnée. Nous avons changé de barbu : l'abbé Pierre a pris la place de Karl Marx ! Dans l'histoire millénaire du socialisme, le marxisme avec ses prétentions scientifiques n'aura donc été qu'une parenthèse.

Voulez-vous que je vous dise la vérité ? Le socialisme n'a jamais été, et ne sera probablement jamais un « mode de production » au sens que Marx donnait à ce terme, et qu'il appliquait au capitalisme, au féodalisme, à l'esclavage. Ou alors, le socialisme serait, en Occident, la version populaire et éthique du capitalisme, et dans l'ancien monde, dit communiste, sa version bureaucratique et despotique. Je le répète : le socialisme est une idée chrétienne devenue folle qui, aujourd'hui, pour survivre, a besoin de retrouver la raison. Entendons-nous bien : cette idée n'a débouché que dans un contexte bien particulier, celui de l'industrialisation de l'Europe du XIXe siècle.

Je prends une comparaison. Ce n'est pas parce que, après une longue éclipse de l'explication religieuse, Van Kley nous propose *Les Origines religieuses de la Révolution française*, qu'il faudrait naïvement substituer celles-ci à tout le contexte économique, social, philosophique que nous connaissons et qui a permis l'éclosion de l'événement 1789. Mais pour comprendre ce qu'est le socialisme au sens large, il est important d'en comprendre la filiation religieuse. C'est d'abord l'idée d'une périodisation de l'histoire du monde, avec des étapes. Depuis le prophète Daniel, et bien sûr le Nouveau Testament, il y a périodisation, il y a un avant et un après : d'où une conception du temps élaborée par saint Augustin qui s'est substituée largement au temps des Anciens. Il y a cette périodisation de l'histoire de l'humanité. Auguste Comte a repris cette idée, mais aussi Vico et Michelet.

Alors, l'origine persisterait-elle, à titre de fondement secret, derrière ce qu'elle a fondé ? Sans doute. C'est un problème métaphysique qui me dépasse. Vous n'en avez pas moins tout à fait raison de le souligner. De son origine religieuse, le combat pour la justice a conservé un caractère sacré, quasi mystique, qui est évident chez les fondateurs et les militants. Lorsque Proudhon voit dans la justice l'expression la plus haute de l'idéal humain, ce justicialisme lui tient lieu de religion. Sa laïcisation n'a pas permis de la désacraliser, et c'est peut-être bien ainsi. Peut-être le socialisme apporte-t-il à la République cette dimension de religion temporelle qui, sans lui, manquerait. Bien entendu, cette croyance collective n'a pas grand-chose à voir avec la foi personnelle. Mais son rôle poétique est évident. Le socialisme s'est substitué à d'autres croyances collectives et s'il a pu donner l'impression qu'il prenait la place du christianisme, c'est parce qu'il était précisément une organisation du temps, un avènement, une parousie, mais en ce monde. Non seulement parce qu'il répondait au bouillant désir de justice de certains, au bouillant besoin des plus démunis – un socialisme du besoin, un socialisme de la foi –, mais il n'a pris cette extension que pour autant qu'il était la croyance à un progrès vers un nouveau stade de l'humanité. Ce qu'en réalité il n'est pas. La déception vient de ce que le socialisme, je vous l'ai dit, ne sera jamais à mon sens un mode de production venant se substituer au précédent, mais une modalité morale de celui-ci… Mais précisez votre objection. Je la sens affleurer depuis un certain temps !

B. C. – Ce n'est pas « mon » objection, mais d'une certaine manière, celle de Pascal que je médite en vous écoutant ! Celle que Pascal ferait aux « modernes » que nous sommes, toujours prompts à rabattre la transcendance dans le champ de l'historicité. Essayons donc de considérer les choses autrement. Je ne pense pas qu'on puisse dire que le socialisme moral aurait « remplacé » le christianisme. Il me semble plus juste de dire que le socialisme moral serait devenu, pour reprendre la dialectique pascalienne, une morale de l'« honnête homme ». C'est dans des circonstances exceptionnelles – une grève, une guerre… – qu'on peut devenir « socialiste moral » ; il s'agit là d'une conversion politique, laïcisée en quelque sorte. Le socialisme moral, à condition qu'il ait renoncé à tout jacobinisme, retrouverait le statut « figural » que Pascal donnait à la politique :

un « tableau de charité ». Mais cette éthique figurative, si vous êtes fidèle à Pascal, ne peut que renvoyer à autre chose qu'elle-même, qui la couronnerait en quelque sorte ou la transformerait comme par un effet d'accélération. L'« honnête homme » ne serait pas ce qu'il est sans son dialogue avec le « chrétien parfait » ; le « tableau de charité » que le premier compose n'a de sens que dans la charité effective que le second incarne. Ce qui est figuré cautionne ce qui figure. En ce sens, la charité apparaît bien comme une sortie du religieux : un religieux « désintéressé », dirait Constant.

À cela vous répondez qu'il doit y avoir une séparation radicale entre action publique et conviction privée – sans m'éclairer davantage sur cette articulation que Pascal, en son temps, pense à ce niveau intermédiaire que je me permets d'appeler le dialogue de l'« honnête homme » et du « chrétien parfait ». J'aime à penser en effet que, dans ce dialogue, le second ferait descendre la volonté de Dieu là où le premier ferait, lui, remonter la volonté du peuple. Cet espace intermédiaire entre le temporel et le spirituel, entre le droit positif et le droit divin, pourrait-on dire, a lieu dans la confrontation de ces deux figures situées sur un plan d'égalité. Que fait l'« honnête homme » ou l'« homme habile » ? Il est celui qui, par une « ignorance savante », c'est-à-dire feinte – parce qu'il a vu tout de suite où était la vérité du politique, c'est-à-dire dans la guerre civile, et qu'il s'est empressé de la voiler –, va se mettre en contact ou en dialogue avec l'« ignorance naturelle » du peuple. Celui-ci en effet n'est pas dans la vérité, comme voudraient le lui faire croire, pour mieux l'utiliser, les « demi-habiles » – qu'ils soient frondeurs, jésuites ou révolutionnaires –, mais la vérité, en revanche, le traverse à son insu, car il respecte instinctivement la coutume et se méfie de ceux qui prétendent l'en libérer. (Vous consonnez vous-même avec cette vision des choses quand vous évoquez ces masses ignorant le courant, la vérité qui les traverse, mais aussi les anarcho-syndicalistes se méfiant des « intellectuels organiques », guides de la révolution.)

Le propre de l'« honnête homme » – que nous actualisons en ce moment sous la figure du « socialiste moral », mais que nous pourrions figurer autrement, à condition que la politique ne reste pour lui *que* le cadre de manifestation d'une volonté – serait alors de faire remonter cette vérité non sue du peuple, et par là de construire la « nature », de configurer le monde que Pascal, dans un second temps, articule à la « grâce ». L'« honnête homme », qui représente la volonté du peuple, et le « chrétien parfait », qui représente la volonté de Dieu, se conjoindraient *au centre*, pour opérer une articulation des deux strates. Il faut là citer une pensée fondamentale de Pascal (n° 337 Brunschvicg) :

Raison des effets. – Gradation. Le peuple honore les personnes de grande naissance. Les demi-habiles les méprisent, disant que la naissance n'est pas un avantage de la personne, mais du hasard. Les habiles les honorent, non par la pensée du peuple, mais par la pensée de derrière. Les dévots, qui ont plus de zèle que de science, les méprisent, malgré cette considération qui les fait honorer par les habiles, parce qu'ils en jugent par une nouvelle lumière que la piété leur donne. Mais les chrétiens parfaits les honorent par une autre lumière supérieure.

Ainsi se vont les opinions succédant du pour au contre, selon qu'on a de lumière.

Il y a deux parties symétriques dans cette pensée, et deux corrections, deux réparations, dont la seconde accélère la première : la correction de l'« honnête homme » (qui répare la faute du « demi-habile ») et celle du « chrétien parfait » (qui répare la faute du catholique dévot). Cette disposition symétrique autorise à penser que le « chrétien parfait » *transfigure* ici l'« honnête homme ». Mais entre ces deux figures, il y aura toujours un point d'indécidable. Quand est-on un « honnête homme » et quand est-on un « chrétien parfait » ? Quand cesse-t-on d'être l'un pour devenir l'autre ? Le fait est que le premier recouvrira toujours le second (« invisible aux yeux de chair »), et contiendra ainsi son propre débordement. Vous le disiez vous-même, les convictions religieuses ne doivent pas apparaître en politique. Elles n'en sont pas moins présentes, et efficientes.

Si cette interprétation est juste, nous tenons là, à mon avis, un antidote remarquable contre les deux dangers politiques majeurs que Pascal avait pointés : d'un côté, l'étatisme – ce que va devenir le rousseauisme et que prônait déjà Hobbes –, une souveraineté du peuple captée par une caste intermédiaire, au pouvoir illimité ; de l'autre, l'augustinisme politique – une souveraineté divine qui viendrait imposer sa loi à l'ordre de l'esprit et à celui des corps[1]. Ces deux dangers majeurs, Pascal les repousse dans une pensée des ordres séparés, où le droit positif se voit doublement enveloppé (et ce, dans une accélération infinie), par le droit naturel et par le droit divin. Quand je vous demandais comment vous définissiez votre foi chrétienne dans son rapport à la politique, il n'était donc pas pour moi question de faire de vous un tenant de l'augustinisme politique, le restaurateur d'une quelconque chrétienté, mais de comprendre comment un chrétien conséquent peut aujourd'hui faire pression sur le politique, contribuer à le « contenir » dans son ordre. Voilà. Il s'agissait moins, vous le voyez, d'une objection que d'une précision nécessaire à l'objet de notre débat.

J. J. – La question est difficile, rarement abordée par des politiques et par des hommes religieux aujourd'hui, sauf peut-être par les musulmans qui sont des augustiniens qui s'ignorent. Je pense que vous avez raison, que votre interprétation est la bonne. Vous faites de l'« homme habile » une sorte de démocrate. Quand Pascal parle de peuple, et quand vous parlez de peuple, il ne s'agit pas nécessairement de ce que nous appelons aujourd'hui le peuple souverain. C'est différent. Il n'empêche que, puisque ce qui est récusé est une souveraineté intermédiaire, la souveraineté selon Hobbes, celle du dominateur, Pascal a très bien vu que les deux pôles réels de la vie politique, les deux seuls fondateurs de souveraineté, ce sont le peuple et Dieu. Il n'y a pas d'autres fondements possibles à la souveraineté que le peuple et Dieu. Certains ont voulu en créer un intermédiaire, je pense notamment aux libéraux français du XIXe siècle qui disent, de Chateaubriand à Guizot, qu'il n'y a pas de souveraineté de Dieu et qu'il n'y a pas de souveraineté du peuple. Ils ajoutent qu'il n'y a de souveraineté que de la raison. C'est une solution élégante, mais elle ne résout rien. Car qui parlera au nom de la raison, qui dira la conformité de la politique à cette raison souveraine ? Il faut à nouveau que ce soit, non pas un principe abstrait, comme la raison, mais que ce soit un corps social ou

1. Sur ce point, voir Gérard Feyrreyrolles, *Pascal et la Raison du politique*, PUF, coll. « Épiméthée », 1984.

un individu social. Et l'on retombe inévitablement sur les termes précédents : soit que la raison est conforme à Dieu, et on rejoint ce que vous appelez une forme d'augustinisme politique ; soit que la raison est conforme au peuple, à la souveraineté du social, et on retrouve le rousseauisme.

Le mérite de Pascal, son actualité, est donc de ne pas se situer dans cette problématique classique de la philosophie politique. Il ne fonde pas une théorie politique. Fonder une théorie politique, c'est toujours dire où siège la souveraineté et ensuite ce qu'on en fait au niveau gouvernemental. Je crois que l'ambition de Pascal est beaucoup plus de décrire une certaine *praxis* politique. C'est là, en effet, que le problème de cette remontée de la volonté populaire ou de cette descente – sinon de la volonté divine, du moins de la conformité au divin, chez le « chrétien parfait » – se pose. C'est en cela que Pascal est profondément laïc. Il constate non seulement qu'un accord est possible mais que, dans l'action, les deux pratiques peuvent coïncider : la pratique politique sécularisée *et* la politique selon les Écritures saintes, pour parler comme Bossuet. Autrement dit, toute la problématique des hommes de son temps me paraît éliminée. Pascal a un point de vue proprement pragmatique. Chez lui, la politique restera, quel qu'en soit le statut, un ordre subordonné. La politique serait-elle d'origine divine qu'elle n'en resterait pas moins subordonnée. Parce que le gouvernement des hommes et l'administration des choses sont des activités qui s'imposent à toute société. Mais ils ne sauraient se substituer à celles des ordres supérieurs : l'ordre intellectuel (science, art) et spirituel (méditation, contemplation et même adoration). La politique divine, si elle existait, serait elle-même subordonnée à l'ordre de l'esprit, qui lui-même serait subordonné au religieux (à l'ordre de la charité). Autrement dit, ce n'est pas l'objet de cette politique qui en fait la nature, c'est sa subordination profonde. Je crois que nous sommes là totalement d'accord.

B. C. – Si vous avalisez donc cette articulation des deux volontés qui subvertit l'ordre politique, dans la mesure où elle n'en fait *que* le lieu de leur rencontre (relativisant et neutralisant ainsi la question des régimes et de leurs mérites comparés) ; si vous estimez valide cette systématicité de la pensée de Pascal – quelle actualité lui donnez-vous ?

J. J. – Une grande actualité. Mais le religieux, encore une fois, n'est pas à mettre sur le même plan que les deux autres ordres. Je vous renvoie à Pascal : « Le peuple et les habiles composent le train du monde. » À aucun moment il ne parle ici des dévots ou des chrétiens. On peut seulement supposer qu'il espère voir les chrétiens (« parfaits » ou « imparfaits » d'ailleurs) se ranger dans le peuple ou parmi les habiles, et éviter de se comporter en demi-habiles ou en dévots.

De quoi s'agit-il pour Pascal ? De la compréhension de l'ordre du monde. La première, celle du peuple, repose sur l'ignorance. Eh oui ! « Le monde juge bien les choses, car il est dans l'ignorance naturelle qui est le vrai siège de l'homme. » Rousseau aurait pu écrire cette phrase, et d'ailleurs, il la paraphrase tout au long de son second *Discours*. Les sciences, poursuit Pascal, ont deux extrémités qui se touchent : l'ignorance naturelle qui est la nôtre à la naissance, et l'autre, la conscience des grands esprits qui, ayant fait le tour des connaissances humaines, constatent qu'ils ne savent toujours rien : « C'est l'ignorance savante qui se connaît. » Entre les deux, il y a l'enfer de la bêtise : c'est l'ignorance qui ne se connaît pas, celle des demi-habiles. En somme, entre l'ignorance naturelle et l'ignorance consciente (celle du « Que sais-je ? » de Montaigne), l'homme a une zone dangereuse à traverser : c'est une sorte de traversée des apparences.

Cette pensée de Pascal est d'autant plus surprenante qu'elle est la reprise à son propre compte d'une manière de penser qu'il ridiculisait dans la quatrième *Provinciale*, à propos de la connaissance du bien et du mal. Il prête à ses interlocuteurs jésuites (M. Le Moyne, le père Annat) cette idée en réalité très juste que l'on ne pèche pas si l'on ignore que l'acte que l'on commet est péché. Aussi longtemps en somme que l'on a pu échapper à la connaissance du bien et du mal, on se met à l'abri de toute culpabilité. Ce qui est un état naturel, Pascal, malignement, en fait une stratégie au service de la mauvaise foi. Et avec la géniale mauvaise foi qui est, cette fois-ci, la sienne, voici comment il ridiculise la position de l'adversaire.

> Ô la bonne voie pour être heureux en ce monde et en l'autre ! J'avais toujours pensé qu'on péchât d'autant plus qu'on pensait le moins à Dieu. Mais à ce que je vois, quand on a pu gagner une fois sur soi de n'y plus penser du tout, toutes choses deviennent pures pour l'avenir. Point de ces pécheurs à demi, qui ont quelque amour pour la vertu ; ils seront tous damnés, ces demi-pécheurs. Mais pour ces francs pécheurs, pécheurs endurcis, pécheurs sans mélange, pleins et achevés, l'enfer ne les tient pas ; ils ont trompé le diable à force de s'y abandonner.

Transposons ce discours dans le domaine de la connaissance. Cette alliance de l'ignorance et du savoir contre le demi-savoir est on ne peut plus élitiste. On dira même aristocratique. Nous voilà aux antipodes de la démocratie telle que la conçoit la télévision moderne et la société de masse. Même chose en politique donc : Pascal se défie des intermédiaires.

J'en viens au problème que vous soulevez : y a-t-il une spécificité du religieux (du « chrétien parfait ») dans le traitement de la politique ? À mon avis, non. Certes, il est de la vocation du religieux de traiter des choses d'en bas avec des raisons d'en haut, et d'intervenir dans le monde avec le commandement de sa foi à condition de ne pas commettre l'erreur de se faire le porte-parole, ou mieux encore, le fondé de pouvoir de Dieu. Quiconque parle au nom de Dieu est un imposteur. C'est même très exactement la définition de l'intégrisme : le parti de Dieu.

Or Dieu n'a pas besoin d'un parti ! Il n'a pas besoin de ses « fans » (ce mot convient admirablement) pour faire ses affaires ! Ces « fous de Dieu » sont en réalité des fous de pouvoir. Tant que l'islam n'aura pas accédé à cette analyse, il ne pourra comprendre la laïcité qui, du point de vue du croyant, n'est autre chose que le respect de l'initiative divine. Pour employer la terminologie d'Auguste Comte, l'islam en est encore au stade « théologique » (ou métaphysique dans le meilleur des cas) ; mais en aucune façon au stade positif – je n'ose pas dire positiviste – qui correspond en somme à la laïcisation du monde. Pas nécessairement à son « désenchantement ».

Alors, du religieux au politique, n'y a-t-il donc aucune consécution possible ? Bien sûr que si. D'abord, d'un point de vue négatif.

Il y a une politique chrétienne négative comme il y a une théologie négative. Autrement dit, il y a des actes, des gestes, des visions politiques incompatibles avec le christianisme : l'esclavage, le racisme par exemple. Encore faut-il bien voir comment le problème est abordé. Dans son épître à Philémon, un membre avisé de la communauté de Colosses, saint Paul plaide la cause d'un esclave, Onésime, qui s'est échappé de chez son maître. L'Apôtre le renvoie à Philémon après l'avoir converti, tout en conseillant à celui-ci de l'affranchir. Mais ce n'est pas la seule solution… Dans tous les cas, « reçois-le comme si c'était moi ».

L'Évangile n'est pas une solution toute faite. L'Évangile n'est pas SOS-Racisme. Mais saint Paul précise : quelle que soit la solution adoptée (le statut politique de l'individu), traite-le « comme un frère bien-aimé ». C'est un peu moins que l'affranchissement et en même temps infiniment plus. Comme d'habitude, la morale souple est beaucoup plus contraignante que la morale rigide. Il y a donc des recommandations négatives possibles : « Tu ne feras pas cela. »

En est-il de positives ? On ne saurait se dire socialiste parce que chrétien, libéral parce que chrétien, démocrate parce que chrétien. Cette approche consécutive est possible ; elle n'est pas obligatoire ; et elle est totalement de l'ordre du politique : car si les motivations sont religieuses, les conséquences, elles, sont proprement politiques. Il n'y a pas de doctrine politique de l'Église ou de n'importe quelle Église. C'est en cela que l'islam en est encore au stade théologique. Il ne peut y avoir de doctrine sociale religieuse. Il peut, en revanche, y avoir une morale sociale d'origine religieuse.

Je crois que la distinction est importante si l'on veut aider, en se plaçant dans le cadre de la société actuelle, l'islam à franchir le pas essentiel, celui de la laïcité. Non de l'indifférentisme bien sûr. Si l'on dit au musulman : vous êtes dans le domaine du politique, abandonnez donc toutes vos motivations religieuses, il ne pourra que dire non. Il admettra encore moins qu'un chrétien une coupure radicale entre l'ici-bas et l'au-delà. Si on lui dit qu'il vit dans une société pluraliste où tout le monde n'est pas musulman, il sera obligé de l'admettre mais il dira qu'il suffit de convertir les autres et il restera dans son univers théocentré. En revanche, si on lui dit que le religieux – il faut enseigner aux musulmans la distinction des ordres pascaliens – joue son rôle, notamment chez tous les citoyens qui, en tant qu'individus, sont chrétiens, juifs ou musulmans, et que cette motivation leur permet de militer pour une certaine politique, sans que cette politique puisse se réclamer, d'une manière contraignante, d'un commandement religieux, on a quelque chance à la longue de se faire entendre. Le croyant doit agir, non pas selon ce qu'il estime être la volonté politique de Dieu, mais selon le message religieux de Dieu qu'il lui appartient, en tant que croyant, d'appliquer au politique. C'est pourquoi on a raison d'appeler à une « Réforme » de l'islam, au sens religieux du mot « Réforme » : c'est-à-dire à l'individualisation et à l'intériorisation de la conscience religieuse. Vaste programme ! Ne disons pas qu'il est impossible : longtemps le christianisme lui-même a prétendu imposer son ordre politique. En 1864 encore, le pape Pie IX condamnait la laïcité comme une profonde erreur.

L'espoir de la démocratie moderne de se substituer à l'ordre religieux a échoué. Le religieux est revenu sous des formes diverses, la plupart fort dégradées, sous forme de sectes, de croyances quasi primitives, de superstitions, mais aussi de communautés d'appartenance. Il n'y a plus de chrétienté, il n'y aura bientôt plus d'*oumma* au sens musulman du terme. L'idée d'une société obéissant à une loi explicite de Dieu, la loi de la cité étant ce qu'il est convenu d'appeler la volonté de Dieu, disparaîtra. En revanche, un certain échec de la démocratie laïque conduit à la constitution de communautés religieuses qui ont la tentation de se manifester en tant que communautés politiques. Pas seulement en tant que groupes de croyance et de vie spirituelle, mais en tant que groupes politiques, revendiquant le droit d'être reconnues comme telles. Nicolas Sarkozy a-t-il eu raison de vouloir accoucher au forceps d'un conseil représentatif de tous les musulmans de France ? Je ne le pense pas. D'abord parce que, ce faisant, il fait entrer de force tous les immigrés des pays musulmans dans le cadre d'un islam que beaucoup veulent fuir, je pense notamment aux femmes et aux filles. Comme vous le savez, le taux de pratique religieuse des musulmans dans un pays comme le nôtre n'est guère supérieur à celui des chrétiens. Que dirait-on si M. Sarkozy voulait faire élire l'archevêque de Paris par tous les

Parisiens, sous prétexte que la plupart sont d'origine chrétienne ? On dirait qu'il se moque du monde.

Et bien que l'objet de ce conseil soit en principe religieux et non politique, la distinction n'existant pas, ou pas encore, chez les musulmans, on est en train de renforcer l'intégrisme. C'est d'ailleurs ce qui s'est produit aux élections. Le recteur de la mosquée de Paris, M. Boubakeur, sonne l'alarme : on est en train de faire d'intégristes minoritaires des interlocuteurs valables et censés représentatifs de l'ensemble des musulmans, et même au-delà… Quel recul de la notion française de laïcité !

B. C. – Ne cherche-t-on pas plutôt à donner enfin aux musulmans un statut officiel, au même titre que les autres religions, dans le tissu laïc ? Puisque les prêches des imams sont politiques, ce n'est pas l'effort actuellement mis en place pour rassembler ces communautés qui les constituent comme telles. Elles sont *déjà* politiques. C'est donc cette politisation, cette instrumentalisation du religieux que la laïcité devrait combattre.

J. J. – Certes, ce que l'on veut, c'est que l'État républicain ait un seul interlocuteur. Cet interlocuteur ne sera pas de nature exclusivement religieuse, puisqu'il aura dû surmonter des différences d'ordre éthique, théologique ou autres. On a besoin de gens qui, étant musulmans, donnent leur avis sur un certain nombre de questions, des questions de l'État. Au point que certains sont allés – c'était la logique même de cette situation – jusqu'à dire que puisqu'il en était ainsi, il fallait remettre en cause la loi de la séparation de l'Église et de l'État de 1905. Et puisqu'il y a un risque d'influence de pays étrangers, ils envisageaient que l'État républicain construise des mosquées. Cela signifierait qu'il y a une nouvelle reconnaissance du religieux dans le monde politique. Elle m'inquiète parce que les conséquences politiques en sont une sorte de « libanisation » politique de la France. Ce qui m'intéresse ici, c'est que l'État républicain admet la motivation religieuse de citoyens laïcs. Mais va-t-il jusqu'à reconnaître que, en tant que musulmane, la communauté a droit à un certain point de vue politique ? C'est extrêmement dangereux. Cela inquiète légitimement tous les laïcs.

Mais en même temps, c'est la preuve de l'échec d'une République qui avait prétendu séparer complètement le politique du religieux, au point, comme nous le disions, d'occulter le second.

Voilà des agissements paradoxaux au moment où la France, par la voix de Jospin, puis de ses successeurs de droite, a refusé de reconnaître une évidence : les origines chrétiennes – pas seulement chrétiennes, certes – de notre civilisation. D'un côté, on préfère cacher comme une plaie honteuse ce qui n'est qu'un constat historique, le passé chrétien de l'Europe ; de l'autre, on ne craint pas de faire de l'islam un interlocuteur officiel. Les schémas de pensée hérités du passé sont si contraignants que le christianisme – en France, le catholicisme – continue de passer pour le seul ennemi de la laïcité. Or les valeurs laïques sont, répétons-le, des valeurs chrétiennes sécularisées. C'est probablement ce contrat implicite qui a permis, à l'occasion du bicentenaire de 1789, d'en finir dans l'esprit public avec la guerre autour de la Révolution. L'immense majorité de la population s'est retrouvée dans des valeurs sur lesquelles la Révolution a apposé le sceau de la laïcité.

Donc, au-delà de la question précise de cette communautarisation en cours de la République – qui aboutirait, s'il y a une logique des choses, à une remise en cause de la laïcité avec tous les problèmes que cela comporterait –, au-delà de cette question, dis-je, ce qui intéresserait Pascal dans le dialogue que vous imaginez entre le « chrétien parfait » et l'« honnête homme », c'est qu'il y a bel et bien reconnaissance d'un espace commun entre la foi religieuse et le domaine politique auquel elle s'applique, mais d'une manière non dogmatique. Agir au nom de ses principes religieux ne signifie pas que ces principes déterminent entièrement sa propre action. Il y a là une consécution qui ne peut qu'être régressive. Cette implication religieuse de mes actes politiques relève de ma conscience, elle ne relève pas d'un consistoire, quelle qu'en soit la nature. En d'autres termes, il peut y avoir convergence de différents credo sur une certaine ligne politique, mais je continue de penser que la République française ne reconnaît que des individus, et non des corps sociaux comme constituants de la volonté générale. Là, nous sommes rigoureusement rousseauistes.

Je pense que cela n'est pas contradictoire avec ce que dit Pascal. Il ne parle jamais, quand il parle politique, au nom d'une communauté religieuse. Il s'agit bel et bien d'un problème de conscience personnelle, de l'articulation, comme vous dites, entre une conscience politique et une conscience religieuse. Vous avez à juste titre rappelé sa critique de l'augustinisme politique, lui qui, sur d'autres plans, doit tant à saint Augustin. Son mérite est de ne pas raisonner à partir des fondements institutionnels du rapport entre l'Église et l'État, mais selon une articulation logique entre la conscience politique et la conscience religieuse des individus. C'est en cela qu'il me paraît très moderne, je n'ose pas dire protestant…

B. C. – Vous avez raison de ne pas aller jusque-là, en ce qui concerne Pascal ! Les Réformés sont pour lui des « demi-habiles ». Il leur reproche de remettre en question l'ordre du monde pour imposer leur propre cléricature. L'ordre des corps est là soumis à celui de l'esprit, l'homme « respectable » devant nécessairement être aussi un homme « estimable ». Ce qui est absurde aux yeux de Pascal, qui condamne cette confusion des plans.

J. J. – Cela est très vrai dans les *Pensées*. L'est-ce autant dans *Les Provinciales* ?

B. C. – Dans *Les Provinciales*, l'adversaire était jésuite, mais cela revient au même. Pascal condamne alors la sape effectuée par des ultramontains. Ces derniers cherchaient, contre l'État, à imposer un autre pouvoir clérical. Ils détraquaient, dans ce dessein, les « grandeurs d'établissement » en libérant la concupiscence. Pascal dénonce chaque fois la mauvaise articulation des plans spirituel et temporel, dans la constitution *entre eux* d'une caste qui fait obstacle à l'articulation de la volonté du peuple à celle de Dieu. Ce que Pascal veut, il me semble, c'est que les volontés propres aux deux plans s'articulent l'une à l'autre – alors que des souverainetés contradictoires ne pourraient que se neutraliser. Si une caste, prétendant tenir son pouvoir du peuple ou de Dieu, empêche cette articulation, vient faire obstacle à ce passage, alors il y a tyrannie.

J. J. – Il y a donc bien un anticléricalisme de Pascal, vous avez tout à fait raison de le souligner. Peut-être faudrait-il dire un a-cléricalisme, tout à fait conforme à l'esprit de notre temps. La question qui se pose est la suivante : une fois éliminé cet obstacle clérical, peut-on parler d'un peuple de Dieu ou d'un peuple tout court ? Je ne sais pas si l'on trouvera la réponse dans Pascal lui-même. L'élimination des corps intermédiaires a-t-elle pour but…

B. C. – Il ne s'agit pas d'une « élimination », mais d'un assouplissement. Raidis, les corps intermédiaires font obstacle à l'articulation de l'une à l'autre sphère, de la nature à la grâce ; assouplis, ils permettent une relance de l'histoire, dont ils deviennent les acteurs singuliers.

J. J. – L'assouplissement, alors, de ces corps intermédiaires aboutirait-il à une espèce de chrétienté primitive ? J'en doute. Le peuple est tel qu'il est. Le peuple de Pascal n'est pas celui de saint Augustin, c'est un peuple laïque. Ce n'est pas le religieux que l'on va faire sortir comme un lapin d'un double chapeau, pour aboutir à une identité qui serait bien pire qu'un cléricalisme, une sorte de totalitarisme chrétien en somme. Il y a une vraie laïcité de Pascal grâce à la distinction des ordres. Sa vision du politique est une vision intériorisée. Il appartient à chaque homme de se faire une certaine philosophie des rapports entre le politique et le religieux. Je me demande si l'on peut aller jusqu'à dire cela. C'est en tout cas conforme à son esprit. Cette articulation du politique et du religieux a nécessairement une résultante sociale visible, et celle-ci est conforme à la manière dont l'articulation a été pensée par chacun de nous. Elle n'est pas « formatée » et formulée par un corps extérieur, le corps clérical par exemple. Il n'y a donc pas chez lui d'orthodoxie politique.

Jésus-Christ, seul Médiateur ?

B. C. – C'est pour cela que je me suis permis de vous préciser qu'il n'y avait pas élimination, mais assouplissement de la raison, c'est-à-dire du deuxième ordre et de ceux qui y participent. Pour

Pascal, la sphère politique est autonome, qu'il la qualifie de « charnelle » ou de « païenne » (qu'on la dise aujourd'hui « laïque »), peu importe. L'autre sphère qui entre ponctuellement en relation avec elle – dans cet événement, ce choc qu'il appelle « grâce » –, la sphère religieuse et non plus politique du « chrétien parfait », n'est autre que le corps de l'Église, intermédiaire entre la « République chrétienne » et l'ordre de la cité. Nous sommes là, bien sûr, dans les cadres de la pensée de Pascal, que nous devons adapter à notre époque.

Vous avez ainsi raison de préciser que cette rencontre ne peut se faire à l'échelle d'un peuple. On aboutirait à un « totalitarisme religieux », et ce n'est pas le projet de Pascal. Elle peut avoir lieu, en revanche, chez certains individus d'exception. Les « deux corps du roi », analysés par Kantorowicz, ont été la solution théologico-politique adoptée du temps de Pascal. Mais on trouve chez ce dernier une autre voie qui le rend très actuel. Il me semble en effet que Pascal propose, dans la figure du prophète, une fusion de ces deux natures de l'« honnête homme » et du « chrétien parfait » qui, du plan d'*égalité* où ils se situaient, peuvent soudain passer sur un plan d'*identité* christologique : celui de la charité.

Le prophète est celui qui, le temps de sa prophétie, façonne lui-même l'avenir qu'il prédit, parce qu'il incarne de la façon la plus éminente l'articulation des deux volontés, représente à la fois son peuple et son Dieu. Disons, si vous voulez, que l'homme extérieur et l'homme intérieur sont chez Pascal constamment en dialogue, un peu comme l'« éthique de conviction » et l'« éthique de responsabilité » chez Max Weber, et qu'ils fusionnent de manière exceptionnelle, même si c'est de façon discrète, « invisible aux yeux de chair ». Cette figure du prophète n'a donc rien d'incantatoire. Elle peut tout à fait valoir pour nos temps démocratiques. Il appartient à chacun d'être plus qu'une « cause seconde », de s'accorder aux deux pôles, immanent et transcendant, d'une volonté qui excédera toujours sa « volonté propre ».

J. J. – Comparons avec Rousseau. Chez Rousseau, à la différence de ce qui se passe chez d'autres, la volonté générale est constituée par la convergence des volontés individuelles. Avec ce postulat indémontrable, que s'il n'y a pas d'obstacle et pas de corps intermédiaires, la somme des volontés particulières produit la volonté générale. Pour Rousseau, le corps intermédiaire n'est évidemment pas clérical ; ce n'est plus d'Église qu'il s'agit. Mais ce sont des partis, des syndicats, des groupes de pensée qui chercheraient à déterminer à l'avance les volontés particulières ou même la volonté générale : les groupes soi-disant détenteurs de la vérité politique. Un postulat indémontrable, dis-je. Donc, si on laisse les volontés particulières agir toutes seules, de manière vibrionnaire, comme des molécules d'un gaz à l'intérieur d'un récipient, la résultante de ces volontés particulières sera ce qu'il appelle la volonté générale.

De la même manière, pour mieux formuler ce que nous cherchons à dire à propos de Pascal, le mode d'articulation entre le politique et le religieux est la résultante de la manière dont chaque individu, chaque citoyen – bien que ce vocabulaire ne soit pas pascalien –, a résolu pour son compte personnel ce rapport. Autrement dit, les rapports entre le politique et le religieux ne peuvent être tenus pour définitivement fixés par un arrangement institutionnel. L'avantage du régime de la séparation, sous lequel nous vivons, est qu'il permet toute une série de combinaisons, à l'exception bien sûr du cléricalisme – la subordination du politique au religieux –, et du césaro-papisme – la subordination du religieux au politique. Mais la place réelle du religieux dans la vie civique dépend du degré d'investissement de chaque citoyen dans le religieux lui-même. La déchristianisation tend à réduire toujours plus cet investissement ; à l'inverse, le prosélytisme musulman l'accroît. La limite à ne pas franchir, c'est la tentation de récupération de cet investissement par les religieux eux-mêmes – songeons à ce qui se passe en pays chiite – ou par des confréries religieuses à objectifs clairement temporels. Dans ce domaine, la vigilance s'impose, ainsi qu'un effort de part et d'autre – je dis bien de part et d'autre – pour tenir compte de la situation nouvelle. Je ne crois pas, vous non plus, que cela puisse être formulé en termes institutionnels. Pascal ne dit pas que ces ordres ne communiquent pas…

B. C. – … mais qu'il y a deux manières de les articuler : une manière singulière que j'appelle prophétique et une manière collective, c'est-à-dire raide et cléricale qui, au lieu de les articuler, les confond, alors qu'elle était partie pour les séparer…

J. J. – … et les hiérarchiser. Pascal ne dit pas que l'ordre inférieur est totalement commandé par l'ordre supérieur. Il le *figure*. Certes, il ne dit pas non plus que ces ordres ne communiquent d'aucune manière. Ce serait absurde. Cela aboutirait à dire que le « chrétien parfait » n'a pas à être un homme dans la cité ou un soldat sur le champ de bataille. Le problème du comportement du « chrétien parfait », dans l'ordre de la chair ou dans l'ordre de l'esprit, se pose à tout moment. Mais il y a séparation : quand Pascal fait de la physique, il est totalement athée ou plutôt il fait une physique athée. C'est le postulat fondamental de tout savant depuis Lucrèce. On ne doit pas recourir aux dieux pour expliquer les phénomènes de la physique.

B. C. – De même, le « chrétien parfait » en politique est face à une physique sociale qui lui échappe ; d'où son dialogue nécessaire avec l'« honnête homme ».

J. J. – Oui. Cela ne veut pas dire qu'il ne doit pas se conduire en chrétien face à cette physique sociale. Cela ne veut pas dire non plus qu'il pourra adopter n'importe quel comportement politique et notamment des comportements politiques qui seraient contraires à la charité.

B. C. – La force, pour Pascal, ne légifère qu'à l'intérieur des limites posées par le droit naturel et par le droit divin, sachant que la charité contient l'esprit qui contient la chair. Dès que le droit positif sort de son ordre, le droit naturel s'insurge. « Il faut crier », dit Pascal, protester pour que la politique revienne dans son ordre. Le prophète est le garant de cet « emboîtement » des droits positif, naturel et divin.

J. J. – Oui, même si cet emboîtement n'est pas reconnu comme tel par tous.

B. C. – Alors on dira qu'il est plus difficile d'être prophète aujourd'hui ! C'est en effet la limite de cette pensée dont nous interrogeons l'actualité. Il n'en est pas moins évident que Pascal nous donne des clés pour critiquer toute tentation théocratique aujourd'hui, et toute tentation étatiste. Je ne me satisfaisais pas, vous l'avez compris, du dualisme que vous me proposiez entre l'homme public et l'homme privé. Seule la cristallisation, la fusion prophétique permet à mon avis de penser de façon conséquente l'action, l'engagement dans l'histoire. En cela, nous l'avons dit, l'Incarnation a été une matrice décisive des engagements temporels.

J. J. – Que le droit positif soit inclus dans le droit naturel, j'en conviens. Mais que le droit naturel soit inclus à son tour dans la loi divine…

B. C. – C'est la position pascalienne. Sans qu'il y ait en aucune manière soumission de l'une à l'autre. La loi naturelle cautionne l'actualisation qui lui est propre, et qui est « positive ». Et la loi divine cautionne à son tour la loi naturelle.

J. J. – On peut admettre que ces emboîtements existent, mais on ne peut l'admettre que si l'on est chrétien. Je ne vois pas autrement qu'en termes de conversion, à l'extérieur même du champ politique, ce que la foi chrétienne pourrait apporter dans ce domaine. Je ne pense pas que la reconnaissance de la loi divine laïcisée puisse apporter quelque chose de plus. Elle ne modifie pas la nature du politique. Dans le domaine politique, elle peut apporter des exigences supplémentaires, mais je dirais, que l'« honnête homme », l'humaniste, ou mieux encore l'« homme habile », peut aussi à tout moment concevoir des exigences supplémentaires à l'intérieur du champ démocratique.

B. C. – Bien sûr. Mais l'humaniste, l'« honnête homme » restent dans un champ d'immanence – dont Pascal nous dit qu'il doit *nécessairement* s'accorder à une transcendance. Simone Weil ne dit pas autre chose, quand elle écrit qu'obéir à la « nécessité naturelle » c'est comprendre que cette nécessité obéit à une nécessité plus intérieure encore, et qui est surnaturelle. C'est l'articulation de cette transcendance à cette immanence qui m'intéresse. Je ne me satisfais pas, je vous l'ai dit, de la solution de l'« homme-Dieu » proposée par Luc Ferry, par exemple, et que beaucoup de chrétiens adoptent aujourd'hui béatement, ravis qu'un philosophe connu s'intéresse à leur patrimoine… Si l'on veut être conséquent et réfléchir sur ce que serait l'actualité d'un pascalisme politique, on ne peut pas faire l'impasse sur cette articulation.

J. J. – Mais qu'entendez-vous par articulation ? Ou bien cela voudrait dire que nous sommes dans une perspective de conversion et ce n'est pas le cas. Ou bien cela voudrait dire que nous sommes dans l'hypothèse d'adjonction d'exigences supplémentaires inspirées par la foi. Ce n'est pas le cas non plus. Je ne crois pas que la politique chrétienne ait des exigences autres que la politique humaniste. On peut admettre tout ce que l'on voudra : que le chrétien aura plus d'authenticité, plus d'ardeur, plus d'imagination. Mais je ne crois pas qu'il élargisse le champ du temporel. Il peut dire que, ce faisant, il collabore à l'édification de la cité de Dieu. Il a le droit de l'expliciter, mais il n'a pas le droit d'en faire l'objet même de son action temporelle. Il y a bel et bien séparation des plans. Il n'y a *religio* qu'au sens individuel du terme ; et il y a laïcité, séparation, en termes collectifs.

B. C. – Je voudrais vous citer vous-même… dans votre journal de 1995, paru au Seuil, *L'Année des dupes*. Je vois en effet quelques moments typiquement pascaliens dans ces réflexions que vous meniez à l'époque au jour le jour. C'est l'homme privé, me diriez-vous ! Je vous répondrais qu'il s'est fait là public…

Ainsi, à propos de Frossard, qui vient de mourir et que vous n'aimiez guère, vous écrivez : « Et pourtant, cent fois je me suis reconnu en lui comme je me suis reconnu en Clavel. Comment expliquer que je me sois senti proche de lui, en dépit de la distance affective, alors que les chrétiens de gauche, dont au fond je partage beaucoup d'idées, ne m'inspiraient que sarcasme ? Ils me donnent l'impression de ne plus croire à la transcendance ni à la part mystérieuse, inouïe, du seul qui peut nous arracher à nous-mêmes ! Le Christ, bien sûr. »

Un peu plus loin : « La stratégie du pape me paraît être la suivante : faire l'impasse sur les couches moyennes de l'Église (les chrétiens en déliquescence des sociétés occidentales) au profit des masses du tiers-monde d'une part, d'intellectuels de type nouveau de l'autre, plaçant le spirituel avant le social.

« À quoi mon ami Pierre Encrevé, en protestant logique, me répondait récemment que c'était jouer l'obscurantisme de masse, c'est-à-dire le populisme, avec son cortège de fidéisme et d'irrationnel, au détriment de l'individualisme rationnel, c'est-à-dire du progrès.

« Personnellement, je ne le crois nullement. Ce que l'on appelle le libéralisme protestant n'est guère autre chose que l'abandon de la perspective eschatologique au profit d'une vague spiritualité moralisante. Franchement, cela vaut-il le voyage ? Ma réponse est non. À quoi bon ce *spiritually correct* ? Ou bien Jésus-Christ est "Dieu, nom de Dieu", ou bien que l'on nous laisse en paix avec cette mélasse sentimentale. Je ne puis me dissimuler qu'est en train de se répandre dans toute la société, croyants et non-croyants confondus, un sous-franciscanisme de benêts, de ravis de Noël, qui voudraient que le christianisme "s'adapte au monde moderne". Dieu n'est pas venu sur terre pour militer à la Ligue des droits de l'homme, mais pour nous sortir de nous-mêmes. »

Voilà des moments typiquement pascaliens !

J. J. – Vous me flattez... et me prenez à mon propre piège ! Qu'est-ce que j'éprouve, sans exiger des autres qu'ils l'éprouvent aussi ? Profondément, c'est, pour employer une expression de Régis Debray, « l'incomplétude du temporel ». Il parle d'un théorème d'incomplétude, inspiré de Gödel, appliqué à la politique. C'est, selon lui, ce qui justifie la strate proprement religieuse de toute société. Une société – je résume sa pensée – ne peut pas se penser sans un ordre de valeurs ou d'aspirations qui la dépasse. Je dirais même que l'incomplétude du politique est la conséquence de sa modestie volontaire, telle que la définit la laïcité. Dès lors que la laïcité est la renonciation à toute explicitation spirituelle des fondements de l'action politique, cette action politique coupée de toute motivation plus haute essaie, au sein de chacun des individus, de relier ce que la laïcité a interrompu. Le besoin sinon de croire du moins d'adhérer à quelque chose, ou si vous préférez d'échapper à cette espèce de pauvreté spirituelle à quoi la laïcité nous condamne dans le domaine de l'action collective, trouve mille moyens détournés de s'exprimer. C'est la vapeur qui s'échappe de la bouilloire, c'est l'eau qui s'infiltre par tous les interstices du plancher.

Ne nous dissimulons pas que toute société laïque – or les sociétés modernes, qui reposent sur le brassage des peuples, des religions, des philosophies sont forcément laïques, ou bien despotiques –, toute société laïque laisse à chacun un tel champ d'insatisfaction qu'à défaut d'un paradis naturel les paradis artificiels pullulent ! Comment expliquer autrement que les démocraties les plus achevées n'échappent pas à ce besoin de *fanatisme par compensation* ? Voyez les sectes qui se répandent comme un gaz innervant dans la libre Amérique, et même chez nous, dans la France sceptique, où traditionnellement l'agnosticisme faisait si bon ménage avec le catholicisme sociologique ! Voyez encore le surinvestissement inouï que les gens pratiquent à l'égard de leurs croyances. Le suicide sacrificiel n'est pas un phénomène exceptionnel : il devient une épidémie, une mode, et pas seulement chez les Palestiniens ! En juin dernier, des militants iraniens des Moudjahidin du peuple se sont immolés par le feu parce qu'on avait mis leur dirigeante bien-aimée, Maryam Radjavi, en garde à vue pendant quarante-huit heures. Ces suicides que l'on attribue au désespoir ne s'alimentent pas à l'absence d'espérance, mais à la surabondance de la foi. Une surabondance qui peut aller jusqu'à un déni de la vie ; c'est en cela qu'il s'agit d'une substance frelatée.

Toute la société moderne tend vers le protestantisme libéral. C'est un protestantisme moralisateur, comme Fernand Buisson l'a exprimé. Il ne reste qu'une sorte de carapace pseudo-religieuse, faite de morale, de l'assomption d'un passé religieux, mais dépassé à ses yeux – une morale humaniste. Une telle foi laïque laisse très vite transparaître cette incomplétude dont parle Debray, et l'aspiration à autre chose. C'est un problème que les républicains de la IIIe République ne s'étaient pas beaucoup posé, parce que comme l'a souligné Marcel Gauchet, le corps à corps avec le religieux avait imprégné le laïcisme d'un parfum qui ne lui appartenait pas et qui depuis s'est dissipé. « Nous vivons du parfum d'un vase vide », a écrit Renan. La question se pose de savoir si le désenchantement du monde religieux n'est pas contagieux et ne se traduit pas par un désenchantement à l'égard du monde politique. Quelle pourrait donc être la foi d'un désenchanté ? Nous avons tous, un jour ou l'autre, planché sur cette pensée de Goblot : « Toute volonté de croire est une raison de douter. » Fort bien : j'approuve. Reste pourtant à constater que toute volonté de douter se paie par une impulsion à croire. Et le besoin de croire devient alors si irrésistible que c'est un feu qui se contente de n'importe quel combustible, fût-ce le plus médiocre.

B. C. – C'est pourquoi j'évoquais tout à l'heure l'inquiétude de Benjamin Constant : la sociabilité coupée de tout sentiment religieux peut-elle protéger longtemps le contrat social contre la menace d'un retour à la guerre civile ?

J. J. – Marcel Gauchet répondrait : libre à chaque citoyen d'avoir son propre jardin magique. Mais il n'est plus question que ce jardin magique soit l'Éden de nos ancêtres. Il ne peut plus être commun, il ne peut plus être un jardin public, pour continuer la métaphore. Au contraire, Régis Debray dit que toute cité est une cité jardin, elle suppose un jardin public. C'est ce que nous vivons, cela. Gauchet n'avait pas poussé sa réflexion jusqu'au bout lorsqu'il disait qu'apparaît vers 1700 une période axiale où le sujet individuel prend la place de la politique religieuse et devient le centre. À partir du moment où l'on a placé le sujet individuel au centre de la politique, on a désenchanté la politique. Gauchet s'en félicite, mais l'on s'aperçoit, au fil de ses réflexions récentes, que ce désenchantement méthodologique débouche sur un désenchantement affectif, une indifférence, un dégoût, la tentation d'autre chose qui peut être n'importe quoi. Je suis trop attaché à la laïcité de l'État qui est le fondement de la paix – cette position est très pascalienne – pour songer à reconstituer, à supposer que ce soit possible – ce que je ne crois pas –, je ne sais quel réenchantement artificiel.

B. C. – Vous ne vous en mettez pas moins en colère – et ne cachez pas votre choix.

J. J. – Bien sûr. Mais je ne choisis pas Jésus-Christ dans l'ordre temporel parce que cela n'a pas grand sens. Le citoyen ne peut pas être l'homme total. Il n'est jamais qu'une part de l'individu. La Révolution a rêvé d'un citoyen qui engloberait le tout de l'individu. En vain : le monde moderne a libéré l'individu de la citoyenneté. Ce qui a des conséquences difficiles et même tragiques. Mais cette émancipation de l'individu à l'égard de la sphère de la citoyenneté est quelque chose d'irréversible. C'est là qu'il nous faut peut-être ajouter à la démarche de Gauchet : nous vivons une nouvelle période axiale. La première, c'était celle où la politique était laïcisée, n'avait plus en son centre Dieu, mais le sujet individuel. Mais ce sujet individuel était conçu comme un citoyen. Or aujourd'hui, l'individu s'échappe de la cage civique et cette cage civique devient étrangement vide, déserte et désenchantée au point d'être inhabitée, inintéressante. Ce n'est plus une communauté de projet. On veut bien que le progrès en tant que religion civique se soit évanoui. Mais le mouvement est allé plus loin. Cette crise du progrès est aussi une crise du projet. C'est là que les individus, après avoir fait le vide, après avoir même été les bénéficiaires de ce vide politique, souffrent terriblement de n'être reliés à rien du tout. D'où leur aspiration à faire partie d'une communauté pour échapper au tête-à-tête avec eux-mêmes.

Ce n'est pas un hasard si beaucoup de ceux que Lindenberg appelle les « nouveaux réactionnaires » ont noté et même salué cette émancipation de l'individu. Mais soudain, ils ont découvert le vide et ils ont reculé d'effroi. Ils ont cherché une nouvelle définition du lien social, quelque chose qui, à défaut d'être explicitement un projet, permettrait d'en espérer un. On est alors retombé sur des notions globalisantes et très vagues : la souveraineté pour elle-même, la nation pour elle-même, l'ordre social pour lui-même, toute une série de choses que l'on ne reconstituera pas plus que l'on ne reconstituera la chrétienté. La nostalgie des laïcs envers la nation est aussi illusoire que la nostalgie des chrétiens envers la chrétienté.

Le champ du politique n'est pas clos, contrairement à ce que pensaient les républicains de la IIIe République. Ce qu'ils avaient en vue ? Une société close sur elle-même, satisfaisante et parvenue à un *nec plus ultra* de la démocratie, par une fuite en avant dans la pédagogie républicaine, dans l'exaltation de la nation, dans les progrès de la science, dans une vision étrangement idyllique, édénique de la République qui tenait lieu d'horizon spirituel, et en somme de chrétienté.

Seulement, la totalité de ce qui faisait cet horizon spirituel de la démocratie républicaine à la fin du XIXe siècle, de Gambetta, de Ferry, ou des philosophes qui les accompagnaient, Renouvier, Barni, des néokantiens – de ce point de vue, il y aurait beaucoup à dire sur Kant, sur la finitude de Kant par rapport à l'infinitude de Descartes –, tous ces espoirs, disais-je, ont été déçus par le XXe siècle. Finie notre démocratie achevée dans notre petit champ de pois secs. Si j'examine un à un les espoirs de la République commençante, je les vois aujourd'hui déçus, et même bafoués. La convergence de la nation et de l'internationalisme, espoir suprême de Jaurès, est venue se briser sur les nouveaux nationalismes totalitaires du XXe siècle. L'amélioration de la race humaine par la science – car les progressistes de l'époque étaient souvent eugénistes – conduit à la pire perversion imaginable de l'idéal scientifique, le nazisme. L'école comme instrument d'une démocratie égalitaire, nous n'y croyons plus guère. Autrement dit, tous les idéaux de la IIIe République nous paraissent désormais inaccessibles. L'espoir d'une cité de l'homme, au sens où saint Augustin avait parlé d'une cité de Dieu, s'est formidablement éloigné, pas seulement à cause de l'effondrement du communisme. Même nous, qui avons combattu le communisme, sommes orphelins des espoirs qu'il charriait avec lui. La République, pour s'en tenir à elle, est plus difficile à réaliser qu'on ne l'a cru.

Il y a donc de nouveau une aventure démocratique, un risque démocratique et aussi un impensé de la démocratie qui ne peuvent se définir à partir du seul idéal national. Quel en sera le contenu ? Je crois qu'il sera nécessairement international. La sphère de la nation n'a pas épuisé son utilité mais elle a épuisé sa fécondité. Les idéaux démocratiques d'aujourd'hui débordent l'idéal de la nation parce que le monde est beaucoup plus ouvert, beaucoup plus demandeur d'égalité aussi qu'il y a un siècle. Ces souverainistes, qui continuent de voir dans la nation l'expression unique des aspirations démocratiques et l'instrument pour les promouvoir, sont nécessairement des passéistes. À l'inverse, nombre de soixante-huitards ont recherché une issue dans l'aventure internationale du droit d'ingérence, qui est en train de s'imposer et de transformer par pans entiers les conditions de la politique internationale. S'il existe aujourd'hui une utopie positive et féconde, c'est, je l'ai déjà dit, celle des ONG. Le contenu du « droit-de-l'hommisme », comme disent avec condescendance ses adversaires, est internationaliste, à l'échelle de la planète. Il y a là un horizon nouveau. Je ne suis pas sûr qu'il suffira à combler cette incomplétude politique dont je parlais tout à l'heure. Mais s'il existe, c'est là.

C'est, il me semble, la contradiction d'un Régis Debray de mettre le doigt sur l'incomplétude démocratique et de s'enfermer en même temps dans un souverainisme étroit. Toute sa critique précédente des limites de la démocratie, ses engagements révolutionnaires antérieurs auraient dû le pousser vers l'internationalisme. Il s'y est refusé pour des raisons qui tiennent à sa personnalité, je suppose. Mais la contradiction est patente. Cet au-delà de la nation dont il sent pourtant la nécessité, c'est dans le religieux qu'il paraît aujourd'hui le chercher. En cela, sa position actuelle fait symptôme. On peut se demander si l'on n'est pas en train d'assister à quelque chose de comparable à ce qui s'est produit à la fin du XIXe siècle. Au terme de la grande phase positiviste, Berthelot s'écriait, pour s'en réjouir : « Le monde est désormais sans mystères ! » Quelques années plus tard, on ne le dit plus, on ne le pense plus. À la suite de ce positivisme, qui était fondateur non seulement de l'idéologie mais aussi de la morale de la IIIe République, on a vu paraître une génération plus mystique ; on a assisté au retour du sentiment national et du sentiment religieux, tout ce tournant qu'à certains égards a incarné Péguy. Car ces retours chez Péguy n'ont pas été qu'une aventure individuelle, ils ont été représentatifs d'autre chose. On a vu de grands écrivains rôder autour du religieux, sous des formes qui leur étaient propres, ou rentrer dedans avec fougue comme Claudel.

Autant d'itinéraires individuels. C'était un désenchantement de la République, et une tentative de réenchantement du monde.

Il est probable qu'on assiste aujourd'hui à quelque chose de comparable, dont je n'imagine pas encore les limites. J'étais frappé en entendant l'autre jour Gérard Depardieu lire des textes de saint Augustin, choisis par André Mandouze, en présence de l'archevêque de Paris, sous les voûtes de Notre-Dame. Il y avait là un phénomène probablement inimaginable vingt ans plus tôt. Le Depardieu de l'époque pensait à autre chose. Je ne vois pas Jean Gabin ou Jean Vilar faire cela, encore que le cas de Jean Vilar fût particulier. Un homme qui a mis en scène, contre tout son entourage, *La Ville* de Claudel, n'a pas pu le faire par hasard. Car le sujet de la pièce de Claudel est exactement celui qui vous sert à me persécuter depuis quelque temps ! *La Ville* de Claudel décrit exactement le rapport du poète à l'architecte, à la femme, au peuple, autrement dit à la cité. Cela travaillait visiblement Jean Vilar, ce désenchantement démocratique.

Mais une fois cela dit, on n'est guère plus avancé. Votre question est beaucoup plus exigeante. Dans tous les phénomènes que nous décrivons ici, le religieux est une échappatoire à la déception politique. Il n'est pas un enrichissement du politique en tant que tel. Il n'est pas « un plus », comme on dit vulgairement aujourd'hui, pouvant conduire à la redéfinition du politique. Tous ces gens qui avaient une exigence morale et spirituelle – je pense aux maoïstes, aux anarchistes et non pas à tous ces vieux politiciens trotskistes – se sont tournés vers l'action humanitaire. Ils refusent en revanche toute redéfinition de leur démarche en termes spirituels. Leur démarche a pour but de dépasser le politique lui-même. Donc, il y a là des formes nouvelles d'action politique qui se développent et qu'on ne peut plus analyser selon les critères traditionnels.

Justice et charité

B. C. – Ces démarches qui excèdent le politique ne visent-elles pas, de façon très pascalienne, à le remettre à sa juste place après l'avoir indûment sacralisé ?

J. J. – On a en effet longtemps cru, et certains soixante-huitards le croient encore, que la politique allait remplir tout l'espace libéré par le religieux. Mais cela va au-delà de ce que vous suggérez. Ce que j'ai décrit en m'appuyant sur Gauchet, c'est un dépérissement du religieux en tant que religieux politique – le religieux individuel n'est pas l'objet de sa recherche – au profit d'un politique qui finirait par remplir tout l'espace laissé vide. Cela ne s'est pas produit. Au contraire : ce à quoi nous assistons aujourd'hui, c'est à un dépérissement du politique lui-même. Il n'y a pas lieu de s'en effarer. Autant ce dépérissement, s'il aboutit à assécher la vie politique, est inquiétant, autant il est une bonne chose s'il conduit à gommer ce surinvestissement frénétique qui est à la source du fanatisme. Tout un pan de la politique s'est écroulé, qui traduisait seulement un verbalisme sans contenu véritable : la politique comme guerre de religion ; la politique comme mode d'extermination de l'adversaire ; la politique comme utopie – après tout ce que nous ont valu, au cours du siècle passé, communisme et fascisme, il y a encore des gens pour opiner gravement que « la politique a besoin d'une part d'utopie ». Autant dire que la vérité a besoin d'une part de mensonge !

Si nous avons tellement insisté sur la spécificité et l'identité des ordres séparés chez Pascal, nous devons néanmoins nous souvenir que, chez lui, l'ordre du politique a une moindre dignité. Il est une nécessité, constitutive de la nature elle-même et du monde. Mais il n'est pas un but en soi, même si les grands capitaines ont pu faire de la conquête du monde leur objectif final. On n'ira jamais plus loin qu'Alexandre, César et Napoléon. Mais le but de la démarche démocratique était bel et bien de libérer l'homme de la politique. C'est ce que dit Benjamin Constant. Dans la fameuse conférence sur « la liberté chez les Anciens et la liberté chez les Modernes », Benjamin Constant décrit une société ancienne où la politique tient toute la place, tandis que la politique moderne, démocratique, libérale, antitotalitaire, différente de la démocratie à l'ancienne, aboutit à libérer du temps et de l'énergie pour chaque homme, afin de lui permettre de vaquer à ses propres affaires. Dans l'esprit de Benjamin Constant ou dans la manière dont on l'interprète généralement, vaquer à ses propres affaires, c'est faire du commerce, c'est gagner de l'argent : c'est donc surtout la libération de la sphère de l'économie qu'il aurait en tête.

Mais pas uniquement ! Constant considérait que la partie la plus importante de son œuvre était celle qui traitait de l'histoire des religions. Autrement dit, pour parler en termes rousseauistes, on avait cru que *La Nouvelle Héloïse* était antérieure au *Contrat social*. Or nous redécouvrons *La Nouvelle Héloïse*, c'est-à-dire la société privée comme un au-delà du politique et, vous avez eu tout à fait raison de le signaler, la morale de l'*Émile* comme un au-delà du *Contrat social*. C'est même la réussite du *Contrat social* qui a libéré du temps, de l'espace, de l'énergie pour une vie privée dans laquelle l'intellectuel et le spirituel occuperaient non pas une place déclinante, comme on l'a cru, mais une place croissante. La philosophie médiévale était *ancilla theologiae*, la politique moderne est *ancilla personae*. Le risque serait même que le dépérissement du politique s'accélère à une telle cadence qu'il perdrait ses aspérités, deviendrait une sorte de lieu neutre, une aire de service en quelque sorte.

B. C. – Les individus auront-ils vraiment alors quitté l'espace intramondain, l'ordre des corps ?

J. J. – Il peut y avoir une échappée. Le libertin, au sens du XVIIe siècle, pour avoir une vie spirituelle, doit, à un moment donné, se détourner du politique. Albert Hirschman dans *Bonheur privé, Action publique*, croit découvrir une alternance de phases, entre l'engagement dans l'action collective et le retrait vers les jouissances et les valeurs privées. Selon lui, il y a dans les sociétés des moments de croyance à la fécondité de l'action publique et militante, mai 1968 par exemple, où l'on fait semblant de croire que tout est politique. Et d'autres moments où règne la « tyrannie de l'intimité », le *cocooning*, comme on dit maintenant. Hirschman fait en somme une théorie politique de la déception. Après avoir cru dur comme fer à l'efficacité de l'action publique, chacun s'aperçoit au bout d'un certain temps que cette action a échoué ou qu'elle ne saurait donner l'ensemble des satisfactions que l'on pouvait en attendre. Probablement parce que les satisfactions étaient d'un ordre différent de celui que peut offrir la politique – c'est moi qui ajoute cela à son raisonnement. On avait surinvesti le politique de valeurs qui n'étaient pas politiques, mais de l'ordre de l'esprit ou des sentiments. Alors surgit une grande déception. Vient une période de retrait où les gens ne croient plus qu'à la culture de soi-même, de son jardin intérieur, au repli sur des valeurs privées, celles de la famille, de l'amitié, de l'aventure conçue en termes individuels. Puis, le cycle reprend parce que, à un moment donné, les valeurs collectives, à force d'avoir été négligées, redeviennent des objectifs désirables. Hirschman décrit ainsi une dialectique du désir et de la déception qui conduit à périodiser la vie publique de façon inattendue. C'est une théorie du désenchantement politique. Il est certain que nous vivons une telle période, que j'appelle une deuxième période axiale, où la politique a perdu de sa valeur ; provisoirement ou définitivement, je ne me prononce pas.

B. C. – Pour que ce retour au politique ne soit pas nostalgique ou carrément « réactif », ne faut-il pas que l'individu qui s'est un temps retrouvé seul, ait fait, d'une manière ou d'une autre, cette expérience d'arrachement à soi-même, que vous évoquiez dans les pages de votre *Journal* ?

J. J. – Tous les hommes politiques qui ont marqué leur temps ont connu une traversée du désert, volontaire ou contrainte. C'est là qu'ils se réinventent. Car la politique fait partie intégrante du divertissement, au sens pascalien. Pour revenir à Hirschman, je crois qu'il y a en politique des cycles longs et des cycles courts. À l'intérieur du cycle court, des variations comme celles qu'indique Hirschman sont tout à fait possibles. La tendance à long terme me paraît rester cependant celle du déclin de la politique et du désenchantement à son égard. Peut-être, en effet, le rôle du spirituel ne sera-t-il pas seulement de servir de substitut, mais aussi d'instrument de réarmement moral, en tout cas de revivification du champ politique. Mais il se fera avec des objectifs plus larges. Il y a une espèce de mondialisation des aspirations politiques. Il est frappant de voir, au fur et à mesure que l'économie connaît une expansion mondiale, les aspirations politiques prendre une même dimension. C'est ce que l'on appelle désormais l'altermondialisation, avec pour objectif d'opposer la mondialisation des pauvres à celle des riches. Mais ce n'est pas que cela, c'est beaucoup plus vaste. Longtemps, dans nos pays, la nation était l'horizon même de la politique. Elle ne l'est plus aujourd'hui. Désormais, si l'on pense justice, paix, et même charité, on est contraint de le faire à l'échelle internationale. C'est la contradiction de José Bové et de ses amis, qui prétendent agir à cette échelle, tout en penchant spontanément vers le protectionnisme.

B. C. – Tout se passe comme si le devenir du monde nous acheminait vers une charité universelle, qui *pourrait* redonner un socle au politique. Étrange nécessité historique, qui nous ramènerait, d'une certaine manière, aux valeurs religieuses au lieu de nous en sortir ! On pourrait citer ici le Bergson des *Deux Sources de la morale et de la religion*, différenciant les morales closes des morales ouvertes : les morales « nationales », pourrait-on dire, desserrées, ouvertes par l'universalisme de la charité.

J. J. – Pourquoi pas ? En tout cas, ce mouvement est tout à fait pascalien. Pascal a le plus grand mépris pour les frontières. Il ne pense jamais en termes nationaux, à la différence de la plupart de ses contemporains. À certains égards, nous sommes en train de vivre, à l'échelle internationale, un nouveau Moyen Âge, avec l'idée d'un Empire universel. Les « néoconservateurs » américains gravitent autour de cette idée, les « altermondialistes » aussi. C'est dire ! La bataille pour la maîtrise de l'universel, qui a opposé le pape à l'empereur, est en train de réapparaître autour de l'idée, sinon d'un gouvernement mondial, du moins d'agences mondiales de contrôle concernant l'armement, l'écologie, la santé, l'éducation, l'alimentation… Il y a là un mouvement de diastole et de systole qui rejette dans le passé les solutions purement nationales. Le héraut de cette pensée universaliste étant nécessairement « catholique », l'homme qui exprime cela le mieux, par-delà tous les fanatismes et toutes les bigoteries, c'est le pape Jean-Paul II ! Cette aspiration n'est pas spécifiquement chrétienne : elle est portée par des exigences chrétiennes laïcisées. Voyez la tonalité d'un mouvement dont Porto Alegre est l'épicentre, c'est tout à fait frappant. Le côté universel, « catholique », est à nouveau présent dans les esprits. Comme l'internationalisme socialiste qui était porté par le communisme a échoué, il y a une sorte de catholicité mondialiste qui est devenue l'inconscient de cette nouvelle forme d'action politique.

Cette histoire des rapports entre la justice et la charité est aussi vieille que le socialisme lui-même. On peut même dire que le socialisme est ce mouvement qui reproche violemment à la société bourgeoise, et à l'État qui en est le bras armé, de se contenter de traiter le problème social par les seuls moyens de la charité : l'assistance publique de la part de l'État, l'aumône de la part des particuliers. Sous couleur de venir en aide aux malheureux (« j'ai mes pauvres »), on se contente de porter secours aux misères les plus criantes… et de les empêcher de crier, afin de pérenniser le système.

Toute démarche de justice commence par dénoncer la charité, au sens dégradé qu'a pris le mot, comme la pire des mystifications. Toute la démarche antihumanitaire – je n'ai pas dit antihumaniste – de Marx repose sur une charge à fond contre ces béquilles de l'État bourgeois. Les « pauvres » du passé relèvent peut-être de la charité, mais les prolétaires réclament, eux, la justice. Ils n'ont que faire de vos aumônes. Ils ne veulent pas de vos dons. Ils réclament leur dû. Toute la première partie du *Capital*, consacrée à l'extraction de la plus-value, consiste à montrer que les ouvriers sont dépouillés d'une partie de la valeur de leur travail. La charité repose sur un don gratuit ; la justice sur une restitution. Pour que la justice passe, il faut que la charité trépasse. Voilà la première étape, l'étape marxiste du raisonnement. Elle demeure essentielle. Le danger de tout le mouvement humanitaire actuel est de permettre aux exploiteurs de s'exonérer de leurs responsabilités et d'encourager les exploités à se résigner à cette situation. Une telle démarche arrange également l'État, qui se décharge facilement ainsi de ses responsabilités sur le bon cœur et les initiatives des citoyens les plus généreux.

Qui ne voit pas que c'est ce qui est en train de se passer ? Saint Coluche, de ce point de vue, est aussi mystificateur que saint Vincent de Paul ; par le biais de l'humanitaire, nous pourrions, si nous n'y prenions pas garde, assister à une formidable régression sociale. Les Restos du cœur ressemblent de plus en plus aux *workhouses* de l'Angleterre du temps de Dickens. Quand je sors de mon bureau du *Nouvel Observateur*, place de la Bourse, j'assiste à l'une des scènes les plus éloquentes de notre temps. Devant ce temple désaffecté de l'argent qu'en 1968 encore les gauchistes avaient tenté de brûler, se forme chaque soir une queue, longue de trente mètres, d'hommes – très peu de femmes – de toutes origines. Ils passent devant un camion où on leur remet le casse-croûte du soir. La soupe populaire sur les marches de la Bourse, où l'informatique a tué la corbeille, n'est-ce pas un formidable symbole ? L'argent a pris des formes de plus en plus immatérielles, virtuelles ; on ne peut brûler un réseau comme on brûle un bâtiment, tandis que la pauvreté, parfois la misère, sont de retour sous leur forme la plus concrète.

Un jour que je venais d'écrire un article plutôt sévère pour les grévistes de la Fonction publique, mon ami Pierre Bénichou m'a pris par le bras : « Penche-toi par la fenêtre. Tu n'as pas honte, toi, un ancien syndicaliste ! » Je lui ai répondu que non seulement je n'avais pas honte, mais que je voyais là une métaphore du néocapitalisme : il a radicalement coupé le lien qui a existé tout au long du XIXe siècle entre les pauvres et les misérables, ou si l'on préfère entre les prolos et le *Lumpen* prolétariat. Dans le schéma marxiste, le *Lumpen* était destiné à se dissoudre dans la grande armée prolétarienne. Or ce qui s'est produit est fort différent : c'est le prolétariat qui tend à se dissoudre dans le grand bloc central de la société française, laissant le *Lumpen* – on dit aujourd'hui les « exclus » – à l'état de victimes sans défense, parce que non-organisées. D'où – suivez-moi – le retour de la charité. Puisque le camp des déshérités est désormais privé de ses troupes de choc – le prolétariat organisé –, les déshérités – c'est-à-dire la troupe disparate des « sans » : sans travail, sans logis, sans papiers – relèvent de nouveau de la charité, c'est-à-dire de l'initiative privée. Ce n'est pas pour rien que Coluche a appelé ses restos les « Restos du cœur ». Ce n'est pas la révolte, ce n'est pas la lutte, c'est l'assistance : « Aujourd'hui, on n'a plus le droit/D'avoir faim ni d'avoir froid. » Voyez comme la tyrannie de la rime fait avouer le subconscient : la misère assimilée à un droit négatif ! Cela veut dire : on n'a pas le droit, quand on est bien nourri, bien logé, bien installé, de laisser crever son voisin. L'Évangile dit : son *prochain*. C'est une bien belle expression : un homme cheminait sur la route de Jéricho… Il trouve sur le chemin un homme qui a été dépouillé et blessé. Il ne se demande pas comment interdire l'insécurité, comment mieux organiser les secours. Il paie de sa personne, comme on dit si bien. Et voilà la charité de retour. Tous les fondateurs d'ONG l'ont raconté, de Coluche à l'abbé Pierre et à Kouchner : voilà, on ne pouvait pas laisser faire… il fallait faire quelque chose. Ce sont des hommes charitables, qui ne se détournent pas du blessé, sous prétexte que le secourir serait encourager les voleurs à recommencer, à « consolider le système », comme disaient les théologiens de la Révolution. Certains de ces nouveaux fondateurs d'ordres mendiants ont été jadis de ceux-là. Et renversant Marx, ils ont trouvé que la mystification n'était pas, n'était plus dans la charité, qu'elle était dans la justice, ou plutôt dans cette justice indéfiniment différée qui rend aveugle et sourd au besoin de charité. La charité répond à une urgence. Elle est assistance à personne en danger. Ce n'est pas par hasard que l'on passe de l'assistance au droit d'ingérence. Quand la justice, au terme d'une pétrification sociale à laquelle ses théoriciens n'ont jamais pensé, se mue en bureaucratie et quand la bureaucratie consolide son pouvoir en prétextant les délais inévitables de la justice, alors reparaît la charité comme un besoin d'amour, mais aussi de vérité : un homme cheminait sur la route de Jéricho… Fin de la seconde étape.

En somme, pour résumer la première étape, la justice est la forme différée de la charité. Et pour résumer la seconde : la charité est la forme immédiate de la justice. Quand la justice (la prétendue justice) invoque son caractère médiat pour rester insensible à l'appel de la charité, cette justice-là devient mystification. Et quand la charité se prévaut de ses résultats immédiats (les « œuvres » de préférence à la « foi ») pour escamoter le besoin d'une justice fondamentale, cette charité-là devient à son tour mystification. Justice et charité sont deux sœurs qui doivent s'interdire d'invoquer les défauts de l'autre pour ignorer la poutre qui est dans leur œil.

Les moyens de la charité sont impuissants à établir durablement la justice ; les moyens de la justice sont impuissants à secourir le prochain. Même les hommes de la justice ont raison de dire que tout l'amour du monde, s'il ne prend pas les armes du pouvoir, n'est qu'une goutte d'eau dans le gouffre sans fond de l'injustice ; les hommes de la charité sont fondés à dire que les doctrinaires de la justice, tout occupés à bâtir leur système, s'ils ne voient pas les misérables en train de mourir à leurs pieds, ne sont que des hypocrites et bientôt des tyrans.

Voyez comme dans l'affaire des sans-papiers, les deux logiques se contredisent, alors qu'elles ont tout pour se compléter. Les uns : « Des papiers pour tous et tout de suite ! » Les autres : « On ne peut assumer toute la misère du monde. Arrêtez de les nourrir de poisson. Apprenez-leur à pêcher ! » Notez encore que chacun prêche pour la solution qui lui coûte le moins. C'est pourquoi les gouvernements libéraux sont favorables à la charité qui incombe à la société civile, tandis que les révolutionnaires sont favorables à la justice qui incombe aux gouvernements bourgeois. Je rêve d'un monde où les révolutionnaires seraient sensibles à la charité et où les gouvernements seraient naturellement enclins à la justice. Mais il ne faut pas rêver.

En réalité, justice et charité ne sont pas substituables l'une à l'autre. Certes, la charité est l'expression morale de la justice et la justice l'expression logique de la charité. À condition que chacun reste dans son camp. La justice qui se veut immédiate est impuissance ; la charité qui se veut médiate est imposture. Il y a de l'aveuglement à vouloir que la justice s'occupe de tous les cas particuliers et fasse acception de personne ; il y a de l'illusion à vouloir que la charité se généralise et substitue aux règles du droit les commandements de l'amour.

La gauche et le péché originel

B. C. – Cette précision était nécessaire à notre débat. Ce que vous retrouvez là, c'est une certaine forme du duel et de la conflictualité, une actualisation de ce que j'appelle, avec Pascal, dialogue de « l'honnête homme » et du « chrétien parfait ». Tout se joue sans aucun doute aujourd'hui dans cette articulation de la justice à la charité. Il y a là une manière de repenser et d'agir à nouveaux frais dans le sillage de Pascal. L'histoire semble, de fait, aller dans ce sens : les sphères politique, éthique et spirituelle se sont déployées, parfois même à l'insu de leurs acteurs, devant vos yeux. Quelles réflexions une telle réalité suggère-t-elle au « journaliste transcendantal » que vous êtes ? Le sentiment d'avoir eu raison ?

J. J. – Je n'ai pas une conception utilitariste de la foi. Le Christ n'est pas venu sur terre pour faire des adhérents – il n'est pas venu pour faire des chrétiens –, mais pour apporter un message : je suis la lumière qui illumine tout homme venant dans ce monde, y compris celui qui ne me connaît pas. Il y a incontestablement, aujourd'hui, un besoin de justice très intense. Aux yeux de la foi, justice et charité sont exactement la même chose.

B. C. – Ou plutôt, à vous entendre, les deux faces, individuelle et politique, d'une même réalité… Est-ce là le « pascalisme de gauche » que vous appelez de vos vœux ? Résumons-nous. Il y a deux ordres, selon Pascal, qui sont nature et grâce, temporel et spirituel. Et pour opérer leur articulation, il en faut un troisième, celui d'une raison singulière capable de s'effacer d'elle-même : « Il n'y a rien de plus conforme à la raison que ce désaveu de la raison. »

J. J. – C'est cela. Deux natures et trois ordres. Trois ordres pour penser les deux natures du Christ, qui sont la clé essentielle. C'est ce qui m'a fait répondre un jour à Jean Daniel que la seule réponse à cette question insondable de l'élection du peuple juif – qui lui pose tant problème –, c'est Jésus-Christ, c'est-à-dire un élargissement de l'élection à toute l'humanité. Le laïc, le démocrate que je suis, est effaré par le Dieu de l'Ancien Testament, cette transcendance séparée que l'on trouve encore dans le judaïsme. La grande force du christianisme est d'avoir aboli ce religieux. Faut-il rappeler ici que le christianisme a été perçu par les Romains comme l'ennemi de toute religion, et même comme une doctrine « athée » ? Ce n'est pas si faux. Le christianisme a désacralisé le monde. C'est pourquoi, disais-je à Jean Daniel, la seule alliance, la seule élection possible pour moi, c'est celle de l'humanité : heureusement qu'il y a eu Noé avant Moïse ! Contre les humanistes athées et contre les religieux *stricto sensu*, je pense que le christianisme n'est ni une religion de l'homme, ni une religion de Dieu, mais une religion de leur alliance.

La Révélation est d'abord rencontre entre deux personnes qui se respectent. Seule la doctrine de l'Incarnation m'a détourné d'un athéisme radical, et non la méditation sur la toute-puissance de Dieu. Si l'on me demande à brûle-pourpoint si Dieu existe, je réponds naturellement que non. Ce personnage m'est tout à fait étranger, et pour être franc, je n'ai guère envie d'avoir commerce avec lui. La seule preuve que je trouve à son existence, c'est son Fils. C'est de l'existence du Fils que je passe, par déduction, à l'existence du Père. « Nous ne connaissons Dieu que par Jésus-Christ », dit Pascal.

Aussi ne vous étonnez pas que je sois fermement marcioniste. Marcion insistait sur la nouveauté radicale du Nouveau Testament par rapport à l'Ancien. C'est tout à fait ma position. Contrairement à la tendance crypto-judaïque actuellement dominante dans le catholicisme, je suis sensible à la rupture entre l'Ancien Testament et le Nouveau, et non à leur continuité. Le Dieu de l'Ancien Testament m'est complètement étranger. Il n'a d'ailleurs aucune cohérence. Je veux bien qu'on voie dans l'Ancien Testament l'histoire figurée des représentations successives de Dieu dans le peuple juif ; mais cette historicisation de la foi ne me plaît guère. Ce qui m'intéresse en Jésus-Christ n'est pas son côté fondateur de religion, mais au contraire la rupture radicale qu'il opère avec l'esprit religieux. Nous voilà loin, n'est-ce pas, du protestantisme libéral…

B. C. – … et donc loin, aussi, de la *Profession de foi du vicaire savoyard.* Votre critique de la transcendance vétéro-testamentaire est peut-être hâtive : Pascal vénérait la force d'arrachement propre à la loi mosaïque… Il n'en apparaît pas moins que la religion naturelle ne vous suffit pas, et qu'il faut, selon vous, passer par cette Révélation que Rousseau semble, lui, rejeter : seul moyen, suggérez-vous, de s'arracher à soi-même, mais aussi au religieux, où paradoxalement un certain rousseauisme nous maintient encore.

Vous affirmez ainsi dans *La Faute à Rousseau* qu'il faut à tout prix « sortir de la volonté générale ». J'ai pourtant le sentiment que vous hésitez sans cesse entre Pascal et Rousseau, comme si le débat en vous n'était pas définitivement tranché. Trop soucieux de transcendance, vous suspectez la morale humanitaire du second ; trop soucieux de laïcité, vous vous méfiez du mysticisme du premier…

Et je trouve cette tension très féconde. Tout se passe en effet comme si notre situation et notre identité, à nous individus démocratiques, se jouait entre ces deux adversaires fondamentaux, sans que jamais l'un ne l'emporte sur l'autre. D'une certaine manière, là aussi, le dialogue de l'« honnête homme » et du « chrétien parfait ».

J. J. – Pour vous dire le fond de ma pensée – puisque après tout, c'est de mes engagements aussi qu'il a été question dans ce livre –, je crois qu'il y a un pessimisme foncier de l'homme de droite et un optimisme foncier de l'homme de gauche, et que la culture politique en France souffre de ces deux tares.

B. C. – Ces deux défauts recoupent-ils, d'une certaine manière, l'opposition entre ce qu'on pourrait appeler l'humanisme de Rousseau et l'antihumanisme de Pascal ?

J. J. – Oui, à peu près. C'est même pour cela que j'essaie de penser et de pratiquer un pascalisme de gauche ! André Frossard disait, je vous le rappelle, qu'il y a la gauche, qui ne croit pas au péché originel, et la droite qui ne croit guère à la rédemption. Moi, je suis un homme de gauche qui croit au péché originel. Tant que la gauche ne se sera pas posé le problème du péché originel, c'est-à-dire d'un mal qui ne serait pas dû aux circonstances extérieures, mais à la volonté de l'homme lui-même, elle restera, à mes yeux, coupable d'angélisme avec tout ce que cela comporte, c'est-à-dire la terrible cruauté de l'optimisme. Cet angélisme, c'est l'ensemble de cette politique qui veut ignorer qu'à tout moment l'homme est capable de faire le mal volontairement. Le péché originel est la plus grande objection à toute espèce d'autogestion. En cela j'estime que les échecs de la gauche viennent de cet optimisme, en raison, pour reprendre votre dualisme Rousseau-Pascal, d'un oubli foncier du second. Il y avait bien une gauche qui n'était pas angélique. C'était la gauche stalinienne. Elle prônait l'encadrement des hommes – des « chatons aveugles », disait Staline – qui, selon elle, étaient à tout moment capables des pires bêtises et des pires aveuglements. Mais dire que l'homme est capable du mal ne signifie pas qu'il n'est pas aussi capable du bien. Il faut le traiter en être libre, et non en délinquant potentiel ou en ange des cieux.

B. C. – Un oubli du péché originel qui serait… le péché originel de la gauche ?

J. J. – Si vous voulez. Je pense, en effet, que c'est l'anthropologie chrétienne qui rend le mieux compte de la politique telle que nous l'expérimentons ; mais aussi – et ce second point est essentiel – que l'effacement du christianisme comme donnée essentielle de la politique contemporaine aboutit à une immense frustration chez les chrétiens, bien sûr, mais aussi chez les non-chrétiens.

Je commence par le premier point : dans quelle mesure l'anthropologie chrétienne rend-elle compte de l'expérience que nous avons de la politique ? Ce qui me frappe, c'est que les espoirs fondés sur la politique sont toujours des espoirs naïfs. Les anthropologies politiques classiques, celle du libéralisme et celle du marxisme – ce sont les mêmes, elles décrivent toutes deux un homme dominé par les intérêts matériels – ont beaucoup de mal à rendre compte de l'importance des sentiments dans la vie publique. Peu importe qu'elles soient optimistes ou pessimistes ; elles imaginent un homme conditionné. Seule une anthropologie qui voit dans l'homme un être également capable du bien et du mal, un être social, collectif, mais aussi profondément individualiste peut nous aider à une lecture approfondie : c'est celle du christianisme.

L'affirmation du péché originel, c'est-à-dire de la liberté de l'homme dans le mal comme dans le bien, nous met à l'abri des tentations de l'autorité, de « la tentation de faire du bien », comme disait Henri Duméry. S'il n'y avait que la liberté de faire le bien, il n'y aurait pas de liberté tout court, il y aurait tout simplement une adéquation permanente de l'être humain à son essence, telle qu'elle peut être décrite soit par l'humanisme, soit par une vision religieuse naïve de l'homme. En réalité, dès la Genèse, l'homme est capable de mal, c'est-à-dire d'instituer une distance entre ce qu'il estime être le bien et ce qu'il fait. Quand saint Paul le décrit comme un être qui fait le mal qu'il condamne et qui ne fait pas le bien qu'il approuve, il donne de la condition humaine une vision que le politique ne devrait jamais oublier. Ce n'est pas parce que l'électeur a voté pour un homme ou pour une idée qu'il suivra cet homme ou qu'il fera les sacrifices nécessaires à l'idée. Ou bien on a des politiques de l'autorité qui, au fond, ne font pas confiance à l'homme, et l'estiment inférieur à sa nature et à sa vocation ; ou bien, au contraire, on a des politiques dans lesquelles l'homme n'a qu'une liberté : celle de correspondre à son essence, c'est-à-dire à sa prétendue bonté naturelle.

C'est la parabole du Grand Inquisiteur, ce sublime manifeste de toute politique de droite. Par rapport à l'ambivalence fondamentale de l'homme – celle qu'exprime l'anthropologie chrétienne –, ni la droite ni la gauche ne me semblent satisfaisantes. La droite, c'est la politique de l'autorité qui au fond ne fait pas confiance à l'homme et l'estime inférieur à sa vocation. Et à l'inverse, la gauche, c'est la politique de l'utopie qui refuse *a priori* que, les obstacles extérieurs levés, l'homme puisse dévier par rapport à son essence. J'ai déjà évoqué brièvement le mythe du Grand Inquisiteur, à propos de la force du silence concerté. Revenons-y. Car l'exemple parfait de la politique de droite, c'est ce mythe dans *Les Frères Karamazov*. Le mythe de l'autorité. Ivan a imaginé un roman. L'action se passe en Espagne, à Séville, en plein XVe siècle, aux jours les plus sinistres de l'Inquisition. La foule a envahi les rues pour voir le spectacle. Voici qu'un homme passe, inconnu, silencieux, avec sur les lèvres un sourire d'infinie commisération. Et tout à coup, la foule le reconnaît : « C'est Lui ! Cela ne peut être que Lui ! » On Lui apporte un enfant mort, étendu dans un petit cercueil blanc. « Si c'est Toi, ressuscite mon enfant ! » L'inconnu dit seulement : « Talitha Koum. » – et l'enfant se lève.

La foule est en transes. Paraît alors au seuil de la cathédrale un grand vieillard nonagénaire, décharné. Il n'est pas paré de ses somptueux habits de cardinal ; il ne porte qu'un vieux froc de moine, mais tout le monde le connaît bien : c'est le Grand Inquisiteur ! Il ne dit mot, il tend seulement un doigt accusateur et ses sbires se saisissent de l'inconnu. La foule subjuguée a tellement l'habitude d'obéir qu'elle se tait. Voilà Jésus incarcéré par le Grand Inquisiteur. Le soir, le sinistre vieillard pénètre dans le cachot, une torche à la main. Il a bien reconnu son maître : « Pourquoi donc es-Tu venu nous déranger ? Tu n'as pas le droit d'ajouter une parole à ce qui fut dit il y a quinze siècles ! » C'est le trait fondamental du catholicisme romain, commente Ivan.

J'ai eu pitié de Tes créatures, continue le Grand Inquisiteur : « Je Te dis que l'homme n'a pas de souci plus torturant que de trouver au plus tôt celui à qui remettre ce don de la liberté avec quoi cette malheureuse créature vient au monde. » Nous nous y employons. Et Toi, au lieu de nous aider, au lieu de consentir à cette royauté que tous Te supplient à genoux d'accepter, Tu l'as repoussée dans le désert comme une tentation satanique ! Vient le reproche suprême. « Au lieu de T'emparer de la liberté des hommes, Tu l'as accrue ! Aurais-Tu oublié que la paix et même la mort sont plus précieuses à l'homme que le libre choix dans la connaissance du bien et du mal ? Il n'est rien de plus séduisant pour l'homme que la liberté de sa conscience, mais rien n'est plus douloureux non plus. »

Écoutez bien ces paroles, ami Benoît : rien ne répugne autant à cette malheureuse créature que la connaissance du Bien et du Mal. Tout est là qui explique les deux politiques, celle de la droite, autrement dit l'autorité ; celle de la gauche, c'est-à-dire l'obligation de la vertu. Tout, sauf la liberté. Car, commente le grand politique en froc de moine : « C'est ce besoin de communauté dans l'adoration qui est le principal tourment de chaque homme » et Tu lui as refusé, au nom de l'idée trop haute que Tu Te fais de lui, le bonheur de T'adorer ! En acceptant le pain que T'offrait Satan dans le désert, « Tu eusses répondu à l'inquiétude générale et éternelle de l'humanité dans son ensemble, celle de savoir "qui adorer" [...] Tu eusses réalisé tout ce que l'homme cherche sur terre, c'est-à-dire qui adorer, à qui confier sa conscience et comment s'unir enfin en une incontestable fourmilière commune et unanime, car le besoin d'union universelle est le troisième et dernier tourment des hommes. » Ce que Tu n'as pas fait, en refusant l'empire universel que T'offrait l'esprit malin, cet empire qui eût donné aux hommes la paix et l'unanimité, Tu nous as obligés à le faire à Ta place ! « Inquiétude, désarroi, malheur, tel est aujourd'hui le partage des hommes, après toutes les souffrances que Tu as endurées pour leurs libertés. » Alors ? Alors « nous avons corrigé Ton œuvre et l'avons fondée sur le miracle, le mystère et l'autorité ».

Notez bien qu'avant d'avoir été jeté dans un cachot, Jésus a fait, comme malgré lui, un miracle. Un miracle d'amour. Et non un miracle politique, comme le voudrait le Grand Inquisiteur. Nous avons pris sur nous tout le malheur du monde. Nous avons pris sur nous son angoisse, sa mesquinerie. « Alors, nous leur donnerons un bonheur paisible, humble, à la mesure d'êtres faibles tels qu'ils ont été créés [...] et nous seuls, les gardiens du secret, nous serons malheureux. » Admirable plaidoyer pour la politique. Pour *toutes* les politiques. Et pour tous ces misérables qui ont besoin de la politique pour se rassurer. Et le Grand Inquisiteur conclut, terrible : « Sache que je ne Te crains pas. Sache que moi aussi j'ai vécu dans le désert, que moi aussi je me suis nourri de sauterelles et de racines [...]. Je me suis joint à la cohorte de ceux qui ont corrigé Ton œuvre [...]. Je Te le répète, dès demain, Tu verras ce troupeau docile se précipiter, sur un signe de ma main, pour attiser les braises du bûcher sur lequel je Te ferai brûler pour être venu apporter le trouble chez nous. Car si jamais quelqu'un, plus que personne, a mérité le bûcher, c'est Toi. Demain, je Te ferai brûler. Dixi. »

Tout est-il terminé ? Non ! Car c'est alors que tout commence. Pendant tout cet admirable discours, un des sommets de la pensée occidentale, pendant cette admirable scène à laquelle Schiller, l'auteur de *Don Carlos*, ou Méry et Du Locle, les librettistes de l'opéra de Verdi, ont peut-être pensé, tout au long de cet immense oratorio philosophique, Jésus reste muet. L'Inquisiteur voudrait le voir parler, invectiver, lui dire des paroles amères ou même terribles. Mais non. Le prisonnier s'approche et, sans mot dire, baise les lèvres exsangues de son adversaire. Alors, le Grand Inquisiteur ouvre la porte toute grande et lui dit : « Va et ne reviens pas... ne reviens pas du tout... jamais, jamais ! » Le Prisonnier s'en va. Et le vieillard ? « Le baiser lui brûle le cœur, mais le vieillard reste fidèle à son idée. » Il continue son œuvre. Mais il sait qu'il a perdu. « Tu as vaincu, Galiléen ! »

Voilà la droite. Non la droite des intérêts, qui ressemble souvent à une gauche un peu plus prospère, un peu plus industrieuse, un peu plus profiteuse. Mais la droite des idées. Celle qui prend sur elle la détresse du monde et qui corrige du poids de sa raison l'œuvre d'Amour. Celle qui pense que l'homme feint de réclamer la liberté, mais qu'au fond de son cœur, ce qu'il attend, c'est l'autorité.

La politique de droite, dans son essence, ne peut se saisir que dans un mythe. Celle de gauche, en revanche, ne peut s'imaginer que dans une utopie. La politique de l'utopie, c'est la politique assurée que l'homme fera effectivement ce dont il est capable ; qu'il n'y a pas d'écart existentiel entre son essence et son comportement, si ce n'est la corruption de la société. Supprimons donc cette société, et substituons-lui-en une autre, conforme à la vocation de l'homme. C'est ce que va tenter la Révolution française, et cette prétention prométhéenne, c'est celle justement dont Burke, Maistre et Tocqueville lui reprocheront la déraison.

J'ai choisi, pour l'illustrer, la mère de toutes les utopies, celle justement qui a donné son nom à la chose, l'*Utopie* de Thomas More. J'emprunte au traducteur et au préfacier du livre dans l'édition du Poche Club (Nouvel Office d'édition, 1965), V. Stouvenel, l'excellent résumé de la deuxième partie du livre de Thomas More :

> L'*Utopie* est une île dont les habitants se divisent en cités égales pour la population et le territoire. La cité se divise elle-même en familles égales pour le nombre des membres, mais qui exercent chacun un métier, une industrie à part. La propriété individuelle et les valeurs monétaires sont abolies ; tout appartient à la communauté.
>
> Le gouvernement est électif et se compose d'un prince nommé à vie, mais révocable, d'un sénat et de magistrats populaires.
>
> Le sénat dresse annuellement la statistique générale de l'île. Il vérifie l'état de la population, les besoins de l'année courante, la somme existante des produits de l'agriculture, du commerce et de l'industrie. D'après ces données, la richesse nationale est distribuée, par portions égales, à chaque cité, où elle se ramifie entre les familles, jusqu'aux individus. Des lois particulières déterminent la durée journalière du travail habituel, règlent l'exécution des travaux extraordinaires et d'utilité publique, maintiennent l'équilibre de la population.
>
> Les familles se perpétuent au moyen du mariage, tempéré par le divorce.
>
> L'éducation est publique. Elle comprend un enseignement élémentaire, uniforme et commun à tous. Ensuite, elle devient professionnelle et spéciale, et se continue dans les cours publics, ouverts à tous les citoyens, pendant les heures libres.
>
> Les peines des grands crimes sont l'esclavage et les travaux forcés, très rarement la mort, jamais la réclusion permanente et isolée.

Il y a une religion publique tellement simple et générale dans ses dogmes et les cérémonies de son culte, qu'elle ne peut heurter aucune conscience. Toutes les croyances sont protégées et respectées…

Finalement, les institutions utopiennes sont calquées sur la nature humaine et n'ont en vue que son entier perfectionnement. Elles assurent d'abord à chacun la satisfaction des besoins légitimes du corps ; mais la vie de la chair n'étant que la moitié de l'homme, elles développent aussi soigneusement, chez tous les citoyens, l'exercice des facultés de l'esprit. En sorte que la science, la philosophie, la morale, l'industrie, les arts et la culture font en ce pays de merveilleux progrès.

Les mœurs du peuple utopien sont en harmonie parfaite avec les institutions. L'on n'y connaît pas les vices qui dégradent, les passions qui troublent les individus, les familles et les États. La fraternité, l'amour de l'ordre et du travail, le respect des magistrats, le dévouement à la patrie, la foi religieuse, la modération dans le plaisir, le mépris du luxe et des distinctions frivoles y sont des vertus communes et ordinaires.

On retiendra le commentaire de V. Stouvenel : « Finalement, les institutions utopiennes sont calquées sur la nature humaine et n'ont en vue que son entier perfectionnement. » On ne saurait mieux dire.

En somme, la pensée utopique a des présupposés qui ne vont pas de soi, et qui parfois ne laissent pas d'inquiéter. Ces présupposés sont les suivants :

1. qu'il y a une nature humaine, et qu'elle est immuable ;
2. qu'elle est orientée vers le bien commun ;
3. qu'il est possible d'édifier une société à l'image de la nature, par suppression de la société existante. Dans le cas des auteurs d'utopie – elles pullulent dans la France du XVIIIe siècle, à la veille de la Révolution –, ce changement de société s'opère par le décret souverain de l'auteur. Lui-même en a souvent conscience et présente son utopie comme une allégorie du souhaitable, non comme un véritable projet social.

Il est remarquable qu'à peu de choses près les grands projets utopiques reposent sur quelques idées simples, toujours les mêmes. De l'utopie de Thomas More aux réductions jésuites du Paraguay, du phalanstère fouriériste au kibboutz israélien, de la Cité du soleil de Campanella aux communes populaires chinoises de l'ère maoïste, en un mot de l'utopie rêvée à l'utopie réalisée, les principes ne sont guère différents : suppression de la propriété privée, production coopérative des biens nécessaires à la communauté, consommation collective – y compris souvent des choses sexuelles –, exigence d'unanimité, facilement réalisée grâce à l'éradication du mal et des méchants, le catalogue est d'une grande simplicité.

La vraie, la seule question sous-jacente est celle de la part de volontarisme et de la part de contrainte que suppose toute réforme sociale. Dans la version miniaturisée et aristocratique du projet, la liberté est entière : c'est le cas de l'abbaye de Thélème de Rabelais, ou de la société choisie de *La Nouvelle Héloïse* : la seule élection qui importe est non la désignation de représentants, mais le « choix des élus », par cooptation réciproque : c'est l'utopie de la société privée. Mais quand il s'agit de l'utopie de la société politique, la violence la plus redoutable, je veux dire la violence sociale, la pression sectaire de la collectivité sur l'individu se fait jour, même si elle est en général habilement camouflée. Chez Thomas More, le doux Thomas More, « se réunir hors le sénat et les assemblées du peuple pour délibérer sur les affaires publiques est un crime puni de mort ». Tiens donc ! On ne badine pas avec la politique ni avec le despotisme doux – enfin, espérons-le – de « l'assemblée générale ».

Dans les *Fragments sur les institutions républicaines* de Saint-Just, « les enfants appartiennent à leur mère jusqu'à cinq ans, si elle les a nourris, et à la République ensuite jusqu'à la mort ». Mieux que cela, tout adulte est tenu de déclarer dans le temple quels sont ses amis, et cela annuellement. Si un homme quitte un ami, il doit en rendre compte devant l'assemblée générale, sous peine de bannissement.

On voit bien que dans tout système utopique, qui est en principe hostile à la violence, la fonction de contrainte dévolue dans les systèmes libéraux à la police, c'est-à-dire à un corps spécialisé, est exercée par le peuple tout entier. L'absence d'une institution séparée pour exercer la police est une des caractéristiques des systèmes totalitaires. Dans les communes chinoises, la surveillance, l'exposition publique, le pilori sont d'une efficacité redoutable. On la retrouve sous une forme quasi satanique dans *La Lettre écarlate* de Daniel Hawthorne. Quant à Thomas More lui-même, il le dit sans ambages : « Vous voyez que, en utopie, l'oisiveté et la paresse sont impossibles. On n'y voit ni tavernes, ni lieux de prostitution, ni occasion de débauche, ni repères cachés, ni assemblées secrètes. Chacun, sans cesse exposé au regard de tous, se trouve dans l'heureuse nécessité de travailler et de se reposer suivant les lois et les coutumes du pays » (*ibid.*, p. 104). Somme toute, en utopie, la vertu n'a pas besoin de la police. Elle prospère grâce au mouchardage généralisé.

Les politiques selon le mythe du Grand Inquisiteur et les politiques selon l'utopie de Thomas More reposent sur des principes opposés : les premières sur l'autorité, les secondes sur l'harmonie. L'harmonie, mot fouriériste qui en réalité décrit l'illusion de toutes les utopies : l'idée qu'il existerait quelque part une formule permettant aux hommes de vivre en dehors de toute contrainte extérieure, de réaliser tous leurs désirs sans faire obstacle à ceux des autres ; l'idée qu'il y a des travaux sales et fastidieux, mais que par bonheur les enfants adorent barboter dans des eaux fangeuses, et qu'ils feront donc la vaisselle avec plaisir (Fourier, je crois, n'a jamais eu d'enfant) ; l'idée qu'il y a certes des sadiques qui trouvent leur plaisir à faire le mal, mais qu'il y a, Dieu merci, des masochistes qui trouvent le leur à souffrir, etc. Inversement, il y a une illusion de l'autorité : qu'elle pourrait s'exercer en dehors de tout consentement des sujets ou des citoyens. Tout le monde sait bien qu'en dehors de cas limites, la dictature la plus effroyable ne saurait se contenter de régner par la peur, et qu'elle doit organiser le consentement : d'où ces grandes cérémonies à base de défilés, de parades, de serments collectifs, où tout n'est pas imposture, mais témoigne au contraire de la volonté de parvenir à un minimum d'harmonie. C'est pourquoi un homme qui a connu la dictature communiste comme Milan Kundera, je l'ai dit, se défie à ce point du chant choral et des formes unanimistes de la musique symphonique. Les limites entre les systèmes libéraux et les systèmes autoritaires ne sont donc pas aussi simples à déterminer qu'on le croit en général : la dialectique de la contrainte et du consentement existe dans les deux cas, mais sous des formes différentes et à des degrés divers. Dans les deux cas, en effet, il s'agit de combattre les volontés mauvaises qui existent en suspension dans la société.

Nous voilà une fois de plus ramenés au problème du mal. Je ne vous ai jamais caché depuis le début de nos entretiens que mon problème, mon problème politique, s'entend, est de concilier une idéologie de gauche avec une anthropologie de droite. Je crois fermement que le but final de toute société est de combattre l'injustice ; mais je crois non moins fermement que ce combat est un combat, non contre les seules contraintes extérieures, mais contre la nature humaine elle-même, telle qu'elle vit et prospère en chacun de nous. Je n'ai jamais ajouté foi à la fable rousseauiste d'un homme bon dans une société mauvaise, tout simplement parce que je suis franchement sceptique devant cette anthropologisation de la société, qui en fait un être vivant, capable de désirs et de volonté. Je tiens fermement pour l'individualisme méthodologique, qui affirme que la volonté sociale n'est pas autre chose que la somme des volontés individuelles. Dans la plupart de ses écrits, mais pas dans tous, Rousseau dit la même chose : la volonté générale est la somme des volontés individuelles, ce qui rend encore plus difficile de concevoir l'existence d'une société mauvaise. D'où viendrait en effet la déviation ?

Or, seul le postulat d'une nature humaine bonne permet l'hypothèse d'une société automatique, une fois débarrassée de ses tares. J'appelle société automatique un dispositif collectif qui fonctionne pratiquement sans contrainte, sur la lancée de ses règles de départ.

Or il y a deux sortes de sociétés automatiques : la plus parfaite, la plus proche de la réalité est celle de la droite libérale, car elle s'appuie sur les vices des hommes et non sur leurs vertus. C'est la célèbre *Fable des abeilles* de Mandeville, dans laquelle il est démontré que le vice privé – cupidité, esprit de lucre – favorise le bien public, à savoir la prospérité. Au contraire, la vertu – frugalité, égalitarisme – est synonyme de ralentissement des affaires, de récession. Tel est l'optimisme économique fondamental de la droite libérale, fondé sur le libre développement des passions acquisitives. Il y a ainsi une autorégulation de la société par les passions individuelles. Fourier, curieusement, ne dira pas autre chose, à cela près que les passions fouriéristes sont censées aménager harmonieusement, non la production, comme chez les libéraux anglais, mais la consommation au sein du phalanstère.

L'autre société automatique, celle de gauche, repose non sur l'harmonie des passions, mais sur l'altruisme de la nature humaine débarrassée de l'aliénation. Appelons-la autogestion, c'est-à-dire tendance naturelle de l'être humain responsable à se placer spontanément au point de vue de l'intérêt général. Le malheur, c'est que, tandis que l'arithmétique des passions, mandévillo-fouriériste, fonctionne – mal, mais elle fonctionne, témoin la société actuelle –, l'arithmétique des vertus, elle, a toujours débouché sur un fiasco généralisé. Il faut peu de vice et peu de temps pour dérégler une mécanique que tant d'hommes ont mis si longtemps à mettre au point. Résultat : les utopies libertaires deviennent subrepticement répressives ; on est forcé de réintégrer en contrebande l'autorité qu'on avait voulu bannir.

À l'inverse, seule une anthropologie fondée sur le péché originel, au ras de la nature humaine, et reconnaissant une double postulation (*capax boni/capax mali*) peut déboucher sur une politique réaliste, consciente à la fois des enjeux et des obstacles. Il va sans dire que lorsque je parle d'anthropologie du péché originel, je laisse de côté l'histoire de ce péché et la place qu'il joue dans le christianisme, notamment depuis saint Augustin, au profit de sa signification philosophique : un homme libre, également capable du bien *et* du mal ; un être faillible et même failli, mais capable de collaborer activement au sauvetage collectif de l'humanité. Vous ai-je déjà dit que je suis non seulement marcioniste, mais semi-pélagien, c'est-à-dire convaincu que la grâce, si l'on veut employer ce langage très daté du XVIIe siècle, est l'œuvre commune de la créature et de son créateur ? Mais cela nous emmènerait trop loin : fin de parenthèse.

La nature de l'homme n'est donc pas une vérité scientifique. Tout au plus, c'est un point moyen, en deçà et au-delà duquel nous nous situons toujours. La culture a fait de nous un animal dénaturé, Rousseau a complètement raison sur ce point. Peut-il vivre uniquement selon le règne de la loi, qui est le fondement même de la République ? J'ai déjà établi plus haut que la société libérale ne se survivrait qu'en continuant de puiser à fonds perdus dans les valeurs prélibérales communes aux sociétés chrétiennes, aristocratiques et prolétariennes. Le *hic* est que le fonds est en train de s'épuiser. On peut se sacrifier à l'Amour, à l'Homme, à la Solidarité, mais on ne peut se sacrifier à la loi du libre-échange.

La société libérale se comporte à l'égard des valeurs sociales comme les sociétés pétrolières qui épuisent les gisements de l'ère prépétrolière, sans jamais les renouveler. Quand elle fait appel à des valeurs, responsabilité, dévouement à l'intérêt général, patriotisme – que sais-je ? –, ce ne sont jamais les siennes.

Ainsi fait la société républicaine à l'égard des valeurs chrétiennes qu'elle a laïcisées : elle se révèle incapable de les renouveler. Quand l'idéal républicain a été conçu à la fin du XIXe siècle, en faisant la guerre au catholicisme, il pouvait imaginer naïvement que le fonds de ces valeurs était inépuisable. C'était compter sans la société économique libérale qui les détruisait à toute allure. Et voilà pourquoi le triomphe du libéralisme sur ses ennemis s'accompagne d'une crise, probablement terminale, des valeurs républicaines. La République a volé l'outil, c'est entendu. Mais elle n'a pas su le renouveler.

C'est la grandeur et la limite de la loi. Tout fonder sur la loi, qui permet tout ce qu'elle n'interdit pas, et qui est au fondement d'une société laïque, c'est très beau. Mais la loi réglemente la société, elle ne l'alimente pas. Il y a même dans la revendication permanente de la loi quelque chose de la mesquinerie républicaine. « Je suis dans mon droit, monsieur », dit l'automobiliste au carrefour, quitte à mettre en péril sa vie, celle de ses enfants, et celle des autres usagers. La loi doit céder devant l'urgence. Mieux vaut survivre grâce à la prudence ou à la courtoisie, voire à l'amour du prochain, que de mourir dans son bon droit. Une société où la loi est la trame unique des relations humaines s'opacifie et s'ensauvage. La valeur de la vie, ce pour quoi nous sommes prêts à la risquer, voire à la sacrifier, c'est justement ce qui est à la fois un en deçà et un au-delà de la loi : le privé, la famille, les relations amoureuses pour l'en deçà, et la considération de l'universel pour l'au-delà.

Une société qui se contenterait de faire respecter la loi – activité pourtant bien nécessaire – ne tarderait pas à se dessécher et à dépérir. La société doit donc prendre en compte un en dehors de la loi, c'est-à-dire l'individu avec ses faiblesses et ses passions. Sinon, le désintérêt pour les valeurs sociales elles-mêmes va croissant : d'où cet étrange goût pour la transgression systématique de la loi qui gagne toutes les couches de la société. Chacun se vante de ne pas la respecter : les intellectuels s'en font gloire pour justifier le droit à l'immigration ou la régularisation des sans-papiers ; les paysans, pour défendre les cours de leurs productions ; l'aventurier, pour justifier une conception héroïque de l'existence dont raffole la télévision : l'anomie petite-bourgeoise, qui est en train de devenir la norme, s'explique par le caractère de plus en plus formel de la loi.

Je reviens au christianisme. C'est lui qui, dans nos sociétés, a permis au système libéral et au système républicain de subsister. Sans en avoir toujours conscience, ils allaient y chercher un supplément d'âme, ou plutôt un supplément d'être, c'est-à-dire finalement une légitimité. Je lisais récemment le très bon livre de Dominique Schnapper[1]. Elle s'y demande *in fine* si le système républicain peut résister à l'effondrement du système chrétien. Elle en doute. Moi aussi. D'où le caractère dérisoire mais hautement significatif de ces conventionnels européens qui ont refusé de reconnaître que parmi les fondements essentiels de la civilisation européenne, il y a le christianisme. On ne peut scier plus sûrement la branche sur laquelle on est assis. Ils sont pourtant convaincus que, une fois sciée, la branche tiendra en l'air toute seule. Les paris sont ouverts. Érasme, réveille-toi, ils sont devenus fous !

Tenez : je reviens encore une fois à Chateaubriand. Il y a dans toute son œuvre une intuition de l'avenir proprement stupéfiante, notamment à la fin des *Mémoires d'outre-tombe*. Je vous ai déjà cité cette phrase, d'une profondeur abyssale : « Si la religion chrétienne disparaissait, on arriverait par la liberté à la pétrification sociale à laquelle les Chinois sont parvenus par l'esclavage. » Arrêtez-vous un instant et admirez : la pétrification sociale par la liberté, faute d'un au-delà spirituel ! C'est très exactement la même intuition que Tocqueville a eue à propos des sociétés démocratiques où l'absence de *background* transforme les armes de la liberté en instrument du conformisme. Ce qui me frappe dans la société d'aujourd'hui, c'est à quel point elle se contente d'un monde à deux dimensions et se passe apparemment sans souffrance d'un troisième ordre. La disparition du christianisme en tant que principe organisateur de notre univers mental n'a pas l'air de la gêner. L'étiolement du monde, la raréfaction de l'air, le repli sur soi, tout cela crée un microclimat

1. *La Démocratie providentielle*, Gallimard, 2002.

semi-désertique auquel elle s'adapte comme les animaux des zones arides. L'Occident, par exemple, campe dans l'insignifiance, et se satisfait de ce campement. Paul Thibaud[1] remarquait récemment que l'absence d'alternative à la vision chrétienne du monde, et le vide qui en est résulté, n'a nullement freiné la dynamique d'émancipation par rapport à cette vision. Et pourtant, c'est Jean-Luc Marion qui en fait la remarque, « les questions de la pensée chrétienne et de la théologie sont passées de la périphérie au centre du débat[2] ». Ce chassé-croisé entre le vécu collectif et le pensé individuel a de quoi intriguer ; on a envie de connaître la suite.

La résignation démocratique

B. C. – Ce que vous déplorez là, c'est moins le retrait du religieux que la dislocation de l'ordre naturel.

J. J. – Je pense en effet qu'il y a eu des époques où l'ordre naturel suffisait à conforter l'ordre légal. Mais aujourd'hui, on voit mieux l'incapacité de l'ordre naturel d'exister exclusivement suivant la nature. L'ordre naturel suppose une vision de l'homme qui n'est pas naturelle. Autrement dit, l'humanisme agnostique s'est toujours concrètement référé à l'humanisme chrétien, de manière de plus en plus inconsciente, mais il n'est jamais que la naturalisation de l'ordre chrétien. On voit très bien que son fondement renvoie à quelque chose de proprement religieux : il n'est pas naturel de respecter l'autre. L'ordre naturel qui est au-delà du code, qui est un respect spontané de l'autre dans sa nature, n'est pas une chose naturelle. Vous avez raison de souligner qu'il s'agit là d'une construction ; vous avez évoqué cette ruse de l'« honnête homme ». Ainsi l'ordre naturel n'a en réalité pas grand sens. Même à ce premier niveau, l'ordre naturel est supporté, soutenu par quelque chose qui est surnaturel. Je ne crois pas qu'il faille abandonner le religieux, le cantonner au troisième ordre qui est celui de la charité. Le religieux existe dans l'ordre naturel. C'est un religieux selon la nature, qui n'a pas besoin nécessairement d'être explicité.

1. « Le christianisme et l'écharde juive », *Le Figaro*, 20 août 2003.
2. « Un clair devoir d'universalité », *Le Figaro*, 19 août 2003.

La laïcité, c'était cela. On peut très bien respecter le spirituel sans le reconnaître. La mystique n'a pas besoin d'avoir un contenu religieux explicite. C'est le vase vide de Renan. Il ne faut pas se précipiter pour donner une identité religieuse à quelque chose qui relève de l'héroïsme, c'est-à-dire d'une nature qui ne se satisfait jamais d'elle-même. Il y a ainsi un ordre de l'héroïsme qui est séculier, et qui va pourtant au-delà de l'ordre naturel. C'est pourquoi la notion de chute, autre nom du péché originel, me paraît si importante. Naturellement, c'est à chacun de trouver son propre au-delà. Il n'y a pas de métaphysique sociale, encore moins de métaphysique socialiste. La métaphysique doit rester individuelle. Péguy disait que, comme il y avait eu la séparation de l'Église et de l'État, il fallait désormais instaurer la séparation de la métaphysique et de l'État. Cela signifie que l'État doit se refuser toute incursion dans ce domaine. Mais cela ne veut pas dire que ce domaine n'existe pas ou qu'il n'est pas une composante de la démocratie. L'homme qui est tel qu'il est n'est pas conforme à sa nature. S'il n'est pas conforme à sa nature, il faut bien qu'il y ait eu à un moment donné une chute par rapport à autre chose. C'est une méditation sur l'imperfection de l'homme et notamment sur son imperfection morale, qui va permettre d'avancer en nous mettant en garde contre toute espèce de déviation.

De ce point de vue, il importe peu que la chute soit telle que l'a décrite Pascal : la misère de l'homme sans Dieu et le bonheur ou la réconciliation de l'homme qui découvre Dieu. Mais il est certain que, au-delà de la vision pascalienne, il y a l'idée d'une misère fondamentale de l'homme. Une politique qui passerait sous silence la misère intérieure de chacun d'entre nous ne parviendrait pas à ses fins. C'est ce qui est arrivé trop souvent à la gauche, qui n'a tenu compte que de la misère extérieure de l'individu. Il n'y a pas de politique de gauche conséquente – c'est en cela que je parlais de politique pascalienne –, outre une volonté d'action sur les structures extérieures, sans une volonté d'action de l'homme sur lui-même, ou si vous préférez sans l'aspiration libertaire à la culture de soi-même. Les républicains étaient bien embêtés parce que cette considération réintroduisait sans le dire du religieux, et ils se contentaient d'affirmer – là, ils étaient pascaliens ou proudhoniens – qu'il n'y a pas de démocratie sans éducation. Mais c'est une formulation insuffisante, puisqu'on est déjà passé du premier ordre pascalien au second, à celui de l'esprit. Il n'y a pas de démocratie, pas de socialisme sans dépassement de l'ordre intellectuel lui-même au profit d'une vision eschatologique de l'homme. En quoi consiste-t-elle ? Il n'appartient à personne et surtout pas à l'État de définir cet au-delà du monde sensible, et encore plus cet au-delà de l'esprit. Mais j'affirme que seule la considération d'une chute justifie la pédagogie et que c'est cette même considération qui justifie l'aspiration à un au-delà de la science.

La démocratie ne peut donc pas reposer sur le simple domaine de la loi. C'est un régime d'exigence de reconstruction de l'homme. Elle ne peut pas fonctionner avec les hommes tels qu'ils sont. Rousseau disait que la démocratie était faite pour une société de dieux. Bien. Mais Rousseau est aussi celui qui a le plus fait pour enfermer la démocratie dans le domaine de la loi et du contrat. Alors, que veut dire Rousseau avec sa démocratie faite pour les dieux et pas pour les hommes ? Deux choses, me semble-t-il. D'abord que la naïveté démocratique, qui fait l'impasse sur les imperfections de l'homme, n'est pas acceptable. Pour que l'autogestion fonctionne, il faut que les hommes soient parfaits, qu'ils ne soient sujets ni à la volonté de puissance ni à la concupiscence. Il faudrait donc que les hommes soient des dieux. D'où le deuxième sens de l'expression. La démocratie est faite aussi de la considération de cette insuffisance, et de la volonté de créer entre les hommes un lien non contractuel, mais amoureux.

Conséquence paradoxale : la société démocratique n'est pas celle de l'obligation, mais du libre choix. La vraie démocratie, ce n'est pas dans le *Contrat social* qu'il faut la rechercher, mais dans *La Nouvelle Héloïse*. La démocratie, c'est en effet l'espérance de vivre dans un monde réconcilié, avec des êtres « selon notre cœur ». Car la démocratie triviale ne présuppose pas des hommes « selon notre cœur ». Les hommes sont comme ils sont. Et la volonté générale de Rousseau consiste à les accepter tels quels. Sauf que cela ne suffit pas. La somme des volontés particulières de ces individus imparfaits que je vois défiler dans la rue ne donnera jamais la démocratie. Cela donnera peut-être une société un peu moins inhumaine qu'on pourrait le craindre. Mais une démocratie qui ne serait pas une reconnaissance de l'homme par l'homme, avec ce que cela suppose de liens entre les individus, et je dirais presque de communion, ne sera pas la démocratie. Du reste, il est tout à fait frappant de voir que même Marx pense ainsi. Lorsqu'il parle de reconnaissance de l'homme par l'homme, Marx semble sous-entendre que la démocratie est le règne de l'amour et pas seulement de la loi.

B. C. – N'y a-t-il pas là un risque majeur : celui d'une anticipation eschatologique, d'une volonté de réaliser *hic et nunc* les fins dernières, qui témoignerait plus d'une confusion des plans que de leur articulation ?

J. J. – Il y a évidemment cette tentation chez tous les utopistes. Nous sommes partis de l'utopie mère de Joachim de Flore, qui était celle d'un autre monde. Mais ses disciples disent tout de suite que ce n'est pas la peine d'attendre, on va la faire dans ce monde-ci, cette utopie, et on va créer une société selon l'Esprit. Dans tout projet utopique, il y a l'idée d'une société « divine ». Toutes les représentations, y compris picturale, de l'utopie réalisée sont des représentations de gens qui s'aiment, qui font l'amour au sens le plus large du terme. Il y a comme un retour au message christique, non pas sous la forme du Christ lui-même, mais d'une société à son image. C'est là une tendance permanente. D'où la question du statut de l'espérance dans la démocratie. Est-ce une espérance ici-bas d'un au-delà, ou bien un mixte des deux ? Là-dessus, personne n'a d'idées très précises, comme si chacun voulait conserver un refuge dans l'indétermination.

Si l'utopie est la reconnaissance de l'homme par l'homme sur terre, c'est en effet par excellence la laïcisation du mythe chrétien et l'on sait les dérives d'une pareille mécanique. La tentation existe d'imposer l'amour. C'est celle que Jésus reproche par son silence au Grand Inquisiteur. Au contraire, si c'est pour renvoyer la réconciliation de l'homme par l'homme dans un au-delà, on retombe sous la critique de Marx pour qui « la religion est l'opium du peuple ». Il faut citer le contexte de cette phrase qui est un véritable hommage à la religion : c'est le cri de la créature opprimée. La religion, c'est tout ce que l'homme porte en lui de meilleur, dont les aspirations sont déviées vers un au-delà illusoire. Mais c'est d'abord l'idée que la religion est porteuse des plus grandes frustrations et des plus grandes aspirations qui existent en l'homme. Cela ne peut être ni dans ce monde – danger de tyrannie –, ni dans l'autre monde – danger de mystification.

Alors quel est exactement le statut de la charité dans le socialisme ? Je n'ai pas de réponse. Je ne crois pas qu'on ait jamais donné de réponse. Je dis simplement que cette problématique reste présente, que l'idée naïve, positiviste, et qui a encore cours aujourd'hui, selon laquelle on pourrait créer une société selon la nature, purement et simplement, sans dépassement de cette nature, est contradictoire dans les termes. La nature naturelle ne peut donner qu'elle-même, elle ne peut pas donner un au-delà d'elle-même. Si la nature humaine, par rapport à la nature naturelle, consiste justement à postuler un au-delà d'elle-même, une société conforme à la nature de l'homme ne peut pas être conforme à la nature de la nature, à une simple réalisation de la nature naturelle. Il y a dans toute idée de la cité idéale quelque chose qui relève de la cité de Dieu au sens de saint Augustin. Pour Augustin, les deux cités, celle de Dieu et celle de l'homme, coexistent de façon concurrentielle.

B. C. – Nous avons évoqué le risque de l'augustinisme politique contre lequel Pascal nous met en garde. Ainsi l'État ne doit pas imposer que les citoyens s'aiment, mais qu'ils agissent *comme s'ils* s'aimaient.

J. J. – Je prends cette formule à mon compte. Je ne parle nullement d'une « recléricalisation » de la société, c'est hors de question. Simplement, il y a dans toute politique utopique l'idée qu'à l'arrivée les hommes seront un peu différents de ce qu'ils étaient au départ. Cela relève de ce que j'appellerai le religieux individuel, qui est universel sans être universalisable, c'est-à-dire sans pouvoir faire l'objet d'un mot d'ordre collectif, ou d'une obligation étatique.

Je me souviens de mon vieil ami, Gilbert Declercq, qui fut longtemps le leader charismatique des syndicats CFTC, puis CFDT de la Loire-Atlantique et des Pays de la Loire : de formation chrétienne, mais fermement laïque, grand orateur populaire, dans la tradition d'Eugène Descamps, lyrique, profondément marqué par le socialisme et l'anarcho-syndicalisme de sa région. Il m'avait demandé – c'était vers 1962 – de venir faire des conférences sur Fernand Pelloutier, en tant que biographe du leader des Bourses du travail et spécialiste de l'« anarcho-syndicalisme ». J'ai été militant CFDT à ses côtés, moi au titre du Syndicat général de l'Éducation nationale, et lui au titre de la métallurgie de sa région. Un soir, à la veillée, il me raconte les grandes grèves de 1955 dans la métallurgie. Ce furent des grèves parmi les plus dures que la France ait connues dans l'après-guerre. Elles avaient pour but non seulement une augmentation des salaires, mais aussi la troisième semaine de congés payés et bien d'autres revendications encore qui relevaient de la dignité du travailleur.

C'était un affrontement quotidien, à la mode anarchiste, où certains jours les machines à écrire volaient par les fenêtres, et où la violence latente était extraordinaire. « Et, me disait-il, c'était d'autant plus remarquable que les patrons qui étaient face à nous n'étaient pas forcément de mauvais bougres. Ils étaient chrétiens et nous l'étions aussi. Évidemment, les patrons eurent la tentation de jouer là-dessus. Quant à nous, nous avons joué de manière rigoureuse le jeu de la lutte des classes. Un jour, lors d'une négociation, les représentants ouvriers manquaient de papier pour prendre des notes. Les représentants des patrons leur en proposèrent ; mais non : ils allèrent acheter une ramette chez le papetier d'à côté. Nous refusions même de boire un verre avec les patrons, de casser une croûte, comme cela se fait parfois quand on négocie. La tension était telle, et le refus de toute complicité, même limitée aux gestes de la vie quotidienne, si éprouvant que j'ai vu un jour un patron pleurer. » Néanmoins, la négociation se fit à la loyale. Et Gilbert conclut superbe : « À la fin, chacun d'entre nous, de son côté, était devenu meilleur. » C'est une situation à la Sorel, à la Péguy, à la Pascal même. C'est tout ce que l'on voudra, mais l'inverse de la politique chrétienne rêvée par Léon XIII, avec des syndicats mixtes patrons-ouvriers. C'était l'expression de la volonté de chacun d'aller au bout de soi-même. Et c'est bien dans cette manière d'aller au bout de soi-même et à cause d'elle, me disait Gilbert Declercq, que les grévistes et les patrons étaient « devenus meilleurs ».

C'est exactement ce que dit Sorel. C'est la justification de ce qu'il appelle la violence, qui n'est pas du tout la brutalité, le sang, mais bien l'affrontement direct et si possible loyal. Cela se rattache à ce que je disais à propos de la formule du « religieux individuel universel ». Lorsque, dans la politique, il y a volonté de dépasser l'ordre du contrat ou de la loi, cela n'est pas l'équivalent d'un baiser Lamourette. Chacun met, dans les enjeux de la confrontation et de la lutte, quelque chose qui va au-delà, qui est de l'ordre de l'ascèse individuelle et pas seulement de l'ordre de l'amendement des structures. Gilbert Declercq ne s'est pas contenté de me dire qu'à la fin ils avaient obtenu la troisième semaine de congés payés. Il m'a dit cette chose que je n'ai jamais oubliée quarante ans après : « Au bout de cela, nous étions devenus meilleurs, eux et nous. » Il y a ainsi toujours dans l'enjeu politique une dimension interpersonnelle que le politique s'efforce à juste titre de gommer et de nier, parce que la politique n'est pas de la psychologie. Cette dimension, d'ailleurs, à y repenser, n'est pas de l'ordre du psychologique, mais du spirituel. Je ne crois pas qu'un seul grand homme politique ait pu vraiment échapper à cette expérience. Je ne parle pas ici des politiciens.

Ce que j'appelle ici transcendance peut donc effectivement surgir du temporel. Quiconque a participé à une grande expérience collective sait très bien que ce qui s'est passé excède toujours les résultats obtenus. Personne ne mesurerait sérieusement la Commune de Paris, ou mai 68, ou une grève comme celle que me racontait Gilbert Declercq, en termes exclusifs de résultats acquis. On ne peut pas non plus mesurer ces expériences à l'aune d'un ordre spirituel en formation. Mais c'est dans cette expérience du temporel que chacun se découvre tel qu'il s'ignorait. Tous les romanciers prolétariens, Poulaille par exemple, en ont parlé. Je pense aussi à Simone Weil à propos des grèves de 1936. Il est évident que personne, à l'issue d'une grève, ne considère que celle-ci – quand elle a eu une grande ampleur – a été un simple exercice d'action sociale. Le politique est toujours pour les hommes un moyen d'accéder à des fins non-politiques au sens étroit du terme, c'est un moyen de quitter la politique. Le danger serait de spéculer sur cette tendance pour reconstruire un ordre qui rétablirait une confusion entre le spirituel et le temporel. Mais la politique excède de toutes parts la politique, de la même manière que la nature humaine excède de toutes parts la nature de sa nature et même l'humanité de l'homme.

D'où une conséquence qu'il faut indiquer au passage. D'ordinaire, il ne faut pas trop s'arrêter aux raisons que donnent les hommes quand ils agissent. La plupart du temps, ils ne savent pas très bien pourquoi ils agissent. Ou plutôt, ils se trompent sur leurs motivations réelles, qu'ils ne découvrent que plus tard. Aragon, je crois, a traduit cela à sa manière : J'ai fait le mouvement Dada, disait le dadaïste. Et en effet, il l'avait fait. Mais il ne s'en est aperçu que plus tard. Chaque fois que l'historien veut coïncider avec l'intention des acteurs, il se trompe sur l'action de ceux-ci. L'historien n'est pas chargé de coïncider avec le vécu des acteurs, mais de faire surgir après coup ce qui était leur intention fondamentale, encore qu'inconsciente, ou mieux encore ce qui, chemin faisant, était devenu leur intention.

B. C. – Je disais que le propre de l'« honnête homme », chez Pascal, est d'être à l'écoute de la vérité que le peuple porte à son insu.

J. J. – Oui. Je crois que c'est cela. À condition de ne pas placer notre « homme habile » en surplomb par rapport au peuple : « Moi qui suis l'habile, je vais vous dire ce que le peuple pense. » Cela, c'est du léninisme ; c'est tout ce que je récuse. Les choses ne sont jamais si simples. L'homme habile qui devient le leader du peuple retombe inévitablement dans la demi-habileté. En revanche, s'il se contente d'accompagner le mouvement par lequel une société prend conscience d'elle-même, s'il s'en fait l'écho, l'interprète, le sociologue et non pas l'intellectuel organique, s'il se fait, suivant la formule de Sorel, « le serviteur désintéressé du prolétariat », alors il est, à ce moment-là, dans son rôle en respectant la distinction des ordres. Il serait trop facile, en effet, de feindre de croire que les trois ordres pascaliens ne communiquent pas. Bien sûr qu'ils communiquent, et sans arrêt. Comment communiquer dans la distinction ? Je crois que c'est toute la difficulté de la politique selon

Pascal. Car la communication entre les ordres et leur distinction est tout le prix de cette politique.

B. C. – Mais comment penser ici une transcendance jaillissant de l'immanence ?

J. J. – Le but d'une grève, puisque c'est l'exemple que j'ai pris, n'est pas de fonder du surnaturel, ni même d'accéder au surnaturel. Le spirituel, ai-je envie de dire, est donné par surcroît. Lorsque les journaux rendent compte d'une grève, ils ne parlent jamais de ses résultats immatériels. Et pourtant, toutes les grandes actions collectives contiennent de tels aspects. Si j'en étais capable, j'essaierais de dire comment la guerre, sous sa forme effroyable, a été aussi cela, une sorte d'amendement par le mal. Je sens cela chez Céline, le Céline du *Voyage au bout de la nuit*.

B. C. – Reprenons Pascal : « Ne pouvant fortifier la justice, ils ont justifié la force. » Cette justification de la force par l'« honnête homme », rend possible un renforcement de la justice par le « chrétien parfait ». La justice est ici le point d'articulation des deux natures.

J. J. – Autrement dit, il y a une part de transitivité dans les rapports du naturel et du surnaturel, ou mieux, dans les rapports de la puissance et du droit, puisque c'est l'exemple que vous avez pris. En justifiant la force, qu'essaie-t-on de faire ? C'est que le juste et le fort marchent ensemble. Évidemment, ce n'est pas parfait, mais cela permet au moins la paix, qui est le souverain bien. C'est pourquoi, chez Pascal, ce n'est pas la charité qui est impliquée là, mais bien le rapport entre la justice et la force.

B. C. – Cette dialectique de la justice et de la force ne garantit en effet que la justice et pas la charité, que le contentement et pas la béatitude, que la préservation des biens et pas celle de la vérité. La justice, issue de cette construction de la « nature » par l'« honnête homme », *figure* la charité.

J. J. – En effet, et ce qu'il y a de remarquable chez Pascal, c'est son refus de laisser entraîner la politique dans une espèce de spiritualisation artificielle. Il ne cesse d'affirmer que l'ordre de la force est toujours un ordre empirique. Il ne faut pas lui faire dire plus qu'il ne veut dire. Ce qu'il dit de la force, il le dit aussi de la démocratie. « Pourquoi suit-on la pluralité [nous dirions la loi de la majorité], est-ce à cause qu'ils ont plus de raison ? Non, mais plus de force. » Ce n'est pas du tout une vision rousseauiste. Il y a chez Rousseau, lorsque la somme des volontés individuelles devient volonté générale, une forme de transsubstantiation, une sorte de changement de nature. Cette volonté générale excède les volontés particulières qui lui ont donné naissance. Il y a donc chez lui quelque chose de saint dans la formation de la volonté générale. Chez Pascal, au contraire, il n'y a pas d'apothéose de la majorité. Pourquoi la majorité a-t-elle raison ? Ce n'est pas qu'elle soit plus rationnelle ou plus raisonnable, mais c'est que les plus nombreux sont plus forts que les moins nombreux. Quel est le résultat ? La paix, toute la paix, rien que la paix.

B. C. – Comme si, dans la politique de Rousseau, cette somme des volontés particulières qui a nom « volonté générale » entraînait un risque de divinisation de l'ordre politique. Ce qui n'est pas le cas chez Pascal, où l'imagination, transformant la force en justice, stabilise l'ordre des corps, évite le pire en constituant un « tableau de charité ». En cela, Pascal nous sort du religieux où Rousseau risque de nous maintenir.

J. J. – Exactement. Cela peut paraître paradoxal, mais c'est ainsi. C'est à se demander si ce n'est pas là une différence des plus fortes entre la gauche et la droite. Une pensée de gauche aura toujours tendance à sublimer la démocratie, à lui faire changer d'ordre – et c'est Rousseau. Alors que l'« homme de droite », comme Pascal, au contraire, tient beaucoup à maintenir l'ordre de la force là où il est, et à ne pas en faire une sorte d'ascenseur ou de catapulte vers autre chose. Contenir la force.

B. C. – L'idée d'un Pascal « de droite », outre son anachronisme, me paraît saugrenue. Pascal est chrétien : ni homme de droite ni homme de gauche, mais *à la fois* l'un *et* l'autre.

J. J. – Pas nécessairement ! Quand je dis que ce Pascal-là est de droite, cela ne veut pas dire que tout Pascal soit de droite. Je veux simplement dire qu'un homme de gauche doit intégrer ce pascalisme-là comme quelque chose d'étranger à sa tradition, et donc venu d'ailleurs. Ce que j'appelle « pascalisme de gauche » consiste justement à dire que, de ce point de vue, tout homme de gauche a le strict devoir, surtout à la lumière de ce que l'on a vécu depuis deux siècles, de veiller à ne pas spiritualiser à bon compte le temporel ; à ne pas faire une religion séculière à partir des grands mouvements populaires. Seuls à gauche les libertaires sont vigilants. Ils sont proches de la ligne que j'essaie de définir, celle où l'ascension du politique ne peut rester qu'à l'état individuel ou interindividuel, mais certainement pas collectif.

Cela dit, il y a chez Pascal un registre très différent qui est l'aspiration à la justice. Certes, il se méfie d'une aspiration à la justice qui en ferait une espèce de religion temporelle : un justicialisme en somme, simonie intellectuelle fondée sur la confusion des ordres. Mais le même Pascal écrit : « Sans doute, l'égalité des biens est juste, mais… » Que veut dire Pascal avec ces trois points de suspension ? Peut-être que l'égalité des biens est un idéal, mais ne saurait se substituer à d'autres.

Dans de nombreux textes, on sent bien qu'il n'est « de droite » que pour éviter que « la gauche » n'annexe le spirituel à sa démarche. La pensée que je viens de citer va dans ce sens. On peut dire, dans l'ordre de la thèse, que Pascal est pour la justice sociale. Dans l'ordre de l'antithèse, il prêche la prudence. C'est ainsi que dans un autre passage des *Pensées*, il dit presque l'inverse : « Il est nécessaire qu'il y ait de l'inégalité parmi les hommes. » C'est en quelque sorte un complément. Il est nécessaire qu'il y ait de l'égalité, mais… il est nécessaire (aussi) qu'il y ait de l'inégalité parmi les hommes. Cela est vrai mais… cela étant accordé, voilà la porte ouverte non seulement à la plus haute domination, mais à la plus haute tyrannie. Je ne sais pas si nous avons un Pascal de gauche, en tout cas nous avons un Pascal de droite qui met en garde contre la spiritualisation de la force qui serait le péché mignon de la gauche. S'il y a des raisons pour assurer l'égalité, pour lutter pour l'égalité, soit. Mais il faut faire attention à ce que cela ne dégénère pas en religion temporelle. Inversement, s'il y a des raisons pour accepter l'inégalité sociale, il faut faire attention que cela ne dégénère pas en tyrannie. On ne coince pas Pascal aussi facilement.

La droite qui pourrait être tentée de se l'annexer ne saura jamais rendre compte d'une pensée comme celle-là. Il y a un côté proprement anarchiste de Pascal, au sens le plus fort du terme. Anarchiste dans son acceptation-refus de la convention ou de la coutume : les frontières, les dignités sociales, les formes du pouvoir, tout cela doit être matériellement accepté, parce que c'est la condition du souverain bien – la paix. Mais tout cela doit être spirituellement récusé, parce que c'est absurde. Pascal est un anarchiste respectueux de l'ordre. On dira qu'en définitive peu importe, puisqu'il refuse de remettre en cause l'ordre établi, mais ce n'est pas vrai. En convainquant les habiles de l'arbitraire complet de la comédie sociale, qui pourrait nier qu'il en ébranle les fondements ? Il n'hésite pas à donner alternativement raison à la gauche ou à la droite parce que, en bon anarchiste, son objectif est individuel. Son objectif n'est pas la construction d'un ordre temporel, plus solide comme le voudraient les hommes de droite, ou plus juste selon le vœu des hommes de gauche – mais d'un ordre temporel qui n'excède pas son propre champ et qui laisse à l'individu le soin de vaquer à ses propres affaires, comme Jésus dans les Écritures, quand il dit : « Ne saviez-vous pas que je dois être aux affaires de mon père ? » (Luc 2,49). C'est cet anarchisme chrétien que figure ici Pascal.

En fait, tout à l'heure, je ne comprenais pas très bien ce que vous vouliez dire en appelant au dialogue de l'« honnête homme » et du « chrétien parfait ». Maintenant, je le vois. Je pense que le « chrétien parfait », d'une certaine manière – excusez ce vocabulaire ridicule – est plutôt de gauche et que l'« homme habile » est plutôt de droite. Le « chrétien parfait » peut très bien accéder aux exigences de la justice. Il en comprend les raisons fondamentales, les raisons dernières. Il n'y a pas de plus grand bien que la justice, y compris du point de vue de la charité. Alors que la valeur fondamentale de l'« homme habile » n'est pas la justice, entendue en ce sens, mais la paix. De ce point de vue-là, il est donc plutôt un homme de droite. D'un côté, la justice, de l'autre, la paix. Le dialogue du « chrétien parfait » et de l'« homme habile », c'est un peu le dialogue de la charité, qui est aussi la justice, avec la paix. Au fond, les grands affrontements politiques sont toujours des affrontements de la charité et de la paix.

Reprenons l'exemple de la grève. Il arrive souvent que les dégâts qu'elle cause soient nettement plus grands que les résultats qu'elle obtient. L'objet de la grève sera une valeur *n*, représentant l'augmentation des salaires réclamée. Et le dégât produit par la cessation du travail, le désordre en somme, sera par exemple de 4 *n*. L'homme de la paix trouvera que c'est là un grand désordre. Mais l'homme de la charité sait très bien qu'on ne peut pas quantifier de cette manière l'objet de la grève. Je parlais plus haut de cet amendement moral qui est dans la mécanique même de la grève, telle que me le racontait Gilbert Declercq. Cela n'est pas quantifiable, pas plus que la charité n'est quantifiable.

C'est cela, et pas autre chose, que Georges Sorel a voulu signifier quand il a écrit son éloge de la violence. Éloge mal compris, de la faute de l'auteur qui était un provocateur né, un poète de la mêlée sociale, qui n'allait jamais chercher ses mots sans quelque méprise. Violence ne signifiait nullement chez lui brutalité, mais rupture, ou si vous préférez confrontation directe et sans concession. Ainsi conçue, la grève, aux yeux de Sorel, on en peut certes discuter, permettait le progrès matériel et moral de chacun des antagonistes. Cette gymnastique révolutionnaire, sous-tendue par une conception héroïque de l'existence, débouchait sur une société plus jeune, plus dynamique, plus passionnante à vivre. Le mythe sorélien, celui par exemple de la grève générale, tel qu'il avait cru pouvoir le décrire au début du siècle, n'avait rien à voir avec une utopie, c'est-à-dire une société clés en main. C'était l'inverse, c'était une représentation collective génératrice d'action avec ce que cela suppose d'improvisation. Il y a assurément, comme l'avait vu Julien Benda, quelque chose de nietzschéen dans cette vision ; elle était empreinte d'une sorte de vitalisme dont la double catastrophe de la Première Guerre mondiale, puis du nazisme, a révélé à la fois l'illusion et le danger.

Si l'on se place uniquement du point de vue comptable, la grève est le plus souvent irrationnelle. Il faut donc, pour tout esprit sage, lui substituer la négociation ou l'arbitrage. Ceux qui pensent que, dans l'affrontement, il se passe quelque chose d'autre, constitutif de la dynamique d'une société, ce sont Sorel, Simone Weil, les syndicalistes révolutionnaires qui pensent que dans l'affrontement les rapports humains s'améliorent, que l'humanité devient plus consciente d'elle-même. Disons, si vous le voulez, qu'il y a dans la grève une demande de mystique que l'« homme habile » n'arrive pas effectivement à satisfaire. Alors, on se rabat sur une augmentation des salaires qui permet d'arrêter le mouvement. C'est d'ailleurs pour cela que toute sortie de grève est triste. Même lorsque les grévistes ont obtenu totalement satisfaction, ils sont tristes. Il y a comme une retombée spirituelle, qui n'a pas échappé à Maurice Clavel, à propos de Lip (*Les Paroissiens de Palente*). Cela a été dit cent fois en des termes moins pascaliens.

B. C. – Disons donc que votre proposition est une bonne image du dialogue que j'imaginais – mais une bonne image seulement, une « figure », dirait Pascal… Car patron et ouvrier sont du même ordre, jouent dans la même cour, ce qui n'est pas le cas de l'« honnête homme » et du « chrétien parfait », qui représentent deux sphères absolument hétérogènes, la cité des hommes et celle de Dieu.

Ce qui m'intéresse cependant dans votre proposition, c'est d'abord qu'elle pointe une tension immanente à l'ordre social, et ensuite qu'elle laisse entre les deux pôles de la confrontation une part d'indécidable. Si l'on fait de la grève l'une des scènes primordiales de la constitution du lien démocratique, on peut dire en effet qu'en son moment le plus tendu chacun des deux acteurs, à condition que le jeu soit loyal, possède une légitimité et contribue *sans le savoir* à rendre l'autre meilleur. Il y aura donc un moment où l'on ne saura plus où se situe l'homme juste. Il apparaîtra, en quelque sorte, par un effet de convergence – au moment de la plus vive tension –, pour disparaître aussitôt. « Figure porte absence et présence », écrit Pascal.

C'est une figure du juste qui est ici constituée, par un patron soucieux de « justifier la force » *et* un syndicaliste soucieux de

« fortifier la justice », c'est-à-dire, en fin de compte, de légitimer le pouvoir de son interlocuteur, ce qui rendrait sinon la violence légitime. Ce syndicaliste, qui cherche à tirer le meilleur de son adversaire, ne sait pas vraiment ce qu'il fait. Il est traversé par une volonté qui l'excède et qui *peut* faire de son interlocuteur un « honnête homme », celui que l'événement constituera comme tel. Cet interlocuteur était un homme d'ordre. Et soudain, par la force de l'événement, de cette volonté remontante qu'il arrive à canaliser, il devient « honnête homme », construit un « tableau de charité ».

Votre hypothèse traduit donc bien cet excès de la nature sur la nature elle-même. Mais cette figure de la justice n'apparaît que pour disparaître aussitôt : ce que vous appelez une « retombée spirituelle ». On voit bien là l'incapacité de l'immanence à fonder seule une transcendance. Le travail de l'« honnête homme » ne serait rien, chez Pascal, s'il ne venait s'articuler sur « une autre lumière supérieure ». Le tragique des grèves de 1936 permet à Simone Weil d'y voir apparaître le visage du Christ. Les grèves de 1955, à entendre le témoignage de Gilbert Declercq, étaient peut-être du même ordre. Sommes-nous aujourd'hui, au cœur de l'individualisme dont souffrent nos sociétés, dans une configuration semblable ? C'est peu probable. En quoi Pascal peut-il alors éclairer notre époque ?

J. J. – Si je compare les grandes grèves de 1995 puis du printemps 2003 avec ce qui s'est passé en 1906, en 1920, en 1936, en 1968, je vois bien dans les deux séries des éléments communs : l'appel à l'utopie. Mais aujourd'hui, l'utopie sonne faux parce que l'on ne construit pas une société nouvelle sur la base de la défense des acquis des fonctionnaires et des intermittents du spectacle. La lutte de classes conservatrice qu'on nous propose en modèle sonne faux parce qu'il ne s'agit plus de classes, encore moins de mutations sociales. Pierre Bourdieu avait bien tenté en 1995 de relier ces mutineries de fonctionnaires aux grandes luttes prolétariennes du passé. Mais la tendance « brasero » activée par des petits-bourgeois gauchistes a fait long feu, si j'ose dire ! Je crains que les mouvements de 2003 ne conduisent au même échec. Ce que l'on défend, ce n'est ni une condition ni un avenir, mais un statut. On dira que c'est légitime. Mais comment le mouvement social peut-il espérer quelque chose d'une simple manœuvre de retardement qui n'a ni le charme de la révolution ni l'efficacité de la réforme ? Les grands défilés sont d'apparence joyeuse, mais d'un vide effroyable. La signification de tout cela, c'est que le monde ouvrier en tant que tel a cessé d'être un acteur majeur du mouvement social. Dans l'état de crise larvée où se trouve la société française, ce qui manque le plus, ce n'est pas un projet, c'est un moteur. Les Français n'attachent plus assez d'importance au travail pour que la lutte des classes demeure le facteur structurant. La plupart des idées dominantes sont désormais transversales par rapport aux groupes sociaux du passé : c'est le cas de l'écologie, du féminisme, de l'ingérence extérieure. Un tel état social laisse normalement une place considérable à l'initiative individuelle, beaucoup plus que les sociétés traditionnelles parmi lesquelles il faut désormais ranger celle de l'industrialisme classique.

Jamais le besoin d'une nouvelle vision du monde, qui prendrait acte de l'échec radical du socialisme bolchevique dans les eaux glacées du mensonge utopique, ne s'était fait sentir comme aujourd'hui. Nous en sommes au point que toute victoire électorale accidentelle de la gauche ne peut être suivie que par une espèce de catastrophe puisque, arrivée au pouvoir, elle ne sait qu'osciller entre un étatisme stérilisant, forme dégénérée et euphémisée du socialisme autoritaire, et un ralliement sans gloire aux recettes de l'adversaire qui me fait penser que ce socialisme-là, c'est le capitalisme moins 10 %.

Mais laissons là le mouvement social, la gauche… Et tâchons de répondre à votre dernière question, telle que je la comprends. Si la période actuelle me paraît pascalienne, c'est parce que la politique s'y présente, comme dans les *Pensées*, sous la double catégorie du trop et du pas assez. Nous la voudrions plus modeste et plus ambitieuse. Nous voudrions qu'elle se mêle de tout à condition de ne rien régenter. Nous désirons qu'elle s'efface devant les aspirations des individus à la liberté et des communautés à l'autonomie. En même temps, à la moindre contrariété, au moindre contretemps, nous nous tournons vers elle comme l'enfant qui au premier bobo se réfugie dans les jupes de sa mère.

Dès les débuts de la canicule de l'été dernier, j'ai prévu qu'elle tournerait au débat politique sur le thème : « Soleil assassin, Raffarin complice ! » Cela n'a pas manqué. Plus préoccupant encore : nous attendons que la politique élève son propre débat et même nous tire vers le haut. Le fait-elle, qu'elle est immédiatement accusée d'oublier les petites gens. Il y a eu au printemps dernier un grand mouvement d'adhésion populaire à la politique irakienne du Président. Or, celle-ci, pour être autre chose qu'un simple mouvement de menton, supposait une mobilisation des énergies nationales autour de l'assainissement financier et de la construction européenne. À la place de quoi, nous avons eu droit à la grève la plus corporatiste, la plus dénuée de perspectives des cinquante dernières années. Le chancelier allemand Schröder, le président brésilien Lula ont réglé le problème des retraites dans le même sens que le projet Fillon, sans coup férir, sans grèves ni feintes postures de désespoir…

Ce qui est de l'ordre des corps obéit à la logique des corps. Il ne faut pas s'étonner de la mesquinerie du débat politique : il est le cadeau empoisonné de la démocratie. Il n'y a que les politiques autoritaires pour offrir aux citoyens des perspectives globales, dans lesquelles la politique excède sa condition pour s'installer à cheval sur les trois ordres à la fois. Ce qui est un attentat contre l'esprit, contre la charité, et aussi contre la liberté. Au fond, la méditation sur Pascal nous prépare à la résignation démocratique. Mais cette modestie politique, qui est une des leçons essentielles des *Pensées*, n'a de sens que si elle nous libère pour autre chose. Non pas pour une autre chose qui serait une fuite dans l'ailleurs. Mais pour une autre chose, qui est là, ici et maintenant, et que par pusillanimité nous ne voulons ni voir ni saisir.

L'ARGENT, DIEU ET LE DIABLE[1]

Péguy, Bernanos, Claudel face au monde moderne

CHAPITRE PREMIER
LEVÉE D'ÉCROU

Péguy, Bernanos, Claudel. Si je rapproche ici ces noms à travers des études comparatives, ce n'est pas principalement parce qu'ils sont tous trois ce que l'on est convenu d'appeler des écrivains catholiques. Catholiques, ils le sont, chacun à sa manière, mais cela ne suffit pas, loin de là, à les définir. Si je les ai réunis, c'est d'abord parce que chacun d'eux a représenté, à diverses époques de ma vie, un formidable instrument d'émancipation intellectuelle. Ils m'ont aidé à me libérer de mon temps, à prendre des distances vis-à-vis de lui, et plus encore, vis-à-vis de moi-même.

Quand le monde tout entier paraît s'affaisser sur son axe et que l'on se sent gagné par la lâche tentation de composer avec ce qu'il charrie de plus médiocre, alors Péguy, Bernanos et Claudel sont des recours. Ils nous arrachent à la vulgarité ambiante et bien souvent nous en protègent. Non que chacun d'entre eux n'ait eu, à l'occasion, ses faiblesses. Mais leurs erreurs n'ont jamais été inspirées par la complaisance à leur époque ; ils n'ont jamais emprunté leurs aveuglements à leurs contemporains.

Leur marginalité fut à la fois un fait subi et une situation voulue. Subie, parce qu'elle est en effet pour partie liée à leur position d'écrivains catholiques, quand bien même ils ont, comme Bernanos, récusé l'expression. Voulue, parce qu'en érigeant l'ostracisme dont ils furent victimes en sécession délibérée, ils ont fait de ce défi à leur temps la source principale de leur inspiration. Les grandes

1. Texte intégral de l'édition originale, Flammarion, 2008.

œuvres peuvent bien exprimer leur époque, elles n'en sont pas moins bâties sur la solitude volontaire et la résistance à la contrainte extérieure. Renan allait même jusqu'à penser que la tyrannie est historiquement plus favorable à l'éclosion des génies que les époques de liberté. Car la tyrannie exacerbe le talent en même temps que le courage, tandis que la démocratie paraît donner des droits à la médiocrité.

Pourtant, le goût de la solitude est chez les trois hommes de nature fort différente : chez Péguy, il prend la forme de la sécession ; chez Bernanos, de l'exil ; chez Claudel, de l'errance.

Péguy n'a presque jamais quitté la France ; d'ordinaire, ses voyages, ou plutôt ses pèlerinages le conduisaient jusqu'à Chartres, aux confins de l'Île-de-France. Sa solitude, il était allé la chercher place de la Sorbonne, au cœur du Quartier latin ; tout au plus à Bourg-la-Reine ou sur le plateau de Saclay[1]. C'est dire que sa sécession est toute psychologique et politique. Placé au cœur de l'événement – il eût pu dire comme son disciple Emmanuel Mounier, « l'événement sera notre maître intérieur » – il a pratiqué spontanément cet « engagement dégagé » que d'autres ont théorisé après lui. Déjà, rue d'Ulm, dans une turne symboliquement baptisée « Utopie », c'est un jeune homme déviant, qui ne tardera pas à démissionner de l'École, où son esprit, pourtant, habitera pour toujours le souvenir normalien. Comme socialiste, c'est un militant singulier qui se défie des entraînements collectifs et qui édifie la cité des hommes dans le huis-clos de son imagination. *Marcel*, son manifeste socialiste le plus achevé, fait appel à l'héroïsme moral plutôt qu'à l'organisation collectiviste. Le hussard noir du dreyfusisme deviendra bientôt l'ennemi juré de la conquête dreyfusarde des places et des honneurs. Revenu au catholicisme par une sorte de reconversion intérieure à une foi enfouie, il la pratique de la

1. « La malédiction de l'Ecclésiaste, "malheur à l'homme seul", écrit Claire Daudin dans son essai très suggestif, *Dieu a-t-il besoin de l'écrivain ? Péguy, Bernanos, Mauriac*, Le Cerf, 2006. [Péguy] peut désormais la reprendre à son compte. Il est cet homme seul qui a rompu deux fois avec les siens, d'abord avec le petit peuple aux aspirations bourgeoises du faubourg Bourgogne, puis avec les socialistes gagnés à la lutte des classes et à la propagande. Traître, apostat, renégat : il accepte et revendique ces désignations » (p. 76).

façon la plus individualiste ; il se tient à l'écart des sacrements et continue de nourrir à l'égard de l'Église des sentiments dont l'anticléricalisme n'est pas absent. Sa revue, qu'il conduit seul, malgré la présence de fidèles comme André Bourgeois, est ce qui définit le mieux son régime de présence au monde. Il ne veut exister qu'à travers les *Cahiers de la Quinzaine*, mais en même temps, il se cache derrière eux, comme son œuvre posthume le révèle. Une revue est toujours l'œuvre et l'esprit d'un homme ; elle est le fait d'un « je » qui s'épanouit en « nous ». À l'image d'un Charles Maurras qui fut le premier, par le prestige, des monarchistes français, mais qu'un monarque avisé eût impitoyablement banni de son entourage, tant il représentait un danger pour les idées qu'il défendait, Péguy eût été le plus mauvais ministre de la République dreyfusienne, fût-elle demeurée fidèle à ses valeurs initiales. Incapable du reste d'être le ministre d'aucun culte, Péguy est un républicain militant, un républicain mystique, mais non assurément un républicain de gouvernement, tant l'écart entre la République idéale et la République réelle lui fait horreur.

À ce titre, Péguy est l'archétype de l'intellectuel, c'est-à-dire du bâtard congénital ou si l'on préfère, du traître consubstantiel : je veux dire de l'homme sur lequel ses chefs doivent savoir qu'ils ne pourront jamais compter aveuglément, parce que la vérité lui sera toujours plus chère que la fidélité. Parce que l'engagement de fidélité indéfectible à une cause est un passeport pour le grand mensonge et que les seules fidélités qui soient permises à un intellectuel – comme à un croyant – sont celles qui s'attachent à une personne plutôt qu'à une idée. C'est en ce sens que Dostoïevski a dit cette chose provocatrice que, s'il avait à choisir entre la vérité et Jésus-Christ, il choisirait Jésus-Christ, parce que le Christ est une personne, tandis que l'on peut « se faire une idole de la vérité elle-même » (Pascal).

Mais nous sommes ici, à tous les sens du terme, dans l'au-delà. Dans l'en deça, au contraire, il n'est d'autre fidélité possible qu'à la vérité, justement. La solitude de Péguy lui est imposée par sa mission de moine-journaliste au service de la seule cause qui compte : « Dire bêtement la vérité bête, ennuyeusement la vérité ennuyeuse, tristement la vérité triste[1]. » Et parce que la recherche de la vérité implique une rupture quasi permanente des solidarités auxquelles l'homme tient le plus, le chercheur de vérité doit accepter sa condition d'apostat. Il doit l'accepter contre ses amis, contre son parti, contre sa secte, contre ses opinions :

> Il faut que la vie de l'honnête homme soit, en ce sens, une apostasie et une renégation perpétuelle, il faut que l'honnête homme soit un perpétuel renégat, il faut que la vie de l'honnête homme soit, en ce sens, une infidélité perpétuelle[2].

Pas intellectuel organique, donc, au sens de Gramsci car « Intellectuel organique » est une contradiction dans les termes. Aragon n'est redevenu un intellectuel qu'en rompant avec son parti, et Sartre n'a été lui-même qu'en état de dissidence par rapport aux « engagements » et aux « solidarités » qu'il tricotait laborieusement dans ses moments théorétiques. Il est assez facile, dit encore Péguy, de rompre avec la moitié du monde si l'on a, ce faisant, l'assurance de jouir de l'amitié de l'autre. Mais non ! Il n'est pas pour l'intellectuel de camp de base ; il n'est pour lui de refuge d'où il se sentirait en bonne intelligence avec les siens et avec ses idées propres. Il faut qu'il se persuade que l'apostasie est pour lui son horizon indépassable, et avec elle, la sécession à la portée de la main. Fût-il couvert d'amis fidèles que Péguy n'aura, à un moment qu'il ignore encore, d'autre choix que de les trahir, pour rester fidèle à sa fonction. En ce sens, l'intellectuel Péguy, l'homme de la sécession, est peut-être le plus accompli des intellectuels modernes. À coup sûr le plus exemplaire.

Tandis que Bernanos est, à mesure qu'il avance en âge, son disciple le plus authentique. Étrange trajectoire que celle de cet homme passé, dans les sombres années de l'avant-guerre, celles de Munich et de la guerre d'Espagne, d'Édouard Drumont et de Charles Maurras à Charles Péguy. Si l'apostasie est pour un intellectuel ce que

1. « Lettre du provincial », dans *Œuvres en prose complètes*, Gallimard, coll. « Bibliothèque de la Pléiade », t. I, 1987, p. 291.

2. « De la situation faite à l'histoire et à la sociologie dans les temps modernes », dans *Œuvres en prose complètes*, Gallimard, coll. « Bibliothèque de la Pléiade », t. II, 1988, p. 513.

nous avons dit – c'est-à-dire le choix de sacrifier ses confortables certitudes pour suivre les leçons de la réalité –, alors Bernanos est aussi à sa manière un exemple achevé. Il n'a pas seulement hérité de sa famille un catholicisme très conservateur, il s'est donné à fond durant toute sa jeunesse à sa passion maurrassienne, nationaliste et antisémite. À quelques années près, il aurait pu faire le coup-de-poing, ou plutôt, comme on faisait alors, le coup de canne, contre Péguy sur fond d'affaire Dreyfus. Camelot du roi, admirateur de Drumont, soutenu dans sa carrière littéraire par Léon Daudet et l'Action française, il a tout pour devenir un grand intellectuel de droite et même d'extrême droite.

Le plus étonnant, c'est que jusqu'à son séjour à Palma de Majorque ensanglantée par la guerre d'Espagne, il se manifeste presque exclusivement comme romancier. La plupart de ses chefs-d'œuvre romanesques (*Sous le soleil de Satan*, 1926 ; *La Joie*, 1929 ; *Le Journal d'un curé de campagne*, 1936 ; et même pour l'essentiel, *Monsieur Ouine*, 1933-1946) datent de sa période maurrassienne et ne doivent rien à son inspiration ultime. Il n'a alors publié qu'un seul pamphlet – mais quel pamphlet ! – une étonnante et scandaleuse apologie de Drumont : *La Grande Peur des bien-pensants* (1930). Même si l'accent y est mis principalement sur le côté non-conformiste, antibourgeois, populiste de Drumont plutôt que sur son antisémitisme effréné, *La Grande Peur*, traversée de superbes coups de colère, est littéralement un livre impossible.

Et puis, tout à coup, ce sursaut de tout l'être, cette conversion foudroyante face au scandale de la vérité, pour reprendre l'un de ses titres. Bernanos a commencé par soutenir la révolte franquiste, mais l'alliance du crime et de la bien-pensance catholique, dont il a sous les yeux à Palma de Majorque le spectacle abominable, lui arrache ce cri de douleur et de colère : *Les Grands Cimetières sous la lune* (1938).

Il ne reste alors à Bernanos que dix années à vivre. Dix années d'exil intérieur, d'exil littéraire, d'exil politique, d'exil géographique enfin. Après le séjour aux Baléares décidé pour des raisons financières (octobre 1934-mars 1937), dont il rapporte ce fameux cri de colère, il ne tarde pas à partir pour le Brésil où il restera sept ans, de juillet 1938 à juillet 1945. Sa destination initiale était le Paraguay, dont il s'était fait un Eldorado, mais après diverses errances, il trouvera dans un lieu au nom prédestiné, la Croix des Âmes, le refuge où il composera la plupart de ses grands pamphlets et écrits de combat (*Scandale de la vérité*, *Nous autres Français*, *La France contre les robots*, *Les Enfants humiliés*, *La Lettre aux Anglais*, *Le Chemin de la Croix-des-Âmes*). Depuis la guerre d'Espagne, la rupture avec l'Action française est consommée ; elle s'approfondira encore avec la défaite, puisque Maurras choisit Vichy et Bernanos la Résistance. Au point qu'un télégramme du général de Gaulle le ramènera en France à la Libération (juin 1945) : « Votre place est parmi nous. » Cela ne l'empêche pas de tout refuser, la Légion d'honneur, l'Académie française, la réintégration dans la République des Lettres, telle qu'elle se reconstitue après la guerre autour des figures symboliques d'Aragon et de Mauriac.

Au contraire, il ne fera que continuer son errance : cinq installations successives à travers la France, suivies d'un nouveau départ, pour la Tunisie cette fois (mars 1947-mai 1948), dont il ne revient que pour mourir d'une affection du foie (5 juillet 1948).

On n'a évoqué cet itinéraire géographique que pour souligner à quel point il ne fait que répondre à la volonté de solitude de l'écrivain basculant définitivement (à l'exception du *Dialogue des carmélites*) de l'inspiration romanesque à la littérature de combat, et surtout d'un maurrassisme à connotation antisémite à une veine pamphlétaire dont ses anciens amis de l'AF et « le monde moderne », au sens péguyste du terme, font les frais.

Je me suis souvent demandé pourquoi Georges Bernanos, à partir de 1934, a besoin d'être à l'étranger pour parler de la France. Peut-être un exil volontaire est-il nécessaire chez certains grands spirituels, comme Georges Bernanos, Jacques Maritain, Simone Weil, et à certains égards Charles de Gaulle lui-même, pour se faire et surtout entretenir en eux « une certaine idée de la France » : pays de chevalerie et de révolution, la France est une personne dont ils sentent bien qu'elle est en train, sous les coups de boutoir du monde moderne, de devenir une chose. C'est au fond du New Jersey que j'ai ressenti un véritable bouleversement intérieur à la relecture de *Sylvie* et de l'évocation des paysages du Valois.

Dans la première moitié du XXe siècle, la majeure partie de notre littérature n'a eu d'autre sujet que la France. Proust et Céline, Péguy et Bernanos, Aragon et Giraudoux, Colette et Mauriac ne parlent pas d'autre chose. Il n'est guère parmi les grands que Claudel pour échapper à cette obsession. Jusqu'aux années cinquante, un jeune homme bien éduqué et déjà frotté de nos grands auteurs ne manquait jamais de se demander, au tournant de l'adolescence, où il en était avec la France, comme il le fait aujourd'hui avec le complexe d'Œdipe ou même avec l'homosexualité. À présent, la France est passée de mode. Elle n'intéresse plus ses littérateurs. Mais si l'on se mêle de chercher à comprendre les générations antérieures, on devra se demander pourquoi la silhouette de la grande sœur aimée demeure constamment présente derrière l'écrivain, penchée sur la page en train de se faire. Pourquoi la littérature d'aujourd'hui nous paraît-elle si sèche et si cérébrale, jusque dans ses débordements érotiques ? Parce que la figure de la France, cette intercesseuse obligée entre le monde extérieur et nous, est absente, qu'il nous manque sa couleur, son odeur et sa voix.

Bernanos est celui qui n'a cessé d'emporter sa patrie à la semelle de ses souliers. Aux Baléares d'abord. On n'a généralement retenu des *Grands Cimetières* que les diatribes incandescentes contre l'Église espagnole, ou contre l'évêque de Palma. Or, à y regarder de près, l'épisode espagnol, cette hideuse collusion des grands dignitaires catholiques avec les assassins franquistes, n'est qu'un chapitre illustratif de l'interminable procès que Bernanos instruit contre la France moderne depuis *La Grande Peur des bien-pensants* et qui ne va pas tarder dans les pamphlets suivants, le *Scandale de la vérité* (1931) et la *Lettre aux Anglais* (1940), à tourner au réquisitoire contre ses anciens amis de l'Action française, et les « charmants petits mufles de la nouvelle génération réaliste ». Comme Péguy, Bernanos a le sentiment aigu, poignant, que la France, sa France à lui, s'éloigne irrévocablement. C'est ce qui donne à sa colère cet accent de défi où se cache un certain désespoir. Cette France de l'honneur, cette politique de l'honneur « qui vaut politiquement mieux que l'autre », il ne la retrouve que dans le souvenir, au plus loin de la France réelle.

Claudel aussi voyage. Mieux que cela, Claudel est tout au long de sa vie active un « Français de l'étranger ». De 1893 à 1935, c'est à la carrière consulaire, puis diplomatique qu'il doit d'être toujours dehors. Comment être diplomate chamarré et poète habité, écrivain de terroir et cosmopolite effréné, se scandalisent les surréalistes et tous les écrivains du Quartier latin ? Quatorze années passées en Chine, six au Japon, huit aux États-Unis en deux séjours, sans compter Prague, Francfort, Hambourg et pour finir Bruxelles. Ah ! Ce n'est pas à propos de lui que l'on pourrait, comme il l'aurait fait un jour de François Mauriac, parler méchamment d'« écrivain régionaliste » ! Fernand Braudel professait qu'il n'y a que deux dimensions géographiques qui s'offrent à la recherche de l'historien : le grand ensemble unifié par ses proportions mêmes, comme la Méditerranée, parce qu'il permet justement d'effacer les accidents au profit des lignes de faîte, et la micro-patrie, parce que, disait-il, à la fin de sa vie, on ne parle bien que de son village natal… Chez le plus braudélien de nos écrivains, l'écart géographique et historique entre l'infiniment grand et l'infiniment petit est une donnée constante. Lors de ses séjours en France entre deux missions diplomatiques, les grands espaces de la Chine et de l'Amérique ne sont jamais absents. Mais inversement, c'est à Prague que le dramaturge aux cent villages du Tardenois rédige *L'Annonce faite à Marie*, imprégnée des noms, des lieux et des paysages de son enfance. La distance efface les accidents secondaires du terrain, mais exalte le génie des lieux, leur saveur et leur odeur, « comme le vent éteint les bougies et allume le feu » (La Rochefoucauld). Il permet notamment de développer à petite échelle les fastes d'une étonnante vision symbolique du monde, qui a prédisposé Claudel à l'ordre catholique, c'est-à-dire universel.

D'où cette étonnante anthropologisation des continents qui donne à un drame cosmique comme *Le Soulier de satin* l'allure d'une vaste psychomachie médiévale où tournoient l'Amérique, « comme une énorme corne d'abondance », l'Afrique, « cet immense grenier à sauterelles, ce poulailler », l'Amérique du Sud, que Rodrigue commande à Almagro de saisir « par la queue ». Entendez-le encore décrire au cours des *Conversations dans le Loir-et-Cher*, « la forme de ces contrées, le triangle de l'Inde la pointe en bas comme celui du ventre, le cercle en Chine comme un abdomen, ou ces îles recourbées qui se regardent elles-mêmes comme au Japon, suggère l'idée d'une prison mystique[1] ». Toute cette « géographie symbolique » est profondément catholique, les régions, les pays, les continents jouant leur partition comme les instruments d'un orchestre.

Y a-t-il, dans cette tumultueuse cosmologie, place pour la France ? Ce n'est pas certain. Elle ne figure pas comme telle dans ce que Gérard de Nerval appelait sa « géographie sentimentale ». Les terroirs, les provinces, la France aux cent villages et aux mille paysages, assurément. Mais le pays lui-même, avec tout là-haut son front nordique, perdu dans sa rêverie, prolongé par son mufle breton qui s'avance dans l'océan comme pour le défier, les rondeurs de sa poitrine vendéenne, la concavité de sa taille rochelaise, ces puissantes pattes pyrénéennes, les ondulations de sa croupe méditerranéenne, la cambrure de sa dorsale lorraine, à l'intérieur la massivité de son ventre central, tout cet anthropomorphisme national que les enfants de la communale découvrirent jadis sur les belles cartes murales signées Vidal de La Blache, rien de tout cela n'a jamais tenté Claudel. Curieusement, c'est de façon beaucoup plus abstraite qu'il aime et célèbre sa mère-patrie, à travers les outrances patriotiques de ses poèmes de 1914-1918, les éructations anti-vichystes de son journal de guerre, ou encore, sa vie durant, son dévouement diplomatique sans faille aux intérêts nationaux. Car cet homme de droite est un diplomate de gauche, un poète de partout et de nulle part. La France est pour lui une cote mal taillée, trop grande pour éveiller durablement sa tendresse, trop petite pour déclencher son imagination.

Tout, chez lui, à commencer par son catholicisme, excède le cadre de la patrie dans lequel Péguy puis Bernanos se sont réfugiés. Le premier a commencé par penser universel comme l'y incitait son socialisme utopique. Comment oublier que sa première *Jeanne d'Arc* (1897) est dédiée à « tous ceux qui seront morts pour tâcher de porter remède au "mal universel", et à tous ceux qui "auront connu le remède" », c'est-à-dire « tous ceux qui seront morts de

1. *Œuvres en prose*, Gallimard, coll. « Bibliothèque de la Pléiade », 1965, p. 785.

leur mort humaine pour l'établissement de la République socialiste universelle » ?

Si, comme on vient de le voir, la marginalité volontaire est ce qui rapproche d'emblée, au-delà de différences criantes, Péguy, Bernanos et Claudel, il est cependant un autre trait commun qui les prédispose à la foi chrétienne en ce siècle de sécularisation qui est le leur. C'est ce que l'on voudrait nommer leur conception héroïque de l'existence. Une vision qui transparaît dans leur comportement, mais surtout peut-être dans chaque phrase qu'ils ont écrite. Une exigence de tous les instants qui donne à leur prose ou à leur poésie une tension dramatique particulière, comme s'il s'agissait à chaque fois de mettre leur esprit et leur cœur en ordre de bataille. Oui, il existe une littérature-bataille comme il y a une histoire-bataille, et nos trois écrivains lui appartiennent. En cela différents de Proust, de Valéry, de Gide, leurs égaux, leurs contemporains. On accordera que, dans le cas de Claudel, ce qui est visé n'est pas l'héroïsme – on lui a assez reproché ses multiples accommodements avec la vie mondaine – mais bien la sainteté. C'est entendu, mais la sainteté n'est-elle pas la forme la plus achevée de l'héroïsme ?

La bataille plutôt que le bonheur. La bataille plutôt que le message. Aucun des trois n'est un écrivain à message : ce sont tous des écrivains à témoignage. Et pourtant, à défaut de message, il y a plus de contenu, plus d'idées nouvelles, plus de raccourcis foudroyants et vainqueurs chez le penseur Péguy que chez la plupart des philosophes professionnels de son temps, à commencer par celui qu'il admirait entre tous, le grand Henri Bergson. Cette impatience d'aller à l'essentiel, cette incompatibilité d'humeur avec la médiocrité, ce refus des idiotismes de métier en vigueur depuis toujours dans la République des Lettres, voilà ce qui fait, dans le fond et dans la forme, l'originalité irréductible de Charles Péguy. Proche en cela de celui qui des années durant vint chaque jeudi s'asseoir à califourchon sur l'unique chaise des *Cahiers*, pour y égrener, à bâtons rompus, une espèce de bavardage socratique qui a marqué de façon définitive la petite troupe de ses auditeurs : j'ai nommé le philosophe anticonformiste Georges Sorel, autre mauvais caractère, autre marginal volontaire…

Il n'est pas de « message » de Péguy, pas de doxa qui se puisse débiter en formules reproductibles, comme on en trouvera à la Libération chez les tenants de ces « grands récits » (Lyotard) qui ont nom marxisme, existentialisme, personnalisme, ou encore plus tard structuralisme ; de ces théories littéraires que l'on ne peut refréquenter vingt années plus tard, sans un vague sentiment de gêne, analogue à celui qu'éprouvent les amants qui se retrouvent longtemps après avoir cessé de s'aimer. La seule philosophie de Péguy qui soit vivante est une philosophie en acte, une philosophie de l'action, ou mieux encore du verbe.

L'inextinguible nostalgie que Péguy éprouvera, jusqu'à sa mort, pour les années Dreyfus de son existence traduit la conception héroïque qui fut alors la sienne :

> Nous fûmes des héros. Il faut le dire très simplement, car je vois bien qu'on ne le dira pas pour nous[1].

Et puis, cet étonnant aveu qui dit tout : nos ennemis, poursuit-il, ne sauront jamais ce que nous avons sacrifié à cet homme (Dreyfus). Notre vie entière « puisque cette affaire nous a marqués pour la vie ». De nostalgie avons-nous dit, mais aussi d'amertume, « une amertume qui ne se guérira jamais[2] ». Mais au-delà de leur personne, les dreyfusards ont incarné « ce besoin d'héroïsme qui saisit périodiquement ce peuple[3] », qui est peut-être aussi – il faudra s'en souvenir – un besoin de martyre et de sainteté, tout cela qui ne s'exprime d'ordinaire que dans la guerre et par la guerre. Quand il écrit ces mots, nous sommes en juillet 1910 et Péguy ignore alors que cette guerre dont il ne repousse pas la perspective le fauchera quatre années plus tard. L'affaire Dreyfus fut pour lui la plus belle et la plus juste des guerres, qui mettait en jeu toutes les valeurs militaires au service de la République universelle. La sanglante mêlée de 1914, même s'il n'eut pas le temps de s'en convaincre, correspondait à coup sûr à un rétrécissement et un ensauvagement de

1. *Notre Jeunesse*, *Cahiers* XI, XII (17/7/1910), dans *Œuvres en prose complètes*, Gallimard, coll. « Bibliothèque de la Pléiade », t. III, 1992, p. 120.
2. *Ibid.*, p. 121.
3. *Ibid.*, p. 146.

cet idéal mi-chevaleresque, mi-guerrier. Ce qui est sûr en revanche, c'est que Péguy est sorti de l'Affaire comme un guerrier sort du champ de bataille, comme un agent secret de la clandestinité, ou un alpiniste de son ascension. Avec l'amer sentiment d'un monde soudainement désenchanté. Le retour dans les basses couches de l'atmosphère sociale va de pair avec une décompression, un dégrisement qui laissent l'esprit et le corps désemparés. Pendant tout le temps de vie qui lui reste, au total une quinzaine d'années, il va écrire l'essentiel de son œuvre, marquée par la célébration des héros, à commencer par Bernard Lazare, et pour finir avec Jeanne d'Arc, et aussi par la dénonciation des « traîtres », comme Jaurès, sur fond de désabusement. Ce demi-solde du dreyfusisme continuera de regarder le monde contemporain à travers le prisme de l'héroïsme, qui fait de lui un exilé dans la France prosaïque et louis-philipparde de la Belle Époque. Sans cette chute de tension psychologique et morale, on ne comprendrait pas sa conversion-repli sur le nationalisme, voire cette philosophie de la guerre si absurde à nos yeux.

Bernanos, son disciple en matière d'héroïsme, est plus lucide que Péguy sur la guerre. Pour une raison simple : il lui a survécu. Il en a connu l'absurdité, mais aussi la bassesse. Dès son premier pamphlet, le plus provocant, le plus réactionnaire, traversé par l'idée absurde de faire d'Édouard Dumont, l'auteur de *La France juive*, un héros, parangon des vertus de l'ancienne France, il se révolte contre le bourrage de crâne, les sottises du patriotisme de l'arrière. Exemples qu'il cite : « Nos troupiers se rient maintenant de la mitrailleuse, on n'y fait plus attention » (*Le Petit Parisien*, 11 octobre 1915), ou encore *Le Matin* du 14 juillet 1915 : « Les cadavres des Boches sentent plus mauvais que ceux des Français. » Cette figure grotesque et misérable de la Grande Guerre, cet antihéros par excellence qu'est le Poilu, avec l'avilissement systématique de l'ennemi, la xénophobie la plus immonde, la bravoure de pacotille « ont sali à jamais, affirme Bernanos, avec la figure du héros, la notion même de l'honneur…[1] » C'est dur. C'est violent. Plus encore que l'idée de patrie, « c'est l'idée d'héroïsme qui semble bien avoir fait les frais

1. Conclusion de *La Grande Peur des bien-pensants*, dans *Essais et Écrits de combat*, Gallimard, coll. « Bibliothèque de la Pléiade », t. I, 1972, p. 322.

de la guerre[1] », dit-il encore. Il n'y a pas de patrie sans héroïsme. Mais il n'y a pas non plus d'héroïsme sans honneur, telle est la conviction de Bernanos, qui survit à toutes les évolutions de sa pensée politique. C'est tout cela que le début du siècle, symbolisé par la Belle Époque et la Grande Guerre, nous ont appris et que l'entre-deux-guerres nous a asséné avec encore plus de violence. C'est toute la leçon de *Nous autres Français*, notamment de la sixième et dernière partie, avec son leitmotiv lancinant : « J'ai fait ce rêve de mettre l'honneur à la portée de tout le monde. » Certes l'honneur est la vertu et le ressort des monarchies, nous savons cela depuis Montesquieu, et Bernanos, royaliste convaincu, en est l'illustration même. Mais ce sentiment exigeant va bien au-delà des questions de régime. C'est du rapport à la politique qu'il s'agit, à travers la question espagnole, qui n'est pas affaire de droite ou de gauche, mais affaire d'honneur et de déshonneur ; de Munich encore davantage puisque la France avait engagé sa parole ; du régime de Pétain, qui ne fut que cela. D'où la fière déclaration, l'une des plus optimistes jamais émises par Bernanos, dont les *Cahiers du Témoignage chrétien* clandestin firent pendant la guerre leur épigraphe :

> Nous croyons qu'il y a un honneur de la politique, nous croyons non moins fermement qu'il y a une politique de l'honneur et que cette politique vaut politiquement mieux que l'autre[2].

Honneur et politique : étrange alliage de mots étrangers l'un à l'autre, qui paraissait déjà incongru aux contemporains d'une époque si éloignée de la nôtre. Qui veut faire carrière dans l'honneur ne choisira pas la politique, cela semble aller de soi. Non que la politique soit déshonorante ; mais à l'ère démocratique, elle est nécessairement fondée sur le compromis, quand l'honneur fonctionne à l'intransigeance. L'honneur n'a de sens que dans les grandes circonstances de l'existence, celles qui, pour collectives qu'elles soient, engagent les hommes individuellement : la guerre, la révolution sont de celles-là ; à la fin, il n'y a que le courage qui compte, c'est-à-dire

1. *Ibid.*, p. 319.
2. *Nous autres Français* (1939), dans *Essais et Écrits de combat*, *op. cit.*, p. 764.

l'inscription volontaire d'un destin individuel dans un grand devenir collectif. Pour ou contre la collaboration avec l'Allemagne nazie ; pour ou contre la colonisation : voilà à notre époque des moments où la politique eut à faire avec l'honneur. Mais la politique démocratique est fondée, je l'ai dit, sur le compromis : faut-il ou non augmenter les impôts ? Réformer la Sécurité sociale ? Édifier ou non une Europe fédérale ? Voilà de grandes questions qui appellent des réponses mesurées, qui n'engagent que l'intelligence, le sens de l'opportunité et celui de la justice ; mais l'honneur en est absent comme le doge aux affaires amoureuses de Venise.

Voilà pourquoi, disons-le sans fard, Péguy et Bernanos ne sont pas des démocrates. Des républicains à la rigueur, et même des républicains de toute rigueur, celle-là même qui est exigée de quiconque n'a pas reçu la République en héritage, mais qui se l'est appropriée par l'effort de la volonté. Il y a un honneur républicain, c'est l'évidence, il n'y a pas à proprement parler d'honneur démocratique. La quête de Péguy et de Bernanos, celle d'un honneur dans la politique, celle de la politique de l'honneur, est dans le quotidien d'un peuple heureux une geste un peu imaginaire, couronnée par l'amertume, parfois le désespoir, et qui ne trouve à s'employer que dans les époques de malheur de la patrie, ou dans quelques moments exceptionnels où l'Histoire paraît renoncer à sa causalité prosaïque au profit d'une cause destinée à faire exemple. J'ai déjà dit que l'affaire Dreyfus fut pour Péguy un tel événement, mais il est faux, nous le savons bien, que toute la France ait vibré avec lui : l'« Affaire » ne laissa pas une ride au miroir des élections. De même la guerre d'Espagne pour Bernanos : exemplarité infiniment plus tragique, qui finirait par figurer dans la mémoire des hommes.

L'honneur est la valeur fondamentale de l'existence, celle à laquelle Bernanos revient sans cesse et qui fait le lien entre les diverses époques et les frontières successives de l'auteur. Mais ce n'est pas une vertu chrétienne. Il en convient lui-même : « Je ne demande pas qu'on l'élève à la dignité de vertu théologale, je voudrais seulement qu'on s'en servît[1]. » Et le petit curé de campagne abonde dans le même sens : « Il est beau de s'élever au-dessus de

1. *Ibid.*, p. 146.

la fierté. Encore faut-il l'atteindre[1]. » Alors, un double système de valeurs, l'un politique et national, fondé sur l'honneur, un second spirituel, fondé sur les valeurs chrétiennes ? C'est à peu près cela. Mais ces deux systèmes n'en font-ils pas un seul ? « Il y a un honneur chrétien… Il est humain et divin tout ensemble. Il est la fusion mystérieuse de l'honneur humain et de la charité du Christ[2]. »

C'est égal : cette conception héroïque de la politique, héritée d'un Plutarque qui eût été chrétien et républicain, a besoin de héros. Elle s'incarne dans des personnages ; elle ne va pas sans une sorte de paganisme politique, loin des figures de l'Histoire sainte.

C'est pourquoi elle n'est pas celle de Claudel. Il y aurait même une belle thèse à écrire – peut-être existe-t-elle déjà – sur la destruction du héros dans l'univers dramatique de Claudel. Tête d'or, Lambert de Besme, Sygne de Coûfontaine, Rodrigue sont de purs héros vaincus par la sainteté, la leur propre ou celle de la personne aimée. Seul Mesa, le « petit Mesa » du *Partage*, n'est ni tout à fait un héros, ni tout à fait un saint. N'est-il pas le plus autobiographique des personnages de Claudel, celui qui jusqu'à l'embrasement final ne cesse d'hésiter entre la vocation mystique et l'appel amoureux ? Mais tous les autres, je le répète, sont de purs héros, des meneurs d'hommes dont l'accomplissement humain serait suffisant pour remplir une destinée et justifier leur ambition de départ. Cette exaltation héroïque est telle qu'elle confine à l'inhumanité, voire à on ne sait quelle tentation fasciste dans le cas de Tête d'or. Chez le plus accompli d'entre eux, le Rodrigue du *Soulier de satin*, la fascination de l'exploit et du pouvoir est d'abord le seul moyen de parvenir à son cœur.

« Car il est de ceux-là qui ne peuvent se sauver qu'en sauvant toute cette masse qui prend leur forme derrière eux », dit le père jésuite dans la scène inaugurale du *Soulier*.

Et lorsque revenu de tout, ayant accompli son propre sacrifice par consentement pur à celui de la femme qu'il aime, il n'est plus que l'ombre du héros des deux mondes qu'il fut jadis, l'idée d'une

1. *Journal d'un curé de campagne*, Plon, 1936, p. 244.
2. *Les Grands Cimetières sous la lune*, dans *Essais et Écrits de combat*, *op. cit.*, t. I, p. 572.

souveraineté, fût-elle parodique et imaginaire, sur l'Angleterre demeure encore capable de le remettre en mouvement.

Tous ces héros vaincus, humiliés, annihilés n'ont donc en rien renoncé à la conception héroïque de l'existence qui les animait ; ils se sont seulement inclinés devant plus grande et plus héroïque qu'elle : la sainteté dans le sacrifice suprême, « la forte flamme fulminante, le grand mâle dans la gloire de Dieu, l'homme dans la splendeur de l'août, l'Esprit vainqueur dans la transfiguration de Midi », dit Mesa en expirant, et ce n'est certes pas un homme humilié que cet homme succombant, c'est au contraire un homme transfiguré, exalté au-delà de lui-même.

Nous sommes évidemment plus loin et plus haut que la politique, fût-elle pétrie de mystique comme celle du dreyfusard Péguy, ou du royaliste français Bernanos combattant pour les républicains espagnols. Péguy, Bernanos, Claudel peuvent bien avoir le même mépris pour la politique politicienne, c'est à la politique tout court qu'ils réservent un sort différent. Pour les deux premiers, les combats pour la terre charnelle, pour le doux royaume de cette terre sont à ce point essentiels que toute dégradation de la politique traduit une dégradation de l'esprit ; toute faillite de la politique exprime une faillite de l'âme. Péguy n'a-t-il pas parlé de la France commettant l'injustice envers Dreyfus comme d'une France « en état de péché mortel » ?

Claudel, au contraire, est en dépit des apparences plus pascalien que Péguy et que Bernanos : il adhère spontanément à la distinction et à la hiérarchie des ordres. L'ordre de la force, l'ordre charnel, que l'on peut aussi appeler l'ordre de la politique, a sa grandeur propre, et même une espèce d'autosuffisance. Et Dieu sait si Claudel le diplomate, le propriétaire terrien, a, dans son existence quotidienne, rendu hommage au premier de ces ordres. Avec un réalisme qui a maintes fois tourné au cynisme, Bernanos ne s'est pas fait faute de le lui rappeler. Appliquée de cette manière, la distinction risque de tourner à la comptabilité double, voire à la double billetterie. Quand il fut élevé à la dignité suprême de la Légion d'honneur, Mauriac remarquait, avec ce sens de la provocation qui ne le quittait jamais, que tout chrétien portait sa croix, mais que lui la portait en sautoir.

Ce mot d'autodérision eût pu s'appliquer à Claudel, l'autodérision en moins, et encore.

Cette manière de composer avec l'ordre de la force, qui peut être aussi celui de la richesse – Péguy et Bernanos étaient pauvres, Claudel ne l'était pas –, laisse toute sa place au deuxième ordre, celui de l'esprit, évidemment, et plus encore à celui de la charité. Mais qu'est-ce qu'une charité qui ne s'exercerait pas dans l'ordre de la chair ?

D'où, chez nos trois personnages, la place centrale tenue par la question de l'argent, comme on le verra plus loin. L'argent est un équivalent universel, puisqu'il permet à toutes choses d'être rapportées à un étalon commun, et même de n'exister qu'à la mesure de leur étalonnage. Dans le marché à terme de la Bourse, on peut acheter fictivement des tonnes de caoutchouc ou de sucre sans avoir jamais vu la couleur d'un hévéa ou d'une betterave. Dans la valeur d'usage, pour employer la terminologie de Marx, chaque objet est irremplaçable, puisqu'il correspond à un besoin particulier. En termes d'usage, on ne saurait mélanger les torchons avec les serviettes, puisque les premiers servent à essuyer la vaisselle, tandis que les seconds servent à s'essuyer la bouche. Tout objet est spécifique et a sa dignité propre. Mais dans la valeur d'échange, qui s'exprime grâce à son prix, ou si l'on préfère grâce à son cours, si une serviette coûte le prix de deux torchons, voilà les deux objets ramenés à ce qu'ils ont en commun : la quantité d'argent qui permet de les acquérir. L'argent est ainsi un grand magicien ; il est la forme païenne de la transsubstantiation ; c'est pourquoi il n'est pas exagéré de dire que pour Péguy, Bernanos ou Claudel, le monde moderne commence avec cette réduction de toute chose à son équivalent monétaire – *reductio ad pecuniam* – c'est-à-dire à cette dénaturation des objets, au sens où l'on parle d'un alcool dénaturé. Ce faisant, l'homme se substitue à Dieu, car Dieu a créé les choses, et l'homme a créé les espèces. Dans l'univers précapitaliste, ou même prémonétaire, le monde apparaît dans son extrême diversité ; dans le monde moderne, c'est-à-dire le monde bourgeois, chaque chose ressemble à toutes les autres, sous la forme de sa valeur d'échange.

L'avènement du monde bourgeois n'est pas seulement l'apparition d'une nouvelle classe sur la scène de l'histoire ; il est bel et bien un tournant essentiel dans l'histoire de l'humanité, où l'artifice se substitue à la nature. Péguy, Bernanos, et avec des réserves Claudel lui-même sont, ontologiquement, des écrivains antibourgeois, parce qu'ils s'opposent de toutes leurs forces à cette dénaturation de la création, par le truchement de la technique et surtout du négoce.

Tout système idéologique repose en dernière instance sur un système de valeurs. Tout mode de production véhicule aussi avec lui un réseau de valeurs. Que l'on considère l'éthique aristocratique, l'éthique chrétienne et l'éthique ouvrière, ce sont trois systèmes fondés sur le primat des valeurs collectives sur les valeurs individuelles ; ou, pour le dire autrement, sur un prélèvement opéré dans les jouissances individuelles au profit des idéaux sociaux. L'honneur dans le système aristocratique, la charité dans le système chrétien, la solidarité dans le système socialiste ne sont pas des valeurs identiques ; mais elles sont apparentées. Elles reposent sur des codes de relations stables et contraignantes, qui s'imposent à l'individu et dessinent une sociabilité à base d'altruisme et de sacrifice ; ce qu'on pourrait appeler des formes d'héroïsme social. L'homme n'y est pas seul ; à tout moment il a des devoirs envers la collectivité et des comptes à lui rendre.

L'argent a littéralement dynamité ces trois éthiques et la bourgeoisie a été l'agent historique de cette dénaturation des valeurs. Certes, pour que la société tienne ensemble, le monde bourgeois est bien obligé d'aller puiser dans le stock des valeurs accumulées avant lui sous les anciens codes éthiques. Mais comme le monde industriel actuel, qui sans les renouveler épuise les ressources naturelles accumulées dans le sous-sol pendant des millions d'années, le monde bourgeois fait une effrayante consommation de conduites éthiques non renouvelables, parce que dérivées des époques géologiques de la société.

D'où la crise inévitable de la société moderne, dont Péguy et Bernanos se font les prophètes ; d'où leur appel à des conduites héroïques nouvelles, qui à leur tour dynamiteraient les certitudes de cette société. Claudel, en définitive, n'est pas loin de partager ce point de vue ; mais à la différence des deux autres, il est fasciné par l'inventivité des hommes qui se manifeste dans la technique et donne lieu à des progrès gigantesques. La ville est l'épicentre du nouvel évangile dont elle renferme le message dans ses entrailles. Pour lui, il n'y a pas que la nature qui porte la trace de Dieu au royaume des hommes ; la culture ne la porte pas moins.

On connaît les diatribes de Péguy et surtout de Bernanos contre la technique, qui s'expriment avec rage dans *La France contre les robots*, au point de faire taxer l'un et l'autre de passéisme : chantres de la chandelle et de la marine à voile. Rien de tel chez l'auteur des *Conversations dans le Loir-et-Cher* : dialogues campagnards où la modernité industrielle est partout présente. Il y a pourtant un Claudel écologiste, on le verra.

Il est bien des manières d'être marginal. La plus courante est celle de ceux que l'on nomme « hors-la-loi », c'est-à-dire de tous ceux qui, sans remettre en cause cette loi, se contentent à titre personnel de ne pas s'y soumettre. Le voleur, l'escroc, le trafiquant ne remettent en cause ni l'argent ni la propriété : ils en ont besoin chez les autres. Le dandy a besoin du conformisme vestimentaire ou moral de ses semblables pour s'en distinguer. Il y a donc des formes de transgression qui ne supposent aucun refus de la norme communément admise, bien au contraire. Vivre en marge, c'est-à-dire rompre avec son « semblable » en matière d'habillement, de ressources, de mœurs, de codes sociaux est même devenu depuis peu une sorte d'impératif ou de signe de reconnaissance qui distingue « l'intellectuel » ou « l'artiste » du « bourgeois ». Bergson menait une existence ordinaire et ne s'affirmait singulier qu'à travers sa philosophie ; Michel Foucault au contraire avait fait de son genre de vie une part intégrante de sa philosophie et commençait par séduire grâce à son *habitus*. Les révolutionnaires authentiques méprisent d'ordinaire ce non-conformisme extérieur, qui n'entraîne en vérité aucune remise en cause de normes existantes.

Ce n'est évidemment pas à cette marginalité-là que je pensais en qualifiant Péguy, Bernanos et Claudel de marginaux. Ceux-là n'ont jamais cherché l'originalité au chapitre des apparences extérieures ou des mœurs. Claudel est même l'archétype du philistin que dénoncent avec violence ces non-conformistes professionnels que sont les surréalistes. Mais les marginaux véritables sont ceux qui refusent radicalement les valeurs sur lesquelles repose en dernière instance une société. Les révolutionnaires sont de ceux-là, mais aussi les réactionnaires ou les hommes habités par le surnaturel. Ce qu'ils remettent en cause spontanément, à travers leur manière de penser, ce sont les présupposés spirituels et moraux de la société dans laquelle ils vivent. Lorsque les écrivains dont j'ai parlé dénoncent le « monde moderne », c'est au « monde actuel » qu'ils pensent. C'est-à-dire, à leurs yeux, un monde dominé par les valeurs mercantiles. La référence au monde antique ou médiéval ne doit pas induire en erreur : c'est une manière historicisée de proclamer leur préférence pour l'ailleurs. D'où, je l'ai déjà souligné, et j'y reviendrai encore, la place centrale de l'argent dans leur philosophie de la vie.

L'ennemi du spirituel n'est ni le barbare, ni le matérialiste : c'est le bourgeois. Est-il encore possible, alors que le monde bourgeois a complètement triomphé, de vivre en marge ? Oui, sans doute. La révolte poétique et la sédition spirituelle deviennent les deux véhicules de la marginalité véritable, celle qui nous commande, comme au voyageur de Baudelaire, de plonger « au fond de l'Inconnu pour trouver du nouveau ! »[1].

---

1. La conception et la rédaction de ce livre sont originales. Toutefois, quatre des dix chapitres qui le composent ont été publiés précédemment, sous des formes légèrement différentes.

— « Deux ou trois choses que je sais de Charles Péguy » a paru dans *L'Amitié Charles Péguy* n° 101, janvier-mars 2003 et a été repris dans *Commentaire* n° 102, été 2003.

— « Deux ou trois choses que je sais de Georges Bernanos » a servi de préface à *La France contre les robots*, Le Livre de Poche, 1999.

— « Deux ou trois choses que je sais de Paul Claudel » a paru dans le *Bulletin de la société Paul Claudel* n° 158, 2e trimestre 2000, et dans *L'Infini* n° 69, printemps 2000.

— « Mystique et politique, les apories de Péguy » a paru dans *L'Amitié Charles Péguy* n° 113, janvier-mars 2006.

CHAPITRE II

DEUX OU TROIS CHOSES QUE JE SAIS DE CHARLES PÉGUY

J'ai mon péguysme à moi. Je ne le changerais contre aucun autre. Ni contre celui des curés. Ni contre celui de Vichy. Ni contre celui des révolutionnaires dégrisés. Ni contre celui des réacs. Ni même contre celui des péguystes. Un écrivain qui vous marque en profondeur est celui que l'on se fait à sa propre exigence. Ou mieux encore : que l'on se fait dans un affrontement de tous les instants entre lui et soi, « dans l'opération commune du lisant et du lu », comme Péguy dit lui-même dans *Véronique*. Le vrai maître n'est pas celui dont on se fait le disciple béat. C'est celui qui, en toutes circonstances, et quelle que soit son époque, est pour vous le contemporain capital.

Pour moi, Péguy est celui qui va à la vérité avec toute son âme. C'est un écrivain, ou mieux peut-être, un journaliste en esprit et en vérité. Il n'y a pas dans toute la littérature française un seul homme qui ait été habité comme lui d'un tel besoin de vérité. Il n'y a même pas à le féliciter de ce courage intellectuel, puisque le courage n'était chez lui que la conséquence de ce besoin. Et si nous, à notre tour, nous avons besoin de Péguy, c'est que notre époque n'aime pas la vérité. Elle idolâtre la sincérité et se fiche pas mal de la vérité. Entre les deux il faut choisir. Or la sincérité est la plus médiocre des valeurs. C'est le cadeau empoisonné fait par Rousseau au monde moderne : la sincérité, et avec elle l'adolescence. La pureté des intentions, c'est-à-dire l'indifférence à autrui. Tant de nos contemporains qui, parce qu'ils nous livrent leur misérable petit tas de secrets, tous pareils, toujours les mêmes, croient qu'ils ont écrit *Les Confessions* ! Le premier qui a fait de la sincérité le ressort de sa vie était un génie. Le second un imbécile. Le troisième, un homme de lettres. Voilà pourquoi Péguy m'est nécessaire comme l'air que je respire. Ou plutôt : contre l'air que je respire en ce siècle.

Parmi les textes de Péguy, j'en distingue trois qui ont été pour moi déterminants. Et m'ont aidé à être moi-même. Ce sont : *Ève* ; *Notre Jeunesse* ; *De la raison*.

Ève fut mon premier Péguy. J'arrivais alors en hypokhâgne, ou plutôt j'aspirais à l'hypokhâgne de Lyon, pour laquelle il fallait passer un petit concours d'entrée. Celui qui allait devenir notre maître, j'ai nommé Victor-Henry Debidour, nous avait demandé de commenter le fameux texte de Péguy qui dit que toute révolution est l'appel d'une tradition dégradée à une tradition plus haute. Debidour me mit 8 sur 20, avec l'appréciation suivante : « Au terme de huit pages de banalités, le sujet reste inédit ». À l'époque on ne craignait pas, comme aujourd'hui, de traumatiser les âmes adolescentes. Comme dans le *Jeannot et Colin* de Voltaire, Julliard sentit son néant et pleura. Ou plutôt non : Julliard sentit son néant et se mit en quête de Péguy.

À quelques jours de là, j'entendis, par une dame qui enseignait dans la khâgne voisine – la mixité n'existait pas encore – et qui était aussi jolie que brillante, une conférence sur l'hérésie cathare dans la littérature française. Elle n'eut pas de peine à montrer que notre sacrée littérature était pénétrée, infectée, pourrie par le manichéisme et par le dualisme de l'âme et du corps. À cela, conclut-elle, un seul antidote : Péguy. Elle nous lut longuement cette partie inédite d'*Ève*, qui venait juste d'être publiée dans la Pléiade :

Voici monsieur le corps avec sa jeune dame…

C'est ainsi que je lus *Ève*, comme on plonge dans un torrent après avoir laissé son vélo sur le bord de la route. Quelqu'un avait compris avant moi que c'en était assez de tout ce mensonge, de toute cette hypocrisie. De toutes ces balançoires spiritualistes. De toutes ces balançoires matérialistes. Que la vraie vie était ailleurs. Ou plutôt qu'elle était là, tout simplement.

Péguy m'a fait comprendre que l'incarnation n'est pas qu'un mystère chrétien. Qu'elle est un mystère humain, tout simplement. En termes religieux, que le plus extraordinaire, le plus inouï n'est pas que l'homme puisse devenir Dieu, comme dit saint Athanase. Mais que Dieu puisse devenir homme. Il n'est pas vrai que qui peut le plus peut le moins. Il est très difficile au plus de devenir moins. Il y faut le décret divin.

En un mot, Péguy donnait un sens concret au double refus du platonisme et du cartésianisme, au refus de la double imposture de l'idéalisme et du dualisme. De ce jour-là, il devint mon professeur de vie, même si pour quelque temps Kant et Lagneau furent mes professeurs de pensée. Car enfin, Péguy apportait quelque chose de complètement inédit dans une littérature qui est *primo* aristocratique, *deuxio* platonicienne, *tertio* dualiste, c'est-à-dire au total désincarnée ; comme si, pour exalter le corps, il fallait que quelque chose fût enlevé à l'esprit, et que pour cultiver l'esprit, il fallait que quelque chose fût anesthésié du corps. *Ève* est un pacte avec la vie, et il fallait que ce fût à la mère de tous les humains que l'on parlât. Car d'un bout à l'autre du poème, c'est à Ève que l'on parle à perdre haleine, on l'oublie trop souvent. C'est pourquoi, à partir de ce moment, *Ève* fut pour moi la mère de toutes mes batailles. Il y a un usage pédagogique de Péguy, à savoir le regard critique qu'il porte sur notre littérature tout entière, et bien entendu sur la philosophie. Après l'avoir lu, on ne peut plus tout à fait prendre au sérieux certaines figures imposées de nos philosophes, et leur incapacité à prendre le réel à bras-le-corps.

Il y a en outre la forme. Quiconque veut lire *Ève* doit s'y plonger sans espoir de retour. Victor-Henry Debidour disait que, pour entrer dans *Ève*, il faut avoir dans son enfance psalmodié les litanies de la Vierge. Je lisais récemment dans la correspondance Proust-Halévy les pages que le premier consacre à Péguy, que son compagnon de classe a entrepris de lui faire découvrir. C'est une incompréhension totale. Proust se demande quel est ce type qui publie tous ses brouillons et nous les propose les uns après les autres au lieu de choisir la formule définitive. Visiblement, il ne comprend rien. Ce qu'il considère comme un bégaiement est en réalité une ascension quasi orgasmique, en même temps qu'une description de la création littéraire elle-même. Et pourtant, il y a dans la prose de Proust avec sa prolifération, son chevelu, son fourmillement, son infinie patience quelque chose qui est certes fort différent de la litanie de Péguy, mais qui est son équivalent : un effort pour restituer le travail même de l'esprit créateur, et les mots alignés comme les étapes de la pensée. Le poète d'*Ève* refuse que la meilleure expression se substitue à toutes les autres, tout simplement parce que la meilleure expression n'existe pas. « Il écrit à tue-tête », dit, dans son *Journal*, Claudel, qui ne l'aime pas. Tout ce qui a été inscrit une fois dans les archives de la conscience y figure pour l'éternité. Il y a quelque chose d'artificiel et de mensonger dans une forme littéraire qui prétendrait se couper de son cheminement. De ce point de vue, Péguy est un écrivain étrangement moderne, et non classique, s'il est vrai que pour les classiques la langue est une entreprise de sélection, de renoncement. Un vœu de pauvreté perpétuelle. Notre époque est plus sensible aux chantiers, aux travaux en cours, aux travaux d'ateliers, aux esquisses, à l'œuvre en train de se faire. Péguy en a toujours usé ainsi, quelle que fût son admiration pour les classiques. Il est le contemporain d'Édouard Bernstein qui professait qu'en matière de socialisme, le but n'est rien, l'itinéraire est tout.

J'ai lu *Notre Jeunesse* à la même époque. Il y a chez Péguy quelque chose qui l'apparente aux grands sociologues. Tout à coup, le surgissement d'une distinction jusqu'alors inaperçue, qui réorganise le réel, comme il n'avait jamais été disposé avant lui. Dès lors, on ne peut plus penser sans elle ; elle fait partie de notre outillage mental. Prenez l'exemple de Max Weber : la distinction entre l'éthique de conviction et l'éthique de responsabilité. Il se trouve que, par son contenu, elle est extrêmement proche de la distinction péguyste de la mystique et de la politique. J'y reviendrai. L'une et l'autre nous obligent à regarder autrement la politique dans son rapport avec les autres activités sociales. Péguy se nourrit et nous nourrit de l'opposition entre de telles distinctions. L'opposition entre la pauvreté et la misère dans le *De Jean Coste* ; entre les époques et les périodes dans *Notre Jeunesse*, etc., cette manière binaire de penser est constitutive du péguysme. S'il refuse le dualisme ontologique, en revanche, il pratique une dialectique binaire, constituée par l'affrontement jamais résolu entre deux termes, tandis que la dialectique hégélienne est tertiaire. Or, chez Hegel, la thèse et l'antithèse sont destinées à être dépassées (*aufgehoben*), détruites par la synthèse qui leur succède. Sa dialectique est déterminée par la recherche du résultat. Chaque étape de la pensée ou de l'histoire est vouée à une mort prochaine. Si le grain ne meurt…

Au contraire, la dialectique péguyste à deux termes qui toujours se combattent, mais jamais ne s'annihilent, relève d'une tradition qui remonte à Pascal, qui passe par Proudhon et par Georges Sorel. Cette dialectique binaire n'est pas statique ; elle est cumulative. La dialectique hégélienne est comme la soupe de poisson : jamais vous ne parviendrez à reconstituer le poisson à partir de la soupe. Dans la dialectique pascalienne au contraire, chaque degré laisse subsister le précédent ; la redescente est possible. Dans cette échelle de perroquet, chaque barreau a son utilité ; chaque barreau a sa dignité. Dans « la raison des effets », toute ascension au-delà du dernier échelon gravi renvoie à l'antépénultième. Le peuple a ses raisons. Les demi-habiles ont les leurs, qui lui sont supérieures. Mais les habiles dépassent en habileté les demi-habiles et retrouvent par d'autres chemins les raisons du peuple. Les dévots à leur tour, en surmontant les habiles, retrouvent la démarche des demi-habiles. Quant aux chrétiens parfaits, ils communient à la fois avec le peuple et avec les habiles « par une autre lumière supérieure ». « Ainsi, conclut Pascal, se vont les opinions succédantes du pour ou contre selon qu'on a de lumière. » Il est remarquable, soit dit en passant, que chez Pascal les « chrétiens parfaits » soient du côté du peuple et des intelligences supérieures, contre les besogneux de l'intelligence et les cagots de la charité. Mais il serait vain d'imaginer que chacun des échelons de cette dialectique pourrait empêcher les autres de subsister dans la part de lumière qui leur est propre. Si je ne craignais pas d'être mal compris, j'appellerais cette dialectique, authentiquement « progressiste », la dialectique française.

Voyez encore la différence dans la notion de la lutte des classes chez Marx et chez Sorel. Chez le premier, elle doit aboutir à l'abolition de l'ancienne classe dominante par l'ancienne classe dominée, avec pour résultat une réorganisation unitaire de la société. Comme on doit s'y ennuyer ! Chez Sorel au contraire, l'exercice de la lutte des classes a un effet vivifiant sur chacun des protagonistes. Sur le prolétariat, car elle doit le conduire à accoucher d'une nouvelle moralité et d'un nouveau droit. Mais dans sa résistance à l'assaut prolétarien, la bourgeoisie, débarrassée de sa vague sentimentalité philanthropique, retrouve une vitalité, une combativité, on a envie de dire une férocité qui la régénère, et ce faisant, régénère la société tout entière.

Le troisième texte de Péguy qui a contribué à forger ma sensibilité est un texte de jeunesse : *De la raison* date de décembre 1901. Je m'aperçois d'ailleurs que dans cette libre évocation de mes raisons péguystes, j'ai choisi un ordre régressif. *De la raison* est un texte tout à la fois libertaire et raisonnable. La raison péguyste n'a pas grand-chose à voir avec la raison positiviste et raisonnante des caciques de la Troisième République. Il faudrait, pour l'expliciter, lui substituer l'expression d'esprit d'indépendance. La raison de Péguy, profondément individualiste, c'est d'abord le refus de l'esprit de corps. C'est aussi, et par conséquent, le contraire de ce que l'on nomme aujourd'hui le « politiquement correct ». C'est un cri de révolte contre toutes les orthodoxies, contre tous les conformismes, contre tous les fanatismes. C'est le droit de ne pas être d'accord. C'est le droit de dire non aux mots de la tribu. Car il y a une raison politique, une raison universitaire, une raison militaire, une raison anarchiste même, et bien entendu une raison d'État. Chacune de ces raisons est un système en formation, une camisole à emprisonner les esprits et à perpétuer la domination des puissants. La raison de Péguy est aux antipodes de la raison des tribus. Ce qui est admirable dans ce texte, c'est que la lutte contre toutes ces raisons claniques se fait non pas au nom de l'anarchie ou de la fantaisie, ou du droit à l'irrationnel, mais au nom de la raison elle-même. Texte magnifique dans sa forme même, à l'opposé de la prose bourgeonnante, cascadante, rebondissante à l'infini qu'on lui connaît bien. C'est une prose sèche comme le code pénal admiré de Stendhal. C'est une prose coulée dans le bronze de la conviction, et non dans le flot mouvant de la litanie.

La raison ne saurait être notre dieu, pas même la déesse qu'avait essayé d'en faire la Révolution française. C'est le refus de toutes les religions séculières et de tous les esprits d'orthodoxie :

> Nous n'avons pas dénoncé les religions d'hier pour annoncer la religion de demain, pour prêcher quelque religion nouvelle. Nous sommes irréligieux de toutes les religions. Nous sommes athées de tous les dieux. Dans le

douloureux débat de la raison et de la foi, nous n'avons pas laissé la foi pour la foi dans la raison, mais pour la raison de la raison[1].

Comment ne pas penser à l'admirable discours « Pour la liberté », prononcé au Sénat par Clemenceau le 17 novembre 1903, en réponse aux partisans du monopole scolaire ? Ce n'est pas pour rien que Péguy le publiera dans les *Cahiers de la Quinzaine* (cinquième cahier de la cinquième série, 8 décembre 1903).

Oui, nous avons guillotiné le roi, vive l'État-roi ! Nous avons détrôné le pape, vive l'État-pape ! Nous chassons Dieu, comme disent ces messieurs de la droite, vive l'État-Dieu !

Messieurs, je ne suis pas de cette monarchie, je ne suis pas de ce pontificat.

Je voudrais, pour terminer, revenir à mon point de départ. Mon rapport à Péguy s'est toujours fondé sur cette passion du vrai qui le pousse à aller à la vérité de toute son âme. Il me semble que c'est là le programme même de l'historien et du journaliste que j'ai essayé, ma vie durant, d'être conjointement. Mais attention ! Pas la vérité décrétée, pas la vérité abstraite. Pas la vérité dogmatique. Pas la vérité des systèmes. Mais la vérité du réel lui-même. Pour décrire le programme qui fut d'emblée celui des *Cahiers*, « dire bêtement la vérité bête », je pense à une formule qui n'est pas de Péguy, mais qui, je crois, décrit parfaitement le programme de Péguy et sa disposition d'esprit : « L'événement sera notre maître intérieur », a écrit Mounier. Voilà la formule même du journalisme, non de ce journalisme en voie d'abâtardissement, en voie de vulgarisation, en voie de capitulation, non de ce journalisme en route vers la servitude volontaire que nous connaissons aujourd'hui, mais de ce journalisme que Maurice Clavel qualifiait de transcendental. Ce programme, fondé sur la disponibilité d'esprit, l'accueil de la nouveauté, c'est celui des plus grands journalistes du siècle, qui furent aussi ses plus grands écrivains : le Chateaubriand des *Mémoires d'outre-tombe*, le Victor Hugo de *Choses vues*, et bien entendu le Péguy des *Cahiers de la Quinzaine*. Que l'investigateur enquête sur le passé, et qu'on le nomme alors historien, ou qu'il enquête sur le présent, et qu'on l'appelle journaliste, la méthode est à peu près

1. « De la raison », dans *Œuvres en prose complètes*, *op. cit.*, t. I, p. 836-837.

semblable, quand bien même les modes d'exposition diffèrent et que les publics ne se ressemblent pas. Ce que signifie la formule « l'événement sera notre maître intérieur », c'est que la matière que nous travaillons, nous ne la choisissons pas. Nous ne la créons pas. Elle surgit de notre propre vie, de notre propre expérience, de notre propre époque. Ainsi font d'ailleurs les grands romanciers. Le combat des idées, pour noble qu'il paraisse, est en vérité peu de chose s'il surgit seulement de cervelles plus ou moins imaginatives, tentées par l'exercice de l'autorité. Les idées ne se promènent pas toutes nues dans les rues. Il faut les prendre par la main, les amener au grand jour.

C'est un métier risqué. C'est aussi un métier qui requiert l'humilité. Que Péguy ait mis à la fois sa pensée, son écriture et son génie dans un cadre aussi modeste et aussi contraignant que celui du périodique me le rend cher et me le rend proche. Peut-être au fond, la profession de dire la vérité était-elle plus facile il y a un siècle qu'aujourd'hui, quand la politique était encore le cadre où s'organisaient sans trop de mal les *membra disjecta* de l'actualité. Où est aujourd'hui le cadre ? Il a disparu. Mais dans tous les cas, il faut éviter la dispersion, faire le silence en soi, dans son cabinet, dans son poêle ou encore – n'est-il pas vrai ? – dans son lit, quand on a la chance d'avoir la grippe.

CHAPITRE III
DEUX OU TROIS CHOSES QUE JE SAIS DE GEORGES BERNANOS

Ce qui a le moins bien vieilli dans *La France contre les robots* ? Assurément le titre, qui a tendance à dater, dans une œuvre dont l'actualité n'a cessé de se renforcer au fil des années. « Robot » fait aujourd'hui électroménager, alors que la « civilisation des machines » ou encore, comme dit Bernanos, la « machinerie » a pris depuis 1945 mille formes imprévisibles à l'époque, dont la principale est sans conteste l'informatique. L'autre inconvénient de ce titre, c'est de renvoyer à un seul aspect de cette œuvre-testament, tandis que le premier auquel avait songé l'auteur, *Hymne à la liberté*, peut-être trop pompeux, avait au moins le mérite d'en désigner toute l'ambition.

Défendre et exalter la liberté dans un monde moderne qui la menace de toutes parts, tel est bien en effet le souffle tour à tour inspiré par l'histoire, l'indignation et la prophétie qui parcourt tout le livre et lui donne son unité.

Écrit au cours de l'année 1944, à un moment où la victoire des Alliés est en train de se dessiner, il est naturellement tout imprégné de la guerre en cours, et d'abord de la situation de la France. Bernanos n'est pas de ces antipétainistes de la dernière heure, qui tentaient à l'époque de camoufler leurs trop longues hésitations derrière la sévérité de leur dernier jugement.

On peut même dire qu'il fut contre le pétainisme avant le 10 juillet 1940, si l'on entend par ce mot une « décoloration de la conscience », une « anémie morale », en un mot un esprit de démission qui s'était manifesté dès la non-intervention en Espagne et à Munich : « Après Munich, fussé-je resté en France, j'y aurais été aussi un exilé. »

S'il fallait d'un mot définir l'attitude de Bernanos au cours de cette longue période qui commence avec la guerre d'Espagne et ne se termine qu'avec sa mort en 1948, c'est celui de *résistance* qu'il faudrait prononcer. Il n'y a d'abord de liberté que dans la résistance. Le consentement, s'il doit venir, ne peut venir qu'ensuite. Face à Franco, à Hitler, à Pétain, à Staline, Bernanos se découvre résistant. Toutes ses positions antérieures, toutes ses croyances s'en trouveront, non pas annulées, mais transformées et comme subverties ; ses attachements politiques bouleversés, son passé recomposé. Avant d'être analysé et approfondi, son antipétainisme est d'abord une attitude réflexe ; son engagement au côté de la France libre une chose qui va de soi. Jusqu'alors, Bernanos ne savait pas vraiment ce qu'il pensait ; ou plutôt il ne savait pas encore où ses pensées le menaient. Son attachement à la vieille France, son horreur native pour les formes pré-totalitaires de la modernité étaient des valeurs dormantes que le spectacle de la guerre et de la tyrannie allait réactiver. C'est alors que le Bernanos politique prend à nos yeux – et sans doute aux siens – sa forme définitive, celle d'un combattant de toutes les libertés, contre toutes les formes de déshumanisation.

Mais parce qu'il est au Brésil, ou tout simplement parce qu'il est Bernanos, l'auteur des *Grands Cimetières sous la lune* ne se laisse pas obséder par l'actualité, fût-ce la plus tragique. *La France contre les robots* doit être compris comme une démarche de récapitulation de toutes ses expériences antérieures, et l'occasion de donner une expression cohérente aux combats de toute une vie. Il y a du pamphlet dans ce livre, comme dans *La Grande Peur* ou *Les Grands Cimetières* ; la lutte contre les « imbéciles », mot-valise qui contient toutes les exécrations de l'auteur, ne connaît pas de trêve ; mais on trouve dans le dernier essai qu'il a explicitement composé comme une œuvre continue, un effort pour fonder en histoire et en philosophie la somme de ses indignations passées et de ses espérances futures. Cela le conduit à déplacer hardiment les lignes de clivage classiques dans le domaine de l'action, comme il sut le faire dans le passé, quand le traditionaliste d'extrême droite se mua en libertaire d'extrême gauche, sans renier grand-chose de ses convictions antérieures.

Car voilà bien le trait le plus stupéfiant des écrits du lendemain de la guerre. Bernanos le monarchiste, Bernanos le maurrassien, l'admirateur de Drumont, l'apologiste de l'Ancien Régime, se mue soudain en révolutionnaire. On dira que, depuis *Les Grands Cimetières*, l'évolution était en cours : à ce moment crucial de son existence, Bernanos a bel et bien changé de camp, ou, si le mot est trop fort, il a bel et bien changé de références. Il ne craint pas désormais de se réclamer de la révolution. On dira encore que révolution est le mot le plus galvaudé de l'époque. Les marxistes le revendiquent, évidemment, mais Georges Bidault aussi parle de faire « la révolution par la loi ». Jusqu'au maréchal Pétain, le vieux traître exécré par Bernanos, qui a tenté, à l'ombre des nazis, une « révolution nationale » !

Seulement, pour que les choses soient claires, Bernanos se réclame désormais de la seule révolution qui ne tolère pas les équivoques, de la mère de toutes les révolutions, de celle qui marque la rupture avec les temps anciens, de la Révolution française enfin. Voilà Maurras deux fois condamné à mort ! S'agit-il bien d'une rupture ?

Tocqueville, le premier, avait mis l'accent sur la continuité entre l'Ancien Régime et la Révolution. Mais ce n'est pas la continuité tocquevillienne qui a la faveur de Bernanos, on s'en serait douté. C'est même exactement l'inverse. Tocqueville a vu les Jacobins de 93 prendre la suite des légistes de Philippe le Bel et des intendants de Louis XIV comme des servants zélés du culte de l'État et de la centralisation. La voilà, la Révolution que Bernanos déteste, celle qui a suivi le « Grand Mouvement de 89 », « la Révolution réaliste et nationaliste » qui « par-dessus l'idéalisme à la Rousseau de la Déclaration des Droits, renoue avec l'absolutisme d'État… rendant ainsi possible l'avènement des régimes totalitaires ».

C'est clair : il est pour 89, non pour 93 ; c'est-à-dire pour la Révolution de la liberté, de la participation active des citoyens, et non de leur soumission à ce Léviathan, qui de quelque nom qu'on l'appelle, absolutisme royal ou démocratie populaire, ne cesse de s'en prendre à l'idée même de l'Homme. Oui, il y a une Révolution universaliste, celle des Droits de l'homme, et une révolution sectaire, celle de l'autorité et du culte exalté de la nation. Avis, en passant, aux récupérateurs de tout poil : Bernanos n'est pas nationaliste ! Il aime passionnément sa patrie, la France, messagère de liberté ; il n'aime pas l'usage politicien ou isolationniste que l'on en fait. Là encore, nous voilà bien loin de Maurras.

Car l'intuition profonde de Bernanos, qui donne à ce texte sa profondeur historique et sa dimension prophétique, c'est qu'il ne faut pas, comme on le fait toujours, opposer la Révolution à l'Ancien Régime, mais bien l'esprit de liberté dans l'Ancien Régime et dans la Révolution à l'esprit de servitude dans l'Ancien Régime et dans la Révolution. Ce ne sont donc pas des époques qu'il faut opposer les unes aux autres ; ce ne sont même pas des régimes car la plupart souffrent en leur sein des plus grandes contradictions. C'est à l'intérieur de chaque époque, à l'intérieur de chaque régime, l'esprit de liberté opposé à l'esprit de servitude. Voilà la leçon dernière de Bernanos, la plus belle et la plus haute, au plus loin de la politique, au plus près de la réalité. Pour qui en douterait encore, voici l'analyse qu'il nous propose du monde contemporain. Il ne faut pas opposer, comme le font les propagandes, le capitalisme au communisme. Car enfin, il est possible que le nazi à la mitraillette ne se fasse pas la même idée du paradis terrestre que le marxiste à la mitraillette, mais à la fin des fins, ce qui compte, c'est que tous deux sont porteurs de mitraillettes et que tous deux s'en servent. Les beaux esprits, les belles âmes qui d'hier à aujourd'hui dressent leurs fortifications idéologiques pour nous interdire de nous servir de l'idée de totalitarisme n'ont probablement jamais eu une mitraillette dans les côtes. Et voir les derniers marxistes brandir la morale des intentions pour tenter d'exonérer le communisme stalinien de sa parenté évidente avec le fascisme hitlérien est un des spectacles les plus misérables et les plus décourageants que nous a réservé la débandade du marxisme. Voilà pourquoi, pour Bernanos, s'il n'y a pas équivalence exacte entre communisme, fascisme et capitalisme, il existe entre eux assez de points communs, ne serait-ce que la réduction de l'homme libre à l'état de bétail, « ce bétail que les démocrates ploutocratiques, marxistes ou racistes nourrissent pour l'usine et le charnier », pour justifier le rapprochement.

Capitalisme et communisme traitent les hommes (presque) de la même manière, en tout cas avec un égal mépris, parce qu'ils ne sont que deux aspects, deux modalités, deux hypostases de cette primauté de l'économique qui est le fait capital, le fait unique, le fait générateur du monde moderne. Et de noter cette évidence historique trop longtemps oubliée que le monde moderne est fondé « sur une certaine conception de l'homme, commune aux économistes anglais du XVIIIe siècle comme à Marx ou à Lénine ». Il ne faut donc pas opposer le capitalisme au communisme ou au fascisme ; mais comme tout à l'heure à propos de la Révolution, il faut opposer l'esprit de liberté à l'esprit de soumission dans toutes les situations faites à l'homme moderne par la société moderne.

Le monde moderne : nous y voilà. C'est lui, sous ses divers avatars, l'ennemi que Bernanos n'a jamais cessé de pourchasser, et qui au-delà de ses formulations successives, donne à ses combats et à son œuvre son unité. Mais attention ! Pas plus que le monde ancien ne se confond avec le passé, le « monde moderne » ne se confond avec le présent. Il ne cesse de le répéter, parce qu'il n'aura jamais été aussi mal compris que sur ce point : il n'est pas passéiste ; il ne rêve pas d'un retour aux lampes à huile et à la marine à voile. *La France contre les robots*, le plus péguyste de ses livres, ne cesse de se référer à cette expression omniprésente dans les *Cahiers de la Quinzaine* pour designer l'ennemi principal.

N'est-ce pas là, dira-t-on, le fond par excellence de la pensée catholique, qui identifie l'argent avec le monde moderne, pour les stigmatiser tous deux ? Vous voilà déjà avec votre Max Weber à la main : le *topos* est de rigueur. Seulement, comme la plupart des idées reçues, celle-ci est irrecevable. Péguy et Bernanos sont catholiques, c'est un fait. De drôles de paroissiens. Catholiques incontestables, en esprit et en vérité. Pas plus que le protestantisme d'ailleurs, le catholicisme ne présente une attitude unanime et univoque à propos de l'argent. Il faut donc créditer ces deux formidables lutteurs que sont Péguy et Bernanos d'une véritable originalité. Ce n'est pas seulement dans le catéchisme qu'ils ont trouvé, prête à la consommation, leur haine de l'argent. Pourquoi cette exécration ? Pour des raisons qui sont les mêmes que celles des admirateurs du capital, parmi lesquels il faut citer un certain Karl Marx : *parce que l'argent est l'équivalent universel* !

Alors ? Alors, il va falloir remiser les idées reçues et se demander pourquoi ces deux imprécateurs ont fait de la dénonciation de l'argent le nerf de leur combat. En vérité ces deux contempteurs de l'argent ont les mêmes raisons que ses admirateurs. Là où les uns voient la suprême commodité des échanges, l'agent enfin trouvé de l'unification du monde, les autres – nos deux hommes – y voient justement la banalisation extrême de la marchandise, le signe se substituant à la chose signifiée, la matière écrasant l'esprit qui l'a mis en mouvement. Ou encore, si l'on préfère, l'égalisation de l'humanité à partir du bas, et pour le dire comme Bernanos, le triomphe suprême des imbéciles.

C'est une grande question, et difficile entre toutes, que celle des rapports de l'argent avec la liberté. N'allons pas donner trop vite raison à Péguy et à Bernanos. L'historien est bien obligé de constater la coïncidence au cours des âges du règne de l'argent et de celui de la liberté. Oh ! sans doute existe-t-il une conception héroïque, romaine, et pour ainsi dire sacrificielle de la liberté : c'est la liberté selon les Anciens définie par Benjamin Constant, c'est celle des soldats de l'an II… Son expression courante c'est la guerre et sa compagne naturelle, la mort. C'est la liberté des résistants, des héros ; or, ne l'oublions pas, Bernanos écrit sous l'ombre portée de la Résistance. Et puis il y a la liberté plus rangée et plus tranquille, celle du « doux commerce » de Montesquieu, qui déteste la guerre et s'épanouit dans les relations privées, paisibles et industrieuses. Comment nier que c'est celle-là qui le plus souvent a triomphé dans l'histoire, les rares fois où la liberté l'a emporté ? Ce n'est pas, quoi qu'on en dise, la Révolution française qui a établi la liberté en France – elle a conduit à Bonaparte – mais Louis-Philippe… Non pas les hommes du glaive, mais ceux de l'olivier. Et même des lettres de change ! C'est ainsi. Et si la liberté se conquiert par le glaive, elle s'éprouve dans le négoce. Il n'est pas de société civilisée qui ne fasse sa place à l'argent.

Mais il n'est pas non plus de société civilisée qui ne mène contre l'argent un dur combat pour en circonscrire le royaume. Quand l'argent triomphe dans les relations économiques, c'est un gage de prospérité. Quand il s'étend aux relations non mercantiles, art, religion, éducation par exemple, c'est la certitude de la décadence. C'est je crois ainsi qu'il faut lire et regarder ce dernier Bernanos, non comme le dernier samouraï du monde préindustriel mais comme l'un des premiers prophètes de la société postindustrielle.

C'est maintenant enfin, après ce qui vient d'être dit, que nous pouvons aborder la question de la technique, à laquelle on a trop souvent réduit un livre comme *La France contre les robots*. Quand il parut en 1945, il ne fut pas toujours bien accueilli, ni même compris, chez certains admirateurs de Bernanos eux-mêmes. La dénonciation de la technique – qui tout de même avait permis de venir à bout de Hitler – rendait, en dépit des précautions de Bernanos, un son singulièrement passéiste au lendemain de la Libération. La vision dominante était alors industrialiste et même prométhéenne. Les communistes figuraient parmi les champions les plus zélés de cette instrumentalisation de l'Espérance. Les chrétiens n'étaient pas loin, de peur de paraître à la traîne. Et le général de Gaulle, qui n'était en rien suspect, nommait Jean Monnet à la tête de la planification française, qui devait ramener la France dans le peloton de tête des nations industrielles. Le Plan, une « ardente obligation » : l'expression est postérieure, mais l'idée est déjà là. Or, c'est le moment que choisit Georges Bernanos pour dénoncer, avec un rare acharnement, la « civilisation des machines ».

Civilisation : le mot n'est pas écrit au hasard. Parce que d'abord, c'est le culte de la technique qui est la véritable religion de ce monde déchristianisé, le mot d'ordre commun, le pacte secret entre les ennemis du moment : capitalisme et socialisme sont nés du même lit, celui de la civilisation matérielle, et leur affrontement n'a pas d'autre enjeu qu'une compétition pour désigner le meilleur serviteur de la machine. C'est à qui mécanisera le mieux le monde et le plus vite. L'observateur contemporain se permettra d'ajouter que, si c'est le capitalisme qui paraît l'avoir emporté, c'est parce qu'il est celui qui a le plus fortement désiré le triomphe de la machine ; celui qui n'a pas jugé nécessaire de camoufler sa course à la technique derrière des alibis spiritualistes.

Qu'est-ce en effet que le communisme, sinon un spiritualisme inversé, retourné comme un gant, nourri de ces « vérités chrétiennes devenues folles » que Bernanos stigmatisait à la suite de Chesterton ? Au contraire, le vrai matérialisme, sans fard et sans alibi, c'est le capitalisme. Lorsque Bernanos prédit que « la multiplication des machines développera d'une manière presque inimaginable l'esprit de cupidité », il tape dans le mille. Aujourd'hui où la France célèbre dans l'inconscience les funérailles de ses trois morales traditionnelles, l'aristocratique, la chrétienne et la socialiste, trois morales qui se sont combattues au point d'oublier qu'elles défendaient la même chose, je veux dire l'existence de valeurs non mercantiles, nous voyons bien que la prédiction était juste et que la seule morale qui triomphe sur les ruines des anciennes est la morale du profit.

Un demi-siècle après Bernanos, nous pouvons témoigner qu'il a dit vrai, nous pouvons même nous avancer encore plus loin que lui : l'ennemi le plus implacable et le plus destructeur de toute vie de l'esprit, c'est le capitalisme industriel. Pourquoi ? Parce qu'il détruit toute trace de vie spirituelle avec le consentement et la complicité des intéressés. La tyrannie, les dictatures modernes, le totalitarisme lui-même ne sont jamais parvenus à tuer l'esprit, mais au contraire à l'exacerber. La religion ne s'est jamais si bien portée à l'Est de l'Europe que dans les temps où elle y était persécutée. Et Renan a pu écrire sans être contredit que les plus hauts monuments de l'Esprit humain ont été édifiés à l'écart de la Liberté, sous des régimes despotiques. Au contraire, écrit Bernanos, « dès qu'on fait descendre du ciel ou de la terre l'idée de salut, si le salut de l'homme est ici-bas, dans la domination chaque jour plus efficiente de toutes les ressources de la planète, la vie contemplative est une fuite ou un refus [...] tout contemplatif un embusqué. »

Nous y sommes. Ne faisons pas de Bernanos un pionnier de l'écologie actuelle. Mais le fait est que son anti-mécanisme devrait être mieux compris à l'aube du XXIe siècle qu'au milieu du XXe et que Bernanos est bel et bien le plus grand prophète de ce que j'appellerai l'écologie spirituelle. L'opération de captation a réussi ; la civilisation technicienne n'a plus à combattre l'Esprit. Il lui suffit de le contourner et de contempler son agonie. Répétons-le : ce n'est pas ici le progrès technique que Bernanos met en cause ; mais l'homme conditionné par le progrès technique, c'est-à-dire, osons le mot, l'homme démocratique.

« Cette civilisation, dit encore Bernanos dans sa conférence du 12 septembre 1946, est une civilisation de consommation. » Sauf erreur de ma part, il est le premier à employer cette expression, relancée quelque quinze ans plus tard par Jean-Marie Domenach, grand lecteur de Bernanos, comme son compagnon de chaîne, Albert Béguin. Ce faisant, il donne son nom de baptême au monde dans lequel nous vivons, celui où l'homme moyen collabore spontanément aux actions menées contre toute espèce de vie intérieure, de sorte que sans violences physiques ni meurtre symbolique, cette dernière finit par prendre un caractère anormal.

N'allons surtout pas croire en effet que les actes de résistance contre la tyrannie technologique pourraient bénéficier d'une espèce de complicité, au moins tacite, de la part de « l'homme moyen ». Comme Jonas qui fuit dans le ventre de la baleine pour échapper à l'appel de Dieu, « l'homme moyen » n'a pas de souci plus constant que de se soustraire aux entreprises de son âme. Cette âme, il ne demande qu'à la nier ; ce fardeau, il ne souhaite que s'en débarrasser. Une fois conditionné par la technique, arraché par la technique à sa vocation spirituelle, il est victime du « syndrome de Stockholm », c'est-à-dire de l'ardent désir de collaborer avec son ravisseur et de donner raison au preneur d'otages. « Pourvu que cette âme n'existe pas ! Si par malheur, elle existe, pourvu qu'elle ne soit pas immortelle ! » Tel est au cours des âges, et spécialement à notre époque, le leitmotiv des braves gens.

Ces paroles sont rudes ; elles déplairont. En me faisant ici l'interprète de Bernanos, je sais que je contreviens aux principes sacrés du système démocratique. Ère technique, ère démocratique, ère des masses : c'est lui qui a raison ; nous voyons bien maintenant qu'il s'agit d'une seule et même chose, et que cette chose, il ne craint pas de la qualifier de totalitaire. Il ne se trompe que sur un point. La civilisation des machines n'entend nullement détruire l'individu. Elle veut au contraire faire de lui son complice. C'est le totalitarisme armé, le totalitarisme violent qui s'en prend directement à l'individu et qui entreprend de le faire mourir. Le totalitarisme doux, le totalitarisme pacifique a décidé, lui, de faire de l'individu, ou plutôt de l'individualisme, un allié dans sa lutte contre la liberté. « La liberté pour quoi faire ? » demandait cyniquement Lénine et cette expression avait frappé Bernanos au point d'en faire le titre d'une de ses conférences. Lorsque « l'homme moyen » a été suffisamment conditionné par la technique et par la consommation pour s'écrier spontanément à son tour : « La liberté, pour quoi faire ? », alors il n'est plus besoin de camps, de goulags et de gestapos pour la faire périr : il suffit de la laisser tomber en désuétude. L'esprit est naturellement du côté de la liberté ; le nombre l'est rarement. Quiconque aujourd'hui veut voir les choses, et pas seulement les apparences, entendre ce qui se dit, et pas seulement la propagande, rebaptisée « communication », sait bien qu'il ne suffit pas de leur donner la démocratie pour rendre les hommes libres. Il y faut une foi.

Il me plaît qu'à ce point de son raisonnement, ou plutôt de sa morosité, Bernanos fasse appel conjointement à l'esprit de la France et à l'esprit de l'Europe. J'ai déjà dit qu'il n'était pas, ou n'était plus nationaliste. Pour lui, les patries existent. Elles sont même éternelles. Mais les patries européennes ont ceci de commun qu'elles ont hérité de leur passé, de leur culture, de leur religion, d'être des patries de la liberté. L'Europe ne peut avoir qu'un but : la lutte contre la civilisation de masse, qui est le produit de la technique. Je veux ici citer des propos qui devraient nous servir de programme, au moment où l'Europe accède à l'existence :

Néanmoins, la civilisation européenne n'est pas une civilisation de masse. [...] La civilisation existe précisément pour qu'il n'y ait pas de masses, mais des hommes assez conscients pour ne jamais constituer des masses, même s'ils sont entre eux rassemblés.

Quant à la France, il y a dans les espoirs que Bernanos fonde sur elle une confiance et même une naïveté qui feront sourire plus d'un de nos contemporains. Le lien personnel qu'il entretient avec elle, qui fait penser à Michelet, à Péguy, à de Gaulle a, semble-t-il, disparu au fur et à mesure que les dangers extérieurs qui pesaient sur elle se sont éloignés. Mais l'idée qu'il se fait de la France demeure ; c'est tout simplement son incompatibilité avec le monde moderne, celui des machines, de l'argent et de la culture de masse. Au XIXe siècle, Michelet avait déjà pensé et senti de cette manière : dans *Le Peuple*, il abandonne aux Anglais la civilisation industrielle et réserve à la France l'artisanat... Bernanos ne dit plus cela ; il sait qu'on ne se débarrasse pas comme cela de la technique. D'ailleurs, faut-il s'en débarrasser ? Non, assurément non, mais c'est sa tyrannie, son omniprésence, qu'il faut secouer, et c'est tout simplement la mission qu'il attribue à la France : quand il dit sa conviction qu'un jour ou l'autre, elle reprendra sa place à la tête de la civilisation, il ne veut pas dire autre chose. Il y a même au chapitre VII de *La France contre les robots* une page stupéfiante sur l'incompatibilité de la langue française avec la civilisation des machines. Diable ! s'il a raison, on ne donnerait pas cher de l'avenir d'une langue qui est avant tout une « œuvre d'art », ce dont les hommes d'affaires n'ont cure. Et pourtant, là encore Bernanos a eu raison, tristement raison : le seul avenir imaginable à moyen terme pour le français est de demeurer une langue de culture. Nous voilà ramenés au célèbre pessimisme de Bernanos, dont lui-même parle souvent non sans quelque satisfaction. Ces « imbéciles » que tout au long de son œuvre il ne cesse d'interpeller, ne sont-ils pas des optimistes, de redoutables optimistes, si convaincus que les choses s'arrangent naturellement qu'ils n'éprouvent aucun besoin d'intervenir ? Optimisme, pessimisme, ce ne sont pas là les catégories de Bernanos. Trop humaines. Trop psychologiques. Trop modernes. Le couple bernanosien, celui au sein duquel l'ensemble de son œuvre ne cesse d'osciller, c'est le couple désespoir-espérance. Nous ne sommes plus ici dans la psychologie. Nous sommes dans le spirituel, c'est-à-dire aux antipodes de la psychologie. Le désespoir est le terrain naturel sur lequel la Grâce peut commencer à agir. Si vous en doutez, relisez *Mouchette*. Les optimistes sont imperméables à la Grâce. Malgré les apparences, ils sont imperméables à l'Espérance, qui est une vertu héroïque. Mais laissons à Bernanos le dernier mot : « L'optimisme est une fausse espérance à l'usage des lâches et des imbéciles. L'espérance est une vertu, *virtus*, une détermination héroïque de l'âme. La plus haute forme de l'espérance, c'est le désespoir surmonté. »

CHAPITRE IV

DEUX OU TROIS CHOSES QUE JE SAIS DE PAUL CLAUDEL

Ma rencontre avec Paul Claudel est encadrée par deux dates, 3 septembre 1955, où, au terme de mon hypokhâgne au lycée du Parc à Lyon, j'assiste à Brangues à la cérémonie d'hommage funèbre au poète. J'ai donc commencé par la fin, par l'enterrement, si vous voulez. Le poète, je le connaissais bien peu – j'avais lu en tout et pour tout les *Cinq Grandes Odes* – et je ne l'aimais guère. Je portais avec moi tous les préjugés que l'on avait alors et que l'on a toujours contre lui : « L'Ode au Maréchal », ou prétendue telle ; l'entreprise Gnome-et-Rhône et une réputation d'âpreté financière ; un catholicisme bien-pensant doublé de l'appartenance à l'*establishment* diplomatique. Au fond, j'étais venu parce que je suis né près de Brangues, dans l'Ain, de l'autre côté du Rhône, dans cette région d'Hauteville qu'il connaissait bien et dont il parlait souvent. De cette cérémonie j'ai gardé des souvenirs précis, ou plutôt des images très fortes, le cardinal Gerlier, revêtu de sa *magna cappa*, très prince de l'Église, parlant de Claudel en prince de l'Église ; Édouard Herriot, la voix caverneuse et rauque, évoquant un ami dont tout ou presque le séparait, hormis l'amitié ;

Jean-Louis Barrault enfin, le plus émouvant et le plus claudélien, que je rencontrai sanglotant avec Madeleine Renaud en train de regagner sa voiture.

Après cela, plus rien, ou presque. À peine ce qui est convenable pour qui s'efforce de se cultiver normalement et de poursuivre de longues études historiques. La reprise de la Quatrième journée du *Soulier de satin*, par Jean-Louis Barrault, justement, à la gare d'Orsay, et là encore, plutôt que des mots, des images très fortes. Plus rien pendant trente ans.

Et puis, en juillet 1987, à Avignon, l'intégrale du *Soulier de satin*, mis en scène par Antoine Vitez, avec Ludmila Mikaël en Prouhèze, Didier Sandre en Rodrigue, Robin Renucci en Camille, Olivier Recoing en Ange gardien. À une heure du matin, les amis qui m'accompagnaient firent retraite en me confiant leur fille. Je crus bon, vers six heures, de la ramener à la maison, au beau milieu de la Quatrième journée, en manquant le « Délivrance des âmes captives ! » qui, retenu pendant douze heures, va éclater enfin à la fin de la pièce. C'est pourquoi je revins deux jours plus tard (ou plutôt deux nuits), et éprouvai alors une émotion à la fois esthétique et intellectuelle, la plus grande de ma vie. Mon *pilier de Notre-Dame*, ce fut la cour du Palais des Papes, non pas au solstice d'hiver mais au solstice d'été.

On me permettra, en guise d'introduction, de me céder la parole, sous la forme d'une page que j'ai publiée dans mon journal de l'année 1995, sous le titre *L'Année des dupes*.

Pour moi, les deux nuits que je passai à Avignon en juillet 87, à en vivre l'intégrale, dans la mise en scène inoubliable d'Antoine Vitez, resteront la plus forte émotion lyrique et intellectuelle de mon existence. Elles ont décidé du reste de ma vie. La deuxième fois surtout, quand après cette interminable marche à l'étoile dans le ciel du Palais des Papes, après le déchirement de la Troisième journée, qui est à Claudel ce que la nuit de tous les sens et même de l'intelligence est à saint Jean-de-la-Croix, le soleil se lève sur la Quatrième journée ; quand, haut dans le ciel déjà, il éclaira cette « délivrance des âmes captives ! » sur quoi se clôt le drame ; quand je vis une salle tétanisée éclater en sanglots, des inconnus tomber dans les bras les uns des autres, et ces rappels qui n'en finissaient pas, vingt-cinq minutes durant, comme pour prolonger cette nuit d'éternité, je compris que quelque chose de rare venait de se produire. D'instinct, je cherchai auprès de moi Maurice Clavel, qui aurait dû être là. Je compris tout à coup, d'un acte de compréhension totale qui dépassait l'intelligence tout en l'englobant, qu'au-delà peut-être de son éventuelle signification religieuse, pour Claudel, le monde tout entier est symbolique. Son génie est d'avoir transformé une école littéraire, un procédé, le symbolisme, en un instrument d'investigation du réel tout entier.

Si j'osais, je détournerais le mot célèbre d'Oscar Wilde à propos de Lucien de Rubempré pour dire que la mort de Prouhèze – cette mort tellement assumée qu'elle confine au suicide – est la plus grande tragédie de mon existence. C'est seulement à la énième lecture que j'ai réalisé – compris, c'était déjà fait – que l'entrevue de Rodrigue et de Prouhèze sur le navire amiral n'a de sens qu'après la confrontation de cette dernière avec l'Ange gardien, d'une beauté sans rivale. À la question : « Qu'est-ce que *Le Soulier de satin* ? », je réponds que c'est, au chapitre de la psychologie, un drame où le mystère théologique habille sans l'abolir une aventure amoureuse totale, et, à celui de la métaphysique, une parabole où l'histoire d'amour n'est qu'un prétexte au déploiement d'une immense intrigue théologique.

En vérité, *Le Soulier de satin* est un drame sans retour, un poème extrême qui aborde de front les trois choses qui rendent cette planète habitable : Dieu, les femmes, le théâtre[1].

Voilà. Tout était dit et je pourrais presque m'en tenir là. Ce qui m'est arrivé alors dépasse le cadre de l'émotion esthétique, et relève, si le mot n'est pas trop fort, de l'expérience intérieure. Ma rencontre avec Claudel n'était pas, ou pas seulement, la rencontre avec un grand écrivain – cela nous arrive de temps en temps au cours de notre vie – mais une aventure qui vous change définitivement. J'eus même le bonheur, à la suite d'un article enthousiaste, de convaincre une partie de la presse, notamment mon ami Guy Dumur, le critique théâtral du *Nouvel Observateur*, qui avait accueilli avec trop de réserves à mon sens cet immense moment de théâtre, de changer son jugement. J'eus le bonheur d'entendre Ludmila Mikaël, l'inoubliable Prouhèze, me dire que, pour Vitez et pour toute la troupe, ce fut aussi une expérience qui les avait travaillés en profondeur et au terme de laquelle tous s'étaient trouvés changés, confirmant ce que Claudel lui-même avait écrit en 1944 :

1. *L'Année des dupes, journal de la fin de siècle, 1995*, Le Seuil, 1996, p. 152-153.

Et maintenant, écoute, Monsieur le Public ! Écoute, Madame l'Assistance ! Tu ne reviendras pas sans dommage de ce spectacle auquel tu t'es imprudemment exposé ! De derrière ce rideau qui se baisse, un appel t'a été adressé, et tu as amené avec toi sans le savoir quelqu'un qui t'a entendu. « Remué », dis-tu ? Oui, c'est vrai, quelqu'un au fond de toi-même a remué. *Medius vestrum statit quem vos nescitis* (Au milieu de vous se tient quelqu'un que vous ne connaissez pas – saint Jean, 1, 26)[1].

L'histoire de mon rapport à Claudel est donc tout simplement l'histoire d'une conversion. « Toute son œuvre est une tentative de conversion », écrit son ami Frizeau à Jacques Rivière. Mais conversion à quoi ou à qui ? Pas une conversion proprement religieuse ; dans mon cas, c'était déjà fait – j'étais et je reste psychologiquement athée, culturellement anticlérical, spirituellement chrétien ; – pas non plus une conversion à Claudel qui eût pris la forme d'une dévotion littéraire ; mais une conversion à soi-même, l'appel d'un moi dégradé à un moi plus exigeant.

Oserai-je dire en outre que la vision et la méditation du *Soulier* m'ont mis en paix avec le monde ? Un des drames du monde moderne, sous l'effet de la technique, c'est un désapprivoisement de l'homme à l'égard du cosmos, une solitude de plus en plus orgueilleuse et dérisoire, une vision dévoyée de la culture, considérée seulement dans son combat avec la nature, et non dans sa complicité profonde avec elle.

Depuis, j'ai beaucoup lu Claudel, j'ai surtout beaucoup couru ses spectacles, parce qu'il me semble que la poésie la plus forte de Claudel s'exprime plus dans l'action dramatique que dans le poème à l'état pur. Le réemploi des images dont il est le producteur continu, jaillissant, irrépressible, au sein d'une action dramatique, autrement dit des images réinjectées dans des personnages, me paraît l'une des clés d'une œuvre qui culmine avec le *Soulier*.

Voilà qui me met plus à l'aise pour dire les deux ou trois choses que je sais de Paul Claudel, ou plus exactement, pour être plus précis, les deux ou trois choses que j'ai comprises de Paul Claudel. Ces trois choses sont les suivantes :

1. « *Le Soulier de satin* et le public », *Formes et Couleurs* n° 3, mars 1944, p. 533.

1°) que le monde tout entier est symbole ;

2°) que la littérature qui se donne seulement pour littérature est une canaillerie ;

3°) que la contradiction permanente est le rythme même de l'esprit.

Je commencerai avec cette idée essentielle, qui résume à mon avis toute la poésie de Claudel et qui relie un paganisme foncier, fait de communion avec le cosmos, à sa vision d'un christianisme lui-même cosmique. Ce n'est pas pour rien qu'il a écrit en tête du *Soulier de satin* la phrase bien connue : « la scène de ce drame est le monde », ajoutant, à regret, « et plus spécialement, l'Espagne à la fin du XVIe, à moins que ce ne soit le commencement du XVIIe siècle. »

Comment dire plus clairement que cette double localisation du drame dans le temps et dans l'espace est arbitraire et qu'on aurait pu en choisir d'autres ? Claudel ajoute d'ailleurs que « l'auteur s'est permis de comprimer les pays et les époques, de même qu'à la distance voulue, plusieurs lignes de montagnes séparées ne sont qu'un seul horizon ». Voilà bien l'essentiel : un seul horizon. Du reste, l'auteur déclare que le décor n'a aucune importance, « qu'une toile négligemment barbouillée, ou même aucune, suffit ».

Je continue. Dans une lettre au P. Varillon, écrite cinquante ans tout juste (en 1936) après le fameux Noël 1886, Paul Claudel dit ceci, qui me paraît essentiel : « L'idée du monde-symbole est aussi ancienne en moi que la respiration, antérieurement même à cette adhésion totale qui m'a incorporé à l'ordre et à la vérité catholique. » Déjà, en 1926, dans un texte sur Mallarmé, il écrivait : « Nous savons que le monde est en effet un texte et qu'il nous parle ». Et de conclure :

> Rien ne nous empêche plus de continuer, avec des moyens multipliés à l'infini, une main sur le Livre des livres et l'autre sur l'Univers, la grande enquête symbolique qui fut pendant douze siècles l'occupation des Pères de la Foi et de l'Art[1].

1. *Œuvres en prose*, Gallimard, coll. « Bibliothèque de la Pléiade », 1965, p. 512-513.

C'est cela que j'appelle la fusion identitaire entre son paganisme cosmique et son christianisme total, entendez son catholicisme. Chez les « symbolistes » historiques, les symbolistes patentés, un René Ghil, un Jean Moréas ou un Émile Verhaeren, le symbolisme est un « sublimé de sensations », comme dans le sonnet de Baudelaire « Correspondances », où « les parfums, les couleurs et les sons se répondent ». Avec, il est vrai, une échappée vers une sorte de supra-sensoriel, puisque derrière la disparité des sensations, il y a l'unité de l'univers, où sont présents les cinq sens, mais aussi l'esprit, puisqu'il s'agit à la fin du même poème de chanter « les transports de l'esprit et des sens ». C'est déjà mieux : avec l'irruption de l'esprit dans le domaine des communions sensorielles, nous n'en sommes plus à René Ghil, mais à Mallarmé.

Toute la démarche de Claudel va consister, non pas seulement – je cite Verhaeren – à reconstituer « cette immense algèbre dont la clef est perdue », à déchiffrer une syntaxe (parce que, comme dit Henri Michaux, il y a des virgules entre les maisons, mais nous ne les voyons pas) ; toute sa démarche, dis-je, consiste à mettre une majuscule au *e* initial du mot « esprit », pour faire que le monde de l'esprit devienne le monde de Dieu ou, si l'on préfère, l'Absolu.

Qu'est-ce donc que le monde, qu'est-ce donc que l'univers, sinon une « algèbre sacrée » par laquelle le Créateur se donne à contempler par nous, à travers toutes ces choses qui entretiennent entre elles horizontalement – mais aussi avec Dieu lui-même, verticalement – un rapport évident, qui n'est caché qu'à ceux qui s'aveuglent de propos délibéré ?

Au terme d'une double alchimie, qui passe par Rimbaud, comme il n'a cessé de le proclamer, mais aussi par saint Thomas, comme cela a été montré, notamment par l'abbé Friche, correspondant de Claudel, le monde retrouve sa cohérence. Il retrouve, à tous les sens du mot, le *chiffre* du créateur. Toute l'œuvre poétique de Claudel procède de ce double jaillissement, dont il révèle la source unique.

« C'est à Rimbaud que je dois mon retour à la foi », écrira-t-il, parce que Rimbaud lui fait découvrir que spontanément, totalement, originellement, la nature est surnaturelle. Il est pour lui « l'illuminateur de tous les chemins de l'art, de la religion et de la vie ».

D'où la tirade qui se trouve dans la deuxième version de *La Ville*, dans la bouche de Cœuvre :

Sans maître et sans exemple, placé au milieu du monde comme Adam entre les cieux du Paradis
Je l'aimais pour la joie que j'y trouvais
Mais au second âge de la vie, le baiser fit place à l'étreinte
La complaisance fit place à l'application et à une passion comme celle de l'étude, pareille au soulèvement sexuel
Et je compris l'harmonie des choses dans leur accord et dans leur succession
Et enfin, ayant fait la grande découverte, dans l'intelligence de l'unité et la distinction de la différence, je trouvai le ravissement[1].

Tout le reste s'en déduit, *Connaissance de l'Est* notamment, les « Odes », le « Magnificat », la « Cantate à trois voix ».

Tel est le sens du symbolisme, le sens de la métaphore ; tout le reste en découle.

Je reviens à la Cour des Papes. Tout cela, dis-je, m'a été révélé en une seule nuit, sous la lumière des étoiles parmi lesquelles j'ai cru distinguer Orion, autrement dit saint Jacques, mon patron, qui franchit chaque année le seuil des deux hémisphères à ces heures atones qui précèdent le petit matin, où la fatigue aidant et une douce ébriété s'emparant de tous nos sens, le monde nous apparaît sous un jour nouveau, inconnu, avec pourtant la force de l'évidence vécue. Quelqu'un a fait remarquer, je crois que c'est Jacques Madaule, que celui qui de Claudel ne connaîtrait que *Le Soulier de satin*, à l'exclusion de tout le reste, ne perdrait rien d'essentiel de son message.

Nulle part peut-être, la nature proprement catholique de sa cosmologie, sous l'égide du père jésuite attaché à sa croix, n'apparaît avec une telle force contraignante. Nulle part la dialectique, jamais complètement achevée, de l'amour et du sacrifice ne s'impose comme ici. Nulle part la transposition scénique de cette cosmologie, ou mieux, le *caractère spontanément dramatique de cette cosmologie* n'est aussi directement perceptible. Nulle part même, la lecture poétique, symbolique de la Bible, à quoi il consacrera la fin de sa

1. *La Ville*, deuxième version, dans *Théâtre*, Gallimard, coll. « Bibliothèque de la Pléiade », t. I, 1948, p. 479.

vie, n'est aussi présente. Nulle part le « vieux Goethe chrétien », comme dit Mauriac – j'aurais pour ma part envie de dire *l'immense Giono catholique* –, ne s'exprime de façon aussi bouleversante. Tenter de sauver Claudel – qui n'en a nul besoin – en essayant de se soustraire aux brûlures de la foi est une entreprise stupide ; l'œuvre de philistins comme il en est tant aujourd'hui. Bien entendu, Antoine Vitez, prince de l'intelligence des textes et de l'élégance morale, s'en est bien gardé. Son *Soulier* était encore plus catholique que celui de Claudel, si cela est possible.

C'est se jouer de nous que de nous faire croire que le lieu de cette pièce est l'Espagne, ou alors c'est l'Espagne en un sens mystique, métaphorique, qui peut être Madrid ou je ne sais quelle sierra imaginaire, mais aussi Prague, Naples, Panama, Mogador[1], l'Océan, l'Océan bien sûr, mais aussi la Voie lactée. J'y ai déjà fait allusion : à travers les métaphores qui désignent les continents, les pays, les villes et les campagnes, c'est toute une géographie sentimentale au sens de Nerval, onirique et mystique, qui nous est révélée.

Je cite par exemple dans *Le Soulier* : *L'Inde*, « pendue cuit sur place dans une vapeur brûlante », *la Chine* « éternellement dans ce laboratoire intérieur où l'eau devient de la boue piétine ce limon mélange à sa propre ordure… » (Troisième journée, scène VIII.)

Voici l'Afrique (Première journée, scène III) :

> La terre ne serait point ce qu'elle est si elle n'avait ce carreau de feu sur le ventre, ce cancer rongeur, ce rayon qui lui dévore le foie, ce trépied attisé par le souffle des océans, cet antre fumant, ce fourneau où vient se dégraisser l'ordure de toutes les respirations animales !

L'Amérique enfin « comme une énorme corne d'abondance, je dis ce calice de silence, ce fragment d'étoile, cet énorme quartier du paradis, le flanc penché au travers d'un océan de délices ! […] Cette esclave sombre, cette femelle au flanc de cuivre. » (Première journée, scène VI.)

---

1. Je crois bien que Claudel n'est jamais allé à Mogador, que nous appelons aujourd'hui Essaouira. Et pourtant, il y a dans *Le Soulier* une intelligence du lieu qui tient de la divination, y compris dans l'utilisation du long mur sur le chemin de garde où a lieu la rencontre fugitive des amants, *l'ombre double* de l'amour ineffaçable, l'archive indestructible de la foi donnée.

Sans compter cette scène capitale, en tête de la Troisième journée, dans l'église Saint-Nicolas de Prague, la procession des saints, saint Nicolas, saint Boniface qui a apporté le Christ aux Saxons, saint Adlibitum, le saint des sources, qui nous prévient que, tandis que l'Europe dort sous la neige et que tous les fleuves vont vers le chaos de la mer, le Danube, lui, coule vers le Paradis…

La signification de tout cela ? Justement que le monde a un sens, que le monde va quelque part, qu'il va *dans* un sens. Par rapport au naturalisme contemporain, par rapport à un historicisme où rien ne vaut rien, parce que toutes choses sont égales et valent la même chose, Claudel m'apparaît comme un philosophe de l'histoire, au sens de Hegel, de saint Augustin, ou même de Joachim de Flore, un cosmologue de l'histoire, ou mieux encore, un théologien de l'histoire, au sens d'Henri-Irénée Marrou.

En somme, par rapport au poète symboliste ordinaire qu'il aurait pu être, le credo catholique, c'est-à-dire universel, comme il le rappelle sans cesse, lui apporte un accroissement d'être, de vie, de désir, et surtout de joie. La joie de vivre. Mon Dieu, je vous remercie de votre Création, dont je fais partie. « Je vous remercie de m'avoir créée » (sainte Claire). Le catholicisme, c'est ce qui en nous dit oui à la vie, qui est – il emploie l'expression allemande, « *Lebensbejahend* » (qui acquiesce à la vie).

Il écrit dans son journal en avril 1912, après avoir entendu le pasteur Mahling qui occupe à Berlin la chaire de Schleiermacher :

> L'Évangile de Schopenhauer, de Nietzsche, de Tolstoï, de Rousseau, de Tertullien, d'Augustin (vous avez bien lu, Augustin ! – c'est l'antijanséniste qui parle –) est un Évangile contourné, frelaté, inauthentique, apocryphe ! L'Évangile de Jésus-Christ, l'Évangile de saint Paul – est éminemment *Lebensbejahend*, souverainement optimiste. La jouissance, même sensuelle, la jouissance sexuelle, – ne craignez pas de le dire –, est non seulement permise, elle est voulue par l'Évangile parce que l'Évangile, c'est la Nature, et la Nature, c'est la jouissance, et cela aujourd'hui, pas demain s'il vous plaît… aujourd'hui sur cette terre d'Adam et d'Ève !

Fort bien. Mais alors, où est le mal ? Qu'est-ce que le mal ? Y a-t-il même trace pour un péché originel, autrement dit pour la trace en l'homme d'un mal ontologique, si tout finit par se résoudre en cette fête organique et orgastique de la Création et de son créateur ?

Je le répète, où est le mal ? Je songe ici au fameux « Rien ne fait mal » de Jaurès auquel Péguy consacre une diatribe de deux cents pages. Dans l'univers de Claudel il y a place – ô combien – pour la souffrance, pour le sacrifice, pas pour le mal.

> Le chrétien, écrit-il en mars 1915, en pleine guerre mondiale, ne considère comme un mal que ce qui le sépare de Dieu, et le mal qui l'afflige, s'il vient de Dieu, n'est pas un mal, mais au contraire un Bien qui l'en rapproche. C'est pourquoi le stoïcien est triste, mais le chrétien est joyeux et trouve joie dans son sacrifice même[1].

Le mal qui l'afflige, s'il vient de Dieu…

Soit, mais alors d'où vient Auschwitz ? D'où vient la barbarie ?

Claudel se méfie de l'optimisme technologique. Il se moque de Renan, qui dit dans son discours de distribution des prix du lycée Louis-le-Grand, en 1883 :

> On se plaint que la force devienne l'unique reine du monde. Il faudrait ajouter que la grande force, de nos jours, c'est la culture de l'esprit à tous ses degrés. La barbarie est vaincue sans retour parce que tout aspire à devenir scientifique. La barbarie n'aura jamais d'artillerie (tu parles ! J.J.) et si elle en avait, elle ne saurait pas la manier. La barbarie n'aura jamais d'industrie savante, de forte organisation politique, tout cela suppose une grande application intellectuelle.

Et Claudel d'ajouter : « Certainement le grand philosophe ne prévoyait pas la "*Kultur*" boche et la guerre de 1914. »

C'est pourquoi sur la grande autoroute claudélienne vers la joie et la contemplation divine, je trouve une chicane, je trouve un barrage qui s'appelle Pascal. Pascal qui tire toutes les conséquences du péché originel et qui voit la nature humaine comme quelque chose de profondément vicié. Certes, l'un et l'autre se retrouvent dans une philosophie du salut, mais Claudel est résolument antijanséniste. Il note que l'Église a condamné quiconque prétendait que Jésus-Christ n'est pas venu pour sauver tous les hommes. La nature humaine n'est pas radicalement mauvaise, la raison humaine n'est pas « sotte », et les principes de la religion chrétienne étaient déjà présents dans le cœur des hommes depuis la naissance du genre humain.

D'où cette notation du *Journal* (août-septembre 1910) :

1. *Journal*, Gallimard, coll. « Bibliothèque de la Pléiade », t. I, 1968, p. 306.

> Le « divertissement » de Pascal, toujours passer d'un objet à l'autre. Toujours cette injustice de Pascal, de reprocher à l'homme, comme un vice, ce qui fait sa nature même. Faut-il qu'il fasse l'ange ?

Dans une lettre au *Figaro* du 14 juillet 1914, il précise :

> L'idée vraiment catholique, c'est-à-dire universelle, c'est que l'homme, tel qu'il est sorti des mains de son auteur, est bon… l'hérétique est toujours celui qui porte atteinte à l'intégrité de la nature humaine… Quand Pascal, par exemple, à la suite de Montaigne, calomnie la raison humaine, condamne dans leur racine des sentiments inhérents à notre nature… il parle en hérétique.

Il me semble que le formidable optimisme claudélien, à la fois humaniste et chrétien, fleure bon son XIXe siècle. Il est souvent plus proche de Renan qu'il ne veut bien l'avouer, parce qu'il le hait. Le XXe siècle au contraire a fait de nous des hommes chaque jour un peu plus désabusés au regard de la nature humaine, un peu plus méfiants à l'égard du progrès. L'étonnante force de Claudel est d'être le contemporain des conquistadors, qu'ils soient du XVIe, qui découvrirent le monde, ou du XIXe, qui entreprirent de le transformer. Claudel est notre contemporain, mais pas dans le temps ; il est notre contemporain dans l'éternité. Comme Shakespeare et comme Dostoïevski.

Je puis aller beaucoup plus vite maintenant. Pour dire un mot de littérature proprement dite, ou plutôt de la *haine de la littérature*, je noterai seulement que toute l'attitude de Paul Claudel à l'égard des écrivains français – ses confrères après tout – est commandée par l'idée de l'incapacité pour la plupart d'entre eux d'entrer en communication avec le cosmos. Et cela parce que chez eux les facultés affectives, sensitives, sensorielles sont entravées par un intellectualisme effréné, qui est en quelque sorte une maladie professionnelle et qui paralyse la création ou la poétique.

On peut dire que toute la démarche poétique de Claudel s'inscrit dans une volonté de refaire place à l'organique – d'où le rôle qu'il attribue à la respiration – et à l'imaginaire – d'où le rôle moteur qu'ont chez lui les images – dans la production littéraire. Et là encore, c'est dans le théâtre, parce que le théâtre implique *l'oralité*, que la théorie de la *respiration* et la formule du *verset* trouvent leur justification. Il suffit d'avoir entendu *Le Soulier* pour comprendre que le verset est à Claudel ce que la litanie est à Péguy, c'est-à-dire, non une forme arbitraire mais une espèce de foi en mouvement, en acte ou, mieux encore, une *foi en croissance*.

Les jugements à l'emporte-pièce de Claudel à l'égard de la majorité des auteurs français sont trop connus pour que j'y insiste longuement. On pourrait placer toutes ces provocations froides et délibérées sous cette formule qui est tirée de son *Journal* (juin-août 1922) :

> Ne lui demandez pas son avis sur ses confrères littéraires car il ne pourrait cesser d'être injuste qu'en cessant d'être sincère.

Alors je cite en vrac, et à titre d'échantillon :

> *Filii stultorum et ignobilium* (fils d'insensés et d'hommes ignobles), à savoir les Voltaire, les Renan et les Nietzsche, et toute la canaille allemande. Aucun contact, aucune paternité, de l'humble, sainte et profonde nature (septembre-novembre 1904)

> l'imbécile et le dégoûtant Voltaire, pareil à un grand vieux singe pisseur (11-13 juin 1908.)

> Hugo est un grand poète, si l'on peut l'être sans intelligence, ni goût, ni sensibilité, ni ordre, ni cette forme la plus haute de l'imagination que j'appelle l'imagination de la proportion. Simplement une énorme capacité gazeuse résultant de la possession de beaucoup de mots. (11-13 juin 1908.)

Comme Hugo est tout de même, de toute la littérature française, l'écrivain dont le génie se rapproche le plus de Claudel, on peut se demander si dans les cruautés répétées de ce dernier envers l'auteur de *Dieu* et de *La Fin de Satan*, il n'y a pas quelque chose comme une volonté de faire place nette, et même comme une rivalité d'hommes de lettres.

Lamartine, le « style infâme » (1909). « Mauvais écrivain, malhonnête homme. » Vigny : « C'est étonnamment mal écrit. Esprit rongé par l'ennui et par l'impuissance (9 novembre 1918) ».

Je note encore : Barrès « enraciné dans un pot de fleurs » (1908), ce qui n'est pas mal. Et surtout un incroyable : « Ronsard est le Béranger du XVIe siècle » (1er septembre 1924). Celle-là, tout de même, il fallait l'oser, même quand on se nomme Claudel et qu'on fait de la farce une forme élaborée de la spiritualité. De même lorsqu'il met Eugène Sue et Paul Féval au-dessus de Stendhal et de Flaubert – on se souvient de l'éreintage célèbre, et à mon avis justifié, du début de *Salammbô*.

Je ne voudrais pas omettre ce jugement sur Gide, où la cruauté a quelque chose de définitif :

> André Gide se figure qu'il est simple parce qu'il est plat et qu'il est classique parce qu'il est blafard. C'est le clair de lune sur un dépôt de mendicité (25-29 novembre 1931).

Ajoutons enfin, pour le plaisir :

> Quand il y a une sottise à dire, on peut toujours compter sur Sainte-Beuve. Et quel style ! (29 janvier 1940.)

Bien sûr, il y a des exceptions : Pascal, en dépit de ce que j'ai dit plus haut, en dépit aussi – je cite – « de la fascination exercée sur lui par un esprit médiocre et superficiel comme Montaigne (11 août 1910) » ; Balzac aussi, auquel il ne cesse de rendre hommage, et à propos duquel il se paie le luxe de dire – en prenant le contre-pied des idées reçues – qu'il est l'un des rares à bien écrire dans ce siècle de mauvais écrivains, c'est-à-dire le XIXe siècle. Bien vu l'artiste !

Ne nous attardons pas trop sur ces jugements, où il entre un peu de la jubilation que l'on trouve au tir aux pigeons de plâtre. Beaucoup d'ailleurs seront sensiblement rectifiés ou nuancés, notamment à propos de l'une de ses têtes de Turc préférées, je veux dire Lamartine. Il me paraît plus utile de voir quelle leçon il tire de ces jugements. Elle se résume assez bien dans une formule du *Journal* (décembre 1922) :

> Je suis frappé du caractère bourgeois de la littérature française, de sa sécheresse de cœur, de sa haine pour le peuple, de son manque de sympathie, de son affectation de dureté et de détachement.

Soit dit au passage, on voit mal, tout de même, comment un tel jugement peut s'appliquer à Hugo. Mais laissons cela. L'essentiel est de voir à quel point pour lui la littérature entendue comme une opération exclusive de l'entendement et de l'esprit critique rend sourd et aveugle à ce que dit Rimbaud, qu'il admire : « Nous allons à l'Esprit. » Toujours l'Esprit majuscule.

Et pourquoi ? Parce que la littérature française serait trop intelligente ? Pas du tout, au contraire ! Parce qu'elle pratique cette forme suprême et odieuse de la simonie, qui est le trafic des sentiments. Je cite encore le *Journal* (mai-juin 1924) :

Vie d'Ampère. Beaucoup de savants de vie pure, au cœur chaud, à l'âme simple, honnête et naïve, Newton, Ampère, Pasteur, Cauchy, Berthelot lui-même. Au contraire, la plupart des hommes de lettres ont été des monstres d'égoïsme et de vanité. La littérature dessèche le cœur, elle nous habitue à nous regarder, à nous servir de nos sentiments comme de matériaux, à les exagérer et à les fausser, à les exposer devant le public en vue d'un effet à produire.

C'est cette conception sentimentale de la littérature, conforme à l'idée reçue depuis le XVIIIe siècle comme l'activité en quelque sorte professionnelle et corporative de la « République des Lettres », que Claudel rejette de toutes ses forces. La littérature serait le commerce (au sens ancien et au sens moderne du mot commerce, c'est-à-dire à la fois échange et profit)… le commerce des sentiments, comme la philosophie le commerce des idées. Il n'y manque que la chair, c'est-à-dire le vécu.

Les philosophes sont de si pauvres psychologues. La vie est un rêve bien lié (Leibniz, Pascal, Descartes, Montaigne, etc.). La couleur n'est pas la même. Il y a un élément qu'aucun philosophe n'a vu, c'est la tension interne qui accompagne chacun de ses actes, pensées ou paroles (*Journal*, I, 14-15 août 1910.)

Il est arrivé très souvent que cette dénonciation de l'intellectualisme se transforme en anti-intellectualisme. D'où des diatribes furibardes, injustes, fausses et même puériles contre les idées, les intellectuels, la Révolution française, le marxisme, et j'en passe. Il faut pourtant en retenir l'idée que les demi-intelligents – Pascal eût dit les demi-habiles – font du sentiment un usage redoutable.

Pendant la Révolution, écrit-il en 1939, la Terreur a été œuvre de pions et de demi-intellectuels débordant de bons sentiments, mais secs de toute charité effective[1].

1. Cité par Gérald Antoine, *Paul Claudel ou l'Enfer du génie*, Robert Laffont, 1988, p. 285-287.

Au fond, toute cette critique se rapproche de celle de l'empirisme anglais – on pense à Burke – et du romantisme allemand tout entier à l'égard de la Révolution française et de l'intellectualisme politique qui en est issu. Il est curieux, fascinant même, de voir deux esprits aussi radicalement étrangers l'un à l'autre que Maurras et Claudel, se jeter à la tête, de façon symétrique, l'accusation de germanisme, le premier parce qu'il voit dans le second un fils du romantisme allemand, le second parce qu'il voit dans le premier un rejeton de l'idéalisme allemand… Voici Maurras commentant de façon jubilatoire, dans *L'Action française* du 26 mars 1935, la défaite de Claudel à l'Académie française, au profit de Claude Farrère :

> Cette élection est la défaite à la fois de Claudel, du nonce, et du romantisme… l'arrière-faix d'un romantisme périmé s'est jugé et condamné par son adhésion à tout ce qui était germanique d'esprit, de goût et de volonté.

Ne croirait-on pas entendre parler un « souverainiste » contemporain ? Et voici Claudel lui répondant à l'avance, quinze années plus tôt, dans une lettre à Jacques Rivière, de 1920 :

> Je conçois de plus en plus de dégoût et d'horreur pour tous les nationalismes, et je n'y vois qu'un fantasme stupide, destructeur de toute civilisation. L'idée de faire de l'intelligence la servante de l'État est complètement boche. Et cet affreux Maurras, dont le style est digne de Sainte-Beuve, n'a fait que l'emprunter à Hegel.

En somme, « à chacun son Boche », comme disait *L'Humanité* lors de la Libération de Paris…

Conclure sur ce point. Conclure en soulignant que la contradiction permanente constitue le rythme profond de l'esprit, et que Claudel, sa vie, son œuvre en sont l'éclatante démonstration. Furius, dans les *Conversations dans le Loir-et-Cher*, réclame avant tout le droit de se contredire et Claudel, dont il est le porte-parole, n'a jamais manqué de l'exercer. Tout a été dit sur cet homme d'ordre qui se proclame anarchiste et qui l'a été souvent, et qui pourtant se range « du côté de tous les Jupiter contre tous les Prométhée » ; sur le poète qui ne craint pas, par esprit de provocation, de publier côte à côte ses *Paroles au Maréchal* et son « Ode à de Gaulle » ; sur ce commentateur du Livre de Job qui remercie Dieu d'avoir créé le dollar ; sur cet antisémite qui se solidarise avec le grand rabbin de France en pleine persécution vichyste et nazie ; sur cet homme du terroir qui a incarné le cosmopolitisme le plus fécond ; sur cet apologiste du mariage qui a élevé à l'amour sauvage les plus beaux monuments du siècle ; sur cet homme de droite qui fut un diplomate de gauche ; sur cet enthousiaste de la guerre commençante qui finit par se ranger dans le camp de Briand et non dans celui de Poincaré ; sur cet authentique païen qui est le plus chrétien de nos dramaturges. Revenons au point de départ, c'est-à-dire au *Soulier de satin*, qui est à la fois le miroir et le concentré de toutes ces contradictions.

Dans la lettre au *Figaro* du 14 juillet 1914, que j'ai déjà citée, Claudel résume en quelque sorte tout ce que j'ai voulu dire à son sujet sur les rapports de l'art et de la foi, en affirmant :

> Le premier [avantage] c'est que la Foi fait vivre tout homme moderne dans un milieu essentiellement dramatique. [...]
>
> Le second avantage est que la Foi introduit dans l'art un principe de contradiction. [...]
>
> Le troisième avantage est que la Foi donne à chacune de nos actions, si elles sont représentées, et d'ailleurs coupables ou non, un caractère dramatique. [...]
>
> Le quatrième avantage, enfin, est que la Foi soulage et délivre de notre nature [...] la théorie catholique est que l'homme est destiné naturellement au bonheur...

Ce qui fait l'inépuisable pathétique de ce drame, c'est que la solution finale, si j'ose dire, résout toutes les contradictions sans les abolir ; ou mieux, en leur permettant d'exister à jamais. Certes, il n'y a qu'un seul amour ; l'amour humain et l'amour divin se confondent ; mais c'est bel et bien le sacrifice du premier au second qui est demandé. Et pourtant, à la fin de son dialogue avec Camille, au moment où celui-ci voit sur son visage la lumière même du sacrifice, Prouhèze profère à quatre reprises : « Non ! Je ne renoncerai pas à Rodrigue ! » Tels sont ses derniers mots à celui qui est selon la loi son mari.

Lui-même, Claudel, sait gré au christianisme de se mettre en travers de tous ses instincts ; il est pour lui, selon une remarque de Gérald Antoine, formé de sentiments contradictoires poussés à leur degré extrême d'intensité. Peu après l'époque même où il lui faut renoncer contre son gré à Rosy Vetch et se résoudre à se marier, sur le conseil de son confesseur, ce qui à nos yeux d'aujourd'hui est tout de même incroyable, il écrit à Maritain qui a décidé d'en faire autant :

> Ah, ce sera un vrai crève-cœur pour moi de vous voir entrer dans la voie plate et médiocre où je suis moi-même, entre le ménage et l'érudition.

Jamais chez lui le sacrifice n'a aboli le regret et la littérature, spécialement le drame, est le lieu magique où la contradiction continue de s'exprimer de façon permanente. Il me semble que ce serait même la meilleure définition du drame claudélien, en songeant au *Soulier*, mais aussi au *Partage*, ou à *Christophe Colomb*.

Le mot qui exprime le mieux Claudel est celui de Pascal, de Proudhon, de Sorel, c'est le mot *délivrance*, celui sur lequel s'achève ou, mieux, s'explicite (*explicit opus mirandum*) *Le Soulier de satin*. Un jour que je lui parlais de « libération », Maurice Clavel m'interrompit : « Ne dites pas libération, dites délivrance. » C'est d'ailleurs le titre de ses entretiens avec Philippe Sollers. Ce mot provoque toujours une forte résistance, car il implique l'idée d'une rupture avec l'ordre établi. C'est pourquoi j'ai envie d'appliquer à Claudel le mot qui fut dit à propos de Bergson : « Ce qu'on ne lui pardonne pas, c'est d'avoir brisé les chaînes. »

CHAPITRE V
PÉGUY JOURNALISTE TRANSCENDENTAL

La France est ce pays où littérature, journalisme et politique sont étroitement associés, au point de constituer à l'apogée du système, c'est-à-dire au XIXe siècle, une seule et même profession. C'est sous la Restauration que le modèle prend forme, donnant naissance à ce personnage à triple visière, l'écrivain – publiciste – homme politique, dont Chateaubriand, Benjamin Constant mais aussi un peu plus tard Thiers et Victor Hugo sont les représentants les plus accomplis. Mais avant de détailler les traits les plus marquants de ce modèle, il faut d'abord examiner comment il a pris naissance.

Tout commence au XVIIIe siècle, quand, selon les mots de Tocqueville dans un des chapitres les plus pénétrants de *L'Ancien Régime et la Révolution*, celui-ci entreprend d'expliquer « comment, vers le milieu du dix-huitième siècle, les hommes de lettres devinrent les principaux hommes politiques du pays et des effets qui en résultèrent » (livre III, chapitre premier). Le fin mot de l'explication, c'est que les philosophes de la politique – ce sont ceux que l'on appelle alors « les philosophes » tout court – ne furent jamais, ni de près, ni de loin, associés à l'administration. « Tandis qu'en Angleterre ceux qui écrivaient sur le gouvernement et ceux qui gouvernaient étaient mêlés », en France deux provinces séparées, et « sans commerce entre elles » se partagent le gouvernement du pays : « Aux uns, la conduite des affaires ; aux autres la direction des intelligences. »

Qu'arriva-t-il alors ? Privés des leçons de l'expérience et des contacts avec la réalité politique – ce que de nos jours on appelle le « terrain » –, les « hommes de lettres », c'est-à-dire les intellectuels de l'époque, ne trouvèrent sur leur chemin aucun obstacle au développement effréné de leurs idées générales et généreuses, de leur envie de réformer la société jusque dans ses fondements, à la seule lumière de la raison, sans le contrepoids de l'expérience pour tempérer la tyrannie de l'abstraction.

> Chaque passion publique se déguisa ainsi en philosophie ; la vie politique fut violemment refoulée dans la littérature, et les écrivains, prenant en main la direction de l'opinion, se trouvèrent un moment tenir la place que les chefs de parti occupent d'ordinaire dans les pays libres.

Mieux ou pis que cela : « cette superbe ignorance de la réalité et de sa complexité leur livrait l'oreille et le cœur de la foule, il n'y eut pas de contribuable lésé par l'inégale répartition des tailles qui ne s'échauffât à l'idée que tous les hommes doivent être égaux ; pas de petit propriétaire dévasté par les lapins du gentilhomme son voisin qui ne se plût à entendre dire que tous les privilèges indistinctement étaient condamnés par la raison ».

Voici donc l'explication par Tocqueville de cette « politique littéraire » qui est une spécificité française : en tenant les intellectuels à l'écart du pouvoir et du gouvernement, la monarchie française leur a abandonné le seul ministère encore disponible, avec les immenses conséquences, à la fin du siècle, d'un tel abandon : le ministère des masses, le ministère de l'opinion ! La Révolution française est donc dans la logique de cette répartition des rôles : elle a été menée « dans le même esprit qui a fait écrire tant de livres abstraits sur le gouvernement ». Ce que ses adversaires déclarés, de Burke à Hayek, de Joseph de Maistre à Taine lui reprochent avec vivacité, c'est la préférence pour l'abstraction qui fait de la politique un art purement déductif et non une adaptation permanente de l'intellect à la réalité.

Voilà, en plein XVIIIe siècle, l'intelligentsia instituée en contre-gouvernement : deux siècles et demi plus tard, les choses n'ont pas substantiellement changé et l'on peut se demander dès maintenant si cette dichotomie entre l'idéal et le réel ne se retrouvera pas, *mutatis mutandis*, dans la fameuse distinction de Péguy entre la mystique et la politique.

En attendant, le « sacre de l'écrivain » dont a parlé Paul Bénichou dans un livre célèbre, est d'abord un sacre de l'intellectuel. Inutile de s'attarder ici sur un phénomène qui a été maintes fois décrit : celui de la constitution de l'*intelligentsia* en un parti militant, acharné, non pas à détruire l'Ancien Régime – à la vérité, les hommes de lettres n'y songeaient pas et s'en fussent bien gardés – mais à en saper les bases religieuses et philosophiques. L'introduction de l'esprit de libre examen dans la société civile eut les mêmes effets sur la monarchie que la Réforme sur l'Église catholique. L'écrivain, ou le philosophe, est bel et bien devenu un homme politique de type nouveau, et il songe à devenir journaliste. Dans le cas de Voltaire, il l'est déjà, tant une partie de ses œuvres est conçue sous la forme de brochures de combat, de circulation aisée, qui ont fait dire de l'auteur du *Dictionnaire philosophique* et des *Lettres anglaises* qu'il est le véritable inventeur du livre de poche. Certes, il faudra encore beaucoup de temps pour que la presse atteigne enfin à une espèce de dignité littéraire, mais désormais le pont est jeté entre les hommes de lettres et ceux qu'à partir de 1789 on commence à appeler les publicistes.

La Révolution française, justement, privilégie le couple journalise – homme politique, au détriment de l'écrivain ou du philosophe, malgré Condorcet, qui n'est guère publiciste. En revanche, beaucoup des chefs politiques de la période sont des journalistes, à qui leur tribune de papier importe autant que celle de l'Assemblée, ainsi Camille Desmoulins (*Le Vieux Cordelier*), Marat (*L'Ami du peuple*), Hébert (*Le Père Duchesne*), Rivarol (*Les Actes des apôtres*), Mirabeau (*Le Courrier de Provence*), Brissot (*Le Patriote français*) et tant d'autres. À cela s'ajoute la multiplication des brochures et pamphlets qui font partie, au moins autant que les gazettes, de cette explosion médiatique. C'est l'une de ces brochures, *Qu'est-ce que le Tiers-État ?*, de l'abbé Sieyès, qui a le mieux exprimé la Révolution commençante. De cette époque fondatrice pour nos mœurs publiques date la posture propre à l'homme politique, qui prétend au rôle de chef de courant : être aussi un émetteur d'idées, et dans ce but, à une époque où un journal peut vivre de peu de chose, en avoir un à son service, où il s'exprime régulièrement. Pendant la période révolutionnaire, il peut même arriver que la fonction d'éditorialiste l'emporte en termes d'influence sur celle de représentant du peuple : à la différence de Robespierre, qui règne par le verbe au club des Jacobins et à l'Assemblée, un Marat, un Hébert tirent l'essentiel de leur pouvoir auprès du peuple des articles qu'ils publient. Sous la Révolution, le verbe, c'est le pouvoir.

Après la période napoléonienne qui est pour la presse comme pour le métier politique une véritable traversée du désert, c'est la Restauration qui consacre notre personnage dans sa triple fonction. Avec les multiples visages d'écrivain, de journaliste, de diplomate, d'homme politique, Chateaubriand porte d'emblée le modèle à sa perfection. Certes, selon les moments, c'est telle ou telle de ces figures qui l'emporte sur les autres. Écrivain à succès avec le *Génie du christianisme*, opposant à l'Empire à coup de brochures et d'articles, journaliste d'opposition sous la Restauration avec le *Conservateur* puis ministre des Affaires étrangères de 1822 à 1824, ambassadeur à Londres puis à Rome, chacun de ces avatars vient à l'appui des autres pour sculpter la statue d'un personnage indéfinissable, sans précédent, véritable initiateur de la star politique et médiatique moderne, immuable à travers ses figures successives. Cet écrivain assuré de son génie voudrait bien être également reconnu dans l'ordre politique ; il n'y parvient pas tout à fait et pousse la coquetterie jusqu'à se présenter simplement comme « Chateaubriand, journaliste ». Parmi les tout premiers, il a compris le rôle croissant de l'opinion à l'aube de l'ère démocratique et celui du journalisme, cette « électricité sociale ».

Peut-être la personnalité de Chateaubriand est-elle par trop exceptionnelle pour être représentative d'un nouveau style social ? Pourtant, Benjamin Constant est à gauche ce que Chateaubriand est à droite. Homme politique incontesté, chef des libéraux au Parlement, il est grâce au *Mercure* devenu *La Minerve*, l'un des fondateurs du journalisme moderne, en laissant tomber négligemment de sa plume *Adolphe*, un des plus beaux échantillons du roman d'analyse à la française, mais prétendant par-dessus tout à l'excellence au chapitre de la philosophie politique et religieuse. Il faudrait encore citer dans un registre opposé la figure contre-révolutionnaire du vicomte de Bonald, profond philosophe qui siège à l'Assemblée et qui écrit dans le *Journal royal*.

La monarchie de juillet poursuit dans la même veine. Thiers, une des figures marquantes de la Révolution de 1830 et des années qui suivent est à la fois un des principaux hommes politiques de son temps, un des historiens notables de la Révolution, et à l'occasion un journaliste. À gauche, Louis Blanc, Proudhon mais aussi Lamennais prétendent à un statut comparable lors de la Révolution de 1848. Mais ce sont surtout Tocqueville, Lamartine et Victor Hugo qui marquent la période. Le premier sera ministre des Affaires étrangères (1849), le second président du gouvernement provisoire (1848), tandis que le troisième siège à la chambre des Pairs sous Louis-Philippe avant de devenir depuis son rocher de Guernesey la figure historique de la résistance à Napoléon-le-Petit.

Enfin la troisième République première manière, c'est-à-dire antérieure à la guerre de 1914, est le deuxième âge d'or pour notre phénomène. Si quelques-unes des figures les plus marquantes de la période, telles Gambetta, Ferry, Grévy sont de véritables professionnels de la politique, sans prétention à la polyvalence, d'autres perpétuent le modèle de l'écrivain-journaliste-politique. C'est le cas de Clemenceau, de Jaurès, mais aussi de Maurras et de Barrès. Le premier est l'électron libre du parti radical et sa personnalité la plus influente. Mais il a dirigé plusieurs journaux ou été leur éditorialiste, notamment de *La Justice*. Enfin, il se pique de littérature, de philosophie et a écrit même une pièce de théâtre. Maurras se confond avec l'Action française, mouvement politique et journal, et édifie parallèlement une œuvre d'écrivain, de poète et de philosophe politique. Barrès est essentiellement écrivain ; mais il est aussi un homme politique à part entière : député boulangiste de Nancy en 1885, il devient élu de Paris en 1906. Il a été aussi un journaliste actif et le directeur de la *Cocarde*. Quant à Jaurès, il est au même titre que Chateaubriand ou que Victor Hugo l'un des parangons de l'homme public polyvalent, à un niveau exceptionnellement élevé. Siégeant en permanence au Palais-Bourbon depuis 1885 jusqu'à son assassinat en 1914, à l'exception de la législature 1889-1893 ; une des principales personnalité du Parti socialiste, il est aussi un journaliste fécond, fondateur et éditorialiste de l'*Humanité* à partir de 1904. Il trouve encore le temps et la ressource d'édifier une œuvre importante de philosophe politique et surtout d'historien, avec son *Histoire socialiste de la Révolution française*. Chacune de ces activités, on a envie de dire de ces professions, il l'exerce avec une intensité exceptionnelle : dans les trois domaines considérés, il est au premier plan.

Ce que signifient ces carrières, trop longuement et pourtant trop sommairement évoquées ? Au-delà du cumul des professions, elles dessinent une image originale de l'homme public, dans laquelle la politique n'est pas une fonction séparée, mais le prolongement naturel de l'activité intellectuelle, et en quelque sorte l'attribut de l'honnête homme : ce que l'on a continué de désigner sous le nom d'humanisme, à l'opposé de la vision professionnelle, technique, pour ne pas dire technocratique qui s'est imposée à mesure que l'on avançait dans le XXe siècle. Que la création littéraire soit le stade suprême de cet humanisme n'est pas pour surprendre : de Louis XIV à la troisième République, la France a honoré ses écrivains et s'est plu à voir en eux les spécimens les plus accomplis de l'humanité. Il y a, dans la connaissance du cœur humain et des rouages de la société que suppose la littérature, quelque chose qui, dans cette conception, les prédispose au gouvernement de leurs compatriotes. C'est une « autre idée de la France » qui s'exprime ici, à laquelle, justement, le général de Gaulle n'est pas insensible, qui a toujours marqué déférence et respect pour les écrivains, et qui voyait dans le bien-écrire l'un des attributs de l'homme d'État. Comme si du choix des mots dépendaient la justesse dans la pensée et la justice dans la politique.

Dans *La Promesse de l'aube*, Romain Gary évoque d'une manière plaisante le souvenir de sa mère, Russe passée par la Pologne avant de s'installer en France, qui avait fait de son pays d'adoption un « mythe fabuleux », une sorte de « chef-d'œuvre poétique », la patrie par excellence des écrivains, celle où Victor Hugo était devenu président de la République. À l'inexactitude historique près, avait-elle tellement tort ?

Ce que suppose cet humanisme universaliste, c'est que l'art du gouvernement repose sur quelques maximes simples empruntées aux moralistes, sur des qualités d'esprit et de caractère qui sont celles de l'honnête homme, non sur des connaissances techniques. Or, l'art du gouvernement s'est professionnalisé à mesure que les questions économiques et sociales y prenaient une place croissante.

C'est pourquoi, après la Première Guerre mondiale, le modèle tripartite que l'on vient de décrire tend à se défaire. À la remarquable exception de Léon Blum, qui là aussi prolonge Jean Jaurès, on ne trouve plus guère d'hommes politiques qui soient en même temps des directeurs de journaux et des écrivains accomplis. Chez nos politiques contemporains, l'écriture d'un livre est davantage une figure obligée, le plus souvent sous-traitée à des nègres et à des petites mains, que l'expression d'une vocation littéraire. En revanche, l'entre-deux-guerres a vu plutôt se dessiner la figure du diplomate-écrivain. Sous la férule bienveillante de Philippe Berthelot, Alexis Léger, Paul Claudel, Paul Morand, Jean Giraudoux, font de brillantes carrières diplomatiques qui conduiront le premier au secrétariat général du Quai d'Orsay et le second à Tokyo, Rio, Washington, Bruxelles. Mais s'il s'agit d'écrivains de premier plan, aucun d'entre eux n'exerce, sous sa double visière, la magistrature politico-littéraire dont il a été question plus haut.

Peut-on considérer Péguy comme un autre avatar du modèle traditionnel que l'on vient de décrire ? *A priori*, non. À l'évidence il n'est pas un homme politique, au sens professionnel du terme. Il n'a jamais été un élu du peuple et n'a jamais cherché à le devenir. Il ne prétend pas à l'art du gouvernement ; bien au contraire, il s'en défie, tout en reconnaissant les difficultés et les mérites de la tâche ; tout en manifestant plus d'une fois sa sympathie à l'égard d'un Millerand, il y a en lui une répugnance instinctive à l'égard de la politique professionnelle. Est-il un écrivain ? À nos yeux, assurément, et même parmi les plus grands. Tel n'est pourtant pas l'avis de ses contemporains qui jusqu'en 1910 et au succès du *Mystère de la charité de Jeanne d'Arc* voient en lui un simple publiciste. Journaliste alors ? Pas exactement non plus, si l'on entend par là l'homme qui écrit dans un journal, qui réagit aux nouvelles du jour pour les faire connaître et les commenter. Le journaliste, qui fait de l'événement son « maître intérieur ». Tel n'est pas le cas de Péguy, notamment dans les dix dernières années de sa vie.

Certes, il a prétendu le contraire lors de la fondation des *Cahiers de la Quinzaine*, dont il veut faire, avec une modestie provocatrice qui ne sera jamais tout à fait respectée, un « cahier de renseignements[1] ». C'est dans le premier *Cahier* de la série, en date du 5 janvier 1900, appelé *Lettre au Provincial*, qu'il donne la définition la plus complète de la mission qu'il s'assigne.

Et c'est la fameuse déclaration : « Dire la vérité, toute la vérité, rien que la vérité, dire bêtement la vérité bête, ennuyeusement la vérité ennuyeuse, tristement la vérité triste…[2] »

La vérité est triste, dit quelque part Renan…

De quoi s'agit-il donc ? De réagir contre la vérité officielle, celle que prétend imposer le parti. Le Congrès de Japy (3-8 décembre 1899) réunissant toutes les organisations socialistes françaises n'avait-il pas voté une résolution, qui tout en déclarant libre la discussion pour toutes les questions de doctrine et de méthode, stipulait que « pour l'action, les journaux [socialistes] devront se conformer strictement aux décisions du Congrès, interprétées par le comité général[3] ».

C'est pour réagir contre l'« instauration d'une "vérité officielle", d'une "vérité d'État", d'une "vérité de parti" à l'intérieur du parti

1. « Lettre au Provincial », dans *Œuvres en prose complètes*, t. I, *op. cit.*, p. 296.
2. *Ibid.*, p. 291-292.
3. *Ibid.*, p. 291.

socialiste que Charles Péguy fonde les *Cahiers de la Quinzaine*. C'est l'acte d'un socialiste militant ; car en dépit des considérations générales sur la vérité, il n'entend pas fonder l'Agence France-Presse ; il entend réagir contre la prétention de certains de détenir, de contrôler, de diffuser la vérité, leur vérité. Qui sont-ils donc, ces doctrinaires qui avec vingt ans d'avance, pourraient rendre des points aux staliniens, aux jdanoviens du futur ? – Les guesdistes ! La vérité est que la fondation des *Cahiers* fut un acte socialiste militant et antiguesdiste.

> J'ai trouvé le guesdisme dans le socialisme comme j'ai trouvé le jésuitisme dans le catholicisme[1].

Alors, tout s'éclaire, y compris le titre du premier article, cette « Lettre du Provincial », écho manifeste, fût-il inversé, à Pascal. Celui-ci écrit des lettres *au* Provincial pour combattre le jésuitisme officiel dans l'Église ; Péguy écrira des lettres *du* Provincial pour combattre le guesdisme dans le parti. L'appellation de « guesdiste » dérivée du nom propre pour désigner les partisans de cet homme signifie qu'il y a dans le parti socialiste des hommes qui ne sont pas des hommes libres. Il y a des personnalités qui accaparent leurs semblables comme un banquier accapare l'argent des autres ; et c'est la fière tirade :

> Il n'y a pas seulement des capitalismes d'argent ; Guesde est un capitaliste d'hommes. La révolution politique bourgeoise a libéré les hommes, ou du moins, elle a été censée les libérer ; nous voulons affranchir les biens pour parfaire la libération des hommes ; ceux de nous qui commencent par commander ou par asservir des révolutionnaires – c'est tout un – bien loin qu'ils avancent dans la révolution sociale, au contraire sont en arrière de la révolution bourgeoise[2].

À quel point Péguy se révèle prophète quand il écrit ces phrases, ses contemporains ne le savent pas ; mais nous, hommes de la fin du XXe siècle, avons payé cher le droit de le savoir. C'est que pour Péguy – comme d'ailleurs pour Fernand Pelloutier, témoin

1. « Réponse provisoire », *Cahier* n° 2 du 20 janvier 1900, dans *Œuvres en prose complètes*, t. I, *op. cit.*, p. 336.
2. *Ibid.*, p. 337.

des mêmes scènes et réagissant de la même manière – le Congrès général des organisations socialistes françaises, dit Congrès de Japy (3-8 décembre 1899), fut une véritable « scène primitive », figurant la dérive inévitable du socialisme entre les mains des bureaucrates et des intellectuels bourgeois. Fernand Pelloutier en a fait un long compte-rendu, ironique et désabusé, qu'il a fait précéder d'une vibrante lettre aux anarchistes, que Péguy eût pu contresigner jusque dans les moindres termes :

> Actuellement, notre situation dans le monde socialiste est celle-ci : proscrits du parti, parce que non moins révolutionnaires que Vaillant et que Guesde, aussi résolument partisans de la propriété individuelle, nous sommes en outre ce qu'ils ne sont pas : des révoltés de toutes les heures, des hommes véritablement sans Dieu, sans maître et sans patrie, les ennemis irréconciliables de tout despotisme, moral ou matériel, individuel ou collectif, c'est-à-dire des lois et des dictatures (y compris celle du prolétariat) et les amants passionnés de la culture de soi-même[1].

Le véritable traumatisme que fut pour des esprits libres comme Pelloutier et Péguy le spectacle du fanatisme et du pharisaïsme guesdiste a déterminé durablement à l'orée du nouveau siècle leur attitude envers le socialisme. Oui à l'idéal révolutionnaire, non à l'organisation bureaucratique. Le premier en sortira plus syndicaliste que jamais, bien décidé à faire obstacle aux tentatives d'inféodation des syndicats au parti, le second deviendra une sorte de socialiste de l'extérieur, partisan de Jaurès contre Guesde, jusqu'au jour où il estimera que le premier a fini par capituler devant le second. Il en sortira surtout journaliste :

> Quand en décembre 1899, je sortis écœuré du Congrès de Paris, du premier congrès national, écœuré du mensonge et de l'injustice nouvelle qui s'imposaient au nom du parti nouveau, la résolution me vint, en un coup de révolte spontané, de publier ce que nos amis sentaient, disaient, pensaient, voulaient, croyaient, savaient[2].

1. Fernand Pelloutier, « Lettre aux anarchistes », publiée en préface à la brochure du Congrès général du Parti socialiste français, 3-8 décembre 1899, Stock, 1900. Cf. Jacques Julliard, *Fernand Pelloutier et les origines du syndicalisme d'action directe*, Le Seuil, 1971, p. 415-419.

2. « Pour moi », cinquième *Cahier* de la 2e série, 28 janvier 1901, p. 667.

Nos amis ? Quels amis ? En vérité, tous ceux qui au sein du parti socialiste naissant – il faudra encore cinq ans, jusqu'en 1905, pour le voir s'affirmer –, s'inquiètent et se révoltent contre le corporatisme despotique de Guesde, auxquels Charles Péguy donne volontiers la parole, à commencer par Jaurès : littérature militante, exercice d'admiration.

Ne soyons donc pas dupes de l'expression « cahier de renseignements », utilisée par Péguy pour définir son entreprise. Certes, il y a beaucoup de « renseignements » dans les *Cahiers*, c'est-à-dire d'informations, d'études et de reportages « formant dossiers », comme il se plaît à dire. Et souvent des informations inédites qui ne se trouvent pas ailleurs, sur les colonies, la politique étrangère, la situation de l'enseignement. Gageons pourtant que, n'eût été l'apport singulier de Péguy au débat intellectuel et politique de son temps, les *Cahiers* auraient eu du mal à franchir les portes de la postérité. Le journalisme engagé est un journalisme à la première personne, dans la grande tradition du XIXe siècle évoquée plus haut. Le triple rôle de l'homme politique, de l'écrivain et du journaliste, Péguy l'interprètera à sa manière, qui finira par créer des émules. La synthèse de Péguy se fait à travers la fonction de directeur de revue.

Dans la tripartition journaliste-homme politique-écrivain, il y a toujours une fonction qui l'emporte sur les autres et qui varie selon les individus : Camille Desmoulins est d'abord journaliste, Chateaubriand est d'abord écrivain, Hugo d'abord poète, Guizot d'abord homme politique. Péguy sera d'abord, et bientôt exclusivement, directeur de revue. C'est lui qui porte la direction de revue au statut d'instrument majeur de l'orchestre. Il faudra la publication de quelques-uns de ses articles-fleuves en volumes séparés, par exemple : *De Jean Coste*, *Notre Jeunesse*, *L'Argent* pour que l'écrivain apparaisse progressivement derrière le directeur. Car sa vie durant, l'identification entre l'homme et la fonction est presque totale. Aucun de ses concurrents dans cet emploi, Pelloutier avant lui, avec *L'Ouvrier des deux mondes*, Monatte après lui avec *La Vie ouvrière*, Jean-Richard Bloch avec *L'Effort libre* n'ont atteint à une fusion aussi totale.

C'est Péguy qui a fait de la revue incarnée par un homme une figure politique majeure, comparable à celle du maire, du député, du ministre. Il a existé avant lui des revues-institutions, comme par exemple *La Revue des Deux Mondes* fondée en 1829 et dirigée successivement par des hommes dont la personnalité n'est pas négligeable, ainsi François Buloz, Ferdinand Brunetière, René Doumic ou André Chaumeix, mais le fait est qu'ils ont été remplacés les uns après les autres et que l'institution leur a à chaque fois survécu. Imagine-t-on en revanche les *Cahiers de la Quinzaine* sans Charles Péguy ? Lui-même y a pensé un moment ; mais l'impossibilité de la chose s'est vite imposée à lui. Un homme public n'est jamais complètement maître de son personnage et de son image ; c'est l'opinion qui en décide et il faut avoir l'humilité d'accepter son verdict.

Avec Péguy, la revue devient un objet *sui generis*. Ce n'est pas un journal paraissant tous les quinze jours, tous les mois ou tous les trimestres. La revue n'est pas qu'un « périodique ». C'est une basse continue, cadencée par le rythme de parution. Une telle revue n'est ni un simple « cahier de renseignements », ni la juxtaposition d'articles variés émanant de divers auteurs. À la différence de la revue-institution, la revue-personne est la coagulation d'un mouvement de pensée et d'un style d'intervention autour d'un individu singulier, qui tient à la fois le rôle de chef d'orchestre et pour partie d'orchestre lui-même. Le directeur de revue est un maître sans disciples. Il exerce une influence, mais il ne fait pas école, parce qu'au-delà de ses idées et du courant de pensée qu'il incarne, sa force de persuasion est presque tout entière dans son personnage. Romain Rolland avec *Europe*, Emmanuel Mounier avec *Esprit*, Jean-Paul Sartre avec *Les Temps modernes* se sont glissés dans la peau du personnage que Péguy avait créé, les deux premiers en s'en réclamant explicitement. La revue qu'ils avaient fondée leur a survécu, mais aucun de leurs successeurs n'ont atteint au rayonnement du fondateur qui demeure, malgré des inflexions, la référence obligée.

Quel journaliste était Péguy ? Autant et plus que tous ceux que l'on a cités ici, il coïncide avec la figure du « journaliste transcendental » dont a parlé Maurice Clavel. Pour le fiévreux chroniqueur du *Nouvel Observateur*, le journaliste transcendental est celui qui ne se contente pas de l'écume de l'événement, mais qui s'efforce de lui donner sa pleine signification, y compris sa dimension cachée ; celle que l'anecdotique s'efforce de dissimuler. Lorsque, au-delà du folklore et des faux-semblants de la barricade parisienne, il fait jaillir de Mai 68 ce qui en est à ses yeux le sens profond, l'irruption du Saint-Esprit, il se comporte en journaliste transcendental. La faculté d'étonnement, la capacité d'accueillir l'événement, dans sa nouveauté irremplaçable, fait aussi, aux yeux de Cornelius Castoriadis, la marque de l'historien ou du journaliste, c'est tout un. Il s'agit de refuser les fausses similitudes, la routine de la causalité classique, héritée de la physique du XIXe siècle, qui s'attache au social-historique. L'« institution imaginaire de la société[1] » passe par la reconnaissance de la création permanente, *ex nihilo*, qui est à l'œuvre dans l'histoire.

Eh bien, Péguy aura été, sa vie durant, le journaliste transcendental de l'affaire Dreyfus. Là où un œil extérieur serait tenté de voir un ressassement indéfini de l'ancien combattant, le journaliste transcendental décèle la création continuée de l'événement souche à travers le devenir historique. Une telle leçon rejoint la réflexion de l'historien ordinaire sur sa pratique : un événement n'est jamais achevé. Non parce qu'il y a toujours des documents nouveaux propres à éclairer des côtés demeurés jusqu'alors obscurs, mais parce que l'événement souche continue de vivre à travers ses avatars ultérieurs. Et la lecture qu'en font les générations suivantes est l'un, et non des moindres, de ces avatars. C'est à la lumière de l'intuition fulgurante de Maurice Clavel, de la philosophie de l'histoire de Cornelius Castoriadis et de la réflexion savante sur l'historiographie qu'il faut donc interpréter la *dreyfusomania* de Charles Péguy. Il faut se résigner à croire, contre tout confort intellectuel d'inspiration positiviste, que les événements ne sont pas tous logés à la même enseigne ni à traiter sur le même plan. Il y a des événements inauguraux et des événements terminaux ; il y a des événements souches et des événements brindilles ; il y a des événements féconds et des événements stériles ; des événements bénis et des événements maudits, des événements rustiques et des événements oniriques ; osons le dire, contre toute neutralité axiologique et scientifique, il y a des événements réussis et des événements ratés.

1. Selon le titre de son grand livre (Le Seuil, 1975).

Il faut croire que l'affaire Dreyfus appartient à la catégorie des événements réussis, tant la disproportion est grande entre la minceur du point de départ – une erreur judiciaire comme il s'en produit hélas beaucoup – et l'ampleur de ses effets, qui permet de dire de lui ce qu'Anatole France a dit de l'un de ses principaux protagonistes, Émile Zola, à l'enterrement de celui-ci : qu'il fut un moment de la conscience humaine. Qu'eût été l'affaire Dreyfus sans Bernard Lazare, sans Péguy, sans Zola, sans Clemenceau, sans Jaurès ? Permettez-moi d'inverser la question : qu'eussent été Bernard Lazare, Péguy, Zola, voire Clemenceau ou Jaurès sans l'affaire Dreyfus ? C'est elle par exemple qui a fait de Clemenceau un grand journaliste, auteur de la campagne de presse la plus longue, la plus abondante de l'histoire de la presse : plus de 1500 articles réunis dans sept volumes[1].

La particularité de Péguy journaliste de l'Affaire, c'est que c'est pour l'essentiel un journaliste rétrospectif[2], puisque les *Cahiers* commencent à paraître en 1900, à un moment où l'affaire est pratiquement terminée. Historien, alors ? Pas exactement. Péguy n'entend pas faire concurrence à Joseph Reinach et à ses innombrables successeurs. Il entend bel et bien faire, contre l'usure du temps, de l'affaire Dreyfus un événement contemporain, définitivement et quotidiennement contemporain.

L'affaire Dreyfus est l'événement polémique par excellence. C'est pourquoi la plume de ses chroniqueurs (n'est-ce pas le meilleur mot pour les désigner, à la manière des grands chroniqueurs du Moyen Âge ?) doit nécessairement s'adapter au terrain. C'est ainsi que tout au long de ses 1500 articles, le Clemenceau chroniqueur à la *Justice* se fait tour à tour échotier, dialoguiste, portraitiste, pamphlétaire, politicien, juriste, historien, moraliste, philosophe et j'en

1. Jacques Julliard, « Clemenceau journaliste de l'affaire Dreyfus », dans *Les Écrivains et l'Affaire Dreyfus*, Actes du colloque organisé par l'université d'Orléans et le Centre Péguy, 29-31 octobre 1981, PUF, 1983, p. 167-176. On signalera la republication, aux Éditions Mémoire du livre, de quatre volumes de Clemenceau, sous la direction de Michel Drouin.

2. Malgré quelques articles contemporains de l'Affaire, notamment « la crise du parti socialiste et l'affaire Dreyfus », *La Revue blanche*, n° 149 du 15 août 1899, dans *Œuvres en prose complètes*, t. I, *op. cit.*, p. 217-243.

passe. Ainsi fait Péguy. On ne dit pas assez souvent par exemple que Péguy est un remarquable portraitiste allant de la pointe sèche à la scène de genre haute en couleur, de la miniature à la vaste fresque.

Après tout ce qui a été écrit sur Jaurès, je ne connais guère de portrait qui dépasse en empathie et en pénétration celui que Péguy a publié sous le titre trompeur de la « Préparation du Congrès socialiste[1] », et qui était primitivement destiné, à la demande d'Albert Lévy, au *Sozialistische Monetshefte*, la grande revue socialiste allemande : portrait physique, mais aussi intellectuel et moral, portrait en action. On ne s'étonnera pas que pour Péguy – mais aussi pour l'Histoire ! – Jaurès soit l'homme qui a, au moins provisoirement, réconcilié la justice et le socialisme, sous les auspices de l'affaire Dreyfus. Le socialisme sera moral ou ne sera pas. Prédiction parfaitement juste : pour avoir sombré dans l'immoralité la plus profonde, le socialisme dans sa version autoritaire a cessé d'être, nous le savons aujourd'hui. Et puis il y a l'admirable portrait de Bernard Lazare par qui celui-ci est passé à la postérité. Non pas le texte qui devait justement porter ce nom, et dont nous n'avons que l'introduction – 38 pages dans l'édition de La Pléiade tout de même –, sans que le nom de Bernard Lazare ait encore été prononcé[2] ; mais en attendant, à titre conservatoire, son évocation dans *Notre Jeunesse*[3], qui fait de lui l'un des prophètes d'Israël et « l'un des plus grands noms des temps modernes[4] ».

Péguy n'a cessé de faire alterner tout au long de son œuvre les exercices d'admiration et les exercices de détestation.

Ce qu'il faut surtout souligner, quand on envisage l'ensemble de son activité médiatique, c'est qu'il est l'homme qui a aboli la différence entre le journaliste et l'écrivain. Fruits de sa production dans les *Cahiers*, ses livres ne sont pas des recueils d'articles : par leur dimension, leur style, leurs références, ses livres sont de longs articles, mais des articles tout de même. Pour lui comme pour la

1. Troisième *Cahier* de la 1re série (20 janvier 1900), dans *ibid.*, p. 339-400.
2. Texte commencé en septembre 1903 et resté inachevé, *ibid.*, p. 1207-1245.
3. Douzième *Cahier* de la 11e série (17 juillet 1910), dans *Œuvres en prose complètes*, t. III, *op. cit.*, 1992.
4. *Ibid.*, p. 55 et suivantes, *passim*.

plupart de ses collaborateurs, sa revue n'est pas un recueil d'articles, mais un ensemble de livres. L'admirable est que le même texte peut passer de la publication dans un périodique à l'édition proprement dite, sans que rien n'y soit à changer. Le journaliste à la Péguy, à la différence du journaliste moderne, ne subit pas les contraintes de son « support » : c'est lui-même qui les impose à ce dernier. En un mot, il donne au journalisme toute la dignité de la littérature : indépendance, liberté de ton, omniprésence de la facture proprement littéraire. À la différence de Chateaubriand (*Les Mémoires d'outre-tombe*) ou de Victor Hugo (*Choses vues*), voire de Tocqueville (*Souvenirs*) il n'écrit pas des livres à la façon d'un journaliste ; il rédige des articles à la façon d'un écrivain, c'est-à-dire en toute liberté. Grande leçon à l'usage du journaliste moderne, trop souvent prêt à capituler devant les exigences, vraies ou supposées, de son propriétaire ou de son lectorat.

Enfin on ne comprendrait pas que s'achève cette analyse sans que soit évoquée la place exceptionnelle qu'il occupe au registre de la polémique. Péguy, sa vie durant, a été un journaliste-écrivain combattant. Il appartient à cette race d'hommes qui ne peut se poser qu'en s'opposant. Comme tout vrai polémiste, il n'a pas d'animosité particulière contre sa victime. Bien au contraire, il lui est à l'occasion reconnaissant de l'aider à se définir. Le joueur de pelote qui paraît s'acharner contre le mur a besoin du mur pour déployer son jeu. Ainsi le polémiste a besoin d'un homme ou d'une matière qui lui résiste. À y bien réfléchir, c'est toute l'œuvre qui est marquée du sceau de la polémique, lors même qu'il ne s'en prend à personne : non seulement ses écrits politiques mais aussi sa critique littéraire, sa réflexion philosophique. La cadence de la phrase de Péguy, l'abondance des figures contrastées, le dualisme des formules témoignent de cette forme de pensée. Que l'on relise avec une âme neuve et des yeux déshabitués la « Note conjointe sur M. Descartes et la philosophie cartésienne » (juillet 1914). Texte inachevé, texte posthume, apogée du sublime coq à l'âne péguyste, où tout finit par trouver sa place dans un véritable testament spirituel. On dirait que, pressé par la mort qui l'attend, Péguy ne se donne plus la peine de composer, puisqu'à chaque page il va à l'essentiel. À son essentiel à lui. À savoir l'affrontement, le face-à-face, la bataille. Voyez

Descartes, dont il disait déjà dans la « Note sur M. Bergson », évidemment, que sa méthode est immortelle, « non point parce qu'elle est victorieuse mais parce qu'elle se bat[1] ». Voyez aussi Bergson, accablé d'ennemis, dont il dit dans la « Note sur M. Descartes », évidemment, qu'« il a des ennemis qui sont dans l'ordre et des ennemis qui sont dans le désordre. Il a des ennemis qui sont à l'endroit et des ennemis qui sont à l'envers[2] ». Que l'homme qui a délié le matérialisme, le déterminisme, l'athéisme ait contre lui les matérialistes, les déterministes, les athéistes, c'est dans l'ordre. Mais que l'homme qui a réintroduit la liberté ait contre lui le parti radical ; que celui qui a libéré la pensée française ait contre lui l'Action française ; que celui qui a réintroduit la vie spirituelle ait contre lui le parti dévot, là est le désordre, là est le scandale. Il faut se battre. Même contre ses amis. Dans le corps à corps fraternel du juif et du chrétien, de l'homme du Livre et de la femme illettrée ; de Benda et de Péguy… À un contre un. Pas à trois : « trois, c'est le commencement du parlementarisme. »

C'est dans ce désordre suprême, qui est comme le jaillissement de l'âme en dehors de toute convention, de toute conduite, de toute habitude que surgit cette incroyable page jamais citée, qui est, il faut bien le dire, une apologie de l'illettrisme. Le plus grand cri de guerre contre la culture jamais lancé depuis le deuxième *Discours* de Rousseau, le discours sur l'inégalité, et cela par l'homme dont ceux qui ignorent tout de lui savent tout de même qu'il a chanté l'école et ses instituteurs, les « hussards noirs de la République ».

De ce grand morceau de bravoure, on ne retient généralement que le début. Il faut dire qu'il est fort beau. « Le Juif est lettré depuis toujours, le protestant depuis Calvin, le catholique depuis Ferry[3]. » Avantage au juif, demi-avantage au protestant, opprobre au catholique ! C'est l'évidence, c'est dans l'ordre.

Mais non ! Car l'homme se retourne vers ses ancêtres, vers cette longue lignée d'illettrés chez qui l'anonymat tient lieu de patronyme véritable. Il y découvre l'empreinte de Dieu, il y relève la trace de

1. *Ibid.*, p. 1264.
2. *Ibid.*, p. 1330.
3. *Ibid.*, p. 1297.

Dieu, « car sa race n'a pas encore eu le temps de s'habituer. » Toute écriture est habitude, toute écriture est durcissement : de la pensée, de l'événement, de la mémoire, de l'être lui-même. L'écriture et la lecture qui en est la conséquence – on ne lirait pas s'il n'y avait pas de l'écrit – est un vieillissement de l'être, une capitulation de l'être devant l'avoir. Voilà pourquoi « tout homme moderne est un misérable journal[1] ». Gutenberg a changé les destinées de l'humanité. Mais l'Écriture (tiens donc !) dit que la lettre tue, et que d'une certaine manière le journal tue. Et voici cette déclaration inouïe :

> Le journal, la plus grande invention depuis la création du monde et certainement depuis la création de l'âme, car il touche, il atteint à la constitution même de l'âme. Le journal, seconde création. Spirituelle. Ou plutôt commencement, point d'origine de la décréation. Spirituelle[2].

Comme effrayé de son audace, Péguy s'abstient de commenter ses propres déclarations et préfère changer de sujet. Il a beau plaisanter pour donner le change (« La bonne presse est quelquefois mauvaise et peut-être souvent [...]. La mauvaise presse n'est jamais bonne[3]. ») Ce qui est dit est dit : la presse est le contraire de la création ; elle est le point de départ de la « décréation spirituelle ». Voilà ce qu'il affirme à la fin de sa vie, l'homme qui a prétendu consacrer sa vie au journalise. Terrible et redoutable déclaration, qu'on ne sait comment interpréter. Aveu d'échec ? Sombre pressentiment ? Certitude de la dégradation ? Essentielle entropie du journalisme ? On s'interroge. On hésite. Une certitude pourtant. La presse que Chateaubriand, on l'a vu, qualifiait d'« électricité sociale » est un produit dangereux, à manier avec précaution. Une espèce de produit radioactif, symbole même du progrès et de la lumière, qui rougeoie dans les ténèbres et qui est capable d'irradier celui qui s'en approche.

1. *Ibid.*, p. 1303.
2. *Ibid.*, p. 1306.
3. *Ibid.*, p. 1307.

CHAPITRE VI

MYSTIQUE ET POLITIQUE : LES APORIES DE PÉGUY

Partons d'une comparaison avec Jaurès, car le « grand tribun » fut tour à tour pour Péguy un objet de fascination et un repoussoir.

Il y a dans tout parallèle entre Jaurès et Péguy une dissymétrie profonde, irréductible. Tandis que pour Jaurès Péguy est un personnage certes important, surtout jusqu'en 1905, mais qui se meut dans une autre sphère que la sienne, Péguy, lui, n'a que faire de cette différence de statut. Péguy s'est voulu tout entier écrivain et journaliste. Jaurès est aussi cela, mais il est en outre professeur, historien, philosophe, homme politique et surtout meneur de foules. Il est le Grand Orateur, celui par rapport auquel on se définit. Qu'il le loue, qu'il le critique ou qu'il l'invective, Jaurès est pour Péguy le contemporain capital. Son nom revient de façon obsessionnelle : plus que celui de Bernard Lazare, autant que celui de Dreyfus tout au long de sa vie et de son œuvre politique. Cette dernière est presque tout entière composée à l'intérieur du triangle Dreyfus-Lazare-Jaurès. Jaurès est un personnage polyphonique ; Péguy un personnage épique.

Il y a, dans la fixation de Péguy sur un événement, l'affaire Dreyfus, et sur un homme, Jaurès, quelque chose d'une passion adolescente qui a juré de ne pas s'éteindre. L'auteur de *Notre Jeunesse* sait bien que, s'il s'éloignait de cette double référence, c'est aux exigences et aux certitudes de ses jeunes années qu'il renoncerait. Toute l'œuvre post-dreyfusienne de Péguy, à partir du nouveau siècle, s'évertue à faire revivre un paradis perdu, à la fin duquel il n'y a rien, ou plutôt si : il n'y a que la décadence, incarnée par le monde moderne. Une bonne partie du génie de Péguy est contenue dans cette volonté de ne pas vieillir, et peut-être même de ne pas mûrir. Il n'y a de fidélité pour un homme qu'aux valeurs qui ont soulevé son adolescence. Comme Bernanos, son futur disciple, il écrit pour se justifier aux yeux de l'enfant qu'il fut jadis. Au-delà, il ne reste que la longue retraite des hommes de quarante ans. Or

Péguy est mort à quarante et un ans, avec dans son cœur les images et les émotions de sa prime jeunesse. Quand on relit, entre autres, *La Préparation du congrès socialiste* (1900), *Réponse brève à Jaurès* (1900), *Casse-cou* (1901), *Reprise politique parlementaire* (1903), *Par ce demi-clair matin* (1905), *Notre Jeunesse* (1910), une idée s'impose, qu'a très bien soulignée Benoît Chantre : qu'au fond, le Péguy anti-jaurésien n'est pas substantiellement différent du Péguy jaurésien ; que les deux personnages n'en forment qu'un, animé par la même vision : celle d'une époque révolue où l'on pouvait encore concilier mystique et politique, dont Jaurès fut un court instant la miraculeuse incarnation.

> Un assez grand nombre de personnes me reprochent d'avoir gardé pour Jaurès une tendresse secrète, qui transparaît même, qui transparaît surtout, dans mes sévérités les plus justifiées. C'est qu'elles ne connaissent point un Jaurès que j'ai parfaitement connu, alors, un Jaurès bon marcheur et bon causeur… Un Jaurès de plein air et de bois d'automne, un Jaurès comme il eût été s'il ne lui fût jamais arrivé malheur…[1].

Péguy revient sans cesse sur les lieux et les moments de son bonheur militant, ceux où il fut parmi les héros ; où Jaurès fut le premier d'entre eux et leur chef. Je laisse à de plus savants le soin de décider si un écrivain qui rompt avec son adolescence peut demeurer un écrivain. Personnellement, je ne le crois pas. Et je veux considérer seulement que ce parallèle entre Jaurès et lui-même, qu'il inscrit en filigrane dans une grande partie de son œuvre, il n'en a donné la clé que dix années plus tard, dans cette autobiographie spirituelle qu'est à bien des égards *Notre Jeunesse*, quand il lâche tout à trac que « Tout commence en mystique et finit en politique » et que le maintien d'une mystique républicaine est incompatible avec cette catastrophe spirituelle que l'on appelle le monde moderne. Car cette célèbre distinction est, bien entendu, une fois encore, un parallèle entre Jaurès et lui-même. Dès lors, qui donc pouvait incarner cette dégradation de la mystique en politique, mieux que Jaurès, pour avoir été le plus mystique des politiciens avant de devenir à ses yeux le plus politique des politiques ?

---

1. « Courrier de Russie », *Cahiers* VII, V (19 novembre 1905), *Œuvres en prose complètes*, t. II, *op. cit.*, p. 74.

Les plus grands écrivains ne savent pas tout et ne sauraient tout prévoir. Péguy n'a pas su et n'a pu prévoir que ce Jaurès qui a fini par incarner à ses yeux la pire forme de la dégradation politique (*corruptio optimi pessima !*) aurait une fin mystique. Quoi d'aussi mystique en effet que la fin patriotique de Péguy sur le champ de bataille, sinon la fin internationaliste de Jaurès sur le terrain politique ? Péguy meurt en mystique le 15 septembre 1914, sur le champ de bataille de Villeroy, d'une balle dans la tête, en un combat qui n'est plus du tout l'affaire Dreyfus ; Jaurès est mort un mois plus tôt, le 31 juillet, au café du Croissant, d'une balle en plein cœur, en un combat politique et mystique à la fois, dont l'universalisme n'est pas éloigné de l'idéal dreyfusien.

Aussi faut-il s'interroger sur cette célèbre distinction. En termes évangéliques, on est tenté de dire qu'en ce combat manichéen, Péguy a choisi la meilleure part et qu'elle ne lui sera pas enlevée. Le combat dreyfusien, celui que nous aurions tous voulu mener, personne ne l'aura incarné aussi parfaitement que Péguy comme militant, puis comme éternel historien de l'Affaire. Péguy ne se sera jamais consolé de la fin de l'Affaire, et ne pardonnera jamais à Jaurès d'avoir si efficacement contribué à y mettre fin en plaidant pour l'acceptation de la grâce. Dès lors, Péguy ne cesse de méditer sur l'Événement unique tandis que Jaurès passe à d'autres combats. Ancien combattant, Péguy ? Assurément, si l'ancien combattant est celui capable de transformer l'événement en expérience et d'empêcher l'ineffable vécu de se dégrader en social-historique, pour employer les catégories de Cornelius Castoriadis. Relisons de près les mots de Péguy :

> Tout commence en mystique et finit en politique… l'intérêt, la question, l'essentiel est que dans chaque ordre, dans chaque système, la mystique ne soit point dévorée par la politique à laquelle elle a donné naissance[1].

Il y a deux manières de comprendre ce texte. La première, la plus courante, est d'y voir une protestation contre la politique, une condamnation de la politique. L'autre consiste à admettre qu'il

1. *Notre Jeunesse*, *Cahiers* XI, XII (17/7/1910), dans *Œuvres en prose complètes*, t. III, *op. cit.*, p. 20.

existe une sorte de loi péguyste des deux états, comme il existe chez Comte une loi des trois états. En vérité, il y a une entropie politique comme il y a une entropie physico-chimique. Cette dégradation de la matière a un caractère irréversible et il serait aussi vain de s'emporter contre elle que contre la dégradation de l'énergie en chaleur.

Est-ce cela qu'a voulu dire Péguy ? Certains textes semblent le suggérer ; d'autres suggèrent le contraire. L'essentiel à ses yeux est qu'au cours de ce processus irréversible, il reste de l'état initial une fraction d'énergie immuable, non dégradable, quelque chose comme une quotité disponible de la mystique initiale ; quelque chose comme un invariant mystique.

Sinon… Sinon, que serait cette mystique incapable de donner naissance à une politique, comme un homme qui se refuserait à la paternité sous prétexte que ses fils et ses filles risqueraient de corrompre ses intentions initiales ? Au fait, j'y pense, qui donc a dit que le kantisme a les mains pures, mais qu'il n'a pas de mains ? Pour moi, je ne veux pas que l'on puisse dire à partir d'une certaine lecture de *Notre Jeunesse* que le péguysme a les mains pures mais qu'il n'a pas de mains !

Alors ? Alors pour rester fidèle à l'esprit du péguysme, il faut parfois en dépasser la lettre. Ces superbes distinctions font la joie des apprentis docteurs. Et Péguy est aussi fécond en distinctions que Max Weber lui-même. Je me suis toujours demandé pourquoi Pierre Bourdieu, lui-même friand de distinctions, ne s'en est jamais avisé. Moins de quatre pages avant le fameux morceau sur la mystique et la politique figure dans *Notre Jeunesse* la non moins célèbre distinction entre les *époques* et les *périodes*[1].

En un sens très proche du Péguy de la mystique et de la Politique, Max Weber a distingué dans *Le Savant et le Politique* entre l'éthique de conviction et l'éthique de responsabilité[2]. Seulement, dans un cas comme dans l'autre, nous sommes au rouet. Au-delà de leur valeur éclairante, que faut-il conserver de ces distinctions ? Quel usage en faire ? Faut-il privilégier la mystique et la conviction,

1. *Ibid.*, p. 16.

2. Max Weber, *Le Savant et le Politique*, traduction de Catherine Colliot-Thélène, La Découverte-Poche, 2003, p. 49-59.

ou la politique et la responsabilité ? Poser la question, c'est assez montrer qu'elle n'a pas de sens. La seule conclusion pratique que tire Max Weber de sa distinction, c'est que les deux éthiques correspondent à deux métiers différents.

Est-ce si sûr ? La pratique idéale de la politique ne consiste-t-elle pas au contraire à faire entrer le maximum de conviction dans l'exercice de la responsabilité ? De même, la pratique idéale de la mystique ne consiste-t-elle pas à faire entrer le maximum de responsabilité dans l'exercice de la conviction ? Distinguer, assurément ; mais pour unir, non pour exclure.

À distinguer radicalement les deux termes, on aboutit à une opposition stérile qui ravira les moralistes, mais qui ne sera d'aucun secours pour l'action. Renvoyer chacun de son côté l'idéaliste et le pragmatique n'a jamais suffi pour définir une « action morale », au sens où Jules Lagneau entendait ce terme.

Une fois admis que la politique ne saurait être une mystique, sinon elle n'existerait pas sauf comme branche de la mystique, une fois donc admis que la politique obéit à des lois propres, qui ne sauraient être déduites d'ailleurs ; mais une fois admis aussi que la politique, qui est effectivement autonome dans ses règles de fonctionnement, ne saurait être indépendante dans son système de valeurs, la question se pose, à laquelle ni Péguy ni Weber, qui disent au fond la même chose, ni Machiavel qui dit exactement le contraire ne s'appliquent à répondre : à quelles conditions la politique peut-elle, dans son ordre, rester fidèle aux exigences que la mystique a énoncées dans le sien propre ? On peut répondre que cela est impossible ; que les deux ordres ne peuvent s'interpénétrer. Mais alors il faut savoir ce que l'on dit et ce que l'on fait : cela s'appelle abandonner la politique à ses démons pour mieux vivre à l'aise avec ses anges. C'est au fond ce que font beaucoup de mystiques ; et aussi ce que font ceux des politiques qui conservent pour souci principal de sauver leur âme.

C'est aussi, peut-être, ce que fait Péguy lorsqu'il nous assène, juste après avoir établi la distinction entre la mystique et la politique, qu'à ce propos, l'alternative n'est pas entre l'Ancien Régime et la Révolution, mais entre Ancien Régime et Révolution d'une part, monde moderne de l'autre.

> Le débat est beaucoup plus profond. Il est entre toute l'ancienne France ensemble, païenne (la Renaissance, les humanités, la culture, les Lettres anciennes et modernes, grecques, latines, françaises), païenne et chrétienne, traditionnelle et révolutionnaire, monarchiste, royaliste et républicaine, et d'autre part, et en face, et au contraire une certaine domination primaire, qui s'est établie vers 1881, qui n'est pas la République, qui se dit la République, qui est le plus dangereux ennemi de la République, qui est profondément la domination du parti intellectuel[1].

Fort bien. Les deux options étant ainsi définies, qui ne choisirait la première ? Mais alors, si les mots ont ici un sens, ils signifient que ce sont les lois de Jules Ferry sur l'école qui signifient la rupture, au nom du monde moderne, avec cet univers enchanté de la mystique qui réconcilie miraculeusement – on voudrait tout de même bien voir ça – l'Ancien Régime et la Révolution. En somme, la mystique républicaine s'achève selon Péguy à l'endroit même où nous la faisons traditionnellement commencer. Les lois Ferry – on ne fera pas à Péguy l'injure de lui faire dire qu'il condamne l'institution de l'école laïque, gratuite et obligatoire – coïncident avec l'avènement du parti intellectuel ». Diable ! Et nous qui pensions, à la lecture de Péguy lui-même, que ce que la République nous a laissé de meilleur, c'était justement l'enseignement primaire et les hussards noirs de la République ! N'y aurait-il pas là quelque chose comme une contradiction ? Une contradiction qui est dans le réel lui-même et qui est justement le mystère de l'incarnation de la mystique éducative et républicaine en politique ferryste. Il est trop facile de se réclamer de la première en jetant d'emblée la suspicion sur la seconde. Car enfin, c'est le même Péguy qui, quelques pages plus loin, déclare :

> Dans l'état actuel de l'enseignement, c'est dans les classes que se distribue encore beaucoup de culture, et c'est dans les cours qu'il n'y en a plus[2].

Cette observation me paraît encore plus valable aujourd'hui qu'elle ne l'était quand Péguy l'écrivait. Mais alors, pourquoi et comment cette diatribe contre l'esprit de 1881 ? N'est-ce pas parce

---

1. *Notre Jeunesse*, dans *Œuvres en prose complètes*, t. III, *op. cit.*, p. 23.
2. *Ibid.*, p. 34.

que, qu'il s'agisse de la question scolaire comme de la question dreyfusienne, c'est le passage de la mystique à la politique que Péguy ne parvient pas à assumer ni même à penser ? Comment comprendre cette reculade, ou plutôt cette échappatoire de la part du plus grand poète de l'Incarnation ? Comment le poète d'*Ève* ne parvient-il pas à concevoir la finitude du Jésus incarné par rapport à l'infinitude du Christ mystique ?

Lorsque Péguy nous assure que « les mystiques sont beaucoup moins ennemies entre elles que les politiques, et [qu'] elles le sont tout autrement[1] », il a aisément raison. Mais que penser de ces psychomachies mystiques qui négligeraient de se colleter avec le réel ? À l'étage de la mystique, tous les possibles sont des compossibles, comme dit Leibniz. À l'étage de la politique, les réels ne sont pas tous des corréels. Quand Péguy fait l'apologie de la mystique par rapport à la politique, il nous exalte, il nous transporte, il nous venge, mais il ne nous aide pas.

Quand je pense à mon propre itinéraire intellectuel, je me dis avec le recul que toute la réflexion de cette génération, que l'on a parfois identifiée à la deuxième gauche, a péché par une sous-estimation du politique. Je ne parle pas, naturellement, de ceux qui y ont fait carrière, sans y apporter quoi que ce soit qui leur fût propre. Cette génération, ce courant de pensée avaient fait un travail considérable sur ce qu'il est convenu d'appeler la société civile ; elle était le fruit et l'aboutissement d'une longue fermentation dans la société elle-même, qui débordait de toutes parts les clivages politiques traditionnels, et qui, ce faisant, crut à un moment donné dépasser l'ordre du politique lui-même. Cela fut dit et fait avec trop de présomption ; les uns se réfugièrent dans l'érudition ou la contemplation ; les autres dans l'empirisme. Il fallut bien se remettre à réfléchir sur la politique elle-même. Les grands penseurs libéraux, Mme de Staël et Benjamin Constant, Guizot et Tocqueville, servirent d'intercesseurs.

Mais les apories de la politique sont demeurées. Au-delà de Péguy et de Weber, il y a une réflexion à mener sur la politique pascalienne. Celle-ci a généralement été interprétée comme une politique

1. *Ibid.*, p. 37.

de droite. Je rêve d'un pascalisme de gauche, qui conserverait la distinction des ordres, mais qui introduirait dans l'ordre du temporel ce mélange de pessimisme sans illusions et de progressisme scientifique qui est la marque propre du pascalisme au XVIIe siècle. Mauriac déclarait qu'il se mêlait des choses d'en bas avec des raisons d'en haut. C'est peut-être trop dire : je rêve néanmoins d'une politique de gauche qui ne se confondrait plus avec les niaiseries bien pensantes de l'optimisme et du progrès ; qui regarderait en face la question du mal au lieu de s'en défausser sur la société, le milieu, le moment et autres calembredaines positivistes ; en un mot, qui affronterait la question du progrès avec la conscience du péché originel, et qui ferait sienne la distribution des ordres pascaliens sans séparation ni confusion[1].

Il faut que chacun reste dans son ordre, afin d'éviter que chacun des ordres soit en quelque sorte pollué par le voisin. Il y a bel et bien, à côté de la dignité du spirituel, une dignité du temporel. Mais il ne faut pas vouloir figurer dans l'un avec les armes de l'autre.

Alors, ces ordres sont-ils imperméables les uns aux autres et devront-ils le rester ? Péguy voit bien que, dans ce système ordonné, cloisonné, les vaches seraient bien gardées, mais qu'il n'y aurait bientôt plus de vaches. La vérité est que chaque ordre doit être en quelque sorte illuminé par une lumière supérieure, par celle de l'ordre situé immédiatement au-dessus de lui. C'est précisément ce refus de communication entre les ordres qui fonde l'indignité du monde moderne. Dans le monde ancien, le temporel était illuminé par le spirituel. Dans le monde moderne, il arrive à des hommes spirituels d'aspirer aux grandeurs du temporel, mais sans y apporter leurs valeurs propres, au terme d'une véritable capitulation devant les valeurs d'en dessous, qui sont celles de l'argent.

> On peut dire que toutes les anciennes forces temporelles, toutes les puissances temporelles des anciens temps et des anciens régimes, forces d'armes, forces de dynasties, forces de tradition, puissances de civisme ou de chevalerie,

1. J'ai développé ce point de vue dans un essai, *Le Choix de Pascal*, conversations avec Benoît Chantre, Desclée de Brouwer, 2003, rééd. Champs-Flammarion, 2008. Ce livre appartient d'ailleurs à mon interviewer autant qu'à moi.

forces religieuses, en un certain sens, et pour une part étiquettes mêmes, rites, forces de hiérarchie et par-dessus tout forces de race, étaient plus ou moins profondément comme pénétrées, comme armées intérieurement d'une substance, d'une instance, comme d'une moelle de spirituel. Toutes, sauf une seule, qui est précisément la seule qui ait survécu à l'avènement du monde moderne, qui par cet avènement ait été faite autocrate, et qui est la puissance de l'argent[1].

À la question posée, celle de la communicabilité des ordres pascaliens – ou péguyens – il faut donc répondre : ces ordres peuvent être le théâtre d'une incarnation ascendante, c'est-à-dire d'une spiritualisation du temporel, à condition que l'argent en soit absent. C'est le monde moderne, c'est-à-dire le monde de l'argent, autrement dit le monde bourgeois qui a rendu les ordres imperméables les uns aux autres. Le retrait de Péguy sur son Aventin mystique n'est que la conséquence de l'impossibilité désormais de faire s'interpénétrer ou pour le moins communiquer le monde temporel et le monde spirituel.

Il y a donc un profond pessimisme politique du Péguy tardif. La cité harmonieuse de ses débuts était une cité temporelle entièrement baignée dans les eaux du spirituel. C'était un monde sans argent, autrement dit sans volonté de puissance. L'abandon de l'utopie harmonieuse et la rentrée de l'Histoire dans les eaux glacées du calcul égoïste, symbolisée par la fin de l'affaire Dreyfus, sonne le glas de la politique dans l'univers de Péguy. Ce qui restera d'elle est désormais abandonné à ses démons, sans espoir de rédemption. Cet adieu à une politique désertée par le spirituel, qui sonne comme un véritable échec de l'Incarnation, donne au christianisme de Péguy un accent définitivement tragique.

1. « De la situation faite au parti intellectuel dans le monde moderne devant les accidents de la gloire temporelle », dans *Œuvres en prose complètes*, t. II, *op. cit.*, p. 705.

CHAPITRE VII
POLITIQUE DE CLAUDEL : COÛFONTAINE ET TURELURE

Au dictionnaire des idées reçues, l'article Claudel est sans contredit l'un des plus copieux et l'un des plus cruels de la littérature française. À l'énoncé de son nom, les clichés en forme de réquisitoire jaillissent et se bousculent : l'« Ode au Maréchal », l'abandon de sa sœur Camille, l'entreprise Gnome-et-Rhône, sans parler de la célèbre boutade : « La tolérance, il y a des maisons pour ça… » Claudel, celui que l'on a plaisir à détester. Et si à ce point de la conversation on fait remarquer qu'à l'exception de la première année (1940-1941), et encore, il a été férocement anti-maréchaliste, le scepticisme se lit sur les visages. « Vous en êtes sûr ? » Cela lui apprendra d'avoir cultivé sans vergogne l'une de ses deux faces, celle du vieux catholique réactionnaire et quinteux. À cause de quoi, il n'aura droit ni à l'indulgence, à la différence de Bataille ou de Blanchot, bien plus compromis que lui, ni même à la vérité.

A-t-il donc une autre face ? À coup sûr oui, même si celle-ci est moins apparente, et disons-le d'emblée, moins constamment présente. Lui-même a repris pour son propre compte le thème faustien des deux âmes (*die zwei Seelen*) qui cohabitent en lui[1]. Peu d'écrivains et d'hommes publics se sont à ce point complu dans la contradiction, à l'image de l'un de ses porte-parole les plus avérés, le Furius des *Conversations dans le Loir-et-Cher*, qui avant toute chose « se réserve avec fermeté, le droit de contredire[2] ». On ne souligne pas assez en général combien Claudel était acquis à la dialectique, au sens platonicien du terme, celle qui procède par va-et-vient, l'idée se formant petit à petit, comme un furet qui va

1. « Il y a deux hommes en moi, est-il dit dans un cantique célèbre. Deux hommes seulement ? Ce n'est pas beaucoup ! », « Présentation » (1937) de *L'Échange* pour le théâtre des Mathurins, cité par Gérald Antoine, *Paul Claudel ou l'Enfer du génie*, *op. cit.*, p. 280. Mais pourquoi « cantique », à propos d'une citation du *Faust* de Goethe ?

2. *Œuvres en prose*, *op. cit.*, p. 670.

de l'un à l'autre sans appartenir à personne. D'où l'importance extrême qu'il accorde à la conversation, avec ses hauts et ses bas, ses tâtonnements, ses temps de latence et ses explosions soudaines[1]. « Il y a des idées qui partent comme de la poudre et d'autres qui cuisent comme des choux[2] ». Il eût sans doute acquiescé à la pensée de Valéry pour qui il n'y a de controverses fécondes qu'entre gens qui sont déjà d'accord.

Car enfin la contradiction est le ressort de sa dramaturgie et même de toute son œuvre. Dans une vie longue, véritable traversée du siècle (1868-1955), l'auteur de *Protée* a trouvé le moyen d'être, je l'ai déjà souligné, anarchiste et partisan de l'autorité, thuriféraire de l'ordre et amoureux du désordre, ennemi des « Boches » et militant de la réconciliation franco-allemande, hostile au suffrage universel et admirateur de Briand et d'Herriot, citoyen de droite et ambassadeur de gauche, rural et cosmopolite, individualiste et organiciste, anti-moderne et industrialiste, bourgeois indécrottable et non conformiste obstiné, antisémite et défenseur des juifs, munichois et fasciné par la guerre, chantre de l'argent, du commerce, de l'épicerie et détracteur du matérialisme, spontanément païen et chrétien de toutes ses fibres… On pourrait facilement allonger la liste. Son inconscient est foncièrement réactionnaire ; sa pensée construite est souvent progressiste. Obligé par son catholicisme à professer l'universalisme et à viser l'unanimité, il allait chercher dans son art quelque compensation à la douleur de ne pas être seul de son avis.

Mais avant de parler de la politique de Claudel, il faut débarrasser le terrain des scories qui l'encombrent et des préjugés qui y prolifèrent. Et surtout de l'accusation de pétainisme, symbolisé par la trop fameuse « Ode au Maréchal ». Elle n'a jamais existé. On ne la citerait pas à tout instant si Claudel, provocateur impénitent,

1. « Pourquoi les dramaturges, au lieu d'opposer des personnages qui heurtent sans les pénétrer des thèses antagonistes, ne montrent-ils pas l'idée qui passe comme une flamme d'un esprit à l'autre et se développe en un jeu de propositions alternées qui prennent appui l'une sur l'autre comme dans les églogues de Virgile et de Théocrite ? C'est comme la navette sur un métier », *Conversations dans le Loir-et-Cher*, dans *Œuvres en prose*, *op. cit.*, p. 787.

2. *Ibid.*, p. 741.

n'avait eu l'idée de rassembler dans un même recueil les *Paroles au Maréchal* écrites le 27 décembre 1940 et l'adresse au général de Gaulle du 28 septembre 1944. Le recueil se nomme *Laudes* et a été publié en 1947 à Bruxelles – cela ne s'invente pas – aux éditions de la Girouette !

Sans doute à l'image de la plupart des Français, y compris de beaucoup de ceux qui se retrouvèrent dans la Résistance, Claudel a-t-il d'abord cru au maréchal Pétain et a-t-il espéré en lui. Celui-ci ne venait-il pas, quelques jours auparavant (13 décembre 1940) de renvoyer Laval, tenu pour son mauvais génie et l'instigateur de la collaboration ? Cette pièce, il le dira lui-même lors de sa réédition, a été conservée par lui comme « un monument élevé à la fois à la Naïveté et à l'Imposture[1] ». « Il m'a eu », déclare en septembre 1942 Paul Claudel à Henri Guillemin. N'avait-il pas voté pour lui à l'Académie française en 1935 ? Ne lui avait-il pas dit, à propos de Laval, un jour qu'il le recevait : « Celui-là, je l'ai balayé[2] ! »

À quoi s'ajoutait une raison familiale. La sœur de sa bru, Aleki, n'avait-elle pas épousé Paul-Louis Weiller, juif alsacien, héros de la guerre de 1914, ingénieur inventif dirigeant de la société Gnome-et-Rhône, spécialisée dans les moteurs d'avion, dont le poète lui-même était devenu administrateur en 1935 ? Arrêté, emprisonné, déchu de la nationalité française, P.L. Weiller devra à l'intervention du secrétaire d'État américain Cordell Hull d'être libéré. Il ralliera les États-Unis[3].

Chacun appréciera à sa guise cet épisode. Mais une chose demeure. Une fois les illusions de départ dissipées, la haine de Claudel pour l'occupant se double d'une détestation profonde pour Vichy et bientôt pour le Maréchal. Petit florilège tiré de son *Journal* : 30 novembre 1940 : « Article monstrueux du cardinal Baudrillart invitant à collaborer » ; « Honteuse condamnation de Jean

1. *Œuvre poétique*, Gallimard, coll. « Bibliothèque de la Pléiade », 1957, p. 580.

2. Henri Guillemin : « Les confidences de Paul Claudel à Henri Guillemin », cité par Christopher Flood, *Pensée politique et imagination historique dans l'œuvre de Paul Claudel*, Annales littéraires de l'université de Besançon, 1991, p. 258.

3. Gérald Antoine, *Paul Claudel ou l'Enfer du génie*, *op. cit.*, p. 324-25.

Zay[1] ». 8-10 mai 1941 : « Le pauvre maréchal entouré de crapules[2] ». 11 novembre 1941 : « Lettre lamentable de Gerlier », en réponse à la lettre de Claudel lui demandant un geste solennel pour les otages sacrifiés[3] ; janvier 1942 : lettre de solidarité au grand rabbin de France Isaïe Schwartz[4] ; 17 mars 1942 : refus de l'Académie française[5] ; 3 septembre 1942, à propos de Pétain : un « infâme » : « Y aura-t-il jamais assez de crachats pour cette gueule de traître[6] ? » ; 19 septembre 1942 : « Notre ineffable maréchal expédie à son maître Hitler des chargements entiers de juifs réfugiés empilés dans des wagons plombés[7] » ; 6 novembre 1942 : « l'immonde Pétain » donne l'ordre de résister au débarquement allié[8] ; etc.

Paul Claudel n'a pas attendu la redécouverte de l'exécution de Guy Môquet et de ses camarades par le président Nicolas Sarkozy pour clamer sa solidarité avec les otages fusillés. Dans une nouvelle lettre au cardinal Gerlier, en date du 26 mai 1942, il écrit :

> J'ai lu avec grand intérêt le récit des splendides funérailles, officielles et religieuses, faites à son Éminence le cardinal Baudrillart. Sur le cercueil du défunt figurait une couronne offerte par les Autorités d'occupation. Un tel hommage était bien dû à ce fervent collaborateur. Le même jour, j'écoutais le récit de l'exécution des vingt-sept otages de Nantes. Quand les collaborateurs les eurent mis sur des camions, ces Français se mirent à chanter *La Marseillaise*. De l'autre côté des barbelés, leurs camarades leur répondaient.
>
> On les fusilla par groupes de neuf dans une sablonnière. L'un d'eux, Gaston Mouquet [Guy Môquet] un garçon de dix-sept ans, s'était évanoui. On le fusilla quand même.
>
> Il était très grand et son corps ne put entrer dans le cercueil préparé. Alors un soldat allemand s'arma d'une barre de fer et lui cassa les jambes [allusion évidente de Paul Claudel à la Passion du Christ].
>
> […]

1. *Journal*, éd. cit., t. II, 1969, p. 337.
2. *Ibid.*, p. 358.
3. *Ibid.*, p. 380.
4. *Ibid.*, p. 386.
5. *Ibid.*, p. 392.
6. *Ibid.*, p. 413.
7. *Ibid.*, p. 415.
8. *Ibid.*, p. 421.

Pour l'émule de Cauchon, l'Église de France n'a pas eu assez d'encens. Pour les Français immolés, pas une prière, pas un geste de charité ou d'indignation.
Un jour viendra…
Veuillez agréer, etc.[1].

Voilà l'homme qu'un milieu ignare et conformiste continue de présenter comme pétainiste.

Et pour finir, cette citation sans commentaire de Chateaubriand, tirée des *Mémoires d'outre-tombe* :

> Je vous recommande, Monsieur, ce gouvernement prosterné qui chevrote la fierté des abaissements, la victoire des défaites, la gloire des humiliations de la patrie[2].

La cause est entendue ou devrait l'être. Le procès fait à Claudel à propos de son attitude pendant la guerre ne peut être que le fait de l'ignorance ou de la mauvaise foi. Son attitude fut celle d'un patriote. Son mérite est d'autant plus grand qu'il n'était pas loin d'avoir au départ accueilli l'État français, à l'instar de son vieil ennemi Maurras, comme une espèce de divine surprise. Le nouveau régime priait Dieu, pratiquait la repentance et surtout rompait avec cette France laïque, radicale et franc-maçonne qu'il avait toujours détestée. Le 6 juillet 1940, après avoir énuméré le passif (toutes les conséquences de la défaite), il porte à l'actif de la période le naufrage de la République :

> La France est délivrée après 60 ans du joug du parti radical et anti-catholique (professeurs, avocats, juifs, francs-maçons)… espérance d'être délivrés du suffrage universel et du parlementarisme, ainsi que de la domination méchante et imbécile des instituteurs[3]…

À partir de telles prémices, il y a, on en conviendra, quelque mérite à avoir rompu avec le régime de Vichy et su, à la différence de beaucoup de Français, repérer d'emblée le caractère abominable de la persécution des juifs, lui l'antisémite de jadis. Au total, peu d'écrivains, en dehors du petit nombre de ceux qui se sont engagés

1. *Ibid.*, p. 401.
2. *Ibid.*, p. 457. *Mémoires d'outre-tombe*, Garnier, t. V, p. 317, « Lettre à l'auteur de la *Némésis* » ; lire : « … la fierté des obéissances… ».
3. *Journal*, t. II, *op. cit.*, p. 320-321.

franchement dans la Résistance, ont fait preuve d'autant de lucidité et même de courage. Le procès en maréchalisme qui lui est fait couramment est donc particulièrement injuste, dû à la christophobie du milieu littéraire français.

Si l'on a voulu insister d'emblée sur l'épisode de Vichy dans la trajectoire politique de Claudel, c'est qu'elle est significative des contradictions mais aussi des malentendus que celle-ci soulève constamment. D'ordinaire, ce qu'on lui reproche, à gauche notamment, est faux ou biaisé, tandis que ce que l'on passe sous silence pose des questions beaucoup plus sérieuses.

Si l'on veut un exemple frappant des passions réactionnaires de Claudel, c'est plutôt du côté du franquisme qu'il faut aller les chercher. Contrairement à la presse catholique de gauche (l'hebdomadaire *Sept*), Claudel s'engage franchement et sans tourments de conscience du côté du général insurgé contre la République. Pour des intellectuels catholiques marqués à droite tels que Bernanos, Maritain, Mauriac, la guerre d'Espagne est un tournant majeur : celui où la conscience chrétienne se révolte contre les compromissions de l'Église catholique avec la droite. On n'a pas oublié les accents vengeurs de Bernanos dans *Les Grands Cimetières sous la lune* (1938) contre « celui que les convenances m'obligent à nommer Son Excellence l'évêque-archevêque de Palma ». À l'inverse, c'est la solidarité avec l'Église qui détermine tout entière la position de Claudel. Dans une lettre à son amie Françoise de Marcilly en date du 8 mai 1937, il s'emporte contre Jacques Madaule qui prétendait lui faire signer un factum « dû à la plume professorale de Maritain où l'on protestait contre le bombardement, ou soi-disant bombardement de Guernica ». Entré dans un accès de fureur épouvantable contre les Basques, ces infâmes Judas et contre le doux Maritain qui « me galope sur le système », il continue :

> Il proteste contre le bombardement plus ou moins douteux d'un village, mais en revanche le massacre dans des conditions atroces de seize mille prêtres, l'incendie de je ne sais combien d'églises, l'ont laissé parfaitement paisible et silencieux[1] !

1. *Lettres à une amie*, correspondance avec Françoise de Marcilly, Bayard, 2002.

Deux jours plus tard, il réplique par un poème « aux martyrs espagnols », à mon avis plus pendable que la fameuse « Ode au Maréchal », où s'adressant à la Sainte Espagne, il dit à Franco :

Comme au temps de Pélage et du Cid, une fois de plus tu as tiré l'épée !
Le moment est venu de choisir et de dégainer son âme !
[…]
Onze évêques, seize mille prêtres massacrés et pas une apostasie !
Ah ! puissé-je comme toi un jour à voix haute témoigner dans la splendeur de midi[1] !

Le 30 septembre, il écrit avec satisfaction à Françoise de Marcilly que son poème a eu un succès énorme là-bas et que « Franco va m'envoyer sa photographie dédicacée[2] ».

Nous sommes donc, malgré que Claudel en ait, en pleine politique. Après tout, lui-même en a toujours parlé. Son *Journal* en témoigne. Son attention, pour être souvent flottante ou distante, n'en est pas moins permanente. Comment pourrait-il en être autrement, quand on est diplomate, ambassadeur, ou après sa retraite, personnalité influente dans la vie nationale ? N'accepte-t-il pas d'ailleurs, sur les instances du général de Gaulle, qui n'a jamais vu en lui un partisan de Pétain, d'entrer au Conseil national du RPF sur la liste personnelle du général ? Celui-ci ne lui propose-t-il pas de devenir une sorte de ministre de la Culture dans l'opposition ? Ne se sépare-t-il pas de De Gaulle pour divergences persistantes sur la question européenne[3] ? C'est de la politique, tout cela. Du reste, tous les grands écrivains d'inspiration catholique, de Chateaubriand et Lamennais jusqu'à Mauriac et Maurice Clavel, en passant par Péguy et Bernanos ont été mêlés – et passionnément – à la politique. Quitte à proclamer, comme le faisait Emmanuel Mounier, que dans une optique chrétienne, la politique peut bien être toujours urgente, elle n'en est pas moins toujours subordonnée. Le « politique d'abord » de Maurras ne pouvait en aucun cas être tenu pour chrétien, Pie XI le lui fit bien savoir.

1. *Œuvre poétique*, *op. cit.*, p. 569.
2. *Lettres à une amie*, *op. cit.*, p. 159.
3. Flood, *Pensée politique et Imagination historique dans l'œuvre de Paul Claudel*, *op. cit.*, p. 301-306.

Risquons une hypothèse d'ensemble. Les « deux âmes » qui, de son propre aveu, cohabitent en Claudel, ne sont pas entièrement tournées vers le spirituel. Elles sont aussi temporelles ; elles sont aussi politiques. Il y a chez lui une *Idealpolitik* à côté de la *Realpolitik*. Ou si l'on préfère, il y a, brochant sur toute sa vie, sur toute son œuvre, une politique Coûfontaine et une politique Turelure, une politique *Anima* et une politique *Animus*. Pourquoi d'ailleurs ne cohabiteraient-elles pas dans une seule personne, dès lors qu'elles cohabitent dans le monde ? La première parle d'honneur et de fidélité, la seconde de raison et de progrès ; la première de tradition, la seconde de révolution.

Plus que dans les œuvres politiques proprement dites, dans le *Journal* ou dans les pièces de circonstances, c'est dans le théâtre, notamment celui de la jeunesse, que ces options, qui sont politiques au sens le plus large, sont présentes et constituent le ressort dramatique de la pièce. Prenons l'exemple de *La Ville*, dans sa deuxième version, qui date de 1897. C'est assurément la pièce à la fois la plus symboliste, la plus politique, mais aussi la plus complexe et la plus mystérieuse que Claudel ait jamais écrite, où les personnages incarnent des idées, pour ne pas dire des systèmes, tout en continuant de vivre d'une existence propre qui est un pied de nez à ces idées et à ces systèmes.

Ainsi Lâla est à la fois la porte-parole d'une révolution anarchiste et communautaire et, simultanément, l'incarnation de l'éternel féminin. Cette « promesse qui ne peut être tenue », est-ce la révolution, est-ce l'amour, voire la fusion mystique de l'une et de l'autre ? Moitié Louise Michel, moitié Catherine de Sienne, elle est l'archétype qui se dessinait dans la Princesse de *Tête d'or* et que l'on retrouve sous une forme canaille dans Lechy Elbernon de *L'Échange*, et naturellement dans Ysé et même Prouhèze. Mais tandis que ces dernières ont abandonné toute ambition politique, Lâla, comme plus tard Sygne de Coûfontaine, est au cœur d'un projet politique comme de l'expérience amoureuse.

Il y a une politique de Lâla. C'est une politique de la vie. C'est une politique de l'amour. On a envie de dire : une écologie de l'amour, destinée à s'épanouir dans la cité. Ce qu'elle annonce n'est pas moins que ce que l'on appelle en langage socialiste et même marxiste la reconnaissance de l'homme par l'homme. À Besme, l'ingénieur social dont le projet s'épuise dans son art et dans sa technique au point de déboucher sur un nihilisme absolu (« Rien n'est »), Lâla découvre le sens profond de ce qu'il a fait toute sa vie sans le savoir. Car si l'or est le signe de la marchandise, la marchandise est à son tour le signe d'une inspiration plus profonde et d'une aspiration plus haute, d'ordre spirituel : « Et ce que tu nommes échange, je le nomme communion[1]. »

Car la Ville est la forme de l'humanité, celle qui donne un sens global à toutes les affaires, à toutes les transactions dont elle est le théâtre. C'est à Lâla, l'arche mystérieuse de l'Amour et de l'Espérance, qu'est dévolu le soin de révéler à ceux qui l'écoutent, Besme l'ingénieur social, Cœuvre le poète mystique et Avare le solitaire meneur d'hommes, le sens, ou plutôt la multiplicité des sens de leur action : ce sera « l'ordre et la paix merveilleuse de la cité humaine. ». Il faut citer la suite, car jamais Claudel n'ira plus loin dans la définition de sa politique, ou plutôt de la version « Anima » de sa politique :

> Quand, le signe ayant retrouvé sa valeur, l'homme sera mis avec tous les hommes dans une relation immédiate,
> […]
> Et dans une pure liberté, il restituera de ce qu'il a pris l'équivalent,
> S'il n'est de liberté que dans la nécessité.
> La science a livré le monde à l'homme et maintenant voici qu'à chaque homme sont donnés tous les hommes, et que l'humanité intégrale est constituée comme un corps
> Dans l'architecture de ses membres et l'office de ses organes,
> Dans la plénitude de la justice, dans la puissance de la vie et dans la solidarité inébranlable[2].

Le bourgeois conservateur qu'est le citoyen Claudel, celui qui déclare en 1905 à Élémir Bourges : « Je suis pour l'autorité légitime, avec tous les Jupiter, contre tous les Prométhée[3] », trouvera toujours un caillou dans son soulier : l'espèce féminine, dont tout

1. *La Ville*, deuxième version, dans *Théâtre*, *op. cit.*, p. 463.
2. *Ibid.*
3. Lettre du 23 avril 1905, dans *Cahiers Claudel* I, 176. Cité par Gérald Antoine, *Paul Claudel ou l'Enfer du génie*, *op. cit.*, p. 285.

l'être proteste contre cet ordre éternel que les hommes ont prétendu être le leur.

> Regardez-la, comme ceux qui de leurs yeux maintenant fermés ont pu regarder Cléopâtre, ou Hélène, ou Didon, ou Marie d'Écosse,
> Et toutes celles qui ont été envoyées sur la terre pour la ruine des Empires et des capitaines et pour la perte de beaucoup de villes et de bateaux[1].

Aux yeux de Claudel, il y a dans le génie féminin quelque chose d'éminemment subversif, à l'image de cette Rosy Vetch dont l'irruption fit souffler dans la vie du jeune consul un vent de novation et de folie. Mais avant même le grand choc érotique qu'il a reçu en route pour la Chine sur l'*Ernest Simons*, il y a la perception obscure de l'irréductible altérité de la femme à tout ordre établi. Paradoxe : la femme qui est comme le vecteur de l'ordre naturel des choses est aussi ce qui dès l'origine le subvertit. Nulle part cette ambivalence n'a été aussi bien montrée que dans *L'Échange* ; d'où le dédoublement entre Marthe qui est la femme forte et faible, douce-amère de la Tradition et cette bourrasque dans l'ordre éternel des étoiles qu'incarne Lechy Elbernon.

Lâla, qui n'est présente que dans un nombre limité de scènes, n'en est pas moins le pivot de la pièce, puisque presque tous les personnages masculins sont dans un rapport amoureux ou affectif avec elle : Avare est troublé par elle, Lambert la demande en mariage, Cœuvre l'épouse et Ivors, le nouveau prince, n'est autre que son fils. Besme et son frère Lambert constituent un personnage double, celui de l'architecte bâtisseur et celui du chef démocrate, cependant qu'Avare, « l'homme de l'étonnement », idéaliste libertaire et aristocrate démagogue, est celui qui la détruira. Cœuvre est le poète mystique et inadapté, gardien des valeurs et Ivors, contempteur de tous ceux qui l'ont précédé, est le prince positif de l'avenir. Ces archétypes vont se retrouver dans bon nombre de pièces ultérieures, comme dans *L'Échange*.

Dans cette œuvre cristalline, géométrique, intemporelle, les types poétiques imaginés par Claudel sont aussi des types politiques, qui

1. *Le Soulier de satin*, Troisième journée, scène XIII, dans *Théâtre*, Gallimard, coll. « Bibliothèque de la Pléiade », t. II, 1948, p. 853.

ne sont pas sans rappeler ceux de *La Ville*. Louis Laine, par sa misanthropie sauvage et flamboyante, représente le même type humain qu'Avare ; en Thomas Pollock Nageoire coexistent le génie bâtisseur de Besme, avec quelque chose de son désabusement et le goût de la relation humaine de Lambert. À l'inverse, le personnage de Lâla a été dédoublé : d'un côté, Marthe, la femme de la vie privée et silencieuse, gardienne de la tradition et de la saveur des choses ; de l'autre, Lechy Elbernon, déjà rencontrée, qui symbolise l'insouciance sacrée de la femme fatale.

En vérité, l'évocation, même rapide, de deux des pièces les plus politiques, *La Ville*, et au sens le plus anthropologique, *L'Échange*, ne peut qu'accroître notre perplexité. Encore n'a-t-il pas été question ni de *Tête d'or*, où toutes les attitudes politiques sont inextricablement mêlées dans un jaillissement poétique primaire, ni de *L'Otage* où elles sont au contraire réduites à deux archétypes opposés (Coûfontaine et Turelure). En vérité, à l'exception de l'hostilité au communisme qui d'un bout à l'autre de son existence est son invariant politique – un invariant qui est peut-être l'explication dernière, le ressort caché de toutes ses autres positions –, le jeune homme Claudel use de la convention théâtrale pour mettre en concurrence les idéologies les plus diverses auxquelles il donne individuellement leur chance à travers un personnage. Dans son examen approfondi de *La Ville*, Christopher Flood présente le véritable kaléidoscope de ces positions, lui faisant seulement récuser le positivisme et le scientisme incarnés par le personnage de Besme. Est-ce d'ailleurs si certain ? Besme est assurément l'un des grands vaincus de la pièce, dont on voit à la fin de l'acte II la tête passer au bout d'une pique au-dessous d'un mur de drapeaux et de fusils. Il n'est pas sûr que Claudel se réjouisse de son échec. Il y a chez ce contempteur résolu de la civilisation urbaine un rêve d'architecte et d'urbaniste dont plusieurs fragments des *Conversations dans le Loir-et-Cher*, de facture futuriste, donnent un aperçu. Pour corrompue qu'elle soit, la ville n'en est pas moins le théâtre de la plupart des actions humaines. Ce grand voyageur a arpenté et admiré bon nombre de grandes métropoles du monde ; malgré *La Jeune Fille Violaine* et *L'Annonce faite à Marie* il n'y a chez lui rien de cette nostalgie ruraliste ou médiévale, à laquelle Péguy a souvent cédé. Au contraire, une véritable fascination pour l'architecture et surtout pour l'urbanisme, qui suppose des formes de planification et qui est en somme la politique dans l'espace, la politique à trois dimensions. C'est ainsi qu'à la fin de la pièce, Ivors, qui peut être tenu pour la synthèse en action des personnages contradictoires qui l'ont précédé, commence par congédier durement Lâla, sa mère, « la Reine de la Folie », à cause du ferment d'anarchie qu'elle véhicule[1]. Puis – c'est le dernier mot de la pièce – il révèle sa double nature de reconstructeur et de législateur :

> … pour nous, nous établissant dans le milieu de la ville, nous constituerons les lois[2].

Ainsi sa critique du progrès n'est pas systématique ; loin d'être passéiste ou réactionnaire, elle rejoint de façon prophétique les préoccupations écologiques actuelles. Contrairement à la vision judéo-chrétienne, renforcée et aggravée par Descartes et Malebranche qui introduit une scission radicale entre l'homme, formé à l'image de Dieu, et le reste de la création, Claudel ne conçoit aucune rupture dans la chaîne des créatures. Toutes sont sous le regard de Dieu, puisque la création tout entière porte la trace du divin.

> La création tout entière, écrit-il à son ami Gabriel Frizeau au lendemain de Noël 1908, du séraphin au minéral, est homogène et reliée dans toutes ses parties par le lien de la charité[3].

Charité ! Rien de moins. Il y a donc une sorte de franciscanisme de Claudel, pour un homme chez qui la nature « n'est pas illusion, mais allusion » et qui ajoute : « Tout ce qui existe est symbole ; tout

1. « La Reine de la Folie, la mère de ce peuple aberrant… tu vois aujourd'hui ton œuvre, ces multitudes rasées, ces villes couchées dans la poudre, / Cette forme de l'humanité rompue et disjointe / Ô magicienne ! L'homme n'est pas fait pour tourner son visage vers la mer miroitante » (*Théâtre*, t. I, *op. cit.*, p. 489).

2. *Ibid.*, p. 490.

3. Cité dans Jean Bastaire, « Paul Claudel, prophète d'une écologie chrétienne », conférence de carême de Fourvière, publiée dans *Paul Claudel, maître spirituel pour notre temps*, Parole et Silence, 2005. Une étude pionnière et inspirée sur les rapports du christianisme et de l'écologie.

ce qui arrive est parabole[1]. » Si l'on ne craignait de compromettre l'auteur du *Soulier de satin* avec un jansénisme aux antipodes de sa pensée et de son comportement, on dirait volontiers qu'il existe une sorte de « figurisme » de Claudel, illustré par ses commentaires de la Bible, hostiles à l'interprétation littérale, et pénétrées de symbolisme spirituel. Il y a en effet une étroite parenté entre sa pensée religieuse et sa vision tout entière symbolique de l'univers. Pas étonnant que tout élément de la nature, et pas seulement du vivant, chante la gloire de Dieu et doive être regardé dans cette lumière. Dans la deuxième des *Cinq Grandes Odes*, « L'Esprit et l'eau », il s'écrie :

> Ainsi du plus grand ange qui vous voit jusqu'au caillou de la route et d'un bout de votre création jusqu'à l'autre,
> Il ne cesse point continuité, non plus que de l'âme au corps[2].

On est ici très loin de l'orthodoxie catholique et assez proche du panthéisme de Victor Hugo. Sa vie durant, Claudel aura toujours compensé des tendances hérétiques à force d'interprétations figuristes par une obéissance rigoureuse et même démonstrative au magistère de l'Église. Le fait est là, pourtant : chez Claudel, christianisme et symbolisme s'interpénètrent tellement que la Bible tout entière se métamorphose en ode claudélienne.

Apogée de cette démonstration : la place de l'animal. Le poète n'a évidemment aucun mal à montrer la grande dignité de celui-ci dans la Bible : non seulement les évangélistes sont représentés sous une forme animale, mais le Sauveur lui-même prend la forme de l'Agneau. Le fils de l'Homme injustement sacrifié prend les traits d'une des plus humbles et des plus fragiles créatures ! Pas de doute aux yeux de Claudel : l'animal le plus élémentaire, et même le fossile, sont des créatures de Dieu et chantent sous leur forme propre la louange du créateur. Tout bestiaire est spirituel, selon son propre mot[3]. Voyez le superbe portrait, en forme de pointe sèche,

1. *Journal*, t. II, *op. cit.*, p. 412 (3 septembre 1942).
2. *Œuvre poétique*, *op. cit.*, p. 241. On pense ici à Victor Hugo : « Et vos soupirs profonds,/Cailloux désespérés ! »
3. *Quelques planches du bestiaire spirituel*, dans *Œuvres en prose*, *op. cit.*, p. 983-1000, dont la préface a d'abord servi à présenter le livre du scientifique Paul Vignon, *Dans le souffle de l'esprit créateur*, Mermod, Lausanne, 1943.

qu'il trace en 1896, dans *Connaissance de l'Est*, d'une des bêtes les plus méprisées de la création, je veux dire le porc[1]. L'énigme de la bête devient la gloire de la bête. Le porc est à Claudel ce que le crapaud est à Hugo : la démonstration par quatre jambons que tout est bon dans la création, que tout y est original et poétique, voire scandaleux pour les imbéciles[2], que le moindre atome de matière témoigne de la puissance de l'Esprit. S'inscrivant en faux contre toute une tradition occidentale, et même orientale si l'on songe à l'islam, qui introduit une coupure radicale entre l'homme et le reste de l'univers, sa pensée est spontanément écologiste et relève même parfois de la *deep ecology*. Au terme de cet exil, il y a la catastrophe du monde moderne où, pour s'être isolé de la création, l'homme est resté seul. Un homme sans animal n'est pas seulement dédivinisé ; il est déshumanisé, il est abêti. Car « les animaux à l'œuvre sur le monde, c'est le monde en proie à l'intelligence[3] ». Jean Bastaire, dans le texte cité plus haut, a bien raison de faire de Claudel le maître spirituel d'une écologie chrétienne, en réaction contre un monde mécanique. La compassion, la solidarité envers l'animal vivant est le préalable à un ressaisissement à la fois poétique et politique.

> Maintenant une vache est un laboratoire vivant [...] Le cochon est un produit sélectionné qui fournit une quantité de lard conforme au standard. La poule errante et aventureuse est incarcérée. Sont-ce encore des animaux, des créatures de Dieu, des frères et sœurs de l'homme, des signifiants de la sagesse divine, que l'on doit traiter avec respect ? Qu'a-t-on fait de ces pauvres serviteurs ? L'homme les a cruellement licenciés. Il n'y a plus de lien entre eux et nous. Et ceux qu'il a gardés, il leur a enlevé l'âme. Ce sont des machines, il a abaissé la brute en dessous d'elle-même[4].

---

1. *Œuvres poétiques*, *op. cit.*, p. 58-59.
2. « Et penser que la nature est toute remplie de ces choses absurdes, révoltantes, exagérées !... Révoltant ! dégoûtant ! scandaleux ! Là, là, sous mes yeux un poisson qui tète ! », s'écrie Don Léopold Auguste (*Le Soulier de satin*, Troisième journée, scène II, dans *Théâtre*, t. II, *op. cit.*, p. 781 et 792).
3. Préface à *Quelques planches...*, *op. cit.*, p. 988.
4. Cité par Élisabeth de Fontenay, *Le Silence des bêtes*, Fayard, 1998, p. 255. Extrait du *Bestiaire spirituel*, Mermod, 1949, p 127-128.

Quant aux autres tendances de la pièce… Christopher Flood aperçoit, chemin faisant, dans *La Ville* une touche anarcho-socialiste qui transparaît à la fois chez Lâla et chez Avare ; et aussi chez ce dernier des tendances bonapartistes déjà apparentes en *Tête d'or*. Mais l'essentiel appartient surtout à l'univers mental du personnalisme communautaire, et bien entendu du catholicisme social. Sans parler d'une pointe catastrophiste dans la lignée de Joseph de Maistre !

Tout cela est incontestable. Claudel tend au spectateur un miroir à plusieurs facettes ; libre à lui de choisir celle qui lui convient le mieux. En vérité, toute cette confusion se dissipe si l'on veut bien se rappeler le diptyque claudélien *Animus/Anima* sous lequel on a placé l'univers politique de l'auteur. Anima représente la politique rêvée, celle qui serait conforme à la vérité des choses ; celle qu'il faudrait mettre en œuvre si les circonstances, si la réalité avec ses contradictions multiples ne se dressaient pas à chaque instant pour y faire obstacle. C'est la politique chrétienne. C'est la politique tirée de l'Écriture sainte. Animus au contraire représente la politique profane, celle qui tient compte des réalités du moment. C'est la politique tirée des circonstances. La première répond à la question : que faut-il faire ? ; la seconde à la question : que peut-on faire ? C'est la distinction scolastique entre la thèse et l'hypothèse. C'est peut-être aussi et surtout les deux politiques issues de *La Cité de Dieu* de saint Augustin. Toutes deux sont bel et bien de ce monde ; mais tandis que la cité de Dieu est conforme au dessein du Tout-Puissant sur ses créatures, la cité des hommes est confrontée en permanence au problème du mal. Ce n'est pas la seule fois que le grand thomiste qu'est Claudel se retrouve sur des positions théoriques proches de saint Augustin. La cité de Dieu, comme son nom l'indique, est fondée sur le primat des valeurs religieuses et du service divin ; c'est en somme l'idéal de la chrétienté médiévale, où la seule question est de savoir qui, du pape ou de l'empereur, commande à la globalité. Dans la cité des hommes au contraire, la laïcité a triomphé ; dans le meilleur des cas, la politique est conforme à l'humanisme, sans considération des valeurs religieuses.

C'est pourquoi lorsque Claudel déclare qu'il est à la fois du côté de Coûfontaine et du côté de Turelure, il n'y a pas d'ambiguïté dans son attitude : c'est la réalité qui est ambivalente. En termes trivialement politiques, on dira que la Cité de Dieu, celle qui est conforme à Anima, est de droite, tandis que la cité des hommes, celle qui est conforme à Animus, est de gauche. Claudel, un peu à la manière de Chateaubriand, ne se fait aucune illusion sur l'avenir de l'idéal politique qui a sa préférence, à l'image de Sygne « prise entre le souvenir et le devoir[1] » et de son cousin Georges de Coûfontaine qui constate : « Rien de nouveau ne peut sortir de nous[2] ». À l'inverse, avec sa vulgarité, sa cupidité, son cynisme, Turelure incarne les temps modernes. Il le fait à sa manière, qui consiste à tirer parti de toutes les occasions du moment. Tout lui servira, y compris le dévouement de Sygne à la papauté et à la monarchie, pour construire une carrière de parvenu, au service du nouveau monde. « Ne me prenez pas pour un fanatique. La France d'abord. Je suis l'homme du possible[3]. » Sygne-Turelure : le mariage au total réussi – au prix de quels sacrifices et de quels reniements ! – de l'Ancien Régime et de la Révolution.

Si maintenant l'on confronte toutes les circonstances dans la vie et dans l'œuvre de Claudel où il se montre « réactionnaire », un constat s'impose. Il le fait, non au service d'un Ancien Régime dont il constate la déchéance, mais au nom de sa foi, nommément de l'Église catholique. Là encore, la comparaison avec Chateaubriand s'impose, celui-ci, sans illusion sur l'avenir de l'ancienne monarchie – une fidélité dépourvue d'espérance – proclamant à la fin des *Mémoires d'outre-tombe* que « le christianisme est l'avenir du monde ».

Si Claudel a pour un bref laps de temps accueilli avec faveur l'avènement du régime de Vichy, c'est, on l'a vu, parce qu'à ses yeux il débarrassait la France de l'Université, son ennemie préférée, du règne des instituteurs, de la franc-maçonnerie : tout ce qui de près ou de loin rime avec laïcité. S'il a quelques années plus tôt, à la différence d'autres catholiques comme Bernanos et Mauriac, pris résolument parti pour Franco, c'est que les républicains ont massacré en grand nombre des prêtres et des religieuses. Qu'il déteste à

1. *Théâtre*, t. II, *op. cit.*, p. 223.
2. *Ibid.*, p. 233.
3. *Ibid.*, p. 262.

ce point le communisme, ce n'est pas à cause de la lutte contre le capitalisme – il la salue même volontiers au passage – mais à cause de son matérialisme athée. Semblable en cela aux Vendéens qui se sont soulevés, non pour suivre leurs nobles, mais pour défendre leurs prêtres, Claudel réserve toute sa fidélité politique à la défense de l'Église catholique.

Quand au contraire la question religieuse est absente, ses options politiques sont beaucoup plus nuancées, parfois même surprenantes. C'est ainsi qu'il applaudit bruyamment au succès du Cartel des gauches en 1924, qui débarrasse provisoirement la France de la Chambre bleu horizon et de Poincaré, envers lequel il partage l'aversion de tous ces diplomates qui sont les amis et les protégés de Philippe Berthelot. On n'a pas oublié le cruel portrait que Jean Giraudoux a tracé du Lorrain dans *Bella*, sous les traits de Rebendart. Claudel lui-même a fait remarquer que dans son action diplomatique, il a fidèlement soutenu la politique pacifiste et européenne de Briand. Ses amis personnels se recrutent à gauche : outre Briand et Berthelot, c'est Herriot ou aux États-Unis F.D. Roosevelt. Après la guerre, ce sera de Gaulle, qui est tout sauf un homme de droite classique. Dans toutes ces séquences qui rythment sa carrière politique, mais aussi le mouvement de ses idées, c'est Animus qui a pris le dessus, c'est-à-dire la politique du possible.

C'est ainsi que dans l'idéal, il déteste la démocratie et le suffrage universel ; son journal retentit de ses sarcasmes et de ses imprécations ; mais dans la pratique, il sert loyalement la République, non sans un certain plaisir et une réelle conviction. De la même façon, le nationalisme militant de la Première Guerre mondiale, la détestation du « Boche » – tout cela, il est vrai, à l'unisson de la France et du plus grand nombre des écrivains – fait place dans l'entre-deux-guerres à une conviction qui va s'affermissant avec le temps : que l'avenir de la France et de l'Europe passe par une alliance étroite avec l'Allemagne. Du nationalisme, il évolue vers le fédéralisme européen. À la fin de sa vie, c'est même là sa conviction politique majeure, celle, on l'a dit, qui l'amène à la rupture avec de Gaulle.

Une Europe vaticane ? Non pas : Claudel a su pratiquer comme ambassadeur la séparation du temporel et du spirituel. Mais une Europe chrétienne, assurément. Déjà, dans *Le Soulier de satin*, l'Europe imaginaire du XVIe siècle se fait contre le Turc : la Montagne Blanche, victoire sur les protestants, et Lépante, victoire sur les musulmans, sont les étapes temporelles d'un cheminement spirituel.

On voudrait, pour terminer, comparer la trajectoire politique de Claudel à celle de Péguy.

Les deux hommes n'avaient pas d'affinités personnelles et ne s'aimaient pas, bien qu'à l'occasion de la Seconde Guerre mondiale, Claudel en vienne à rendre un hommage discret au dreyfusisme de Péguy et à s'insurger contre le travestissement que lui fait subir la prétendue Révolution nationale[1]. Pour le reste, il trouve Péguy « fatigant » à cause de son côté répétitif et surtout du tapage qu'il fait : « Il crie, il se démène. Non seulement il écrit tout haut, mais il écrit à tue-tête[2]. »

Il est vrai que leurs goûts littéraires sont à l'opposé. Entre le sourd piétinement des alexandrins en marche, chers à Péguy, et le verset claudélien, qui prétend épouser le rythme de la respiration, il y a bien en commun une propension assez compréhensible à la litanie. Mais l'analogie s'arrête là. Tandis que Péguy, dans son écriture, est un classique obsessionnel, féru de Corneille et de Victor Hugo, Claudel est un symboliste flamboyant, qui abolirait volontiers toute la littérature qui l'a précédé. Certes, faisons la part de l'exagération chez ce bourgeois conformiste et provocateur. Claudel est un OVNI de la littérature française, qui ne se rattache à aucune tradition répertoriée, à l'exception de Rimbaud. Péguy, lui, s'inscrit dans la tradition de la littérature épique.

Tout d'ailleurs oppose les deux hommes dans l'existence. Le premier, Claudel, est un établi qui fait une brillante carrière dans la diplomatie, tandis que le second, Péguy, démissionne de l'École normale supérieure et n'enseignera jamais. Le premier mènera une existence confortable, le second passera une partie de sa vie à chercher dix-neuf sous pour faire un franc. Le premier accepte et même sollicite volontiers le fardeau de la richesse, tandis que le second recherche passionnément l'apostolat de la pauvreté.

---

1. *Journal*, t. II, *op. cit.*, p. 428-429.
2. *Ibid.*, p. 436.

Au chapitre du religieux, tous deux sont des convertis. Mais leur rapport à la religion catholique qu'ils ont embrassée est fort différent. Après avoir fait, assez tardivement il est vrai, en 1918, son *coming-out* de catholique, alors que son coup de foudre à Notre-Dame date de 1886, Claudel s'installe confortablement au premier rang de l'église, dans les travées réservées aux notables ; Péguy reste lui au fond de la nef et n'ose pas s'approcher de la table sainte.

Dans le domaine politique enfin, leurs trajectoires se croisent sans jamais se rencontrer. Claudel est dans sa jeunesse nationaliste et antisémite ; il terminera sa vie européen et philosémite. Péguy au contraire passe de l'internationalisme socialiste de ses vingt ans au nationalisme de son âge adulte.

Voici enfin, pour notre propos, le point essentiel. L'expérience politique majeure de Péguy, à la lumière de l'affaire Dreyfus, c'est, on l'a vu plus haut, ce qu'il a appelé dans *Notre Jeunesse* la dégradation de la mystique en politique : ce passage de l'exaltation rencontrée dans une vie militante, voire héroïque, à la déception engendrée par la fadeur et les compromissions du quotidien est une expérience existentielle fréquente chez les rescapés de la guerre, de la Résistance, de la bataille intellectuelle, voire de la captivité. Ce moment crucial, idéalisé, décisif pour lui-même et pour sa génération, ce fut l'affaire Dreyfus. Comment survivre à l'Affaire ? D'une certaine manière, Péguy ne lui a pas survécu : son ressentiment injuste, furieux, quasi irrationnel envers Jaurès n'est rien d'autre que la cristallisation de son refus de rentrer dans la vie civile, après l'ardeur du combat ; son œuvre désormais est la traduction polémique et politique de cette chute de potentiel ; sa conversion au nationalisme, une sorte de sursaut de la créature contre l'injustice de l'existence. Péguy ou l'éternel adolescent de la politique. Si une vie accomplie est celle où, parvenu à l'âge adulte voire à la vieillesse, on arrive à ne pas rougir des convictions de ses dix-huit ans, Péguy est à la fois un exemple et un contre-exemple. Un exemple par la fidélité et un contre-exemple par le dépit.

La trajectoire de Claudel est exactement inverse. La politique n'a jamais été pour lui un moyen de sauver son âme. Si importante qu'elle soit à ses yeux, elle reste une activité subordonnée. Ce n'est pas là que se joue l'essentiel. Prisonnier des traditions de sa famille, de son milieu, de son époque, il s'en émancipe progressivement. D'abord, par cette pointe libertaire qui, pour le coup, le rapproche de Péguy. Nous avons déjà examiné ce qu'était la politique selon Lâla, vaguement anarchiste et communautariste, avec comme idéal dernier, cette reconnaissance de l'homme par l'homme, qui est au cœur de l'idée socialiste. Inspiration fugitive, assurément. Mais qui n'en laissera pas moins des traces durables. *La Ville* a été terminée en 1890, au moment où Claudel achevait ce qu'il appelle sa « conversion définitive », tandis que le texte utopique de Péguy, *Marcel ou de la cité harmonieuse* a été écrit en 1898. L'inspiration est très proche : il ne s'agit ni plus ni moins que de cette reconnaissance de l'homme par l'homme, qui est au cœur de l'idée socialiste.

À partir de là, tout diffère. Si l'expérience cardinale de Péguy est bien la dégradation de la mystique en politique, celle de Claudel, en sens opposé, est la transfiguration de la politique en mystique. Oui, l'idéal retombe nécessairement ; oui, les hommes sont corrompus et le pouvoir est le lieu privilégié de cette corruption. La belle affaire et la belle nouveauté ! Vouloir maintenir, comme l'a tenté Péguy, la politique à sa pointe extrême, comme une espèce de mystique des choses temporelles, c'est confondre les plans. C'est justement tomber dans cette confusion des ordres que dénonce Pascal. Demander à la politique plus qu'elle ne peut donner, c'est tenter l'impossible. Pis que cela : c'est tenter le diable. Une politique qui ne se prête pas aux accommodements requis par la cité des hommes, court le risque de se métamorphoser en tentation totalitaire. N'est-ce pas le drame de *Tête d'or* ? N'est-ce pas de cela qu'il meurt ? Le porte-parole de Claudel n'est ni Simon Agnel, qui finit par s'appeler Tête d'or et enfin le Roi ; ce n'est pas non plus Lâla, ni même le Rodrigue flamboyant des trois premières journées du *Soulier*. C'est le Rodrigue vaincu, humilié, ridiculisé de la Quatrième journée, qui se fait peintre d'images saintes et volontaire pour écosser les fèves à la porte du couvent de la mère Thérèse et pour « essuyer ses sandales toutes couvertes de la poussière du ciel[1] ». Tel est le point extrême de la politique selon l'auteur du *Soulier*. Bien au-delà

1. *Ibid.*, p. 112.

du fascisme, du socialisme, voire de la démocratie. Il n'est rien de plus conforme à la politique claudélienne que ce désaveu de la politique. Celle-ci n'est pas une chose qui doit être dégradée, mais quelque chose qui doit être dépassé. Une chose enfin qui, comme toutes les autres, doit passer par la mort si elle veut atteindre la Résurrection.

Claudel, poète baroque, est aussi un baroque de la politique. L'homme qui au terme de vingt années d'une « illustre retraite » et d'une méditation la plume à la main sur l'Écriture sainte, s'est montré capable de transformer le grand poème biblique en une immense ode claudélienne, la sixième et la plus majestueuse, était assurément capable de transformer cette chose triviale entre toutes que l'on nomme politique en une aventure spirituelle au service de Dieu. Le vice-roi des Indes, estropié mais triomphal, terminera ses jours dans la poussière du portail de sainte Thérèse d'Avila. Oui, s'écrie-t-il les fers aux pieds, « c'est une belle nuit pour moi que celle où je célèbre enfin mes fiançailles avec la liberté[1] ».

« Il est fou », s'écrie le soldat.

Sage ou fou, qui peut le dire ?

CHAPITRE VIII

L'ARGENT, DIEU ET LE DIABLE

Il y a bel et bien, au chapitre des rapports de l'argent avec la religion une problématique commune à nos trois héros, à défaut de réponses identiques. Dieu est partout présent chez Claudel ; chez Bernanos, le diable n'est jamais loin ; et pour Péguy, le diable incarné, c'est l'argent.

Péguy parlant du monde moderne :

> Pour la première fois dans l'histoire du monde, les puissances spirituelles ont été toutes ensemble refoulées non point par les puissances matérielles, mais pour une seule puissance matérielle qui est la puissance de l'argent. [...] Pour la première fois dans l'histoire du monde l'argent est seul face

1. *Ibid.*, p. 1107.

> à l'esprit. [...] Pour la première fois dans l'histoire du monde l'argent est seul devant Dieu[1].

Et voici maintenant Claudel, ou plus exactement Thomas Pollock Nageoire, dans la deuxième version de *L'Échange* (1952) :

> Il est bon d'avoir de l'argent à la banque. Glorifié le Seigneur qui a donné le dollar à l'homme, (il soulève son chapeau et le remet) afin que chacun puisse vendre ce qu'il a et se procurer ce qu'il désire. [...] L'argent, c'est autre chose. Faites de l'argent[2].

Un peu plus haut dans le texte, sortant une poignée de pièces qu'il fait miroiter devant Louis Laine, « l'homme sans poches » et donc sans argent, il s'écrie : « Ça, c'est la vie, ça, c'est la liberté pour toujours ! »

On ne peut rêver contraste plus parfait entre deux écrivains que l'on a accoutumé de qualifier de « catholiques », mais que tant de choses opposent, et qui du reste ne se sont jamais compris. La « Note conjointe sur M. Descartes... » de Péguy est un texte posthume, mais si représentatif de la pensée de son auteur qu'on ne saurait le contester. Thomas Pollock est-il le porte-parole de Claudel ? Oui, comme chacun des quatre personnages de la pièce. Marthe est la sagesse et l'esprit d'enfance. Louis Laine est une sorte de Rimbaud libertaire qui s'achemine vers l'extinction et la mort. Lechy Elbernon est l'imagination et l'aventure. Thomas Pollock est la force et la raison.

Dans la courte préface à la deuxième version de *L'Échange* (14 février 1952), Claudel ne craint pas d'affirmer que l'argent est un catalyseur. C'est lui qui organise l'échange, c'est-à-dire la circulation des marchandises, mais aussi, comme le fait voir la pièce, des personnes. Thomas Pollock n'est pas pour rien « agent de change ». L'argent est « autre chose », c'est-à-dire le moyen de se procurer ce que l'on n'a pas. C'est un équivalent universel. En apparence, Péguy et Claudel ne sont d'accord que sur un point : c'est que le monde moderne s'identifie à l'argent. Le premier pour

1. « Note conjointe sur M. Descartes », dans *Œuvres en prose complètes*, t. 3, *op. cit.*, p. 1455 (posthume, juillet 1914).
2. *Théâtre*, t. I, *op. cit.*, p. 751-752.

s'en affliger ; le second pour s'en réjouir. Les choses, nous allons le voir, sont fondamentalement plus compliquées, dans un cas comme dans l'autre. Mais restons un instant sur cette impression première, qui conserve une part essentielle de vérité. Face au monde moderne, une humeur sombre, qui confine parfois au découragement, domine Péguy : « Nous sommes des vaincus », s'écrie-t-il dans un texte posthume, qui paraît dater de 1909. La République s'est corrompue à une allure accélérée, et il n'y a d'argent que pour ceux qui n'ont rien à en faire.

> Dans la situation moderne de l'économie… un honnête homme trouve très difficilement de l'argent pour une honnête entreprise. Et au contraire… il y a des hommes qui en perdent toujours… et qui tant plus ils en perdent, tant plus ils en trouvent. L'argent court après eux[1].

Plus on avance dans la modernité, c'est-à-dire dans le nouveau siècle et que l'on s'éloigne de l'affaire Dreyfus, plus le ton de Péguy se fait à la fois sévère et nostalgique. Le premier numéro des *Cahiers de la Quinzaine* paraît le 5 janvier 1900 : pour l'essentiel, l'Affaire appartient déjà au passé, et c'est toute l'entreprise des *Cahiers* qui peut être identifiée à une longue déploration de ce moment de grâce républicaine et mystique.

À l'inverse, Claudel aborde la vie avec un appétit qui confine à la boulimie. Il veut tout voir, tout connaître, tout éprouver. Sa conversion ne le renferme pas en lui-même, mais le projette sur le monde extérieur. Le premier, Péguy, reste attaché à la glèbe et à la terre de ses ancêtres ; le second, Claudel, est un curieux de mondes nouveaux. Comme l'enfant de Baudelaire, amoureux de cartes et d'estampes, « l'univers est égal à son vaste appétit ». Pour lui, le monde moderne est d'abord le monde actuel. Ou mieux encore, c'est le monde tout court. Il peut bien en détester certains aspects, qu'importe, puisque les cieux et la terre chantent la gloire de Dieu, et que l'homme dans sa déchéance ne parviendra jamais à changer leur chant. Pour employer le langage pascalien, Péguy, qui croit à la résurrection, reste obsédé par la chute, c'est-à-dire

1. *Nous sommes des vaincus...*, texte posthume (printemps 1909), dans *Œuvres en prose complètes*, t. II, *op. cit.*, p. 1322.

la misère de l'homme sans Dieu. À l'inverse, Claudel qui certes croit au péché originel, ne voit que la résurrection, c'est-à-dire l'allégresse de l'homme avec Dieu. Rien n'est plus éloigné de lui que l'idée de la décadence, qui affleure constamment dans la pensée de Péguy. S'ils s'accordent l'un et l'autre pour considérer que le monde moderne s'identifie à l'argent, ils n'en tirent pas les mêmes conséquences.

Pour toucher du doigt leur divergence, il faut se reporter à leur conception de la valeur, au sens économique du terme. Les deux poètes sont loin d'être étrangers à l'économie politique. On sait que le premier article connu de Péguy, antérieurement aux *Cahiers de la Quinzaine*, est consacré au grand économiste Léon Walras[1], en particulier à la question de l'échange (du « troc ») et de son optimisation. Il sait que l'échange monétaire est fondé sur l'interchangeabilité des valeurs. Ce n'est donc pas au hasard qu'il écrit dans la « Note conjointe… » que le monde moderne est celui où l'argent, qui est un instrument de mesure de la valeur d'échange, tend à se substituer à la chose mesurée elle-même : « L'instrument est devenu la matière et l'objet et le monde[2]. » Cataclysme véritablement frauduleux, monstrueux, « comme si le calendrier se mettait à être l'année même », comme si l'horloge se mettait à être le temps, et le mètre avec ses centimètres devenait le monde mesuré. D'où la conclusion célèbre de cette analyse :

> De là est venue cette immense prostitution du monde moderne. Elle ne vient pas de la luxure. Elle n'en est pas digne. Elle vient de l'argent. Elle vient de cette universelle interchangeabilité[3].

Parce qu'il introduit un élément de comparaison entre des choses incomparables, l'argent les dépouille de leur valeur intrinsèque (la valeur d'usage, et même la valeur tout court, au sens philosophique du terme) au profit de la seule chose qu'elles possèdent en commun : leur échangeabilité contre une somme d'argent donnée.

---

1. « Un économiste socialiste, M. Léon Walras », *La Revue socialiste* nº 146 du 15 février 1897. Repris dans les *Œuvres en prose complètes*, t. I, *op. cit.*, p. 3-18.
2. « Note conjointe… », *op. cit.*, p. 291.
3. *Ibid.*, p. 291.

Ainsi est introduite une dimension quantitative, donc comparable et mesurable, là où précédemment n'existait que l'exceptionnalité de chaque chose. On ne peut mélanger les choux avec les navets, ni les torchons avec les serviettes. Mais on peut vendre des choux pour acheter des navets. Grâce à la formation du prix, un élément commun est introduit là où ne régnait auparavant que l'incommensurabilité. Même si Péguy n'a lu ni Ricardo ni Marx, nous ne sommes pas loin de leur théorie de la valeur, ni des conséquences éthico-sociales qu'en tirait le second.

Qu'est-ce que la prostitution ? C'est la substitution à une qualité non mesurable – l'amour – d'une transaction d'ordre monétaire : la passe. Et comme la mercantilisation du monde moderne devient totale, alors celui-ci n'est plus qu'une « immense prostitution ». Le mot ne se trouve pas là à titre d'invective. Il figure à titre de description, et même d'analyse.

Il faut bien réaliser que le Péguy chrétien et nationaliste de la « Note conjointe… » de 1914 est ici le même que le Péguy athée et socialiste de *Marcel*, de la cité harmonieuse, qui date de ses commencements dans l'écriture (avril 1898). Péguy n'est pas un socialiste tiède ; c'est un socialiste intégral, comme Maurras était à la même époque un « nationaliste intégral ». Pour lui, la « cité harmonieuse » est une cité où l'argent ne fait plus la loi, et même où l'argent va disparaître. C'est le seul moyen de redonner aux choses et aux êtres une valeur qui soit intrinsèque et non mercantile. L'argent produit – autre mot du vocabulaire de Marx – l'aliénation, autrement dit l'altération fondamentale, celle qui fait que les êtres et les choses ne sont plus elles-mêmes ; ils sont autres. Pour que l'individu ne devienne pas « autre chose », pour qu'il reste lui-même, il faut supprimer le salaire, symbole de l'aliénation de l'homme aux choses, il faut supprimer toute circulation monétaire :

> Ceux des citoyens qui sont les ouvriers de la cité ne lui réclament aucun produit comme étant le salaire du travail qu'ils ont fait pour elle… parce qu'ils sont ouvriers et non vendeurs de travail. […] Les ouvriers donnent leur travail à la cité ; la cité donne les produits aux citoyens. […] Les citoyens de la cité harmonieuse ne savent pas ce que c'est que ce que nous

nommons dans la société bourgeoise offre et demande, vente et achat du travail, offre et demande, vente et achat des produits[1].

En vérité, le socialisme de Péguy est un pur communisme, fondé économiquement sur la disparition des espèces monétaires et moralement sur la fin de la concurrence entre les individus. Bien entendu, aucun socialiste patenté de l'époque ne s'aventure jusque-là ; seuls les anarchistes de la nuance communiste – et non individualiste – osent se placer sur ce terrain.

C'est donc tout le monde moderne qui est frappé de *simonie*, c'est-à-dire à l'image de Simon le magicien, connu par les Actes des Apôtres, le trafic mercantile des choses spirituelles. Simon aurait voulu acheter à prix d'argent le pouvoir de communiquer l'Esprit-Saint ; et telle est aussi la tentation des hommes dans la société d'aujourd'hui :

Nous acceptons assez volontiers, et comme naturellement, que les capitaines, que les barons, que les gens de guerre, que tous les laïques voulussent avoir, que tous les temporels convoitassent du temporel, des châteaux et des terres temporelles, des puissances, des armes et des titres temporels. Ils faisaient pour nous comme leur métier. Au lieu que nous avons toujours, au contraire, un sentiment d'une espèce particulière de prévarication, d'une sorte de simonie, un sentiment très net quand des spirituels, officiellement temporels, convoitaient du temporel[2].

Quels sont donc ces simoniaques ? Beaucoup de ceux que l'on appelle depuis l'affaire Dreyfus les « intellectuels », et parmi eux, les professeurs en Sorbonne, objets de la vindicte permanente de Péguy, « ces hommes qui confondent tout de même trop le ministère de l'Instruction publique avec le ministère de l'Intérieur et la Sorbonne avec la préfecture de Police[3] », les Lavisse, les Langlois et leurs semblables. Les intellectuels passés au temporel ne sont pas dangereux. Les universitaires passés à la politique, comme Téry et Herriot ne sont pas dangereux. Ils ont tout simplement changé de

1. *Marcel, de la cité harmonieuse*, dans *Œuvres en prose complètes*, t. I, *op. cit.*, p. 68.
2. « De la situation faite au parti intellectuel dans le monde moderne devant les accidents de la gloire temporelle », *op. cit.*, p. 696.
3. *Ibid.*, p. 699.

catégorie. Les seuls dangereux sont ceux qui « font de la politique dans l'impolitique… ceux qui se conduisent dans leur chaire comme des préfets », les trafiquants d'influence et d'indulgences, ceux qui mettent le savoir au service de leurs passions, ou, pis que cela, de leurs intérêts.

Voilà pourquoi la plus violente, et par endroits la plus atrocement injuste de ses polémiques contre les universitaires, et spécialement contre Charles V, Langlois et ses comparses comme Rudler, se nomme l'*Argent* suivi de l'*Argent* (suite). Malgré son titre, on ne trouvera guère dans ce livre, en dehors de quelques brefs accès de fureur, les idées de Péguy sur l'argent que l'on vient de résumer. Ce pamphlet, il aurait pu l'intituler « La Sorbonne »… Eh bien non ! Il l'a appelé « l'Argent » pour bien faire ressortir l'essence même de cette Sorbonne nouvelle : son inféodation aux puissances temporelles de l'argent. Imaginons un pamphlet sur la justice, sur la politique, sur l'armée, et pourquoi pas sur la banque, qui se fût nommé l'Argent. Non pas. Dans l'esprit de Péguy, c'est à l'Université décadente que devait nécessairement échoir ce déshonneur.

On aurait pu encore, et ce fut mon premier mouvement, aller chercher dans le *De Jean Coste*, à cause de la célèbre distinction entre la pauvreté et la misère, l'exposé de ses idées. Pas davantage. Certes, il y dit bien qu'« on doit toujours parler finance. La fausse discrétion financière est la plus insupportable des hypocrisies bourgeoises[1] ». Bien vu ! Mais c'est à peu près tout. La question de la misère est en somme un préalable à toutes les autres. Avant de disserter sur l'argent, ses mérites et ses turpitudes, il faut d'abord nourrir ceux qui ont faim. Avant de discuter sur le socialisme et sur l'emploi des richesses, il faut d'abord donner à tous les êtres le minimum vital. La pauvreté est un problème économique. La misère est un problème métaphysique.

Identité du monde moderne et de l'argent : nous y voilà. « De la situation faite au parti intellectuel… » détruit une convention sur laquelle tout le monde s'accorde : c'est qu'il faut être « absolument moderne », comme dit Rimbaud, en un sens, il est vrai, différent. Péguy, lui, est résolument antimoderne. Passéisme ? Pas vraiment

1. *De Jean Coste*, dans *Œuvres en prose complètes*, t. I, *op. cit.*, p. 1094.

ou pas seulement. Il a été le premier parmi les écrivains français à analyser l'avènement du capitalisme, le triomphe du capitalisme non seulement comme un phénomène économique et social, mais surtout comme un événement intellectuel de première grandeur, un immense tournant dans les rapports que l'individu entretient avec sa culture. Parce que c'est un esprit libre, et même libertaire, il remet radicalement en cause l'idée progressiste que le présent est nécessairement supérieur au passé et inférieur à l'avenir. Le libertaire véritable est celui qui est capable de penser contre ses propres idées. En matière sociale, c'est celui qui est capable de penser contre son temps, ce qui est encore infiniment plus difficile. Le libertaire n'a pas que des idées destructrices, mais il pense que le danger qui menace l'intellectuel et l'empêche d'accomplir sa mission consiste à donner systématiquement raison à ses propres idées. Donner systématiquement raison à son propre temps, c'est céder à l'illusion de la proximité ou à la tyrannie de l'opinion publique. Là est le fossé qui séparera toujours l'intellectuel, fût-il le plus politique, du politique, fût-il le plus intellectuel. D'une certaine manière, la bâtardise, le refus de la morale du groupe, à l'occasion la déviance, le schisme, sont la marque propre de l'intellectuel, et l'infidélité à un certain système de croyances et de valeurs, fussent-elles les plus recommandables et les plus saintes. La grande différence entre la gauche jaurésienne et la gauche péguyste, c'est que la première donne systématiquement, comme par construction, raison à son propre camp ; la seconde se demande toujours ce qu'il y a de vrai dans la pensée d'en face. La fidélité à ses idées est une fidélité domestique et même servile ; la seule fidélité recommandable est celle qui s'applique à la méthode de pensée. Des professeurs d'idées, il en est plein les rues et plein les livres ; les professeurs de méthode sont rares ; Péguy, mais aussi Sorel et Bergson faisaient partie de ce petit nombre, d'où, au-delà de leurs contradictions, la mystérieuse parenté qui les unit.

Cette critique de la modernité est résolument moderne, ou, si l'on préfère, contemporaine. C'est pour cela que Péguy est actuellement découvert par des hommes qui appartiennent à des familles d'esprit différentes de la sienne. À propos notamment de la critique de l'argent. Marx nous avait appris à voir en lui, sous la forme du capital, non un principe mauvais mais un instrument de la production.

Péguy n'était pas ignorant de cette manière de voir. Ce à quoi il s'attaque n'est donc pas le capital, c'est-à-dire l'équivalent universel, mais l'argent ou, si l'on préfère, le *fric*, c'est-à-dire le grand corrupteur. Marx était trop économiste pour imaginer une économie totalement dégagée du capital ; c'est pourquoi l'on s'accorde aujourd'hui à voir en sa pensée une variante socialiste d'Adam Smith : sa critique du capital est en quelque sorte comptable ; elle a trait à l'exploitation du travailleur. Celle de l'argent par Péguy a trait à l'aliénation de l'être humain ; elle est de nature anthropologique et s'apparente plutôt à celle de Shakespeare.

Je me souviens de conversations que j'ai eues avec François Furet à ce sujet. Nous avons même échangé des lettres. Dans mon adhésion à la critique péguyste de l'argent, il voyait un trait précapitaliste forgé dans une nébuleuse catho-proudhonienne dont j'étais à ses yeux l'étrange et rare représentant. L'argent, ajoutait-il, c'est-à-dire le développement du capital commercial et industriel, est partout lié au développement de la liberté. Critiquer aveuglément la « ploutocratie » c'est, qu'on le veuille ou non, saper les bases de la liberté. Du reste, toutes les utopies qui bannissent l'argent versent un jour ou l'autre dans le totalitarisme.

L'argument est fort. Le commerce et l'échange sont des systèmes qui ont rendu possibles la démocratie et la paix. Tel est en tout cas le point de vue du XVIIIe siècle, notamment Montesquieu avec sa doctrine du « doux commerce ». À l'inverse, Marx – mais déjà avant lui Rousseau – voit dans le commerce un facteur de concurrence et même de guerre. Le débat se retrouve aujourd'hui autour de la mondialisation et de la défiance instinctive de la gauche française à l'égard du libre-échange. Je crois pourtant – avec les gens du tiers-monde ! – que c'est Montesquieu qui a raison. À condition que la monétarisation des échanges ne soit pas étendue aux valeurs et aux institutions non mercantiles, telles que l'art, l'éducation, la religion, le jeu, les relations interindividuelles. Tant que l'argent reste dans le domaine des biens économiques, il joue un rôle positif et même émancipateur. Mais la mercantilisation des valeurs intellectuelles et morales aboutit à des régressions et même à des catastrophes dans l'ordre de la civilisation. L'exception économique symbolisée par la fable des abeilles de Mandeville doit, pour être efficace, rester une exception ; l'égoïsme économique, s'il est étendu à l'ensemble des activités sociales, menace de miner l'existence même d'un ordre social. On meurt pour des valeurs morales, non pour des valeurs boursières. En ce sens, répondais-je à Furet, le péguysme et sa critique de l'argent n'est pas pré-capitaliste, mais bien post-capitaliste : elle rejoint les préoccupations des critiques de la mondialisation marchande et du tout-économique. Il y a chez Péguy, à la même époque que chez Rimbaud, une « horreur économique », inspirée par le constat d'un nivellement des valeurs, d'une brutalisation de la société et d'une vulgarisation des rapports humains.

Ce que Péguy a voulu dire, et qu'il a d'ailleurs très bien dit, ce n'est pas que la domination de l'argent sur l'ordre de la chair soit quelque chose de radicalement nouveau ou de radicalement scandaleux. Quand il s'agit du rapport des forces, l'argent est un interprète incomparable de ce rapport. On pourrait même ajouter qu'en établissant de façon incontestable le rapport des forces, il permet de faire l'économie de la violence dans la confrontation. Pas besoin de se mesurer, comme on dit si bien. L'argent, grandeur mesurable, nous fait passer de la violence physique à la violence symbolique. Pas sûr que Péguy, qui a un côté armure et cotte de mailles, eût approuvé cette dernière idée. Mais je crois bien que dans un moment de sagesse et de réalisme – cela lui arrivait – il l'eût admise. Ce qu'en revanche il ne peut admettre, c'est l'extension à l'intellectuel et au spirituel – une seule catégorie, là où Pascal en a distingué deux – du primat de l'argent qui s'est établi avec le monde moderne dans l'ordre de la chair. Ce n'est pas ce primat « temporel » qui est scandaleux. Le scandale réside dans la prétention de l'argent de dominer hors de sa sphère. Et voilà la vraie prostitution du monde moderne.

Le père du libéralisme moderne, Adam Smith, n'était pas insensible à ce danger, lui qui dénonçait les inconvénients propres à l'esprit commercial : « Les intelligences se rétrécissent, l'élévation d'esprit devient impossible. L'instruction est méprisée ou du moins négligée et il s'en faut de peu que l'esprit d'héroïsme ne s'éloigne tout à fait[1]. »

1. *Lectures on justice, police, revenue and arms*, Oxford, Clarendon Press, 1896, p. 42-43, cité par Albert Hirschman, *Les Passions et les intérêts*, PUF, 1980, pour la traduction française, p. 97.

Autre héraut du libéralisme, fortement imprégné, il est vrai, d'esprit chrétien et de la pensée de Péguy, l'économiste François Perroux est encore plus explicite :

> Toute société capitaliste fonctionne régulièrement grâce à des secteurs sociaux qui ne sont ni imprégnés, ni animés de l'esprit de gain et de la recherche du plus grand gain. Lorsque le haut fonctionnaire, le soldat, le magistrat, le prêtre, l'artiste, le savant sont dominés par cet esprit, la société croule et toute forme d'économie est menacée. Les biens les plus précieux et les plus nobles dans la vie des hommes, l'honneur, la joie, l'affection, le respect d'autrui ne doivent venir sur aucun marché[1].

« Lorsque le fonctionnaire, le soldat... » Ne dirait-on pas, au style près, la prosopopée de Péguy, citée plus haut, sur les grands capitaines ? Ce qui en somme a triomphé avec le monde moderne, c'est une vision des rapports entre les êtres et les choses, qui, de par ses conséquences, excède de beaucoup le seul cadre de l'économie libérale. C'est une mercantilisation du monde. Les « altermondialistes », dont les antécédents chrétiens sont difficilement niables, ne disent pas autre chose. L'argent, équivalent universel... oui, sans doute ! Des choses, soit, mais aussi, hélas, des valeurs spirituelles et des personnes elles-mêmes.

> Le monde moderne avilit. Il avilit la cité ; il avilit l'homme. Il avilit l'amour ; il avilit la femme. Il avilit la race ; il avilit l'enfant. Il avilit la nation... il avilit la mort[2].

Le monde moderne, rappelons-le, c'est avant tout pour Péguy l'argent, et plus généralement l'échange qui réduit l'objet à sa valeur nominale (*face value*, comme on dit en anglais) au détriment de sa valeur substantielle.

À l'inverse, pour Claudel, l'interchangeabilité des choses est facteur de liberté et de diversité. « Écoutez bien, dit Nageoire à Louis Laine, ce qui possède une chose n'a que cette chose, la même, et il n'en a point d'autre. Mais cette chose *vaut*, et en elle il possède ceci, qu'il peut avoir autre chose à sa place[3]. » Les historiens ont

1. *Le Capitalisme*, PUF, coll. « Que sais-je ? », 1951, 2e édition, p. 105.
2. « De la situation faite au parti intellectuel... », *op. cit.*, p. 720.
3. *L'Échange*, dans *Théâtre*, *op. cit.*, p. 748.

bien montré l'espèce de révolution commerciale, politique et surtout culturelle introduite par la lettre de change[1] au Moyen Âge. Au lieu du transport des espèces – opération lourde, coûteuse, dangereuse – la lettre de change qui suppose l'intervention du banquier substitue un jeu d'écritures au versement en espèces des sommes dues. Opération doublement symbolique puisque le papier endossé se substitue à l'or qui lui-même avait pris la place de la marchandise. Claudel tout au long de son œuvre n'en finit pas de s'extasier sur cette espèce de fiduciarisation des rapports humains :

> Tout marché est saint. Ce n'est pas peu de chose que l'acte de foi, dicté par l'intérêt, que le créancier fait dans son débiteur, et ce n'est pas peu de chose pour le débiteur que ce nouveau devoir, que cette nouvelle responsabilité dont il se trouve enrichi[2].

Une société de marché est une société de confiance, qui suppose le respect de la parole donnée, ou si l'on préfère la « bonne foi ». Les commerçants sont facteurs de paix. En faisant circuler plus rapidement les marchandises grâce aux mécanismes bancaires, ils ont ouvert les tribus, les populations, les civilisations les unes sur les autres. On dirait aujourd'hui, car le problème n'a pas changé de nature, qu'ils sont des agents de la « mondialisation ». Ils le sont, avec des rayons d'action croissants depuis les origines. Le commerce a plus fait pour l'internationalisme que toutes les professions de foi socialistes. Le fondateur de l'économie politique moderne, Adam Smith, a montré qu'en agrandissant l'échelle des échanges, le commerce suscite un nouvel espace économique, et bientôt politique. N'est-ce pas la philosophie du *Zollverein* allemand, et aujourd'hui de l'Union européenne ?

Deux familles d'esprit s'affrontent à ce sujet[3]. La première, celle d'Adam Smith et en France de Montesquieu, conformément au

1. R. de Roover, *L'Évolution de la lettre de change, XIVe-XVIIIe siècle*, Armand Colin, 1953.

2. « La restauration d'Israël », dans *L'Évangile d'Isaïe*, *op. cit.*, p. 301.

3. Voir sur ce sujet le texte éclairant d'Albert Hirschman, « Douceur, puissance et faiblesse de la société de marché : interprétations rivales de Montesquieu à nos jours », conférence de Marc Bloch donnée à la Sorbonne le 27 mai 1982. Repris dans *L'Économie comme science morale et politique*,

schéma que l'on vient d'exposer, en tient pour le « doux commerce », celui qui, au nom de ses intérêts, substitue le commerce à la guerre, et ce faisant, adoucit les mœurs. La seconde, beaucoup plus pessimiste et méfiante, englobe la plupart des socialistes. Elle pense au contraire que les marchands sont facteurs de guerre entre les nations. Déjà Rousseau, notamment dans son projet de constitution de la Corse, marquait une défiance inouïe à l'égard du commerce, qu'il voulait tout entier entre les mains de l'État, et limité au strict minimum. Mais c'est surtout la tradition marxiste qui abonde dans ce sens. Jaurès a déclaré dans une formule célèbre que « le capitalisme porte en lui la guerre comme la nuée porte l'orage ». À plus forte raison Hilferding, Rosa Luxemburg ou Lénine voient dans l'impérialisme « le stade suprême du capitalisme ». Selon cette école, c'est le heurt des intérêts commerciaux des grandes nations qui est à l'origine de la Première Guerre mondiale. Point de vue démenti par la plupart des historiens récents du conflit, qui ont montré qu'à la veille de 1914, les milieux de la City londonienne étaient favorables à des solutions pacifiques. Ce ne sont pas les intérêts qui sont bellicistes, ce sont les passions !

Claudel appartient sans conteste à la première famille d'esprit, la plus optimiste. Les esprits malveillants rappelleront ici qu'il a longtemps siégé au conseil d'administration de la société Gnome-et-Rhône, qui fut nationalisée à la Libération pour son attitude pendant la Seconde Guerre mondiale[1]. De façon plus noble et moins polémique, il convient de se souvenir de sa conception très moderne du rôle de l'ambassadeur : il est avant tout le représentant commercial des intérêts de son pays, point de vue que l'évolution diplomatique contemporaine a largement confirmé. Quand il parle du progrès du commerce, Claudel trouve des accents lyriques, dignes des bourgeois conquérants ou des socialistes utopistes pour décrire l'homme se rendant maître et possesseur de la nature, abattant les barrières et les préjugés.

---

préface de François Furet, Gallimard-Le Seuil, coll. « Hautes Études », 1984, p. 11-42.

1. Gérald Antoine, *Paul Claudel ou l'Enfer du génie*, *op. cit.*, p. 323-325 et 332-333.

L'Économie, dont l'autre nom est la Charité, la dilatation irrépressible de la charité, pour qui toutes les agressions sauvages de l'Enfer n'ont été que des invitations et des poussées, elle viendra à bout de tous les barrages de la politique et de la superstition. Ce sera fini, un jour ou l'autre, des castes, des rideaux de fer, des douanes, des hérésies, des rationalismes temporels et religieux, des îles. Postule et je te donnerai les nations pour héritage et pour ta possession les terminaisons de la terre (Psaume 2, 8[1]).

Seulement voilà. Avec Claudel, rien n'est simple. Tout est évident, mais rien n'est jamais acquis. Avec lui, tel est pris qui croyait prendre. C'est en effet de contradictions surmontées qu'est fait le tissu de la conversation, et de cette dernière l'approfondissement de la question posée. Il n'est pas besoin d'évoquer ici la dialectique hégélienne. Claudel se suffit à soi-même.

Voilà que tout à coup l'échange n'est pas que l'échange. Fondé sur le signe, il est à son tour signe d'autre chose. L'argent n'est qu'un intermédiaire ; l'argent, si le mot n'était pris ordinairement en mauvaise part, est un entremetteur. Il permet aux hommes de communiquer, et même – l'idée est hardie – de reconnaître en autrui l'homme dans son intégralité. Il faut à nouveau citer ici *La Ville* qui dans sa deuxième version enferme toute la philosophie sociale de Claudel. Mais comment imaginer chez lui une philosophie sociale qui ne soit pas en fin de compte une théologie sociale ? C'est Lâla qui parle. Lâla qui est la femme. Pas seulement une esquisse d'Ysé et de Prouhèze. Une femme intégrale, si l'on ose dire. Elle est dans la dernière scène de la pièce, « la douceur de ce qui est, avec le regret de ce qui n'est pas, la vérité avec le visage de l'erreur et qui m'aime n'a point souci de démêler l'une de l'autre[2] ». Et c'est à ce personnage de songes et de vents, à cette « promesse qui ne peut être tenue » que Claudel confie le soin d'exprimer son économie politique ! Il faut la citer, car c'est la poésie triomphale qui fait la leçon à la philosophie la plus désespérée :

---

1. « La restauration d'Israël », dans *L'Évangile d'Isaïe*, *op. cit.*, p. 310. Dans ce texte, je crois qu'il faut lire « nationalismes » à la place de « rationalismes ». Car la dénonciation de la raison, dans la suite de celle de la superstition, paraît tout à fait étrange. Cf. *Le Poète et la Bible*, Gallimard, 2004, édition établie par Michel Malicet, t. II, p. 792.

2. *La Ville*, deuxième version, dans *Théâtre*, *op. cit.*, p. 490.

Comprends, ô Besme, quelle est la réalité de l'échange, et ne vous laissez point tromper par un signe,
Comme l'or est le signe de la marchandise, la marchandise aussi est un signe[1]
Du besoin qui l'appelle, de l'effort qui la crée
Et ce que tu nommes échange, je le nomme communion.
[...]
Voici qu'à chaque homme sont donnés tous les hommes, et que l'humanité intégrale est constituée comme un corps[2].

Voilà exposé par le jeune anarchiste Claudel, et par les moyens de la poésie la plus sublime, ce que Saint-Simon dans *Le Nouveau Christianisme*, Fourier dans *Le Nouveau Monde industriel* (1829), Marx dans sa théorie de l'aliénation ont tenté à leur manière, tellement pesante et pédestre, de nous dire : que le but de la cité socialiste, c'est la reconnaissance de l'homme par l'homme.

Un autre l'a tenté à sa façon. C'est le Péguy de *Marcel ou la Cité harmonieuse*, que l'on a cité plus haut. Il n'est guère de mot de Lâla qui ne trouve sa transposition dans l'essai utopique de Péguy. Mieux que cela. C'est toute la critique du monde moderne de ce dernier, ce monde de l'avilissement qui figurait déjà dans *La Ville*, par la bouche d'Avare, le révolutionnaire :

Jadis l'ouvrier tenait son ouvrage tout entier entre ses mains. [...] Mais aujourd'hui toute la grâce du travail et tout son honneur, et tout génie lui a été retiré. Et l'homme n'a plus pour but de satisfaire à un autre homme, mais de fournir à des besoins généraux. [...] Et ainsi, quel que soit le salaire, l'ouvrier fait un ouvrier servile, et, étant esclave, il désire la liberté[3].

Voilà pourquoi le chantre de l'échange se trouve être, cette fois sans contradiction, le dénonciateur de l'argent. Car le culte de l'argent dans le monde moderne a détruit l'humanité de l'échange, par une émission permanente de fausse monnaie. Dans son *Journal* en date du 19 mars 1930, tout en déclarant son horreur du bolchevisme (blasphème, mépris des mœurs, cruauté), il lui fait crédit d'avoir détruit là-bas « le culte de l'argent, l'anéantissement devant l'argent[4] ». La

1. Nous y voilà !
2. *La Ville*, deuxième version, *op. cit.*, p. 463.
3. *Ibid.*, p. 452.
4. *Journal*, t. I, *op. cit.*, p. 905.

monnaie qui n'est pas signe de communion et de réconciliation entre les hommes, la monnaie qui de signe devient à son tour substance et qui oublie « cette monnaie sublime de la charité » n'est pas qu'une fausse monnaie ; comme le dit Acer dans les *Conversations* :

> Quand nous émettons des vignettes de fantaisie, avec des signatures l'une sur l'autre… quand nous thésaurisons le métal sacré de manière qu'il ne sert plus à personne… nous agissons comme des escrocs qui remplacent le credo par le crédit et la foi par toutes sortes de manigances fiduciaires et comme les souffrances du Moyen Âge qui au fond de leurs athanors réduisaient l'argent vierge en excréments chimiques[1].

Nous avions commencé par la provocation éclatante de Thomas Pollock Nageoire : « Glorifié le Seigneur qui a donné le dollar à l'homme ! » Et nous aboutissons à une provocation non moins audacieuse, celle d'une « alchimie maudite » de l'argent qui figure dans le premier grand texte exégétique de Claudel[2], écrit entre 1928 et 1930, alors qu'il est, notons-le bien, ambassadeur de France à Washington, et témoin privilégié du grand crash financier qui suit le mardi noir de 1929. Il y a là des pages qui font écho à « l'immense prostitution du monde moderne » dénoncée par Péguy dans la « Note conjointe… », une dénonciation furieuse de la société moderne où tout est mercantile, où l'échange gratuit n'existe pas, où la foi se nomme désormais crédit, où la tête (*caput*) s'est dégradée en *capital*, tous ces ronds de métal abstrait « substitués à la réalité interchangeable ». Et d'écrire par la main de la Fille le signe sacro-saint, celui du dollar :

> Est-ce que ce n'est pas les cornes et la queue du Diable, les marques de la Bête par excellence… ?

Cette fois la boucle est bouclée. De divinisé qu'il fut jadis, voici l'argent, sous la forme hautement symbolique du dollar, diabolisé. Alors ? Sommes-nous dans la pure contradiction ? Non pas. Car si l'argent est maudit, l'échange, lui, reste sacré. La leçon que le vieux

1. *Conversations dans le Loir-et-Cher*, dans *Œuvres en prose*, *op. cit.*, p. 762.

2. *Au milieu des vitraux de l'Apocalypse*, Gallimard, 1966, p. 133-136. Ce texte n'a donc été publié qu'après la mort de l'auteur. Il a été repris dans *Le Poète et la Bible* (*op. cit.*, t. I, p. 191-192). Je remercie mon ami Jean Bastaire d'avoir attiré mon attention sur ce passage rarement cité.

Claudel, dont la Bible est désormais le seul sujet de méditation, tire de la Seconde Guerre mondiale, c'est l'impossibilité morale de l'injustice de Mammon, de ce monument d'inégalité et d'iniquité en porte-à-faux sur la pénurie et le vide. La solution ? C'est de réduire les inégalités, de pratiquer cette « économie du don » préconisée au lendemain de la guerre – ce n'est pas un hasard – par François Perroux dont nous avons déjà trouvé la trace à propos de Péguy. L'économie politique au sens le plus général et le plus ambitieux du terme, ne saurait se réduire à une somme de recettes pour maximiser le profit ; ou bien elle n'est qu'une petite facilité de banquiers et de guichetiers au sein d'un univers abstrait, déshumanisé et dérisoire, ou bien elle a le devoir de se hisser à la hauteur d'une anthropologie pour temps actuels. L'économie politique ne saurait être seulement la science des riches ; elle doit devenir la science des pauvres, voire l'Évangile des nations. En un mot, la gratuité est en train de sortir du domaine de la charité, au sens affadi du terme, pour entrer dans celui de la justice et même de l'ordre.

Telle est la leçon, telle est l'évidence qu'à la stupeur générale la dernière guerre est venue apporter aux grandes nations de l'Occident : celle d'une gratuité s'imposant avec le caractère de l'indispensable. L'impossibilité pour un organe de ne pas fonctionner au profit de tous les autres. L'impossibilité pour la *mammona iniquitatis*, de la richesse d'inégalité, d'iniquité, se maintenant toute seule en porte-à-faux au milieu d'un univers circumambiant de pénurie et de vide[1].

C'est ici qu'après Léon Bloy, le grand précurseur, après Péguy, le grand réhabilitateur, Paul Claudel croise à son tour le mystère d'Israël.

CHAPITRE IX

FACE AU MYSTÈRE D'ISRAËL

Pourquoi, dans le cas de Péguy, de Bernanos, de Claudel, la question d'Israël est-elle aussi centrale ? Parce que, tous trois, sous des formes différentes, ont la nostalgie de la chrétienté, c'est-à-dire

1. « La restauration d'Israël », dans *L'Évangile d'Isaïe*, dans *Le Poète et la Bible*, t. II, *op. cit.*, p. 790-791.

d'une identité chrétienne de la France, et par conséquent de la place que doivent y occuper les juifs. Certes, aucun des trois ne propose un retour en arrière, à la France de Saint Louis ou à celle de Louis XIV. Ce n'est pas non plus du statut des juifs, comme sous le régime de Vichy, qu'il s'agit. Bien au contraire, Bernanos et Claudel ont saisi, comme on le verra, cette occasion pour manifester leur réprobation envers la persécution et leur solidarité avec les juifs de France. Mais tous trois s'interrogent sur le rapport que le peuple chrétien entretient avec le peuple juif. Les juifs peuvent-ils appartenir simultanément à leur peuple, au sens ethnique du terme, et au peuple français, au sens politique ? Désormais cette question, du fait de l'holocauste, ne saurait être posée sans scandale. Il n'en va pas de même au moment où ils écrivent.

La tentative de génocide perpétrée par les nazis a en effet créé autour de la question juive, une véritable « zone interdite », pour employer encore le langage de l'Occupation. En vertu de cette zone, ou plutôt de cette clause, et pour une durée indéterminée, il est moralement interdit au chrétien – appelons-le « goï » – de parler des juifs, de raisonner sur les juifs et même d'en prononcer le nom. Dire « les juifs » quand on ne l'est pas, *ex abrupto* et sans précaution, n'est-ce pas créer autour d'eux une zone d'exclusion qui confine à l'antisémitisme ? Un juif a le droit de dire « nous autres juifs », sans être taxé de particularisme racial. Un goï n'a pas le droit moral de dire « eux autres juifs ». Un juif a le droit de dire « les chrétiens ». Un chrétien n'a pas le droit de dire « les juifs ». N'est-il pas vrai que, dès avant la guerre, les gens policés évitaient de dire « les juifs », parce que c'était parler comme Maurras, ou pis, comme Hitler ? Ils disaient « les israélites » quitte à confondre un peuple avec sa religion, comme lorsque nous disons « les musulmans » pour désigner les maghrébins. Aujourd'hui, un goï bien élevé ne dit pas les israélites, car ce nom de substitution a fini à son tour par prendre une connotation suspecte, celle d'un antisémitisme caché et honteux. Mais il évite aussi de dire « les juifs », et préfère parler de « la communauté juive », quitte à se défendre immédiatement de ranger les juifs dans une communauté qui pourrait ressembler à un ghetto.

Péguy, pour commencer par lui, n'a pas de ces pudeurs. Nous sommes au début du siècle, à une époque où l'antisémitisme est regardé comme une opinion, non comme un crime. C'est pourquoi il dit : « les juifs ». Pis que cela, il dit « le juif », comme plus tard les antisémites de la période vichyssoise. Non pour le stigmatiser ou l'exclure, mais au contraire pour constater son antériorité chronologique, voire sa supériorité culturelle par rapport au chrétien. Nous sommes ici dans le comparatisme religieux, non dans l'appréciation politique. Même après son tournant nationaliste de 1905, il ne varie pas sur ce point. Et c'est la fameuse page, au début de la « Note conjointe sur M. Descartes… », où il est dit que « le juif est un homme qui lit depuis toujours, le protestant est un homme qui lit depuis Calvin, le catholique est un homme qui lit depuis Ferry[1] […] ».

Il faut bien mesurer, surtout de la part d'un homme comme Péguy, pour qui l'instruction et la culture écrite sont l'alpha et l'oméga d'un peuple, la portée d'une telle déclaration. La dignité éminente du peuple juif n'est ni ethnique, ni religieuse, ni politique. Elle est culturelle. Même si, comme il le dit dans la même page, lire, c'est toujours « lire la parole de Dieu ».

C'est en vivant avec l'intensité que l'on sait l'affaire Dreyfus que Péguy a rencontré sur sa route le mystère d'Israël, ou comme il aime à le dire « l'inquiétude juive ». D'abord parce que la victime était juive comme Jésus l'était, l'honneur le plus inouï qu'un Dieu ait jamais fait à un peuple, au point de l'élire pour son peuple :

> Que vous avaient-ils fait, mon Dieu, ces gens-là, pour être honorés de cet honneur, favorisés, fortunés, bénis, graciés de cette grâce […]. Que vous ont-ils donc fait, que vous a-t-il donc fait pour être votre élu[2] ?

Mais aussi parce que l'homme qui s'est dressé pour la justice était lui-même un juif, un homme exceptionnel au sein d'un peuple exceptionnel, c'est-à-dire Bernard Lazare. C'est pourquoi pour Péguy, l'affaire Dreyfus fut une « affaire élue » et Bernard

1. *Œuvres en prose complètes*, t. III, *op. cit.*, p. 1297.

2. *Le Mystère de la charité de Jeanne d'Arc*, dans *Œuvres poétiques complètes*, Gallimard, coll. « Bibliothèque de la Pléiade », 1994, p. 48.

Lazare un prophète d'Israël, « un des plus grands noms des temps modernes, et après Darmsteter, l'un des plus grands parmi les prophètes d'Israël[1]... » Pas moins. Ce Bernard Lazare, l'homme qui, par sa ténacité et son courage, fit naître l'Affaire « l'ami intérieur, l'inspirateur secret... Le patron » a été l'objet de la part des siens, dès l'Affaire terminée, d'un abandon total, d'un déni de justice flagrant, parce que c'était un pauvre, parce que c'était un mystique. Le seul qui l'ait traité à sa mesure et à sa hauteur – nous percevons là un accent dont Bernanos se souviendra dans *La Grande Peur des bien-pensants* – ce fut son pire ennemi, ce fut Drumont l'antisémite.

Et Péguy d'appliquer au cas des juifs sa célèbre distinction, établie quelques pages plus haut dans *Notre Jeunesse* entre la mystique et la politique. Il y a une politique d'Israël, qui ne vaut pas plus cher que n'importe quelle autre politique, qui est de ne pas faire de bruit « d'acheter la paix par un silence prudent[2] ». Non seulement l'affaire Dreyfus ne fut pas ce complot, cette machination, cette forgerie de la politique juive, mais les juifs de l'establishment n'eurent qu'un souci : que ce combat ne vienne pas remettre en cause leur situation.

Et puis il y a la mystique juive, celle dont Bernard Lazare est le prophète qui « est qu'Israël poursuive dans le monde sa retentissante et douloureuse mission[3] ».

L'originalité de Péguy, qui le rend irréductible aussi bien au philosémitisme d'assimilation qu'à l'antisémitisme de rejet, c'est qu'Israël a une place particulière parmi les nations, qui est de s'opposer à tous les intérêts – d'où sa distinction entre les juifs riches et les juifs pauvres[4] – et en quelque sorte d'entretenir l'inquiétude. Il s'en faut de beaucoup que la majorité des juifs adhère à cette mystique : c'est pourquoi le soldat de la mystique juive est aussi isolé dans son camp que le soldat de la mystique chrétienne chez les siens. Il n'y aura jamais chez lui les juifs et les non-juifs ; il

1. *Notre Jeunesse*, dans *Œuvres en prose complètes*, t. III, *op. cit.*, p. 55.
2. *Ibid.*, p. 53.
3. *Ibid.*, p. 52.
4. Et pour le cas où avec notre sensibilité moderne, on en viendrait à juger suspecte cette distinction, comme porteuse éventuellement d'antisémitisme, ce simple mot : « Vous dites : leur finance est juive, elle n'est pas française. Et la finance française, mon ami, est-ce qu'elle est française... ? », *ibid.*, p. 137.

y a et il y aura toujours les hommes de l'inquiétude face à ceux de l'habitude, les hommes de l'aventure contre ceux de l'*establishment*. Pour avoir toujours entretenu en leur sein des hommes de l'inquiétude qui ne manquent pas de les remettre en cause, les juifs occupent dans le Panthéon spirituel de Péguy une place particulière, prééminente. Dans la souffrance comme dans la révolte, Israël a un rang à part dans l'histoire de l'humanité ; que l'on ne compte pas sur Péguy pour la contester. À une époque où l'antisémitisme est triomphant à droite, mais aussi à gauche – tant de textes de Michelet, de Victor Hugo, de Clemenceau, de Jaurès qui sonnent comme antisémites à nos yeux modernes ! – Péguy, parce qu'il privilégie le spirituel, c'est-à-dire la mystique, par rapport au temporel, c'est-à-dire la politique, est une figure singulière : celle d'un prophète de l'extérieur, d'un prophète d'Israël sorti des rangs des Gentils. « Il ne sera pas dit qu'un chrétien n'aura pas porté témoignage pour eux[1]… »

On ne saurait en dire autant de Bernanos. Celui-là est un antisémite déclaré, et d'une certaine manière, il l'est resté tout au long de sa vie, quitte à donner à son antisémitisme un sens radicalement nouveau, à mesure que la terrible histoire du XXe siècle faisait son œuvre parmi les peuples et les esprits. N'est-ce pas lui qui en mai 1944 fait à Hitler ce reproche inouï, scandaleux, renversant, celui d'avoir « déshonoré l'antisémitisme[2] » ? Ah bon ? Y eut-il jamais un antisémitisme honorable ? Oui, répond Bernanos dans ce livre que l'on ne peut lire sans un affreux malaise, mêlé à quelque admiration pour tant de naïveté dans l'aberration, je veux dire *La Grande Peur des bien-pensants*. Faisons la part de l'époque et

1. Et de continuer : « Depuis vingt ans, je les ai éprouvés, nous nous sommes éprouvés mutuellement. Je les ai trouvés toujours solides au poste, autant que personne, affectueux, solides, d'une tendresse propre autant que personne, d'un attachement, d'un dévouement, d'une piété inébranlable, d'une fidélité à toute épreuve, d'une amitié réellement mystique, d'un attachement, d'une fidélité inébranlable à la mystique de l'amitié », *ibid.*, p. 135.

2. « Ceux qui parlent ainsi se font traiter d'antisémites. Ce mot me fait de plus en plus horreur. Hitler l'a déshonoré à jamais », *Encore la question juive*, mai 1944. Repris dans *Le Chemin de la Croix-des-Âmes*, dans *Essais et Écrits de combat*, Gallimard, coll. « Bibliothèque de la Pléiade », t. II, p. 614.

gardons-nous de juger l'antisémitisme même sous ses formes les plus odieuses, à travers les lunettes d'Auschwitz. Jaurès estimait encore en 1895 à propos du virulent antisémitisme algérien que sous cette forme « un peu étroite » se propageait un « véritable esprit révolutionnaire[1] »... Pourtant, quelle que soit la grandeur ultérieure du personnage et son aptitude à se remettre en question, il restera toujours quelque interrogation sur la lucidité et la pénétration de Bernanos qui a pu parler de l'antisémitisme comme d'une « grande pensée politique ». Surtout lorsqu'un tel jugement va de pair avec les griefs les plus éculés sur la « conquête juive », avec « l'activité convulsive » de juifs étrangers, qui triomphent « comme triomphe du meilleur homme une femme hystérique », devenus « maîtres de l'or » et bientôt de l'opinion, ils donnent des chefs à la bourgeoisie, « s'imposent par leurs vices mêmes qui les ont perdus tant de fois jadis, la frénésie de paraître, l'impudence, la cruauté du satrape. Dès la moitié du XIXe siècle, aux premières places de l'Administration, de la Banque, de la Magistrature, des chemins de fer ou des mines, partout enfin où l'héritier du grand bourgeois, le polytechnicien à binocles, s'habitue à trouver ces bonshommes étranges qui parlent avec leurs mains comme des singes, traînent nonchalamment sur les colonnes de chiffres et les cotes un regard de biche en amour... Avec leur poil noir, les traits ciselés par l'angoisse millénaire, le prurit sauvage d'une moelle usée depuis le règne de Salomon, prodiguée dans tous les lits de l'impudique Asie[2]... » Dans le monde d'ingénieurs qui point sous les oripeaux de la vieille bourgeoisie française, « l'imagination juive était seule capable de faire jaillir ces fleurs monstrueuses[3] ».

Ici ce n'est pas Drumont qui parle et que Bernanos se fût contenté de transcrire. C'est l'auteur lui-même, dans la conclusion du livre.

---

1. Michel Winock, *Nationalisme, antisémitisme et fascisme en France*, Le Seuil, 1990, p. 197-199.

2. *La Grande Peur des bien-pensants*, dans *Essais et Écrits de combat*, t. I, *op. cit.*, p. 328, 329. Ce texte est longuement cité par Jacques Petit, dans son essai indispensable, *Bernanos, Bloy, Claudel, Péguy, quatre écrivains catholiques face à Israël*, Calmann-Lévy, 1972, p. 184, 185.

3. *Ibid.*, p. 329.

On s'interroge. Est-ce bien là le grand Bernanos, le champion de la Justice, le révolté, le « mal-pensant[1] » qui a servi de modèle à des générations entières de jeunes gens révoltés ? Eh oui ! Tout au long de *La Grande Peur des bien-pensants* revient la conviction d'être en contradiction avec la pensée dominante de son temps, comme Péguy aux lendemains de l'affaire Dreyfus. C'est même ici la clé qui ouvre l'arcane secrète de son admiration pour Drumont et de son antisémitisme : sa détestation de la bourgeoisie. La « conquête juive » n'est pour lui que la conséquence de la démission bourgeoise. Depuis le milieu du XVIIIe siècle, les classes dirigeantes n'ont eu d'autre ambition que de durer, quitte à composer avec l'envahisseur juif, dans le déni et la haine de toutes les valeurs spirituelles qui ont fait la France. L'antisémitisme du « vieux maître » Drumont n'est pas primaire ; il « ferme le cycle de ses expériences » commencées vingt ans plus tôt à l'ombre d'un Paris ravagé par la répression de la Commune. Car *La Grande Peur...* commence par un éloge de la Commune et se termine par une charge furieuse – le croirait-on ? – contre la perversion du patriotisme qui a eu pour cadre la guerre de 1914. Gauchiste avant la lettre, Bernanos n'a pas de mots assez durs contre le patriotisme de pacotille, le bourrage de crâne, l'avilissement systématique de l'ennemi, toute cette construction mensongère qui a présidé à la victoire de 1918, toutes ces images « qui ont sali à jamais, dans les imaginaires précoces, avec la figure du héros, la notion même de l'honneur ». Étranges paroles en vérité, pour un disciple de Maurras et même pour un admirateur de Drumont.

Il faut savoir que *La Grande Peur...* avait pour titre primitif « Démission de la France », titre auquel Bernanos a eu du mal à renoncer, ou encore « la trahison des notables » – si Daniel Halévy n'avait pas écrit *La Fin des notables*[2]. Car le livre, un méli-mélo permanent, n'est que secondairement une biographie de Drumont et une apologie de l'antisémitisme. C'est une charge furieuse, injuste, qui passe du sublime à l'obscène, et de l'obscène au sublime, contre la

1. Jean Bothorel a donné ce sous-titre à son excellente biographie de Bernanos, Grasset, 1998.

2. *Ibid.*, p. 166.

bourgeoisie, les juifs, les intellectuels, mais aussi le clergé, l'armée, la démocratie, et même, on vient de le voir, le patriotisme frelaté de la guerre de 1914. Tout cela constitue un monde composite dominé par les deux veaux d'or du monde moderne, la Technique et l'Argent[1]. Au fond, à l'antisémitisme près, on retrouve ici beaucoup des thèmes majeurs de Péguy, dont l'œuvre comptera sans cesse davantage dans son inspiration.

Peut-on s'en prendre à l'argent sans à un moment ou à un autre être tenté par l'antisémitisme, voire par l'aventure autoritaire ? C'est là l'un des grands débats intellectuels qui se pose dès l'origine à propos du socialisme. À cette question toute l'œuvre de Péguy permet de répondre oui, alors qu'une partie de celle de Bernanos invite à répondre non...

Pour Bernanos, le juif est le symbole suprême du monde moderne. Son antisémitisme est fondamentalement un antimodernisme. Pour Péguy au contraire, le juif est une des figures essentielles du monde ancien. Une figure que l'on peut qualifier d'éternelle. Pour Péguy, cette figure s'incarne dans le personnage de Bernard Lazare. C'est le pauvre par excellence. Pour Bernanos, à travers divers personnages, en général des banquiers, le juif est le riche par excellence. Le monde moderne a perdu le sens chrétien de la Pauvreté et de la Douleur. Le pauvre de demain sera méconnaissable.

> Il s'appellera le chômeur, viendra manger deux fois par jour dans la main de l'État, son maître, recevra de lui chaque semaine son bon de cinéma et d'amour, mi-réfractaire et mi-policier, entrepreneur de grèves ou d'émeutes, mercenaire au service des personnes rivales de l'Industrie ou de la Banque[2].

Cette obsession de la banque juive ne quittera jamais Bernanos. En janvier 1944 où du Brésil il a pris les positions antinazies et antivichystes que l'on sait, il continue d'y adhérer. Il va même jusqu'à se hasarder à prophétiser, « en dépit de millions d'innocents martyrs juifs sacrifiés » qu'un jour prochain « la Haute Banque israélite mettra dans tout l'univers ses grandioses moyens au service du peuple dont les intérêts demeurent étroitement solidaires des

1. *Bernanos et le monde moderne*, textes recueillis par Monique Gosselin-Noat et Max Milner, Presses universitaires de Lille, 1989.

2. *La Grande Peur des bien-pensants*, *op. cit.*, p. 34.

siens[1]… » La banque juive au service d'Hitler ! En janvier 1944 ! Cette pensée qui nous paraît folle va de pair avec l'idée que l'Allemagne, symbole du capitalisme et de l'industrie, entretient avec la puissance financière juive des liens profonds, consubstantiels, capables de résister à la brisure opérée par six millions de morts.

Néanmoins, Bernanos a fini ou croit en avoir fini avec l'antisémitisme, ce mot qui lui fait désormais horreur. Il n'est pas davantage antijuif, car les juifs « appartiennent au patrimoine commun de l'humanité, qu'ils maintiennent dans le monde la tradition et l'esprit de la plus ancienne civilisation spirituelle de l'Histoire[2] ».

Pour autant, poursuit Bernanos, il y a bel et bien une race juive. Il n'y a pas de race française, parce que la nation française est une œuvre humaine, une création historique de l'homme, « composée d'autant d'éléments divers qu'un poème ou une symphonie ». Fort bien. Mais il y a une race juive, parce que « toute sa tradition morale et religieuse est fondée sur le racisme », quand bien même elle serait « incorporée au peuple français depuis plusieurs générations[3] ». Alors, inassimilables, les juifs ? Oui et non. Pas totalement. Il y a cette vocation originelle. Mais le racisme juif s'est progressivement « humanisé » au contact de la civilisation française, de sorte que « le juif français est devenu un français juif ». Alors, assimilé ? Pas vraiment non plus car « le génie juif est un génie de refus et de contradiction[4] », alors que le génie français est un « génie de conciliation ». Opinion que bien peu de nos voisins accepteraient comme telle…

Au final, la position de Bernanos apparaît à la Libération bien embarrassée et contradictoire. Il n'est plus antisémite comme du temps de *La Grande Peur des bien-pensants*. Est-il besoin de le dire ? Il réprouve fermement et même violemment la persécution des juifs. Pour autant, on ne lui fera pas dire qu'il n'y a pas de problème

1. « L'avenir de l'Allemagne », dans *Le Chemin de la Croix-des-Âmes*, *op. cit.*, p. 591.
2. « Encore la question juive », mai 1944, dans *Le Chemin de la Croix-des-Âmes*, *op. cit.*, p. 614-615.
3. *Ibid.*
4. « Le drame de conscience d'un juif allemand », dans *Essais et Écrits de combat*, t. II, *op. cit.*, p. 609.

juif, puisque le racisme consubstantiel à la tradition juive rend ce peuple fondamentalement inassimilable ; le seul, si l'on comprend bien, à cause de sa forte cohésion interne, capable de résister au génie humaniste, universaliste et assimilateur de la France.

La position de Bernanos, en dépit de son évolution, est essentiellement anhistorique. Elle s'appuie sur le fondamentalisme juif pour contester ce qui pourtant domine : la lente assimilation, consentie et même voulue, des juifs à la nation française.

À la lumière des textes que l'on vient de lire, on serait tenté, avec notre sensibilité du XXIe siècle commençant, de considérer Bernanos comme raciste. Lui-même a craint cette interprétation, mais chez lui la volonté de parler vrai, de faire éclater le scandale de la vérité, l'emporte sur toute autre considération. Homme du XXe siècle commençant, dont la sensibilité a été formée avant 1914, Bernanos utilise le mot race comme Corneille, comme Voltaire, comme Péguy en ont usé. Sans connotation raciale. La preuve de cette véritable conversion intérieure s'étale magnifiquement dans le grand article qu'il consacre en décembre 1940 à « Race contre nation[1] ». Qu'est-ce que la guerre actuelle ? demande d'emblée Bernanos. Une guerre des races contre les nations. Si par malheur Hitler devait gagner, autrement dit si le principe de la race l'emportait sur celui de la nation dans les champs de bataille de la Seconde Guerre mondiale, jamais un coup aussi rude n'aurait été porté à la civilisation occidentale, c'est-à-dire à l'ancienne chrétienté ! Qu'est-ce en effet qu'une race ? poursuit Bernanos, c'est « un remède grossier » au sentiment d'infériorité qui ronge les natures subalternes ou décadentes. La race n'a pas à se justifier, elle porte sa légitimité en elle-même, c'est-à-dire dans sa pureté « naturelle ». À l'inverse, « la nation historique est une magnifique réussite du génie humain », fondé sur la fusion des caractères originaux de ses diverses composantes. L'Europe qui était au départ « un immense réservoir de races » a travaillé mille ans pour substituer la nation à la race. « Il y a un droit international, il n'y aura jamais de droit

1. Publié en quasi-totalité à l'exclusion de la partie III dans *La Prensa* de Buenos-Aires, le 9 février 1941, repris dans *Le Chemin de la Croix-des-Âmes*, *op. cit.*, p. 217-225.

interracial » écrit Bernanos de façon saisissante : les nations peuvent en effet fusionner entre elles. Les races ne le peuvent pas « parce que tout ce qui ne leur ressemble pas les menace ». Il y aurait là, en s'inspirant des catégories de René Girard, une grande réflexion anthropologique à mener sur le semblable et le dissemblable, loin des simplismes de la race biologique, et des pieuses omissions de l'antiracisme compassionnel. Passer de l'apologie de Drumont à une analyse puissante et novatrice sur le statut de la race et de la nation, tel est le fruit d'une réflexion et d'une analyse engagées dans les combats du siècle, de la guerre d'Espagne au combat antifasciste et antihitlérien. Un seul étonnement, une seule lacune : la dimension proprement religieuse, en dépit de la toile de fond de la chrétienté, des rapports entre juifs et chrétiens est absente. Le « chrétien Bernanos[1] » s'efface complètement devant le « politique Bernanos », et paraît oublier la Bible et le christianisme quand il parle des juifs.

C'est là tout ce qui le sépare de Claudel. De l'antisémitisme ordinaire à l'exaltation du rôle prophétique des juifs dans l'histoire sainte de l'humanité : c'est ainsi que l'on peut décrire la trajectoire de Claudel, qui le conduit, par les chemins de Bernanos, aux positions de Péguy.

Que le jeune Claudel ait été antisémite, on ne saurait en douter, même s'il convient dans son cas comme dans celui de ses contemporains, qui ne pensaient pas encore qu'une critique justifiée des juifs puisse conduire à une grande injustice. Une notation du *Journal*, en date du 24 novembre 1950, nous apprend que son père, mais aussi sa sœur Camille avaient une grande admiration pour Drumont. Lui-même a été discrètement antidreyfusard : « Je n'étais pas du bon côté » déclare-t-il le 14 septembre 1930 à Darius Milhaud[2]. Notation intéressante puisqu'elle nous indique qu'à cette date, le « bon côté » est désormais pour lui le côté de chez Dreyfus. Il réagit violemment, dans une lettre à Péguy de 1910, au philosémitisme de *Notre Jeu-*

1. C'est le titre du livre magnifique d'Hans Urs von Balthasar, *Le Chrétien Bernanos* (1954), Le Seuil, 1956. Il y manque malheureusement un chapitre sur la question juive.

2. Cité par Jacques Petit dans *Bernanos, Bloy, Claudel, Péguy*, *op. cit.*, p. 50.

nesse : « Je comprends difficilement que vous niiez l'action de la juiverie dans cette affaire. J'ai vécu dans tous les pays du monde et partout j'ai vu les journaux et l'opinion entre les mains des juifs[1]. » Il ne serait pas difficile de glaner à travers les écrits et la correspondance de Claudel une partie de l'argumentation de Drumont qui a tellement séduit Bernanos : le caractère destructeur et révolutionnaire des juifs à travers le monde, la conquête de la société française par les milieux juifs à partir de Louis-Philippe, le rôle du « syndicat » juif dans l'affaire Dreyfus et la vie politique de l'époque.

Pourtant lorsque l'on examine les œuvres de la même époque, singulièrement *Le Pain dur* (1914) et *Le Père humilié* (1916), les jugements sur l'antisémitisme de Claudel doivent être nuancés. Ce sont les personnages du juif appelés par dérision Ali Habenichts (celui qui n'a rien) et de sa fille Sichel qui retiennent l'attention. Ali achète au poids, pour un vil prix, le crucifix de métal conservé avec amour par Sygne de Coûfontaine dans la pièce précédente *L'Otage* : un juif âpre et sacrilège, dans la tradition d'antisémitisme d'Ancien Régime. Quant à Sichel, elle exprime à la fois le désir d'intégration et l'impossibilité de celle-ci.

Je suis une femme, et je veux avoir ma place avec le reste de l'humanité… Il n'y a pas de Pologne, il n'y a pas de judaïsme, il n'y a que des hommes et des femmes vivants, pas de Dieu et le même droit pour tous[2] !

Dans une tentative où le désespoir et la dérision se côtoient, elle se déclare prête à renier ses ancêtres, sa religion. À son fiancé Louis, fils de Sygne de Coûfontaine et de Turelure, elle lance :

— Je prendrai la religion que tu voudras.
Louis : — Catholique. Tout le monde dit que je suis catholique.
Sichel : — Précisément, c'est la religion que je préfère, elle est si pittoresque !

Et Louis de conclure :

— Ah que je suis pressé de donner le jour à un beau petit Habenichts ! Ce sang des Coûfontaine qui s'est déjà appuyé un Turelure, voilà tout Israël qui débouche dedans. Le nom couvre tout[3].

---

1. *Ibid.*
2. *Théâtre*, t. III, *op. cit.*, p. 424-425.
3. *Ibid.*, p. 485.

Le Pain dur est la plus sarcastique, la plus noire des pièces de Claudel. Les accès d'antisémitisme qui s'y font jour ne doivent pas nous cacher son mépris pour la partie adverse, c'est-à-dire l'aristocratie catholique en pleine décadence sociale. Louis finira par tuer son père, à l'instigation de Sichel. « Tous les personnages de la pièce sont des canailles », note quelque part Claudel avec jubilation.

Et lorsque dans la dernière pièce de la trilogie, *Le Père humilié*, le ton s'élève de telle manière que ce qui relevait du blasphème et de la prostitution sociale fait place à une espèce de dialogue sublime entre l'Église et la Synagogue, la réconciliation se révèle toujours difficile. Certes, Pensée, fille de Louis et de Sichel, juive par sa mère, aveugle comme la synagogue au mur de la cathédrale de Strasbourg, tombe amoureuse d'Orian de Homodarmes, neveu du pape, mais l'union symbolique des deux confessions passe par la séparation et la mort d'Orian.

> Ah ! Puisqu'il m'a aimée aveugle, c'est d'être plus aveugle encore que je désire. Et non seulement que je ne le voie pas, mais qu'il ne me voie pas non plus, et non plus ce visage périssable, mais cette chose seulement que je lui ai donnée et qui est à lui, et que ni la vie ni la mort ne seront capables de lui arracher[1] !

Toute la thématique du *Soulier de satin* est déjà présente dans cette union amoureuse qui ne peut être consommée que par l'absence ; et quelque chose aussi de cette désespérance blasphématoire dont une Simone Weil fera le degré suprême de l'amour de Dieu.

Claudel a plusieurs fois souhaité écrire une quatrième pièce, qui eût été plaquée comme un accord final sur sa trilogie pour lui donner la forme prophétique de l'espérance. Il n'y parviendra jamais, mais au terme d'un long cheminement à travers la Bible, c'est *L'Évangile d'Isaïe*, « immense rêverie historique » (Jacques Petit) qui en tiendra lieu.

C'est en effet la Bible qui lui a révélé le mystère d'Israël. Là où Péguy et Bernanos étaient passés par l'expérience hasardeuse de la mêlée historique, Claudel, enfermé dans son manoir de Brangues, y parvient directement par la prière et la méditation sur l'Ancien

1. *Ibid.*, p. 553.

Testament. C'est dans les années trente, avant même cette retraite, que le basculement se fait : le signe le plus fort en est ce message adressé le 8 août 1936 au Congrès juif mondial, où il écrit :

> La législation abominable et stupide dirigée contre vos coreligionnaires en Allemagne me remplit d'indignation et d'horreur… D'autre part, l'étude continuelle que je fais de la Bible m'a pénétré de l'importance prédominante d'Israël au point de vue de Dieu et de l'humanité[1].

Trois lettres, à commencer par celle-ci, ponctuant ce cheminement, qui font de Claudel, au milieu de l'abjection de tant d'écrivains pendant la guerre, l'honneur des lettres françaises. On ignore généralement que Claudel a mérité de figurer pour *Contacts et Circonstances* sur la liste de proscription établie en septembre 1940 par les éditeurs collaborateurs – la plupart des grands, dont le sien propre, Gallimard – et connue sous le nom de liste Otto, véritable infamie qui continue de peser sur la réputation de l'édition française. Mais c'est surtout sa lettre du 24 décembre 1941 au grand rabbin de France qui devrait faire taire les commentaires malveillants et mal informés qui continuent de courir sur l'attitude de Paul Claudel pendant la guerre. On y lit notamment :

> Je tiens à vous écrire pour vous dire le dégoût, l'horreur, l'indignation qu'éprouvent à l'égard des iniquités, des spoliations, des mauvais traitements de toutes sortes, dont sont actuellement victimes nos compatriotes israélites, tous les bons Français et notamment les catholiques… Un catholique ne peut oublier qu'Israël est toujours le fils aîné de la promesse, comme il est aujourd'hui le fils aîné de la douleur[2].

La dernière lettre est moins connue, mais non moins significative. Elle a été adressée le 13 décembre 1945 par Paul Claudel à son ami Jacques Maritain, alors ambassadeur de France près le Saint-Siège. On y voit que le grand gorille catholique, le dévot, le bondieusard Claudel a été le *premier*, avant *Le Vicaire* de Hochhuth (1963), à s'indigner de l'attitude de Pie XII pendant la guerre à une époque

1. Cité dans le remarquable article d'Hubert Heilbronn, « Paul Claudel dans le mystère et la lumière d'Israël », *Commentaire*, n° 115, automne 2006, p. 649-656.

2. *Ibid.*, p. 651.

où ni les Alliés, ni les juifs, ni la gauche, ni bien sûr l'Église ne songeaient à le faire. On y lit notamment :

> Il me semble que les horreurs sans nom et sans précédent dans l'Histoire commises par l'Allemagne nazie auraient mérité une protestation solennelle du Vicaire du Christ. Il semble qu'une cérémonie expiatoire quelconque, se renouvelant chaque année, aurait été une satisfaction donnée à la conscience publique [...] Sur 18 millions de juifs, 6 millions de massacrés. « Le tiers de la terre [pour : de la mer] fut changé en sang[1]. » C'est ce sang dans l'affreux silence du Vatican qui étouffe tous les chrétiens[2].

Claudel est un des premiers, à la Libération, à insister sur l'événement capital pour le destin des juifs et pour l'avenir du monde qu'a été ce que nous nommons aujourd'hui la Shoah :

> Tout de même, c'est arrivé ! C'est arrivé sous nos yeux et cela sent encore. Il y a eu ces millions de juifs, hommes, femmes, enfants, vomis, enlevés, emportés jusqu'au ciel par les infatigables cheminées d'Auschwitz et autres lieux[3].

Lui qui en 1920 se désolait dans une lettre à Darius Milhaud du manque d'ambition des juifs, limitée à l'édification d'un petit État oriental « dans le genre de la Bulgarie et du Montenegro » devient après la guerre un soutien déterminé de l'État d'Israël et souhaite, dans une conversation de 1951 avec André Chouraqui, que celui-ci possède « la Terre Sainte » tout entière. Elle lui revient de droit.

On peut dire que ce tournant capital – cette véritable conversion – de Claudel à Israël est sous-tendu par sa méditation sur la Bible, notamment dans *L'Évangile d'Isaïe*, renouvelée et avivée par l'image lancinante d'Auschwitz. Lui, l'infatigable convertisseur, qui a longtemps rêvé, notamment dans la Trilogie, à la conversion

---

1. Apocalypse 8, 8.

2. Michel Bressolette : « Une lettre de Paul Claudel à Jacques Maritain », Bulletin de la société Paul Claudel, n° 143, 3e trimestre 1996, p. 1-4. Claudel revient sur le sujet le 13 décembre 1946 à Bruges. Voir le récit qu'en fait Agnès de Sarment, religieuse et filleule de Claudel, dans *Lettres inédites de mon parrain Paul Claudel*, Gabalda, 1959, p. 98. Claudel réclame à nouveau une « grande cérémonie expiatoire » pour un fait « bien plus grand que la ruine de Jérusalem ». « Et ce massacre des innocents... Ne sont-ils pas martyrs ? »

3. Cité par Hubert Heilbronn, « Paul Claudel dans le mystère et la lumière d'Israël », art. cit. ; le texte est tiré d'*Une voix sur Israël*, Gallimard, 1950.

d'Israël au christianisme, change de point de vue au profit de la mission spécifique et prophétique du peuple juif au milieu des nations de l'univers. Il écrit en 1951 :

Je ne demande pas à Israël de se convertir *hic et nunc*, comme il serait cependant naturel que moi, catholique, je le désirasse. Je lui demande d'être fidèle à son principe de priorité[1].

C'est avec plus d'un demi-siècle d'avance, le langage même de Jean Paul II, qui a tant fait pour le rapprochement des chrétiens et des juifs. La conversion que naguère Paul Claudel attendait des juifs, c'est lui-même qui l'a faite.

CHAPITRE X
MAIS POURQUOI
SONT-ILS DONC SI MÉCHANTS ?

Pourquoi dans la République des Lettres, la polémique, la satire, le pamphlet sont-ils des spécialités catholiques ? Oui, pourquoi cette férocité ? Certes, il y a des exceptions comme Agrippa d'Aubigné, qui est protestant, Paul-Louis Courier, qui est anticlérical, et surtout Voltaire, qui est… Au fait, qu'est-il ici, Voltaire ? On ne jugerait pas que son éducation par les jésuites, ses relations conflictuelles, mais parfois aussi complices avec le pape et même l'Église ne soient pas pour quelque chose dans sa verve polémique. « Je suis un bon catholique à la manière de Voltaire » dit dans *Le Pain dur* Turelure au moment de mourir. C'est un fait en tout cas que, de Pascal à Mauriac et à Clavel, les écrivains catholiques sont des écrivains féroces. Bretteurs, querelleurs, ivres du cliquetis des épées et de l'odeur de la poudre. Il suffit de citer : Chateaubriand, Veuillot, Bloy, Clavel, et bien entendu notre trilogie Péguy, Bernanos, Claudel. Donnez-leur un ennemi, ils le mettent en pièces. C'est ce qu'ont fait les hommes de Port-Royal, en livrant les jésuites à Pascal. Car enfin, le reste de l'œuvre de celui-ci, et notamment les

1. *L'Évangile d'Isaïe*, *op. cit.*, p. 288.

Pensées, n'est pas particulièrement janséniste. L'homme qui fait dire à Jésus, à l'intention de chacun de nous : « J'ai versé telle goutte de mon sang pour toi » n'est pas si janséniste que cela. Mais au moment de la querelle sur la grâce, la proie était trop belle. Pour le polémiste né, c'est l'occasion, autant que la conviction, qui fit le larron. Surtout quand cette proie était issue de son propre camp. Après tout, Pascal traite avec respect agnostiques et libertins dans les *Pensées*, alors qu'il se déchaîne sans aucune mesure, et parfois sans aucune bonne foi contre les jésuites dans *Les Provinciales*. Moquer, fouailler, dépecer les malheureux molinistes, on sent qu'il y prend un plaisir extrême. En vérité, on ne se déchire bien qu'en famille. Faut-il invoquer ici la tradition monacale de la « correction fraternelle » ? Voire ! Il n'y a rien de bien fraternel dans les raclées que Pascal inflige à ses victimes. Sauf à la fin des *Provinciales*, sous forme d'un remords tardif. On voit bien où Voltaire a pris son modèle…

Depuis le XVIe siècle, et même auparavant si l'on songe à nombre d'épisodes comme la croisade des Albigeois, la France est le pays des guerres de religion. Le XVIIe finissant est assombri par la campagne d'éradication menée par Louis XIV contre les huguenots ; le XVIIIe est traversé par la bataille de la monarchie contre le second jansénisme, et en retour, par les jansénistes contre l'absolutisme royal. La Révolution française tourne mal avec l'adoption de la constitution civile du clergé, qui a pour suite les guerres de Vendée. La IIIe République est dominée par la bataille contre le cléricalisme.

Autrement dit, toute controverse est marquée en France du sceau de l'inexpiable, parce qu'elle est, fût-ce à son corps défendant, un lointain reflet de la question religieuse. Voyez les luttes entre réformistes et révolutionnaires dans le mouvement socialiste ; voyez dans le champ psychanalytique, la bataille exterminatrice entre lacaniens et antilacaniens ; voyez la critique littéraire elle-même. Nous sommes un pays laïque, où tout débat un peu sérieux renvoie à son horizon religieux. C'est chaque fois d'orthodoxie et d'hérésie qu'il s'agit et chez tout polémiste, le Grand Inquisiteur n'est jamais très loin. Quant à l'enjeu de la bataille, quel qu'en soit l'objet, c'est du salut de l'âme de la France, c'est du salut éternel de chacune de nous qu'il s'agit toujours. On comprend dans ces conditions pourquoi les écrivains catholiques n'ont pas laissé leur part aux chiens dans ce festin de paroles et que, marginaux dans la République des Lettres, où l'on feint de vivre sous le statut de la séparation, ils sont centraux dans la controverse publique. On a déjà dit que, pour Péguy, l'affaire Dreyfus n'occupe la place centrale que parce qu'elle ne fut ni plus ni moins qu'une guerre de religion, où la majorité des catholiques avait choisi le mauvais camp. Pour Bernanos, la guerre d'Espagne relève de la guerre de civilisation, engageant des valeurs religieuses, et une fois de plus, catholiques français et espagnols ont choisi le mauvais camp. Celui-là justement dans lequel s'est trouvé Claudel, parce que les prêtres et religieux espagnols ont été la cible des massacres du camp républicain. Toujours la religion ! L'histoire des intellectuels catholiques français au XXe siècle est une scène publique qui oppose ceux pour qui la solidarité avec son camp est primordiale, à ceux qui donnent la priorité à la fidélité aux valeurs chrétiennes. Le catholique Bernanos, qui penche d'abord pour le premier parti est vite révolté par la complicité de la hiérarchie catholique espagnole avec les tueurs du franquisme. Il n'a pas de mots assez durs pour le catholique Claudel, qui prend parti sans hésiter pour les catholiques espagnols victimes des républicains. Les guerres de religion sont des guerres de famille. De part et d'autre domine l'affectivité mais aussi, chez les dissidents de la cause catholique, ce que Bernanos, dans la lignée du Péguy dreyfusard, appelle l'honneur. Il ne reste plus qu'à tirer l'épée, c'est-à-dire, pour l'homme de plume, à entrer dans les voies et les moyens de la polémique.

En vérité, polémiste est un terme général, qui abrite des tempéraments très différents. Pascal, mais aussi Voltaire et plus tard Mauriac appartiennent à la catégorie des *ironistes*. Ceux-là se placent d'emblée en surplomb par rapport à leurs victimes, qu'ils traitent comme l'entomologiste traite ses insectes. Pas question de leur accorder cette égalité qui naît du face-à-face, encore moins cette connivence, voire cette fraternité qui accompagne le combat : ils les saisissent du bout de leur pince, les retournent sous leur microscope. N'ont-ils pas affaire à une espèce inférieure, à des imbéciles fieffés ? Ces polémistes au corps sec et aux lèvres minces sont les plus redoutables, parce qu'ils ne se laissent pas aller à leurs émotions. Ils sortent indemnes des batailles qu'ils livrent. Et leurs victimes demeurent écrasées sous le plus insupportable des fardeaux : celui du mépris.

En cela, à l'opposé des *sanguins* aux yeux exorbités, à l'air furibond, comme Bloy et Bernanos, qui se laissent gagner tout entiers par leurs indignations, quitte à y laisser des plumes. Ce sont sans doute les moins cruels. Leurs fureurs les transportent hors d'eux-mêmes, mais finalement les apaisent. Au fond, ils sont reconnaissants à leurs victimes de leur fournir de si bons sujets. Leurs emportements sont assurément sincères, mais il s'y mêle toujours un peu de composition : ces justiciers sont des moralistes, pas fâchés, au bout du compte, de se trouver du bon côté. Ils ont l'humilité des justes, mais parfois aussi l'orgueil des marginaux et des francs-tireurs.

C'est pourquoi on ne saurait les confondre entièrement avec les *colériques* dont les combats ont toujours pour origine quelque blessure personnelle. Voyez Péguy ferrailler contre Charles V. Langlois, M. Laudet, ou même contre son ami Daniel Halévy : ce sont eux qui ont commencé, et non lui. Quand bien même Lavisse ou Lanson ne lui ont rien fait directement, il se mêle toujours à sa colère un fond de susceptibilité, voire de paranoïa : quand on offense la vérité ou la justice, c'est toujours à Charles Péguy que l'on en a. Ce ressentiment peut même surgir à l'occasion d'un grand amour déçu, comme on le voit quand il s'en prend à Jean Jaurès. Un sombre orgueil blessé, ou la crainte qu'on ne lui manque, habille toujours d'une ombre de ressentiment ses combats pour les plus nobles causes, et les plus désintéressées.

Reste une dernière catégorie, la moins attendue, la plus éloignée des autres, celle des polémistes « jubilatoires », comme Chateaubriand et Claudel. Ceux-là ne sont pas emportés par la colère, mais tout simplement par leur plume. Peu soucieux de se colleter avec leurs contemporains, en qui ils voient des nains presque indignes de leurs invectives, ils ne se mesurent qu'à d'autres géants. Les montagnes ne se rencontrent jamais, mais elles peuvent se défier de loin. Il arrive que la taille tienne lieu de distance. Au fond, le seul adversaire que le Vicomte ait jamais pensé digne de lui, c'est évidemment Napoléon. D'où, *De Buonaparte et des Bourbons*. Quant à Claudel, il est bien rare qu'il fasse à l'un de ses contemporains l'aumône de son mépris. Quelques indignations passagères, notamment dans son *Journal*, contre les mauvaises mœurs de Gide ou les mauvaises pensées de Sartre. C'est à ses égaux qu'il en veut : les grands artistes. Claudel ne demande même pas à être pris au sérieux lorsqu'il traite Goethe de « saucisse » (*sic*), de basses et grossières les pensées de Valéry et Mozart de musicien lamentable... Claudel parlant de la littérature, c'est le vieil oncle irrépressible qui aime scandaliser la famille en débitant des « hénaurmités »...

Pourtant qu'ils soient ironiques, sanguins, colériques ou jubilatoires, les écrivains catholiques manifestent toutes les ressources de l'esprit, mais rarement celles du cœur. Ces chrétiens se laissent rarement aller à la charité. Mauriac, qui n'est pas le moindre d'entre eux, s'interroge dans son *Bloc-notes* :

> Gide souvent posait la question « Pourquoi les catholiques ont-ils la dent si dure ? » Il est vrai que Louis Veuillot, que Léon Bloy, que Bernanos mordaient. Ce n'est pas par sa douceur que Claudel obtiendra de voir éternellement Celui en qui il a cru[1].

Et Mauriac d'échafauder des hypothèses. La plus flatteuse : une sorte de violence passionnelle, un surcroît d'exubérance au service du Christ et de la Justice. Il est vrai que plusieurs de ces écrivains sont, à l'instar de Bloy ou de Bernanos, de véritables « athlètes de Dieu » qui dépensent au profit de la cause divine cette vitalité que d'autres appliquent à l'érotisme par exemple, ou au désir de parvenir. La force est après tout une vertu, une vertu cardinale.

Et voici maintenant l'hypothèse la moins flatteuse : dans son ardeur et sa pugnacité, l'écrivain catholique ne résiste pas toujours au plaisir de s'abandonner à sa verve, d'écrire le morceau « qui à peine échappé des mains vibre dans la cible, tandis que les spectateurs poussent des oh ! et des ah ! » Il est étonnant, poursuit Mauriac, que Pascal ne se soit jamais reproché la cruauté dont il a fait preuve à l'égard des jésuites. Lui, Mauriac, a, dit-il, montré plus de charité. On veut bien le croire. Mais en quoi le plaisir de la polémique, qui s'apparente à celui du tir aux pigeons, serait-il

1. *Bloc-notes*, Flammarion, 1952-1957, Le Seuil, « Points-Essais », 1993, t. I, 7 février 1953, p. 51-52.

propre au chrétien ? Voltaire n'était pas mécontent, que l'on sache, de ses pamphlets talentueux mais aussi parfois si détestables qu'il en cachait l'indignité derrière l'anonymat relatif d'un pseudonyme.

Il faut donc chercher ailleurs. Et remarquer que le développement de la polémique catholique est contemporain de la IIIe République, synonyme à la fois d'anticléricalisme et de déchristianisation accélérée de la société française. Les catholiques sous la IIIe se sentent attaqués. Un journal comme *La Croix*, des Assomptionnistes, décrit une France chrétienne en état de siège, faisant flèche de tout bois, y compris celui de la réaction monarchiste et de l'antisémitisme.

Et surtout, au tournant du siècle, les catholiques se sentent minoritaires dans la société française. Le mouvement de conversion d'un certain nombre d'intellectuels et d'écrivains n'y change rien : leur agressivité est celle de minorités obsidionales et obsessionnelles, qui militent pour leur reconnaissance, voire pour leur survie. Voilà bien la chose : à partir de la fin du XIXe, la littérature catholique est une littérature militante, qui a besoin pour convaincre de provoquer, de scandaliser, d'en découdre. Jusqu'alors – par exemple au Grand Siècle – les écrivains, sauf exception, n'éprouvaient pas le besoin de se proclamer catholiques, puisque tout le monde l'était, ou censé l'être. Quant à ceux qui ne l'étaient pas, c'est contre le conformisme religieux de leurs contemporains qu'ils s'insurgeaient. Au vrai, la naissance de l'écrivain catholique, de l'intellectuel catholique est contemporaine de la sécularisation de la société ; elle en est la conséquence.

Voilà pourquoi chez Péguy, Bernanos et Claudel, mais surtout chez les deux premiers, c'est l'œuvre tout entière qui peut être regardée comme une polémique contre le monde moderne, synonyme de déchristianisation, mais aussi du mercantilisme et du matérialisme qui l'accompagnent. On n'insistera pas à nouveau sur cette question, mais il importe de marquer combien elle est essentielle. Avec la fin de la chrétienté, c'est tout un système de valeurs sociales qui s'écroule. La bourgeoisie révolutionnaire, héritière de 1789, a mené, on l'a vu, une triple bataille contre le système chrétien, contre le système aristocratique, contre le système socialiste. Quelles que soient les différences entre ces trois systèmes de valeurs, ils ont en commun de privilégier le collectif sur l'individuel, de faire prévaloir la solidarité sur l'aventure personnelle. Le système bourgeois au contraire est fondé sur le primat de l'individu et sur l'existence d'un équivalent universel, propre à se substituer à toute autre valeur : c'est le système de l'argent. Toute l'œuvre de Péguy, toute l'œuvre de Bernanos retentissent d'anathèmes contre cet ennemi central, et pour ainsi dire cet ennemi unique. La position de Claudel est plus complexe ; on aurait dit naguère plus dialectique : elle prend acte de l'évolution irréversible, voire du progrès, qu'introduit le système monétaire dans les échanges entre les individus et les groupes ; elle ne craint pas d'en marquer la filiation spirituelle, tout en dénonçant à son tour la mercantilisation du monde qui en résulte.

S'il était encore besoin de démontrer la place centrale occupée par la catégorie du bourgeois dans nos sociétés, il suffirait de remarquer qu'elle est la seule à former, avec d'autres catégories sociales, une série de couples antagonistes. Bourgeois s'oppose d'abord à aristocrate, et une grande partie de notre littérature est fondée sur cette dichotomie. Par exemple chez Molière : que l'on songe à l'opposition Dorante / M. Jourdain. Le premier est intelligent, élégant, désinvolte, cynique, affiche le plus grand mépris à l'égard de l'argent. Le second est borné, pataud, besogneux, naïf et dominé par les valeurs mercantiles. Au XIXe, on pourrait dire de Chateaubriand ce que l'on vient de dire de Dorante, avec une certaine note religieuse qui est nouvelle : la Révolution française, qui a fait apparaître le spectre d'une société déchristianisée, est passée par là. C'est pourquoi le Vicomte peut affirmer de façon convaincante qu'il n'y eut jamais sur terre « chrétien plus croyant et homme plus incrédule » que lui.

Tout naturellement le couple bourgeois / aristocrate fait place, vers le milieu du XIXe au couple bourgeois / artiste que l'on retrouve chez la plupart des grands écrivains de l'époque, Stendhal, mais surtout Baudelaire et Flaubert, plus tard Proust et Aragon. L'opposition entre le bourgeois et l'artiste relève davantage de la littérature que de la sociologie : l'artiste est un bourgeois sans le sou, qui, pour se venger du sort, se rapproche des aristocrates. Ceux-là au moins ne passent pas leur vie à parler d'argent, à courir après l'argent. Un certain désintéressement fait de cette classe déclinante un modèle qui perdure. Voyez Balzac : le plus grand peintre de la bourgeoisie est aussi le moins bourgeois des écrivains, entiché d'aristocratie et menant la vie de Bohème, archétype forgé par Murger et que l'on retrouve jusque dans l'opéra de Puccini.

Mais à la même époque, un nouveau couple se superpose aux précédents. C'est le couple bourgeois / ouvrier, et même bientôt avec Proudhon et Marx, le couple bourgeois / socialiste. La distinction est cette fois-ci d'ordre économique et social ; le premier est censé incarner le passé, le second l'avenir. Nous savons aujourd'hui ce que vaut cette prédiction. Il n'en est que plus intéressant de constater l'espèce d'obscure complicité qui unit l'aristocrate, l'artiste et l'ouvrier dans leur confrontation avec le bourgeois. Certes, leurs genres de vie sont différents et leurs visées sont loin de coïncider, mais le repoussoir est le même : celle d'un type social paradoxal, mélange de tendresse et de prudence, d'individualisme et de conformisme ; celle aussi d'une classe sociale dominée par la catégorie de l'avoir, et tout entière tendue vers la subversion de l'ancienne société. Marx ne se trompait pas sur l'identité proprement révolutionnaire de la bourgeoisie ; il s'illusionnait seulement sur la capacité du prolétariat à se substituer à elle.

Que l'on considère maintenant l'*ethos* de nos trois auteurs : en eux confluent – et c'est évidemment là que nous voulions en venir – la critique aristocratique, la critique artiste et la critique socialiste d'un monde dominé par les valeurs bourgeoises. Est-ce parce qu'ils sont tous trois chrétiens ? J'incline à penser que leur christianisme, au demeurant très différent de l'un à l'autre, est plutôt la conséquence que la cause de leur marginalité par rapport à la société de leur temps. Chez Péguy, la polémique permanente, obsessionnelle à l'égard de l'université ne doit rien au christianisme, car elle est antérieure à sa conversion ; on devrait dire à sa reconversion. Elle remonte à ses années d'École normale et à son départ de celle-ci. Quand il s'en prend à Lavisse ou à Lanson, c'est bel et bien, au-delà du cas de chacun, à des archétypes de la pensée bourgeoise qu'il s'attaque. Quand Bernanos fait du vieil antisémite Drumont un paladin de l'ancienne société et un garant des valeurs qui la sous-tendaient, on a moins affaire à un portrait réaliste qu'à une reconstruction, la reconstruction d'une société où l'argent n'avait pas encore triomphé. Quand Claudel conçoit *Tête d'or* (1889) – sa conversion au christianisme n'a pas eu dans tous les domaines la sauvage immédiateté de son illumination (1886) – c'est beaucoup plus à *Une saison en enfer* qu'il se réfère qu'à *L'Imitation de Jésus-Christ*.

Il y a chez les jeunes Claudel et Péguy, et beaucoup plus tardivement, chez Bernanos une espèce d'anarchisme à l'état naissant, c'est-à-dire de refus délibéré de la société bourgeoise. Non principalement de son tissu économique ou social, mais de son armature intellectuelle et spirituelle. Dès lors, au-delà de son objet particulier, qui varie selon les moments, la polémique de Péguy, de Claudel et de Bernanos doit être lue globalement comme une polémique contre le milieu ambiant, contre la société. Une sorte de sédition morale. Un soulèvement généralisé contre les impostures du réel.

CONCLUSION

INTELLECTUELS ET CATHOLIQUES, UN CERTAIN ÉTAT DE FUREUR PERMANENTE

L'œuvre de Péguy, de Claudel, de Bernanos est chargée d'idéologie. Ces écrivains-nés ont refusé l'engagement. Mais ils ont, tous trois à leur manière, pris conscience de leur inévitable implication dans les affaires du siècle, dès lors qu'ils étaient écrivains. « Embarqués » selon le mot de Pascal, plutôt qu'« engagés » selon le mot de Sartre, quoique de façon différente. Péguy, on l'a vu, s'est voulu toute sa vie journaliste. Presque toute son œuvre est l'œuvre d'un journaliste. Bernanos à son tour l'est devenu sur le tard, interpellé par l'actualité, à la manière de Camus, et à la même époque. Claudel, lui, n'a jamais été journaliste. Mais c'est toute son œuvre qui, à sa manière, celle d'un poète et d'un dramaturge, charrie – l'image du fleuve en crue s'impose à nouveau – les affaires du siècle, au milieu d'autres qui relèvent de l'éternité.

Embarqués donc, plutôt qu'engagés. Mais embrigadés ? Assurément pas. Toute la politique de Péguy, on l'a montré plus haut, est faite du refus de la politique. En tout cas de celle des politiciens. C'est la rupture de ce socialiste avec le parti des socialistes et avec son chef Jaurès qui est le facteur déterminant de son attitude. Semblable en cela à d'autres solitaires de l'époque : Fernand Pelloutier, dans le domaine syndical, Georges Sorel dans celui de la pensée. Péguy, Pelloutier, Sorel : ces trois individualités dessinent une manière de champ intellectuel et social en marge des « Importants », comme disait Alain, et pourtant au cœur des affaires du temps. Il y a chez tous trois un primat de la morale qui, une fois l'idéologie démodée, constitue leur actualité permanente, et leur exemplarité pour aujourd'hui. Bernanos, lui, a opéré d'autres ruptures : non avec l'extrême gauche, mais avec l'extrême droite. Avec Maurras, qui a inspiré sa jeunesse, la rupture s'est faite en deux temps : 1919 d'abord, lorsque l'Action française fait mine de s'engager dans l'action électorale et parlementaire ; dans les années trente ensuite, au moment de la guerre d'Espagne.

Quant à Claudel, le seul parti auquel il a jamais adhéré fut en 1948 le RPF sur les instances du général de Gaulle lui-même, qui voulait lui en confier « le commandement du secteur intellectuel ». Il se contente de figurer au Conseil national du mouvement ; mais dès décembre 1951, c'est la rupture en raison du vote des députés gaullistes contre le plan Schuman, aux côtés des communistes : le poète n'hésite pas dans une lettre à de Gaulle à parler de « honte », ou plutôt « d'indignation ». La réponse de De Gaulle ne le satisfait pas. Claudel a toujours été profondément européen[1].

Des intellectuels donc, vis-à-vis de la politique. Et vis-à-vis de la religion, et nommément de l'Église ? L'œuvre des trois écrivains se déploie sur fond de « renouveau catholique ». Des années 1885 jusqu'à la veille de la Seconde Guerre mondiale, un vaste mouvement de conversion s'opère, dans lequel Claudel (Noël 1886) joue le rôle de précurseur, suivi quelque vingt années plus tard par Péguy. Mais ce mouvement de conversion – Bernanos, lui, est issu d'un milieu catholique pratiquant et n'a jamais rien changé à la foi de son enfance[2] – va bien au-delà : parmi les grands conver-

1. Gérald Antoine, *Paul Claudel ou l'Enfer du génie*, *op. cit.*, p. 333-335, avec de larges extraits de l'échange de lettres entre de Gaulle et Claudel.

2. « Qu'importe ma vie ! Je veux seulement qu'elle reste fidèle jusqu'au bout à l'enfant que je fus », *Les Grands Cimetières sous la lune*, dans *Œuvres romanesques*, Gallimard, coll. « Bibliothèque de la Pléiade », 1961, p. 404.

tis de l'époque, on citera Bloy, Brunetière, Huysmans, Bourget, Coppée, Lemaître, Jammes, Henrion, Ghéon, les Maritain ; plus tard, Charles du Bos (1927), François Mauriac (1928), Gabriel Marcel (1929)[1] ; sans parler de ceux qui flirtent avec l'idée, comme Gide et Cocteau.

Il est frappant que Péguy, Bernanos et Claudel, qui sont, avec Bloy et Mauriac, les personnages emblématiques de ce renouveau catholique dans la littérature française, n'aient joué qu'un rôle très modeste dans l'animation de ce mouvement de retour.

Péguy et Bernanos sont rebelles à tout engagement collectif : individualistes-nés, féroces avec leurs adversaires, mais au moins autant avec leurs amis. Leur œuvre retentit de philippiques contre les catholiques et contre l'Église. Péguy ne s'est jamais départi de son anticléricalisme et Bernanos a réservé ses traits les plus cinglants aux dignitaires de l'Église, sans en excepter le pape, et aux catholiques bien-pensants.

Le cas de Claudel est, ici comme ailleurs, assez différent. Il n'a jamais voulu jouer le rôle de chef de file d'un mouvement politico-clérical qui se fût réclamé du catholicisme. C'est ainsi qu'il a refusé de façon éclatante de signer le célèbre « Manifeste du parti de l'intelligence », élaboré par Henri Massis, avec la bénédiction de Maurras et de Bainville, en réponse à la déclaration « d'indépendance de l'esprit » d'Henri Barbusse et Romain Rolland, marquée à gauche, dans un contexte de soutien à la révolution bolchevique (juin-juillet 1919).

1. Frédéric Gugelot, *La Conversion des intellectuels au catholicisme en France, 1885-1935*, CNRS Éditions, 1998 ; Hervé Serry, *Naissance de l'intellectuel catholique*, La Découverte, 2004 ; Claude Langlois, « La naissance de l'intellectuel catholique », dans Pierre Collin (dir.), *Intellectuels chrétiens et esprit des années 1920*, Le Cerf, 1997, p. 213-233 ; Étienne Fouilloux, « Intellectuels catholiques ? Réflexion sur une naissance différée », *Vingtième Siècle*, n° 53, janvier-mars 1997, p. 13-24 ; Denis Pelletier, « Intellectuels catholiques ou dreyfusistes chrétiens ? Histoire d'un écart », dans Jean-François Sirinelli et Michel Leymarie (dir.), *L'Histoire des intellectuels d'aujourd'hui*, PUF, 2003, p. 327-340 ; Claire Daudin, *Dieu a-t-il besoin d'écrivains ? Péguy, Bernanos, Mauriac*, *op. cit.* ; *Les Intellectuels catholiques*, Histoire et débats, numéro spécial de la revue *Mille Neuf Cent*, n° 13, 1995.

Croyants, nous jugeons que l'Église est la seule puissance morale légitime, et qu'il n'appartient qu'à elle de former les mœurs ; incroyants, mais préoccupés du sort de la civilisation, l'alliance catholique nous paraît indispensable[1].

Sans doute Claudel est-il d'accord avec la condamnation du bolchevisme contenu dans le manifeste. Mais dans une lettre à Henri Massis, il considère que ses termes conduisent à un « programme implicite d'adhésion à l'Action française ». Sept ans avant Pie XI, il dénonce le « Politique d'abord » de ce mouvement, ainsi que son « kaiserisme intellectuel » (nous disons plutôt aujourd'hui « jdanovisme »).

Pour autant, il ne refuse pas de patronner, mais de loin, les mouvements et les revues d'inspiration catholique destinés à manifester le renouveau religieux dans les Lettres, comme par exemple *Les Cahiers de l'Amitié de France* avant 1914, *Les Lettres* et *Vigile* dans la période suivante[2]. Mais il laisse volontiers à Maritain le rôle de chef d'orchestre et même d'inspirateur de ce renouveau littéraire catholique. Sa principale contribution dans ce domaine est une création qui lui est propre, cette « coopérative de prières » qu'il lance en 1909 avec Francis Jammes et son ami Gabriel Frizeau, destinée à soutenir moralement les convertis : initiative, on le voit, plus spirituelle que proprement politique.

Des intellectuels catholiques, n'est-ce pas d'ailleurs une contradiction dans les termes ? Y a-t-il place au sein d'une Église fondée sur le dépôt collectif de la Foi et sur l'adhésion à un dogme défini par l'autorité magistrale, pour l'activité critique, pour le non-conformisme à fondements rationalistes, pour l'individualisme invétéré de ceux qu'à la fin du XIXe siècle on commence, à la faveur de l'affaire Dreyfus, à qualifier « d'intellectuels » ? « Ce que je crois, allez le demander à Rome », avait lancé de façon provocatrice l'ancien positiviste Ferdinand Brunetière, peu de temps après sa conversion au catholicisme.

En vérité, il n'a pu exister d'intellectuels catholiques que parce que les « intellectuels » en général sont apparus à l'occasion de

1. Hervé Serry, *Naissance de l'intellectuel catholique*, *op. cit.*, p. 154-155.

2. Sur le rôle de ces revues, consulter le livre très précis d'Hervé Serry, *Naissance de l'intellectuel catholique*, *op. cit.*

l'affaire Dreyfus, sinon comme un groupe social distinct, du moins comme une communauté de pensée et peut-être de destin dans la société française. Ce n'est pas le lieu ici de faire ou de refaire l'histoire générale des intellectuels, mais seulement de comprendre qu'elle a conditionné celle des intellectuels catholiques, qui sont à la fois une sous-catégorie et une espèce rivale des premiers.

Aussi longtemps que la France tout entière fut considérée comme une chrétienté, l'apparition d'intellectuels catholiques proprement dits n'avait pas de raison d'être. Comme on l'a souvent souligné, ce sont les hommes d'Église – les clercs –, en tout cas une partie d'entre eux, qui tinrent lieu d'intellectuels collectifs en animant la vie intellectuelle, en fournissant à l'État des cadres et à la société des normes. Quand Julien Benda parle dans un livre célèbre de « trahison des clercs » (1927), c'est à cette situation qu'il fait allusion. Celle-ci n'a évolué que progressivement. Au XVIIe siècle encore, malgré Pascal, Bossuet et Fénelon, les catégories de l'écrivain et de l'intellectuel – bien entendu, le mot n'existe pas encore – continuent d'être distinctes, l'imposition des normes morales n'étant que secondairement le fait des écrivains et les hommes d'Église continuant de jouer un rôle essentiel. C'est au XVIIIe siècle que tout change lorsque, pour parler comme Tocqueville, « les hommes de lettres devinrent les principaux hommes politiques du pays ». Par hommes politiques, entendez, comme le contexte en témoigne, des agitateurs d'idées dans la société, autrement dit, des intellectuels. Mais la réplique, qu'on a tendance à oublier aujourd'hui, ne leur est pas donnée par d'autres intellectuels, mais encore et toujours par des ecclésiastiques, les fameux jésuites, les Nonotte et les Patouillet, dont Voltaire fait des gorges chaudes.

L'autre fait essentiel, c'est la prise de conscience par les catholiques de leur caractère minoritaire au sein de la société française. Davantage : la plupart éprouvent, depuis la Révolution française, le sentiment d'être étrangers à leur propre patrie, « *exules in patria* », selon la formule de Tertullien, qu'au tournant du XXe siècle un ecclésiastique se plaît à reprendre. Sous la Révolution française, les catholiques fidèles à Rome ont connu la persécution de la part de l'État. Certes, Napoléon rétablira pour près d'un siècle la paix religieuse. Mais si l'État cesse d'être hostile au catholicisme, c'est la société elle-même qui, insensiblement, s'éloigne de lui. Et il suffira de l'arrivée de la République, que l'Église commet l'erreur gravissime de mal accueillir à partir de 1871, pour que le catholicisme s'installe dans un statut de contre-société, fondée sur les souvenirs et les valeurs du passé, la nostalgie d'une France rêvée, fille aînée de l'Église, bien différente de la France moderne qui s'édifie à l'ombre des Pères Fondateurs, imbus de laïcité, de scientisme, ou des valeurs individualistes du protestantisme libéral. Avant d'être une conséquence de l'affaire Dreyfus, la renaissance catholique, sensible dans les élites au début du XXe siècle, chemine d'abord souterrainement en réaction à l'idéal politique, social, scientifique et culturel de la IIIe République ; avant de s'épanouir dans une exceptionnelle floraison d'écrivains de premier plan, Léon Bloy, Barbey d'Aurevilly, Huysmans, Péguy, Claudel, en attendant Bernanos et Mauriac, la renaissance catholique est d'abord dans les élites un fait intellectuel, qui touche la philosophie, de Maritain à Bergson, en passant par Laberthonnière et Blondel, la sociologie avec Le Play, l'exégèse biblique avec Loisy, l'histoire religieuse et ecclésiastique avec Mgr Duchesne et le père Lagrange, la science avec Pierre Duhem.

Elle est aussi un fait social et politique, d'Albert de Mun à Marc Sangnier. Tous ces hommes extrêmement différents par leur champ d'activités et leurs tendances personnelles ont en commun le sentiment d'une discordance entre leur foi et le temps qu'ils vivent, entre l'idée qu'ils se font de la société et celle qui naît sous leurs yeux, entre la France éternelle et la France moderne. Nul mieux que Péguy n'a exprimé le divorce entre la chrétienté et le monde moderne ; mais tous, à des degrés divers, en ont souffert ; et c'est ce sentiment d'appartenir à une minorité souffrante et militante qui fait d'eux des intellectuels.

Aussi longtemps en effet que l'alliance du trône et de l'autel avait prévalu et que la France, terre de gallicanisme, n'en restait pas moins la fille aînée de l'Église, écrivains et philosophes pouvaient bien adhérer à la foi chrétienne : aucun d'eux n'éprouvait le besoin de se penser et de se comporter en intellectuel catholique, ni Corneille, ni Descartes. Il faudra, je l'ai dit, l'enrôlement de l'intelligentsia du XVIIIe siècle sous la bannière de la Raison et de l'Irréligion, puis la rupture ouverte par la Révolution française avec la foi sociologique des Français pour que la religion chrétienne devienne à son tour un drapeau, un signe de ralliement. Habile à saisir les symboles et les tendances, Chateaubriand le premier invente avec *Le Génie du christianisme* la figure de l'intellectuel catholique, qui mettra un siècle à s'imposer, en profitant des premiers doutes, des premières défaillances de la raison militante. Cela dit, dans ce quart de siècle qui précède la guerre de 1914, assurément l'un des plus riches en idées et en personnalités nouvelles de toute notre histoire, quelle diversité et quelle cacophonie !

Les minorités sont rarement unies : c'est le pouvoir qui rassemble, tandis que l'opposition divise. La dissidence catholique au sein de la IIIe République n'échappe pas à cette loi. Et les personnalités sont si fortes, les différences si stridentes qu'il serait vain de partir à la recherche de la figure unique de l'Intellectuel catholique.

Avec les précautions d'usage et les limites inhérentes à ce genre d'exercice, proposons une classification simple. Il n'est pas trop difficile de distinguer, tous domaines confondus, trois tendances parmi ces intellectuels qui éprouvent le besoin, dans le concert de la République triomphante, appuyée sur les colonnes de la Science et de la Raison, de faire entendre une musique différente.

D'abord, *les traditionalistes*, gardiens de la citadelle assiégée, qui pensent que ce n'est pas durant l'assaut qu'il faut entreprendre des travaux dans la citadelle. Pour ceux-là, l'opposition entre le catholicisme et le monde moderne ne peut que prendre la forme d'un combat frontal entre forces irréductibles. Depuis la Révolution, la France moderne est pour eux de nature intrinsèquement perverse ; toute idée de composition avec elle s'identifie à une capitulation. Une telle mentalité s'accompagne bien entendu d'une idéalisation du passé, en dehors de toute considération historique. Ce traditionalisme, qu'incarnent parfaitement dans le domaine littéraire les « 3 B », Bourget, Brunetière, Barrès – sans parler un peu plus tard de Bordeaux et de Bazin ! –, a pour lui les gros bataillons du catholicisme, et à plus forte raison ses chefs : l'Église de la fin du XIXe siècle, ses évêques, la presse et la majorité de ses curés, est hostile à la République pour les mêmes raisons qu'elle est hostile à la science et au progrès. Quitte à faire le désespoir d'un Léon XIII, qui voit bien, depuis Rome, ce qu'une telle attitude a de tendanciellement suicidaire, elle n'hésite pas à s'engager dans le douteux combat de l'anti-dreyfusisme et à apporter à l'Action française un soutien exorbitant, compte tenu des tendances néo-païennes de Charles Maurras. Résultat : la défense des valeurs chrétiennes est noyée dans la cause générale de la conservation sociale et compromise avec d'autres causes plus discutables encore.

Ensuite, *les modernistes* qui voient le catholicisme comme une maison à reconstruire sur des bases nouvelles. Non que le message évangélique soit, à leurs yeux, révolu. Au contraire, il prend une signification renouvelée au fur et à mesure que la civilisation se développe. Les dogmes ne sont pas périmés ; leur définition reste identique ; mais leur formulation, nécessairement provisoire et tributaire des développements historiques de l'esprit humain, doit être rénovée au fur et à mesure que la conscience des hommes évolue. Cette idée d'un développement dogmatique continu sur des bases immuables doit beaucoup au cardinal Newman (1801-1890). Elle reste à l'intérieur de l'orthodoxie ; mais bien vite, en partie à cause des persécutions dont ils sont victimes, les plus hardis d'entre eux, dont la figure emblématique est l'abbé Loisy, s'évadent de ce cadre et finissent, à partir d'une critique exégétique de plus en plus rigoureuse, par interpréter l'ensemble du dépôt dogmatique en termes symboliques. Évolution parallèle à celle des traditionalistes : ceux-ci n'avaient pas hésité à confondre la foi avec la tradition, ceux-là tendent à épuiser la foi dans la modernité. Il y aurait une injustice profonde à confondre les partisans d'une modernisation des discours, des méthodes et des idées sociales de l'Église avec ce que Pie X condamne sous le nom de modernisme dans le décret *Lamentabili* et l'encyclique *Pascendi* (1907). La preuve, c'est que les idées de ces intellectuels organiques d'une Église idéale, débarrassée de ses compromis avec les puissances d'établissement, deviendront avec Vatican II l'expression même de l'orthodoxie catholique.

Les flamboyants, enfin. Je regroupe sous ce terme des personnalités inclassables appartenant à la littérature et aux arts, dont la démarche est étrangère au conflit essentiel que je viens d'évoquer. C'est ici qu'il faut placer Péguy, Bernanos et Claudel. Penchant tantôt du côté de la tradition – mais l'intégralisme d'un Claudel n'a rien à voir avec l'intégrisme d'un Mgr Benigni –, tantôt du côté de la modernité – mais la large vision anthropologique d'un Péguy n'a rien à voir, au contraire, avec une religion de la modernité – ces hommes sont moins à proprement parler des intellectuels, que des témoins en acte d'une renaissance du christianisme qui se manifeste dans le domaine de l'art et de la littérature autant que dans celui de l'exégèse et de la science. Leur caractère fondamentalement inclassable les met à l'abri des passions politiques du temps, quand bien même ils les partagent ou même les suscitent ; ils donnent à l'intelligentsia catholique son authenticité, et plus encore son universalité. Ils la dégagent des querelles du temps et de la sociologie empirique des intellectuels.

Quelle que soit la sensibilité à laquelle se rattachent théologiens, philosophes, écrivains ou artistes se réclamant du catholicisme, il ne fait aucun doute que la grande question qui les travaille tous est celle de l'attitude à adopter à l'égard du monde moderne. Les uns appellent de leurs vœux la résistance, d'autres l'adaptation, d'autres enfin le dépassement. Et dans tous les cas, il est clair que le catholicisme qui fut longtemps une donnée sociologico-religieuse, une sorte d'*état de nature* que, dans leur grande majorité, les jeunes Français trouvaient à la naissance dans leur patrimoine génétique, devient au début du siècle une question intellectuelle qui relève, non plus de l'acceptation passive, mais de l'engagement personnel. La chrétienté fut longtemps ce système d'organisation des rapports entre spirituel et temporel où l'adhésion au christianisme était la norme, l'agnosticisme le résultat d'un choix personnel. À l'inverse, la laïcité est ce système de séparation entre le temporel et le spirituel où l'agnosticisme devient la norme et la foi un choix personnel.

Bien entendu, une telle remarque n'a de portée que sociologique ; elle n'exclut ni des cheminements singuliers anticipant sur les évolutions ultérieures, ni même une dérive de fait des attitudes religieuses dans le sein d'une indifférence croissante. À vrai dire catholicisme de droit et agnosticisme de fait sont deux données qui ont souvent cohabité sans grande difficulté au royaume de France : cette situation est typique d'une religion romaine plus attentive à l'état institutionnel des choses que le protestantisme, fondé en principe sur une adhésion personnelle.

C'est donc la séparation de l'Église et de l'État (1905), grande date dans l'histoire politique, qui, bien que ne correspondant à aucun tournant notable au chapitre des pratiques religieuses, détermine, autant que l'affaire Dreyfus, la naissance d'une intelligentsia catholique en France ; désormais la foi est affaire individuelle ; elle est par conséquent aussi affaire de « profession publique ». Ce n'est pas simple coïncidence si en cette même année 1905 apparaissent des inflexions de tous ordres, dans le cas de Péguy par exemple. En cette année pivot, c'est la question de la modernité qui est à l'ordre du jour, et de sa compatibilité avec les croyances traditionnelles. En 1864 déjà, le *Syllabus* de Pie IX se concluait sur cette proposition expressément condamnée : « Le pape peut et doit se réconcilier et transiger avec le progrès, le libéralisme et la civilisation moderne. » Tout l'effort des intellectuels intransigeants pendant le demi-siècle qui va suivre consistera à donner une réalité à cette condamnation ; celui des modernisateurs consistera au contraire à l'infléchir. Et tandis que le *modernisme*, au sens technique du terme, s'efforce de rendre la foi catholique compatible avec les données de la raison et de l'état d'avancement de la science, le libéralisme catholique et le christianisme social, quelles que soient par ailleurs leurs différences, tentent de réconcilier l'Église avec la société et la politique de leur temps.

Un certain « état de fureur permanente », voilà, disait Breton, ce qui caractérise les surréalistes. Péguy, Bernanos, Claudel sont évidemment aux antipodes de ceux-ci, ne serait-ce que parce qu'ils n'ont jamais fait de leur condition d'écrivain une raison sociale ; parce qu'ils se sont toujours refusés à se déplacer et à agir en bande et qu'ils évitaient de se comporter en gens de lettres dans la vie courante. Il n'est rien qu'ils aient autant détesté que le milieu littéraire parisien, qui à toutes époques le leur a bien rendu. De là, autant que de leur catholicisme, cette marginalité d'abord subie, et bientôt revendiquée. Pourtant eux aussi ont vécu la plus grande partie de leur existence dans un état de fureur et d'exaltation. Cela suffirait à les distinguer des mièvreries et des illusions pieuses de cette « renaissance catholique » qui s'est souvent prévalue de leur existence. Péguy, Bernanos, Claudel sont des génies à l'état sauvage qu'on ne saurait réduire aux causes mêmes qu'ils ont défendues.

J'ai déjà noté que, lorsque Claudel s'empare de la Bible, il en fait une œuvre entièrement poétique, et, à dire vrai, une œuvre de Claudel lui-même.

Cette façon de porter sa propre sensibilité à incandescence, de transformer systématiquement l'indignation en révolte, ses sentiments en passions, et la vie d'artiste en marginalité volontaire, voilà peut-être le trait le plus original de la littérature française au XXe siècle. Jusqu'au XVIIIe, l'homme de cour a été le modèle dominant des écrivains français et la connivence avec le pouvoir la règle générale, même chez des esprits aussi indépendants que Molière ou Racine. Certes, les choses changent au XVIIIe, et les philosophes deviennent les critiques – faut-il dire les rivaux ? – de l'autorité royale. Mais avec le pouvoir, que d'accommodements ! Les esprits subversifs que sont Voltaire et Diderot représentent aussi l'extrême pointe de la civilisation la plus raffinée. On se déchire, mais avec grâce, en multipliant les procédés les plus obligeants.

Au XIXe siècle, la tour d'ivoire orgueilleuse de Vigny, la gueuserie aristocratique de Lamartine, le dandysme cosmopolite de Stendhal, le grandiose exil volontaire de Hugo, tout cela n'appartient pas non plus à l'ensauvagement volontaire qui sert de modèle au XXe siècle. Les furieux, les maudits, les déréglés, les hors-la-norme sont une invention de ce XXe, dont l'origine lointaine et ambiguë est évidemment Rousseau. C'est Rousseau qui a donné le signal de l'insurrection contre la société, et c'est Rimbaud qui lui a donné sa traduction poétique, aux côtés de Lautréamont, redécouvert à point nommé par les surréalistes, et d'Antonin Artaud, le réprouvé, qui fait de sa démence la substance même de son génie. Désormais un écrivain peut avoir pignon sur rue ; il se garde bien d'avoir pignon sur cour. Que l'on ne croie surtout pas qu'il s'agit là d'une pose propre aux écrivains de gauche. À droite, et même bientôt à l'extrême droite, se lève Céline qui pèsera toujours davantage, en dépit ou à cause de la quarantaine intellectuelle dans laquelle il a été tenu après la guerre. Malraux est un excentrique en transe et Michaux un aventurier de l'extrême. Tous, à travers la révolte, la révolution, la drogue, l'érotisme, voire la délinquance (Jean Genet) construisent des espèces de contre-société. Tout plutôt que celle qui existe !

Pas étonnant que cette littérature exhale, de l'extrême droite à l'extrême gauche, la haine de la démocratie, au moment où la démocratie s'impose aux esprits et aux peuples. À la différence du fascisme et du communisme, dont les brasiers ont fasciné la plupart des intellectuels français, la démocratie, passion moyenne et ennuyeuse, n'a guère trouvé d'apologiste parmi les grands écrivains du siècle. Camus assurément, et parmi les essayistes, Alain et Raymond Aron. C'est un peu juste, quand chacun à sa manière, Breton, Sartre, Foucault, se sont voulus des ennemis des lois. La démocratie française s'est construite contre ses hommes de lettres. La résultante moyenne des recommandations et des entraînements de la majorité d'entre eux, si on les avait suivis, serait une sorte de dictature populiste tempérée par l'anarchie. En matière de politique et de vie sociale, les écrivains et intellectuels français n'envisagent de solution raisonnable qu'après avoir essayé toutes les autres. Leur résignation actuelle, leur désabusement, leur petit-embourgeoisement n'est que la monnaie de leurs extravagances déçues.

Maintenant, quelle est la place de nos trois auteurs dans ce concert de fureur et de déraison ? D'évidence, ils appartiennent à leur siècle, et n'envisagent guère leur condition d'écrivain comme une profession libérale. Ils sont en permanence *hors d'eux*, soit sous l'effet de l'indignation, soit sous celui de la contemplation.

Mais leur marginalité est d'une essence différente de celle des autres écrivains du siècle. Elle se mesure, non dans l'écart avec la société, mais dans l'écart avec le monde moderne, flanqué de ses deux piliers, la technique et l'argent. Leur foi religieuse les met définitivement à l'abri des religions temporelles du siècle, fascisme et communisme. C'est pourquoi ils sont, à leur corps défendant, de véritables remparts de la démocratie. Péguy parce qu'il a, avec un extraordinaire instinct, pressenti la dérive totalitaire de la politique des partis. Bernanos parce que, nourri de la haine de la démocratie parlementaire, il a fini par l'accepter comme un moindre mal et comme un rempart contre le totalitarisme. Claudel, parce que non moins méprisant que Bernanos envers la République parlementaire, il l'a servie fidèlement et sans troubles de conscience. Au total, aucun des trois n'ayant absolutisé la politique n'a été tenté par la politique absolutiste. Leur itinéraire amène à poser la question qui tourmentait déjà Robespierre : est-il possible d'imaginer une démocratie athée ?

Leur critique de « cette gueuse de société moderne », comme dit Péguy, n'est pas sociale. Elle est culturelle et anthropologique. Ce n'est pas l'argent qu'ils détestent. Encore moins le capital. Mais le *fric*, rejoignant ici Shakespeare et les grands moralistes anglais et français de l'âge classique qui dénoncent sans relâche la cupidité, cette passion mauvaise qui ravage le cœur de l'homme. De même, ce n'est pas en soi la technique qu'ils mettent en cause, mais l'asservissement des fins aux moyens, la subordination du *wertrational* au *zweckrational*, pour parler comme Max Weber. Claudel, passionné par la technique, fasciné par l'univers de la grande ville, a des accents prophétiques et magnifiques pour dénoncer l'instrumentalisation de l'animal. Quant à Bernanos, l'auteur de *La France contre les robots*, sa critique de la technique n'est pas sans faire penser parfois à celle de Heidegger.

Tout au long de cet essai, j'ai souligné les accents résolument antimodernes de Péguy, de Bernanos, de Claudel. Et si, paradoxalement, c'était grâce à ces accents, que leur voix, chargée d'une histoire qui n'est plus la nôtre, parvenait jusqu'à nous ? Dans le sillage de 1968, Péguy a retrouvé, par le truchement de Maurice Clavel, une seconde jeunesse. Des hommes aussi différents qu'Alain Finkielkraut, Michel Serres, Edwy Plenel ont vu en lui, à des degrés divers, une espèce de prophète du futur. En ce sens, 1968 a lavé l'affront de 1940, quand Vichy a voulu faire de cet « insurgé » (Jean Bastaire) le porte-parole d'une France conformiste, cléricale, couchée devant l'ennemi.

Il est vrai aussi qu'un des slogans de 68, échappé des murs de la Sorbonne, fut : « plus jamais Claudel ! » Celui-ci l'avait un peu cherché, lui qui cachait son anticonformisme foncier sous les dehors d'un conformisme provocateur. Il n'empêche : chaque fois que le théâtre redevient une voix dans l'espace et que le besoin d'un verbe enchanté se fait sentir, on voit, à la surprise des acteurs et des spectateurs subjugués, le « plus jamais Claudel ! » se transformer insensiblement en un « plus que jamais, Claudel ! » Quant à Bernanos, le moins malmené par notre présent, mais aussi le plus oublié, on finira bien par reconnaître que ses saintes colères étaient bonnes conseillères.

C'est ainsi que ces antimodernes sont en train de se transformer en postmodernes. À une époque où la modernité n'est capable d'exprimer que des vieilleries et que la montée de l'insignifiance menace de nous étouffer, leurs prophéties teintées de passéisme prend des accents résolument futuristes. Lorsque s'éloignent le socialisme et la révolution, qui furent longtemps le véhicule de la révolte des hommes, de leur quête de sens et de dignité, nous découvrons que ces magiciens du verbe se sont remis à nous parler. Ils ont compris avant tout le monde que l'idéal révolutionnaire n'a de sens que dans la défense acharnée, sans esprit de recul, de l'individu contre les entreprises sournoises du monde moderne. « C'est pour cela, dit Péguy, dans ces pages vraiment immortelles de *Notre Jeunesse*, c'est pour cela que notre socialisme n'était pas si bête et qu'il était profondément chrétien. »

LE CHOC SIMONE WEIL[1]

DÉLIVRANCE ! RENCONTRE DE SIMONE WEIL

On ne sort pas indemne d'une rencontre avec Simone Weil. On peut bien sûr y venir bardé de ses certitudes, emmitouflé dans ses habitudes de pensée et alors, il ne se passe rien. On se dit que la traversée de cette tornade n'était après tout qu'un mauvais moment à passer. On ricane pour cacher son malaise, et l'on décrète vulgairement, à la façon de Célestin Bouglé, directeur de l'École normale supérieure dont elle était élève, qu'il ne s'agit en somme dans son cas que d'un « mélange d'anarchiste et de calotine ! ».

Ou bien au contraire on prend le risque de se présenter à découvert dans la zone des tempêtes : on en sort démoli ou régénéré.

Pour moi qui n'ai aucune autorité à parler de Simone Weil, aucun autre titre à faire valoir que l'expérience du choc que j'ai reçu, aucune autre ambition que de faire partager cette émotion intellectuelle, ce fut les deux à la fois.

Et d'abord, la conscience de mon indignité. Si j'avais à parler de Kant ou de Hegel, je protesterais de mon incompétence. Avec elle, c'est autre chose. Qui suis-je pour parler d'elle ? Ce sentiment ne me quittera jamais. Certes, il faut savoir résister à la tentation de la placer d'emblée dans le registre du surhumain. Ce serait la trahir ;

1. Texte intégral de l'édition originale, Flammarion, coll. « Café Voltaire », 2014.

rien de moins nietzschéen en effet que cette figure hantée par l'absolu. Et pourtant, elle a porté si haut la condition humaine qu'elle semble par moments s'en évader. Elle fait partie dès le premier abord de ces êtres d'exception qui témoignent pour leur espèce sans lui appartenir tout à fait. Or c'est le contraire qui est vrai, puisque l'effet le moins discutable de son œuvre est de nous persuader que nous ne faisons jamais appel qu'à 10 % de l'humanité qui est en nous, et que nous passons le plus clair de notre temps à tenter d'échapper au reste. Il fallait bien qu'un jour Simone Weil rencontrât le Christ, puisque tout son exemple, tout son enseignement tendent au même but que les siens : nous révéler à nous-mêmes dans notre totalité. Quiconque prend au sérieux la lettre de ses *Cahiers*, comme on le ferait des *Pensées* de Pascal ; quiconque en somme la prend au mot ne peut manquer d'être partagé entre l'angoisse que suscite en nous cette entrée brutale dans des couches inexplorées de notre condition, et la jubilation que l'on éprouve à l'exemple contagieux d'une totale émancipation intellectuelle.

« Toujours courant devant » (Alain), Simone Weil est d'abord à mes yeux une libératrice. Ce que dit toute son œuvre, quel qu'en soit le sujet, c'est : « N'ayez pas peur de penser. N'ayez pas peur de vos pensées. N'ayez pas peur de vous-même. »

À qui aborde pour la première fois la personne et l'œuvre de Simone Weil, le sentiment qui s'impose est celui de l'étrangeté. Celle qu'Alain, son maître pendant trois ans en khâgne à Henri IV, appelait « la Martienne » et Bouglé « la Vierge rouge » était pour son frère André « la Trollesse », c'est-à-dire la version féminine des trolls, ces divinités de l'univers scandinave, parfois malfaisantes, parfois facétieuses et le plus souvent inattendues.

Et puisque sur un tel sujet, il faut bien payer de sa personne, je veux dire ici d'emblée que, sans elle, je ne me serais peut-être jamais avoué à moi-même ce que je pense du « gros animal », autour duquel la gauche française tourne en dévotion, comme les Hébreux autour du Veau d'or. Lorsque Simone Weil s'écrie : « L'ordre social, quoique nécessaire, est essentiellement mauvais, quel qu'il soit », elle énonce une vérité essentielle qui donne à l'anarchisme ses lettres de noblesse et renvoie ses contemporains communistes à leur vraie place, aux côtés des conservateurs. Peu importe en effet ce que peut être cet ordre social, il suffit de constater que ses adorateurs sont nécessairement du côté de la force et non de la liberté, de la pesanteur et non de la grâce. Contre toutes les formes de sociolâtrie, Simone Weil était en état de vigilance permanente. Il est juste de dire que c'est la partie d'elle-même qui doit le plus à son maître Alain.

De même, contre l'esprit d'orthodoxie, contre la recherche d'une position politique qui serait juste en toutes circonstances, comme si l'on faisait de la politique pour sauver son âme, Simone Weil, au rebours de ce que l'on pourrait attendre d'un esprit aussi intransigeant, prône le pragmatisme.

Comme plus tard le grand philosophe polonais Leszek Kolakowski, qui lui ressemble intellectuellement par plus d'un trait, elle admet qu'il faille être à la fois révolutionnaire, réformiste et conservateur. Pour l'avoir souvent éprouvé, je suis arrivé à l'idée que cette dialectique de la pensée politique est la condition nécessaire de la liberté.

Enfin je reconnais que sans Simone Weil je ne me serais peut-être jamais clairement avoué à moi-même ce que je pense du Dieu de l'Ancien Testament, ce vieux monsieur grincheux, tyrannique et sanguinaire. Quel rapport personnel puis-je entretenir avec ce tyran domestique, et surtout quel rapport lui-même peut-il entretenir avec le Dieu d'amour du Nouveau Testament, tel qu'il nous est connu par Jésus-Christ ? Un rapport de filiation historique, nous disent les bonnes âmes, les graves historiens et les curés repentis, comme si le Fils n'était venu mourir sur la croix que pour confirmer une filiation historique. Là encore, la juive Simone Weil casse les vitres, n'hésite pas à comparer Moïse à Maurras, bravant les accusations classiques sur la haine de soi et même sur l'antisémitisme latent qui en découlerait.

Ce ne sont là que quelques exemples. Simone Weil est presque toujours là où on ne l'attend pas, parce que nos attentes sont infestées par nos préjugés. Syndicaliste, elle met en garde contre le collectif ; révolutionnaire, elle prêche la paix sociale ; pacifiste, elle s'engage le fusil à la main aux côtés des républicains espagnols ; munichoise, elle appelle après l'annexion de la Tchécoslovaquie à la résistance armée contre Hitler ; libertaire, elle affirme dans

L'Enracinement que « l'ordre est le premier besoin de l'âme » ; juive, elle vomit le Dieu de colère et de vengeance de l'Ancien Testament ; christique à tendances chrétiennes, sa foi, comme celle de beaucoup de mystiques il est vrai, côtoie le désespoir ; chrétienne à tendances catholiques, elle ne cesse de dénoncer la trahison de l'Église sous l'emprise de Rome.

Ces paradoxes ne sont pas des contradictions, mais le refus de la part d'un esprit libre de se laisser enfermer dans ses propres certitudes. La preuve en est que lors même qu'elle paraît brûler ce qu'elle a adoré, elle reste fidèle à ses valeurs anciennes. Par exemple, au moment où, au mépris de ses convictions non violentes, elle s'engage dans la lutte armée aux côtés des républicains espagnols, elle n'en approuve pas moins la politique de non-intervention définie par Léon Blum ; au moment où, en dépit de son anarchisme, elle proclame le besoin d'ordre qui est au fond de l'âme humaine, elle n'en affirme pas moins que tout ordre social est mauvais. Décidément, elle n'écrit ni pour les fanatiques, ni pour les imbéciles. Ces derniers forment même la seule catégorie humaine pour laquelle elle ne paraît jamais avoir éprouvé de commisération.

Mais c'est peut-être cette insondable capacité à être en permanence présente à son siècle, et néanmoins toujours distante par rapport à lui, qui fait d'elle une figure exceptionnelle ; au dire d'André Comte-Sponville, qui ne partage guère ses convictions, « elle fait partie des très rares maîtres spirituels de notre époque ». Morte en 1943, elle est étrangère à tout le bavardage « existentialiste » sur l'engagement, de la part de gens qui ont raté toutes les occasions – que dis-je ? les « obligations » – de s'engager. Elle se trouve quasi spontanément au cœur de la classe ouvrière dès 1935, de l'Espagne républicaine en 1936, de la France Libre à Londres en 1942-1943. Mais de son expérience syndicaliste, elle tire ses « Réflexions sur les causes de la liberté et de l'oppression sociale » (1934), qui ont laissé pantois plus d'un de ses camarades de combat ; de la guerre d'Espagne, cette lettre bouleversante à Georges Bernanos (1938) qui décrit surtout les crimes commis par les républicains ; et à Londres, en guise de contribution intellectuelle à la France Libre, ce grand fleuve de *L'Enracinement*, qui charrie entre autres surprises quelques-unes des plus fortes objections que l'on peut faire à la démocratie. En cela, intellectuelle véritable, s'il est vrai que le vrai intellectuel est celui dont les amis ne pourront jamais être sûrs intellectuellement, hormis la certitude qu'il choisira toujours de mourir à leurs côtés.

J'allais oublier : dans le panthéon de Simone Weil, j'ai rencontré Platon, Jésus, la Bhagavad-Gita, les églises romanes, le chant grégorien, Villon, Théophile de Viau, La Boétie et l'anarcho-syndicalisme.

Et dans son enfer, à côté des grands démons patentés, Hitler et Staline, je trouve Jérusalem, Rome, le totalitarisme sous toutes ses formes, la tyrannie de la technologie moderne, les partis politiques.

Abélard est dans son paradis et Saint-Bernard dans son enfer. Il n'y a que Marx qui ait sa résidence dans les deux contrées.

— Alors, je prends !

I

LA VIE OU L'ATTENTE DE LA VÉRITÉ

Ce qui fait de Simone Weil un être d'exception et qui suffit à la placer en dehors de toute catégorie préétablie, et notamment de la corporation des intellectuels de gauche, tient en deux dispositions d'esprit fondamentales. La première, c'est son inflexible volonté de mettre en toutes circonstances sa vie en adéquation avec sa pensée. La seconde, dans l'exercice de cette pensée, c'est le refus absolu de reculer devant les conséquences d'une vérité[1], quelles que puissent être ces conséquences. Car, en disciple de Platon, elle croit à l'existence réelle des idées. Ce sont des entités autonomes, dotées de leur logique propre, non des marionnettes : nos idées nous obligent.

Toute la vie de Simone Weil est l'illustration de cette double obligation que nous contractons à l'égard de nos idées, dès lors que nous les adoptons.

1. Domenico Canciani, *Simone Weil, le courage de penser*, Beauchesne, 2010, p. 429.

La plus redoutable, la plus contraignante de ces idées est celle de Justice. Une chose est de se prononcer du haut de sa chaise, de sa tribune, ou tout simplement de son fauteuil de bureau pour la Justice. Cela ne coûte pas cher. Cela ne mange pas de pain. Autre chose est de vivre pleinement selon la Justice, qui repose sur l'idée d'égalité et d'amour entre les êtres humains.

Dans sa lettre au père Perrin, qui est son autobiographie spirituelle, Simone Weil déclare qu'elle donne à la charité chrétienne le nom de Justice « qu'elle a dans plusieurs endroits de l'Évangile[1] ». Cette idée obsédante domine tous ses comportements, à commencer par ceux qui semblent les plus extravagants et qui ont trait à la nourriture. Elle n'est pas anorexique au sens médical du terme. Ou alors, il faut parler dans son cas d'une espèce d'anorexie philosophique et morale qui lui interdit de se nourrir au-delà de ce qui est accessible aux plus déshérités.

En 1926, à dix-sept ans, dans un « topo » en marge duquel son maître Alain se contentera pour toute remarque d'inscrire « très beau », elle part de l'histoire d'Alexandre à qui l'on apporte dans le désert un casque rempli d'eau, alors que son armée meurt de soif. Il renverse le casque et répand l'eau sur le sable. « Son bonheur, écrit Simone, s'il avait bu, l'aurait séparé de ses soldats… il suffirait donc d'être juste et pur pour sauver le monde, ce qu'exprime le mythe de l'homme-Dieu qui rachète les péchés des hommes par la seule justice et sans action politique[2]. »

Au Puy, où elle est professeur de philosophie (1931-1932), elle ne conserve pour ses besoins que le montant du traitement d'une institutrice, reversant l'excédent aux caisses de chômage et à la caisse de solidarité des mineurs de Saint-Étienne.

En février 1941, à Marseille, elle refuse de manger autre chose que des pommes de terre, obtenues sans ticket d'alimentation, parce que les Annamites du camp voisin sont privés de tickets. Pendant toute la période de privations de la guerre, elle se refusera à manger

---

1. Simone Weil, *Œuvres*, Florence de Lussy (éd.), Gallimard, coll. « Quarto », 1999, p. 769.

2. Cité dans Simone Pétrement, *La Vie de Simone Weil*, Fayard, 1978, t. I : *1909-1934*, p. 81-82.

au-delà de ce que procurent les rations officielles, et c'est ainsi qu'à Londres elle finit par se laisser à moitié mourir de faim, par solidarité avec ceux qui étaient privés de nourriture en France et ailleurs. Le coroner chargé de l'acte de décès parlera implicitement de suicide par sous-alimentation volontaire. Malgré un dégoût certain pour le manger et le rêve d'une alimentation obtenue seulement de la lumière solaire et de certains corps minéraux, Simone Weil a toujours considéré le rapport à la nourriture comme le critère élémentaire de la solidarité avec les êtres humains. Il en va probablement de même de certaines habitudes contractées très jeune, comme celle de coucher à même le sol. Chez elle, les formes les plus extrêmes de l'ascétisme ont toujours compris une dimension sociale, sinon politique. À plus forte raison quand il s'agit de sa vie militante.

Si, à cinq reprises, elle s'engage dans le travail manuel, soit à l'usine, soit aux champs, c'est d'abord pour partager la vie des plus opprimés dans la société.

D'abord dans la Manche, pendant les étés 1926 et 1927, chez Léon Letellier, disciple de Jules Lagneau, qui fut lui-même le maître d'Alain, où elle s'initie au travail dans les champs. Puis de décembre 1934 à août 1935, elle travaille en usine chez Alsthom, chez Carnaud, chez Renault. Enfin de nouveau à l'automne 1941, alors qu'elle séjourne auprès de Gustave Thibon, elle fait les vendanges à Saint-Julien-de-Peyrolas (Gard).

Il est inutile de dire qu'elle était peu douée pour les tâches matérielles. De constitution fragile, de santé délicate, myope, maladroite de ses mouvements et de plus affligée d'insupportables migraines, elle n'avait rien d'une stakhanoviste. De même, pendant ses quelques jours d'activité militaire en Espagne, elle inspirait une véritable terreur à ses proches dès qu'elle manipulait une arme à feu… Elle a laissé, notamment dans sa correspondance, des évocations de ces travaux, qui l'épuisent littéralement, au point de lui faire perdre le sens de sa démarche. Loin des spéculations sur la conscience prolétarienne, elle découvre le quotidien ouvrier qui est fait de routine, de fatigue, de saleté et le plus souvent de repli sur soi : « J'ai reçu là pour toujours la marque de l'esclavage[1] », dira-t-elle plus tard.

---

1. *Œuvres*, *op. cit.*, p. 770.

Elle en tire une conclusion essentielle : c'est qu'une révolution politique et même sociale n'émancipera en rien la classe ouvrière si elle ne s'accompagne d'une transformation technologique des conditions de travail ainsi que d'une participation des travailleurs à la gestion de l'atelier.

« Il ne suffira pas au mineur, écrit-elle en 1932 dans *L'Effort*, d'exproprier les compagnies pour devenir maître de la mine. La révolution politique, la révolution économique ne deviendront réelles qu'à condition d'être prolongées par une révolution technique qui établira à l'intérieur de la mine et de l'usine, la domination que le travailleur a pour fonction d'exercer sur les conditions de travail[1]. »

L'obsession de l'égalité ne se limite pas au domaine matériel. Le sentiment de ce qui est dû à l'humanité tout entière conduit à une sorte de devoir de dépersonnalisation, car il ne faut pas faire acception de personnes, « l'amitié, finit-elle par concéder, est la seule exception légitime au devoir d'aimer d'une manière universelle[2] ». Au père Perrin, ce jeune dominicain qui joua dans sa vie et dans son orientation spirituelle un rôle décisif, elle reproche son « attachement à l'Église comme une patrie terrestre », alors que « les enfants de Dieu ne doivent avoir aucune autre patrie ici bas que l'Univers lui-même, avec la totalité des créatures raisonnables qu'il a contenues, contient et contiendra[3] ».

Sa capacité de souffrance avec autrui ou pour autrui paraît infinie, aux dimensions de l'Univers. Simone de Beauvoir se rappelle l'avoir vue éclater en sanglots à la nouvelle d'une famine qui s'était déclarée en Chine : « Ces larmes, écrit-elle dans les *Mémoires d'une jeune fille rangée*, forcèrent mon respect plus encore que ses dons philosophiques. J'enviais un cœur capable de battre à travers l'univers entier[4]. »

En ressort le sentiment que l'amour personnel, l'amour pour une personne particulière est une injustice à l'égard de toutes les autres.

---

1. « Après la visite d'une mine », *L'Effort*, n° 299, 19 mars 1932, cité dans Domenico Canciani, *Simone Weil*..., *op. cit.*, p. 461.
2. *Ibid.*
3. Lettre au père Perrin du 26 mai 1942, dans *Œuvres*, *op. cit.*, p. 786.
4. *Mémoires d'une jeune fille rangée*, Gallimard, 1958, p. 236-237.

« Il faut être catholique, c'est-à-dire n'être relié par un fil à rien qui soit créé, sinon la totalité de la création. »

C'est la rencontre avec le Christ qui lui permettra d'appréhender l'humanité dans sa totalité. Qu'il est vain, comme on le tente parfois, de séparer la réflexion philosophique et politique de son expérience spirituelle, puisque, au bout du compte, c'est une seule et même chose ! Même sentiment quand il s'agit du salut : il y a ce salut « qu'elle refuserait s'il ne lui était pas commandé », la tentation, comme la Jeanne d'Arc de Péguy d'une solidarité avec les damnés, et à la limite la tentation de l'anéantissement de soi :

« Je suis convaincue que le malheur d'une part, d'autre part la joie comme adhésion totale et pure à la parfaite beauté, *impliquant tous deux la perte de l'existence personnelle*, sont les deux seules clefs par lesquelles on entre dans le pays pur, le pays respirable, le pays du réel[1]. »

Et d'avouer au père Perrin qu'« à cause d'une souffrance trop longue et ininterrompue » – qui va de ses terribles migraines au sentiment du malheur du monde, son imagination ne peut pas « recevoir la pensée du salut en tant que chose possible pour moi[2] ».

On n'en finirait pas de citer des épisodes tirés de la vie de Simone Weil où la compassion pour le malheur d'autrui, dont le souci de justice n'est que l'autre face, la conduit à renoncer au bonheur personnel ou même à la jouissance de sa propre personne.

Toujours le souci de mettre sa vie en adéquation avec ses pensées. Beaucoup d'intellectuels bourgeois ont eu des idées politiques ou même sociales aussi radicales que les siennes, sans pourtant changer quoi que ce soit à leur genre de vie. Or, faute d'une inscription significative dans la réalité sociale et surtout dans le monde du travail, le comportement dans l'existence est pour l'intellectuel la seule pierre de touche de l'authenticité de ses convictions. Un intellectuel bourgeois révolutionnaire qui passe sa vie avec d'autres bourgeois, qui en partage les mœurs, les séjours, les relations, les amours, est bien vite rattrapé par son milieu et se transforme

1. Lettre à Joë Bousquet, 12 mai 1942, dans *Œuvres*, *op. cit.*, p. 798.
2. Lettre au père Perrin, dans *Œuvres*, *op. cit.*, p. 782.

progressivement en imposteur. N'est-ce pas du reste ce que suggère la théorie marxiste ? Quand il s'agit des élus socialistes, Simone Weil s'insurge contre leur manière de vivre dans le milieu parlementaire, au contact quotidien de leurs collègues conservateurs, avec lesquels, qu'ils le veuillent ou non, ils forment un milieu particulier, un « microcosme ». De quoi donner raison à Robert de Jouvenel qui dans *La République des camarades* (1914) a exprimé la chose en une formule définitive :

« Il y a moins de différence entre deux députés dont l'un est révolutionnaire et l'autre ne l'est pas qu'entre deux révolutionnaires, dont l'un est député et l'autre ne l'est pas[1]. »

Ce qui est valable pour les élus l'est aussi pour les intellectuels, et l'on s'étonne que Lénine, qui était de confession marxiste, ait pu faire des intellectuels militants les gardiens de la pureté révolutionnaire contre les tentations « trade-unionistes », c'est-à-dire réformistes, des ouvriers. La suite a montré que c'était là pure illusion, ou même pure imposture, et qu'après la prise du pouvoir, la constitution des intellectuels en caste prédatrice de bureaucrates et de technocrates a été le fondement primordial du stalinisme.

Simone Weil ne s'y est jamais trompée, et ce que l'on pourrait être tenté d'appeler son ouvriérisme n'est que l'application des principes marxistes aux soi-disant marxistes eux-mêmes. Les ouvriers ne doivent compter que sur eux-mêmes, parce que les sentiments, les convictions, les idées, dès lors qu'ils ne sont pas gagés sur une pratique personnelle – on est tenté de dire une ascèse –, ne sont que des bulles de savon.

C'est ainsi que, dans une conférence sur la « rationalisation » prononcée en 1937, elle affirme que les « travailleurs ne doivent pas avoir confiance dans les savants, les intellectuels et les techniciens pour régler ce qui est pour eux d'une importance vitale [...]. Ils ne doivent compter que sur eux-mêmes, et s'ils s'aident de la science, ça devra être en l'assimilant à eux-mêmes[2]. »

1. Grasset, 1914, p. 17.
2. « La rationalisation », 23 février 1937, cité par Domenico Canciani, *Simone Weil...*, *op. cit.*, p. 465.

Certes, Simone Weil approuve la contribution des intellectuels au mouvement ouvrier, à condition qu'elle reste désintéressée et ne serve pas d'ascenseur à une carrière politique.

« Les "intellectuels" ont malheureusement les mêmes privilèges dans le mouvement ouvrier que dans la société bourgeoise[1] », écrit-elle dans ce grand travail, déjà cité, qu'elle a écrit à vingt-cinq ans, « Réflexions sur les causes de la liberté et de l'oppression sociale ».

Mais s'ils sont privés de leurs privilèges, ne risquent-ils pas d'être « noyés dans la masse » ? Eh bien, tant mieux, qu'ils s'y noient !

Telle est du reste la pensée du syndicalisme révolutionnaire, à fondement anarchiste, auquel s'est convertie Simone Weil dès son entrée dans la profession. Ses animateurs, de Fernand Pelloutier à Victor Griffuelhes, ou ses interprètes, de Georges Sorel à Édouard Berth, n'ont jamais pensé autrement. Et à la lumière de l'expérience soviétique, Makhaïski a dénoncé la constitution du marxisme en philosophie de classe des intellectuels[2]. Au moment où elle s'exprime ainsi sur l'autonomie ouvrière, Simone Weil collabore à *La Révolution prolétarienne* de Monatte, Louzon et Rosmer, c'est-à-dire les héritiers légitimes du syndicalisme révolutionnaire.

C'est toute la vie de Simone Weil qui est une protestation contre l'imposture des pseudo-intellectuels engagés et qui témoigne à la fois de sa propre philosophie du travail et de son exigence d'authenticité. Nous y reviendrons. Mais notons-le d'emblée : son travail en usine, à trois reprises (1934-1935), ou comme ouvrière agricole (1926-1927 et 1941) n'a pas pour but de catéchiser les ouvriers et de les entraîner dans la voie juste, comme le feront les « établis » au lendemain de mai 1968 ; il est à ses yeux la contrepartie normale de ses travaux intellectuels sur le socialisme, le syndicalisme, le mouvement ouvrier. Il ne s'agit pas de « s'engager », mot qui implique un rapport d'extériorité à l'égard de la classe ouvrière, voire de condescendance à l'égard des travailleurs manuels, mais de s'immerger, au risque de se perdre ou de perdre son identité.

---

1. *Œuvres*, *op. cit.*, en 1934, p. 273-353.

2. Jan Waclaw Makhaïski, *Le Socialisme des intellectuels*, textes choisis, traduits et présentés par Alexandre Skirda, Seuil, « Points Politique », 1979.

Allons plus loin. Ses engagements politiques, car il s'agit bien cette fois-ci d'engagement, dans la guerre d'Espagne, dans la Résistance intérieure et la France Libre à Londres procèdent du même esprit. Seul un tel engagement donne le droit de critiquer, et lorsque par exemple, dans sa lettre à Georges Bernanos (1938)[1], elle dénonce les crimes commis du côté républicain, elle ne se le permet que parce qu'elle a participé au combat de ce côté-ci.

Parce qu'elle refuse de s'en tenir à la dimension politique des choses, elle a même noté l'abîme qui séparait les hommes armés de la population désarmée, « un abîme tout à fait semblable à celui qui sépare les pauvres et les riches ». Car il ne suffit pas d'être du même camp : encore faut-il considérer la position que chacun occupe à l'intérieur de ce camp. Une telle remarque va bien au-delà de l'antipolitisme traditionnel : elle frappe au cœur l'imposture politique, en pointant du doigt le phénomène de domination et d'humiliation qu'implique l'usage de la force, même vis-à-vis de ses prétendus bénéficiaires.

Non seulement dans son esprit, il n'y a pas contradiction entre son engagement armé aux côtés des républicains espagnols, dans la colonne anarchiste Durruti, et son assentiment à la non-intervention décidée par Léon Blum, mais c'est même la première qui est la garante de l'authenticité de la seconde. Défendre la République espagnole agressée est une chose qui s'impose à elle comme son « devoir d'état » ; tandis que l'État, avec un grand E, l'État politique, a un devoir d'une tout autre nature : le maintien de la paix. Dans son engagement chez les républicains, il faut tenir compte de la « nécessité intérieure » qu'elle ressent de se poster là où est le danger. Ce qui lui fait le plus horreur dans la guerre ? « La situation de ceux qui se trouvent à l'arrière. »

Jusqu'à l'annexion de la Bohème-Moravie par Hitler (15 mars 1939), Simone Weil conserve l'espoir qu'une action non violente peut encore sauver la paix. Plus tard, en 1943, elle parlera de sa propre attitude comme d'une « erreur criminelle », due à des douleurs physiques écrasantes qui l'ont empêchée de suivre de près l'évolution des milieux pacifistes, jusqu'à leur « inclination à la

1. *Œuvres*, *op. cit.*, p. 403-409.

trahison ». Face au devoir de vérité, Simone Weil a toujours refusé les demi-mesures et les prudents chemins de la psychologie. Chez elle, la primauté du spirituel sur le psychologique se traduit par des attitudes tranchées et des retournements radicaux.

D'où son horreur de la dissimulation, ce verbe franc où parfois l'humour et la provocation le disputent à l'inconscience. Interrogée par un commissaire de police de Marseille (avril-mai 1941), à propos de sa première participation à un réseau de résistance dont on ne sait pas grand-chose, sur ses sentiments à l'égard de l'Angleterre, elle répond en éclatant de rire : « Ceux de la plus grande sympathie[1] ! » Un peu interloqué par une forme de franchise qui sort des règles du jeu, il la libère.

Et que dire de son incroyable lettre du 18 octobre à Xavier Vallat, l'immonde commissaire aux Questions juives ? Elle n'a toujours pas reçu de réponse à sa demande de réintégration dans un poste d'enseignement à l'issue de son congé de maladie. On a su depuis que, conformément à son vœu d'enseigner à l'étranger ou aux colonies, elle avait été nommée, à dater du 1er octobre 1940, au lycée de jeunes filles de Constantine et que la lettre ne lui était jamais parvenue.

Au lieu de se comporter avec prudence, ou de le traiter par le mépris, comme il convient face à un persécuteur, elle lui parle en être humain, accessible au débat. Certes, elle multiplie les pointes d'ironie : elle affecte de considérer Vallat comme son chef, puisqu'elle suppose que c'est sa qualité de juive qui la prive d'un poste d'enseignement. Or, elle ne se considère pas comme juive, et ne comprend toujours pas bien ce que c'est qu'un juif. De plus, elle juge le statut des juifs, qu'elle a étudié, injuste et absurde, « car comment croire qu'un agrégé de mathématiques puisse faire du mal aux enfants qui apprennent la géométrie, du seul fait que trois de ses grands-parents allaient à la synagogue[2] ? ».

N'importe : c'est de tout cœur qu'elle remercie Vallat de l'avoir fait passer du statut d'intellectuelle à celui de travailleuse manuelle. « Vous m'avez fait aussi le don infiniment précieux de la pauvreté, que vous ne possédez pas non plus. » Il y a certes une ironie féroce

1. *Ibid.*, p. 974.
2. *Ibid.*

dans ses propos, mais surtout le souci de dire la vérité en toutes circonstances.

Ne jamais tricher avec la vérité donc, quel que soit le contexte. Ne jamais la dissimuler, sous prétexte que sa révélation ferait le jeu de l'adversaire. Tant de lâchetés, tant de crimes ont été commis sous ce prétexte-là ! Les hommes de parti n'attendent au fond que cela des intellectuels : que ces préposés à la vérité fassent une exception au profit d'une cause réputée supérieure. Ils attendent d'eux qu'ils deviennent les préposés au mensonge, au moins par omission. C'est ce que Julien Benda a appelé la « trahison des clercs ».

Pas de risque avec Simone Weil. Bien qu'elle ait le plus souvent évité le mot d'intellectuel, elle s'est toujours comportée comme si la tâche première de celui-ci était de dire la vérité sur leur propre camp. Sinon, qu'est-ce qui le distinguerait des fanatiques ?

C'est pourquoi, de l'Espagne, comme on l'a vu, elle a retenu en priorité les crimes des républicains et des anarchistes ; à Londres, à la veille de sa mort, elle démissionne de son poste de rédactrice à la Direction de l'intérieur de la France Libre, qu'elle accuse de tendances hégémoniques, parce qu'elle ne veut pas, à la Libération, faire partie des vainqueurs. Et dans toute cette dernière phase qui coïncide avec la guerre, où elle se rapproche de plus en plus du catholicisme, elle met tout son soin à maintenir sa distance intellectuelle et sacramentaire à l'égard de l'Église : toujours la haine de la domination.

Ce qui fait de Simone Weil une intellectuelle d'exception, et dans un siècle où ils pullulent, l'une des rares à se montrer digne de ce nom, c'est la combinaison, en chacun des moments de son existence, du travail professionnel – au lycée ou en usine –, de l'activité militante et politique, du travail intellectuel proprement dit, qui est gigantesque, et de l'expérience mystique. Pour en donner une idée, on rappellera qu'elle a enseigné au début de sa carrière dans cinq lycées différents, qu'elle a été une syndicaliste active, présente à la fois aux congrès de la CGT et de la CGTU : car elle plaide pour la réunification syndicale ; qu'elle s'est investie dans la plupart des grands événements de l'époque, présente en Espagne, dans la Résistance et dans la France Libre ; que la publication en cours de ses œuvres ne comptera pas moins de seize forts volumes ;

tout cela entrecoupé ou plutôt entremêlé de très violentes migraines qui la font souffrir atrocement, de divers accidents de santé. Une des meilleures connaisseuses de son œuvre, Florence de Lussy, a pu parler à son propos de « cette puissance dévorante de la pensée qui, chez certains êtres prédestinés, habite un corps et l'illumine[1] ».

Ce n'est pas pour rien qu'Albert Camus, qui en 1949 publie *L'Enracinement* dans la collection « Espoir » qu'il dirigeait chez Gallimard, et qui a toujours regretté de ne pas l'avoir connue, a parlé d'elle comme du « seul grand esprit de notre temps[2] ».

On aura compris que pour Simone Weil la liberté de la pensée, la dignité de la pensée sont la condition de l'existence de toute valeur, quelle qu'en soit la nature.

La preuve ? C'est dans le moment même de sa grande crise spirituelle, quand le désir de rapprochement avec l'Église fondé sur son expérience mystique est le plus fort, qu'elle trouve les mots les plus fermes et même les plus durs pour dénier à celle-ci tout droit à entraver l'exercice de la pensée, fût-elle hérétique. Pour elle, le recours à l'anathème constitue un obstacle insurmontable à l'incarnation du christianisme, c'est-à-dire à son universalité. Pas question de préférer le Christ à la vérité, à la manière de Dostoïevski, parce que l'hypothèse d'une opposition, voire d'un écart, entre les deux constitue un scandale absolu, et même un non-sens. Lorsqu'un authentique mystique comme Maître Eckhart se trouve en désaccord avec l'Église, il ne doit être ni anathème ni même inquiété, « c'est simplement que le langage de la place publique n'est pas celui de la chambre nuptiale », dit-elle superbement. Il n'y a pas de transaction possible quand il s'agit de la liberté de penser, car la « fonction propre de l'intelligence exige une liberté totale, impliquant le droit de tout nier, et aucune domination[3] ». Obliger l'amour et l'intelligence à se plier à des normes extérieures, c'est ni plus ni moins se conduire de façon totalitaire.

---

1. « Simone Weil et Hannah Arendt », dans François L'Yvonnet (dir.), *Simone Weil, le grand passage*, Albin Michel, 1994, p. 190.

2. Lettre à Madame Weil, 11 février 1951, dans Simone Weil, *Œuvres*, *op. cit.*, p. 91.

3. Lettre connue sous le nom d'« autobiographie spirituelle », au père Perrin, 14 mai 1942, dans *Œuvres*, *op. cit.*, p. 776-777.

Faire de l'Église la matrice du totalitarisme moderne, personne avant elle n'était jamais allé aussi loin. Au-delà de tous les points de désaccord, qu'elle prend soin d'énumérer, avec la doctrine de l'Église, c'est bien la prétention de celle-ci à imposer sa vérité, au besoin par la contrainte morale, voire la force physique, qui explique le refus de Simone d'entrer, comme on dit, dans son giron. Sa vocation est celle d'être une catholique de l'extérieur, au nom de la liberté de penser. On peut penser ce qu'on veut des idées de Simone Weil, de leur cohérence, de leur nécessité, ce qui transforme sa vie et son œuvre en un phénomène unique, c'est qu'elle a fait de la liberté de penser, du « courage de penser » (Domenico Canciani) une sorte de défi à un siècle de tyrannie, un exercice héroïque et sans retour.

Il faut essayer d'imaginer Simone Weil dans sa vie quotidienne. Paul Vignaux, directeur d'études aux Hautes Études, grand connaisseur de la philosophie médiévale à la suite de son maître Gilson, et simultanément animateur de la minorité de gauche à la CFTC, m'a souvent parlé de l'espèce de terreur sacrée que faisait naître Simone Weil dans les couloirs de l'École normale supérieure, toujours interpelant l'imprudent qui s'exposait à la croiser, pour une pétition, une souscription en faveur d'une peuplade ignorée et malheureuse, poursuivant le récalcitrant de sa dialectique et de ses mises en demeure. Un texte élaboré pour la revue annuelle de l'École mais finalement abandonné portait, paraît-il, les traces parodiques de ce militantisme effréné.

« Suivez l'exemple de votre directeur. Donnez anonymement à la Caisse de chômage », avait-elle affiché dans les couloirs de l'École, après avoir soutiré 20 francs à Célestin Bouglé qui y avait consenti sous réserve d'anonymat.

Il y a tout de même un corps pour encaisser et pour soutenir cette frénésie. Un corps frêle, que son propriétaire traitait sans le moindre égard et martyrisait délibérément.

Georges Bataille nous a laissé un tableau saisissant de son mépris des apparences et du magnétisme qu'elle exerçait.

« C'est une fille de vingt-cinq ans, laide et visiblement sale [...]. Elle avait des vêtements noirs, mal coupés et tachés. Elle avait l'air de ne rien voir devant elle, souvent elle bousculait les tables en passant […]. Sans chapeau, ses cheveux courts, raides et mal peignés, lui donnaient des ailes de corbeau de chaque côté du visage. Elle avait un grand nez de juive maigre, à la chair jaunâtre, qui sortait de ces ailes sous des lunettes d'acier. Elle mettait mal à l'aise : elle parlait lentement, avec la sérénité d'un esprit étranger à tout : la maladie, la fatigue, le dénuement ou la mort ne comptaient pour rien à ses yeux […]. Elle exerçait une fascination, tant par sa lucidité que par sa pensée d'hallucinée[1]. »

Est-elle capable de s'amuser, de se laisser aller parfois à la douceur de vivre ? Simone Pétrement, sa grande biographe et amie, raconte comme un moment exceptionnel, alors qu'elle est professeur à Roanne, la soirée qui suivit la marche des mineurs de La Ricamarie vers Saint-Étienne (3 décembre 1933) et la fascination qu'exerçait sur elle François Chapuis, dit le Boul, un petit être rabougri, sans grande apparence, mais ancien des bataillons disciplinaires d'Afrique, les légendaires Bat' d'Af'. Avec son visage fripé, ses tatouages et ses cicatrices, il incarnait la souffrance humaine. Lui-même n'était pas moins intimidé ! Ils dansèrent même ensemble, maladroitement on s'en doute, avec une Simone Weil terrorisée à l'idée qu'elle pourrait être un objet de désir… Mais sa plus grande fierté de la journée fut d'avoir porté le drapeau rouge au défilé des mineurs[2]. Il lui arrivait aussi de chanter des chansons d'étudiants en compagnie des camarades : aussi faux qu'il était possible – là encore, on s'en serait douté.

Au total, s'il est une expérience cruciale dans la vie de Simone Weil, c'est bien celle du malheur. Non pas du sien propre, mais de celui qui naît de la conscience permanente des malheurs du monde. Il y a chez elle une physique du malheur, une métaphysique du malheur, une mystique du malheur qui viennent confluer dans sa vision christique de l'Univers, où le pire dénuement est la condition du plus grand achèvement, du seul achèvement.

Sur le rapport du malheur avec l'amour de Dieu, Simone Weil nous a laissé, dans son « autobiographie spirituelle », cette lettre

---

1. *Le Bleu du ciel* (1935), 10/18, 1991, p. 38-39, cité par Domenico Canciani, *Simone Weil…*, *op. cit.*, p. 200.
2. Simone Pétrement, *La Vie de Simone Weil*, *op. cit.*, t. I, p. 371-377.

déjà citée au père Perrin[1], des pages d'une densité extrême, d'une profondeur inouïe et d'une élévation proprement sublime ; vingt-cinq pages d'une seule venue, d'un seul tenant, qui subjuguent le jugement, où l'on sent passer avec l'esprit tragique d'un Dostoïevski ou d'un Bernanos, le souffle mystique de saint Jean de la Croix. Mieux vaut ici lui céder la parole : « [Le malheur] est tout autre chose que la simple souffrance. Il s'empare de l'âme et la marque, jusqu'au fond, d'une marque qui n'appartient qu'à lui, la marque de l'esclavage [...]. La grande énigme de la vie humaine, ce n'est pas la souffrance, c'est le malheur. » Il inspire à celui sur lequel il est tombé une marque au fer rouge, un dégoût et même une répulsion de soi-même, mêlés à un sentiment de culpabilité, de souillure et de déchéance sociale. Même le Christ n'a pas supporté le malheur, qui rend presque infranchissable la distance qui sépare l'individu de Dieu.

Et pourtant ce malheur, conçu comme obéissance consentie à la nécessité et à l'ordre du monde, est une « merveille de la technique divine ». Il passe par la destruction de la personnalité, « comme le Christ s'est vidé de sa divinité par amour ». C'est pourquoi le malheur est vraiment au centre du christianisme, comme la face négative du commandement d'amour, et comme une propédeutique au mystère de la Croix et à la beauté du monde.

Le plus étonnant dans la mystique de Simone Weil, qui passe comme chez saint Jean de la Croix par la nuit de tous les sens et même par la nuit de l'intelligence, c'est qu'elle ne se développe pas dans le silence d'un monastère ou d'un carmel. Elle surgit en plein milieu de la City, quand se précipitent en cascade les événements terribles de l'année 1942, auxquels Simone Weil participe avec une intensité incroyable. La vie de Simone Weil est le gage de ses actions, la vérité de sa pensée et la terrible authenticité de sa foi. Simone Weil, c'est l'esprit qui ne ment jamais, et pour nous qui passons notre vie à jouer à cache-cache avec la vérité et ne supportons les mensonges que nous faisons aux autres qu'au moyen de ceux que nous nous faisons à nous-mêmes, sa lecture est le commencement de la lucidité.

1. *Œuvres*, *op. cit.*, p. 691-716.

II

CRITIQUE DE LA FORCE : UNE PENSÉE ANTITOTALITAIRE

Simone Weil est d'abord et avant tout une philosophe.

On l'a dit et répété. Un peu trop peut-être, avec l'arrière-pensée de se débarrasser de la militante, et plus encore de la mystique. Or chez elle, les trois activités n'en font qu'une, et c'est en cela qu'elle est un personnage exceptionnel, inclassable, en dehors de toutes les séries. C'est pourquoi, bien qu'agrégée et professeur de terminale dans cinq lycées successifs (Le Puy, Auxerre, Roanne, Bourges, Saint-Quentin), elle n'est pas une philosophe professionnelle. C'est une philosophe existentielle, jusque dans la spéculation théorique. Le travail, la pensée, la méditation sont chez elle une seule et même chose. Il faut remonter aux clercs du Moyen Âge pour retrouver une telle intégration des différentes fonctions humaines.

C'est pourquoi elle n'a jamais construit un système selon le modèle classique. Elle est plus proche, jusque dans sa manière d'écrire, de Pascal et de Nietzsche que de Kant et de Hegel. D'où l'importance qu'elle accorde dans sa réflexion aux écrivains, par exemple à Montaigne, à Rabelais ou encore à Rousseau. Ajoutons qu'elle écrit une langue admirable de pureté et de concision.

Et pourtant, il est possible, il est même nécessaire, de rattacher l'ensemble de sa pensée à un seul concept, ou plutôt à une seule intuition, celle de force, qui est dominante dans le domaine physique, et qui est l'équivalent de ce que Pascal appelle l'ordre de la chair.

Elle préfère parler de force pour désigner l'ordre des phénomènes naturels, c'est-à-dire de la nécessité. C'est à ses yeux un concept central, aussi indispensable pour désigner les relations de l'homme avec la nature ou celles des hommes entre eux que celui de rapport dans les mathématiques. L'erreur du marxisme est d'avoir fait des besoins économiques la dernière instance ou, pour parler comme Ernest Labrousse, « l'antécédent le moins substituable ». Même si se nourrir et se loger constituent des besoins élémentaires et relèvent de la production, ils sont loin de couvrir l'ensemble des phénomènes de la vie sociale. On aura beau multiplier les contorsions, il sera difficile de faire de la guerre, sous toutes ses formes, une activité productive. Cet économisme est fortement réducteur, au point de faire de l'anthropologie marxiste un simple chapitre de l'éthologie animale, une doxa élémentaire, à la limite de la puérilité. C'est pourquoi le marxisme a toujours eu tant de mal à rendre compte des rapports humains, au même titre d'ailleurs que l'économie libérale. Tous deux ne considèrent dans l'homme que les besoins et les intérêts, jamais les passions. Ces deux idéologies du XIXe n'en forment en réalité qu'une seule, séparées seulement par les signes, positifs ou négatifs, dont elles affectent les phénomènes dont elles s'occupent.

« La notion de force, et non la notion de besoin, constitue la clef qui permet de lire les phénomènes sociaux[1]. »

C'est dans l'*Iliade*[2], sous la forme d'une grande étude, que cette passionnée de la Grèce ancienne est allée chercher l'illustration du caractère universel et tyrannique de la force, qui subordonne l'âme humaine à la matière et réduit ceux qui l'exercent presque autant que ceux qui la subissent à l'état de choses. C'est la Némésis des Grecs qui frappe les premiers, à l'instar de ce que dira le Christ quelques siècles plus tard : quiconque combattra par l'épée périra par l'épée. D'où la stupéfiante formule qui jaillit comme une évidence provocatrice à la fin de l'article : « L'Évangile est la dernière et merveilleuse expression du génie grec comme l'*Iliade* en est la première. » Appartient à cette intuition pré-chrétienne l'espèce d'amertume qui baigne toute l'œuvre, comme une sorte de discrète révolte contre ce caractère de nécessité violente qui s'impose à l'âme humaine.

Le mérite du marxisme est dans la reconnaissance, sous le nom d'histoire, du mécanisme de la force avec comme instrument la lutte des classes. Mais c'est aussi sa limite, sa pauvreté intellectuelle et morale que de se contenter du rôle de secrétaire docile de la force

1. « Méditation sur l'obéissance et la liberté », hiver 1937-1938, dans *Œuvres*, *op. cit.*, p. 490.

2. « L'*Iliade* ou le poème de la force », 1940-1941, *ibid.*, p. 521-552.

des choses. Quant aux philosophies humanistes qui prétendent s'en inspirer, elles sont tiraillées entre la reconnaissance de la force comme maîtresse unique de tous les phénomènes de la nature et le postulat de la justice comme fondement des rapports entre les hommes. C'est manifestement une absurdité : par quel miracle, par quelle exception naturelle l'homme pourrait-il échapper, dans son domaine propre, aux relations qui régissent l'univers ? Seule l'accession au domaine supérieur de la sagesse éternelle grâce à la vertu de l'amour nous permet de dominer la force en épousant sa nécessité : c'est l'*amor fati* des Anciens. Tel est le message ultime de *L'Enracinement*, rédigé à Londres dans les derniers mois de son existence à partir de décembre 1942.

Le mot force utilisé par Simone Weil n'est pas des plus heureux, car il désigne à la fois la pression qu'exerce sur nous la nécessité physique et la violence exercée par d'autres individus. Sans doute eût-il mieux valu recourir à celui de contrainte, qui peut s'appliquer à la nécessité physique et à la violence ; mais il est moins parlant et moins expressif.

C'est en tout cas la deuxième acception que Simone Weil s'applique surtout à analyser. Dans le fil du discours, elle a du reste couramment recours au mot oppression qui désigne à la fois ce que Marx appelle l'exploitation et, dans ses écrits de jeunesse, l'aliénation. Une des œuvres théoriques les plus puissantes qu'elle nous a laissées, connues seulement de quelques contemporains, dont Alain qui parle d'un travail de première grandeur, se nomme « Réflexions sur les causes de la liberté et de l'oppression sociale ». Écrite en 1934, alors que l'auteur n'a encore que vingt-cinq ans, et publiée seulement en 1955, c'est une mise en cause radicale des présupposés de la révolution marxiste, conduite du point de vue ouvrier opprimé, en tenant compte de l'expérience acquise, celle du régime soviétique. Elle s'efforce de répondre à cette question provocatrice : « Pourquoi les opprimés révoltés n'ont-ils jamais réussi à fonder une société non oppressive[1] ? » Nous sommes ici très loin des débats académiques sur la philosophie marxiste, ou même de la

1. « Réflexions sur les causes de la liberté et de l'oppression sociale », *ibid.*, p. 293.

face politicienne des controverses sur l'Union soviétique. Avec une clairvoyance totale sur cette dernière et une lucidité impitoyable, Simone Weil a le courage de dénoncer le caractère non révolutionnaire de ce que nous nommons révolution, cette vache sacrée de la pensée progressiste. La vérité est que les révolutionnaires professionnels se moquent comme d'une guigne de la condition ouvrière. Elle ne les concernera jamais. Ce qui les intéresse, ce sont les transformations possibles aux sommets de l'État, à cause du rôle qu'ils sont bien décidés à y jouer.

À l'inverse, avant même d'avoir elle-même embrassé, fût-ce provisoirement, la condition ouvrière, c'est celle-ci qui préoccupe Simone Weil au premier chef. La thèse centrale de sa critique, la plus forte, la plus précise que l'on ait jamais menée contre le socialisme révolutionnaire tel que nous le connaissons depuis Marx, c'est que la révolution politique – le changement du personnel dirigeant – et la révolution sociale – le changement du mode de propriété – ne modifieront en rien le sort de ceux au profit desquels elles sont censées être faites si une révolution technique ne leur permet pas de contrôler et dominer leurs conditions de travail. Dès 1932, au Puy, après avoir visité une mine, elle a posé ce postulat dans *L'Effort*, le journal du syndicat autonome des enseignants. Ce qui affleure d'emblée, ce sont les considérations sous-jacentes, telles que nous venons de les évoquer, à la notion de force, qui sous sa forme politique s'appelle le pouvoir. C'est Marx qui lui-même nous a mis sur la voie : la vraie raison de l'exploitation des ouvriers par les capitalistes, ce n'est pas la cupidité de ceux-ci, mais pour chacun d'entre eux la nécessité pour survivre de l'emporter sur ses concurrents, d'être plus puissant que lui. La conséquence est inéluctable : tant qu'il y aura concurrence, c'est-à-dire lutte pour la puissance, les ouvriers seront exploités et dominés, et ce quel que soit le régime politique en place, quel que soit le système de propriété.

Or Marx, et à plus forte raison ses héritiers léninistes, n'ont rien changé au système productif en place ; souvent même, ils l'ont aggravé. Il y a chez eux une véritable « religion des forces productives », qui permet de conclure que le socialisme réalisé n'est qu'un des avatars possibles du système capitaliste.

Ainsi, les ouvriers ont versé leur sang pour une chimère : « Le système de production actuel pourrait être mis par simple décret au service d'une société d'hommes libres et égaux[1]. »

Ce n'est pas pour rien que le pouvoir syndical et ouvrier, d'une puissance redoutable quand il s'agit de renverser la domination capitaliste, se désagrège dès qu'il s'agit d'organiser le régime nouveau. La question posée est donc la suivante : comment concevoir un progrès technique compatible avec une diminution progressive de l'effort productif, de façon à alléger au profit du travailleur individuel, le double poids de la contrainte naturelle et de la contrainte sociale ?

Pour dénoncer l'illusion marxiste, qui attend d'une simple modification du régime d'appropriation des biens de production une véritable révolution dans la condition ouvrière, Simone Weil n'a pas de mots assez forts et assez féroces. Dans un article non publié, mais sans doute destiné à l'organe de la Fédération nationale des étudiants socialistes, qui avait demandé à une série de personnalités « Faut-il réviser le marxisme ? », Simone Weil s'interrogeait au début de 1938 sur les « contradictions du marxisme ».

N'aurait-on pas fait vivre celui-ci au-dessus de ses moyens ? Le fait est que le marxisme n'a pas toujours été à la hauteur du rôle qu'on a voulu lui faire jouer. Placer la source de l'oppression dont souffrent les travailleurs dans le mécanisme même des rapports sociaux, et non dans les hommes et dans les institutions relève de la plus médiocre et de la plus simpliste des anthropologies. C'est même dans ce dont on fait le plus crédit à Marx, le rôle des forces sociales dans les événements politiques, qu'il se révèle le plus faible, à la limite de la tautologie.

« La conception que Marx se faisait des révolutions peut s'exprimer ainsi : une révolution se produit au moment où elle est déjà à peu près accomplie ; c'est quand la structure d'une société a cessé de correspondre aux institutions que les institutions changent et sont remplacées par d'autres qui reflètent la structure nouvelle[2]. »

---

1. *Ibid.*, p. 290.

2. « Sur les contradictions du marxisme », dans *Écrits historiques et politiques*, Gallimard, coll. « Espoir », 1960, vol. 2, p. 134-142 ; *Œuvres*, *op. cit.*, p. 338.

En somme, une révolution n'est rien d'autre qu'une démarche de régularisation au grand guichet du matérialisme historique… Il faut le souligner : ce n'est pas seulement la philosophe qui s'exprime ici avec l'ironie la plus cruelle. C'est au terme d'une longue expérience de militante syndicaliste qu'elle porte ce jugement, frappé au coin de l'évidence, à un moment où, dans les milieux intellectuels, le marxisme commence à jouir d'une révérence philosophique qui tournera bientôt à la bigoterie. Simone Weil, en intellectuelle libre, exprime ici un jugement minoritaire qui offusque ses amis de *La Révolution prolétarienne*.

Cela n'enlève rien à l'admiration qu'elle portait à Marx, non sans doute comme philosophe et comme penseur du socialisme, mais comme sociologue de la condition ouvrière et de la lutte des classes.

Avant d'aller plus loin, ce constat, qui fonde en profondeur l'originalité de Simone Weil : chez elle la réforme, et d'abord la réforme technique, n'est pas un préalable, voire un substitut à la révolution, c'est une nécessité impérieuse du stade post-révolutionnaire. Au lieu du conservatisme révolutionnaire, le réformisme révolutionnaire ! Car la réforme ainsi conçue est plus radicale et plus exigeante : au lieu du coup de baguette magique censé tout modifier d'un coup, la révolution ne saurait être qu'un prologue à la construction d'une société nouvelle. Celle-ci ne saurait nous être offerte en don de joyeux avènement révolutionnaire, c'est une tâche de tous les instants, qui suppose l'abandon de l'esprit du capitalisme dans la cervelle des soi-disant révolutionnaires !

Autrement dit, il ne faut pas seulement être révolutionnaire, il faut être libertaire, sinon anarchiste. C'est bien ce que pensait le Lénine de *L'État et la révolution* (1917), mais ces belles dispositions n'ont pas résisté à la logique oppressive d'une révolution menée par une minorité.

Trop facile en effet de dire que l'État comme la machine sont des instruments neutres, qui peuvent servir demain à la libération comme ils servaient hier à l'esclavage ! C'est dans leur nature même qu'ils sont oppressifs. En instituant la coupure entre gouvernés et gouvernants, l'État, quel qu'en soit le propriétaire, est une machine à opprimer et à broyer. « Dès lors que la société est divisée en hommes qui ordonnent et en hommes qui exécutent, toute la vie sociale est commandée par la lutte pour le pouvoir, et la lutte pour la subsistance n'intervient que comme un facteur, à vrai dire indispensable, de la première[1]. » Comme instrument du pouvoir, il est conforme à la nature de l'État de viser, non son dépérissement, comme feignait de le croire ou tentait de nous le faire croire Lénine, mais son renforcement permanent. Et quiconque trouve dans les circonstances du moment des excuses provisoires à ce renforcement, est un candidat en puissance au despotisme. Dès qu'il y a des chefs et qu'il y a des troupes, toute la vie sociale est dominée par la lutte pour le pouvoir, qui est de nature tyrannique, puisqu'il offre à celui qui le possède plus de moyens d'action que ceux dont dispose l'individu dans sa nudité. Le mal radical, dans toute société organisée, est donc la substitution des moyens aux fins. L'État, comme le parti politique, conçus comme des moyens de parvenir à des objectifs définis, deviennent dans les mains de leurs titulaires des fins en soi. Il y a une thésaurisation du pouvoir comme il y a une thésaurisation de l'argent. Il est recherché pour lui-même, et de moyen devient une fin, à l'image de ce qu'a montré Marx à propos de l'argent, l'échange des marchandises devenant à son tour simple moyen pour faire circuler l'argent. Il n'est pas jusqu'au machinisme qui n'ait opéré le plus saisissant des transferts. Qu'est-ce donc qu'une machine-outil, sinon un objet dans lequel on a transféré l'esprit qui siège normalement en l'homme lui-même ? Si la machine devient la demeure de l'esprit, l'homme ne saurait être que son servant et même son esclave.

C'est donc à une reconquête de la liberté de l'individu au sein même de son travail que Simone Weil appelle à la fin. Le travail joue un rôle essentiel dans la régulation de l'être humain ; privé de celui-ci, ce dernier est guetté par la folie. « Civilisation des loisirs » est une expression trompeuse ; le lieu de la civilisation, c'est le travail, le loisir ne pouvant être davantage que l'huile qui empêche les rouages de grincer. L'idéal auquel parvenir est donc celui du

1. « Réflexions sur les causes de la liberté et de l'oppression sociale », dans *Œuvres*, *op. cit.*, p. 303.

contrôle ouvrier, non seulement sur la production, mais d'abord sur les conditions du travail personnel. Une société idéale serait donc celle « où toute la vie matérielle aurait pour condition nécessaire et suffisante que chacun exerce sa raison[1] ». Recomposer le travail pour en faire une activité signifiante, où la matière et l'esprit sont en pleine activité et en constante combinaison, voilà l'idéal de Simone Weil. D'où le recours à de petites collectivités autosuffisantes, qui réduiraient le pouvoir à un service minimaliste : nous voici dans la mouvance de Proudhon, avec la même visée humaniste et libertaire, à la différence de Marx qui, obsédé par la productivité, paraît avoir accepté implicitement les conditions de travail déshumanisantes de la grande industrie. Au fond, d'un bout à l'autre de sa courte vie, Simone Weil, en individualiste conséquente, n'a cessé, au nom de la résistance à l'oppression, de lutter contre la collectivité, c'est-à-dire, comme nous allons le voir, le « gros animal » que Platon dénonce au livre VI de *La République* :

« Réagir contre la subordination de l'individu à la collectivité implique qu'on commence par refuser de subordonner sa propre destinée au cours de l'histoire ; [permettant ainsi] d'échapper à la contagion de la folie et du vertige collectif en renouant, pour son compte, par-dessus l'idole sociale, le pacte originel de l'esprit avec l'univers[2]. »

C'est sur ces admirables formules que se terminent ces « Réflexions ».

L'année précédente, elle avait écrit dans *La Révolution prolétarienne* de Monatte et Rosmer un article ravageur, auquel la rédaction avait ajouté ce sous-titre lénifiant : « Allons-nous vers la révolution prolétarienne ? », afin de tenter maladroitement d'en limiter la portée non conformiste.

De quoi faire grincer des dents tous les bolcheviques et apprentis bolcheviques. Simone Weil, morte trop tôt, en 1943, pour assister à l'essor du concept de totalitarisme, notamment sous la plume de Zbigniew Brzeziński, Carl Friedrich et Hannah Arendt, pour

1. *Ibid.*, p. 347.
2. « Perspectives – Allons-nous vers la révolution prolétarienne ? », *La Révolution prolétarienne*, 25 août 1933 ; *Œuvres*, *op. cit.*, p. 268.

désigner un phénomène propre au XXe siècle, en a parfaitement repéré l'originalité, à savoir la concentration dans les mêmes mains de tous les pouvoirs, politique, économique, militaire et culturel. Analysant le pouvoir soviétique, qui n'est ni capitaliste ni ouvrier, elle en dégage les principaux traits : prédominance de la bureaucratie, parti unique (« Un parti au pouvoir et tous les autres en prison » – Tomski), rôle du chef, importance de la police, souveraineté économique de l'État. Et de constater que tous ces traits s'appliquent à l'Union soviétique, mais aussi aux régimes fascistes. Impitoyablement, méthodiquement, Simone Weil éteint tous les lumignons d'espérance qui pourraient encore subsister après le surgissement du stalinisme en Union soviétique et de l'hitlérisme en Allemagne. Les trotskistes qui allient d'ordinaire une pratique cynique du pouvoir avec un optimisme naïf de la volonté quand ils sont dans l'opposition, se raccrochent volontiers à l'idée que l'Union soviétique est un « État ouvrier dégénéré », formule magique à peu près dépourvue de tout contenu. Simone Weil dénonce cette illusion constante : « L'oppression des ouvriers n'est évidemment pas une étape vers le socialisme[1]. » Elle aura l'occasion de le redire de vive voix à Léon Trotski lui-même, quand celui-ci, qui séjourne semi-clandestinement à Barbizon, est hébergé par les parents de Simone à Paris, rue Auguste-Comte, à la fin de l'année 1933. Une vive discussion s'élève entre elle et le vieux chef ; elle lui lance : « C'est vous qui êtes idéaliste, vous qui appelez classe dominante une classe asservie[2] ! » La suite a montré clairement que c'est la jeune effrontée qui avait raison, totalement raison, tandis que le « Vieux », auréolé du prestige de la révolution d'Octobre, se berçait d'illusions.

Poussant l'analyse dans la direction que développeront plus tard Bruno Rizzi et James Burnham, elle définit l'oppression de trois manières : la force, l'argent, la fonction. Dès 1933, Simone Weil a parfaitement vu dans toutes ses dimensions le phénomène bureaucratique, qui affecte à la fois l'État, les syndicats et l'industrie. Ces trois couches parasites tendent à n'en faire plus qu'une.

1. *Ibid.*, p. 255.
2. *Œuvres*, *op. cit.*, p. 60.

Avant d'aller plus loin, remarquons-le : à vingt-quatre ans, une jeune fille certes bien informée, mais ne disposant d'aucune source particulière, était capable en 1933 de faire une analyse pénétrante, qui quatre-vingts ans plus tard est encore la nôtre, du phénomène bolchevique et soviétique dans la plupart de ses dimensions : ouvrière, bureaucratique, technocratique, politique. Certes le génie politique de Simone est grand, mais elle ne fait ici que mettre en forme des analyses qu'à la « RP » (Révolution prolétarienne) et chez Souvarine on développe depuis des années déjà. Quelles analyses ? Que le communisme fut, du moins chez ces intellectuels, un phénomène d'auto-intoxication volontaire et que tout le bavardage sur l'idéal fraternitaire qui aurait empêché la lucidité de faire son œuvre n'est que bigoterie de patronage. La vérité est que le parti stalinien a si bien pratiqué l'intimidation et le chantage à la trahison auprès des « sociaux-démocrates sincères » et « intellectuels de bonne foi » que le grand mensonge a pu s'imposer sans coup férir, alors que personne n'était vraiment dupe. La démocratie est le lieu idéal pour la diffusion des mensonges, car sous l'oppression on est en général plus méfiant ; en matière de réflexion, et même en matière d'information, l'humanité ne sera jamais sauvée que par quelques-uns.

Simone Weil ne s'est pas contentée, précédant les analystes du phénomène totalitaire, de montrer à quel point la structure du pouvoir dans l'Allemagne nazie et l'Union soviétique était semblable. Elle a recherché en amont les racines du totalitarisme. Sous le titre stupéfiant « Quelques réflexions sur les origines de l'hitlérisme » (1940)[1], elle consacre une longue étude… à la Rome antique, qui, l'ensemble de ses écrits en témoigne, symbolise pour elle l'usage brutal et aveugle de la force. Patrie de la guerre et de l'impérialisme, Rome n'a cessé d'opprimer et de piller les provinces soumises, tarissant la production intellectuelle et artistique, soumettant l'Empire, y compris le peuple romain lui-même, à un *imperator* dont le culte évoque irrésistiblement celui des chefs dans les dictatures modernes,

1. Dans *Écrits historiques et politiques*, *op. cit.*, vol. 3, p. 168-219 ; *Œuvres complètes*, Gallimard, 1989, t. II ; repris partiellement dans *Œuvres*, *op. cit.*, p. 365-385.

même si le degré de tyrannie était moindre : « Ce que produisirent enfin l'idée fixe de la domination, la cruauté, la bassesse d'âme, ce fut ce que nous nommons aujourd'hui un État totalitaire[1]. »

Certes, il n'y avait pas de parti unique. Mais il y avait l'armée qui *mutatis mutandis* en tenait lieu. Et Rome est l'exemple achevé de la passion de la puissance, avec l'oppression qui en est le corollaire. C'est sous l'influence de Rome que le christianisme fit du « Père du Christ », un « maître et un propriétaire d'esclaves »[2]. Pas moins ! C'est Rome qui a conçu un système de souveraineté fondé sur l'État, qui fut sa seule religion véritable, les autres, du reste étrangères à l'idée de bien et de salut de l'âme, n'étant présentes que pour conforter le culte de cet État.

Ce modèle centralisé, despotique, militaire, prédateur et massacreur a littéralement aboli par la force les différentes cultures du bassin méditerranéen, à l'exception de celle de la Grèce ; elle a jeté dans l'oubli l'admirable humanisme de l'Égypte ancienne, qui conçoit l'humanité comme composée d'individus infiniment précieux. La suprématie de l'Empire romain a servi de modèle à l'impérialisme français, de Louis XIV à Napoléon, puis, dit Simone Weil, emportée par son élan, à la dictature hitlérienne.

Et surtout, il a contaminé le christianisme, comme on le verra plus loin. L'inspiration divine de celui-ci a été souillée, étouffée, annihilée sous la double influence de l'hébraïsme – on y reviendra – et de Rome, devenue le centre de la chrétienté. Cette alliance de Rome et du christianisme, qu'admirait tant Maurras, au point de lui rendre tolérable une religion qu'il détestait, est le cœur de la critique intransigeante que, jusqu'à la fin de sa vie, Simone Weil a conduite contre la *libido dominandi* de l'Église catholique.

Le dernier de ses grands textes, *L'Enracinement*, contient encore une charge furieuse et sans nuances sur ce thème, mais il existe à ses yeux, beaucoup plus proche de nous, une autre illustration de cette religion de la force et de cette culture de l'oppression qui n'est ni plus ni moins que l'expression du mal en politique : c'est le colonialisme. Là aussi, avec quelque trente années d'avance sur

1. Dans *Œuvres*, *op. cit.*, p. 372.
2. *L'Enracinement*, dans *Œuvres*, *op. cit.*, p. 1202.

les mentalités contemporaines, Simone Weil frappe avec une lucidité qui a pour origine sa révolte morale contre toutes les formes de contrainte et d'injustice.

La colonisation est le fruit de la conquête, c'est-à-dire de la violence à l'état pur. Un peuple qui vivait jusqu'alors sa vie propre est soumis brutalement à un commandement étranger, représentant d'une civilisation étrangère par la couleur, la langue, la culture. L'assimilation attise le conflit et la frustration, notamment dans la jeunesse indigène, car elle ne comprend pas que l'égalisation des cultures ne s'accompagne pas de l'égalité politique. D'où des révoltes noyées dans le sang, comme celle de 1931 en Indochine, qui fit des dizaines de milliers de victimes dans l'indifférence générale. De plus, elle prive les peuples de leurs traditions, de leur passé, par suite de leur âme et les réduit à l'état de « matière humaine ».

La comparaison avec l'hitlérisme s'impose : « L'hitlérisme consiste dans l'application par l'Allemagne au continent européen, et plus généralement aux pays de race blanche, des méthodes de la conquête et de la domination coloniale[1]. »

De tels propos peuvent paraître choquants à certains aujourd'hui encore. Que dire de la manière dont ils pouvaient être reçus en 1943, où subsistait intact, tant du côté de la Résistance que du côté de Vichy, le mythe de la mission civilisatrice de la France dans son empire colonial ?

En revanche, Simone Weil a parfaitement conscience des conséquences d'une décolonisation brutale, fruit d'un retournement de la violence : nationalisme forcené, à visées impérialistes, industrialisation à marche forcée, militarisme généralisé, étatisation de la vie sociale. Mieux : elle a eu la prescience qu'une telle décolonisation serait l'occasion pour les États-Unis de prendre la place des anciennes puissances coloniales et d'y appliquer naïvement ses critères démocratiques, sans plus de compréhension pour l'identité des peuples colonisés.

Le devoir de la France est de rompre avec la politique de la force, sans précipiter les anciennes colonies dans une nouvelle

1. « À propos de la question coloniale sous ses rapports avec le destin du peuple français », 1943, dans *Œuvres*, *op. cit.*, p. 430-431.

phase d'oppression consécutive à la décolonisation. Fidèle à sa méthode et à la pente naturelle de son esprit, Simone Weil est donc persuadée qu'une révolution ne peut qu'ajouter à la violence, si elle ne s'accompagne d'une nouvelle phase de réformes. Ce réformisme post-révolutionnaire devrait prendre des formes progressives, pour acheminer les peuples coloniaux vers l'autonomie, le *self-governement*. C'est le rêve généreux qui fut celui de l'Union française, mais qui capitula bien vite à la Libération sous les coups de boutoir du parti colonial.

La grande question qui, au chapitre de la politique, mais aussi de la morale, a dominé la vie de Simone Weil est celle des formes de la résistance au mal, c'est-à-dire à la violence. Le rôle d'Alain, son maître de khâgne, a été capital. L'auteur de *Mars ou la guerre jugée* appartenait à la génération du feu, celle pour laquelle la guerre de 1914-1918 fut un traumatisme majeur, une marque indélébile. L'entre-deux-guerres est en France tout entier dominé par la question du pacifisme sous l'influence de trois événements d'une violence extrême, le premier conflit mondial, la révolution bolchevique en Russie, la montée des fascismes et du nazisme en Europe. À l'École normale supérieure, les élèves d'Alain formaient une cohorte unie par des sentiments antibellicistes, et Simone Weil, bien entendu, se trouvait aux avant-postes. Il y a deux formes de pacifisme, dira Simone Weil dans *L'Enracinement*, l'un qui est inspiré par la répugnance à mourir, l'autre par la répugnance à tuer. Le premier est lâcheté, le second est courage. Il va sans dire que dans le cas de Simone Weil il ne s'agit que du second, puisque le refus de tuer se double chez elle d'une tentation permanente d'exposition à la mort, comme lors de la guerre d'Espagne.

Le refus de la violence et même de la contre-violence restera chez elle radical jusqu'en 1939. Il repose sur l'idée que la non-résistance à la violence est en définitive moins sanglante que la résistance armée. Si le praticien de la violence ne trouve en face de lui aucune résistance, il usera de l'oppression, non de la violence proprement dite. Mieux : au bout d'un certain temps, son despotisme sans frontières s'émoussera nécessairement, comme ces épidémies qui après avoir atteint un pic se mettent à reculer de façon naturelle. Simone Weil a même pensé un temps que cette loi de la violence décroissante pourrait s'appliquer à Hitler lui-même. C'est pourquoi, à deux reprises, elle a envisagé froidement que la tyrannie nazie pourrait se traduire par des mesures d'exception, notamment contre les juifs et les communistes, sans que la nature du problème s'en trouve changée. Ce n'est pas sans frémir que l'on peut lire sous sa plume, en 1938 encore, à propos de la Tchécoslovaquie.

« Les Tchèques peuvent interdire le parti communiste et exclure les Juifs des fonctions quelque peu importantes, sans perdre quoi que ce soit de leur vie nationale. Bref, injustice pour injustice, puisqu'il doit y en avoir une de toute manière, choisissons celle qui risque le moins d'amener une guerre[1]. »

Et de rappeler qu'en Afrique et en Asie, la France s'est souvent comportée de manière pire que les nazis. C'est ici l'attitude du pacifisme allemand de l'après-Deuxième Guerre mondiale, que l'on résume par le slogan lapidaire : « Plutôt rouge que mort ! » À condition d'ajouter que Simone, elle, ne connaissait sans doute pas l'existence des camps de concentration ; que la relativisation de la barbarie nazie était à l'époque une position courante, et surtout qu'elle n'ignorait pas être vouée à figurer elle-même parmi les premières victimes d'une politique de discrimination raciale.

Dans une lettre écrite probablement en août 1940, en réponse à une de ses anciennes élèves de Roanne, Huguette Baur, qui lui propose de l'héberger pour échapper à la persécution, Simone Weil motive son refus :

« La contagion, le prestige de la victoire qui conseille d'imiter les vainqueurs, la pression des vainqueurs, l'exaspération causée par la misère, et divers autres facteurs, vont amener presque certainement en France, dans un délai assez court – pendant l'hiver je pense – une forme plus ou moins accentuée de racisme. Je me trouverai, en ce cas, au nombre des parias. Tout bien pesé, je le regrette […] mais enfin, le fait est que j'en serai[2]. »

---

1. « L'Europe en guerre pour la Tchécoslovaquie ? », *Feuilles libres de la Quinzaine*, 4e année, 25 mai 1938, repris dans *Œuvres*, *op. cit.*, p. 498-499.

2. *Cahiers Simone Weil*, t. XIV, nº 1, mars 1991 ; cité dans Jean-Marie Muller, *Simone Weil, l'exigence de non-violence*, Desclée de Brouwer, 1995, p. 101.

Cette acceptation, pour éviter encore pire, des conditions imposées par le vainqueur nazi, ainsi que son amitié avec Gustave Thibon, idéologue de l'État français, ont amené certains à taxer Simone Weil de « vichysme ». Outre qu'elle a expressément, sans la moindre équivoque, dénoncé cette allégation, son attitude pendant toute la guerre est celle d'une résistante. À preuve le rôle central et non anecdotique qu'elle a joué dans la diffusion du *Témoignage chrétien* clandestin en 1941-1942 et bien entendu son engagement à Londres dans la France libre.

Le refus de la violence, qui est à la base de son pacifisme, ne concerne pas seulement la guerre étrangère. Elle vaut aussi pour la révolution. Dès 1933, elle publie dans *Critique sociale*[1], la revue de Boris Souvarine, un article qui est une rupture totale avec le marxisme-léninisme, c'est-à-dire avec le réalisme révolutionnaire qui prétend justifier des moyens injustes – la violence – par la justice des fins – la révolution socialiste. Or les moyens, quelle que soit la fin poursuivie, ne sont jamais innocents. Toute action violente suppose un appareil coercitif, l'administration, qui impose sa logique propre.

« Sous tous les noms dont il peut se parer, fascisme, démocratie ou dictature du prolétariat, l'ennemi capital reste l'appareil administratif, policier et militaire ; non pas celui d'en face, [...] mais celui qui se dit notre défenseur et fait de nous ses esclaves. »

Il y a là des accents qui rappellent ceux de Léon Blum au congrès de Tours en 1920. L'un et l'autre ont compris que la bureaucratie n'obéit pas à la logique de classe. C'est elle qui impose ses lois et détermine la véritable nature du régime où elle s'exerce. La « pire des trahisons », conclut Simone Weil, consiste toujours à se subordonner à son propre appareil : c'est fouler aux pieds toutes les valeurs humaines. Il est aisé de comprendre qu'un tel langage creuse avec les communistes staliniens, comme avec les fascistes, un fossé infranchissable.

Fort bien. Mais quand Simone Weil, devant le coup de force de Hitler à Prague (15 mars 1939), rompt avec son pacifisme, au point de le qualifier d'« erreur criminelle », ne renonce-t-elle pas à cette

1. « Réflexions sur la guerre », *Critique sociale*, n° 10, novembre 1933 ; repris dans *Œuvres*, *op. cit.*, p. 451-462.

implacable analyse qui fait de l'oppression bureaucratique l'inévitable conséquence de la violence libératrice ? De toute évidence, oui. Contradiction ? Non. On ne comprendrait rien à Simone Weil si l'on ne saisissait pas qu'à ses yeux la profondeur de l'engagement a pour corollaire indispensable une vigilance accrue à l'égard des entraînements possibles de l'action. C'est quand elle passe à l'acte qu'elle se fait encore plus exigente à l'égard de la pensée qui l'y a conduite. La liberté de jugement est une exigence à laquelle elle ne renoncera jamais, quel que soit l'enjeu, quel qu'en soit le prix. Pas question de s'immerger dans la masse en fusion et d'abdiquer toute fonction critique en une exaltante capitulation de l'esprit devant la force aveugle ou un prétendu sens de l'histoire. C'est pourquoi je persiste et signe : en un siècle où la masse des clercs firent assaut de lâcheté devant diverses formes du totalitarisme, Simone Weil fut avec Camus l'une des rares à ne pas trahir et à mériter – vraiment – le beau nom d'intellectuelle.

III

L'INDIVIDU CONTRE LE « GROS ANIMAL »

Cette jeune femme hors norme s'est impliquée dans la plupart des grandes affaires collectives de son temps, de la guerre d'Espagne à la lutte contre le nazisme, en passant par l'action syndicaliste et l'expérience du travail en usine, bien qu'elle fût profondément individualiste. À la réflexion, mieux vaudrait dire : parce qu'elle était profondément individualiste. Car son individualisme ne signifiait pas désintérêt pour les autres et pour le monde extérieur. Bien au contraire : elle voyait dans la pensée individuelle l'irremplaçable foyer de résistance à l'oppression et à la barbarie. « La subordination de la société à l'individu, c'est la définition de la démocratie véritable, et c'est aussi celle du socialisme[1] », écrit-elle dans « Allons-nous vers la révolution prolétarienne ? ». De telles déclarations font grincer bien des dents dans le monde communiste, notamment celles

1. *La Révolution prolétarienne*, 25 août 1933, dans *Œuvres*, *op. cit.*, p. 268.

de Trotski, qui s'obstine à croire que la dégénérescence de la société soviétique n'a pas encore remis en cause ses bases socialistes. Et de ricaner : « Désespérant de ses "expériences malheureuses", Simone Weil a trouvé une consolation dans sa nouvelle mission : défendre sa personnalité contre la société[1]. »

Et pourtant, dans les circonstances graves de l'existence, celles qui nous engagent tout entier et où nous ne pouvons compter que sur nous-mêmes, seuls les individus animés par un esprit bien structuré et une vie intérieure intense sont capables de résister à la pression collective et à la force entraînante du gros animal. Bruno Bettelheim dans *Le Cœur conscient* a souligné que dans les situations extrêmes, comme celles de la vie dans les camps de concentration nazis, la survie était fonction directe de la conviction intérieure. Tous ceux qui ont été confrontés à la pression collective organisée, par exemple en milieu militaire, savent que seuls les individualistes résolus sont capables de résister à l'entraînement de tous vers la répression, la torture, la déshumanisation de l'adversaire.

« La science sociale, écrit Simone Weil à la fin de *L'Enracinement*, est l'étude du gros animal, et doit en décrire minutieusement l'anatomie, la physiologie, les réflexes naturels et conditionnels, les facilités de dressage. »

Soulignons ces « facilités de dressage » : plus un groupe est nombreux, massif, inorganisé, plus il est facile de lui faire croire ce que l'on veut et de l'entraîner là où l'on veut.

Le gros animal, c'est donc l'ensemble des préjugés de la foule, et même la foule elle-même sous la forme de l'opinion publique. Celle-ci n'est pas nécessairement maîtresse d'erreur ; elle peut, par l'effet du hasard, coïncider avec la vérité. Mais elle est synonyme de conformisme. « Tout ce qui contribue à notre éducation, poursuit Simone Weil, dans un fragment inachevé des *Écrits de Marseille*[2], consiste exclusivement en choses qui à une époque ou à une autre ont été approuvées par le gros animal. » Jamais les remarques de

1. « La Quatrième Internationale et l'URSS, la nature de classe de l'État soviétique » (1933), dans *Œuvres*, *op. cit.*, p. 268.

2. Dans *Œuvres complètes*, *op. cit.*, t. IV, « Écrits de Marseille », 2, « Dieu dans Platon », p. 87.

Simone Weil n'auront sonné aussi justes et aussi pressantes. Cette « bête sociale » n'est autre que la bête de l'Apocalypse. Et le rôle des démagogues est de fabriquer la doxa d'une époque, non à partir de la vérité, mais à partir des caprices du gros animal. C'est le cas du sophiste : « Ce qui fait plaisir à l'animal, il le nomme bon, ce qui répugne à l'animal, il le nomme mauvais, et il n'a pas d'autre critère à ce sujet », dit Platon au livre VI de *La République*.

On ne soulignera jamais assez l'actualité de ce propos. Aujourd'hui où les programmes d'enseignement et le contenu même des cours professés sont soumis au contrôle des parents d'élèves, c'est-à-dire du gros animal dans tout son aveuglement, nous sommes entrés par le biais de l'opinion publique dans le règne de la bête de l'Apocalypse. À cause de son engagement dans le mouvement syndical et du rôle qu'elle a attribué à la camaraderie ouvrière, on pourrait s'y tromper et voir en Simone Weil une sorte de dévote du collectif. Il n'en est rien. Bien au contraire ! Aux yeux de Platon, est animal tout ce qui est collectif. C'est un piège qui nous est tendu, parce que le « nous » se donne des allures plus désintéressées que le « je ». Substituer à la première personne du singulier les harmonies trompeuses de la première personne du pluriel sous la forme de la solidarité, de la camaraderie, de l'appartenance à un même milieu social, est une ruse de l'inconscient pour échapper à l'impératif de sortie de soi.

« Nous nous y portons par erreur, comme le Prince qui se prépare à aimer la servante au lieu de la maîtresse[…]. C'est le social qui jette sur le relatif les couleurs de l'absolu[1]. »

Dans l'ordre des corps, on peut soutenir à la rigueur que le « nous » se situe à un niveau moralement inférieur au « je ». Mais dans l'ordre de l'esprit, il peut être la mystification suprême. C'est sans illusions que Simone Weil s'est jetée dans l'action collective.

Rien de plus naturel dans ces conditions que la rencontre de Simone Weil avec le syndicalisme révolutionnaire[2], cette forme d'action collective animée par des individualistes convaincus.

---

1. *La Pesanteur et la Grâce*, introduction de Gustave Thibon, Plon, 1948, p. 183.

2. Voir l'article essentiel de Patrice Rolland, « Simone Weil et le syndicalisme révolutionnaire », *Cahiers Simone Weil*, décembre 1980, p. 245-273.

Grâce à ses amis Jeanne et Michel Alexandre, disciples d'Alain et fondateurs de la petite revue *Libres Propos*, elle est entrée dès 1930 en relations avec le groupe de *La Révolution prolétarienne* de Pierre Monatte. Celui-ci à son tour la met en contact avec des militants syndicalistes de la région du Puy, son premier poste d'enseignement. Parmi ceux-ci, Urbain et Albertine Thévenon, instituteurs, qui l'introduisent dans le milieu syndicaliste de la région. Les années 1931-1934 sont celles de la militance au sein du Syndicat national des instituteurs de la CGT, en liaison avec d'autres syndicats, notamment celui des mineurs, à Saint-Étienne. Ce sont aussi les interventions dans la *RP* qui donnent à son action une dimension résolument critique.

Puis brusquement, en décembre 1934, grâce à Auguste Detœuf, administrateur d'Alsthom et patron social, dont elle a fait la connaissance grâce à Boris Souvarine, c'est l'entrée en usine. Après Alsthom, ce sera les Forges de la Basse-Indre à Boulogne-Billancourt, puis les usines Renault. Expériences courtes, intenses, douloureuses, interrompues par des maladies : décidément, le corps ne suit pas.

Mais peu importe : la militance syndicale (1931-1934) et la vie en usine (1934-1935) sont deux moments complémentaires dans l'élaboration de sa philosophie sociale. La première est dominée par la prise de conscience du phénomène bureaucratique ; la seconde par l'expérience du « malheur ouvrier ».

Simone Weil n'a pas attendu Burnham pour découvrir que le phénomène bureaucratique n'est pas qu'un sous-produit mineur des sociétés modernes ; qu'il en est au contraire une composante essentielle, aussi importante que la lutte des classes et indépendante de celle-ci[1]. Et cela aussi bien dans les sociétés démocratiques que dans les sociétés totalitaires évoquées plus haut. Mais si la fonction administrative, ou bureaucratique, a envahi toutes les branches de l'activité humaine et tous les types de société, c'est pourtant en

1. Les deux articles essentiels sur cette contribution majeure de Simone Weil à l'intelligence des sociétés bureaucratiques sont : « Allons-nous vers la révolution prolétarienne ? », (1933), dans *Œuvres*, *op. cit.* ; et surtout : « Réflexions sur les causes de la liberté et de l'oppression sociale », (1934), *ibid*.

Union soviétique qu'elle apparaît le plus clairement dans sa nudité despotique. Dans les sociétés antérieures, l'oppression était exercée soit par la force armée, soit par la richesse. Mais le xxe siècle a inventé une nouvelle forme d'oppression. En Union soviétique, la bureaucratie a en quelque sorte absorbé toutes les formes antérieures d'oppression, au point d'effacer, sans guerre civile, « jusqu'aux traces des conquêtes d'octobre ». Cette opinion nous apparaît aujourd'hui s'imposer, au point d'en paraître banale. À l'époque, ni Trotski, ni même Victor Serge n'osaient aller aussi loin.

Et pourquoi donc le socialisme se jette-t-il dans la bureaucratie comme les fleuves dans la mer ? Parce que, en se focalisant sur le régime de la propriété, les plus sincères des socialistes, dont la plupart, comme Lénine et Trotski, n'ont jamais mis le pied dans une usine, note Simone Weil, ont négligé cet aspect essentiel de l'oppression de l'ouvrier qu'est l'organisation du travail industriel. « La complète subordination de l'ouvrier à l'entreprise et à ceux qui la dirigent, note-t-elle encore, repose sur la structure de l'usine et non sur le régime de la propriété[1]. » Il est à peine besoin de souligner à quel point la suite des événements a donné raison à Simone Weil ; aujourd'hui encore, pour qui réfléchit sur le statut des travailleurs manuels dans l'entreprise et dans la société, il y a plus à prendre dans Simone Weil que dans la masse des œuvres dites « socialistes » du xxe siècle.

Tout attachée qu'elle est au syndicalisme, elle se rend compte que celui-ci n'a pas été épargné par le phénomène bureaucratique. C'est pourquoi, en véritable libertaire, elle s'insurge contre le manifeste de ses amis de *La Révolution prolétarienne* : « Au syndicat, le pouvoir » (juillet 1934) : « Les ouvriers n'ont pas le pouvoir dans leurs propres syndicats, ils y sont aux mains des bonzes [...]. Qu'est-ce que ce serait si ces bonzes avaient en plus l'armée, la police, toute la machine de l'État ! »

C'est simple : ce serait l'Union soviétique !

Toutes ces analyses sur le phénomène bureaucratique débouchent sur une réflexion de grande ampleur concernant le pouvoir en

---

1. « Réflexion sur les causes de la liberté et de l'oppression sociale », dans *Œuvres*, *op. cit.*, p. 279.

général. Nous retrouvons ici le fait majeur, aux yeux de Simone Weil, de la vie en société : l'exercice de la force.

Toute sa réflexion socio-philosophique, qu'elle qualifie elle-même de matérialiste, est sous-tendue par cette idée : en désaccord profond avec l'infrastructurisme économique de Marx et sa « religion des forces productives », elle pense qu'une société a pour infrastructure le pouvoir qui s'y exerce, c'est-à-dire la politique. C'est donc là qu'il faut porter le fer !

D'où, à l'extrême fin de sa vie, cette « note sur la suppression générale des partis politiques », qui fait partie de ses écrits de Londres, et qui par sa concision, sa véracité et l'émotion qui la sous-tend, doit être considérée comme partie intégrante de son testament. Publiée en février 1950 dans *La Table ronde*, immédiatement saluée par deux esprits aussi dissemblables qu'André Breton et Alain, cette note est une déclaration de guerre à la bureaucratie tentaculaire qui nous étouffe. Sans doute eût-il mieux valu ne pas parler de « suppression », qui a une connotation autoritaire, voire fasciste. Pour sa part, André Breton préfère l'expression de « mise au ban ». Je me demande si ce n'est pas « dépérissement » qui conviendrait le mieux.

Mais là n'est pas l'essentiel. L'essentiel, c'est l'analyse sans concessions ni précautions de langage de ce qu'est un parti. Il est probable que le contexte général de la Résistance, peu favorable à celui-ci, rendait plus recevable qu'elle ne le serait aujourd'hui cette mise à plat, sans référence ni révérence aux partis existants et aux situations acquises. Qu'est-ce donc pour Simone Weil qu'un parti ? D'abord une machine à fabriquer de la passion collective. Ensuite une organisation destinée à faire pression sur la pensée de ses membres. Enfin un appareil exclusivement préoccupé de sa propre croissance, sans aucune limite. Or la passion collective est destructrice de la volonté générale, telle que la concevait Rousseau : quand il y a passion collective, il y a probabilité pour que n'importe quelle volonté particulière soit plus proche de la justice et de la raison que la volonté générale, ou plutôt ce qui en constitue la caricature. Une loi raciste par exemple, même décidée à la majorité, n'en reste pas moins une loi injuste et indigne de respect. Quant à l'objectif inconditionnel de croissance du parti, c'est un exemple typique de retournement de la relation entre la fin et les moyens. Il est inimaginable qu'un parti décide à un moment donné qu'il a suffisamment accru sa puissance : cette volonté de croissance est exponentielle. Elle a pour conséquence une pression constante de l'appareil sur ses membres, puisqu'elle est devenue le critère du bien. Ce mécanisme d'oppression spirituelle a été introduit par l'Église catholique, qui s'est prise pour l'incarnation même de la justice et du bien, notamment dans la lutte contre les hérétiques. D'où la pression qu'elle exerce en permanence sur ses fidèles et le devoir d'obéissance aveugle qu'elle leur impose. Il faut donc, de toute urgence, déprofessionnaliser la politique. Dans une note de jeunesse qui semble avoir été inspirée par les élections législatives de 1928, où apparaît clairement l'influence d'Alain, Simone Weil affirme que leur fonction est de dénoncer le gouvernement. Il ne faut pas que les députés « vivent ensemble, se réunissent sans cesse et vivent en groupes ». En un mot il ne faut pas qu'ils constituent un microcosme. Quant aux élections, il faut supprimer la candidature, car elle est patronnée par les partis. Un homme peut dire : « Votez pour moi parce que je suis socialiste. » Aucun homme n'oserait dire : « Votez pour moi parce que je suis ferme, courageux, méfiant, insensible à l'éloquence et à la corruption[1]. »

Faut-il rappeler que pendant la Révolution française la candidature était mal vue des militants, et que certains avaient envisagé de la punir de mort ?

Conclusion : « Les partis sont des organismes publiquement, officiellement constitués de manière à tuer dans les âmes le sens de la vérité et de la justice[2]. » On tolère de pareils organismes. Et pourtant, remarque-t-elle, « on interdit les stupéfiants » !

Une des pires conséquences de l'imposition dans les jeunes consciences de l'esprit partisan, c'est l'obligation qu'on leur fait de « prendre parti », c'est-à-dire de raisonner selon la loi du pour ou contre. On soumet aux esprits une phrase d'un grand auteur et

1. Dans *Œuvres complètes*, *op. cit.*, tome II, 1. p. 51-53 ; cité dans Domenico Canciani, *Simone Weil...*, *op. cit.*, p. 112.

2. Dans *Note sur la suppression générale des partis politiques*, Climats, 2006, p. 42.

on les met en demeure de se prononcer en faveur ou en défaveur du jugement qu'elle contient. C'est la prise de position politicienne substituée à l'exercice de la pensée. Et c'est ainsi que l'esprit de parti, c'est-à-dire la pensée bureaucratique, gangrène la société tout entière. C'est une lèpre qu'il faut éradiquer. Cette lutte ne peut être menée que par des esprits libres, c'est-à-dire des individus.

Cette note ne fait que résumer et couronner la pensée qui a été celle de Simone Weil sa vie durant. Quel que soit le nom dont il puisse se parer, « fascisme, démocratie ou dictature du prolétariat, l'ennemi capital reste l'appareil administratif, policier ou militaire[1] ».

Si dans le domaine spéculatif, la réflexion sur le phénomène bureaucratique domine sa pensée, la découverte du « malheur ouvrier » demeure son expérience existentielle capitale. À dire vrai, on pourrait ranger les deux phénomènes sous la même rubrique, car si l'oppression du citoyen a pour cause la bureaucratie administrative, politique et policière, le malheur ouvrier a pour cause la bureaucratie productive, c'est-à-dire l'organisation du travail en usine. Et même si l'expérience de l'usine est postérieure, c'est elle qui explique la lucidité de l'auteur à l'égard de l'Union soviétique, des partis de gauche et même des syndicats. La bigoterie productiviste de Marx, Lénine et Trotski était telle qu'elle les a détournés de toute tentative pour modifier la condition ouvrière concrète, sur les lieux de la production.

C'est là qu'il faut chercher la racine du malheur ouvrier. On a si souvent limité le témoignage de Simone à l'explosion de joie des grèves avec occupation de 1936, qu'on a oublié de lire le reste, qui est l'essentiel. Cette « joie pure, cette joie sans mélange[2] », cette joie qui est le contraire de l'humiliation a pour arrière-plan tout ce qu'elle-même a connu pendant les neuf mois, entrecoupés de congés de maladie et de licenciements, qu'a duré sa vie d'ouvrière. Que découvre-t-elle ? Pas tant l'exploitation – dans tous ses témoignages, elle ne parle guère de salaire – que l'humiliation. Être ouvrier, c'est

1. « Réflexions sur la guerre », article publié en novembre 1933 dans *La Critique sociale*, revue de Boris Souvarine ; *Œuvres*, *op. cit.*, p. 461.

2. « La vie et la grève des ouvrières métallurgistes », *La Révolution prolétarienne*, n° 221, 10 juin 1936 ; *Œuvres*, *op. cit.*, p. 157-170.

obéir passivement. C'est se faire imposer des tâches dont on ne comprend pas la finalité ; c'est œuvrer sur une pièce dont on ne connaît pas la destination ; c'est voir son attention de tous les instants requise pour des gestes simples et répétitifs, qui ont été décidés par d'autres. Si elle parle d'esclavage, c'est parce que le travail en usine est la perte de toute autonomie personnelle, la renonciation à tout exercice de la pensée et même l'interruption de toute relation sociale. Dans le cas de cette jeune fille de vingt-cinq ans, affectée comme elle l'a désiré aux plus lourds travaux de fonderie, le sentiment domine d'une immense fatigue, qui la transforme en « bête de somme ». À maintes reprises, il faut que ses camarades de travail viennent à son secours, pour éviter qu'elle ne soit « noyée ». Elle est aussi peu douée pour le travail manuel qu'un peu plus tard pour le maniement des armes, et c'est précisément cela qui donne à son témoignage toute sa valeur humaine. Une véritable chape de tristesse l'envahit et la recouvre. « Je connaîtrai encore la joie, écrit-elle à son amie Albertine Thévenon, mais il y a une certaine légèreté de cœur qui me restera, il me semble, toujours impossible[1]. »

Avant elle, aucun penseur du socialisme, aucun leader politique n'avait parlé ainsi – et pour cause – de la condition ouvrière. La plupart se sont contentés de répéter les analyses abstraites de Marx sur l'exploitation. Son mérite est d'être allée voir sur place : elle y a trouvé la fatigue, la peur, la contrainte, en un mot l'humiliation. Elle ira jusqu'à dire dans son fameux article sur la joie des ouvriers grévistes : « Le mouvement actuel est à base de désespoir. »

Quant aux relations des travailleurs entre eux, elles sont loin de refléter l'espèce d'allégresse prolétarienne et de camaraderie que ceux qui ne sont jamais allés voir n'ont cessé de célébrer. Certes, l'esprit de classe existe : il est contenu tout entier dans ce vécu ouvrier, qu'elle décrit comme un reporter en pays lointain, à Albertine Thévenon, à Auguste Detœuf, à Jules Romains et même aux lecteurs de la *RP*. Oui, il y a une conscience de classe ! Mais y a-t-il une solidarité de classe ? C'est moins sûr. Il y a certes une certaine camaraderie, une certaine gentillesse, mais l'esclavage physique et moral dans lequel vivent les ouvriers a peu à peu tué en chacun la

1. Février 1935, *ibid.*, p. 141.

fraternité humaine. Le monde de l'usine est un monde déshumanisé, un monde du chacun pour soi.

Dans ces conditions, ce « prof agrégé en vadrouille dans la classe ouvrière » selon ses propres mots, pense que rien n'est plus urgent que de redonner à l'ouvrier le sens de sa dignité et que son éducation est la tâche prioritaire. Les animateurs du syndicalisme révolutionnaire, parmi lesquels Fernand Pelloutier, ne pensaient pas autrement. La Bourse du travail des origines était conçue comme un outil d'éducation populaire. Et pour les ouvriers l'initiation à la « science de leur malheur ». C'est ainsi qu'à peine entrée à l'École normale supérieure (1928), elle participe à l'Université populaire fondée par Lucien Cancouët, un cheminot de la CGT que lui avait fait connaître Alain.

Dès lors, toutes les étapes de la vie de Simone Weil et de son itinéraire intellectuel sont orientées vers un but unique : remettre le travail matériel au centre de la civilisation. Ce que Simone Weil ne pardonne pas à la société moderne, c'est d'avoir dissocié systématiquement le travail intellectuel du travail matériel, le taylorisme étant l'expression suprême de cette perversion. Le « déracinement », notion qui devient essentielle à la fin de sa vie, puisque c'est son antonyme, l'« enracinement » qui fournit le titre de son dernier grand livre, c'est justement cela : faire de l'homme un être étranger à son propre travail, puisqu'il n'en maîtrise ni la finalité ni les modalités. Quand Bernanos déclare que les ouvriers ne sont quand même pas des immigrés sur leur lieu de travail, comme les ouvriers américains de M. Ford, Simone Weil lui répond que malheureusement, ils sont bien ces immigrés dans leur propre pays, « déracinés, exilés, et admis de nouveau, comme par tolérance, à titre de chair à travail[1] ».

Ils ne sont chez eux nulle part, ni dans les usines, ni dans leurs logements, ni dans les partis et les syndicats, ni dans les lieux de plaisir, ni dans la culture. Il n'est pas besoin de souligner combien cette conception de l'ouvrier immigré sur son propre sol véhicule de résonances contemporaines. L'enracinement, c'est la reconquête par l'individu aliéné par son travail de son identité globale.

1. *L'Enracinement*, dans *Œuvres*, *op. cit.*, p. 1053.

L'autre cause du déracinement, mais c'est à bien des égards la même, c'est le salaire. L'ouvrier ne s'épanouit pas, ne se réalise pas dans son travail, qui devrait être œuvre de joie : il ne l'exécute que contre un salaire : immigré, mais aussi mercenaire !

Cette analyse existentielle de la condition ouvrière, qui va infiniment plus loin que les analyses sur la propriété collective des instruments de production, et renvoie Marx au statut de technocrate d'un capitalisme étatisé, pose la question essentielle de la société industrielle : n'a-t-elle pas totalement dépersonnalisé l'homme ? ne l'a-t-elle pas expulsé de son œuvre, et inversé le rapport entre la fin et les moyens ? Son robot lui a échappé comme la créature de Frankenstein ; c'est lui désormais qui définit les objectifs et fixe les conditions.

L'analyse de Simone Weil n'est-elle pas datée ? n'est-elle pas le produit de la production à la chaîne, antérieure à la révolution de l'automatisation ? Est-elle à ranger sur le même rayon que *Les Temps modernes* de Charlot ou *À nous la liberté* de René Clair ? Oui, sans doute pour partie. On a assisté depuis la Deuxième Guerre mondiale, au moins dans les industries de pointe, à un recul continu du travail répétitif et parcellisé au profit des tâches de contrôle, d'entretien, voire de conception.

En revanche, la question du travail tout court, du travail en général, se pose avec une acuité accrue. Jamais l'homme n'avait été aussi dépendant de son travail, de son « job », avec la nuance purement utilitaire qui s'attache au mot anglais et qui suggère un emploi de subsistance et de pure nécessité. C'est contre cette réification que Simone Weil plaide pour une « civilisation du travail ».

Qu'entendre par là ? Une société dans laquelle l'homme reste un être créateur. L'auteur de *L'Enracinement* ne croit pas que la technique puisse libérer l'homme du travail. Et elle ne le souhaite pas. Pas même pour le libérer des tâches les plus matérielles, car celles-ci comportent, sous la forme de l'invention humaine confrontée à la résistance du matériau, une des expressions les plus achevées de la vie de l'esprit. Il y a, dit-elle, une vérité du travail physique, et c'est cette grande vérité, aperçue par Rousseau, George Sand, Tolstoï, Proudhon, Marx et les encycliques pontificales, qui fait l'originalité de notre temps, la seule que nous n'ayons pas empruntée aux Grecs.

Entrant dans les détails, elle se prononce de façon très proudhonienne pour de « petits ateliers » à l'intérieur de la grande usine, permettant aux ouvriers de reconquérir une part d'initiative et de créativité, c'est-à-dire d'attention personnelle. Nous ne sommes pas très loin de ce que, dans le contexte de 1968, la CFDT avait nommé autogestion. Non sans doute l'idéal quelque peu archaïque de « la mine aux mineurs », mais l'accroissement de la part d'autonomie qui peut conduire à une « spiritualité du travail ». Sans citer la Règle de saint Benoît, on sent que Simone Weil y a pensé.

Nous voilà bien au-delà de l'opposition canonique réforme-révolution, dont le mouvement ouvrier se gargarise depuis un siècle, sans avoir rien changé, moins en tout cas que le capitalisme éclairé, à la condition réelle des travailleurs. Simone Weil était favorable à des mesures réformistes ; mais sa visée est post-révolutionnaire, parce qu'elle va, comme les plus grands, Saint-Simon ou Proudhon, au-delà du socialisme politicien, pour aborder aux rivages de l'anthropologie socialiste.

« On ne détruira pas la condition prolétarienne avec des mesures juridiques, qu'il s'agisse de la nationalisation des industries clefs, ou de la suppression de la propriété privée, ou de pouvoirs accordés aux syndicats pour la conclusion de conventions collectives, ou de délégués d'usines, ou du contrôle de l'embauche. Toutes les mesures que l'on propose, qu'elles aient l'étiquette révolutionnaire ou réformiste, sont purement juridiques, et ce n'est pas sur le plan juridique que se situent le malheur des ouvriers et le remède à ce malheur[1]. »

C'est ici que nous retrouvons, non pas toujours la pratique du syndicalisme révolutionnaire, qui a vieilli, mais sa philosophie. Cet « éternel esprit de révolte » dans lequel réside l'essentiel du mouvement révolutionnaire. Contre les chaînes qui avilissent le travail, contre les mensonges qui permettent l'humiliation. Il s'agit d'un idéal, d'un jugement de valeur commun aux plébéiens de Rome, aux ouvriers de la laine à Florence, aux paysans anglais, aux artisans de Gand. On n'y trouve pas grand-chose de l'œuvre de Marx, et surtout pas l'idée d'une mission historique du prolétariat, prétendument

1. *Ibid.*, p. 1058.

chargé de sauver l'Univers. Car s'il est une œuvre entachée d'utopie et de prophétisme eschatologique, c'est moins chez Proudhon ou Saint-Simon qu'il faut la rechercher que chez Marx lui-même. Le syndicalisme révolutionnaire est celui qui a recueilli l'héritage historique du mouvement ouvrier français, avec sa double tradition individualiste et anti-autoritaire. Limité dans le temps à une certaine phase historique de l'économie – pour l'essentiel antérieur à la grande industrie –, il l'excède en deçà et au-delà par une éthique qui survit aux conditions de son apparition. Cet anti-autoritarisme, nul ne l'a mieux incarné que Proudhon, qui lui aussi survit à ses propres conceptions économiques. Simone Weil voit parfaitement que cet idéal d'une « société d'hommes fiers et libres » dont se réclamait Fernand Pelloutier est ce qui a survécu à la fin des espérances révolutionnaires. Répondant à Auguste Detœuf, qui avait proposé un syndicalisme « unique, apolitique, obligatoire », autrement dit un syndicalisme fonctionnalisé et fonctionnarisé, Simone Weil lui oppose une vision qui vient du fond même du peuple ouvrier, un syndicalisme qui est un « mouvement populaire, aussi mystérieux dans son origine, aussi singulier, aussi inimitable qu'une chanson populaire ; il a une tradition, un esprit, un idéal, il a ses héros, ses martyrs et presque ses saints, la plupart inconnus. Il ne correspond ni à une doctrine, ni à une tactique, ni à une opportunité quelconque, mais aux aspirations et aux besoins du peuple à une certaine période de l'histoire[1] ».

Extraordinaire intuition historique de cette jeune femme qui d'emblée trouve le ton juste pour définir l'identité syndicale populaire et ce que l'on peut appeler le « séparatisme ouvrier ». Car une telle vision, répétons-le, n'est ni révolutionnaire, ni réformiste, au sens politicien de ces deux adjectifs. Elle a quelque chose d'identitaire. Mais à suivre les modernes docteurs, le peuple a-t-il encore droit à son identité ?

---

1. « À propos du syndicalisme "unique, apolitique, obligatoire" », (1938), dans *Œuvres*, *op. cit.*, p. 188.

IV

« À L'INTERSECTION DE CE QUI EST CHRÉTIEN ET DE CE QUI NE L'EST PAS »

Meylan, le 24 décembre 2009

Cher Jacques,

En cette veillée de Noël qu'en ermite solitaire je passe en partie devant ma vieille Underwood 1938, j'ai envie de parler avec toi de Simone Weil à laquelle tu consacres ton dernier billet.

Il y a longtemps que j'ai pour elle une admiration terrifiée, une adhésion répulsive. Bien entendu, son parcours parallèle à celui de Péguy m'a tout de suite attiré, de l'anarcho-syndicalisme à la mystique chrétienne ; j'ai gardé longtemps dans mes dossiers des numéros de la *Révolution prolétarienne* de Pierre Monatte avec des articles magnifiques de Simone sur l'URSS par exemple.

Mais à l'inverse du cheminement de Péguy, celui de Simone Weil ne m'a pas semblé une conversion-assomption mais une conversion-rupture. Elle n'a pas trouvé le christianisme *au bout* de son parcours philosophique et existentiel, mais *à rebours*, contre son engagement ontologique (je ne dis pas politique) antécédent. Autant elle était passionnée par la terre, les hommes, la création, autant elle est devenue une effrayante mystique de la « *décréation* ».

Il y a là un basculement étrange que je n'arrive pas à comprendre. D'autant plus qu'il se double d'une contradiction totale avec son engagement charnel dans la Résistance à Londres au nom d'un « patriotisme de compassion ». La militante n'a pas décroché. Elle a changé d'objet. Du coup elle retrouve Péguy.

Comment concilier en elle ces deux parts antagonistes : une militance inébranlable pour la cité terrestre et périssable, et un platonisme délirant qui professe une haine absolue de la création digne de Marcion ?

Après bien d'autres, je décèle en Simone Weil un problème tragique qui tient à ses origines juives qu'elle renie violemment, son rejet de l'Ancien Testament est d'une sottise rare. Comme si elle ne pouvait pas voir, à côté des fureurs tyranniques de Yahvé, le serviteur souffrant d'Isaïe, la passion érotique du Cantique des Cantiques, et pour comble le platonisme judaïsé du Livre de la Sagesse !

Je ne supporte pas dans Simone Weil son nihilisme apophatique, son négationnisme transcendantal, son apologie du vide. J'y renifle la pire allergie à ce qui constitue la moelle de la révélation judéo-chrétienne, « Et il vit que cela était bon, même très bon », voilà la première phrase de ce cher Yahvé tant honni devant sa création qui vient de naître. Il ne s'agit pas de s'évader de la terre, mais de l'assumer en la sauvant du péché.

Approchant du terme de ma vie terrestre, je confesse plus que jamais la splendeur de l'univers et la glorification qui lui est promise en Christ. Ce thème de la pâque cosmique, qui court de Saint Paul à Teilhard et Claudel, me mobilise tout entier. Il fait l'objet de mes deux prochains livres. Le premier *Pâque de l'univers*, est un recueil de poèmes à paraître en janvier chez Arfuyen. Le second sortira peu après chez Salvator, sous le titre *La création pour quoi faire ?* J'y propose une théologie renouvelée de la Création qui est une réplique radicale à la théologie de la décréation de Simone Weil.

Bonnes fêtes, cher Jacques.

Jean Bastaire

Bourg-la-Reine, le 9 janvier 2010

Mon cher Jean,

Ce mot pour te remercier de tes vœux et pour t'envoyer à mon tour mes souhaits de bonne année pour 2010. Et j'en viens à ce que tu m'écris à propos de Simone Weil. Je ne partage pas ton point de vue. Car non seulement je la considère comme un des plus grands génies du siècle, mais je partage la plupart de ses vues. Aversion pour l'Ancien Testament ? Je la partage. Bien sûr, il y a les quelques textes annonciateurs du Nouveau dans Isaïe, Daniel, les Psaumes. Pour le reste, il représente tout ce que je déteste : l'esprit religieux. Le Christianisme, celui du Christ plus que de Saint Paul, est venu rompre avec la religion, c'est-à-dire avec le lien de subordination entre le Créateur et la Créature.

Le Vétérotestamentisme qui sévit actuellement dans l'Église reflète surtout sa mauvaise conscience à propos de son antisémitisme ancien. Je ne suis pas concerné. Du reste, le dialogue judéo-chrétien repose sur une inégalité fondamentale. Les cathos idolâtrent les juifs ; ceux-ci détestent le Christianisme, sinon les chrétiens. Marcion ? Mais je suis marcioniste ! Ce qui me touche dans l'Évangile n'est pas la *continuité* avec ce Dieu jaloux, narcissique et un peu facho qui sévit dans l'AT, c'est la *rupture* ! Et je sais gré à Simone Weil de souligner les correspondances avec le platonisme. Je trouve le Dieu de Platon infiniment plus sympathique, infiniment plus vraisemblable que le vieux Yahvé, pétainiste et massacreur, qu'il faudrait paraît-il aimer ! S'il faut passer par là pour être chrétien, alors je suis athée, et Dieu reconnaîtra les siens !

Pour moi, l'AT, c'est le règne des prêtres, de la loi, du nombrilisme, de l'hypocrisie. Je n'en démordrai jamais ; il faut laisser les curés enterrer les curés. Il n'y a qu'un être devant lequel je m'incline, mais alors de toute mon âme, c'est Jésus-Christ. Voilà, c'est dit.

Amitié fidèle.

Jacques

En publiant ces deux lettres, j'ai tenu à rendre hommage à mon ami Jean Bastaire fraîchement décédé. Cœur généreux, intelligence toujours en éveil, enthousiasme jamais démenti, il fut des années durant l'âme du péguysme en France. Sa lettre, suivie de ma réponse, pose clairement l'un des problèmes les plus controversés que soulève l'œuvre de Simone Weil – certains disent *le* problème Simone Weil : son attitude à l'égard de l'Ancien Testament et, par voie de conséquence pour certains, à l'égard du judaïsme.

Elle est profondément horrifiée par la « barbarie » de ce « faux dieu » qu'est Yahvé, incapable d'un mouvement de charité pure, et dont toute l'attitude relève du clanisme et de l'esprit de vengeance le plus étroit. Plusieurs des livres historiques de l'Ancien Testament (Josué, les Juges, Samuel) sont un tissu de massacres, et même souvent de génocides ordonnés par Yahvé. Celui-ci ne retire-t-il pas sa confiance à Saül, qu'il a fait roi, parce qu'il a épargné Agag, le roi des Amalécites, alors qu'il lui avait commandé d'exterminer ce peuple tout entier, hommes, femmes, enfants et nourrissons, bœufs et menu bétail, chameaux et ânes ? Cette clémence relative ne lui sera pas pardonnée, et Dieu fait destituer Saül. Certes, il arrive qu'il vaille mieux s'adresser à ses saints qu'à Dieu lui-même, ou aux prophètes plutôt qu'à Yahvé. Et Simone Weil souligne tout ce qui, dans Isaïe, Job, le Cantique des cantiques, Daniel, Tobie, une partie d'Ézéchiel, des Psaumes, des livres sapientiaux, le début de la Genèse, est assimilable par une âme chrétienne. C'est tout de même beaucoup, mais ne suffit pas à exonérer l'Ancien Testament de sa pure théologie de la puissance, et non de l'amour. Quel rapport entre cette idole jalouse et capricieuse, narcissique et impitoyable, et le Dieu d'amour incarné par Jésus-Christ ? Certes, Jésus était juif et se référait à la tradition juive ; mais ce qui a fait de lui le fondateur d'une religion nouvelle et universelle ne s'inscrivait pas dans la continuité, mais dans la rupture avec le judaïsme. Le christianisme est fils de cette rupture. De là, la double accusation faite à Simone Weil : d'être marcioniste et d'être antisémite.

Il lui arrive, en effet, rarement du reste, de se référer à Marcion. Et alors ? Toute la tradition chrétienne, depuis Justin, Tertullien et Irénée, l'a combattu avec virulence. Le hic, c'est que nous ne connaissons l'œuvre du grand hérétique du IIe siècle, fondateur d'une Église qui longtemps rivalisa avec l'Église officielle, que par les citations qu'en font ses contradicteurs, et notamment Tertullien. Connaissance purement polémique : quelle image nous ferions-nous de Rousseau si nous ne connaissions de ses écrits que les évocations qu'en fait Voltaire ? De là aussi beaucoup d'interprétations contradictoires ; les uns font de lui un pur disciple du Christ, d'autres un gnostique qui croit à la coexistence de deux principes rivaux et égaux, le bien et le mal, à la manière des manichéens.

Le grand théologien et philosophe allemand Adolf von Harnack a publié en 1924 un livre sur Marcion faisant encore autorité[1] et qui expose diverses hypothèses. Une chose est certaine, s'il y a un « marcionisme » de Simone Weil, il réside dans l'affirmation de l'incompatibilité du Dieu d'amour du Nouveau Testament avec le Dieu des armées de l'Ancien. Comme l'a souligné Daniel Lindenberg, il a existé dans la philosophie spiritualiste française, celle de Lagneau, de Lachelier et du maître de Simone Weil, Alain, un courant qu'il qualifie de marcioniste, sympathique à l'enseignement de Jésus, mais très critique sur la perversion que lui a fait subir le judaïsme[2].

Sur la base de cette critique très vive du judaïsme, on n'a pas manqué d'accuser Simone Weil d'antisémitisme, avec tous les poncifs habituels sur la « haine de soi » qu'est censée charrier cette accusation quand elle porte sur un juif. Souvent repris, ce procès est tout simplement ridicule. D'abord parce que Simone est étrangère à toute idée raciste. Mais la doxa conformiste de notre temps tolère-t-elle encore un juif récusant la religion juive, un musulman récusant l'islam ? La pensée correcte d'aujourd'hui exige une bienveillance générale à l'égard de toutes les religions, surtout si elles

1. Adolf von Harnack, *Marcion, l'évangile du Dieu étranger*, Le Cerf, 2003.
2. *Y a-t-il un parti intellectuel en France ?*, Armand Colin, 2013, p. 114-118.

ont été persécutées à un moment donné, et interdit tout point de vue résolument critique. Cette extension de l'imputation de racisme deviendrait, si elle devait continuer à s'affirmer, un véritable obstacle à la liberté de penser, et même à la pensée tout court.

Certes, Simone Weil dit par exemple qu'il y a quelque chose de « maurrassien » dans la religion nationale de Moïse. Jugement provocateur. Mais moins que celui qu'elle porte sur le thomisme, qui implique à ses yeux un « totalitarisme aussi étouffant ou davantage que celui de Hitler[1] ». Il est aussi absurde de faire de Simone Weil une antisémite sous prétexte qu'elle critique la religion juive, que d'en faire une antichrétienne sous prétexte qu'elle dénonce, à longueur de pages, la tendance de la religion catholique au totalitarisme. Identifier la critique d'une religion à de la haine pour ses fidèles est une opération abusive, qui n'a qu'un but : sanctuariser, sous le faux prétexte du racisme, cette religion et développer un principe d'intolérance inacceptable : que l'on considère l'usage qui est fait aujourd'hui par les activistes musulmans du concept d'islamophobie. Où l'on découvre comment les fanatiques se servent de la tolérance des autres pour imposer leur propre intolérance. Pour en finir sur ce point, qu'il soit clair qu'il n'y a aucun antisémitisme de Simone Weil, mais seulement le rejet de la religion juive. Ce que l'on ne lui pardonne pas, c'est sa conversion. Mais conversion à quoi ? Certainement pas au catholicisme en tant que tel. Aucun docteur, aucun gardien de la foi, aucun inquisiteur en somme ne tiendrait pour catholique une femme qui déclare dans sa « lettre à un religieux » (le père Couturier, que lui a recommandé Jacques Maritain) n'avoir rien de commun avec la religion qui est exposée dans le catéchisme du concile de Trente. Peut-on même parler de conversion au christianisme, de la part d'une personne qui, dans la même lettre, confie que « si l'Évangile omettait toute mention de la résurrection du Christ, la foi me serait plus facile[2] » ?

On ne le souligne pas assez : la sévérité de Simone Weil à l'égard du christianisme établi, notamment sous sa forme catholique, est au moins égale sinon supérieure à celle qu'elle exprime à l'égard

1. « Lettre à un religieux », dans *Œuvres*, *op. cit.*, p. 997.
2. *Ibid.*, p. 1004.

du judaïsme. Nous avons déjà, chemin faisant, souligné l'accusation constante de totalitarisme qu'elle articule à son égard. Or la volonté de puissance, rappelons-le, est aux yeux de Simone le crime suprême. Ajoutons-y la compromission avec l'argent. Dans sa lettre de 1938 à Georges Bernanos, déjà citée, tout en soulignant que rien de catholique, rien de chrétien ne lui a jamais paru étranger, elle ajoute : « Je me suis dit parfois que si seulement on affichait aux portes des églises que l'entrée est interdite à quiconque jouit d'un revenu supérieur à telle ou telle somme, peu élevée, je me convertirais aussitôt[1]. » Comme Nietzsche, elle pense que le christianisme est fondamentalement la « religion des esclaves », mais au lieu de lui en faire un crime, elle l'en glorifie.

Pour désigner les pays qui, sans posséder l'arme nucléaire, n'ont qu'une dernière étape à franchir à un moment donné, les diplomates parlent aujourd'hui de « pays du seuil ». En ce sens, cette « sainte à la recherche d'une foi » (François Furet[2]) est une « catholique du seuil », « à l'intersection de ce qui est chrétien et de ce qui ne l'est pas », selon sa propre expression. Telle est, elle en est persuadée, sa vocation propre, et elle n'a jamais ressenti un appel intérieur qui l'aurait conduite à franchir le pas. Elle restera dans le narthex, « chrétienne hors de l'Église ». Après tout, n'est-ce pas aussi la position de Péguy après sa conversion, voire de Pascal, qui du fait de son jansénisme devient une sorte de catholique anti-romain ? Simone Weil reproche même de façon véhémente à son ami et confident le père Perrin l'attachement que celui-ci témoigne à l'Église comme à sa patrie terrestre. À quoi elle oppose sa propre conception du catholicisme, c'est-à-dire le fait de « n'être relié par un fil à rien qui ne soit créé, sinon la totalité de la création ». Non catholique au sens institutionnel du mot, Simone Weil est pourtant foncièrement catholique si l'on désigne par là l'aspiration à l'universalité, sans acception de personne. Nous allons y revenir.

Plus chrétienne que catholique et plus christique que chrétienne, la religion de Simone Weil est avant tout une religion de Jésus-Christ. Retrouvant aux termes près l'intuition fondamentale de

1. *Ibid.*, p. 405.
2. *Le Passé d'une illusion*, Robert Laffont-Calmann-Lévy, 1995, p. 285.

Pascal (« Nous ne connaissons Dieu que par Jésus-Christ »), elle affirme qu'en dehors de celui qu'elle nomme significativement le médiateur, il ne saurait y avoir de présence de Dieu à l'homme. Sauf sous une forme « nationale », c'est-à-dire idéologique, narcissique et païenne. Mais sans aucune présence personnelle. Israël a choisi le Dieu national et refuse le médiateur. Simone Weil a rencontré quelqu'un : « Le Christ lui-même est descendu et m'a prise. »

Rien pourtant de charnel ou d'érotique là-dedans, à la façon de la sainte Thérèse du Bernin. Dans cette rencontre, elle a elle-même récusé d'avance toute interprétation sensuelle, « en dessous de la débauche », de l'expérience mystique. À son ami Joë Bousquet, elle confie :

« Dans un moment d'intense douleur physique, alors que je m'efforçais d'aimer mais sans me croire le droit de donner un nom à cet amour, j'ai senti, sans y être aucunement préparée – car je n'avais jamais lu les mystiques – une présence plus personnelle, plus réelle que celle d'un être humain, inaccessible et aux sens et à l'imagination, à l'amour qui transparaît à travers le plus tendre sourire d'un être aimé. Depuis cet instant le nom de Dieu et celui du Christ se sont mêlés de plus en plus irrésistiblement à mes pensées[1]. »

Il fallait citer longuement cette confidence pour lutter contre l'idée, qu'elle-même a contribué ailleurs à entretenir, celle d'une vision de Dieu purement cérébrale, glacée et impersonnelle. D'un Dieu qui ne serait donc pas une personne, mais l'aboutissement de vastes courants philosophiques et religieux, pour la plupart antérieurs à Jésus-Christ. Dans ces « intuitions préchrétiennes », Simone cite régulièrement la religion de l'Égypte ancienne et notamment le *Livre des morts*, la Bhagavad-Gita, le Platon du *Banquet* et la conception de l'amitié chez les pythagoriciens. Syncrétisme ? Non pas. Moins même que dans le passage du Dieu de colère de l'Ancien Testament au Dieu d'amour du Nouveau. Il y a plus de charité évangélique dans la religion d'Osiris que dans l'histoire des Hébreux, telle qu'elle nous est contée dans les livres historiques de l'Ancien Testament.

Il y a donc eu un christianisme d'avant le Christ. À quoi reconnaît-on la présence de l'amour chez les créatures, et d'abord

1. Lettre du 12 mai 1942, dans *Œuvres*, *op. cit.*, p. 797.

chez le créateur ? Au refus, de la part de son détenteur, d'exercer toute la puissance dont il dispose. Aimer, c'est renoncer à son pouvoir sur autrui. Nous avons vu que pour Simone Weil le mal s'identifie au pouvoir. Le bien est un renoncement au pouvoir. C'est ainsi que l'on accède logiquement à un concept central dans sa pensée philosophique et religieuse, celui de *décréation*. La décréation n'est pas cet effrayant concept qui faisait reculer d'horreur mon ami Jean Bastaire dans la lettre reproduite plus haut. Il se trompait en y voyant un refus du monde et de sa beauté. Car dans le mouvement de son ascèse spirituelle, la beauté du monde est pour Simone Weil un motif central, quelque chose comme un moteur. C'est justement pour permettre à l'homme de s'approprier la beauté du monde que Dieu décide de s'en retirer. Qu'est-ce, en fait, que la « décréation » ? C'est Dieu se retirant du monde sensible. Un concept clef, à l'intersection du rationalisme scientifique, de la philosophie morale et de la théologie de l'amour divin. Le rationalisme scientifique, parce qu'un monde rempli de la présence de Dieu, réelle et non métaphorique, échapperait complètement aux lois du déterminisme et reviendrait à l'univers magique de la pensée prélogique. La philosophie morale, parce que c'est un monde offert à la liberté de l'homme. La théologie de l'amour, parce que c'est Dieu renonçant à sa toute-puissance et s'abaissant au niveau de sa créature pour établir avec elle une relation de réciprocité. Si la création est un acte d'amour, la décréation ne l'est pas moins. La décréation n'est pas seulement conforme à la philosophie chrétienne de l'incarnation ; elle est une exigence absolue de cette philosophie. Dieu, dit Simone Weil, ne peut être présent dans la création que sous la forme de l'absence. La décréation n'est rien d'autre que le nom cosmologique de la liberté, qui suppose à la fois la possibilité du mal et le besoin de Dieu.

Sur ce vide sans lequel il n'y a pas de place pour Dieu, Simone Weil nous a laissé dans ses *Cahiers* des pages bouleversantes, qui s'apparentent à ce que la mystique occidentale, de Maître Eckhart à saint Jean de la Croix, en passant par Henri Suso ou Jacob Boheme, nous a laissé de plus personnel et de plus profond. Sans parler du Tao oriental, où le vide est la base même de la cosmogonie. « Ce qui est affirmé, écrit François Cheng, c'est la vertu du Rien, du

Vide, étant donné que le Vide est à la racine de la Voie, outre qu'il est la condition de l'harmonie dans la marche de la Voie[1]. »

Il faut donc qu'il y ait du vide dans l'univers. Un univers plein est nécessairement bloqué, incapable de mouvements internes. C'est l'univers de la chrétienté, telle qu'elle a été conçue par l'Église. « La chrétienté est devenue totalitaire, conquérante, exterminatrice parce qu'elle n'a pas développé la notion de l'absence et de la non-action de Dieu ici bas[2] », écrit Simone Weil.

D'où le rôle purificateur de l'athéisme. D'abord, parce que, reprenant à son compte la démonstration de Jules Lagneau, qui lui est sans doute parvenue par Alain dont il fut le disciple, chaque fois que l'on parle de Dieu, ce n'est pas de Dieu que l'on parle. Toute tentative de définition ou même seulement de désignation de Dieu correspond à la limitation de ce qui est par définition illimité, à la finitude de ce qui est infini. C'est ainsi que l'athéisme nous débarrasse d'une vision nécessairement erronée de Dieu. Il en va de même de toute vision utilitariste, qui tend à faire de Dieu une consolation ou pour tout dire une espèce frelatée de médicament spirituel. C'est ainsi qu'il est nécessaire de procéder à une sorte de « nettoyage philosophique » du christianisme.

Jusqu'ici, tout va bien. La difficulté commence lorsque Simone Weil applique cette notion de vide à la personnalité humaine dans son rapport à Dieu. Certes, il y a toujours eu une théologie négative, « apophatique », comme dit justement Jean Bastaire. Les grands mystiques, comme saint Jean de la Croix, ont décrit, dans leur ascension vers le divin, cette nuit de tous les sens, puis cette nuit de l'intelligence, jusqu'à ce stade proche du désespoir marqué par le silence de Dieu. Mais il ne s'agit que d'un stade.

En revanche, on ne peut lire sans frémir la terrible prière[3] :

« Père, au nom du Christ, accorde-moi ceci.

Que je sois hors d'état de faire correspondre à aucune de mes volontés aucun mouvement du corps, aucune ébauche même de mouvement, comme un paralytique complet. Que je sois incapable

1. *Cinq Méditations sur la mort*, Albin Michel, 2013, p. 54-55.
2. *La Pesanteur et la Grâce*, *op. cit.*, p. 189.
3. *Cahiers*, dans *Œuvres complètes*, *op. cit.*, t. IV, p. 279.

de recevoir aucune sensation. Comme quelqu'un qui serait complètement aveugle, sourd et privé des trois autres sens. Que je sois hors d'état d'enchaîner par la moindre liaison deux pensées, même les plus simples comme un de ces idiots complets qui non seulement ne savent ni compter, ni lire, mais n'ont même jamais pu apprendre à parler. »

Nous atteignons ici une limite indépassable, au-delà même du cas, si l'on ose dire banal, du suicide, car il n'y a rien de suicidaire dans la pensée de Simone Weil ; mais un au-delà, qui est le vœu exprimé par une personne de l'anéantissement de sa personnalité, le symétrique de la décréation. La décréation divine, c'est Dieu se retirant du monde pour en laisser la jouissance à l'homme ; la décréation humaine, c'est l'homme abandonnant sa personnalité, comme on abandonne un navire naufragé, pour la confier à Dieu. On pourrait être tenté de ne voir là que l'expression de ce jusqu'au-boutisme intellectuel qui sa vie durant a conduit Simone Weil à pousser toujours ses idées jusqu'à leurs extrêmes conséquences. Mais non : cette forme humaine de la décréation est chez elle une expérience vécue. La dernière phase de sa vie, à Londres puis au sanatorium d'Ashford, c'est Simone Weil se retirant d'elle-même.

« Renoncement. Imitation du renoncement de Dieu dans la création. Dieu renonce – en un sens – à être tout. Nous devons renoncer à être quelque chose[1]. »

Et encore :

« Il s'est vidé de sa divinité. Nous devons nous vider de la fausse divinité avec laquelle nous sommes nés[2]. »

« Le moi est haïssable », dit Pascal. Il faut tuer le moi qui est en nous, réplique Simone Weil.

S'il y a un problème Simone Weil, il n'est pas dans l'antijudaïsme de cette juive. Il est dans la volonté de dépersonnalisation de cette personnalité exceptionnelle.

Cette contradiction, comme l'a souligné Florence de Lussy[3], est celle de Dieu lui-même. Le Dieu qu'elle a rencontré est une per-

---

1. *La Pesanteur et la Grâce*, *op. cit.*, p. 37.
2. *Ibid.*, p. 38.
3. Dans sa belle introduction aux *Œuvres*, *op. cit.*, p. 21-31.

sonne, celle du Christ, qui est à la fois partie et totalité de la Trinité divine. Mais le Dieu sur lequel elle a médité toute sa vie, le Dieu des philosophes, n'est pas une personne avec laquelle on a contact ; il est pure transcendance ; il est l'Inconnaissable. C'est par l'Inde que Simone Weil parvient à l'idée de lectures superposées. « Il faut aimer Dieu impersonnel à travers Dieu personnel[1] » ; autrement dit, il faut essayer d'aimer sans imaginer, sans le secours de la représentation. Seuls des saints d'une très haute spiritualité comme saint Jean de la Croix sont capables d'embrasser dans une seule vision le Dieu des philosophes et le Dieu de l'Évangile. C'est parce que nous avons en Occident une vue personnelle de Dieu, imposée par le christianisme, que les hommes qui ont de lui une vision impersonnelle peuvent se croire athées, dit-elle encore dans sa « Lettre à un religieux[2] ». Ainsi, cette fascination pour le néant qui la saisit dans la dernière partie de sa vie n'est pas provoquée par le seul effort pour répondre à l'appel du Christ, mais au contraire pour tenter de faire coïncider cette rencontre personnelle avec l'avatar impersonnel de la divinité, autrement dit avec le « Dieu des philosophes » dans le langage de Pascal. La néantisation de la personne n'est pas la négation de l'Être. C'est tout le contraire. C'est l'effort sans précédent dans l'histoire de la spiritualité pour réconcilier la philosophie religieuse avec la spiritualité chrétienne. Ô mort ! où est ta victoire ? Ô néant, où est ton au-delà ?

Parvenu à ce point, il ne reste au commentateur qu'un devoir, celui du silence. Et celui de laisser la parole à Simone Weil elle-même.

« Je suis convaincue que le malheur d'une part, d'autre part la joie comme adhésion totale et pure à la parfaite beauté, impliquant tous deux la perte de l'existence personnelle, sont les deux seules clefs par lesquelles on entre dans le pays pur, le pays respirable, le pays du réel[3]. »

Délivrance aux âmes captives[4] !

1. « Cahier VI », dans *Œuvres*, *op. cit.*, p. 899.
2. Dans *Œuvres*, *op. cit.*, p. 996.
3. Lettre à Joë Bousquet, dans *Œuvres*, *op. cit.*, p. 798.
4. C'est ainsi, comme on sait, que s'achève *Le Soulier de satin*.

CONCLUSION
SIMONE ET LES SIENS

À quelle famille d'esprit appartenait Simone Weil ? Impossible de ne pas se poser la question, mais bien malaisé d'y répondre. Révolutionnaire ? Elle l'est, en vérité. Tous ceux qui l'ont approchée en témoignent. Mais à condition d'ajouter qu'elle a fait du phénomène révolutionnaire, avant même que le stalinisme apparaisse à ses yeux dans sa sinistre vérité, une analyse implacable. C'est la révolution qui est l'opium du peuple, et non la religion.

Libertaire, alors ? Assurément, c'est-à-dire anti-autoritaire, et là encore anti-institutionnelle. Un professeur passionné qui considère son éventuelle révocation comme le couronnement normal de sa carrière, ne saurait être autre chose. Traditionaliste peut-être, à la fin de sa courte vie ? Oui, mais à sa façon. Elle s'est toujours résignée à la nécessité d'un ordre, sans jamais appartenir au parti de l'ordre. Étrange personnalité, toujours entière dans ses jugements, il faudrait dire parfois dans ses emportements, et pourtant toujours à la recherche de la conciliation des contraires. On va le voir.

Peut-être vaudrait-il mieux tenter de la définir à partir des grandes traditions philosophiques. Elle appartient tout entière à la famille rationaliste, dans la mouvance d'Alain ; mais dans ses *Cahiers*, les derniers surtout en témoignent, c'est une mystique dans l'esprit de saint Jean de la Croix. Jamais elle ne croira nécessaire, ni même possible, d'abandonner l'une de ces postures mentales au profit de l'autre. « C'est la liberté de l'esprit qui dénoue cette pelote de contraires[1] », écrit à son propos Mona Ozouf.

Alors tâchons plutôt de comprendre dans quelle lignée, à la fois littéraire et existentielle, elle s'inscrit. Pascal, Proudhon, Péguy, Sorel, Bernanos, Camus : c'est là sa famille véritable. Famille hétéroclite, famille recomposée, mais famille tout de même. Tous minoritaires, tous francs-tireurs et même marginaux. Entre ces

1. *Les Mots des femmes*, « Simone ou l'ascétisme », Fayard, 1995 ; Gallimard, « Tel », 1999, p. 279.

écrivains et ces penseurs, si différents par les époques, les idées, les croyances, les tempéraments, les humeurs, court un fil invisible, mais incassable : celui de la liberté de penser. Ces solitaires – fussent-ils de Port-Royal – n'ont ni le besoin ni l'envie d'afficher leur non-conformisme, à la manière ostentatoire des surréalistes et autres écrivains réputés « maudits », qui commencent dans la révolte et terminent à l'Académie française ou au Parti communiste. Nul d'entre eux n'est guetté par les grandeurs d'établissement, malgré le prix Nobel du dernier d'entre eux. Comme le héros des *Mains sales*, ils sont définitivement « non récupérables ». Ils n'y ont guère de mérite, étant de toute façon incapables d'entrer dans un ordre quelconque. Leur non-conformisme ne saurait s'identifier à la place qu'au gré des circonstances ils occupent dans le champ de la littérature, de la politique ou de la religion. Le non-conformisme ne s'identifie pas à l'occupation d'une position particulière, en surplomb ou à l'écart ; il ne se résout pas dans la non-conformité, comme la publicité voudrait aujourd'hui nous le faire croire ; il réside dans le désintérêt foncier pour tout étalonnage social ou mondain. En toutes circonstances, ignorer et rejeter les injonctions de l'esprit du temps, qui est le plus souvent l'esprit malin : *Nolite conformari huic saeculo*, dit saint Paul.

Pour expliquer cet air de famille qui souffle de Pascal à Simone Weil, on pourrait être tenté d'aller chercher du côté du catholicisme, devenu progressivement minoritaire dans la société française depuis la Révolution, et de toute façon réprouvé dans la république des lettres depuis le XVIIIe siècle. L'argument ne vaut pas pour Pascal qui vécut au XVIIe siècle. Il est vrai qu'être janséniste valait alors brevet d'hérésie et promesse de persécution... Mais Proudhon, Sorel, Camus sont agnostiques et, pour le premier, athée proclamé et anticlérical endurci.

Au fait, ne seraient-ils pas jansénistes ? Non certes au sens théologique du terme : Péguy et Bernanos auraient réagi avec fureur à une telle imputation. Mais admettez un instant que le jansénisme ne désigne pas une position particulière sur le problème de la Grâce, mais un caractère personnel : une disposition innée à la rébellion, parfois même à la chicane ; le désir aristocratique sinon de déplaire, au moins de se trouver minoritaire ; le besoin de faire en priorité la leçon à son propre camp, quitte à aller chercher des arguments dans celui d'en face ; un certain penchant inavoué pour la persécution jusqu'à envisager le martyre ; un goût immodéré pour la polémique, jusqu'à faire douter de la douceur de ces grandes âmes ; le mépris délibéré pour les institutions, quitte à en tolérer l'existence en une moue indulgente ; mais avant tout une passion dévorante, exclusive pour la vérité, pour *leur* vérité, à laquelle ils sont disposés à sacrifier toute autre considération ; si donc on veut bien convenir que de telles dispositions d'esprit sont l'ethos fondamental de cette cohorte orgueilleuse et batailleuse, alors on pourra, je crois, admettre que ces figures toujours à vif sont bien les jansénistes d'une société en voie de sécularisation, les héros solitaires d'un ordre chevaleresque restreint dans un univers mental formé et formaté, normé et normalisé par la convention démocratique.

Mais il y a davantage. Derrière cet air de famille et cet anti-autoritarisme se profile une commune façon de penser : celle qui résiste à l'uniformisation. Dans la mentalité contemporaine, le schéma ternaire hérité de Hegel – thèse, antithèse, synthèse –, et prétendument « remis sur pied » par Marx, a fini par s'imposer universellement comme le parangon de la pensée dialectique. En vérité c'est ce carcan tyrannique, où l'obsession de l'unité finit par étouffer tout point de vue original, toute considération sur la polyvalence des choses et sur les irréductibles antagonismes, qui est comme les colonnes d'Hercule de la pensée. C'est pourquoi la vraie dialectique, héritée des dialogues platoniciens, repose sur la persistance des contraires dans une vision dynamique. L'acte même de la conversation suppose qu'au-delà de leurs points de vue différents, les deux interlocuteurs, au lieu de se paralyser et de se neutraliser, font avancer à tour de rôle, et chacun à sa manière, l'objet même du dialogue. C'est pourquoi les « débats » entre politiques ne sont pas de véritables débats, puisqu'aucun des interlocuteurs n'acceptera jamais de faire la moindre concession à l'autre. Il n'est pire dialogue de sourds que celui des sourds volontaires. À l'inverse, dans la conversation désintéressée telle que l'institue la véritable dialectique, les positions demeurent mais l'objet du débat progresse.

Sans remonter jusqu'à Platon, dont la dialectique est profondément anti-unitaire, c'est Pascal qui affirme que le rapport entre les choses et les êtres ne disparaît jamais. À toutes les étapes de la pensée – voire de l'histoire humaine – l'escalier montant laisse apparaître toutes ses marches, alors que chez Hegel il paraît suspendu au-dessus du vide et se réduire à tout moment à la dernière marche.

Pascal :

« Le peuple honore les personnes de grande naissance. Les demi-habiles les méprisent, disant que la naissance n'est pas un avantage de la personne, mais du hasard. Les habiles les honorent, non par la pensée du peuple, mais par la pensée de derrière. Les dévots qui ont plus de zèle que de science les méprisent, malgré cette considération qui les fait honorer par les habiles, parce qu'ils en jugent par une nouvelle lumière que la piété leur donne. Mais les chrétiens parfaits les honorent par une autre lumière supérieure. Ainsi se vont les opinions succédant du pour au contre, selon qu'on a de lumière[1]. »

Ainsi la pensée procède en échelle de perroquet, où chaque barreau permet de s'élever au-dessus du précédent, tout en le laissant subsister intégralement.

Il faut, dira à son tour Simone Weil, « accueillir toutes les opinions, mais les composer verticalement et les loger à des niveaux convenables ».

Certes, Pascal, comme cela ressort nettement du contexte, préfère la colonne ascendante impaire (le peuple, les habiles, les chrétiens parfaits) à la colonne paire (les demi-habiles, les dévots) ; mais chaque barreau représente tout à la fois une étape de la pensée et un secteur sociologique. Qu'est-ce donc que cette persistance des contraires ? Une assurance contre la pensée totalisante, et même totalitaire. Relativisme ? Sûrement pas, puisque cette ascension par degrés successifs comporte bel et bien un progrès. C'est toute la pensée de Pascal qui s'inscrit dans cette dialectique à la fois discursive et politique à l'égard des grandeurs d'établissement.

On en peut tirer une sorte de morale politique provisoire respectueuse de l'ordre établi, puisque c'est la condition de la paix, mais tout aussi bien une pédagogie progressive de la démocratie et une garantie de pluralisme.

1. *Pensées*, n° 337, Brunschwicg ; 90, Lafuma ; 83, Le Guern.

Proudhon ne raisonne pas autrement : à ses yeux la dialectique de Hegel est « fautive », parce que :

« L'antinomie est une loi de la nature et de l'intelligence, un phénomène de l'entendement ; comme toutes les notions qu'elle apporte, elle ne se résout pas ; elle reste éternellement ce qu'elle est, cause première de tout mouvement, principe de toute vie et évolution, par contradiction de ses termes ; seulement elle peut être balancée, soit par l'équilibration des contraires, soit par son opposition à d'autres antinomies[1]. »

Retenons ce mot de balancement : c'est celui-là même qu'emploie Simone Weil. Pas plus que les pôles opposés d'une pile électrique ne se détruisent quand ils sont reliés à un objet, ainsi les idées et les principes contraires se conjuguent sans se confondre, pour produire le mouvement : « L'antinomie ne se résout pas ; là est le vice fondamental de toute la philosophie hégélienne [...]. Les deux termes dont elle se compose *se balancent*, soit entre eux, soit avec d'autres termes antinomiques[2]. »

C'est ainsi que selon les moments du raisonnement et de l'évolution historique Proudhon sera pour et contre la propriété ; pour et contre le libre-échange ; pour et contre l'association ; pour et contre le rôle de la bourgeoisie. Ce n'est pas Proudhon qui se contredit ; c'est la réalité qui est irréductiblement contradictoire. Cet « antagonisme antinomique » se fait voir partout, dans la nature, l'esprit, les sentiments, les relations économiques, la vie politique, la vie morale. Proudhon a cru longtemps à la synthèse supérieure de Hegel. Il proclame en 1840 qu'il s'est trompé.

C'est aussi très exactement ce que pense Péguy dans sa polémique avec Jaurès, par Vaillant interposé. Ces socialistes sont des dévots de l'unité politique, et plus profondément du monisme métaphysique. La belle affaire que d'avoir renoncé au Dieu unique pour lui substituer la pensée unique ! La belle opération que d'avoir éliminé la Providence chrétienne pour installer à sa place une Providence laïque ! Le réel, dit Péguy, n'est jamais

1. *Théorie de la propriété*, chapitre VII.

2. *De la justice dans la révolution et dans l'Église*, Fayard, 1988, t. I, note O, « Contradictions économiques », p 567.

unifié ; il présente à tout instant « des dualités, des multiplicités, des pluralités » irréductibles. Il y a quelque chose de confortable, de rassurant, mais au total de très naïf dans l'hégélianisme œcuménique et unificateur. « Vous êtes moniste en métaphysique, lance Péguy à Jaurès, parce que vous êtes, et comme vous êtes unitaire en politique[1]. »

Et Simone Weil ? Elle nourrit à l'égard de la dialectique hégélienne la même réserve que ceux que nous avons cités.

« Ce qu'il y a d'intelligible dans la fameuse "dialectique", c'est uniquement la notion de rapport, laquelle apparaît bien plus clairement dans Platon que dans Hegel. Quant à la fameuse "négation de la négation", c'est un ridicule bobard[2]. »

Il est intéressant de noter que Georges Sorel, qui fut dans l'avant-1914 l'un des meilleurs connaisseurs et commentateurs de Marx, pensait exactement la même chose, parfois dans les mêmes termes.

Dans une lettre à Benedetto Croce du 27 décembre 1897, il écrivait : « Je désespère de comprendre ce que veut dire Engels, qui emploie la forme *dialectique* dans plusieurs sens [...]. Ne conviendrait-il pas de supprimer cette expression, *la dialectique*, et tout ce qui se rapporte à la *négation de la négation*[3] ? »

Les deux choses essentielles de la dialectique platonicienne sont la contradiction et l'analogie. Il ne faut pas entendre par là une vague ressemblance, mais, selon le mot qu'elle affectionne, un *rapport*, c'est-à-dire une pensée. Car penser, c'est établir un rapport. C'est pourquoi Dieu lui-même ne saurait être purement un, car une chose unique ne peut être mise en rapport avec autre chose. D'où la Trinité, qui est la façon dont Dieu se pense et convient à soi-même, comme eût dit Valéry.

« Dieu un, purement un, est *chose*. Ancien Testament, Coran.

1. « Casse-cou », *Œuvres en prose complètes*, Gallimard, coll. « Bibliothèque de la Pléiade », 1987, t. I, p. 707.

2. *Cahiers*, dans *Œuvres complètes*, *op. cit.*, t. VI, *Cahier 1* (1933-septembre 1941), p. 6.

3. « Lettere di Georges Sorel a Benedetto Croce », *La Critica*, XXV, XXVI, XXVII, XXVIII, 1927-1930.

Dieu un et trois est *pensée*[1]. »

La contradiction, c'est « la pointe de la pyramide », c'est le critère même du réel. Il n'y a pas de contradiction dans l'imaginaire, dit encore Simone Weil ; on ajoutera : il n'y a pas non plus de contradiction dans cet imaginaire des idées qu'on appelle l'idéologie. La contradiction ne surgit qu'avec l'intrusion du réel : c'est l'épreuve de la nécessité ou, si l'on préfère, de la pesanteur. C'est ainsi que Simone Weil retrouve les pythagoriciens, qui définissent le bien par « l'union des contraires », ou la Gita qui parle de « l'égarement des contraires ».

On n'en a jamais fini avec le négatif. Il ne faut jamais succomber à la tentation d'en finir avec le négatif. Car celui-ci est la racine et la rançon de la liberté. Prétendre en finir avec le négatif, vouloir éliminer le *vide*, c'est s'acheminer à coup sûr vers le plein, c'est-à-dire le totalitarisme. C'est ainsi, note Simone Weil, que les « anarchistes sincères » tentés par l'idée d'une fusion des contraires se sont imaginé qu'en donnant le pouvoir aux opprimés, on allait détruire l'oppression. Rêve impossible. Pour détruire l'oppression, c'est le pouvoir lui-même qu'il faudrait détruire.

S'il est une leçon à retirer de Simone Weil, valable pour tous les temps et pour tous les esprits, c'est qu'il faut se garder comme de la peste de la tentation de faire le bien, tapie au fond de toutes les philosophies de l'histoire. La principale d'entre elles, celle qui a le plus marqué l'Occident, n'est autre que celle qu'a prêchée le christianisme. Et d'ajouter :

« C'est le germe de Hegel et de Marx. La notion d'histoire comme continuité dirigée est chrétienne[2]. »

La gauche et le socialisme constituent, pour parler comme le père Henri de Lubac, la postérité spirituelle de Joachim de Flore, ce moine calabrais de la fin du XIIe siècle, qui fut l'un des inventeurs de la philosophie de l'histoire. N'avait-il pas annoncé et prêché une scansion divine du Temps, dans laquelle le temps de Jésus-Christ ne devait être qu'une étape avant l'avènement du règne de l'Esprit ?

---

1. *Cahiers*, dans *Œuvres complètes*, *op. cit.*, t. VI, *Cahier 6* (septembre 1941-février 1942), p. 370.
2. Dans *La Pesanteur et la Grâce*, *op. cit.*, p. 193.

Pour Simone Weil, l'idée de progrès est une idée fondamentalement athée, car elle nie l'éternité, et une idée profondément matérialiste, parce qu'elle fait surgir le supérieur de l'inférieur. C'est peut-être la destinée glorieuse et tragique du christianisme que d'avoir donné naissance à une philosophie de l'histoire qui avait pour vocation de le renier. L'orthodoxie catholique pouvait certes mettre en circulation la notion d'un temps orienté ; c'est le sens même de l'histoire du salut, que le salut soit une histoire. Mais elle ne pouvait accepter l'idée d'un progrès indéfini, puisque dans son économie du salut, il y a un point oméga, qui se nomme Jésus-Christ.

C'est cette contradiction qu'avec son acuité habituelle, Simone Weil a pointée du doigt. Mais la question doit être posée : elle-même n'y participe-t-elle pas ? En d'autres termes, n'y a-t-il pas contradiction entre sa philosophie sociale et sa théologie ? Car enfin elle a été durant des années compagnon de route du mouvement ouvrier. Elle n'en a jamais partagé les illusions, puisque tous ses écrits politiques constituent la critique la plus aiguë et la plus précoce de l'idéologie communiste. Mais sans en partager les erreurs, elle a assumé les espoirs de la classe ouvrière. C'est du moins ce que l'on peut imaginer, sans en être assuré. Car l'autre hypothèse, la plus conforme peut-être à son génie contradictoire, c'est qu'elle n'en assumait même pas les espoirs. D'où sa rage, dans laquelle il entre une part de désespoir, à en partager la condition. La quotidienneté. La souffrance. *Mutatis mutandis*, Simone Weil est à l'égard de la condition ouvrière comme Jésus à l'égard de la condition humaine : ne pouvant en partager le péché originel, il en épouse le vécu.

Il y a sans doute ici une inflexion dans l'itinéraire intellectuel de cette femme qui en une vie – il faudrait dire une demi-vie puisqu'elle est morte à trente-quatre ans – a parcouru à rythme accéléré une série d'expériences vitales et intellectuelles dont chacune suffirait à remplir une existence entière. Contre tous ceux, et ils sont nombreux, qui viennent faire leurs emplettes au marché Simone Weil, privilégiant les uns sa philosophie, d'autres sa politique, d'autres encore sa mystique, je n'ai cessé de plaider ici pour l'unicité profonde de ces trois figures. Sinon, on manquerait ce qui donne à chacune d'entre elles son relief singulier et au bout du compte cet ébranlement, ce choc frontal que doit constituer la rencontre avec

Simone Weil. Mais force est de constater que dans cet ensemble composite et cohérent, la matière n'est pas répartie uniformément : dans l'avant-guerre, domine la militance syndicale et internationale. À l'inverse, le temps de la guerre est aussi celui du repli et de l'expérience mystique. Quant à la philosophie, elle est partout présente, au cœur de l'action comme de la pensée (de sorte qu'une histoire de la philosophie qui ferait l'impasse sur Simone Weil ne serait qu'un mauvais manuel pour classes de terminale). Ainsi, dans son parcours il y a des pleins et des déliés, ou mieux encore des pleins et des vides. Mais le vide, on l'a vu, n'est pas le néant, il est un appel, et même une fascination. À mesure que le temps avance, les pleins se font plus rares, les vides se font gouffres ; ils tendent à tout envahir ; la béance impose son vertige, faisant de la fin de la vie humaine de Simone, non une destruction volontaire, mais une nécessité inéluctable.

Mettre en toutes circonstances ses actes en adéquation avec ses pensées ; mener ces pensées jusqu'à leurs dernières conséquences, quel qu'en soit le prix ; ces deux exigences que j'ai placées d'emblée au centre de la démarche, au cœur du réacteur si l'on peut dire, définissent une évidence majeure : une conception héroïque de l'existence : chez elle, c'est un véritable projet pour la vie entière, comme en témoigne cette confidence à Albertine Thévenon :

« Tu ne te représentes peut-être pas ce que c'est que de concevoir toute sa vie devant soi, et de prendre la résolution ferme et constante d'en faire quelque chose, de l'orienter d'un bout à l'autre par la volonté et le travail dans un sens déterminé[1]. »

Dire que la vie est d'abord l'expérience du malheur et ne céder pourtant à aucun dolorisme : tel est le chemin étroit où elle fraie ses convictions entêtées. Simone Weil n'a pas eu une enfance malheureuse. Des parents généreux, compréhensifs, même s'il leur arrive d'avouer qu'avoir une sainte pour enfant n'est pas une sinécure ; un frère génial, parfois attendri et souvent complice. Mais il y a ces maux de tête insupportables. Pascal, qui n'était pas un geignard, avouait un jour : « Mes maux de tête ont quelque chose de bien extraordinaire. » Il faudra un jour faire une histoire du monde vue

1. Octobre 1935, dans *Œuvres*, *op. cit.*, p. 148.

du point de vue des migraineux : hypertrophie du monde intérieur, hyper-lucidité, fulgurances, abattement, vœux d'anéantissement. Il y a ensuite l'expérience de l'usine, qui l'a transformée à jamais et qui a donné au cours de son existence cette face tragique qui ne l'a plus jamais quittée.

Il y a enfin le désir de ne plus exister, comme seul chemin d'approche de Dieu.

Simone Weil se réclame rarement de Pascal, qu'elle accuserait volontiers d'opportunisme théologique, à cause du « pari », de l'invocation des miracles comme preuves de l'existence de Dieu ou encore de la prière comme exercice d'abêtissement ; on est toujours en somme le laxiste de quelqu'un, y compris l'auteur des philippiques anti-jésuites des *Provinciales*... Mais la distinction des ordres, telle qu'elle figure dans les *Pensées*, rend parfaitement compte de l'organisation de l'univers de Simone Weil. À la base, l'ordre de la chair ou, dans son langage, celui de la force. Au-dessus, l'ordre de l'esprit, sur lequel Simone Weil n'a jamais voulu faire la moindre concession, y compris à ceux qui se réclamaient contre lui de l'ordre supérieur. Ce dernier, l'ordre de la grâce dans les termes de Simone Weil, ou de la charité dans ceux de Pascal, n'est dominant qu'envers celui qui est disposé à l'accueillir. Dieu aime les hommes d'un amour humble, qui se dépouille de sa toute-puissance pour organiser un rapport commutatif avec sa créature (décréation). Militante syndicale et politique, philosophe, mystique, Simone Weil a participé activement, on est tenté de dire violemment, à ces trois ordres, tout en respectant la logique interne propre à chacun d'entre eux.

Mais une fois opérés ces rapprochements, il faut bien, pour finir, en revenir au mystère Simone Weil, malgré l'usage intempérant qu'on fait aujourd'hui du mot, accolé aux personnages les plus médiocres et les moins indéchiffrables. Il y a bien un mystère Simone Weil, à condition d'employer ce mot, non dans son sens banalisé, synonyme d'énigme, mais dans son sens théologique, qui renvoie au rapport qui s'institue entre des personnes : c'est ainsi que la théologie catholique parle du mystère de la Trinité ou du mystère de l'Incarnation. Non pas qu'il désigne des choses difficiles à concevoir, mais parce que le rapport qu'il institue entre des volontés libres relève de la connaissance intuitive.

Toute sa vie, Simone Weil a été préoccupée, on peut même dire obsédée, par la façon dont s'instaurent les rapports entre les êtres. Ainsi à propos de l'amitié, on la voit osciller entre le caractère privilégié, exceptionnel, quasi mystique que suppose ce lien particulier, et le scandale de l'inégalité qu'il implique dans les relations du moi avec tous les autres. À plus forte raison dans le rapport entre le Créateur et sa créature, qui tend vers l'égalité de par la volonté du premier, mais qui ne saurait aller jusque-là, du fait de l'indignité de la seconde. Conséquence : l'homme n'est pas fait pour le choix, qui est toujours la décision entre deux options médiocres ; il est fait pour l'obéissance passive, jusqu'à l'hypothèse de l'anéantissement ; pis que cela : le vœu d'anéantissement comme solution au problème de l'amour.

C'est ce qu'elle confie au père Perrin dans cette lettre qui constitue une autobiographie spirituelle d'une indicible beauté :

« Dans mes raisonnements sur l'insolubilité du problème de Dieu, je n'avais pas prévu la possibilité de cela ("le Christ lui-même est descendu et m'a prise") d'un contact réel, de personne à personne, ici bas, entre un être humain et Dieu[1]. »

Que dire à la fin de quelqu'un qui voit dans le moi individuel mais aussi dans le moi social, les deux grandes idoles, les deux obstacles majeurs à une relation authentique ? À Pascal qui proclame le moi haïssable, Simone Weil ajoute que le moi est surmontable. Au profit de quoi ? D'une personne impersonnelle qui n'a de nom dans aucune langue. Quant au social – qu'il ne faut pas confondre avec le socialisme, ni avec le sentiment de solidarité –, il est irréductiblement du domaine du « prince de ce monde », c'est-à-dire du mal, qu'à défaut de pouvoir détruire il faut limiter. Simone Weil dit quelque part, de façon un peu romantique, qu'elle n'est pas quelqu'un avec qui il soit bon d'unir son sort. Ajoutons qu'elle n'est pas quelqu'un qui puisse servir de modèle, sous peine d'échec, voire de ridicule. Elle

1. *Ibid.*, p. 771.

n'est pas un maître de sagesse à la manière de Montaigne, voire de Pascal.

Il y a donc purement et uniquement Simone Weil, sa personne, sa vie, son œuvre. Il ne saurait y avoir de « weilisme ». Il y a cette pensée et cette écriture indélébiles, et pourtant à ses yeux contingentes. Rimbaud, avant de partir, se désintéresse du sort d'*Une saison en enfer* ; Simone, elle, abandonne son œuvre majeure, ses *Cahiers*, entre les mains de Gustave Thibon, qu'elle ne connaît que depuis un an, et dont elle sait qu'elle ne le reverra pas. Avec pour mission d'en faire ce que bon lui semblera. C'est peut-être bien que Rimbaud est le seul qui peut lui être comparé, avec ses semelles de vent. Avec une folle prodigalité, une absence presque totale de sentiment d'auteur, elle jette aux quatre vents de son esprit les fragments de sa vérité, que nous sommes aujourd'hui condamnés à commenter pieusement, textuellement, au risque d'en trahir la nature.

Peut-être, dans un dernier effort pour l'arracher à sa solitude volontaire, ne serait-il pas insensé d'ajouter ici *in fine* le nom de Nietzsche, alors que tout les sépare : la volonté de puissance chez l'un, la volonté d'impuissance chez l'autre ; le surhomme chez l'un, la déshumanisation spirituelle chez l'autre. Et surtout l'attitude à l'égard du christianisme. Mais comme l'a bien vu Karl Jaspers[1], l'hostilité de l'auteur de l'*Antéchrist* envers le christianisme est inséparable de son attachement de fait au christianisme en tant qu'exigence. Or cette attitude n'est pas loin de celle d'*Attente de Dieu*. À quoi il faut ajouter, chez l'un comme chez l'autre, ce refus d'être de soi-même le disciple fidèle. Le droit de se contredire est chez Nietzsche comme chez Simone Weil la condition indispensable de la recherche de la vérité. Il ne faut pas chercher la vérité propre à ces deux Crucifiés dans on ne sait quelle position déterminée, mais dans le mouvement qu'ils nous communiquent. Des êtres, donc, qui vont au bout d'eux-mêmes sans souci de se contredire ou de se survivre ; qui de notre humanité fatiguée nous offrent une version élargie, radicalement nouvelle, suprahumaine, et qui du tréfonds d'un désespoir fécond nous appellent à son dépassement.

1. Dans *Nietzsche et le christianisme*, Bayard, 2003.

CONCLUSIONS

I
REQUIEM POUR UNE GAUCHE DÉFUNTE

C'est un divorce paisible et sans criailleries, comme on les pratique maintenant. Au printemps 2017, le peuple et la gauche, et plus précisément le peuple et le Parti socialiste, qui avaient partie liée depuis les origines, ont fait le constat qu'ils n'avaient plus rien à se dire, ni non plus à faire ensemble.

Au soir du 23 avril 2017, date du premier tour de l'élection présidentielle, la gauche, toutes tendances confondues, a recueilli 27,72 % des suffrages exprimés, son plus bas niveau depuis les débuts de la IIIe République, en dessous de son étiage du 1er juin 1969, au lendemain de la grande peur sociale consécutive au mouvement de mai 1968 (28,89 %).

Au premier tour des élections législatives qui suivirent, la gauche se trouva de nouveau sous cet étiage historique avec 28,33 % des suffrages exprimés. François Mitterrand, excellent expert en la matière, estimait que le niveau de flottaison de la gauche se situait autour de 43 % des suffrages exprimés : jadis, près de la moitié ; aujourd'hui, à peine plus du quart de l'électorat ! Le Parti socialiste commence la nouvelle législature avec trente députés, divisés, comme il se doit, en deux ou trois tendances. Les radicaux et les écologistes ont disparu ; le Parti communiste est réduit à l'état de butte témoin de sa grandeur passée, et les Insoumis de Mélenchon sont des borgnes au royaume des aveugles.

En termes sociologiques, ce procès-verbal de carence est encore plus saisissant, car il touche à la nature même et à la vocation de cette gauche. Ce 23 avril encore, 60 % des ouvriers ont voté pour l'extrême droite de Marine Le Pen, ou encore 51 % des chômeurs et 40 % des salariés du secteur privé. Ce n'est pas là qu'une déroute, c'est une disqualification : à quoi pourrait bien encore servir cette gauche, dès lors que les classes populaires la récusent aussi massivement ? Les rectifications de frontières à l'intérieur de la classe politique proprement dite sont fréquentes, et relèvent le plus souvent de l'anecdote ; elles ne sont rien au regard de ce qui se passe à l'intérieur de feue « la classe ouvrière », c'est-à-dire le grand remplacement de la gauche socialo-communiste du passé par le populisme d'extrême droite d'aujourd'hui.

Du reste, la tactique électorale était bien faite pour conduire à ce désastre. Au terme de primaires dont le périmètre politique fut plusieurs fois remis en cause, l'électorat socialiste désigna pour candidat Benoît Hamon, un « frondeur », le représentant d'un groupuscule socialiste qui n'avait eu d'autre préoccupation durant trois ans que d'abattre son propre gouvernement, jusqu'à tenter de lui infliger une motion de censure ! On oscillait entre le canular normalien et la pulsion suicidaire. Qu'au milieu de tant d'inconséquences et d'amateurisme, la gauche ait encore rassemblé un peu plus du quart des suffrages, comme on l'a indiqué, relèverait plutôt du miracle que de la catastrophe. Benoît Hamon lui-même ne recueillit que 6,36 % des suffrages exprimés après avoir atteint près de 18 % des intentions de vote au lendemain de sa désignation.

Rien d'étonnant à cela quand, le premier mouvement de surprise passé, l'électorat de gauche réalisa que la mesure phare de sa campagne, un revenu universel déconnecté du travail, était la négation de la notion de classe ouvrière et l'abandon sans phrase du rôle émancipateur du travail dans le socialisme humaniste d'un Jean Jaurès ou d'un Léon Blum. Ce bricolage démagogique en période de difficultés économiques, telles que celles que traversait la France, relevait davantage de la généralisation du système d'assistance qu'avait connu l'Ancien Régime, ou d'une sorte de paternalisme social orchestré par l'État. Quant au rival plus heureux, Jean-Luc Mélenchon, il ne proposait nullement, en dépit de sa radicalité, des réformes de structures, hormis quelques nationalisations, mais plutôt une fuite en avant dans la dépense publique, une sorte d'ultrakeynesianisme d'école maternelle.

Pis encore, en termes d'organisation, la gauche venait, sans crier gare, de se séparer de ce qui avait longtemps fait sa force et sa fierté : sa structuration en partis politiques, selon le modèle hérité des Deuxième et Troisième Internationales, dont le PCF des années 1950, « le Parti » tout court, avait longtemps constitué le modèle inégalable (adhésion, prise de carte, réunion régulière des cellules, militantisme assidu, élection des dirigeants, souveraineté et solennité des congrès). Tout cela avait été *de facto* complètement remis en cause par celui qui allait recueillir plus des deux tiers des voix de cette gauche résiduelle, Jean-Luc Mélenchon. À ce bel arrangement, il avait substitué la nébuleuse de son mouvement des « Insoumis », totalement organisé autour de sa personne avec des instances flottantes et mal définies : un schéma s'apparentant davantage aux courants populistes d'Amérique latine, favorisant les entraînements de masse, le despotisme de l'émotion et l'oscillation permanente entre les tentations autoritaires de l'extrême gauche et celles de l'extrême droite.

Tel est, brièvement résumé, le nouveau dispositif qui a été proposé aux électeurs de gauche au printemps 2017, et dont ceux-ci n'ont pas voulu. Dans ces conditions, faire porter la responsabilité de l'échec à François Hollande, et à lui seul, est tout à fait dérisoire. On peut certes lui reprocher deux choses. D'abord, son impréparation à la tâche présidentielle : il a mis deux années à évaluer correctement l'état de décrépitude économique de la France et à avancer des remèdes ; c'est ce retard qu'il a payé à l'arrivée. D'autre part, chose surprenante de la part de l'ancien secrétaire du PS, il a rapidement perdu la maîtrise de son propre appareil et laissé se développer des courants centrifuges et irresponsables. Mais le mal vient de plus loin. Élargissons la focale : depuis le début du XXIe siècle, et même depuis la mort de François Mitterrand, le Parti socialiste a abandonné le système de valeurs qui était le sien depuis sa création et procédé sans mot dire à un changement complet de son modèle culturel.

Voyons ce changement.

Longtemps, la République et le socialisme démocratique ont eu un surmoi commun qui s'appelait « l'École » ; celle-ci était la garante du pacte que la République avait passé avec le peuple et qui constituait la définition même de l'idéal de gauche : l'identification du progrès et de la justice, autrement dit la promesse que, grâce à la science et au savoir, la vie des plus modestes irait en s'améliorant. Cette promotion individuelle a-t-elle été au rendez-vous ? Beaucoup d'historiens et de sociologues en doutent ; on ne saurait dire que l'École de Jules Ferry ait été un puissant moteur de mobilité sociale. Mais en ce domaine les faits sont souvent moins importants que les croyances. L'instruction a été longtemps portée au crédit du régime : si la République a fait l'École, l'École le lui a bien rendu.

Mais en même temps, les hommes de la gauche républicaine ont toujours conçu cette École comme l'instrument de l'excellence, la garantie de la capacité de la France d'être à l'avant-garde dans le domaine du progrès et de la culture, incarnée par sa science, sa langue et sa littérature.

Ce bel équilibre est aujourd'hui rompu. L'École n'est plus perçue par les Français comme un double magistère de progrès et de justice, et surtout elle n'est plus à aucun niveau, notamment dans la recherche et l'enseignement supérieur, ce haut lieu d'excellence scientifique qu'elle fut dans le passé. Quel que soit le critère retenu – prix Nobel, classements internationaux, attraction sur les étudiants étrangers –, la France est, au regard de ses concurrents, un pays en voie de sous-développement.

Que s'est-il donc passé ? Que sous la double influence de la sociologie de Pierre Bourdieu et du pédagogisme de Philippe Meirieu, l'objectif de l'égalité s'est totalement substitué dans l'École française à celui de diffusion du savoir. Et que le premier objectif a été systématiquement privilégié par la gauche socialiste et par l'inamovible bureaucratie de la rue de Grenelle, imitée d'ailleurs par les ministres de droite, paralysés par la mauvaise conscience sociale.

Toute institution comporte, en effet, selon l'analyse du sociologue américain Robert K. Merton, une double fonction : l'une patente, correspondant à son utilité directe, l'autre latente, fruit de l'idéologie du moment. Ainsi, les impôts sont destinés à procurer de l'argent à l'État – fonction patente – ; mais l'esprit démocratique les conçoit aussi de façon subsidiaire comme un moyen de diminuer les inégalités de revenus – fonction latente. Jadis, le service militaire obligatoire avait pour fonction explicite de fournir des soldats à la nation ; mais il devint aussi et comme naturellement un instrument de brassage social. Il est significatif que, sous le quinquennat de François Hollande, l'objectif de mixité sociale à l'École ait complètement fait oublier celui de diffusion du savoir.

Si encore les résultats avaient été là où on les attendait ! Mais il n'en fut rien, et même en matière de démocratisation, la France a été dépassée par la majorité des pays européens.

Et surtout la gauche a trahi l'idéal qui était celui de l'École républicaine. Pour celle-ci, c'est l'excellence, non le nivellement, qui est le moteur de la démocratisation et qui tire l'ensemble du corps social vers le haut. En oubliant ce principe, la gauche a encouragé le consumérisme scolaire des parents d'élèves, transformé les enseignants en travailleurs sociaux et l'École en un service de commodité, au même titre que les pompiers, les jardiniers et les agents de la RATP. Une telle École n'est plus un ferment intellectuel, un lien social, le creuset en fusion de la nation. Les hussards noirs de la République sont devenus des employés municipaux. Cela, le peuple l'a bien compris ; il a cessé de voir en la gauche le bataillon ardent des Lumières et de l'émancipation par le savoir. La trahison de l'idéal des Condorcet, des Ferry, des Jean Zay, des Mendès France est l'une des raisons de la désaffection du peuple envers la gauche.

En abandonnant l'idéal de l'École républicaine, c'est aussi un de ses attributs majeurs qu'une partie de la gauche a discrètement jeté aux orties : je veux parler de la laïcité. Depuis la fin du XIXe siècle, celle-ci était le critère principal d'appartenance à la gauche. Les choses étaient même d'une grande simplicité : quiconque se réclamait de la laïcité était classé à gauche ; quiconque, à l'inverse, la critiquait appartenait automatiquement à la droite. La CGT révolutionnaire du début du XXe siècle avait bien protesté contre l'arbitraire de cette classification, qui faisait bon marché des critères sociaux. Mais en vain. C'est ainsi que le Parti radical, devenu socialement, au lendemain de la Première Guerre mondiale, un parti de centre droit, n'en conserva pas moins sa place assignée à gauche. On le vit au moment du Front populaire. Or voici qu'en un laps de temps très court – en gros les cinq ans de la présidence Hollande –, le concept de laïcité a changé de camp ! On vient d'assister, s'agissant d'un des points fondamentaux du clivage gauche-droite, à la plus rapide et à la plus stupéfiante inversion de signes que notre vie publique ait jamais connue. À telle enseigne que si vous entendez quelqu'un dénoncer les excès d'une laïcité « fermée », sectaire, vous avez toutes les chances d'avoir affaire à un homme de gauche. Et que si, à l'inverse, vous entendez faire l'éloge de la laïcité et de la loi de Séparation de 1905, vous pouvez, à rebours de toute logique historique, présumer avec quelques chances de tomber juste, que son auteur appartient à la droite ! Naturellement, il y a des exceptions dans les deux camps, mais le fait est là, qui doit simultanément faire se retourner dans leur tombe le petit père Combes et le pape Pie X.

La raison de ce chassé-croisé ? Elle est bien connue, même si elle n'est pas toujours reconnue : c'est la question musulmane ! Il n'y en a pas d'autre. Jusqu'à l'offensive des milieux intégristes musulmans qui remonte au début de ce XXIe siècle, la fameuse question laïque, pont aux ânes de la politique française, de la fondation de la IIIe République (1875) jusqu'aux années de Gaulle, se mourait de sa belle mort. Ce fut même un des mérites historiques du général que d'avoir enterré, grâce à la loi Debré de 1959, une vieille hache de guerre complètement rouillée.

L'offensive des milieux intégristes islamistes était purement politique. Elle consistait à instaurer ou à restaurer des rituels religieux publics destinés à obtenir un effet d'allégeance, pour séparer les fidèles du reste de la nation. À qui fera-t-on croire que toutes les momeries sur le costume des femmes, le contrôle public sur leur corps, le refoulement sexuel déguisé en pruderie ostentatoire, les interdits alimentaires assortis d'exhibitionnisme de l'observance, en un mot ce « néocléricalisme musulman », auraient d'autre objectif que de faire capituler notre société de pluralisme et de tolérance ? Les formes de cette soudaine capitulation d'une partie de la gauche sont nombreuses. On a vu à Lyon, à Marseille, les socialistes désavouer publiquement les quelques courageux musulmans refusant cet embrigadement par le nouveau parti prêtre ; en banlieue, des expositions annulées par crainte de représailles intégristes ; le président de l'Observatoire de la laïcité, Jean-Louis Bianco, déclarer en 2013 publiquement que « la France n'a pas de problème avec sa laïcité » (à quoi sert donc cet Observatoire ?), signer des manifestes communs avec le Collectif contre l'islamophobie en France (CCIF), véritable cheval de Troie de l'intégrisme islamiste, et minimiser systématiquement le démantèlement de la laïcité à la française auquel on assiste aujourd'hui, malgré les protestations du Premier ministre Manuel Valls, d'Élisabeth Badinter, d'Alain Finkielkraut, de Caroline Fourest, de Patrick Kessel ou de Jean Glavany.

Quant aux raisons de ce tête-à-queue, elles sont multiples.

Ne négligeons pas l'opportunisme politique : dans beaucoup de communes de banlieue, les musulmans constituent un appoint électoral important, et l'on n'hésite pas à fouler le principe de liberté d'expression pour complaire à leurs activistes.

À quoi s'ajoute la mauvaise conscience d'un Parti socialiste qui espère noyer dans la complaisance à l'égard du fanatisme d'aujourd'hui sa compromission avec le colonialisme d'hier : on ne dira jamais assez combien ce parti a passé son temps à tenter de faire oublier ses fautes du passé par de nouvelles erreurs de sens inverse.

Autre forme de la mauvaise conscience : chez un certain nombre d'intellectuels de gauche, le retour du refoulé marxiste et révolutionnaire prend la forme de la recherche d'un prolétariat de substitution. L'islam, proclament ces pénitents verts de la révolution islamiste, n'est-il pas la « religion des pauvres » ? Et peu importe que cette religion demeure l'opium du tiers-monde, et ces pauvres des milliardaires du pétrole !

Il y a enfin, dans la phase récente, une détestation du christianisme qui refait surface quand on ne l'attendait plus. Si l'antisémitisme est le socialisme des imbéciles (Bebel), l'antichristianisme est devenu le socialisme des retraités de la Révolution !

Ce point est important. Il mérite qu'on s'y arrête. Il est le symbole de l'échec de la gauche au pouvoir.

La France est ce pays où depuis deux siècles – en vérité depuis 1789 – la gauche et le catholicisme se font la guerre. Jusqu'à une date récente, l'appartenance à l'une des deux observances était pratiquement incompatible avec l'autre. Il a fallu plus d'un siècle, de 1848 à 1959, pour qu'un catholique, appartenant à la religion de la majorité des Français, accède à la présidence de la République. Encore s'agissait-il de Charles de Gaulle, une personnalité hors norme.

La guerre religieuse durant le long XIXe siècle (1789-1914) a connu deux temps forts : l'un au début, avec la Révolution française et l'épreuve de force contre l'Église que fut la Constitution civile du clergé, l'autre à la fin avec la lutte anticléricale menée par les républicains et la loi de Séparation (1905). Depuis lors, les points de vue n'ont cessé de se rapprocher. Grâce notamment à trois épisodes guerriers, les guerres ont en général l'avantage de relativiser les luttes intestines.

C'est ainsi que la Première Guerre mondiale, avec une Église qui opta sans hésitation pour le point de vue national contre un Benoît XV à la recherche d'une issue pacifique au conflit, fit paraître bien dérisoire la guérilla du début du siècle entre le curé et l'instituteur. Dans les tranchées, les boulets allemands ne choisissaient pas entre ceux qui croyaient au ciel et ceux qui n'y croyaient pas. Premier apaisement. Un quart de siècle plus tard, et en dépit de l'attitude d'une grande partie du haut clergé catholique favorable au régime de Pétain, la Résistance fournit un nouveau terrain de réconciliation. Tandis qu'Aragon chantait la rose et le réséda, c'est un démocrate-chrétien, Georges Bidault, qui succéda à Jean Moulin à la tête de la Résistance intérieure. Troisième guerre et troisième étape de ce mouvement séculaire de réconciliation : la guerre d'Algérie qui vit des chrétiens, François Mauriac, Robert Barrat, des revues comme *Esprit* et *Témoignage chrétien*, au premier rang de la lutte contre la torture, quand tant de socialistes institutionnels pactisaient avec la droite colonialiste.

La conséquence de cette évolution d'une partie des catholiques, c'est le rôle qu'ils ont joué, à la suture de la IVe et de la Ve République, dans la modernisation de la France (le Plan), mais aussi du socialisme. Ce sont eux qui offrent au rocardisme ses terres d'élection, comme en Bretagne ; ils participent en nombre, et parfois ès-qualité, au renouveau du Parti socialiste. Ils ont ainsi constitué une sorte d'avant-garde réformiste, de tonalité sociale-démocrate, voire autogestionnaire, qui donnait à l'ensemble du catholicisme français un visage inédit.

Pourquoi ce dispositif, qui a beaucoup fait pour renouveler tant le milieu politique français que le catholicisme lui-même, s'est-il progressivement affaissé, au point de disparaître des écrans radar au début du XXIe siècle ? Personne aujourd'hui n'a donné de ce phénomène une explication convaincante. Certes la baisse générale de la pratique religieuse, et même du simple intérêt pour le christianisme, est un des éléments de l'explication, mais il ne suffit pas, car il fait partie de la question beaucoup plus que de la réponse. Tout se passe comme si le christianisme de gauche s'était abîmé dans le social, et le social dans le sociologique. Dès lors que son inspiration vive se diluait dans un humanisme vague, sorte de religion séculiaire des droits de l'homme, et que sa dimension proprement spirituelle fondait à la pâle lueur de l'individualisme consumériste, sa capacité à redonner du sens à tout ce qu'il approchait s'est évanouie. Et comme la nature a horreur du vide, c'est – pour la première fois depuis très longtemps – sur sa droite que le catholicisme paraît se régénérer et retrouver de la vigueur, comme en a témoigné La Manif pour tous.

Mais la gauche socialiste a sa part de responsabilité dans ce divorce, et nommément François Hollande. On pouvait très bien faire adopter la loi sur le mariage pour tous sans traiter les catholiques en ennemis. On pouvait les recevoir, écouter leurs arguments, rechercher des solutions de compromis. Or les manifestations des opposants au projet ont été traitées plus durement par la police que les voyous qui, sous prétexte de s'opposer à la réforme du code du travail, ont semé, trois ans plus tard, le désordre dans la capitale et les grandes villes de province.

Le fait est là, qui est une régression pour la gauche autant que pour le catholicisme : ni Jaurès, ni Briand, ni Mitterrand n'auraient pris leur parti d'un tel échec, et c'est là encore un peu de crédit de la gauche qui a été galvaudé.

Après l'École et la laïcité, la sécurité.

Certes il a toujours existé, sous l'influence de la bohème littéraire et des milieux anarchistes, un préjugé en faveur de la transgression, une sympathie pour le hors-la-loi et une sorte d'esthétique de la délinquance. Un certain nombre d'intellectuels ont toujours préféré le *Lumpen* au prolétariat lui-même. Leur ennemi n'est pas le capitalisme, mais la bourgeoisie, considérée sous l'angle de son genre de vie. Aujourd'hui, alors que ces intellectuels sont socialement ralliés à la bourgeoisie, ils n'ont pas de plus forte préoccupation que de s'en distinguer culturellement. Comment expliquer que, dans une certaine gauche intellectuelle et bobo, on en soit venu à forger l'adjectif

« sécuritaire » sur le modèle d'« identitaire » et même d'« austéritaire » pour désigner un excès de souci de la sécurité physique des citoyens ? (On se demande comment les mêmes intellectuels n'ont pas encore inventé l'épithète « laïcitaire »...) Tout se passe en somme comme si, à propos de la sécurité, gauche et droite s'étaient tacitement partagé le marché : à la gauche, la sécurité « sociale », à la droite, la sécurité « individuelle ». Il s'agit, bien entendu, d'une aberration. Partout, et en tout lieu, jouir de la sécurité physique a été le privilège des privilégiés. Le passage d'une sécurité privée, confiée à des hommes armés et à des gardiens appointés à cet effet, à la sécurité publique, assurée par une gendarmerie nationale, est une des modalités de la démocratie. Le devoir social de la gauche n'est donc pas d'être moins « sécuritaire » que la droite, mais de l'être davantage. Mais les plus sophistiqués de nos intellectuels lisent trop de romans et ont fait de la prise de risque individuelle en milieu hostile le symbole d'une conception aventureuse et romanesque de l'existence. Pour soi-même, tant qu'on voudra. Pour les autres, notamment les plus défavorisés, jamais !

Du reste, la Déclaration des droits de l'homme et du citoyen de 1789 dit en son article 2 : « Le but de toute association politique est la conservation des droits naturels et imprescriptibles de l'homme. Ces droits sont la liberté, la propriété, la sûreté et la résistance à l'oppression. » Qu'est-ce à dire, sinon que la démocratie est l'extension à tous les citoyens des droits qui, à l'état de nature ou dans les régimes inégalitaires, sont le monopole des plus favorisés ? On vient de le voir avec la sûreté. Car ce sont les plus faibles et les plus démunis qui en sont privés. La dévalorisation de la sûreté – ou sécurité – procède d'un préjugé aristocratique et individualiste, incompatible avec une vision démocratique de la société. Car au bout de cet individualisme antisécuritaire, il y a le retour à l'état de nature et le primat de la violence sur le droit.

À la base du sombre malaise qui s'est emparé des Français depuis 2015, il y a le sentiment d'être guettés comme des proies sans défense par une violence multiforme, imprévisible, irrationnelle. Au plus haut degré de l'échelle de Richter de cette violence, il y a bien sûr les attentats organisés ou « franchisés » par l'État islamique : *Charlie Hebdo*, l'*Hyper Cacher*, le Bataclan, un chef d'entreprise décapité, les policiers de Magnanville sauvagement assassinés chez eux, l'ignoble attentat de Nice, un prêtre, le père Hamel, égorgé dans l'église où il célèbre l'office, sans compter les attentats déjoués de justesse, tels ceux d'Orly ou des Champs-Élysées par exemple. Avec le sentiment que l'islam, s'il n'est pas toujours coupable, n'est pas à la hauteur de la réplique qui s'imposait.

Bien plus bas dans l'échelle de la violence, mais non de l'ignominie, des casseurs s'en prennent à un hôpital pour enfants malades en marge d'une manifestation syndicale. Avec le sentiment que ni la police ni la CGT n'ont été à la hauteur de la réplique qui s'imposait.

Encore plus bas, les bagarres des supporters alcooliques, qui contribuent à faire de notre « saint » football, avec son fric, sa triche, sa drogue, son chauvinisme, sa vantardise, une sorte d'encéphalogramme plat de la dignité humaine. Avec le sentiment que les autorités sportives ne sont jamais à la hauteur de la réplique, quand elles ne sont pas complices.

Plus généralement, c'est la vie d'une partie croissante de la population, notamment dans les quartiers « sensibles » – quel bel euphémisme ! –, qui est dominée et gâchée par l'insécurité quotidienne. Les premières victimes en sont les femmes, interdites de café, comme à Sevran ou à Rillieux-la-Pape, interdites de circulation en plein Paris, comme dans certaines rues du XVIIIe arrondissement, qui sont victimes des caïds de la drogue et du quasi-fascisme intégriste. Plus monstrueux encore, ce sont désormais les représentants de l'entraide et de la bienfaisance qui sont pris pour cibles : pompiers, pharmaciens, médecins dans les hôpitaux, les urgences ou dans leur cabinet de ville.

Face à cette nouvelle barbarie du quotidien, quelle est l'attitude de la gauche ? – objecter, minimiser, relativiser, banaliser. À aucun moment, il n'est question de punir ou d'éradiquer cette délinquance : dans le meilleur des cas, aider les victimes à se protéger, c'est-à-dire entériner l'existence de ces phénomènes. Et de grâce, que l'on ne vienne pas nous objecter, comme on le fait rituellement, que les routes et les rues du Moyen Âge n'étaient pas sûres du tout, que la guerre de 14-18 fut un immense carnage et le colonialisme une cascade de crimes racistes. Ce qui importe, au lieu de se livrer à des analogies bancales, c'est de tâcher de comprendre la nature propre de la violence d'aujourd'hui pour tenter d'y porter remède.

1° La violence est le primat de l'émotionnel sur le rationnel. Toute notre société est faite pour annihiler les efforts séculaires déployés afin de permettre à l'esprit humain de dominer ses émotions et d'accéder à l'universel grâce à sa raison. D'où la tyrannie de l'image qui proclame le bien-fondé de toutes les émotions, à commencer par les plus basses : l'envie, la peur, la haine qui appliquent leur miroir déformant à toute réalité, et laissent l'individu seul, en proie à ses passions primaires. C'est au bout du compte l'extinction des Lumières, la défaite du XVIIIe siècle et une régression sans précédent dans la marche en avant de l'esprit humain. Tout notre siècle proclame, à travers ses images, sa philosophie, ses institutions, le droit absolu de l'individu à se laisser aller à ses passions tristes, en premier chef, la violence. Conclusion : c'est l'individualisme qui a fondé la société moderne ; c'est lui qui la détruira.

2° Du coup, c'est toute l'anthropologie de la gauche qui se trouve mise en cause. Héritière du XVIIIe siècle, avec toute son ambition émancipatrice, mais aussi toute sa naïveté, elle reprend sans la corriger l'hypothèse de l'innocence originelle de la nature et son prolongement le plus fou, celui du socialiste Charles Fourier, qui proclame la compatibilité de toutes les passions humaines dans une harmonie universelle. C'est la rédemption chrétienne sans l'hypothèse du péché originel ou l'émancipation freudienne de l'Éros sans la présence de Thanatos. Dans ce contexte, la violence n'est rien d'autre que la réaction légitime à l'oppresseur, et, depuis Marx, cette oppression n'est censée être qu'économique et sociale. Or ce n'est pas celle-ci qui explique la folie meurtrière des sectateurs de Daech, pas plus que ce n'est le projet de la loi travail qui explique le déchaînement de la violence des casseurs, et encore moins leur propre condition qui explique l'envie d'en découdre de bandes abruties de supporters dans le football. Face à toute cette tératologie surgie des entrailles de l'être humain, la gauche n'a rien à dire. Il faudra plus qu'une motion de congrès ou l'organisation d'une primaire électorale pour la réconcilier avec l'anthropologie de Pascal, de Proudhon, de Simone Weil.

3° Pis que cela. En matière de violence, une partie de la gauche intellectuelle organise un véritable brouillage des pistes en assimilant à la violence toute forme de pression sociale. C'est ainsi qu'elle dénonce comme violence implicite la forme du pouvoir dans toutes les institutions, telles que l'État, mais aussi l'entreprise, l'École, et le langage lui-même, au motif que les classes dominantes utilisent délibérément la fonction explicite de telles institutions (gouverner, produire, enseigner, communiquer) pour camoufler la domination qu'elles exercent grâce à elles. Par exemple, l'École, au-delà de sa fonction de transmission des connaissances, se servirait de ses propres exigences pour maintenir, voire aggraver l'infériorité culturelle, mais aussi politique et sociale des classes populaires. C'est là le fond de la doctrine de Bourdieu à propos de l'École, jusqu'à ce que, à la fin de sa vie, il se fasse le défenseur de l'autonomie bien réelle de l'Université par rapport aux classes dominantes…

Cette façon de prétendre décaper les institutions de leur habillage symbolique pour mettre au jour leur violence fondamentale a quelque chose de pervers et de dangereux ; car, à supposer qu'elle existe toujours, la substitution de la domination symbolique à la violence brutale doit être regardée comme un progrès de la civilisation. Faudrait-il, sous prétexte que le suffrage universel comporte inévitablement, en effet, une part de domination, revenir au combat de rue, pour qu'au moins les choses soient claires ?…

Il en résulte que la rhétorique finit par l'emporter sur la critique sociale. Peut-on dénoncer dans le langage des classes dominantes une violence réelle, et simultanément inviter à voir dans la violence des révoltés un simple langage ? Ce n'est guère logique ni convaincant.

La vérité est que l'on a trop facilement pris son parti de la violence en l'assimilant à une forme parmi d'autres des rapports de force entre les individus ou entre les groupes. Il faut réaffirmer que la violence est un mal en soi – celui que Simone Weil dénonçait sous le nom de « force » comme le mal suprême – et qu'à l'identifier à n'importe quelle forme de domination, on finit par la justifier.

C'est cette préférence pour la violence qui a séduit, contre l'idée même de civilisation, beaucoup d'intellectuels au XXe et au XXIe siècle. Ce ralliement inavoué des représentants de l'ordre de l'esprit à l'ordre de la chair, pour employer le langage de Pascal, est la forme suprême de la trahison des clercs.

4° La violence est un déni de démocratie ; ou plus précisément, elle se situe au point exact où le libre arbitre de l'individu, qui se sent mesure de toutes choses, se sépare de l'idéal universaliste. Sade avait demandé aux Français « encore un effort pour être républicains », et cet effort, c'était, tenons-nous bien, le déchaînement sans règle de toutes les passions. Il s'est trouvé de beaux esprits pour adhérer à cette régression ou feindre d'adhérer à ce dérèglement de tous les sens. Il n'y a rien de plus confortable que de s'arroger les privilèges symboliques de la transgression dans une société qui la tolère et une publicité qui l'encourage.

Nous en sommes arrivés au point où l'individualisme totalitaire, celui de l'individu seul, mais plus encore celui des communautés, ne supporte plus la règle démocratique, qui n'est rien d'autre que la reconnaissance chez autrui des mêmes droits que l'on s'arroge à soi-même. Ce qui soulève tous les sectateurs de la violence, c'est le sentiment que la règle majoritaire est une intolérable oppression des droits des minorités et une offense à leur bon plaisir. De sorte qu'au fond du creuset ne subsiste que la haine, cette haine qui aujourd'hui suppure de toutes les plaies de la société, exsude de tous les fanatismes sectaires. L'individualisme a étouffé tous les sentiments qui fédèrent une société, l'honneur aristocratique, la charité chrétienne, la solidarité prolétarienne, la fraternité républicaine. C'est pourquoi le rétablissement du sentiment de sécurité, l'assurance que l'État est là pour protéger le citoyen et que c'est même là le premier de ses devoirs, constitutif, selon Hobbes, du contrat social, sont des exigences absolues : en l'oubliant, la gauche a rompu les liens qui la reliaient au peuple.

Il est temps d'en venir, après avoir examiné le cas de l'École, celui de la laïcité, celui de la sécurité, à la forme la plus spectaculaire de ce changement de logiciel de la gauche contemporaine : celui qui concerne la nation et l'idée même de la France.

Qu'est-ce qu'une nation ? Dans un texte célèbre, mais presque toujours cité de façon tronquée, Renan avait répondu qu'une nation était trois choses : une unité, un héritage, une volonté. L'unité était contenue dans un « principe spirituel » unique ; l'héritage, c'était « l'aboutissement d'un long passé » ; la volonté, « un plébiscite de tous les jours ».

De ces trois éléments indissociables, la gauche paraît n'avoir conservé que le troisième.

À cela deux raisons. D'abord parce qu'il est dans l'air du temps de privilégier systématiquement le construit par rapport au donné, le culturel par rapport au naturel, le volontaire par rapport à l'acquis. Une certaine pensée de gauche va chercher dans un constructivisme éperdu le fondement d'un nouvel humanisme. Ce qui compte, ce n'est pas ce qui nous est donné, mais ce que nous faisons de ce donné. Oublier le sexe que nous avons reçu, au profit de celui que nous nous choisirons : c'est la théorie du genre. Dans cette perspective, la nation n'est pas un héritage, elle est tout entière dans l'idée que nous nous en faisons. L'autre raison relève de l'hospitalité bien comprise. Pour que le nouvel arrivant se sente à l'aise dans sa nouvelle maison, il faut que ses occupants en fassent tomber les murs. Pour lui permettre de conserver son identité, il faut que les anciens occupants renoncent à la leur, ou plutôt n'en conservent que ce qui peut être partagé avec d'autres.

C'est ainsi que l'on est passé de la théorie qui se croyait généreuse, et qui fut longtemps celle de la gauche, d'un Jaurès par exemple, de l'idée d'assimilation à celle d'intégration, puis à celle d'insertion, et enfin, quoique de façon implicite, à celle de communautarisation : la France sera désormais la somme des communautés qui occupent son sol.

De façon paradoxale, la théorie du sol et des frontières (les célèbres « frontières naturelles »), qui a longtemps servi d'argument à une vision fermée et déterministe de la nation, est aujourd'hui retournée en faveur de la vision inverse, qui privilégie la diversité et l'autonomie des individus et des groupes sans considération de leur origine. Nous voilà bien loin de Renan et de la Révolution française. La nation une et indivisible a disparu au profit d'une ode à la diversité, et le passé, pour autant qu'il implique une filiation et une construction de la nation à travers le temps, est prié de se faire oublier.

Il n'est que de voir avec quelle ardeur un certain nombre d'historiens se sont opposés – victorieusement d'ailleurs sous François Hollande – à l'idée d'une Maison de l'histoire de France ; comment un livre plein d'arbitraire et de parti pris idéologiques (*Histoire mondiale de la France*) a tenté de réduire l'identité nationale aux influences extérieures et de faire de la France la simple représentante de l'entrecroisement de courants hétérogènes. L'idée même que la France a droit à une histoire, comme n'importe quel individu, n'importe quelle collectivité, fût-ce en interaction permanente avec le milieu extérieur, est suspecte désormais d'une forte connotation réactionnaire. Cette rupture, si elle devait se confirmer, avec l'inspiration non pas tant de Lavisse que de Michelet, de Lucien Febvre et de Braudel, ne manque pas de poser question sur la capacité de la communauté historique de résister à l'air du temps.

On voudrait citer ici Bernard Maris, brillant économiste assassiné le 7 janvier 2015 lors de la tuerie de *Charlie Hebdo*.

> Malgré la stabilité du modèle français « obligé à l'universalité », malgré le poids immémorial des structures familiales et de la religion, l'économisme reprend le dessus à travers la mondialisation, en tirant les élites (mondialisées) et en rabaissant les autres (territorialisées). Nomades contre déboussolés, si vous préférez. Mais le problème de l'âme de la France […] c'est qu'elle n'a plus de corps où se poser. Elle est condamnée à errer, comme un fantôme qui ne peut être apaisé (*Et si on aimait la France*, Grasset, 2015, p. 99).

Veut-on un autre témoignage ? Le plus inattendu peut-être, parce qu'il émane d'un homme toujours en garde contre les entraînements de l'idéologie bourgeoise : celui de Proudhon qui, dans une lettre à Michelet à propos de son *Histoire de la Révolution* (11 avril 1851), parle de la nation comme d'un « être *sui generis*, une personne vivante », et même d'« une âme consacrée devant Dieu » !

Et d'ajouter :

> Quant à moi, l'homme le moins mystique qui soit au monde, le plus réaliste, le plus éloigné de toute fantaisie et enthousiasme, je crois être en mesure d'affirmer, et je le prouverai, qu'une nation organisée comme la nôtre constitue un être aussi réel, aussi personnel, aussi doué de volonté et d'intelligence propre que les individus dont elle se compose […]. Là est surtout la grande révélation du XIXe siècle.

François Mitterrand, le dernier grand représentant de la lignée du socialisme patriote, eût été sensible à ce langage. Mais dans ce domaine aussi, les socialistes sont désormais aux abonnés absents.

Est-ce pour avoir abandonné son logiciel républicain au profit d'une philosophie bourgeoise teintée de libertarisme que la gauche a été abandonnée par le peuple ? Pas exclusivement, bien sûr. La colère populaire qui s'est exprimée dans le vote Le Pen, et pour partie dans le vote Mélenchon, a d'abord un fondement social. Le chômage que la France n'a jamais pu réduire, à la différence de la plupart de ses voisins européens, en est-il pour autant la raison principale ? Ce n'est pas sûr. C'est plutôt, pour la grande majorité des salariés, l'insécurité de l'emploi qui est en cause. Nul ne le contestera. Mais l'addition de « l'insécurité culturelle » (Laurent Bouvet) à l'insécurité sociale a rendu le divorce profond et inéluctable. On aurait pardonné à la gauche sa dérive intellectuelle, si elle avait obtenu de bons résultats sociaux. On aurait peut-être excusé provisoirement son échec social, si elle était restée fidèle à ses valeurs. Mais quand l'échec s'associe à la dérive, le contrat minimal qui doit relier un groupe social à ses représentants est dissous.

On sait qu'il n'a jamais existé, au sens propre du terme, de social-démocratie en France. Le retard du pays à la fin du XIXe siècle, quand la prospérité économique s'établissait en Allemagne, en Belgique, en Autriche, en Angleterre, ne lui a pas permis d'établir cette grande alliance de classe entre un parti, un syndicat, des coopératives : en un mot une contre-société ouvrière au sein de la société bourgeoise. Il est du reste significatif que le Parti socialiste n'ait jamais été capable de secréter sa propre élite dirigeante et n'ait dû son succès qu'à l'injection, à divers moments de son histoire, d'hommes politiques bourgeois qu'elle a habillés en leaders prolétariens : Léon Blum était un intellectuel bourgeois raffiné, Pierre Mendès France un homme politique radical, François Mitterrand un condottiere venu de la droite et rallié tardivement au socialisme. Seuls Guy Mollet et Pierre Mauroy pouvaient se prévaloir d'un lien personnel et organique avec le monde du travail. Le ralliement du personnel politique socialiste à l'idéologie bourgeoise mondialisée n'a donc rien de surprenant : c'est une confirmation de son appartenance de classe. Avant même d'être politique, ce ralliement est d'abord intellectuel, et la défaite de la gauche, telle que nous venons de l'analyser, est d'abord une défaite intellectuelle. Ne parlons même pas des intellectuels communistes de l'après-guerre, leur ralliement au « parti de la classe ouvrière » était purement sentimental ou opportuniste, sans engager vraiment leur personnalité intellectuelle : Aragon n'écrivait pas communiste, Picasso ne peignait pas communiste, Joliot-Curie ne cherchait pas communiste, Althusser, plus tard, ne pensait pas communiste. Ou si peu !

Quant aux socialistes, ils n'ont jamais pu s'appuyer sur un dispositif intellectuel propre à les aider à analyser le monde dans lequel ils déploient leurs actions. Le dernier intellectuel organique du socialisme fut Léon Blum, mort en 1950. Certes, la cité Malesherbes abrite un certain nombre de chercheurs de valeur. Mais on ne voit pas que leurs travaux aient jamais eu la moindre influence sur le devenir de leur parti.

On ne sait même pas ce que la gauche pense d'elle-même. Le Parti communiste, qui a longtemps revendiqué pour lui le titre de parti le plus stalinien d'Europe, a vécu l'effondrement de ce stalinisme, la révolution des pays de l'Est, le surgissement de la Chine à l'échelle mondiale sans avoir présenté le moindre commencement d'analyse de ces phénomènes. À défaut d'une autocritique morale sur sa participation à l'une des aventures les plus monstrueuses de l'histoire contemporaine, on aurait pu s'attendre, de la part de disciples de Karl Marx, à une tentative de critique sociale de ces phénomènes. Rien de tout cela ! En sorte que la quasi-disparition du Parti communiste n'est que la sanction de cette irresponsabilité.

Le Parti socialiste, dont la culpabilité est moindre, n'a pas fait mieux. François Mitterrand n'avait pas la tête théorique. C'est dans l'empirisme le plus complet qu'il a fait l'union de la gauche, puis qu'il l'a défaite, et institué le Parti socialiste en parti de gouvernement. Aucune analyse n'a été présentée de ce parcours et de cette aventure.

On est passé sans coup férir d'une analyse vieillissante empruntée au marxisme (dans les années 1970-1980, le PS parlait encore de « front de classes ») à une idéologie des droits de l'homme, pour laquelle, quand elle était portée par Soljenitsyne et les dissidents soviétiques, le Parti socialiste n'avait pas de mots assez durs. La non-discrimination s'est substituée à la lutte des classes, le soutien des minorités a remplacé l'aspiration à l'universel, et un égalitarisme de bas étage a tenu lieu de promotion sociale par le savoir.

Je me suis souvent demandé pourquoi les socialistes ont raté tous les grands tournants de l'histoire contemporaine.

Le 10 juillet 1940, le groupe parlementaire SFIO a voté les pleins pouvoirs au maréchal Pétain par 85 voix contre 36.

Le 1er juin 1968, le groupe parlementaire SFIO a voté contre l'investiture du général de Gaulle par 49 voix contre 42.

On a bien lu : lors de ces deux votes historiques, les socialistes ont voté majoritairement pour Pétain et contre de Gaulle !

Le 6 février 1956, Guy Mollet, devenu président du Conseil, capitule devant les ultras d'Alger (Journée des tomates) et inaugure la politique de répression contre le nationalisme et l'indépendance de l'Algérie.

Au cours des cinq dernières années, la majorité des socialistes a fait preuve de faiblesse et de complaisance envers les islamistes, dans les conditions relatées plus haut.

On a bien lu : les socialistes ont adopté au pouvoir une attitude d'hostilité envers l'indépendance de l'Algérie, mais aujourd'hui ils manifestent une complaisance continue envers le fanatisme islamique. C'est le même esprit de démission, c'est-à-dire d'abandon passif au cours des choses, qui est à l'œuvre dans le vote des pleins pouvoirs au maréchal Pétain, à Guy Mollet en 1956, et dans le laxisme face à l'islamisme dans une période récente.

La défaite du Parti socialiste, écrasante, inattendue, sans précédent, telle qu'elle a éclaté au printemps 2017, est plus intellectuelle que politique, et plus morale qu'intellectuelle. En décidant, lors de la constitution des groupes parlementaires à l'Assemblée nationale (2 juin 2017), de renoncer, pour la première fois depuis 1905, au nom de « socialiste » au profit de celui de « nouvelle gauche », les survivants du naufrage ont tiré eux-mêmes les conclusions de leur propre carence.

II
POUR UN RÉFORMISME UTOPIQUE

Jusqu'ici, on l'a bien remarqué, je me suis contenté de reprocher aux socialistes de ne pas avoir été de bons républicains. Faut-il poursuivre, et leur faire grief de ne pas avoir été de bons socialistes?

Disons-le nettement : ce serait trop facile ! En dehors de quelques intellectuels fossilisés dans leurs croyances, dont Alain Badiou est l'archétype, il n'y a plus en France, ni dans le monde entier, de socialistes.

Depuis 1917, on désignait par ce terme les partisans d'un mode de production original, complètement différent du mode capitaliste, caractérisé par l'appropriation publique des moyens de production et d'échange, et par la direction centralisée de l'économie entre les mains de l'État. Ceux qui n'acceptaient pas ce modèle étaient dédaigneusement qualifiés de sociaux-démocrates et accusés rituellement de dissimuler sous cette appellation un asservissement complet au capitalisme lui-même.

Plus personne aujourd'hui n'ose prôner ouvertement ce modèle, depuis que la Chine, qui fut pendant deux décennies le suprême espoir des derniers intégristes, s'est convertie brutalement, sous l'impulsion de Deng Xiaoping, au capitalisme le plus sauvage, le plus effréné, faisant au passage la démonstration que la libéralisation de l'économie n'entraînait pas nécessairement celle de la politique.

On n'entreprendra pas ici de démontrer l'évidence : le socialisme, sous sa forme canonique, est un régime corrompu, inefficace et criminel. Les dizaines de millions de morts, victimes de la famine, du goulag et des laogai en Union soviétique, et naturellement en Ukraine, en Chine, au Cambodge, en Corée du Nord, sont là pour en témoigner.

Ce que l'on soulignera, c'est que dans un pays comme la France, heureusement épargné par cette horreur sans nom, ceux qui se réclament de ce socialisme, en l'occurrence les communistes français, ont cru pouvoir persévérer dans leur être et, sans la moindre autocritique, se déclarer partisans de la démocratie et de la liberté. Certes ce Parti communiste est aujourd'hui moribond, mais on notera que celui qui prétend lui succéder, Jean-Luc Mélenchon, ne laisse pas de faire l'éloge de Georges Marchais, ainsi que des formes atténuées mais bien réelles de ce régime criminel, sous la forme du socialisme équatorial et subtropical.

Qui désigne-t-on donc aujourd'hui sous le nom de socialistes dans les pays développés, comme ceux d'Europe occidentale ? Les partisans d'une économie libérale, tempérée par le keynésianisme et par l'État providence.

La difficulté est d'ordre sémantique : les socialistes, notamment les plus radicaux d'entre eux, se feraient tuer sur place, plutôt que d'avouer qu'ils acceptent les principes de l'économie libérale. Mieux, ou pis : ils ont fait du mot « libéralisme », qui fut le porte-drapeau de la gauche au lendemain de la Révolution française, le résumé de tout ce qu'ils détestent. Ce libéralisme clandestin rend le débat difficile, et empêche l'ensemble de la gauche « d'oser paraître ce qu'elle est », selon le mot de Bernstein. Mais l'essentiel est acquis, et le socialisme ne saurait désormais se présenter comme un mode de production original ; ce n'est plus une doctrine économique, c'est, dans le meilleur des cas, une doctrine sociale et culturelle. Certes, un socialiste au pouvoir continuera d'agir pour faire triompher le maximum de justice compatible avec la marche normale de l'économie capitaliste. À défaut d'intervenir sur les salaires – en économie libérale les gouvernements n'ont guère les moyens de le faire – il peut agir pour plus d'égalité par la fiscalité et l'action législative, l'éducation ou le droit du travail. Qu'ont donc reproché les socialistes les plus radicaux à François Hollande ? De n'avoir pas été assez keynésien, c'est-à-dire de n'avoir pas suffisamment relancé l'économie et le marché de l'emploi grâce au creusement des déficits. Pour l'essentiel, à l'instar des sociaux-démocrates scandinaves, le socialisme gouvernemental est essentiellement une technique budgétaire et fiscale.

On comprend facilement qu'il n'y a pas là de quoi exalter les imaginations et, que dans un pays comme la France où la politique demeure cette grande dramaturgie que le peuple se joue à lui-même, il n'y a pas loin, face à un gouvernement de type social-démocrate, de l'indifférence à l'ennui, de l'ennui à la déception, et de la déception au grief de trahison.

Le moment est donc venu de passer du socialisme politique de naguère à ce que j'appellerai un « socialisme social », impliquant les populations elles-mêmes. Si le socialisme se montre incapable de modifier la relation des citoyens à l'État, s'il n'est pas fondamentalement le passage de la démocratie gouvernée à la démocratie gouvernante, il ne restera rien de lui dans l'avenir. Quand on fait le bilan du socialisme soviétique, qui n'a rien changé ni à la nature de l'économie (l'industrialisme et le productivisme), ni à celle de la politique (le despotisme poussé jusqu'à l'extrême) et qu'on le rapproche de ce qu'il a coûté, on doit conclure que ce bilan est l'un des plus accablants de l'histoire de l'humanité : tout cela pour ça !

Parce qu'il a beaucoup à se faire pardonner, le socialisme de demain doit aller directement aux préoccupations du citoyen ordinaire, y compris dans le domaine de la morale, la *common decency* d'Orwell, à laquelle Jean-Claude Michéa a donné une nouvelle jeunesse.

Après tout ce que je viens de dire, on n'attend pas de moi, je pense, je ne sais quelle solution de rechange au naufrage actuel du socialisme. Qu'on n'attende pas non plus je ne sais quelle espérance. « Beaucoup s'adressent à moi pour me demander un idéal, écrivait Bernanos à la Libération, je ne tiens pas cet article. » Mais il y a dans l'arsenal intellectuel français des directions trop souvent ignorées, qui trouvent à la lumière du socialisme institutionnel une singulière actualité. Je veux parler de Saint-Simon, et de son idée d'organisation ; de Proudhon, avec l'idée d'association ; de Péguy enfin, c'est-à-dire la révolte contre la mercantilisation du monde moderne. C'est à ces trois figures, tutélaires et prophétiques, que je voudrais, s'il m'était donné de le faire, confier la destinée de la gauche française.

Entre l'aristocrate excentrique et décavé et le fils de tonnelier irascible, peu de choses en commun au départ. Et, du reste, la plupart des histoires du socialisme les traitent toujours séparément, sans souligner leurs similitudes, à commencer par cette défiance viscérale à l'égard des politiques et des puissants. Le premier, dans sa célèbre *Parabole*, a montré le caractère parasitaire des détenteurs du pouvoir politique ; le second recommande au prolétariat de se garder de tout contact avec le personnel politique bourgeois. Tous deux reconnaissent l'existence de classes séparées et même de leur lutte, mais ne voient de solution au problème social que dans leur collaboration, à condition que ce soit sur le terrain économique et technique où les entrepreneurs, les ouvriers et les intellectuels sont appelés à constituer ensemble un grand parti « industrialiste », base de réorganisation sociale. Tous deux sont donc hostiles au concept parasitaire de souveraineté qui est toujours allé de pair avec l'oppression. Proudhon reproche à la Révolution française, qui avait l'occasion de tordre une bonne fois le cou à cette billevesée métaphysique, de lui avoir donné une seconde jeunesse en la transférant du monarque au peuple. La souveraineté du peuple sur lui-même, cet aimable paradoxe rousseauiste, n'a jamais existé. Elle a servi de paravent au pouvoir despotique de ceux qui se proclament, grâce à l'élection, comme les chargés de pouvoir légitime du peuple souverain. Bien avant la philosophie moderne, Saint-Simon et Proudhon ont compris que le pouvoir n'est pas une denrée simple comme le vitriol et le sucre, mais un rapport entre plusieurs parties prenantes. La souveraineté n'est rien d'autre que le pouvoir au sens absolu du terme, c'est-à-dire un pouvoir qui ne se mesure à rien d'autre qu'à lui-même.

Mais surtout, tous deux ont apporté des propositions complémentaires qui, après la tragédie du socialisme autoritaire, ont retrouvé toute leur nouveauté.

Saint-Simon est l'un des premiers à avoir compris que le monde, à mesure qu'il s'élargissait, avait besoin, quels que soient le mode de production et la structure de la propriété, de plus en plus d'*organisation.*

Qu'est-ce donc que l'organisation ? C'est l'institution d'un ordre qui découlerait de la nature des choses et non d'une volonté de domination des hommes : substituer au gouvernement des hommes l'administration des choses ! Les tenants du pouvoir métaphysique font valoir qu'un ordre purement technique dissimule en réalité un pouvoir technocratique sans contrôle. Il y a une part de vérité dans cette objection, mais elle reste peu de chose au regard de l'énorme arbitraire que recouvrent le pouvoir politique centralisé et le simulacre de contrôle démocratique qu'il institue.

Il faut un ordre, il ne faut pas de pouvoir. Il faut une autorité intellectuelle et morale, il ne faut pas d'autorité politique. Il ne faut pas de notables, il faut des capacités.

Ce n'est pas Saint-Simon, c'est Proudhon lui-même qui le proclame dès ses premiers écrits : « La plus haute perfection de la société se trouve dans l'union de l'ordre et de l'anarchie. » (*Qu'est-ce que la propriété ?*, 1840)

Du reste, tout le monde aujourd'hui en convient : un gouvernement mondial serait l'incarnation terrifiante du « Big Brother » d'Orwell ; mais l'absence d'ordre mondial conduit à une effrayante gabegie. Cela est vrai dans l'ordre des phénomènes naturels contrariés par l'homme (écologie) ; cela ne l'est pas moins dans celui des grands mouvements économiques incontrôlés, dans le cadre d'une économie mondialisée qui peut conduire sans crier gare à une catastrophe sans précédent. Cela l'est encore plus au chapitre militaire, où la science peut permettre demain au plus petit et au plus irresponsable des tyrans de mettre en péril la paix et même l'existence de la planète : voyez la Corée du Nord. Ces instances internationales de contrôle, aujourd'hui impuissantes à cause de la prévalence des pouvoirs politiques nationaux qui se réclament cyniquement de la souveraineté populaire, préfigurent les théories socialistes modernes, s'il est vrai que celles-ci, selon la formule d'Émile Durkheim, sont « toutes celles qui réclament le rattachement de toutes les fonctions économiques, ou de certaines d'entre elles qui sont actuellement diffuses, aux centres directeurs et conscients de la société[1] ».

À la lumière de cette formule, on comprend mieux pourquoi Marx nous a fait perdre un siècle, en substituant, au nom de la lutte des classes, à la nécessité d'une organisation globale de la vie en commun, une bataille planétaire de chiffonniers. L'érection de la lutte des classes à la hauteur d'un principe essentiel de fonctionnement des sociétés condamne ces dernières à demeurer à l'état de nature, dominées par la violence. L'organisation, à l'inverse, exige

1. *Le Socialisme*, PUF, 1982, p. 51.

des communautés humaines qu'elles se soumettent à un principe supérieur, d'ordre rationnel.

Ce n'est donc pas un hasard si Saint-Simon est l'un des penseurs de l'Europe. Non d'une Europe supranationale, mais d'une Europe combinant le génie des nations qui la composent, notamment la France et l'Angleterre. Je renvoie ici à ce qui a été dit plus haut dans ce livre à propos de Saint-Simon : l'organisation, c'est le principe destiné à se substituer au désordre naturel des choses, aggravé par les passions humaines (*libido dominandi*). Le socialisme, ce n'est donc pas seulement plus de justice, c'est plus de rationalité. La mutation nécessaire ne saurait être confiée à une classe élue – il n'y a jamais eu et il n'y aura jamais, Dieu merci, de classe élue –, elle incombe au peuple tout entier, tel que se le représentait Saint-Simon, c'est-à-dire l'ensemble des travailleurs, industriels, ingénieurs, ouvriers, intellectuels. En ce sens, le socialisme du futur n'est pas autre chose que la société devenue autonome, maîtresse d'elle-même et de son destin. Il n'est pas besoin de dire quelle révolution – ici le mot n'est pas de trop – une telle perspective exige dans les méthodes de la démocratie : il s'agit de passer de la délégation de pouvoirs à la délibération collective. Il s'agit aussi de transformer les méthodes de l'éducation. C'est Proudhon lui-même qui affirme – et plus tard Péguy après lui – que toute démocratie est une démopédie, c'est-à-dire un auto-apprentissage de la société.

Car c'est le même Proudhon qui ajoute à l'idée saint-simonienne d'organisation celle d'association. Pour l'auteur de *La Capacité politique des classes ouvrières* (1865), l'association, c'est la liberté et l'initiative des individus dans l'organisation du travail. Un siècle et demi après sa mort (1865), il faudrait élargir le concept d'organisation du travail à celui d'organisation de la vie sociale : éducation, culture, santé, loisirs. C'est bien le père de l'anarchisme moderne qui nous permet aujourd'hui de comprendre que le socialisme classique n'a jamais été pensé comme un instrument d'émancipation des travailleurs, mais comme la simple substitution à la tête de l'État des détenteurs du capital intellectuel aux détenteurs du capital financier.

Les technocrates et les idéologues ont-ils été meilleurs maîtres que les patrons ? La réponse est non, car leur pouvoir, imposé par la force, ne s'est jamais maintenu que par la force, au lieu de la persuasion, de la séduction, voire de la corruption.

Autogestion ? Le mot n'est ni chez Proudhon ni chez les syndicalistes révolutionnaires du tournant du XXe siècle. Mais l'idée est partout présente. Il signifie que le travailleur, dans l'ordre économique, a au moins les mêmes droits que le citoyen dans l'ordre politique : celui d'intervenir, selon le mot de Trotski lui-même, dans le champ même où se décident ses destinées. Compléter, en somme, l'*habeas corpus* par l'*habeas spiritum*. Et puisque le pouvoir du capitalisme dans la société repose sur la détention du capital, Proudhon a la même idée que Saint-Simon : il s'agit de la réorganisation du crédit. Sa « banque du peuple » a pour but de démocratiser l'accès au capital, afin de permettre à chacun d'exercer au mieux ses capacités naturelles. L'association, on l'a compris, c'est le contraire du gouvernement, et le remède à l'idée même de gouvernement. Conçu sous le double signe de l'organisation et de l'association, le socialisme n'est plus cette redondance barbare du capitalisme qu'a connu le XXe siècle, mais, ainsi qu'il en avait l'ambition, un dépassement de celui-ci dans le sens de plus de rationalité et de plus de liberté.

*

Il était naturel, il était salutaire que le prétendu socialisme du XXe siècle fût éliminé, tant il constituait une régression par rapport au degré d'émancipation qui existait dans les pays développés. Économiquement, politiquement, ce prétendu socialisme n'était qu'un surgeon mort-né qui avait poussé sur les branches les plus pourrissantes de l'arbre ; en vérité, il ne conduisait nulle part.

Pour autant, les faiblesses et les tares du capitalisme industriel subsistaient et se sont même aggravées depuis l'élimination de son jumeau déviant. Je ne reviendrai pas sur ce fil rouge, emprunté à Péguy, qui court tout au long de ce livre : la société moderne est la société de l'argent, ou plus exactement celle où l'argent a éliminé, ou est en train d'éliminer, toutes les autres valeurs, qui sont de nature collective, quand l'argent est la valeur individualiste par excellence.

Mais avant d'aller plus loin et d'évoquer les impasses auxquelles conduit un système aussi monomaniaque, il faut dire tous les bienfaits que l'économie capitaliste, fondée sur le pouvoir social du capital et de la recherche du profit, a apportés à la civilisation : ces bienfaits sont la liberté et la prospérité. Le récent livre de Pascal Bruckner[1], dans une synthèse équilibrée, mais favorable à la société de l'argent, l'a souligné avec beaucoup de bonheur.

C'est un fait que l'on n'a pas suffisamment souligné : seules les sociétés fondées sur l'argent ont permis le progrès de la liberté. Entendons par là la liberté selon les Modernes, par opposition à la société selon les Anciens, suivant la célèbre distinction de Benjamin Constant. Cette dernière ne tolère qu'une liberté pour les citoyens, celle de participer, tandis que la première consiste justement dans le droit de ne pas participer. La liberté selon les Anciens est de nature holiste (Louis Dumont), celle des Modernes est de nature individualiste et donne à chacun les moyens de résister à la pression collective exercée sur lui par l'État et par la société tout entière. En somme, les Anciens privilégiaient les droits du citoyen, tandis que les Modernes privilégient les droits de l'homme. C'est ici que l'argent intervient, car c'est lui qui est pour chacun la force de résistance à la collectivité. L'argent est libérateur : c'est ainsi que l'émancipation des femmes, qui est le grand événement anthropologique du XXe siècle, a été rendue possible grâce à l'accès au monde du travail, c'est-à-dire au salaire. Dans le monde moderne, c'est l'indépendance financière qui fonde l'indépendance tout court.

N'est-il pas significatif qu'il ait fallu en France attendre une date toute récente pour que la femme ait le droit d'ouvrir un compte bancaire sans en référer à personne ? Toutes les vitupérations contre l'argent – je ne fais pas exception à cette règle – viennent se briser sur ce pouvoir intrinsèquement libérateur qu'est la libre disposition d'un certain pouvoir d'achat, fût-il modeste. Non moins incontestable est cette seconde évidence : le capitalisme est le seul système qui ait fait massivement reculer la faim et la misère dans le monde.

Certes la répartition des fruits de la croissance reste très inégalitaire. Elle tend même à le devenir sans cesse davantage. Au moins

1. *La Sagesse de l'argent*, Grasset, 2016.

y a-t-il une croissance et des fruits, ce qui n'est pas le cas dans les sociétés anciennes, fondées sur l'agriculture vivrière, ni dans les régimes prétendus socialistes. Et la rapacité du capitalisme, qui est incontestable, ne laisse pas moins des surplus croissants, qui font reculer la misère dans le tiers-monde. La grande réponse du capitalisme mondialisé aux critiques furieuses dont il est l'objet, c'est le recul de la misère dans le monde contemporain.

On objectera que le mérite de cette heureuse évolution dans les domaines de l'alimentation et de la santé revient à la science et à la technique, plutôt qu'au capitalisme. Voire. Car il faut de l'argent, beaucoup d'argent pour mettre en œuvre la science et la technique au profit du plus grand nombre.

Conclusion : il ne faut toucher au capitalisme – selon la formule que Montesquieu applique aux institutions – que « d'une main tremblante ». C'est-à-dire en s'assurant que ses bienfaits seront en tout état de cause préservés. Seules les sociétés libérales-démocratiques, fondées sur la réforme et non sur le chambard, en sont capables.

Dans ces conditions, pourquoi un tel régime est-il celui qui encourt le plus de critiques, et les plus virulentes, de la part des usagers ? Il y a, à ce paradoxe, une première explication : c'est qu'il est le seul à les tolérer et à leur permettre de s'exprimer. Mais cette réponse ne suffit pas. Si le peuple est vraiment cet enfant gâté, incapable d'apprécier, ne fût-ce que par comparaison, les biens dont il dispose et tout juste capable d'en réclamer sans cesse davantage, à quoi bon la démocratie ?

Il ne faut donc pas raisonner ainsi, il y a autre chose au fond du malaise démocratique que la revendication incessante de nouveaux droits. Lors même que le peuple paraît exiger plus de moyens d'existence, c'est un sens à cette existence qu'il réclame. C'est une constante psychologique assez facile à établir : les peuples ne marquent la fidélité à leurs institutions qu'à proportion des sacrifices qu'ils lui ont consentis ; loin, par exemple, de faire grief à la République de ne l'avoir pas préservé du million et demi de morts de la guerre de 14-18, le peuple a fait de cet holocauste un monument de loyalisme à la Patrie. Certains historiens d'aujourd'hui s'agacent devant tant d'ingénuité et sont tentés de lui donner gratis des leçons de non-conformisme ; mais le fait est là, et il comporte une grande vérité politique que John F. Kennedy a bien comprise quand il exhortait ses compatriotes à ne pas se demander ce que l'État pouvait faire pour eux, mais bien ce qu'ils pouvaient faire pour lui. Tant il est vrai que les peuples ont besoin de s'estimer à travers le spectacle qu'ils se donnent de leur dévouement.

Mais il y a davantage. Il y a le sentiment que la société de la bienveillance qu'on leur édifie cache mal la perte de sens dont il faut payer ses bienfaits. Le système de l'argent est en vérité un système paradoxal et faussement utilitaire. Car les choses qui font le prix de l'existence sont en réalité des choses qui n'ont pas de prix : le jeu, l'amour, la beauté, la culture, le savoir, la croyance. En réduisant toutes choses à leur valeur faciale, le système de l'argent dégrade de façon irréversible le système des valeurs anciennes. À l'image de l'industrie pétrolière qui aura épuisé en moins de deux siècles des ressources qui ont mis des millions d'années à se constituer dans les entrailles de la terre, le capitalisme dégrade de façon impitoyable et irréfléchie toutes les valeurs précapitalistes sans lesquelles il deviendrait vite insupportable. Toutes les valeurs collectives accumulées dans les sociétés antérieures, le sens de l'honneur et la relation d'homme à homme dans la société aristocratique, la charité dans la société chrétienne, la solidarité dans l'idéal socialiste, l'égalité dans l'idéal républicain, il les use jusqu'à la corde avant de les jeter au rancart, sans réaliser qu'il ne fait rien pour les remplacer. Nous ne rêvons que de choses gratuites qui, ramenées à un prétendu équivalent financier, sont réduites à néant ; et nous ne vivons plus, selon le mot de Renan, que « du parfum d'un vase vide ».

Est-il meilleur exemple de cette inversion des valeurs (« *Umwertung der Werte* », dit Nietzsche) que la transformation du sport, et spécialement du football, dans la société contemporaine du spectacle ? Le sport, au départ, c'est la santé, et c'est aujourd'hui l'usure prématurée du corps. Le sport, c'est le *fair play*, et c'est aujourd'hui les truquages de toutes sortes. Le sport, c'est la loyauté, et c'est aujourd'hui le dopage. Le sport, c'est la fraternité, et c'est aujourd'hui le chauvinisme le plus abject. Le sport, c'est l'effort gratuit, et c'est aujourd'hui le triomphe de l'argent. Faut-il continuer ? Ce formidable gaspillage de sens se retrouve de la même manière dans le monde du spectacle, dans celui de l'art, du loisir, dans les transformations de la vie familiale, et même dans l'usage social de la religion.

Le résultat, c'est cette morne désespérance qui s'empare de la jeunesse, dont les anciens pensent qu'elle ne connaît pas son bonheur. C'est ce sentiment de l'insignifiance de toutes choses qui, bien que toutes les conditions matérielles du bonheur soient réunies, précipite les hommes dans le scepticisme. On est alors dans cette espèce d'ennui, de vide et de dépression spirituelle que les Anciens, puis les théologiens catholiques et récemment le pape François (*Evangelii gaudium*) appellent l'« acédie ». Ni le libéralisme classique, ni le socialisme marxiste, qui sont deux formes jumelles du matérialisme moderne, n'avaient imaginé que la priorité, qui nous paraît aujourd'hui naturelle, à donner aux besoins du corps pourrait se traduire par une telle dépossession de l'âme.

C'est pourquoi nous ne pouvons plus aujourd'hui concevoir une réforme sociale adaptée à notre temps sans, conjointement, la réforme intellectuelle et morale dont notre pays a besoin. L'expression, on le sait, sert de titre à l'essai d'Ernest Renan, publié au lendemain de la défaite de 1871, et que l'on résume souvent dans la formule : c'est l'instituteur prussien qui a gagné la guerre. Que voulait dire Renan ? Que c'est le retard intellectuel pris par la France, notamment dans ses universités, qui explique l'ensemble du passage à vide que le pays a connu après avoir longtemps dominé l'Europe. Il y a de ce point de vue une similitude frappante avec la situation actuelle. Non que nos contemporains se désintéressent de l'éducation : il n'est pas un seul parti, un seul candidat à la présidence qui ne prétende en faire sa priorité. Mais presque exclusivement sous l'angle de la lutte contre les inégalités ! Or, si nécessaire que soit celle-ci, elle ne saurait se substituer à l'objectif principal de l'enseignement supérieur, qui est de susciter une élite de la recherche et du savoir. L'enseignement de masse est une exigence de la démocratie ; mais un enseignement d'excellence est une nécessité absolue du développement. L'accent principal, dû à la pression des parents d'élèves et des spécialistes de l'éducation, mis sur l'enseignement secondaire, notamment dans ses aspects financiers, s'est fait au détriment du reste : d'une part, de l'enseignement primaire, qui est la base de tout, et plus encore de la recherche et de l'enseignement supérieur, qui sont la condition expresse du maintien de la France dans le peloton des nations modernes. Or dans ce domaine, sous la gauche comme sous la droite, la France ne cesse de prendre du retard, tant elle craint que l'encouragement à l'excellence ne soit taxé d'élitisme. Depuis Pompidou, tous les présidents successifs, en dépit de leurs discours creux, se sont désintéressés, avec le consentement muet de la population, de l'avenir scientifique de la France, voilà la triste vérité. Nous manquons cruellement d'un véritable homme d'État qui, à l'image de Condorcet sous la Révolution, de Guizot sous la monarchie de Juillet et de Jules Ferry sous la IIIe République, ferait du redressement intellectuel et scientifique de la France l'axe principal de sa politique.

*

À travers l'histoire du mouvement social (première partie), des familles politiques (deuxième partie), c'est du « peuple de gauche », expression aujourd'hui sans objet, qu'il a été principalement question tout au long de ce livre. Mais je voudrais souligner pour conclure qu'il n'y a jamais eu vraiment ni peuple de gauche, ni peuple de droite, mais qu'il a toujours existé, aujourd'hui comme hier, un peuple français.

Il est étrange qu'il faille souligner cette évidence. Mais les élites institutionnelles, celles qui surnagent après toutes les catastrophes, sont incapables de se penser comme partie prenante de ce peuple. C'est curieusement quand l'unité nationale est menacée qu'elles parlent d'ouverture, de dépassement des frontières, voire de construction européenne. L'auteur de ces lignes est un Européen convaincu, inébranlable. Mais sa pratique d'historien lui dit surabondamment à quelle aune il faut mesurer les démangeaisons européennes des élites au lendemain des désastres. Bourguignons de la guerre de Cent Ans, frondeurs de la minorité de Louis XIV, immigrés de la Révolution française, collabos de la débâcle de 1940 : ce « réalisme » du vaincu a toujours été du côté du renoncement, voire de la trahison.

Quant aux intellectuels qui mettent toute leur ardeur à « déconstruire » l'objet France au profit d'un « sans-frontièrisme » fumeux, ils se croient très anticonformistes. Ils ne font en réalité que donner une espèce de dignité théorique à la vieille tentation capitulationniste des élites institutionnelles. Le débat dont j'ai parlé, chez les historiens, les politiques, les intellectuels, sur la légitimité de l'histoire nationale, du récit national, et pour finir de l'objet France lui-même, s'en trouve entaché. Pouvons-nous parler de la France comme d'une personne, à la façon de Michelet, d'Hugo, de Péguy, d'Aragon, de De Gaulle ? Je réponds oui, sans hésitation. C'est même de pouvoir entretenir avec elle un dialogue qui fait d'elle une personne. Après tout, si la théologie chrétienne fait de Dieu trois personnes, je ne vois pas pourquoi la France n'en serait pas au moins une à elle seule.

Certes la France n'est pas aujourd'hui, comme dans les moments que je viens d'évoquer, menacée de dissolution. Mais elle doute d'elle-même. C'est d'une maladie de langueur qu'elle souffre, comme si elle était entrée tacitement dans le consentement au déclin, en profitant des derniers rayons de soleil de sa grandeur passée : déclin économique, mais plutôt peut-être déclin intellectuel – pensons à ce coma cérébral qui affecte aujourd'hui le Parti socialiste –, et surtout maladie de l'âme. Personne n'a jamais très bien su si l'âme existe, ou si elle est une invention de métaphysicien, mais dans les moments de trouble vital que peut traverser une nation comme un individu, la dépression qui l'affecte est à coup sûr le meilleur argument en faveur de son existence.

Dans les grandes épreuves que la France a traversées dans le passé, le peuple a tendance à se tourner vers un sauveur, tandis que les élites intellectuelles songent à bricoler les institutions. Cette dernière solution est dérisoire. On l'a vu fleurir en France, lors de la campagne présidentielle de 2017, notamment à gauche, de la part d'hommes sans imagination et sans confiance dans les ressources propres de la nation. Accroître les pouvoirs du Parlement au détriment de ceux du Président, au moment où tout le peuple vomit les partis et les hommes qui les dirigent, relève sans doute de l'humour noir. D'un autre côté, je ne suis pas sûr que le mot « sauveur » soit celui qui convienne à Emmanuel Macron, le Président que s'est donné la France comme par défi à l'égard de ses élites politiques discréditées, démonétisées et usées jusqu'à la corde. À moins que dans les temps nouveaux le sauveur doive revêtir l'apparence du play-boy ou de la rock star. Dans tous les cas, il lui manquerait pour le moment cette adhésion des classes populaires sans laquelle tout changement de Président ressemble trop à une révolution de palais dans un conseil d'administration.

Mais le fait est que le courant qui n'a cessé de grossir en sa faveur au cours de la campagne électorale a pris la forme de l'adhésion à une personne plutôt qu'à un programme. Une chose est sûre : les chances du nouveau Président de réussir et de renverser le cours mélancolique de notre destin national dépendent avant tout de sa capacité à rassembler l'adhésion populaire, au-delà de tous les partis, de toutes les catégories sociales. Tel était le langage du général de Gaulle en 1958. Telle est la formule même du bonapartisme, que Karl Marx décrit dans *Le 18 brumaire de Louis Bonaparte* : la capacité de l'élu des classes dirigeantes de se faire reconnaître un statut de légitimité et même de représentativité nationale par les classes populaires elles-mêmes. Puisque Marx fait à la France le crédit de pouvoir mettre provisoirement entre parenthèses les lois du déterminisme historique, telles que lui-même pense les avoir analysées, on ne voit pas pourquoi il faudrait en écarter l'hypothèse.

L'historien a-t-il le droit, au terme d'un long labeur, de quitter pour un instant la neutralité axiologique qui reste, quoi qu'on en dise, son devoir d'état, et d'exprimer ce qui n'a cessé de l'animer au long de ces années ?

Alors, qu'il me soit permis de dire pour conclure, ma confiance dans ce peuple de France et mon amour pour ce pays à qui je dois tout. Oui, sans ces hommes et ces femmes, à commencer par mes ancêtres, sans ces provinces et ces paysages, à commencer par ceux du Haut-Bugey, qui m'a vu naître ; sans ces poètes et ces romanciers, ces peintres et ces musiciens qui nous ont révélé à nous-mêmes ce que nous sommes ; sans ces hommes d'État qui nous ont donné conjointement l'amour de la liberté et le désir de la grandeur ; sans cette nation qui n'a cessé de porter en elle l'exigence de la fraternité entre les nations ; je crois bien que je ne serais rien.

Je demande enfin à mon lecteur de considérer ce livre, moins comme un bilan, nécessairement subjectif, du monde politique contemporain que comme une contribution à l'édification d'une société postpolitique, à mille lieues du positivisme régnant, qui nous paralyse. Depuis le temps que je scrute la vie politique, elle ne m'a jamais inspiré, à la fin, que cette pensée : Place à autre chose ! Primauté du spirituel ! (Maritain). En réaffirmant que le politique, pour nécessaire qu'il soit, est toujours subordonné, je reste fidèle aux ressorts les plus intimes de ma personnalité et aux rêveries de ma jeunesse.

« Qu'importe ma vie ! Je veux seulement qu'elle reste jusqu'au bout fidèle à l'enfant que je fus[1]. »

POST-SCRIPTUM I

Social-démocrate, traditionaliste, libertaire

J'ai écrit quelque part que, dans mon conseil d'administration intérieur, j'étais social-démocrate à 52 %, traditionaliste à 24 % et libertaire à 24 %[2].

Autrement dit, si en moi la social-démocratie est la voix dominante, au point de disposer d'une sorte de majorité absolue dans le concert de mes idées, le traditionalisme et le libertarisme y disposent d'une minorité de blocage. Si j'éprouve le besoin de m'expliquer sur ce point, c'est que plusieurs de mes amis ont mis en doute la compatibilité de ces positions.

1° Si en moi l'idée sociale-démocrate est dominante, si c'est à elle que dans la plupart des accidents de la vie publique je donne le dernier mot, c'est que, selon moi, le but de la politique est la justice, comme elle l'est pour Proudhon dans son grand livre : *De la justice dans la Révolution et dans l'Église* (1858).

---

1. Georges Bernanos, *Les Grands Cimetières sous la lune*, Gallimard, coll. « Bibliothèque de la Pléiade », 1971, p. 404.

2. Je n'ai découvert qu'ensuite la formule du grand philosophe polonais Leszek Kolakowski : « comment être socialiste, conservateur, libéral » ; voir le recueil paru sous ce titre aux Belles Lettres en 2017. Ou encore, la profession de foi de Daniel Bell : « Libéral en politique, socialiste en économie, conservateur en termes de culture et de religion. »

On dira qu'il est paradoxal, ou pour le moins inattendu, d'invoquer Proudhon pour justifier son attachement à la social-démocratie. Je n'en suis pas si sûr. Quand on fait la somme, à travers le temps, des positions de l'auteur de *La Capacité politique des classes ouvrières* (1865), on trouve un corps de doctrine qui n'est pas loin de la social-démocratie, quand bien même le mot n'existait pas de son temps.

J'ai dit que le but de la politique ne pouvait être que la justice. Mais qu'est-ce que la politique ? C'est l'effort conscient et concerté des hommes pour passer du pouvoir brut à l'association volontaire. Certes, il y aura toujours du pouvoir dans le monde, ou, si l'on préfère, du gouvernement dans la Cité. Autrement dit, pour employer la terminologie de la plus grande héritière de Proudhon, je veux dire Simone Weil, de la « force ». Les rapports entre les hommes sont dominés par la force. Georges Sorel ne dit pas autre chose dans les *Réflexions sur la violence*. Ce sont, par définition, des rapports inégalitaires et non contractuels. Dans la famille, dans la société civile, dans la société économique et bien entendu dans l'État, les rapports entre les individus et les groupes sont des rapports de force, ou mieux encore de domination, où le plus fort impose sa loi au plus faible. Cela vaut pour la société démocratique comme pour n'importe quelle autre forme de société. La politique injuste, c'est la recherche du pouvoir par les moyens de la force, ou, à l'occasion, de la ruse.

L'impératif de justice n'est rien d'autre que l'exigence du dépassement moral de la loi du plus fort. Au sens noble que je lui donne ici, la politique n'est pas la simple application du rapport des forces dans l'organisation de la société ; elle est l'effort constant pour passer de la domination d'autrui à la reconnaissance de l'homme par l'homme. La lutte pour la libération de l'esclave, du colonisé, du salarié, de la femme, de l'enfant, du handicapé, voire de l'animal, est le passage de la domination à la mutualisation des rapports de l'un à l'autre.

C'est pour avoir compris cela que Proudhon est grand, que Proudhon est le plus grand, plus grand que Marx, parce que son anthropologie est fondée sur la réciprocité, alors que celle de Marx, à l'exception de quelques jaculations futuristes au-delà de l'empire de la nécessité, reste cantonnée dans le champ des rapports de force.

Le socialisme centralisé des marxistes n'est que la continuation du capitalisme centralisé et mondialisé, tandis que le socialisme décentralisé de Proudhon en est l'antithèse. Si aujourd'hui Proudhon nous est plus utile que Marx, c'est que le capitalisme moderne est plus oppressif en tant qu'organisation centralisée de la production qu'en tant qu'exploiteur de la main-d'œuvre. Si le socialisme de Proudhon est le seul aujourd'hui envisageable, c'est qu'il est une parfaite illustration du principe de subsidiarité, qui veut que l'on s'efforce de résoudre les problèmes sociaux au niveau le plus bas possible, le plus proche possible des producteurs et des usagers.

Mais comment faire triompher l'exigence de justice dans une société dominée par les rapports de force ? Grâce à l'individu lui-même ! Alors que Marx – ou à leur manière, les libéraux – ne compte que sur un aménagement des rapports sociaux, Proudhon affirme qu'on n'y parviendra pas sans une intériorisation de la norme dans la conscience de chaque individu :

> À la différence de la religion, qui place le principe de justice dans une transcendance, ou dans une autorité constituée, Église ou État, le principe du droit, la Révolution place le sujet juridique dans la conscience et l'identifie à l'homme lui-même.

À la lecture d'un texte comme celui-là, on est tenté de s'écrier avec le vicaire savoyard de Jean-Jacques Rousseau :

> Conscience, conscience, instinct divin, immortelle et céleste voix ; guide assuré d'un être ignorant et borné, mais intelligent et libre ; juge infaillible du bien et du mal, qui rend l'homme semblable à Dieu, c'est toi qui fais l'excellence de sa nature et la moralité de ses actions…

Nous voilà, direz-vous, bien loin de la social-démocratie ! Je ne le crois pas. Ou bien celle-ci n'est en effet qu'une version décolorée et positiviste du prétendu socialisme intégral, pour lequel le changement dans l'homme est attendu tout entier d'un changement dans la société ; et où la nature juridique de la propriété surdétermine toutes les actions et tous les états de conscience des individus… avec, à l'arrivée, une folie constructiviste et un asservissement de tous les citoyens !

Ou bien la social-démocratie, qui peut déjà se prévaloir d'avoir amélioré la condition des plus défavorisés plus qu'aucun autre régime avant elle, est aussi une vision à long terme, dans laquelle la pacification des rapports de production s'accompagne d'une moralisation de la vie publique, où les individus et leur libre arbitre retrouveraient la place que jamais le socialisme n'aurait dû leur enlever. Et alors dans le grand champ de décombres et le paysage d'horreur qu'il présente aujourd'hui, elle peut, en retournant à ses sources philosophiques et morales, constituer la seule alternative socialiste à l'autre grand matérialisme du siècle, le libéralisme triomphant.

2° Réactionnaire ? Contre-révolutionnaire ? Conservateur ? La charge négative qui pèse sur ces mots, où le progrès n'est souvent invoqué que comme instrument de disqualification morale de l'adversaire, m'a conduit à adopter le dernier terme disponible presque exempt de polémique, celui de traditionaliste. C'est d'ailleurs celui-là même que l'on emploie le plus couramment pour désigner les grands critiques de la Révolution française que sont Joseph de Maistre, Louis de Bonald, le premier Lamennais, ou encore Donoso Cortés en Espagne.

C'est justement parce que je suis fils de la Révolution française sans hésitation, mais non sans restriction, que j'ai depuis ma jeunesse pris l'habitude de lire et de méditer ces penseurs, qui figurent de plus, dans le cas de Joseph de Maistre, parmi les plus grands prosateurs de la langue française. Leur idée principale, c'est que dépourvue d'un principe transcendant, toute société est vouée à la déliquescence et à la guerre civile. Sur ce point, les plus grands libéraux du XIXe siècle, tels Benjamin Constant et Alexis de Tocqueville, ne pensent pas autrement. Transcendance n'est nullement ici synonyme de divinité. Que Dieu existe ou non, le besoin d'une transcendance sociale existe, et si le Dieu révélé ne fait plus l'affaire, les hommes recourront à une transcendance philosophique et morale, qui se révèle à l'usage infiniment plus tyrannique que la religion. Nietzsche lui-même a dit cela à sa manière : « L'homme est un être qui a besoin d'être dépassé. » Et Proudhon aussi que l'on retrouve ici sans surprise, car c'est un ennemi de toutes les tyrannies, y compris de celle que l'on exerce sur soi-même :

> Religion pour religion, l'urne populaire est encore en dessous de la sainte ampoule mérovingienne. Tout ce qu'elle a produit a été de changer la science en dégoût et le scepticisme en haine.

La démocratie, considérée comme la force du nombre, et non comme le règne du droit, entretient en effet avec la tyrannie des rapports troubles et quasi mystérieux. La tyrannie du nombre, fût-elle rehaussée du nom de peuple, est même souvent plus formidable que celle d'un seul, car elle se réclame d'une légitimité suprême, indiscutable, et ne comporte pas de recours. C'est ainsi que le totalitarisme moderne représente la forme suprême de la tyrannie, car le pouvoir d'un seul y est justifié par l'assentiment de tous.

C'est pourquoi la démocratie ne saurait être le dernier mot de la justice. Sa principale vertu, aux yeux de Pascal, qui a servi ou qui pourrait servir de maître à presque tous ceux que j'ai cités plus haut, est double : elle évite la guerre civile ; elle est conforme à une idée naturelle de l'égalité entre les êtres humains.

> La pluralité [c'est-à-dire la règle majoritaire] est la meilleure voie, parce qu'elle est visible, et qu'elle a la force pour se faire obéir ; cependant c'est l'avis des moins habiles. (*Pensées* 85, éd. Lafuma)

On remarquera que pour Pascal, comme on l'a vu plus haut pour Proudhon, la référence dernière d'une société idéale n'est pas la démocratie, mais la justice, la démocratie n'étant qu'un artifice social pour donner à la force les apparences de la justice :

> Sans doute l'égalité des biens est juste mais… ne pouvant faire qu'il soit forcé d'obéir à la justice, on a fait qu'il soit juste d'obéir à la force. Ne pouvant fortifier la justice, on a justifié la force, afin que le juste et le fort fussent ensemble, et que la paix fût, qui est le souverain bien.

D'où l'importance de la coutume, c'est-à-dire le respect de la tradition. Il n'y a aucune justification rationnelle dans la dévolution du pouvoir au fils aîné de la reine ; mais cette coutume évite toute contestation, en l'occurrence toute guerre civile.

On se tromperait en faisant exclusivement des grands contre-révolutionnaires du XIXe siècle des doctrinaires promoteurs obstinés d'un corps de principes transcendants. C'est au contraire ce qu'ils reprochent aux adeptes de la Révolution française, auxquels ils opposent, dans une filiation toute pascalienne, la nécessité de respecter la continuité dans les règles de gouvernement d'un pays. Chaque pays a sa tradition propre, la rationalité la plus élémentaire consiste à en tenir compte. L'idée de la table rase révolutionnaire n'est pas seulement une idée violente et même meurtrière : c'est un déni de rationalité. Burke, qui était pourtant un libéral et non un traditionaliste, ne pensait pas autrement dans sa critique de la Révolution française, et Hayek après lui, quand il dénonce le « constructivisme », c'est-à-dire le culte d'une politique abstraite, fruit d'une élaboration cérébrale, qui ne tient aucun compte du passé ni du contexte.

C'est aussi à une forme de traditionalisme, opposée à un rationalisme étroit et à ce qu'il appelle la « petite science », que se rattache Georges Sorel, analyste et admirateur du syndicalisme révolutionnaire du début du XXe siècle. Ce qu'il nomme le « mythe », c'est-à-dire une représentation collective génératrice d'action, n'est pas une création intellectuelle pure comme l'est par exemple l'utopie. Dans le cas de la grève générale, son mythe par excellence, c'est dans les traditions et la mentalité ouvrières qu'il prétend le retrouver.

C'est donc à une réhabilitation de l'empirisme politique que conduit le traditionalisme, par opposition à l'idéal de la table rase et de la reconstruction de la politique à partir de principes généraux et abstraits véhiculés par la Révolution française.

C'est la revanche du donné sur le construit. C'est aussi la critique de la violence des philosophies de l'Histoire fondées sur le progrès et oublieuses de la nature. On ne saurait passer sous silence que, autant que le libéralisme républicain, les régimes totalitaires comme le nazisme, le stalinisme, le maoïsme ou le polpotisme, se sont tous réclamés du progrès et de l'édification d'un homme nouveau.

3° Les raisons pour lesquelles je suis libertaire à 24 % sont, paradoxalement, les mêmes qui me font traditionaliste dans les mêmes proportions, c'est la défiance envers la politique : non au sens où je l'ai définie plus haut, c'est-à-dire au sens de dépassement de la force, mais entendue comme l'art de conquérir et de conserver le pouvoir ; non la politique sociale-démocrate, mais la politique machiavélienne. La politique sociale-démocrate conciliant le maximum de justice avec un niveau incompressible de liberté reste l'exception. Dans sa nature profonde, la politique se confond avec l'art de gouverner, c'est-à-dire, selon Proudhon, l'art d'opprimer :

> « Être GOUVERNÉ, c'est être gardé à vue, inspecté, espionné, dirigé, légiféré, réglementé, parqué, endoctriné, prêché, contrôlé, estimé, apprécié, censuré, commandé, par des êtres qui n'ont ni le titre, ni la science, ni la vertu… Être GOUVERNÉ, c'est être, à chaque opération, à chaque transaction, à chaque mouvement, noté, enregistré, recensé, tarifé, timbré, toisé, coté, cotisé, patenté, licencié, autorisé, apostillé, admonesté, empêché, réformé, redressé, corrigé. C'est, sous prétexte d'utilité publique, et au nom de l'intérêt général, être mis à contribution, exercé, rançonné, exploité, monopolisé, concussionné, pressuré, mystifié, volé ; puis, à la moindre résistance, au premier mot de plainte, réprimé, amendé, vilipendé, vexé, traqué, houspillé, assommé, désarmé, garrotté, emprisonné, fusillé, mitraillé, jugé, condamné, déporté, sacrifié, vendu, trahi, et, pour comble, joué, berné, outragé, déshonoré. Voilà le gouvernement, voilà sa justice, voilà sa morale ! Et dire qu'il y a parmi nous des démocrates qui prétendent que le gouvernement a du bon ; des socialistes qui soutiennent, au nom de la Liberté, de l'Égalité et de la Fraternité, cette ignominie ; des prolétaires qui posent leur candidature à la présidence de la République ! Hypocrisie[1] !… »

Lors de mon séjour à Princeton (1980-1981), je fis la connaissance du grand spécialiste de l'islam, Bernard Lewis. Un jour que nous nous promenions auprès du petit lac qui borde l'Institute for Advanced Study où j'étais invité pour un an, il me dit à brûle-pourpoint, sur le ton de l'évidence provocatrice qu'il affectionnait : « Bien entendu, la France ne sera jamais une démocratie… — Ah bon ! et pourquoi donc ? lui demandai-je. — Mais parce qu'elle est dotée d'un gouvernement, tandis que les États-Unis se contentent d'une administration. » C'était très saint-simonien[2], ou

1. *Idée générale de la Révolution au* XIX*e siècle*, dans *Œuvres de Proudhon*, Garnier, 1851, p. 344.
2. « Substituer au gouvernement des hommes l'administration des choses. »

très jeffersonien[1], si l'on préfère. Bien entendu, Bernard Lewis n'ignorait pas que depuis les Pères fondateurs, beaucoup de chemin avait été parcouru par les États-Unis dans le sens de l'autorité ; ouvrez n'importe quel dictionnaire anglo-français, et au mot anglais *administration*, vous trouvez comme traduction : « gouvernement ».

Mais il est bon de revenir parfois aux origines : « Le problème, dit Proudhon dans *Les Confessions d'un révolutionnaire* (1851), n'est pas de savoir comment nous serons le mieux gouvernés, mais comment nous serons le plus libres. »

Cette position du grand révolutionnaire est essentielle, car elle s'inscrit en faux contre la tendance de toute la tradition socialiste à réduire le besoin de liberté « formelle » à une aspiration bourgeoise, et à ravaler le prolétaire à ses besoins économiques, au détriment de son exigence de liberté. Une révolution, quelle qu'elle soit, qui n'a pas la liberté pour objectif premier, est une entreprise de servitude. À l'inverse de Marx, Proudhon n'a cessé de proclamer que la révolution sociale n'était jamais qu'un moyen de la liberté politique.

Toute la pensée politique de Simone Weil s'inscrit dans cette lignée qui va du pragmatisme traditionaliste de Pascal à l'anarchisme libertaire de Proudhon, en passant par l'associationnisme à base autogestionnaire de Pelloutier et du jeune Péguy. Le plus admirable de ses écrits politiques, celui qu'elle-même appelait son « grand œuvre », élaboré en 1934, alors qu'elle n'avait que vingt-cinq ans, c'est-à-dire les *Réflexions sur les causes de la liberté et de l'oppression sociale*, reproche à Marx d'être resté prisonnier d'une religion des forces productives et d'une philosophie du progrès qui doivent davantage au capitalisme moderne qu'au socialisme. En faisant du prolétariat un serviteur encore plus dévoué au productivisme que la bourgeoisie elle-même, Marx a sombré dans une sorte d'idéalisme du progrès matériel où il suffirait d'un simple changement juridique de l'appropriation des moyens de production pour accéder au socialisme. Marx a prétendu libérer les travailleurs de l'asservissement du capitalisme, mais nullement de la société industrielle. Ce n'est donc pas par

1. « Le meilleur gouvernement est celui qui parvient le mieux à se rendre inutile. »

hasard si, obsédés par le productivisme, les opprimés en révolte n'ont jamais réussi à fonder une société non oppressive ! Aussi longtemps que la société sera divisée entre hommes qui ordonnent et hommes qui exécutent, la société sera dominée par la lutte pour le pouvoir, qui est le plus grand des maux ; car elle asservit aussi bien les puissants que les faibles. Le mal social radical, c'est la quête obstinée du pouvoir, c'est-à-dire l'emprise d'un individu ou d'un groupe sur un autre individu ou un autre groupe. L'exploitation économique, la domination politique et l'aliénation culturelle ne sont que des modalités de ce mal social radical. C'est la notion de force, non celle de besoin, qui permet de décrypter les phénomènes sociaux.

*

Au terme de cette profession de foi, je voudrais tenter de répondre à l'objection : votre conseil d'administration intérieur est-il autre chose qu'un gigantesque capharnaüm où toutes les tribus d'Israël se croisent sans jamais se rencontrer ? Je pourrais répondre que, si contradiction il y a, elle se rencontre d'abord dans la diversité des êtres humains avant de figurer dans ma ménagerie personnelle. La société intellectuelle et politique est une salle des pas perdus où l'on trouve des sociaux-démocrates, des traditionalistes, des anarchistes, et bien d'autres catégories encore : des libéraux, des bonapartistes, des jacobins, selon une nomenclature que j'ai exposée plus haut. Il n'existe aucune espérance de voir cette diversité s'abolir au terme d'un processus révolutionnaire, comme le croyaient naïvement les générations précédentes.

C'est ici que la distinction que j'ai introduite dans le cours de ce livre entre les familles politiques et les partis prend tout son sens.

Si je prétendais faire coexister en paix dans ma scénographie politique personnelle des partis représentant ces divers courants, alors je serais le plus grand des extravagants. Il y a, contenue dans l'essence même de tout parti politique, une irrésistible pulsion de mort et d'extermination appliquée à son semblable. Je renverrai ici de nouveau à Simone Weil, dans sa *Note sur la suppression générale des partis politiques* (nouvelle édition Climats, 2017). Elle montre que tout parti renferme dans son ADN une vocation à croître sans cesse, jusqu'à occuper la totalité du terrain. Vit-on jamais, dans l'histoire politique contemporaine, un parti déclarer que c'est assez, et qu'il se contente de sa force actuelle ? Contrairement à son étymologie, il y a dans le concept de parti une aspiration proprement totalitaire, au détriment de toutes les autres.

Il n'en va pas de même pour les familles qui sont constitutives du corps intellectuel de la nation. A-t-on jamais vu le cœur disputer son existence à l'estomac, la jambe prétendre remplacer le bras ? À la différence des partis, les familles ont une vocation symphonique, où chaque instrument a sa place et sa spécificité. Quand je dis qu'il y a en moi des composants issus de familles différentes, non seulement je ne cultive pas un paradoxe, mais je prends acte d'une nécessité. C'est pourquoi, je l'ai déjà dit, je suis défiant à l'égard de tout parti, même de celui dont je me sens proche, tandis que j'ai de la sympathie pour toutes les familles, même de celles dont je me sens éloigné.

Mais où donc s'opère la rupture ? Comment passe-t-on de l'univers harmonieux des familles à celui, criminogène, des partis ? — Quand on passe de l'individuel au collectif.

Il faut « faire société » c'est entendu. Ou mieux encore, il faut prendre conscience des liens de solidarité qui nous unissent les uns aux autres, à l'intérieur du phénomène sociologique de l'entrecroisement des groupes. — À condition que le dernier mot appartienne à l'individu ! C'est lui, et lui seul, qui donne à l'homme sa dignité. À tout moment, il faut lutter contre l'impérialisme du groupe : le danger, comme l'avait vu Tocqueville, existe en démocratie autant sinon plus que dans les autres régimes. Il faut lutter contre l'idolâtrie du « gros animal » (Platon).

Permettez-moi, pour conclure, de donner une dernière fois la parole à Simone Weil, qui n'a jamais, au sein même de l'action collective, grève ou guerre, cédé le moindre pouce de terrain au totalitarisme social, et reculé sur la primauté de l'esprit par rapport à l'émotion.

« Seuls des fanatiques pensent n'attacher de prix à leur propre existence que pour autant qu'elle sert une cause collective ; réagir contre la subordination de l'individu à la collectivité implique qu'on commence par refuser de subordonner sa propre destinée au cours de l'Histoire. Pour se déterminer à un pareil effort d'analyse critique, il suffit de comprendre qu'il permettrait à celui qui l'entreprendrait d'échapper à la contagion de la folie et du vertige collectif en renouant pour son compte, par-dessus l'idole sociale, le pacte original de l'esprit avec l'univers. »

C'est ce pacte, et nul autre, qui fonde la dignité de l'homme.

POST-SCRIPTUM II

Psychologiquement agnostique, intellectuellement rationaliste, spirituellement chrétien

1° Je suis psychologiquement agnostique parce que je ne vois aucune raison décisive de me prononcer pour ou contre l'existence de Dieu.

— Le ferais-je, que ce ne serait là qu'une *opinion*, c'est-à-dire, selon Platon, le niveau le plus bas de la connaissance, en dehors de toute considération rationnelle.

— La croyance, ou la non-croyance qui en résulte, dépend d'une démarche subjective, où les données liées à mon expérience personnelle – origine, carrière, tempérament, position sociale – l'emportent sur une démarche objective.

— Le Dieu dont il est question dans la croyance est le Dieu architecte et créateur de l'univers, non le Dieu « sensible au cœur » de Pascal, qui relève de la foi.

— Dès lors, que l'on donne le nom de Dieu au big bang, ou le nom de big bang au Dieu architecte, où donc est la différence ? Il n'y a rien là qui relève d'une relation personnelle, ou qui requiert de ma part quelque obligation que ce soit.

— Du Dieu architecte, je ne puis avoir aucune connaissance ; à son égard, je n'ai donc aucun devoir.

— Par conséquent, le problème abstrait de l'existence de Dieu est une question sans importance. Si les hommes lui accordent pourtant une telle place, c'est parce qu'ils confèrent clandestinement au Dieu architecte les attributs d'un Dieu personnel, le seul avec lequel ils puissent avoir à faire – autrement dit, un Dieu capable d'humanité.

2° Être sensible et être pensant, l'homme est fondamentalement un être rationnel, capable de reconnaître des règles logiques qui s'imposent universellement à tous.

— C'est donc la raison qui fait de l'homme un être unique et supérieur à toutes les autres créatures.

— La sensibilité, après des millénaires de refus de l'évidence, vient d'être reconnue à l'animal par le parlement français. Cette déclaration jette un pont juridique entre l'animal et l'homme. Elle vaut à l'un comme à l'autre d'être reconnu comme détenteur de droits.

— Mais seule la raison, parce qu'elle est capable d'embrasser les autres facultés et de leur donner sens, confère à son détenteur la totalité des droits.

— Dans une époque tentée par une définition minimaliste de l'humanité, dominée par des médias qui s'adressent exclusivement à sa sensibilité, c'est-à-dire à sa capacité d'éprouver des émotions, la place prééminente à accorder à la raison est la seule voie pour détourner l'homme aujourd'hui de l'abaissement, demain de la barbarie.

— Quant à la question de l'existence de Dieu, la raison n'a rien à nous en dire, si ce n'est d'écarter, dans un sens ou dans un autre, les arguments inspirés par le fanatisme.

3° Puis-je, après cela, me déclarer spirituellement chrétien ? Ce n'est pas sans hésitation, tant je m'en sens indigne, tant le mot appelle des exigences dont je me sens incapable.

— J'ai bien envie de dire avec Nietzsche qu'il n'y a jamais eu, depuis le commencement du monde, qu'un seul chrétien, et que celui-là est mort sur la croix.

— Il n'existe pourtant d'autre voie d'accès à Dieu que par Jésus-Christ. Tout ce que je peux savoir de Dieu, je ne peux y accéder que par Lui. À mes yeux, la seule preuve de l'existence de Dieu, c'est Jésus qui nous la donne. Nous savons qu'il y a un Père parce que son Fils nous l'affirme.

— Pascal : « Nous ne connaissons Dieu que par Jésus-Christ. Sans ce médiateur est ôtée toute communication avec Dieu ; par Jésus-Christ, nous connaissons Dieu. »

Pascal va même plus loin : « Il est non seulement impossible, mais inutile de connaître Dieu sans Jésus-Christ. »

Inutile !

— C'est ce que Nicolas Berdiaev, dans un livre de confessions à placer sur le même rayon que celles de saint Augustin (*Essai d'autobiographie spirituelle*, Buchet-Chastel, 1958, p. 222), a exprimé avec une force extrême :

> Dieu le Fils, Dieu-Homme, Dieu-humain, me fut toujours plus sensible intimement que Dieu-Puissance, Dieu-Créateur. La raison en est que la notion de Dieu-Père et Créateur me semblait la plus contaminée et la plus déformée par le cosmo-morphisme et par le socio-morphisme. On ne peut croire en Dieu que s'il existe un Dieu-Fils, Rédempteur et Libérateur, Dieu de sacrifice et d'amour.

Berdiaev ajoute même qu'un monothéisme pur n'est que « la forme suprême de l'idolâtrie ».

— C'est seulement grâce à la médiation christique que le rapport personnel à Dieu peut permettre d'entrevoir la libération du Mal.

— C'est la religion du Fils, et elle seule, qui nous permet de dépasser notre dépendance à l'égard de la nature et de la société. Jésus est la seule réponse à la tyrannie de l'idole sociale, à la dépendance à l'égard du « Gros animal » (Platon, Simone Weil).

— Croire *en* Dieu est une formule stupide. Il faut dire que si l'on croit, on croit *à* Dieu – jugement d'existence – et que l'on croit *en* Jésus-Christ – profession de foi.

— Jésus est venu vaincre la mort. Il est venu aussi vaincre la religion. Par lui, et lui seul, cet outil d'asservissement de l'homme devient la forme suprême de la libération de l'homme.

REPÈRES BIOGRAPHIQUES[1]

1932, ***8 février*** : mariage de *Marcien*, Louis, André Julliard (5 juin 1896-23 février 1960), fils de Marius Julliard et de Mélina Moyne, et d'*Andrée* Isabelle Berthet (5 décembre 1907-4 novembre 1986), fille de *Frédéric* Joseph Berthet et de *Léonie* Émérance Benoît (le frère d'Andrée, François Berthet, avait épousé l'année précédente Marie-Louise Julliard, sœur de Marcien ; deux enfants Danielle [Dany] et Alain).

1933, ***4 mars*** : naissance à 23 h 30, à Brénod (Ain) de *Jacques* Marius Frédéric, fils de Marcien Julliard et Andrée Berthet.

1936, ***11 novembre*** : naissance de la sœur de Jacques, *Andréane*, Mélina, Josette, Germaine.

1940 : Marcien Julliard est révoqué, le premier du département, de sa fonction de conseiller général de l'Ain, par le préfet représentant le gouvernement de Vichy.

1943, ***1er octobre*** : Jacques est reçu en juin à l'examen d'entrée en sixième ; il entre au collège Bichat de Nantua comme pensionnaire. — ***14 décembre*** : dans le cadre de la rafle punitive au collège de Nantua, les Allemands font irruption à 10 heures au

1. Sur l'action sociale et politique de l'auteur, on se reportera à l'article de Christophe Prochasson dans *Le Maitron. Dictionnaire biographique. Mouvement ouvrier. Mouvement social de 1940 à mai 1968*, sous la direction de Claude Pennetier, t. 7, Les Éditions de l'Atelier, 2011, p. 94-97.

collège ; ils alignent tous les élèves contre les murs et braquent sur eux leurs fusils mitrailleurs. Vingt et une personnes sont arrêtées, parmi lesquelles une majorité d'élèves, ainsi que l'aumônier, l'abbé Gay, le concierge et plusieurs professeurs.

1944, ***6 février*** : les Allemands envahissent Brénod, déportant vingt personnes dont Daniel Morand, son instituteur, et le notaire Pelisson. Le père de Jacques, Marcien, dissimulé dans une cache pratiquée à l'intérieur de la maison, échappe à la déportation. — ***Août*** : à la Libération, Marcien Julliard sera réélu conseiller général. Élu maire de Brénod en 1947.

1947 : pour rompre avec la monotonie de la vie collégienne, fonde avec plusieurs camarades un groupe théâtral qui ira jouer *Knock* de Jules Romains et *La Grammaire* de Labiche dans les villages environnants.

1949 : rencontre Marie-Louise Pernod, qui sera le grand amour de son adolescence. — ***Juin*** : reçu à la première partie du baccalauréat. Fonde avec son ami Maurice Thouvenel et Marie-Louise Pernod un journal de collège ronéoté (*Klax...son de cloche*) qui tirera jusqu'à 1 500 exemplaires. Ils fondent aussi un foyer des élèves dans une vieille salle désaffectée, qu'ils aménagent durant les vacances.

1950 : en classe de philosophie, lecture de Nietzsche et d'Alain. — ***Juin*** : reçu à la deuxième partie du baccalauréat (mention AB). — ***Septembre*** : reçu à l'examen d'entrée à l'hypokhâgne du lycée du Parc à Lyon. Pensionnaire.

1951 : les amis qu'il se fait alors le resteront pour la plupart, tout le temps de sa vie : Claude Martin, René Martin, Jean Dufournet, Stéphane Mosès, Maurice Rieuneau. Il en va de même du père Lucien Fraisse, aumônier de la khâgne. Reprend alors une pratique religieuse régulière. Lecture du Nouveau Testament. Grandes lectures, sous l'influence de son professeur de lettres, Victor-Henry Debidour : Rabelais, Corneille, Pascal, Balzac, Proust, Péguy. Refuse de signer l'appel de Stockholm.

1952 : lit, lors de leur parution dans *Les Temps Modernes*, *Les Communistes et la paix* de Jean-Paul Sartre. Il confie à un ami :

« Voilà exactement ce que je ne pense pas. » Il restera toujours de gauche, mais constamment critique à l'égard du communisme. Il fonde au sein de la khâgne un groupe d'études politiques, proche du neutralisme d'Hubert Beuve-Méry (*Le Monde*) et de Gilles Martinet (*L'Observateur*), qui viendra y faire une conférence.

1953 : lectures philosophiques : Kant, Lagneau. — ***Juin*** : admissible au concours de l'École normale supérieure ; échoue à l'oral. Sur les instances de sa mère, il décide de tenter de nouveau sa chance l'année suivante.

1954, ***juillet*** : reçu à l'École normale supérieure. — ***Octobre*** : entrée à l'École. Partage la « turne 16 », célèbre pour ses fresques de l'affaire Dreyfus, avec Jean Dufournet, Stéphane Mosès, Maurice Rieuneau. À l'invitation de Jean-Marie Domenach, entre au groupe politique de la revue *Esprit*. Il y restera jusqu'en 1984.

1955 : élu président du Cartel des Écoles normales supérieures, il obtient la réintégration de ce dernier dans l'UNEF dont il avait été exclu l'année précédente, quand les normaliens avaient obtenu le statut de fonctionnaires stagiaires. — ***Février*** : entend, chez des amis, la voix d'une jeune fille, venant de la pièce voisine ; « Je veux épouser cette voix », déclare-t-il alors, c'est celle de Suzanne Agié, sévrienne, qu'il épousera deux ans plus tard. — ***Août*** : voyage en Algérie avec Madeleine Borgomano, Claude Martin, Suzanne Mestre. Rencontre Jacques Soustelle, résident général, Mgr Duval archevêque d'Alger, Ahmed Francis, proche de Ferhat Abbas, Pierre Chaulet, l'abbé Scotto. Visite, en compagnie d'Ahmed Taleb et Layashi Yaker, la Kabylie en pleine insurrection. — ***Octobre*** : élu vice-président de l'UNEF pour l'Outre-Mer (questions coloniales). Assiste au congrès de fondation de l'UGEMA (Union générale des étudiants musulmans algériens), proche du FLN.

1956, ***21-22 juillet*** : président de la Conférence nationale étudiante pour une solution du problème algérien, réunie à la salle des Sociétés savantes, 28 rue Serpente (V^e^ arrondissement de Paris) ; en présence de représentants de l'UGEMA et du FLN, il prononce le discours d'ouverture.

1957 : amitié avec Lucile Kirsch, Madeleine Borgomano. — ***18 décembre*** : épouse Suzanne Agié.

1958, ***juillet*** : reçu à l'agrégation d'Histoire. — ***24 octobre*** : naissance de sa fille Claire. — ***Octobre*** : admis en année supplémentaire à l'École, pour y entreprendre une thèse. Commence à travailler sur le modernisme catholique et l'abbé Loisy.

1959 : poursuites contre François Borella en raison de sa participation à la Conférence nationale étudiante pour une solution de problème algérien. Rencontre, à cette occasion, Paul Vignaux, secrétaire général du Syndicat général de l'Éducation nationale (SGEN, CFTC), qui l'introduit au groupe Reconstruction. Premiers contacts avec Michel Rocard. — ***Septembre*** : nommé professeur d'histoire et géographie au lycée Augustin-Thierry de Blois. Il y enseigne quinze jours. — ***26 septembre*** : naissance de son fils Jean-François. — ***1er octobre*** : astreint à l'Instruction militaire obligatoire, il est envoyé à l'école militaire de Cherchell (Algérie) en qualité d'aspirant.

1960, ***19 février*** : signe avec trente et un camarades issus de l'École normale supérieure et de l'école de la France d'Outre-Mer une lettre adressée au commandant de l'école militaire d'infanterie de Cherchell, le colonel Bernachot, école où ils suivent une formation en qualité de sous-lieutenants. Cette lettre proteste contre une conférence sur « l'officier de renseignements » et sur la manière de pratiquer la torture et les liquidations sommaires de suspects, « à condition de ne pas se faire prendre ». Il envisage devant le colonel l'envoi de cette lettre au *Monde*. Le colonel décide alors de réunir l'ensemble des stagiaires pour assurer qu'il s'agit d'une initiative individuelle qui n'engage pas l'école et présente ses excuses. Le lieutenant Salvan, qui commande sa section, héros passé et futur de plusieurs guerres, et qui deviendra général, l'assure avec ses amis qu'il comprend leur demande (document communiqué par Claude Silberzahn). — ***23 février*** : mort brutale de son père Marcien. — ***Avril*** : sous-lieutenant en Kabylie (Djemaa N'Saharidj). Refuse de devenir « officier de renseignements », c'est-à-dire d'interroger les prisonniers.

1961, ***avril*** : lors du putsch d'Alger (***21 avril***), les hommes du contingent et une partie des officiers lui demandent d'exprimer leur opposition à ce coup de force et d'être leur porte-parole lors de la réunion des officiers. Le commandant du 39° RI, Guichard, comprend très bien le message et l'associe à toutes les décisions importantes pendant la durée du putsch. — ***16 septembre*** : libéré de ses obligations militaires au bout de deux années de service en Algérie. — ***1er octobre*** : nommé au lycée Marceau de Chartres.

1962, ***janvier*** : devient secrétaire général pour le second degré du Syndicat général de l'éducation nationale (SGEN, CFTC). — ***Octobre*** : nommé grâce à Fernand Braudel attaché de recherches au CNRS. Commence une thèse sur le syndicalisme révolutionnaire en France, sous la direction d'Ernest Labrousse.

1963, ***6 juillet*** : naissance de son fils David.

1964, ***janvier*** : entre au comité de rédaction de la revue *Le Mouvement social* (Annie Kriegel, Madeleine Rebérioux, Michelle Perrot, Colette Chambelland, Rolande Trempé, Georges Haupt, Jacques Rougerie, Jacques Ozouf). — ***5 juin*** : représente aux côtés de Paul Vignaux le SGEN à « Horizon 80 », destiné à promouvoir la candidature de Gaston Defferre à la présidentielle, mais se montre hostile à toute coopération organique avec les partis. — ***1er septembre*** : s'installe dans la maison de Bourg-la-Reine, qui fut celle du germaniste Charles Andler, l'ami de Jaurès. Suzanne entre, comme professeur d'hypokhâgne, puis de khâgne, au lycée Fénelon où, après huit années dans d'autres lycées, elle poursuivra désormais sa carrière d'enseignante jusqu'à la retraite (1996). — ***10 octobre*** : fait adopter, dans le préambule des statuts de la future CFDT, un texte substituant à la « pensée chrétienne et humaniste » qui préside à l'action de la centrale, une référence aux différentes formes de l'humanisme « dont l'humanisme chrétien ».

1965, ***1er octobre*** : grâce à V. L. Tapié, devient assistant d'histoire contemporaine à la Sorbonne. Maître de conférences à l'institut d'études politiques de Bordeaux. — ***20 octobre*** : membre de la commission idéologique de la CFDT, chargée de tirer les conséquences du congrès de déconfessionalisation (1964).

1966 : devient, sur le conseil de Jean-Marie Domenach à Paul Flamand, conseiller littéraire aux Éditions du Seuil où il crée la collection de poche « Points-Politique ». — ***1er mai*** : naissance de sa fille Marianne. — ***Octobre*** : maître de conférences à l'institut d'études politiques de Paris (jusqu'en 1967).

1967 : adhère brièvement au PSU (Parti socialiste unifié ; 1967-1968). — ***22 mars*** : défend devant le conseil confédéral de la CFDT réuni à Bierville la thèse d'une « stratégie autonome » du syndicalisme, contre Michel Rocard qui soutient celle d'une « stratégie commune » aux syndicats et aux partis.

1968, ***mai*** : en accord avec la CFDT, mais isolé au sein du bureau du SGEN, où Paul Vignaux se montre très hostile au mouvement de mai, auquel il prend une part active aux côtés des étudiants, il contribue, auprès d'Albert Détraz et de Fredo Krumnow, à la définition de « structures démocratiques à base d'autogestion ». Membre du « noyau cooptant » qui recrute le personnel enseignant du futur centre expérimental de Vincennes. Maître-assistant à l'université de Paris VIII-Vincennes (jusqu'en 1973). Professeur au Centre de formation des journalistes de Paris (jusqu'en 1973) ; parmi ses élèves, Franz-Olivier Giesbert et Bernard Guetta, qu'il recommande à Jean Daniel au *Nouvel Observateur*, Patrick Poivre d'Arvor, Patrice Louis, Paul Amar.

1969, ***octobre*** : au nom de tous les opposants, défend le fédéralisme syndical contre le projet de réforme des statuts de la CFDT, beaucoup trop centralisateur à son gré.

1970, ***1er janvier*** : pressenti par André Gorz, accueilli chaleureusement par Jean Daniel, entre pour une collaboration périodique au *Nouvel Observateur*. En désaccord persistant et violent avec la direction du SGEN (Paul Vignaux), démissionne du bureau du syndicat.

1971-1973 : se consacre entièrement à la recherche historique sur le syndicalisme révolutionnaire et publie son *Fernand Pelloutier*.

1973, ***30 mai-2 juin*** : redevenu majoritaire dans le SGEN (bureau Jacques George), est élu par le congrès de la CFDT à Nantes, au Bureau national. Il y restera jusqu'en 1976 (congrès d'Annecy).

1974 : voyage en Chine en compagnie d'Edmond Maire. — ***12-13 octobre*** : participe aux Assises du socialisme, qui voit une partie du PSU (Michel Rocard, Robert Chapuis) ainsi que plusieurs responsables confédéraux de la CFDT entrer au Parti socialiste au lendemain des élections présidentielles.

1975 : adhère brièvement et sans grande conviction au Parti socialiste (1975-1977) ; y découvre vite que les partis ne sont plus désormais que des cartels d'ambitieux.

1976, ***25-27 mai*** : lors du congrès de la CFDT à Annecy, ne se représente pas et quitte ses fonctions syndicales.

1978 : élu directeur d'études à l'École des hautes études en sciences sociales. Sa candidature est notamment patronnée par Pierre Nora, Jacques Ozouf, Jacques Revel.

1979-1982 : séminaire de l'EHESS : « Comment étudier les intellectuels ».

1980, ***septembre*** : agréé comme membre étranger de l'Institute for Advanced Studies de Princeton (États-Unis) pour l'année universitaire 1980-1981.

1981 : profitant du temps libre et des riches bibliothèques de Princeton, met au point son livre *Autonomie ouvrière*. Donne au séminaire de Princeton une communication : « De Gaulle et la question du charisme en politique ».

1981-1982 : séminaire à l'École des hautes études en sciences sociales : « Culture laïque, culture religieuse au tournant du XXe siècle ».

1982 : crée avec Patrick Viveret et Jean-Luc Pouthier la revue *Intervention*, proche de Rocard, qui prend la suite de *Faire*. Elle s'interrompt, faute d'argent en 1986.

1982-1984 : séminaire de l'EHESS : « Les conséquences politiques de Rousseau. Critique de la notion de volonté générale dans la pensée libérale du XIXe siècle ». Devient responsable du DEA du centre de recherches historiques de l'EHESS. — ***13-15 mai*** : préside à l'École normale supérieure le premier grand colloque français consacré à Georges Sorel. Constitution d'une équipe de travail sur Georges Sorel.

1983 : crée avec Shlomo Sand *Les Cahiers Georges Sorel*, revue annuelle d'histoire intellectuelle, qui prend, en 1989, sur une idée de Christophe Prochasson, le nom de *Mil Neuf Cent* et dont il est le directeur jusqu'en 2016.

1984, ***octobre*** : à l'invitation de Jean-Marie Borzeix, directeur de France Culture, y crée une émission mensuelle : « Le Grand Débat ».

1985, ***27 mars-17 mai*** : cycle d'enseignement à New York University (NYU) sur la société française. Amitié avec Nicholas Wahl. — ***Juin*** : sa chronique au *Nouvel Observateur* devient hebdomadaire.

1985-1986 : séminaire de l'EHESS : « Cultures dominantes et cultures dominées au tournant du XXe siècle ».

1986 : chroniqueur à Europe 1 (jusqu'en 1996). — ***4 novembre*** : décès de sa mère. — ***14 novembre*** : Georges Besse, son ami très cher, est assassiné par Action Directe. Informé immédiatement pendant « Le Grand Débat », l'émission qu'il dirige sur France Culture, il commente à chaud le meurtre abominable.

1987-1989 : séminaire de l'EHESS sur l'opinion publique. — ***Juillet*** : à Avignon, dans la Cour d'honneur du Palais des Papes, assiste à deux reprises à l'intégrale du *Soulier de Satin* de Claudel, mis en scène par Antoine Vitez (onze heures) avec Ludmila Mikael, Didier Sandre, Aurélien Recoing. Bouleversement absolu et sentiment de l'indépassable. Sa vision du monde en sera changée par la découverte de la structure symbolique de l'univers.

1989 : à propos de la création de la Nouvelle Bibliothèque de France, s'engage, avec notamment Élisabeth Badinter et Pierre Nora, pour le dépôt de tous les livres dans le nouveau site.

François Mitterrand le nomme au conseil d'administration de la BNF.

1990-1993 : séminaire de l'EHESS sur les intellectuels et la croyance. — ***22 octobre*** : reçoit le prix européen Montaigne de la Fondation Alfred-Toepfer (FVS).

1991, ***22 octobre*** : dîner chez Gabrielle van Zuylen avec Pierre Nora, Jean Lacouture, Guy de Rotschild, y fait la connaissance de Teresa Cremisi, adjointe d'Antoine Gallimard.

1992, ***16-21 janvier*** : élu membre du bureau d'AICF (Action internationale contre la faim). Voyage au Sud-Soudan, par Nairobi, en compagnie de José Bidegain et Nathalie Duhamel. Articles à son retour pour tenter de mobiliser l'opinion en faveur du Sud-Soudan, victime de l'oppression de Khartoum.

1993, ***14 juillet*** : ascension du Ventoux en vélo, pour fêter ses 60 ans. — ***4 décembre*** : voyage à Sarajevo au nom d'AICF avec José Bidegain. Résistance de la ville sous les bombes.

1993-1994 : séminaire de l'EHESS sur religion et socialisme.

1994 : publie, à propos de la guerre de Yougoslavie, *Ce fascisme qui vient*. Se réconcilie à cette occasion avec Bernard-Henri Lévy, avec qui il fait campagne pour la Bosnie et contre le siège de Sarajevo. Série de meetings à la Mutualité, articles de presse, jusqu'aux accords de Dayton (14 décembre 1995) avec Pascal Bruckner, Alain Finkielkraut, Romain Goupil, Françoise Giroud, André Glucksmann, Bernard-Henri Lévy, Daniel Rondeau. — ***15 mars*** : première rencontre, lors d'une émission de télévision, de Jean d'Ormesson, avec lequel il devient immédiatement ami.

1994-1995 : séminaire de l'EHESS sur le progrès.

1995, ***26 novembre-4 décembre*** : voyage et conférences aux États-Unis : Philadelphie qui l'enchante, Bryn Mawr, New York.

1997, ***1er septembre*** : prend sa retraite de directeur d'études à l'EHESS.

1998, ***13 septembre*** : commence une chronique hebdomadaire au *Midi Libre*, qui durera jusqu'en 2007.

1999 : entre à LCI pour un débat hebdomadaire avec Claude Imbert (jusqu'en 2003-2004), puis avec Luc Ferry (2003/2004-2008).

2000, ***septembre*** : donne pendant un an une chronique hebdomadaire sur France Culture, dans l'émission de Pierre Assouline, « Culture matin ».

2001 : séminaire de l'EHESS sur le système politique français à l'époque contemporaine au GREVIC (Groupe de recherches et d'études sur la vie politique contemporaine).

2004, ***1er avril*** : Alain Juppé lui remet le prix Montaigne de la ville de Bordeaux. — ***Septembre-octobre*** : à l'invitation de l'Alliance française, tournée de conférences aux États-Unis : Atlanta, Saint Joseph (Kansas), Denver, San Francisco, Washington, Boston, New York (et Reykjavik sur le chemin du retour). Une Amérique traumatisée par les attentats du 11 septembre 2001, et qui s'apprête à réélire Bush contre Kerry : hargneuse, revancharde, machiste et violemment anti-française, loin de celle qu'il a connue à Princeton. — ***19-24 novembre*** : visite d'Alexandrie et archéologie sous-marine (E. Empereur).

2005, ***29 juin*** : cinquantenaire de l'UGEMA à Tlemcen (Algérie) en présence du président Bouteflika. — ***Octobre*** : suit son amie Teresa Cremisi, qui a quitté Gallimard pour devenir P-dg du groupe Flammarion. Publie *Le Malheur français*, premier volume de la collection « Café Voltaire », créée par celle-ci. Se lie également aux brillantes éditrices du groupe, Alice d'Andigné, Sophie Berlin, Maxime Catroux, ainsi qu'à Gilles Haéri. — ***24 novembre*** : jusqu'en 2006, participe à la Commission Pébereau sur la dette.

2007, ***19 décembre*** : élu président du jury du prix Aujourd'hui, pour succéder à Jean Ferniot, poste qu'il occupera jusqu'à novembre 2013.

2008, ***juin*** : prix du Livre politique pour *La Reine du Monde, essai sur la démocratie d'opinion.*

2009, ***janvier*** : membre de la commission Balladur sur les collectivités territoriales, où il représente la gauche avec Pierre Mauroy et André Vallini, qui devient son ami.

2010, ***18 janvier*** : publication dans *Libération* de ses « Vingt thèses pour repartir du pied gauche », que Denis Olivennes, directeur de la rédaction du *Nouvel Observateur*, avait refusées, invoquant leur longueur excessive. — ***1er décembre*** : accepte la proposition de Maurice Szafran et d'Éric Conan de devenir éditorialiste à *Marianne*. Quitte *Le Nouvel Observateur* après quarante années. Raisons : des difficultés dans le travail quotidien avec Jean Daniel, et surtout refus de voir le journal s'engager dans le soutien de plus en plus net à Dominique Strauss-Kahn, qu'il juge incompatible avec la ligne sociale-démocrate de gauche qui fut toujours la sienne.

2012, ***septembre*** : publie *Les Gauches françaises (1762-2012)*, fruit de dix années de travail et d'écriture, surtout estivale. Nombreux débats et conférences. Le livre reçoit le prix Guizot-Institut de France, le prix Jean-Zay, le prix de l'Œuvre politique 2012, et le prix Gobert de l'Académie française.

2013, ***octobre*** : signe l'appel des intellectuels demandant la reconnaissance de l'animal comme être sensible (Boris Cyrulnik, Élisabeth de Fontenay, Luc Ferry, Mathieu Ricard). Le 28 janvier 2015, l'Assemblée nationale adopte définitivement l'amendement Glavany qui leur reconnaît cette qualité.

2015, ***21 octobre*** : présente au colloque Simone Weil une communication sur la modernité de la critique du capitalisme chez Simone Weil.

2016 : accepte la proposition d'Alexis Brézet et de Vincent Trémolet de Villers de donner dans les pages « Débats. Champs libres » du *Figaro* un Carnet mensuel. — ***14 juillet*** : promu commandeur de la Légion d'honneur, décoration qui lui sera remise par François Hollande.

ŒUVRES DE JACQUES JULLIARD

Sélection bibliographique

« J'ai fait des livres, il est vrai,
mais jamais je ne fus un livrier. »
Jean Jacques Rousseau

Livres

1965 : *Clemenceau briseur de grèves*, Julliard, coll. « Archives », 202 pages.

1968 : *Naissance et mort de la IVe République*, Calmann-Lévy, 380 pages.

1971 : *Fernand Pelloutier et les origines du syndicalisme d'action directe*, Le Seuil, 560 pages.

1975 : *La CFDT d'aujourd'hui*, en collaboration avec Edmond Maire, Le Seuil, 206 pages.

1977 : *Contre la politique professionnelle*, Le Seuil, 166 pages.

1979 : *Le Monde de Beuve-Méry ou le métier d'Alceste*, en collaboration avec Jean-Noël Jeanneney, Le Seuil, 384 pages.

1985 : *La Faute à Rousseau*, Le Seuil, 256 pages.

Georges Sorel en son temps, Jacques Julliard et Shlomo Sand (dir.), Le Seuil, 480 pages.

1988 : *Autonomie ouvrière. Études sur le syndicalisme d'action directe*, Seuil-Gallimard, coll. « Hautes Études », 300 pages.

La République du centre, en collaboration avec François Furet et Pierre Rosanvallon, Calmann-Lévy, 182 pages.

1990 : *Le Génie de la liberté*, Le Seuil, 192 pages.

Histoire de la France, André Burguière et Jacques Revel (dir.), t. III, *L'État et les conflits*, chap. IV, « Le conflit politique », p. 265-349, Le Seuil, 672 pages.

1991 : *Chroniques du septième jour*, Le Seuil, 384 pages.

1994 : *Ce fascisme qui vient...*, Le Seuil, 204 pages.

1995 : *La Droite et la gauche*, en collaboration avec Claude Imbert, Robert Laffont-Grasset, 284 pages.

1996 : *Dictionnaire des intellectuels français*, avec Michel Winock (dir.), Le Seuil, 1 264 pages.

L'Année des dupes. Journal de l'année 1995, Le Seuil, 328 pages.

Pour la Bosnie, Le Seuil, 324 pages.

1997 : *La Faute aux élites*, Gallimard, 250 pages.

1998 : *L'Année des fantômes. Journal de l'année 1997*, Grasset, 400 pages.

1999 : *La Mort du roi. Essai d'ethnographie politique comparée*, (dir.), Gallimard, 368 pages.

2003 : *Le Choix de Pascal*, entretiens avec Benoît Chantre, Desclée de Brouwer, rééd. coll. « Champs-Flammarion », 2008, 324 pages.

Rupture dans la civilisation. Le révélateur irakien, Gallimard, 88 pages.

2004 : Que *sont les grands hommes devenus ? Essai sur la démocratie charismatique*, Saint-Simon, 170 pages.

2005 : *Le Malheur français*, Flammarion, coll. « Café Voltaire », 144 pages.

2008 : *L'Argent, Dieu et le diable. Péguy, Bernanos, Claudel face au monde moderne*, Flammarion, 240 pages.

La Reine du monde. Essai sur la démocratie d'opinion, Flammarion, coll. « Café Voltaire », 128 pages.

2010 : *Pour repartir du pied gauche*, Flammarion-Libération, 128 pages.

2012 : *Les Gauches françaises, 1762-2012. Histoire, politique et imaginaire*, Flammarion, 944 pages.

La Gauche par les textes, 1762-2012, en collaboration avec Grégoire Franconie, Flammarion, 464 pages.

2014 : *Le Choc Simone Weil*, Flammarion, coll. « Café Voltaire », 144 pages.

La Gauche et le peuple. Lettres croisées, avec Jean-Claude Michéa, Flammarion, 320 pages.

2015 : *L'École est finie*, Flammarion, coll. « Café Voltaire », 144 pages.

Contributions à des ouvrages collectifs

« Syndicalisme et corporatisme », en collaboration avec Paul Vignaux, dans *L'Encyclopédie française*, t. X, *L'État*, Société nouvelle de l'Encyclopédie française, 1964.

« Le syndicalisme », dans Alfred Sauvy (dir.), *Histoire économique de la France*, t. III, Fayard, 1972.

« La charte du travail », dans René Rémond (éd.), *Le Gouvernement de Vichy. 1940-1942*, Fondation nationale des sciences politiques, Armand Colin, 1972.

« La politique », dans *Faire de l'Histoire*, t. II, Jacques Le Goff et Pierre Nora (dir.), Gallimard, 1974.

« La Constitution de la IVe République, une naissance difficile », *Storia e politica*, Anno XVII, Fasc I-II, 1975.

« Les syndicats et la politique », *Critique des pratiques politiques*, Galilée, 1978.

« La quadrature du centre », *Les Quatre France*, revue *H-Hachette*, 1979.

« Jaurès, le syndicalisme révolutionnaire et les grèves », en collaboration avec Rolande Trempé, dans Madeleine Rebérioux (dir.), *Jaurès et la classe ouvrière*, Les Éditions ouvrières, 1981.

« Révolution et contre-révolution en Pologne », dans *Pour la Pologne*, Le Seuil, 1982.

« Clemenceau et les intellectuels », dans *Clemenceau et la justice*, Publications de la Sorbonne, 1983.

« Clemenceau journaliste de l'"Affaire" », *Les Écrivains et l'affaire Dreyfus*, PUF, Université d'Orléans, 1983.

« Les ouvriers dans la société française, intégration et autonomie », dans *Mélanges Robert Mandrou*, PUF, 1985.

« *Il sindacato d'azione diretta et la produzione* », dans Maurizio Degl'Innocenti (dir.), *Filipo Turati e il socialisme europeo*, Naples, Guido Editori, 1985.

« L'avenir syndical du socialisme », dans *Georges Sorel*, Cahiers de l'Herne, 1986.

« La tentation du prince-président », *Le Président*, revue *Pouvoirs*, n° 41, 1987.

« Le peuple », dans Pierre Nora (dir.), *Les Lieux de mémoire*, t. III, *Les France*, 2, Traditions Gallimard, 1993.

« *The Intellectual, the Historian and the Journalist* », dans Jeremy Jennings (éd.), *Intellectual in Twentieth Century France, Mandarins and Samurais*, New York, St. Martin's Press, 1993.

« Les antinomies de la Révolution française », dans Francis Hamon (dir.), *L'Héritage politique de la Révolution française*, Jacques Lelièvre, Presses universitaires de Lille, 1994.

« La République du vide », en collaboration avec François Furet et Pierre Rosanvallon, *Notes de la Fondation Saint-Simon*, janvier-février 1995.

« La ville lieu politique », dans Georges Duby (dir.), *Histoire de la France urbaine*, t. V, Le Seuil, 1995.

« Mendès France, le mythe », dans *Pierre Mendès France et l'esprit républicain*, Le Cherche-Midi, 1996.

« Chateaubriand et le socialisme », dans Jean-Paul Clément (dir.), *Chateaubriand visionnaire*, De Fallois, 2001.

« La Quatrième République », dans Vincent Duclert et Christophe Prochasson (dir.), *Dictionnaire critique de la République*, Flammarion, 2002.

« Totalitarismes : peut-on comparer ? Faut-il comparer ? », dans Stéphane Courtois (dir.), *Une si longue nuit, l'apogée des régimes totalitaires en histoire, 1935-1953*, Éditions du Rocher, 2003.

Articles

Collaboration suivie à des revues et des organes de presse, à l'exclusion des articles isolés dans diverses publications.

• Revues

Esprit, 41 articles de mars 1958 à octobre 1981.

Le Mouvement social, 11 articles de 1964 à 1981.

Faire, 6 articles de 1976 à 1979.

Cahiers Reconstruction, 3 articles de 1963 à 1967.

Intervention, 18 articles de novembre 1982 à fin 1986.

Cahiers Georges Sorel, 48 articles dont 28 éditoriaux annuels de 1983 à 2015.

Le Débat, 14 articles d'avril 1981 à mars-avril 2015.

• Hebdomadaires

Le Nouvel Observateur, 1627 articles de janvier 1970 au 25 novembre 2010.

Marianne, 333 articles du 4 décembre 2010 au 9 juin 2017.

Syndicalisme universitaire, 24 articles du 27 avril 1972 au 24 mars 1974.

• Quotidiens

Midi Libre, 215 articles hebdomadaires du 13 septembre 1996 au 16 septembre 2007.

Le Figaro, Carnet mensuel depuis le 1er avril 2016 (16 articles parus au 6 juin 2017)

La sélection qui suit exclut délibérément les textes d'actualité. Elle n'a conservé que les articles les plus importants, fruits d'une recherche scientifique ainsi que des articles généraux, destinés à dessiner une orientation intellectuelle ou politique.

• **Articles de revue**

« La politique religieuse de Charles Maurras », *Esprit*, mars 1958.

« Pie XII et l'Église », *Esprit*, mars 1959.

« Paix et guerre entre les nations », *Esprit*, octobre 1963.

« Lénine, le syndicalisme et la spontanéité ouvrière », *Cahiers Reconstruction*, décembre 1963.

« Jeune et vieux syndicat chez les mineurs du Pas-de-Calais », *Le Mouvement social*, n° 47, avril-juin 1964.

« La CGT devant la guerre, 1900-1914 », *Le Mouvement social*, n° 49, octobre-décembre 1964.

« Syndicalisme révolutionnaire et révolution ouvrière », *Esprit*, juin-juillet 1968.

« Théorie syndicaliste révolutionnaire et pratique gréviste », *Le Mouvement social*, n° 65, décembre 1968.

« Fernand Pelloutier », *Le Mouvement social*, n° 75, avril-juin 1971.

« Un an avant », *Esprit*, février 1977.

« *La cultura operaia in Francia, coesistenza di integrazione politica e autonomia sociale* », *Economia e lavoro*, anno XV, n° 1, janvier-mars 1981.

« Mitterrand entre le socialisme et la République », *Intervention*, novembre-décembre 1982.

« Sur un fascisme imaginaire, à propos d'un livre de Zeev Sternhelle », *Les Annales*, juillet-août 1984.

« Rousseau, Sorel et la Révolution française », *Cahiers Georges Sorel*, n° 3, 1985.

« *Political History in the 1980's* », *Journal of Interdisciplinary History*, XII, I, été 1981.

« De l'extrémisme à droite », *Mil Neuf Cent*, n° 9, 1991.

« De Gaulle et le peuple », *The Tocqueville Review* (*La Revue Tocqueville*) vol 13, n° 1, 1992.

« La reconquête du courage », interview par Nicolas Dextreit et Thomas Hofnung, *Politique Internationale*, n° 65, automne 1994.

« Naissance et mort de l'intellectuel catholique », *Mil Neuf Cent*, n° 13, 1996.

« Lionel Jospin ou l'exception française », *Le Débat*, n° 100, mi-août 1996.

« Georges Sorel contre les professionnels de la politique », *Mil Neuf Cent*, n° 15, 1997.

« Élie Halévy, le témoin engagé », *Mil Neuf Cent*, n° 17, 1999.

« Gauche, du progressisme social au libéralisme moral », *Le Débat*, n° 110, mai-août 2000.

« Sur la causalité dans l'histoire des idées », *Mil Neuf Cent*, n° 19, 2001.

« Journal des États-Unis », *Le Débat*, n° 133, janvier-février 2005.

« Mystique et politique, le parallèle Péguy-Jaurès », *L'Amitié Charles Péguy*, n° 113, janvier-mars 2006.

« Les intellectuels dans la démocratie d'opinion », *Commentaire*, n° 19, automne 2007.

« Péguy, journaliste transcendantal », *Cahiers de l'Amitié Charles Péguy*, n° 125, janvier-mars 2009.

« Populisme, un concept anticorps », *Le Débat*, n° 160, mai-août 2010.

« Péguy, Bernanos, Claudel, Mauriac et de Gaulle », *Commentaire*, n° 131, automne 2010.

« Vérité du réformisme », *Mil Neuf Cent*, n° 30, 2012.

« Avenir de la gauche, avenir de la démocratie », *Le Débat*, n° 174, mars-avril 2013.

Préfaces et postfaces

Michel ROCARD, *Parler vrai*, précédé d'un entretien avec Jacques Julliard, Le Seuil, coll. « Point Politique », 1979.

Edmond MAIRE, *Reconstruire l'espoir*, Préface, Le Seuil, coll. « Point Politique », 1980.

Georges SOREL, *Réflexions sur la violence*, Préface : « Georges Sorel, au risque de penser », Le Seuil, 1990.

Régine PASCAL, *Sarajevo, 125 questions sur une ville assiégée*, Préface, L'Harmattan, 1995.

Jean-Jacques ROUSSEAU, *Discours sur les origines et les fondements de l'inégalité parmi les hommes*, Postface, Mille et une nuits, 1996.

Georges BERNANOS, *La France contre les robots*, Préface, Le Livre de Poche, 1999.

Jules Grandjouan. Créateur de l'affiche politique (catalogue d'exposition), Préface, Somogy, 2001.

Florin TURCANU, *Mircea Eliade. Le prisonnier de l'histoire*, Préface, La Découverte, 2003.

Guy-Rachel GRATALOUP, *La Nature de l'art* (catalogue d'exposition), Préface, 2007.

Jean D'ORMESSON, *Dieu, les affaires et nous. Chronique d'un demi-siècle*, Préface, Robert Laffont, 2015.

Paul CLAUDEL, *Lettres à Ysé*, Gallimard, 2017.

Georges SOREL, *Œuvres*, « Le socialisme moral de Georges Sorel », Robert Laffont, coll. « Bouquins », à paraître.

INDEX

A

B

C

D

E

F

G

H

I

J

M

N

O

P

S

T

W

Y

Z

TABLE DES COPYRIGHTS

Aux Éditions Flammarion

JACQUES JULLIARD, *L'Argent, Dieu et le diable. Péguy, Bernanos, Claudel face au monde moderne*, Paris, © Flammarion, 2008.

JACQUES JULLIARD, *La Reine du monde*, Paris, © Flammarion, 2008.

JACQUES JULLIARD, *Les Gauches françaises*, Paris, © Champs Flammarion, 2008.

JACQUES JULLIARD, *Pour repartir du pied gauche*, Paris, © Flammarion-Libération, 2010.

JACQUES JULLIARD et JEAN-CLAUDE MICHÉA, *La Gauche et le peuple. Lettres croisées*, Paris, © Flammarion, 2014.

JACQUES JULLIARD, *Le Choc Simone Weil*, Paris, © Flammarion, 2014.

Aux Éditions Desclée de Brouwer :

JACQUES JULLIARD et BENOÎT CHANTRE, *Le Choix de Pascal*, Paris, © DDB, 2003.

COLLECTIF, *Pensée de Péguy*, Paris, © DDB, 2015.

Aux Éditions du Seuil :

JACQUES JULLIARD, *Fernand Pelloutier et les Origines du syndicalisme d'action directe*, Paris, © Éditions du Seuil, « L'univers historique », 1971, « Points histoire », 1985.

JACQUES JULLIARD et EDMOND MAIRE, *La CFDT aujourd'hui*, Paris, © Éditions du Seuil, 1975.

JACQUES JULLIARD, *Autonomie ouvrière. Études sur le syndicalisme d'action directe*, Paris, © Coédition Seuil-Gallimard, « Hautes Études », 1988.

Aux Éditions Gallimard :

JACQUES JULLIARD, « Le peuple », dans Pierre Nora (dir.), *Les Lieux de mémoire*, III, *Les France*, 1, *Conflits et partages*, Paris, © Éditions Gallimard, 1992.

À la revue *Esprit* :

JACQUES JULLIARD, « Mouvement de mai et syndicalisme révolutionnaire », © Esprit, juin-juillet 1968. Avec l'aimable autorisation de la revue *Esprit*.

À la revue *Commentaire* :

JACQUES JULLIARD, « Les intellectuels dans la démocratie d'opinion », © Commentaire, automne 2007. Avec l'aimable autorisation de la revue *Commentaire*.

JACQUES JULLIARD, « Simone Weil et le monde moderne », © Commentaire, automne 2016. Avec l'aimable autorisation de la revue *Commentaire*.

TABLE DES MATIÈRES

AVANT-PROPOS

D'OÙ JE VIENS

PREMIÈRE PARTIE
LE SOCIAL

DEUXIÈME PARTIE
LE POLITIQUE

TROISIÈME PARTIE
LES MIENS

CONCLUSIONS

DANS LA MÊME COLLECTION

HISTOIRE, PHILOSOPHIE & ESSAIS

AMOUROUX, Henri
La Grande Histoire des Français sous l'Occupation
Tome I : Le Peuple du désastre — Quarante millions de pétainistes
Tome II : Les Beaux Jours des collabos — Le Peuple réveillé
Tome III : Les Passions et les Haines — L'Impitoyable Guerre civile
Tome IV : Un printemps de mort et d'espoir — Joies et douleurs du peuple libéré

La Grande Histoire des Français après l'Occupation
Les Règlements de comptes — La page n'est pas encore tournée

ANTHOLOGIE MONDIALE DE LA STRATÉGIE
Des origines au nucléaire
Édition établie par Gérard Chaliand, nouvelle édition mise à jour
Préface de Lucien Poirier
Postface de Pierre M. Gallois

ARON, Raymond
Mémoires (édition intégrale)
Préfaces de Nicolas Baverez et de Tzvetan Todorov

ATTALI, Jacques
Verbatim
Tome I : 1981-1986 — Tome II : 1986-1991

Les Penseurs du monde : Pascal, Marx, Gândhî
Blaise Pascal ou le Génie français — Karl Marx ou l'Esprit du monde — Gândhî ou l'Éveil des humiliés

AUGUSTIN, saint
Sermons sur l'Écriture
Édition établie par Maxence Caron

BAINVILLE, Jacques
La Monarchie des lettres
Histoire, politique et littérature
Édition établie et présentée par Christophe Dickès

BARK, Dennis L. — GRESS, David R.
Histoire de l'Allemagne (1945-1991)
Traduction d'Odile Demange

BENNASSAR, Bartolomé
Histoire des Espagnols (VIe siècle-XXe siècle)

BENOIST-MÉCHIN, Jacques
Soixante jours qui ébranlèrent l'Occident, 10 mai-10 juillet 1940

BOORSTIN, Daniel
Les Créateurs
Traduction de Béatrice Vierne

Les Découvreurs
D'Hérodote à Copernic, de Christophe Colomb à Einstein, l'aventure de ces hommes qui inventèrent le monde
Traduction de Jacques Bacalu, Jérôme Bodin et Béatrice Vierne

Histoire des Américains
L'Aventure coloniale — Naissance d'une nation — L'Expérience démocratique
Traduction de Y. Lemeunier, M. Blanc, H. Christol, J.-C. Crapoulet, M. Gervaud, Y. Guieu et F. Boris

BOYER, Régis
Les Vikings
Histoire, Mythes, Dictionnaire

CHEBEL, Malek
L'Érotisme arabe

CLEMENCEAU, Georges
Correspondance (1858-1929)
Édition établie et annotée par Sylvie Brodziak et Jean-Noël Jeanneney

CONQUEST, Robert
La Grande Terreur, *précédé de* Sanglantes Moissons
Traduction de Marie-Alyx Revellat et de Claude Seban

CORBIN, Alain
Une histoire des sens
Le Miasme et la Jonquille — Le Village des « cannibales » — Le Monde retrouvé de Louis-François Pinagot
Édition établie et présentée par Pascal Ory

CORRESPONDANCES CONJUGALES, 1914-1918
Édition établie et présentée par Clémentine Vidal-Naquet

COURTOIS, Stéphane — WERTH, Nicolas — PANNÉ, Jean-Louis — PACZKOWSKI, Andrzej — BARTOSEK, Karel — MARGOLIN, Jean-Louis
Le Livre noir du communisme
Crimes, terreur, répression
Édition établie sous la direction de Charles Ronsac

DARU, Pierre
Histoire de la république de Venise
Édition établie par Alessandro Fontana et Xavier Tabet

Tome I : Des origines à la bataille de Lépante (1571) — Tome II : Après la bataille de Lépante jusqu'à la chute de la République (1797)

DAUDET, Léon
Souvenirs et polémiques
Nouvelle édition, préface d'Antoine Compagnon

DELUMEAU, Jean
De la peur à l'espérance
La Peur en Occident (XIVe-XVIIIe siècle) — Guetter l'aurore — Parcours, recherches, débats
Édition établie par Pascal Ory

DINO, duchesse de
Souvenirs et Chronique
Édition établie et présentée par Anne et Laurent Theis

DROYSEN, Johann Gustav
Histoire de l'hellénisme
Histoire d'Alexandre le Grand — Les Successeurs d'Alexandre
Traduction sous la direction d'Auguste Bouché-Leclercq

ELLIOTT, John H.
Olivares (1587-1645)
L'Espagne de Philippe IV
Traduction de France-Marie Watkins avec la collaboration de Claire Le Ho-Devianne

L'ENFANT ET LE GÉNOCIDE
Témoignages sur l'enfance pendant la Shoah
Textes choisis et présentés par Catherine Coquio et Aurélia Kalisky

ÉRASME
Éloge de la folie — Adages — Colloques — Réflexions sur l'art, l'éducation, la religion, la guerre, la philosophie — Correspondance, *précédé d'un* Dictionnaire d'Érasme et de l'humanisme
Édition et Dictionnaire d'Érasme *établis par Claude Blum, André Godin, Jean-Claude Margolin et Daniel Ménager*

EUROPES
De l'Antiquité au XXe siècle. Anthologie critique et commentée
Édition établie et présentée par Yves Hersant et Fabienne Durand-Bogaert

FABRE, Jean-Henri
Souvenirs entomologiques. Études sur l'instinct et les mœurs des insectes
Édition établie par Yves Delange
Tome I : Première à cinquième série
Tome II : Sixième à dixième série, *suivi d'un* Répertoire général analytique *par le Dr G.-V. Legros, complété par Yves Delange*

FEBVRE, Lucien
Vivre l'Histoire
Combats pour l'Histoire — Pour une histoire à part entière
Édition établie par Brigitte Mazon
Préface de Bertrand Müller

FRANÇAIS EN RÉSISTANCE
Carnets de guerre, correspondances, journaux personnels
Anthologie établie et présentée par Guillaume Piketty

LES FRANÇAIS VUS PAR EUX-MÊMES
Le Siècle de Louis XIV
Anthologie des mémorialistes du siècle de Louis XIV
Textes choisis et présentés par Alain Niderst

Le XVIIIe Siècle
Anthologie des mémorialistes du XVIIIe siècle
Par Arnaud de Maurepas et Florent Brayard
Préface de Daniel Roche

Le Consulat et l'Empire
Textes choisis et présentés par Alfred Fierro

FRANCE BAROQUE — FRANCE CLASSIQUE, 1589-1715
Par René et Suzanne Pillorget
TOME I : Récit — TOME II : Dictionnaire

FRAZER, James George
Le Rameau d'or
Édition établie par Nicole Belmont et Michel Izard
TOME I : Le Roi magicien dans la société primitive — Tabou ou les Périls de l'âme
TOME II : Le Dieu qui meurt — Adonis — Atys et Osiris
TOME III : Esprits des blés et des bois — Le Bouc émissaire
TOME IV : Balder le Magnifique — *Bibliographie générale*

FUMAROLI, Marc
La Grandeur et la Grâce
Quand l'Europe parlait français — Le Poète et le Roi

Le Livre des métaphores
Essai sur la mémoire de la langue française

FURET, François
Penser le XXe siècle
Un itinéraire intellectuel : l'historien journaliste, de *France-Observateur* au *Nouvel Observateur* (1958-1997) — Interventions : sélection d'articles parus dans *Le Débat* (1981-1997) et *Commentaire* (1985-1997) — Le Passé d'une illusion : Essai sur l'idée communiste au XXe siècle — Fascisme et communisme : Correspondance avec Ernst Nolte (1996-1997)
Préface de Pierre Hassner

GABORY, Émile
Les Guerres de Vendée
La Révolution et la Vendée — Napoléon et la Vendée — Les Bourbons et la Vendée — L'Angleterre et la Vendée
Édition établie par Xavier du Boisrouvray

GALLO, Max
Jules Vallès — Jean Jaurès

Napoléon
Le Chant du départ — Le Soleil d'Austerlitz — L'Empereur des rois — L'Immortel de Sainte-Hélène

GAULLE, Charles de
Lettres, notes et carnets
Présentés par l'amiral Philippe de Gaulle et préfacés par Jean-Luc Barré
TOME I : 1905-1941 — TOME II : 1942-mai 1958 — TOME III : juin 1958-novembre 1970

GIBBON, Edward

Histoire du déclin et de la chute de l'Empire romain

Édition établie par Michel Baridon

Tome I : Rome de 96 à 582 — Tome II : Byzance de 455 à 1500

GOURMONT, Remy de

La Culture des idées

Le Joujou *et trois autres essais* — La Culture des idées — Le Chemin de velours. Nouvelles dissociations d'idées — Physique de l'amour. Essai sur l'instinct sexuel — Épilogues. Réflexions sur la vie, 1895-1898 — Promenades philosophiques : Première série — Deuxième série — Troisième série — La Petite Ville, *suivi de* Paysages — Pendant l'orage — Pendant la guerre. Lettres pour l'Argentine

Préface de Charles Dantzig

GREEN, Peter

D'Alexandre à Actium

Du partage de l'Empire au triomphe de Rome

Présenté par Paul Veyne

Traduction d'Odile Demange

Dictionnaire des personnages par Maurice Larès

Bibliographie adaptée par Bernard Legras

GRIMAL, Pierre

Voyage à Rome

La Rome antique — Vivre dans la Rome antique — L'Âme romaine — Promenades romaines — Guide : Nous partons pour Rome

Rome et l'amour

Des femmes, des jardins, de la sagesse

L'Amour à Rome — Les Amours des dieux — La Femme romaine — Vierges et Matrones — Images de femmes — Les Hommes et les jardins — La Littérature et les paysages — L'Art des jardins — La Sagesse romaine — Sagesse et Pouvoir — Sagesse épicurienne et sagesse stoïcienne — Le Sacré — Histoire d'un sage : Mémoires de T. Pomponius Atticus

GUEVARA, Ernesto

Combats d'un révolutionnaire

Voyage à motocyclette — Second voyage à travers l'Amérique latine — Souvenirs de la guerre révolutionnaire cubaine — Journal du Congo — Jounal de Bolivie — Justice globale

Préface de Jacobo Machover

GUICCIARDINI, Francesco

Histoire d'Italie (1492-1534)

Édition établie par Jean-Louis Fournel et Jean-Claude Zancarini

Tome I — Tome II

GUIZOT, François

Histoire de la révolution d'Angleterre

Édition établie par Laurent Theis

HISTOIRE AUGUSTE

Les Empereurs romains des IIe et IIIe siècles

Vie d'Hadrien — Vie d'Aelius — Vie d'Antonin le Pieux — Vie de Marc Aurèle — Vie de Vérus — Vie d'Avidius Cassius — Vie de Commode — Vie de Pertinax — Vie de Didius Julianus — Vie de Septime Sévère — Vie de Pescennius Niger — Vie de Clodius Albinus — Vie de Caracalla — Vie de Géta — Vie de Macrin — Vie de Diaduménien — Vie d'Élagabal — Vie d'Alexandre Sévère — Vie des deux Maximins — Vie des trois Gordiens — Vie de Maxime et Balbin — Vie des deux Valériens — Vie des deux Galliens — Vie des trente tyrans — Vie de Claude — Vie d'Aurélien — Vie de Tacite — Vie de Probus — Le Quadrige des tyrans — Vie de Carus, Carin et Numérien

Édition bilingue latin-français établie par André Chastagnol

HISTOIRE DU MARIAGE
Sous la direction de Sabine Melchior-Bonnet et Catherine Salles

JERPHAGNON, Lucien
Les Armes et les Mots
Histoire de la Rome antique. Les armes et les mots — Les Divins Césars. Idéologie et pouvoir dans la Rome impériale — Histoire de la pensée. D'Homère à Jeanne d'Arc
Préface de Jean d'Ormesson

KIERKEGAARD, Søren
Œuvres
L'Alternative *(également connu sous le titre* Ou bien… Ou bien…*)* — La Répétition *(également connu sous le titre* La Reprise*)* — Stades sur le chemin de la vie — La Maladie à la mort
Traduction de Paul-Henri Tisseau
Édition établie par Régis Boyer

KNIBIEHLER, Yvonne et SAGAERT, Martine
Les Mots des mères
Du XVIIe siècle à nos jours

LACARRIÈRE, Jacques
Méditerranée
En cheminant avec Hérodote — Promenades dans la Grèce antique — L'Été grec — Le Buveur d'horizon
Édition établie sous la direction de Pascal Charvet

LAMARTINE, Alphonse de
Histoire des Girondins
Édition établie par Anne et Laurent Theis
Préface de Mona Ozouf
TOME I : Livres premier à trente et unième — TOME II : Livres trente-deuxième à soixante et unième

LAVISSE, Ernest
Louis XIV
Histoire d'un grand règne (1643-1715)
Édition établie par René et Suzanne Pillorget

LEA, Henry Charles
Histoire de l'Inquisition au Moyen Âge
Traduction de Salomon Reinach
Préface de Bartolomé Bennassar

LÉVI, Éliphas
Secrets de la magie
Dogme et rituel de la haute magie — Histoire de la magie — La Clef des grands mystères
Édition établie et présentée par Francis Lacassin

LEYS, Simon
Essais sur la Chine
Les Habits neufs du président Mao — Ombres chinoises — Images brisées — La Forêt en feu — L'Humeur, l'honneur, l'horreur
Préface de Jean-François Revel

LE LIVRE DES ÉGYPTES
Sous la direction de Florence Quentin

LUCIEN DE SAMOSATE

Œuvres complètes

Traduction d'Émile Chambry, révisée et annotée par Alain Billault et Émeline Marquis, avec la collaboration de Dominique Goust

MABILLON, dom Jean

Œuvres choisies

Dom Mabillon, *par dom Henri Leclercq* — Traité des études monastiques — La Règle de notre bienheureux père saint Benoît, avec les statuts de messire Étienne de Poncher, évêque de Paris — Lettre d'un bénédictin à Mgr l'évêque de Blois touchant le discernement des anciennes reliques, au sujet d'une dissertation de M. Thiers contre la sainte larme de Vendôme — Dissertation sur le culte des saints inconnus, lettre d'Eusèbe à Théophile — La Mort chrétienne — De la controverse à la définition de l'identité bénédictine — Jean Mabillon et le monachisme, *par Odon Hurel*

Édition établie par Odon Hurel

MACAULAY, Thomas Babington

Histoire d'Angleterre

Depuis l'avènement de Jacques II (1685) jusqu'à la mort de Guillaume III (1702)

Édition établie par Michel Derouard

TOME I : Chapitres I à XII — TOME II : Chapitres XIII à XXV

MACHIAVEL

Premiers Écrits politiques — Le Prince — Discours sur la première décade de Tite-Live — L'Art de la guerre — Vie de Castruccio Castracani — Histoire de Florence — Écrits littéraires — Lettres familières, *précédé d'un* Dictionnaire de Machiavel, *par Christian Bec*

Édition et traduction établies par Christian Bec

McPHERSON, James M.

La Guerre de Sécession (1861-1865)

Traduction de Béatrice Vierne

Préface de Philippe Raynaud

MADELIN, Louis

Histoire du Consulat et de l'Empire

Présentation et index par Johan Ranger

TOME I : La Jeunesse de Bonaparte — L'Ascension de Bonaparte — De Brumaire à Marengo — Le Consulat

TOME II : L'Avènement de l'Empire — Vers l'empire d'Occident (1806-1807) — L'Affaire d'Espagne (1807-1809) — L'Apogée de l'Empire (1809-1810)

TOME III : La Crise de l'Empire (1810-1811) — L'Empire de Napoléon — La Nation sous l'Empereur — La Catastrophe de Russie

TOME IV : L'Écroulement du grand Empire — La Campagne de France — L'Interrègne impérial — Les Cent-Jours. Waterloo

MAGGIORI, Robert et DELACAMPAGNE, Christian

Philosopher

Réflexions philosophiques des grands penseurs contemporains

MAISTRE, Joseph de

Œuvres

Six Paradoxes à Mme la marquise de Nav… — Considérations sur la France — Sur le protestantisme — Essai sur le principe générateur des constitutions politiques — Les Soirées de Saint-Pétersbourg — Éclaircissement sur les sacrifices, *suivi d'un* Dictionnaire *établi par Jean-Louis Darcel, Pierre Glaudes et Jean-Yves Pranchère*

Texte établi, annoté et présenté par Pierre Glaudes

MARIE-ANTOINETTE

Anthologie et Dictionnaire

Textes choisis, présentés et annotés par Catriona Seth

MASSIGNON, Louis

Écrits mémorables

Textes établis, présentés et annotés sous la direction de Christian Jambet par François Angelier, François L'Yvonnet et Souâd Ayada

Tome I — Tome II

MAURIAC, François

Journal — Mémoires politiques

Journal, *annoté et présenté par Jean Touzot* — Le Bâillon dénoué — Mémoires politiques, *annotés et présentés par Laurence Granger*

Édition établie et présentée par Jean-Luc Barré

Correspondance intime

Réunie et présentée par Caroline Mauriac

MICHELET, Jules

Histoire de la Révolution française

Présentation de Claude Mettra

Tome I : Livres I à VII

Tome II : Livres VIII à XXI, *suivis d'un* Dictionnaire des personnages *établi par Alain Ferrari*

Le Moyen Âge : Livres I à XVII de l'Histoire de France

Présentation de Claude Mettra

Chronologie d'Alain Ferrari

Renaissance et Réforme : Histoire de France au XVIe siècle

Préface de Claude Mettra

Chronologie de Véronique Bedin

MOMMSEN, Theodor

Histoire romaine

Édition établie par Claude Nicolet

Tome I : Des commencements de Rome jusqu'aux guerres civiles

Tome II : Fondation de la monarchie militaire — Les Provinces sous l'Empire

LE MONDE ET SON HISTOIRE

Édition dirigée par Maurice Meuleau

Le Monde antique et les débuts du Moyen Âge (vers 3000 av. J.-C.-XIIe siècle apr. J.-C.), *par Maurice Meuleau et Luce Pietri*

Les Révolutions européennes et le partage du monde (XVIIIe siècle-XIXe siècle), *par Louis Bergeron* — Le Monde contemporain (1914-1938), *par Marcel Roncayolo*

Le Monde contemporain de la Seconde Guerre mondiale à nos jours (le second XXe siècle), *par Marcel Roncayolo*

MONTESQUIEU

Pensées — Le Spicilège

Édition établie par Louis Desgraves

LES MORALISTES DU XVIIe SIÈCLE

Sentences, maximes et pensées diverses, *présentées et annotées par J. Lafond* — La Rochefoucauld : Maximes et Réflexions diverses, *et* Mme de Sablé : Maximes, *présentées et annotées par A.-A. Morello* — Abbé d'Ailly : Pensées diverses, *présentées et annotées par J. Lafond* — Étienne de Vernage : Nouvelles Réflexions, *présentées et annotées par J. Lafond* — Pascal : Pensées, *présentées et annotées par Ph. Sellier* — Jean Domat : Pensées, *présentées et annotées par J. Lafond* — Discours sur les passions de l'amour, *présenté et annoté par J. Lafond* — La Bruyère : Les Caractères, *présentés et annotés par P. Soler* — Dufresny : Amusements sérieux et comiques, *présentés et annotés par J. Chupeau*

Édition établie par Jean Lafond

MOUSNIER, Roland
L'Homme rouge
Vie du cardinal de Richelieu

MÜLLER, Max
Mythologie comparée
Édition établie, présentée et annotée par Pierre Brunel

NAPOLÉON À SAINTE-HÉLÈNE
Par les « quatre évangélistes », Las Cases, Gourgaud, Montholon et Bertrand
Textes choisis, préfacés et commentés par Jean Tulard

NIETZSCHE, Friedrich
Œuvres
Édition établie par Jean Lacoste et Jacques Le Rider
Notes de Peter Pütz
TOME I : La Naissance de la tragédie — Considérations inactuelles — Humain, trop humain — Aurore
Postface de Jean Lacoste
TOME II : Le Gai Savoir — Ainsi parlait Zarathoustra — Par-delà le bien et le mal — La Généalogie de la morale — Le Cas Wagner — Le Crépuscule des idoles — L'Antéchrist — Ecce homo — Nietzsche contre Wagner — Dithyrambes de Dionysos
Postface de Georges Liébert
Index des noms et des notions par Jean Lacoste et Jacques Le Rider

NOLTE, Ernst
Fascisme et Totalitarisme
Le Fascisme dans son époque : L'Action française. Le Fascisme italien. Le National-socialisme — Les Mouvements fascistes : l'Europe de 1919 à 1945. Seconde partie : Les Mouvements fascistes nationaux — « La querelle des historiens » : *sélection d'articles* (1988-1996) *et extrait de* Quand tombe la nuit (2001) — Les Fondements historiques du national-socialisme
Édition établie et présentée par Stéphane Courtois

PLUTARQUE
Vies parallèles
Traductions de Robert Flacelière et Émile Chambry
Présentations de Jean Sirinelli
TOME I : Thésée et Romulus — Lycurgue et Numa — Solon et Publicola — Thémistocle et Camille — Périclès et Fabius Maximus — Alcibiade et Coriolan — Timoléon et Paul-Émile — Pélopidas et Marcellus — Aristide et Caton l'Ancien — Philopœmen et Flamininus — Pyrrhos et Marius — Lysandre et Sylla — Cimon et Lucullus — Nicias et Crassus — Sertorius et Eumène
TOME II : Agésilas et Pompée — Alexandre et César — Phocion et Caton le Jeune — Agis et Cléomène. Les Gracques — Démosthène et Cicéron — Démétrios et Antoine — Dion et Brutus — Artaxerxès et Aratos — Galba et Othon — *Index des noms propres*

PROMENADES AU LOUVRE
En compagnie d'écrivains, d'artistes et de critiques d'art
Édition présentée et établie par Jean Galard

REBATET, Lucien
Le Dossier Rebatet
Les Décombres — L'Inédit de Clairvaux
Édition établie et annotée par Bénédicte Vergez-Chaignon
Préface de Pascal Ory

REEVES, Hubert
Les Secrets de l'Univers
Chronique des atomes et des galaxies — Dernières nouvelles du cosmos — L'Heure de s'enivrer — Patience dans l'azur

REINACH, Joseph

Histoire de l'affaire Dreyfus
Préface de Pierre Vidal-Naquet
Introduction d'Hervé Duchêne
TOME I : Le Procès de 1894 — Esterhazy — La Crise
TOME II : Cavaignac et Félix Faure — Rennes — La Révision

REINACH, Salomon

Cultes, mythes et religions
Édition établie par Hervé Duchêne

RENAN, Ernest

Histoire des origines du christianisme
Édition établie, préfacée et annotée par Laudyce Rétat
TOME I : Vie de Jésus — Les Apôtres — Saint Paul, *précédé d'un* Dictionnaire de Renan, *par Laudyce Rétat*
TOME II : L'Antéchrist — Les Évangiles — L'Église chrétienne — Marc-Aurèle

LE RETOUR DES EXILÉS

La lutte pour la Palestine de 1869 à 1997
Édition établie et présentée par Henry Laurens

REVEL, Jean-François

Histoire de la philosophie occidentale
Pourquoi des philosophes — La Cabale des dévots — Histoire de la philosophie occidentale, de Thalès à Kant
Préface de Philippe Raynaud

RIASANOVSKY, Nicholas V.

Histoire de la Russie des origines à nos jours
Traduction de l'américain par André Berelowitch
Postface de Françoise Thorn

LE ROMAN VRAI DE LA IIIe ET DE LA IVe RÉPUBLIQUE (1870-1958)

Édition établie sous la direction de Gilbert Guilleminault
TOME I : 1870-1918 — TOME II : 1919-1958

SÉNÈQUE

Entretiens — Lettres à Lucilius
Édition établie par Paul Veyne

SERGE, Victor

Mémoires d'un révolutionnaire et autres écrits politiques
Deux Russes : Léon Tolstoï et Egor Sazonov — L'Esprit révolutionnaire russe — La Ville en danger : Petrograd, l'an II de la Révolution — Pendant la guerre civile — Les Anarchistes et l'expérience de la Révolution russe — Lénine 1917 — Les Coulisses d'une Sûreté générale — Vie des révolutionnaires — Destin d'une Révolution. URSS 1917-1937 — Mémoires d'un révolutionnaire 1905-1941 — Puissance et limites du marxisme — Pour un renouvellement du socialisme — Trente ans après la Révolution russe — Lettres à Emmanuel Mounier — Lenin's Heir ? — Entretien avec Victor Alba
Édition établie par Jean Rière et Jil Silberstein

STANISLAS LESZCZYNSKI

Édition établie et présentée par Anne Muratori-Philip

TACITE

Œuvres complètes
Livre sur la vie de Julius Agricola — De la Germanie — Dialogue des orateurs — Les Histoires — Les Annales
Édition établie par Catherine Salles

TAINE, Hippolyte

Les Origines de la France contemporaine
L'Ancien Régime — La Révolution — Le Régime moderne
Nouvelle préface de Jean-Paul Cointet
Édition établie par François Leger

TALLEYRAND, Charles-Maurice, prince de

Mémoires et Correspondances
Édition intégrale établie et présentée par Emmanuel de Waresquiel

LE TEMPS DES HÉROS

Récits épiques de l'humanité
Édition établie et présentée par Gérard Chaliand

THIBAUDET, Albert

Réflexions sur la politique
Les Princes lorrains (1924) — La République des professeurs (1927) — Les Idées politiques de la France (1932) — Choix d'articles parus dans : *La Nouvelle Revue française*, la *Revue de Genève*, *L'Europe nouvelle*, *Les Nouvelles littéraires*, *La Dépêche* (1911-1936) — *Annexes*
Édition établie et présentée par Antoine Compagnon

THOMAS, Hugh

La Conquête du Mexique
Traduction de Guillaume Villeneuve

La Guerre d'Espagne (juillet 1936-mars 1939)
Traduction de Jacques Brousse, Lucien Hess et Christian Bounay

La Traite des Noirs (1440-1870)
Traduction de Guillaume Villeneuve

THUCYDIDE

Histoire de la guerre du Péloponnèse, *précédée de* En campagne avec Thucydide, *par Albert Thibaudet* — Dictionnaire de Thucydide, *sous la direction de Jacqueline de Romilly, de l'Académie française*
Édition et traduction établies par Jacqueline de Romilly

TOCQUEVILLE, Alexis de

De la démocratie en Amérique — Souvenirs — L'Ancien Régime et la Révolution
Édition établie par James T. Schleifer, Jean-Claude Lamberti et Françoise Mélonio

TODOROV, Tzvetan

Le Siècle des totalitarismes
Face à l'extrême — Une tragédie française — L'Homme dépaysé *(extraits)* — Mémoire du mal, tentation du bien

TREVELYAN, George Macaulay

Histoire sociale de l'Angleterre
Six siècles d'histoire de Chaucer à la reine Victoria
Nouvelle traduction par Odile Demange
Édition établie par Jean-Pierre Poussou

VAN GENNEP, Arnold

Le Folklore français
TOME I : Cérémonies familiales : Du berceau à la tombe — Cérémonies périodiques, cycliques et saisonnières : Carnaval-Carême, Pâques

TOME II : Cérémonies périodiques, cycliques et saisonnières *(suite)* : Cycle de mai, Cycle de la Saint-Jean, Cérémonies agricoles de l'été, Cérémonies agricoles de l'automne
TOME III : Cérémonies périodiques, cycliques et saisonnières *(fin)* : Cycle des Douze Jours : Noël, De Noël aux Rois *(rédigé par Bernadette Guichard)* — Textes inédits sur le folklore français contemporain, *présentés et annotés par Nicole Belmont* — Essais divers de folklore
BIBLIOGRAPHIES : Questionnaires — Provinces et pays — Bibliographie méthodique — Index des auteurs cités, Index des provinces — Bibliographie personnelle d'Arnold Van Gennep, *établie par Francis Lacassin*

VENISE ET LA RÉVOLUTION FRANÇAISE
Les 470 dépêches des ambassadeurs de Venise au doge (1786-1795)
Édition et traduction de l'italien établies par Alessandro Fontana, Francesco Furlan et Georges Saro

VIEL CASTEL, Horace de
Mémoires sur le règne de Napoléon III, 1851-1864
Texte présenté et annoté par Éric Anceau

WILSON, Arthur
Diderot
Sa vie et son œuvre
Traduction de Gilles Chahine, Annette Lorenceau et Anne Villelaur